唐招提寺・律宗戒学院叢書　第二輯

律苑僧宝伝

関口静雄
山本博也　編著

昭和女子大学近代文化研究所

唐招提寺八十五世長老
俊海
（題簽）

刊行のことば

唐招提寺からお預かりした文書の中から、平成十六年の二月に「唐招提寺・律宗戒学院叢書　第一輯」として『招提千歳伝記』を出版させていただいてから、三年の月日が流れました。当初はこの叢書を毎年刊行する予定でしたが、お預かりした文書の整理・編集に当たってきた人間文化学部歴史文化学科の関口静雄教授と山本博也教授の都合で進捗が予定のようにはいきませんでした。その両教授が翻刻を希望した『律苑僧宝伝』がお預かりした文書の中のものでなく、唐招提寺に所蔵されているかどうかの探索も思うに任せず、日時が過ぎてゆきました。

この本の「はじめに」に両教授が記しているように、『律苑僧宝伝』は第一輯におさめた『招提千歳伝記』と双璧をなすとのことで、おそらく律宗戒学院三宝蔵経蔵所蔵本を底本として、既に「大日本仏教全書」におさめられて大正期に公刊されているのですが、それとの異同もあり、本叢書に収める意義もあると考えています。

関口教授が記したこの本の「解題」にあるようないきさつで、今回の底本は関口教授の家蔵本となりましたが、関口教授はこの本を第二輯刊行後唐招提寺へ献ずる旨申し出ておりますので、底本が唐招提寺所蔵本に加えられるのも遠くないと期待しています。

本叢書第三輯の刊行については諸般の事情から改めて検討することになりますが、今日まで本叢書の刊行に特段のご配慮をいただいております関係の皆様に心から感謝申し上げます。

平成十九年二月吉日

昭和女子大学長　平　井　聖

はじめに

律宗総本山唐招提寺および財団法人律宗戒学院には、今も多くの典籍・聖教・古文書類が襲蔵されていてまことに貴重である。寺蔵資料の一部と、戒学院三宝蔵経蔵の膨大な資料は、そのほとんどがながく未整理の状態にあったが、数年前からその整理・調査の機に恵まれたので、整理のついた学的価値の高い資料から順次に唐招提寺・律宗戒学院叢書として公刊紹介したい。

このたびはその第二輯として『律苑僧宝伝』を収めた。河内國青龍山野中寺第三世を経歴し、近江國東方山安養寺を中興開山した戒山慧堅律師が、中國ならびに日本における古今持戒持律の大徳三百六十余人の伝記を撰集したもので、第一輯に収めた唐招提寺能満院義澄撰『招提千歳伝記』とともに律宗書籍の双璧とされている。

なおしかし、『律苑僧宝伝』は『招提千歳伝記』に先んじて成り、後続の僧伝僧史類の編纂上梓に多大の影響を与えたものであって、また撰者の戒山慧堅が近世における戒律復興運動の渦中に身を投じた持戒持律の清僧であったことを思えば、本書は紛れもなく慧堅の戒律実践の所産であったということができ、律宗史上またひいて日本仏教史上においてもその存在意義はすこぶる大きいと思われる。もって公刊する所以である。

平成十八年八月八日

編著者

目次

凡例

一、『律苑僧宝伝』は、戒山慧堅の自筆稿本が伝わらないので、底本には元禄二年（一六八九）八月八日に刊行された十五巻七冊本を用いた。

一、底本の影印に翻刻を付した。翻刻にあたっては行取・誤字・脱字等もそのままに翻刻したが、「巳」字は意味をとって「已」「己」に改めたところがある。

一、漢字は原則として通行の字体に改めたが、俗字体は極力避けた。しかし本書には本字体・別字体・俗字体が混用されているので、原文の字体を尊重したところが少なくない。

一、送仮名の「〆」は「シテ」に、「ヿ」は「コト」、「乇」は、「トモ」、「寸」は「ス」あるいは「時」に改めた。

一、句点・読点・並列点として「。」「、」「・」を加えた。ただし第一冊目巻首に載る南源性派の「律苑僧宝伝序」には原文に句点・読点の意で「。」が施されているから、この性派序のみ私意に加えた読点を「・」とした。

一、符記号や所持者による書込みはすべて省略した。また影印によって判断しうることは殊更の贅言を控えた。

律苑僧宝伝

第一冊

①表表紙

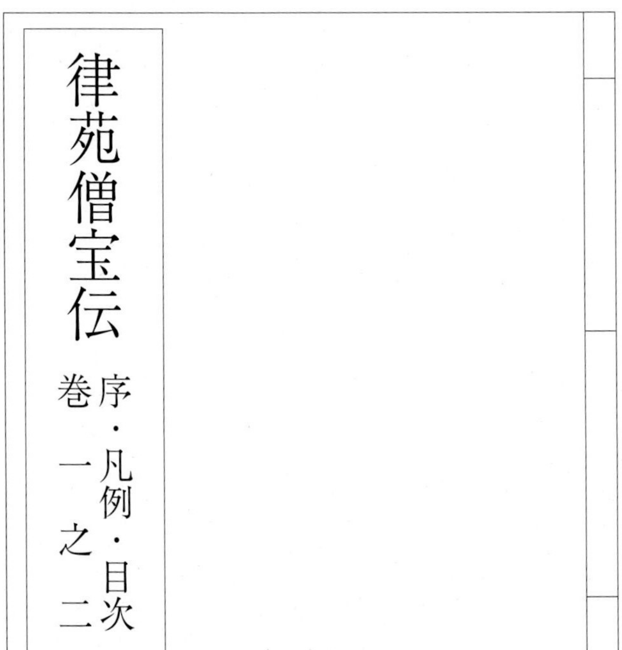

①表表紙

①01オ

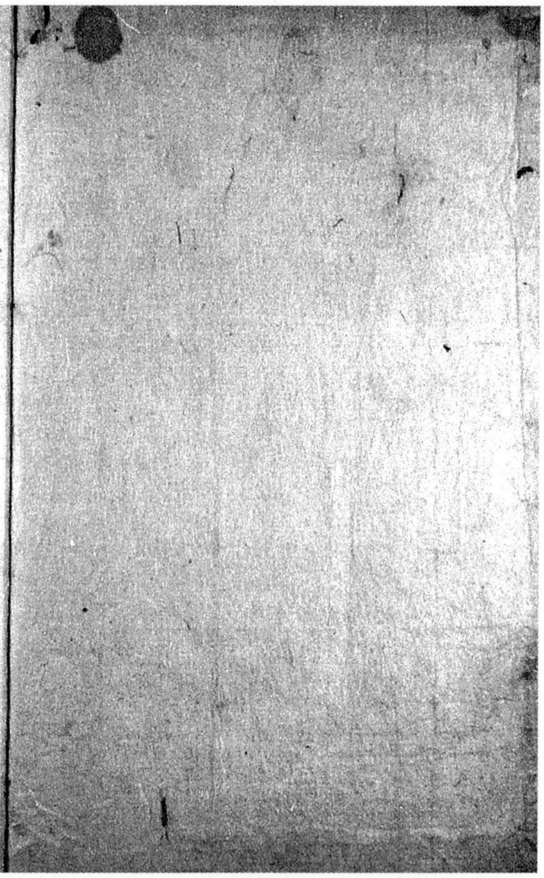

①表表紙見返

釈迦

阿難

迦葉

①01オ

①表表紙見返

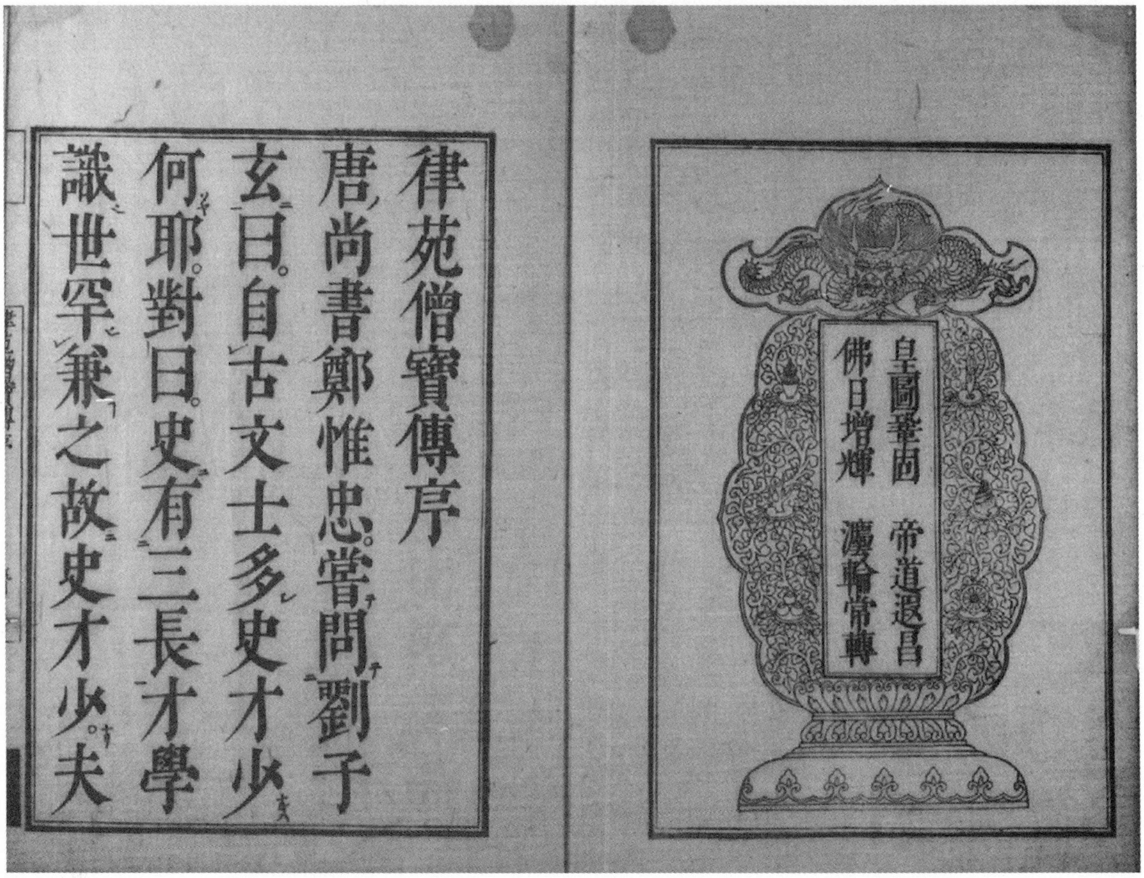

①02オ　　①01ウ

皇図鞏固　帝道遐昌
仏日増輝　法輪常転

律苑僧宝伝序
唐ノ尚書鄭惟忠。嘗テ問テ二劉子
玄一ニ曰。自レ古文士多シ・史才少ナルコトハ
何ソヤ耶。対曰。史ニ有二三長一・才学
識也・世罕レ也兼コト之・故ニ史才少ナリ。夫

①02オ　　①01ウ

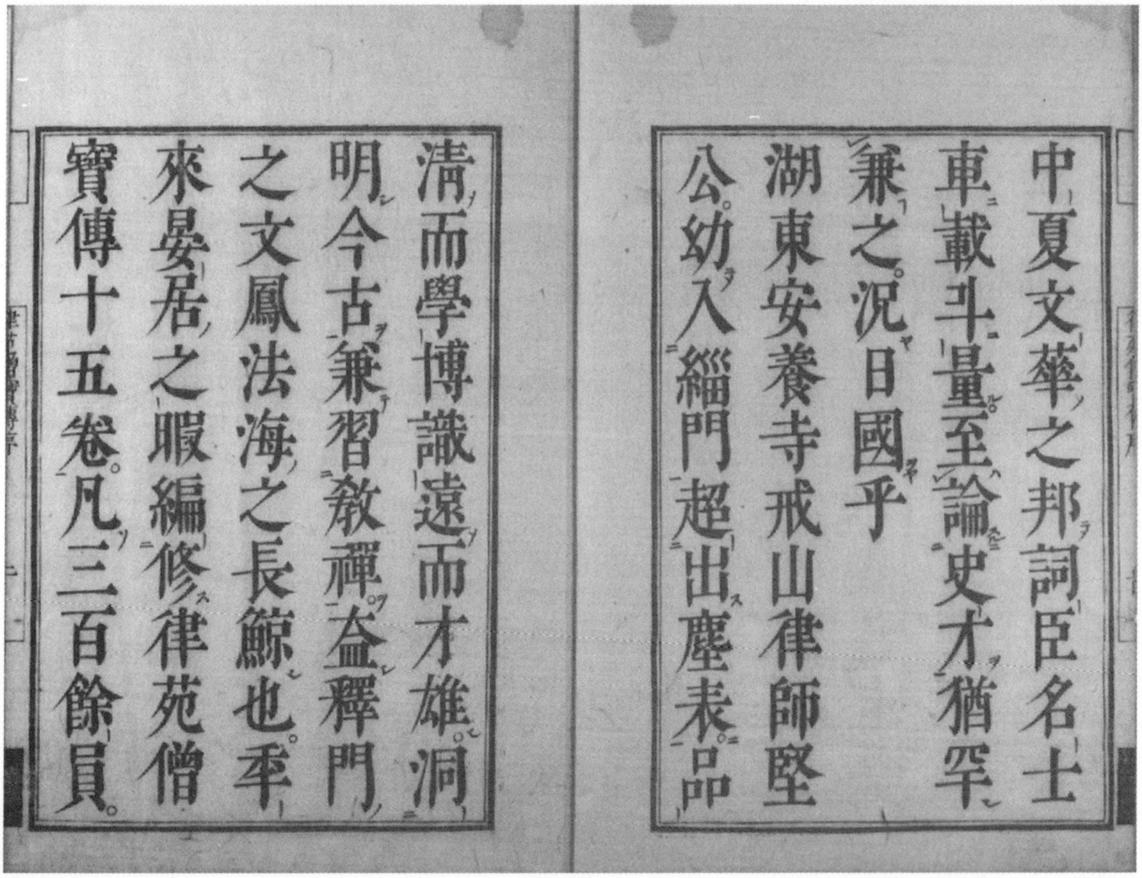
中夏文華之邦詞臣名士
車載斗量至論史才猶罕
兼之況日國乎
湖東安養寺戒山律師堅
公幼入緇門超出塵表品

清而學博識遠而才雄洞
明今古兼習教禪盍釋門
之文鳳法海之長鯨也年
來晏居之暇編修律苑僧
寶傳十五卷凡三百餘員

①03オ　①02ウ

中夏文華ノ之邦ニシテ、詞臣名士
車ニ載、斗ニ量ル。至ハレ論スルニ二史才ヲ一、猶罕也
レ兼コト之。況ヤ日國ヲヤ乎。
湖東安養寺戒山律師堅
公。幼ニシテ入ニ緇門一、超ニ出ス塵表一ニ。品

①02ウ

清シテ而学博、識遠シテ而才雄也。洞ニ
明シ今古一ヲ、兼テ習ニ教禅一ヲ。盍シ釈門ノ
之文鳳、法海ノ之長鯨也也。年
来晏居ノ之暇、編ニ修ス律苑僧
宝伝十五巻一。凡ソ三百余員。

①03オ

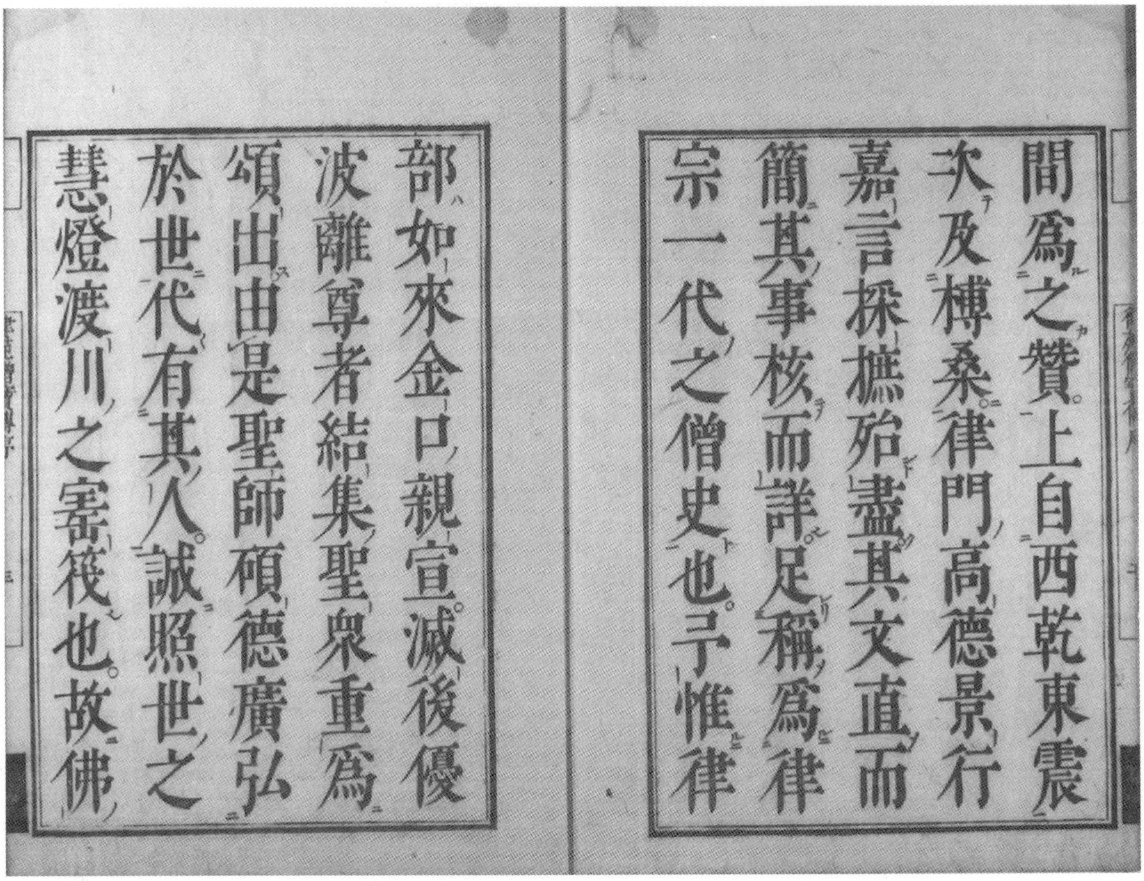

①03ウ　①04オ

間為ニル之カ賛一。上自ニ西乾東震一、
次テ及ニ榑桑一。律門ノ高徳、景行、
嘉言、採摭殆ント尽ク。其文直シテ而
簡ニ、其ノ事核ニシテ而詳也。足三レリ称シテ為ルニ二律
宗一代ノ之僧史一ト也。予惟ルニ、律

⌐
①03ウ

部ハ如来金口ノ親宣。滅後優
波離尊者・結集ノ聖衆、重為ニ
頌出ス。由レ是聖師碩徳、広弘ニ
於世一ニ。代ミ有ニ其ノ人一。誠ニ照世ノ之
慧燈、渡川ノ之宝筏也也。故ニ仏ノ

⌐
①04オ

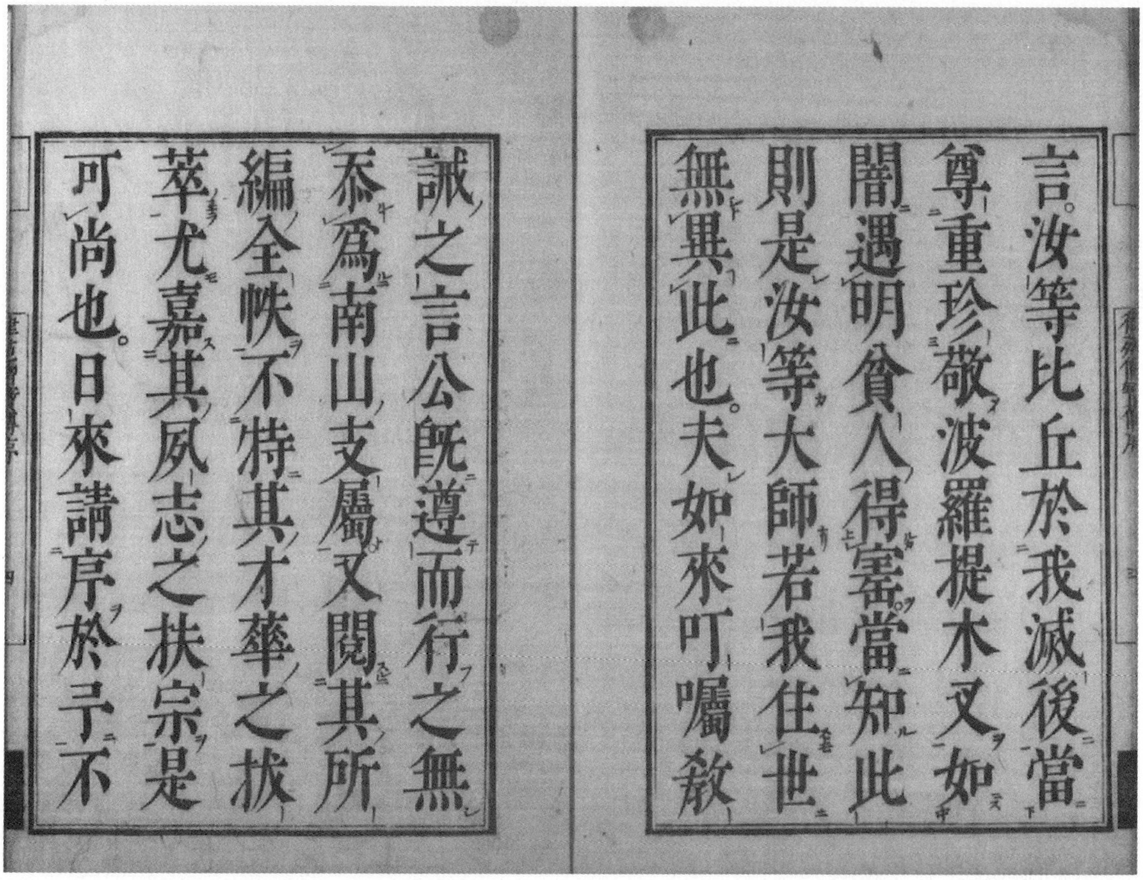

言。汝等比丘於我滅後當
尊重珍敬波羅提木叉如
闇遇明貧人得寳當知此
則是汝等大師若我住世
無異此也。夫如來叮囑敎

誡之言公既遵而行之無
忝爲南山支屬又閲其所
編全帙不特其才華之拔
萃尤嘉其夙志之扶宗是
可尚也。日來請序於予不

①05オ　①04ウ

言。汝等比丘、於二我滅後一ニ、当下ニ
尊二重珍三敬シテ波羅提木叉一ヲ如中ニス
闇ニ遇レ明貧人ノ得上ルカ宝ヲ。当レニ知ル、此
則是レ汝等カ大師ナリ・若我住レストモ世ニ、
無レシト異レコト此ニ也。夫レ如来叮嘱、教

誡ノ之言、公既ニ遵テ而行フ之・無シ
レ忝レルコト為二ルニ南山ノ支属一ト。又閲二スルニ其ノ所
編ノ全帙一ヲ、不二特ニ其ノ才華ノ之抜
萃一ノミナラ、尤モ嘉二ス其ノ夙志ノ之扶宗一ヲ・是
可レ尚也。日来請二序ヲ於予一ニ・不

⌐①05オ　⌐①04ウ

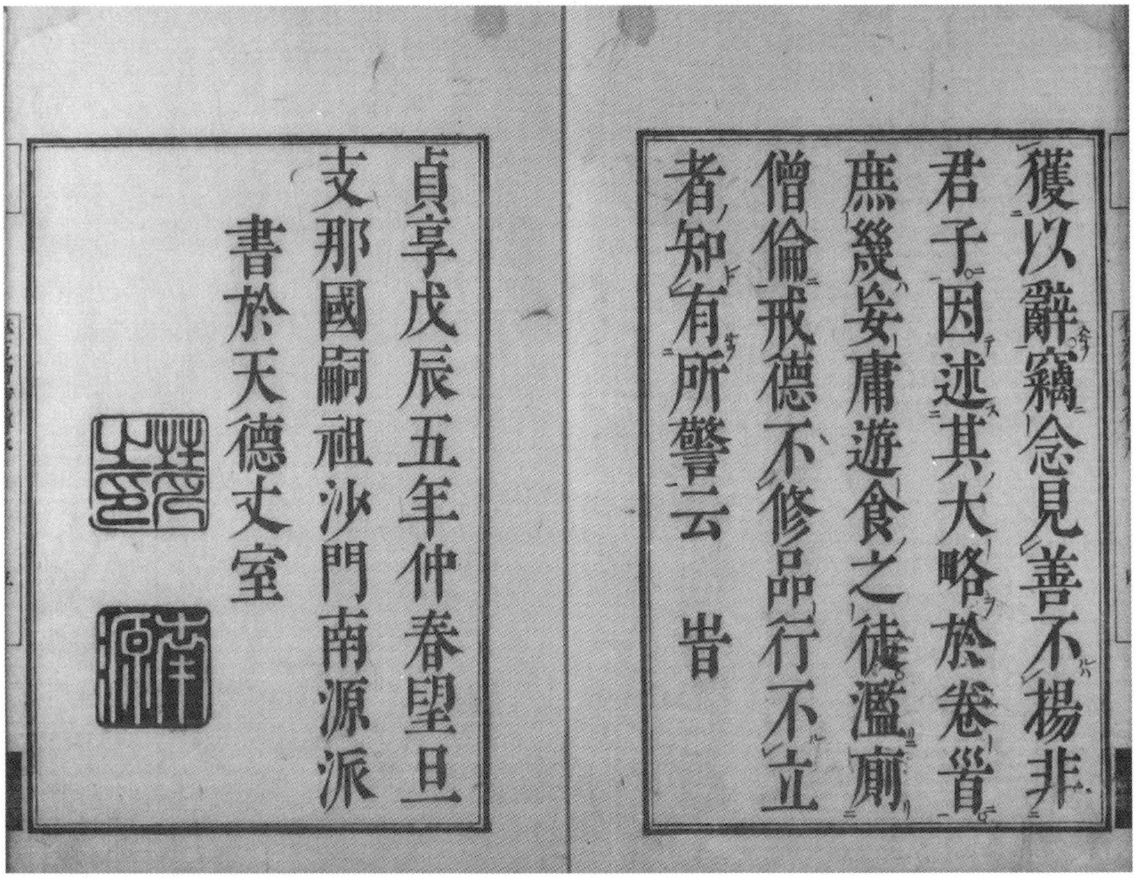

①05ウ　①06オ

レ獲二以辞一スルコトヲ。　竊ニ念見レ善不ルハレ揚非二
君子一ニ。　因テ述ス二其ノ大略ヲ於巻首一ニ。
庶幾ハ妄庸遊食ノ之徒。　濫リニ廁リ二
僧倫一ニ、　戒徳不レ修、　品行不ルレ立
者ノ知レトレ有ルコトヲ二所警一云・　時

貞享戊辰五年仲春望旦
支那國嗣祖沙門南源派
書於天徳丈室

性派之印

南源

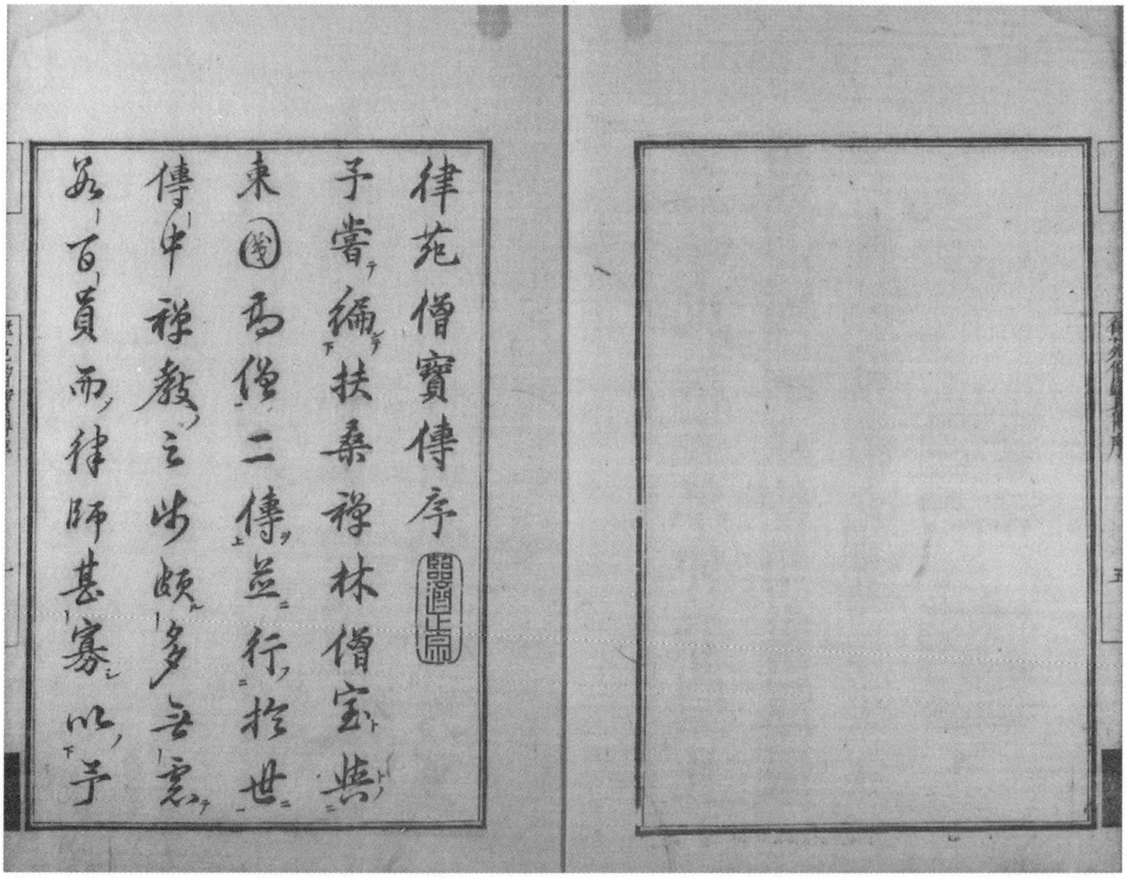

①07オ　①06ウ

律苑僧宝伝序　臨済正宗

予嘗テ編下ンテ扶桑禅林僧宝ト与トノ二

東國高僧二二伝上ヲ、並ニ行フ二於世一ニ。

伝中禅教ノ之師頗ル多。無慮テ

数百員。而シテ律師甚寡シ。以下ノ予

①07オ

①06ウ

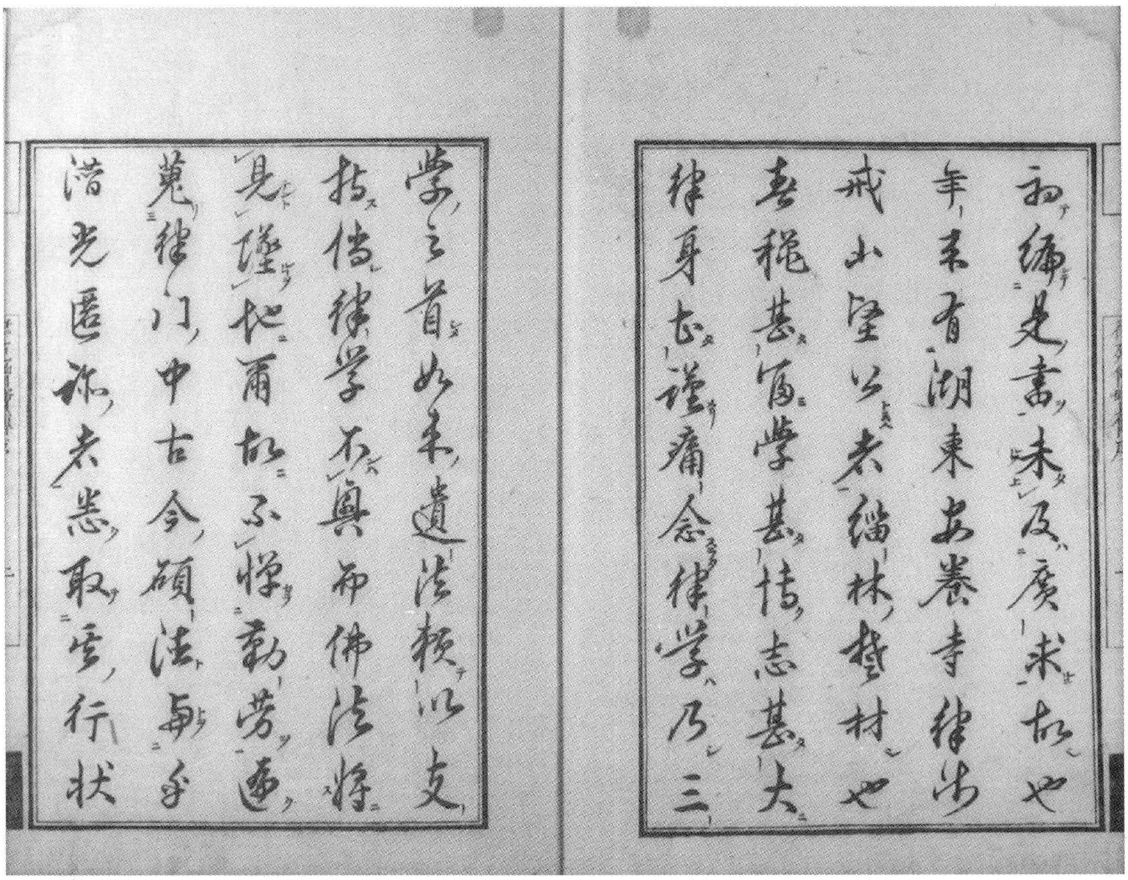

①07ウ　①08オ

初テ編ンテ二是ノ書ヲ一、未タ及ハ二広求ルニ一故也也。
年来有二湖東安養寺律師
戒山堅公ト云人者一。緇林ノ楚材也也。
春秋甚タ富ミ、学甚タ博ク、志甚タ大ニ、
律身甚タ謹メリ。痛念スラク、律学ハ乃シ三

①07ウ

学ノ之首シメ、如来ノ遺法。頼テ以支
持ス。儻シ律学不レンハ興、而仏法将ニス
レ見テントレ墜ルコトヲレ地ニ。爾故ニ不レ憚カラ二勤労ヲ一、遍ク
蒐三リ律門ノ中古今ノ碩徳トヲ与ニ乎
潜光匿跡ノ者一、悉ク取テ二其ノ行状・

①08オ

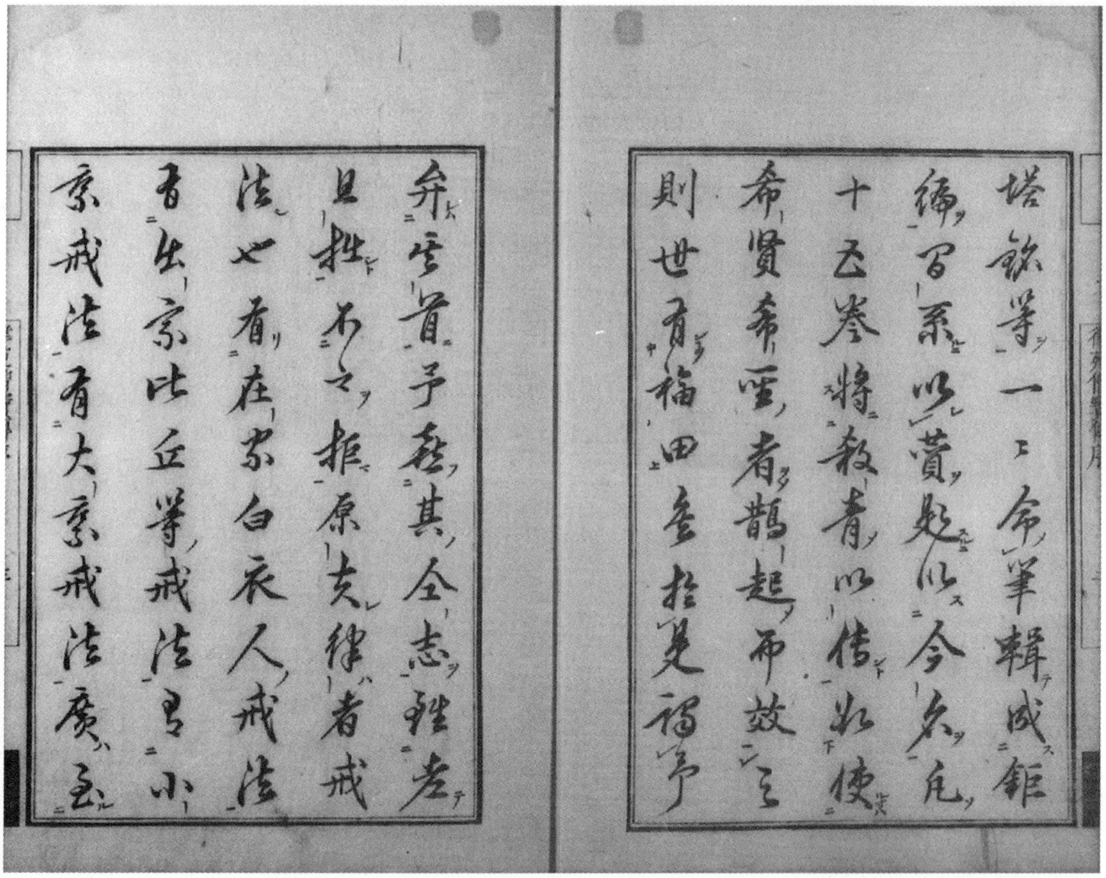

①09オ　①08ウ

塔銘等一ヲ、一々命レシテ筆輯テ成二ス鉅
編一ヲ。間系ルニ以レシ賛ヲ、題スルニ以二ス今名一ヲ。凡ソ
十五巻、将二ニス殺青シテ以伝一ントス。名下使二ル時ハ
希賢希聖ノ者ヲシテ鵲起シテ而効レ之、
則世有中ンコトヲ福田上矣。於レ是謁レ予、

└ ①08ウ

弁二シム其首一ニ。予喜二フ其ノ同志一ヲ。雖二老テ
且拙一シト、不二之ヲ拒一マ。原夫レ律ハ者戒
法也也。有二リ在家白衣人ノ戒法一、
有二出家比丘等ノ戒法一、有二小
乗戒法一、有二大乗戒法一。広ハ至二ル

└ ①09オ

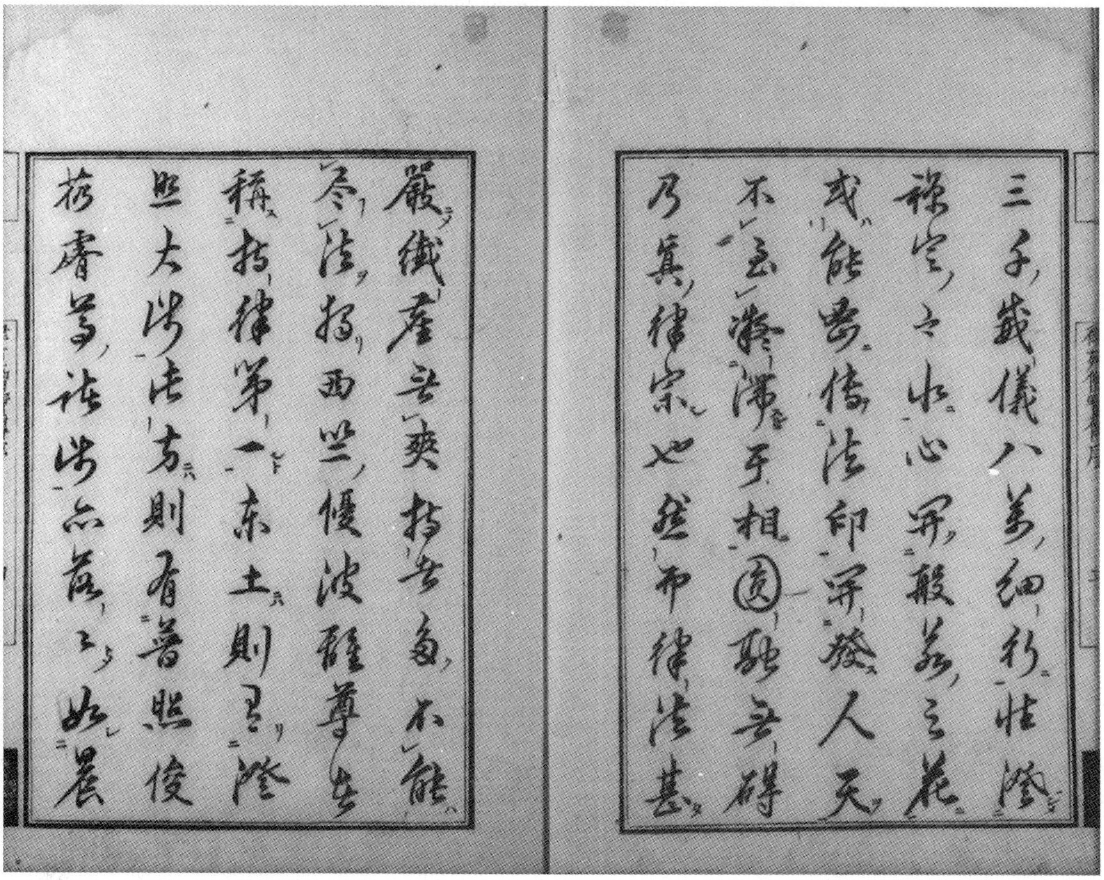

①10オ　①09ウ

三千ノ威儀・八万ノ細行一ニ。性澄シメ二
禅空ノ之水一ニ、心開ク二般若ノ之花一ニ。
或ハ能密ニ伝テ二法印一、開二発ス人天一ヲ。
不レ至レ凝二滞スルニ于相一ニ、円融無碍。
乃真ノ律宗也也。然而律法甚タ

⌐①09ウ

厳ニシテ、繊産無レ爽。持者多ク不レ能ハ
レ尽レコト法ヲ。独リ西竺ノ優波離尊者、
称ス二持律第一一也ト。東土ニハ則有リ二澄
照大師一、此方ニハ則有二普照・俊
芿・睿尊ノ諸師一。亦落々トシテ如シ二晨

⌐①10オ

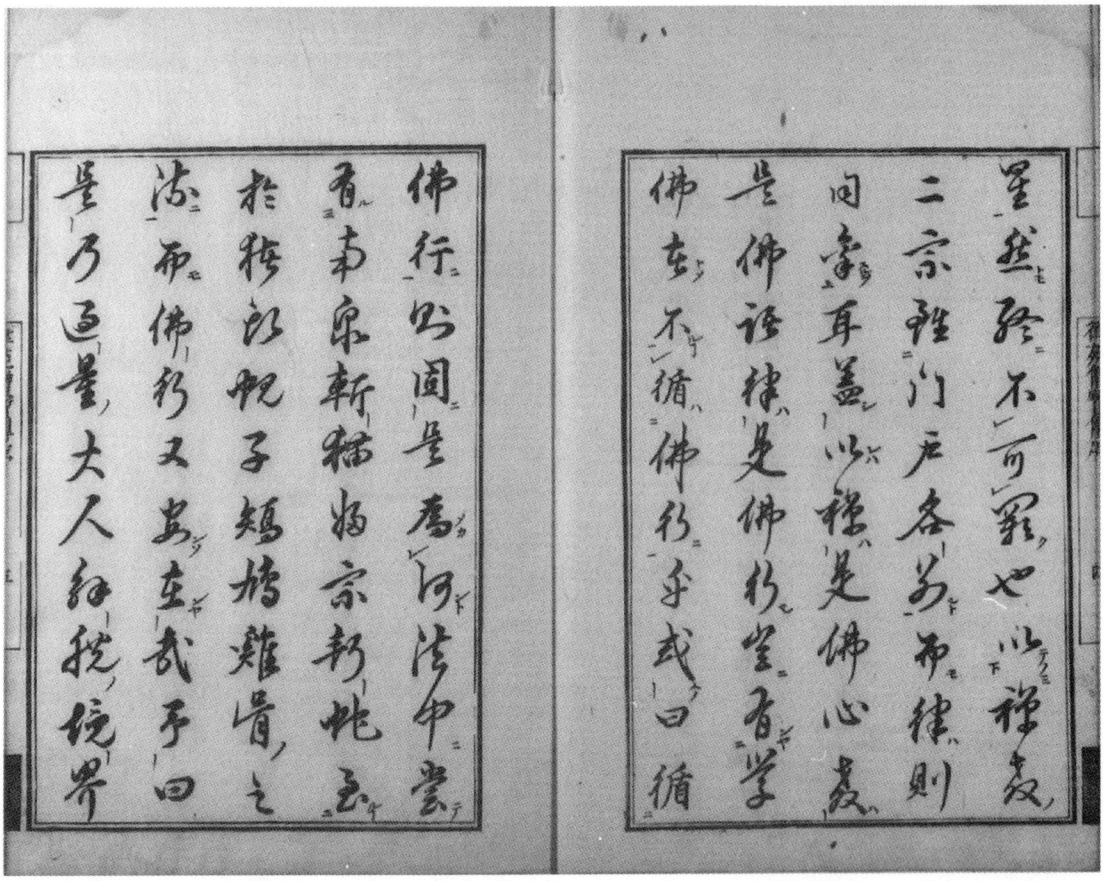

①11オ　①10ウ

星一。然トモ終ニ不レ可レ闕ク也。以テノミ下禅教ノ
二宗雖二門戸各別一也ト、而モ律ハ則
同乗上スルヲ耳。蓋シ以レハ禅ハ是仏心、教ハ
是仏語、律ハ是仏行也。豈ニ有二シヤ学
仏者トシテ不レルコト循二ハ仏行一ニ乎。或人ノ曰、循二

⌞
①10ウ

仏行一ニ、則固ニ是為レシテカ何ント、法中ニ嘗テ
有三ル南泉斬猫・帰宗斬蛇至二ルコト
於猪蚪蜆子雉鳩雞骨ノ之
流一ニ。而モ仏行、又安ンソ在ンヤ哉。予曰、
是乃過量ノ大人、解脱ノ境界、

⌞
①11オ

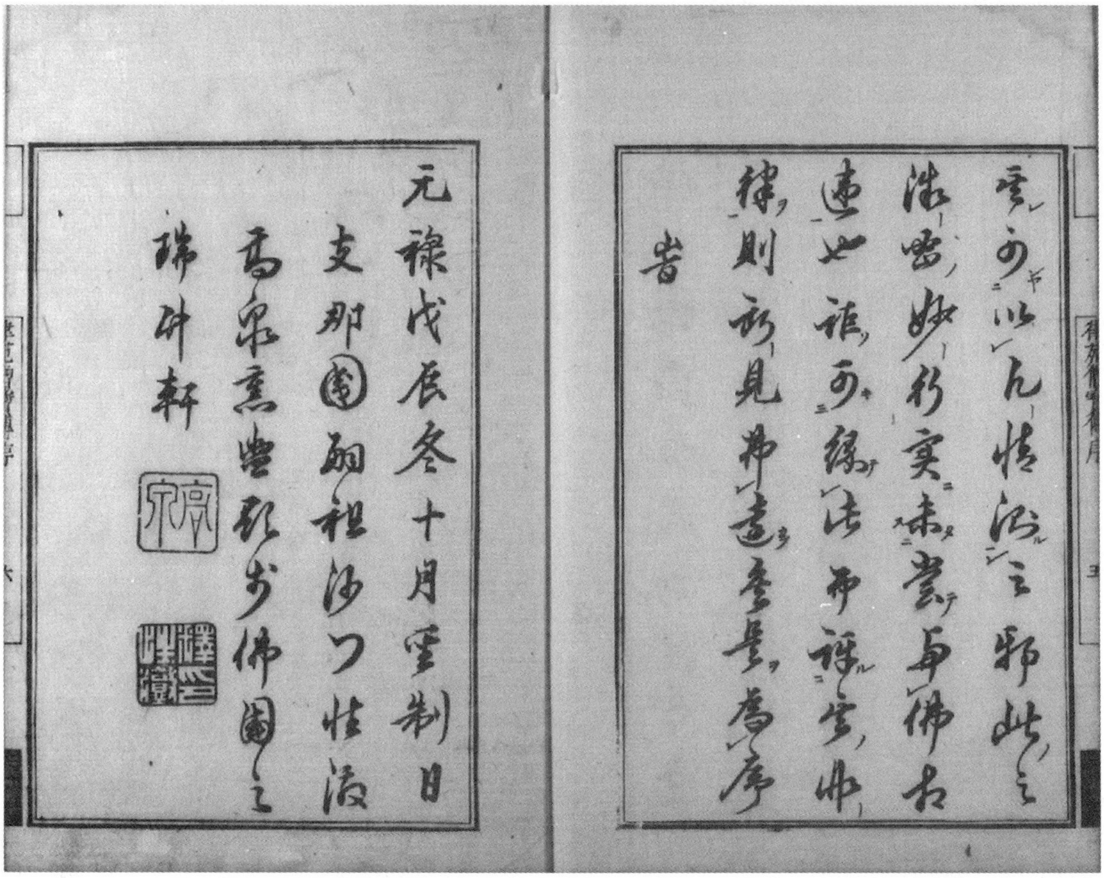

①12オ　①11ウ

其レ可ニシヤ以レ凡情測レルニ之邪。此ノ之
微密ノ妙行、実ニ未ニスタ嘗テ与レ仏相
違一也。詎ソ可三キ縁レテ此而評ニル其ノ如
律一ヲ。則新見弗レ遠カラ矣。是ヲ為レ序。
時

元禄戊辰冬十月聖制日
支那國嗣祖沙門性潡
高泉薫豊題於仏國之
瑞竹軒

高泉（印）
釈氏性潡（印）

└①12オ
└①11ウ

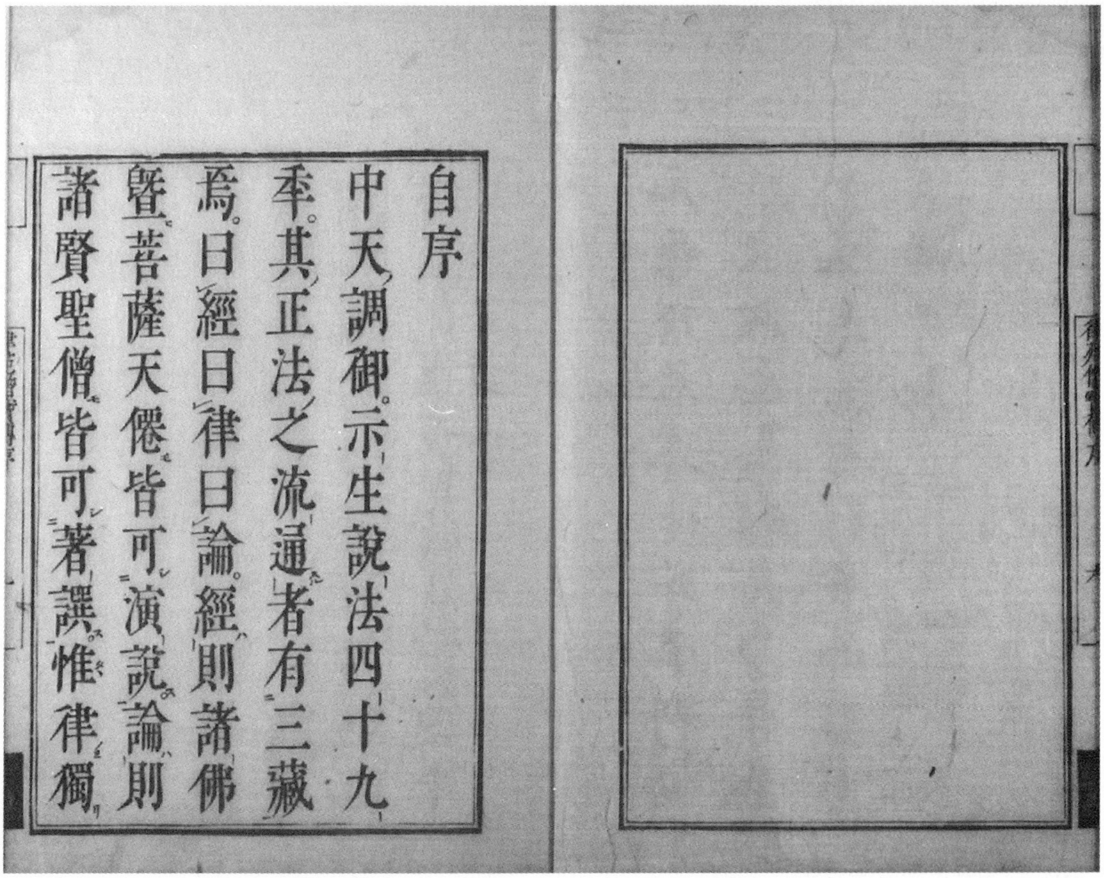
自序
中天調御示生説法四十九
秊其正法之流通者有三藏
焉曰經曰律曰論經則諸佛
暨菩薩天僊皆可演説論則
諸賢聖僧皆可著譔惟律獨

①13オ　①12ウ

自序
中天ノ調御。示生説法四十九
年。其ノ正法ノ之流通スル者有二三蔵一
焉。曰レ経、曰レ律、曰レ論。経ハ則諸仏
暨ヒ菩薩天僊モ皆可シ二演説ス一。論則
諸賢聖僧モ皆可シ二著譔ス一。惟タ、律ノミ独リ

①13オ

①12ウ

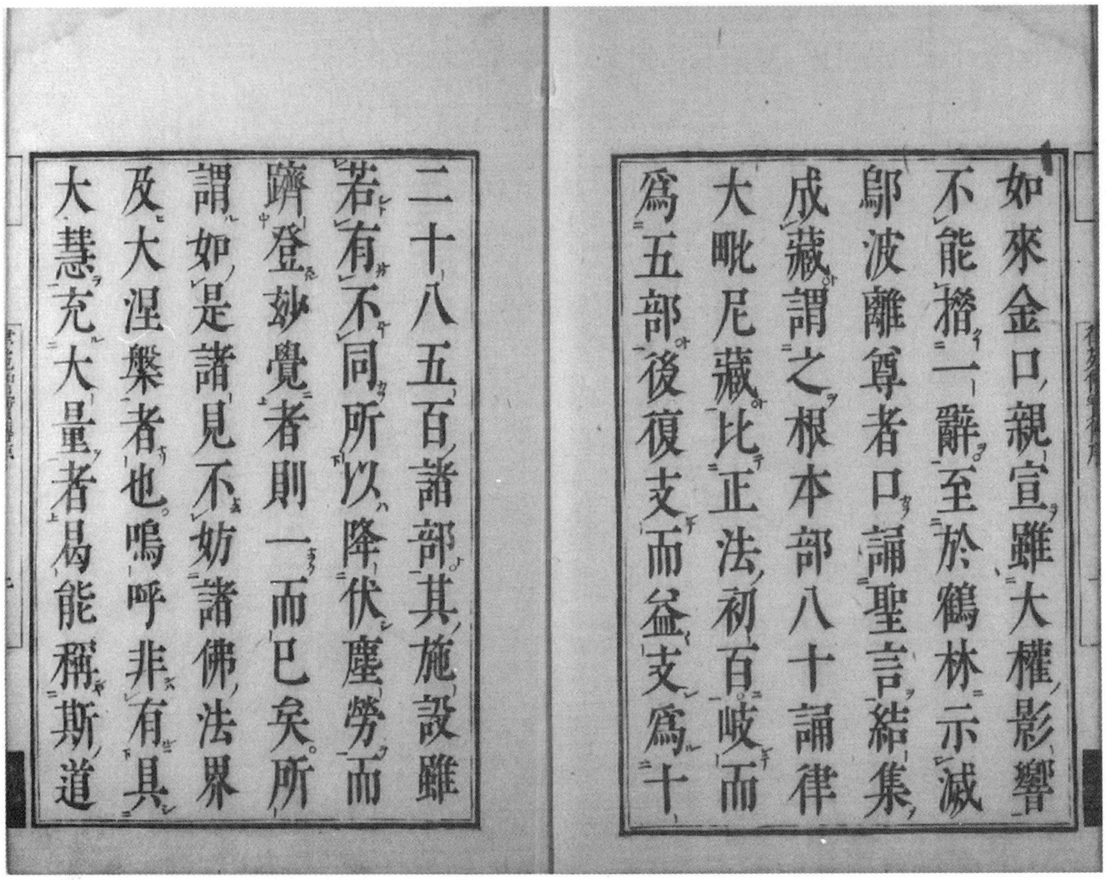

①14オ　①13ウ

如来金口ノ親宣ニシテ、雖ニ大権ノ影響一、
不レ能レ措クコト二一辞ヲ一。至ニ於鶴林ニ示レ滅、
鄔波離尊者、口カラ誦ニ聖言ヲ一、結集シテ
成レ蔵ト。謂ニ之ヲ根本部八十誦律
大毘尼蔵ト一。比テニ正法ノ初百ニ一、岐レテ而
為ニ五部ト一。後復支レテ而益ミ支レ、為ルニ十

└①13ウ

二・十八・五百ノ諸部ト一。其ノ施設、雖
レ若シトレ有ルカレ不ルコトレ同カラ、所下以ハ降ニ伏シ塵労ヲ一而
躋中登スル妙覚ニ上者、則一ナラク而已矣。所
謂ル如ノレ是諸見、不トレ妨云ニ諸仏ノ法界
及ヒ大涅槃一者ナリ也。鳴呼非ンハレ有ルニ下具シ二
大慧ヲ一充ニ大量ヲ一者上、曷能称ンヤニ斯ノ道

└①14オ

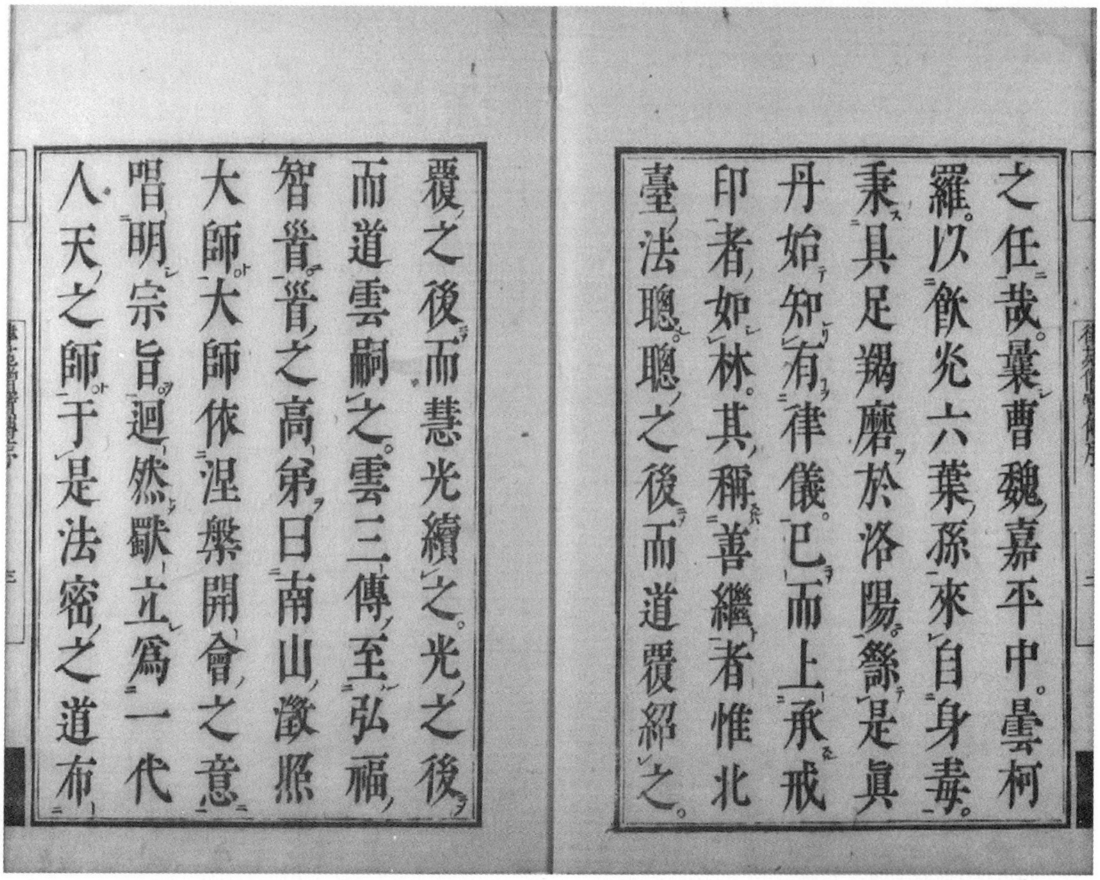

①15オ　　①14ウ

之任ニ哉。囊シ曹魏ノ嘉平中。曇柯
羅。以ニ飲光六葉ノ孫一来レ自ニ身毒一。
秉ニス具足羯磨ヲ於洛陽一ニ。繇レテ是真
丹始テ知レリ有ニコトヲ律儀一。已ニシテ而上ニ承スル戒
印一者ノ如レシ林。其ノ称ニスルハ善継一ト者、惟北
台ノ法聡也。聡ノ之後ニシテ而道覆紹レ之。

∟ ①14ウ

覆ノ之後ニシテ而慧光続レ之。光ノ之後ニシテ
而道雲嗣レ之。雲三伝シテ至ルニ弘福ノ
智首一ニ。首ノ之高弟ヲ曰ニ南山ノ澂照
大師一ト。大師依ニ涅槃開会ノ之意一ニ、
唱ニ明シ宗旨一ヲ。迴然トシテ独立シ、為ニ一代
人天ノ之師一ト。于レ是法密ノ之道布ニ

∟ ①15オ

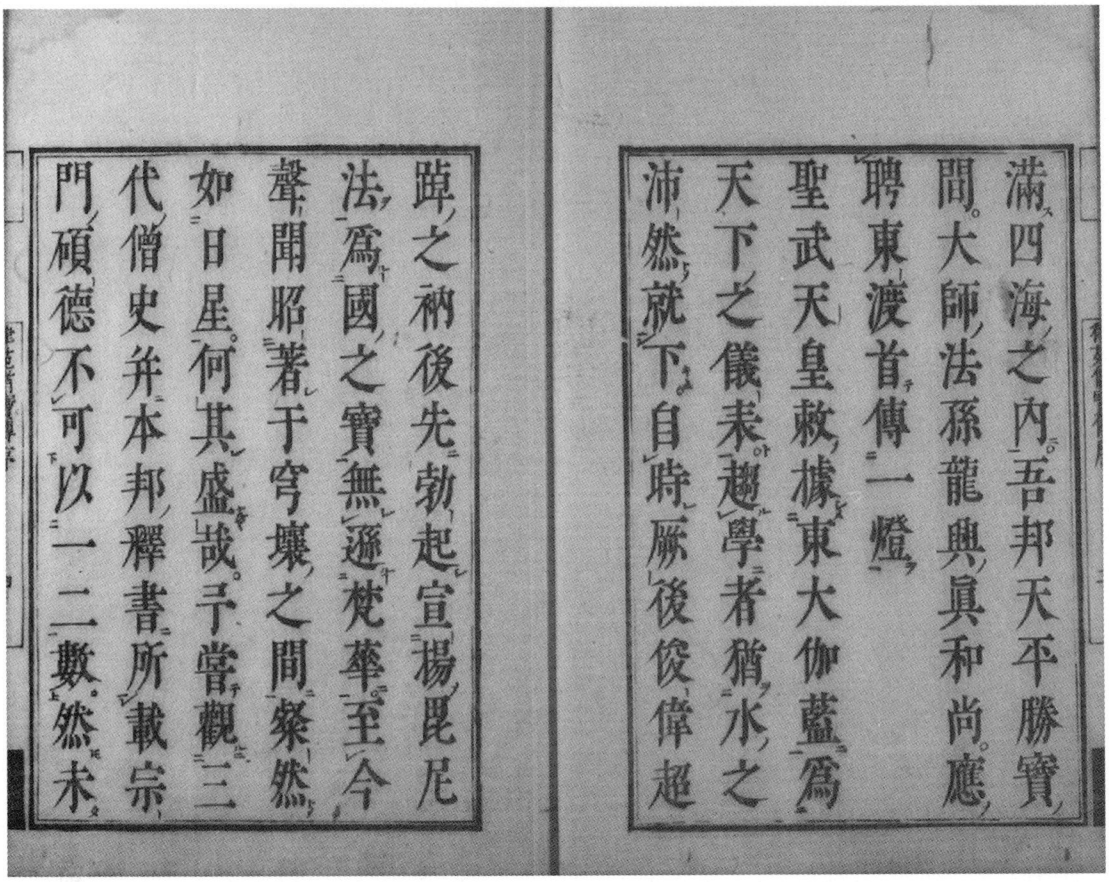

①16オ　①15ウ

満ス四海ノ之内一ニ。吾邦天平勝宝ノ
間。大師ノ法孫龍興ノ真和尚。応シテ
レ聘東渡、首テ伝二一燈一ヲ。
聖武天皇勅シテ拠レシメ東大伽藍一ニ、為二
天下ノ之儀表一ト。趨レル学ニ者、猶二ヲ水ノ之
沛然トシテ就レ下キニ。自レ時レ厥後、俊偉超
踔ノ之納後先ニ勃起シ、宣二揚シテ毘尼
法一ヲ為二ルコト國ノ之宝一、無レシ遜二ルコト梵華一ニ。至レ今
声聞昭二著シ于穹壌ノ之間一ニ、粲然トシテ
如二日星一。何其レ盛ナルヤ哉。予嘗テ観二ルニ三
代ノ僧史并ニ本邦ノ釈書ニ所レ載、宗
門ノ碩徳不レ可下以二一二一数上。然トモ未タ

└①16オ　└①15ウ

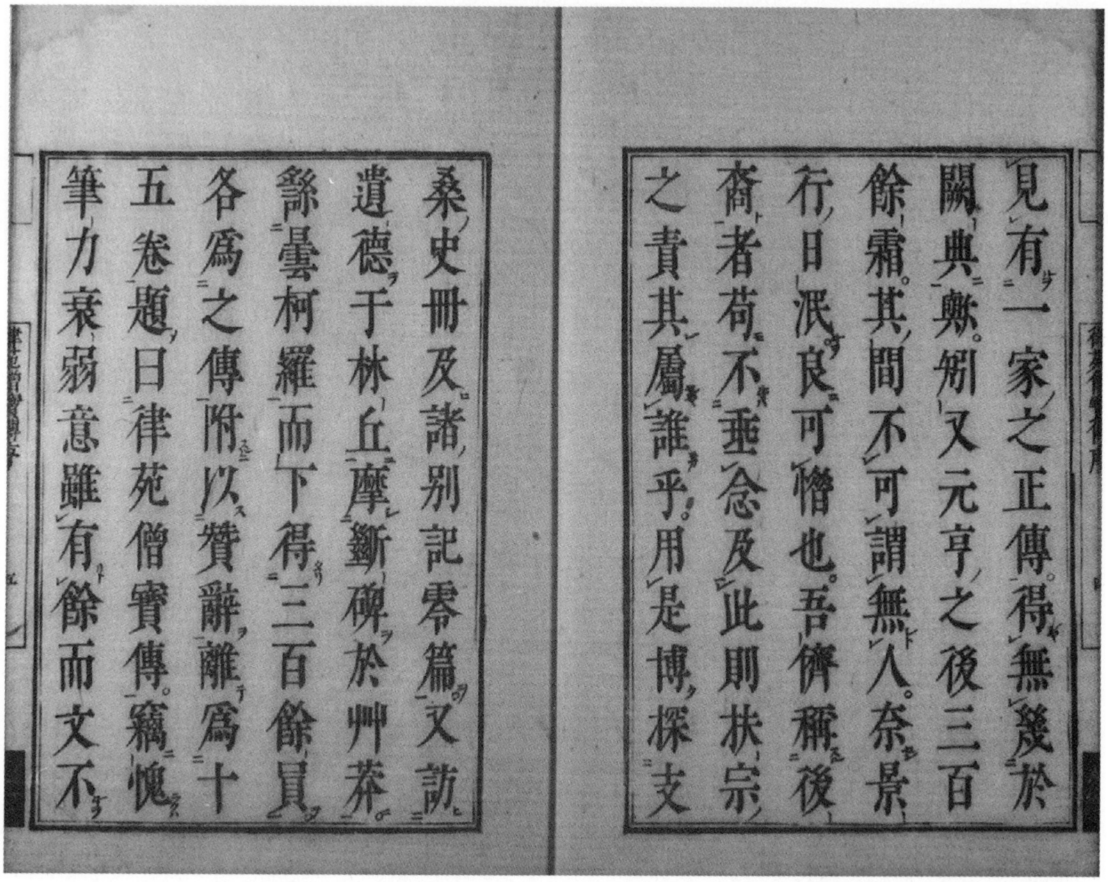

①17オ　①16ウ

レ見レ有ルヲ二一家ノ之正伝一。得シャレ無レ幾二於
闕典二歟。矧又元亨ノ之後三百
余霜、其ノ間不レ可レ謂レ無シトレ人。奈センレ景
行ノ日泯ルコトヲ。良ニ可レ惜也。吾儕称スル二後
裔ト一者、苟モ不ル時ハ二垂レ念及レ此、則扶宗ノ
之責其レ属センヤレ誰ニカ乎。用レ是博ク採二支

└
①16ウ

桑ノ史冊及ヒ諸ノ別記零篇ヲ一。又訪ヒ二
遺徳ヲ于林丘ニ一、摩シ二断碑ヲ於艸莽ニ一、
繇二曇柯羅一而下得タリ二三百余員ヲ一。
各為ニ二之伝ヲ一、附スルニ以ス二賛辞ヲ一。離テ為二十
五巻一、題シテ曰二律苑僧宝伝一。竊ニ愧ラクハ
筆力衰弱、意雖レ有リトレ余、而文不ルコトヲ

└
①17オ

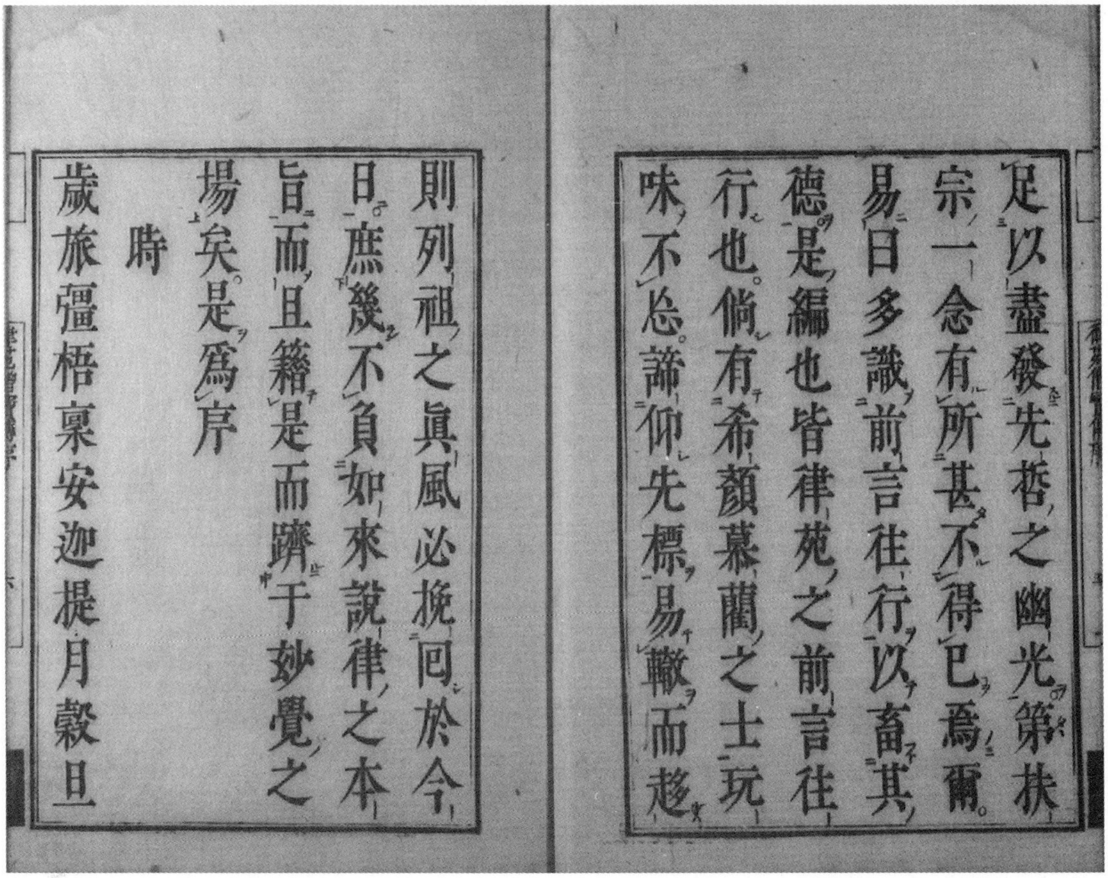

足以盡發先哲之幽光第扶
宗一念有所甚不得已爲爾
易曰多識前言往行以畜其
德是編也皆律苑之前言往
行也倘有希顏慕藺之士玩
味不忘諦仰先標易轍而趍

則列祖之眞風必挽回於今
日庶幾不負如來說律之本
旨而且籍是而躋于妙覺之
場矣是爲序
時
歲旅彊梧稾安迦提月穀旦

①18オ　①17ウ

レ足三以尽発スルニ二先哲ノ之幽光一ヲ。第タ、扶
宗ノ一念、有ルレ所二甚タ不ルレ得レ已コトヲ一焉ノミ爾。
易ニ曰、多識シテ二前言往行一ヲ、以テ畜フト二其ノ
徳一ヲ。是ノ編也、皆律苑ノ之前言往
行ナリ也。倘シ有テ三希顔慕藺ノ之士二、玩
味シテ不レ忘。諦ニ仰シ先標一ヲ、易テレ轍ヲ而趍ル時ハ、

則列祖ノ之真風、必挽二回シ於今
日一ニ。庶下幾ラン不レ負二如来説律ノ之本
旨一ニ、而シテ且籍テレ是而躋ルニ中于妙覚ノ之
場上矣。是ヲ為レ序.
時
歳旅彊梧稟安迦提月穀旦

⌊
①18オ

⌊
①17ウ

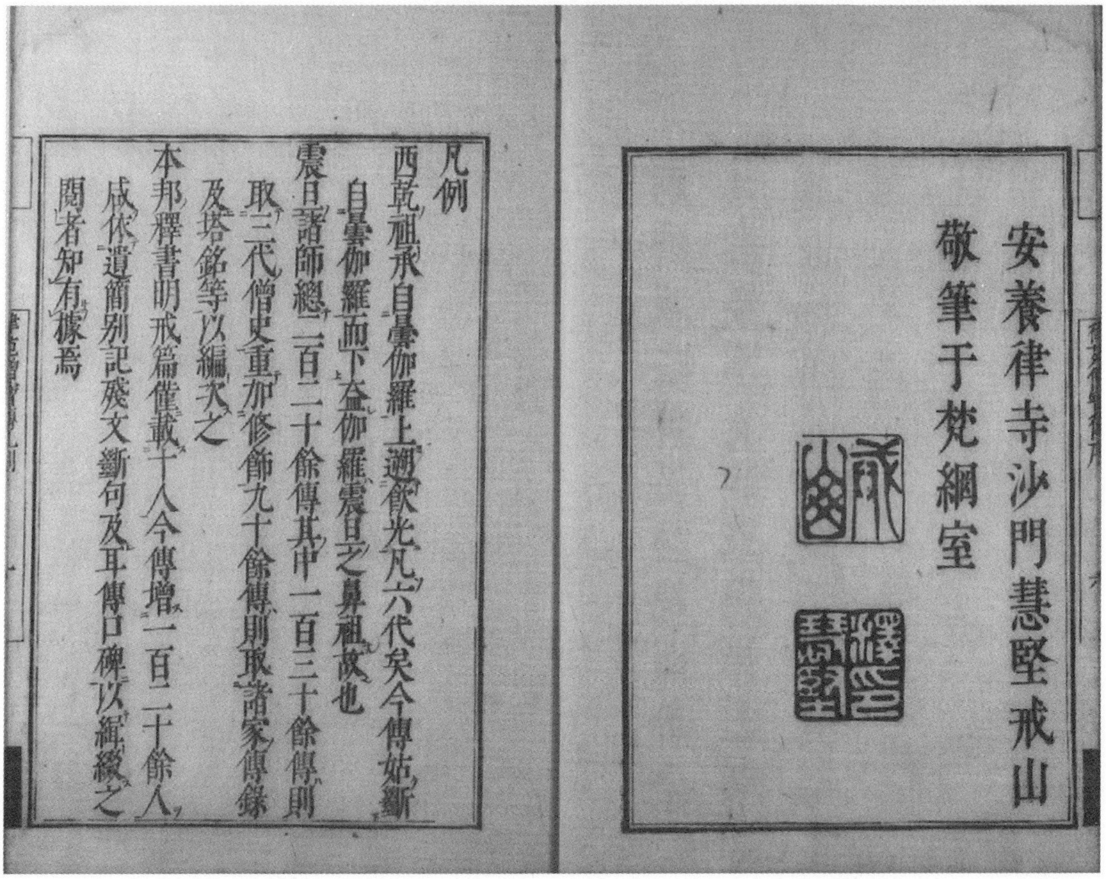

①19オ　①18ウ

安養律寺沙門慧堅戒山
敬筆于梵網室

戒山

釈氏慧堅

①18ウ

凡例

西乾ノ祖承、自二曇伽羅一、上ミ遡テ二飲光一ニ凡ソ六代矣。今伝姑ク断下自二曇伽羅一而下上。盍シ伽羅ハ震旦ノ之鼻祖ナル故也也。

震旦ノ諸師、総テ二一百二十余伝。其ノ中一百三十余伝ハ則取テ二三代ノ僧史一重テ加二修飾一。九十余伝ハ則取二諸家ノ伝録及ヒ塔銘等一以編次ス之。

本邦ノ釈書明戒篇、僅ニ載ス二十人一。今伝増ス二一百二十余人一ヲ。咸ク依テ二遺簡・別記・残文・断句及ヒ耳伝・口碑一ニ以テ緝綴ス之。閲者知レ有ルコトヲレ拠焉。

①19オ

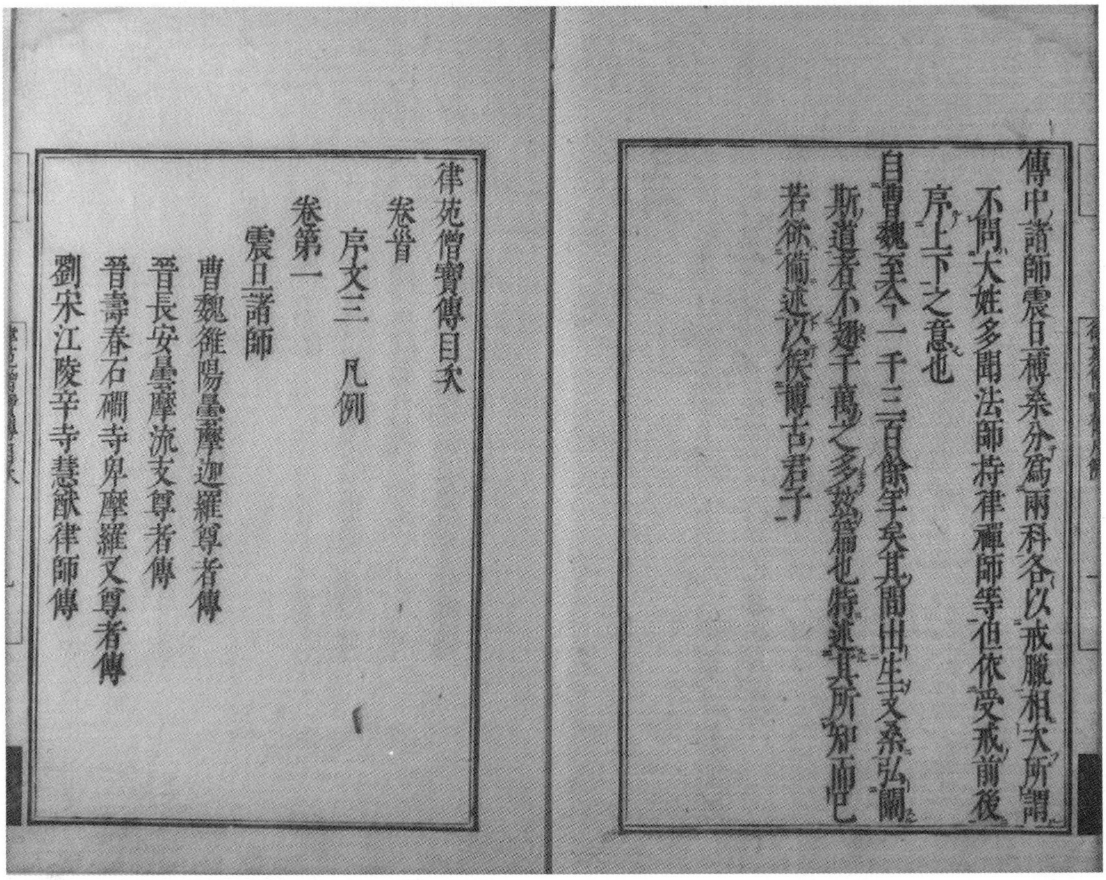

①20オ　　①19ウ

伝中ノ諸師、震旦・榑桑分テ為二両科一。各ミ以二戒臘一相ヒ次ツ。所謂ル
不レ問ハ大姓多聞法師・持律禅師等一。但依二受戒ノ前後一ニ、
序ルノ二上下一之意也也。
自二曹魏一至レ今一千三百余ノ年矣。其ノ間出二生シテ支桑一ニ弘二闡スル
斯ノ道一者、不二翅タヽ千万ノ之多一ノミナラ。茲ノ篇也特ニ述二スル其所レ知而已。
若欲ハ備ニ述一ント、以テ俟二博古ノ君子一。

└ ①19ウ

律苑僧宝伝目次
巻首
序文三　凡例
巻第一
震旦諸師
曹魏雒陽曇摩迦羅尊者伝
晋長安曇摩流支尊者伝
晋寿春石磵寺卑摩羅叉尊者伝
劉宋江陵辛寺慧猷律師伝

└ ①20オ

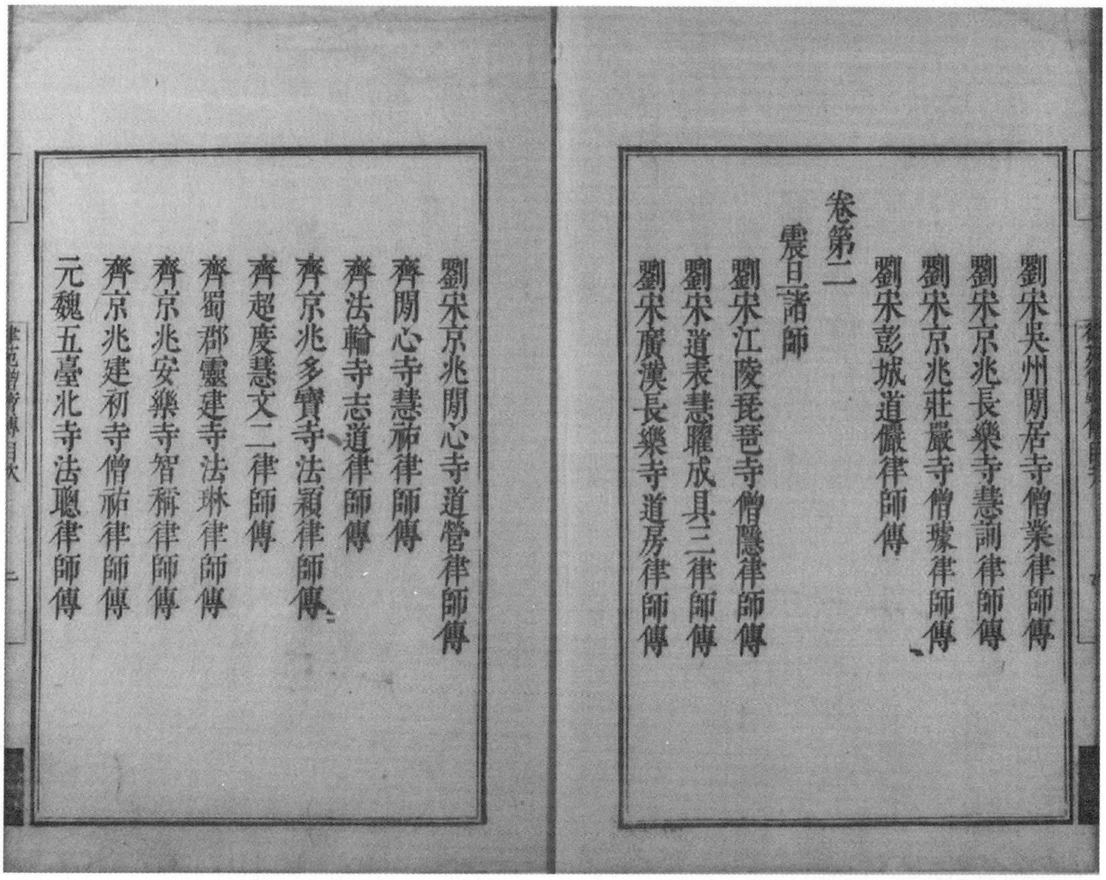

劉宋呉州閑居寺僧業律師傳
劉宋京兆長樂寺慧詢律師傳
劉宋京兆莊嚴寺僧璩律師傳
劉宋彭城道儼律師傳
卷第二
震旦諸師
劉宋江陵琵琶寺僧隱律師傳
劉宋道表慧曜成具三律師傳
劉宋廣漢長樂寺道房律師傳

劉宋京兆閒心寺道營律師傳
齊閒心寺慧祐律師傳
齊法輪寺志道律師傳
齊京兆多寶寺法穎律師傳
齊超度慧文二律師傳
齊蜀郡靈建寺法琳律師傳
齊京兆安樂寺智稱律師傳
齊京兆建初寺僧祐律師傳
元魏五臺北寺法聰律師傳

①20ウ　①21オ

劉宋呉州間居寺僧業律師伝
劉宋京兆長楽寺慧詢律師伝
劉宋京兆荘厳寺僧璩律師伝
劉宋彭城道儼律師伝
巻第二
震旦諸師
劉宋江陵琵琶寺僧隠律師伝
劉宋道表・慧曜・成具三律師伝
劉宋広漢長楽寺道房律師伝

└
①20ウ

劉宋京兆間心寺道営律師伝
斉間心寺慧祐律師伝
斉法輪寺志道律師伝
斉京兆多宝寺法穎律師伝
斉超度・慧文二律師伝
斉蜀郡霊建寺法琳律師伝
斉京兆安楽寺智称律師伝
斉京兆建初寺僧祐律師伝
元魏五台北寺法聡律師伝

└
①21オ

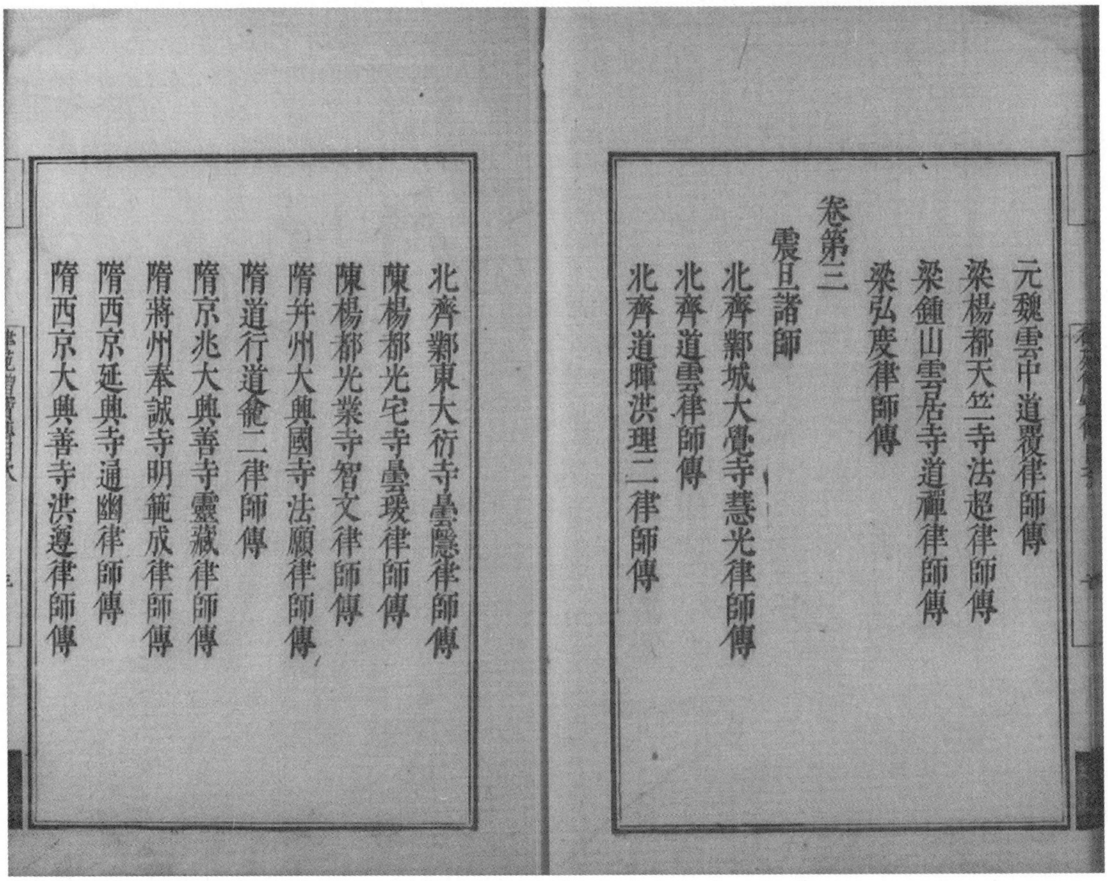
元魏雲中道覆律師傳
梁楊都天竺寺法超律師傳
梁鍾山雲居寺道禪律師傳
梁弘度律師傳
巻第三
震旦諸師
北齊鄴城大覺寺慧光律師傳
北齊道雲律師傳
北齊道暉洪理二律師傳
北齊鄴東大衍寺曇隱律師傳
陳楊都光宅寺曇瑗律師傳
陳楊都光業寺智文律師傳
隋并州大興國寺法願律師傳
隋道行道龕二律師傳
隋京兆大興善寺靈藏律師傳
隋蔣州奉誠寺明範成律師傳
隋西京延興寺通幽律師傳
隋西京大興善寺洪遵律師傳

①21ウ　①22オ

元魏雲中道覆律師伝
梁楊都天竺寺法超律師伝
梁鍾山雲居寺道禅律師伝
梁弘度律師伝

巻第三

震旦諸師
北斉鄴城大覚寺慧光律師伝
北斉道雲律師伝
北斉道暉・洪理二律師伝

⌐①21ウ

北斉鄴東大衍寺曇隠律師伝
陳楊都光宅寺曇瑗律師伝
陳楊都光業寺智文律師伝
隋并州大興國寺法願律師伝
隋道行・道龕二律師伝
隋京兆大興善寺霊蔵律師伝
隋蔣州奉誠寺明範成律師伝
隋西京延興寺通幽律師伝
隋西京大興善寺洪遵律師伝

⌐①22オ

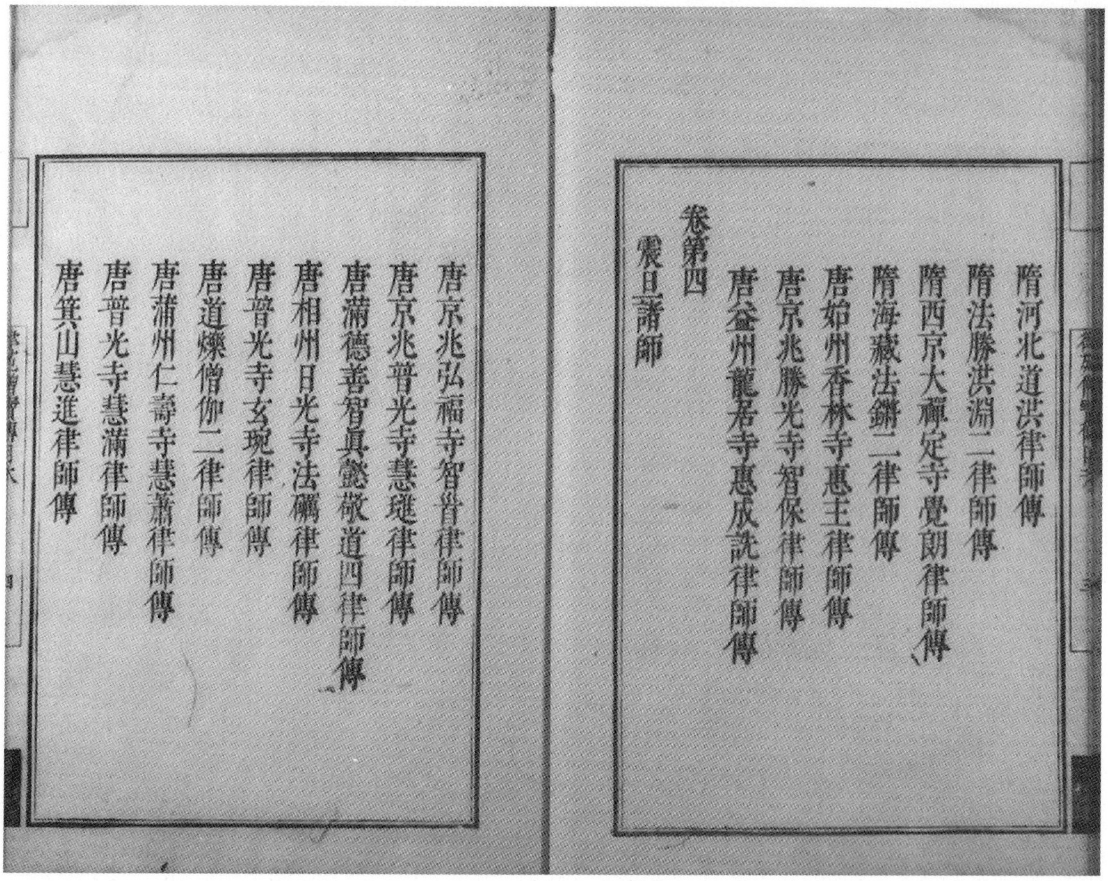

①23オ　①22ウ

隋河北道洪律師伝
隋法勝・洪淵二律師伝
隋西京大禅定寺覚朗律師伝
隋海蔵・法鏘二律師伝
唐始州香林寺恵主律師伝
唐京兆勝光寺智保律師伝
唐益州龍居寺恵成読律師伝

巻第四

震旦諸師

┗①22ウ

唐京兆弘福寺智首律師伝
唐京兆普光寺慧璡律師伝
唐満徳・善智・真懿・敬道四律師伝
唐相州日光寺法礪律師伝
唐普光寺玄琬律師伝
唐道爍・僧伽二律師伝
唐蒲州仁寿寺慧蕭律師伝
唐普光寺慧満律師伝
唐箕山慧進律師伝

┗①23オ

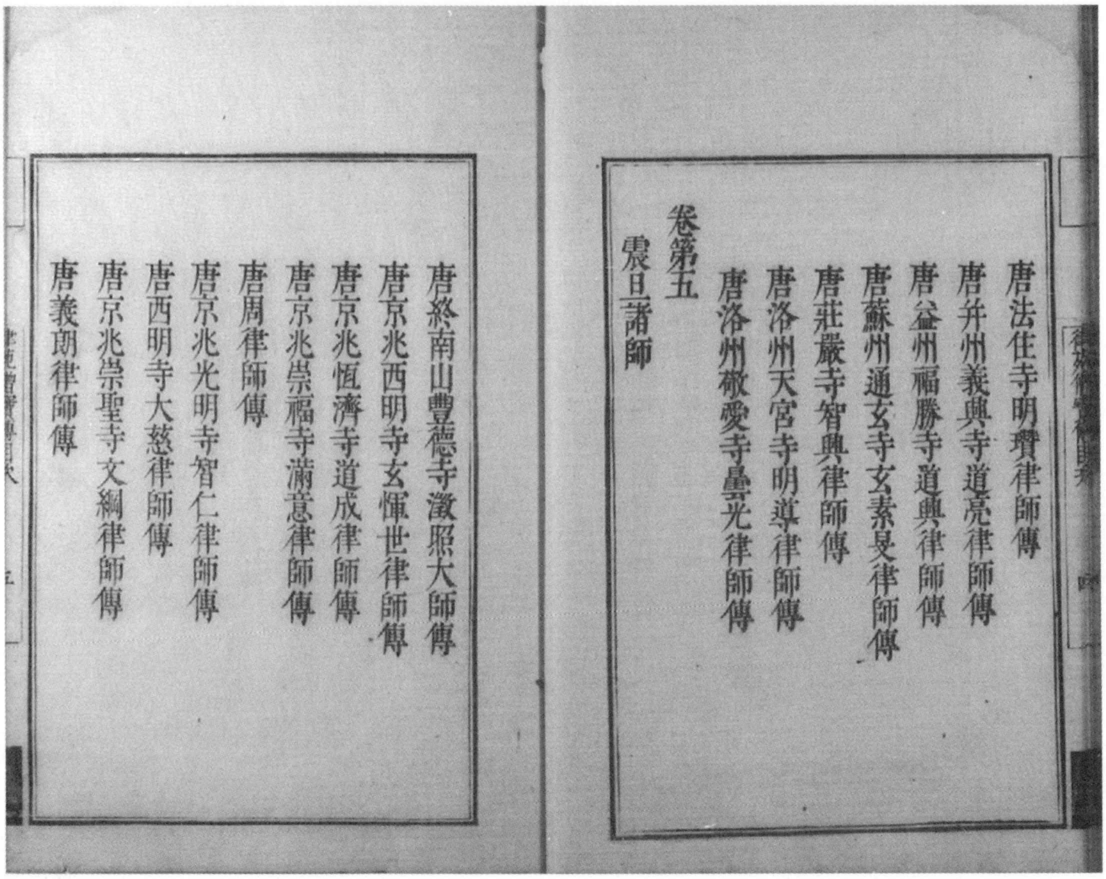
卷第五
震旦諸師
唐法住寺明瓚律師傳
唐并州義興寺道亮律師傳
唐益州福勝寺道興律師傳
唐蘇州通玄寺玄素旻律師傳
唐莊嚴寺智興律師傳
唐洛州天宮寺明導律師傳
唐洛州敬愛寺曇光律師傳
唐終南山豊德寺澂照大師傳
唐京兆西明寺玄惲世律師傳
唐京兆恒濟寺道成律師傳
唐京兆崇福寺滿意律師傳
唐周律師傳
唐京兆光明寺智仁律師傳
唐西明寺大慈律師傳
唐京兆崇聖寺文綱律師傳
唐義朗律師傳

①24オ　①23ウ

卷第五

震旦諸師

唐法住寺明瓚律師伝

唐并州義興寺道亮律師伝

唐益州福勝寺道興律師伝

唐蘇州通玄寺玄素旻律師伝

唐荘厳寺智興律師伝

唐洛州天宮寺明導律師伝

唐洛州敬愛寺曇光律師伝

└
①23ウ

唐終南山豊徳寺澂照大師伝

唐京兆西明寺玄惲世律師伝

唐京兆恒済寺道成律師伝

唐京兆崇福寺満意律師伝

唐周律師伝

唐京兆光明寺智仁律師伝

唐西明寺大慈律師伝

唐京兆崇聖寺文綱律師伝

唐義朗律師伝

└
①24オ

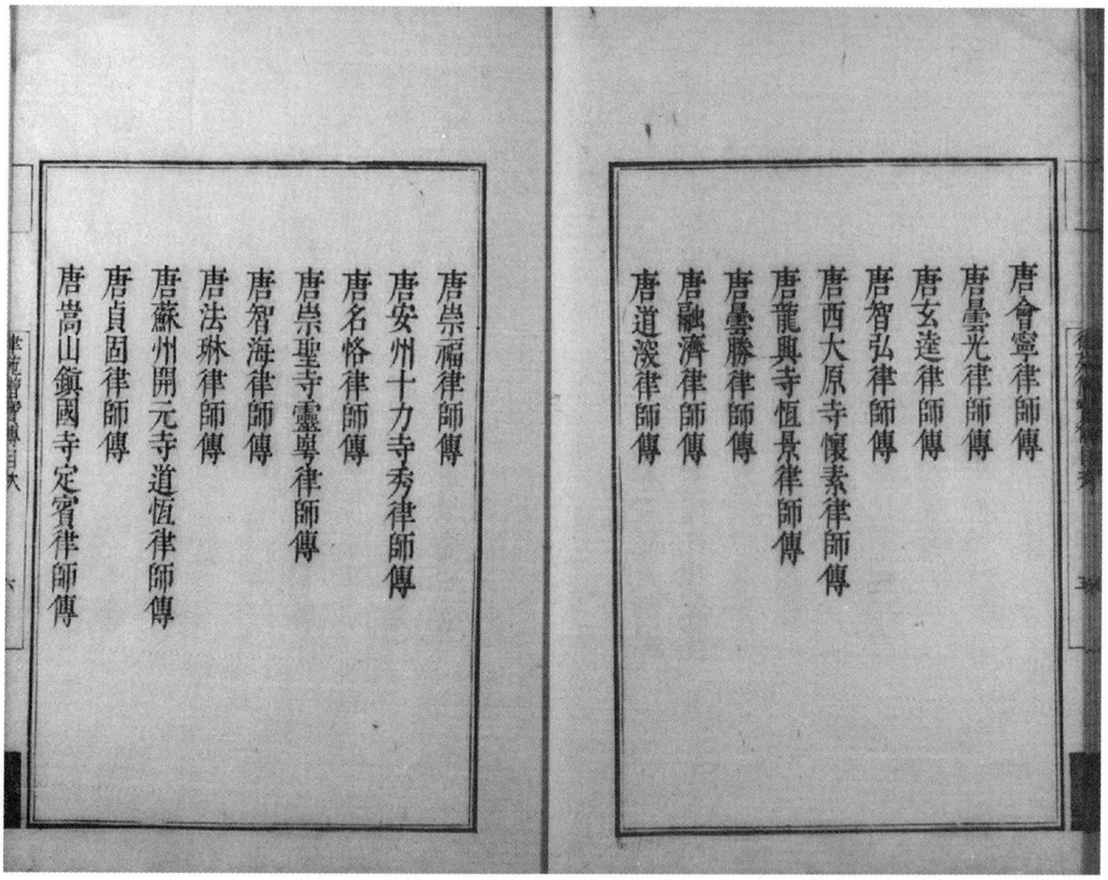

唐會寧律師傳
唐曇光律師傳
唐玄逵律師傳
唐智弘律師傳
唐西大原寺懷素律師傳
唐龍興寺恒景律師傳
唐曇勝律師傳
唐融濟律師傳
唐道深律師傳

唐崇福律師傳
唐安州十力寺秀律師傳
唐名恪律師傳
唐崇聖寺靈崿律師傳
唐智海律師傳
唐法琳律師傳
唐蘇州開元寺道恒律師傳
唐貞固律師傳
唐嵩山鎮國寺定賓律師傳

①25オ　①24ウ

唐会寧律師伝
唐曇光律師伝
唐玄逵律師伝
唐智弘律師伝
唐西大原寺懐素律師伝
唐龍興寺恒景律師伝
唐曇勝律師伝
唐融済律師伝
唐道深律師伝

①24ウ

唐崇福律師伝
唐安州十力寺秀律師伝
唐名恪律師伝
唐崇聖寺霊崿律師伝
唐智海律師伝
唐法琳律師伝
唐蘇州開元寺道恒律師伝
唐貞固律師伝
唐嵩山鎮國寺定賓律師伝

①25オ

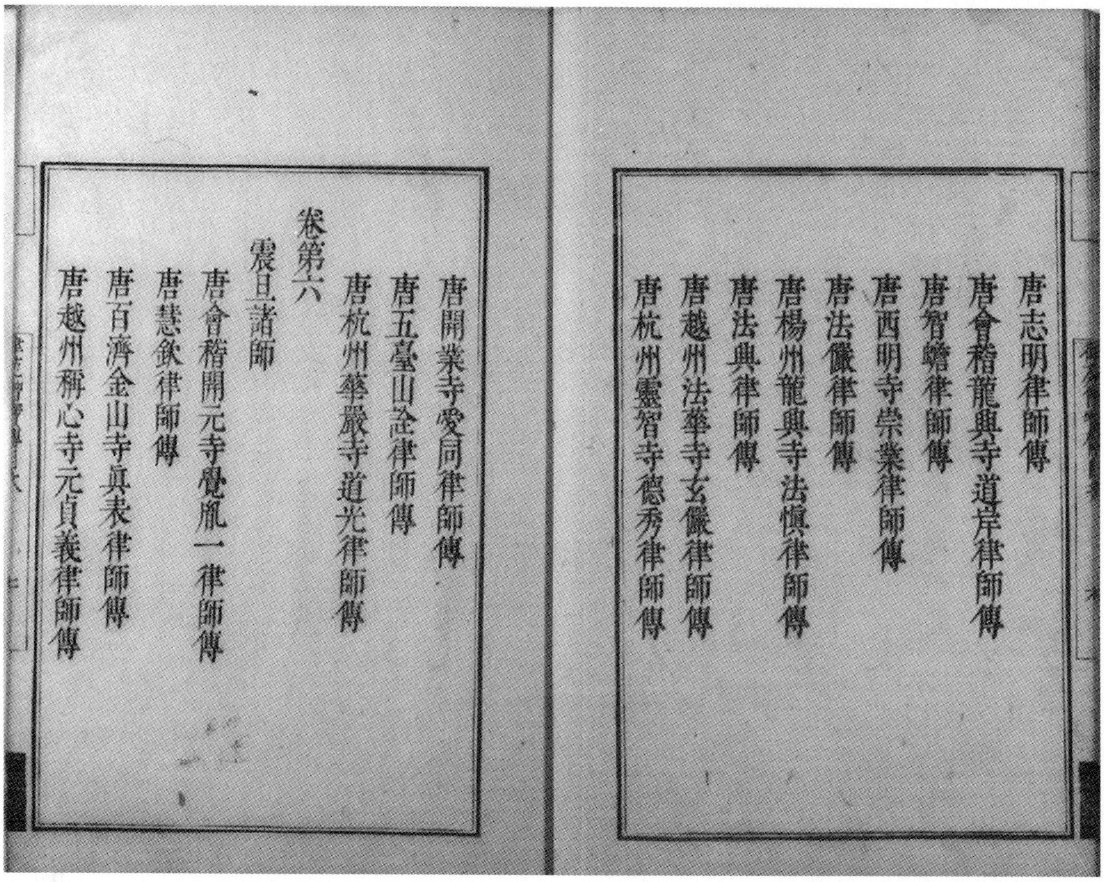

唐志明律師傳
唐會稽龍興寺道岸律師傳
唐智蟾律師傳
唐西明寺崇業律師傳
唐法儼律師傳
唐楊州龍興寺法愼律師傳
唐法典律師傳
唐越州法華寺玄儼律師傳
唐杭州靈智寺德秀律師傳

唐開業寺愛同律師傳
唐五臺山詮律師傳
唐杭州華嚴寺道光律師傳
卷第六
震旦諸師
唐會稽開元寺覺胤一律師傳
唐慧欽律師傳
唐百濟金山寺眞表律師傳
唐越州稱心寺元貞義律師傳

①26オ　①25ウ

唐志明律師伝
唐会稽龍興寺道岸律師伝
唐智蟾律師伝
唐西明寺崇業律師伝
唐法儼律師伝
唐楊州龍興寺法慎律師伝
唐法興律師伝
唐越州法華寺玄儼律師伝
唐杭州霊智寺徳秀律師伝

┗①25ウ

唐開業寺愛同律師伝
唐五台山詮律師伝
唐杭州華厳寺道光律師伝
巻第六
震旦諸師
唐会稽開元寺覚胤一律師伝
唐慧欽律師伝
唐百済金山寺真表律師伝
唐越州称心寺元貞義律師伝

┗①26オ

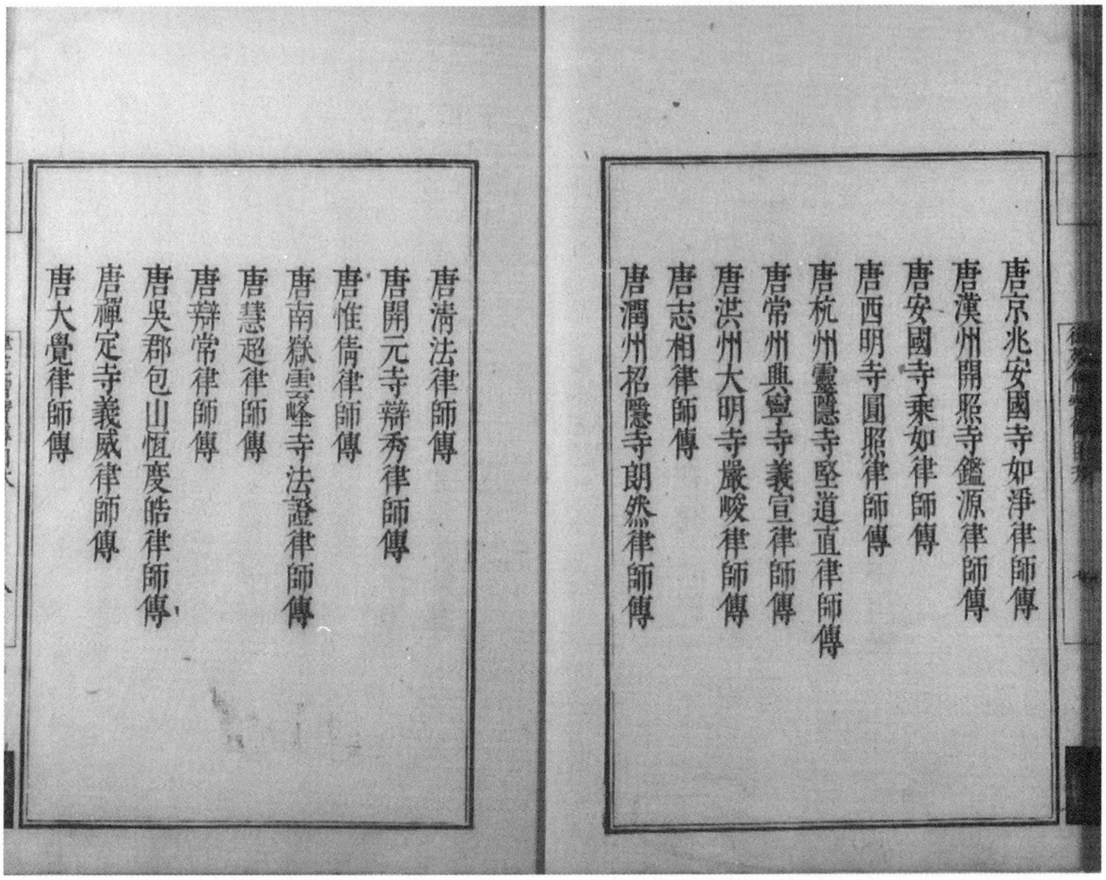
唐京兆安國寺如淨律師傳
唐漢州開照寺鑑源律師傳
唐安國寺乘如律師傳
唐西明寺圓照律師傳
唐杭州靈隱寺堅道直律師傳
唐常州興寧寺義宣律師傳
唐洪州大明寺巖峻律師傳
唐志相律師傳
唐潤州招隱寺朗然律師傳

唐清法律師傳
唐開元寺辯秀律師傳
唐惟倩律師傳
唐南嶽雲峰寺法證律師傳
唐慧超律師傳
唐辯常律師傳
唐吳郡包山恒度皓律師傳
唐禪定寺義威律師傳
唐大覺律師傳

①26ウ　①27オ

唐京兆安國寺如浄律師伝
唐漢州開照寺鑑源律師伝
唐安國寺乗如律師伝
唐西明寺円照律師伝
唐杭州霊隠寺堅道直律師伝
唐常州興寧寺義宣律師伝
唐洪州大明寺厳峻律師伝
唐志相律師伝
唐潤州招隠寺朗然律師伝

└①26ウ

唐清法律師伝
唐開元寺弁秀律師伝
唐惟倩律師伝
唐南嶽雲峰寺法證律師伝
唐慧超律師伝
唐弁常律師伝
唐呉郡包山恒度皓律師伝
唐禅定寺義威律師伝
唐大覚律師伝

└①27オ

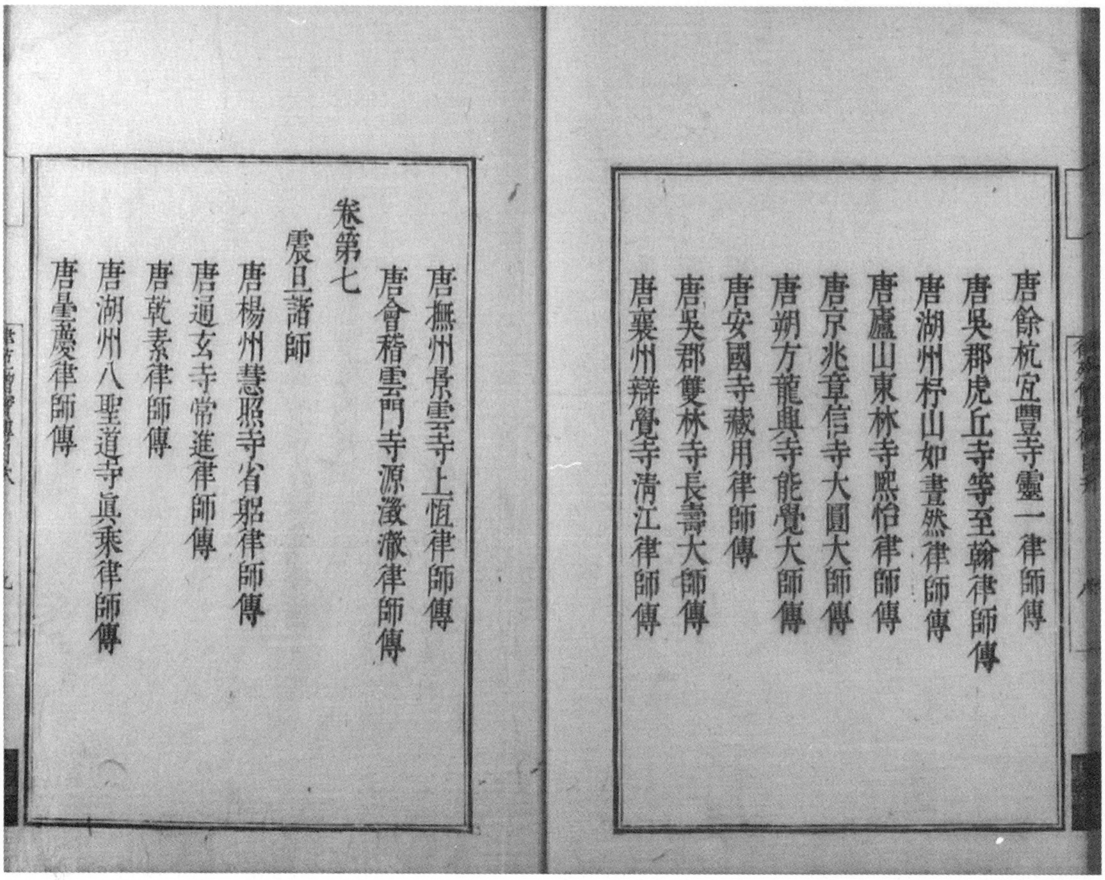
唐餘杭宜豐寺靈一律師傳
唐吳郡虎丘寺等至翰律師傳
唐湖州杼山如晝然律師傳
唐廬山東林寺熙怡律師傳
唐京兆章信寺大圓大師傳
唐朔方龍興寺能覺大師傳
唐安國寺藏用律師傳
唐吳郡雙林寺長壽大師傳
唐襄州辯覺寺清江律師傳

唐撫州景雲寺上恒律師傳
唐會稽雲門寺源澂澈律師傳
巻第七
震旦諸師
唐楊州慧照寺省躬律師傳
唐通玄寺常進律師傳
唐乾素律師傳
唐湖州八聖道寺真乘律師傳
唐曇慶律師傳

①28オ　①27ウ

唐余杭宜豊寺霊一律師伝
唐呉郡虎丘寺等至翰律師伝
唐湖州杼山如昼然律師伝
唐廬山東林寺熙怡律師伝
唐京兆章信寺大円大師伝
唐朔方龍興寺能覚大師伝
唐安國寺蔵用律師伝
唐呉郡双林寺長寿大師伝
唐襄州弁覚寺清江律師伝

①27ウ

唐撫州景雲寺上恒律師伝
唐会稽雲門寺源澂澈律師伝

巻第七

震旦諸師

唐楊州慧照寺省躬律師伝
唐通玄寺常進律師伝
唐乾素律師伝
唐湖州八聖道寺真乗律師伝
唐曇慶律師伝

①28オ

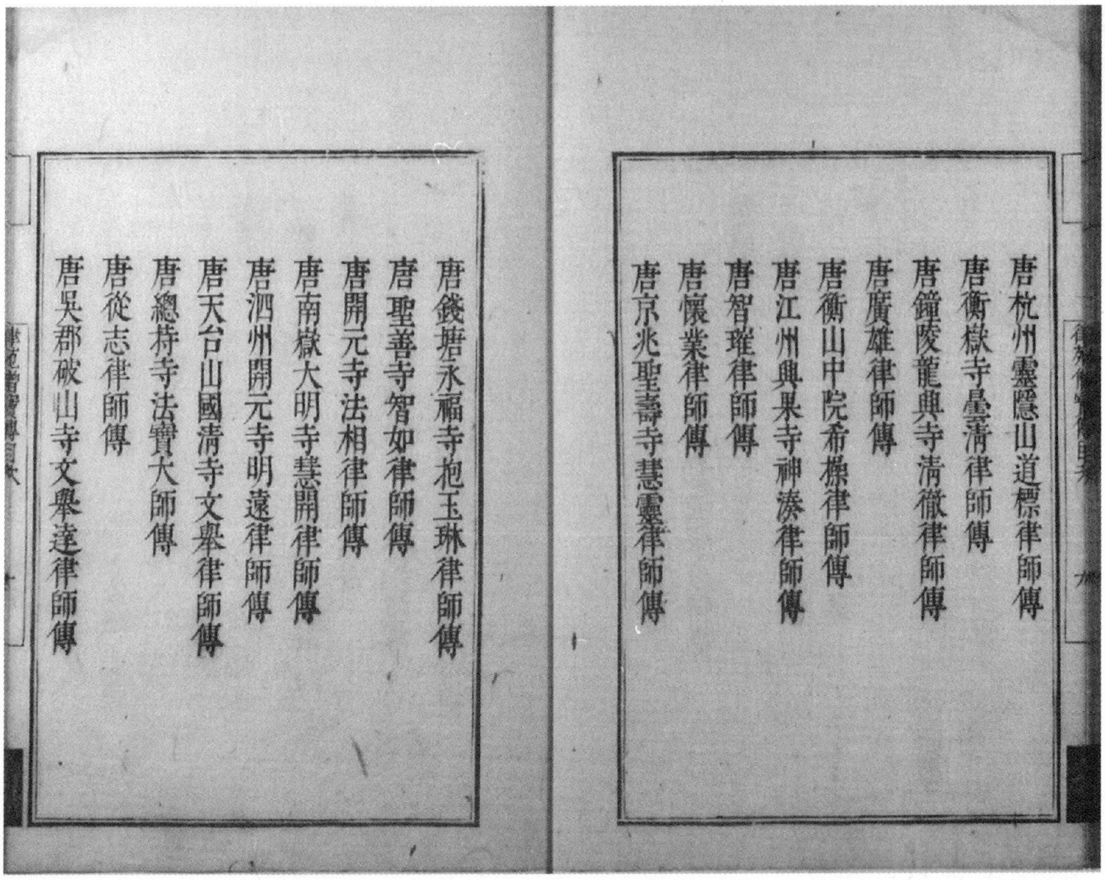
唐杭州靈隱山道標律師傳
唐衡嶽寺曇清律師傳
唐鍾陵龍興寺清徹律師傳
唐廣雄律師傳
唐衡山中院希操律師傳
唐江州興果寺神湊律師傳
唐智璀律師傳
唐懷業律師傳
唐京兆聖壽寺慧靈律師傳

唐錢塘永福寺抱玉琳律師傳
唐聖善寺智如律師傳
唐開元寺法相律師傳
唐南嶽大明寺慧開律師傳
唐泗州開元寺明遠律師傳
唐天台山國清寺文擧律師傳
唐總持寺法寶大師傳
唐從志律師傳
唐吳郡破山寺文擧達律師傳

①28ウ　①29オ

唐杭州霊隠山道標律師伝
唐衡嶽寺曇清律師伝
唐鐘陵龍興寺清徹律師伝
唐広雄律師伝
唐衡山中院希操律師伝
唐江州興果寺神湊律師伝
唐智璀律師伝
唐懐業律師伝
唐京兆聖寿寺慧霊律師伝

└①28ウ

唐銭塘永福寺抱玉琳律師伝
唐聖善寺智如律師伝
唐開元寺法相律師伝
唐南嶽大明寺慧開律師伝
唐泗州開元寺明遠律師伝
唐天台山國清寺文挙律師伝
唐総持寺法宝大師伝
唐従志律師伝
唐呉郡破山寺文挙達律師伝

└①29オ

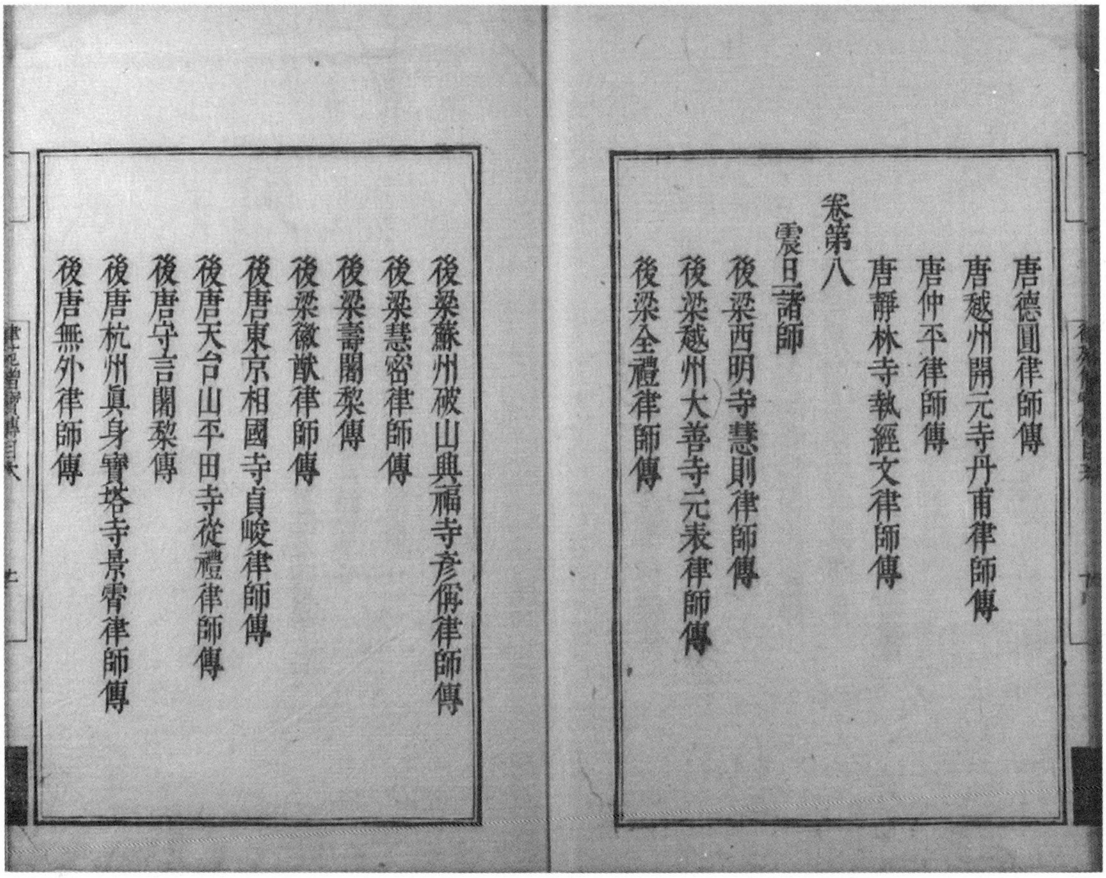
唐徳圓律師傳
唐越州開元寺丹甫律師傳
唐仲平律師傳
唐静林寺執經文律師傳
卷第八
震旦諸師
後梁西明寺慧則律師傳
後梁越州大善寺元表律師傳
後梁全禮律師傳
後梁蘇州破山興福寺彦偁律師傳
後梁慧密律師傳
後梁壽闍梨傳
後梁徽猷律師傳
後唐東京相國寺貞峻律師傳
後唐天台山平田寺從禮律師傳
後唐守言闍梨傳
後唐杭州眞身寶塔寺景霄律師傳
後唐無外律師傳

①30オ　①29ウ

唐徳円律師伝
唐越州開元寺丹甫律師伝
唐仲平律師伝
唐静林寺執経文律師伝

巻第八
震旦諸師
後梁西明寺慧則律師伝
後梁越州大善寺元表律師伝
後梁全礼律師伝

└①29ウ

後梁蘇州破山興福寺彦偁律師伝
後梁慧密律師伝
後梁寿闍梨伝
後梁徽猷律師伝
後唐東京相國寺貞峻律師伝
後唐天台山平田寺従礼律師伝
後唐守言闍梨伝
後唐杭州真身宝塔寺景霄律師伝
後唐無外律師伝

└①30オ

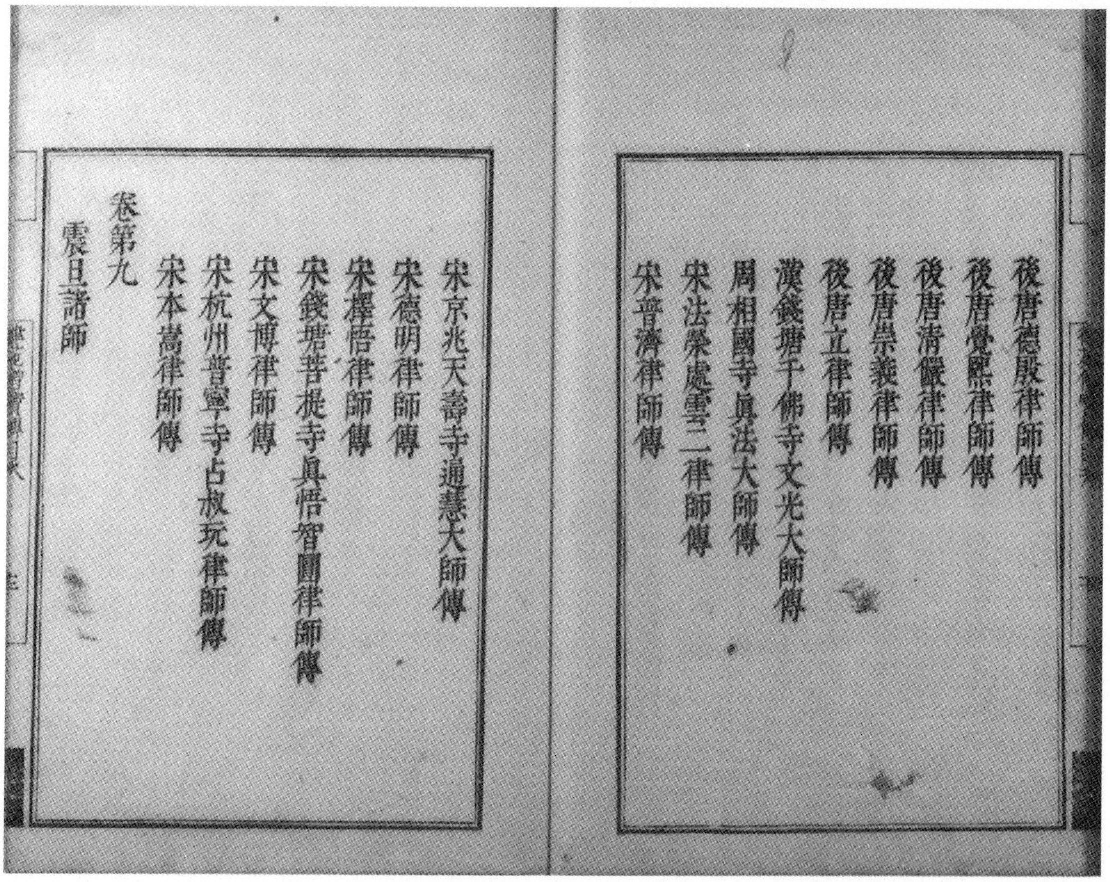
後唐德殷律師傳
後唐覺熙律師傳
後唐清儼律師傳
後唐崇義律師傳
後唐立律師傳
漢錢塘千佛寺文光大師傳
周相國寺眞法大師傳
宋法榮處雲二律師傳
宋普濟律師傳

宋京兆天壽寺通慧大師傳
宋德明律師傳
宋擇悟律師傳
宋錢塘菩提寺眞悟智圓律師傳
宋文博律師傳
宋杭州普寧寺占叔玩律師傳
宋本嵩律師傳
卷第九
震旦諸師

①30ウ　①31オ

後唐徳殷律師伝
後唐覚熙律師伝
後唐清儼律師伝
後唐崇義律師伝
後唐立律師伝
漢銭塘千仏寺文光大師伝
周相國寺真法大師伝
宋法栄・処雲二律師伝
宋普済律師伝

└
①30ウ

宋京兆天寿寺通慧大師伝
宋徳明律師伝
宋択悟律師伝
宋銭塘菩提寺真悟智円律師伝
宋文博律師伝
宋杭州普寧寺占叔玩律師伝
宋本嵩律師伝
巻第九
震旦諸師

└
①31オ

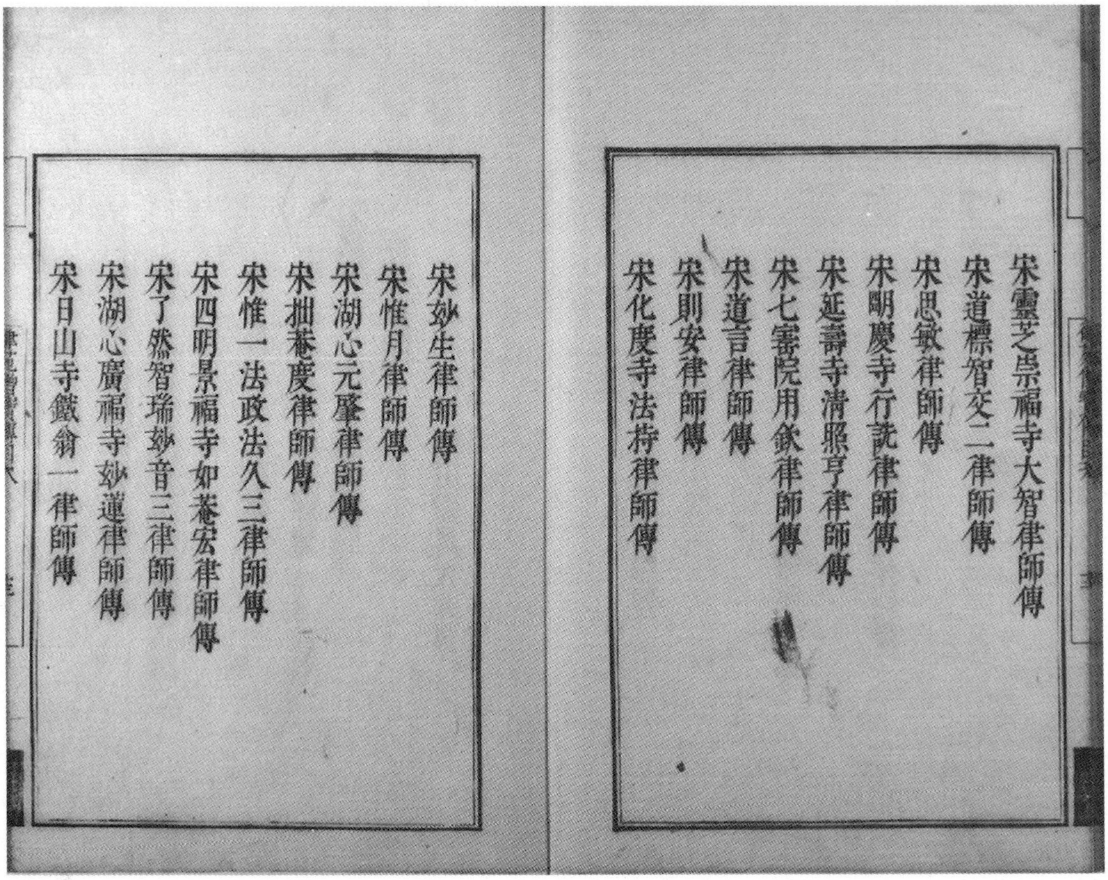
宋靈芝崇福寺大智律師傳
宋道標智交二律師傳
宋思敏律師傳
宋明慶寺行詵律師傳
宋延壽寺清照亨律師傳
宋七寶院用欽律師傳
宋道言律師傳
宋則安律師傳
宋化度寺法持律師傳

宋妙生律師傳
宋惟月律師傳
宋湖心元肇律師傳
宋拙菴度律師傳
宋惟一法政法久三律師傳
宋四明景福寺如菴宏律師傳
宋了然智瑞妙音三律師傳
宋湖心廣福寺妙蓮律師傳
宋日山寺鐵翁一律師傳

①32オ　①31ウ

宋霊芝崇福寺大智律師伝
宋道標・智交二律師伝
宋思敏律師伝
宋明慶寺行詵律師伝
宋延寿寺清照亨律師伝
宋七宝院用欽律師伝
宋道言律師伝
宋則安律師伝
宋化度寺法持律師伝

└
①31ウ

宋妙生律師伝
宋惟月律師伝
宋湖心元肇律師伝
宋拙菴度律師伝
宋惟一・法政・法久三律師伝
宋四明景福寺如菴宏律師伝
宋了然・智瑞・妙音三律師伝
宋湖心広福寺妙蓮律師伝
宋日山寺鉄翁一律師伝

└
①32オ

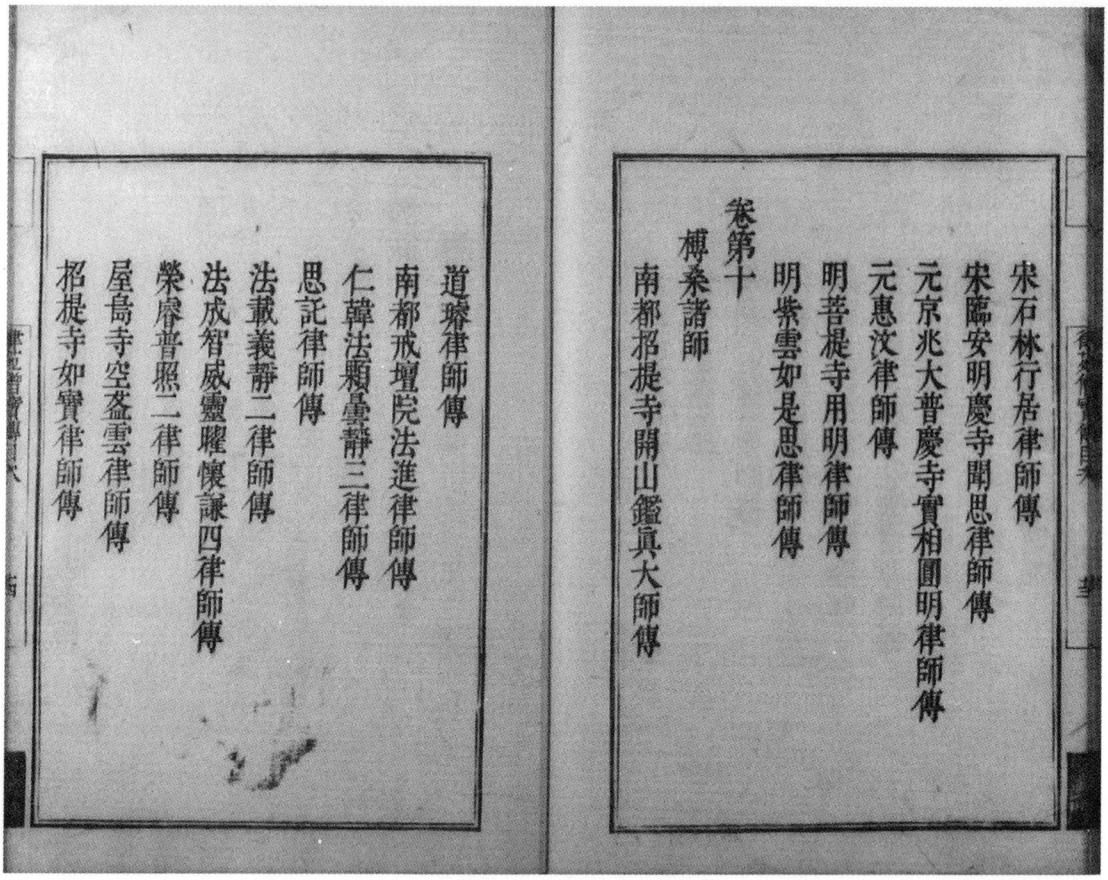
宋石林行居律師傳
宋臨安明慶寺聞思律師傳
元京兆大普慶寺實相圓明律師傳
元惠汶律師傳
明菩提寺用明律師傳
明紫雲如是思律師傳
卷第十
榑桑諸師
南都招提寺開山鑑真大師傳
道璿律師傳
南都戒壇院法進律師傳
仁韓法穎曇靜三律師傳
思託律師傳
法載義靜二律師傳
法成智威靈曜懷謙四律師傳
榮睿普照二律師傳
屋島寺空盋雲律師傳
招提寺如實律師傳

①32ウ　①33オ

宋石林行居律師伝
宋臨安明慶寺聞思律師伝
元京兆大普慶寺実相円明律師伝
元恵汶律師伝
明菩提寺用明律師伝
明紫雲如是思律師伝
巻第十
榑桑諸師
南都招提寺開山鑑真大師伝
└①32ウ
道璿律師伝
南都戒壇院法進律師伝
仁韓・法穎・曇静三律師伝
思託律師伝
法載・義静二律師伝
法成・智威・霊曜・懐謙四律師伝
栄睿・普照二律師伝
屋島寺空鉢雲律師伝
招提寺如宝律師伝
└①33オ

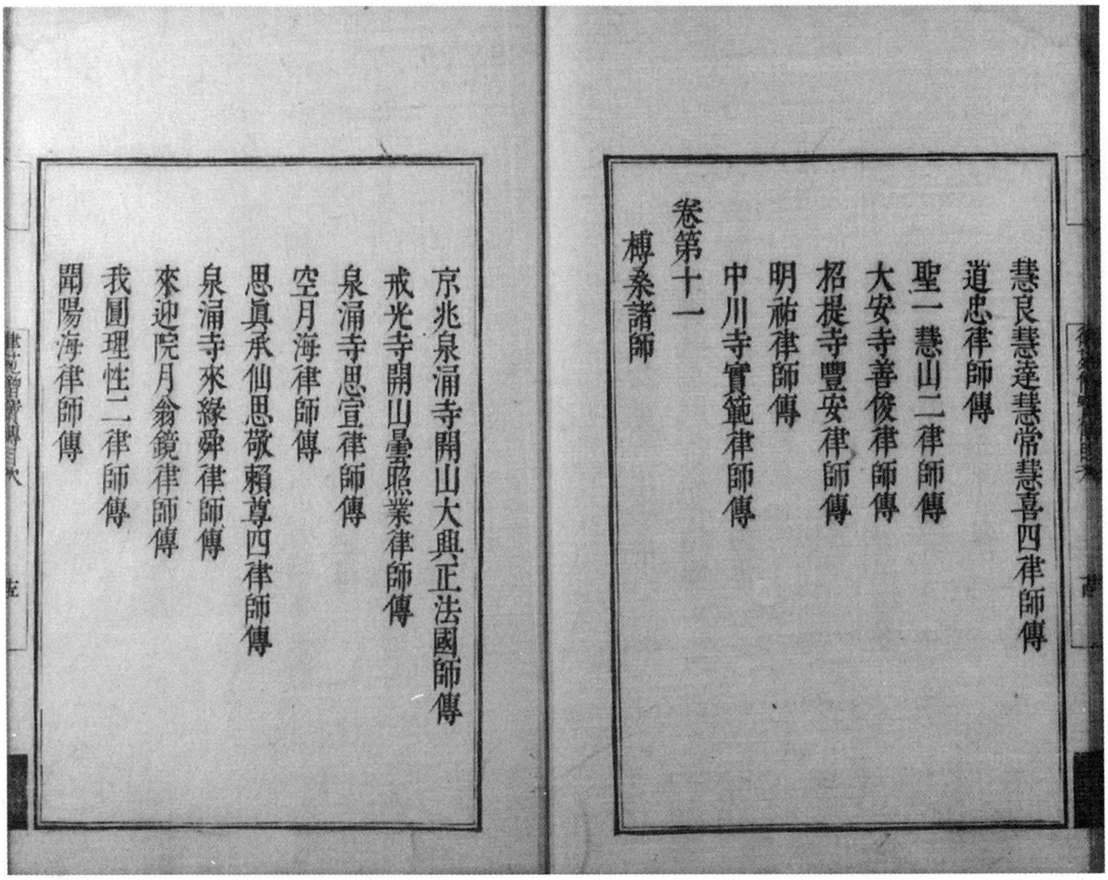

慧良慧達慧常慧喜四律師傳
道忠律師傳
聖一慧山二律師傳
大安寺善俊律師傳
招提寺豊安律師傳
明祐律師傳
中川寺實範律師傳
卷第十一
榑桑諸師

京兆泉涌寺開山大興正法國師傳
戒光寺開山曇照業律師傳
泉涌寺思宣律師傳
空月海律師傳
思真承仙思敬賴尊四律師傳
泉涌寺來縁舜律師傳
來迎院月翁鏡律師傳
我圓理性二律師傳
聞陽海律師傳

①34オ　①33ウ

慧良・慧達・慧常・慧喜四律師伝
道忠律師伝
聖一・慧山二律師伝
大安寺善俊律師伝
招提寺豊安律師伝
明祐律師伝
中川寺実範律師伝
巻第十一
榑桑諸師

京兆泉涌寺開山大興正法國師伝
戒光寺開山曇照業律師伝
泉涌寺思宣律師伝
空月海律師伝
思真・承仙・思敬・頼尊四律師伝
泉涌寺来縁舜律師伝
来迎院月翁鏡律師伝
我円・理性二律師伝
聞陽海律師伝

①33ウ

①34オ

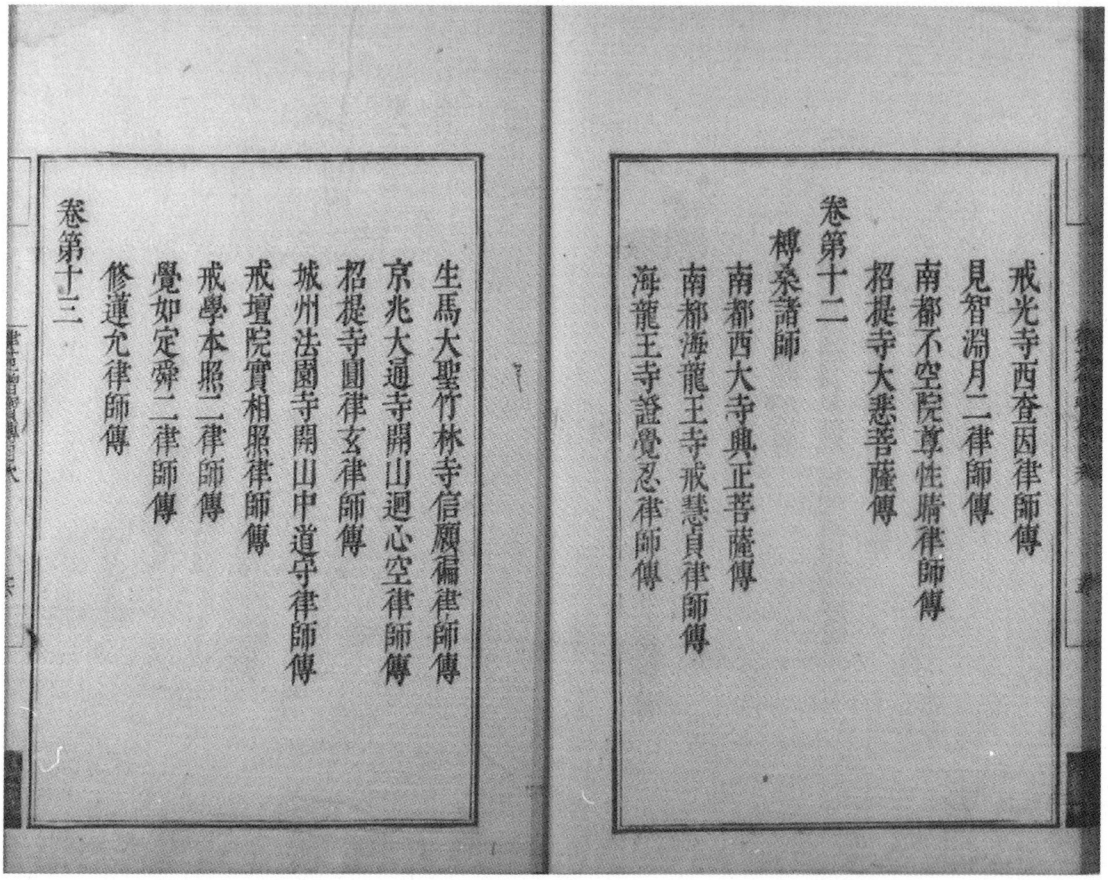

①35オ　①34ウ

戒光寺西査因律師伝

見智・淵月二律師伝

南都不空院尊性晴律師伝

招提寺大悲菩薩伝

卷第十二

榑桑諸師

南都西大寺興正菩薩伝

南都海龍王寺戒慧貞律師伝

海龍王寺證覚忍律師伝

└
①34ウ

生馬大聖竹林寺信願偏律師伝

京兆大通寺開山迴心空律師伝

招提寺円律玄律師伝

城州法園寺開山中道守律師伝

戒壇院実相照律師伝

戒学・本照二律師伝

覚如・定舜二律師伝

修蓮允律師伝

卷第十三

└
①35オ

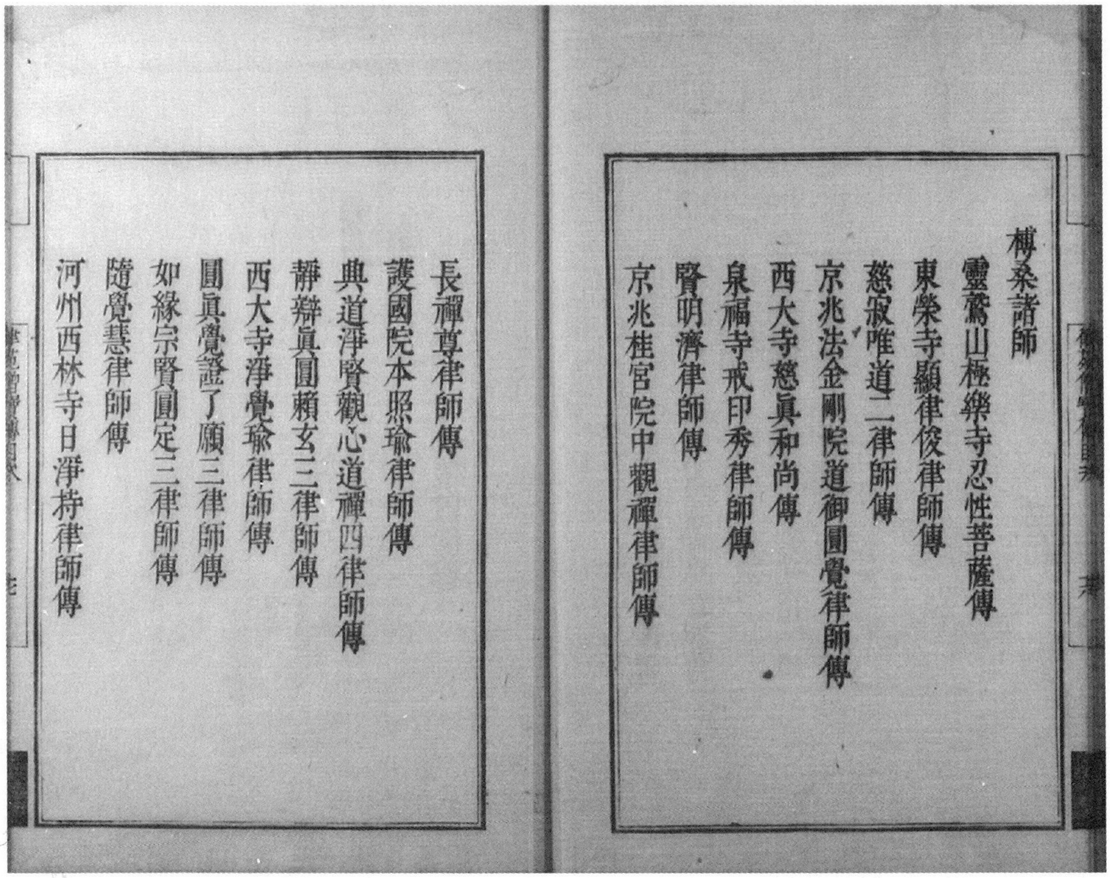
榑桑諸師
靈鷲山極樂寺忍性菩薩傳
東榮寺顯律俊律師傳
慈寂唯道二律師傳
京兆法金剛院道御圓覺律師傳
西大寺慈眞和尚傳
泉福寺戒印秀律師傳
賢明濟律師傳
京兆桂宮院中觀禪律師傳

長禪尊律師傳
護國院本照瑜律師傳
興道淨賢觀心道禪四律師傳
靜辯眞圓賴玄三律師傳
西大寺淨覺瑜律師傳
圓眞覺證了願三律師傳
如緣宗賢圓定三律師傳
隨覺慧律師傳
河州西林寺日淨持律師傳

①35ウ　①36オ

榑桑諸師

霊鷲山極楽寺忍性菩薩伝
東栄寺顕律俊律師伝
慈寂・唯道二律師伝
京兆法金剛院道御円覚律師伝
西大寺慈真和尚伝
泉福寺戒印秀律師伝
賢明済律師伝
京兆桂宮院中観禅律師伝

└
①35ウ

長禅尊律師伝
護國院本照瑜律師伝
興道・浄賢・観心・道禅四律師伝
静弁・真円・頼玄三律師伝
西大寺浄覚瑜律師伝
円真・覚證・了願三律師伝
如縁・宗賢・円定三律師伝
随覚慧律師伝
河州西林寺日浄持律師伝

└
①36オ

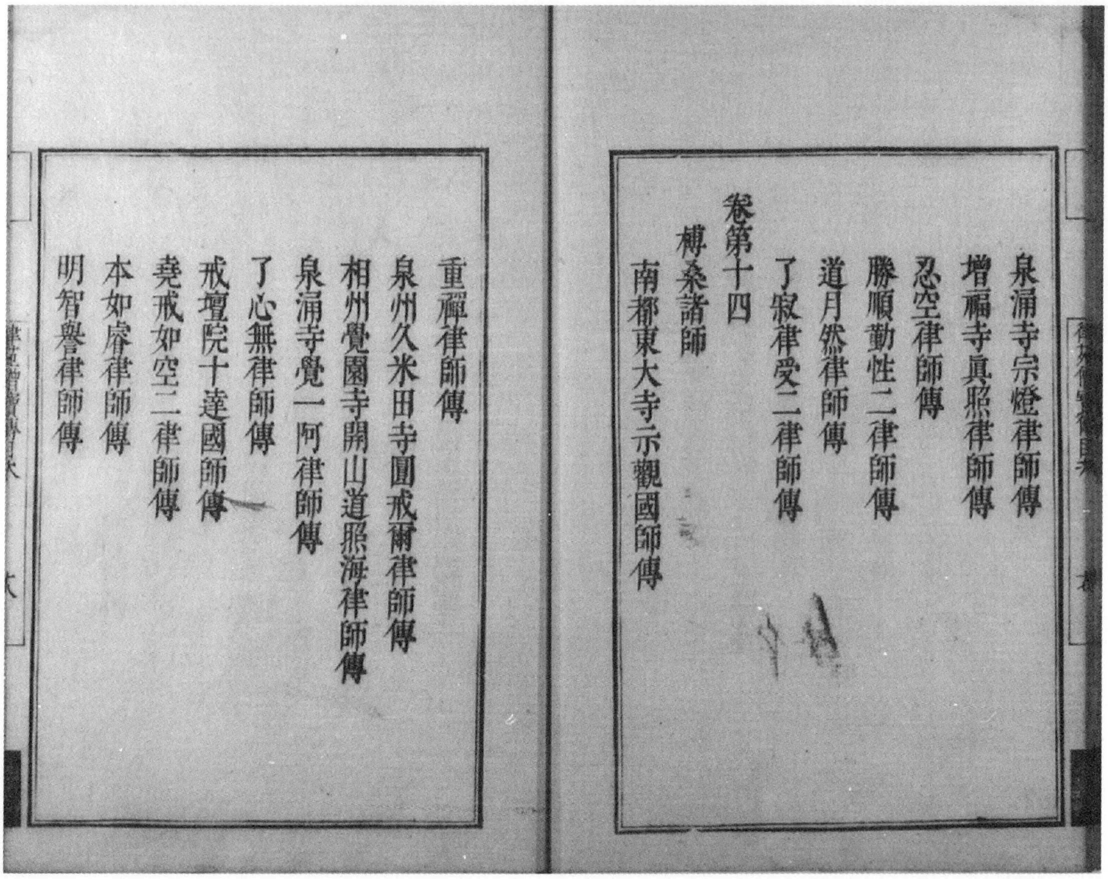
泉涌寺宗燈律師傳
增福寺真照律師傳
忍空律師傳
勝順勤性二律師傳
道月然律師傳
了寂律受二律師傳
巻第十四
榑桑諸師
南都東大寺示觀國師傳
重禪律師傳
泉州久米田寺圓戒爾律師傳
相州覺園寺開山道照海律師傳
泉涌寺覺一阿律師傳
了心無律師傳
戒壇院十達國師傳
堯戒如空二律師傳
本如睿律師傳
明智譽律師傳

①36ウ　①37オ

泉涌寺宗燈律師伝
増福寺真照律師伝
忍空律師伝
勝順・勤性二律師伝
道月然律師伝
了寂・律受二律師伝

巻第十四
榑桑諸師
南都東大寺示観國師伝

①36ウ

重禅律師伝
泉州久米田寺円戒爾律師伝
相州覚園寺開山道照海律師伝
泉涌寺覚一阿律師伝
了心無律師伝
戒壇院十達國師伝
堯戒・如空二律師伝
本如睿律師伝
明智誉律師伝

①37オ

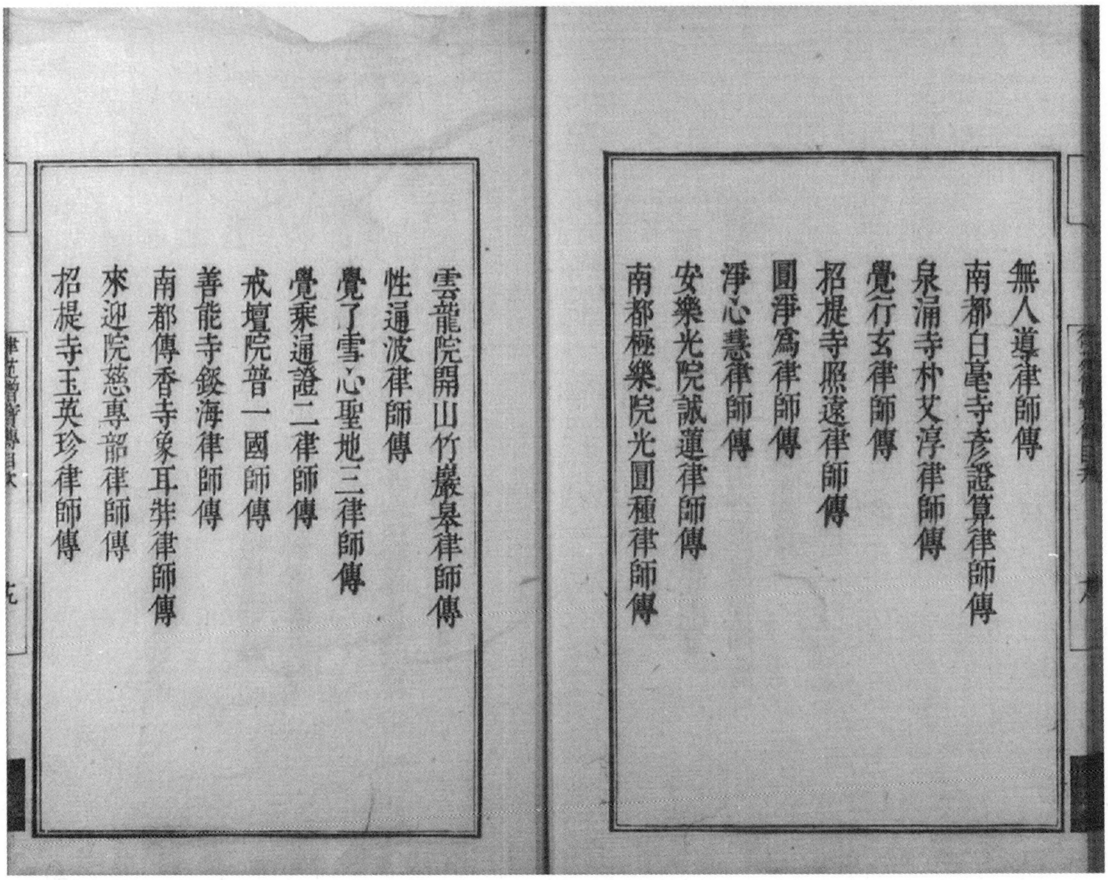
無人導律師傳
南都白毫寺彦證筭律師傳
泉涌寺朴艾淳律師傳
覺行玄律師傳
招提寺照遠律師傳
圓淨爲律師傳
淨心慧律師傳
安樂光院誠蓮律師傳
南都極樂院光圓種律師傳

雲龍院開山竹巖皐律師傳
性通波律師傳
覺了雪心聖地三律師傳
覺乘通證二律師傳
戒壇院普一國師傳
善能寺鋟海律師傳
南都傳香寺象耳奘律師傳
來迎院慈專韶律師傳
招提寺玉英珍律師傳

①38オ　　①37ウ

無人導律師伝
南都白毫寺彦證算律師伝
泉涌寺朴艾淳律師伝
覚行玄律師伝
招提寺照遠律師伝
円浄為律師伝
浄心慧律師伝
安楽光院誠蓮律師伝
南都極楽院光円種律師伝

①37ウ

雲龍院開山竹巖皐律師伝
性通波律師伝
覚了・雪心・聖地三律師伝
覚乘・通證二律師伝
戒壇院普一國師伝
善能寺鋟律師伝
南都伝香寺象耳奘律師伝
来迎院慈専韶律師伝
招提寺玉英珍律師伝

①38オ

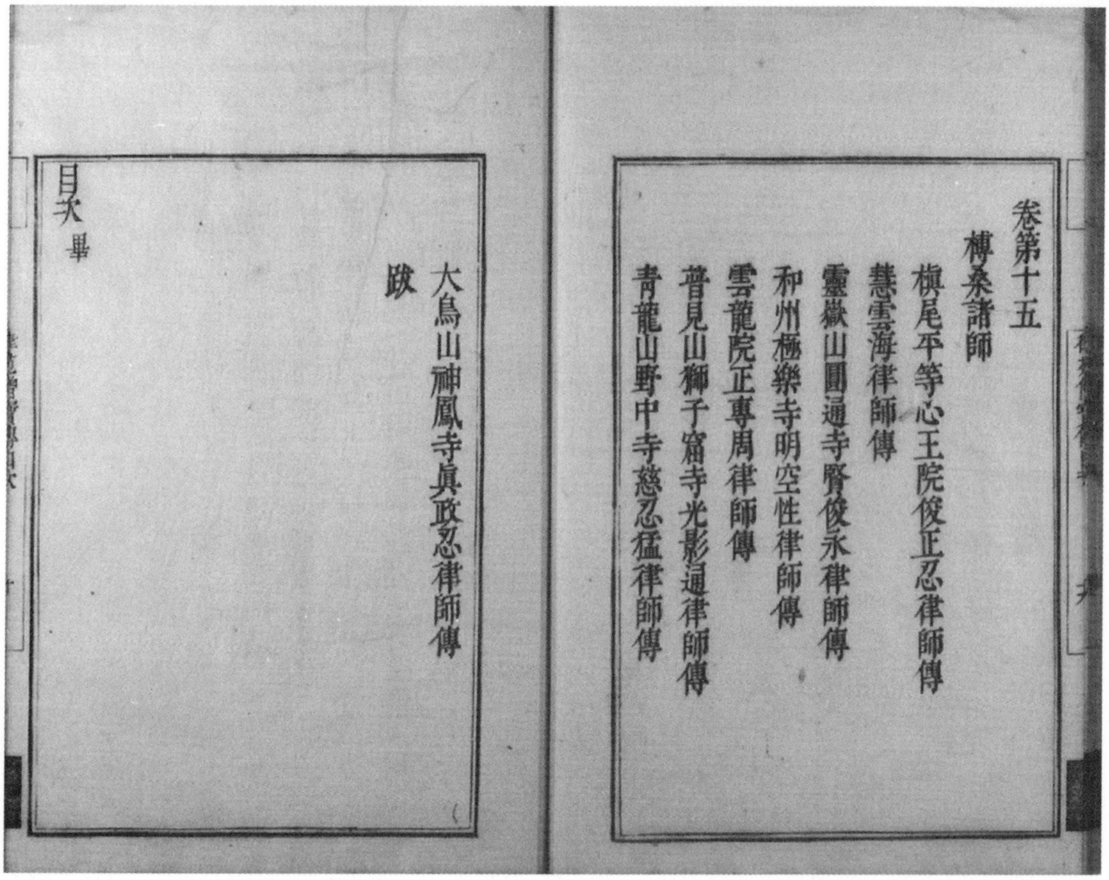
巻第十五
榑桑諸師
槇尾平等心王院俊正忍律師傳
慧雲海律師傳
靈嶽山圓通寺賢俊永律師傳
和州極樂寺明空性律師傳
雲龍院正專周律師傳
普見山獅子窟寺光影通律師傳
青龍山野中寺慈忍猛律師傳

大鳥山神鳳寺真政忍律師傳
跋

目次畢

①38ウ　①39オ

巻第十五

榑桑諸師

槇尾平等心王院俊正忍律師伝

慧雲海律師伝

霊嶽山円通寺賢俊永律師伝

和州極楽寺明空性律師伝

雲龍院正専周律師伝

普見山獅子窟寺光影通律師伝

青龍山野中寺慈忍猛律師伝

」①38ウ

大鳥山神鳳寺真政忍律師伝

跋

目次畢

」①39オ

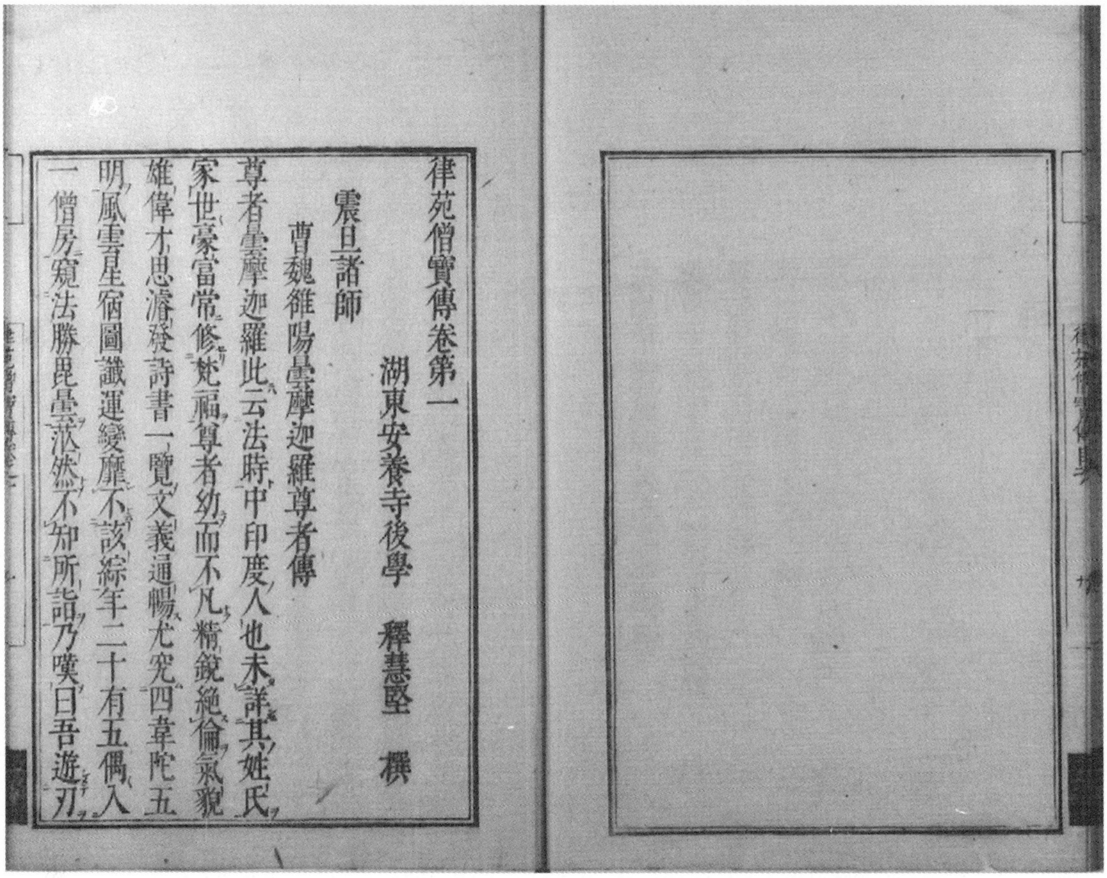

①40オ　①39ウ

律苑僧宝伝巻第一

湖東安養寺後学　釈慧堅　撰

震旦諸師

曹魏雒陽曇摩迦羅尊者伝

尊者曇摩迦羅、此ニハ云二法時一ト。中印度ノ人也。未レタ詳二ンセ其ノ姓氏一ヲ。家世ミ豪富、常ニ修二セリ梵福一ヲ。尊者幼ニシテ而不レ凡ナラ、精鋭絶レス倫ヲ。気貌雄偉、才思濬発。詩書一覧シテ文義通暢ス。尤究二ム四韋陀五明一ヲ。風雲星宿、図讖運変、靡レシ不二トイフコト該綜一。年二十有五、偶ミ入二一僧房一ニ。窺二法勝毘曇一ヲ、茫然トシテ不レ知二所詣一ヲ。乃嘆シテ曰、吾遊二シメテ刃ヲ

└ ①40オ

└ ①39ウ

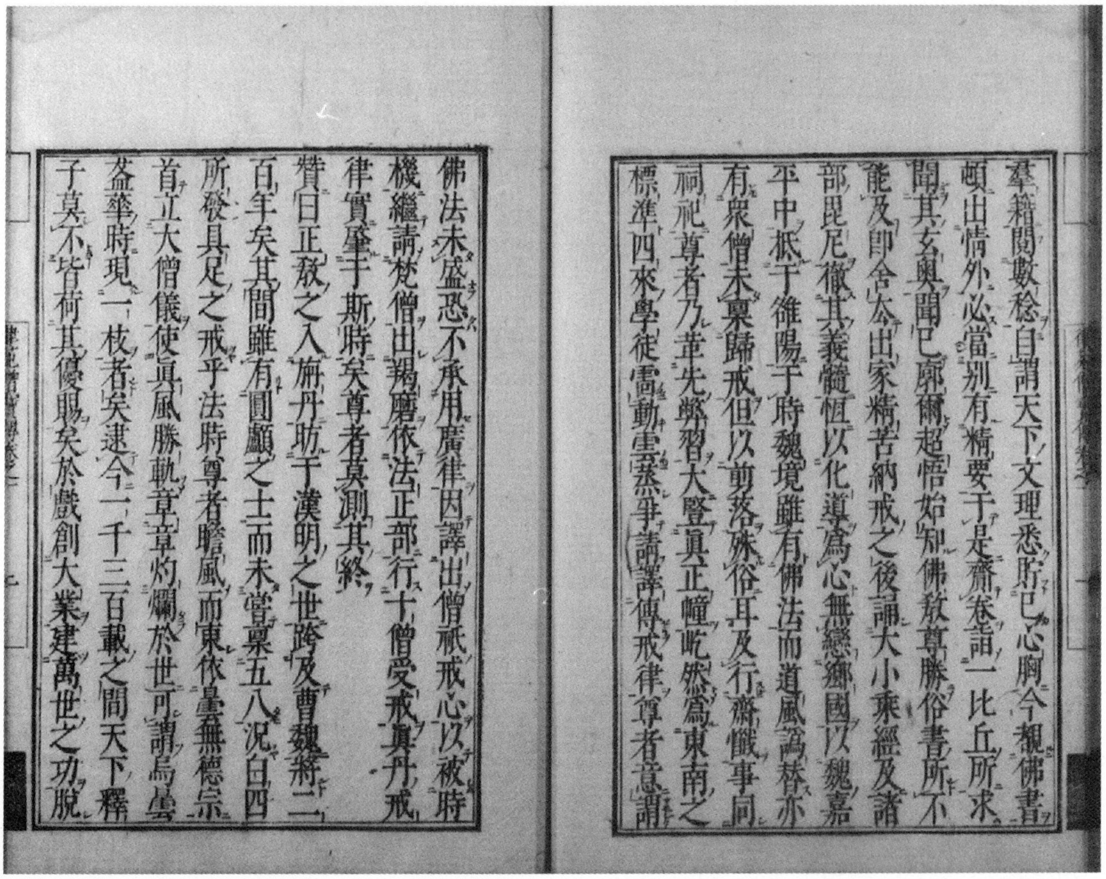

①41オ　①40ウ

群籍二閲フ二数稔一ヲ。自ミ謂、天下ノ文理悉ク貯フト二己カ心胸一ニ。今睹ルニ二仏書一ヲ、
頓ニ出二情外一ニ。必ス当ヘシ三別ニ有ル二精要一。于テレ是ニ、齎レテ巻ヲ、詣シテ二一比丘ノ所ニ一求ム
レ聞ンコトヲ二其ノ玄奥一ヲ。聞已テ廓尓トシテ超悟。始知ル、仏教尊勝ニシテ俗書ノ所也トレ不
レ能レ及コト。即舎去テ出家、精苦納戒ノ之後、誦シ二大小乗経及ヒ諸
部ノ毘尼一ヲ、徹ス二其ノ義髄一ニ。恒ニ以二化導一ヲ為レ心ト、無レ恋フ二郷國一ヲ。以二魏ノ嘉
平中一ヲ、抵ル二于雒陽一ニ。于レ時、魏境雖レ有ト二仏法一、而道風譌替ス。亦
有レトモ二衆僧一、未タレ稟ニ帰戒一ヲ。但以二剪落一ヲ殊ナルレ俗ニ耳。及レ行スルニ二斎懺一ヲ事同シ二
祠祀一ニ。尊者乃シ革ニ先ノ弊習一ヲ、大ニ豎テ二真正幢一ヲ、屹然トシテ為ル二東南ノ之
標準一ト。四来ノ学徒、雷ノ如ニ動キ雲ノ如ニ蒸シ、争テ請レ訳フ二伝センコトヲ戒律一ヲ。尊者意オモシクニ謂、

└ ①40ウ

仏法未タレ盛スナラ、恐クハ不レ承二用セ広律一ヲ。因テ訳二出シテ僧祇ノ戒心一ヲ、以テ被シムニ二時
機一ニ。継テ請シテ二梵僧一ヲ出シ二羯磨一ヲ、依テ二法正部一ニ行ス二十僧受戒一ヲ。真丹ノ戒
律、実ニ肇ル二于斯ノ時一ニ矣。尊者莫レ測コト二其ノ終一ヲ。
賛ニ曰、正教ノ之入ル二旃丹一ニ、昉ル二于漢明ノ之世一ニ、跨ニ及テ曹魏一ニ、将ント二一
百年矣。其ノ間雖レ有リト二円顱ノ之士一、而未タ三嘗テ稟二五八一タモ。況ヤ白四
所発具足ノ之戒ヲヤ乎。法時尊者瞻風シテ而東シ、依二曇無徳宗一ニ
首テ立二大僧儀一ヲ。使四真風勝軌ヲシテ章二章灼三爛タラ於世一ニ。可レ謂ッシ、鳥曇
鉢華ノ時ニ現スル二一枝一ヲ者也ト矣。逮レテ今ニ一千三百載ノ之間、天下ノ釈
子莫レシ不三トイフコト皆荷二其ノ優賜一ヲ矣。於戯創二大業一ヲ、建ッ二万世ノ之功一ヲ。脱シ

└ ①41オ

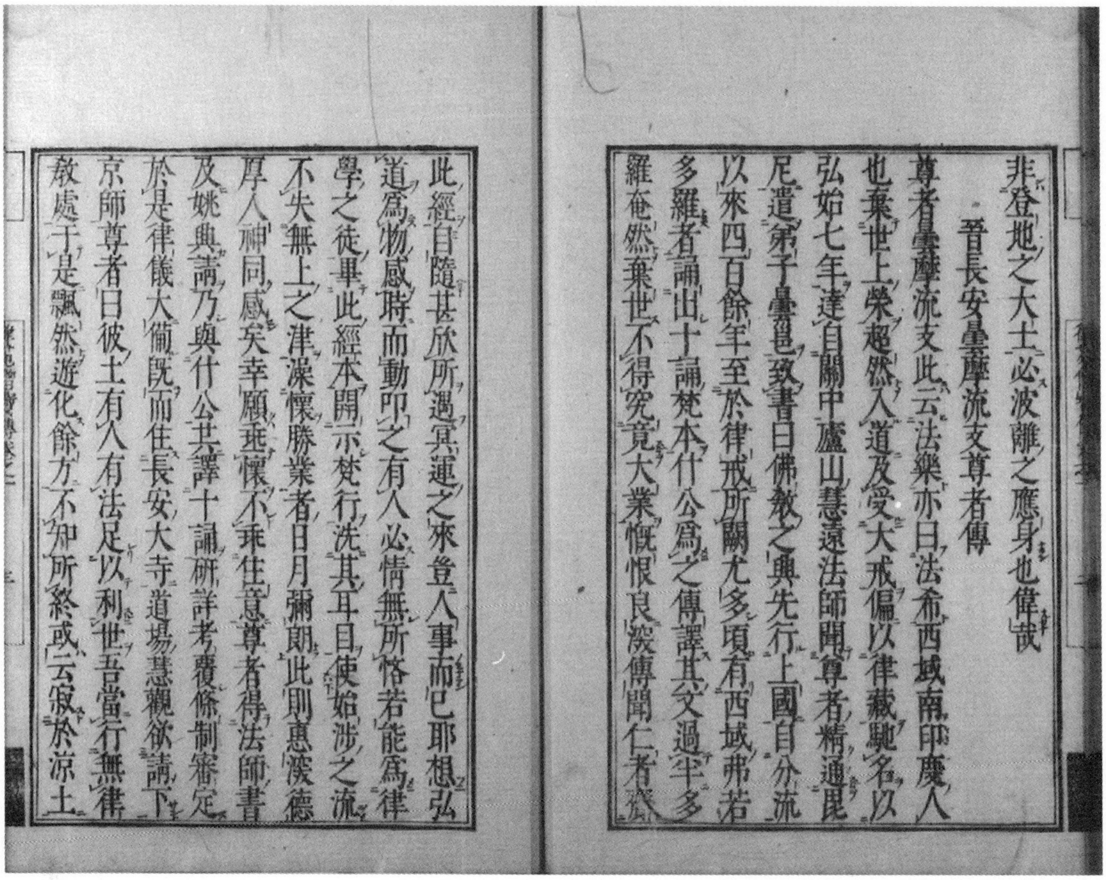

①42オ　　①41ウ

非二ンハ登地ノ之大士一ニ、必ス波離ノ之応身ナラン也。偉ナルカナ哉。

晋長安曇摩流支尊者伝

尊者曇摩流支、此ニハ云二ヒ法楽一ト、亦曰二フ法希一ト。西域南印度ノ人
也。棄二テ世上ノ栄一ヲ、超然トシテ入レル道ニ。及レ受二ルニ大戒一ヲ、偏ニ以二律蔵一ヲ馳レ名ヲ。以二
弘始七年一ヲ、達レ自二関中一。廬山ノ慧遠法師聞三テ尊者ノ精ク通二スルコトヲ毘
尼一ニ、遣二シテ弟子曇邑一ヲ致レシテ書曰、仏教ノ之興、先行二ル上國一ニ。自二分流一
以来四百余年、至二於律戒一ニ所レ闕尤多シ。頃ロ有二リ西域ノ弗若
多羅ト云人者一。誦二出シ十誦ノ梵本一ヲ、什公為レメニ之伝訳ス。其ノ文過レテ半ニ、多
羅奄然トシテ棄世ス。不レ得レ究二竟スルコトヲ大業一ヲ、慨恨良ニ深。伝聞、仁者齎二□

└
①41ウ

此ノ経一ヲ自ミ随ヘリト。甚欣レ所ヲレ遇フ。冥運ノ之来、豈ニ人事而已ノミナラン耶。想フニ弘
レ道ヲ為レニス物ノ。感レシテ時ニ而動、叩レコト之有レ人。必ス情無レシ所レ恪。若能為二メニ律
学ノ之徒一ノ畢二テ此ノ経本一ヲ開二示シ梵行一ヲ、洗二ヒ其ノ耳目一ヲ使下メハ始渉ノ之流ヲシテ
不レ失二無上ノ之津一ヲ、澡二懐ヲ勝業一者ノ日月弥朗上ナラ、此則恵深徳
厚、人神同ク感セン矣。幸願クハ垂レテ懐ヲ不レレト乖二住意一ニ。尊者得二テ法師ノ書
及ヒ姚興カ請一ヲ、乃シ与二什公一共ニ訳二十誦一ヲ。研詳考覆シ、條制審定ス。
於レ是律儀大ニ備ル。既ニシテ而住二ス長安ノ大寺一ニ。道場ノ慧観欲三請シテ下二サント
京師一ニ。尊者曰、彼ノ土有レ人有レ法。足二レリ以テ利一レスルニ世ヲ。吾当二レ行二無レ律
教処一ニ。于レテ是ニ飄然トシテ遊二化ス余方一ニ。不レ知レ所レ終。或ハ云、寂二スト於涼土一ニ。

└
①42オ

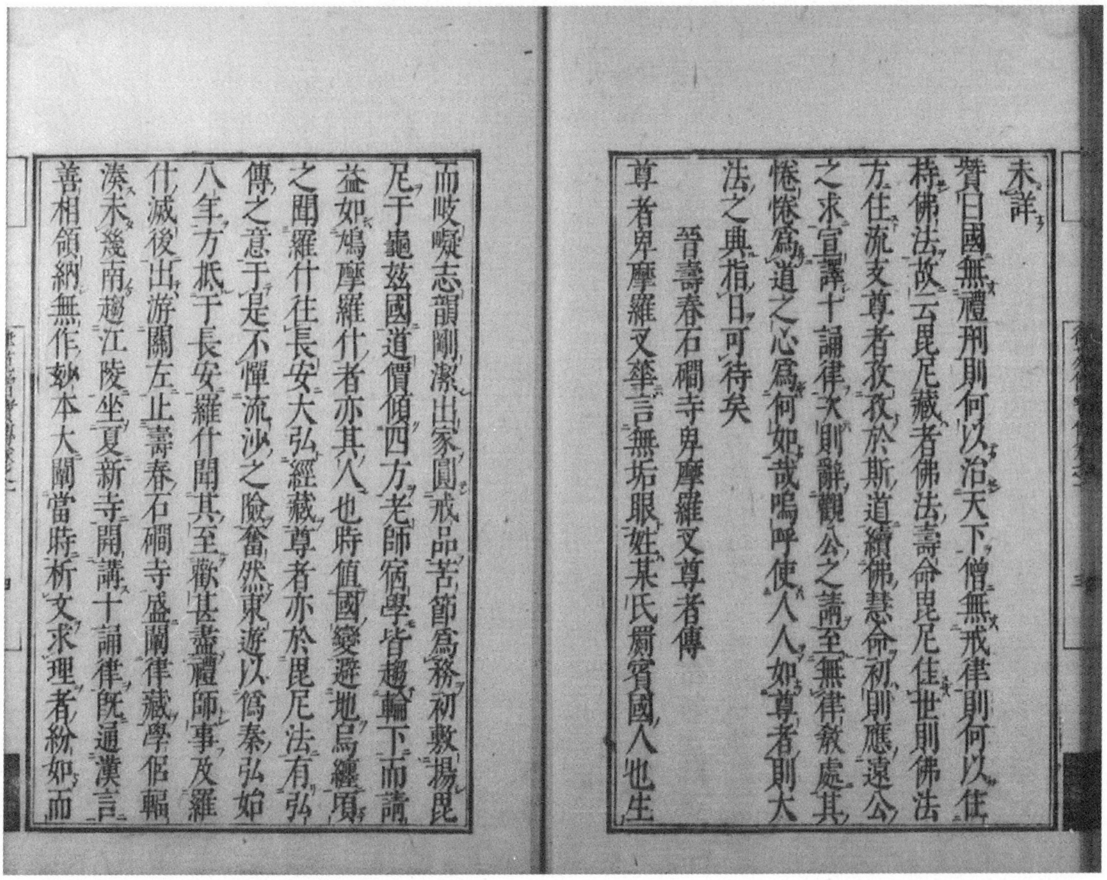

①43オ　①42ウ

未タレ詳ナラ。
賛曰、國ニ無時ハ二礼刑一、則何以テカ治セン二天下ヲ一。僧ニ無時ハ二戒律一、則何以カ住二
持セン仏法一ヲ。故ニ云、毘尼蔵ハ者仏法ノ寿命。毘尼住スル時ハレ世、則仏法
方ニ住スト。流支尊者孜二孜トシテ於斯ノ道一ニ、続二仏ノ慧命一ヲ。初ハ則応シテ二遠公ノ
之求一ニ宣二訳シ十誦律一ヲ、次ニハ則辞シテ二観公ノ之請一ヲ至ル二無レ律教処一ニ。其ノ
惓惓為ニスルノレ道之心、為シヤ二何如一トカ哉。嗚呼使メハ三人人ヲシテ如ナラ二尊者一ノ、則大
法ノ之興ル、指シテレ日ヲ可レ待矣。

晋寿春石磵寺卑摩羅叉尊者伝

尊者卑摩羅叉、華ニハ言二無垢眼一ト。姓ハ某氏、罽賓國ノ人也。生
而岐嶷、志韻剛潔也。出家シテ円ニシ二戒品一ヲ、苦節為レ務ヲ。初敷二揚シ毘
尼ヲ于亀茲國一ニ、道価傾ク二四方一ヲ。老師宿学モ皆趨テ二輪下一ニ而請
益。如ンハ二鳩摩羅什ノ一者、亦其ノ人也。時値テ二國ノ変一、避二地ヲ烏纏一ニ。頃ヱテ
之聞三羅什往レ長安ニ大弘二経蔵一ヲ。尊者亦於二毘尼法一ニ、有リ二弘
伝ノ之意一。于テレ是不レ憚二流沙ノ之険一ヲ奮然トシテ東遊、以二偽秦ノ弘始
八年一ヲ、方抵ル二于長安一ニ。羅什聞二其ノ至一ルヲ歓甚、尽シテレ礼師トシ事フ。及二羅
什ノ滅後一ニ、出テ、游二関左一ニ。止二寿春ノ石磵寺一、盛ニ闡二律蔵ヲ一。学侶輻
湊ス。未レ幾南ノ方趨二江陵一ニ、坐シテ二夏ニ新寺一ニ開二講ス十誦律一ヲ。既ニ通二漢言一ニ
善相領納シ、無作ノ妙本大ニ闡二当時一ニ。析レ文ヲ求レ理ヲ者ノ、紛如トシテ而

└ ①43オ　└ ①42ウ

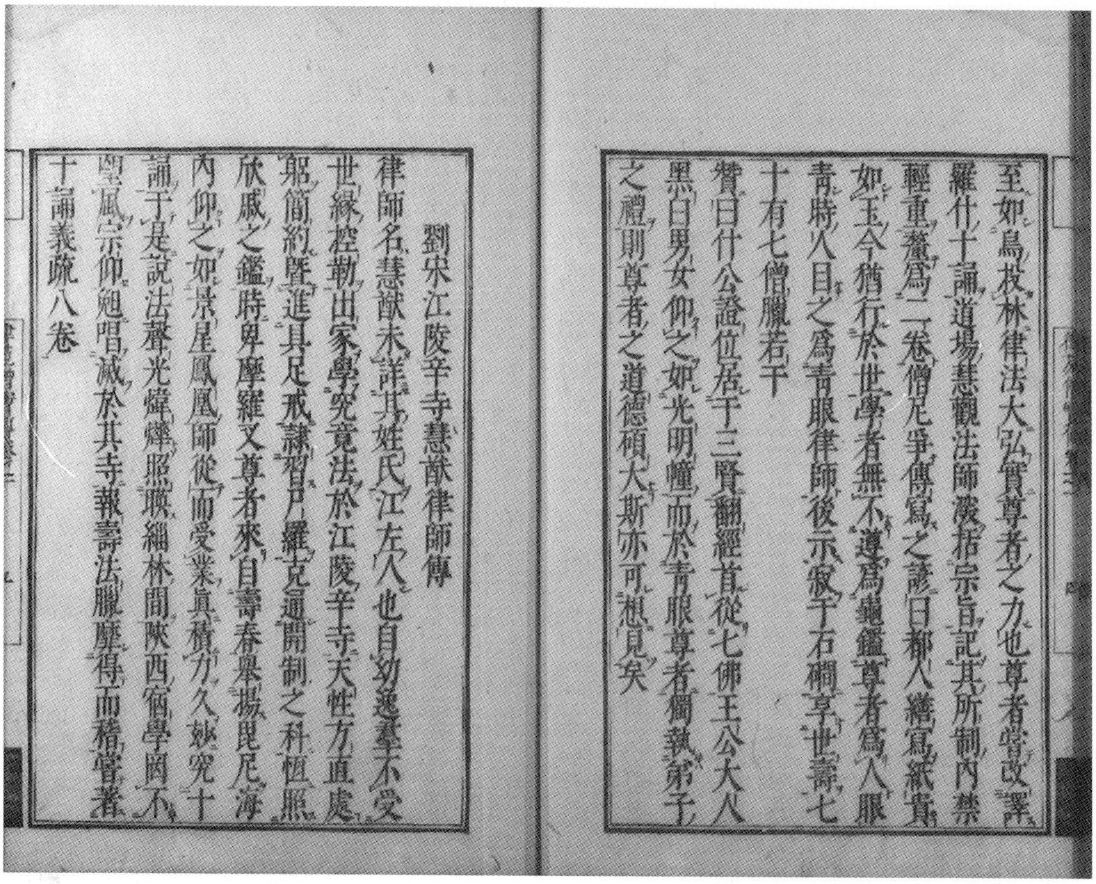

①44オ　①43ウ

至ル。如シ二鳥ノ投カレ林ニ。律法大ニ弘フ。実ニ尊者ノ之力也也。尊者嘗テ改二訳ス
羅什ノ十誦一ヲ。道場ノ慧観法師、深ク括二宗旨一ヲ、記シテ二其ノ所制ノ内禁
軽重一ヲ、鼇テ為二二巻一ト。僧尼争テ伝写ス之。諺ニ曰、都人繕写シテ紙貴キコト
如シトレ玉ノ。今猶行ル二於世一ニ。学者無レ不ト云コト三遵テ為二亀鑑一ト。尊者為リレ人ト眼
青シ。時ノ人目ケテ之為二青眼律師一ト。後示スニ寂ヲ于石磵一ニ。享ルコト二世寿一ヲ七
十有七、僧臘若干。
賛ニ曰、什公證位居シ二于三賢一ニ、翻経首ルレ従リ二七仏一。王公大人・
黒白男女、仰クコトレ之ヲ如シ二光明幢一ノ。而シテ於二青眼尊者一ニ独執ル時ハ二弟子ノ
之礼一ヲ、則尊者ノ之道徳碩大ナルコト斯亦可シ二想ヒ見一ツ矣。

└
①43ウ

劉宋江陵辛寺慧猷律師伝

律師名ハ慧猷、未タレ詳ニセ二其ノ姓氏一ヲ。江左ノ人也也。自レ幼逸群、不レ受二
世縁ノ控勒一ヲ。出家シテ学フ二究竟法ヲ於江陵ノ辛寺一ニ。天性方直、処コト
レ躬ヲ簡約也。暨テレ進二具足戒一ニ、隷二習ス尸羅一ヲ。克通シ二開制ノ之科一ニ、恒ニ照ス二
欣戚ノ之鑑一ヲ。時ニ卑摩羅叉尊者来リレ自二寿春一、挙二揚ス毘尼一ヲ。海
内仰クコトレ之ヲ如シ二景星鳳凰一ノ。師従テ而受レ業ヲ。真ニ積ムコトレ力ヲ久シテ、妙ニ究二十
誦一ヲ。于テレ是ニ説法声光、煒燁トシテ照二映ス緇林ノ間一ヲ。陝西ノ宿学罔レ不ト云コト二
望レ風ヲ宗仰一セ。晩ニ唱フ二滅ヲ於其寺一ニ。報寿法臘靡シ二得テ而稽一コト。嘗テ著ス二
十誦義疏八巻一。

└
①44オ

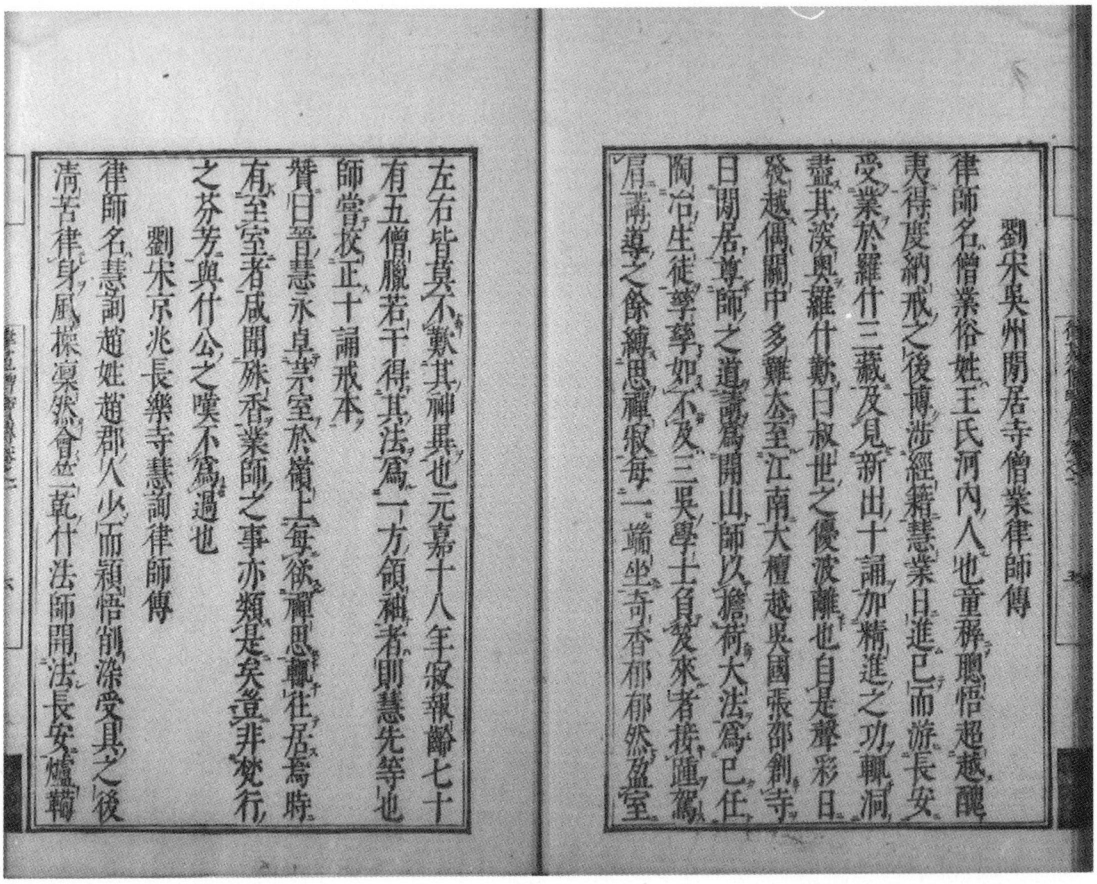

①45オ　①44ウ

劉宋呉州間居寺僧業律師伝

律師名ハ僧業、俗姓ハ王氏、河内ノ人也也。童稚ニシテ聡悟、超ニ越ス醜夷一ニ。得度納戒ノ之後、博ク渉ニ経籍一ニ、慧業日ニ進ム。已ニシテ而游ヒニ長安一ニ、受クニ業ヲ於羅什三蔵一ニ。及レ見ルニ新出ノ十誦一ヲ、加ニ精進ノ之功一ヲ、輙チ洞ニ尽ス其ノ深奥一ヲ。羅什歎シテ曰、叔世ノ之優波離也ト也。自レ是声彩日ニ発越ス。偶ミ関中多難、去テ至ルニ江南一ニ。大檀越呉國張邵創メテレ寺ヲ曰ニ間居一ト。尊シテニ師ノ之道一ヲ、請シテ為ニ開山一ト。師以テレ担ニ荷スルヲ大法一ヲ為ニ己カ任一ト、陶ニ治シテ生徒一ヲ、孳孳トシテ如クスレ不ルカレ及ハ。三呉ノ学士負テレ笈来ル者、接キレ踵ヲ駕スレ肩ニ。講導ノ之余、縛スニ思ヲ禅寂一ニ。毎ニ一ヒ端坐一スル、奇香郁郁然トシテ盈レ室ニ。

左右皆莫レ不トイフコトレ歎ニ其ノ神異一ヲ也。元嘉十八年寂。報齢七十有五、僧臘若干。得テニ其ノ法一ヲ為ルニ一方ノ領袖一ト者ハ、則慧先等也。師嘗テ校ニ正ス十誦戒本一ヲ。

賛ニ曰、晋ノ慧永卓テニ茅室ヲ於嶺上一ニ、毎ニレ欲スルニ禅思一セント、輙チ往テ居ス焉。時ニ有レハニ至レ室ニ者一、咸聞ニ殊香一ヲ。業師ノ之事、亦類スレ是ニ矣。豈ニレ非ヤニ梵行ノ之芬芳一ニ与。什公ノ之嘆、不レ為リトセレ過也。

劉宋京兆長楽寺慧詢律師伝

律師名ハ慧詢、趙姓趙郡ノ人。少シテ而穎悟、削染受具ノ之後、清苦律シレ身ヲ、風操凛然タリ。会ミ竺乾ノ什法師開シニ法ヲ長安一ニ、炉鞴

└①44ウ　└①45オ

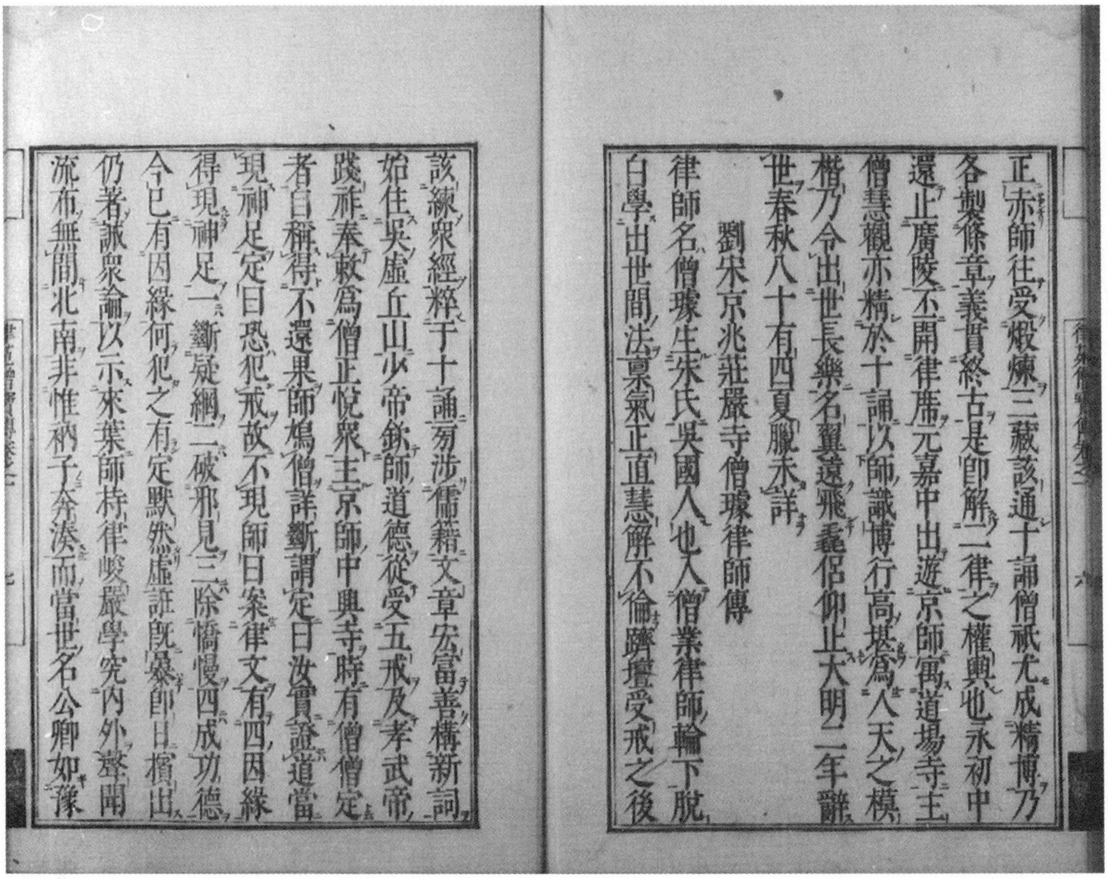

①46オ　①45ウ

正ニ赤サカンナリ。師往テ受ク二煆煉一ヲ。三蔵該通シ、十誦僧祇尤モ成二精博一ヲ。乃
各製二条章一ヲ、義貫二終古一ヲ。是即解二スルノ二律一ヲ之権輿也也。永初中、
還テ止二広陵一ニ、不ニ開二律席一ヲ。元嘉中、出テ遊二ヒ京師一ニ、寓二ス道場寺一ニ。主
僧慧観亦精二シ於十誦一ニ。以下師ノ識博行高シテ堪ヘタルヲ為ルニ二人天ノ之模
楷一、乃令レ出二世長楽一ニ。名翼遠ク飛ンテ、毳侶仰止ス。大明二年辞ス
レ世ヲ。春秋八十有四、夏臘未レタ詳ナラ。

劉宋京兆荘厳寺僧璩律師伝

律師名ハ僧璩、生ル二朱氏一ニ。呉國人也也。入テ二僧業律師ノ輪下一脱
白、学ス二出世間ノ法一ヲ。稟気正直、慧解不レ倫ナラ。躋壇受戒之後、

①45ウ

該二練シテ衆経一ヲ、粋也二于十誦一ニ。旁渉リ二儒籍一ニ、文章宏富ニシテ善ク構二新詞一ヲ。
始住ス二呉ノ虚丘山一ニ。少帝欽テ二師ノ道徳一ヲ、従テ受二五戒一ヲ。及テ二孝武帝ノ
践祚一ニ、奉テレ勅為二僧正悦衆一ト、主ル二京師ノ中興寺一ヲ。時ニ有二僧僧定ト云
者一。自称スレ得トニ不還果一ヲ。師鳩レ僧ヲ詳断シテ、謂レ定ニ曰、汝実ニ証セハレ道、当ニ
レ現ス二神足一ヲ。定曰、恐ハ犯シレ戒ヲ故ニ不レ現。師曰、案ルニ二律文一ヲ、有テ二四ノ因縁一
得レ現スルヲ二神足一ヲ。一ニハ断二疑綱一ヲ、二ニハ破二邪見一ヲ、三ニハ除二憍慢一ヲ、四ニハ成二功徳一ヲ。
今已ニ有二因縁一。何ンノ犯カ之有ラン。定黙然タリ。虚誑既ニ暴ハレテ、即日ニ擯出ス。
仍著シテ二誡衆論一ヲ、以示ス二来葉一ニ。師持律峻厳、学究二内外一ヲ。声聞
流布シテ無レ間ルコト二北南一ヲ。非二惟衲子ノミ奔湊スルニ一。而シテ当世ノ名公卿如キ二予

①46オ

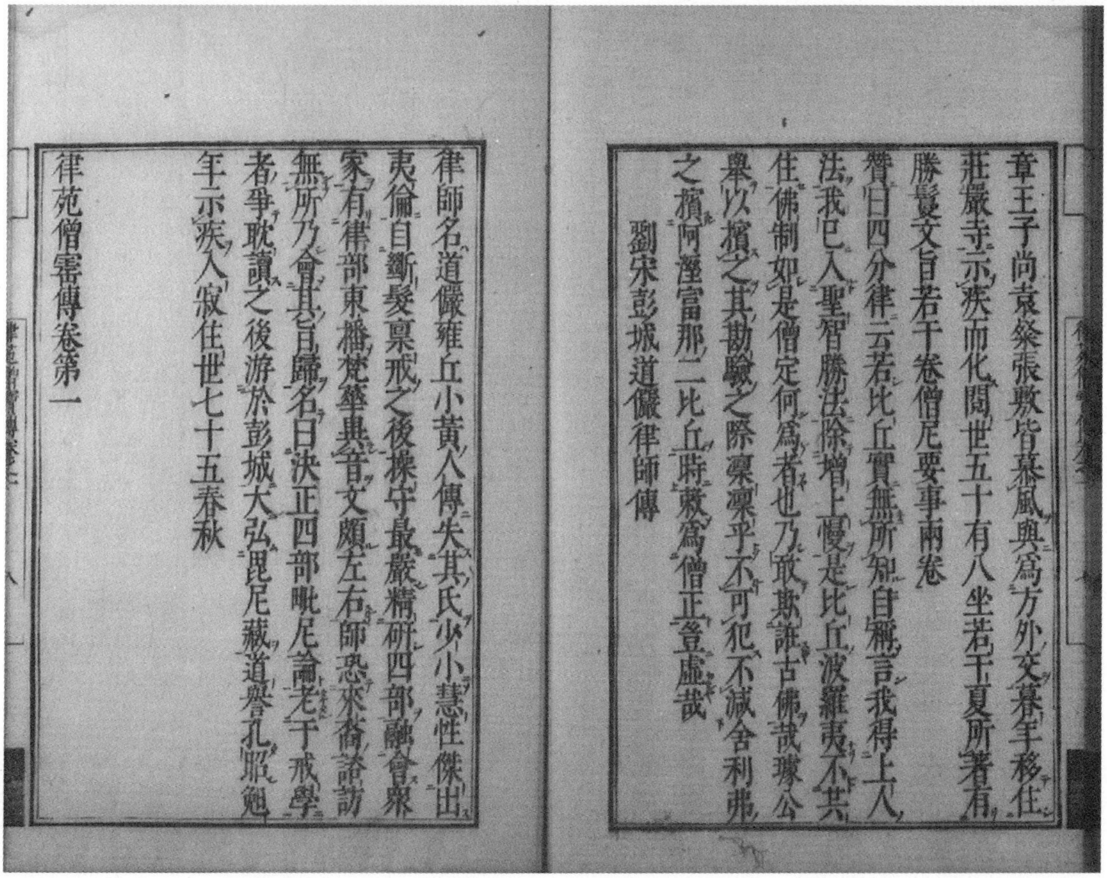
章王子尚袁粲張敷皆慕風與爲方外交暮年移住
莊嚴寺示疾而化閲世五十有八坐若干夏所著有
勝鬘文旨若干卷僧尼要事兩卷
贊曰四分律云若比丘實無所知自稱言我得上人
法我已入聖智勝法除增上慢是比丘波羅夷不共
住佛制如是僧定何爲者也乃敢欺誑古佛哉璩公
舉以擯之其勘驗之際凜凜乎不可犯不減舍利弗
之擯阿溼富那二比丘時敕爲僧正豈虛哉
劉宋彭城道儼律師傳

律師名道儼雍丘小黄人傳失其氏少小慧性傑出
夷倫自斷髪稟戒之後操守最嚴精研四部融會衆
家有律部東播梵華異音文頗左右師恐來裔諮訪
無所乃會其旨歸名曰決正四部毗尼論老于戒學
者爭耽讀之後游於彭城大弘毗尼藏道譽孔昭晩
年示疾入寂住世七十五春秋

律苑僧寳傳卷第一

①46ウ　①47オ

章王子尚袁粲張敷一、皆慕レ風ヲ与ニ為二方外ノ交一ヲ。暮年移テ住シ二
荘厳寺一ニ、示シテレ疾而化ス。閲世五十有八、坐若干夏。所レ著有リ二
勝鬘文旨若干巻・僧尼要事両巻一。
賛ニ曰、四分律ニ云、若シ比丘実ニ無レキニ所レ知ル、自ミ称シテ言ン、我得二上人ノ
法一ヲ、我已ニ入ルト二聖智勝法ニ一。除テ二増上慢一ヲ、是レ比丘ノ波羅夷ナリ。不ント二其
住セ一。仏制如シレ是。僧定何ン為レノ者ソヤ也。乃シ敢テ欺二誑スルヤ古仏一ヲ哉。璩公
挙テ以擯レ之ヲ。其ノ勘験ノ之際、凜凜乎トシテ不ルコトレ可レ犯ス、不レ減下舎利弗ノ
之擯スル二阿湿・富那ノ二比丘一ヲ時上ニ。勅シテ為二僧正一ト。豈ニ虚カランヤ哉。

劉宋彭城道儼律師伝

律師名ハ道儼、雍丘小黄ノ人。伝ニ失ス二其ノ氏一ヲ。少小ニシテ慧性傑ニ出ス
夷倫一ニ。自二断髪稟戒ノ之後一、操守最モ厳也。精ニ研シ四部一ヲ、融ニ会ス衆
家一ヲ。有リ二律部東播シテ梵華異レニシ音ヲ、文頗ル左右スルコト一。師恐二テ来裔ノ諮訪
無ンコトヲレ所、乃シ会シテ二其ノ旨帰一ヲ、名テ曰二決正四部毘尼論一ト。老タケタル二于戒学一ニ
者ノ争テ耽読ス之。後游二於彭城一ニ、大ニ弘ム二毘尼蔵一ヲ。道誉孔タ昭也。晩
年示レ疾ヲ入寂。住世七十五春秋。

律苑僧宝伝巻第一

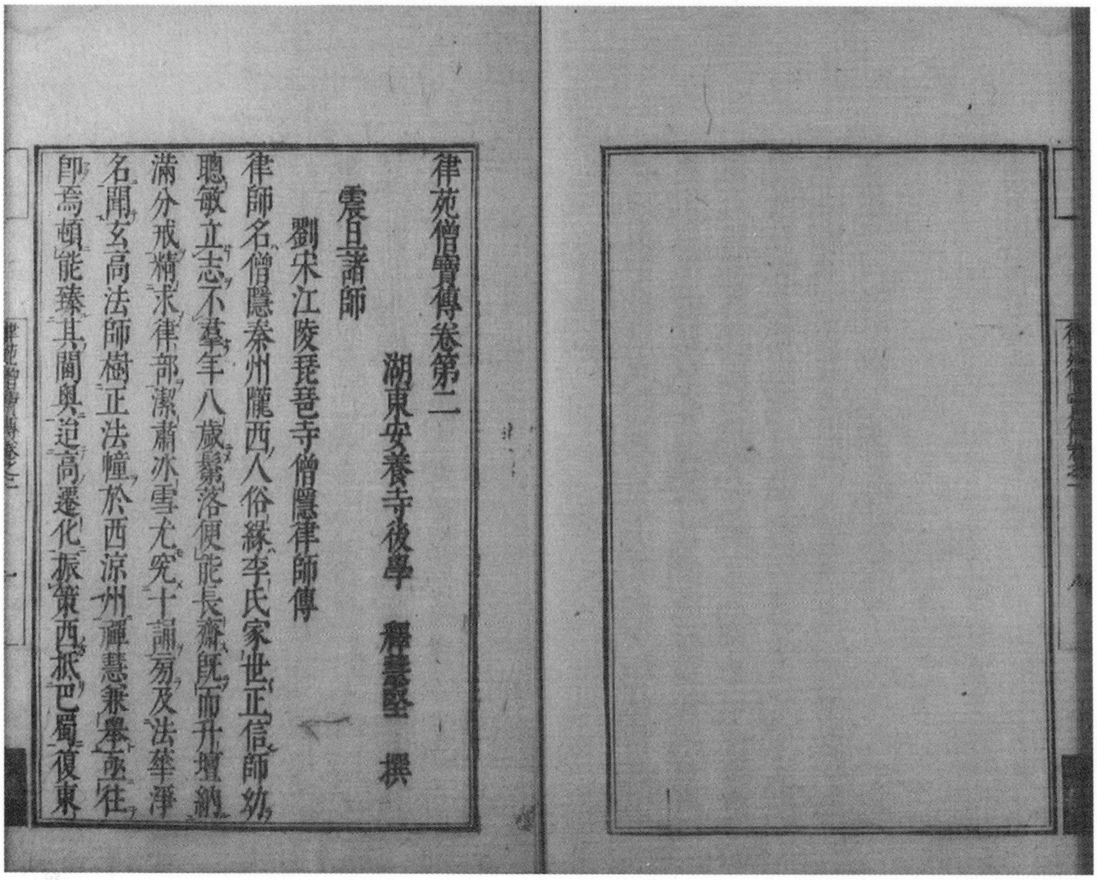

①48オ　①47ウ

律苑僧宝伝巻第二

湖東安養寺後学　釈慧堅　撰

震旦諸師

劉宋江陵琵琶寺僧隠律師伝

律師名ハ僧隠、秦州隴西ノ人。俗縁ハ李氏、家世ミ正信也。師幼ニシテ
聡敏、立ルコトレ志ヲ不レ群ナラ。年八歳ニシテ鬀落、便能長斎ス。既ニシテ而升壇、納ル二
満分戒ヲ一。精二求シテ律部ヲ一、潔粛氷雪。尤モ究メ二十誦ヲ一、旁ラ及二法華浄
名ニ一。聞テ下玄高法師樹二正法幢ヲ於西涼州ニ一禅慧兼挙上ト、亟ニ往テ
即ツク焉。頓ニ能臻ル二其ノ閫奥ニ一。迨テ二高ノ遷化ニ一、振レ策西ノ方抵リ二巴蜀ニ一、復東

└
①48オ

└
①47ウ

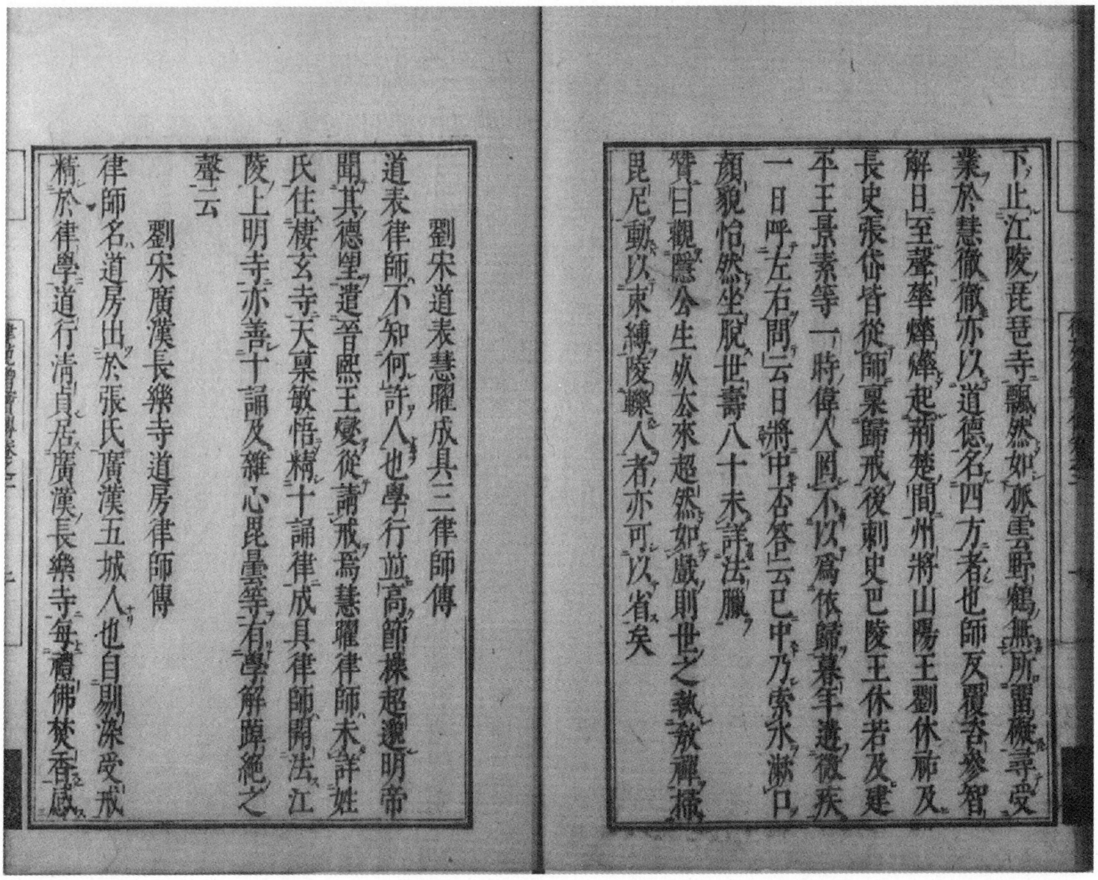

①49オ　①48ウ

①48ウ

下シテ止ル二江陵ノ琵琶寺ニ一。飄然トシテ如シ下孤雲野鶴ノ無キカ上所ロ二留碍一。尋テ受二
業ヲ於慧徹ニ一。徹モ亦以テ二道徳ヲ一名アル二四方ニ一者ノ也也。師反覆咨参、智
解日ニ至ル。声華燁燁トシテ起ル二荊楚ノ間ニ一。州将山陽王劉休祐及ヒ
長史張岱、皆従テレ師ニ稟二帰戒ヲ一。後刺史巴陵王休若及ヒ建
平王景素等一時ノ偉人、罔シレ不ト云コト三以テ為二依帰ヲ一。暮年遘フ二微疾ニ一。
一日呼テ二左右ヲ一問テ云、日将スルヤニレ中セント否。答云、已ニ中スト。乃シ索レ水ヲ漱レ口ヲ、
顔貌怡然トシテ坐脱ス。世寿八十、未タレ詳カニセ二法臘ヲ一。
賛ニ曰、観ル時ハ二隠公生死去来超然トシテ如ナルヲレ戯ノ、則世ノ之執シ二教禅ヲ一、掃テ二
毘尼ヲ一動スレハ、以テ二束縛ヲ一陵二轢スル人ヲ一者ノ、亦可シ二以テ省ス一矣。

①49オ

劉宋道表・慧曜・成具三律師伝

道表律師ハ、不レ知二何レ許ロノ人一ト云コトヲ也。学行並ヒ高ク、節操超邈也。明帝
聞テ二其ノ徳望ヲ一、遣二晋熙王爕ヲシテ従テ請レ戒ヲ焉。慧曜律師ハ、未タレ詳二姓
氏一。住ス二棲玄寺ニ一。天稟敏悟ニシテ精シ二十誦律ニ一。成具律師ハ、開二法ス江
陵ノ上明寺ニ一。亦善シ二十誦及ヒ雑心毘曇等ヲ一、有リト二学解踔絶ノ之
声一云。

劉宋広漢長楽寺道房律師伝

律師名ハ道房、出ツ二於張氏ニ一。広漢五城人ナリ也。自二剔染受戒一、
精シ二於律学ニ一。道行清貞也。居ス二広漢ノ長楽寺ニ一。毎トニ二礼仏焚香スル一、感ス三

└ ①48ウ

└ ①49オ

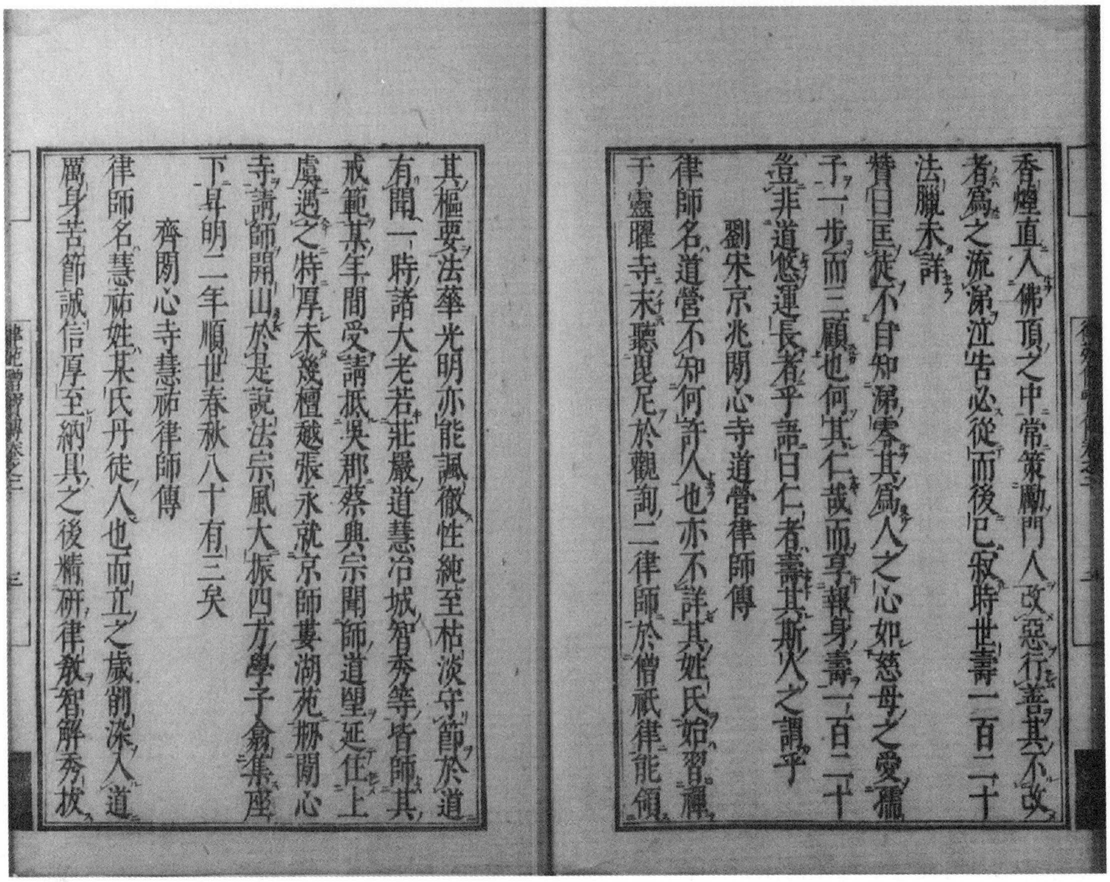

①50オ ①49ウ

香煙直ニ入二ルコトヲ仏頂ノ之中一ニ。常ニ策二励シテ門人一ヲ、改レメ悪ヲ行レセシム善ヲ。其ノ不ル改メ
者ノニハ為レメニ之流レ涕ヲ泣告、必ス従テ而後ニ已ム。寂スル時世寿一百二十。
法臘未レタ詳カナラ。
賛曰、匡レシテ徒ヲ不三自知二ミ涕ノ零一ルコトヲ。其ノ為レニスルノ人ノ之心、如下シ慈母ノ之愛二シテ孺
子一ヲ一歩ニシテ而三顧上スルカ也。何ソ其レ仁ナルヤ哉。而シテ享二ルコト報身ノ寿一ヲ一百二十。
豈ニレ非二道悠トヲフシテ運長キ者一ノニ乎ヤ。語ニ曰、仁者ハ寿ナカシト。其レ斯ノ人ノ之謂カ乎。

劉宋京兆間心寺道営律師伝

律師名ハ道営、不レ知二何許人一ト云コトヲ也。亦不レ詳ニンセ其ノ姓氏一ヲ。始ハ習ヒ二禅ヲ
于霊曜寺一ニ、末ノチニハ聴二毘尼ヲ於観詢ノ二律師一ニ。於二僧祇律一ニ能領ス二

①49ウ

其ノ枢要一ヲ。法華光明、亦能諷徹ス。性純至枯淡。守レリ節ヲ於レ道ニ
有レリ聞ヘ。一時ノ諸大老若キ二荘厳ノ道慧、冶城ノ智秀等一ノ、皆師トス二其ノ
戒範一ヲ。某ノ年間、受レテ請抵ル二呉郡一ニ。蔡興宗聞二師ノ道望一ヲ、延テ住セシメ二上
虞一ニ、遇スルコトレ之ニ特ニ厚シ。未レタ幾檀越張永就二京師妻湖苑一ニ剏二間心
寺一ヲ、請レシテ師ヲ開山タラシム。於レ是説法宗風大ニ振、四方ノ学子翕ニ集ス座
下一ニ。昇明二年順世。春秋八十有三矣。

斉間心寺慧祐律師伝

律師名ハ慧祐、姓ハ某氏、丹徒ノ人也也。而立ノ之歳削染シテ入レル道ニ。
厲身苦節、誠信厚至レリ。納具ノ之後、精ニ研シテ律教一ヲ、智解秀抜ス。

①50オ

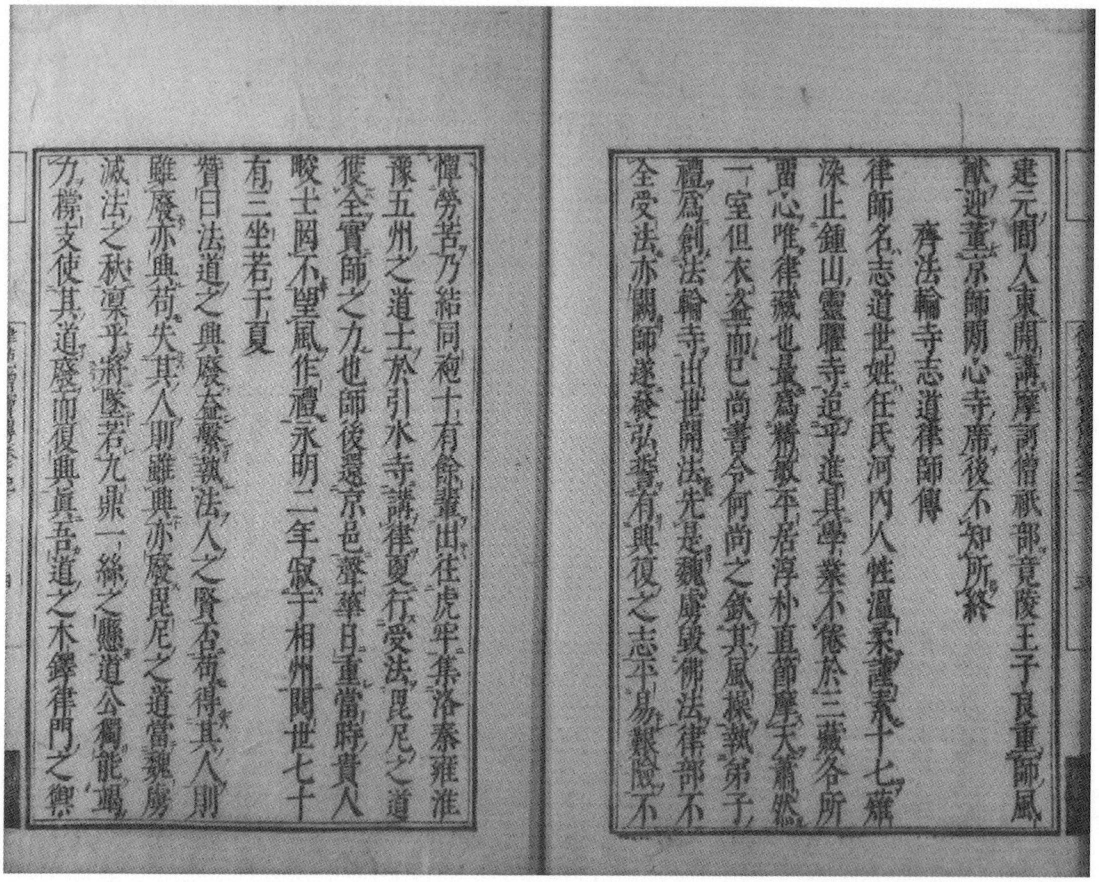

①50ウ　①51オ

建元ノ間、入レ東ニ開ニ講ス摩訶僧祇部一ヲ。竟陵王子良重ニシテ師ノ風
猷一ヲ、迎テ董ニシム京師間心寺ノ席一ヲ。後不レ知レ所ロヲ終。

齐法輪寺志道律師伝

律師名ハ志道、姓ハ任氏、河内人。性温柔ニシテ謹素也。十七ニシテ薙
染、止ニ鐘山ノ霊曜寺一ニ。迨テ乎進具ニ学業不レ倦。於ニ三蔵一各所
レ留レ心ヲ、唯タ律蔵也最モ為ニ精敏一。平居淳朴、直節摩レ天ヲ。蕭然タル
一室、但衣鉢而已尚書令何尚之欽テ其ノ風操ヲ執ニ弟子ノ
礼一ヲ、為ニ創ニシテ法輪寺一ヲ出世開法セシム。先レ是ヨリ魏虜毀ニ仏法一ヲ。律部不
レ全、受法モ亦闕タリ。師遂ニ発ニ弘誓一ヲ有ニリ興復ノ之志一。平ニ易也トシ艱険一ヲ、不

└①50ウ

レ憚ニ労苦一ヲ。乃結ニ同袍十有余輩一ヲ、出テ、住ニ虎牢一ニ。集ニ洛秦雍淮
予五州ノ之道士ヲ於引水寺一ニ、講シテレ律ヲ更ニ行ニス受法一ヲ。毘尼ノ之道
獲レルハ全ヲ、実ニ師ノ之力也也。師後還ニ京邑一ニ。声華日ニ重シ。当時ノ貴人
畯士罔レ不ニトイフコト望レ風ヲ作礼一セ。永明二年寂ニス于相州一ニ。閲世七十
有三、坐若干夏。

賛曰、法道ノ之興廃ハ、蓋シ繋ニレリ執ルレ法ヲ人ノ之賢否一ニ。苟モ得ニル時ハ其ノ人一ヲ、則
雖レ廃スト亦興ル。苟モ失ニル時ハ其ノ人一ヲ、則雖レ興ルト亦廃ス。毘尼ノ之道当テニ魏虜
滅法ノ之秋トキ一ニ、凛乎トシテ将ニレ墜ントスルコト、若ニシ九鼎一糸ノ之懸一ルカ。道公独リ能ク竭シテ
レ力ヲ、撐支使ニ其ノ道ヲシテ廃シテ而復興一。真ニ吾カ道ノ之木鐸、律門ノ之禦

└①51オ

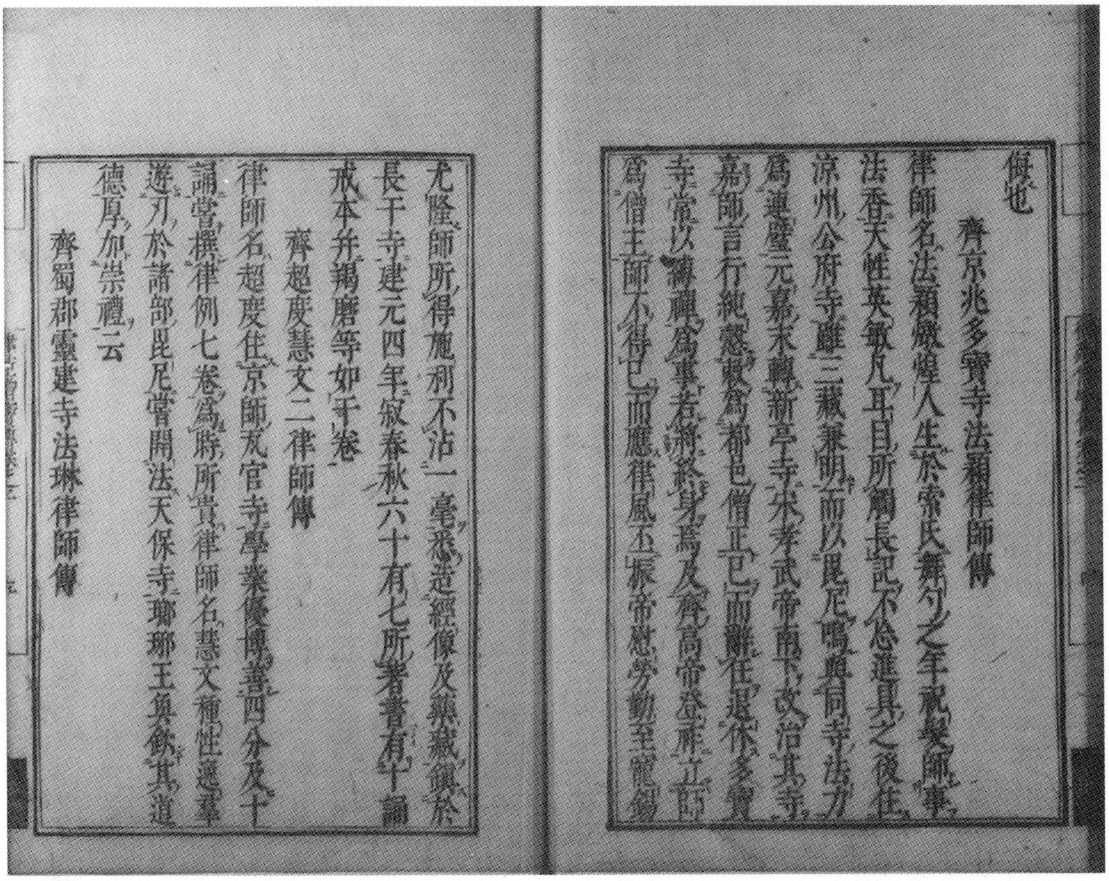

①52オ　①51ウ

侮也也。

斉京兆多宝寺法頴律師伝

律師名ハ法頴、燉煌人。生ル二於索氏一ニ。舞勺ノ之年、祝髪シテ師トシ二事フ
法香一ニ。天性英敏、凡ソ耳目ノ所レ触、長記シテ不レ忘。進具ノ之後住ス二
涼州ノ公府寺一ニ。雖二三蔵兼明一ムト、而以二毘尼一ヲ鳴ル。与二同寺ノ法力一
為二連璧一。元嘉ノ末、転ス二新亭寺一ニ。宋ノ孝武帝南下シテ、改テ治二其ノ寺一ヲ。
嘉ヨミシテ二師ノ言行純愨一ナルヲ、勅シテ為二都邑ノ僧正一ト。已ニシテ而辞シレ任ヲ、退二休ス多宝
寺一ニ。常ニ以二縛禅一ヲ為レ事ト。若シレ将スルカニレ終ヘントレ身ヲ焉。及テ二斉ノ高帝登祚一ニ、立テレ、師
為二僧主一ト。師不シテレ得レ已コトヲ而応ス。律風丕ニ振。帝慰労勤至、寵錫

└
①51ウ

尤隆也。師所ノレ得施利不レ沾二一毫一ヲ、悉ク造二経像及薬蔵一ヲ鎮ス二於
長干寺一ニ。建元四年ニ寂。春秋六十有七。所ノレ著書有リ二十誦
戒本并ニ羯磨等如干巻一。

斉超度・慧文二律師伝

律師名ハ超度、住ス二京師ノ瓦官寺一ニ。学業優博ニシテ善シ二四分及ヒ十
誦一ニ。嘗テ撰シ二律例七巻一ヲ、為メニレ時ノ所レ貴ハ。律師名ハ慧文、種性逸群、
遊シム二刃ヲ於諸部ノ毘尼一ニ。嘗開二法ス天保寺一ニ。瑯琊王奐欽ンテ二其ノ道
徳一、厚ク加ト二崇礼一ヲ云。

斉蜀郡霊建寺法琳律師伝

└
①52オ

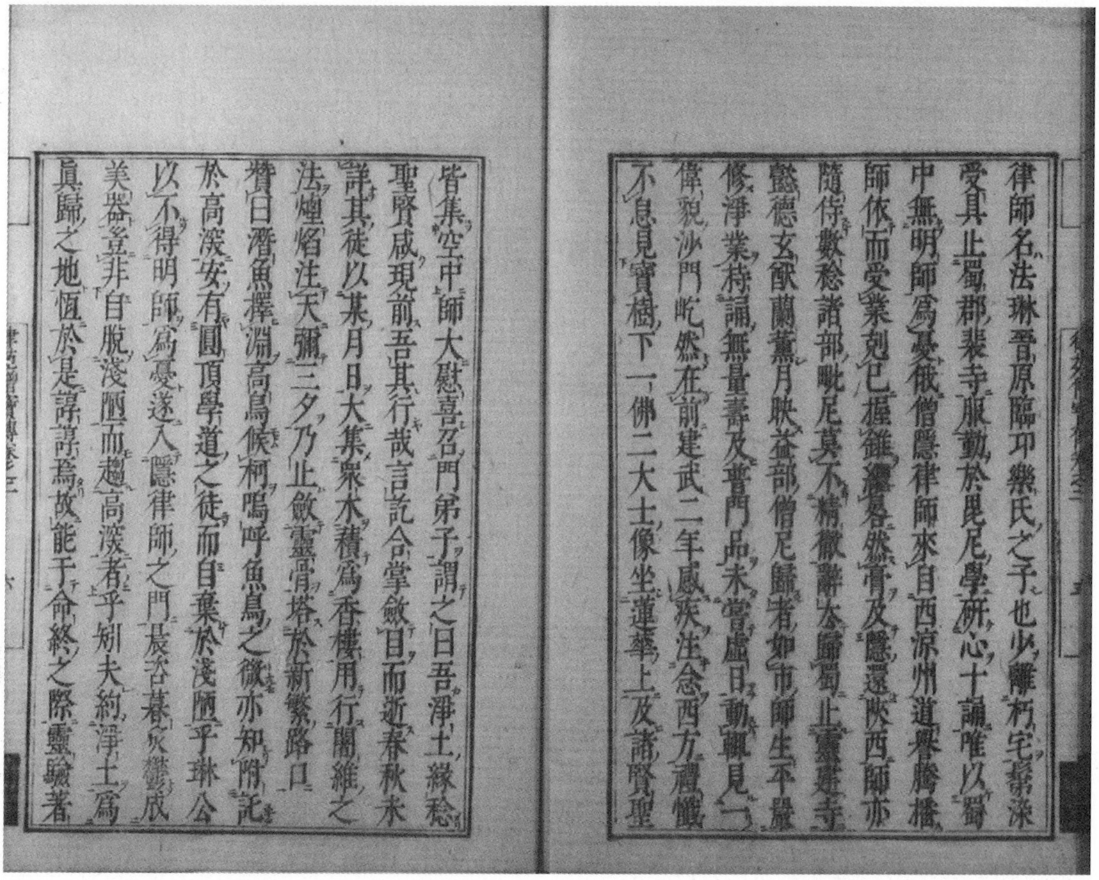

①53オ　①52ウ

律師名ハ法琳、晋原臨邛楽氏ノ之子也也。少シテ離二朽宅一ヲ髣染
受具。止二蜀郡ノ裴寺一ニ。服二勤シテ於毘尼ノ学一ニ、研二クシ心ヲ十誦一ニ。唯以三テ蜀
中無二キヲ明師一為レ憂ト。俄ニ僧隠律師来レ自二西涼州一、道誉騰播ス。
師依テ而受レ業、剋レ己ニ握レ錐ヲ継レ晷ニ然レ膏ヲ。及三テ隠ノ還ルニ二陝西一ニ、師亦
随侍スルコト数稔、諸部ノ毘尼莫レ不二ト云コト精徹一。辞去テ帰レ蜀ニ止ル二霊建寺一ニ。
懿徳玄猷蘭薫シ月映ス。益部ノ僧尼帰スル者ノ如レ市ノ。師生平厳ニ
修ス浄業ヲ一。持二誦シテ無量寿及ヒ普門品一ヲ、未二嘗テ虚日一アラ。動スレハ輙見ル二一リノ
偉貌ノ沙門屹然トシテ在ルヲ前ニ。建武二年感レ疾ヲ。注キ二念ヲ西方一ニ、礼懺
不レ息。見下宝樹ノ下一仏二大士ノ像坐三シ蓮華ノ上一ニ、及ヒ諸ノ賢聖

皆集中ルヲ空中上ニ。師大ニ慰喜シ、召シテ二門弟子一ヲ謂テ之曰、吾カ浄土ノ縁稔タリ。
聖賢咸ク現前ス。吾其レ行シヤ哉。言訖合掌斂テ目ヲ而逝ス。春秋未
レ詳ナラ。其ノ徒以二某ノ月日一ヲ大ニ集メ二衆木一ヲ、積テ為二香楼一ト。用テ行二ス闍維ノ之
法一ヲ。煌焔注テ天ニ彌テ二三夕一ヲ乃止ム。斂テ二霊骨一ヲ塔ス二於新繁ノ路口一ニ。
賛曰、潜魚択ヒレ淵ヲ、高鳥候モトムレ柯ヲ。嗚呼魚鳥ノ之微ナルモ、亦知レリレ附二託スルコトヲ
於高深一ニ。安ソ有シヤ三円頂学道ノ之徒ニシテ而自棄ミルコト二於浅陋一ニ乎。琳公
以レ不ルヲレ得二明師一ヲ為レ憂ト。遂ニ入テ二隠律師ノ之門一ニ、晨咨暮炙鬱トシテ成二
美器一ト。豈ニ非下自脱ミシテ二浅陋一ヲ而モ趨ル二高深一ニ者ノ上ニ乎。矧夫レ約シテ二浄土一ヲ為二
真帰ノ之地一ト。恒ニ於レ是ニ諄諄焉タリ。故ニ能于テ二命終ノ之際一ニ、霊験著

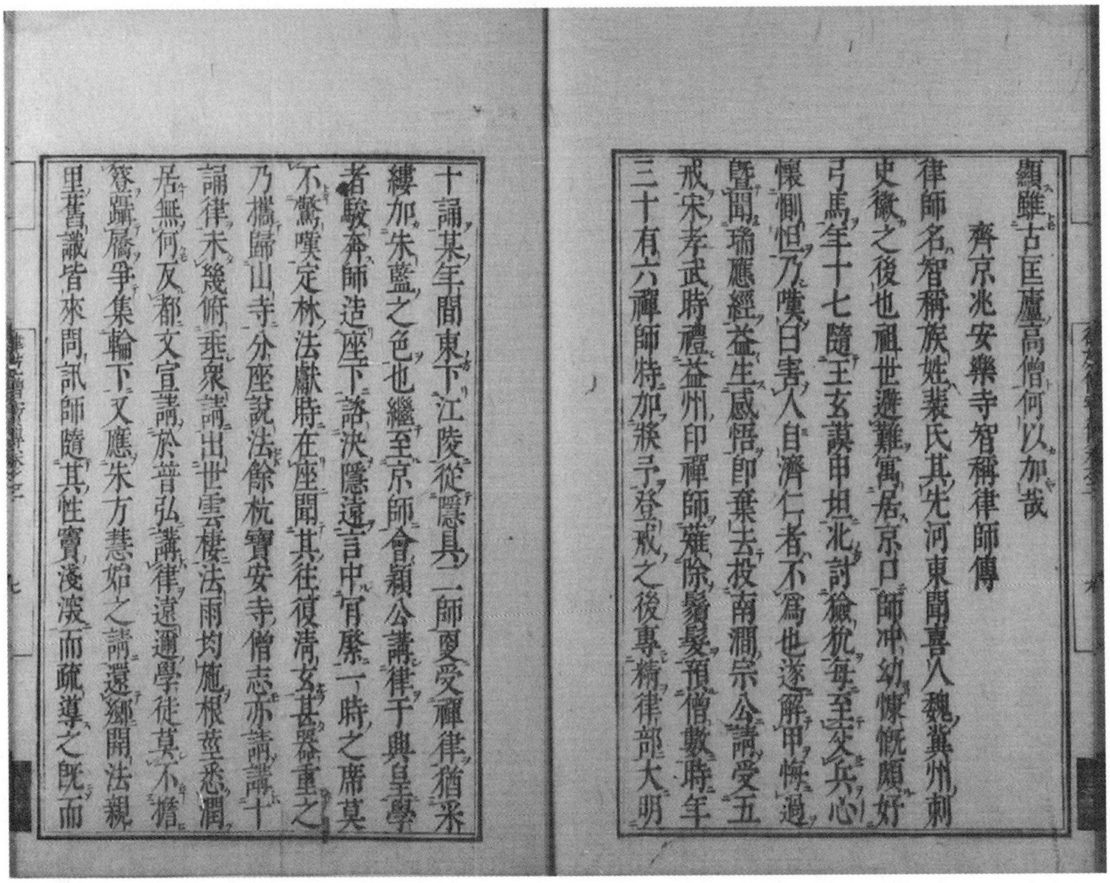

①54オ　①53ウ

顕ス。雖二トモ古匡盧ノ高僧一ト、何以カ加ンヤ哉。

斉京兆安楽寺智称律師伝

律師名ハ智称、族姓ハ裴氏。其ノ先河東聞喜人、魏ノ冀州ノ刺史徽カ之後也。祖世避レ難ヲ寓二居ス京口一ニ。師冲幼ヨリ慷慨頗ル好二弓馬一ヲ。年十七随テ二王玄謨申坦一ニ、北ノ方討二獫狁一ヲ。毎ニ至テ交ルニレ兵ヲ、心懐二惻怛一ヲ。乃シ嘆シテ曰、害シテレ人自済ミ、仁者ハ不レ為也。遂ニ解テレ甲ヲ悔ユレ過ヲ。暨テ聞クニ二瑞応経一ヲ、益ミ生ス二感悟一ヲ。即棄去テ投ニ二南澗ノ宗公一ニ、請シテ受二五戒一ヲ、宋ノ孝武ノ時、礼シ二益州ノ印禅師一ヲ、薙除シテ鬚髪一ヲ預ル二僧数一ニ。時ニ年三十有六。禅師特ニ加フ二奨予一ヲ。登戒ノ之後、専ニシ二精ヲ律部一ニ、大ニ明ニ

└ ①53ウ

十誦一ヲ。某ノ年間、東ノ方下リ二江陵一ニ、従テ二隠具ノ二師一更ニ受二禅律一ヲ。猶三采縷加カ二朱藍ノ之色一ヲ也。継テ至ル二京師一ニ。会ミ穎公講シ二律ヲ于興皇一ニ、学者駿奔ス。師造リ二座下一ニ諮二決シテ隠遠一ヲ、言中ル二肯綮一ニ。一時ノ之席莫レ不二ト云コト驚嘆一、定林ノ法献時ニ在リレ座ニ。聞テ二其ノ往復清玄一ナルヲ甚タ器重シ之、乃携テ帰二山寺一ニ分座説法セシム。余杭宝安寺ノ僧志モ亦請シテ講セシム二十誦律一ヲ。未タレ幾俯ニ垂シ二衆請一ニ出二世雲楼一ニ。法雨均施シテ根茎悉ク潤フ。居ルコト二無シテレ何クモ反ルレ都ニ。文宣請シテ二於普弘一ニ講シムレ律ヲ。遠邇ノ学徒莫シレ不三ト云コト担ヒレ登ヲ躡テレ屩ヲ争テ集二輪下一ニ。又応シテ二朱方慧始之請一ニ還テレ郷ニ開法、親里ノ旧識皆来問訊。師随テ二其性賓ノ浅深一ニ而疏導ス之。既ニシテ而

└ ①54オ

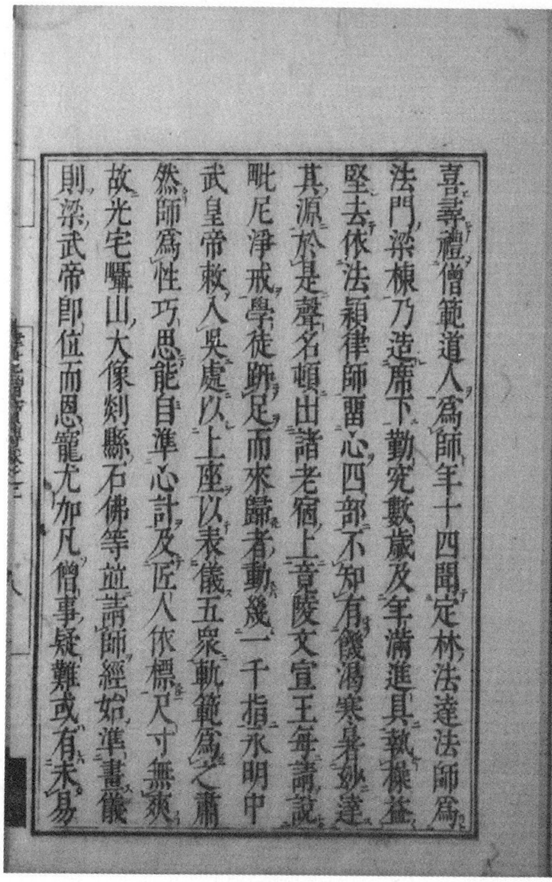

①55オ

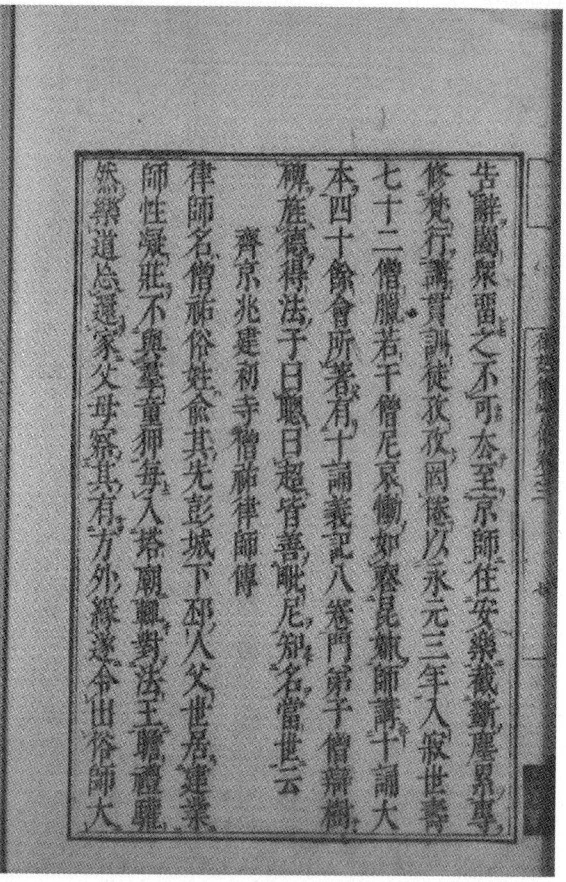

①54ウ

告レ辞ヲ。闔衆留レトモ之不レ可キカ。去テ至二リ京師一ニ住二安楽一ニ。截二断シテ塵累一ヲ、専ラ
修二梵行一ヲ。講貫訓徒孜孜トシテ罔レ倦コト。以二永元三年一入寂。世寿
七十二、僧臘若干。僧尼哀慟シテ如レ喪二昆姉一ヲ。師講二スルコト十誦大
本一ヲ四十余会、所レ著ハス有二リ十誦義記八巻一。門弟子僧弁樹テ、
レ碑ヲ旌レス徳ヲ。得法ノ子曰レ聡ト曰レ超ト。皆善二シテ毘尼一ヲ、知二ラルト名ヲ当世一ニ云。

斉京兆建初寺僧祐律師伝

律師名ハ僧祐、俗姓ハ兪。其ノ先彭城下邳ノ人。父世居二ス建業一ニ。
師性凝荘ニシテ不二与レ群童狎一。毎レトニ入二塔廟一ニ、輒チ対二シテ法王一ニ瞻礼。驩
然トシテ楽レ道、忘レル還レコトヲ家ニ。父母察三シテ其ノ有二ルコトヲ方外ノ縁一、遂ニ令レ出レ俗。師大ニ

└
①54ウ

喜ヒ、尋ヒテ礼二シテ僧範道人一ヲ為レ師ト。年十四、聞三テ定林ノ法達法師為リト二
法門ノ梁棟一、乃造二ル席下一ニ。勤究数歳、及二年満進具一ニ。執レルコト操益ミ
堅シ。去テ依二法頴律師一留二心ヲ四部一ニ、不レ知レ有二ルコトヲ饑渇寒暑一。妙ニ達ス二
其ノ源一ニ。於レ是ニ声名頓ニ出二諸老宿ノ上一ニ。竟陵文宣王毎ニ請シテ説二シム
毘尼浄戒一ヲ。学徒跰レニシテ足ヲ而来帰スル者ノ、動スレハ幾二シ一千指一ニ。永明中、
武皇帝勅シテ入レ呉ニ、処ニ以二シ上座一ヲ、以テ表二儀ス五衆一ニ。軌範為レメニ之粛
然タリ。師為レ性巧思ニシテ能自ミ準二心計一ヲ。及テ二匠人依標一スルニ、尺寸無レ爽フコト。
故ニ光宅𡹴山ノ大像、剡県ノ石仏寺、並ニ請レ師ヲ経始シテ準二画ス儀
則一ヲ。梁ノ武帝即位。而恩寵尤加。凡ソ僧事ノ疑難、或ハ有二レハ未レタ易

└
①55オ

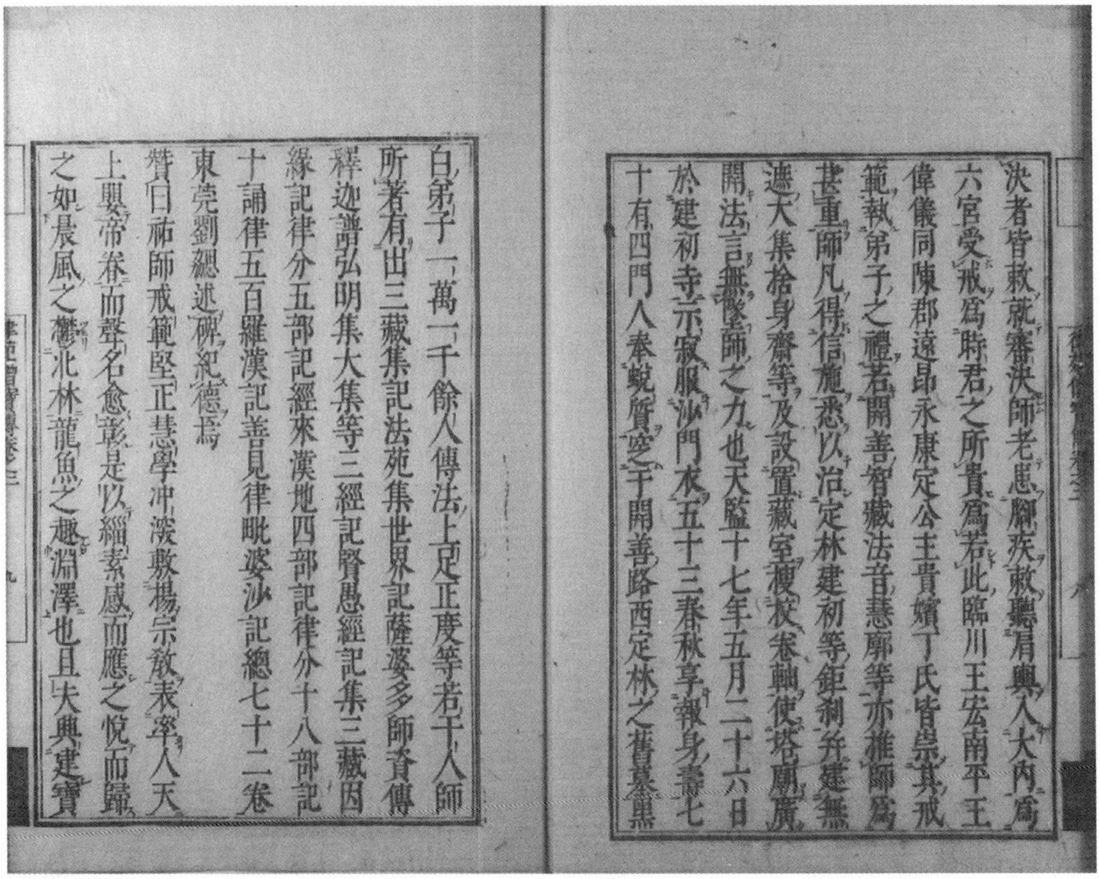
決者皆敕就審決師老患脚疾敕聽肩輿入大内為
六宮受戒為時君之所貴為若此臨川王宏南平王
偉儀同陳郡遠昂永康定公主貴嬪丁氏皆崇其戒
範執弟子之禮若開善智藏法音慧廓等亦推師為
甚重師凡得信施悉以治定林建初等鉅刹并建無
遮大集捨身齋等及設置藏室搜校卷軸使塔廟廣
開法言無墜師之力也天監十七年五月二十六日
於建初寺示寂服沙門衣五十三春秋享報身壽七
十有四門人奉蛻質窆于開善路西定林之舊墓黒

白弟子一萬一千餘人傳法上足正度等若干人師
所著有出三藏集記法苑集世界記薩婆多師資傳
釋迦譜弘明集大集等三經記賢愚經記集三藏因
緣記律分五部記經來漢地四部記律分十八部記
十誦律五百羅漢記善見律毗婆沙記總七十二卷
東莞劉勰述碑紀德焉
賛曰祐師戒範堅正慧學沖深敷揚宗教表率人天
上要帝眷而聲名愈彰是以緇素感而應之悦而歸
之如晨風之鬱北林龍魚之趣淵澤也且夫興建寶

①56オ　①55ウ

レ決者一、皆勅シテ就テ審決セシム。師老テ患フ二脚疾一ヲ。勅シテ聴三肩輿シテ入ルコト二大内一ニ、為ニ
六宮一受レシム戒ヲ。為二時君ノ之所一レ貴ヒ為レ若シト此ノ。臨川王宏・南平王
偉・儀同陳郡遠昂・永康定公主・貴嬪丁氏、皆崇メ二其ノ戒
範ヲ一執ル二弟子ノ之礼一ヲ。若キ二開善ノ智蔵・法音ノ慧廓等一、亦推レ師為二
甚重一ルコトヲ。師凡ソ得レハ二信施一ヲ、悉ク以テ治二シ定林建初等ノ鉅刹一、并ニ建二無
遮ノ大集捨身斎等一ヲ、及設二置シ蔵室一ヲ、捜二校ス巻軸一ヲ。使三コトハ塔廟ヲシテ広ク
開キ、法言ヲシテ無ラ二レ墜コト、師ノ之力也也。天監十七年五月二十六日
於二建初寺一ニ示寂ス。服ルコト二沙門衣一ヲ五十三、春秋享ルコト二報身ノ寿一七
十有四。門人奉二蛻質一ヲ窆ム二于開善ノ路西定林ノ之旧墓一ニ。黒

└
①55ウ

白ノ弟子一万一千余人、伝法ノ上足正度等若干人。師
所レ著有リ二出三蔵集記・法苑集・世界記・薩婆多師資伝・
釈迦譜弘明集・大集等三経記・賢愚経記集・三蔵因
縁記・律分五部記・経来漢地四部記・律分十八部記・
十誦律五百羅漢記・善見律毘婆沙記、総七十二巻一。
東莞劉勰述シテレ碑ヲ紀ス徳ヲ焉。
賛曰、祐師戒範堅正、慧学沖深、敷二揚シテ宗教一ヲ、表二率タリ人天一ニ。
上要テ二帝眷一ニ而声名愈ミ彰ル。是以テ緇素感シテ而応シ之、悦テ而帰ス
之。如下シ晨風ノ之鬱ツモリ二北林一ニ、龍魚ノ之趣中ケルカ淵沢上ニ也。且夫興ニ建シ宝

└
①56オ

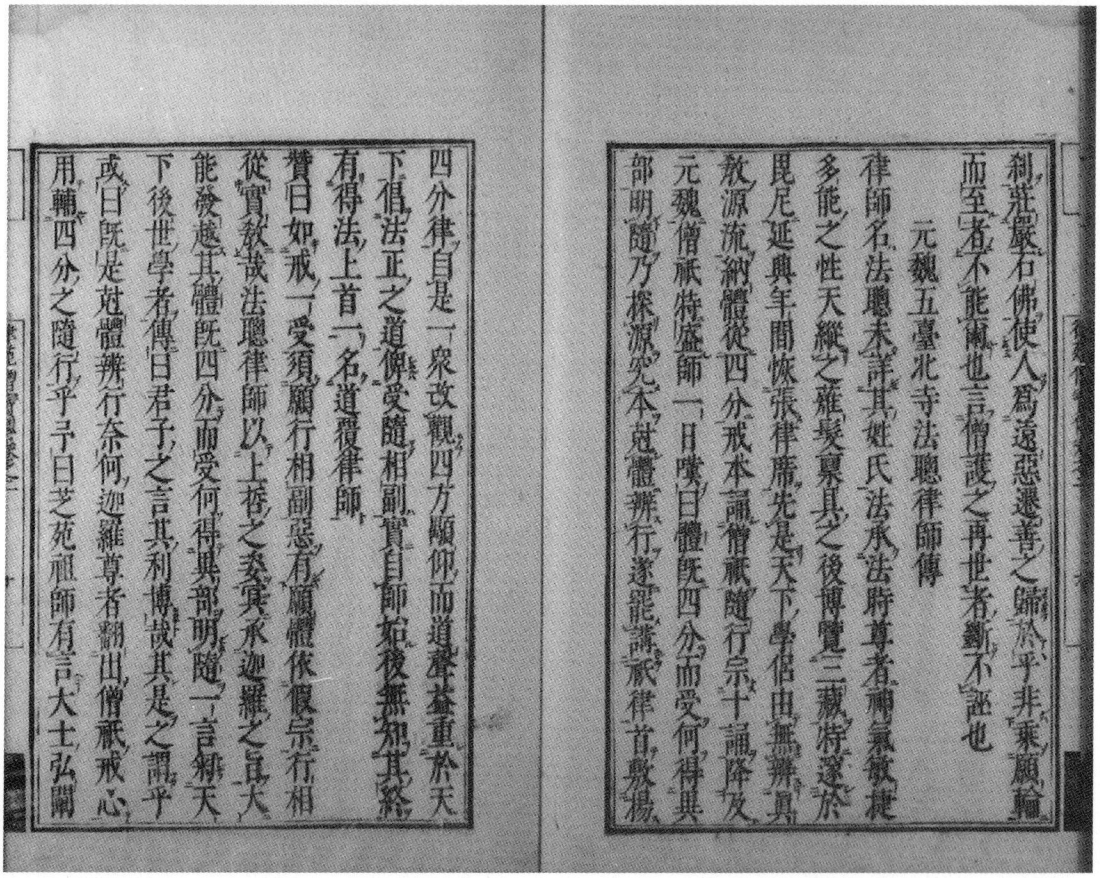

①57オ　①56ウ

刹一ヲ、荘ニ厳シ石仏一ヲ、使シム三人ヲシテ為ニ遠悪遷善ノ之帰ヲモムキヲ一。於ア乎、非下ンハ乗ニシテ願輪一ニ
而至ル者上ノニ、不レ能レ爾ルコト也。言ニフ僧護ノ之再世一者ノ、断トシテ不レ誣也。

元魏五台北寺法聡律師伝

律師名ハ法聡、未レタ詳ニンセ其ノ姓氏一。法承ニク法時尊者一ニ。神気敏捷、
多能ノ之性、天縦レセリ之。薙髪稟具ノ之後、博覧ニ三蔵一ヲ、特ニ邃ニシ於
毘尼一ニ。延興年間恢ニ張ス律席一ヲ。先レ是ヨリ、天下ノ学侶由レテ無レキニ弁ニスルコト真
教ノ源流一ヲ、納体従ニヒ四分一ニ、戒本誦ニシ僧祇一ヲ、随行宗ニトス十誦一ヲ。降ニ及テ
元魏一ニ、僧祇特ニ盛也。師一日嘆シテ曰、体既ニ四分ニシテ而受ク。何ソ得ニ異
部一明レント随ヲ。乃探レリ源ヲ究レメ本ヲ剋レシ体ニ弁レス行ヲ。遂ニ罷レメ講ニスルコトヲ祇律一、首テ敷ニ揚ス

四分律一ヲ。自レ是一衆改レ観モノヲ、四方顒仰シテ而道声益重ニシ於天
下一ニ。倡ニテ法正ノ之道一、俾シムルハ二受随ヲシテ相副一ハ、実ニ自レ師始ル。後無レ知ニコト其ノ終一ヲ。
有ニリ得法ノ上首一一リ。名ニク道覆律師一ト。
賛曰、如ニキ戒ノ一受一、須ニク願行相副一。悪ソ有下ンヤ願体依ニ仮宗一ニ、行相
従中コト実教上ニ哉。法聡律師以ニテ上哲ノ之姿一ヲ、冥ニ承ニ迦羅ノ之旨一ヲ、大ニ
能発越ス。其ノ体既ニ四分ニシテ而受。何ソ得ニテ異部一ヲ、明レントイフノ随ヲ一言、匊ヤシナフニ天
下後世ノ学者一ヲ。伝ニ曰、君子ノ之言其ノ利博ヒカナト哉。其レ是ヲ之謂フカ乎。
或人ノ曰、既ニ是剋体弁行、奈何ソ迦羅尊者翻ニ出シテ僧祇ノ戒心一ヲ、
用テ輔ニルヤ四分ノ之随行一ヲ乎。予曰、芝苑祖師有レ言ヘルコト。大士ノ弘闡

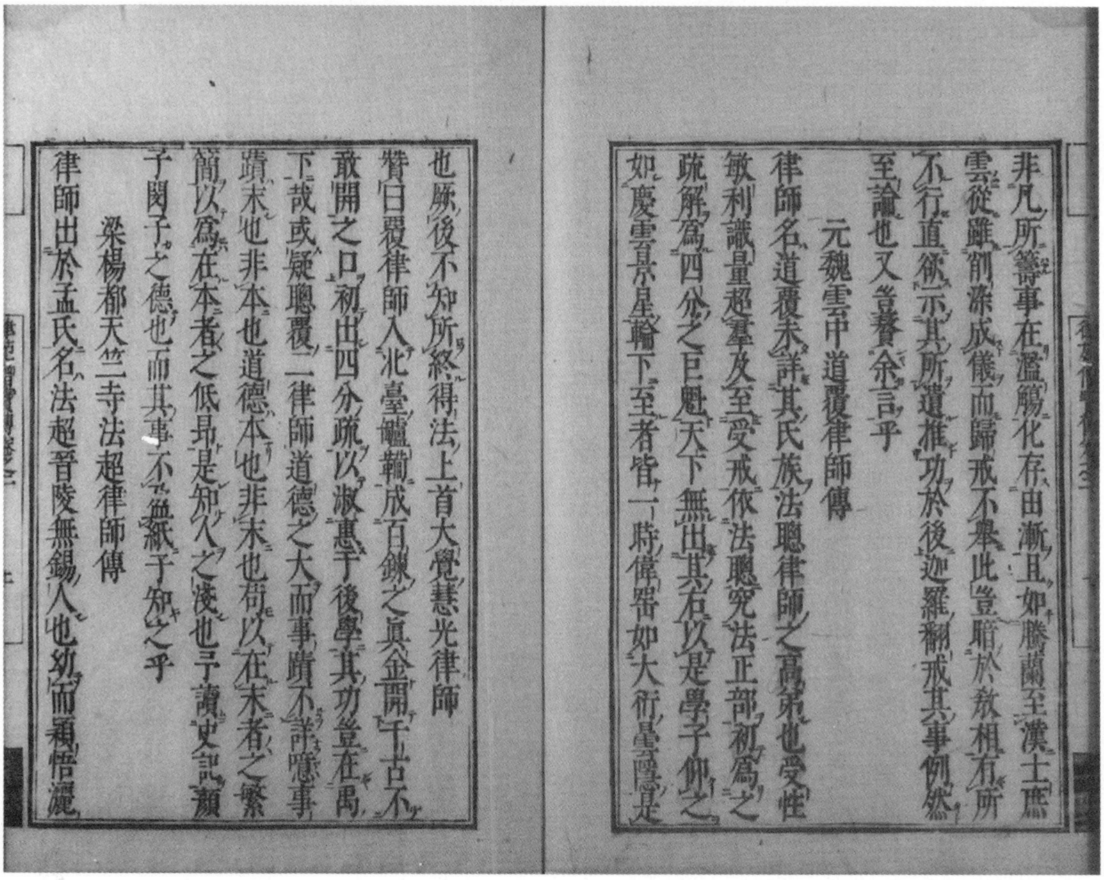

①58オ　①57ウ

非二凡ノ所一レ籌ハカル。事在二リ濫觴一ニ。化存二ス由漸一ヲ。且ク如二キ騰蘭至一レ漢、士庶雲ノ如ニ従ヒ、雖トモ二削染成一レスト儀ヲ、而モ帰戒不レ挙セ。此豈ニ暗シテ二於教相一ニ有レンヤ所レ不ル レ行セ。直ニ欲下ス示二シテ其ノ所ヲ一レ遺ル推中ント功ヲ於後上ニ。迦羅ノ翻戒、其ノ事例然タリト。至論也。又豈贅二シヤ余カ言一ヲ乎。

元魏雲中道覆律師伝

律師名ハ道覆、未タレ詳ンセ二其ノ氏族一ヲ。法聡律師ノ之高弟也。受性敏利、識量超レ群。及レ至ルニ二受戒一ニ依二法聡一ニ究二法正部一ヲ。初テ為リ二之疏解一ヲ、為ル二四分ノ之巨魁一ト。天下無シレ出ルモノ二其ノ右一ニ。以レテ是学子仰クコトレ之ヲ如シ二慶雲景星一ノ。輪下ニ至ル者皆ナ一時ノ偉器、如二大衍ノ曇隠一ノ是

」①57ウ

也。厥ノ後不レ知レ所ロヲレ終ル。得法ノ上首大覚ノ慧光律師。

賛曰、覆律師入テ二北台ノ罏鞴一ニ成二百錬ノ之真金一ト。開テ下千古不ルノ二敢開一之口上ヲ、初テ出シ二四分ノ疏一ヲ、以テ淑二恵ス于後学一ニ。其ノ功豈ニ在ンヤ二禹ノ下一ニ哉。或人疑、聡覆ノ二律師、道徳ノ之大ニシテ而事蹟不ルコトヲレ詳ナラ。噫アヽ事蹟ハ末也、非レ本ニ也。道徳ハ本ナリ也、非レ末ニ也。苟モ以テ二在ルレ末ニ者ノ、之繁簡一ヲ、以テ為セハ二在ルレ本ニ者ノ、之低昂一ト、是レ知ルノレ人ヲ之浅也。予読ムニ二史記一ヲ、顔子・閔子カ之徳ニシテ也、而其ノ事不レ盈レ紙ニ。子知レヤ之乎。

梁楊都天竺寺法超律師伝

律師出二於孟氏一ニ、名ハ法超。晋陵無錫ノ人也。幼ニシテ而穎悟、灑

」①58オ

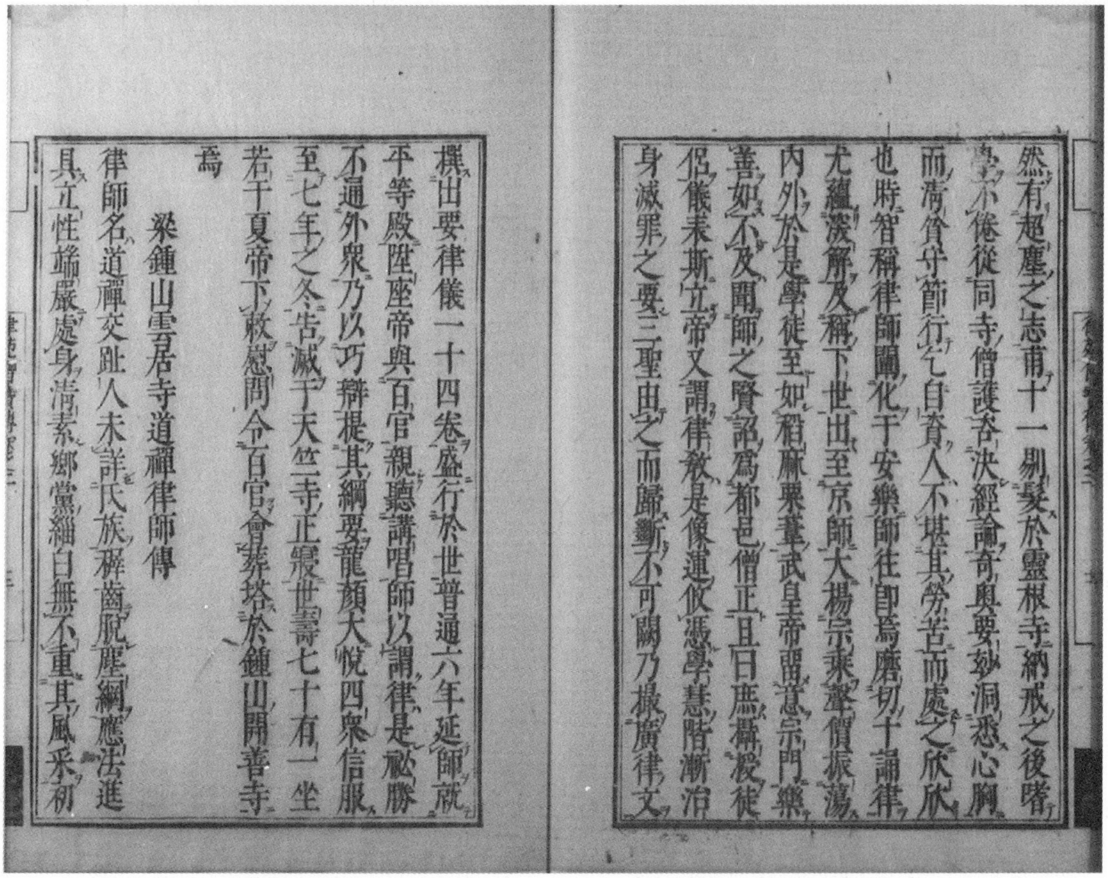

①59オ　①58ウ

然トシテ有二リ超塵ノ之志一。甫テ十一、剔二髪ス於霊根寺一ニ。納戒ノ之後、嗜テ
レ学ヲ不レ倦。従二同寺ノ僧護一咨二決シ経論一ヲ、奇奥要妙洞二悉ス心胸一ニ。
而シテ清貧守レ節、行レテ乞自ミ資ク。人ハ不レ堪二其ノ労苦一ニ、而処レスルコト之ニ欣欣タリ
也。時ニ智称律師闡二ク化ヲ于安楽一ニ。師往即焉。磨二切シテ十誦律一ヲ、
尤蘊二メリ深解一ヲ。及二テ称ノ下世一ニ、出テ、至二京師一ニ。大ニ揚二宗乗一ヲ、声価振二蕩ス
内外一ヲ。於レ是ニ学徒至ルコト如二シ稲麻粟葦一ノ。武皇帝留二メ意ヲ宗門一ニ、楽テ
レ善ヲ如クスレ不ルカレ及ハ。聞二テ師ノ之賢一、詔シテ為二都邑ノ僧正一ト。且曰、庶クハ摂二授シテ徒
侶一ヲ、儀表斯ニ立ンコトヲ。帝又謂ラク、律教ハ是像運ノ攸レ憑ル、学慧ノ階漸、治
身滅罪ノ之要也。三聖由レテ之而帰ス。断トシテ不レ可レ闕。乃撮二シテ広律ノ文一ヲ、

」
①58ウ

撰二ス出要律儀一十四巻一ヲ。盛ニ行二於世一。普通六年延レテ師ヲ就二テ
平等殿一ニ陞座、帝与二百官一親シク聴二講唱一。師以謂ク、律ハ是レ秘勝
不レ通二外衆一ニ。乃以二巧弁一提二ク其ノ綱要一ヲ。龍顔大ニ悦、四衆信服ス。
至二テ七年ノ之冬一ニ、告二ク滅ヲ于天竺寺ノ正寝一ニ。世寿七十有一、坐
若干夏。帝下レシテ勅ヲ慰問、令二百官ヲシテ会一レ葬。塔二ス於鍾山ノ開善寺一ニ
焉。

梁鍾山雲居寺道禅律師伝

律師名ハ道禅、交趾人。未レ詳二ンセ氏族一ヲ。稚歯ニシテ脱二シ塵網一ヲ、応法進
具ス。立性端厳ニシテ処レ身ヲ清素也。郷党ノ緇白無レ不レコト重二セ其ノ風采一ヲ。初

」
①59オ

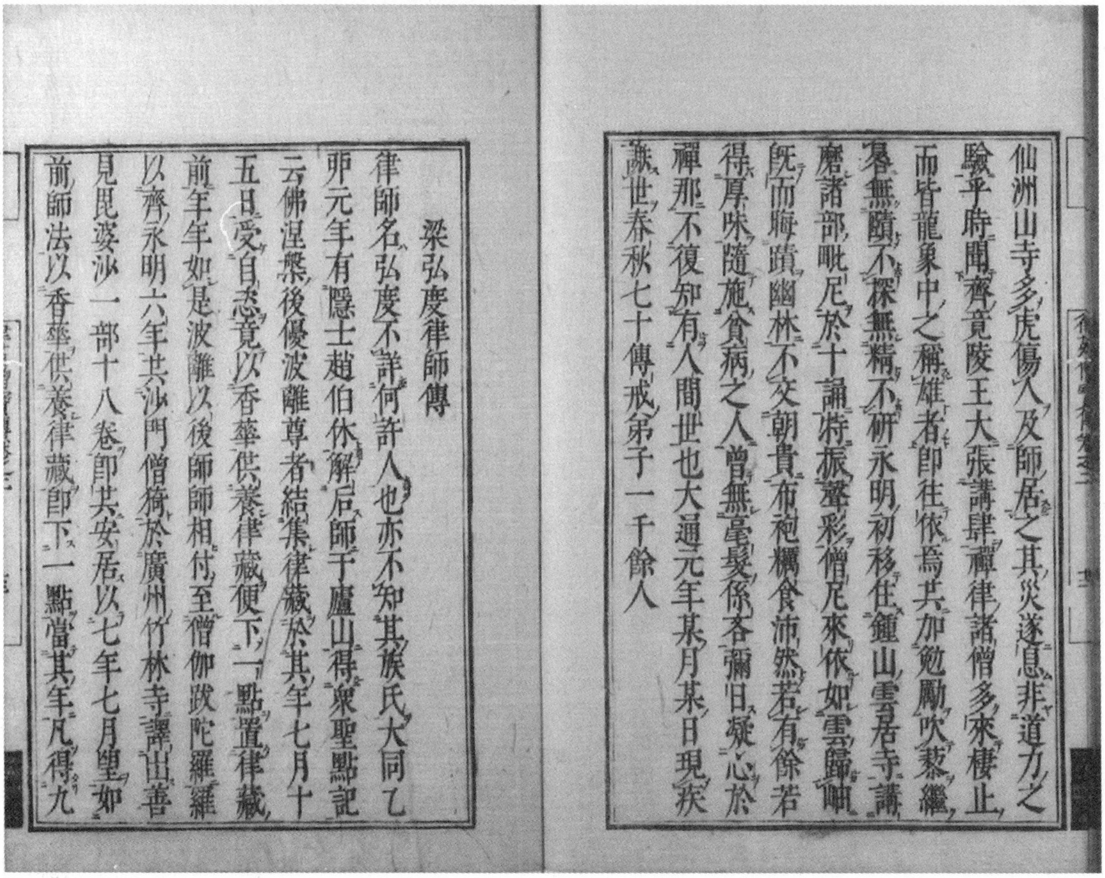

仙洲山寺多虎傷人及師居之其災遂息非道力之
驗乎時聞齊竟陵王大張講肆禪律諸僧多來棲止
而皆龍象中之稱雄者即往依焉共加勉勵吹藜繼
晷無賾不探無精不研永明初移住鍾山雲居寺講
磨諸部毗尼於十誦特振聲彩僧尼來依如雲歸岫
既而晦蹟幽林不交朝貴布袍糲食沛然若有餘若
得厚味隨施貧病之人曾無毫髮係吝彌日凝心於
禪那不復知有人間世也大通元年某月某日現疾
謝世春秋七十傳戒弟子一千餘人

梁弘度律師傳
律師名弘度不詳何許人也亦不知其族氏大同乙
卯元年有隱士趙伯休解后師于廬山得衆聖點記
云佛涅槃後優波離尊者結集律藏於其年七月十
五日受自恣竟以香華供養律藏便下一點置律藏
前年年如是波離以後師師相付至僧伽跋陀羅羅
以齊永明六年共沙門僧猗於廣州竹林寺譯出善
見毗婆沙一部十八卷即共安居以七年七月望如
前師法以香華供養律藏即下一點當其年凡得九

①60オ　①59ウ

仙洲山寺多レシテ虎傷レ人ヲ。及二師ノ居一スルニ之、其ノ災遂ニ息ム。非ニヤ道力ノ之
験一乎。時ニ聞下斉ノ竟陵王大ニ張二講肆一ヲ、禅律ノ諸僧多ク来テ、棲止シテ
而皆龍象中ノ之称レスル雄ト者上ノ也ト、即往テ依ル焉。共ニ加二勉励一ヲ、吹レテ藜ヲ継ク
レ晷ニ。無ク二賾トシテ不一レト云コト探、無シ二精トシテ不一レト云コト研。永明ノ初、移テ住二ス鍾山ノ雲居寺一ニ。講二
磨シ諸部ノ毘尼一ヲ、於二十誦一特ニ振二声彩一ヲ。僧尼来リ依ルコト如二シ雲ノ帰一レルカ岫ニ。
既ニシテ而晦二蹟ヲ幽林一ニ、不レ交二朝貴一ニ。布袍糲食、沛然トシテ若シ有レルカ余。若
得レハ厚味一ヲ、随テ施二ス貧病ノ之人一ニ。曾テ無シ二毫髪ノ係吝一。弥日ス凝二心ヲ於
禅那一ニ、不二復知一レ有ルコトヲ人間世一也。大通元年某ノ月某ノ日、現レシテ疾
謝レス世ヲ。春秋七十、伝戒ノ弟子一千余人。

」①59ウ

梁弘度律師伝

律師名ハ弘度、不レ詳二セ何許人一トニ云コトヲ也。亦不レ知二其ノ族氏一ヲ。大同乙
卯元年有二隠士趙伯休一トニ云モノ。解二后ス師ニ于廬山一ニ。得ルニ衆聖点記一
云、仏涅槃ノ後、優波離尊者結二集シ律蔵一ヲ、於二其年七月十
五日ニ受ケ二自恣ヲ竟テ、以二香華一供二養シ律蔵一ヲ、便下シテ二一点ヲ置ク二律蔵ノ
前一ニ。年年如レシ是。波離以後、師師相ヒ付シテ至ル二僧伽跋陀羅一ニ。羅
以二斉ノ永明六年一、共二沙門僧猗一ト、於二広州ノ竹林寺一ニ、訳二出ス善
見毘婆沙一部十八巻一ヲ。即共ニ安居ス。以テ二七年七月望一ヲ、如二
前ノ師法一。以二香華一供二養シ律蔵一ヲ、即下二スニ一点一ヲ。当テ二其ノ年一ニ凡ソ得タリ二九

」①60オ

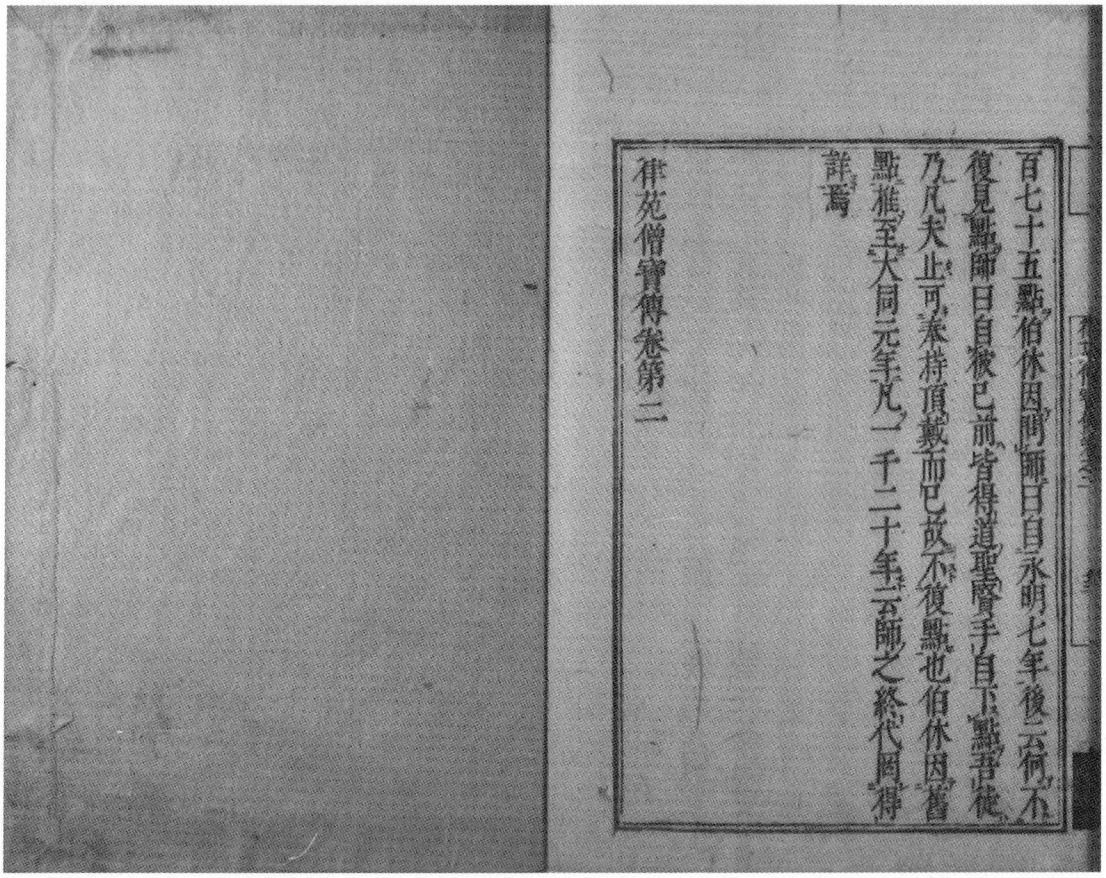

①裏表紙見返　　①60ウ

百七十五点ヲ一。伯休因テ問レ師ニ曰、自ニ永明七年一後、云何シテ不ニル
復見レ点ヲ。師曰、自レ彼已前ハ皆得道ノ聖賢、手自下レス点ヲ。吾徒ハ
乃シ凡夫、止タヽ可ニキ奉持頂戴一而已。故ニ不ニスト復点一セ也。伯休因テ二旧
点一ニ推シテ至ニルニ大同元年一ニ、凡ソ一千二十年也ト一云。師ノ之終代罔シ二得
詳一スルコト焉。

律苑僧宝伝巻第二

①60ウ

①裏表紙見返

①裏表紙

①裏表紙

律苑僧宝伝

第二冊

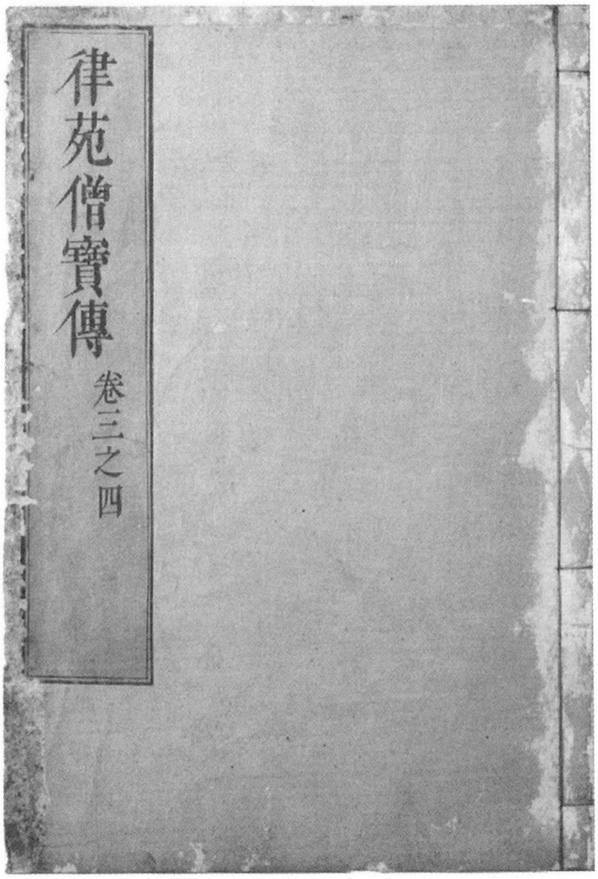

②表表紙

②表表紙

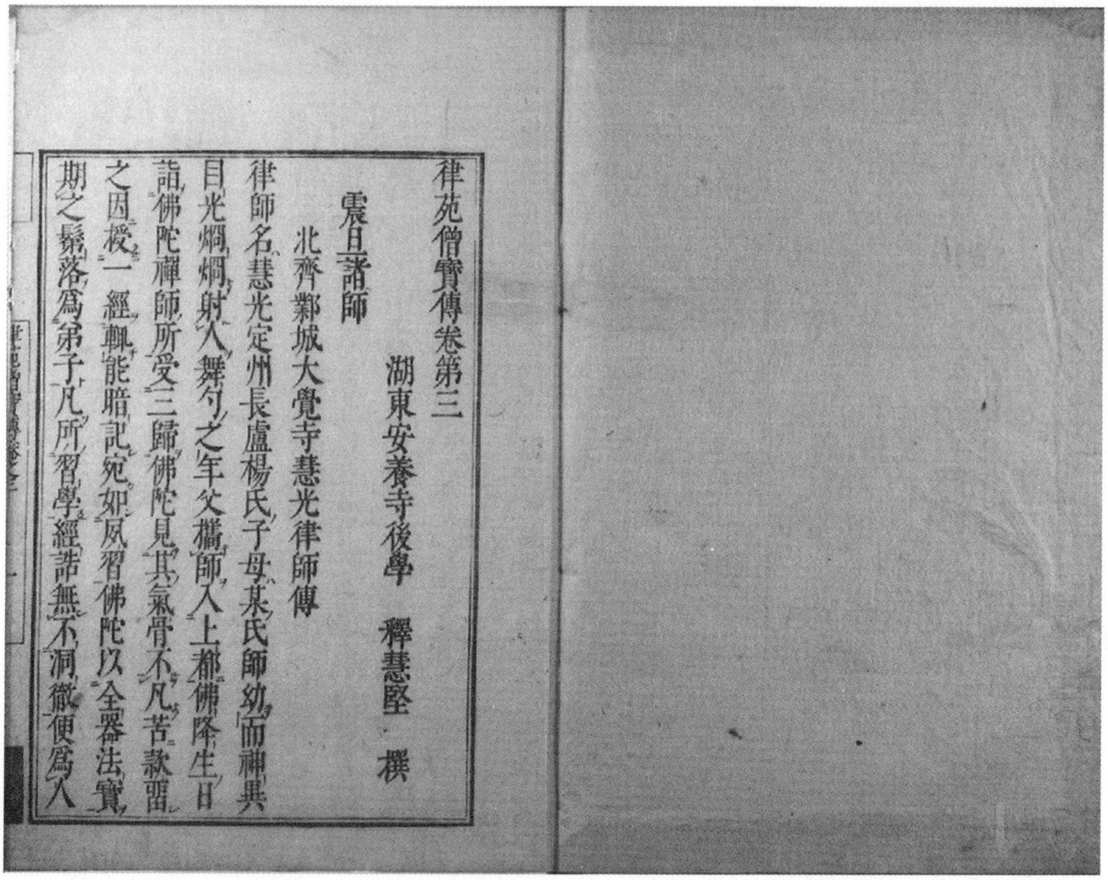
律苑僧寶傳巻第三　湖東安養寺後學　釋慧堅　撰
震旦諸師
北齊鄴城大覺寺慧光律師傳
律師名慧光定州長盧楊氏子母某氏師幼而神異
目光烱烱射人舞勺之年父攜師入上都佛降生日
詣佛陀禪師所受三歸佛陀見其氣骨不凡苦款留
之因授一經輒能暗記宛如夙習佛陀以全器法寶
期之鬀落爲弟子凡所習學經誥無不洞徹便爲人

②01オ　　②表表紙見返

律苑僧宝伝巻第三

湖東安養寺後学　釈慧堅　撰

震旦諸師

北斉鄴城大覚寺慧光律師伝

律師名ハ慧光、定州長盧楊氏ノ子、母ハ某ノ氏。師幼ニシテ而神異、目光烱烱トシテ射ルレ人ヲ。舞勺ノ之年、父携テレ師ヲ入ニ上都一ニ。仏降生ノ日、詣シテ二仏陀禅師ノ所一ニ受二三帰一ヲ。仏陀見テ二其ノ気骨不ルヲレ凡ナラ、苦ニ款留シ之。因ニ授クルニ二一経一ヲ、輒チ能暗記シ、宛カ如シ二夙習一ノ。仏陀以二全器法宝一ヲ期レ之。剃落シテ為二弟子一ト。凡ソ所ノ二習学一スル経誥、無シレ不コト二洞徹一。便為レ人

②01オ　　②表表紙見返

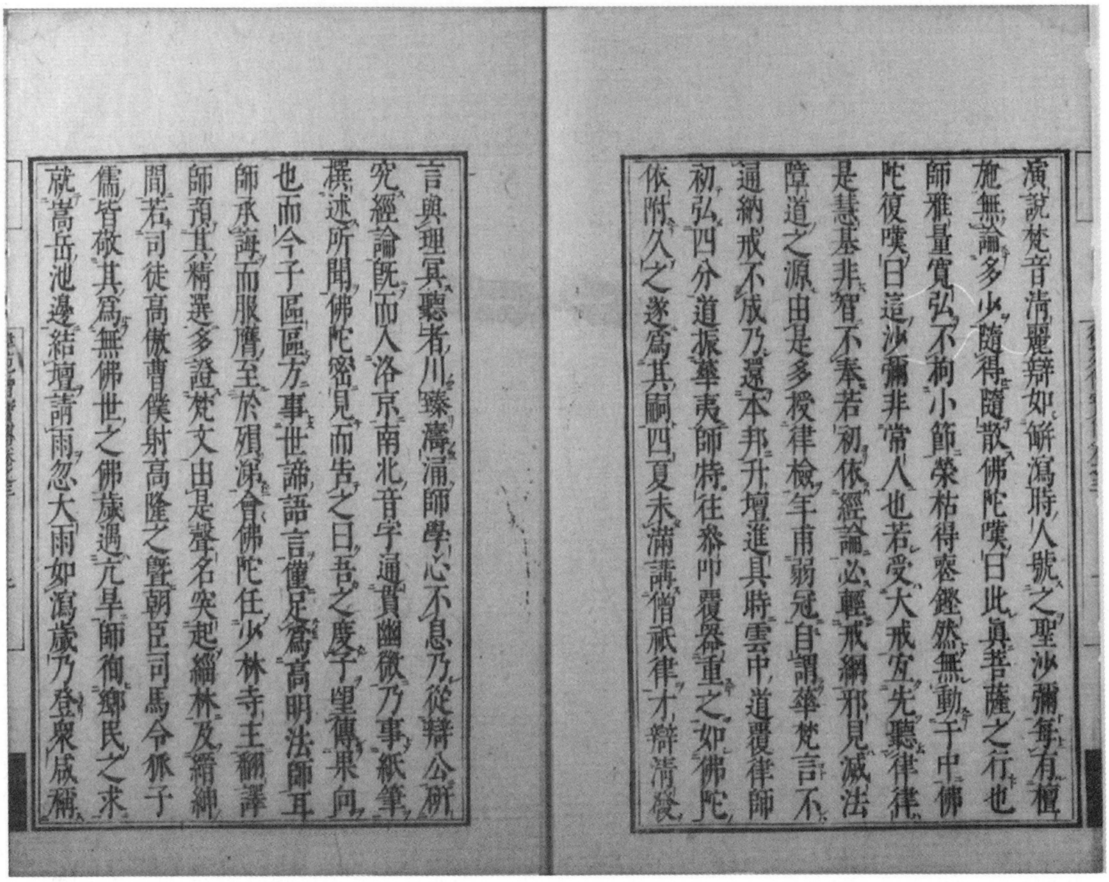

②02オ　②01ウ

演説。梵音清麗、弁如シ二瓶瀉一。時ノ人号ス二之ヲ聖沙弥一ト。毎トニレ有ル二檀
施一、無クレ論スルコト二多少一ヲ、随レ得ルニ随テ散ス。仏陀嘆シテ曰、此レ真ニ菩薩ノ之行也ト。
師雅量寛弘ニシテ不レ拘二小節一ニ、栄枯得喪、鏗然トシテ無シレ動スルコト二于中一ニ。仏
陀復嘆シテ曰、這ノ沙弥非二常人一ニ也。若シ受ハ二大戒一、宜ク二先ツ聴シムレ律。律ハ
是慧基、非レハレ智ニ不レ奉セ。若初ヨリ依ラハ二経論一ニ必ス軽セン二戒網一。邪見ハ滅法
障道ノ之源也。由レ是多授二律検一ヲ。年甫ニ二弱冠一ニ自ミ謂ラク、華梵言コト不レハ
レ通、納戒不レ成。乃シ還テ二本邦一ニ升壇進具。時ニ雲中ノ道覆律師、
初テ弘メ二四分一、道振二華夷一ニ。師特ニ往参叩覆、器二重スルコト之一ヲ如シ二仏陀一ノ。
依附スルコト久シテ之、遂ニ為二其ノ嗣一ト。四夏未タレ満、講ス二僧祇律一ヲ。才弁清発シテ、

言与レ理冥ス。聴者ノ川ノ如ニ臻リ、濤ノ如ニ涌ク。師学心不レ息、乃シ従二弁公一ニ研二
究ス経論一。既ニシテ而入二洛京一ニ、南北ノ音字通二貫幽微一ニ。乃事トシテ二紙筆一ヲ、
撰二述ス所聞一ヲ。仏陀密ニ見テ而告テレ之曰ク、吾カ之度スルレ子ヲ、望レ伝ルヲ二果向一ヲ
也。而今子区区トシテ方ニ事トス二世諦ノ語言一ヲ。僅ニ足ルノミレ為二高明法師一耳。
師承レ誨ヲ、而服膺シテ至ル二於殞涕一スルニ。会ゝ仏陀任シテ二少林寺主一ニ翻訳。
師預テ二其ノ精選一ニ多証ス二梵文一。由レ是声名突二起シテ緇林一ニ、及フ二縉紳ノ
間一ニ。若キ二司徒高傲曹・僕射高隆之暨ヒ朝臣司馬令狐子
儒一ノ、皆敬三其ノ為ルコト二無仏世ノ之仏一。歳遇ハ二亢旱一ニ、師徇ヒ二郷民ノ之求一ニ、
就テ二嵩岳ノ池辺一ニ結レ壇ヲ請レ雨ヲ。忽大雨如レ瀉。歳乃登ミノレリ。衆咸称ス二

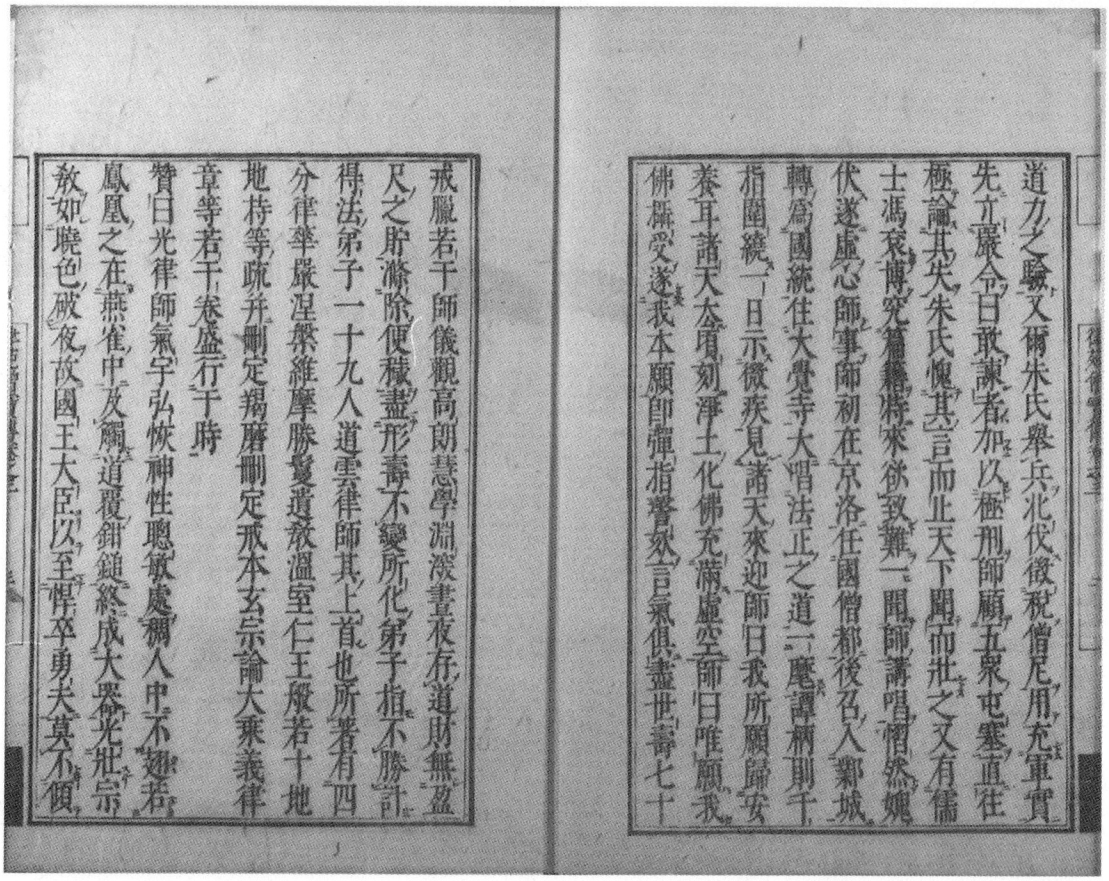

②03オ　②02ウ

道力ノ之験一ト。又爾朱氏挙レ兵ヲ北伐ス。徴二税シテ僧尼一ヲ、用テ充二ントス軍実一ニ。
先ニ立二テ、厳令一ヲ曰、敢テ諌ン者ノハ加フルニ以二セント極刑一ヲ。師顧二テ五衆ノ屯塞一ヲ直ニ住、
極テ論二ス其ノ失一ヲ。朱氏愧二テ其ノ言一而止。天下聞テ而壮也トス之。又有二儒
士馮哀一ト云モノ。博ク究二篇籍一ヲ、特ニ来欲レ致レント難ヲ。一ヒ聞二テ師ノ講唱一ヲ、慴然トシテ媿
伏ス。遂ニ虚レシテ心師トシ事フ。師初在二京洛一ニ、任二國僧都一ニ。後召シテ入二鄴城一ニ、
転シテ為二國統一。住二大覚寺一大ニ唱二法正ノ之道一。一二麾スレハ譚柄一、則千
指圍繞ス。一日示二ス微疾一。見二ル諸天ノ来迎一。師曰、我所願帰二安
養一耳。諸天去ル頃刻ニ、浄土ノ化仏充二満ス虚空一ニ。師曰、唯願ハ我カ
仏摂受シテ遂二シメ玉ヘ我本願一。即弾指謦欬シテ言気倶ニ尽。世寿七十、

②02ウ

戒臘若干。師儀観高朗、慧学淵深。昼夜存レシテ道、財無二シ盈
尺ノ之貯一。滌二除シテ便穢一ヲ、尽二マテ形寿一不レ変。所化ノ弟子指モ不レ勝レ計ルニ。
得法ノ弟子一十九人。道雲律師其ノ上首也也。所レ著有二四
分律・華厳・涅槃・維摩・勝鬘・遺教・温室・仁王・般若・十地・
地持等ノ疏、并ニ刪定羯磨・刪定戒本・玄宗論・大乗義律
章等若干巻一。盛ニ行二于時一。
賛曰、光律師気宇弘恢、神性聡敏。処二シテ稠人中一ニ、不四翅タヽ若三ナルノミニ
鳳凰ノ之在二ルカ燕雀ノ中一ニ。及レ触二ルヽニ道覆ノ鉗鑓一ニ、終ニ成二大器一ト。光二壮スルコト宗
教一ヲ如二シ暁色ノ破一レ夜ヲ。故ニ國王大臣ヨリ以テ至二マテ悍卒勇夫一ニ、莫レ不二ト云コト傾テ

②03オ

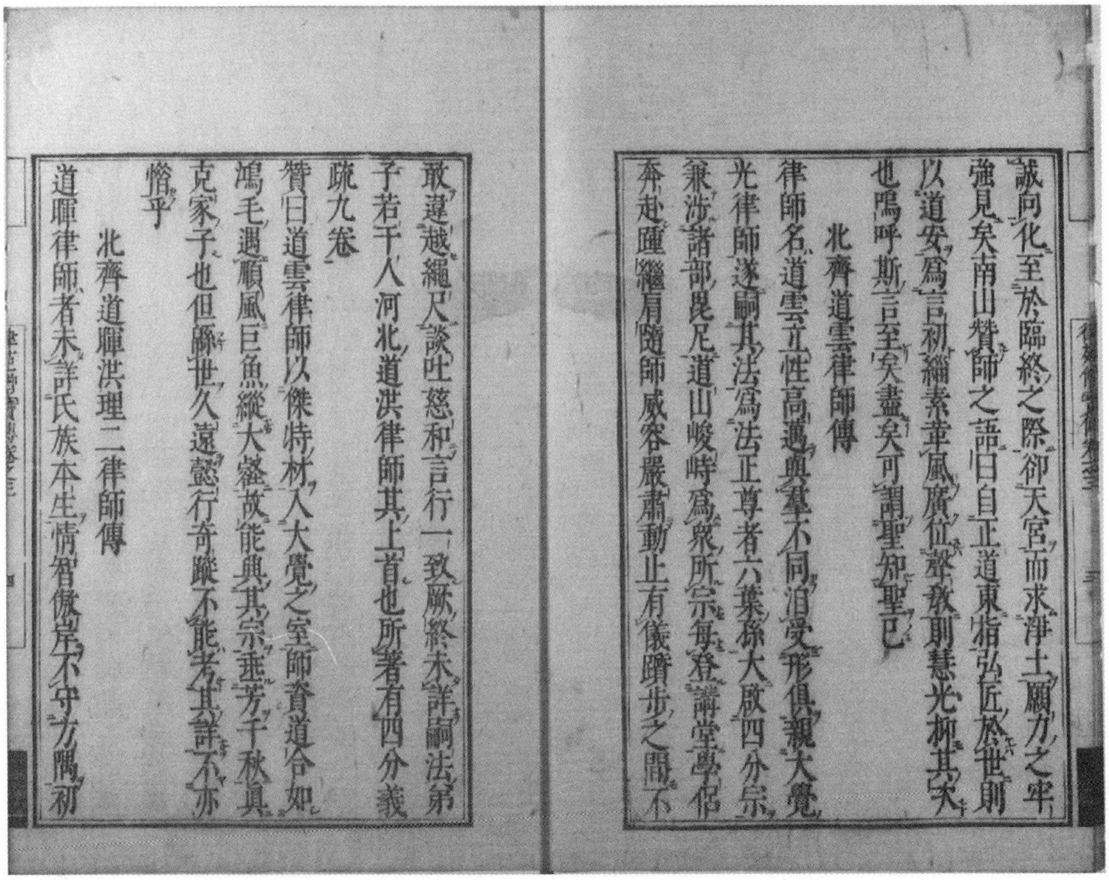

②04オ　②03ウ

レ誠向レ化ニ。至ニ於臨終ノ之際一ニ、却ニ天宮ヲ而求ム浄土一ヲ。眼力ノ之牢
強見ユ矣。南山賛レスルノ師之語ニ曰、自ニ正道東ニ指一弘匠ノ於レケルハ世ニ、則
以ニ道安一ヲ為ニ言初一ト。緇素革レ風ヲ広ク位ニスルハ声教一ニ、則慧光抑モ其ノ次也ト
也。嗚呼斯ノ言至レリ矣、尽セリ矣。可レ謂ツニ聖知ルトレ聖ヲ已ノミ。

北斉道雲律師伝

律師名ハ道雲、立性高邁ニシテ与レ群不レ同カラ。洎レ受ルニ形倶ヲ親ニ大覚ノ
光律師一、遂ニ嗣ニ其ノ法一。為ニ法正尊者六葉ノ孫一。大ニ啓ニ四分宗一ヲ、
兼テ渉ル諸部ノ毘尼一ニ。道山峻峙、為メニ衆ノ所レル宗トセ。毎トニ登ニ講堂一ニ学侶
奔赴シ、踵継肩随。師威容厳粛ニシテ動止有レ儀。蹞歩ノ之間モ不ニ

②03ウ

敢テ違ニ越セ縄尺一ニ。談吐慈和ニシテ言行一致也。厥ノ終未レタ詳ナラ。嗣法ノ弟
子若干人。河北ノ道洪律師其ノ上首也。所レ著有ニ四分義
疏九巻一。

賛曰、道雲律師、以ニ傑特ノ材一ヲ入ニ大覚ノ之室一ニ。師資道合、如シ三
鴻毛ノ遇ヒレ順風ニ、巨魚ノ縦ナルカ二大壑一ニ。故ニ能興シテ二其ノ宗一ヲ垂ルニ芳ヲ千秋一ニ。真ニ
克家ノ子也。但フルコト、レ世ヲ久遠ニシテ懿行奇蹤、不レ能ハレ考ルコト二其ノ詳ナルコトヲ。不ニヤ亦
惜カラ一乎。

北斉道暉・洪理二律師伝

道暉律師ハ者、未レタ詳ニ氏族本生一ヲ。情智傲岸ニシテ不レ守ニ方隅一ヲ。初

②04オ

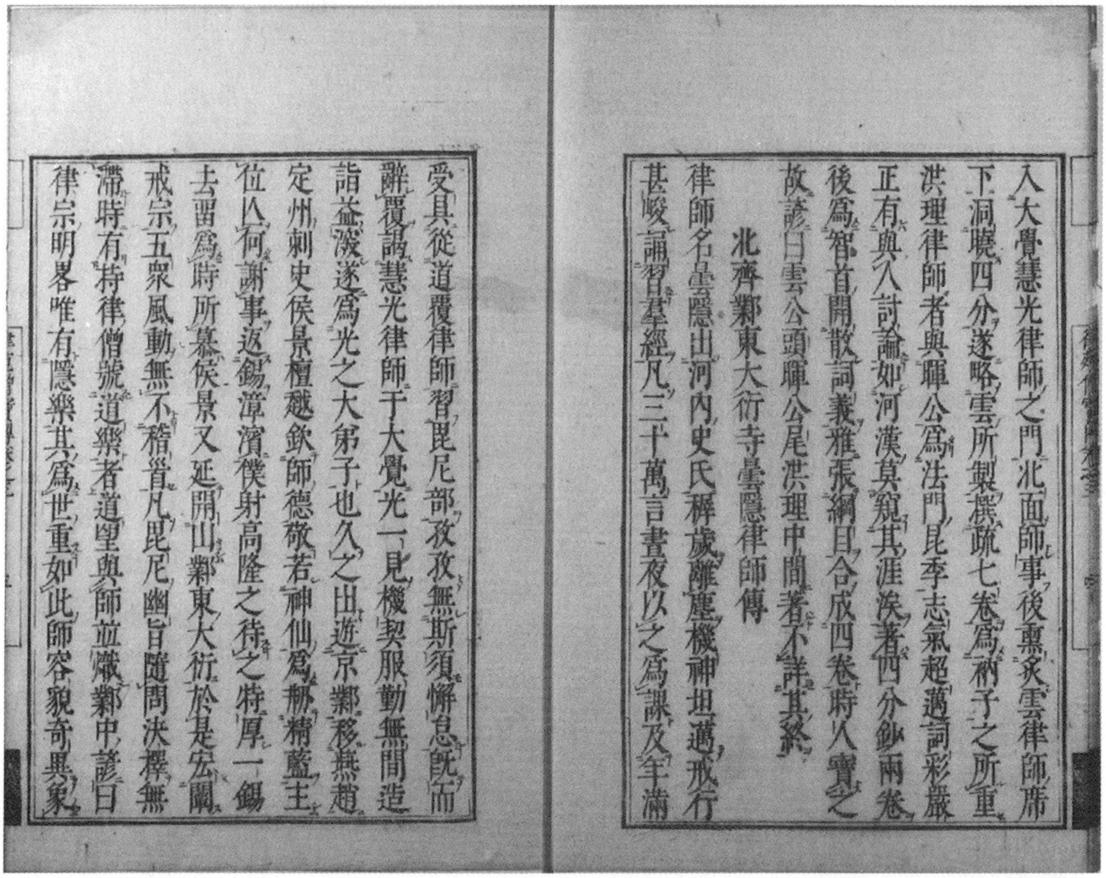

②05オ　②04ウ

入二大覚慧光律師ノ之門一ニ、北面シテ師トシ事フ。後熏二炙シ雲律師ノ席
下一ニ、洞二暁ス四分一ヲ。遂ニ略シテ二雲ノ所製一ヲ撰二ス疏七巻一ヲ。為メニ二衲子一之所レル重セ。
洪理律師者、与二暉公一為タリ二法門ノ昆季一。志気超邁、詞彩厳
正。有レハ二与レ人討論スルコト一、如シ二河漢ノ莫レ窺フコト二其ノ涯涘一ヲ。著ハス二四分鈔両巻一ヲ。
後為メニ二智首ノ一開二散シ詞義一ヲ、雅ニ張テ二綱目一ヲ合シテ成二四巻一ト。時人宝トスレ之。
故ニ諺ニ曰、雲公頭、暉公尾、洪理中間ニ著ハルト。不レ詳ニセ二其ノ終一ヲ。

北斉鄴東大衍寺曇隠律師伝

律師名ハ曇隠、出ツ二河内ノ史氏一ニ。稚歳ニシテ離レ塵ヲ、機神坦邁ニシテ戒行
甚峻也。誦二習スルコト群経一ヲ凡ソ三十万言、昼夜以レ之為レ課ト。及テ二年満

②04ウ

受具一ニ、従二道覆律師一ニ習フ二毘尼部一ヲ。孜孜トシテ無シ二斯須モ懈怠ルコト一。既ニシテ而
辞シレ覆ヲ、謁ス二慧光律師ニ于大覚一ニ。光一見シテ機契、服勤無間、造
詣益ミ深シ。遂ニ為二光之大弟子一ト也。久シテ之出テ、遊ヒ二京鄴一ニ、移ル二燕趙一ニ。
定州ノ刺史侯景檀越、欽テ二師ノ徳一ヲ敬コト若シ二神仙一ノ。為メニ捌テ二精藍一ヲ主シム
レ位。亡シテレ何クモ謝シレ事ヲ返ス二錫ヲ漳浜一ニ。僕射高隆之待スルコトレ之特ニ厚シ。一錫
去留為メニレ時所レ慕ハ。侯景又延テ開二山タラシム鄴東ノ大衍一ニ。於レ是宏二闡ス
戒宗一ヲ。五衆風動シテ無レ不ト云コト二稽首一セ。凡ソ毘尼ノ幽旨、随レ問決択シテ無
レ滞ルコト。時ニ有リ下持律ノ僧号スル二道楽一ト者上。道望与レ師並熾也。鄴中ノ諺ニ曰、
律宗ノ明略、唯有二ト隠楽一。其ノ為メニレ世ノ重ラル、コト如レ此ノ。師容貌奇異ニシテ象ノ如二

②05オ

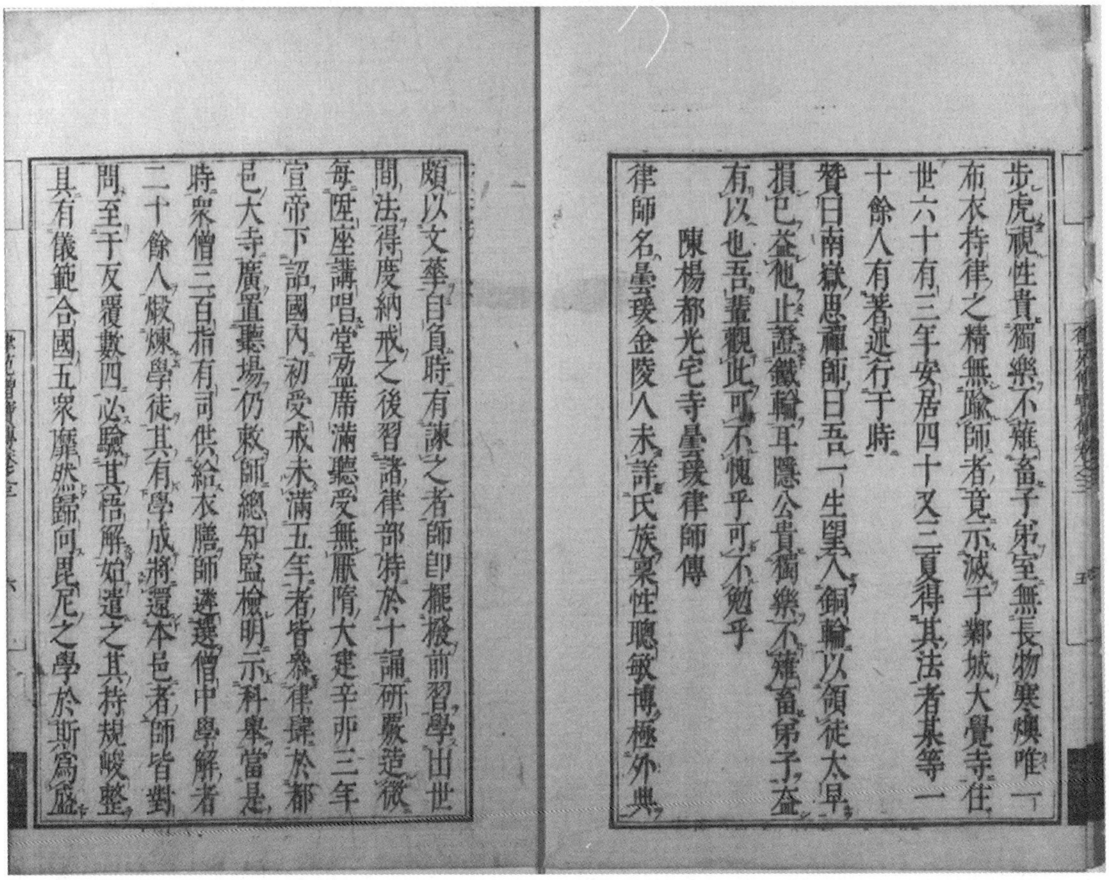

②06オ　②05ウ

歩シ虎ノ如ニ視ル。性貴ヒ二独楽ヲ一、不レ蓄セ二子弟ヲ一。室ニ無二長物一寒煥唯一タ、
布衣。持律ノ之精無シ二踰ルレ師ニ者ノ一。竟ニ示ス二滅ヲ于鄴城ノ大覚寺ニ一。住
世六十有三年、安居四十又三夏。得二其ノ法一者、某等一
十余人。有二著述一。行二于時ニ一。
賛曰、南嶽ノ思禅師ノ曰、吾レ一生望ムレ入ンコトヲ二銅輪ニ一。以二領レ徒太早キヲ一
損シレ己ヲ益シレ他ヲ、止タ、證スルノミト二鉄輪ヲ一耳。隠公貴ヒ二独楽ヲ一、不ルコトレ蓄セ二弟子ヲ一、盍シ
有リレ以ヘ也。吾カ輩観テレ此ヲ可ンカレ不ルレ愧乎、可ンカレ不ルレ勉乎。

陳楊都光宅寺曇瑗律師伝

律師名ハ曇瑗、金陵人。未タレ詳ンセ二氏族ヲ一。稟性聡敏、博ク極二外典ヲ一。

└②05ウ

頗ル以二文華ヲ一自負ミム。時ニ有二諫レ之者一。師即擺二撥シテ前習ヲ一、学ス二出世
間ノ法ヲ一。得度納戒ノ之後、習二諸ノ律部一。特ニ於二十誦ニ一研覈造ルレ微ニ。
毎ニ二陞座講唱スル一堂盈席満、聴受無シレ厭。隋ノ大建辛卯三年
宣帝下二詔ヲ國内ニ一。初受戒未タレ満ル二五年ニ一者ノ皆参セヨ二律肆ニ一。於二都
邑ノ大寺ニ一、広ク置二聴場ヲ一。仍勅シテレ師ニ総知監検シ、明ニ示シム二科挙ヲ一。当二是ノ
時ニ一、衆僧三百指、有司供二給ス衣膳ヲ一。師遴二選シテ僧中学解ノ者
二十余人ヲ一、煅二錬セシム学徒ヲ一。其ノ有レハ下学成テ将ニレ還ント二本邑ニ一者上ノ、師皆対
問シテ至リ二于反覆数四ニ一、必ス験テ二其ノ悟解スルヲ一始テ遣ル之。其ノ持規峻整ニシテ
具ニ有二儀範一。合國ノ五衆靡然トシテ帰向ス。毘尼ノ之学於レ斯為レ盛也ト。

└②06オ

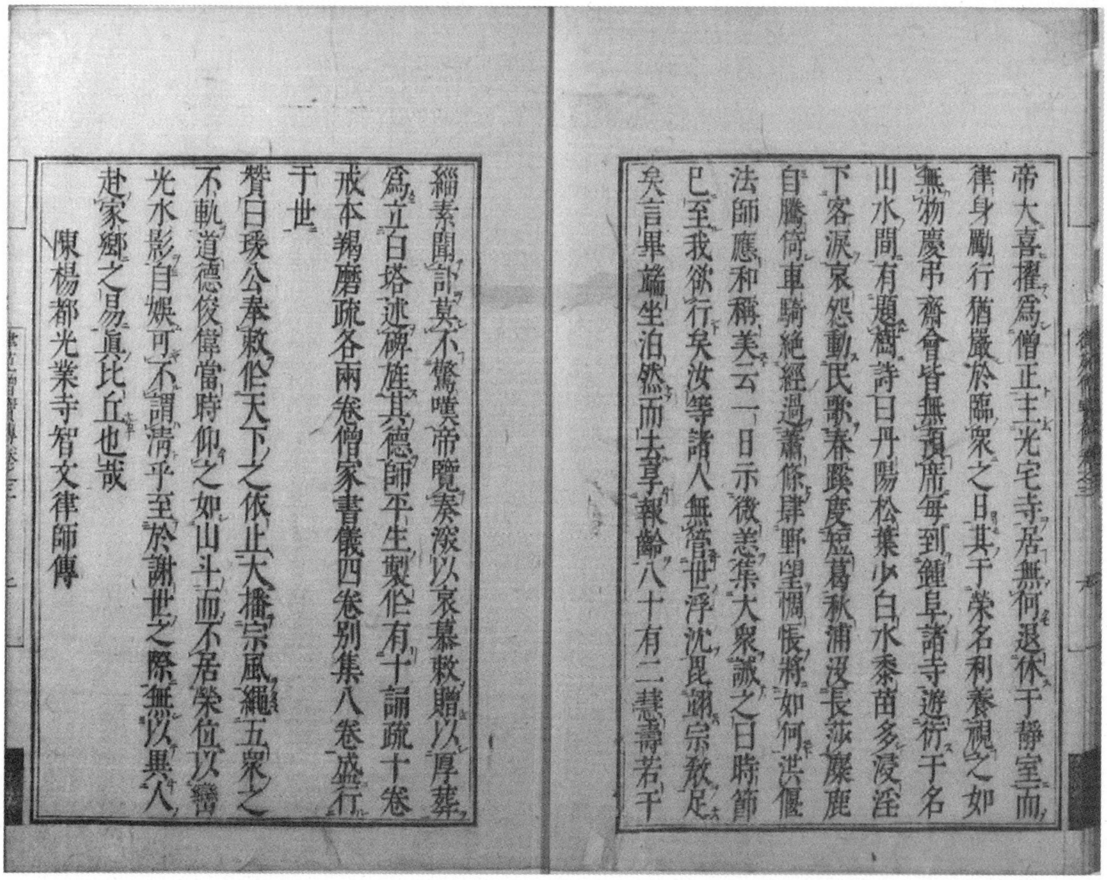

②06ウ　②07オ

帝大ニ喜ヒ、擢テ、為シ二僧正ト一主シム二光宅寺ヲ一。居コト無シテレ何クモ退二休ス于静室一ニ。而シテ
律身励行、猶厳也二於臨ノレ衆ニ之日一ヨリモ。其ノ于二栄名利養一、視コトレ之如
レ無カレ物。慶弔斎会、皆無レ預コトレ席ニ。毎ニ到テ二鍾阜ノ諸寺一、遊二衍ス于名
山水ノ間一ニ。有二題スルレ樹ニ詩一曰、丹陽松葉少、白水黍苗多シ。浸淫
下二客涙ヲ一、哀怨動ス二民歌ヲ一。春蹊度二短葛一、秋浦没二長莎一。麋鹿
自ミ騰倚シ、車騎絶二経過ヲ一。蕭條トシテ肆二野望ヲ一、惆悵シテ将ニ二如何セント一。洪偃
法師応和称美ストト云。一日示二微恙ヲ一。集二大衆ヲ一誡テ之曰、時節
已ニ至ル。我欲レ行ント矣。汝等諸人無レ管スルコト二世ノ浮沈ヲ一、毘二翊セハ宗教ヲ一足ナム
矣。言畢端坐泊然トシテ而去ル。享ルコト二報齢ヲ一八十有二、慧寿若干。

└
②06ウ

緇素聞テレ訃ヲ莫シレ不コト二驚嘆一。帝覧テレ奏深以哀慕。勅シテ贈ルニ以シ二厚葬ヲ一、
為メニ立二白塔一、述シテレ碑旌ス二其ノ徳ヲ一。師平生ノ製修有リ二十誦疏十巻・
戒本・羯磨疏、各両巻・僧家書儀四巻・別集八巻一。盛ニ行ル二
于世一ニ。
賛曰、瑗公奉レ勅ヲ修二天下ノ之依止一、大ニ播テ二宗風ヲ一縄タヽス二五衆ノ之
不軌ヲ一。道徳俊偉、当時仰クコトレ之如シ二山斗一ノ。而シテ不レ居二栄位一ニ。以二巒
光水影ヲ一自ミ娯ム。可ンヤレ不ルレ謂ハ清ト乎。至テ二於謝世ノ之際一ニ、無シ三以テ異ルコト二人ノ
赴レ家郷ニ之易一ニ。真ノ比丘ナルカナ也哉。

陳楊都光業寺智文律師伝

└
②07オ

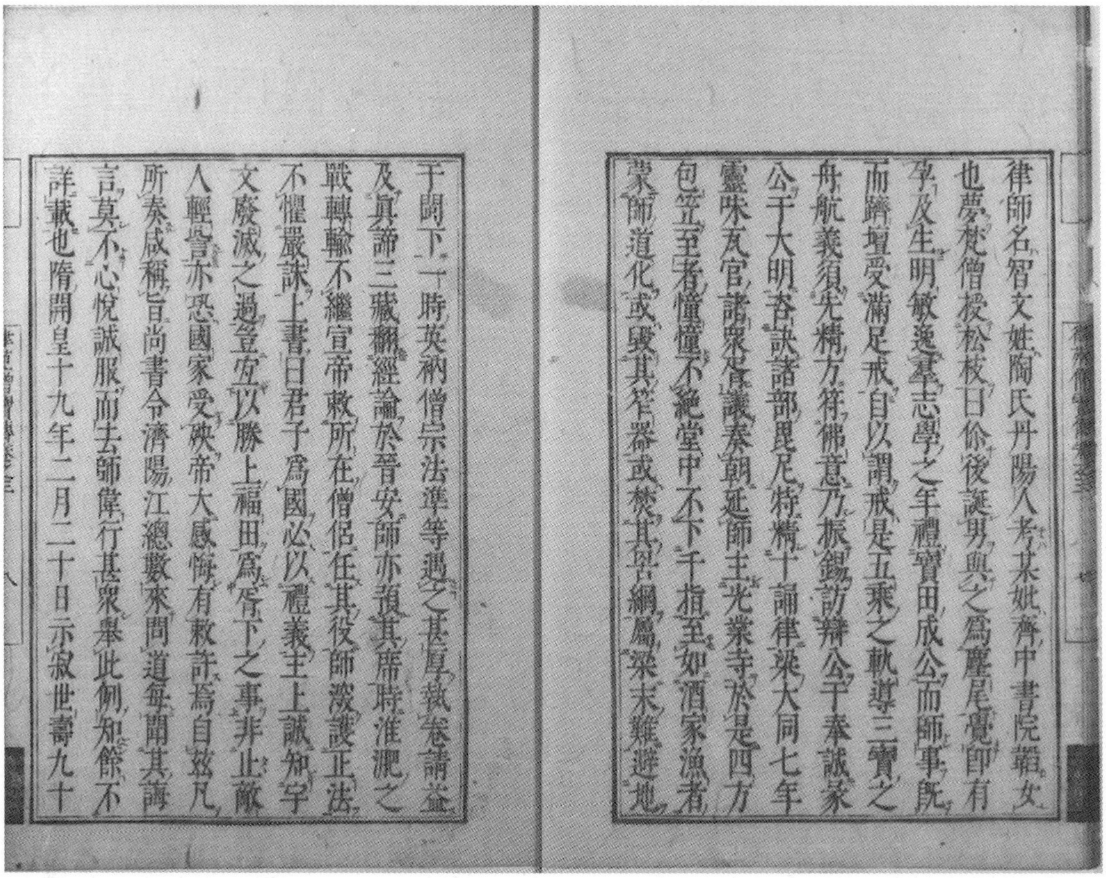

②08オ　②07ウ

律師名ハ智文、姓ハ陶氏。丹陽人。考某チ、ハ、妣ハ斉ノ中書院韜カ女也。夢ラク梵僧授二テ松枝一ヲ曰、你チ後誕レン男ヲ。与レテ之為二麈尾一ト。覚メテ即有レ孕コト。及レ生ルヽ、ニ明敏逸レス群ヲ。志学ノ之年、礼二シテ宝田ノ成公一ヲ而師トシ事フ。既ニシテ而躋壇、受二満足戒一ヲ。自以謂ミク、戒ハ是五乗ノ之軌導、三宝ノ之舟航。義須三ク先精シテ方ニ符二フ仏意一ニ。乃シ振レテ錫ヲ訪二弁公ヲ于奉誠ニ象公ヲ于大明一ニ。咨二訣シ諸部ノ毘尼一ヲ、特ニ精二シ十誦律一ニ。梁ノ大同七年、霊味瓦官ノ諸衆胥ヒ議シテ奏レ朝ニ、延レ師主二シム光業寺一ヲ。於レ是ニ四方包笠シテ至者ノ憧憧トシテ不レ絶、堂中不レ下二千指一ニ。至レテモ如二ニ酒家漁者一ノ、蒙二ニ師ノ道化一ヲ、或ハ毀二リ其ノ笮器一、或ハ焚二ク其ノ罟網一ヲ。属二シテ梁末ノ難一ニ、避二地ヲ

于闐下一ニ。一時ノ英衲僧宗・法準等遇レスルコト之甚厚ク、執レ巻請益ス。及三テ真諦三蔵翻二スルニ経論ヲ於晋安一ニ、師亦預二ル其ノ席一。時ニ淮淝ノ之戦転輪不レ継。宣帝勅二シテ所在ノ僧侶一ニ任二ス其ノ役一ニ。師深ク護二正法一ヲ、不レ懼二厳誅一ヲ。上書シテ曰、君子為レ國ヲ、必ス以二ス礼義一ヲ。主上誠ニ知二レリ宇文廃滅ノ之過一ヲ。豈ニ宜下シヤ以二勝上ノ福田一ヲ為中シム胥下ノ之事上ヲ。非二止敵タ、人軽訾一スルノミニ。亦恐ハ國家受レンコトヲ殃ヲ。帝大ニ感悔シ、有レ勅許ス焉。自レ茲凡ソ所レ奏スル咸称レフ旨ニ。尚書令済陽ノ江総数、来テ問レ道。毎レトニ聞二其ノ誨言一ヲ、莫レシ不二トイフコト心悦誠服シテ而去一。師偉行甚衆シ。挙レ此例シテ知ルヘシ。余ハ不二詳ニ載一セ也。隋ノ開皇十九年二月二十日示レ寂。世寿九十

②08オ　②07ウ

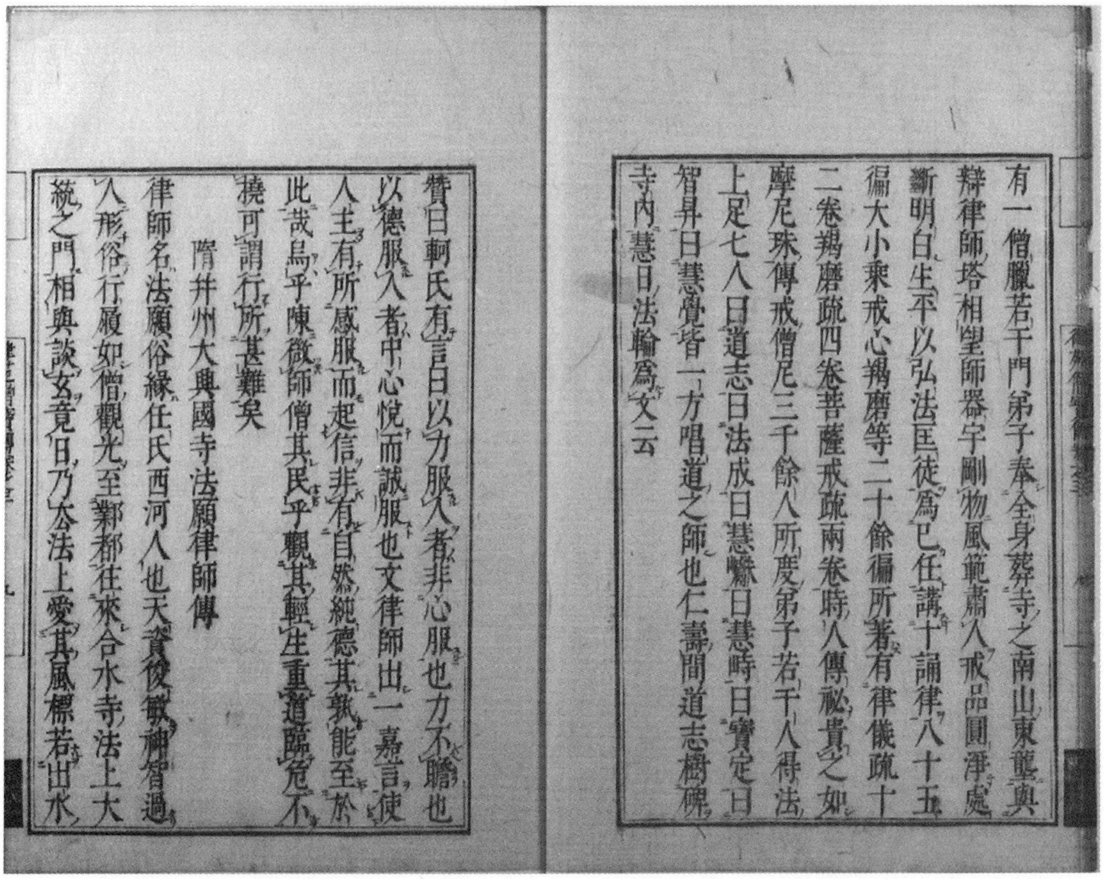

②09オ　②08ウ

有一、僧臘若干。門弟子奉二シ全身一、葬二寺ノ之南山ノ東壟一ニ。与二
弁律師ノ塔一相望。師器宇剛レ物ニ、風範粛レ人ヲ。戒品円浄ニシテ処
断明白也。生平以二弘法匡徒一ヲ為二己カ任一ト。講スルコト二十誦律一ヲ八十五
偏、大小乗戒心羯磨等二十余偏。所レ著ハス有二律儀疏十
二巻・羯磨疏四巻・菩薩戒疏両巻一。時ノ人伝秘シテ貴レコト之如シ二
摩尼珠一ノ。伝戒ノ僧尼三千余人、所度ノ弟子若干人、得法ノ
上足七人。曰二道志一、曰二法成一、曰二慧巘一、曰二慧峙一、曰二宝定一、曰二
智昇一、曰二慧覚一。皆一方唱道ノ之師也也。仁寿ノ間、道志樹二碑ヲ
寺内一ニ。慧日ノ法輪為レルト文云。

└
②08ウ

賛曰、軻氏有テレ言曰、以レ力服スルレ人ヲ者ノハ非二心服スルニ一也。力不レレハ也贍タラ也。
以レ徳服スルレ人者ノハ中心悦テ而誠ニ服スト也。文律師出シ二一嘉言一ヲ、使シム下
人主ヲシテ有テレ所二感服スル一、而モ起サ信ヲ。非レンハ有ルニ二自然ノ純徳一、其レ孰レカ能至二ンヤ於
此一ニ哉。烏ア乎陳ニ微レツセハ師、僧其レ民ナランカ乎。観ルニ二其ノ軽シレ生重シレ道臨テレ危ニ不ルヲ一
レ撓、可レ謂行フトレ所二ヲ甚難一矣。

隋并州大興國寺法願律師伝

律師名ハ法願、俗縁ハ任氏。西河人也。天資俊敏ニシテ神智過タリ
レ人ニ。形チ俗ニシテ行履如シレ僧ノ。観光シテ至二鄴都一。往二来シ合水寺ノ法上大
統ノ之門一ニ、相与談シテレ玄ヲ、竟日シテ乃去。法上愛シテ三其ノ風標若ナルヲ二出水ノ

└
②09オ

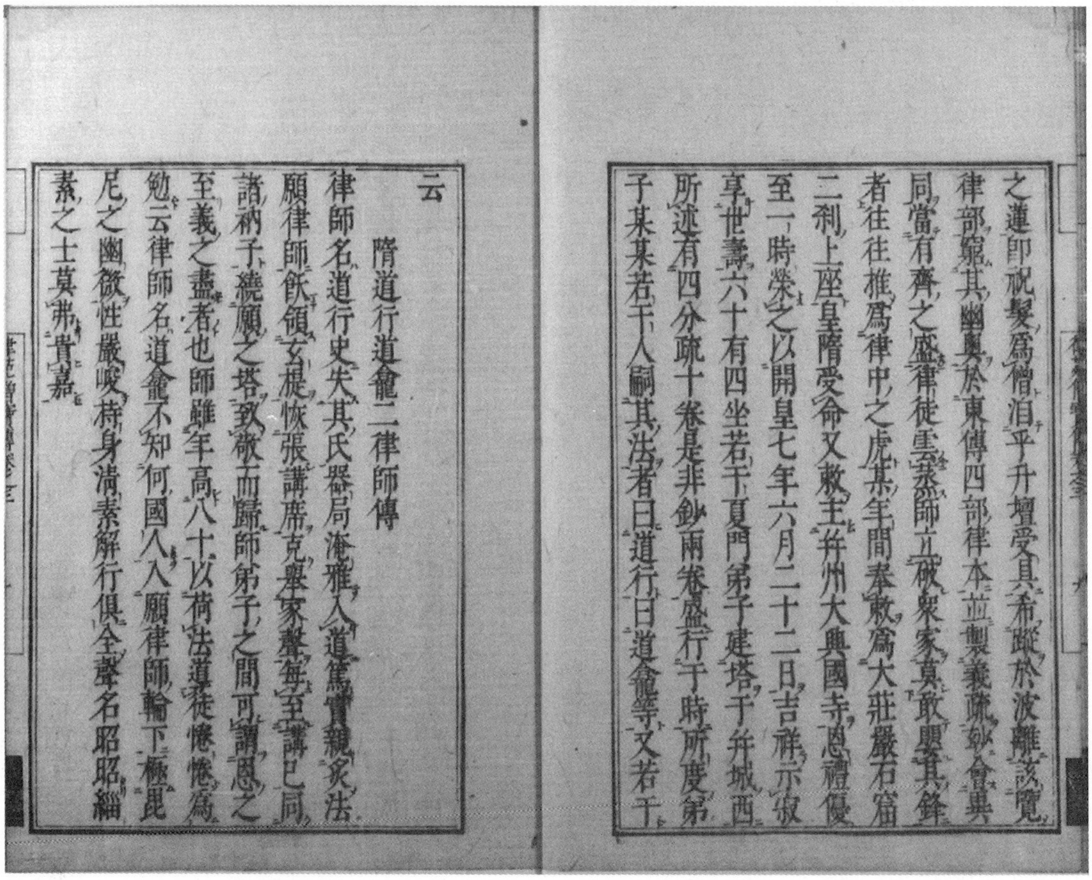
之蓮即祝髪為僧洎乎升壇受具希蹤於波離該覧
律部窮其幽奥於東伝四部律本並製義疏妙会異
同当有斉之盛律徒雲烝師立破衆家莫敢嬰其鋒
者往往推為律中之虎某年間奉勅為大荘厳石窟
二刹上座皇隋受命又勅主并州大興國寺恩礼優
至一時栄之以開皇七年六月二十二日吉祥示寂
享世寿六十有四坐若干夏門弟子建塔于并城西
所述有四分疏十巻是非鈔両巻盛行于時所度弟
子某某若干人嗣其法者曰道行曰道龕等又若干

云
隋道行道龕二律師伝
律師名道行史失其氏器局淹雅入道篤実親炙法
願律師飫領玄提恢張講席克挙家声毎至講巳同
諸衲子繞願之塔致敬而帰師弟子之間可謂恩之
至義之尽者也師雖年高八十以荷法導徒惓惓為
勉云律師名道龕不知何國人入願律師輪下極毘
尼之幽微性厳峻持身清素解行倶全声名昭昭緇
素之士莫弗貴嘉

②10オ　②09ウ

之蓮一、即祝髪シテ為レ僧ト。洎二テ乎升壇受具一ニ、希二フ蹤ヲ於波離一ニ。該二覧シテ
律部一ヲ、窮二ム其ノ幽奥一ヲ。於二東伝四部ノ律本一ニ、並ニ製二義疏一ヲ、妙ニ会二ス異
同一ヲ。当二テ有斉ノ之盛一ナルニ、律徒雲ノ如二蒸ス。師立二破シ衆家一ヲ、莫下シ敢テ嬰二ルニ其ノ鋒一ニ
者上。往往推シテ為二律中ノ之虎一ト。某ノ年間、奉レ勅ヲ為二大荘厳・石窟
二刹ノ上座一ト。皇隋受レ命、又勅シテ主二シム并州大興國寺一ヲ。恩礼優
至、一時栄レトス之。以二開皇七年六月二十二日一ヲ、吉祥ニシテ示レ寂。
享二ルコト世寿一ヲ六十有四、坐若干夏。門弟子建二塔ヲ于并城ノ西一ニ。
所レ述有二四分疏十巻・是非鈔両巻一、盛ニ行二于時一ニ。所度ノ弟
子某某若干人。嗣二其ノ法一ヲ者、曰二ヒ道行一ト、曰二道龕等一ト。又若干也ト

└
②09ウ

云。

隋道行・道龕二律師伝

律師名ハ道行、史ニ失二ス其ノ氏一。器局淹雅ニシテ入レルコト道ニ篤実。親二炙シテ法
願律師一ニ、飫マテ領二ス玄提一ヲ。恢二張シ講席一ヲ、克ク挙二家声一ヲ。毎レトニ至二ル講巳一、同二ク
諸ノ衲子一ト繞二願ノ之塔一ヲ、致レシテ敬而帰ル。師弟子ノ之間、可レシ謂二ツ恩ノ之
至リ義ノ之尽セル者一ノト也。師雖三年高二シト八十一ニ、以二荷レ法導レ徒、惓惓トシテ為ニ
勉ムト云。律師名ハ道龕、不レ知二何ノ國人一ト云コトヲ。入二願律師ノ輪下一ニ、極二ム毘
尼ノ之幽微一ヲ。性厳峻ニシテ持身清素、解行倶ニ全シテ声名昭昭タリ。緇
素ノ之士莫レ弗二ト云コト貴ヒ嘉一ンセ。

└
②10オ

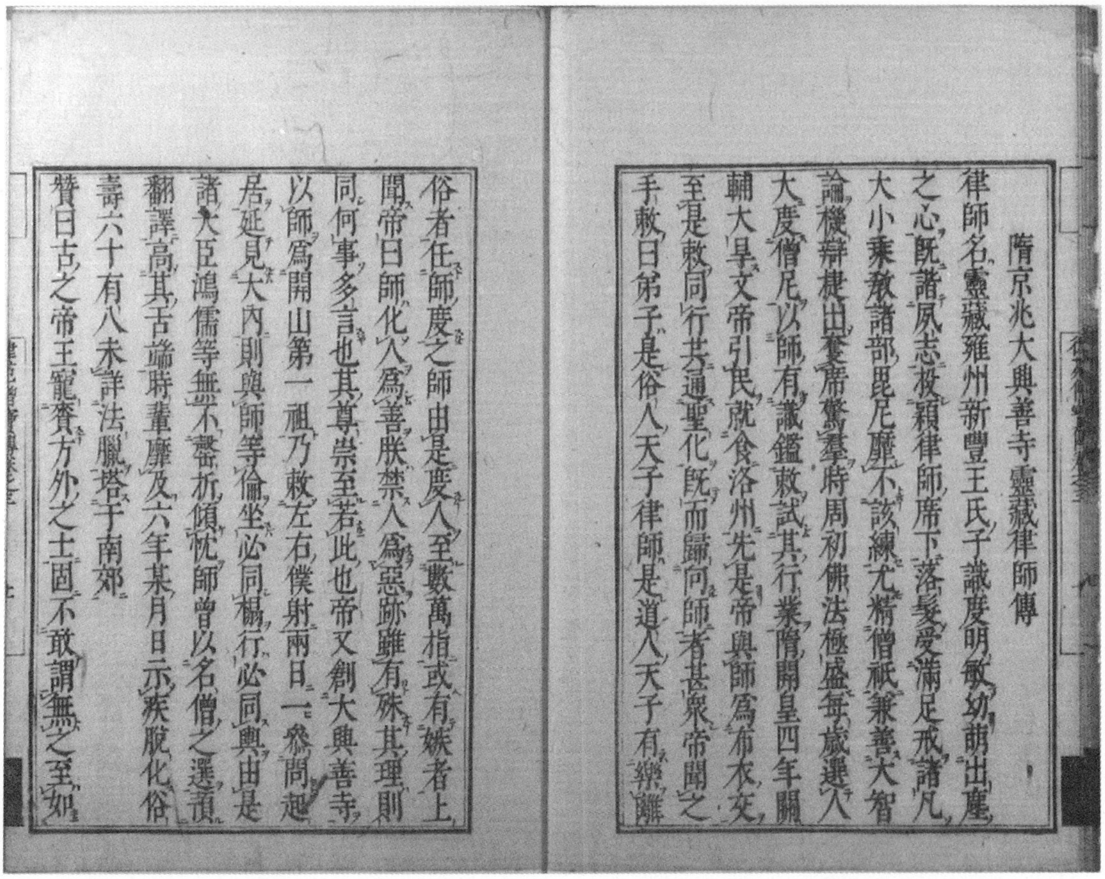

②10ウ　②11オ

隋京兆大興善寺霊蔵律師伝

律師名ハ霊蔵、雍州新豊王氏ノ子。識度明敏ニシテ、幼ヨリ萌二出塵ノ
之心一ヲ。既ニ諧二テ夙志一ニ、投二シ潁律師ノ席下一ニ、落髪シテ受二満足戒一ヲ。諸凡ソ
大小乗教、諸部ノ毘尼、靡レシ不二ト云コト該練一セ。尤モ精二僧祇一ニ、兼善二ス大智
論一ヲ。機弁捷出シテ奪レ席驚レ群ヲ。時周初、仏法極盛也。毎歳選レテ人
大ニ度二ス僧尼一ヲ。以三師ノ有二ルヲ識鑑一、勅シテ試二シム其ノ行業一ヲ。隋ノ開皇四年、関
輔大旱ス。文帝引レ民ヲ就二食ニ洛州一ニ。先レ是ヨリ帝与レ師為二布衣ノ交一ヲ。
至レ是勅シテ同行、共ニ通二ス聖化一ヲ。既ニシテ而帰二向スル師一ニ者甚衆シ。帝聞レ之、
手勅シテ曰、弟子ハ是レ俗人ノ天子、律師ハ是レ道人ノ天子。有二ラハ楽レフ離

└
②10ウ

俗者一、任二スト師ノ度一スルニ之。師由レ是ニ度レスルコト人ヲ至二ル数万指一ニ。或人有二テ嫉者一上
聞ス。帝曰、師ハ化レシテ人ヲ為レシム善ヲ。朕ハ禁二ス人為レナスヲ悪ヲ。跡雖レ有レ殊ナルコト、其ノ理ハ則
同シ。何事ソ多言スルヤ也。其ノ尊崇至レル若レナルニ此ノ也。帝又創二大興善寺一ヲ、
以レ師ヲ為二開山第一祖一ト。乃勅二シテ左右ノ僕射一ニ、両日ニ一ヒ参二問セシム起
居一ヲ。延テ見二ル時ハ大内一ニ、則与レ師等レ倫ヲ、坐スレハ必同レシ榻ヲ、行ハ必同レス輿ヲ。由レ是
諸ノ大臣鴻儒等無レ不二コト罄折シテ傾レケ忱ヲ。師曾以二名僧ノ之選一ヲ預二ル
翻訳一ニ。高二シテ其ノ舌端一時輩靡レ及フコト。六年某ノ月日示レシテ疾脱化ス。俗
寿六十有八、未レ詳二法臘一ヲ。塔二ス于南郊一ニ。
賛曰、古ノ之帝王寵二賚スルコト方外ノ之士一ニ、固ニ不二敢テ謂レ無トハ之。至レハ如キニ三

└
②11オ

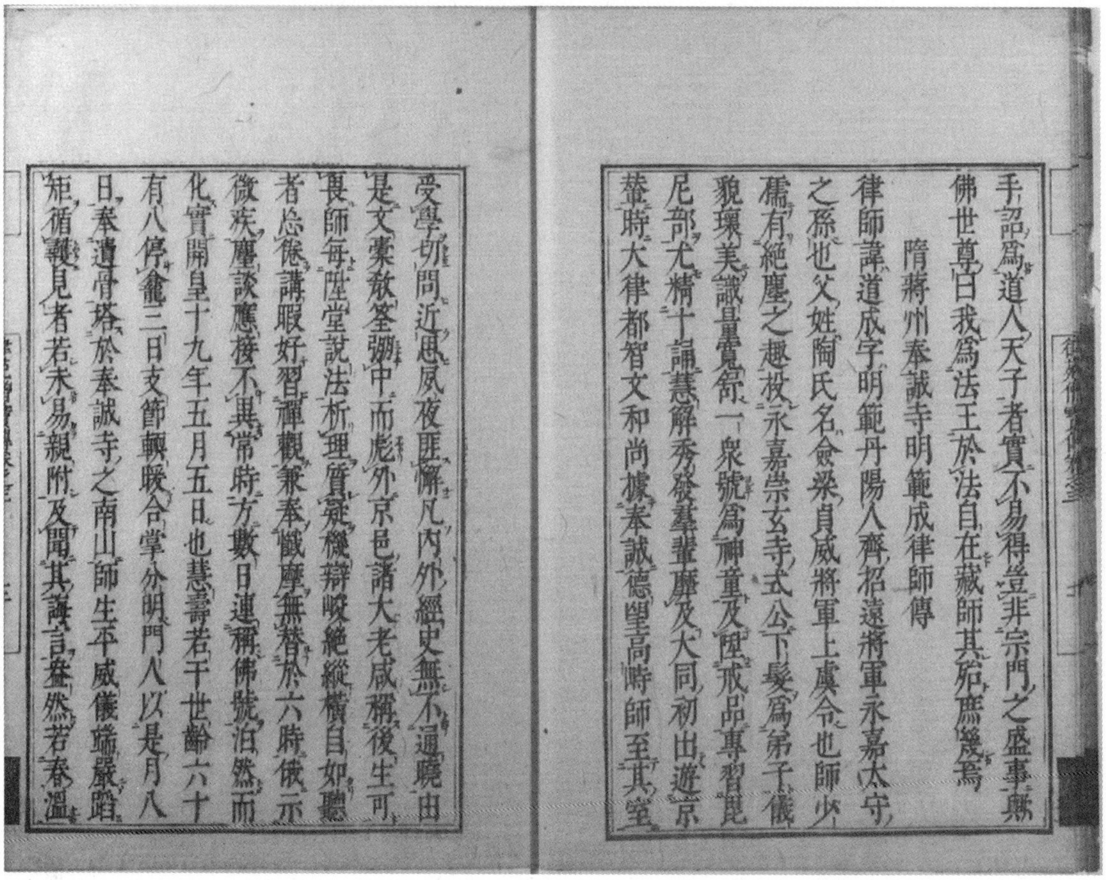

②12オ　②11ウ

手詔シテ為ニルカ道人ノ天子一者、実ニ不レ易レ得。豈ニレ非ニ宗門ノ之盛事一歟。
仏世尊ノ曰、我レ為ニ法王一。於レ法自在也ト。蔵師其レ殆ト庶幾ンカ焉。

隋蔣州奉誠寺明範成律師伝

律師諱ハ道成、字ハ明範。丹陽人。斉ノ招遠将軍永嘉太守ノ
之孫也。父ノ姓ハ陶氏、名ハ僉、梁ノ貞威将軍上虞令也。師少
孺ニシテ有リ絶塵ノ之趣一。投シ永嘉崇玄寺ノ式公ニ、下髪シテ為ニ弟子一ト。儀
貌瓌美ニシテ識量寛舒也。一衆号ヨンテ為ニ神童一ト。及テレ陞ルニ戒品一ニ、専習ニ毘
尼部一ヲ、尤モ精ニ十誦一ニ。慧解秀発、群輩靡レ及コト。大同ノ初、出テ、遊ニ京
輦一ニ、時ニ大律都智文和尚、拠テ奉誠ニ徳望高峙。師至テ其ノ室ニ

└ ②11ウ

受レ学ヲ。切タシカニ問ヒ近ク思ヒ、夙夜匪スレ懈ルニ。凡ソ内外ノ経史無シレ不ト云コト二通暁一。由
レ是ニ文藁教筌、弸ミチテレ中ニ而彪アヤアリレ外ニ。京邑ノ諸大老咸称スニ後生可シトレ
レ畏ル。師毎トニ陞堂説法一、析リレ理ヲ質シレ疑ヲ、機弁峻絶、縦横自如タリ。聴
者忘レ倦コトヲ。講暇好テ習ヒ禅観一ヲ、兼奉シテ懺摩ヲ無レ替ル、コト於六時ニ。俄ニ示ニ
微疾ヲ、塵談応接不ルコトレ異ナラ常時ニ。方ニ数日連ニ称シ仏号ヲ、泊然トシテ而
化ス。実ニ開皇十九年五月五日也。慧寿若干、世齢六十
有八。停ルコトレ龕三日、支節軟暖ニシテ合掌分明也。門人以ニ是ノ月八
日ヲ奉ニ遺骨一、塔スニ於奉誠寺ノ之南山ニ。師生平威儀端厳ニシテ踏ミ
レ矩ヲ循レ矱クワクニ、見者若シレ未ルカレ易カラ親附シ。及テレ聞ニ其ノ誨言ヲ、盎然トシテ若ニ春温一ナルカ。

└ ②12オ

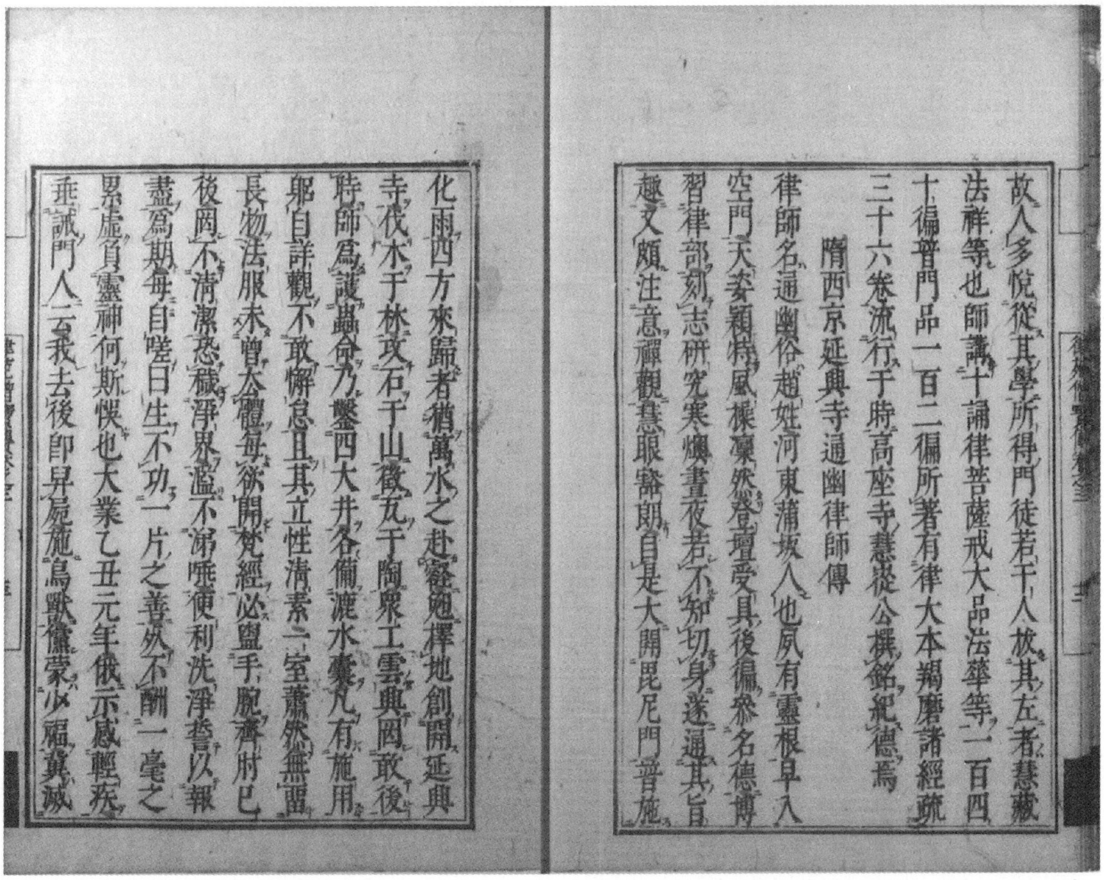

②13オ　②12ウ

故ニ人多悦二従ス其ノ学一ニ。所得ノ門徒若干人、抜二其ノ左ニ者ノハ慧蔵・
法祥等也。師講スルコト二十誦律・菩薩戒・大品・法華等ヲ一百四
十徧、普門品一百二徧。所レ著有二律大本羯磨諸経疏
三十六巻一、流二行ス于時一ニ。高座寺ノ慧縱湧公撰シテレ銘ヲ紀レス徳ヲ焉。

隋西京延興寺通幽律師伝

律師名ハ通幽、俗ハ趙姓、河東蒲坂人也。夙有二霊根一、早入二
空門一。天姿穎特ニシテ風操凛然タリ。登壇受具ノ後、徧ク参二名徳一ニ。博
習二律部一ヲ、刻レテ志研究。寒燠昼夜、若シ不ルカレ知レ切ナルコトヲ身ニ。遂ニ通ス二其ノ旨
趣一ニ。又頗ル注二意ヲ禅観一ニ、慧眼豁朗ナリ。自レ是大ニ開二毘尼門一、普施ス二

②12ウ

化雨一ヲ。四方来帰スル者、猶シ二万水ノ之赴一カレ壑ニ。晩ニ択レ地創二開ス延興
寺一ヲ。伐リ二木ヲ于林一ニ、攻チ二石ヲ于山一ニ、徴ム二瓦ヲ于陶一ニ。衆工雲ノ如ニ興テ、罔シ二敢テ後ル、コト一
レ時ヲ。師為メニレ護カ二蟲命一ヲ、乃シ鑿二四大井一ヲ、各ゝ備フ二漉水嚢一ヲ。凡ソ有レハ二施用スルコト一、
躬自詳観シテ不二敢テ懈怠一。且ツ其ノ立性清素、一室蕭然トシテ無レ留ルコト二
長物一ヲ。法服未タ二曽テ去一レ体ヲ。毎トニ欲レ開ント二梵経一ヲ、必ス盥二手腕一ヲ。斉肘已
後、罔レシ不ト云コト二清潔一。恐レテ穢ンコトヲ二浄界一ヲ、濫リニ不二涕唾一。便利洗浄誓テ以テ二報
尽ヲ一為レ期ト。毎ニ自嗟シテ曰、生テ不レ功アラ二一片ノ之善一ニ、死テ不レ酬ミ二一毫之
累一、虚ク負二霊神一ヲ。何ソ斯レ悞ルヤ也。大業乙丑元年、俄ニ示レ感二軽疾一ヲ。
垂ニ誡シテ門人一ニ云、我レ去後、即昇レ屍施セ二鳥獣一ニ。儻シ蒙ラハ二少福一ヲ、冀ハ滅二

②13オ

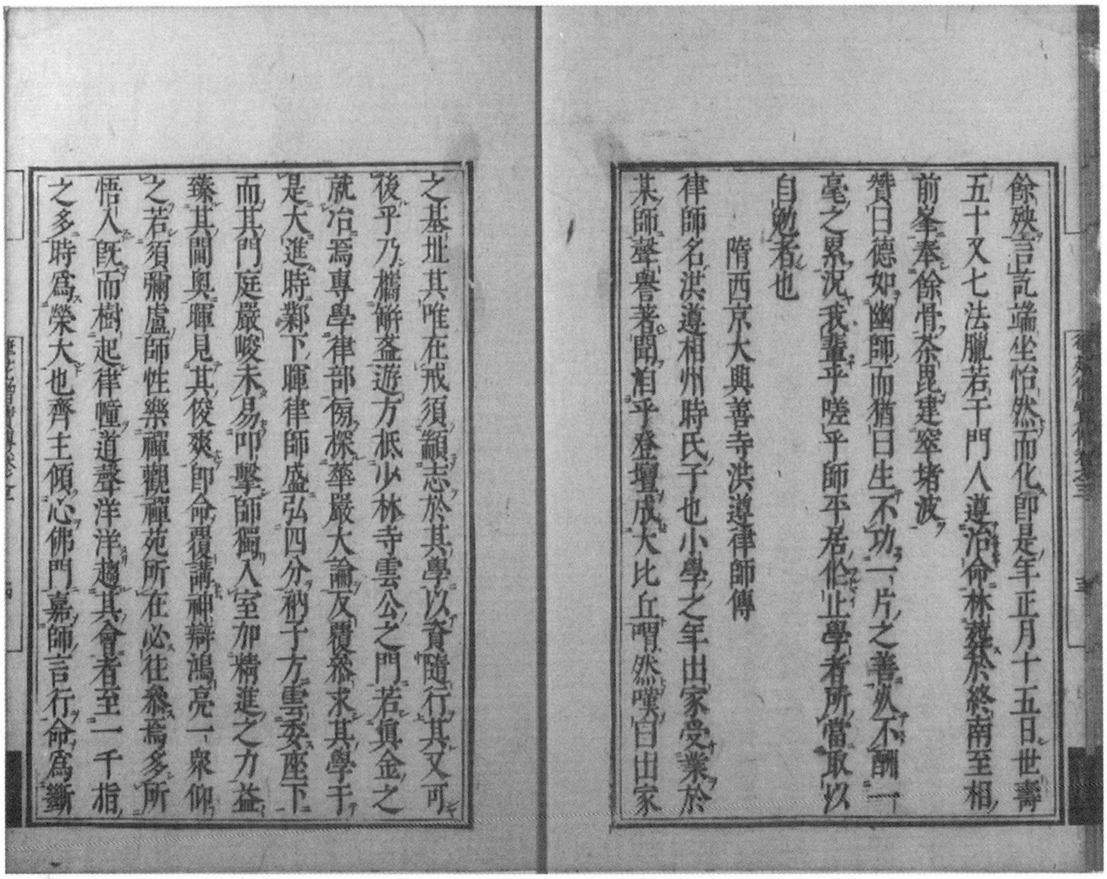

②14オ　②13ウ

余殃一ヲ。言訖端坐怡然トシテ而化ス。即是ノ年正月十五日也。世寿
五十又七、法臘若干。門人遵二テ治ヲサ、レキ命一ニ、林二葬ス於終南至相ノ
前峯一ニ。奉二シ余骨一ヲ、荼毘シテ建二窣堵波一ヲ。
賛曰、徳如二ニシテ幽師一ノ而猶曰、生テ不レ功二アラ一片ノ之善一ニ、死テ不レスト酬二一
毫ノ之累一ヲ。況ヤ我輩ヲヤ乎。嗟乎師平居ノ修フルマイ止、学者所レノ当二ニ取以
自勉一者ノ也也。

隋西京大興善寺洪遵律師伝

律師名ハ洪遵、相州時氏ノ子也。小学ノ之年出家、受二ケ業ヲ於
某ノ師一ニ、声誉著ハシ聞フ。洎三乎登壇シテ成二ルニ大比丘一ト、喟然トシテ嘆シテ曰、出家
」②13ウ

之基址、其唯在レ戒。須下ク顓二ニシテ志ヲ於其ノ学一ニ、以テ資中随行上ヲ。其レ又可シヤ
レ後ル乎。乃シ攜二瓶鉢一、遊方抵二少林寺雲公ノ之門一ニ。若二シ真金ノ之
就レ冶ニ焉。専学二律部一、傍ラ探二ル華厳大論一ヲ。反覆参求シ、其ノ学于テ
レ是ニ大ニ進ム。時ニ鄴下ノ暉律師盛ニ弘二四分一ヲ、衲子方ニ雲二委ス座下一ニ。
而シテ其ノ門庭厳峻、未タレ易カラ二叩撃一シ。師独リ入レ室加二精進ノ之力一、益ゞ
臻二ル其ノ閫奥一ニ。暉見二テ其ノ俊爽一ナルヲ、即命シテ覆講セシム。神弁鴻亮、一衆仰コト
レ之ヲ若二シ須弥盧一ノ。師性楽二禅観一、禅苑所レ在必ス往参ス焉。多シ所二
悟入一スル。既ニシテ而樹二起シ律幢一ヲ、道声洋洋タリ。趨二ル其ノ会一ニ者、至二一千指ノ
之多一ニ。時為二ス栄大一也ト也。斉主傾二ク心ヲ仏門一ニ。嘉二シテ師ノ言行一ヲ、命シテ為二断
」②14オ

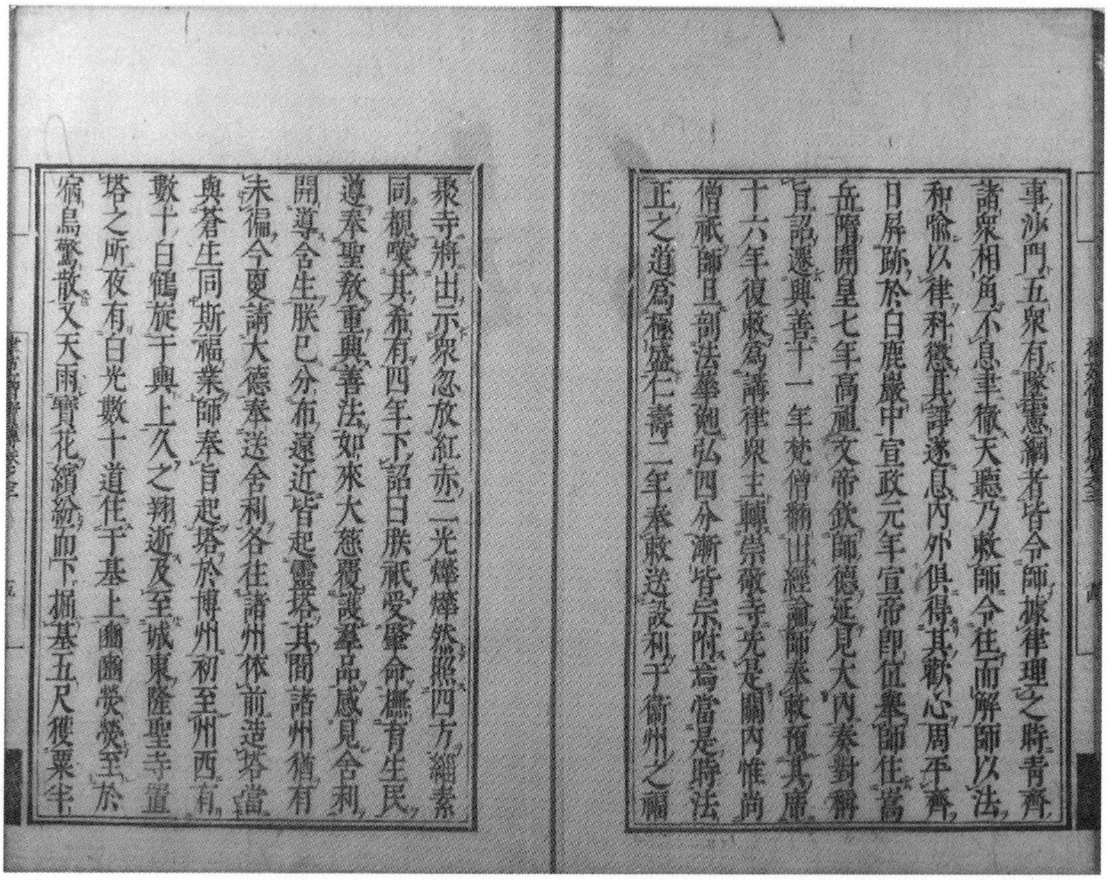

②15オ　　②14ウ

事ノ沙門一ト。五衆有二レハ墜レ憲網者一、皆令二師ヲシテ拠レ律理一レ之。時ニ青斉ノ
諸衆相角テ不レ息、聿ニ徹二天聴一ニ。乃勅レ師ニ令二往テ而解一。師以レ法ヲ
和喩シ、以レ律ヲ科懲シテ、其ノ諍遂ニ息ム。内外倶ニ得二タリ其ノ歓心一ヲ。周平レ斉ヲ
日、屏二跡ヲ於白鹿巌中一。宣政元年、宣帝即位。挙レシテ師住二シム嵩
岳一ニ。隋ノ開皇七年、高祖文帝欽二テ師ノ徳一ヲ、延テ見大内一ニ。奏対称
レ旨ニ、詔シテ遷二シム興善一ニ。十一年梵僧翻二出ス経論一ヲ。師奉レ勅預二ル其ノ席一ニ。
十六年復勅シテ為二講律衆主一ト、転二ス崇敬寺一ニ。先レ是ヨリ関内惟尚二
僧祇一ヲ。師旦ニ剖二法華一、晩ニ弘二四分一。漸皆宗附ス焉。当二是ノ時一、法
正ノ之道為二極盛一也ト。仁寿二年奉レ勅送二設利ヲ于衛州ノ之福

└
②14ウ

聚寺一ニ。将ニ出二シテ示レサント衆、忽放二紅赤ノ二光一、燁燁然トシテ照二ス四方一ヲ。緇素
同ク観テ嘆二ス其ノ希有一ヲ。四年下レシテ詔曰、朕祇テ受二テ肇命一ヲ撫二育生民一ヲ、
遵テ奉二聖教一ヲ重テ興二ス善法一ヲ。如来大慈覆二護シ群品一ヲ、感二見シ舎利一ヲ、
開二導ス含生一ヲ。朕已ニ分二布シテ遠近一ニ、皆起二霊塔一ヲ。其ノ間諸州猶ヲ有
レ未レルコト偏ヲ。今更ニ請二大徳一奉二送舎利一ヲ、各往二諸州一依レ前ニ造レ塔。当ニ下ヘシト
与二蒼生一同中斯ノ福業上ヲ。師奉レ旨起二ツ塔ヲ於博州一ニ。初至レル州。西ニ有二リ
数十ノ白鶴一。旋二于輿上一、久シテ之翔逝ス。及レ至二ルニ城東ノ隆聖寺置
レ塔之所一ニ、夜有二リ白光数十道一。住二ス于基上一ニ。皦皦熒熒トシテ至二ル於
宿鳥驚散一スルニ。又天雨二シ宝花一ヲ、繽紛トシテ而下ル。掘レルコト基五尺、獲二粟半

└
②15オ

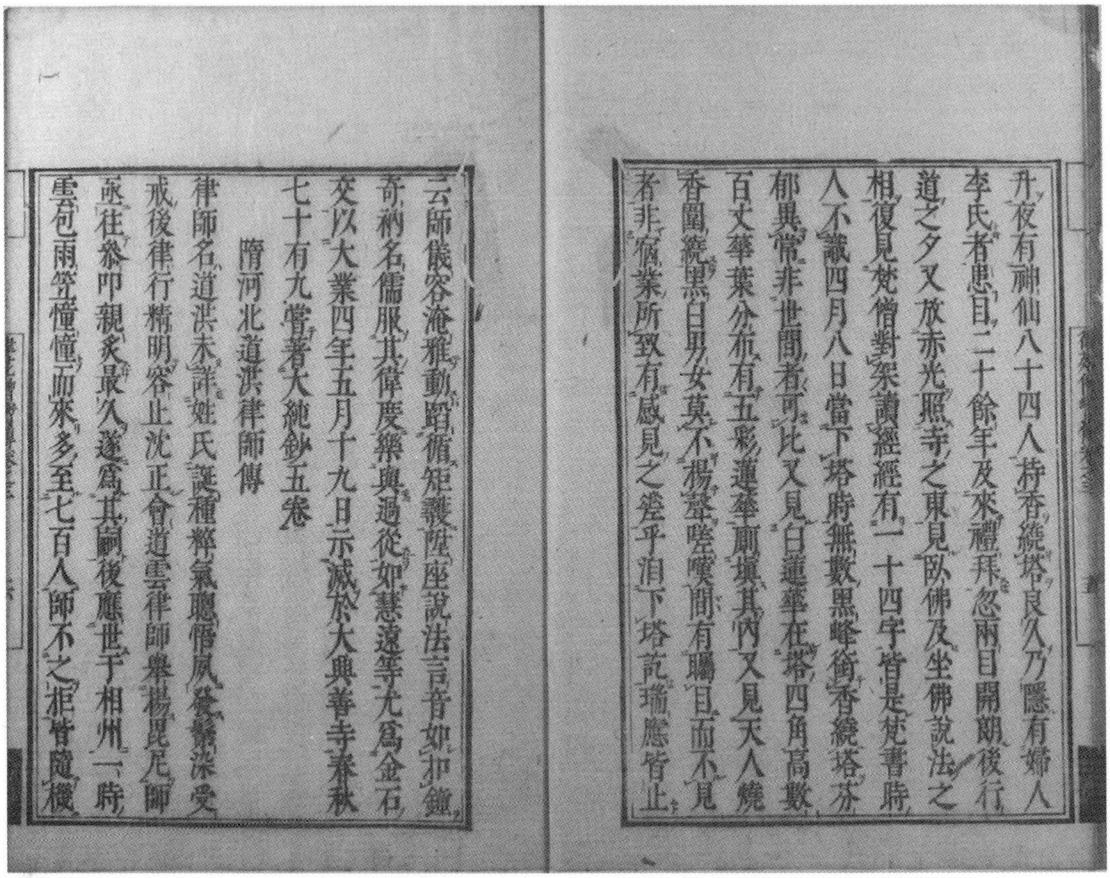

②15ウ　②16オ

升一ヲ。夜有二神仙八十四人一。持レ香ヲ繞リレ塔ヲ、良久シテ乃隠ル。有二婦人
李氏ト云者一。患コトレ目ヲ二十余年。及二来テ礼拝スルニ一、忽両目開朗也。後行
道ノ之夕、又放二赤光ヲ一照ス二寺ノ之東一。見ル二臥仏及ヒ坐仏説法ノ之
相一ヲ。復見二梵僧対レ架読レ経。経有リ二一十四字一。皆是レ梵書。時ノ
人不レ識。四月八日当二下レ塔時一、無数ノ黒蜂銜テレ香繞ルレ塔ヲ。芬
郁異ニシテレ常ニ非二世間ノ者ノ、可キレ比ニ。又見ル三白蓮華在ルヲ二塔ノ四角一。高数
百丈、華葉分布ス。有テ二五彩ノ蓮華一厠二填ス其ノ内一。又見二天人焼
レ香囲繞スルヲ一。黒白男女莫シレ不ト云コト二揚テレ声ヲ嗟嘆一。間マ、有二矚レ目ニ而不ルレ見
者一。非ヤ三宿業ノ所レ致有ルニ二感見ノ之差一乎。洎二下レ塔訖ルニ一瑞応皆止ムト

」
②15ウ

云。師儀容淹雅ニシテ動スレハ踏二循ス矩矱一ニ。陞座説法、言音如シレ扣レ鐘ヲ。
奇衲名儒服シテ二其ノ偉度一ニ、楽二与モニ過従スルコトヲ一。如キ二慧遠等一尤為二金石ノ
交一。以二大業四年五月十九日一、示二滅ヲ於大興善寺一。春秋
七十有九。嘗テ著二大純鈔五巻一。

隋河北道洪律師伝

律師名ハ道洪、未タレ詳ンセ二姓氏一。誕種粋気、聡悟夙ニ発ス。鬀染受
戒ノ後、律行精明ニシテ容止沈正也。会ミ道雲律師挙二揚ス毘尼一ヲ。師
亟ニ往テ参叩、親炙スルコト最久シテ遂ニ為ル二其ノ嗣一ト。後応二世ス于相州一ニ。一時ノ
雲包雨笠、憧憧トシテ而来リ、多タ至ル二七百人一ニ。師不二之ヲ拒一。皆随テレ機ニ

」
②16オ

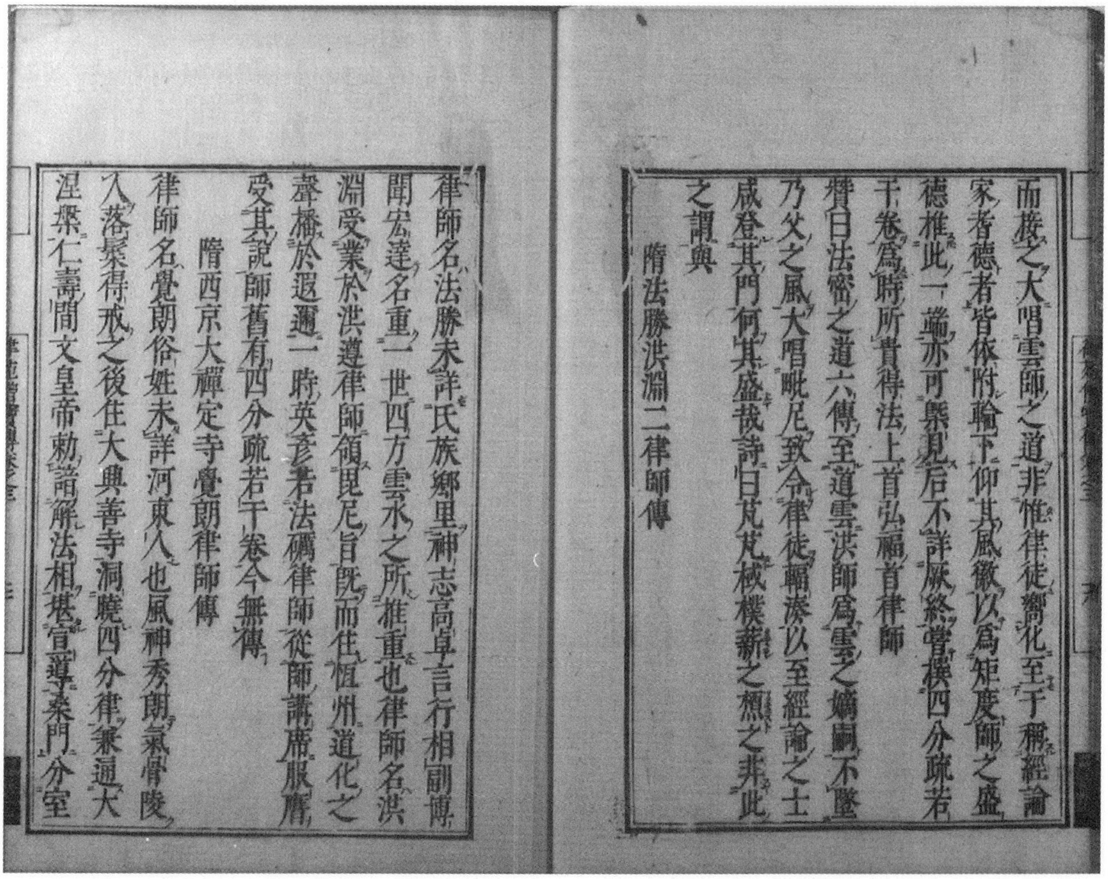

②16ウ　②17オ

而接レス之ヲ。大ニ唱二雲師ノ之道一ヲ、非下惟タヾ律徒ノミ嚮レ化ニ。至テモ于称スル経論
家ノ者徳一ト者上、皆依二附シ輪下一ニ、仰二其ノ風徽一ヲ、以テ為二矩度一ト。師ノ之盛
徳、推二ストモ此ノ一端一ヲ亦可二概見一ス。后不レ詳二厥ノ終一ヲ。嘗テ撰二四分疏若
干巻一ヲ、為レメニ時ノ所レ貴。得法ノ上首、弘福ノ首律師。
賛曰、法密ノ之道、六伝シテ至二ル道雲一ニ。洪師為二テ雲ノ之嫡嗣一ト、不レ墜二
乃父ノ之風一ヲ。大唱二毘尼一ヲ、致レ令二ルコトヲ律徒ヲシテ輻湊一。以至経論ノ之士、
咸登二ル其ノ門一。何ッ其レ盛ナルヤ哉。詩ニ曰、芃芃タル棫樸、薪タキ、ニシ之槱ツヨキニスト之。非二スヤ此ノ
之謂一ニ与。

└②16ウ

隋法勝・洪淵二律師伝

律師名ハ法勝、未レ詳二ンセ氏族郷里一ヲ。神志高卓、言行相副、博
聞宏達ニシテ名重二ク一世一ニ、四方雲水ノ之所二也推重一スル也。律師名ハ洪
淵、受二テ業ヲ於洪遵律師一ニ、領二ス毘尼ノ旨一。既ニシテ而住二シ恒州一ニ、道化ノ之
声播二ス於遐邇一ニ。一時ノ英彦若二法礪律師一、従二師ノ講席一ニ服膺シテ
受二其ノ説一。師旧有二リ四分疏若干巻一。今無レ伝コト。

隋西京大禅定寺覚朗律師伝

律師名ハ覚朗、俗姓未レタ詳。河東人也也。風神秀朗ニシテ気骨陵ク
レ人ヲ。落髪得戒ノ之後、住二大興善寺一。洞二暁シ四分律一ヲ、兼通二ス大
涅槃一ニ。仁寿ノ間、文皇帝勅下シテ諳二解シ法相一ヲ堪二タル宣導一ニ桑門上ニ、分二室

└②17オ

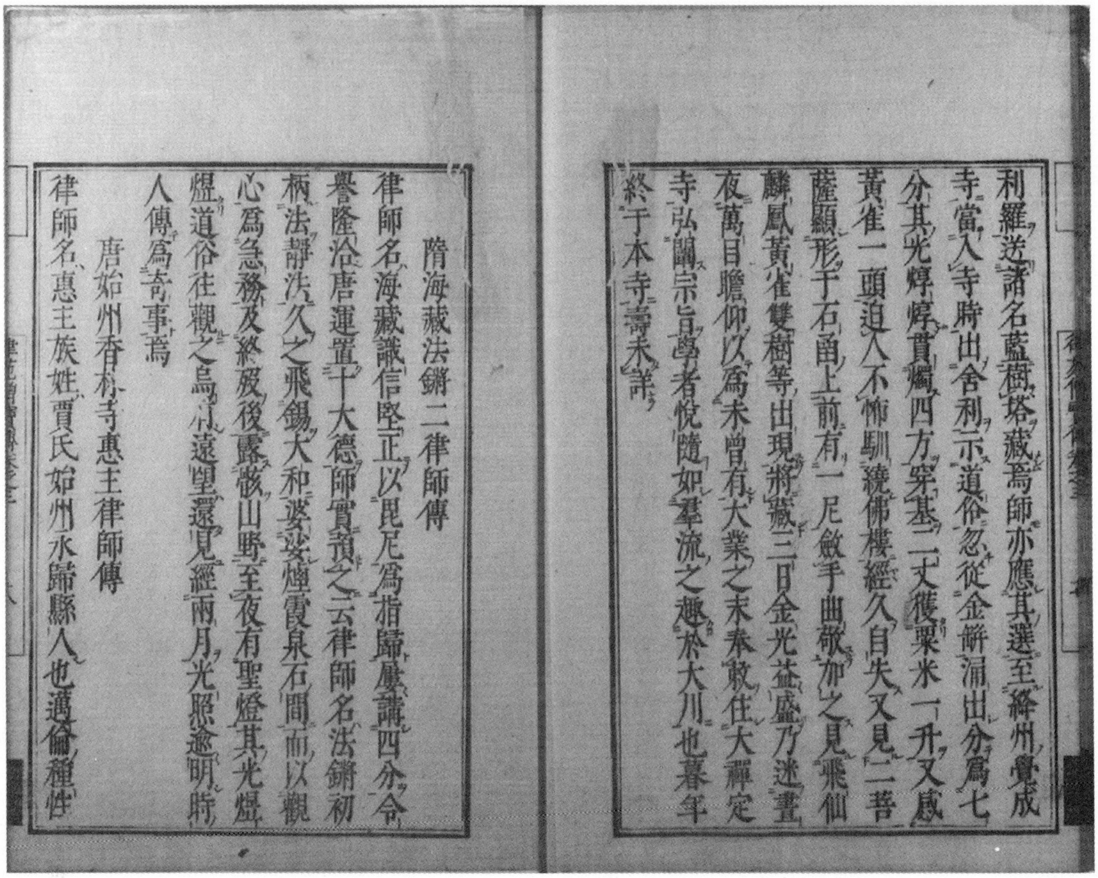

②18オ　②17ウ

利羅ヲ一送リ二諸名藍ニ一、樹テレ、塔ヲ蔵メシム焉。師モ亦應シ二其ノ選ニ一、至ル二絳州ノ覚成
寺ニ一。当テ二入レ寺時一、出シテ二舎利ヲ一示ス二道俗ニ一。忽チ従二金瓶一涌出シ、分テ為二七
分ト一。其ノ光焞焞トシテ貫二燭ス四方ヲ一。穿コトレ基ヲ二丈、獲タリ二粟米一升ヲ一。又感二
黄雀一頭一。迫レ人不レ怖、馴二繞シ仏楼ニ一、経ヤ、久シテ自失ス。又見ル下二菩
薩顕シ二形ヲ于石函ノ上一、前ニ有リ二一尼一、斂レ手曲敬スルヲ上。加之ス見ル二飛仙・
麟鳳・黄雀・双樹等ノ出現スルヲ一。将ニレ蔵ント。三日金光益ゝ盛ニシテ、乃迷フ二昼
夜ニ一。万目瞻仰シテ、以テ為二未曾有也ト一。大業ノ之末、奉レ勅ヲ住シ二大禅定
寺一、弘二闡ス宗旨ヲ一。学者悦随コト如シ三群流ノ之趣クカ二於大川ニ一也。暮年
終二于本寺ニ一。寿未タレ詳ナラ。

└ ②17ウ

隋海蔵・法鏘二律師伝

律師名ハ海蔵。識信堅正ニシテ以二毘尼一為二指帰ト一。屢ゝ講シ二四分ヲ一、令
誉隆洽也。唐運置ク二十大徳ヲ一。師実ニ預ルトレ之ニ云。律師名ハ法鏘。初
柄ル二法ヲ静法ニ一。久シテ之飛二錫ヲ大和ニ一、婆二娑シ煙霞泉石ノ間ニ一、而シテ以二観
心一為二急務ト一。及二終歿ノ後ニ一、露ス二骸ヲ山野ニ一。至レ夜有二聖燈一。其ノ光煜
煜タリ。道俗往観ルニ之烏有也。遠望ハ還タ見ユ。経二両月ヲ一、光照逾ゝ明也。時ノ
人伝テ為二奇事ト一焉。

唐始州香林寺恵主律師伝

律師名ハ恵主、族姓ハ賈氏。始州永帰県人也也。邁倫ノ種性

└ ②18オ

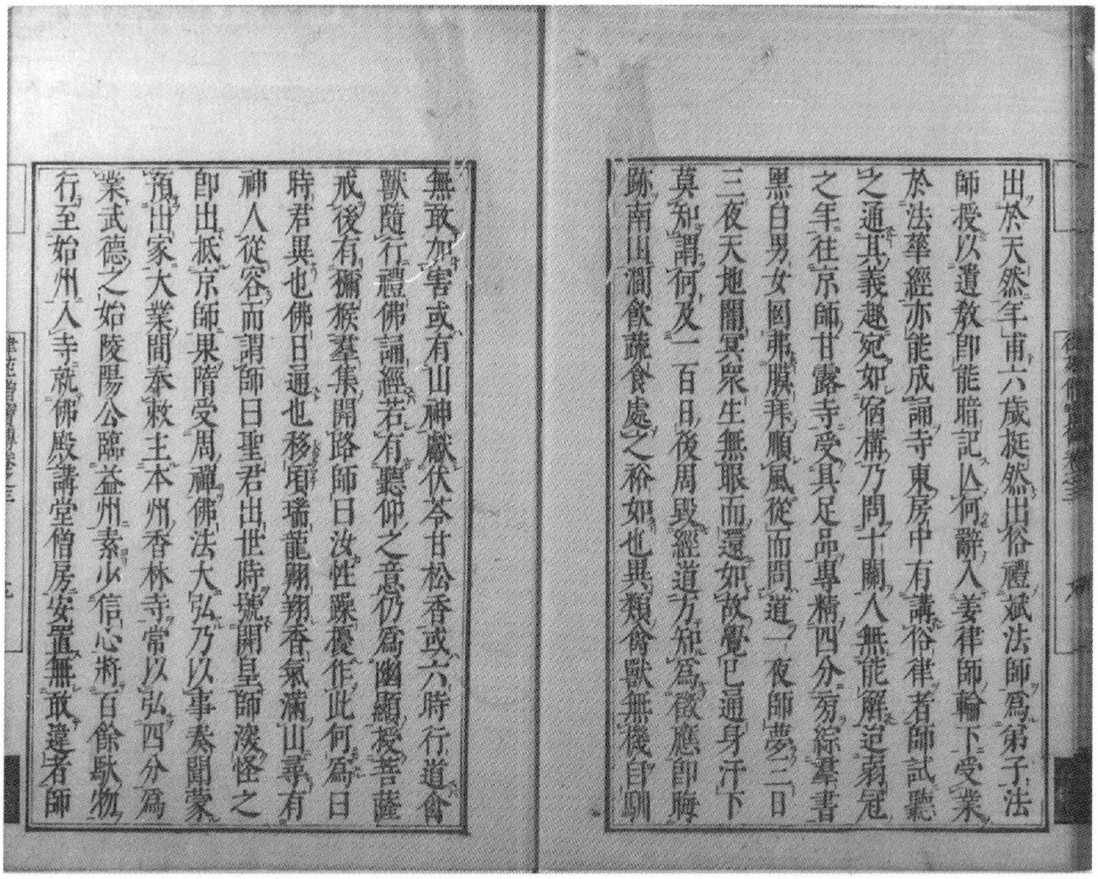

②19オ ②18ウ

出二ツ於天然一ニ。年甫テ六歳、挺然トシテ出レ俗。礼二シテ斌法師一ヲ為二ル弟子一ト。法
師授ルニ以二遺教一。即能暗記ス。亡レシテ何クモ、辞シテ入二テ姜律師ノ輪下一ニ受レ業ヲ。
於二法華経一亦能成レ誦ヲ。寺東ノ房中有二講レスル俗律ヲ者一。師試ニ聴
レ之。通二スルコト其ノ義趣一ニ、宛カ如二シ宿構一ノ。乃問二ヲ十関一ヲ、人無二シ能解一スル。迨二弱冠ノ
之年一ニ、往二京師ノ甘露寺一ニ受二ク具足品一ヲ。専二精シテ四分一ニ、旁ラ綜二群書一。
黒白男女罔レ弗二ト云コト膜拝シテ順レシ風ニ従而問一ハ道ヲ。一夜師夢ラク、三日
三夜天地闇冥、衆生無レ眼。而シテ還テ如レシト故ノ。覚已通身汗下、
莫レ知ルコトレ謂コトヲ何ト。及三一百日ノ後、周二ルニ毀経道一、方テ知レル為二ルコトヲ徴応一。即晦二
跡ヲ南山一ニ、澗飲蔬食処レシテ之裕如タリ也。異類ノ禽獣無レ機自馴ヲ、

└
②18ウ

無二敢テ加一レルコト害。或ハ有二山神一。献二シ伏苓・甘松香一、或ハ六時行道スレハ禽
獣随レ行ニ、礼仏誦経スレハ若レシ有二ルカ聴仰ノ之意一。仍為二幽顕一ノ授二ク菩薩
戒一ヲ。後有二リ獮猴一。群集シテ開レ路。師曰、汝カ性躁擾也。作レシテ此何ニカ為スル。曰、
時君異ナリ也、仏日通スト也。移シハラクアテ頃瑞龍翺翔シ、香気満レツ山ニ。尋ヒテ有二
神人一。従コト容トシテ而謂レ師曰、聖君出世、時ヲ号二スト開皇一ト。師深ク怪之、
即出テ、抵二ル京師一ニ。果シテ隋受二周ノ禅一リヲ、仏法大ニ弘マル。乃以レ事奏聞、蒙ル
レ預二ルヲ出家一ニ。大業ノ間、奉レ勅主二ル本州ノ香林寺一ヲ。常以レ弘二ルヲ四分一為
レ業ト。武徳ノ之始、陵陽公臨二益州一ニ。素ヨリ少二信心一。将二テ百余駄ノ物一ヲ、
行テ至二始州一ニ。入レ寺ニ就二テ仏殿講堂僧房一ニ安置ス。無二シ敢テ違者一。師

└
②19オ

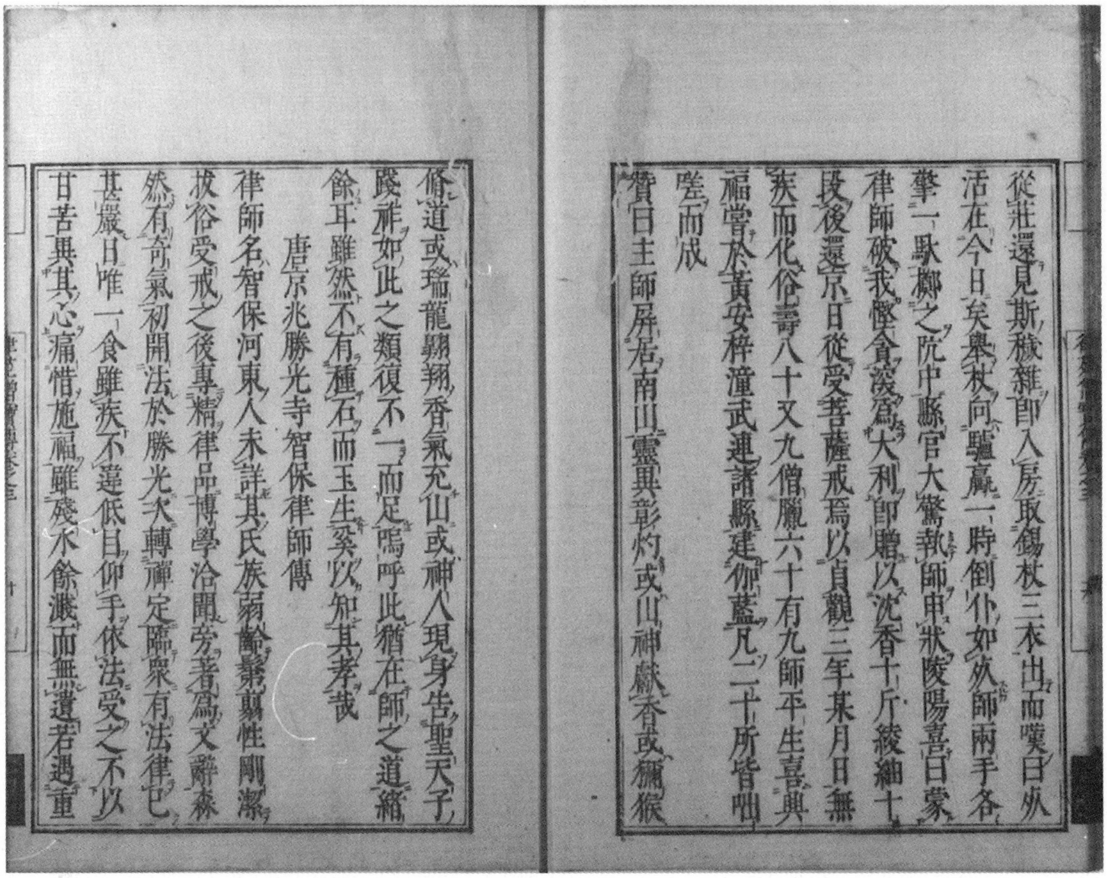

②19ウ　②20オ

従レ荘還テ見ニ斯ノ穢雑一ヲ。即入レ房ニ取ニ錫杖三衣一、出テ、而嘆シテ曰、死
活在ニリト今日一ニ矣。挙レシテ杖ヲ向ニヘハ驢騾一ニ、一時ニ倒仆シテ如レ死スルカ。師両手各々
擎ニ一駄一、擲ニ之ヲ阬中一ニ。県官大驚、執レトラヘテ師ヲ申レス状ヲ。陵陽喜テ曰、蒙下ル
律師破ニテ我カ慳貪一ヲ深ク為中スコトヲ大利上ヲ。即贈ルニ以ニス沈香十斤綾紬十
段一ヲ。後還レ京ニ日、従テ受ニ菩薩戒一焉。以ニ貞観三年某月日一無
レ疾而化ス。俗寿八十又九、僧臘六十有九。師平生喜ニム興
福一。嘗テ於ニ黄安・梓潼・武連ノ諸県一ニ、建ニルコト伽藍一ヲ凡ソ二十所、皆咄
嗟シテ而成。

賛曰、主師屏ニ居シテ南山一ニ霊異彰灼タリ。或ハ山神献レシ香、或ハ獮猴

└ ②19ウ

脩レシ道、或ハ瑞龍翺翔シテ香気充レチ山ニ、或ハ神人現レシテ身告ニク聖天子ノ
践祚一ヲ。如レノ此之類、復不ニ一一ニシテ而足一ルニ。嗚呼此レ猶在ニテ師ノ之道一ニ緒
余ノミ耳。雖レ然ト不レンハ有ニラ種レテ石ヲ而玉生一スルコト、奚ヲ以カ知ニン其ノ孝一ヲ哉。

唐京兆勝光寺智保律師伝

律師名ハ智保、河東ノ人。未レ詳ニンセ其ノ氏族一。弱齢ニシテ剃翦、性剛潔ニシテ
抜レ俗。受戒ノ之後、専ニニシテ精ヲ律品一ニ博学洽聞也。旁ラ著ニ為シテ文辞一、森
然トシテ有ニリ奇気一。初開ニ法シ於勝光一ニ、次ニ転ニ禅定一ニ。臨テレ衆ニ有レリ法。律レニシテ己ヲ
甚厳也。日ニ唯一食、雖レ疾ト不レ違。低レ目ヲ仰レ手ヲ、依レ法ニ受ク之。不下以ニ
甘苦一異中其ノ心上ヲ。痛ニ惜シテ施福一ヲ、雖ニ残水余濺一ト而無レシ遺コト。若遇ニテ重

└ ②20オ

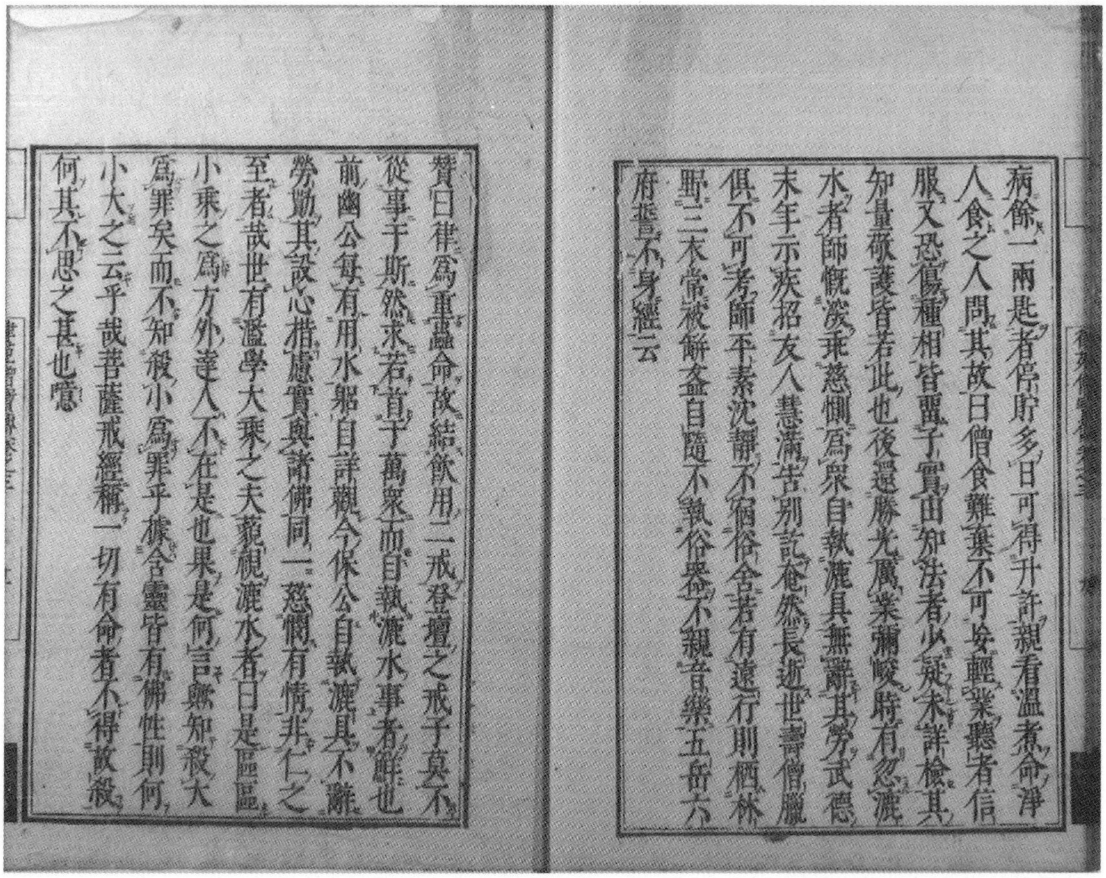

②21オ　②20ウ

病一ニ余二セハ一両匙ヲ者、停貯多レシテ日可レ得二升許一ヲ。親看二温煮一ヲ、命二シテ浄
人一ニ食シム之。人問二フニ其ノ故一曰、僧食難レ棄。不レ可二妄ニ軽ス一レ業ヲ。聴者信
服ス。又恐レテ傷二ンコトヲ種相一、皆留二ム子実一ヲ。由二知レ法者ノ少一キニ、疑レフテ也末二ルカト詳検一セ。其ノ
知量敬護、皆若レ此ノ也。後還二勝光一ニ厲レコト業弥峻也。時ニ有二リ忽レニスル漉
水ヲ者一。師慨三深ク乖二慈惻一ニ。為レ衆自執二ミ漉具一、無レ辞二スルコト其ノ労一ヲ。武徳ノ
末年示レ疾。招二友人慧満一ヲ、告レ別訖テ奄然トシテ長逝ス。世寿僧臘
倶ニ不レ可レ考フ。師平素沈静ニシテ不レ宿二俗舎一ニ。若有二遠行一、則栖二ム林
野一ニ。三衣常ニ被、瓶鉢自随不レ執二俗器一ヲ、不レ親二音楽一ニ。五岳六
府誓テ不二ト身ニ経一云。

└
②20ウ

賛曰、律ニ為レ重二ンカ蟲命一ヲ故ニ、結二ス飲用ノ二戒一ヲ。登壇ノ之戒子莫レ不云コト
レ従二事ニ于斯一ニ。然レトモ求乙ルニ若下キ首トシテ二于万衆一ニ而モ自執中ミカ漉水ノ事上者甲ノヲ鮮シ也。
前ノ幽公毎レニ有二ル用水一躬自詳観シ、今ノ保公自執二ミテ漉具一ヲ不レ辞二セ
労勤一ヲ。其ノ設レ心措レクコト慮、実ニ与二諸仏一同一ニ慈二憫ス有情一ヲ。非二スヤ仁ノ之
至レル者一ノニ哉。世ニ有二濫学大乗ノ之夫一。藐二視シテ漉水ノ者一ヲ曰、是レ区区タル
小乗ノ之為シハサ、方外ノ達人ハ不レスト在レ是ニ也。果シテ是レ何ノ言ソヤ歟。知二テ殺レノ大
為レルコトヲ罪矣、而モ不レルカ知二殺ノ小為一レルコトヲ罪乎。據三ル時ハ含霊皆有二ルニ仏性一、則何ソ
小大ヲシモ之云ンヤ乎哉。菩薩戒経ニ称ラク、一切有命ノ者、不レレト得二故殺一コトヲ。
何ソ其レ不レルコトノ思之甚シキ也噫。

└
②21オ

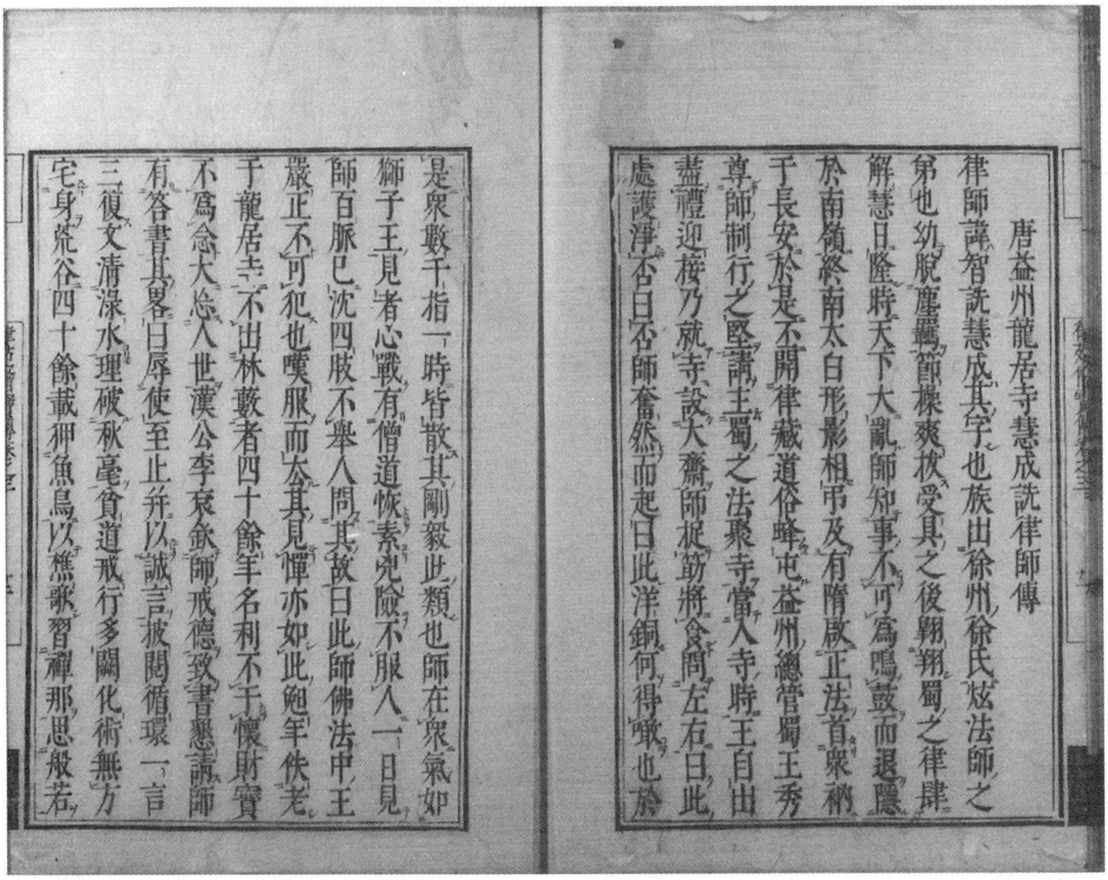

②22オ　②21ウ

唐益州龍居寺慧成詵律師伝

律師諱ハ智詵、慧成ハ其ノ字也也。族出二徐州ノ徐氏ニ一。炫法師ノ之
弟也。幼ニシテ脱二塵羈ヲ一、節操爽抜ス。受具ノ之後、翺二翔シ蜀ノ之律肆ニ一、
解慧日ニ隆也。時ニ天下大ニ乱ル。師知テ二事ノ不ルコトヲ一レ可レ為、鳴シテレ鼓ヲ而退ク。隠ル二
於南嶺ニ一。終南太白形影相ヒ弔。及テ三有二隋啓ニ二正法ヲ一、首タリ二衆衲ニ
于長安ニ一。於レ是ニ丕ニ開二律蔵一。道俗蜂ノ如ニ屯ル。益州ノ総管蜀王秀
尊ンテ二師ノ制行ノ之堅ヲ一、請シテ主シム二蜀ノ之法聚寺ヲ一。当テ二入寺ノ時ニ一、王自出
尽シテレ礼迎接。乃就テレ寺ニ設ク二大斎ヲ一。師捉テレ筯将ニレ食ント。問テ二左右ニ一曰ク、此ノ
処護浄スルヤ否。曰否。師奮然トシテ而起曰、此レ洋銅也。何ソ得レ噉コトヲ也。於

②21ウ

レ是ニ衆数千指一時ニ皆散ス。其ノ剛毅此ノ類也也。師在レ衆ニ、気如二
獅子王ノ一、見者心戦ク。有リ二僧道恢トイフモノ一。素ヨリ兇険ニシテ不レ服レ人ニ。一日見テ
レ師、百脈已ニ沈、四肢不レ挙。人問フニ二其故一、曰、此ノ師仏法中ノ王、
厳正不トレ可レ犯ス也。嘆服シテ而去ル。其ノ見ル、コトレ憚亦如シレ此ノ。晩年佚二老シ
于龍居寺ニ一、不レ出二林藪一者四十余年。名利不レ于カラレ懐ニ、財宝
不レ為レ念ト。大ニ忘ス二人世ヲ一。漢公李哀欽テ二師ノ戒徳ヲ一、致シテレ書懇請ス。師
有リ二答書一。其ノ略ニ曰、辱三使至止并ニ以スルコトヲ二誠言ヲ一、披閲循環一言
三復ス。文清二滌水ヨリモ一、理破ル二秋毫ヲ一。貧道戒行多闕、化術無レ方。
宅スルコト二身ヲ荒谷ニ一四十余載、狎二魚鳥ニ一以テ樵歌シ、習二禅那ヲ一思二般若ヲ一。

②22オ

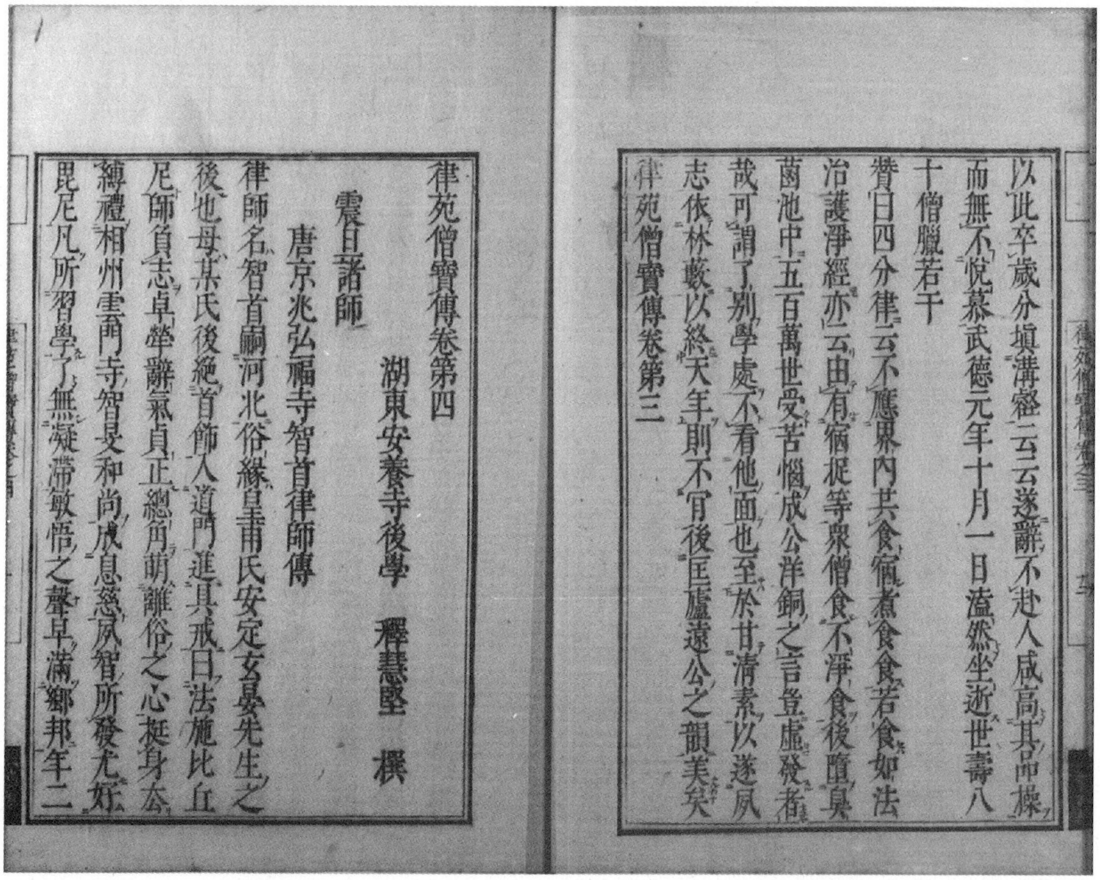

②22ウ　②23オ

以レ此卒レ歳。分填二溝壑一云云。遂ニ辞シテ不レ赴。人咸高二トシテ其ノ品操一ヲ、
而無レ不二コト悦慕一。武徳元年十月一日湓然坐逝。世寿八
十、僧臘若干。
賛曰、四分律ニ云、不レ応二界内共レ食ト宿シ煮レ食食一ス。若食セハ如法
治護浄、経ニモ亦云リ。由テレ有ルニ二宿捉等一衆僧食シ二不浄食一ヲ、後堕シテ二臭
菌池中一ニ、五百万世受クト二苦悩一ヲ。成公洋銅ノ之言、豈ニ虚リニ発スル者ナランヤ
哉。可レ謂了二別シテ学処一ヲ、不レト看二他ノ面一ヲ也。至テハ下於甘テ二清素一ヲ以遂二夙
志一、依テ二林藪一ニ以終ルニ中天年上ヲ、則不三肯後二匡廬遠公ノ之韻一ニ。美ナルカナ矣。
律苑僧宝伝巻第三

②22ウ

律苑僧宝伝巻第四
湖東安養寺後学　釈慧堅　撰
震旦諸師
唐京兆弘福寺智首律師伝
律師名ハ智首、嗣二河北一ニ。俗縁ハ皇甫氏、安定玄晏先生ノ之
後也也。母ハ某氏。後絶テ二首飾一入二道門一。進ミ二具戒一ニ、曰フ二法施比丘
尼一ト。師負レ志ヲ卓犖、辞気貞正也。総角ニシテ萌ス二離俗ノ之心一。挺レ身去リ
レ縛、礼シテ二相州雲門寺ノ智旻和尚一ヲ成二息慈一ト。夙智ノ所レ発尤モ好ム二
毘尼一。凡ソ所二習学一スル、了トシテ無シ二凝滞一。敏悟ノ之声、早ク満ツ二郷邦一ニ。年二一

②23オ

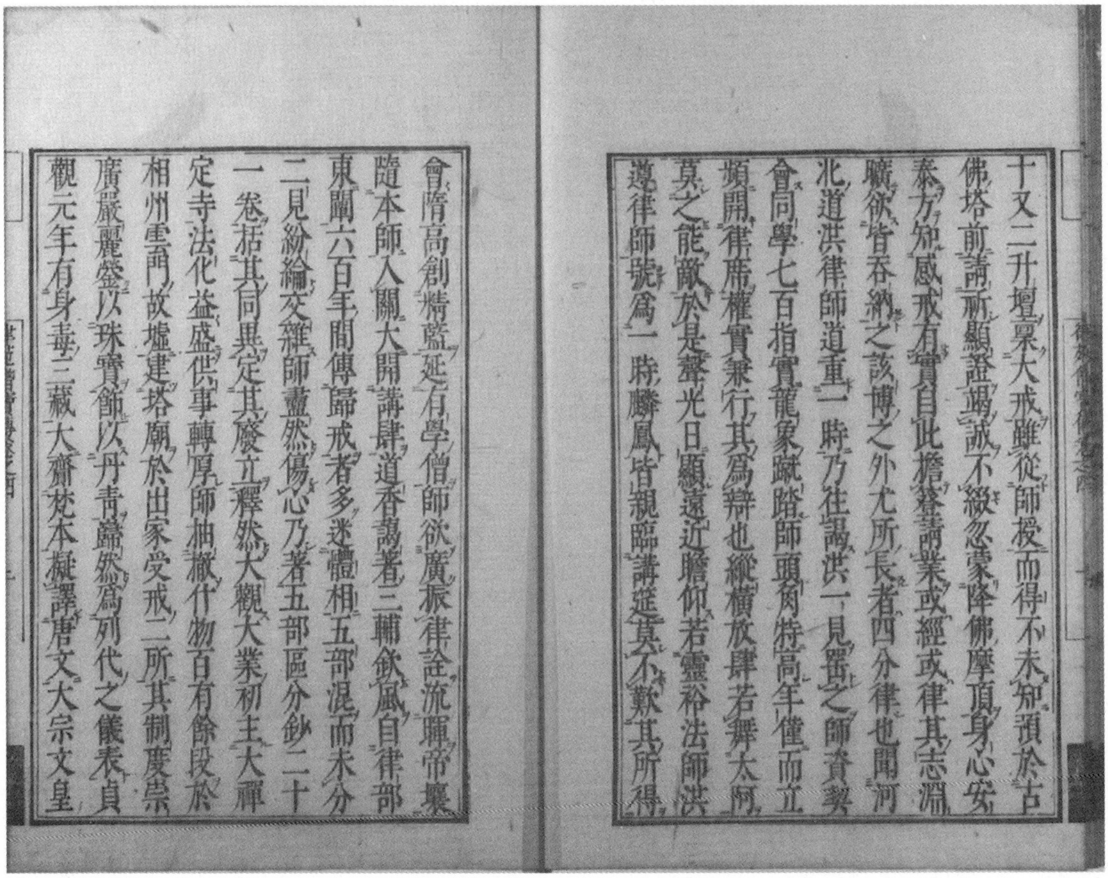

②24オ　②23ウ

十又二一、升壇シテ稟ク二大戒一ヲ。雖レ従フト二師授一ニ、而得不未レタ知ラ。預於二古
仏ノ塔前一ニ請二祈シ顕證一ヲ、竭シテレ誠ヲ不レ綴ヤマ。忽蒙リ二降仏ノ摩頂一ヲ、身心安
泰ニシテ方テ知ル二感戒有ルコトヲレ実。自レ此擔テレ簦請レ業ヲ。或ハ経、或ハ律、其ノ志淵
曠ニシテ欲ス二皆呑納セント一之。該博ノ之外、尤所レノ長スル者ハ四分律也也。聞三河
北ノ道洪律師道重シト二一時一ニ、乃往謁ス。洪一見シテ器トシレ之ヲ、師資契
会ス。同学七百指、実ニ龍象ノ蹴踏也。師頭角特ニ高シ。年僅ニ而立。
頻ニ開キ二律席一ヲ、権実兼行フ。其ノ為レ弁也縦横放肆、若レ舞二太阿一ヲ。
莫シ二之レニ能ク敵スルコト一。於レ是ニ声光日ニ顕レ、遠近瞻仰ス。若二霊裕法師・洪
遵律師一、号為ヨンテ二一時ノ麟鳳一ト。皆親臨二講筵一ニ、莫シレ不トイフコトレ歎二其ノ所得一ヲ。

└ ②23ウ

会ミ隋高創二精藍一ヲ延二有学ノ僧一ヲ。師欲シテ三広ク振レ律詮ヲ流二暉ヲ帝壌一ニ、
随二本師一ニ入レ関ニ。大ニ開二講肆一ヲ、道香藹著シテ三輔欽シムレ風ヲ。自二律部
東ニ闡一六百年ノ間、伝二帰戒ヲ一者多ク迷二体相一ニ。五部混シテ而未レ分、
二見紛綸トシテ交雑ス。師蠹然トシテ傷シメレ心、乃シ著二五部区分鈔二十
一巻一ヲ。括二其ノ同異一ヲ、定二其ノ廃立一ヲ、釈然トシテ大観ス。大業ノ初主ル二大禅
定寺一。法化益ミ盛ニシテ供事転厚シ。師抽二撤シテ什物百有余段ヲ於
相州雲門ノ故墟一ニ、建ツ二塔廟ヲ於出家受戒ノ二所一ニ。其制度崇
広厳麗、鎣クニ以二珠宝一ヲ飾ルニ以ス二丹青一ヲ。巋然トシテ為二列代ノ之儀表一ト。貞
観元年有二身毒ノ三蔵一。大ニ齎二梵本一擬レ訳ント二唐文一ニ。大宗文皇

└ ②24オ

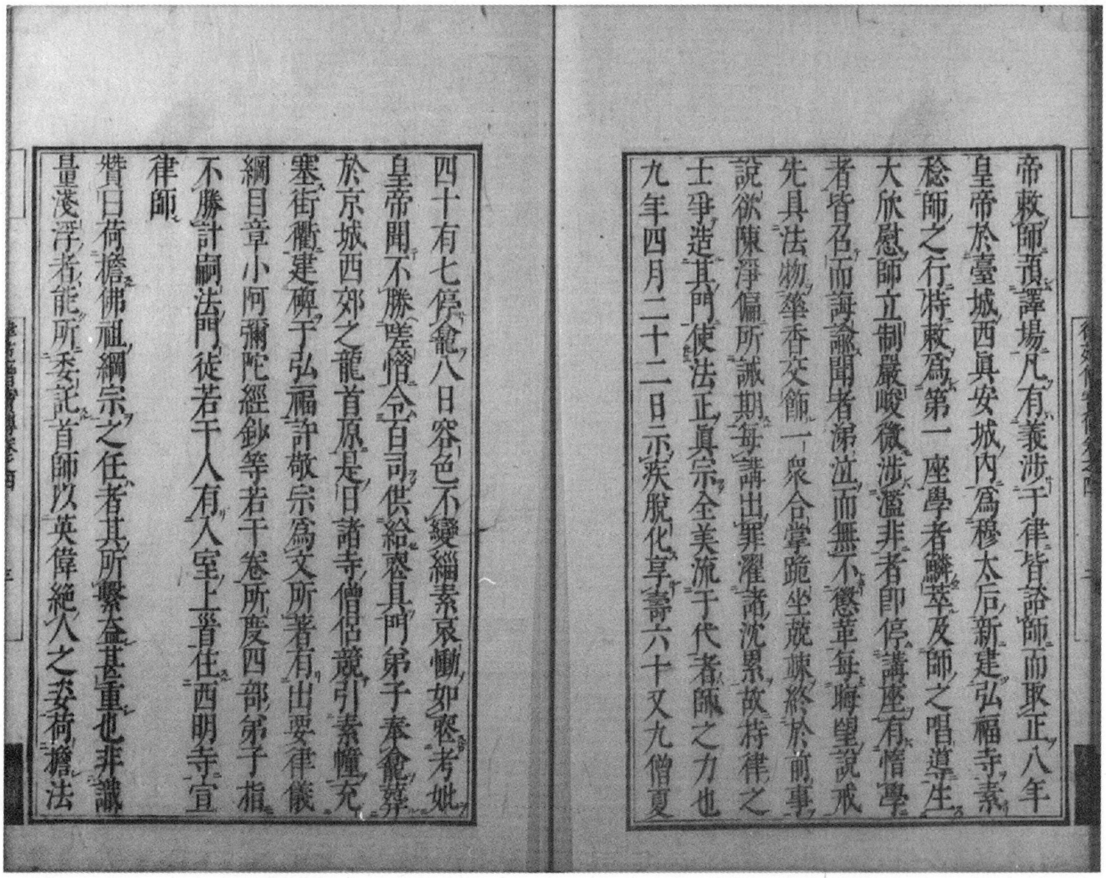

②24ウ　②25オ

帝勅シテレ師ニ預シム二訳場一ニ。凡ソ有レハ三義渉ルコト二于律一ニ、皆諮レ師ニ而取レ正ヲ。八年、
皇帝於二台城ノ西真安城ノ内一ニ、為二穆太后ノ新ニ建ツ二弘福寺一ヲ。素ヨリ
稔二師ノ之行一ニ、特ニ勅シテ為シム二第一座一。学者鱗ノ如ニ萃ル。及二師ノ之唱導一ニ生ス二
大欣慰一ヲ。師立制厳峻、微モ渉レハ二濫非一ニ者、即停ム二講座一ヲ。有二惰レ学ニ
者一、皆召テ而誨諭ス。聞者涕泣シテ而無レ不トラコト二懲革一。毎トニ二晦望ノ説戒一、
先具二法物一ヲ華香竦交飾ル。一衆合掌跪坐、競竦シテ終二於前事一ヲ。
説欲陳浄偏ニ所二誡期一スル、毎レ講出シテレ罪濯二諸ノ沈累一ヲ。故ニ持律ノ之
士、争テ造ル二其ノ門一ニ。使ムル三法正ノ真宗ヲシテ全美流二于代一者ノハ、師ノ之力也。
九年四月二十二日、示シテレ疾脱化ス。享ルコトレ寿六十又九、僧夏

└
②24ウ

四十有七。停ルコトレ龕ヲ八日、容色不レ変。緇素哀慟シテ如レ喪スルカ二考妣一ヲ。
皇帝聞テ不レ勝ヘ二嗟惜一ニ、令ム三百司ヲシテ供二給セ喪具一ヲ。門弟子奉レ龕ヲ、葬ル二
於京城西郊之龍首原一ニ。是ノ日、諸寺ノ僧侶競テ引二素幢一ヲ、充二
塞ス街衢一ニ。建二碑ヲ于弘福一。許敬宗為レ文。所レ著有リ二出要律儀
綱目章・小阿弥陀経鈔等若干巻一。所度四部ノ弟子指モ
不レ勝レ計。嗣法ノ門徒若干人。有リ二入室ノ上首一。住スル二西明寺一ニ宣
律師也。
賛曰、荷二擔スル仏祖ノ綱宗一ヲ之任ハ者、其ノ所レ繋、盍シ甚重シ也。非三識
量浅浮ノ者ノ、能ク所ニ二委託一スル。首師以二英偉絶レノ人之姿一、荷二擔シ法

└
②25オ

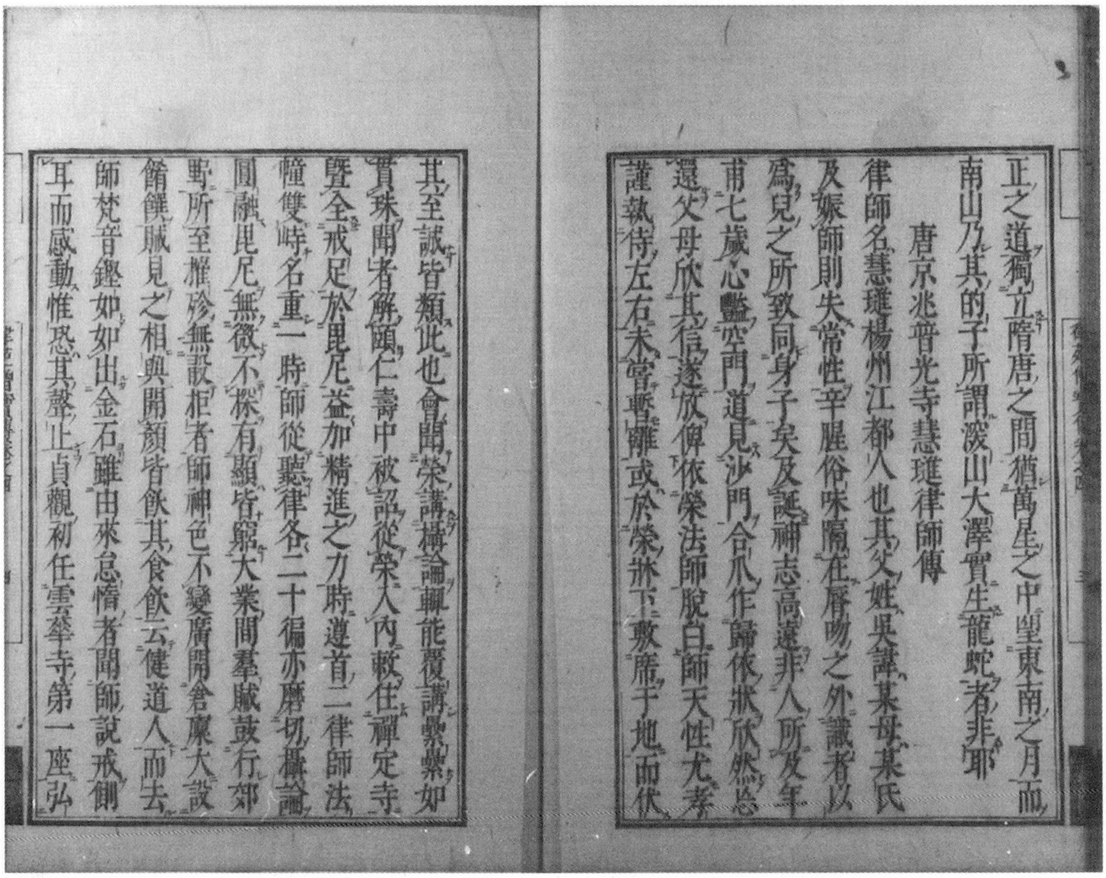

②26オ　②25ウ

正ノ之道一ヲ、独ニ立スルコト隋唐ノ之間一、猶シ三万星ノ之中ニ望二東南ノ之月一。而シテ
南山乃シ其ノ的子、所謂ル深山大沢実ニ生スル二龍蛇一ヲ者ノ非スヤ耶。

唐京兆普光寺慧璡律師伝

律師名ハ慧璡、楊州江都人也。其ノ父ノ姓ハ呉、諱ハ某。母ハ某氏。
及レ娠レ師則失二常性一ヲ。辛腥俗味隔ニ在ス唇吻ノ之外一ニ。識者以
為ラク、児ノ之所レ致同二シト身子一ニ矣。及レ誕スルニ神志高遠ニシテ非二人所一ニ及レ。年
甫ニ七歳一、心盬フ二空門一ヲ。道ニ見テハ二沙門一ヲ、合爪シテ作二帰依ノ状一ヲ。欣然トシテ忘
レ還ルコトヲ。父母欣二其ノ信一ヲ、遂ニ放シテ俾下依二栄法師一脱白上セ。師天性尤モ孝
謹、執二侍シテ左右ニ未ニタ嘗テ暫モ離一。或ハ於二栄ノ牀下一ニ、敷二席ヲ于地一ニ而伏ス。

∟②25ウ

其ノ至誠ナルコト皆類ス二此ニ也。会ミ聞テ三栄ノ講スルヲ二摂論一ヲ輒能覆講シ、纍纍トシテ如
レ貫レ珠ヲ。聞者解クレ頤ヲ。仁寿中被レ詔ヲ従テレ栄ニ入レ内ニ。勅シテ住セシム二禅定寺一ニ。
曁レ全スルニ二戒足一ヲ、於二毘尼一ニ益ミ加二精進ノ之力一ヲ。時ニ遵首ノ二律師、法
幢双ヒ峙チ、名重二シ一時一ニ。師従テ聴クコトレ律、各ミ二十徧。亦磨シテ切シテ摂論一ヲ
円ニ融ス毘尼一ヲ。無ク微トシテ不コトレ探ラ、有リ顕ハ皆ナ窮ルコト。大業ノ間、群賊鼓シ行シ郊
野ニ、所レ至摧殄シテ無ニ敢テ拒者一。師神色不レ変、広開ニ倉廩一、大ニ設ニ
餚饌一ヲ。賊見テ之相ヒ与ニ開レ顔。皆飫ニ其ノ食飲一、云テ健道人也ト而去ル。
師梵音鏗如トシテ如レ出ルカ二金石一ヨリ。雖ニ由来怠惰ノ者一、聞ニ師ノ説戒一ヲ、側
レ耳而感動ス。惟恐ハ其ノ声ノ止ンコトヲ。貞観ノ初、任ニ雲華寺ノ第一座一ニ。弘ニ

∟②26オ

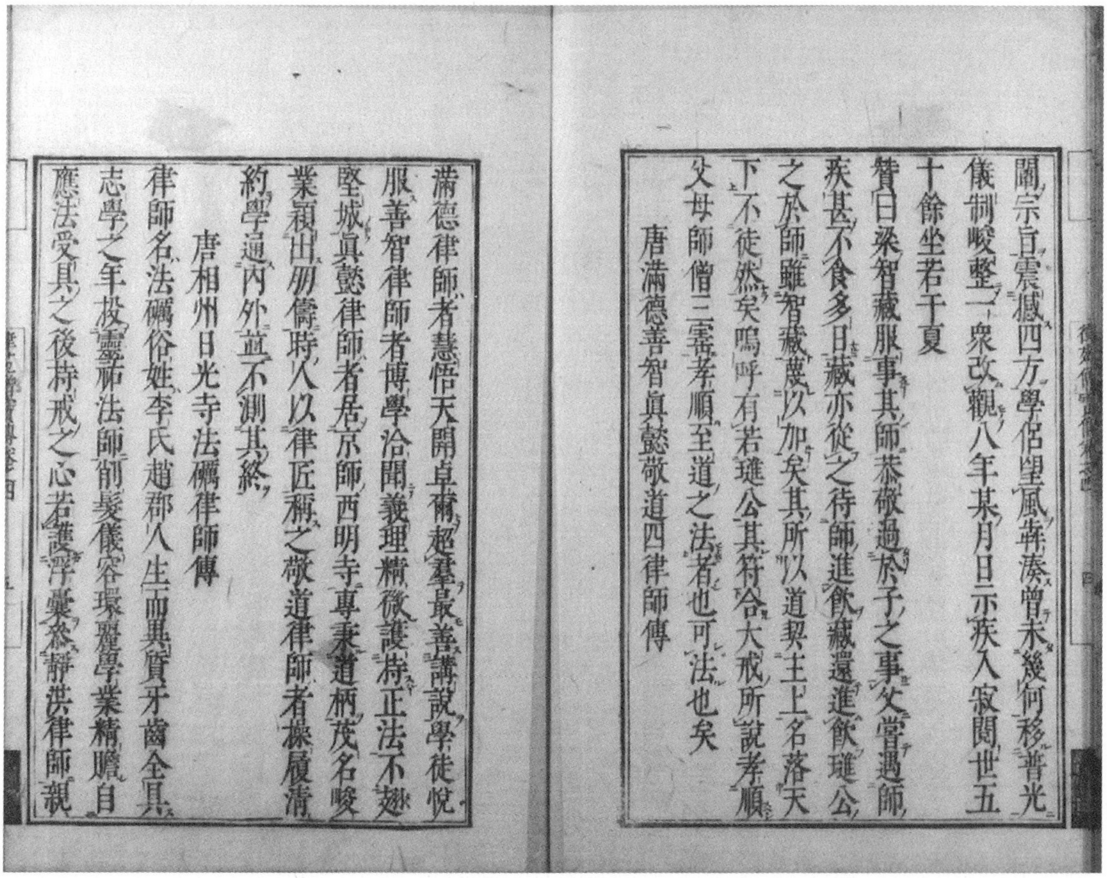

②27オ　②26ウ

闡シテ宗旨一ヲ、震二撼ス四方一ヲ。学侶望レ風ヲ犇湊ス。曾テ未タ二幾何一移ル二普光一ニ。
儀制峻整ニシテ一衆改レ観モノヲ。八年某ノ月日、示レ疾入寂。閲世五
十余、坐若干夏。
賛曰、梁ノ智蔵服二事スルコト其ノ師一ニ、恭敬過タリ二於子ノ之事ルニレ父ニ。嘗テ遇二師ノ
疾甚シテ不レ食多日一ナルニ、蔵亦従フレ之。待二師ノ進レ飲ヲ、蔵還テ進ムレ飲ヲ。璡公ノ
之於レ師ニ、雖二智蔵一ト蔑シ二以加一ルコト矣。其ノ所下以道契二主上一ニ名落中天
下上、不二徒然一ナラ矣。嗚呼有レ若二璡公一。其レ符下合セル大戒ノ所レ説孝二順スヘシ
父母師僧三宝一ニ孝順ハ、至道ノ之法也ト云ニ上者ノ也。可レシ法ル也矣。
唐満徳・善智・真懿・敬道四律師伝

└
②26ウ

満徳律師ハ者、慧悟天開、卓爾トシテ超レ群ヲ。最モ善ス二講説一ヲ。学徒悦
服ス。善智律師者、博学洽聞ニシテ義理精微也。護二持スルコト正法一、不二翅タ、
堅城一ノミナラ。真懿律師ハ者、居シテ二京師ノ西明寺一ニ、専秉ル二道柄一ヲ。茂名峻
業、穎二出ス朋儔一ニ。時ノ人以二律匠一称ス之。敬道律師ハ者、操履清
約ニシテ学通ス二内外一ニ。並ニ不レ測二其ノ終一ヲ。
唐相州日光寺法礪律師伝
律師名ハ法礪、俗姓ハ李氏。趙郡人。生而異質、牙歯全具ス。
志学之年投シテ二霊祐法師一ニ削髪。儀容環麗、学業精贍也。自二
応法受具之後一、持戒之心若レ護ルカ二浮嚢一ヲ。参二静洪律師一ニ。親

└
②27オ

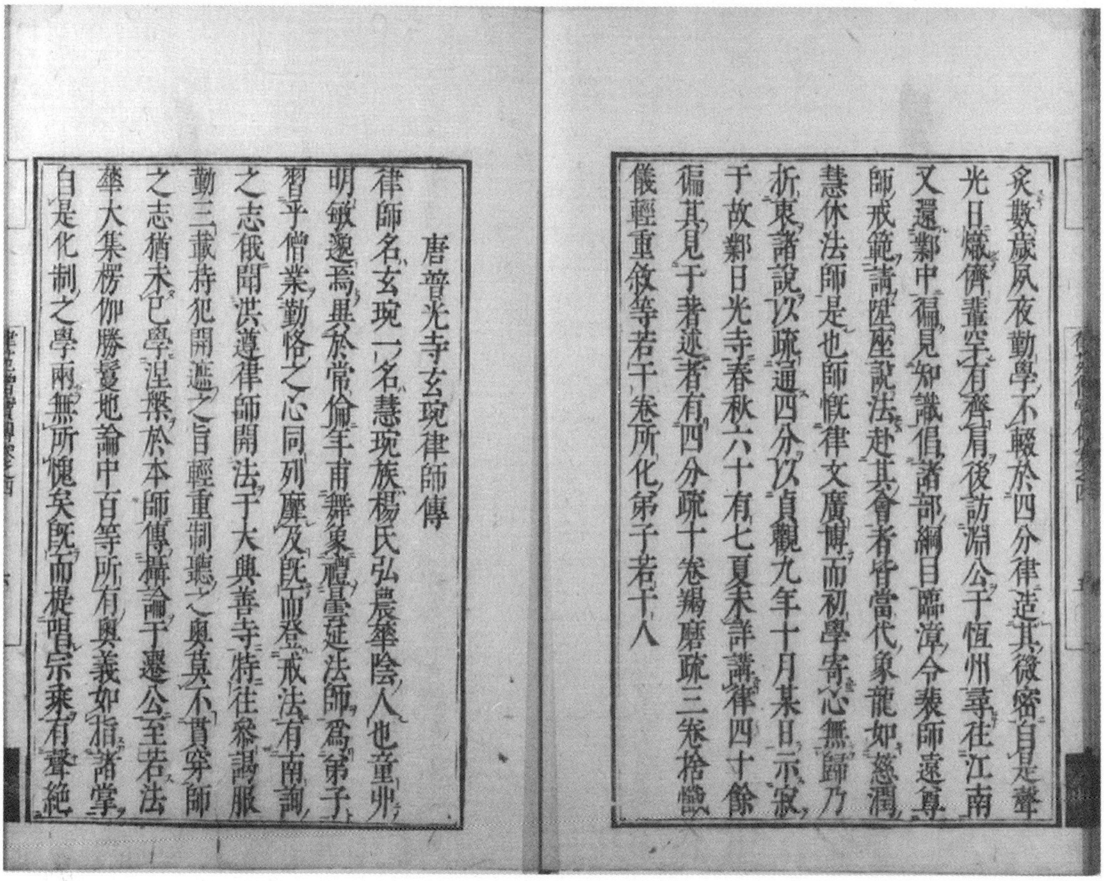

②28オ　②27ウ

炙スルコト数歳、夙夜勤学シテ不レ輟。於二四分律一造ル二其ノ微密一ニ。自レ是声
光日ニ熾ンニシテ、儕輩罕レ也有レ斉コトレ肩。後訪二淵公ヲ于恒州一、尋ヒテ往二江南一、
又還ル二鄴中一ニ。偏ク見二知識一、倡フ二諸部ノ綱目一。臨漳ノ令裴師、遠尊二
師ノ戒範一ヲ、請シテ陞座説法セシム。赴二其ノ会一者、皆当代ノ象龍、如キ二慈潤ノ
慧休法師一是也。師既二律文広博ニシテ而初学寄スルニレ心無ニシテレ帰。乃
折シテ二衷諸説一ヲ、以疏ヲ通ス二四分一ヲ。以二貞観九年十月某日一ヲ、示ス二寂ヲ
于故鄴日光寺一ニ。春秋六十有七、夏未レ詳。講スルコトレ律四十余
偏。其ノ見二于著述一者、有リ二四分疏十巻・羯磨疏三巻・捨懺
儀軽重叙等若干巻一。所化ノ弟子若干人。

②27ウ

唐普光寺玄琬律師伝

律師名ハ玄琬、一ノ名ハ慧琬。族ハ楊氏、弘農華陰ノ人也。童丱ニシテ
明敏、邈焉トシテ異二於常倫一ニ。年甫二舞象一ニ、礼シテ二曇延法師一ヲ為リ二弟子一ト、
習二乎僧業一ヲ。勤恪ノ之心、同列靡シレ及コト。既ニシテ而登ル二戒法一ニ。有二南詢ノ
之志一。俄ニ聞三洪遵律師開二法ヲ于大興善寺一ニ。特ニ往参謁、服
勤三載。持犯開遮ノ之旨、軽重制聴ノ之奥、莫レ不二コト貫穿一。師
之志、猶未タレ已。学ヒ二涅槃ヲ於本師一ニ、伝フ二摂論ヲ于遷公一ニ至若ス。法
華・大集・楞伽・勝鬘・地論・中百等所有ノ奥義、如レ指スカ二諸掌一ヲ。
自レ是化制ノ之学、両カラ無レ所レ愧矣。既ニシテ而提二唱シ宗乗一ヲ、有三声絶ナ二

②28オ

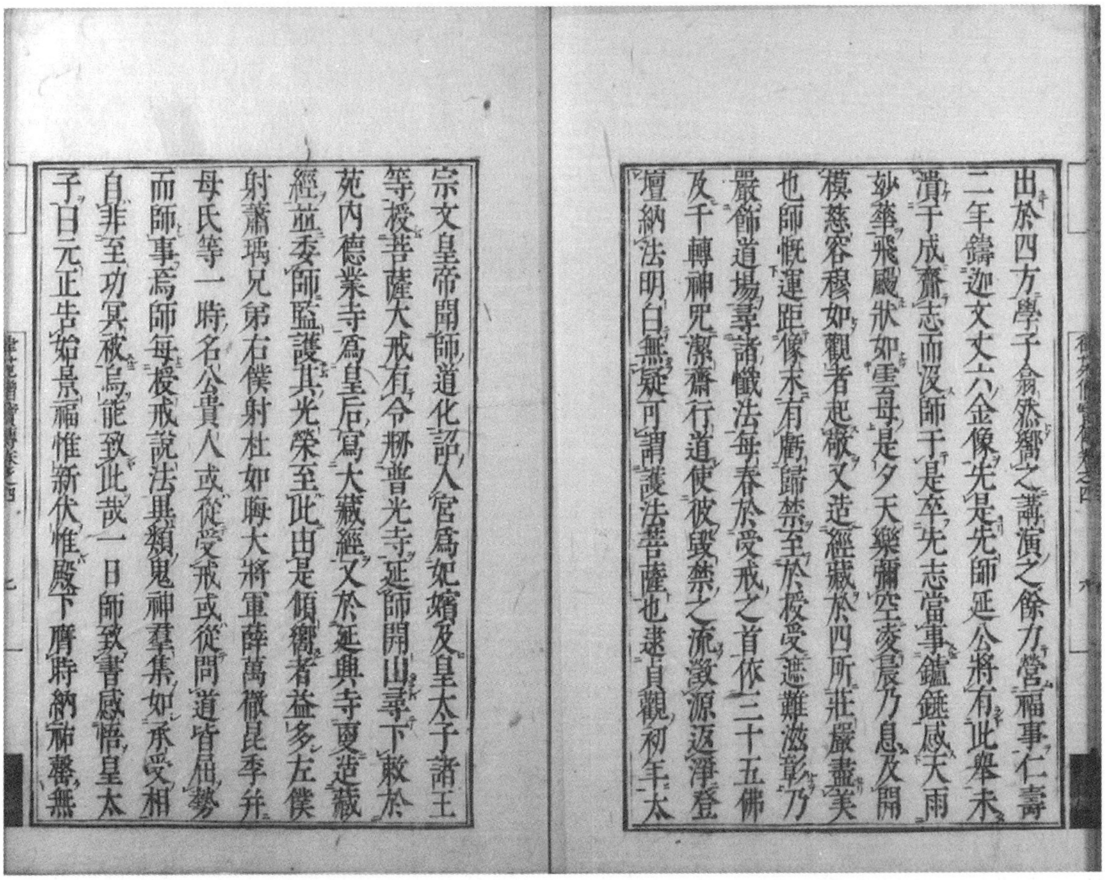

②28ウ　②29オ

出スルコト於四方一ニ。学子翕然トシテ嚮レ之ニ。講演ノ之余、力テ営ム二福事一ヲ。仁寿
二年鋳二迦文丈六ノ金像一ヲ。先レ是ヨリ先師延公将レ有ラント二此挙一。未タ
レ潰トケ二于成一ニ、齎テレ志而没ス。師于テレ是卒フ二先志一。当レ事スルニ二鑪錘一、感ス下天雨
妙華一ヲ飛颺スル状如ナルヲ中雲母上ノ。是夕天楽弥レ空ニ、凌テレ晨乃息ム。及レ開
レ模、慈容穆如トシテ観者起スレ敬ヲ。又造ル二経蔵ヲ於四所一ニ。荘厳尽セリレ美
也。師慨テ下運距二像末一ニ有コトレ虧二帰禁一ヲ、至テ二於授受一ニ遮難滋彰ルコトヲ上。乃
厳二飾道場一ヲ尋二諸懺法一。毎春於二受戒ノ之首一、依二三十五仏
及ヒ千転神呪一ニ、潔斎行道シ、使二彼ノ毀禁ノ之流ヲシテ激レ源返レ浄ニ、登
レ壇納レ法明白ニシテ無カラレ疑。可レ謂二護法菩薩一ト也。逮二貞観ノ初年一ニ、太

∟②28ウ

宗文皇帝聞二師ノ道化一。詔シテ入レ宮、為二妃嬪及ヒ皇太子諸王
等一ノ授シム二菩薩大戒一。有テレ令勅二晋光寺一ヲ、延レ師開山タラシム。尋テ下レ勅於二
苑内徳業寺一、為二皇后ノ写二大蔵経一ヲ。又於二延興寺一更ニ造二蔵
経一ヲ、並ニ委レ師ニ監護セシム。其ノ光栄至ルレ此。由レ是傾嚮スル者益多シ。左僕
射蕭瑀兄弟・右僕射杜如晦・大将軍薛万徹昆季并ニ
母氏等一時ノ名公貴人、或ハ従テ受レ戒、或ハ従テ問レ道。皆屈シテレ勢
而師トシ事フ焉。師毎トニ二授戒説法一、異類ノ鬼神群集シテ如シ二承受ノ相一。
自ハレ非二至功冥被一スルニ、烏ソ能致サンヤレ此ヲ哉。一日師致シテレ書感二悟シテ皇太
子一ヲ曰、元正告レ始、景福惟新。伏シテ惟レハ殿下膺レ時納レ祐、罄ク無

∟②29オ

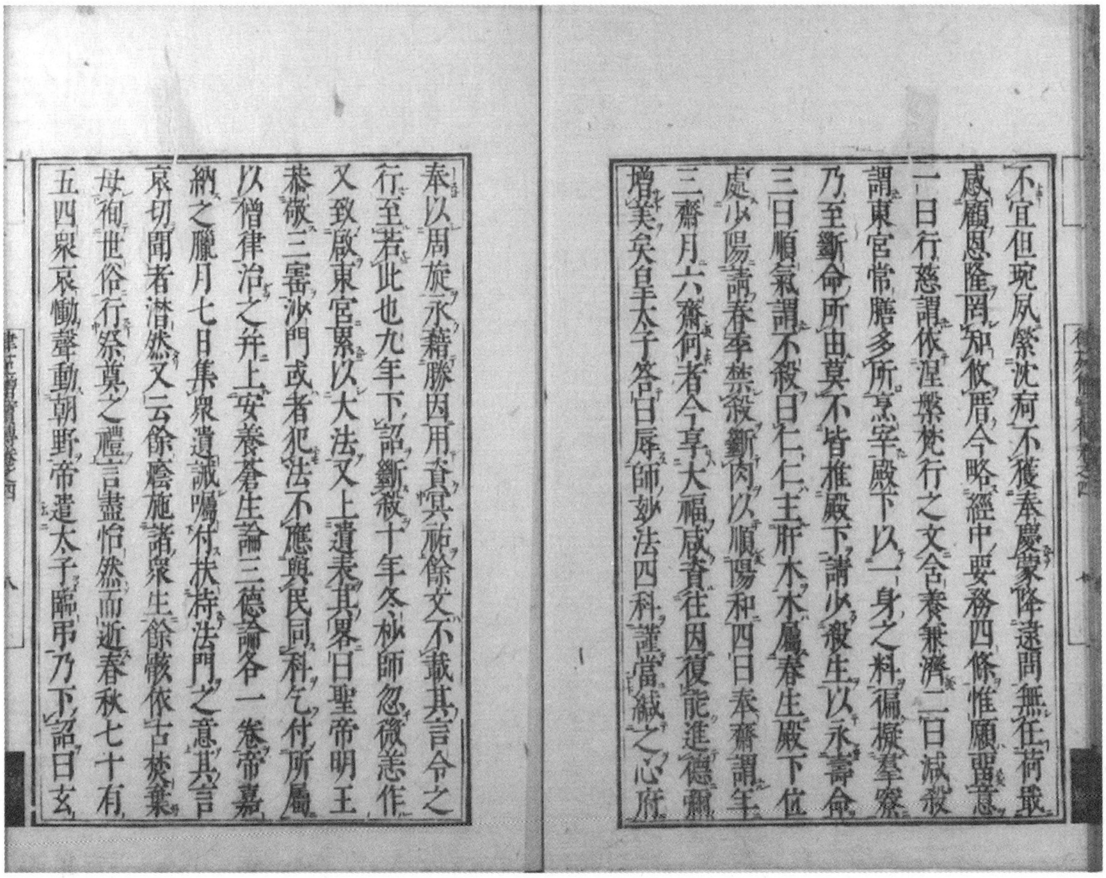

②30オ　②29ウ

不云コト宜。但琬夙ニ縈沈疴、不獲奉慶スルコトヲ。蒙降逮問、無シ任コト荷戢ニ。
感顧シテ恩隆ヲ、罔シ知コト攸ヲ厝ク。今略ス経中ノ要務四條ヲ。惟願ハ留メ玉ヘ意ヲ。
一曰行慈、謂ユル依テ涅槃梵行之文ニ含養兼済シ玉ヘ。二曰減殺、
謂ユル東宮常膳多所ロ烹宰スル。殿下以テ一身ノ之料ヲ、偏ク擬ス群寮ニ。
乃至断命ノ所由ル、莫不皆推殿下ヲ。請フ少シテ殺生ヲ、以テ永フセヨ寿命ヲ。
三曰順気、謂ユル不殺ヲ曰仁ト。仁ハ主ル肝木ヲ。木ハ属ス春生ニ。殿下位
処ス少陽ニ。請フ春季禁シ殺ヲ断テ肉ヲ、以テ順シ玉ヘ陽和ニ。四曰奉斎、謂ユル年ニ
三斎、月ニ六斎シ玉ヘ。何トナレハ者今享ルコトハ大福ヲ咸ク資ル往因ニ。復能ク進テ徳ニ弥々
増サント美ヲ矣。皇太子答テ曰、辱フス師ノ妙法四科ヲ。謹テ当ニ緘シト之ヲ心府ニ、

」②29ウ

奉スルニ以シ周旋ヲ、永ク藉テ勝因ニ、用テ資ク冥祐ヲ。余文ハ不載。其ノ言令之
行ル、至ル若ナルニ此也。九年下シテ詔ヲ断ス殺ヲ。十年冬杪、師忽チ微恙作ル。
又致シテ啓ヲ東宮ニ、累スルニ以シ大法ヲ、又上遺表ヲ。其ノ略ニ曰、聖帝明王
恭敬ス三宝ヲ。沙門或ハ者犯ストモ法、不応与民同ス科ヲ。乞フ付シテ所属ニ、
以僧律治ンコトヲ之。并ニ上ル安養蒼生論・三徳論各一巻ヲ。帝嘉
納ス之。臘月七日、集衆遺誡シ、嘱付ス扶持スルノ法門ヲ之意ヲ。其ノ言
哀切ニシテ、聞者潸然タリ。又云、余瘞施諸ノ衆生ニ、余骸依古焚棄セヨ。
毋徇テ世俗ニ行スルコト祭奠ノ之礼ヲ。言尽怡然トシテ而逝ス。春秋七十有
五。四衆哀慟シテ、声動ス朝野ヲ。帝遣シム太子ヲシテ臨弔。乃下シテ詔ヲ曰、玄

」②30オ

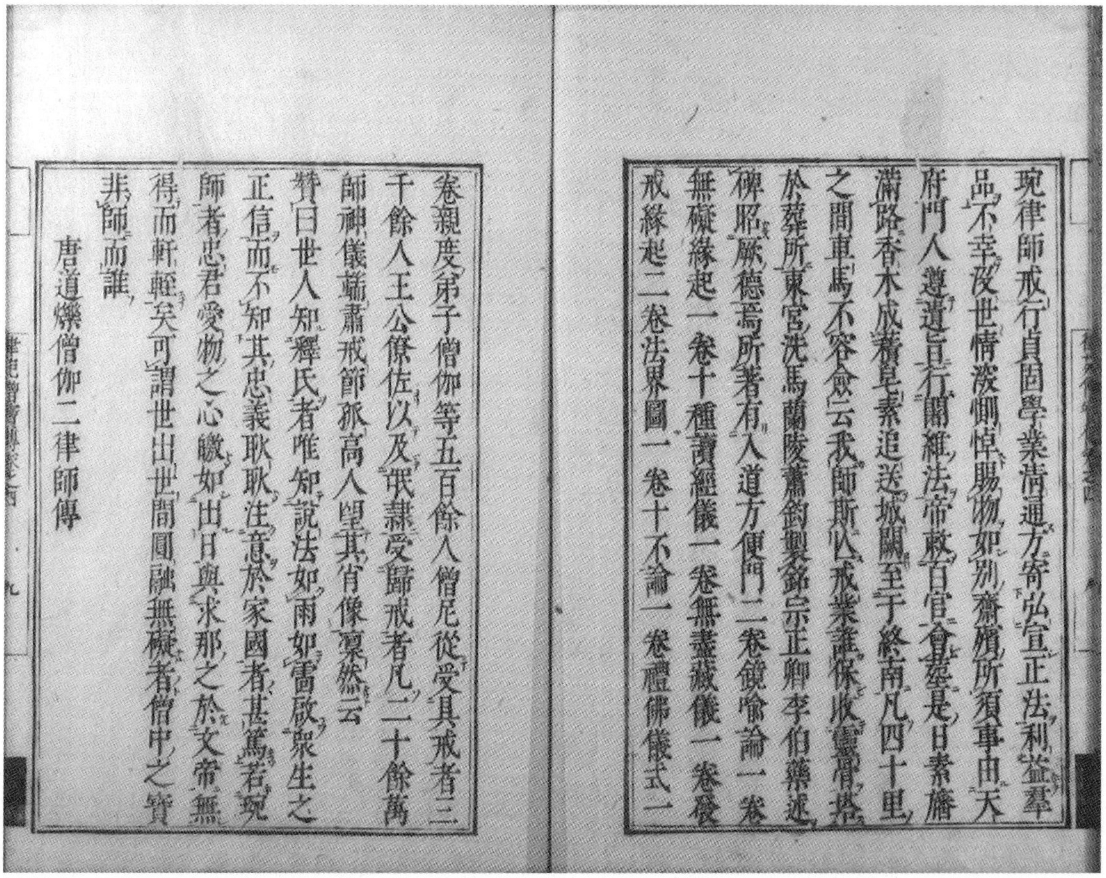

②30ウ　②31オ

琬律師戒行貞固、学業清通ス。方ニ寄下弘ニ宣シ正法一ヲ利中益スルコトヲ群
品上ヲ。不幸ニシテ没世、情深惻悼スト。賜レコト物ヲ如シレ別ノ。斎殯ノ所レ須、事由ニルレ天
府一ニ。門人遵テニ遺旨一ニ行ニス闍維ノ法一ヲ。帝勅シテニ百官一ニ会シムレ葬ニ。是ノ日素旛
満レ路ニ、香水成レ積。皁素追送シテ、城闕ヨリ至ニ于終南一ニ。凡ソ四十里ノ
之間、車馬不レ容。僉云、我カ師斯ニ亡ス。戒業誰カ保ント。収テニ霊骨ヲ一塔スニ
於葬所一ニ。東宮ノ洗馬蘭陵蕭鈞製レ銘。宗正卿李伯薬述シテ
レ碑、昭カニスニ厥ノ徳一ヲ焉。所レ著有リニ入道方便門二巻・鏡喩一巻・
無礙縁起一巻・十種読経儀一巻・無尽蔵儀一巻・発
戒縁起二巻・法界図一巻・十不論一巻・礼仏儀式一

└
②30ウ

巻一。親度ノ弟子僧伽等五百余人、僧尼従テ受ニ具戒一者三
千余人、王公僚佐ヨリ以テ及ニマテ氓隷ニ受ニ帰戒一者凡ソ二十余万。
師神儀端粛、戒節孤高。人望テニ其ノ肖像一凜然タリト云。
賛曰、世人知ルニ釈氏一ヲ者、唯知テ三説法如クレ雨如レニシテ雷啓ニコトヲ衆生之
正信一ヲ、而モ不レ知下其ノ忠義耿耿トシテ注クニ意ヲ於家國一者ノ、甚篤キコトヲ上。若キニ琬
師一者ノ忠君愛物ノ之心、皦トシテ如シニ出ル日一。与三求那ノ之於ケルニ文帝一ニ、無シニ
得テ而軒輊スルコト一矣。可レ謂、世出世間円融無礙ナル者ノト。僧中ノ之宝、
非シテレ師ニ而誰ソ。

唐道爍・僧伽二律師伝

└
②31オ

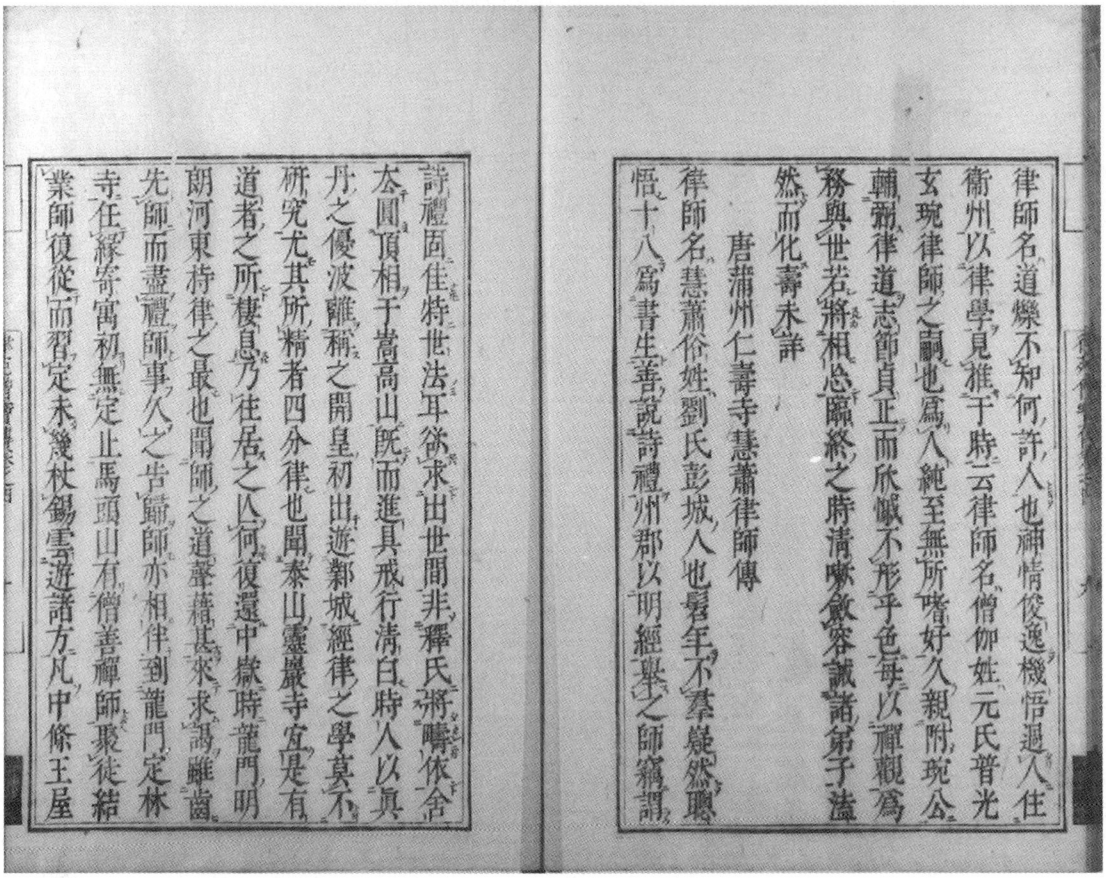

②32オ　②31ウ

律師名ハ道爍、不レ知ニ何ノ許ノ人一ト云コトヲ也。神情俊逸ニシテ、機悟過タリレ人ニ。住
衛州一ニ。以ニ律学一ヲ見レ推ニサ于時一ニ云。律師名ハ僧伽、姓ハ元氏。普光
玄琬律師ノ之嗣也也。為レリ人ト純至、無レ所ニ嗜好一。久ク親ニ附シテ琬公一ニ、
輔ニ弼ス律道一ヲ。志節貞正ニシテ、而欣慽不レ形ニ乎色一ニ。毎ニ以ニ禅観ヲ為
レ務。与レ世若シレ将ニスルカ相ヒ忘一ント。臨終ノ之時、清嗽斂レ容。誡ニ諸ノ弟子一、溘
然トシテ而化ス。寿未レ詳。

唐蒲州仁寿寺慧蕭律師伝

律師名ハ慧蕭、俗姓ハ劉氏。彭城ノ人也。髫年ニシテ不レ群、嶷然トシテ聡
悟也。十八ニシテ為ニ書生一ト、善ク説ニ詩礼一ヲ。州郡以ニ明経一挙レス之。師竊ニ謂ラク、

詩礼固ニ佳ナレトモ、特ニ世法ノミ耳。欲レセハ求ニント出世間一、非ニシテ釈氏一ニ将タレスニ疇ニカ依一ント。舎
去テ円ニス頂相ヲ于嵩高山一ニ。既ニシテ而進具、戒行清白也。時人以ニ真
丹ノ之優波離一ヲ称ス之。開皇ノ初、出テ、遊ニ鄴城一ニ、経律ノ之学莫レ不ニト云コト
研究一。尤モ其所レノ精者四分律也也。聞ニテ泰山ノ霊巌寺、宜ク是有
道者ノ之所ニ也ト棲息一スル。乃往居ス之。亡レシテ何クモ復還ニル中嶽一ニ。時ニ龍門ノ明
朗、河東持律ノ之最也也。聞ニ師ノ之道声藉甚一ナルヲ、来テ求レム謁ヲ。雖ニ歯ヒ
先レ師ニ、而尽レシテ礼ヲ師トシ事フ。久シテ之告レ帰ヲ。師モ亦相ヒ伴テ到ニ龍門ノ定林
寺一ニ、任レテ縁寄寓。初ヨリ無ニシ定止一。馬頭山有ニリ僧善禅師一ト云人。聚レ徒結
レ業。師復従テ而習レフ定。未レタ幾杖レ錫雲ニ遊諸方一ニ。凡ソ中條王屋

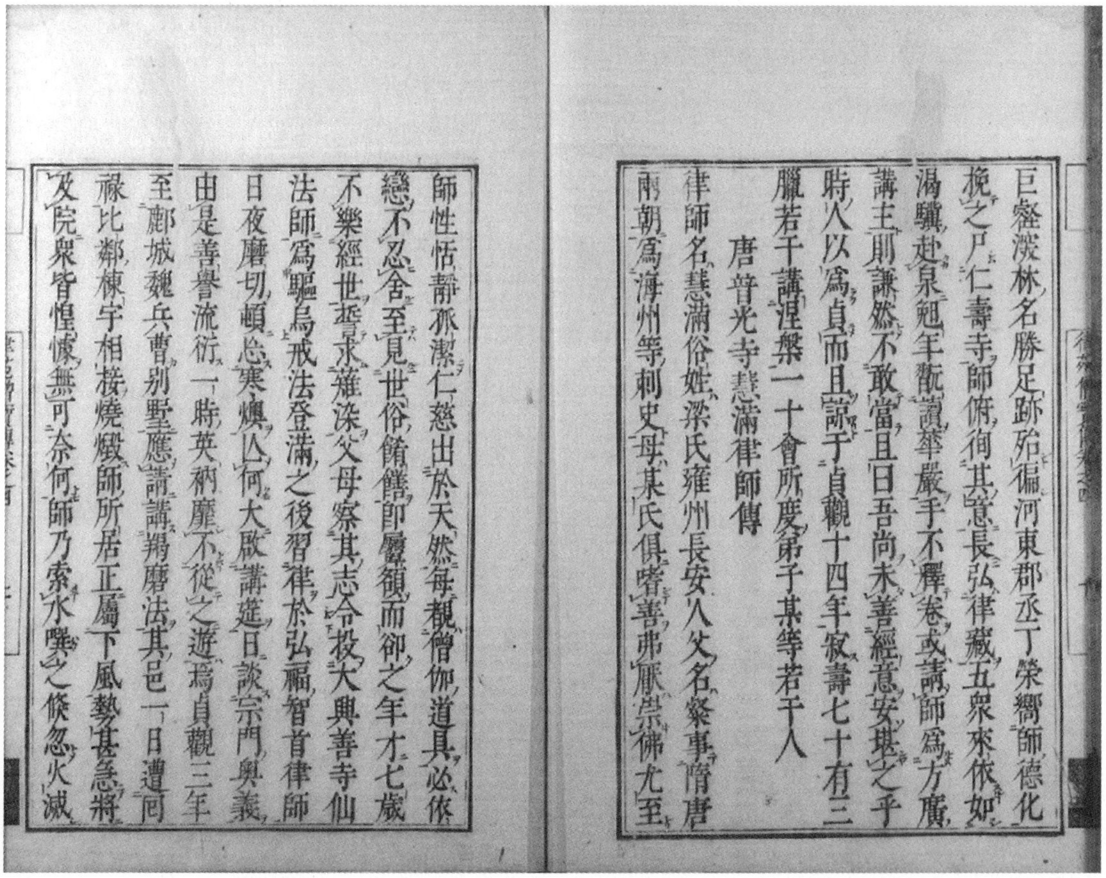

②32ウ　②33オ

巨盩深林ノ名勝、足跡殆ント偏シ。河東郡丞丁栄嚮二師ノ徳化一、挽テレ之戸シム二仁寿寺一ヲ。師俯シテ徇二其ノ意一ニ、長ヘニ弘ム二律蔵一ヲ。五衆来依スルコト如シ二渇驥ノ赴クカレ泉ニ。晩年翫シテ二読華厳一ヲ、手不レ釈テレ巻ヲ。或ハ請シテレ師為ル時ハ二方広講主一ト、則謙然トシテ不二敢テ当一ラ。且曰吾尚ヲ未タレ善二経意一ヲ、安ソ堪ンヤレ之乎。時ノ人以為ラク、貞ニシテ而且ツ諒アリト。于二貞観十四年一寂ス。寿七十有三、臘若干。講二涅槃一一十会。所度ノ弟子某等若干人。

唐普光寺慧満律師伝

律師名ハ慧満、俗姓ハ梁氏、雍州長安人。父ノ名ハ粲。事テ二隋唐両朝一ニ、為二海州等ノ刺史一ト。母ハ某氏。倶ニ嗜ンテレ善ヲ弗レ厭ハ。崇ルコトレ仏尤至レリ。

⌞②32ウ

師性恬静、孤潔ニシテ仁慈、出二於天然一ニ。毎ニ睹ハ二僧伽ノ道具一ヲ、必ス依恋シテ不レ忍ヒレ舎ルニ、至テハレ見ルニ二世俗ノ餚饍一ヲ、即顰額シテ而却ク之。年才ニ七歳、不レ楽二経世一ヲ、誓テ求ム二薙染一ヲ。父母察二其ノ志一、令シム下投シテ二大興善寺仙法師一ニ為中駆烏上。戒法登満ノ之後、習二律ヲ於弘福ノ智首律師一。日夜磨切シテ頓ニ忘ス二寒燠一ヲ。亡シテレ何クモ大ニ啓二講筵一ヲ、日ニ談ス二宗門ノ奥義一ヲ。由レ是善誉流衍ス。一時ノ英衲靡シレ不ト云コト二従テレ之ニ遊一ハ焉。貞観三年至二鄜城魏兵曹カ別墅一ニ、応シテレ請ニ講ス二羯磨法一ヲ。其ノ邑、一日遭二回禄一。比隣ノ棟宇、相接シテ焼燬ス。師ノ所居正ニ属二下風一。勢甚急ニシテ将ニレ及レ院ニ。衆皆惶懅シテ無レ可二奈何一トモ。師乃索メテレ水噀ハクレ之。倏忽トシテ火滅シ、

⌞②33オ

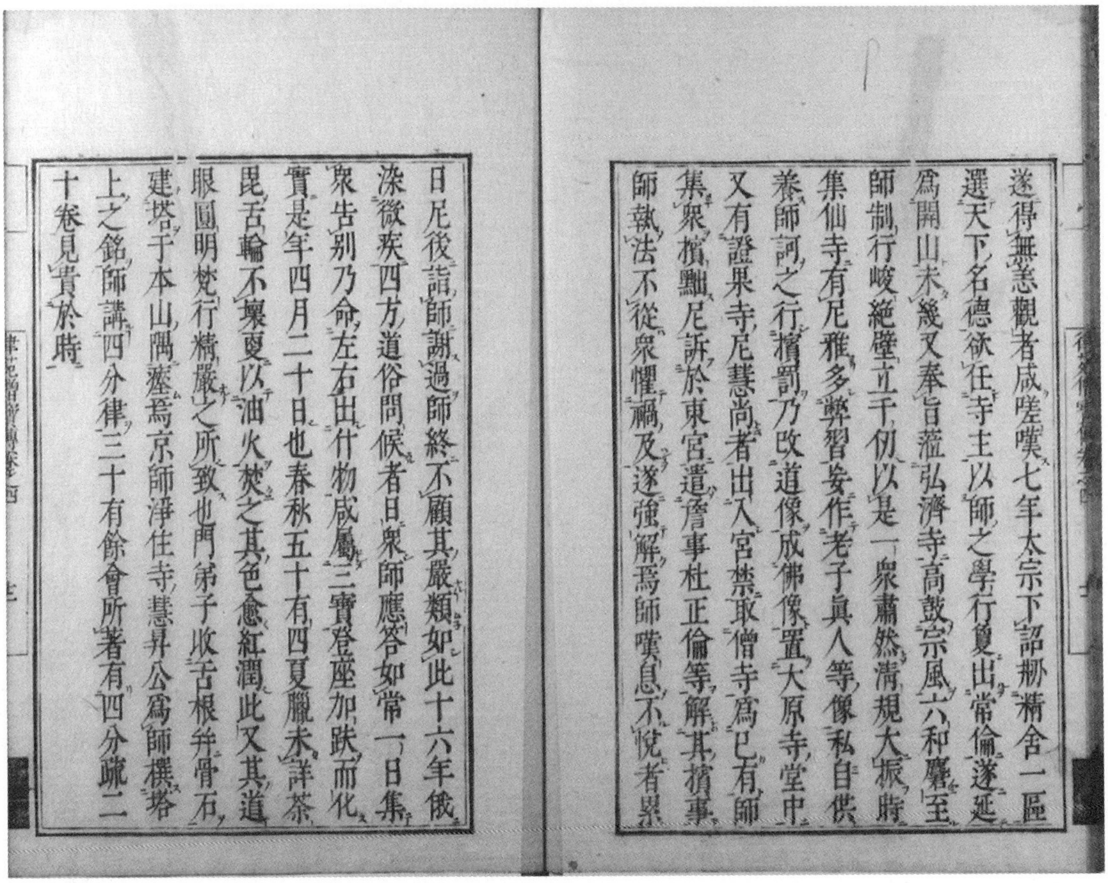
遂得無恙觀者咸嗟嘆七年太宗下詔刱精舍一區
選天下名德欲任寺主以師之學行夐出常倫遂延
爲開山未幾又奉旨涖弘濟寺高鼓宗風六和靡至
師制行峻絶壁立千仞以是一衆肅然淸規大振時
集仙寺有尼雅多弊習妄作老子眞人等像私自供
養師訶之行擯罰乃改道像成佛像置大原寺堂中
又有證果寺尼慧尚者出入宮禁取僧寺爲己有師
集衆擯黜尼訴於東宮遣詹事杜正倫等解其擯事
師執法不從衆懼禍及遂强解焉師嘆息不悦者累

日尼後詣師謝過師終不顧其嚴類如此十六年俄
淶微疾四方道俗問候者日衆師應荅如常一日集
衆告別乃命左右出什物咸屬三寶登座加趺而化
實是年四月二十日也春秋五十有四夏臘未詳荼
毘舌輪不壞更以油火焚之其色愈紅潤此又其道
眼圓明梵行精嚴之所致也門弟子收舌根并骨石
建塔于本山隅瘞焉京師淨住寺慧昇公爲師撰塔
上之銘師講四分律三十有餘會所著有四分疏二
十卷見貴於時

②34オ　②33ウ

遂ニ得レ無レ恙。観者咸ク嗟嘆ス。七年太宗下レ詔刱ニ精舎一区一、
選ニテ天下ノ名徳一欲レ任ニント寺主一。以三師ノ之学行夐ニ出ルヲ常倫一ニ、遂ニ延テ
為ニ開山一ト。未レタ幾又奉レ旨莅ニ弘済寺一ニ。高鼓シテ宗風ヲ、六和靡ノ如ニ至ル。
師制行峻絶、壁立千仞也。以レ是一衆粛然トシテ清規大ニ振フ。時ニ
集仙寺ニ有レ尼。雅ヨリ多ニ弊習一。妄ニ作ニテ老子・真人等ノ像一、私自供ミ
養ス。師訶シテ之行ニシ擯罰一ヲ、乃改ニ道像ヲ成ニ仏像一ト、置ニク大原寺ノ堂中一ニ。
又有ニ証果寺ノ尼慧尚ト云者一。出ニ入シ宮禁一ニ、取ニ僧寺一為ニ己カ有一ト。師
集メテレ衆ヲ擯黜ス。尼訴ニフ於東宮一ニ。遣ニハシテ詹事杜正倫等一、解ニシム其ノ擯事一ヲ。
師執シテレ法不レ従ハ。衆懼ニ禍ノ及一ハンコトヲ、遂ニ強テ解ク焉。師嘆息シテ不ルレ悦ヒ者累

日。尼後ニ詣シテレ師ニ謝スレ過ヲ。師終ニ不レ顧、其ノ厳ナルコト類ムネ如シレ此。十六年俄ニ
染ニ微疾一ニ。四方ノ道俗問候スル者日ニ衆シ。師応答如レ常。一日集テ
レ衆告レ別。乃命シテ左右一ニ出シニ什物一、咸属セシメ二三宝一、登座加趺シテ而化ス。
実ニ是年四月二十日也也。春秋五十有四、夏臘未タレ詳。荼
毘シテ舌輪不レ壊。更ニ以テ油火一ヲ焚クニ之、其ノ色愈ミ紅潤也。此又其ノ道
眼円明、梵行精厳ナルノ之所レ致ス也。門弟子収ニ舌根并ニ骨石一ヲ、
建テテ塔ヲ于本山ノ隅ニ瘞ム焉。京師浄住寺ノ慧昇公、為レ師撰スニ塔
上ノ之銘一ヲ。師講ルコトニ四分律一ヲ三十有余会。所レ著有リニ四分疏二
十巻一。見レ貴ニ於時一ニ。

└ ②34オ　└ ②33ウ

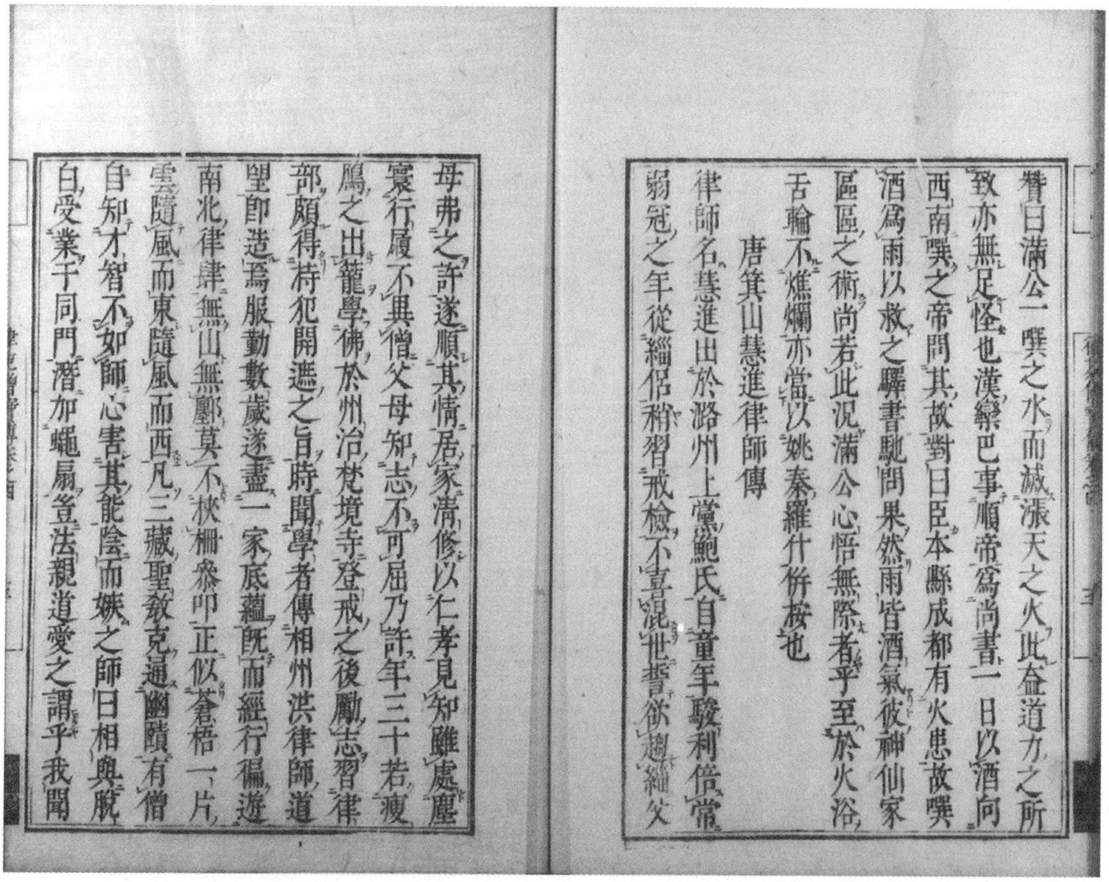

②34ウ　②35オ

賛曰、満公一嘆之水ニシテ而滅二ス漲天之火一ヲ。此レ盍道力ノ之所
レ致。亦無レシ足レルコト怪ムニ也。漢ノ欒巴事二テ順帝一ニ為二尚書一ト。一日以レ酒向二
西南一ニ嘆ク之。帝問二其ノ故一。対曰、臣カ本県成都有二火患一。故嘆
レ酒為レ雨、以救フト之。駅書馳問。果シテ然リ。雨皆酒気アリト。彼ノ神仙家
区区ノ之術スラ尚若レシ此。況ヤ満公、心悟無際ナル者ノヲヤ乎。至三ハ於火浴シテ
舌輪不二ルニ燋爛一、亦當下ニシ以二姚秦ノ羅什一併按上也。

唐箕山慧進律師伝

律師名ハ慧進、出二於潞州上党ノ鮑氏一ニ。自二童年一駿利倍レス常ニ。
弱冠ノ之年、従二緇侶一稍ヤ習二戒検一ヲ。不レ喜レ混スルコトヲ世ニ、誓テ欲レ趨ント緇ニ。父

」②34ウ

母弗二之ヲ許一。遂ニ順二シ其ノ情一ニ、居レシテ家ニ清修シ、以二仁孝一見レ知。雖レ処二ルト塵
寰一、行履不レ異レ僧ニ。父母知二テ志ノ不一レコトヲ可レ屈乃許ス。年三十、若二ク痩
雁ノ之出一レルカ籠ヲ、学二フ仏ヲ於州治ノ梵境寺一ニ。登戒ノ之後、励レシテ志ヲ習二律
部一ヲ。頗ル得二タリ持犯開遮ノ之旨一ヲ。時ニ聞三テ学者伝二相州洪律師ノ道
望一、即造ル焉。服勤数歳、遂ニ尽二ス一家ノ底蘊一ヲ。既ニシテ而経行、偏ク遊二
南北ノ律肆一ニ。無レク山ト無レ鄽ト、莫レ不二ト云コト挾レ柵参叩一。正ニ似二タリ蒼梧一片ノ
雲ノ随レテ風ニ而東シ随レ風而西一スルニ。凡ソ三蔵ノ聖教、克ク通二ス幽賾一ニ。有レ僧。
自ミ知二テ才智不一レコトヲ如レ師ニ、心害二シ其ノ能一陰ニ而嫉ム之。師曰、相与ニ脱
白シテ受二業ヲ于同門一ニ、潜ニ加二蠅扇一ヲ。豈ニ法親道愛之謂ヒナランヤ乎。我聞、

」②35オ

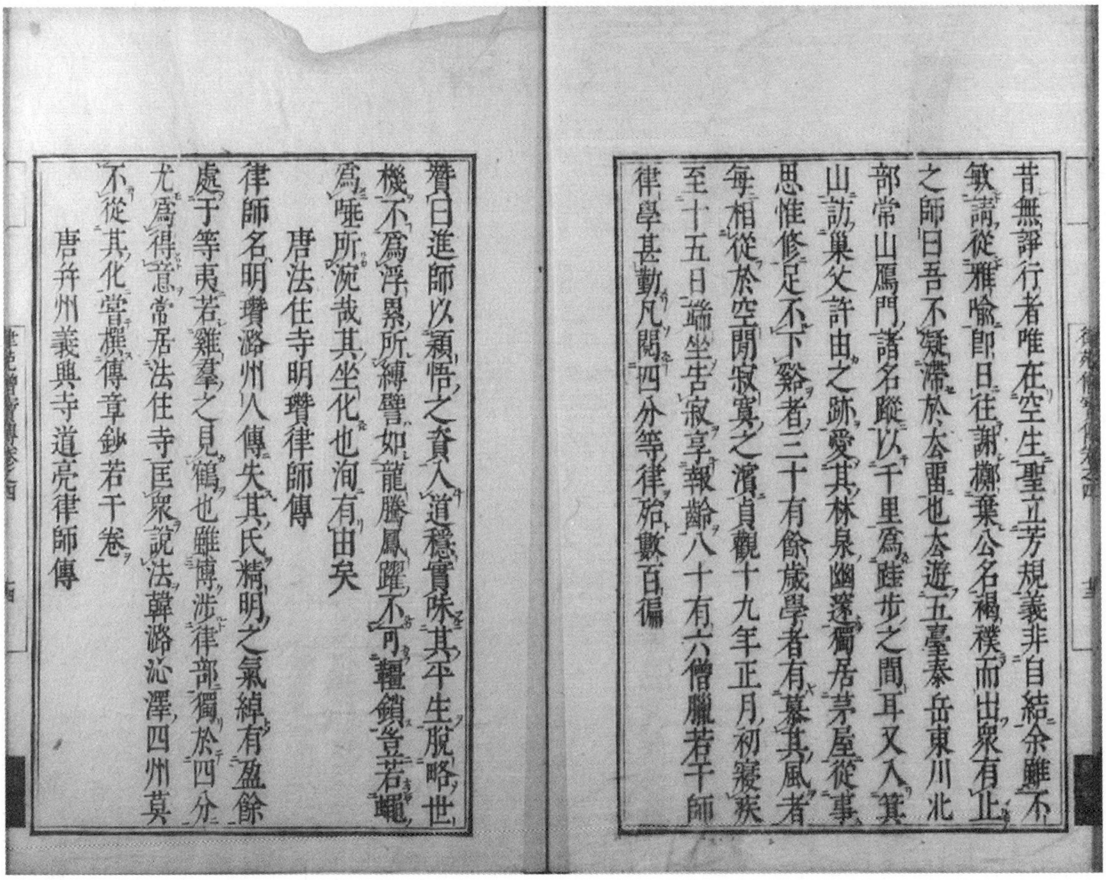

②36オ　　②35ウ

昔シ無諍行者、唯在リ二空生一ニ。聖立二芳規一、義非二自結一ニ。余雖二不敏也ト一、請フ従ント二雅喩一ニ。即日ニ往テ謝シ、擲二棄シ公名一、褐幞ニシテ而出ツ。衆有レ止ルモノ之。師曰、吾不レ凝二滞セ於去留一ニ也。去遊フ二五台・泰岳・東川・北部・常山・雁門ノ諸名蹤一ニ。以テ二千里一ヲ為スル二跬歩ノ之間一ト耳。又入リ二箕山一ニ、訪フ二巣父・許由カ之跡一ヲ。愛シテ二其ノ林泉ノ幽邃ナルヲ一独居ス二茅屋一ニ、従二事ス思惟修一ニ。足不ルレ下レ谿ヲ者ノ三十有余歳。学者有レハ慕レ其ノ風ヲ者一、毎ニ相従フ於空間寂寞ノ之浜一ニ。貞観十九年正月ノ初、寝レ疾。至二十五日一端坐シテ告レ寂ヲ。享ルコト二報齢ヲ一八十有六、僧臘若干。師律学甚勤メリ。凡ソ閲スルコト二四分等ノ律ヲ一、殆ト数百徧。

賛曰、進師以二穎悟ノ之資一入ルコトレ道穏実。味フルニ二其ノ平生一ヲ、脱二略シテ世機一ヲ不ニ為レ浮累ノ所一レ縛、譬ハ如シ二龍騰鳳躍ノ不ルカレ可カラ二韁鎖一ス。豈ニ若ナランヤ二蝿ノ為ニメレ唾所ルレ涴カ哉。其ノ坐化スル也、洵ニ有リレ由矣。

唐法住寺明瓚律師伝

律師名ハ明瓚、潞州人。伝ニ失スニ其ノ氏一ヲ。精明ノ之気、綽トシテ有二盈余一。処シテ二于等夷一ニ、若シ二鶏群ノ之見ルカ一レ鶴ヲ也。雖モ三博ク渉ルト二律部一ニ、独リ於テ二四分一ニ尤モ為レ得タリトレ意ヲ。常居二法住寺一、匡レ衆ヲ説レ法ヲ。韓潞沁沢ノ四州、莫レ不ルコト二云フ従二其ノ化一ニ。嘗テ撰ス二伝章鈔若干巻一ヲ。

唐并州義興寺道亮律師伝

└ ②36オ　　└ ②35ウ

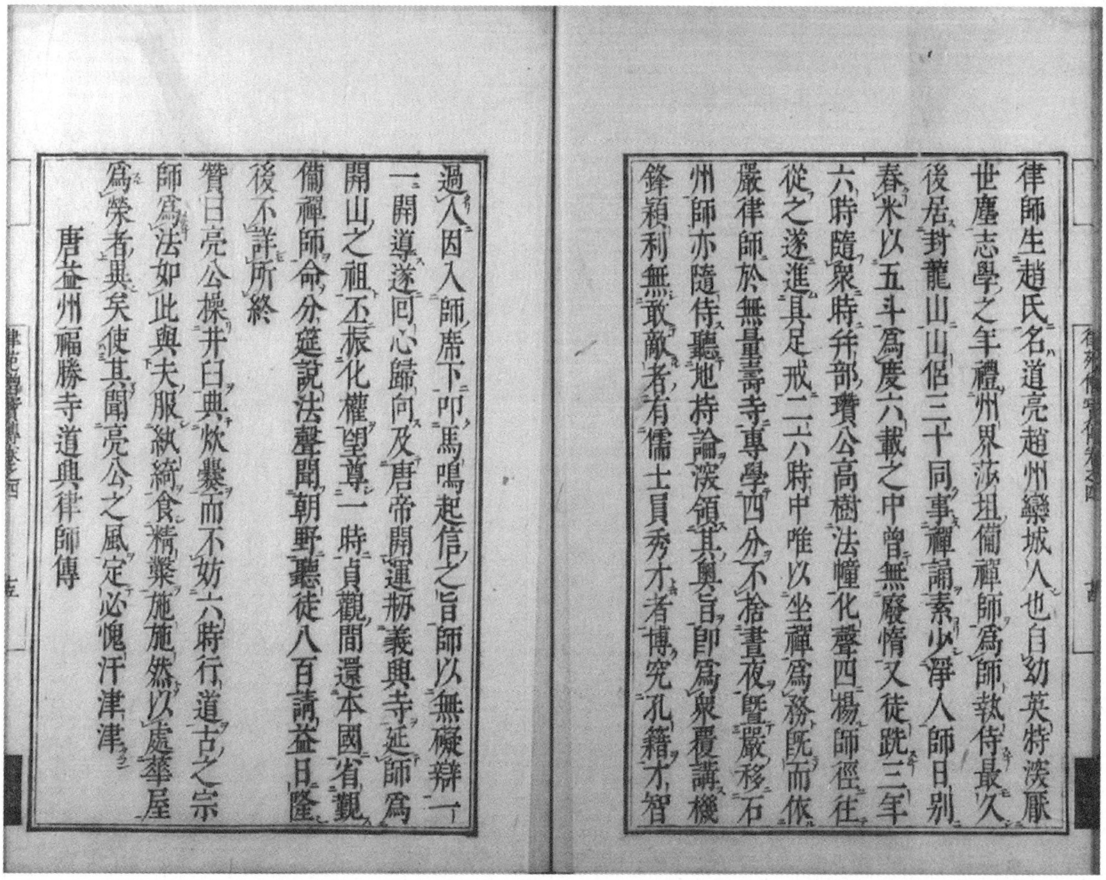

②37オ　②36ウ

律師生二趙氏一ニ。名ハ道亮、趙州欒城人也。自レ幼英特、深厭二世塵一ヲ。志学ノ之年、礼シテ二州界莎坦ノ備禅師一ヲ為レ師ト。執侍スルコト最モ久シ。後居ス二封龍山一ニ。山侶三十、同ク事トス二禅誦一ヲ。素ヨリ少シ二浄人一。師日別ニ春クコト米、以二五斗一為レ度。六載之中、曾テ無二廃惰一。又徒跣スルコト三年、六時随フレ衆ニ。時ニ并部ノ瓚公、高樹二法幢一、化声四ニ揚ル。師径ニ往テ従フ之。遂ニ進ム二具足戒一ニ。二六時中、唯以二坐禅一為レ務ト。既ニシテ而依ル二厳律師ニ於無量寿寺一ニ。専学テ二四分一ヲ、不レ捨二昼夜一ヲ。暨テ三厳ノ移二石州一、師亦随侍ス。聴テ二地持論一ヲ、深領ス二其ノ奥旨一ヲ。即為レ衆覆講ス。機鋒穎利、無シ二敢テ敵スル者一ノ。有二儒士員秀才ト云者一。博ク究二孔籍一ヲ、才智

②36ウ

過タリレ人ニ。因入二師ノ席下一ニ、叩ク二馬鳴起信ノ之旨一。師以二無礙弁一一一ニ開導ス。遂ニ回心帰向ス。及テ二唐帝開レ運剏二義興寺一ヲ、延テレ師為二開山ノ之祖一ト。丕ニ振二化権一ヲ、望尊シ二一時一ニ。貞観ノ間還二本國一ニ。省二観ス備禅師一ヲ。命シテ分筵説法、声聞フ二朝野一ニ。聴徒八百、請益日ニ隆也。後不レ詳ンセ所レ終。

賛曰、亮公操リ二井臼一ヲ、典テ二炊爨一ヲ而不レ妨二六時行道一ヲ。古ノ之宗師為レメニスルコト法如レ此。与下夫ノ服シ二紈綺一ヲ食シ二精鑿一ヲ、施施然トシテ以レ処二華屋一為レスル栄者上ノ異也矣。使三其ヲシテ聞二亮公ノ之風一ヲ、定テ必愧汗津津タラン。

唐益州福勝寺道興律師伝

②37オ

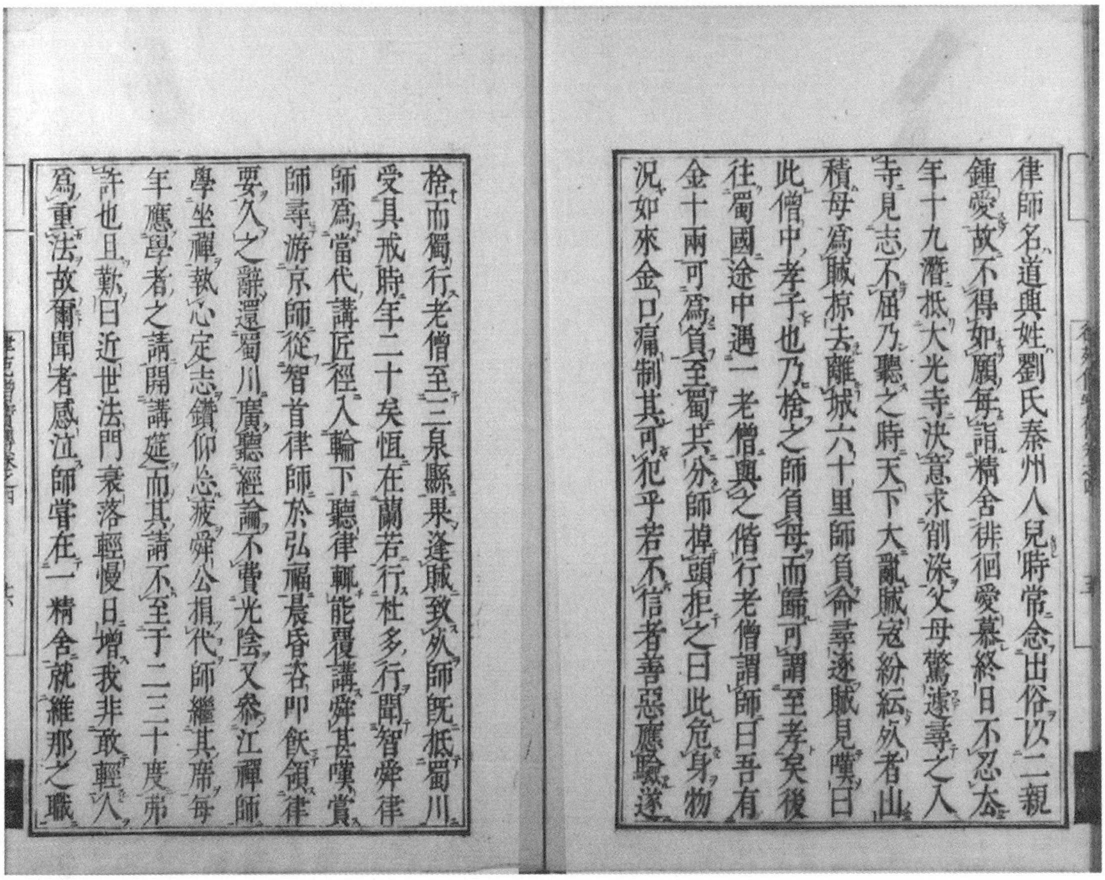

②38オ　②37ウ

律師名ハ道興、姓ハ劉氏、秦州人。児タリシ時常ニ念二フ出俗一ヲ。以二二親
鐘愛一スルヲ故ニ、不レ得レ如ナルコトヲ願ノ。毎レトニ詣二ル精舎一徘徊愛慕シ、終日不レ忍レ去ルニ。
年十九、潜ニ抵二リ大光寺一ニ、決レシテ意求二削染一ヲ。父母驚遽アハテ、尋テ之入
レ寺ニ。見二志ノ不レルヲ屈、乃シ聴ス之。時ニ天下大ニ乱レ、賊寇紛紜トシテ死者山ノ如ニ
積ム。母為レ賊掠去ラル。離レル、コト城六十里。師負レテ命尋逐フ。賊見テ嘆シテ曰、
此レ僧中ノ孝子也ト也。乃ヒ捨ッ之。師負レ母ヲ而帰ル。可レ謂二至孝一ト矣。後
往二ク蜀國一ニ。途中遇二一老僧一ニ、与レ之偕行。老僧謂レ師ニ曰、吾有二
金十両一。可二為メニ負一フ。至レテ蜀ニ共ニ分タン。師掉レテ頭拒レテ之曰、此レ危レスル身ヲ物。
況ヤ如来金口ノ痛制、其レ可レンヤ犯乎。若不レンハ信者、善悪応レ験アル。遂ニ

⌊
②37ウ

捨テ、而独行ス。老僧至二テ三泉県一ニ、果シテ逢レ賊ニ致レス死ヲ。師既ニ抵二テ蜀川一ニ
受二具戒一。時ニ年二十矣。恒ニ在二蘭若一ニ、行二ス杜多ノ行一ヲ。聞三テ智舜律
師為二リト当代ノ講匠一、径ニ入二輪下一ニ。聴律、輒チ能覆講ス。舜甚嘆賞ス。
師尋ヒテ游二京師一ニ、従二フ智首律師ニ於弘福一ニ。晨昏咨叩、飫マテ領二ス律
要一ヲ。久シテ之辞シテ還二蜀川一ニ。広ク聴二経論一ヲ不レ費二光陰一ヲ。又参二シテ江禅師一ニ
学二坐禅一ヲ。執レ心定レ志ヲ、鑽仰忘レル疲ヲ。舜公捐レッ代ヨヲ。師継二其ノ席一ヲ。毎
年応二シテ学者ノ之請一ニ開二講筵一ヲ。而シテ其ノ請不レハ至二于二三十度一ニ弗
レ許也。且ッ歎シテ曰、近世法門衰落軽慢日ニ増ス。我非二敢テ軽レスルニ人ヲ。
為レノ重レンカ法ヲ故爾ノミト。聞者感泣ス。師嘗在二テ一精舎一ニ、就二維那ノ之職一ニ。

⌊
②38オ

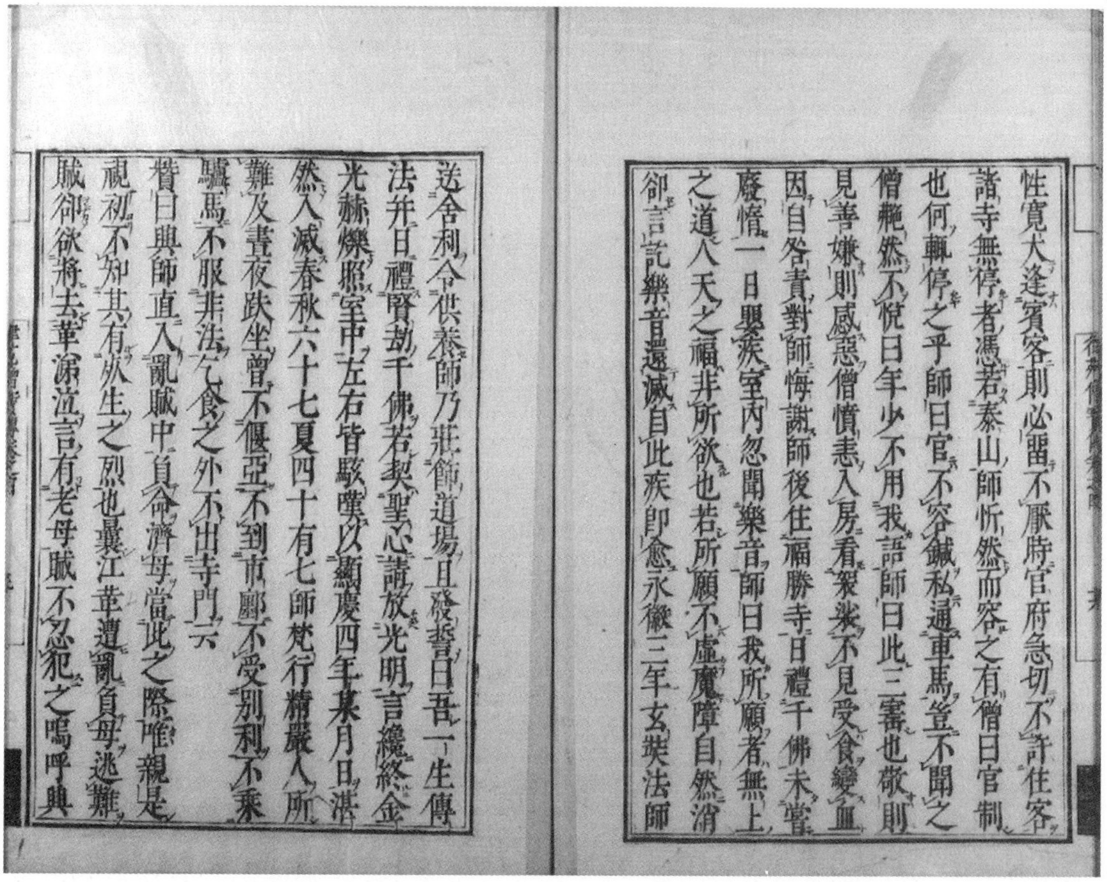

②39オ　②38ウ

性寛大ニシテ逢二時ハ賓客一ニ、則必留テ不レ厭。時ニ官府急切ニシテ不レ許二住客一ヲ。
諸寺無レ停ムルコト者ノ、憑ルコト若二クス泰山一ノ。師忻然トシテ而容ル之。有レリ僧曰、官制也
也。何ソ輒停ムルヤ之乎。師曰、官ニハ不レ容レ鍼ヲ、私ニハ通二ス車馬一ヲ。豈ニ不レ聞レ之。
僧艴然トシテ不レシテ悦曰、年少不レ用二我カ語一。師曰、此レ三宝也也。敬時ハ則
見レ善、嫌時ハ則感レス悪ヲ。僧憤恚シテ入レ房ニ、看二トモ袈裟一ヲ不レ見、受レハ食ヲ変レス血ト。
因テ自咎責シテ対レ師ニ悔謝ス。師後住二福勝寺一ニ。日礼二千仏一、未二タ嘗テ
廃惰一セ。一日嬰レ疾ニ。室内忽聞二楽音一ヲ。師曰、我カ所レノ願フ者ハ無上ノ
之道也。人天ノ之福ハ非レ所レ欲スル也。若シ所レ願不レンハ虚カラ、魔障自然ニ消
却セン。言訖、楽音還テ滅ス。自レ此疾即愈ユ。永徽三年玄奘法師

送二舎利一ヲ令二供養一セ。師乃荘二飾シテ道場一ヲ、且発誓シテ曰、吾レ一生伝
法、并ニ日ニ礼二ス賢劫ノ千仏一ヲ。若シ契ハ二聖心一ニ、請フ放二チ玉ヘ光明一ヲ。言纔ニ終ルニ、金
光赫爍トシテ照二ス室中一ヲ。左右皆駭嘆ス。以二顕慶四年某月日一ヲ、湛
然トシテ入滅ス。春秋六十七、夏四十有七。師梵行精厳、人ノ所也
レ難レ及。昼夜趺坐シテ曾テ不二偃亜一セ、不レ到二市鄽一ニ、不レ受二別利一ヲ、不レ乗二
驢馬一ニ、不レ服二非法一ヲ。乞食ノ之外不レト出二寺門一ヲ云。
賛曰、興師直ニ入二リ乱賊中一ニ、負テレ命ヲ済レ母ヲ。当二テ此ノ之際一ニ唯タ、親是レ
視テ、初ヨリ不レ知三其ノ有二ルコトヲ死生ノ之烈一也。曩シ江革遭レヒ乱ニ、負テレ母ヲ逃レ難ヲ。
賊却ヲヒナカシテ欲二将ヒ去一ント。革涕泣シテ言ク、有二リト老母一。賊不レ忍レ犯スニ之。嗚呼興

└ ②38ウ

└ ②39オ

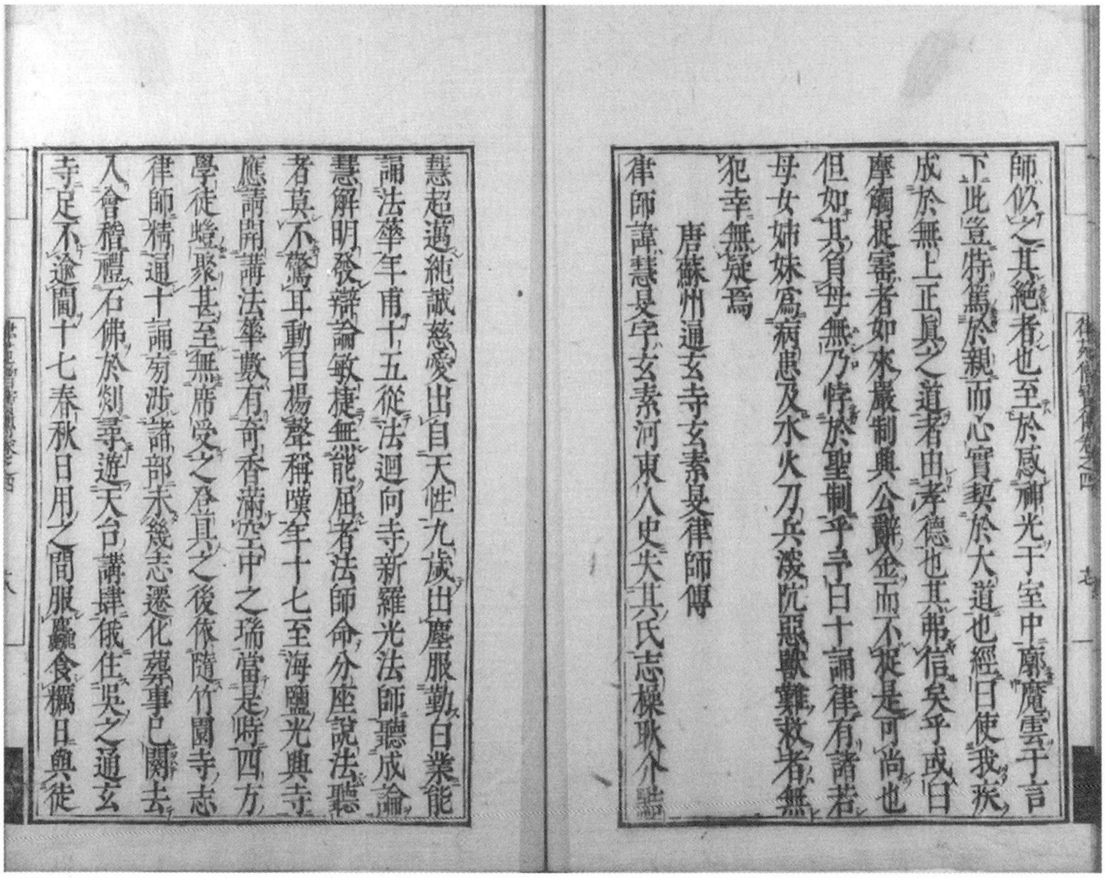

②40オ　②39ウ

師ハ似レテ之ニ、其レ絶スクレタル者ノ也也。至下テハ於感二シ神光ヲ于室中一ニ廓中ニスルニ魔雲ヲ于言
下上ニ、此豈ニ特リ篤二ノミナランヤ於親一ニ。而心実ニ契二於大道一ニ也。経ニ曰、使三我ヲシテ疾ク
成二於無上正真ノ之道一ヲ者、由二レリト孝徳一ニ也。其レ弗レンヤ信セ矣乎。或人曰、
摩触捉宝ハ者如来ノ厳制。興公辞レシテ金ヲ而不レル捉。是レ可レ尚ンツ也。
但如二キ其ノ負レ母、無乃ムシロ悖二ランカ於聖制一ニ乎。予曰、十誦律ニ有リ諸。若シ
母女姉妹為二病患及ヒ水火・刀兵・深坑・悪獣難一ノ救フ者ノハ無シト
レ犯。幸ニ無レ疑焉。

唐蘇州通玄寺玄素旻律師伝

律師諱ハ慧旻、字ハ玄素、河東人。史ニ失二其ノ氏一。志操耿介、黠

」②39ウ

慧超邁也。純誠慈愛。出レ自二天性一。九歳ニシテ出レ塵、服二勤ス白業一ニ。能
誦二法華一。年甫テ十五、従二テ法迴向寺ノ新羅光法師一ニ聴二成論一ヲ。
慧解明発シ、弁論敏捷ニシテ無二シ能ク屈スル者一。法師命シテ分座説法セシム。聴
者莫レシ不二ト云コト驚レ耳動レ目揚レ声称嘆一。年十七至二海塩ノ光興寺一ニ。
応レ請開二講法華一、数ミ有二リ奇香満レルノ空中之瑞一。当二テ是ノ時一ニ四方ノ
学徒蟻ノ如ニ聚リ、甚シテ至レル無二キニ席受一ルコト之。登具シテ之後、依二随ス竹園寺ノ志
律師一ニ。精二通シ十誦一ニ、旁渉二ル諸部一ニ。未レタ幾志遷化。葬事已ニ闋ヲハテ、去テ
入二リ会稽一ニ、礼二ス石仏ヲ於剡一ニ。尋ヒテ遊二フ天台ノ講肆一ニ。俄ニ住二ス呉ノ之通玄
寺一ニ。足不レルコト逾レ閫ヲ十七春秋。日用ノ之間服レシ麤食レシ糲、日ニ与二徒

」②40オ

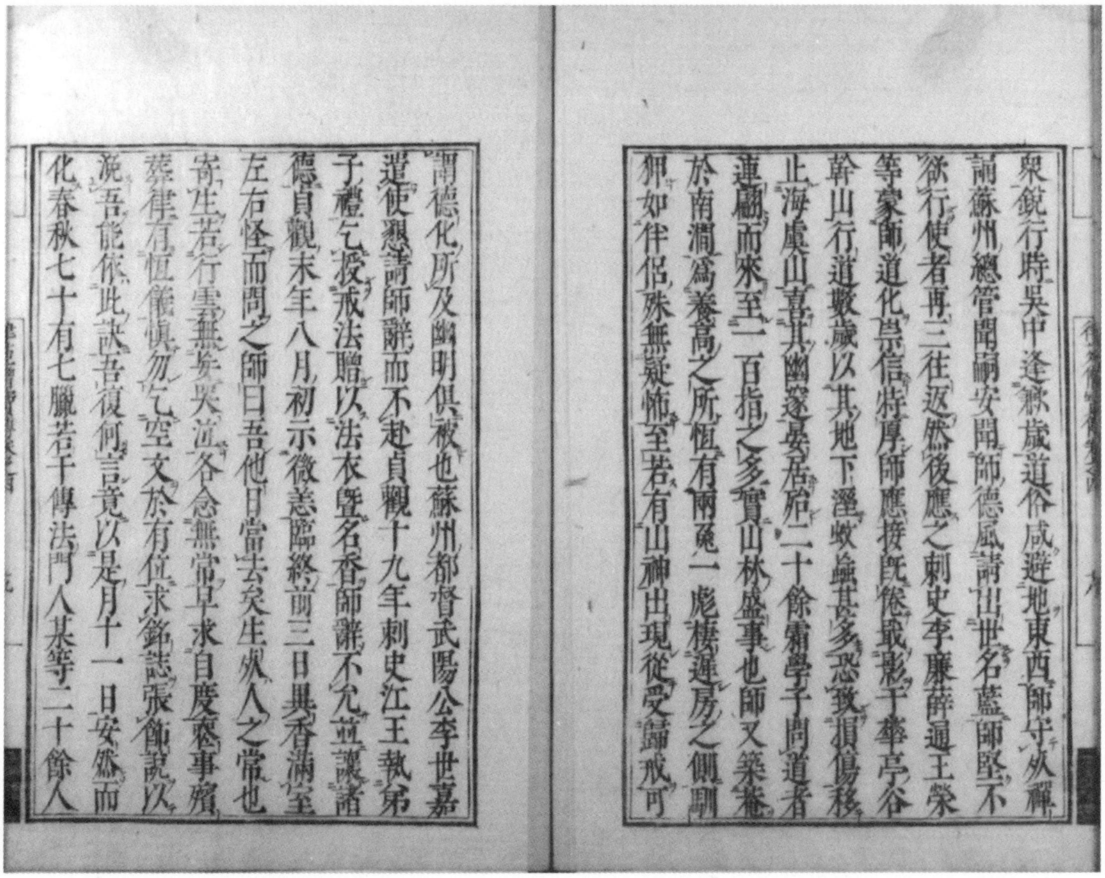

②41オ　②40ウ

衆一鋭行。時ニ呉中逢ニ歉歳一。道俗咸ク避ニ地ヲ東西ニ一。師守テレ死禅
誦。蘇州ノ総管聞嗣安聞テニ師ノ徳風一、請レ出ニ世センコトヲ名藍ニ一、師堅ク不
レ欲レ行ンコトヲ。使者再三往返シテ、然後応ス之。刺史李廉薛・通王栄
等、蒙ニ師ノ道化ヲ一崇信スルコト特ニ厚シ。師応接既ニ倦テ、戢シテニ影ヲ于華亭ノ谷
幹山ニ一行通数歳、以ニ其ノ地下湿ニシテ蚊虻甚多キヲ一恐レ致ンコトヲニ損傷一。移テ
止ニル海虞山ニ一。喜テニ其ノ幽邃一、晏居スルコト殆ント二十余霜。学子問レ道者
連翩トシテ而来リ、至ニル一百指ノ之多ニ一。実ニ山林ノ盛事也。師又築ニ菴ヲ
於南澗ニ一、為ニ養高ノ之所ト一。恒ニ有ニ両兎一彪一。棲ニ遅シ房ノ之側ニ一、馴
狎ルコト如ニ伴侶ノ一。殊無ニ疑怖スルコト一至若ス。有ニ山神一。出現シ従テ受ニ帰戒ヲ一。可

└
②40ウ

レ謂徳化ノ所レ及、幽明倶ニ被ルト也。蘇州ノ都督武陽公李世嘉
遣ハシテレ使懇請。師辞シテ而不レ赴。貞観十九年、刺史江王執ニ弟
子ノ礼一乞レヒ授ンコトヲニ戒法一、贈ルニ以ニ法衣暨ヒ名香ヲ一。師辞シテ不レ允サ、並ニ譲ルニ諸
徳ニ一。貞観ノ末年八月ノ初、示ニ微恙一。臨終ノ前三日、異香満レ室。
左右怪テ問フ之。師曰、吾レ他日当レ去矣。生死ハ人ノ之常也也。
寄コトレ生ヲ若ニシ行雲ノ一。無シニ妄ニ哭泣スルコト一。各念ニ無常ヲ一、早求ニ自度一。喪事殯
葬律ニ有リニ恒儀一。慎テ勿レヒレ乞ニ空文ヲ於有位ニ一、求レ銘誌ヲ張レ飾説ヲ、以テ
浼スコトレ吾ヲ。能依ハニ此ノ訣ニ一、吾復何ヲカ言ン。竟ニ以ニ是ノ月十一日一安然トシテ而
化ス。春秋七十有七、臘若干。伝法ノ門人某等二十余人。

└
②41オ

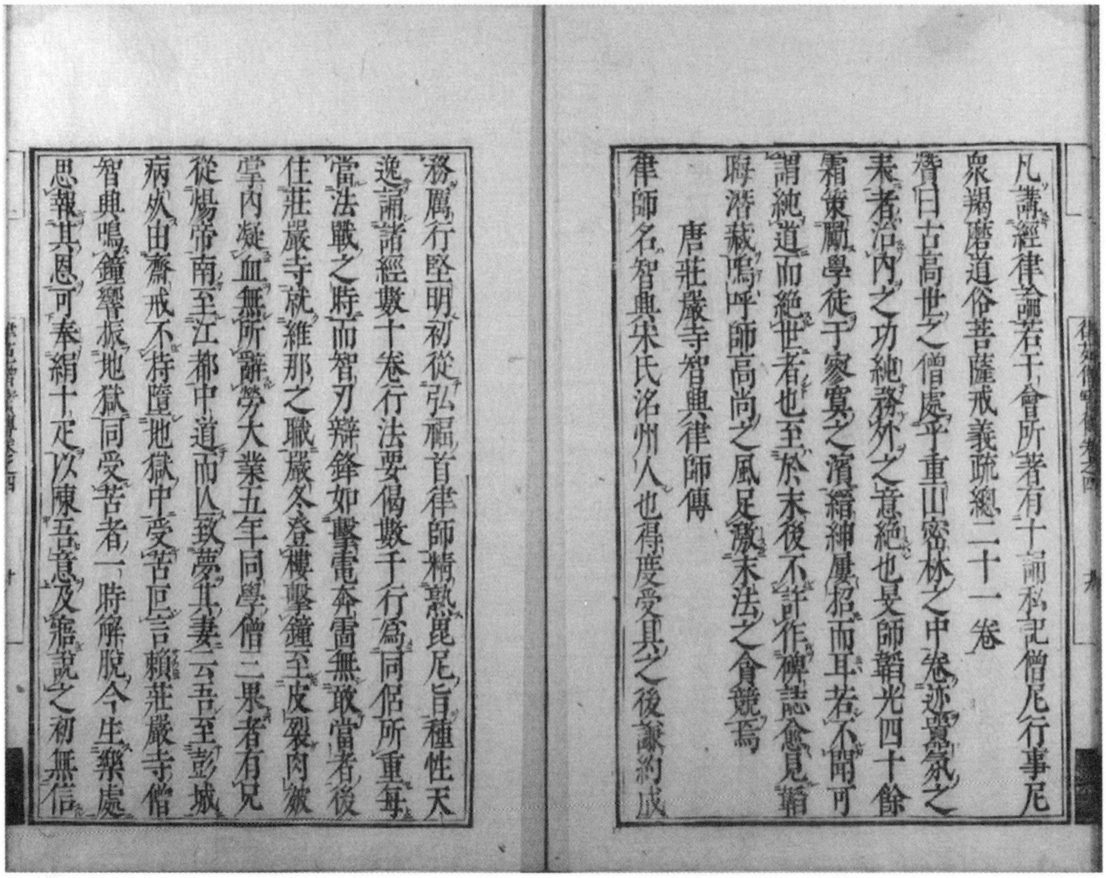

②42オ　②41ウ

凡ソ講スルコト二経律論一若干会、所レ著有二十誦私記・僧尼行事・尼
衆羯磨・道俗菩薩戒義疏、総二十一巻一。
賛曰、古高世ノ之僧処シテ二乎重山密林ノ之中一、巻ク二迹ヲ囂氛ノ之
表一ニ者ノハ、治スルノレ内ヲ之功純ニシテ、務ルノレ外ヲ之意絶スレハ也。旻師韜光四十余
霜、策二励ス学徒ヲ于寥寞ノ之浜一ニ。縉紳屢ミ招トモ、而耳若シレ不ルカレ聞。可
レ謂純シテレ道ニ而絶スルレ世ニ者ノ也ト也。至ハ二於末後不ルニ一レ許作ルコトヲ二碑誌一、愈ミ見ル二韜
晦潜蔵一ヲ。嗚呼（ア、）師高尚ノ之風、足レ激スルニ二末法ノ之貪競一ヲ焉。

唐荘厳寺智興律師伝

律師名ハ智興、宋氏洺州人也。得度受具ノ之後、謙約成

レ務ヲ、厲行堅明也。初従テ二弘福ノ首律師一精二熟ス毘尼ノ旨一ヲ。種性天
逸ニシテ誦シ二諸経数十巻、行法要偈数千行一、為メニ二同侶一所レ重セ。毎トニ
レ当ル二法戦ノ之時一ニ、而智刃弁鋒如二撃電奔雷一、無シ二敢テ当者一ノ。後
住二荘厳寺一、就ク二維那ノ之職一ニ。厳冬登レ楼撃レ鐘。至レトモ二皮裂ケ肉皴
掌内凝スニレ血ヲ、無シレ所レ辞スルレ労。大業五年、同学ノ僧三果ト云者有レ兄。
従二煬帝一南ノ方至ル二江都一。中道ニシテ而亡ス。致シテ二夢ヲ其妻一ニ云、吾レ至テ二彭城一ニ
病死ス。由二斎戒不ルニ一レ持堕シ二地獄ノ中一ニ、受ルコトレ苦曰シレ言。頼（サイワヒニ）荘厳寺ノ僧
智興鳴スレ鐘。響振フ二地獄一ニ。同受ルレ苦者ノ一時解脱シテ、今生ス二楽処一ニ。
思レ報ンコトヲ二其ノ恩一ヲ。可下奉シテ二絹十疋一ヲ以陳中吾カ意上ヲ。及レ寤ルニ説レ之。初無二信スル

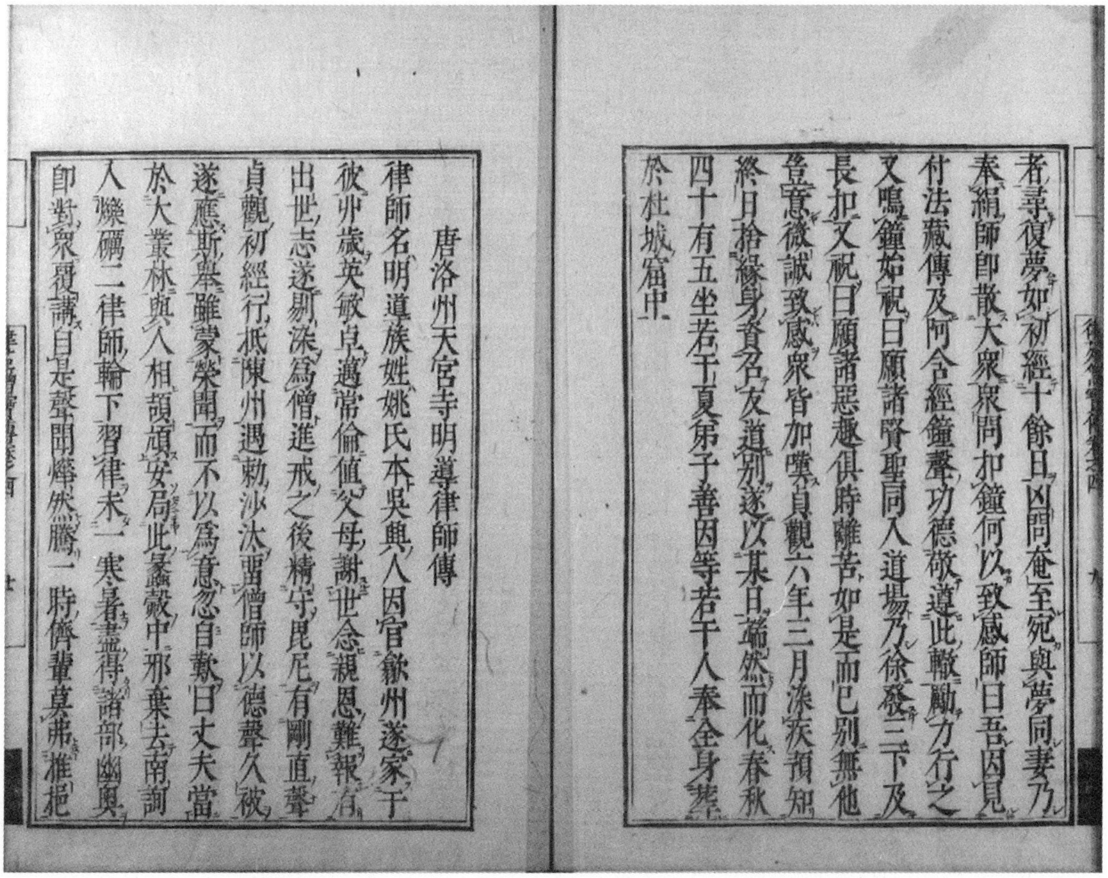

②43オ　②42ウ

者ノ一。尋ヒテ復夢ムルコト如シレ初。経テ二十余日ヲ一凶問奄至ル。宛カ与レ夢同シ。妻乃シ
奉スレ絹ヲ。師即散ス二大衆ニ一。衆問、扣レ鐘何以テカ致レ感。師曰、吾レ因レ見ルニ
付法蔵伝及ヒ阿含経鐘声ノ功徳一、敬テ遵ヒ二此ノ轍ニ一、励テレ力行レ之。
又鳴ニレ鐘始祝シテ曰、願諸賢聖同入道場ト。乃シ徐ニ発スルコト二三下、及テ
長扣ニ一、又祝シテ曰、願諸悪趣倶時離苦ト。如レ是而已。別ニ無レ他。
豈ニ意ンヤ微誠致ントハレ感ヲ。衆皆加嘆ス。貞観六年三月染レ疾。預知リ二
終日一、捨ニ縁身ノ資一。召テレ友道ヒレ別ヲ、遂ニ以ニ某日ヲ一端然トシテ而化ス。春秋
四十有五、坐若干夏。弟子善因等若干人。奉ニ全身一葬ニル
於杜城ノ窟中ニ一。

唐洛州天宮寺明導律師伝

律師名ハ明導、族姓ハ姚氏。本ト呉興ノ人。因レ官ニ歙州一、遂ニ家ス二于
彼ニ一。丱歳ニシテ英敏、卓トシテ邁ニ常倫一ニ。値テ二父母ノ謝スルニ一世、念ヒ二親恩ノ難キコトヲレ報シ、有リ二
出世ノ志一。遂ニ剔染シテ為レ僧ト。進戒ノ之後、精ニ守シテ毘尼ヲ一、有ニ剛直ノ声ナ一。
貞観ノ初、経行シテ抵ニ陳州一、遇ニ勅シテ沙汰シテ留レ僧。師以ニ徳声久被ヲ一、
遂ニ応スニ斯ノ挙一ニ。雖レ蒙ト二栄聞一ヲ、而不ニ以為レ意ト。忽自歎ミシテ曰、丈夫当ニ下
於ニ大叢林ニ一与レ人相ヒ頡頏ス上。安ソ局ニ此ノ蠢殻セク、マランヤノ中ニ一邪。棄去テ南詢、
入ニ爍礪二律師ノ輪下一習レ律ヲ。未タ二一寒暑ナラ、尽ク得タリ二諸部ノ幽奥ヲ一。
即対シテレ衆ニ覆講ス。自レ是声聞燁然トシテ騰リ、一時ノ儕輩莫レ弗トニ云コト推把一。

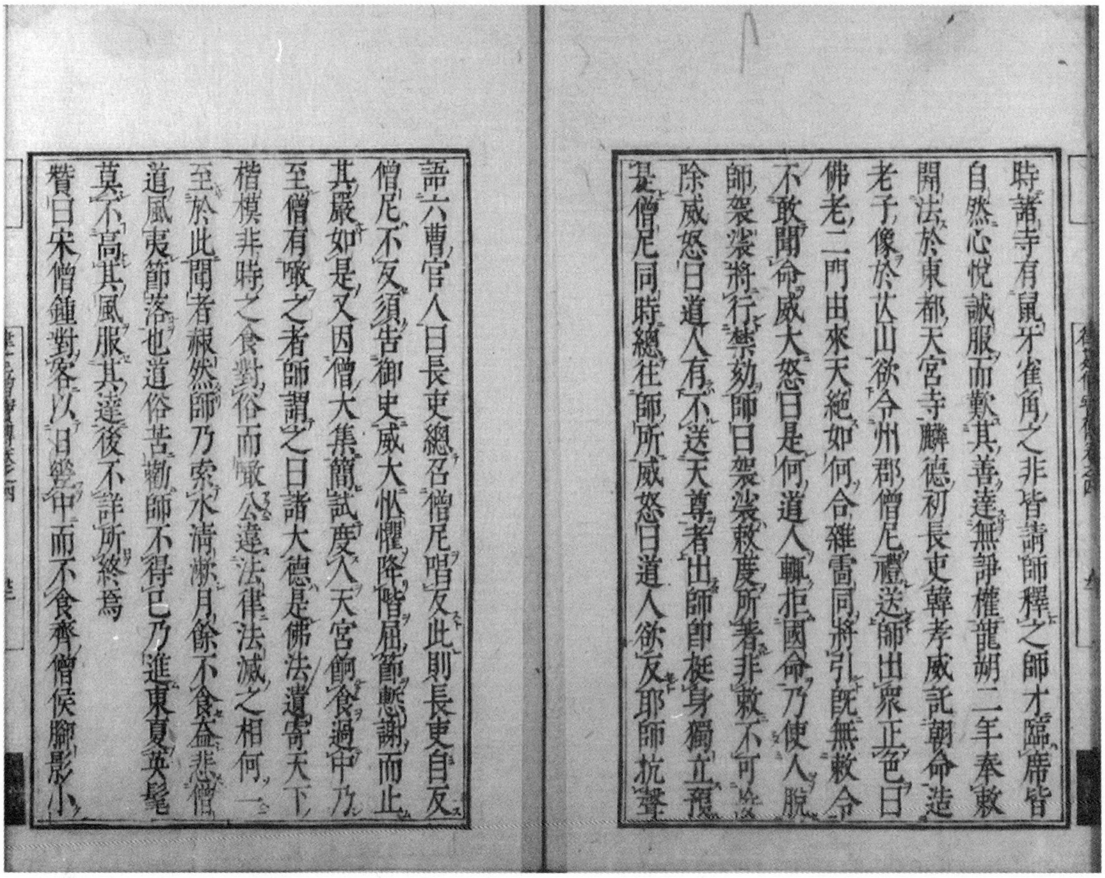

②44オ　②43ウ

時ニ諸寺有二鼠牙雀角ノ之非一。皆請レ師釈シムレ之。師才ニ臨ハレ席、皆
自然ニ心悦誠服シテ、而歎ス三其ノ善ク達スルコトヲ二無諍権一ニ。龍朔二年奉レ勅
開二法ス於東都ノ天宮寺一。麟徳ノ初、長吏韓孝威託二朝命一、造二
老子ノ像ヲ於芒山一、欲下令二州郡ノ僧尼ヲ一礼シ送シメント上。師出レ衆、正シテレ色ヲ曰、
仏老ノ二門由来天絶ス。如何ソ合雑雷同シテ将レ引ント。既ニ無二勅令一。
不二敢テ聞一レ命ヲ。威大ニ怒曰、是レ何ノ道人ソ、輙ク拒ム二國命一ヲ。乃使シメ三人ヲシテ脱セ二
師ノ袈裟一、将ニレ行ント二禁劾一ヲ。師曰、袈裟ハ勅度シテ所レ著スル、非レ勅ニ不レ可二妄
除一。威怒曰、道人有ラハ下不ルレ送二天尊ヲ一者上出テヨ。師即挺レ身独立ス。預ル
レ是レニ僧尼、同時ニ総テ往二師ノ所一ニ。威怒曰、道人欲レ反セント耶。師抗レ声

語二六曹ノ官人一曰、長吏総テ召二僧尼ヲ一唱レ反スト。此レ則長吏自ミ反ス。
僧尼ハ不レ反セ。須ク告二御史一ニ。威大ニ忘懼シテ降リレ階ヲ、屈シテレ節ヲ慙謝シテ而止ム。
其ノ厳ナルコト如レ是ノ。又因二僧ノ大集一ニ、簡ヒ試テ度スレ人ヲ。天宮餉ルニレ食ヲ、過テレ中乃シ
至ル。僧有二啾フ之者一。師謂テレ之曰、諸大徳ハ是レ仏法遺寄、天下ノ
楷模。非時ノ之食対シテレ俗而啾。公アラハニ違ス二法律一ニ。法滅ノ之相、何ソ一ヘニ
至レルヤ二於此一ニ。聞者赧然タリ。師乃索テレ水清漱シ、月ノ余不レ食セ。盍シ悲メハ二僧
道ノ風夷シ節落ルコトヲ一也。道俗苦ニ勧ム。師不レ得レ已、乃進ム。東夏ノ英髦、
莫シレ不三コト高トシレ其ノ風ヲ服セ二其ノ達一ニ。後不レ詳レ所ロヲ終焉。
賛曰、宋ノ僧鍾対シテレ客ニ以テ二日差フヲレ中ニ而不レ食。斉ノ僧侯脚影小ク

②44オ　②43ウ

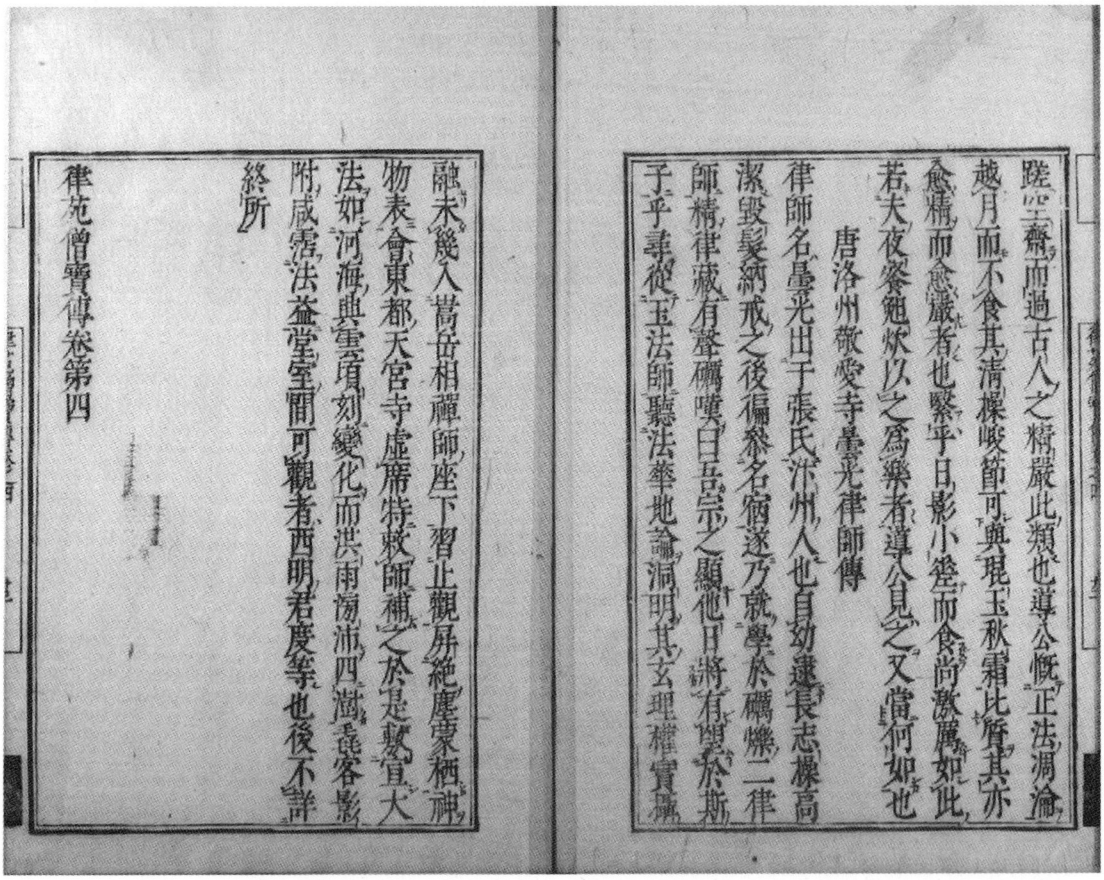

②45オ ②44ウ

蹉□□空斎ニシテ而過。古人ノ之精厳此ノ類也也。導公慨ニテ正法ノ凋淪ヲ、
越レ月而モ不レ食。其ノ清操峻節、可シ下与ニ琨玉秋霜一比上ス質ヲ。其亦
愈ミ精シテ而愈ミ厳ナル者ノ也也。緊アヽ乎日影小差テ而食スルスラ、尚激厲スルコト如シレ此ノ。
若ニキ夫ノ夜餐晩炊以レ之為レ楽者一ノ、導公見レハ之ヲ、又当ニキ何如一シカ也。

唐洛州敬愛寺曇光律師伝

律師名ハ曇光、出ニ于張氏一ニ。汴州ノ人也也。自レ幼逮レマテ長、志操高
潔也。毀髪納戒ノ之後、偏参ニ名宿一、遂ニ乃就ニ学ニ於礪櫟ノ二律
師一ニ。精ニシテ律蔵一ニ有レ声。礪嘆シテ曰、吾カ宗ノ之顕ルコト、他日将レニ有ントスルカ望ムコトニ於斯ノ
子一ニ乎。尋テ従テニ玉法師一ニ聴ニ法華・地論一ヲ。洞ニ明シテ其玄理一、権実摂
融セリ。未タ幾入ニ嵩岳相禅師ノ座下一習ニ止観一。屏ニ絶シテ塵蒙一、栖シムニ神ヲ
物表一ニ。会ミ東都ノ天宮寺虚レ席。特ニ勅シテ師ニ補シムレ之。於レ是敷ニ宣シ大
法一ヲ、如シニ河海ノ興レ雲、頃刻ニ変化シテ而洪雨滂沛トシテ四ニ澍クカ。毳客影
附シテ、咸霑フニ法益一ニ。堂室ノ間可レ観者ハ、西明ノ君度等也也。後不レ詳ニ
終所一。

律苑僧宝伝巻第四

②45オ ②44ウ

②裏表紙見返

②45ウ

②裏表紙見返

②45ウ

②裏表紙

②裏表紙

律苑僧宝伝
第三冊

③表表紙

③表表紙

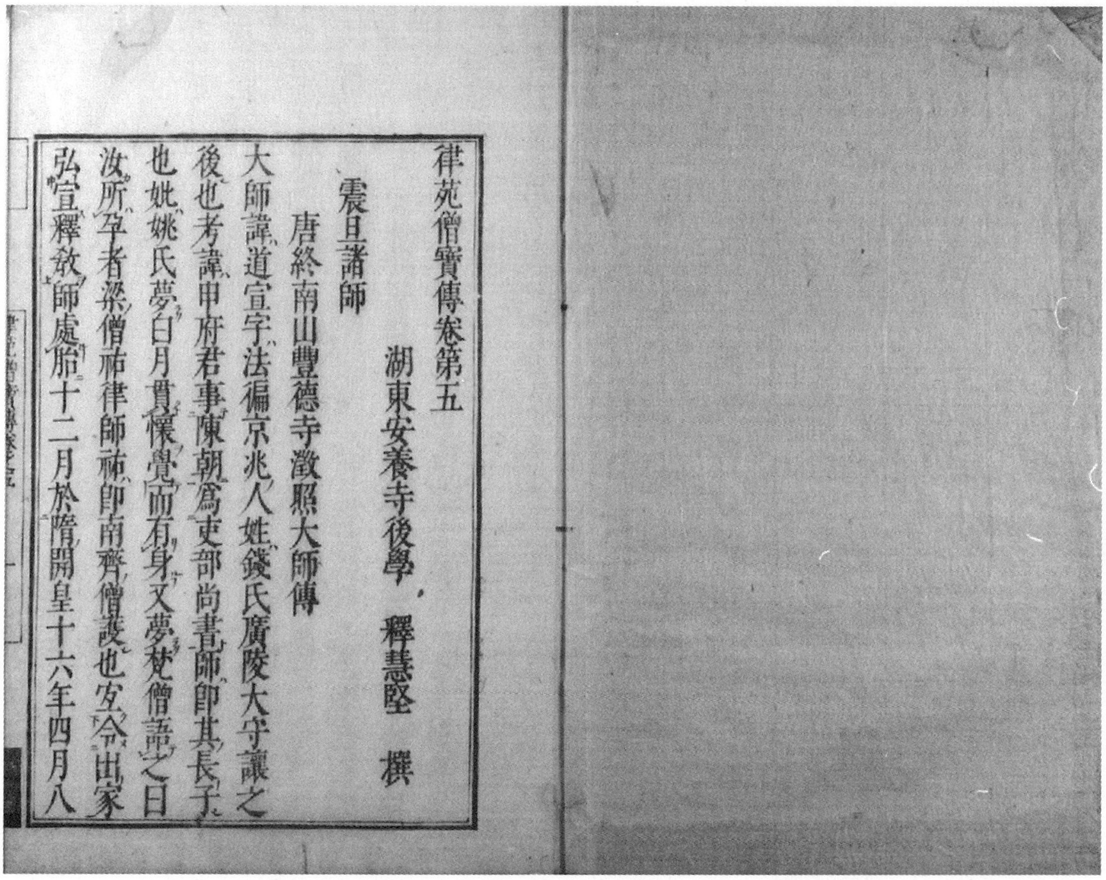
律苑僧寶傳卷第五
湖東安養寺後學　釋慧堅　撰
震旦諸師
唐終南山豐德寺澂照大師傳
大師諱道宣字法徧京兆人姓錢氏廣陵大守讓之
後也考諱申府君事陳朝爲吏部尚書師卽其長子
也妣姚氏夢白月貫懷覺而有身又夢梵僧語之曰
汝所孕者梁僧祐律師祐卽南齊僧護也宜令出家
弘宣釋敎師處胎十二月於隋開皇十六年四月八

③01オ　　③表表紙見返

律苑僧宝伝巻第五

湖東安養寺後学　釈慧堅　撰

震旦諸師

唐終南山豊徳寺澂照大師伝

大師諱ハ道宣、字ハ法徧。京兆ノ人。姓ハ銭氏、広陵大守譲之
後也也。考諱ハ申府君。事テ二陳朝ニ一為ニ二吏部尚書ト一。師ハ即其ノ長子也
也。妣ハ姚氏。夢ラク白月貫クトレ懐ヲ。覚テ而有リレ身ルコト。又夢ラク梵僧語テレ之曰、
汝カ所レハ孕者梁ノ僧祐律師、祐ハ即南斉ノ僧護也也。宜ク下令メ二出家一
弘中宣ス釈教上ヲ。師処ルコトレ胎ニ十二月、於二隋ノ開皇十六年四月八

③01オ　　③表表紙見返

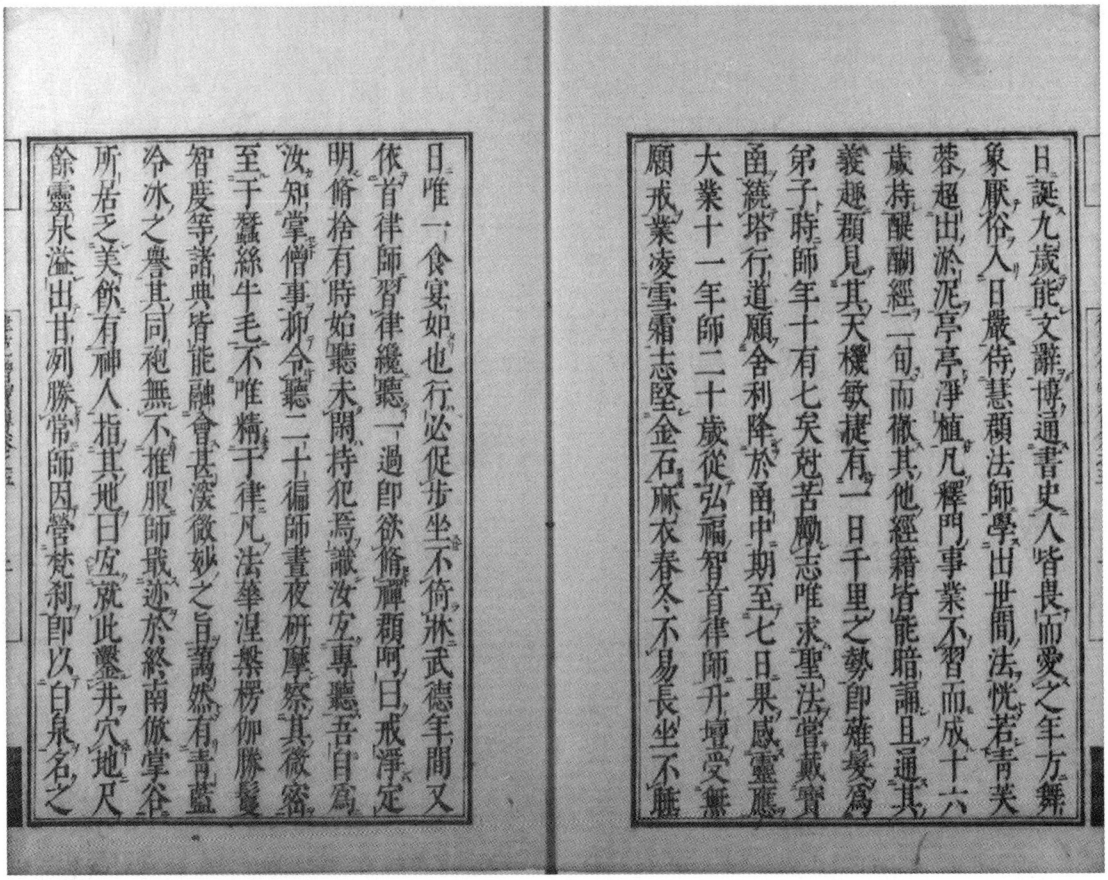

③02オ　③01ウ

日ニ一誕ス。九歳ニシテ能シ二文辞一ヲ、博ク通ス二書史一ニ。人皆畏テ而愛ス之。年方ニ舞
象、厭テレ俗ヲ入リ二日厳一ニ、侍シテ二慧顗法師一ニ学ス二出世間ノ法一ヲ。恍トシテ若シ下青芙
蓉ノ超シテ二出淤泥一ヲ、亭亭トシテ浄植ルカ一。凡ソ釈門ノ事業、不シテレ習而モ成ル。十六
歳持シ二醍醐経一ヲ、一旬ニシテ而徹ス。其ノ他ノ経籍皆能暗誦シ、且ツ通ス二其ノ
義趣一ニ。顗見テ三其ノ天機敏捷有ルヲ二一日千里ノ之勢一、即薙髪シテ為二
弟子一ト。時ニ師年十有七矣。剋苦励シレ志、唯求ム二聖法一ヲ。嘗テ戴二宝
函一ヲ繞テレ塔行道、願フ三舎利降ンコトヲ二於函中一ニ。期至テ二七日一ニ、果シテ感ス二霊応一ヲ。
大業十一年、師二十歳。従テ二弘福ノ智首律師一ニ、升壇シテ受二無
願戒一ヲ。業凌二雪霜一、志堅シ二金石一ヨリモ。麻衣春冬不レ易、長坐不レ睡、

└
③01ウ

日ニ唯一食宴如タリ也。行ハ必促レ歩、坐スルニ不レ倚ラレ牀ニ。武徳年間、又
依テ二首律師一ニ習レ律。纔ニ聴クコト一過、即欲レ脩セントレ禅。顗呵シテ曰ク、戒浄レハ定
明也。脩捨有レ時。始聴未タレ閑ハ、持犯焉ソ識ン。汝宜ク二専聴一ス。吾自ミ為ニ
レ汝カ知二掌セント僧事一ヲ。抑テ令ルコトレ聴二十偏、師昼夜研摩シ、察シテ二其ノ微密一ヲ、
至ル二于蚕糸牛毛一ニ。不三唯精ノミナラ二于律一ニ、凡ソ法華・涅槃・楞伽・勝鬘・
智度等ノ諸典、皆能融二会ス甚深微妙ノ之旨一ヲ。藹然トシテ有リ二青藍
冷氷ノ之誉一。其ノ同袍無シレ不ト云コト二推服一セ。師戢ス二迹ヲ於終南倣掌谷一ニ。
所居乏シ二美飲一ニ。有二神人一。指シテ二其ノ地一ヲ曰、宜ク二就レ此鑿ルレ井ヲヘシト。穴スルコトレ地ニ尺
余、霊泉溢レ出テ、甘冽勝レタリ常ニ。師因テ営二梵刹一ヲ、即以テ二白泉一ヲ名ク之。

└
③02オ

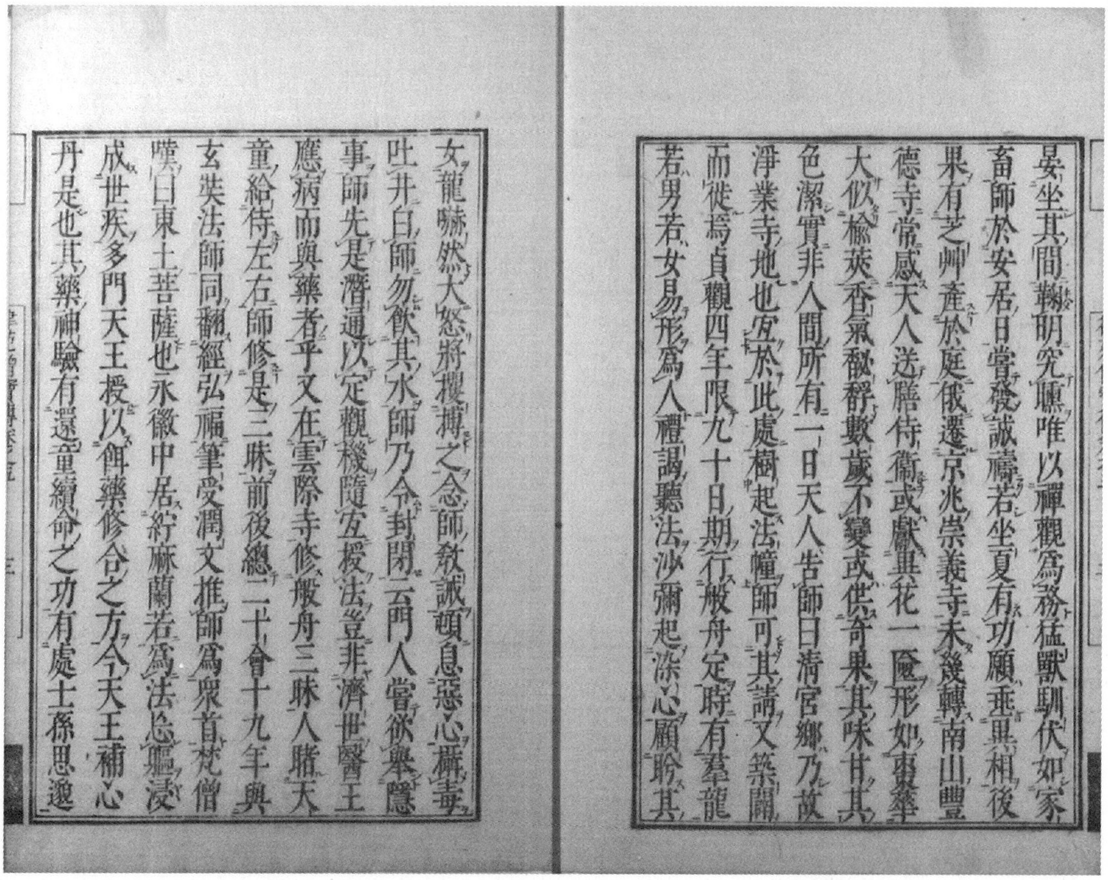
晏坐其間鞠明究曛唯以禪觀爲務猛獸馴伏如家
畜師於安居日嘗發誠禱若坐夏有功願垂異相後
果有芝艸產於庭俄遷京兆崇義寺未幾轉南山豐
德寺常感天人送膳侍衛或獻異花一匳形如棗華
大似楡莢香氣馝馞數歳不變或供奇果其味甘其
色潔實非人間所有一日天人告師曰淸宮鄕乃故
淨業寺地也宜於此處樹起法幢師可其請又築闢
而徙焉貞觀四年限九十日期行般舟定時有羣龍
若男若女易形爲人禮謁聽法沙彌起染心顧盻其

女龍赫然大怒將攫搏之念師敎誡頓息惡心攝毒
吐井白師勿飮其水師乃令封閉云門人嘗欲擧隱
事師先是潛通以定觀機隨宜授法豈非濟世醫王
應病而與藥者乎又在雲際寺修般舟三昧人睹天
童給侍左右師修是三昧前後總二十會十九年與
玄奘法師同翻經弘福筆受潤文推師爲衆首梵僧
嘆曰東土菩薩也永徽中居紵麻蘭若爲法忘軀浸
成世疾多門天王授以餌藥修合之方今天王補心
丹是也其藥神驗有還童續命之功有處士孫思邈

③02ウ　③03オ

晏㆓坐シ其ノ間㆒ニ、鞠キハメ㆑明ニ究テ㆑曛ヲ、唯以㆓禅観㆒為㆑務ト。猛獣馴伏シテ如㆓シ家
畜㆒。師於㆓安居ノ日㆒嘗テ発シテ㆑誠禱ラク、若シ坐夏有ラハ㆑功、願ハ垂レヨ㆓異相㆒ヲ。後
果シテ有㆔芝艸産スルコト㆓於庭㆒ニ。俄ニ遷ル㆓京兆ノ崇義寺㆒ニ。未タ㆑幾転ス㆓南山ノ豊
徳寺㆒ニ。常ニ感ス㆓天人送テ㆑膳侍衛スルコトヲ㆒。或ハ献ス㆓異花一匳㆒ヲ。形如ク㆓棗華㆒、
大サ以タリ㆓楡莢㆒ニ。香気馝馞トシテ数歳不㆑変。或ハ供ス㆓奇果㆒ヲ。其ノ味甘ク、其ノ
色潔シ。実ニ非㆓人間ノ所有㆒ニ。一日天人告㆑師ニ曰、清宮郷ハ乃シ故
浄業寺ノ地也也。宜ク㆘シト於テ㆓此ノ処㆒ニ樹㆗起ス法幢㆖ヲ。師可也トシテ㆓其ノ請㆒ヲ、又築闢シテ
而徙ル焉。貞観四年、限テ㆓九十日ノ期㆒ヲ行ス㆓般舟定㆒ヲ。時ニ有㆓群龍㆒。
若ハ男若ハ女、易テ㆑形ヲ為㆑人ト。礼謁シテ聴㆑法ヲ。沙弥起シテ㆓染心㆒ヲ顧㆓眄ス其ノ

└
③02ウ

女㆒ヲ。龍嚇然トシテ大ニ怒リ、将㆑攫㆓搏セント之㆒ヲ。念シテ㆓師ノ教誡㆒ヲ、頓ニ息㆓悪心㆒ヲ。摂シテ㆑毒ヲ
吐㆑井ニ。白シテ㆑師ニ勿シム㆑飲コト㆓其ノ水㆒ヲ。師乃令ムト㆓封閉セ㆒云。門人嘗テ欲㆑挙ント㆓隠
事㆒ヲ。師先テ㆑是潜通シ、以テ㆑定観シ㆑機ヲ、随㆑宜ニ授ク㆑法ヲ。豈ニ非ヤ㆓済世ノ医王
応シテ㆑病而与㆑薬者㆒ノニ乎。又在テ㆓雲際寺㆒修ス㆓般舟三昧㆒。人睹ル㆔天
童ノ給㆓侍スルヲ左右㆒ニ。師修スルコト㆓是ノ三昧㆒ヲ、前後総テ㆓二十会。十九年、与㆓
玄奘法師㆒同ク翻ス㆓経ヲ弘福㆒ニ。筆受潤文推シテ㆑師ヲ為㆓衆首㆒ト。梵僧
嘆シテ曰、東土ノ菩薩也ト也。永徽中居ス㆓紵麻蘭若㆒ニ。為ニ㆑法忘シ㆑軀ヲ、浸ヤ、
成ス㆓世疾㆒ヲ。多門天王授ルニ以ス㆓餌薬修合ノ之方㆒ヲ。今ノ天王補心
丹是也也。其ノ薬ノ神験有㆓還童続命ノ之功㆒。有㆓処士孫思邈㆒。

└
③03オ

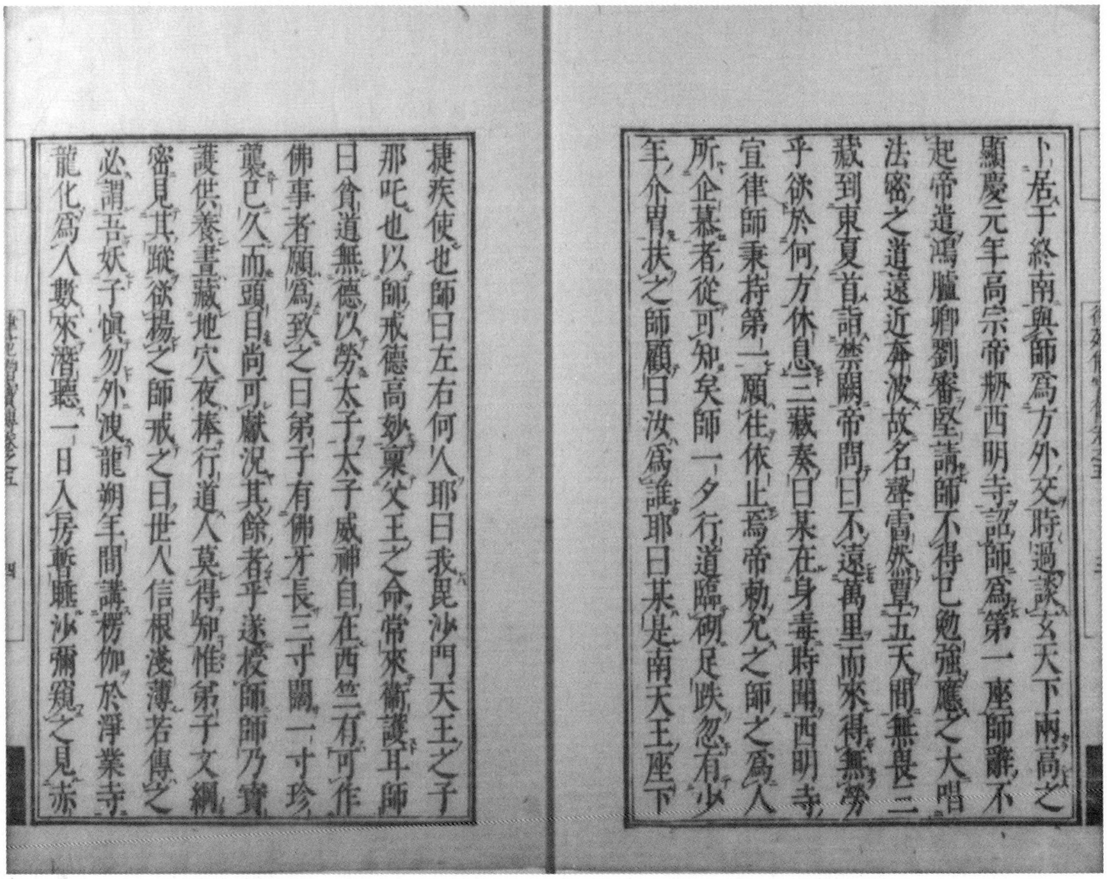

③04オ　③03ウ

卜二居ス于終南一ニ。与レ師為二方外ノ交一ヲ。時ヽ過テ談レス玄。天下両カラ高シトス之。
顕慶元年、高宗帝敕二西明寺一ヲ、詔レシテ師ニ為二ラシム第一座一。師辞シテ不
レ起。帝遣二シテ鴻臚卿劉審一ヲ堅請セシム。師不レ得レ已、勉強シテ応ス之。大ニ唱二
法密ノ之道一、遠近奔波ス。故ニ名声雷然トシテ覃二フ五天ノ間一ニ。無畏三
蔵到二東夏一、首メ詣二ス禁闕一ニ。帝問テ曰、不レシテ遠二シトセ万里一ヲ而来ル。得レシヤ無レキコトヲ労
乎。欲下於二何ノ方一休息上セントト。三蔵奏シテ曰、某在二ル身毒一ニ時、聞二ク西明寺ノ
宣律師秉持第一一也ト。願ハ往テ依止セン焉。帝勅シテ允ス之。師ノ之為レニ人
所二ル、企慕一セ者ノ、従テ可レ知ヌ矣。師一夕行道、臨レテ砌ニ足跌ク。忽チ有二テ少
年ノ介冑一セル扶レク之。師顧テ曰、汝ハ為レ誰トカ耶。曰、某ハ是レ南天王ノ座下

└
③03ウ

捷疾使也也。師曰、左右何人ソ耶。曰、我レハ毘沙門天王ノ之子
那吒也也。以二テ師ノ戒徳高妙一ナルヲ、稟二テ父王ノ之命一ヲ、常来テ衛護スト耳。師
曰、貧道無三シ徳ノ以テ労二スル太子一ヲ。太子威神自在也。西竺ニ有下ラハ可レ作二
仏事一者上、願ハ為メニ致レセ之。曰、弟子有二仏牙一。長サ三寸、闊サ一寸。珍
襲スルコト已ニ久シ。而トモ頭目タモ尚可レシ献。況ヤ其ノ余ノ者ノヲヤ乎。遂ニ授レ師ニ。師乃宝
護供養シ、昼ハ蔵二シ地穴一ニ、夜ハ捧テ行道ス。人莫二シ得テ知一ルコト。惟タヽ弟子文綱ノミ
密ニ見二テ其ノ蹤一ヲ、欲レ揚ント之。師戒テ之曰ク、世人信根浅薄也。若伝レハ之
必ス謂二ン吾レヲ妖一也ト。子慎テ勿二レト外ニ洩一スコト。龍朔年間、講二ス楞伽ヲ於浄業寺一ニ。
龍化シテ為レ人。数ヽ来テ潜聴ス。一日入レ房暫睡ル。沙弥窺レフニ之、見二ル赤

└
③04オ

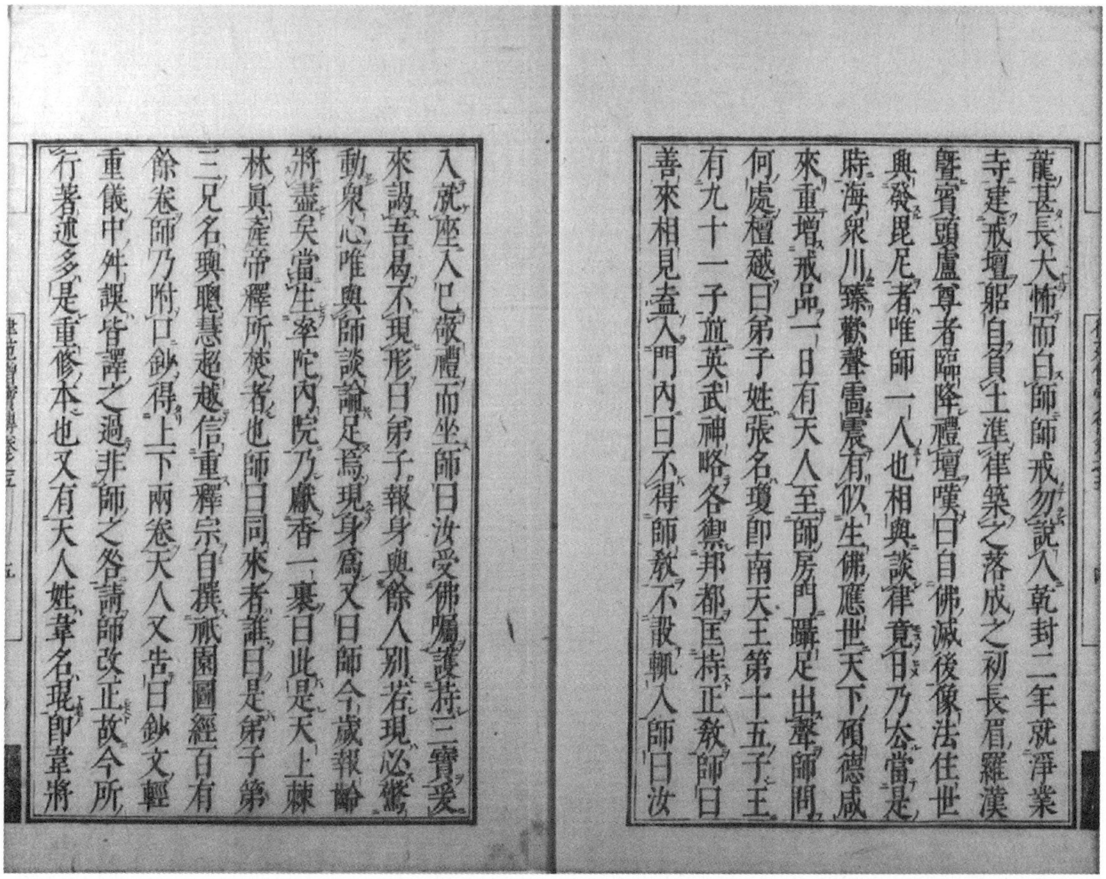

③05オ　③04ウ

龍ノ甚タ長大一ナルヲ。怖テ而白レス師ニ。師戒メテ勿レラシム説レコト人ニ。乾封二年就二浄業
寺一ニ建二ツ戒壇一ヲ。躬自ラ負レ土、準レシテ律築レク之。落成ノ之初、長眉ノ羅漢
暨ヒ賓頭盧尊者臨降シ、礼レシテ壇ヲ嘆シテ曰、自二仏ノ滅後一像法住世、
興二発スル毘尼一ヲ者ハ、唯師一人ノミト也。相与ニ談レシ律、竟レシテ日乃去ル。当テ二是ノ
時一ニ、海衆川ノ如ニ臻リ、歓声雷ノ如ニ震テ、有レリ似ニコト生仏ノ応世一ニ。天下ノ碩徳、咸
来リ、重テ増二ス戒品一ヲ。一日有二天人一。至二テ師ノ房門一ニ、躡足出レス声ヲ。師問フ、
何ノ処ノ檀越ソ。曰、弟子姓ハ張、名ハ瓊。即南天王第十五ノ子也。王ニ
有二九十一子一。並英武神略ニシテ、各禦二シ邦都一ヲ、匡二持スト正教一ヲ。師曰、
善来相見、盍レソ入ラ二ル門内一ニ。曰、不レレハ得二師教一ヲ、不二敢テ輒入一。師曰、汝

③04ウ

入テ就レケ座ニ。入已テ敬礼シテ而坐ス。師曰、汝受二仏嘱一ヲ護二持シ三宝一ヲ、爰ニ
来謁レス吾ニ。曷ソ不レル現レセ形ヲ。曰、弟子カ報身与二余人一別也。若シ現ハ必ス驚二
動セン衆心一ヲ。唯与レ師談論セハ足ヌ。焉ソ現レスルコトヲ身為ン。又曰、師今歳報齢
将レニス尽ント矣。当レニシト生二シ下フ率陀ノ内院一ニ。乃シ献二シテ香一裹一ヲ曰、此レハ是レ天上棘
林ノ真産、帝釈所焚ノ者ノ也也。師曰、同来ノ者ハ誰ソ。曰ク、是レハ弟子第
三ノ兄、名ハ璵。聡慧超越ニシテ信二重ス釈宗一ヲ。自撰ミス二祇園図経百有
余巻一ヲ。師乃附レシテ口ニ、鈔シテ得二タリ上下両巻一ヲ。天人又告テ曰、鈔文ノ軽
重儀ノ中ノ舛誤ハ、皆訳ノ之過ニシテ非二師ノ之咎一ニ。請フ師改正シ下ヘト。故ニ今所ノ
レ行著述、多ハ是レ重修ノ本也也。又有二天人姓ハ韋、名ハ琨一トモノ。即韋将

③05オ

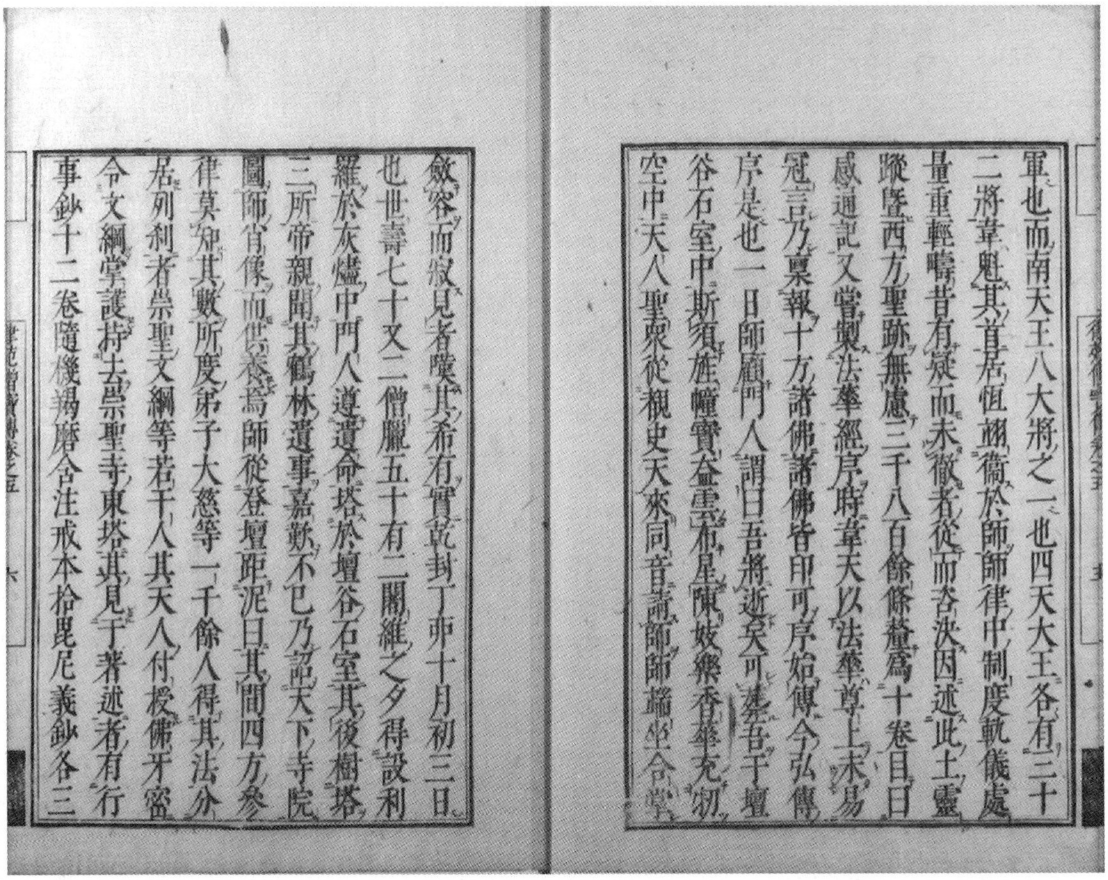

③06オ　③05ウ

軍也也。而シテ南天王八大将ノ之一也也。四天大王ニ各ミ有リ二三十
二将一。韋ハ魁ス二其ノ首一ニ。居恒翊衛ス二於師一ヲ。師律ノ中ノ制度・軌儀・処
量重軽、疇昔有テレ疑而モ未タレ徹セル者ノ、従テ而咨決ス。因ニ述ス二此ノ土ノ霊
蹤暨ヒ西方ノ聖跡一ヲ。無慮テ三千八百余条、釐テ為二十巻一、目テ曰二
感通記一。又嘗テ製ス二法華経ノ序一ヲ。時ニ韋天以下法華ハ尊上ニシテ未タ上易ルヲ二
冠言一シ、乃シ稟二報ヲ十方ノ諸仏一ニ。諸仏皆印可シテ、序始テ伝ル。今ノ弘伝ノ
序是也也。一日師顧テ二門人一謂曰、吾将ニレ逝ント矣。可シトレ葬ル二吾ヲ于壇
谷石室ノ中一ニ。斯須アテ旌幢宝蓋雲ノ如ニ布キ星ノ如ニ陳リ、妓楽香華充チ二勍ツ
空中一ニ。天人聖衆従二睹史天一来リ、同音ニ請スレ師ヲ。師端坐合掌シ、

③05ウ

斂テレ容ヲ而寂ス。見者嘆ス二其ノ希有一ヲ。実ニ乾封丁卯十月初三日也
也。世寿七十又二、僧臘五十有二。闍維ノ之夕、得二設利
羅ヲ於灰燼ノ中一ニ。門人遵テ二遺命一ニ塔ス二於壇谷ノ石室一ニ。其ノ後樹二塔ヲ
三所一ニ。帝親ク聞テ二其ノ鶴林ノ遺事一ヲ、嘉歎シテ不レ已。乃シ詔シテ二天下ノ寺院一ニ、
図シテ二師ノ肖像一ヲ而モ供養セシム焉。師従二登壇一距テ二泥日一ニ、其ノ間四方ノ参
律莫レ知ルコト二其ノ数一ヲ。所度ノ弟子大慈等一千余人。得テ二其ノ法一分二
居セル列刹一ニ者、崇聖ノ文綱等若干人。其天人ノ付授セル仏牙、密ニ
令三文綱ヲシテ掌護セシメ持二去ラ崇聖寺ノ東塔一ニ。其ノ見レタル二于著述一ニ者ノ有二行
事鈔十二巻・随機羯磨含注戒本・拾毘尼義鈔、各三

③06オ

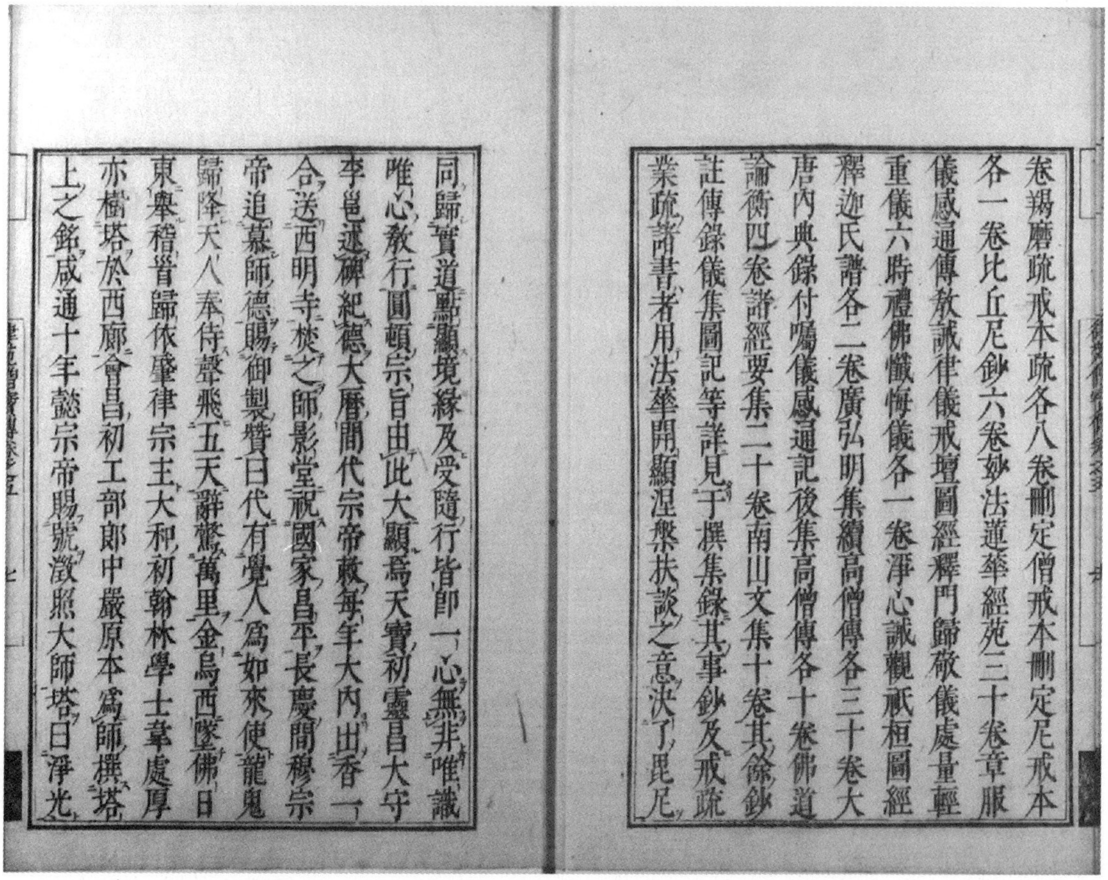
同歸實道點顯境緣及受隨行皆即一心無非唯識
唯心教行圓頓宗旨由此大顯焉天寶初靈昌太守
李邕述碑紀德大曆間代宗帝敕每年大內出香一
合送西明寺焚之師影堂祝國家昌平長慶間穆宗
帝追慕師德賜御製贊曰代有覺人爲如來使龍鬼
歸降天人奉侍聲飛五天辭驚萬里金烏西墜佛日
東舉稽首歸依肇律宗主大和初翰林學士韋處厚
亦樹塔於西廊會昌初工部郎中嚴原本爲師撰塔
上之銘咸通十年懿宗帝賜號澂照大師塔曰淨光

卷羯磨疏戒本疏各八卷刪定僧戒本刪定尼戒本
各一卷比丘尼鈔六卷妙法蓮華經苑三十卷章服
儀感通傳教誡律儀戒壇圖經釋門歸敬儀處量輕
重儀六時禮佛懺悔儀各一卷淨心誡觀祇桓圖經
釋迦氏譜各二卷廣弘明集續高僧傳各三十卷大
唐內典錄付囑儀感通記後集高僧傳各十卷佛道
論衡四卷諸經要集二十卷南山文集十卷其餘鈔
註傳錄儀集圖記等詳見于撰集錄其事鈔及戒疏
業疏諸書者用法華開顯涅槃扶談之意決了毘尼

③07オ　　③06ウ

巻・羯磨疏・戒本疏、各八巻。刪定僧戒本・刪定尼戒本、
各一巻。比丘尼鈔六巻・妙法蓮華経苑三十巻。章服
儀・感通伝・教誡律儀・戒壇図経・釈門帰敬儀・処量軽
重儀・六時礼仏懺悔儀、各一巻。浄心誡観・祇桓図経・
釈迦氏譜、各二巻。広弘明集・続高僧伝、各三十巻。大
唐内典録・付嘱儀感通記・後集高僧伝、各十巻。仏道
論衡四巻・諸経要集二十巻・南山文集十巻一。其ノ余ノ鈔
註伝録儀集図記等、詳ニ見二タリ于撰集録一ニ。其ノ事鈔及ヒ戒疏、
業疏ノ諸書ハ者、用二テ法華開顕涅槃扶談ノ之意一ヲ、決二了シテ毘尼一ヲ、

同ク帰二シ実道一ニ、点二顕ス境縁及ヒ受随ノ行、皆即一心ニシテ無コトヲレ非二ト云コト唯識
唯心ノ教行一ニ。円頓ノ宗旨、由レテ此大ニ顕ル焉。天宝ノ初、霊昌大守
李邕述レシテ碑紀レス徳ヲ。大暦ノ間、代宗帝勅シテ毎年大内ヨリ出二シテ香一
合一ヲ送二リ西明寺一ニ、焚二テ之ヲ師ノ影堂一ニ祝二ス國家ノ昌平一ヲ。長慶ノ間、穆宗
帝追二慕シ師ノ徳一ヲ、賜二テ御製ノ賛一ヲ曰、代ニ有二覚人一。為二如来ノ使一ト。龍鬼
帰降シ、天人奉侍ス。声飛二ヒ五天一ニ、辞驚二ス万里一ヲ。金烏西ニ墜チ、仏日
東ニ挙ル。稽首帰依、肇律宗主ト。大和ノ初、翰林学士韋処厚、
亦樹二塔ヲ於西廊一ニ。会昌ノ初、工部郎中厳原本為レニ師ノ撰二ス塔
上ノ之銘一ヲ。咸通十年、懿宗帝賜二フ号ヲ澂照大師一。塔ヲ曰二浄光一ト。

③07オ　　③06ウ

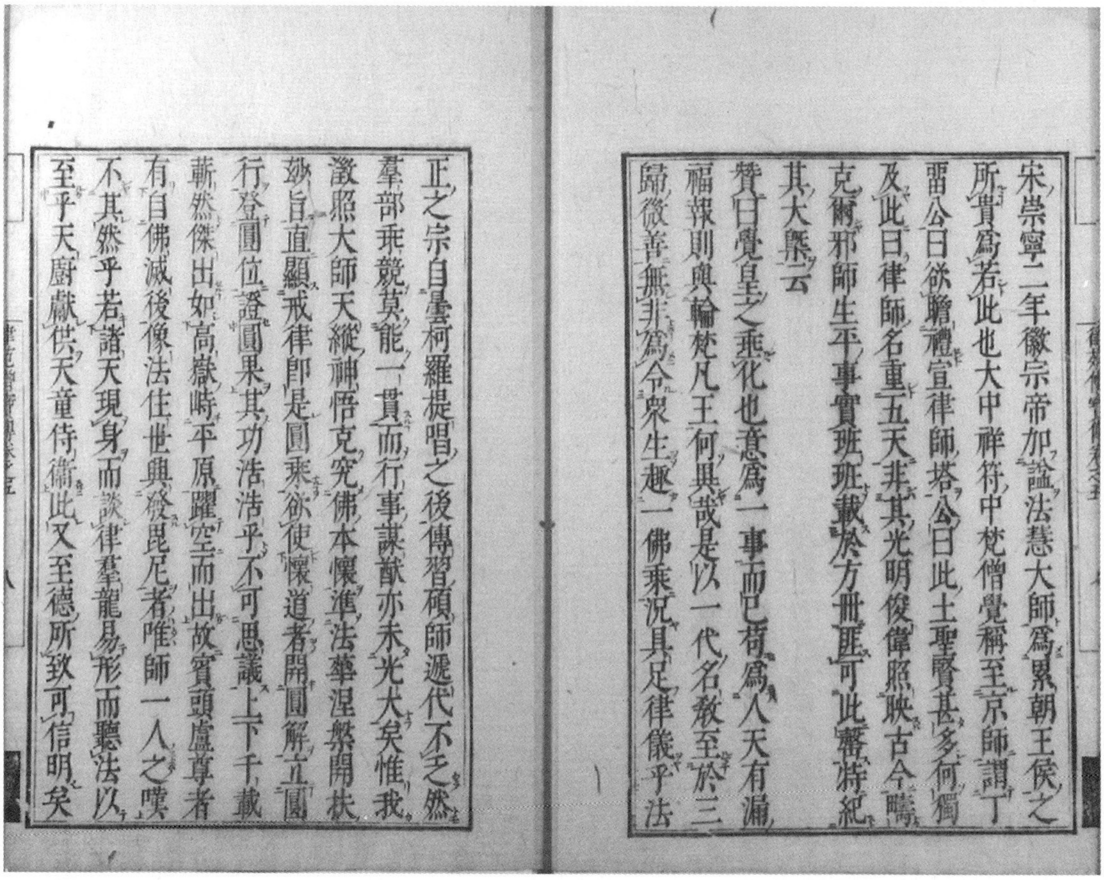

③08オ　③07ウ

宋ノ崇寧二年、徽宗帝加二諡ヲ法慧大師一ト。為二メニ累朝王侯一ノ之
所レル、コト貴為レ若レシト此也。大中祥符ノ中、梵僧覚称至二ル京師一ニ。謂二テ丁
留公一曰、欲レ瞻二礼セント宣律師ノ塔一ヲ。公ノ曰、此ノ土聖賢甚タ多シ。何ツ独
及レフヤ此ニ。曰ク、律師ノ名重二シト五天一ニ。非三ンハ其ノ光明俊偉照二映スル古今一ニ、疇レカ
克ク爾ンヤ邪。師生平ノ事実、班班トシテ載二ス於方冊一ニ。匪レス可二此ニ罄一ス。特ニ紀二スト
其ノ大概一ヲ云。
賛ニ曰、覚皇ノ之垂レル、化也、意為二一事一而已。苟モ為二ニセハ人天有漏ノ
福報一、則与二輪梵凡王一何ツ異ンヤ哉。是以一代ノ名教至二ルマテ於三
帰ノ微善一ニ、無レシ非レト云コト為レメニ令三ル衆生ヲシテ趣二カ一仏乗一ニ。況ヤ具足ノ律儀ヲヤ乎。法

」③07ウ

正ノ之宗、自二曇柯羅提唱ノ之後一、伝習ノ碩師逓代不レ乏カラ。然トモ
群部乖競シテ莫二ク能ク一貫一スルコト、而シテ行事ノ謀、猷亦未二タ光大一ナラ矣。惟リ我カ
澂照大師、天縦ノ神悟克ク究二メ仏ノ本懐一ヲ、準二シテ法華涅槃開扶ノ
妙旨一ニ、直ニ顕二ス戒律即是レ円乗一ナルコトヲ。欲レ使下ント懐道ノ者ヲシテ開二キ円解一ヲ、立二テ円
行一ヲ登二テ円位一ニ證中セ円果上ヲ。其ノ功、浩浩乎トシテ不レ可二思議一ス。上下千載
嶄然トシテ傑出セルコト、如下シ高嶽ノ峙二チ平原一ニ、躍レテ空ニ而出上ルカ。故ニ賓頭盧尊者、
有下リ自二仏滅後一像法住世、興二発スル毘尼一ヲ者ノハ唯タ師一人ノミト云ノ之嘆上。
不二ンヤ其レ然一乎。若下キ諸天現レシテ身ヲ而談レシ律、群龍易レテ形而聴レ法、以テ
至中ルカ乎天厨献レシ供ヲ天童侍衛上スルニ、此レ又至徳ノ所レ致可レコト信明也矣。

」③08オ

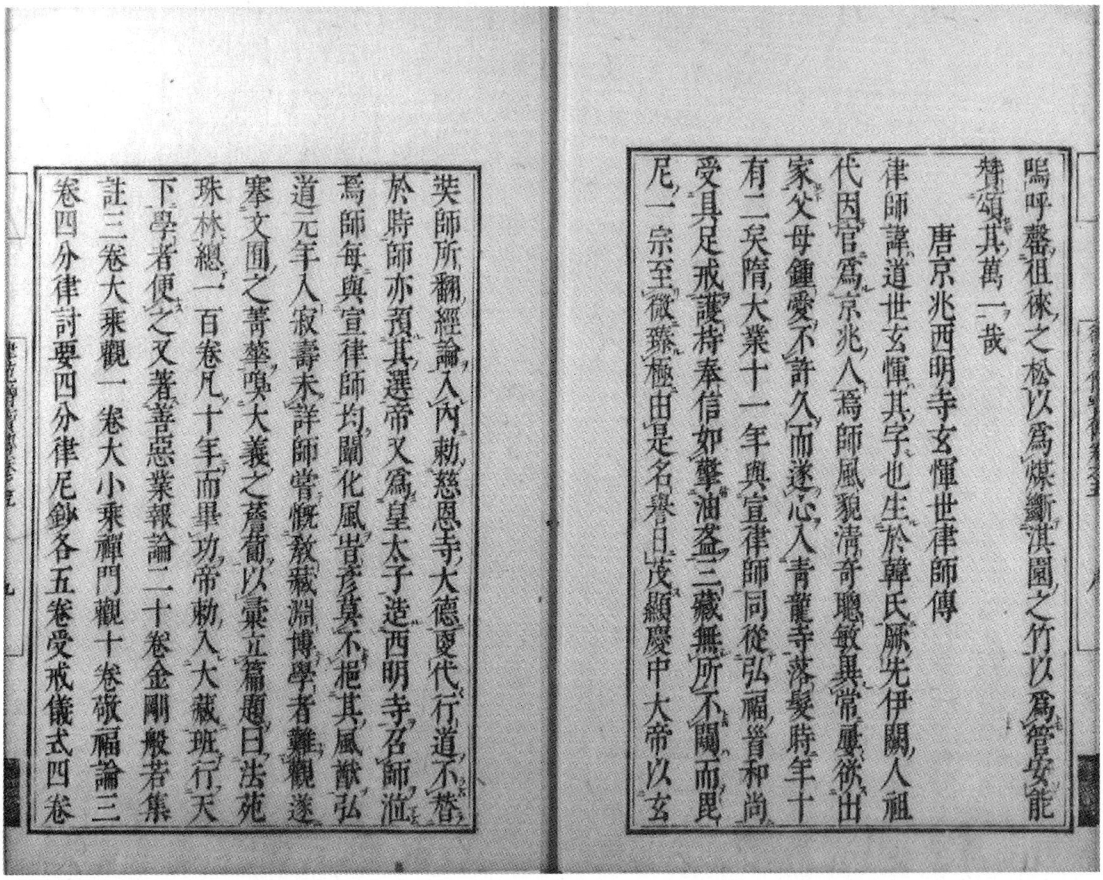

③09オ　③08ウ

嗚呼馨ニシテ徂徠ノ之松一以為レ煤、断ニテ淇園ノ之竹一以為トモレ管、安ンゾ能
賛ニ頌センヤ其ノ万一ヲ哉。

唐京兆西明寺玄惲世律師伝

律師諱ハ道世、玄惲ハ其ノ字也。生ル二於韓氏一ニ。厥ノ先伊闕ノ人。祖
代因テレ官ニ為ル二京兆ノ人一ト焉。師風貌清奇、聡敏異レ也常ニ。屢ミ欲ス二出
家セント一。父母鍾愛シテ不レ許。久シテ而遂クレ心ヲ。入二青龍寺一落髪、時ニ年十
有二矣。隋ノ大業十一年、与二宣律師一同従テ二弘福ノ首和尚一ニ
受二具足戒一ヲ。護持奉信如レ擎ルカ二油鉢一ヲ。三蔵無シレ所レ不ト云レ闚ハ。而シテ毘
尼ノ一宗至リレ微ニ臻ルレ極ニ。由レ是名誉日ニ茂ス。顕慶中、大帝以ニ玄

奘師所翻ノ経論一ヲ入レレ内ニ、勅シテ二慈恩寺ノ大徳一ニ、更ミ代テ行道シテ不ラシムレ替ラ二
於時一。師亦預ル二其ノ選一。帝又為メニ二皇太子一造ル二西明寺一ヲ。召レ師ヲ涖マシム
焉。師毎ニ与二宣律師一均ク闡二化風一ヲ。時彦莫レ不トニコトレ挹二其ノ風猷一ヲ。弘
道元年入寂。寿未タレ詳。師嘗テ慨二教蔵淵博ニシテ学者難コトヲレ観、遂ニ
搴二文囿ノ之菁華一ヲ、嗅二大義ノ之薝蔔一ヲ、以レ彙立レ篇。題シテ曰フ二法苑
珠林一ト。総テ一百巻。凡ソ十年ニシテ而畢レ功ヲ。帝勅シテ入二レ大蔵一ニ、班テ行フ二天
下一ニ。学者便トスレ之。又著ス二善悪業報論二十巻・金剛般若集
註三巻・大乗観一巻・大小乗禅門観十巻・敬福論三
巻。四分律討要・四分律尼鈔、各五巻。受戒儀式四巻・

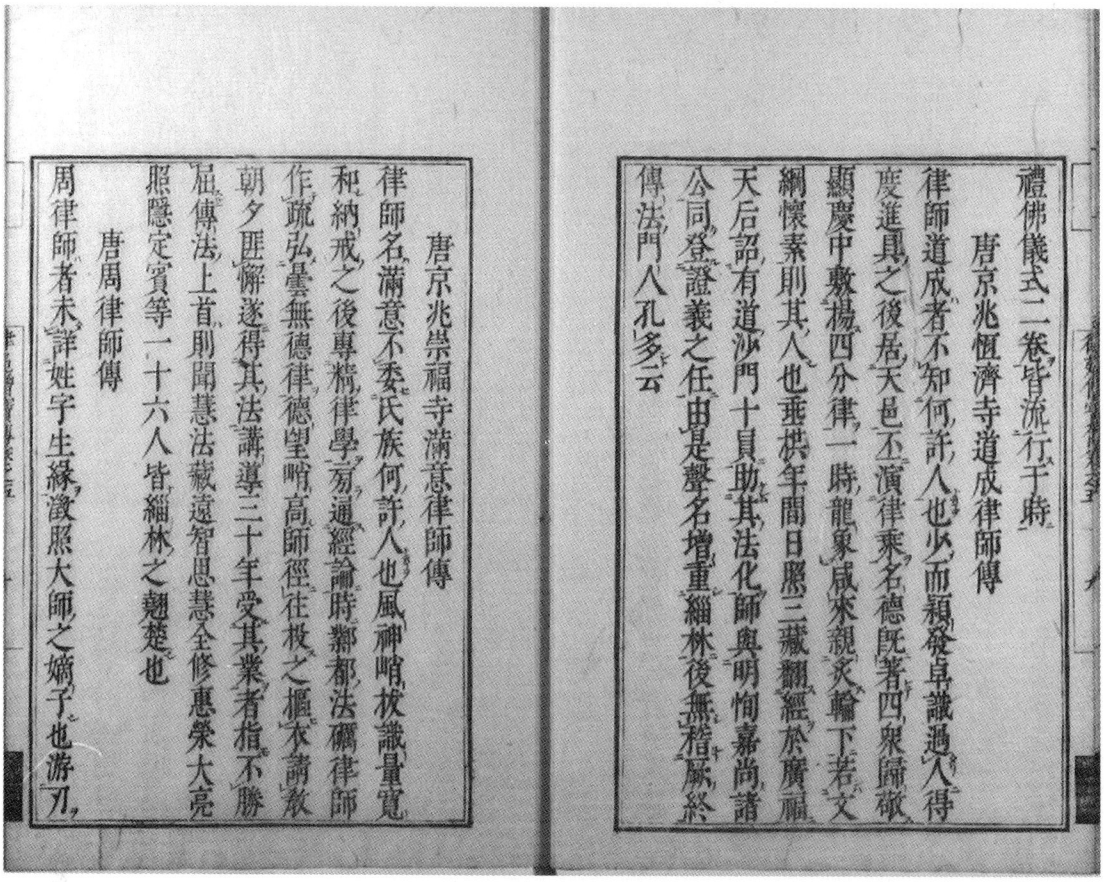
禮佛儀式二卷皆流行于時
唐京兆恒濟寺道成律師傳
律師道成者不知何許人也少而穎發卓識過人得
度進具之後居天邑丕演律乘名德既著四衆歸敬
顯慶中敷揚四分律一時龍象咸來親炙輪下若文
綱懷素則其人也垂拱年間日照三藏翻經於廣福
天后詔有道沙門十員助其法化師與明恂嘉尚諸
公同登證義之任由是聲名增重緇林後無稽厥終
傳法門人孔多云

唐京兆崇福寺滿意律師傳
律師名滿意不委氏族何許人也風神峭拔識量寬
和納戒之後專精律學旁通經論時鄴都法礪律師
作疏弘曇無德律德望峭高師徑往投之摳衣請敎
朝夕匪懈遂得其法講導三十年受其業者指不勝
屈傳法上首則聞慧法藏遠智思慧全修惠榮大亮
照隱定賓等一十六人皆緇林之翹楚也
唐周律師傳
周律師者未詳姓字生緣澂照大師之嫡子也游刃

③10オ　③09ウ

礼仏儀式二巻一ヲ。皆流二行ス于時一ニ。

唐京兆恒済寺道成律師伝

律師道成ハ者、不レ知二何ノ許ノ人一ト云コトヲ也。少シテ而穎発、卓識過レタリ人ニ。得度進具ノ之後、居二シテ天邑一ニ丕ニ演二律乗一ヲ。名徳既ニ著レテ四衆帰敬ス。顕慶中、敷二揚ス四分律一ヲ。一時ノ龍象咸来親二炙ス輪下一ニ。若シハ文綱・懐素ハ、則其ノ人也也。垂拱年間、日照三蔵翻二ス経ヲ於広福一ニ。天后詔シテ二有道ノ沙門十員一ニ、助ケシム二其ノ法化一ヲ。師与二明恂・嘉尚ノ諸公一、同ク登ル二証義之任一ニ。由レ是声名増ミ重シ二緇林一ニ。後無シレ稽ルコト二厥ノ終一。伝法ノ門人孔多シト云。

└
③09ウ

唐京兆崇福寺満意律師伝

律師名ハ満意、不レ委セ二氏族何ノ許ノ人一ト云コトヲ也。風神峭抜、識量寛和也。納戒ノ之後、専ニ精シテ二律学一ヲ、旁ラ通ス二経論一ニ。時ニ鄴都ノ法礪律師作テレ疏弘メ二曇無徳律一ヲ、徳望峭高也。師径ニレ往投ス之。摳ヒレ衣請レ教、朝夕匪レ懈、遂ニ得二其ノ法一。講導三十年、受ル二其ノ業一ヲ者、指モ不レ勝レ屈スルニ。伝法ノ上首ハ則聞慧・法蔵・遠智・思慧・全修・恵栄・大亮・照隠・定賓等一十六人。皆ナ緇林ノ之翹楚也也。

唐周律師伝

周律師ハ者、未レタ詳二姓字生縁一ヲ。澂照大師ノ之嫡子也也。游二刃ヲ

└
③10オ

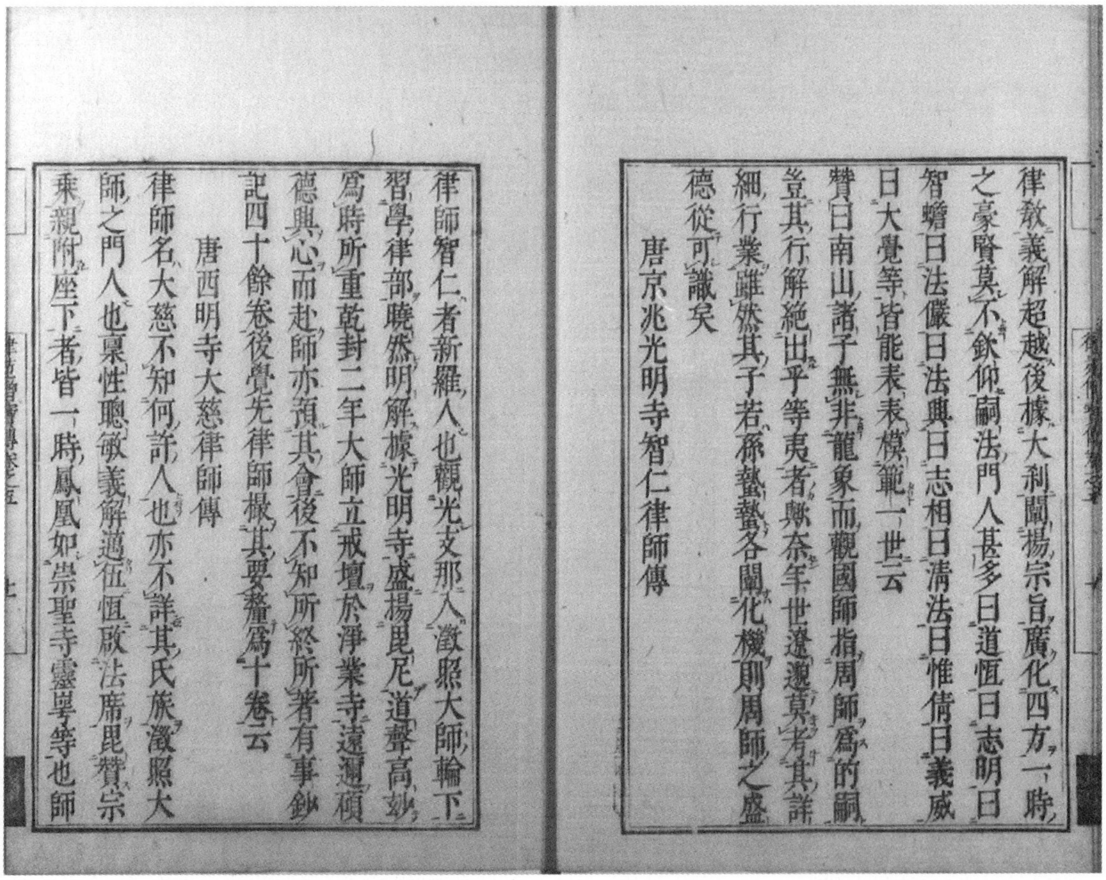

③11オ　③10ウ

律教一ニ、義解超越ス。後拠二ル大刹一ニ。闡二揚シテ宗旨一ヲ、広ク化二ス四方一ヲ。一時ノ之豪賢莫レシ不二トエコト欽仰一セ。嗣法ノ門人甚多。曰二道恒一、曰二志明一、曰二智蟾一、曰二法儼一、曰二法興一、曰二志相一、曰二清法一、曰二惟倩一、曰二義威一、曰二大覚等一ト。皆能表表トシテ模二範タリト一世一ニ云。

賛曰、南山ノ諸子無レシ非二トエコト龍象一。而シテ観國師指二シテ周師一ヲ為二的嗣一ト。豈ニ其ノ行解絶二出スル乎等夷一ニ者ノカ歟。奈セン年世遼邈ニシテ、莫レキコトヲ考二ルコト其ノ詳細ノ行業一ヲ。雖レ然其ノ子、若ハ孫、蟄蟄トシテ各闡二時ハ化機一ヲ、則周師ノ之盛徳従テ可レシ識矣。

唐京兆光明寺智仁律師伝

律師智仁ハ者、新羅ノ人也也。観二光シ支那一ニ、入二ル澂照大師ノ輪下一ニ。習二学シテ律部一ヲ、暁然トシテ明解ス。拠二テ光明寺一ニ盛ニ揚二毘尼一ヲ。道声高妙ニシテ、為レ時所レ重。乾封二年、大師立二戒壇ヲ於浄業寺一ニ。遠邇ノ碩徳、興レシテ心ヲ而赴ク。師亦預二ル其ノ会一ニ。後不レ知レ所レ終。所レ著有二事鈔記四十余巻一。後覚先律師撮二シテ其ノ要一ヲ釐テ為二十巻一ト云。

唐西明寺大慈律師伝

律師名ハ大慈、不レ知二何ノ許ノ人一トエコトヲ也。亦不レ詳ンセ二其ノ氏族一ヲ。澂照大師ノ之門人也也。稟性聡敏、義解邁レタリ伍ニ。恒ニ啓二法席一ヲ、毘二賛ス宗乗一ヲ。親二附スル座下一ニ者ノ、皆一時ノ鳳凰、如二シ崇聖寺霊崿等一也。師

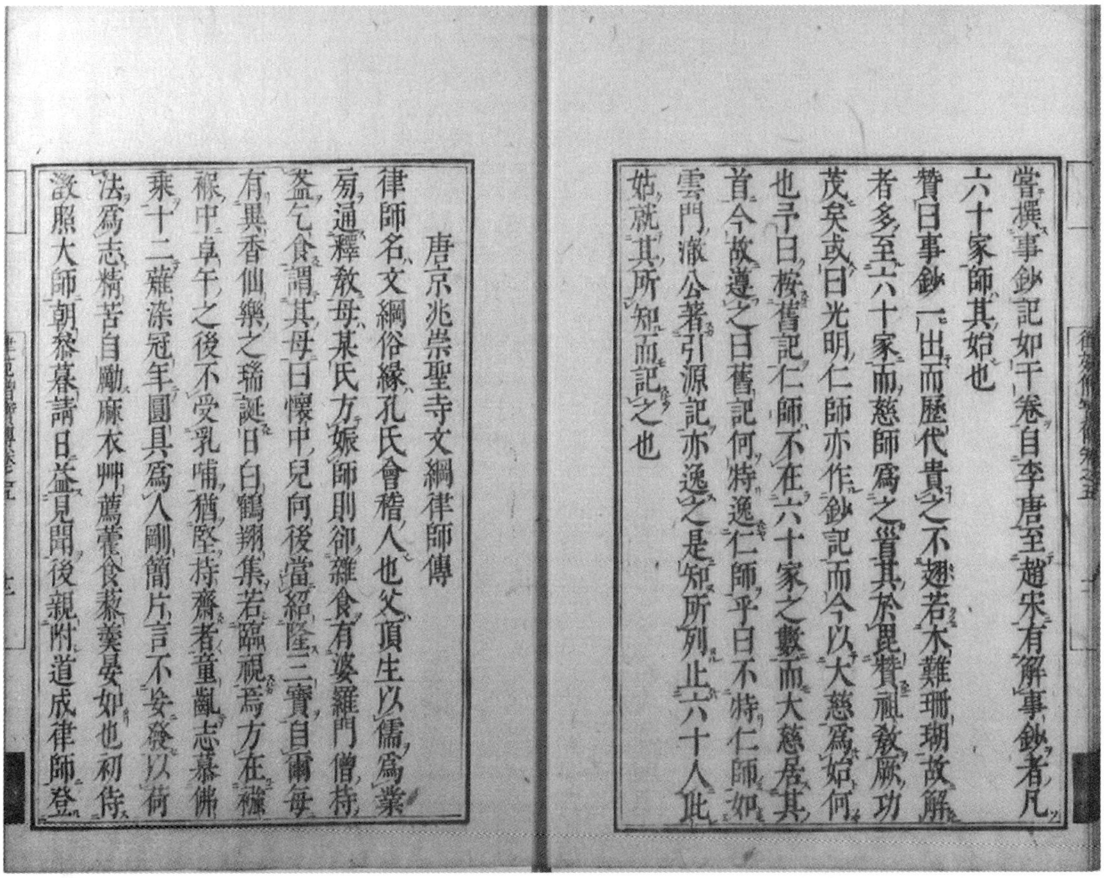

③12オ　③11ウ

嘗テ撰ス二事鈔記如干巻一ヲ。自二李唐一至テ二趙宋一ニ、有二解レ事鈔ヲ者ノ凡ソ六十家一。師ハ其ノ始也。

賛曰、事鈔一ヒ出テ、而歴代貴フコトレ之、不三翅タヾ若クノミ二木難珊瑚一。故ニ解スル者多シテ至ル二六十家一ニ。而シテ慈師為二之カ首一。其ノ於レ毘二賛スルニ祖教ヲ一厥ノ功茂也矣。或人ノ曰、光明ノ仁師亦作ル二鈔記一。而今以テ二大慈一為ルハレ始ト何ソヤ也。予曰ク、按スルニ二旧記一ヲ、仁師ハ不レ在ラ二六十家ノ之数一ニ。而モ大慈居ス二其ノ首一ニ。今故ニ遵フレ之。曰、旧記何ソ特リ逸スルヤ二仁師一乎。曰、不二特リ仁師一ノミ。如トキモ三雲門ノ澈公著スカ二引源記一ヲ亦逸スレ之。是ニ知ヌ所レ列ヌル止ルハ二六十人一ニ、此レ姑ク就テ二其ノ所レ知ル而記スルコトヲモレ之也。

「③11ウ

唐京兆崇聖寺文綱律師伝

律師名ハ文綱、俗縁ハ孔氏。会稽ノ人也。父ハ頂生。以レ儒ヲ為レ業、旁ラ通ス二釈教一ニ。母ハ某氏。方テ娠レ師、則却ク二雑食一ヲ。有二婆羅門僧ノ持シテレ鉢ヲ乞食スル一。謂テ二其ノ母ニ一曰、懐中ノ児、向後当ニ紹シテ二隆ス三宝一ヲ。自レ爾毎ニ有リ二異香仙楽ノ之瑞一。誕スル日、白鶴翔集シテ若シ二臨視スルカ一焉。方レ在ルニ二襁褓ノ中一ニ、卓午ノ後不レ受二乳哺一ヲ、猶ヲ堅ク持斎スル者ノゝ。童齓ニシテ志慕二仏乗一ヲ。十二ニシテ薙染、冠年ニシテ円具。為レ人剛簡、片言不二妄ニ発一セ。以レ荷レ法ヲ為レ志ト。精苦自励ス。麻衣・艸薦・藿食・藜羹、晏如タリ也。初侍ス二澂照大師一ニ。朝参暮請、日ニ益ス二見聞一ヲ。後親ニ附シ道成律師一ニ、登ル二

「③12オ

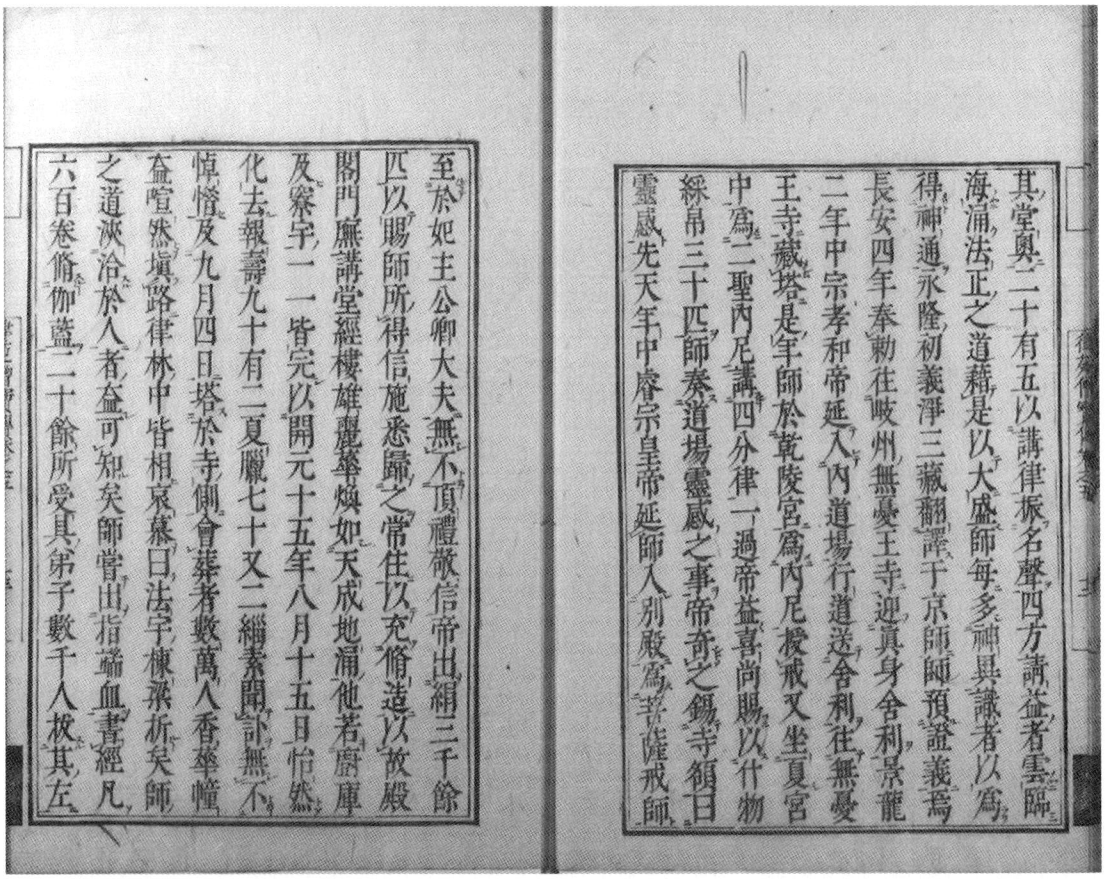

③13オ ③12ウ

其ノ堂奥一ニ。二十有五、以二講律一振二名声一ヲ。四方請益ノ者雲ノ如ニ臨ミ
海ノ如ニ涌ク。法正ノ之道藉レテ是以テ大ニ盛也。師毎ニ多二シ神異一。識者以為ラク
得二タリト神通一ヲ。永隆ノ初、義浄三蔵翻二訳ス于京師一ニ。師預ル二証義一ニ焉。
長安四年、奉レ勅往二岐州ノ無憂王寺一ニ、迎二フ真身舎利一ヲ。景龍
二年、中宗孝和帝延テ入二レテ内道場一行道。送二テ舎利一ヲ往二テ無憂
王寺一ニ蔵レメシム塔ニ。是ノ年、師於二乾陵宮一ニ為二メニ内尼一授レ戒。又坐二夏シ宮
中一、為二メニ二聖内尼一講二スルコト四分律一一過、帝益ミ喜尚、賜フニ以二ス什物
綵帛三十匹一ヲ。師奏二ス道場霊感ノ之事一ヲ。帝奇レ也トシテ之、錫二テ寺額一曰二
霊感一ト。先天年中、睿宗皇帝延レ師入二レ別殿一ニ為二ス菩薩戒師一ト。

」
③12ウ

至二ルマテ於妃主・公卿・大夫一ニ、無レシ不二ト云コト頂礼敬信一。帝出二シテ絹三千余
匹一以テ賜。師所レノ得信施、悉帰二シテ之ヲ常住一ニ、以テ充二ツ脩造一ニ。以レ故殿
閣・門廡・講堂・経楼雄麗華煥、如二シ天成地涌一ノ。他若二キ厨庫
及ヒ寮宇一ノ、一一皆完シ。以二開元十五年八月十五日一怡然トシテ
化去ル。報寿九十有二、夏臘七十又二。緇素聞レテ訃ヲ無レシ不二トイフコト
悼惜一セ。及二九月四日一ニ塔二ス於寺ノ側一ニ。会レ葬者数万人。香華幢
盖喧然トシテ塡レツ路ニ。律林ノ中皆相ヒ哀慕シテ曰ク、法宇ノ棟梁折ルト矣。師ノ
之道浹二治スル於人一ニ者ノ、盖シ可レ知ル矣。師嘗テ出二シテ指端血一ヲ書レコト経凡ソ
六百巻、脩二スルコト伽藍一ヲ二十余所、受具ノ弟子数千人。抜二スル其ノ左一ニ

」
③13オ

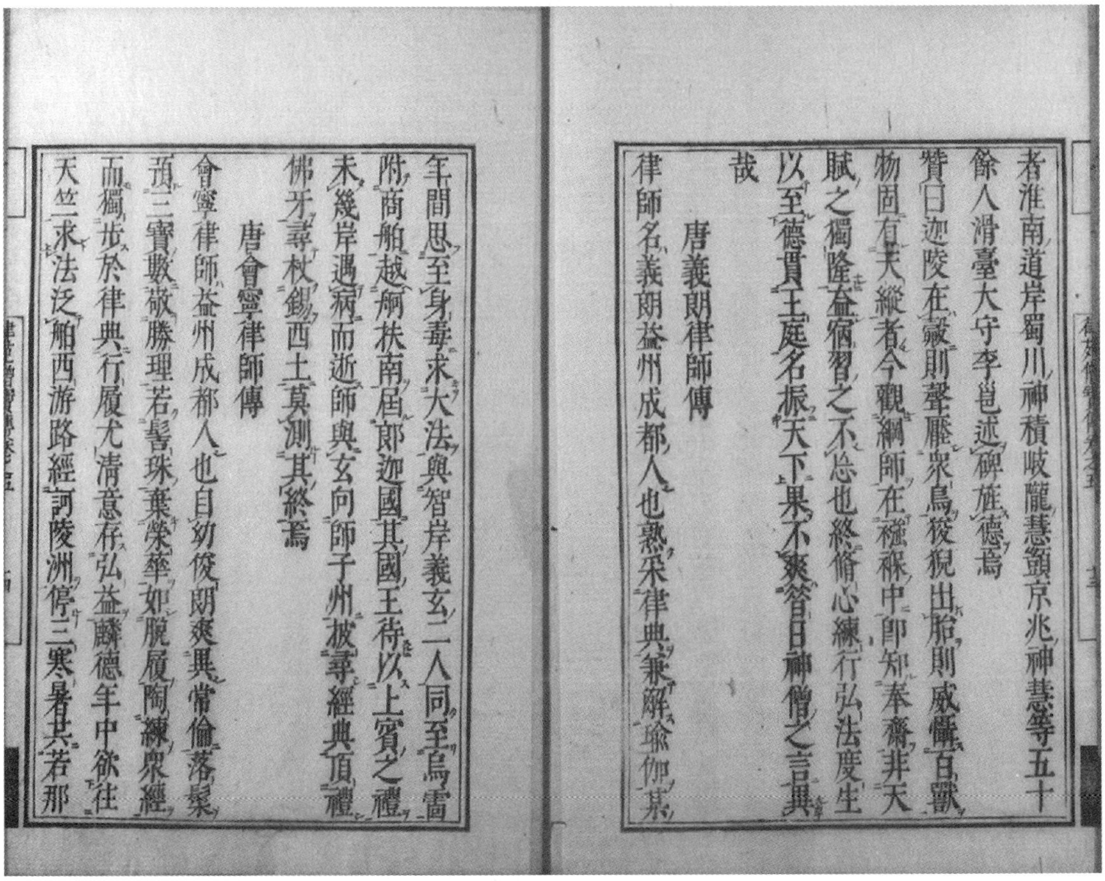

③14オ　③13ウ

者、淮南ノ道岸・蜀川ノ神積・岐隴ノ慧顗・京兆ノ神慧等五十余人。滑台大守李邕述シテ碑旌レ徳ヲ焉。

賛曰、迦陵在ハレ㲉ニ、則声圧シ二衆鳥一ヲ、狻猊出レハ胎ヲ、則威懾ス二百獣一ヲ。物固ニ有ル二天縦一者ノ也。今観ルニ二綱師一ヲ、在テ二襁褓ノ中一ニ即知ル二奉斎一ヲ。非ニ二天賦ノ之独隆ナルニ一、盍シ宿習ノ之不レ忘也。終ニ脩心練行、弘法度生、以テ至ル下徳貫ニ二王庭一、名振フニ中天下上ニ。果シテ不レ爽ハ二昔日神僧ノ之言一ニ。異ナルカナレ哉。

唐義朗律師伝

律師名ハ義朗、益州成都ノ人也。熟ク采ニ二律典一ヲ。兼テ解ス二瑜伽一ヲ。某ノ」③13ウ年間、思フ三至レ身毒ニ求ンコトヲ二大法一ヲ。与二智岸・義玄ノ二人一同ク至リ二烏雷一、附テ二商舶ニ一越ヘ二舸扶南一ヲ、届ル二郎迦國一ニ。其ノ國ノ王待スルニ以ス二上賓ノ之礼一ヲ。未タ幾岸遇テレ病ニ而逝ス。師与ニ二玄向一師子州一ニ。披二尋シ経典一、頂二礼シ仏牙一ヲ、尋テ杖ク二錫ヲ西土一ニ。莫レ測ルコト二其ノ終一焉。

唐会寧律師伝

会寧律師ハ、益州成都人也。自レ幼俊朗、爽ニ異也常倫ニ。落髪シテ預ル二三宝ノ数一ニ。敬コト二勝理一若ク二髻珠一ノ、棄ルコト二栄華一ヲ如シ二脱履一ノ。陶二練シテ衆経一ヲ、而モ独ニ歩ス於律典一ニ。行履尤清、意存ス二弘益一ヲ。麟徳年中、欲下往二天竺ニ一求ント上法。泛テレ舶西游、路経二訶陵洲一ヲ。停ルコト二三寒暑、共ニ二若那」③14オ

跋陀羅於阿笈摩經内譯出如來涅槃焚身之事斯
與大乗涅槃頗不相渉譯畢令弟子運期奉齋經還
至交州師遊西域義鳳初期奉表進經入京自是流
布東夏云
唐曇光律師傳
律師名曇光荊州江陵人也落髪之後適京師投誠
律師爲室灑戒行清謹學兼内外善談論多文采慕
竺乾佛法航海南遊至訶利雞羅國後不知所終
唐玄逵律師傳

③14ウ

玄逵律師者潤州江寧人也童子離塵慧性邁倫及
進具後博究經律洞明宗要常以禪寂爲務旁翫文
什艸隷尤精又篤于杜多之行常坐不臥行乞自資
精苦律身始終一節道俗悦慕願見想望風采師求
法懇惻忘身徇道志欲躬覩聖跡杖錫西邁及至廣
州染疾而化
唐智弘律師傳
律師名智弘洛陽人王玄策之姪也年甫弱冠志求
玄微遂往少林山飡松服餌灑然於塵壒之表樂誦

③15オ

跋陀羅一ト、於二阿笈摩経ノ内一ニ訳二出ス如来涅槃焚身ノ之事一ヲ。斯レ与二大乗涅槃一、頗ル不二相渉一ラ。訳シ畢テ、令下弟子運期ヲシテ奉シ二齋経一ヲ還中至ラ交州上ニ。師ハ遊二西域一ニ、義鳳ノ初期奉リレ表ヲ、進メテレ経入レ京ニ。自レ是流二布ス東夏一ニ云。

唐曇光律師伝

律師名ハ曇光、荊州江陵ノ人也。落髪ノ之後、適キ二京師一ニ投シテ二誠律師一ニ為二室灑一ト。戒行清謹ニシテ学兼ヌ二内外一ヲ。善ク二談論一多シ二文采一。慕テ二竺乾ノ仏法一ヲ、航シテレ海ニ南遊、至ル二訶利雞羅國一ニ。後不レ知レ所レ終。

唐玄逵律師伝

」③14ウ

玄逵律師ハ者、潤州江寧ノ人也。童子ニシテ離レ塵、慧性邁倫也。及二進具ノ後一ニ、博ク究メ二経律一ヲ、洞二明ス宗要一ヲ。常ニ以二禅寂一ヲ為レ務、旁ラ翫二文什一、艸隷尤精シ。又篤シ二于杜多ノ之行一ニ。常坐不臥、行シテレ乞自資、精苦律身、終始一節也。道俗悦慕シテ願ヒレ見コトヲ、想二望ム風采一ヲ。師求コトレ法懇惻、忘レ身徇フレ道ニ。志ニ欲シ躬ラ睹ントレ二聖跡一ヲ、杖テレ錫西邁、及レ至ルニ二広州一ニ、染テレ疾ニ而化。

唐智弘律師伝

律師名ハ智弘、洛陽ノ人。王玄策之姪也。年甫二弱冠一ニ、志求二玄微一。遂ニ往テ二少林山一ニ飡レ松服レ餌。灑二然タリ於塵壒ノ之表一ニ。楽レ誦スルコトヲ二

」③15オ

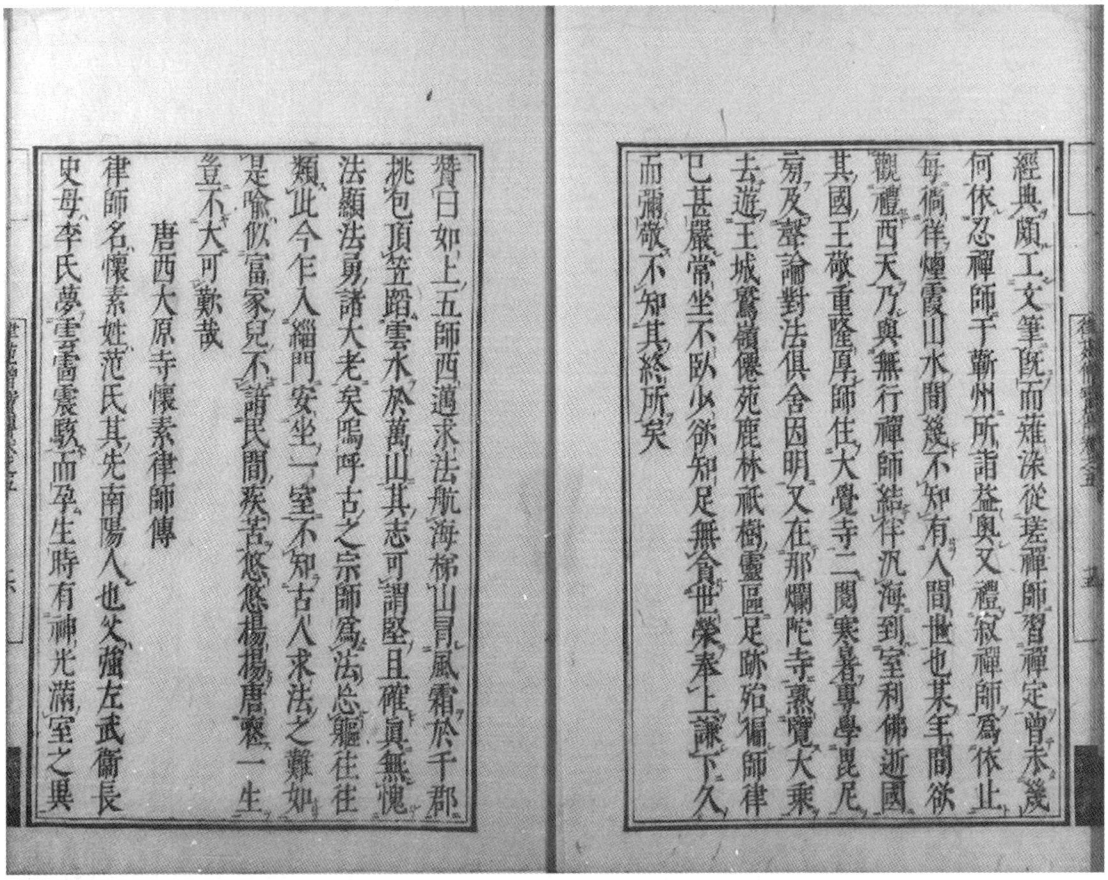
經典頗工文筆既而薙染從瑳禪師習禪定曾未幾
何依忍禪師于蘄州所詣益奥又禮寂禪師爲依止
毎徜徉煙霞山水間幾不知有人間世也某年間欲
觀禮西天乃與無行禪師結伴汎海到室利佛逝國
其國王敬重隆厚師住大覺寺二閲寒暑專學毘尼
旁及聲論對法倶舍因明又在那爛陀寺熟覽大乘
去遊王城鷲嶺僊苑鹿林祇樹靈區足跡殆徧師律
己甚嚴常坐不臥少欲知足無貪世榮奉上謙下久
而彌敬不知其終所矣

賛曰如上五師西邁求法航海梯山冐風霜於千郡
挑包頂笠蹈雲水於萬山其志可謂堅且確眞無愧
法顯法勇諸大老矣嗚呼古之宗師爲法忘軀往往
類此今乍入緇門安坐一室不知古人求法之難如
是喩似富家兒不諳民間疾苦悠悠揚揚唐喪一生
豈不大可歎哉
唐西大原寺懷素律師傳
律師名懷素姓范氏其先南陽人也父強左武衛長
史母李氏夢雲雷震駭而孕生時有神光滿室之異

③15ウ ③16オ

経典ヲ、頗ル工二也文筆一ニ。既ニシテ而薙染、従二瑳禅師ニ一習二禅定ヲ一。曾テ未ダ幾
何一、依二忍禅師ニ于蘄州一ニ。所詣益〻奥シ。又礼シテ二寂禅師ヲ一為二依止一ト。
毎ニ徜二徉シテ煙霞山水ノ間一、幾ント不レ知レ有ルコトヲ二人間世一也。某ノ年間、欲
レ観二礼セント西天ヲ一。乃シ与二無行禅師一結ンテレ伴汎レ海ニ、到二ル室利仏逝國一ニ。
其ノ國ノ王敬重隆厚也。師住シテ二大覚寺ニ一二ヒ閲ス二寒暑ヲ一。専学ス二毘尼ヲ一、
旁フ及フ二声論・対法・倶舎・因明ニ一。又在テ二那爛陀寺ニ一熟ニ覧ス二大乗ヲ一。
去テ遊フ二王城・鷲嶺・僊苑・鹿林・祇樹ノ霊区ニ一。足跡殆ト徧シ。師律
レ己甚厳也。常坐不臥、少欲知足、無レ貪ルコト二世栄ヲ一。奉レ上謙シレ下ニ、久シテ
而弥〻敬ス。不レ知二其ノ終所ヲ一矣。

賛曰、如上ノ五師、西邁求法、航レ海梯レ山、冒シ二風霜ヲ於千郡一ニ、
挑レ包頂レ笠、踏ム二雲水ヲ於万山一ニ。其ノ志可レ謂堅シテ且確シト。真ニ無シレ愧ルコト二
法顕・法勇ノ諸大老ニ一矣。嗚呼古ノ之宗師、為メニレ法ノ忘ルレ躯ヲコト、往往
類スレ此。今乍入二緇門ニ一、安二坐シテ一室ニ一、不レ知ラ二古人求法ノ之難如ナルコトヲ一
レ是。喩ハ似タリ二富家ノ児ノ不ルニレ諳ラ二民間ノ疾苦ヲ一。悠悠揚揚トシテ唐ニ喪ス二一生ヲ一。
豈ニ不二ンヤ大ニ可一レ歎哉。

唐西大原寺懐素律師伝

律師名ハ懐素、姓ハ范氏。其ノ先南陽人也也。父ハ強左武衛長
史、母ハ李氏。夢テ二雲雷震駭スト一而孕ム。生時有二神光満ルレ室之異一。

③15ウ

③16オ

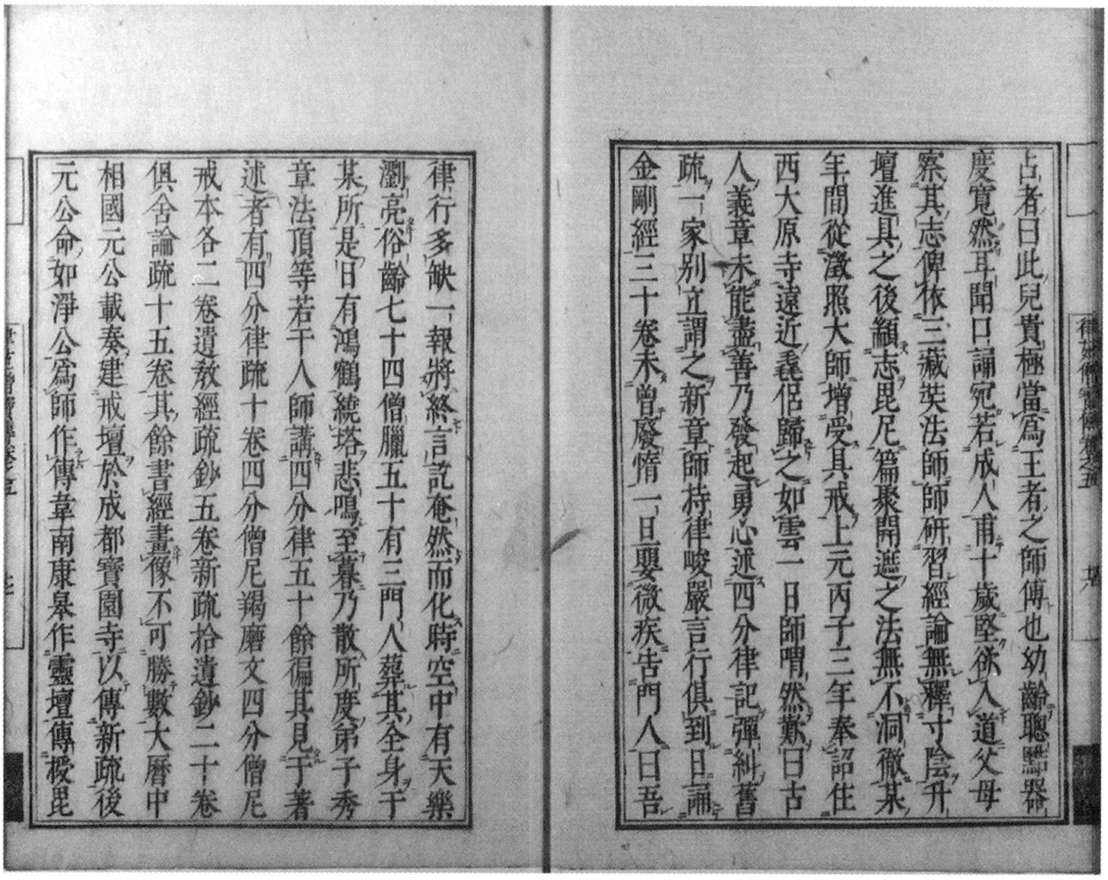

③17オ　③16ウ

占者ノ曰、此ノ児貴極、当ニレ為ニ王者ノ之師伝ト一也。幼齢ニシテ聡黠、器
度寛然タリ。耳聞口誦、宛カ若シ二成人一。甫ンテ二十歳ニ一堅ク欲レ入ントレ道ニ。父母
察シテ二其ノ志一、俾レ依二三蔵奘法師ニ一。師研二習シ経論一、無シレ釈コト二寸陰ヲ一。升
壇進具ノ之後、顓ニス二志ヲ毘尼ニ一。篇聚開遮ノ之法、無レ不ト云コト二洞徹セ一。某ノ
年間、従二澂照大師ニ一増二受ス具戒ヲ一。上元丙子三年、奉レ詔住二
西大原寺一。遠近ノ毳侶帰スルコトレ之ニ如レ雲。一日師喟然トシテ歎シテ曰、古
人ノ義章未タレ能ストレ尽コトレ善。乃発シ二起勇心一述ス二四分律記ヲ一。弾二糾シテ旧
疏ヲ一一家別立。謂二之ヲ新章ト一。師持律峻厳、言行倶ニ到ル。日ニ誦スルコト二
金剛経一三十巻、未タ二曾テ廃惰一。一旦嬰二微疾ニ一。告二門人ニ一曰、吾レ

律行多欠。一報将ニスレ終ント。言訖奄然トシテ而化ス。時ニ空中有二天楽
瀏亮タルコト一。俗齢七十四、僧臘五十有三。門人葬ル二其ノ全身ヲ于
某ノ所ニ一。是ノ日有二鴻鶴一。繞レ塔ヲ悲鳴シ、至テレ暮ニ乃散ス。所度ノ弟子秀
章・法頂等若干人。師講スルコト二四分律一五十余徧。其見タル二于著
述ニ一者、有リ二四分律疏十巻、四分僧尼羯磨文・四分僧尼
戒本、各二巻。遺教経疏鈔五巻・新疏拾遺鈔二十巻・
倶舎論疏十五巻一。其ノ余、書レ経画スルコトレ像不レ可二勝テ数一。大暦中、
相國元公載奏シテ建二戒壇ヲ於成都宝園寺ニ一、以テ伝二新疏一。後
元公命シテ二如浄公ニ一為レ師作ラシムレ伝。韋南康皋作二霊壇一、伝二授毘

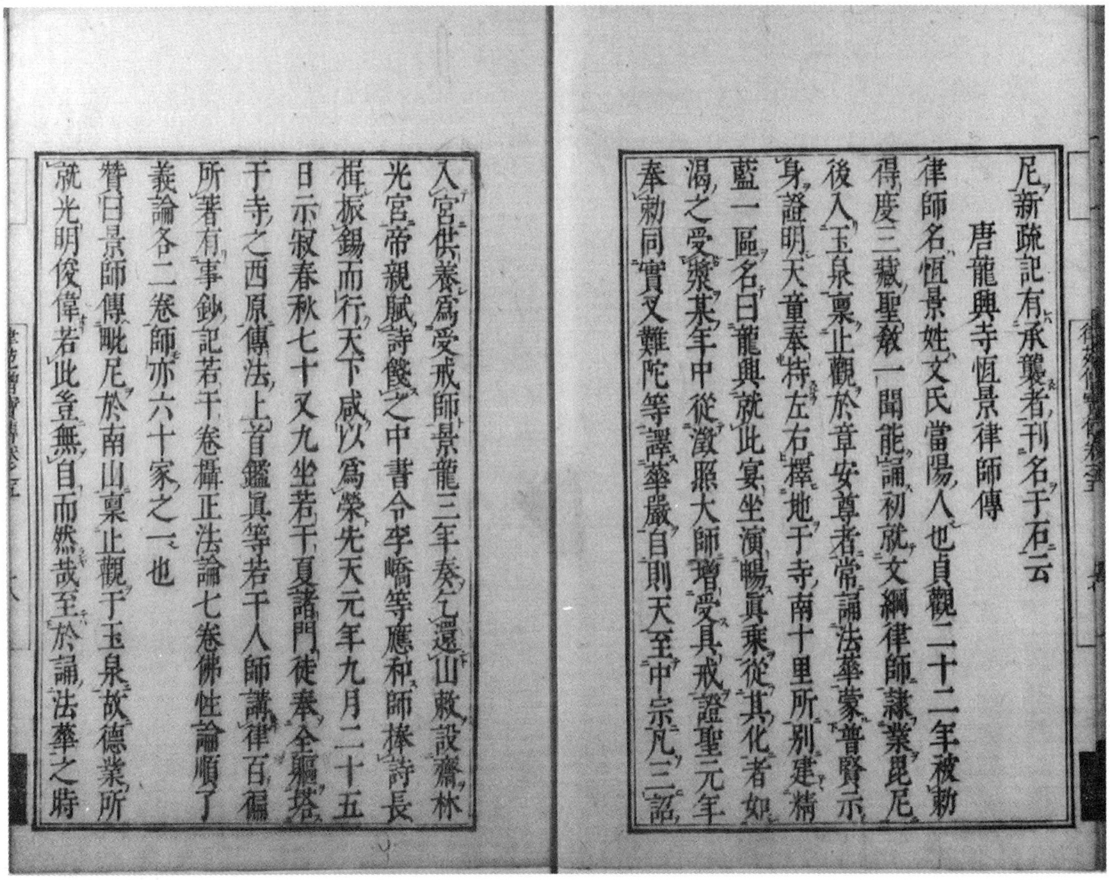
尼新疏記有承襲者刊名于石云
唐龍興寺恒景律師傳
律師名恒景姓文氏當陽人也貞觀二十二年被勅
得度三藏聖教一聞能誦初就文綱律師隷業毘尼
後入玉泉稟止觀於章安尊者常誦法華蒙普賢示
身證明天童奉持左右擇地于寺南十里所別建精
藍一區名曰龍興就此宴坐演暢眞乘從其化者如
渴之受漿某年中從瀲照大師增受具戒證聖元年
奉勅同實叉難陀等譯華嚴自則天至中宗凡三詔
入宮供養爲受戒師景龍三年奏乞還山勅設齋林
光宮帝親賦詩餞之中書令李嶠等應和師捧詩長
揖振錫而行天下咸以爲榮先天元年九月二十五
日示寂春秋七十又九坐若干夏諸門徒奉全軀塔
于寺之西原傳法上首鑑眞等若干人師講律百徧
所著有事鈔記若干卷攝正法論七卷佛性論順了
義論各二卷師亦六十家之一也
贊曰景師傳毘尼於南山稟止觀于玉泉故德業所
就光明俊偉若此豈無自而然哉至於誦法華之時

③18オ　③17ウ

尼一ヲ。新疏記有レハ二承襲スル者一ノ、刊二名ヲ于石一ニ云。

唐龍興寺恒景律師伝

律師名ハ恒景、姓ハ文氏。当陽ノ人也也。貞観二十二年、被レ勅
得度。三蔵ノ聖教一聞能ク誦ス。初就テ二文綱律師一ニ隷フ二業ヲ毘尼一ニ。
後入リ二玉泉一、稟ク二止観ヲ於章安尊者一ニ。常ニ誦二法華一、蒙ル下普賢示シテ
レ身ヲ証明シ、天童奉中持スルコトヲ左右上ニ。択ヒ二地ヲ于寺ノ南十里所一ニ、別ニ建テ二、精
藍一区一ヲ、名テ曰二龍興一。就レ此宴坐、演二暢ス真乗一ヲ。従フ二其ノ化一ニ者、如シ二
渇ノ之受ルカレ漿ヲ。某ノ年中、従テ二激照大師一ニ増二受ス具戒一ヲ。証聖元年、
奉レ勅同二実叉難陀等一訳ス二華厳一ヲ。自二則天一至テ二中宗一ニ、凡ソ三ヒ詔シテ
入レテ宮ニ供養シ、為二受戒師一ト。景龍三年、奏シテ乞レ還ンレト山。勅シテ設二斎ヲ林
光宮一ニ、帝親賦シテレ詩餞スレ之。中書令李嶠等応和ス。師捧レ詩長
揖シ、振レ錫而行ク。天下咸ク以為レ栄ト。先天元年九月二十五
日示寂。春秋七十又九、坐若干夏。諸門徒奉シテ二全軀ヲ一塔ス二
于寺ノ之西原一ニ。伝法ノ上首、鑑真等若干人。師講スルコトレ律百編。
所レ著有リ二事鈔ノ記若干巻・摂正法論七巻・仏性論・順了
義論、各二巻一。師モ亦六十家ノ之一也也。
賛曰、景師伝ヘ二毘尼ヲ於南山一ニ、稟二止観ヲ于玉泉一ニ。故ニ徳業ノ所
レ就、光明俊偉ナルコト若レ此。豈ニ無シテレ自コト而然ランヤ哉。至テハ下於誦ノ二法華一之時、

└③18オ

└③17ウ

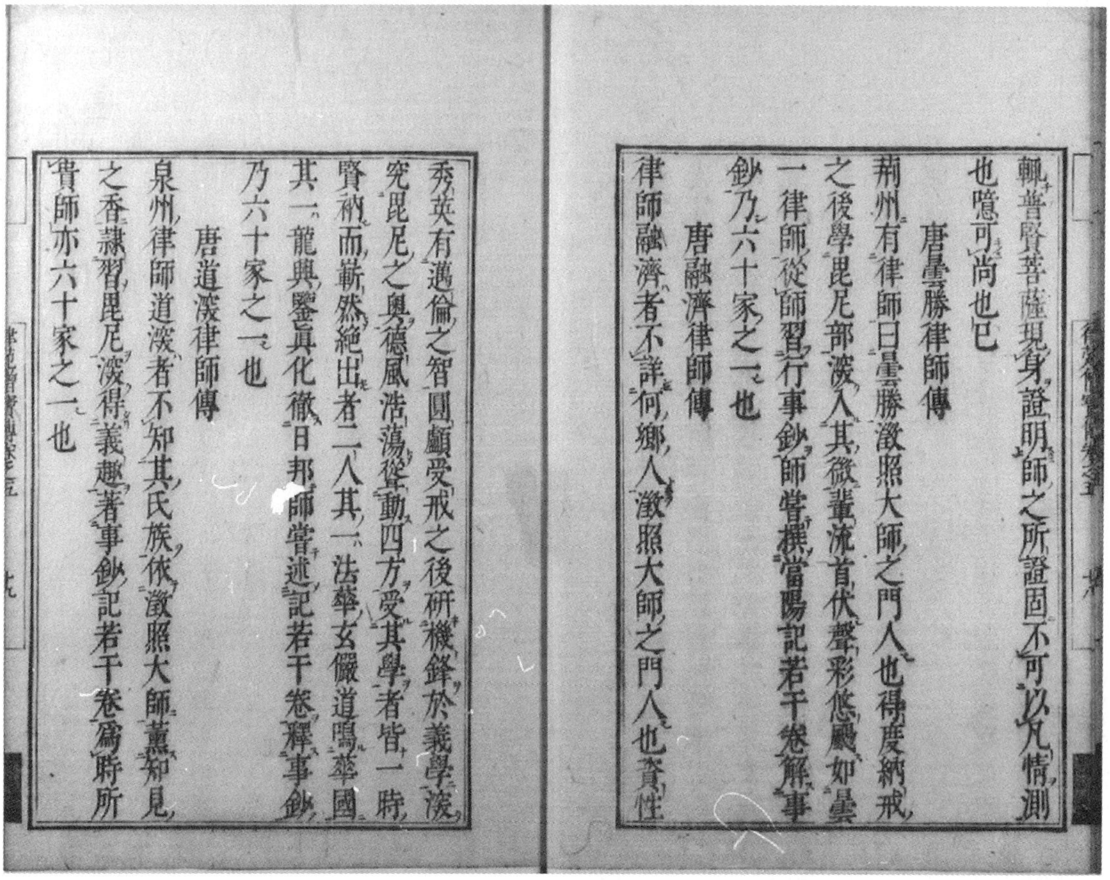

③19オ　③18ウ

輒チ普賢菩薩現レシテ身ヲ證明上スルニ、師ノ之所證固ニ不レ可ニ以レ凡情ヲ測一
也。噫可レキノミ尚也已。

唐曇勝律師伝

荊州ニ有ニ律師一。日ニ曇勝一。澂照大師ノ之門人也。得度納戒ノ
之後学ニ毘尼部一、深ク入ルニ其ノ微一ニ。輩流首伏シ、声彩悠颺ス。如ニ曇
一律師一ノ、従レ師習ニ行事鈔一ヲ。師嘗テ撰ニシテ当陽記若干巻一解ニスル事
鈔一ヲ。乃シ六十家ノ之一也也。

唐融済律師伝

律師融済ハ者、不レ詳ニンセ何ノ郷ノ人一トコトヲ。澂照大師ノ之門人也也。資性

③18ウ

秀英、有ニ邁倫ノ之智一。円顱受戒之後、研ニキ機鋒ヲ於義学一ニ、深ク
究ニ毘尼ノ之奥一ヲ。徳風浩蕩トシテ聳ニ動ス四方一ヲ。受ルニ其学一ヲ者皆ナ一時ノ
賢衲也。而シテ嶄然トシテ絶出セル者二人。其ノ一ハ法華ノ玄儼、道鳴ル華國一ニ。
其ノ一ハ龍興ノ鑑真、化徹スニ日邦一ニ。師嘗テ述ニシテ記若干巻一ヲ釈ニス事鈔一ヲ。
乃六十家之一也也。

唐道深律師伝

泉州ノ律師道深ハ者、不レ知ニ其ノ氏族一ヲ。依テ澂照大師ニ薫ニス知見ノ
之香一ニ。隷ニ習シテ毘尼一ヲ深ク得タリニ義趣一ヲ。著ニ事鈔ノ記若干巻一、為レ時所
レ貴。師亦六十家之一也也。

③19オ

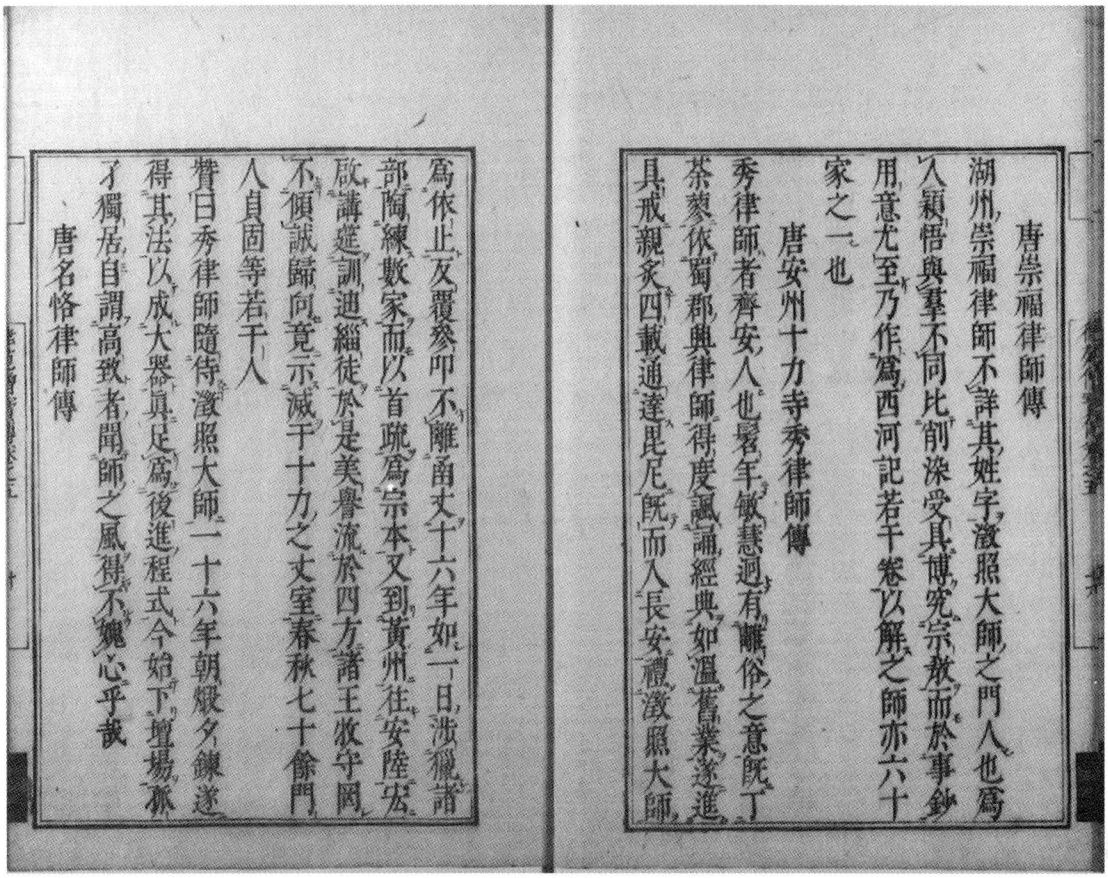
唐崇福律師傳
湖州崇福律師不詳其姓字澂照大師之門人也爲人穎悟與羣不同比削染受具博究宗教而於事鈔用意尤至乃作爲西河記若干卷以解之師亦六十家之一也
唐安州十力寺秀律師傳
秀律師者齊安人也髫年敏慧迥有離俗之意既丁荼蓼依蜀郡興律師得度諷誦經典如溫舊業遂進具戒親炙四載通達毘尼既而入長安禮澂照大師爲依止反覆參叩不離函丈十六年如一日涉獵諸部陶練數家而以首疏爲宗本又到黃州往安陸宏啓講筵訓迪緇徒於是美譽流於四方諸王牧守罔不傾誠歸向竟示滅于十力之丈室春秋七十餘門人貞固等若干人
賛曰秀律師隨侍澂照大師一十六年朝煆夕鍊遂得其法以成大器真足爲後進程式今始下壇場孤孑獨居自謂高致者聞師之風得不愧心乎哉
唐名恪律師傳

③20オ　③19ウ

唐崇福律師伝

湖州ノ崇福律師、不レ詳ニ其ノ姓字ヲ一。澂照大師ノ之門人也。為レ人穎悟、与レ群不レ同。比テ削染受具ニ一、博ク究ム二宗教ヲ一。而モ於二事鈔一用意尤至レリ。乃作ニ為シテ西河記若干巻ヲ一以解ス之。師亦六十家之一也也。

唐安州十力寺秀律師伝

秀律師ハ者、斉安ノ人也也。髫年ニシテ敏慧、迥トシテ有リ二離俗ノ之意一。既ニ丁ニ二荼蓼ニ一。依テ二蜀郡ノ興律師ニ一得度、諷二誦シテ経典ヲ一如レ温カ二旧業ヲ一。遂ニ進ム二具戒ニ一。親炙スルコト四載、通二達ス毘尼ニ一。既ニシテ而入二長安ニ一、礼シテ二澂照大師ヲ一

為二依止一ト。反覆参叩、不ルコトレ離レ二函丈ヲ一十六年如シ二一日一ノ。渉二猟シ諸部ニ一、陶二練ス数家ヲ一。而モ以二首疏ヲ一為二宗本一ト。又到リ二黄州ニ一、往キ二安陸ニ一、宏ニ啓キ二講筵ヲ一訓二迪ス緇徒ヲ一。於レ是美誉流ル二於四方ニ一。諸王牧守罔シレ不トイフコト二傾レ誠帰向一セ。竟ニ示ス二滅ヲ于十力ノ之丈室ニ一。春秋七十余。門ノ人貞固等若干人。

賛曰、秀律師随ニ侍スルコト澂照大師ニ一一十六年。朝煆夕錬、遂ニ得二其ノ法ヲ一、以テ成ス二大器ヲ一ト。真ニ足レリレ為ルニ二後進ノ程式一ト。今始テ下リ二壇場ヲ一、孤孑独居シテ自謂ミ二高致ト一者ノ、聞テ二師ノ之風ヲ一得ンヤレ不ルコトヲレ愧レ心ニ乎哉。

唐名恪律師伝

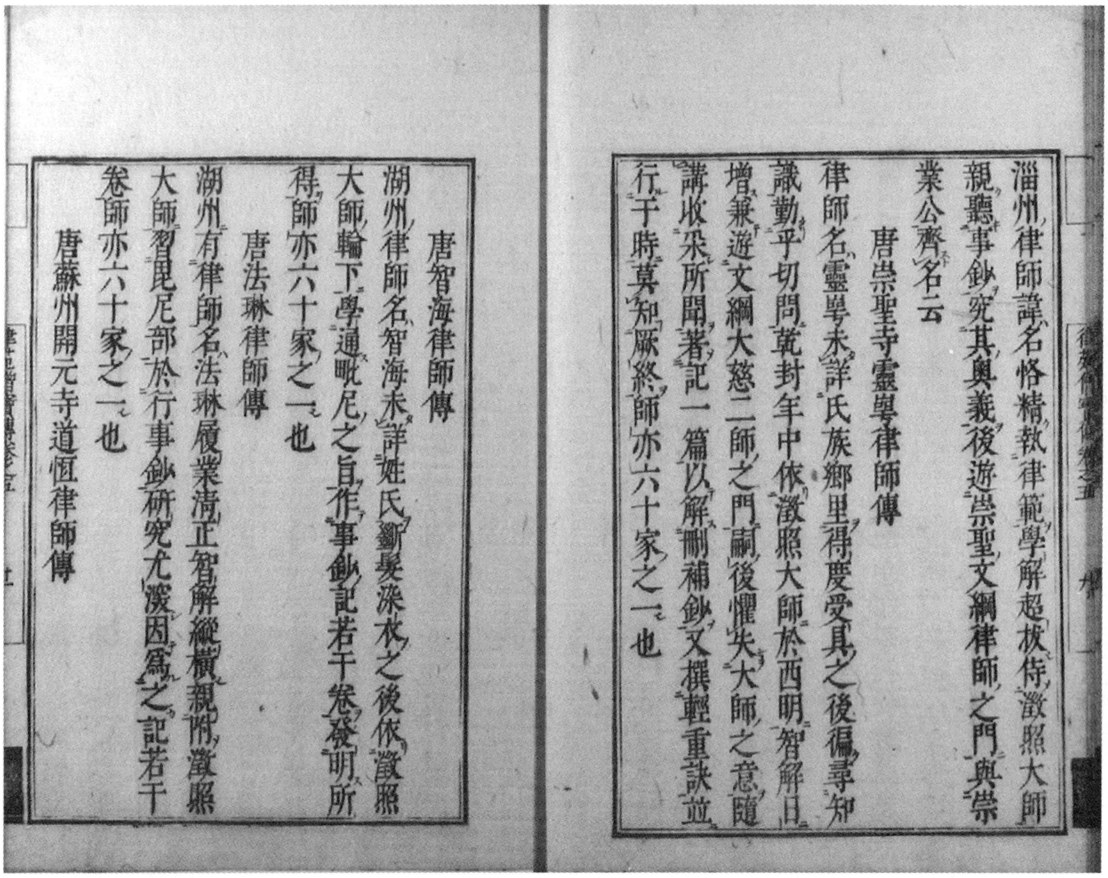

③21オ　③20ウ

淄州ノ律師、諱ハ名恪。精ク執二律範一ヲ、学解超抜也。侍二シテ瀓照大師一
親ク聴キ二事鈔一ヲ、究二其ノ奥義一ヲ。後遊二崇聖ノ文綱律師ノ之門人一ニ、与二崇
業公一斉レスト名云。

唐崇聖寺霊崿律師伝

律師名ハ霊崿、未タレ詳二氏族郷里一ヲ。得度受具ノ之後、偏ク尋二知
識一、勤タリ二乎切問一ニ。乾封年中、依リ二瀓照大師ニ於西明一ニ、智解日ニ
増ス。兼テ遊二文綱・大慈二師ノ之門一ニ。嗣ノ後懼レ失シコトヲ二大師ノ之意一ヲ、随
レ講収二采シ所聞一ヲ、著シテ二記一篇一以テ解ス二刪補鈔一ヲ。又撰二軽重訣一。並ニ
行ル二于時一ニ。莫レ知コト二厥終一ヲ。師亦六十家ノ之一也也。

└
③20ウ

唐智海律師伝

湖州ノ律師、名ハ智海。未タレ詳二姓氏一ヲ。断髪染衣ノ之後、依リ二瀓照
大師ノ輪下一ニ、学二通ス毘尼ノ之旨一ヲ。作テ二事鈔ノ記若干巻一ヲ、発二明ス所
得一ヲ。師亦六十家ノ之一也也。

唐法琳律師伝

湖州ニ有二律師一。名ハ法琳。履業清正、智解縦横也。親二附シテ瀓照
大師ニ一習二毘尼部一。於二行事鈔一研究尤深シ。因テ為ルニ之カ記若干
巻一。師亦六十家ノ之一也也。

唐蘇州開元寺道恒律師伝

└
③21オ

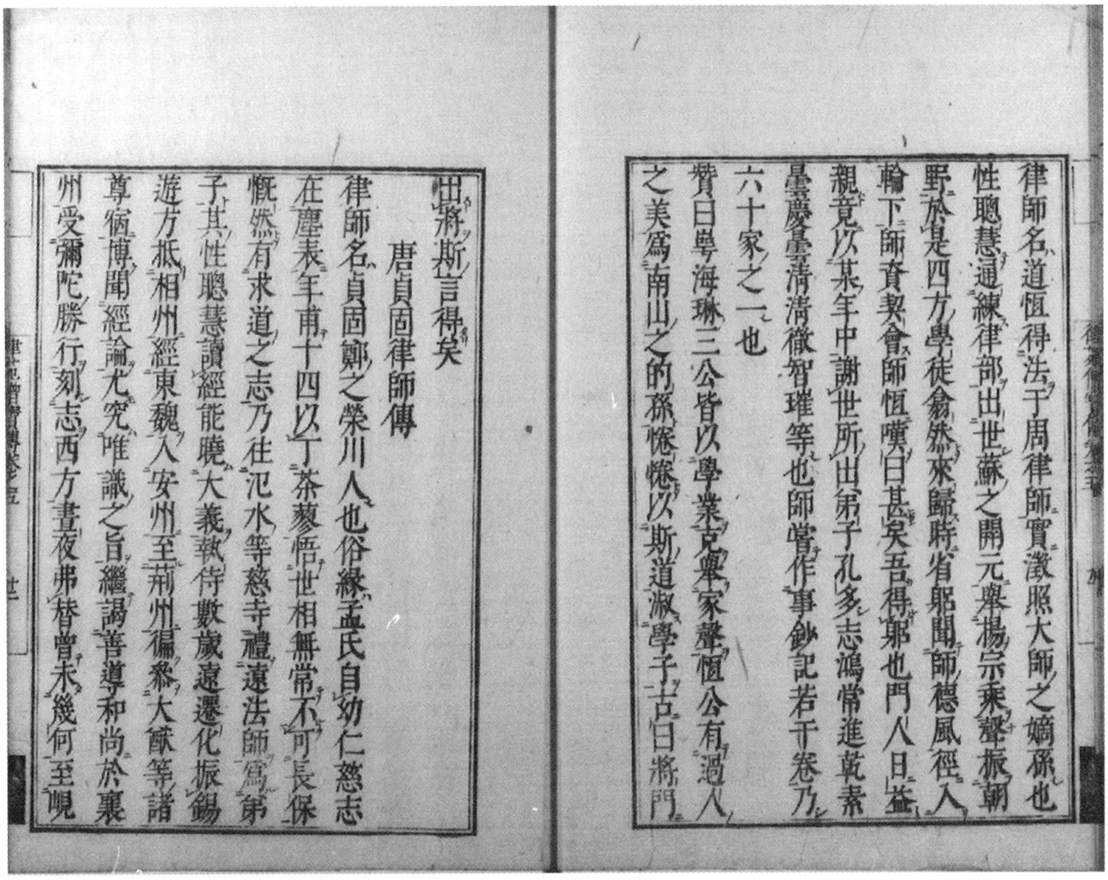

③22オ　③21ウ

律師名ハ道恒、得二法ヲ于周律師一ニ。実ニ澂照大師ノ之嫡孫也也。
性聡慧ニシテ通二練ス律部一ヲ。出二世シ蘇ノ之開元一ニ、挙二揚シテ宗乗一ヲ、声ナ振二フ朝
野一ニ。於レ是四方ノ学徒、翕然トシテ来帰ス。時ニ省躬聞二テ師ノ徳風一、径ニ入二リ
輪下一ニ、師資契会ス。師恒ニ嘆シテ曰、甚ヒカナ矣。吾カ得レルコト躬也。門人日ニ益ミ
親ムト。竟ニ以二某ノ年中一謝レ世。所レノ出弟子孔多シ。志鴻・常進・乾素・
曇慶・曇清・清徹・智璀等也也。師嘗テ作二事鈔記若干巻一。乃シ
六十家ノ之一也也。
賛曰、愕海琳三公、皆以二学業一ヲ克ク挙二ク家声一ヲ。恒公有二テ過人ノ
之美一、為二南山ノ之的孫一ト。惓惓トシテ以二斯ノ道一淑二ス学子一ヲ。古ニ曰、将門ニ

」③21ウ

出レスト将ヲ。斯ノ言得タリ矣。

唐貞固律師伝

律師名ハ貞固、鄭ノ之栄川人也也。俗縁ハ孟氏。自レ幼仁慈、志
在二塵表一ニ。年甫テ十四、以レ丁二茶蓼一、悟二テ世相無常ニシテ不レルコトヲ可二長保一、
慨然トシテ有二求道ノ之志一。乃往二汜水ノ等慈寺一、礼二シテ遠法師一ヲ為二ル弟
子一ト。其ノ性聡慧、読レ経能暁二ム大義一ヲ。執侍数歳、遠遷化。振レ錫
遊方、抵二リ相州一ニ経二東魏一ヲ、入二安州一ニ至二ル荊州一ニ。偏ク参二シテ大猷等ノ諸
尊宿一ニ、博ク聞二経論一ヲ。尤モ究二ム唯識ノ之旨一ヲ。継テ謁二善導和尚ニ於襄
州一、受二弥陀ノ勝行一ヲ。刻二シ志ヲ西方一、昼夜弗レ替。曾テ未二タ幾何一、至二峴

」③22オ

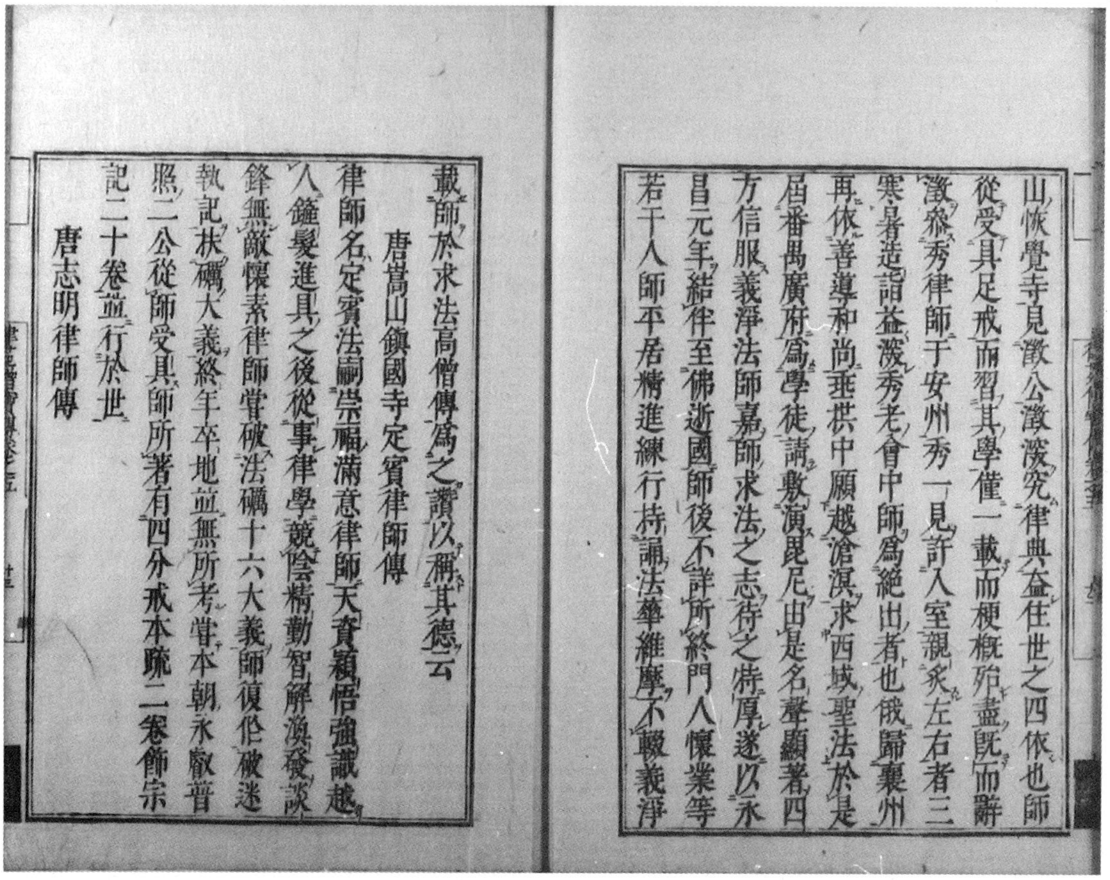
山恢覺寺見澂公澂深究律典益住世之四依也師
從受具足戒而習其學僅一載而梗概殆盡既而辭
澂叅秀律師于安州秀一見許入室親炙左右者三
寒暑造詣益深秀老會中師爲絶出者也俄歸襄州
再依善導和尚垂拱中願越滄溟求西域聖法於是
届番禺廣府爲學徒請敷演毘尼由是名聲顯著四
方信服義淨法師嘉師求法之志待之特厚遂以永
昌元年結伴至佛逝國師後不詳所終門人懷業等
若干人師平居精進練行持誦法華維摩不輟義淨

載師於求法高僧傳爲之讃以稱其德云
唐嵩山鎭國寺定賓律師傳
律師名定賓法嗣崇福滿意律師天資穎悟强識越
人鑣髮進具之後從事律學兢陰精勤智解渙發談
鋒無敵懷素律師嘗破法礪十六大義師復修破迷
執記扶礪大義終年卒地並無所考嘗本朝永叡普
照二公從師受具師所著有四分戒本疏二卷飾宗
記二十卷並行於世
唐志明律師傳

③23オ　③22ウ

山ノ恢覚寺一見二澂公一。澂深ク究ム二律典一。盍シ住世ノ之四依也也。師
従テ受テ二具足戒一而習フ二其ノ学一。僅ニ一載ニシテ而梗概殆ント尽ク。既ニシテ而辞
レ澂ヲ参ス二秀律師ニ于安州一。秀一見シテ許ス二入室一。親ニ炙スル左右一者三
寒暑、造詣益ミ深シ。秀老ノ会中、師ヲ為ス二絶出ノ者ト一也。俄ニ帰ル二襄州一、
再ヒ依ル二善導和尚ニ一。垂拱中、願下越ニ滄溟ヲ一求中西域ノ聖法上。於レ是
届ル二番禺広府ニ一。為メニ二学徒ノ請ラレ一敷ニ演ス毘尼ヲ一。由レ是名声顕著シテ四
方信服ス。義浄法師嘉シテ二師ノ求法ノ之志ヲ一、待レ之特ニ厚シ。遂ニ以二永
昌元年ヲ一、結レ伴至ル二仏逝國ニ一。師後不レ詳レ所レ終。門人懐業等
若干人。師平居精進練行、持二誦シテ法華・維摩ヲ一不レ輟。義浄

載セ二師ヲ於求法高僧伝一為二之カ讃一、以テ称スト二其徳ヲ一云。

唐嵩山鎮國寺定賓律師伝

律師名ハ定賓、法嗣ニ崇福ノ満意律師ニ一。天資穎悟、強識越タリ
レ人ニ。鑣髪進具ノ之後、従二事シ律学ニ一、競テレ陰精勤、智解渙発シテ談
鋒無シレ敵。懐素律師嘗破ス二法礪十六大義ヲ一。師復修二破迷
執記ヲ一、扶ク二礪ノ大義ヲ一。終年卒地並ニ無レ所レ考ル。嘗テ本朝ノ永叡・普
照ノ二公、従レ師受具ス。師所レ著有二四分戒本疏二巻・飾宗
記二十巻一、並ニ行ニ於世ニ一。

唐志明律師伝

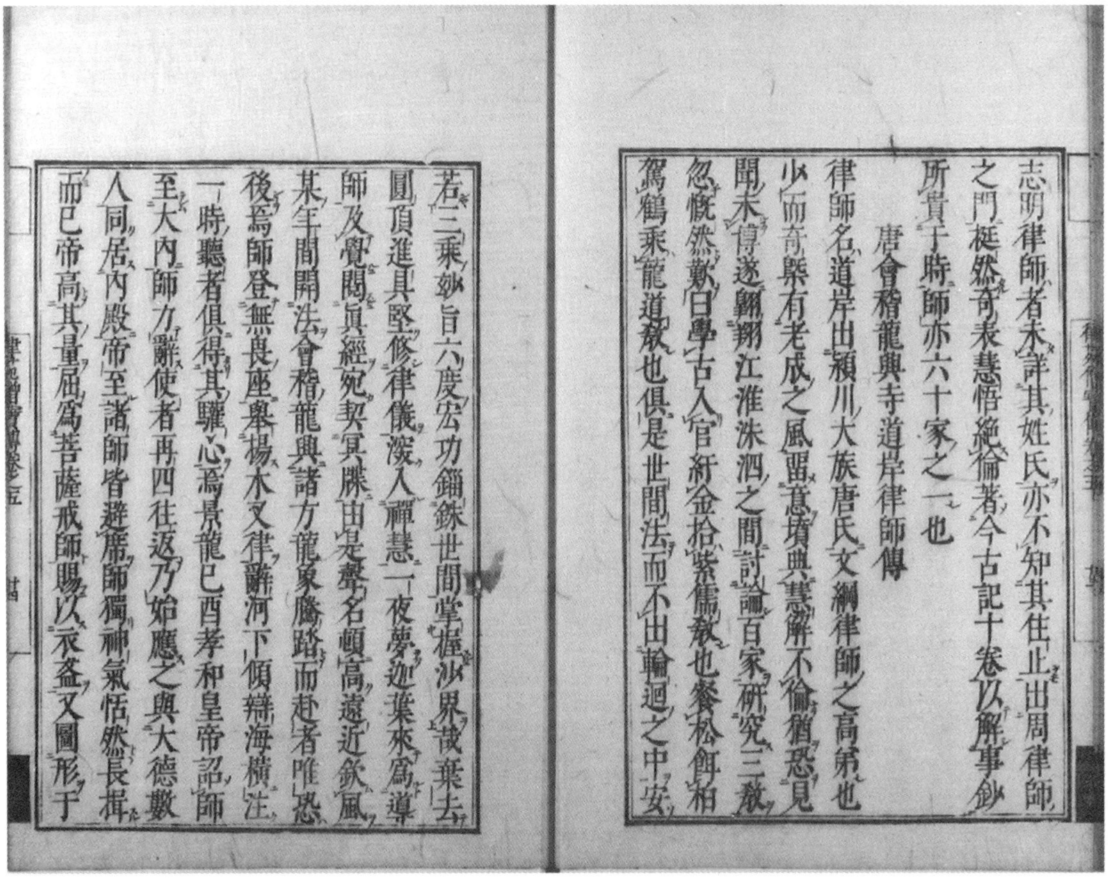

③24オ　③23ウ

志明律師ハ者、未レタ詳ニ其ノ姓氏一ヲ。亦不レ知ニ其住止一ヲモ。出ニ周律師ノ
之門一ニ、挺然タル奇表、慧悟絶レス倫。著シテ二今古記十巻一以テ解シ二事鈔一、
所レ貴ニ二于時一ニ。師亦六十家ノ之一也也。

唐会稽龍興寺道岸律師伝

律師名ハ道岸、出ニ潁川ノ大族唐氏一ニ。文綱律師ノ之高弟也也。
少而奇概、有ニ老成ノ之風一。留メレ意ヲ墳典一ニ、慧解不レ倫ナラ。猶ヲ恐テ二見
聞ノ未ルコトヲレ博。遂ニ翺ニ翔江淮洙泗ノ之間一ニ。討ニ論シ百家一ヲ、研ニ究ス三教一ヲ。
忽チ慨然トシテ嘆シテ曰、学レ古入レリ官、紆レ金拾ハレ紫儒教也也。餐レ松餌レ柏
賀レ鶴乗レハ龍道教也也。倶ニ是世間法ニシテ而不レ出ニ輪廻ノ之中一ヲ。安シテ

└ ③23ウ

若下シヤ三乗ノ妙旨、六度ノ宏功、鎦ニ銖世間一、掌中握スルニ沙界上ヲ哉。棄去テ
円頂進具、堅ク修シ律儀一ヲ、深ク入ルニ禅慧一ニ。一夜夢ラク迦葉来テ為ルト二導
師一。及テレ覚ルニ閲スルニ二真経一ヲ、宛カ契フ二冥牒一ニ。由レ是声名頓ニ高ク、遠近欽ムレ風ヲ。
某ノ年間、開ニ法ヲ会稽ノ龍興一ニ。諸方龍象騰踏トシテ而赴者、唯恐ハ
後ンコトヲ焉。師登テ二無畏ノ座一ニ、挙ニ揚ス木叉律一ヲ。辞河下傾、弁海横ニ注ク。
一時ノ聴者倶ニ得タリ其ノ驩心一ヲ焉。景龍己酉、孝和皇帝詔シテレ師
至ラシム二大内一ニ。師力テ辞ス。使者再四往返シテ乃始応ス之。与ニ大徳数
人一同ク居ス二内殿一ニ。帝至ル。諸師皆避レ席ヲ。師独リ神気恬然トシテ長揖スル
而已ノミ。帝高トシテ二其ノ量一ヲ、屈シテ為ニ菩薩戒師一ト、賜フニ以ス衣鉢一ヲ。又図ニ形ヲ于

└ ③24オ

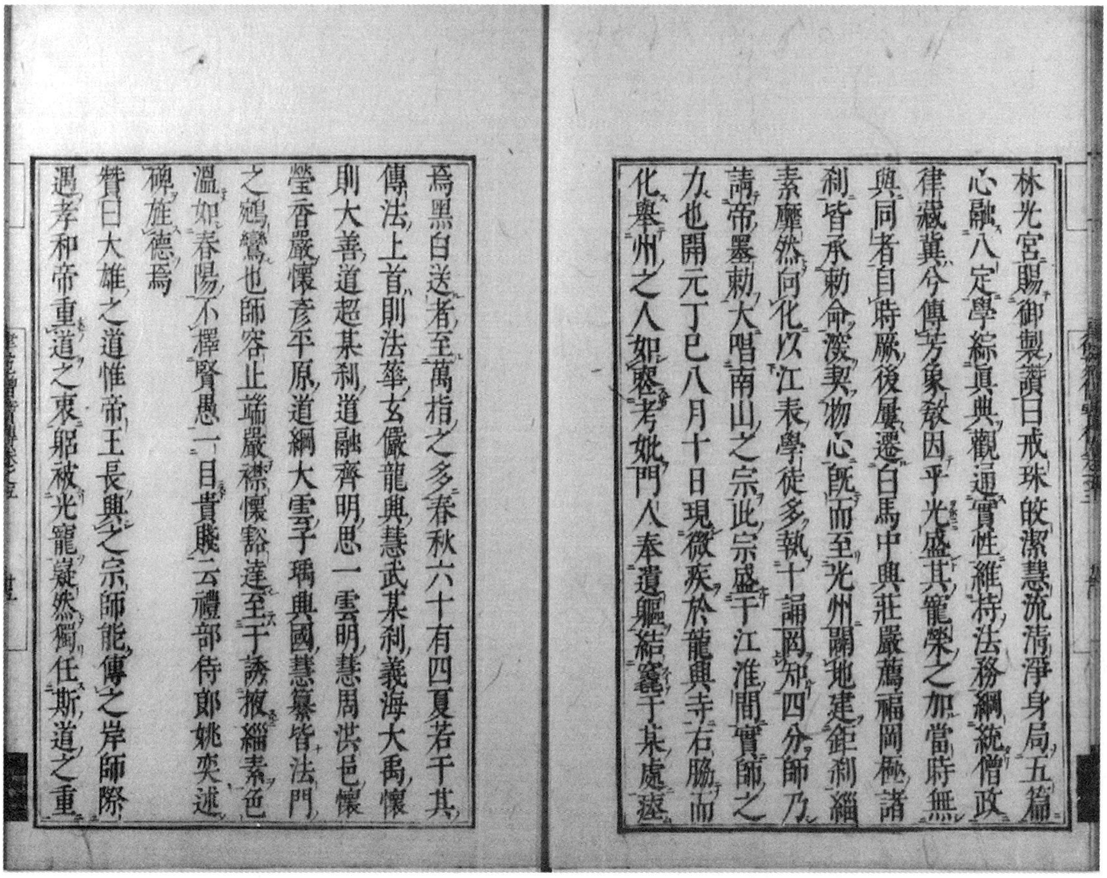

③24ウ　　③25オ

林光宮一ニ。賜二テ御製ノ讃一曰、戒珠皎潔、慧流清浄、身局二シテ五篇一ニ、
心融二ス八定一ニ。学綜二真典一ヲ、観通二ス実性一ニ。維二持シテ法務一、綱二統タリ僧政一ニ。
律蔵冀ハ兮伝レ芳、象教因テ乎光盛(ヲホヒニ)ントス。其ノ寵栄ノ之加ル、当時無二シ
与ニ同者一。自レ時厥ノ後、屢ミ遷二ル白馬・中興・荘厳・薦福・岡極ノ諸
刹一ニ。皆承二勅命一ヲ、深ク契二フ物心一ニ。既ニシテ而至二リ光州一ニ、闢レ地建二ツ鉅刹一。緇
素靡然トシテ向レ化ニ。以下江表ノ学徒多ク執二シテ十誦一罔上ヲ知二ルコト四分一ヲ、師乃シ
請二テ帝ノ墨勅一ヲ、大ニ唱二南山ノ之宗一ヲ。此ノ宗盛二ナルコト于江淮ノ間一ニ、実ニ師ノ之
力也也。開元丁巳八月十日現二シ微疾ヲ於龍興寺一ニ、右脇ニシテ而
化ス。挙二テ州ノ之人一如レシ喪二スルカ考妣一ヲ。門人奉二遺軀一ヲ結二(スイシテ)龕于某ノ処一ニ瘞ム

焉。黒白送ル者ノ至二ル万指ノ之多一ニ。春秋六十有四、夏若干。其ノ
伝法ノ上首ハ、則法華ノ玄儼・龍興ノ慧武・某刹ノ義海・大禹ノ懐
則・大善ノ道超・某刹ノ道融・斉明ノ思一・雲明ノ慧周・洪邑ノ懐
瑩・香厳ノ懐彦・平原ノ道綱・大雲ノ子瑀・興國ノ慧纂、皆ナ法門ノ
之鵷鸞也也。師容止端厳ニシテ襟懐豁達也。至三テハ于誘二掖スルニ緇素一ヲ、色
温ニシテ如二シ春陽一ノ。不レ択二賢愚一、一二目ニスト貴賎一云。礼武侍郎姚奕述シテ
レ碑ヲ旌レス徳ヲ焉。
賛曰、大雄ノ之道、惟帝王長ク興レシ之、宗ノ師能ク伝レ之。岸師際二
遇シテ孝和帝重レンスルノ道ヲ之衷一ニ。躬被二ムリ光寵一ヲ、嶷然トシテ独リ任二ス斯ノ道ノ之重一ニ。

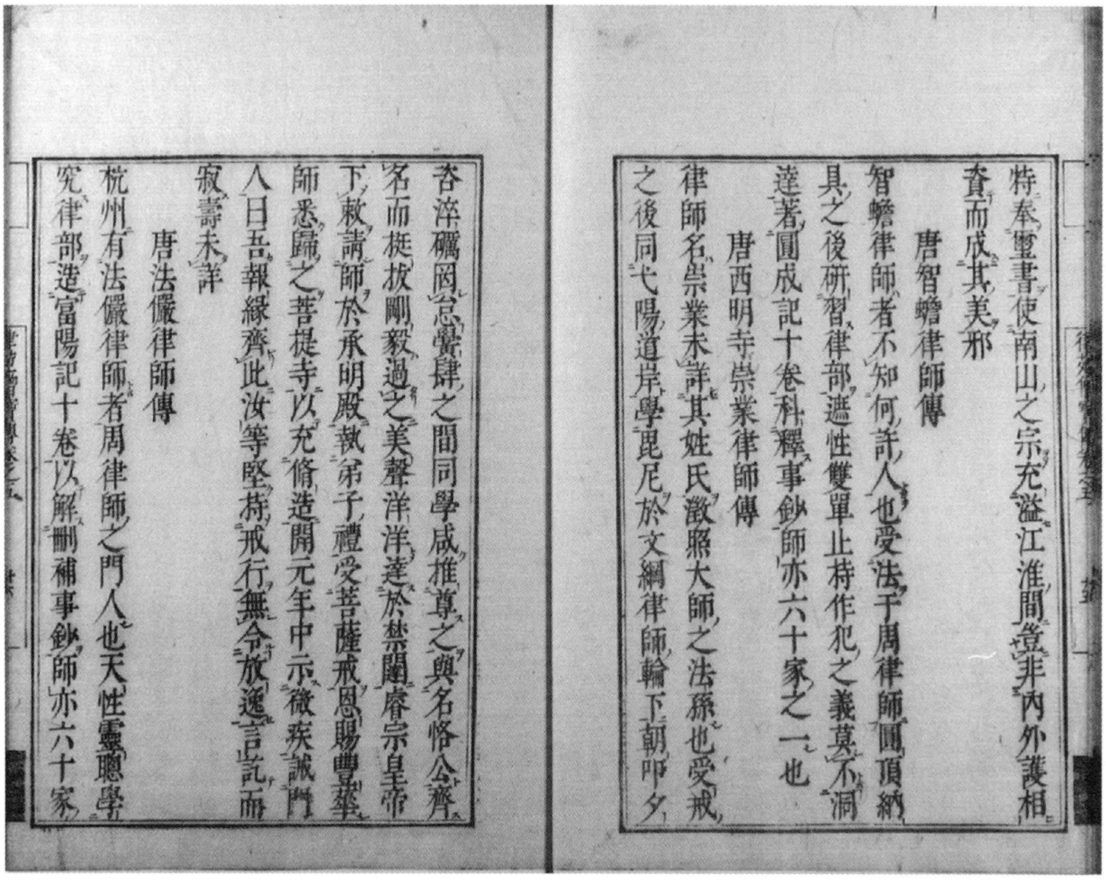

③25ウ　③26オ

特ニ奉二シテ璽書一ヲ、使三南山ノ之宗ヲシテ充二コト溢セ江淮ノ間一ニ。豈ニ非レヤ三内外護相ヒ
資テ而成二スニ其ノ美一ヲ邪。
唐智蟾律師伝
智蟾律師ハ者、不レ知二何ノ許ノ人一トヱコトヲ也。受二法ヲ于周律師一ニ、円頂納
具ノ之後、研二習ス律部一ヲ。遮性・双単・止持・作犯ノ之義、莫レシ不二トヱコト洞
達一。著二シテ円成記十巻一、科二釈ス事鈔一。師亦六十家ノ之一也也。
唐西明寺崇業律師伝
律師名ハ崇業、未レ詳二ンセ其姓氏一ヲ。澂照大師ノ之法孫也也。受戒ノ
之後、同二弋陽ノ道岸一ト、学二毘尼ヲ於文綱律師ノ輪下一ニ。朝叩夕

└③25ウ

咨、淬礪罔レシ怠コト。釁肆ノ之間、同学咸ク推二尊ス之一ヲ。与二名恪公一ト斉ス
レ名。而挺抜剛毅ハ過レタリ之ニ。美声洋洋トシテ達二ス於禁闈一ニ。睿宗皇帝
下レシテ勅ヲ請二シ師ヲ於承明殿一ニ、執二弟子ノ礼一受二菩薩戒一ヲ、恩賜豊華也。
師悉ク帰二シテ之ヲ菩提寺一ニ、以テ充二脩造一ニ。開元年中示二ス微疾一。誡二門
人一曰、吾カ報縁斉レリ此ニ。汝等堅ク持二シテ戒行一ヲ、無レ令二ルコト放逸一セ。言訖テ而
寂ス。寿未レタ詳。
唐法儼律師伝
杭州ニ有二法儼律師トヱ者一。周律師ノ之門人也也。天性霊聡、学二
究ス律部一ヲ。造二テ富陽記十巻一、以テ解二ス删補事鈔一ヲ。師亦六十家ノ

└③26オ

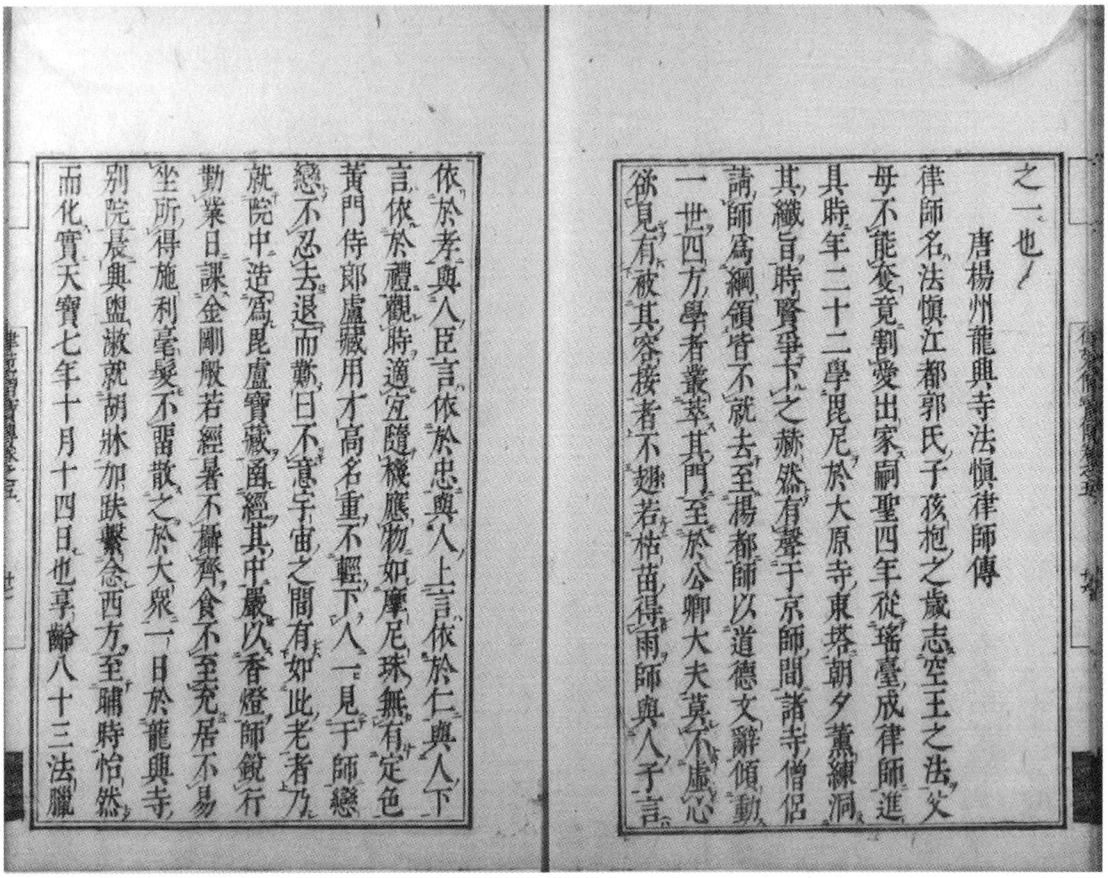

之一也
唐揚州龍興寺法愼律師傳
律師名法愼江都郭氏子孩抱之歲志空王之法父
母不能奪竟割愛出家嗣聖四年從瑤臺成律師進
具時年二十二學毘尼於大原寺東塔朝夕薰練洞
其纖旨時賢爭下之赫然有聲于京師間諸寺僧侶
請師爲綱領皆不就去至揚都師以道德文辭傾動
一世四方學者叢萃其門至於公卿大夫莫不虛心
欲見有被其容接者不翅若枯苗得雨師與人子言

依於孝與人臣言依於忠與人上言依於仁與人下
言依於禮觀時適宜隨機應物如摩尼珠無有定色
黄門侍郎盧藏用才高名重不輕下人一見于師戀
戀不忍去退而歎曰不意宇宙之間有如此老者乃
就院中造爲毘盧寶藏函經其中嚴以香燈師銳行
勤業日課金剛般若經暑不攝齊食不至充居不易
坐所得施利毫髮不留散之於大衆一日於龍興寺
別院晨興盥漱就胡牀加趺繫念西方至晡時怡然
而化實天寳七年十月十四日也享齡八十三法臘

③27オ　　③26ウ

之一也也。

唐揚州龍興寺法慎律師伝

律師名ハ法慎、江都郭氏ノ子。孩抱ノ之歳、志ス二空王之法ヲ一。父
母不レ能レ奪コト。竟ニ割レ愛出家ス。嗣聖四年従テ二瑤台ノ成律師ニ一進
具。時ニ年二十二。学ニ毘尼ヲ於大原寺ノ東塔ニ一、朝夕薫練洞ニス二
其ノ繊旨ヲ一。時賢争テ下ルレ之。赫然トシテ有レ声二于京師ノ間ニ一。諸寺ノ僧侶
請シテレ師為ニ綱領一。皆不レ就、去テ至ル二揚都ニ一。師以二道徳文辞一傾ニ動ス
一世ヲ一。四方ノ学者叢ニ萃ス其ノ門ニ一。至モ二於公卿大夫一莫シレ不トニ云コト虚シテレ心
欲レ見ンコトヲ。有レハ下被二其ノ容接一者上、不三翅若タヽニナルノミ枯苗ノ得ルカレ雨ヲ。師与ニ人ノ子一言ヘハ

依リ二於孝ニ一、与二人ノ臣一言ハ依二於忠ニ一、与二人ノ上一言ハ依二於仁ニ一、与二人ノ下一
言ハ依ル二於礼ニ一。観シレ時ヲ適ヒレ宜、随テレ機応レコト物ニ、如シ二摩尼珠ノ無カレ有ルコト二定色一。
黄門侍郎盧、蔵用才高名重シテ不ニ軽ク下ラレ人ニ。一ヒ見ヘテ二于師ニ一恋
恋トシテ不レ忍レ去ルニ、退テ而歎シテ曰、不リキレ意宇宙ノ之間、有ントハ下如二此ノ老一者上。乃シ
就テ二院中ニ一造二為シ毘盧宝蔵ヲ一、函シ二経ヲ其ノ中ニ一、厳ルニ以ス二香燈ヲ一。師鋭レ行
勤レ業、日ニ課ス二金剛般若経一。暑不レ摂レ斉ヲ、食不レ至レ充ルニ、居不レ易
レ座、所ノレ得施ノ利、毫髪モ不レ留、散ス二之ヲ於大衆ニ一。一日於二龍興寺ノ
別院ニ一、晨ニ興盥漱、就二胡牀一加趺、繋二念シ西方ヲ一、至テ二晡時一怡然トシテ
而化ス。実ニ天宝七年十月十四日也也。享齢八十三、法臘

」③27オ　　」③26ウ

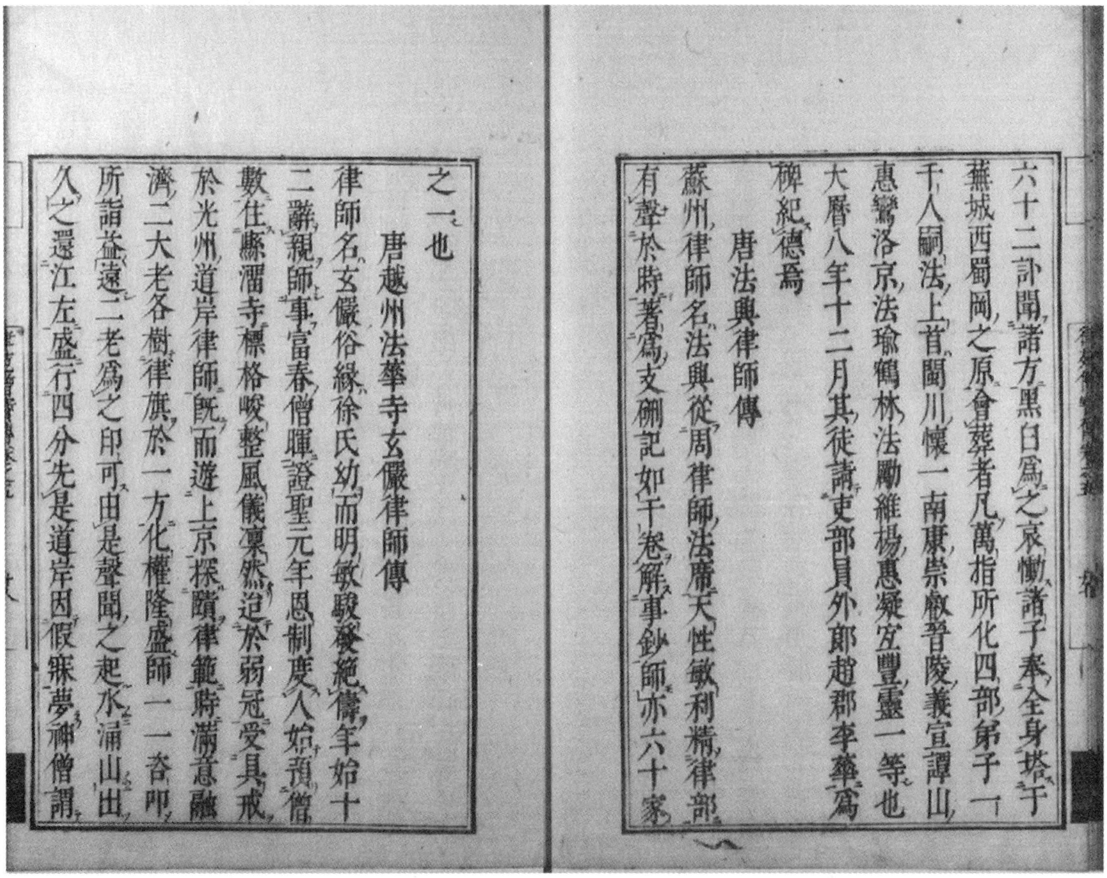

③28オ　③27ウ

六十二。訃聞二フ諸方一ニ。黒白為レニ之哀慟ス。諸子奉二シテ全身一塔二ス于
蕪城西蜀岡ノ之原一ニ。会レ葬者凡ッ万指、所化四部ノ弟子一
千人。嗣法シテ上首ハ閬川ノ懐一・南康ノ崇叡・晋陵ノ義宣・譚山ノ
恵鸞・洛京ノ法瑜・鶴林ノ法励・維揚ノ恵凝・宜豊ノ霊一等也也。
大暦八年十二月、其ノ徒請二テ吏部員外郎趙郡李華一ニ、為
レ碑紀レス徳焉。

唐法興律師伝

蘇州ノ律師名ハ法興、従二フ周律師ノ法席一ニ。天性敏利、精二シテ律部一ニ、
有レ声二於時一ニ。著二為シテ支硎記如干巻一ヲ解二ス事鈔一。師モ亦六十家ノ

└
③27ウ

之一也也。

唐越州法華寺玄儼律師伝

律師名ハ玄儼、俗縁ハ徐氏。幼ニシテ而明敏、駿発絶レス儔ヲ。年始十
二、辞レシテ親ヲ師二トシ事フ富春ノ僧暉一ニ。證聖元年恩制度レス人。始テ預二リ僧
数一ニ、住二ス県溜寺一ニ。標格峻整、風儀凜然タリ。迨二テ於弱冠一ニ受二ク具戒ヲ
於光州ノ道岸律師一ニ。既ニシテ而遊二上京一、探ル二賾ヲ律範一ニ。時ニ満意・融
済ノ二大老、各樹二テ、律旗ヲ於一方一ニ化権隆盛也。師一一咨叩シテ
所詣益ミ遠シ。二老為レ之印可ス。由レ是声聞ノ之起ル、水ノ如ニ涌、山ノ如ニ出ッ。
久シテ之還二江左一ニ、盛ニ行二四分一。先レ是道岸因二テ仮寐一夢ラク、神僧謂テ

└
③28オ

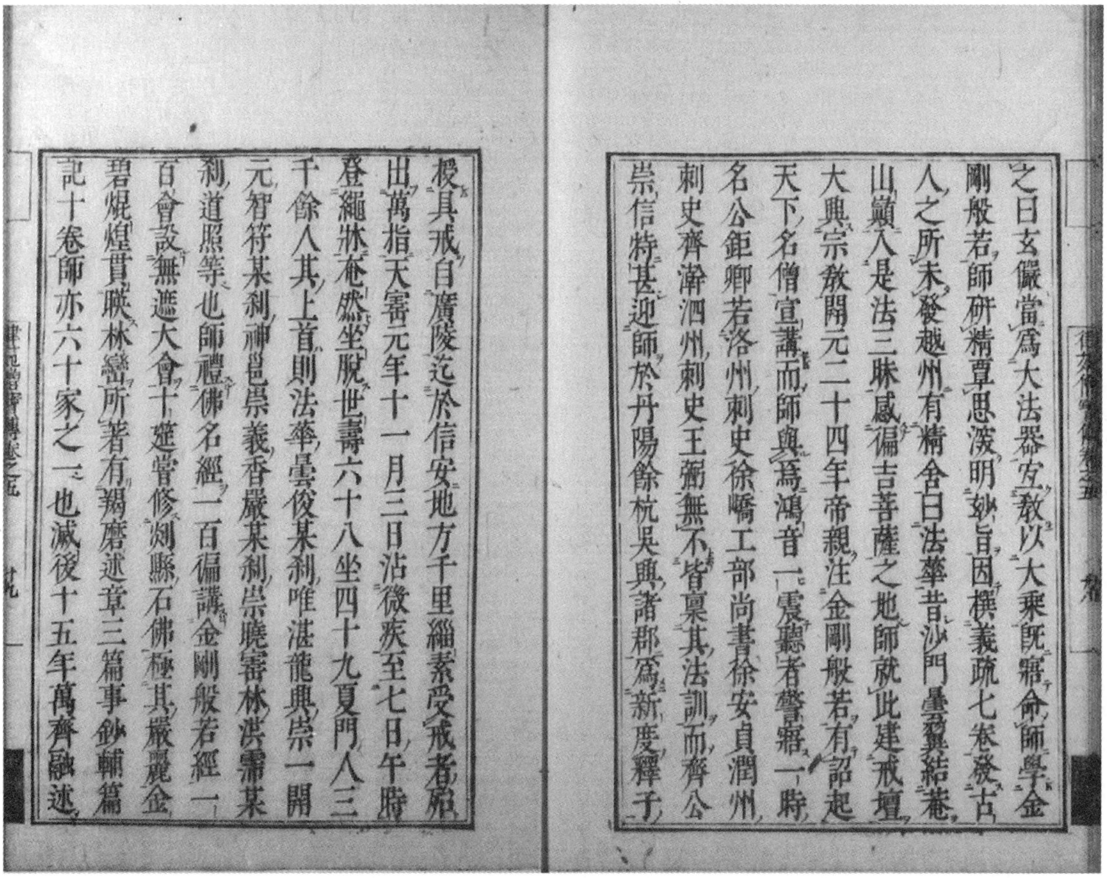

之曰玄儼當爲大法器宜教以大乘既寤命師學金
剛般若師研精覃思深明妙旨因撰義疏七卷發古
人之所未發越州有精舍曰法華昔沙門曇翼結菴
山巔入是法三昧感徧吉菩薩之地師就此建戒壇
大興宗敎開元二十四年帝親注金剛般若有詔起
天下名僧宣講而師與焉鴻音一震聽者警寤一時
名公鉅卿若洛州刺史徐嶠工部尚書徐安貞潤州
刺史齊澣泗州刺史王𢿱無不皆稟其法訓而齊公
崇信特甚迎師於丹陽餘杭吳興諸郡爲新度釋子

授具戒自廣陵迄於信安地方千里緇素受戒者殆
出萬指天寶元年十一月三日沾微疾至七日午時
登繩牀奄然坐脫世壽六十八坐四十九夏門人三
千餘人其上首則法華曇俊某刹唯湛龍興崇一開
元智符某刹神邑崇義香嚴某刹崇曉寶林洪霈某
刹道照等也師禮佛名經一百徧講金剛般若經一
百會設無遮大會十筵嘗修剡縣石佛極其嚴麗金
碧焜煌貫暎林巒所著有羯磨述章三篇事鈔輔篇
記十卷師亦六十家之一也滅後十五年萬齊融述

③28ウ　③29オ

レ之曰、玄儼当レニ為ニ大法器一。宜三ク教ルニ以ニ大乗一。既ニ寤テ命レシテ師ニ学シム二金
剛般若一ヲ。師研レ精覃レ思、深ク明ニ妙旨一ヲ。因テ撰ニ義疏七巻一、発スニ古
人ノ之所レ未タレ発。越州ニ有ニ精舎一。曰ニ法華一。昔シ沙門曇翼結ニ菴ヲ
山巓一ニ、入ニ是法三昧一。感スルノ偏吉菩薩一之地也。師就レ此建ニ戒壇一ヲ、
大興ニス宗教一。開元二十四年帝親ク注ニ金剛般若一ヲ、有テレ詔起ニ
天下ノ名僧一宣講セシム。而シテ師与ルレ焉ニ。鴻音一ヒ震テ、聴者警寤ス。一時ノ
名公鉅卿、若ニ洛州ノ刺史徐嶠・工部尚書徐安貞・潤州ノ
刺史斉澣・泗州ノ刺史王弼一、無レ不トイフコト三皆稟ニ其ノ法訓一ヲ。而シテ斉公
崇信特ニ甚シ。迎ニ師ヲ於丹陽・余杭・呉興ノ諸郡一ニ、為メニ二新度ノ釈子一ノ

授シムニ具戒一ヲ。自ニ広陵一迄ニ於信安ニ地方千里、緇素受レ戒者ノ殆ト
出ツ二万指一ニ。天宝元年十一月三日、沾ニ微疾一。至ニ七日ノ午時一
登ニ縄牀一ニ、奄然トシテ座脱ス。世寿六十八、座四十九夏。門人三
千余人。其ノ上首ハ則法華ノ曇俊・某刹ノ唯湛・龍興ノ宗一・開
元ノ智符・某刹ノ神邑・崇義ノ香厳・某刹ノ崇暁・宝林ノ洪霈・某
刹ノ道照等也也。師礼スルコト二仏名経一ヲ一百偏、講スルコト二金剛般若経一ヲ一
百会、設ルコト二無遮大会一ヲ十筵。嘗修ニス剡県ノ石仏一ヲ。極ニ其ノ厳麗一ヲ、金
碧焜煌、貫ニ暎ス林巒一ヲ。所レ著有リニ羯磨述章三篇・事鈔輔篇
記十巻一。師亦六十家ノ之一也也。滅後十五年、万斉融述シテ

└③28ウ　└③29オ

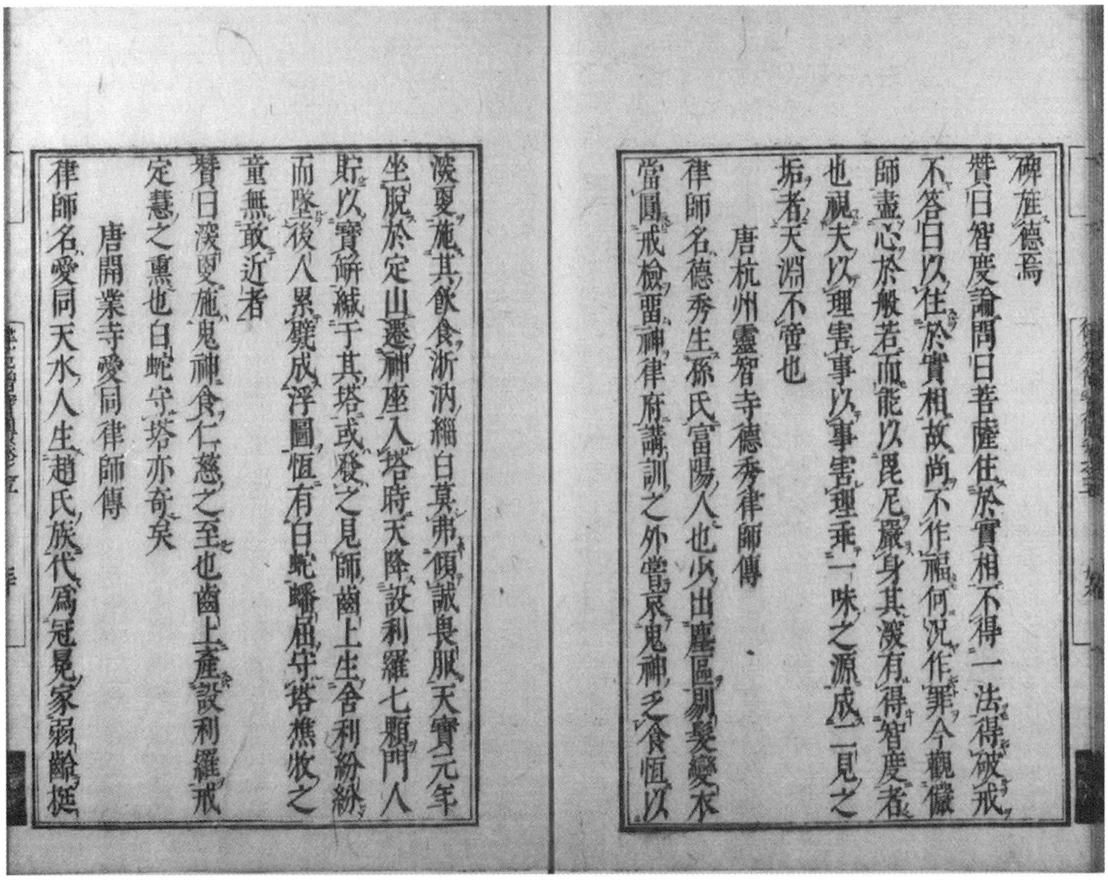

③30オ　③29ウ

レ碑旌スレ徳焉。

賛曰、智度論ニ問曰、菩薩住ス二於実相一ニ。不レ得二一法一ヲモ。得ンヤレ破ルコトヲレ戒ヲ不ヤ。答曰、以ノレ住スルヲ二於実相一ニ故ニ、尚ヲ不レ作レ福タモ。何ニ況ヤ作ンヤトレ罪ヲ。今観二儼師一、尽シテ二心ヲ於般若一ニ、而モ能以二毘尼一ヲ厳ニスレ身。其レ深有ル二得ルコトレ智度一ニ者ノ也也。視ルニ下夫ノ以テレ理害シレ事、以レ事害シレ理、乖テ二一味ノ之源一ニ成スニ二見ノ之垢一ヲ者ノ上ニ、天淵不レ啻也。

唐杭州霊智寺徳秀律師伝

律師名ハ徳秀、生ス二孫氏一ニ。富陽ノ人也。少シテ出二塵区一ヲ剔髪変衣、当ニスルニレ円二戒検一ヲ、留二ムル神ヲ律府一ニ。講訓ノ之外、嘗テ哀二テ鬼神ノ乏レ食、恒ニ以二」③29ウ深更一ヲ施ス二其ノ飲食一ヲ。浙汭ノ緇白、莫シレ弗トニ云コト傾テ誠畏服セ一。天宝元年、坐シ二脱ス於定山一ニ。遷シテ二神座一ヲ入ルレ塔。時ニ天降ス二設利羅七顆一ヲ。門人貯ルニ二以シテ宝瓶一、緘ニ二于其ノ塔一ニ。或ハ発ハレ之、見下師ノ歯上生シテ二舎利一、紛紛トシテ而墜ルヲ上。後人累テレ甓成ス二浮図一ヲ。恒ニ有二白蛇一。蟠屈シテ守ルレ塔。樵牧ノ之童無シ二敢テ近一者。

賛曰、深更ニ施ハ二鬼神ニ食一ヲ、仁慈ノ之至ル也也。歯上ニ産スルハ二設利羅一ヲ、戒定慧ノ之熏也也。白蛇守ルレ塔、亦奇也矣。

唐開業寺愛同律師伝

律師名ハ愛同、天水ノ人。生ス二趙氏ノ族一ニ。代々為二冠冕ノ家一。弱齢ニシテ挺

」③30オ

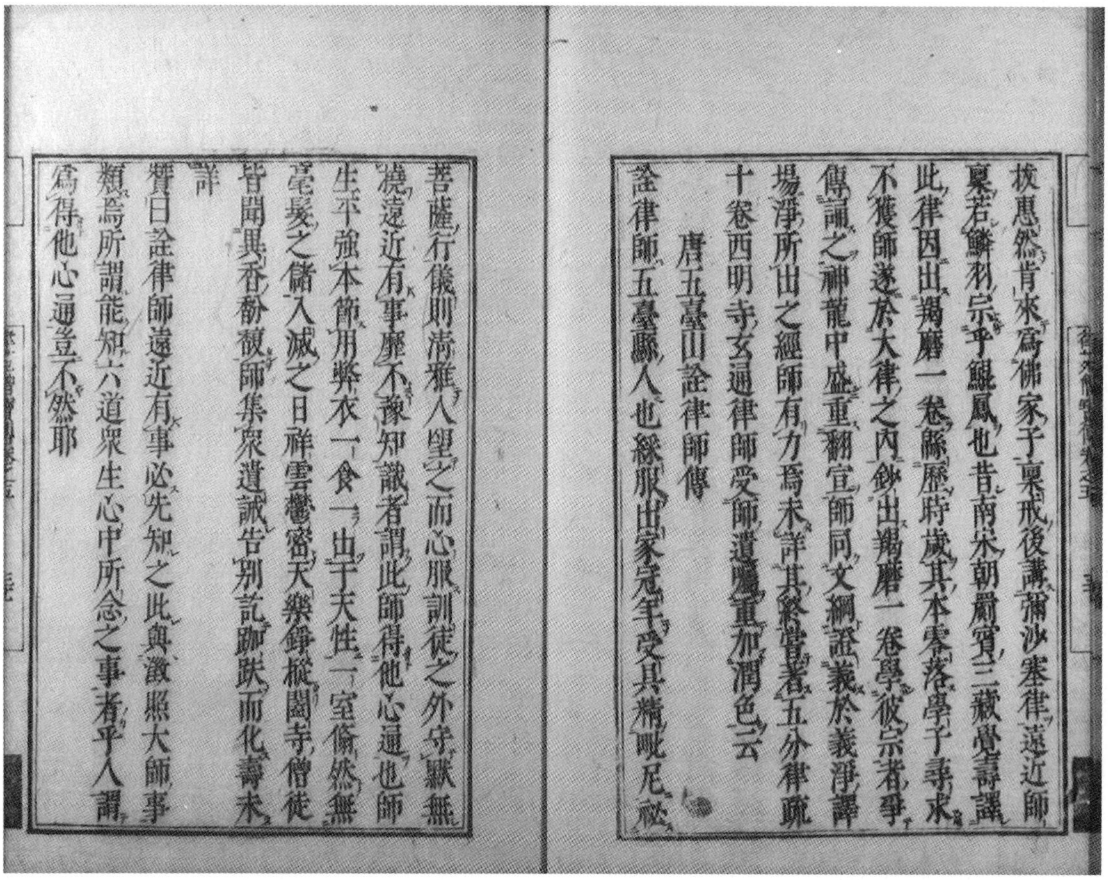

③31オ　③30ウ

抜、恵然トシテ肯来テ為二仏家ノ子一。稟戒ノ後講二ス弥沙塞律一ヲ。遠近師
稟シテ若三シ鱗羽ノ宗二トスルカ乎鯤鳳一ヲ也。昔シ南宋ノ朝、罽賓ノ三蔵覚寿訳二シ
此ノ律一、因ニ出二ス羯磨一巻一ヲ。繇二歴ノ時歳一ヲ、其ノ本零落ス。学子尋求スレトモ
不レ獲。師遂ニ於二大律ノ之内一ニ鈔二出ス羯磨一巻一。学二スル彼ノ宗一者ノ、争テ
伝二誦ス之一ヲ。神龍中盛ンニ重二ス翻宣一ヲ。師同二ク文綱一ト、證二義ス於義浄ノ訳
場一ニ。浄ノ所レ出之経、師有レリ力焉。未レタ詳二其ノ終一。嘗テ著二ス五分律疏
十巻一。西明寺ノ玄通律師、受二師ノ遺嘱一ヲ重テ加二フト潤色一ヲ云。

唐五台山詮律師伝

詮律師ハ五台県ノ人也也。綵服ニシテ出家、冠年ニシテ受具。精二シテ毘尼一ニ秘二ス
菩薩ノ行一。儀則清雅ニシテ人望レテ之而心服ス。訓徒ノ之外、守レテ黙無二シ
レ撓コト。遠近有レハ事、靡レ不二ト云コト予知一。識者謂ラク、此ノ師得二タリト他心通一ヲ也。師
生平強レ本節レス用。弊衣一食、一ラ出二ツ于天性一ニ。一室翛然トシテ無二
毫髪ノ之儲一。入滅ノ之日、祥雲鬱密トシテ天楽錚摐タリ。闔寺ノ僧徒
皆聞二異香ノ馚馥一タルヲ。師集レ衆遺誡シ、告レ別訖テ跏趺シテ而化ス。寿未タ
レ詳。

賛曰、詮律師、遠近有レハ事必ス先知ル之。此レ与二澂照大師ノ事一
類ス焉。所謂ル能ク知二ル六道衆生心中所念ノ之事一者ノカ乎。人謂テ
為レ得二タリト他心通一。豈ニ不レンヤ然耶。

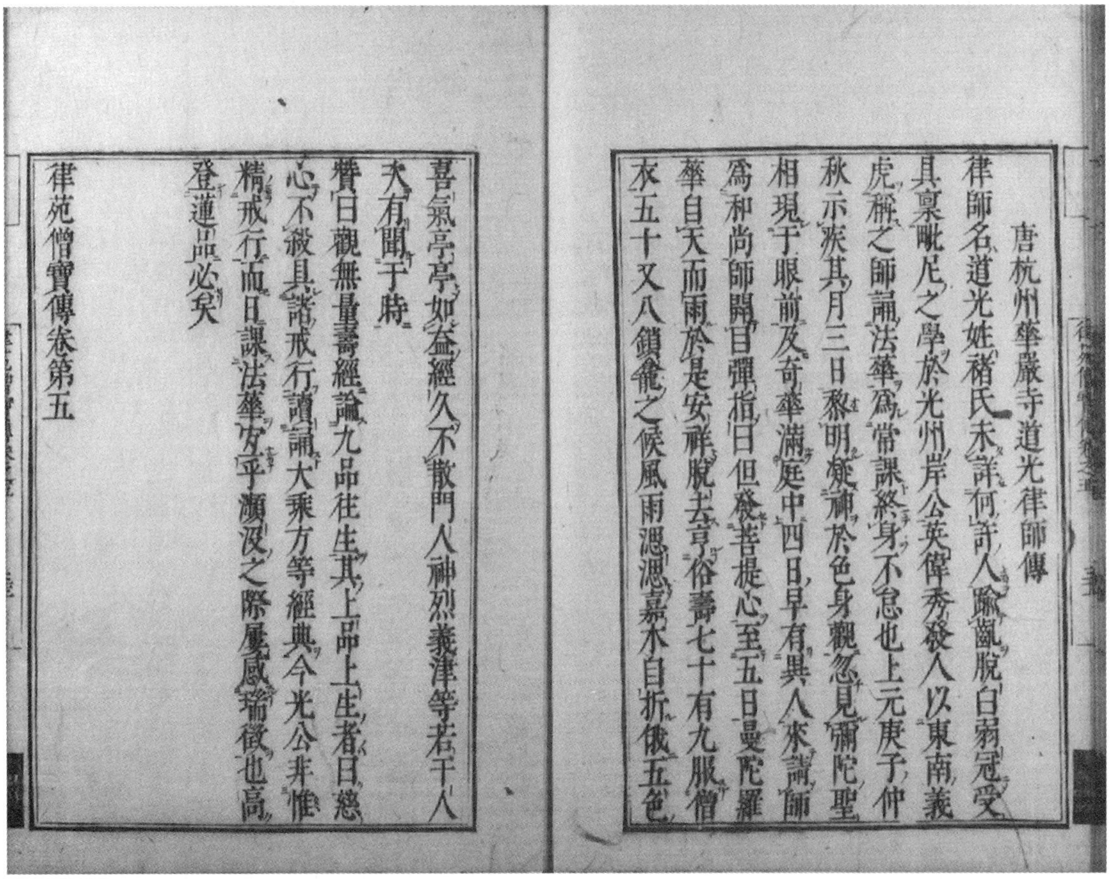

③32オ　③31ウ

唐杭州華厳寺道光律師伝

律師名ハ道光、姓ハ褚氏。未タレ詳ンセ二何ノ許ノ人一ト云コトヲ。踰テレ齓ヲ脱白、弱冠ニシテ受
具、稟二毘尼ノ之学ヲ於光州ノ岸公一。英偉秀発、人以二東南ノ義
虎一ヲ称ス之。師誦シテ二法華一ヲ為シ二常課一ト、終マテレ身ヲ不レ怠也。上元庚子ノ仲
秋、示レ疾。其ノ月三日黎オヒレ明クル、凝ス二神ヲ於色身観一ニ。惣チ見ル下弥陀ノ聖
相現シテ二于眼前一ニ、及ヒ奇華満ルヲ中庭上ニ。四日ノ早、有リ二異人一。来テ請シテレ師
為二和尚一。師開テレ目弾指シテ曰、但発セト二菩提心一ヲ。至テ二五日一、曼陀羅
華自レ天而雨ル。於レ是安祥トシテ脱去ス。亨ルコト二俗寿一七十有九、服スルコト二僧
衣一五十又八。鎖龕ノ之候、風雨淒淒トシテ嘉木自折ル。俄ニ五色ノ

└
③31ウ

喜気亭亭トシテ如シレ蓋ノ。経久シテ不レ散。門人神烈・義津等若干人。
次テ有リレ聞ルコト二于時一ニ。
賛曰、観無量寿経ニ論ス二九品往生一ヲ。其ノ上品上生ノ者ノハ、曰ク慈
心ニシテ不レ殺、具シ二諸ノ戒行一ヲ読二誦スト大乗方等経典一ヲ。今光公非三惟タヽ
精ノミナラ二戒行一ニ、而モ日ニ課ス二法華一ヲ。宜ナルカナ乎瀕没ノ之際、屢ヽ感スルコト二瑞徴一ヲ也、高ク
登ンコト二蓮品一ニ必セリ矣。

律苑僧宝伝巻第五

└
③32オ

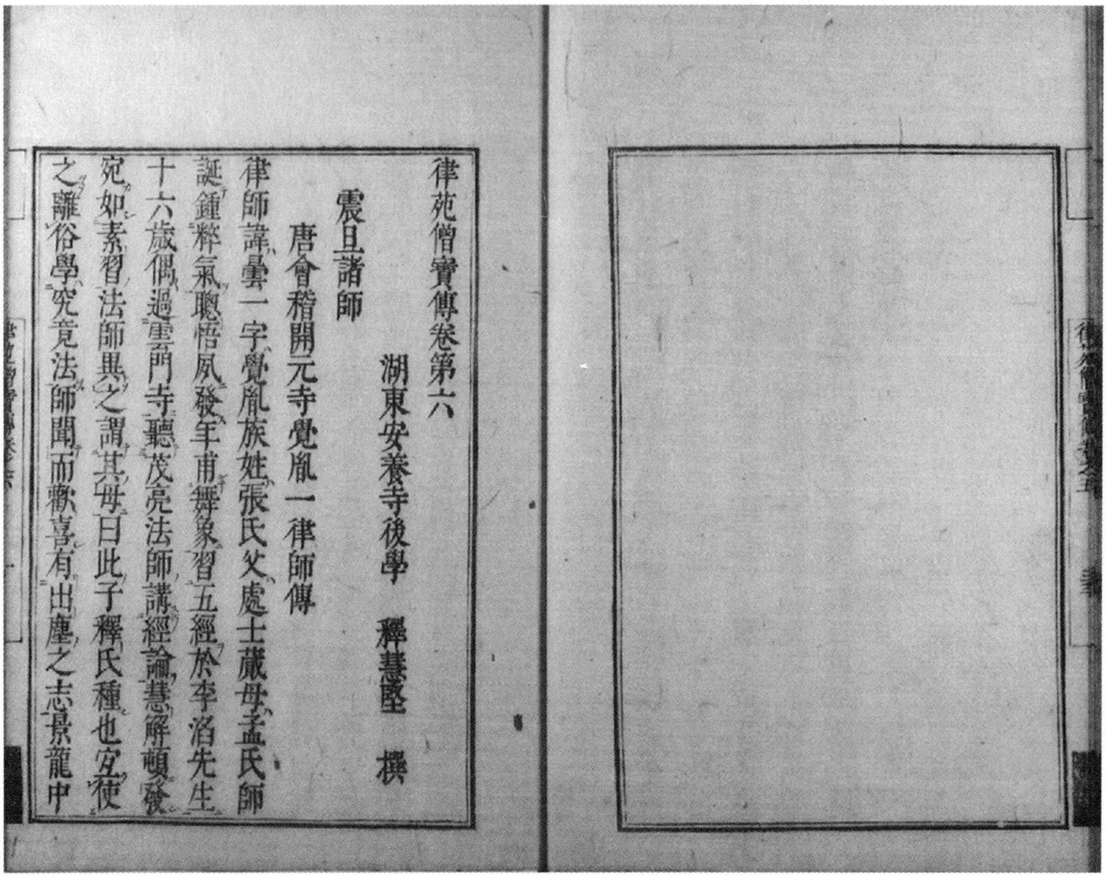

律苑僧寶傳卷第六
湖東安養寺後學　釋慧堅　撰
震旦諸師
唐會稽開元寺覺胤一律師傳
律師諱曇一字覺胤族姓張氏父處士蔵母孟氏師
誕鍾粹氣聰悟夙發年甫舞象習五經於李洺先生
十六歲偶過雲門寺聽茂亮法師講經論慧解頓發
究如素習法師異之謂其母曰此子釋氏種也宜使
之離俗學究竟法師聞而歡喜有出塵之志景龍中

③33オ　　③32ウ

律苑僧宝伝巻第六

湖東安養寺後学　釈慧堅　撰

震旦諸師

唐会稽開元寺覚胤一律師伝

律師諱ハ曇一、字ハ覚胤、族姓ハ張氏。父ハ処士蔵、母ハ孟氏。師
誕テ鍾ニ粋気ヲ一、聡悟夙ニ発ス。年甫ニシテ舞象ニ一、習ニ五経ヲ於李洺先生ニ一。
十六歳、偶ミ過ニ雲門寺ニ一。聴テ茂亮法師ノ講スルヲ経論ヲ一慧解頓ニ発シ、
究カ如シ素習ノ一。法師異トシテレ之、謂テ其ノ母ニ一曰、此ノ子釈氏種也也。宜クレ使三
之ヲシテ離レ俗学ハ究竟法ヲ一。師聞テ而歓喜シ、有リ出塵ノ之志一。景龍中、

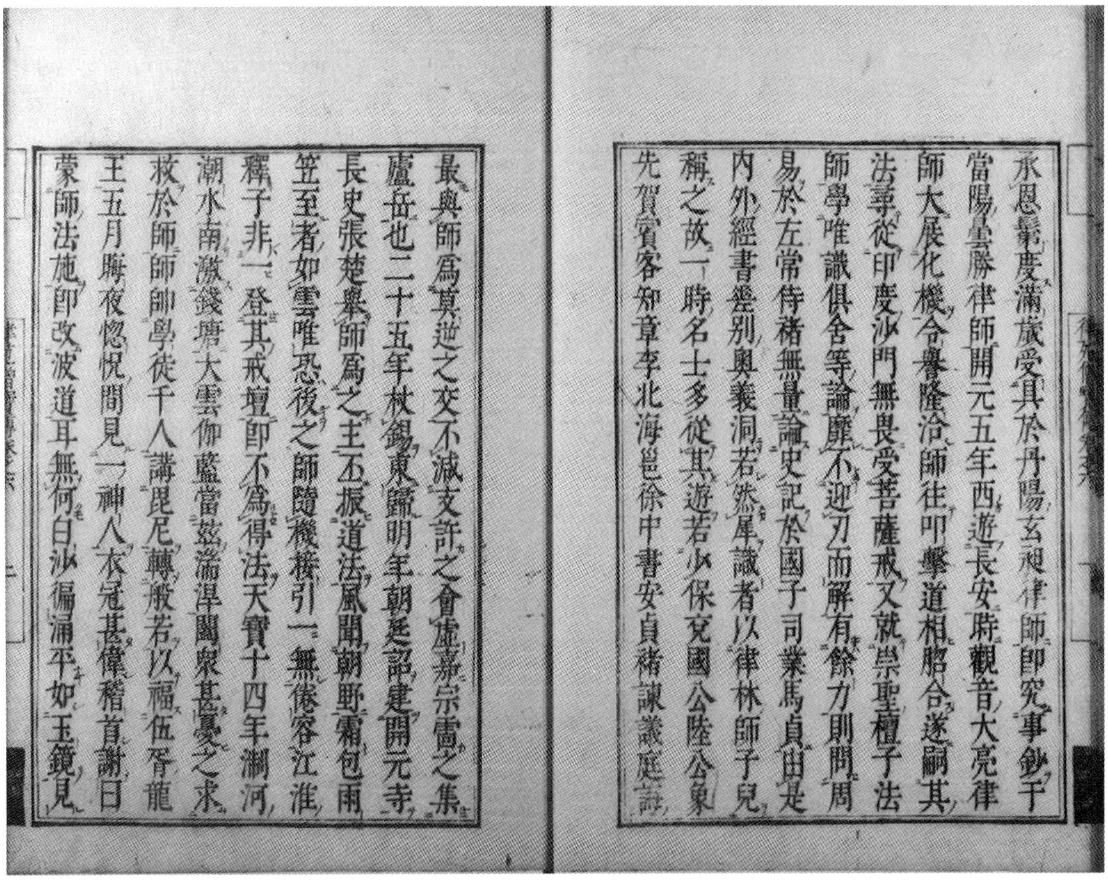
承恩剃度滿歳受具於丹陽玄祖律師即究事鈔于
當陽曇勝律師開元五年西遊長安時觀音大亮律
師大展化機令譽隆洽師往叩擊道相脗合遂嗣其
法尋從印度沙門無畏受菩薩戒又就崇聖檀子法
師學唯識俱舍等論靡不迎刃而解有餘力則問周
易於左常侍褚無量論史記於國子司業馬貞由是
內外經書差別奧義洞若然犀識者以律林師子兒
稱之故一時名士多從其遊若少保兗國公陸公象
先賀賓客知章李北海邕徐中書安貞褚諫議庭誨

最與師爲莫逆之交不減支許之會虛嘉宗雷之集
廬岳也二十五年杖錫東歸明年朝廷詔建開元寺
長史張楚擧師爲之主丕振道法風聞朝野霜包雨
笠至者如雲唯恐後之師隨機接引一無倦容江淮
釋子非一登其戒壇即不爲得法天寶十四年潮河
潮水南激錢塘大雲伽藍當茲湍悍闔衆甚憂之求
救於師師帥學徒千人講毘尼轉般若以福伍胥龍
王五月晦夜惚怳間見一神人衣冠甚偉稽首謝曰
蒙師法施即改波道耳無何白沙徧涌平如玉鏡見

③34オ　③33ウ

承レ恩剃度ス。満歳受二具於丹陽ノ玄祖律師一ニ、即究ム二事鈔ヲ于
當陽ノ曇勝律師一ニ。開元五年、西ノ方遊フ二長安一ニ。時ニ観音ノ大亮律
師、大ニ展二化機一ヲ令誉隆治也。師往テ叩撃、道相ヒ脗合ス。遂ニ嗣二其ノ
法一。尋テ従二印度ノ沙門無畏一ニ受二菩薩戒一ヲ、又就二崇聖ノ檀子法
師一学二唯識・倶舎等ノ論一ヲ、靡シレ不ト云コト二迎レ刃而解一。有ル時ハ余力一則問ヒ二周
易ヲ於左常侍褚無量一ニ、論ス二史記ヲ於國子司業馬貞一ニ。由レ是
内外ノ経書、差別ノ奥義、洞ニシテ若シレ然スカレ犀ヲ。識者以二律林ノ師子児一ヲ
称ス之。故ニ一時ノ名士多従レテ其レニ遊フ。若二少保兗國公・陸公象
先・賀賓客知章・李北海邕・徐中書安貞・褚諫議庭誨一ノ、

└
③33ウ

最モ与レ師為二莫逆之交一。不レ減三支許カ之会レ虚嘉ニ、宗雷カ之集ルニ二
盧岳ニ也。二十五年、杖レ錫ヲ東ニ帰ル。明年、朝廷詔シテ建ツ二開元寺一ヲ。
長史張楚挙テレ師為二之レカ主一。不ニ振ヒ二道法一ヲ、風聞フ二朝野一ニ。霜包雨
笠、至ル者ノ如レ雲。唯恐ハ後シコトヲ之。師随レ機接引、一ニ無シ二倦容一。江淮ノ
釈子、非レハ三一ヒ登ルニ二其戒壇一ニ、即不レ為リトセ得レ法ヲ。天宝十四年潮河ノ
潮水、南ノ方激ス二銭塘一ニ。大雲伽藍、当二茲ノ湍渾一。闔衆甚タ憂ヒ之、求ム二
救ヲ於師一ニ。師帥二学徒千人一講二毘尼一ヲ。転シテ二般若一ヲ以テ福ス二伍胥ノ龍
王一。五月晦夜、惚恍ノ間見ル二一ノ神人一ヲ。衣冠甚タ偉也。稽首シ謝シテ曰、
蒙二師ノ法施一ヲ、即改ム二波道一耳。無シテレ何クモ白沙偏涌平ナルコト如シ二玉鏡一ノ。見ル

└
③34オ

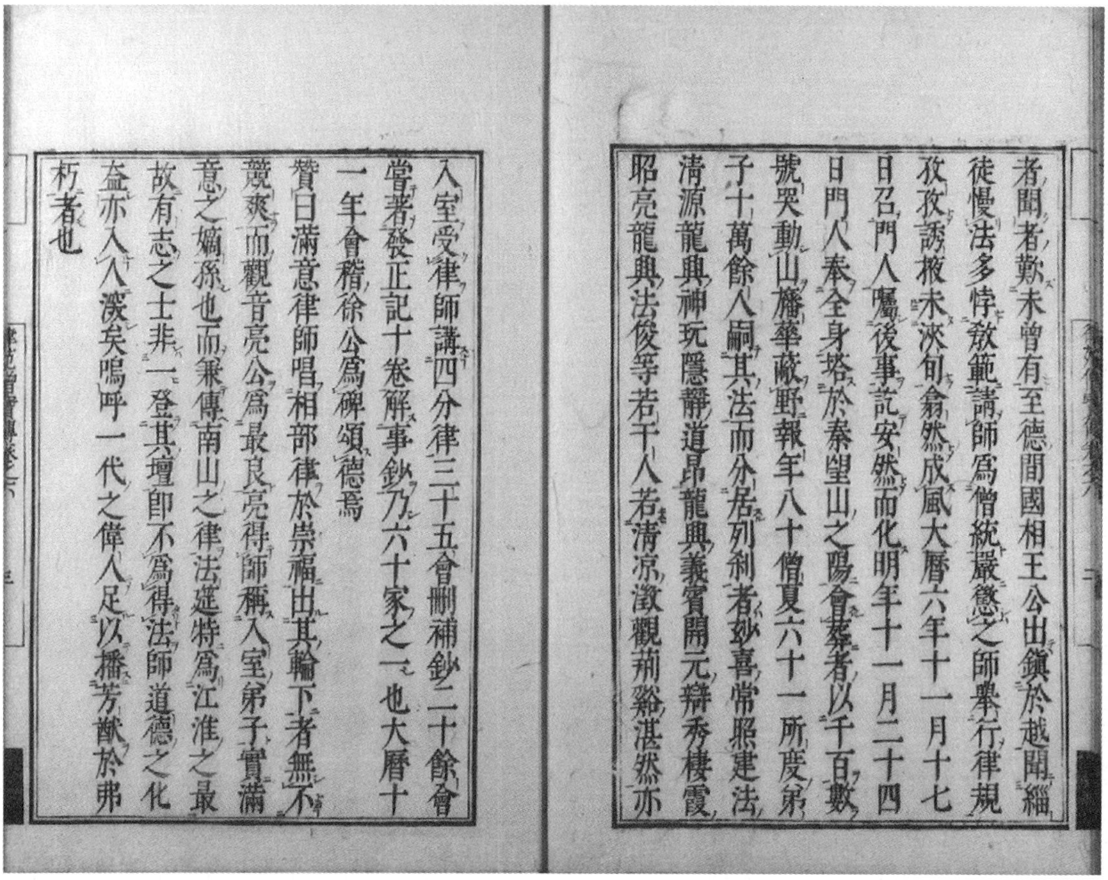

③35オ　③34ウ

者ノ聞ク者ノ歎ス二未曾有一也ト。至徳ノ間、國相王公出テ、鎮二於越一。聞三テ緇
徒漫レリ法多悖ルト二教範一ニ、請レシテ師為二僧統一ト、厳ニ懲レシム之。師挙二行シテ律規一、
孜孜トシテ誘掖、未ダ二浹旬一ナラルニ、翕然トシテ成レス風。大暦六年十一月十七
日、召シテ二門人一嘱シ二後事一ヲ訖テ、安然トシテ而化ス。明年十一月二十四
日門人奉シテ二全身一塔ス二於秦望山ノ之陽一ニ。会スルレ葬ニ者ノ以二千百一ヲ数フ。
号シ哭動レ山ヲ、播華蔽フレ野ニ。報年八十、僧夏六十一。所度ノ弟
子十万余人。嗣テ二其ノ法一而分二居スル列刹一者ノハ、妙喜ノ常照・建法ノ
清源・龍興ノ神玩・隠静ノ道昂・龍興ノ義賓・開元ノ弁秀・棲霞ノ
昭亮・龍興ノ法俊等若干人。若キモ二清涼ノ澂観・荊谿ノ湛然一、亦

入室シテ受クレ律ヲ。師講スルコト二四分律一三十五会、刪補鈔二十余会。
嘗テ著シテ二発正記十巻一解ス二事抄一ヲ。乃シ六十家ノ之一也也。大暦十
一年、会稽ノ徐公為レ碑頌スレ徳焉。
賛曰、満意律師唱フ二相部律ヲ於崇福一ニ。出ル二其ノ輪下一ニ者、無レシ不トニ云コト
競爽一ナラ。而シテ観音亮公ヲ為二最良一ト。亮得レテ師称ス二入室ノ弟子一ト。実ニ満
意ノ之嫡孫也也。而シテ兼テ伝ヘ二南山ノ之律一ヲ。法筵特ニ為リ二江淮ノ之最一。
故ニ有志ノ之士非三レハ一ヒ登ラ二其ノ壇一、即不レ為レ得タリト法ヲ。師道徳ノ之化、
盍シ亦入ルコトレ人深シ矣。嗚呼一代ノ之偉人ニシテ、足ル三以テ播スニ二芳猷ヲ於弗
朽一ニ者ノ也也。

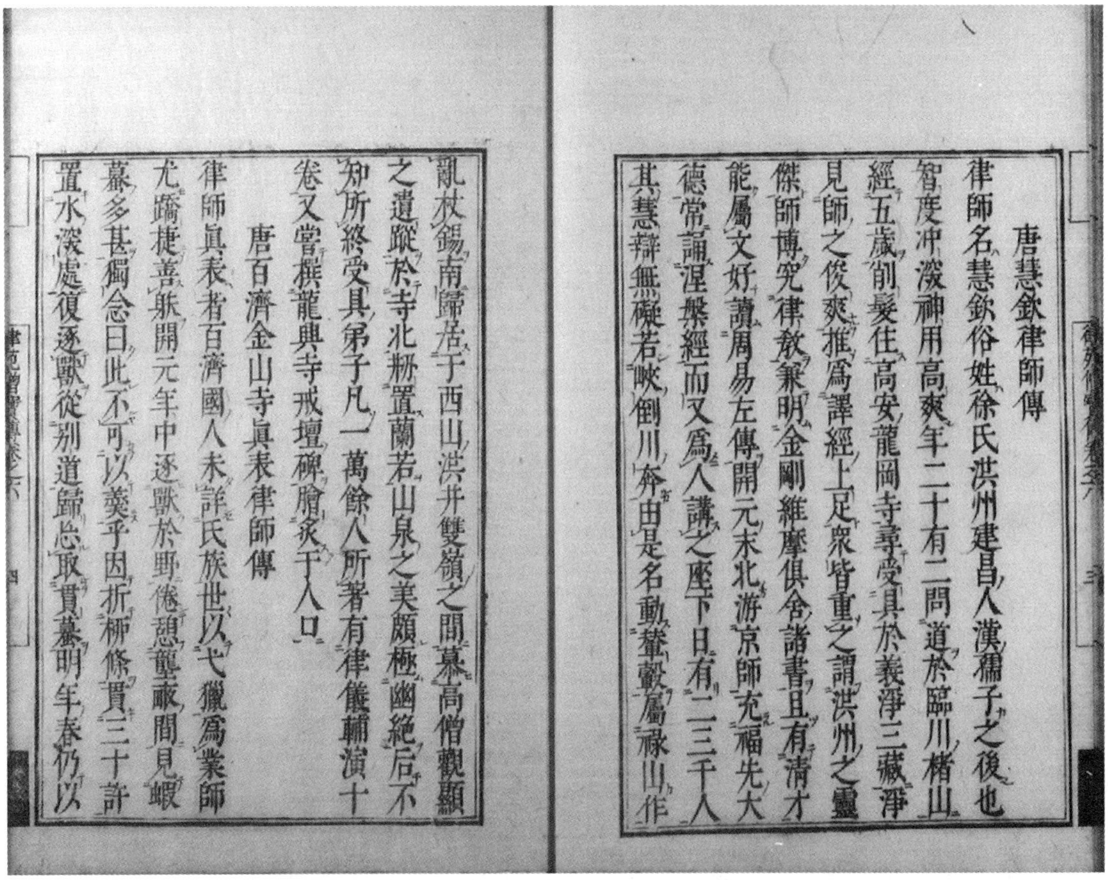

③36オ　③35ウ

唐慧欽律師伝

律師名ハ慧欽、俗姓ハ徐氏。洪州建昌ノ人。漢ノ孺子カ之後也也。

智度沖深、神用高爽也。年二十有二、問二道ヲ於臨川ノ楮山一ニ。

経テ二五歳一ヲ削髪、住二スル高安ノ龍岡寺一。尋テ受二具於義浄三蔵一ニ。浄

見二師ノ之俊爽一ナルヲ、推シテ為二訳経ノ上足一ト。衆皆重レシテ之、謂フ二洪州ノ之霊

傑一ト。師博ク究二律教一ヲ、兼テ明ム二金剛・維摩・倶舎ノ諸書一ヲ。且ツ有テ二清才一

能ク属レ文、好テ読ム二周易・左伝一ヲ。開元ノ末、北ノ方遊二京師一、充ラル二福先ノ大

徳一。常ニ誦ス二涅槃経一。而又為メニレ人講レス之。座下日ニ有リ二二三千人一。

其ノ慧弁無礙、若シ二峡ノ倒、川ノ奔一ルカ。由レ是名動ス二輦轂一ヲ。属二禄山カ作一

レ乱、杖レ錫ヲ南ニ帰、居ス二于西山ノ洪井・双嶺ノ之間一ニ。慕ヒ二高僧観顕

之遺蹤一ヲ、於テ二寺北一刱二置ス蘭若一ヲ。山泉ノ之美頗ル極ム二幽絶一ヲ。后チ不

レ知レ所レ終。受具ノ弟子凡ソ一万余人。所レ著有二律儀輔演十

巻一。又嘗テ撰二龍興寺戒壇ノ碑一ヲ、膾二炙ス于人口一ニ。

唐百済金山寺真表律師伝

律師真表ハ者、百済國ノ人、未タレ詳ンセ二氏族一。世ヽ以テ二弋猟一為レ業。師

尤モ蹻捷ニシテ善レス射ヲ。開元年中逐ヒ二獣ラ於野一ニ、倦ンテ憩フ二壟畝ノ間一ニ。見テ二蝦

蟇ノ多甚一ヲ、独念曰ク、此レ不レンヤ可カラ二以羮一ニス乎。因テ折テ二柳条一ヲ貫キ二三十許一、

置キ二水ノ深処一ニ、復逐テレ獣ヲ従二別道一帰リ、忘レルレ取ルコトヲ二貫蟇一ヲ。明年ノ春、仍テ以

└
③36オ

└
③35ウ

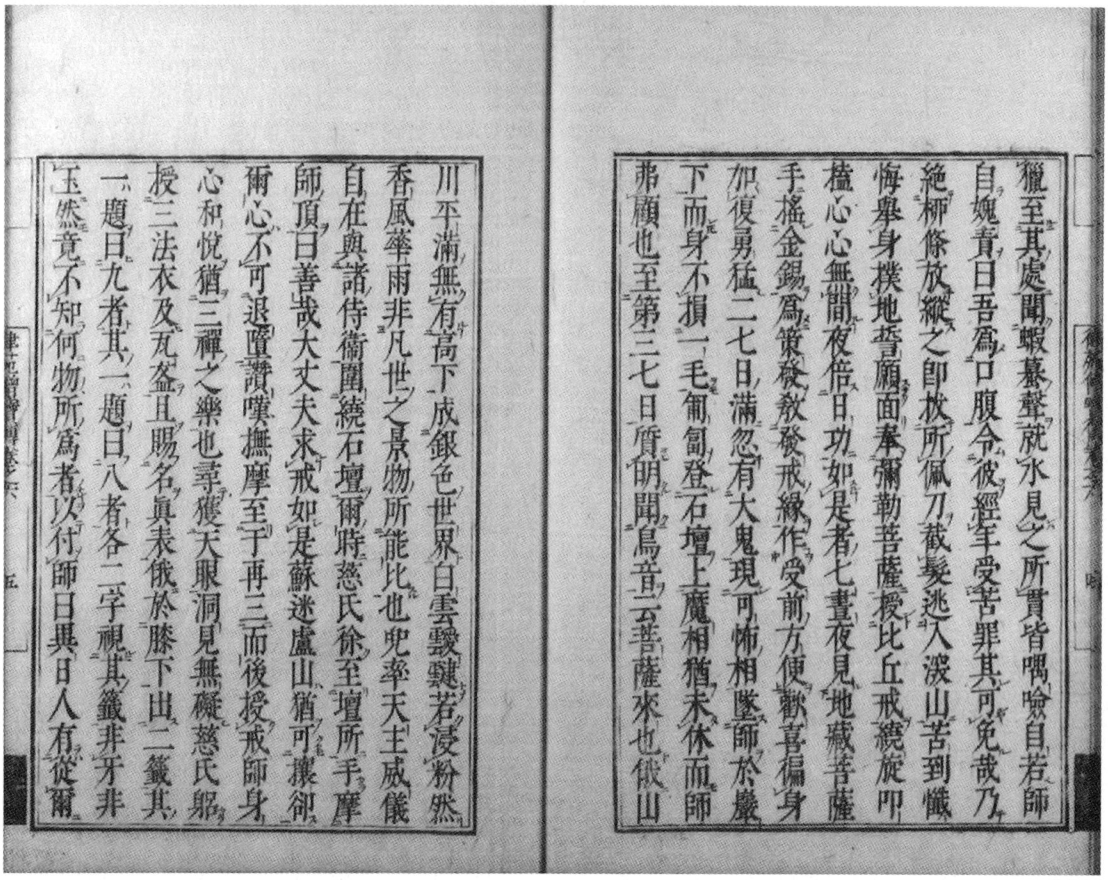

③37オ　③36ウ

レ猟至ルニ其ノ処一、聞ク二蝦蟇ノ声一ヲ。就レ水見レハ之、所レ貫皆喁喩自若也。師
自ラ愧責シテ曰、吾為メニ口腹一令ム二彼ヲシテ経レ年受レ苦。罪其レ可ンヤ免ル哉。乃チ
絶テ二柳条一放チ縦ス之。即抜テ二所ノ佩刀一ヲ、截レ髪逃二入深山一ニ。苦到懺
悔、挙レ身撲レ地誓願スラク、面リ奉シテ二弥勒菩薩一ニ、授ント二比丘戒一ヲ。繞旋叩
惹、心心無ク二間ルコト一、夜倍ス二日功一ニ。如スルコト是者ノ七昼夜、見ル下地蔵菩薩
手ニ揺シ二金錫一ヲ、為メニ策発シテ教二発戒ノ縁一ヲ、作コトヲ中受前ノ方便上ヲ。歓喜偏レ身、
加ヽ復勇猛也。二七日ノ満ニ忽チ有二大鬼一。現シ二可怖ノ相一、墜ス二師ヲ於巖
下一。而レトモ身不レ損二一毛一ヲモ、匍匐シテ登ル二石壇ノ上一。魔相猶ヲ未レタ休、而モ師
弗レ顧也。至二第三七日一、質ヲヒ明クル、聞ク二鳥音一ヲ云、菩薩来也ト。俄ニ山

└
③36ウ

川平満シテ無レク有ルコト二高下一、成二銀色ノ世界一ト。白雲靉靆トシテ若レク浸レ粉然リ。
香風華雨非三凡世ノ之景物ノ所二能比一スル也。兜率天主威儀
自在、与二諸ノ侍衛一囲二繞石壇一ヲ。爾ノ時ニ慈氏徐ク至リ二壇所一ニ、手カラ摩二
師ノ頂一ヲ曰、善哉大丈夫、求ルコト戒如シレ是。蘇迷盧山ハ猶ヲ可クトモ二攘却一ス、
爾心ハ不レ可二退堕一。讃嘆撫摩至リ二于再三一ニ、而後授レク戒。師身
心和悦シテ、猶二三禅ノ之楽一也。尋テ獲二天眼一、洞見無礙也。慈氏躬カラ
授二三法衣及ヒ瓦鉢一ヲ、且ツ賜フ二名ヲ真表一。俄ニ於二膝下一出ス二二籤一。其ノ
一ハ題シテ曰ヒ二九者一ト、其ノ一ハ題シテ曰フ二八者一ト。各二字視ルニ二其ノ籤一、非レ牙非
レ玉ニ、然モ竟ニ不レ知ラ二何ニ物ノ、所ノ為者一ノナルコトヲ。以テ付シテレ師曰、異日人有ラハ二従レ爾ニ

└
③37オ

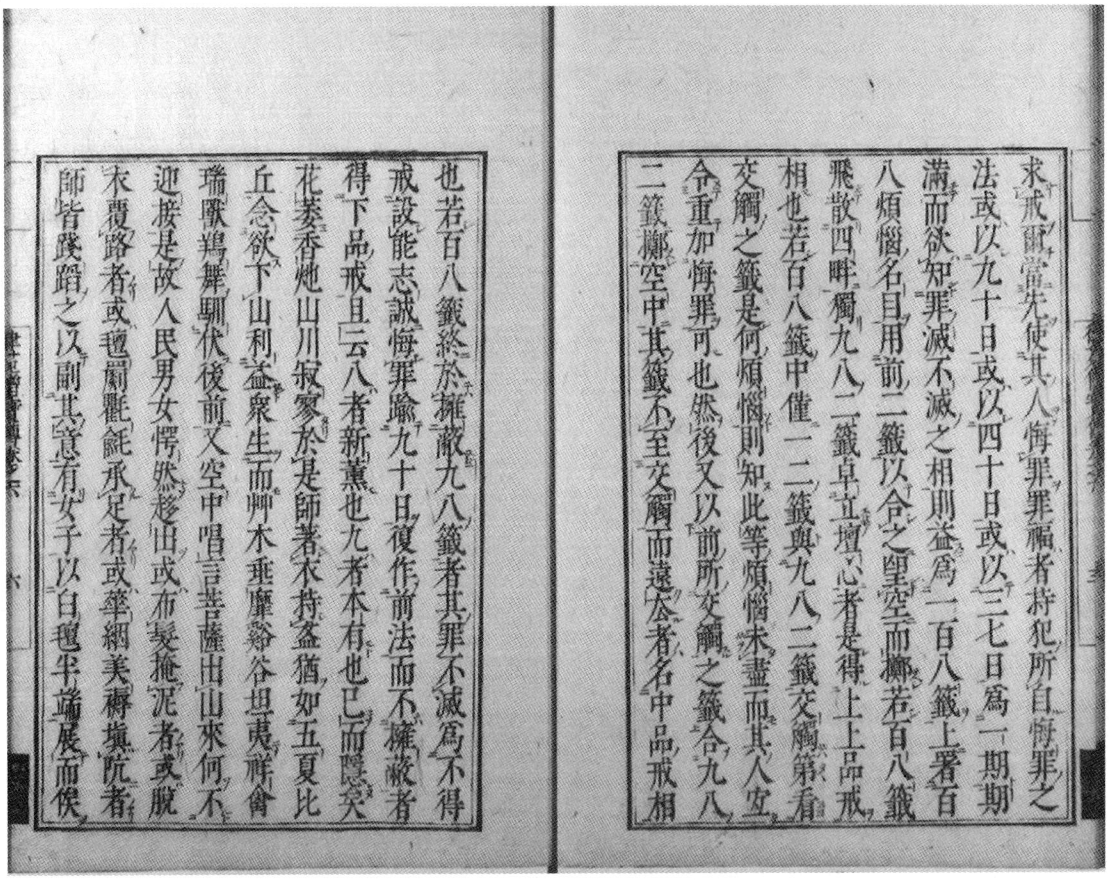

③38オ　③37ウ

求レルコト戒ヲ、爾チ当ニ三先ツ使二其ノ人ヲシテ悔一レ罪ヲ。罪福ハ者持犯ノ所レ自ル、悔罪ノ之
法、或ハ以シ二九十日一、或ハ以シ二四十日一、或ハ以テ二三七日一為二一期一ト。期
満チテ而欲ハレ知ント二罪ノ滅不滅ノ之相一、則益スニ為二一百八籤一ヲ。上ニ署二百
八煩悩ノ名目一ヲ、用二前ノ一籤一以テ合シレ之ニ、望ンテレ空ニ而擲ツヘシ。若シ百八籤
飛ンテ散リ二四畔一ニ、独リ九八ノ一籤卓二立スルモノ壇心一ニ者、是レ得ル二上上品戒一ヲ
相也也。若シ百八籤ノ中、僅ニ一二ノ籤与ト二九八ノ一籤一交触セハ、第看タ、ミヨ二
交触ノ之籤、是レ何ノ煩悩一ソト。則知ヌ、此等ノ煩悩未タレ尽ルヲ。而モ其ノ人宜ク
令メテ三重テ加二悔罪一ヲ可也也。然シテ後、又以下前ノ所二交触一スル之籤上、合シテ二九八ノ
一籤一ニ擲ツヘシ二空中一ニ。其ノ籤不シテレ至三交触一而遠ク去ル者ノハ、名二中品ノ戒相一

也。若シ百八籤、終ニ於テハレ擁二蔽スルニ九八ノ籤一者、其ノ罪不レ滅、為二不得
戒一。設シ能志誠ニ悔シレ罪、踰テ二九十日一ヲ復作シテ二前法一而不ンハ二擁蔽一者、
得二下品ノ戒一。且云、八ハ者新薫也也。九ハ者本有也ト也。已ニシテ而隠レヌ矣。
花萎ミ香炧、山川寂寥タリ。於レ是師著シレ衣持シレ鉢、猶ヲ如二五夏比
丘一。念三欲ス下レ山利二益セント衆生一ヲ。而モ艸木垂靡、谿谷坦夷ニシテ、祥禽
瑞獣、鵜舞シテ馴二伏ス後前一ニ。又空中唱言、菩薩出レ山来。何ツ不ルト二
迎接一。是ノ故人民男女愕然トシテ趁出ツ。或ハ布レ髪掩フレ泥者ノアリ。或ハ脱
レ衣覆フレ路者ノアリ。或ハ氈罽氍毹承クルレ足者ノアリ。或ハ華絪美褥填ルレ阬ニ者ノアリ。
師皆践踏シテ之、以テ副二其ノ意一。有リ二女子一。以二白氈半端一展テ而俟ツ。

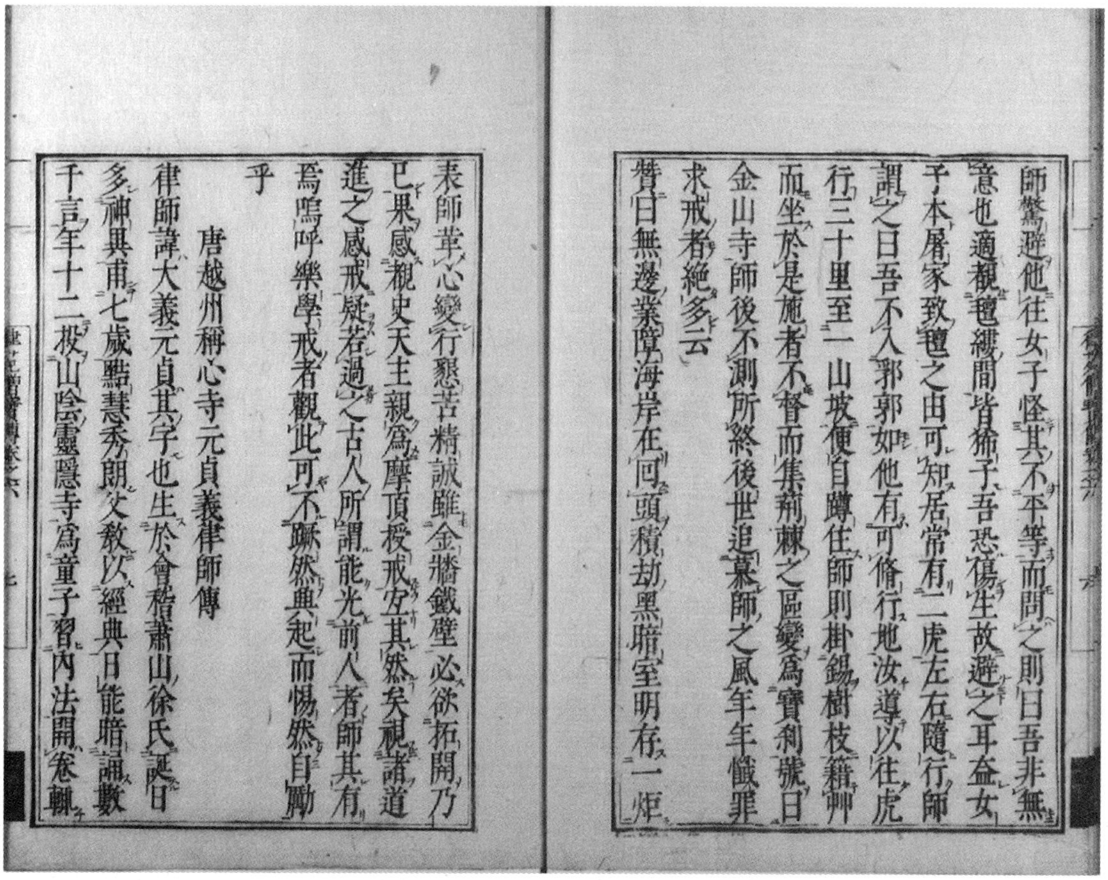
師驚避他往女子怪其不平等而問之則曰吾非無
意也適覩氈縷間皆豨子吾恐傷生故避之耳盍女
子本屠家致氈之由可知居常有二虎左右隨行師
謂之曰吾不入郛郭如他有可脩行地汝導以往虎
行三十里至一山坡便自蹲住師則掛錫樹枝籍艸
而坐於是施者不督而集荊棘之區變爲寶刹號曰
金山寺師後不測所終後世追慕師之風年年懺罪
求戒者絶多云
賛曰無邊業障海岸在回頭積劫黑暗室明存一炬

表師革心變行懇苦精誠雖金牆鐵壁必欲拓開乃
已果感覩史天主親爲摩頂授戒宜其然矣視諸道
進之感戒疑若過之古人所謂能光前人者師其有
焉嗚呼樂學戒者觀此可不蹶然興起而惕然自勵
乎
唐越州稱心寺元貞義律師傳
律師諱大義元貞其字也生於會稽蕭山徐氏誕日
多神異甫七歳黠慧秀朗父敎以經典日能暗誦數
千言年十二投山陰靈隱寺爲童子習内法開卷輒

③39オ　③38ウ

師驚避シテ他ニ往。女子怪三シテ其ノ不二ルヲ平等一ナラ而モ問レヘハ之、則曰、吾非レ無キニ
レ意也。適睹ルニ二氈縷ノ間一皆豨子也。吾恐ルレ傷ンコトヲレ生。故ニ避レルノミト之耳。盍シ女
子本ト屠家致レ氈之由可レシ知ヌ。居常有リ二二虎一。左右ニ随ヒ行ク。師
謂テレ之曰、吾不レ入二郛郭一。如モシ他有ラハ二可レ脩行ス地一、汝チ導テ以往ケ。虎
行コト二三十里、至二一山坡一ニ。便自蹲住ス。師則掛二錫ヲ樹枝一ニ、籍テレ艸
而モ坐ス。於レ是施者不レトモレ督而集。荊棘ノ之区、変シテ為二宝刹一。号シテ曰二
金山寺一。師後不レ測レ所レ終。後世追二慕シ師ノ之風一、年年懺罪
求戒ノ者モノ絶タ多シト云。
賛ニ曰、無辺ノ業障海、岸在リレ回スレ頭ヲ。積劫ノ黒暗室、明存ス二一炬一ニ。

表師革レシテ心変レシ行、懇苦精誠、雖トモ二金牆鉄壁一、必ス欲二拓開シテ乃
已ントス一。果シテ感ス二観史天主親ク為メニ摩頂授戒スルコトヲ一。宜ナリ其レ然ルコト矣。視フルニ二諸ヲ道
進ノ之感戒一ニ、疑ラクハ若タルカレ過レ之。古人ノ所謂ル能ク光ルレ前人ニ者ノト、師其レ有リ
焉。嗚呼楽学戒ノ者、観テレ此可レシヤ不ル二蹶然トシテ興起シ、而惕然トシテ自励ミ一
乎。

唐越州称心寺元貞義律師伝

律師諱ハ大義、元貞ハ其ノ字也。生ス二於会稽蕭山ノ徐氏一ニ。誕スル日
多シ二神異一。甫シテ二七歳一黠慧秀朗也。父教ルニ以ス二経典一。日能暗二誦ス数
千言一ヲ。年十二ニシテ投シテ二山陰ノ霊隠寺一為二童子一。習ヒ二内法一、開ハレ巻輒チ

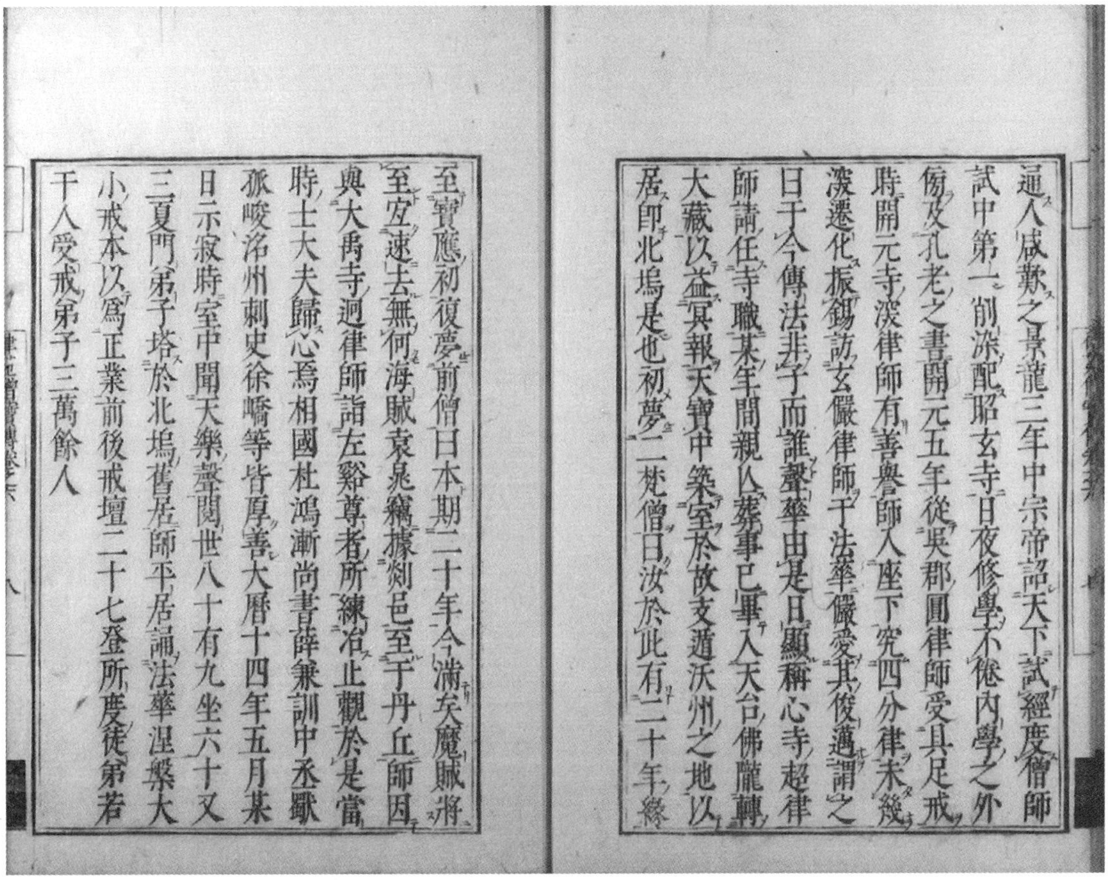

通人咸歎之景龍三年中宗帝詔天下試經度僧師
試中第一削染配昭玄寺日夜修學不倦內學之外
傍及孔老之書開元五年從吳郡圓律師受具足戒
時開元寺深律師有善譽師入座下究四分律未幾
深遷化振錫訪玄儼律師于法華儼愛其俊邁謂之
曰于今傳法非子而誰聲華由是日顯稱心寺超律
師請任寺職某年間親亡葬事已畢入天台佛隴轉
大藏以益冥報天寶中築室於故支遁沃州之地以
居即北塢是也初夢二梵僧曰汝於此有二十年緣

至寶應初復夢前僧曰本期二十年今滿矣魔賊將
至宜速去無何海賊袁晁竊據剡邑至于丹丘師因
與大禹寺迴律師詣左谿尊者所練冶止觀於是當
時士大夫歸心焉相國杜鴻漸尚書薛兼訓中丞獨
孤峻洺州刺史徐嶠等皆厚善大曆十四年五月某
日示寂時室中聞天樂聲閱世八十有九坐六十又
三夏門弟子塔於北塢舊居師平居誦法華涅槃大
小戒本以爲正業前後戒壇二十七登所度徒弟若
干人受戒弟子三萬餘人

③40オ　③39ウ

通ス。人咸歎ス之。景龍三年中宗帝詔シ二天下ニ一、試レテ経度レス僧。師
試中第一也。削染シテ配ス二昭玄寺ニ一。日夜修学シテ不レ倦。内学ノ之外、
傍ラ及二孔老ノ之書一。開元五年従テ二呉郡ノ円律師一受二具足戒ヲ一。
時ニ開元寺ノ深律師有リ二善誉一。師入二座下一究ム二四分律ヲ一。未レ幾ナラ
深遷化ス。振レテ錫訪フ二玄儼律師ヲ于法華ニ一。儼愛シテ二其ノ俊邁ナルヲ一謂レ之
曰、于レ今伝法非レシテ子而誰ソト。声華由レ是日ニ顕ル。称心寺ノ超律
師、請シテ任ス二寺職ニ一。某ノ年間親亡ス。葬事已ニ畢テ、入二天台ノ仏隴一。転シテ二
大蔵一以テ益ス二冥報ヲ一。天宝中築テ二室ヲ於故支遁沃州ノ之地一以テ
居ス。即チ北塢是也。初メ夢ルニ二二梵僧ヲ一曰ク、汝於レ此有リト二二十年ノ縁一。

└
③39ウ

至テ二宝応ノ初一、復夢ルニ二前僧一曰、本ト期ス二二十年一今満テリ矣。魔賊将ニ
レ至ントス。宜ク二速ニ去一ル。無シテレ何クモ海賊袁晁竊ニ拠二剡邑一至ル二于丹丘ニ一。師因テ
与二大禹寺ノ迴律師一詣二左谿尊者ノ所一、練二治ス止観一。於レ是当
時ノ士大夫帰レス心焉。相國杜鴻漸・尚書薛兼訓・中丞独
孤峻・洺州刺史徐嶠等皆厚ク善シ。大暦十四年五月某
日、示寂。時ニ室中聞二天楽ノ声一。閲世八十有九、坐六十又
三夏。門弟子塔ス二於北塢ノ旧居ニ一。師平居誦シテ二法華・涅槃・大
小ノ戒本一、以テ為二正業一。前後戒壇二十七登、所度ノ徒弟若
干人、受戒ノ弟子三万余人。

└
③40オ

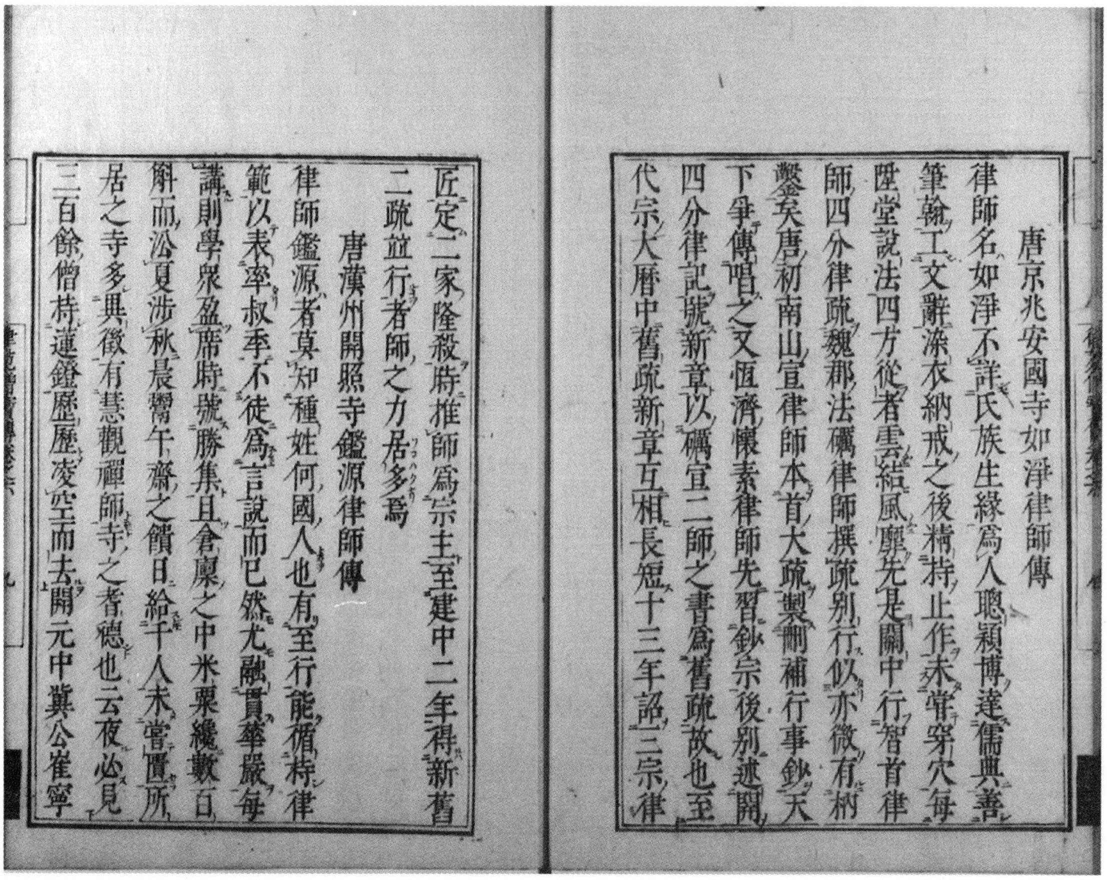

唐京兆安國寺如淨律師傳
律師名如淨不詳氏族生緣爲人聰穎博達儒典善
筆翰工文辭染衣納戒之後精持止作未嘗穿穴每
陞堂説法四方從者雲結風靡先是關中行智首律
師四分律疏魏郡法礪律師撰疏別行似亦微有枘
鑿矣唐初南山宣律師本首大疏製刪補行事鈔天
下爭傳唱之又恒濟懷素律師先習鈔宗後別述開
四分律記號新章以礪宣二師之書爲舊疏故也至
代宗大曆中舊疏新章互相長短十三年詔三宗律

匠定二家隆殺時推師爲宗主至建中二年得新舊
二疏並行者師之力居多焉
唐漢州開照寺鑑源律師傳
律師鑑源者莫知種姓何國人也有至行能循持律
範以表率叔季不徒爲言説而已然尤融貫華嚴每
講則學衆盈席時號勝集且倉廩之中米粟纔數百
斛而沿夏涉秋晨齎午齋之饋日給千人未嘗匱所
居之寺多異徵有慧觀禪師寺之耆德也云夜必見
三百餘僧持蓮鐙歷歷凌空而去開元中冀公崔寧

③41オ　③40ウ

唐京兆安國寺如浄律師伝

律師名ハ如浄、不レ詳ニンセ氏族生縁一。為レ人聡穎、博ク達ス儒典ニ。善シ筆翰ヲ一、工也二文辞ニ一。染衣納戒ノ之後、精ニ持シテ止作ヲ一、未タ嘗テ穿穴ス一。毎ニ陞堂説法ス、四方従フ者雲ノ如ニ結ヒ風ノ如ニ靡ク。先レ是ヨリ関中行フ智首律師ノ四分律疏ヲ一。魏郡ノ法礪律師撰レ疏別行ス。似タリ亦微ク有ルニ枘鑿一矣。唐ノ初、南山ノ宣律師本トシテ首ノ大疏ヲ製ス刪補行事鈔ヲ。天下争テ伝ニ唱ス之一。又恒済ノ懐素律師先ニ習ヒ鈔宗ニ一、後別ニ述ニ開シテ四分律記ヲ号ス新章ト。以ノ礪宣ニ師ノ之書ヲ為ニ旧疏ト故也。至ニ代宗ノ大暦中ニ、旧疏新章互ニ相ヒ長短ス。十三年詔シテ三宗ノ律

└
③40ウ

匠ニ、定ム二家ノ隆殺ヲ。時ニ推レ師為ニ宗主ト。至ニ建中二年ニ、得ルハ新旧二疏並行ルコトヲ者、師ノ之力居ソコハクナリ多焉。

唐漢州開照寺鑑源律師伝

律師鑑源ハ者、莫レ知ニ種姓何ノ國ノ人トイフコトヲ也。有リ至行ニ。能ク循ニ持シ律範ヲ、以テ表ニ率タリ叔季ニ。不ニ徒ニ為スノミニ言説ヲ而已。然モ尤モ融ニ貫ス華厳ヲ。毎レ講スル則学衆盈ツレ席。時ニ号ス勝集ト。且ツ倉廩ノ之中、米粟纔ニ数百斛。而シテ沿レ夏渉レ秋ニ、晨齎午斎ノ之饋、日ニ給スレトモ千人ニ、未タ嘗テ匱カラ。所居之寺多シ異徴一。有ニ慧観禅師トイヒト。寺ノ之耆徳也ト云。夜ル必ス見下三百余ノ僧持シ蓮鐙ヲ歴歴トシテ凌レ空而去ルヲ上。開元中、冀公崔寧

└
③41オ

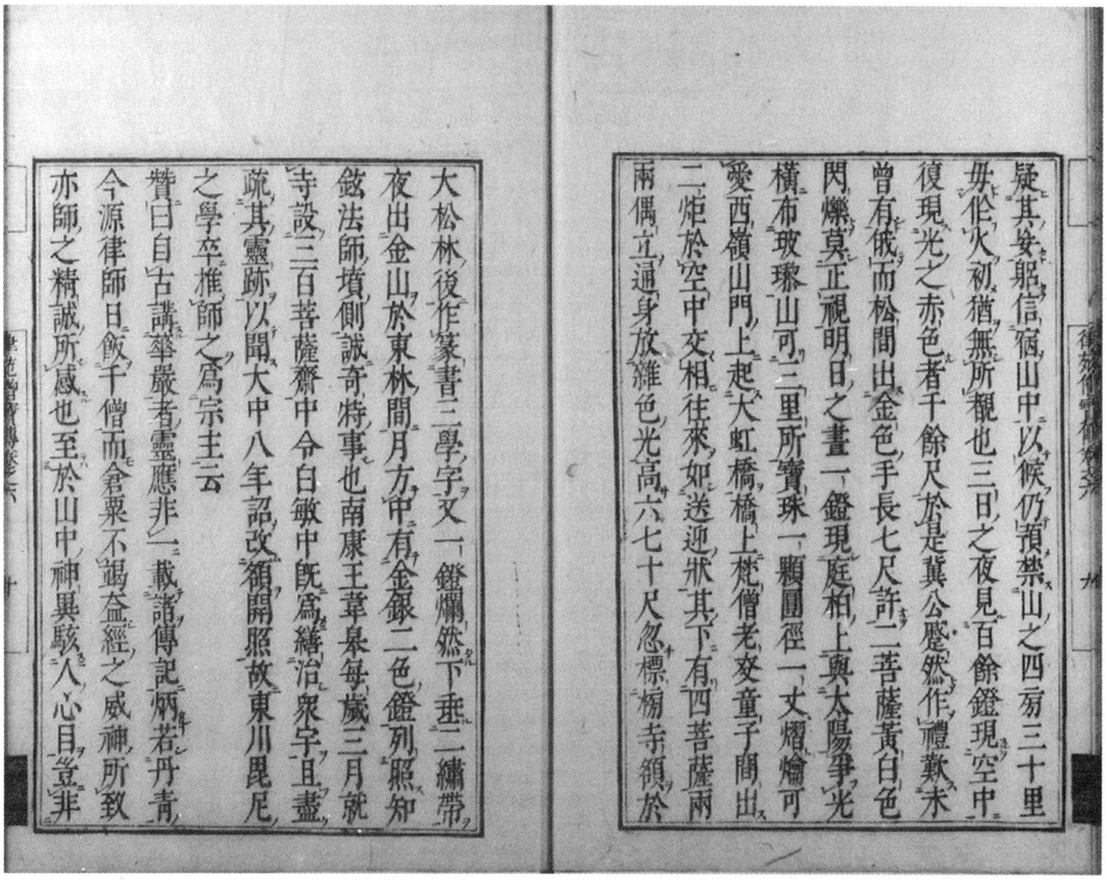

③42オ　③41ウ

疑ヒ二其ノ妄カト一、躬カラ信二宿シテ山中一ニ以テ候フ。仍テ預メ禁ス二山ノ之四房三十里
毋レトレ作フ火ヲ。初メ猶ヲ無シレ所レ睹也。三日ノ之夜、見ル三百余鐙現スルヲ二空中一ニ。
復現ス二光ノ之赤色ナル者千余尺一。於レ是冀公甕然トシテ作シテレ礼歎ス二未
曾有一也ト。俄ニシテ而松間出ス二金色ノ手、長七尺許ナルヲ一。一菩薩黄白色
閃爍トシテ莫シ二正視一。明日ノ之昼、一鐙現シ二庭柏ノ上一、与二太陽一争フレ光。
横ニ布二玻瓈一、山可リ二三里所一。宝珠一顆、円径一丈。熠爚可
レ愛。西嶺山門ノ上ニ起ス二大虹橋一ヲ。橋上ニ梵僧老叟童子間出ス。
二炬於レ空中交ミ相ヒ往来シテ如シ二送迎ノ状一。其ノ下ニ有リ二四菩薩一。両
両偶立シテ、通身放二雑色ノ光一。高サ六、七十尺。忽チ標二榜寺額ヲ於

大松林ノ後一ニ。作レ篆書二三学ノ字一ヲ。又一鐙爛然タル。下垂ル二一繍帯一ヲ。
夜出二金山ヲ於東林ノ間一ニ。月方テレ中ニ有テ二金銀二色ノ鐙一、列三照ス知
鉉法師ノ墳ノ側一。誠ニ奇特ノ事也也。南康王韋皐、毎歳三月就
レ寺設ク二三百菩薩斎一。中令白敏中既ニ為メニ繕二治シ衆宇一ヲ、且ツ尽ク
疏シテ二其ノ霊跡一ヲ以テ聞ス。大中八年、詔シテ改ム二額ヲ開照一。故ニ東川毘尼ノ
之学、卒ニ推シテレ師之ヲ為二宗主一云。
賛ニ曰、自レ古講スル二華厳一者ノ霊応非レ一ニ。載テ二諸ヲ伝記一ニ、炳タルコト若シ二丹青一ノ。
今源律師、日ニ飯シテ二千僧一、而モ倉粟不レ竭。盍シ経ノ之威神ノ所レ致、
亦師ノ之精誠ノ所レ感スル也也。至テハ三於山中ノ神異駭スニ二人ノ心目一ヲ、豈非二

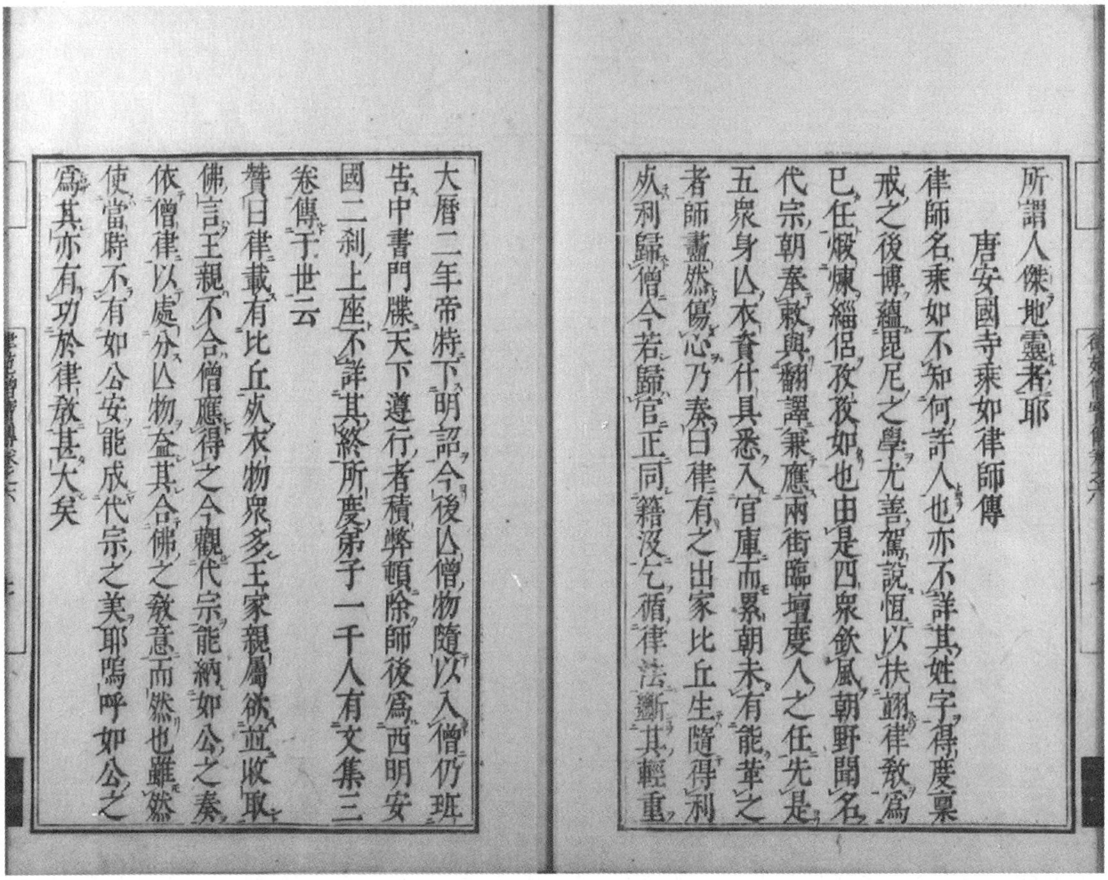

③43オ　③42ウ

所謂人傑ニシテ地霊ナル者一ノニ耶。

唐安國寺乗如律師伝

律師名ハ乗如、不レ知二何ノ許人一トイフコトヲ也。亦不レ詳二其ノ姓字一ヲ。得度稟
戒ノ之後、博ク蘊二ム毘尼ノ之学一ヲ。尤善ク駕説ス。恒ニ以レ扶二翊スルヲ律教一ヲ為二
己カ任一ト。煅二煉シテ緇侶一ヲ孜孜如タリ也。由レ是四衆欽レ風ヲ、朝野聞レ名ヲ。
代宗ノ朝、奉レテ勅ヲ与二リ翻訳一ニ、兼テ応二ス両街臨壇度人ノ之任一ニ。先レ是ヨリ
五衆身亡シテ、衣資什具悉ク入二ル官庫一ニ。而モ累朝未レタ有二能ク革レ之
者一。師釁然トシテ傷レシメ心ヲ、乃奏シテ曰、律ニ有リ之。出家比丘生テハ随テ得レ利、
死テハ利帰レスト僧ニ。今若シ帰レハ官ニ、正ニ同二シ籍没一ニ。乞フ循二シテ律法一ニ、断二ンコトヲ其ノ軽重一ヲ。

└
③42ウ

大暦二年帝特ニ下二ス明詔一ヲ。今ヨリ後、亡僧ノ物、随テ以入レレヨト僧ニ。仍班二
告ス中書門牒一ニ。天下遵行ノ者、積弊頓ニ除ク。師後為二ル西明・安
國二刹ノ上座一ト。不レ詳二其ノ終一。所度ノ弟子一千人。有二文集三
巻一。伝二ルト乎世一云。
賛曰、律ニ載ス。有二比丘一。死シテ衣物衆多也。王家親属欲二ス並ニ収取一ント。
仏ノ言ハク、王親ハ不レ合ハ、僧応レシト得レ之。今観二ルニ代宗一ヲ、能納二レ如公ノ之奏一ヲ、
依二テ僧律一ニ以テ処二分ス亡物一ヲ。盍シ其レ合二テ仏ノ之教意一ニ而然リ也。雖レトモ然
使二メハ当時不レラ有二如公一、安ソ能成二ンヤ代宗ノ之美一ヲ耶。嗚呼如公ノ之
為シワザ、其レ亦有レルコト功二於律教一ニ甚タ大也矣。

└
③43オ

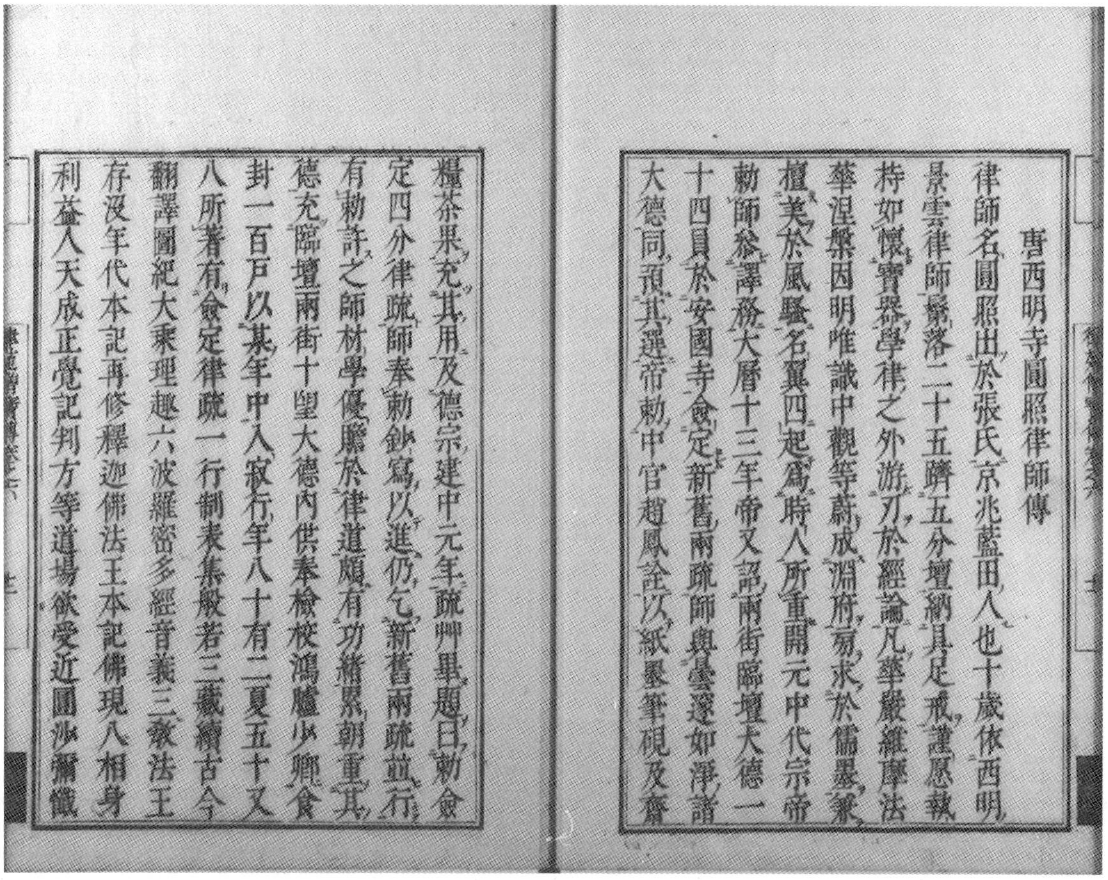

③44オ　③43ウ

唐西明寺円照律師伝

律師名ハ円照、出ッ二於張氏一ニ。京兆藍田ノ人也。十歳依二西明ノ
景雲律師一剃落、二十五躋二五分壇一納二具足戒一ヲ。謹愿執
持、如レ懐ケルカ二宝器一ヲ。学律ノ之外、游シム二刃ヲ於経論一ニ。凡ソ華厳・維摩・法
華・涅槃・因明・唯識・中観等、蔚トシテ成ス二淵府一ヲ。旁ラ求メ二於儒墨一ヲ、兼テ
擅ニス二美ヲ於風騒一ニ。名翼四ニ起テ為ニ二時人一所レ重セ。開元中、代宗帝
勅レ師参シム二訳務一ニ。大暦十三年、帝又詔シテ二両街臨壇大徳一
十四員一、於二安國寺一僉二定セシム新旧ノ両疏一。師与二曇邃・如浄ノ諸
大徳一、同ク預ル二其ノ選一ニ。帝勅シテ二中官趙鳳詮一ニ、以テ二紙墨・筆硯及斎
糧・茶果一ヲ充ッ二其ノ用一ニ。及二徳宗ノ建中元年一ニ疏艸畢ヌ。題シテ曰フ二勅僉
定四分律疏一ト。師奉レ勅鈔写シテ以テ進ム。仍テ乞フ二新旧両疏並ヒ行ンコトヲ一。
有レ勅許ス之。師材学優贍、於二律道一頗ル有二功緒一。累朝重シテ二其ノ
徳一、充ッ二臨壇両街十望大徳内供奉検校鴻臚少卿一ニ。食
封一百戸。以二某ノ年中一入寂。行年八十有二、夏五十又
八。所レ著有リ二僉定律疏・一行制表集・般若三蔵・続古今
翻訳図紀・大乗理趣六波羅密多経音義・三教法王
存没年代本記・再修釈迦仏法王本記・仏現八相身
利益人天成正覚記・判方等道場欲受近円沙弥懺

└ ③44オ　└ ③43ウ

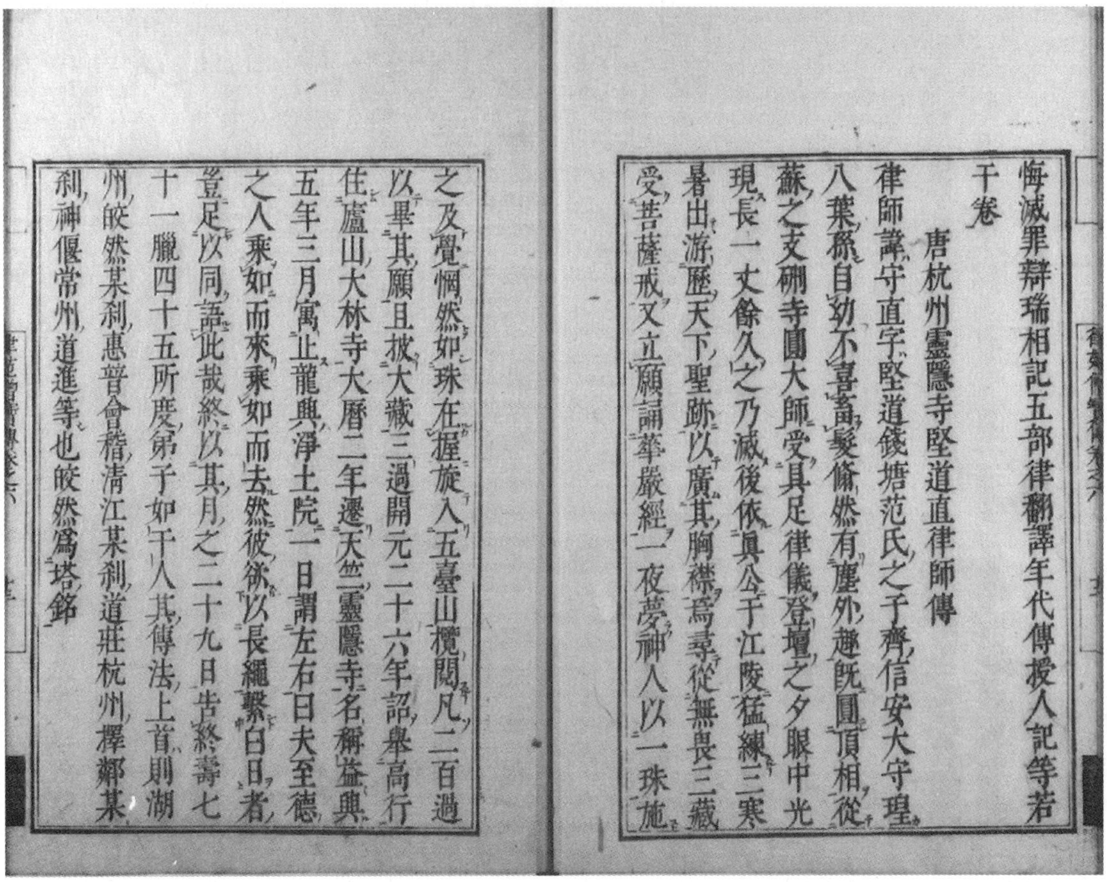
悔滅罪辯瑞相記五部律翻譯年代傳授人記等若干卷
唐杭州靈隱寺堅道直律師傳
律師諱守直字堅道錢塘范氏之子齊信安大守𤧫八葉孫自幼不喜畜髮脩然有塵外趣既圓頂相從蘇之支硎寺圓大師受具足律儀登壇之夕眼中光現長一丈餘久之乃滅後依眞公于江陵猛練三寒暑出游歷天下聖跡以廣其胸襟焉尋從無畏三藏受菩薩戒又立願誦華嚴經一夜夢神人以一珠施之及覺惘然如珠在握旋入五臺山攬閱凡二百過以畢其願且披大藏三過開元二十六年詔擧高行住廬山大林寺大曆二年遷天竺靈隱寺名稱益興五年三月寓止龍興淨土院一日謂左右曰夫至德之人乘如而來乘如而去然彼欲以長繩繫白日者豈足以同語此哉終以其月之二十九日告終壽七十一臘四十五所度弟子如干人其傳法上首則湖州皎然某剎惠普會稽淸江某剎道莊杭州擇鄰某剎神偃常州道進等也皎然爲塔銘

③45オ　③44ウ

悔滅罪弁瑞相記・五部律翻訳年代伝授人記等若
干巻一。
唐杭州霊隠寺堅道直律師伝
律師諱ハ守直、字ハ堅道、銭塘范氏ノ之子、斉ノ信安大守瑝カ
八葉ノ孫也。自レ幼不レ喜レ畜コトヲレ髪、倏然有リ二塵外ノ趣一。既ニ円ニシ二頂相ヲ一、従テ二
蘇ノ之支硎寺円大師ニ一受ク二具足律儀ヲ一。登壇ノ之夕、眼中光
現ス。長一丈余、久シテ之乃滅ス。後依ル二真公ニ于江陵ニ一。猛練スルコト三寒
暑、出テ、游二歴シテ天下ノ聖跡ニ一、以テ広ム二其ノ胸襟ヲ一焉。尋テ従二無畏三蔵一
受ク二菩薩戒ヲ一。又立レ願誦ニ二華厳経ヲ一。一夜夢ラク神人以二一珠一施スト

⌐③44ウ

之。及レ覚ニ惘然トシテ如シ二珠在ルカレ握ニ一。旋テ入リ二五台山ニ一、攬閲スルコト凡ソ二百過、
以テ畢フ二其ノ願ヲ一。且披クコト二大蔵ヲ一三過。開元二十六年詔シテ挙二高行一
住シム二廬山ノ大林寺ニ一。大暦二年遷リ二天竺ノ霊隠寺ニ一、名称益ミ興ル。
五年三月寓二止ス龍興ノ浄土院ニ一。一日謂二左右一曰、夫至徳ノ
之人乗シテレ如ニ而来リ、乗レ如而去ル。然ニ彼ノ欲下スル以テ二長縄一繋ント中白日ヲ上者ノ、
豈ニ足ンヤ下以同ク語ルニ上レ此哉。終ニ以二其ノ月ノ之二十九日一告レ終。寿七
十一、臘四十五。所度ノ弟子如干人。其ノ伝法ノ上首ハ、則湖
州ノ皎然・某刹ノ恵普・会稽ノ清江・某刹ノ道荘・杭州ノ択隣・某
刹ノ神偃・常州ノ道進等也也。皎然為ニ塔ノ銘一。

⌐③45オ

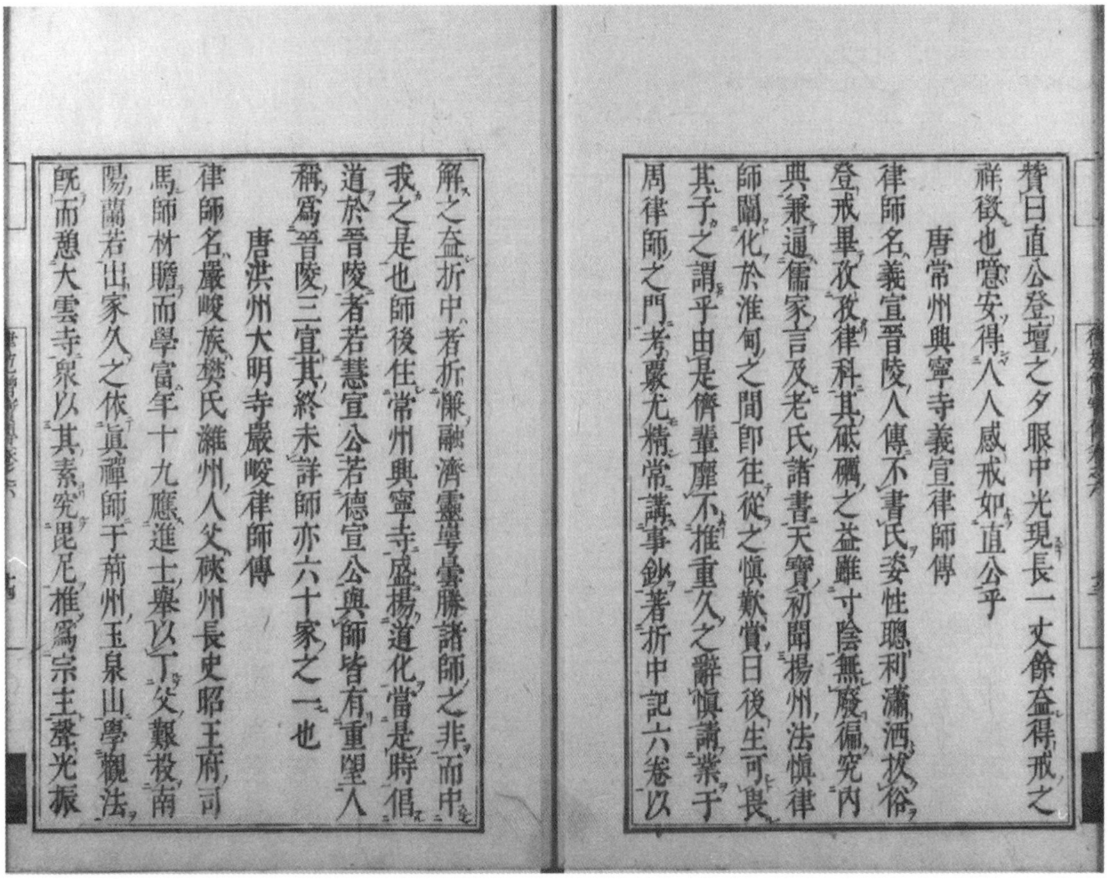

③45ウ　③46オ

賛曰、直公登壇ノ之夕、眼中光現スルコト長一丈余。盍シ得戒ノ之祥徵也也。噫安ゾ得三ンヤ人人感戒如二ナルコヲ直公一乎。

唐常州興寧寺義宣律師伝

律師名ハ義宣、晋陵ノ人。伝ニ不レ書レ氏ヲ。姿性聡利、瀟洒トシテ抜レ俗ヲ。登戒畢テ孜二孜タリ律科一ニ。其ノ砥礪ノ之益、雖二寸陰一無シ廃コト。偏ク究二内典一、兼テ通二ス儒家ノ言及ヒ老氏ノ諸書一ニ。天宝ノ初聞三揚州ノ法慎律師闡ニクト化ヲ於淮甸ノ之間一、即往テ従フ之。慎歎賞シテ曰、後生可シト畏ル。其レ子カ之謂ヒカ乎。由レ是儕輩靡レ不二トテフコト推重一。久シテ之辞レ慎、請フ二業ヲ于周律師ノ之門一ニ。考覈尤モ精シ。常ニ講ス二事鈔ヲ一。著二折中記六巻一以

⌐ ③45ウ

解ス之。盍シ折中ハ者、折二慊シテ融済・霊崿・曇勝諸師ノ之非一ヲ、而中ニスル也我カ之是一也。師後住ニシ常州興寧寺一ニ、盛ニ揚ク道化一ヲ。当ニ是ノ時一倡フル二道ヲ於晋陵一ニ者、若二慧宣公一、若二徳宣公一、与レ師皆有リ二重望一。人称シテ為ス二晋陵ノ三宣一ト。其ノ終未レ詳。師亦六十家ノ之一也也。

唐洪州大明寺厳峻律師伝

律師名ハ厳峻、族ハ樊氏。濰州ノ人。父ハ硤州長史昭王府ノ司馬也。師材贍ニシテ而学富ム。年十九応ス二進士ノ挙一。以レ丁ルヲ二父ノ艱一投シテ二南陽ノ蘭若一出家、久シテ之依テ二真禅師ニ于荊州ノ玉泉山一ニ学二観法ヲ一、既ニシテ而憩フ二大雲寺一ニ。衆以三其ノ素ヨリ究ルヲ二毘尼一ヲ、推シテ為ス二宗主一ト。声光振

⌐ ③46オ

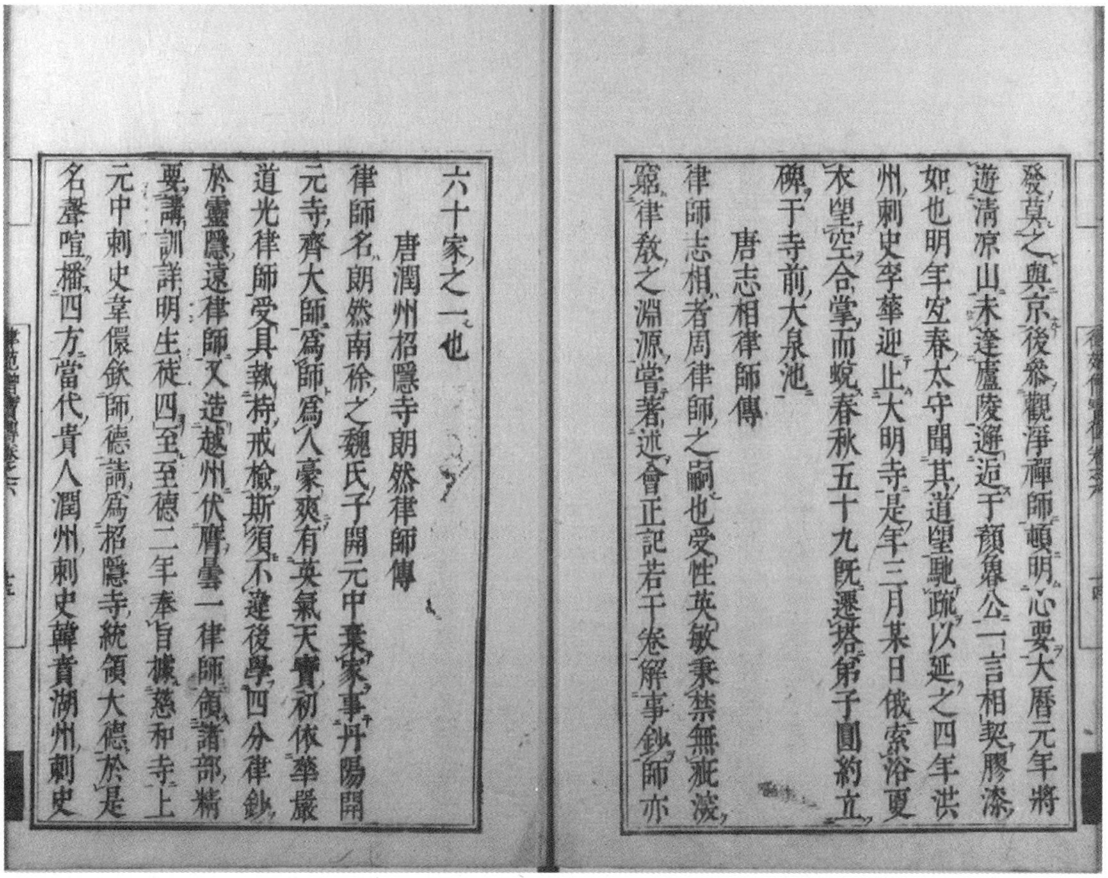

③47オ　③46ウ

発シテ、莫二シ之レト与二京一ナルコト。後参二シテ観浄禅師一ニ、頓ニ明二ム心要一ヲ。大暦元年、将
レ遊二清涼山一ニ。未レルニ達二廬陵一、邂二逅ス于顔魯公一ニ。一言相契テ膠漆ノ
如シ也。明年宜春ノ太守聞二其ノ道望一、馳テレ疏ヲ以延ク之。四年洪
州ノ刺史李華、迎テ止二ム大明寺一ニ。是ノ年三月某日俄ニ索レ浴更
レ衣望テレ空ヲ合掌シテ而蛻ス。春秋五十九。既ニ遷レ塔ニ。弟子円約立二ツ
碑ヲ于寺前ノ大泉池一ニ。

唐志相律師伝

律師志相ハ者、周律師ノ之嗣也也。受性英敏、秉レ禁無レ疵。深ク
窮二ム律教ノ之淵源一ヲ。嘗テ著二述シテ会正記若干巻一解二事鈔一ヲ。師亦

└③46ウ

六十家ノ之一也也。

唐潤州招隠寺朗然律師伝

律師名ハ朗然、南徐ノ之魏氏ノ子。開元中棄テレ家ヲ事二テ丹陽開
元寺ノ斉大師一ニ為レ師ト。為レ人豪爽ニシテ有二英気一。天宝ノ初、依二華厳
道光律師一受具。執二持シテ戒検一ヲ、斯須モ不レ違。後学二フ四分律鈔ヲ
於霊隠ノ遠律師一ニ。又造二リ越州一ニ、伏二膺シテ曇一律師一ニ、領二ス諸部ノ精
要一ヲ。講訓詳明、生徒四ヨリ至ル。至徳二年奉レ旨拠二ル慈和寺一ニ。上
元中刺史韋儇欽二師ノ徳一、請シテ為二招隠寺ノ統領大徳一ト。於レ是
名声喧ク播二ス四方一ニ。当代ノ貴人潤州ノ刺史韓賁・湖州ノ刺史

└③47オ

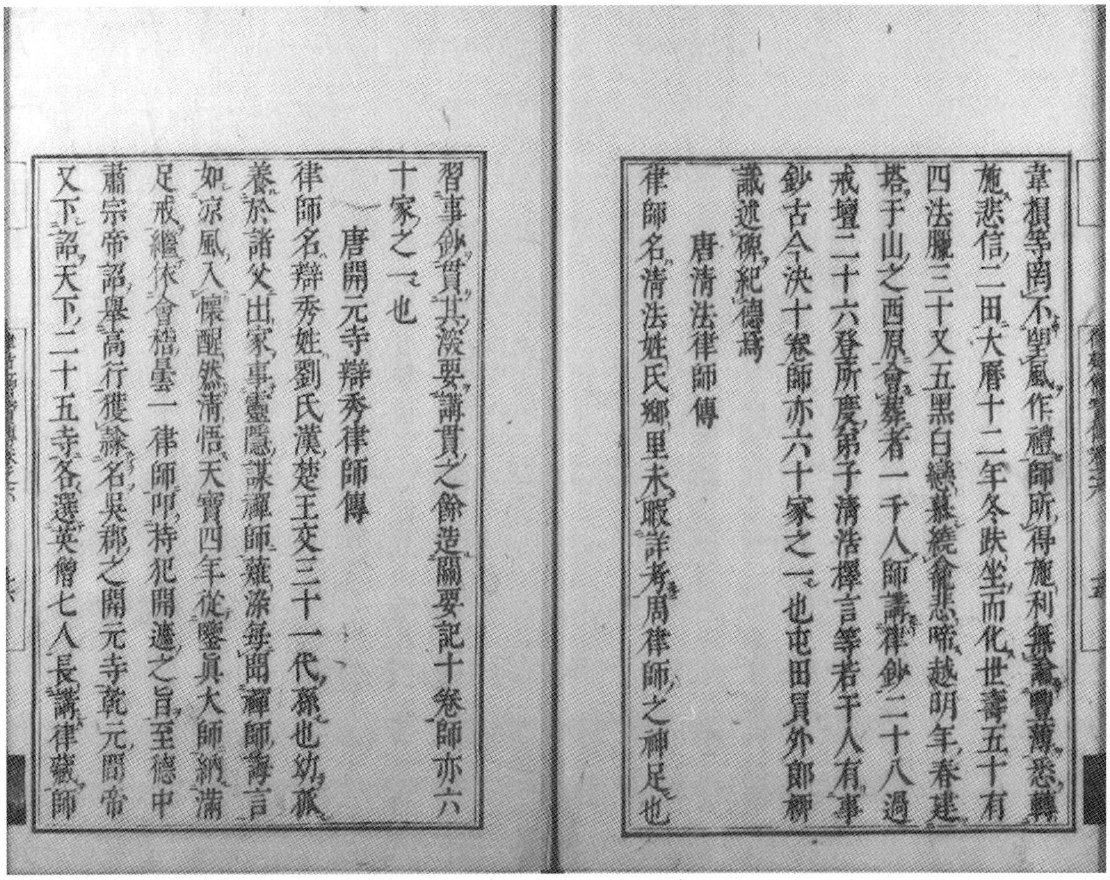

③48オ　③47ウ

韋損等、罔レ不二トイフコト望レ風ヲ作礼一セ。師所レノ得施利無レ論二スルコト豊薄一ヲ、悉ク転二
施ス悲信ノ二田一ニ。大暦十二年冬、趺坐シテ而化ス。世寿五十有
四、法臘三十又五。黒白恋慕シ、繞レ龕悲啼ス。越明年ノ春、建二ツ
塔ヲ于山ノ之西原一ニ。会レスル葬ニ者一千人。師講二スルコト律鈔一二十八過、
戒壇二十六登。所度ノ弟子清浩・択言等若干人。有二リ事
鈔古今決十巻一。師亦六十家之一也也。屯田員外郎柳
識述レ碑ヲ紀レ徳焉。

唐清法律師伝

律師名ハ清法、姓氏郷里未レタ暇二詳考一スルニ。周律師ノ之神足也也。

└ ③47ウ

習二事鈔一ヲ貫二ク其ノ深要一ヲ。講貫ノ之余、造二ル関要記十巻一。師亦六
十家ノ之一也也。

唐開元寺弁秀律師伝

律師名ハ弁秀、姓ハ劉氏。漢ノ楚王交三十一代ノ孫也也。幼ニシテ孤也。
養二ル於諸父一ニ。出家シテ事二テ霊隠ノ謀禅師一ニ薙染。毎レニ聞二禅師ノ誨言一、
如二シ涼風ノ入一レルカ懐。醒然トシテ清悟ス。天宝四年従二テ鑑真大師一ニ納二ル満
足戒一ヲ。継テ依二会稽ノ曇一律師一ニ、叩二ク持犯開遮ノ之旨一ヲ。至徳中
粛宗帝詔シテ挙二高行一。獲レ隷二スルコトヲ名ヲ呉郡ノ之開元寺一。乾元ノ間帝
又下二シ詔ヲ天下ノ二十五寺一ニ、各々選二テ英僧七人一長二講シム律蔵一ヲ。師

└ ③48オ

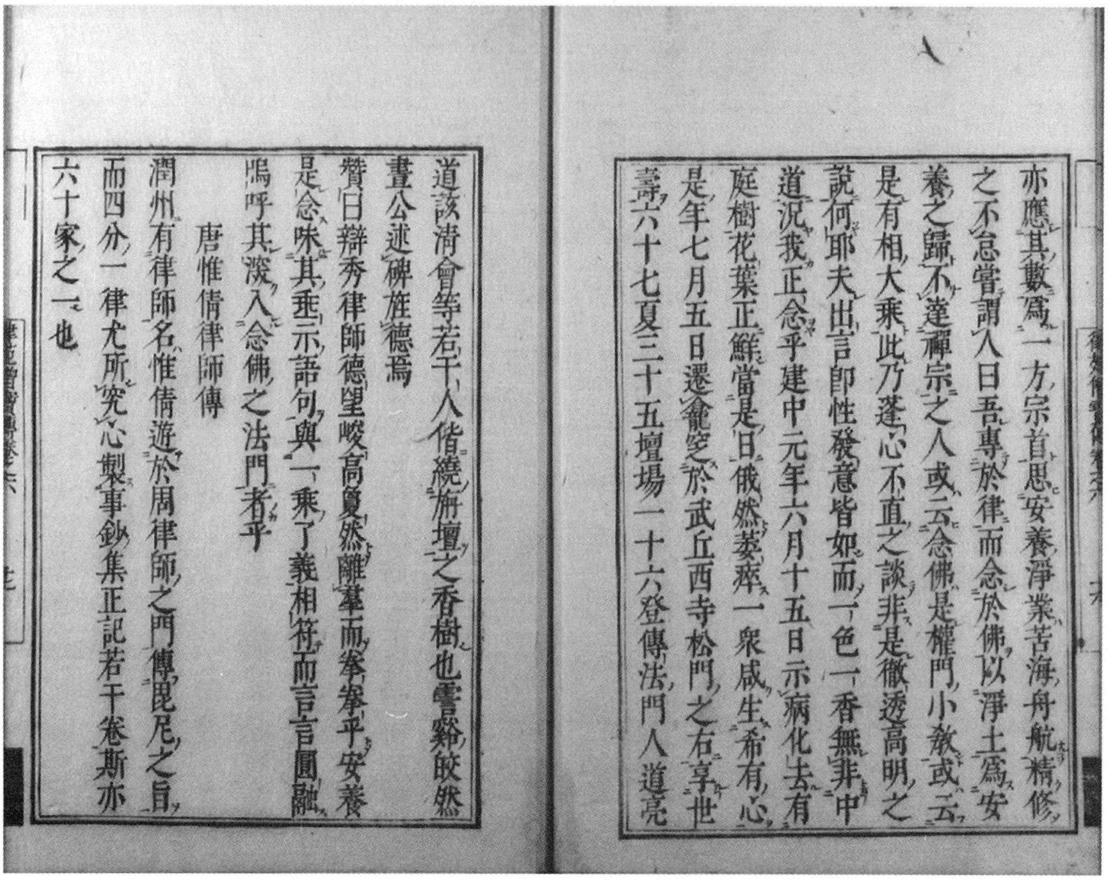
亦應其數爲一方宗首思安養淨業苦海舟航精修
之不怠嘗謂人曰吾專於律而念於佛以淨土爲安
養之歸不達禪宗之人或云念佛是權門小教或云
是有相大乘此乃蓬心不直之談非是徹透高明之
說何耶夫出言卽性發意皆如而一色一香無非中
道況我正念乎建中元年六月十五日示病化去有
庭樹花葉正鮮當是日俄然萎瘁一衆咸生希有心
是年七月五日遷龕窆於武丘西寺松門之右享世
壽六十七夏三十五壇場一十六登傳法門人道亮

道該淸會等若干人皆繞旃壇之香樹也雲谿皎然
晝公述碑旌德焉
贊曰辯秀律師德望峻高更然離羣而拳拳乎安養
是念味其垂示語句與一乘了義相符而言言圓融
嗚呼其深入念佛之法門者乎
唐惟倩律師傳
潤州有律師名惟倩遊於周律師之門傳毘尼之旨
而四分一律尤所究心製事鈔集正記若干卷斯亦
六十家之一也

③49オ　③48ウ

亦応二シ其ノ数一ニ、為二ル一方ノ宗首一ト。思二ヒ安養ノ浄業ハ苦界ノ舟航一ナルコトヲ、精ク修シテ
之不レ怠。嘗テ謂レ人曰、吾レ専二ニシテ於律一ニ而念二シ於仏一ヲ、以二浄土一為二ス安
養ノ之帰一ト。不ルノ達二禅宗一ニ之人、或ハ云二ヒ念仏ハ是レ権門ノ小教一也ト、或ハ云二フ
是レ有相ノ大乗一ト。此レ乃蓬心不直ノ之談ニシテ、非三ス是レ徹透高明ノ之
説二ニ、何ソヤ耶。夫レ出言即性、発意皆如也。而シテ一色一香、無シ非二ト云コト中
道一ニ。況ヤ我カ正念ヲヤ乎。建中元年六月十五日示レ病化去ル。有二
庭樹一。花葉正ニ鮮也。当二是ノ日一ニ俄然トシテ萎瘁ス。一衆咸ク生二ス希有ノ心一ヲ。
是ノ年七月五日遷レ龕窆ニス於武丘西寺松門ノ之右一ニ。享ルコト二世
寿一ヲ六十七、夏三十五、壇場一十六登。伝法ノ門人道亮・

└
③48ウ

道該・清会等若干人。皆ニ繞二ノ旃壇一ヲ之香樹也也。雲谿ノ皎然
昼公述レ碑旌レ徳焉。
賛曰、弁秀律師、徳望峻高。更然トシテ離レ群。而シテ拳拳乎トシテ安養、
是レ念ス。味ルニ二其ノ垂示ノ語句一ヲ。与二一乗ノ了義一相符テ、而言言円融ス。
嗚呼其レ深ク入レル二念仏ノ之法門一ニ者ノカ乎。

唐惟倩律師伝

潤州ニ有二律師一。名ハ惟倩。遊テ二於周律師ノ之門一、伝フ二毘尼ノ之旨一ヲ。
而四分ノ一律、尤所也レ究レ心。製ス二事鈔ノ集正記若干巻一。斯亦
六十家ノ之一也也。

└
③49オ

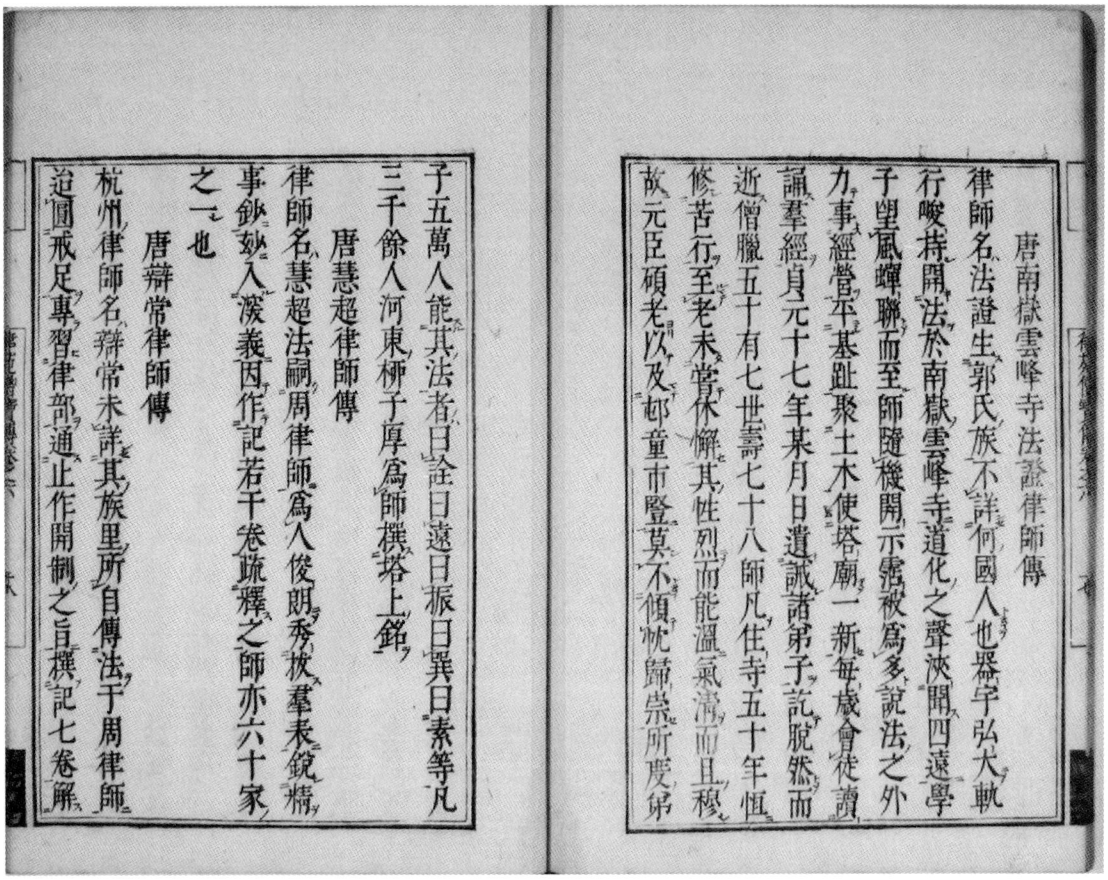
唐南嶽雲峰寺法證律師傳
律師名法證生郭氏族不詳何國人也器宇弘大軌
行峻持開法於南嶽雲峰寺道化之聲浹聞四遠學
子望風蟬聯而至師隨機開示霑被爲多說法之外
力事經營平基趾聚土木使塔廟一新每歲會徒讀
誦羣經貞元十七年某月日遺誡諸弟子訖脫然而
逝僧臘五十有七世壽七十八師凡住寺五十年恒
修苦行至老未嘗休懈其性烈而能溫氣淸而且穆
故元臣碩老以及郡童市豎莫不傾忱歸崇所度弟
子五萬人能其法者曰詮曰遠曰振曰巽曰素等凡
三千餘人河東柳子厚爲師撰塔上銘
唐慧超律師傳
律師名慧超法嗣周律師爲人俊朗秀拔羣表銳精
事鈔妙入深義因作記若干卷疏釋之師亦六十家
之一也
唐辯常律師傳
杭州律師名辯常未詳其族里所自傳法于周律師
逌圓戒足專習律部通止作開制之旨撰記七卷解

③50オ　③49ウ

唐南嶽雲峰寺法證律師伝

律師名ハ法證、生ス二郭氏ノ族ニ一。不レ詳ンセ二何ノ國人ト云コトヲ一也。器宇弘大ニシテ軌行峻持也。開キ二法ヲ於南嶽ノ雲峰寺ニ一、道化ノ之声浹二聞ス四遠ニ一。学子望レ風、蟬聯トシテ而至ル。師随レ機開示、霑被為レ多ト。説法ノ之外、力テ事トス二経営ヲ一。平ニシ二基趾ヲ一、聚二土木ヲ一、使シム二塔廟ヲシテ一新セ一。毎歳会レ徒読二誦ス群経ヲ一。貞元十七年某月日遺二誡シ諸弟子ヲ一訖テ、脱然トシテ而逝ス。僧臘五十有七、世寿七十八。師凡ソ住寺五十年、恒ニ修シ二苦行ヲ一、至ルマテレ老ニ未タ三嘗テ休懈セ一。其ノ性烈ニシテ而能温ニ、気清シテ而且ツ穆也。故ニ元臣碩老ヨリ以テ及マテ二郡童市豎ニ一、莫シレ不ト云コト二傾レ忱帰崇セ一。所度ノ弟

③49ウ

子五万人。能スル二其ノ法ヲ一者ノハ、曰レ詮、曰レ遠、曰レ振、曰レ巽、曰二素等一、凡三千余人。河東ノ柳子厚為レ師撰ス二塔上ノ銘ヲ一。

唐慧超律師伝

律師名ハ慧超、法嗣ク二周律師ニ一。為レ人俊朗ニシテ秀ニ抜ス二群表ニ一。鋭シ二精ヲ事鈔ニ一、妙ニ入ル二深義ニ一。因テ作テ二記若干巻ヲ一疏二釈ス之ヲ一。師亦六十家ノ之一也。

唐弁常律師伝

杭州ノ律師、名ハ弁常。未レ詳ンセ二其ノ族里ノ所一レ自。伝二法ヲ于周律師ニ一、逌レ円二戒足ヲ一。専ラ習ヒ二律部ヲ一、通ス二止作開制ノ之旨ニ一。撰シテ二記七巻ヲ一解ス二

③50オ

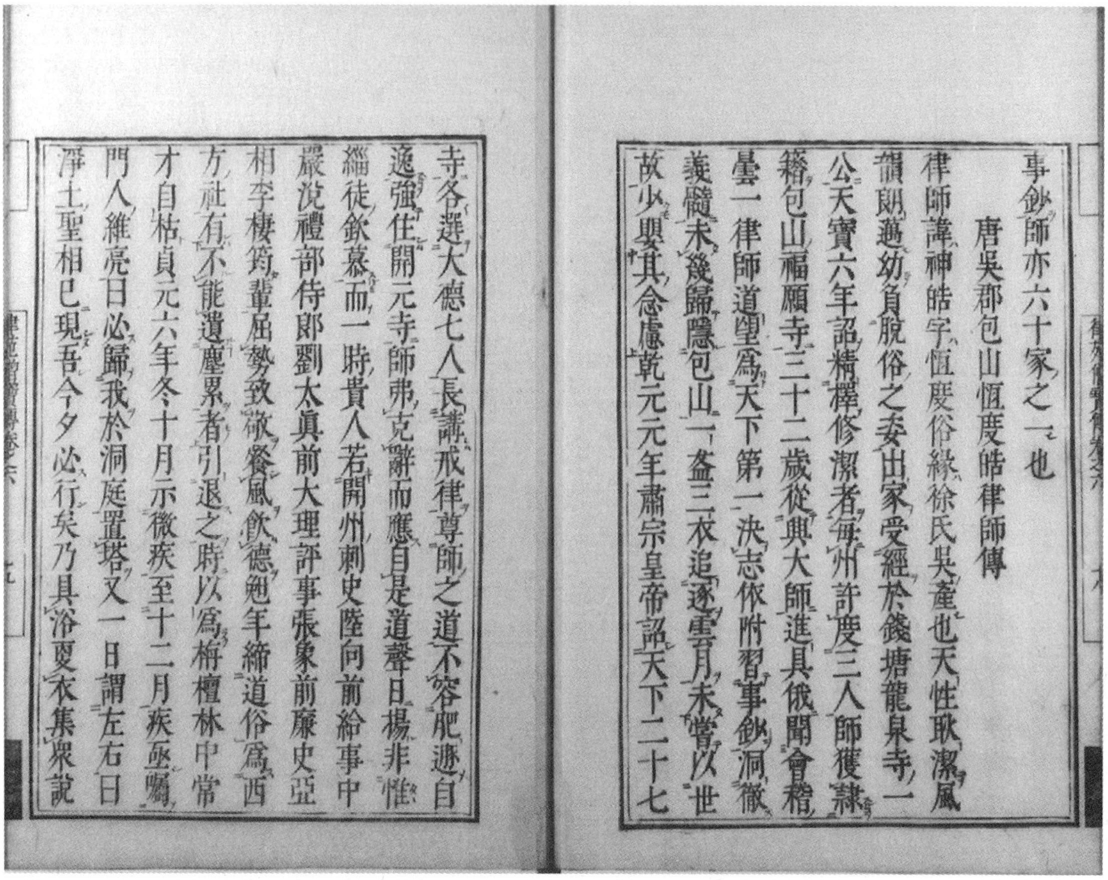

③51オ　③50ウ

事鈔一ヲ。師亦六十家ノ之一也也。
唐呉郡包山恒度皓律師伝
律師諱ハ神皓、字ハ恒度、俗縁ハ徐氏。呉ノ産也也。天性耿潔ニシテ風
韻朗邁也。幼ニシテ負二脱俗ノ之姿一、出家シテ受二経ヲ於銭塘龍泉寺ノ一
公一ニ。天宝六年詔シテ精二択シテ修潔者一ヲ、毎レ州ニ許レ度二三人一。師獲レ隷スルコトヲ二
籍ヲ包山ノ福願寺一ニ。三十二歳従テ二興大師一ニ進具、俄ニ聞三会稽ノ
曇一律師道望為リト二天下第一一。決シテレ志依附、習テ二事鈔一ヲ洞二徹ス
義髄一ニ。未タレ幾帰テ隠ル二包山一ニ。一鉢三衣、追二逐シテ雲月一ヲ、未タ下嘗テ以二世
故一少クモ中嬰其ノ念慮上。乾元元年、粛宗皇帝詔シ二天下二十七

寺一ニ、各ミ選テ二大徳七人一長二講シム戒律一ヲ。尊二師ノ之道一不レ容二肥遯シテ自
逸スルコトヲ一、強テ住シム二開元寺一ニ。師弗シテレ克レ辞而応ス。自レ是道声日ニ揚ル。非二惟タヽ
緇徒ノ欽慕スルノミ一。而シテ一時ノ貴人若キ二開州ノ刺史陸向・前給事中
厳涚・礼部侍郎劉太真・前大理評事張象・前廉史亜
相李棲筠カ輩一、屈レ勢致レ敬ヲ。餐シレ風ヲ飲ムレ徳ヲ。晩年締二道俗一為ス二西
方ノ社一。有レハ下不ル能レ遺ルコト二塵累一ヲ者モノ上引二退ス之一ヲ。時ニ以為ラク、栴壇林中常
才自枯ト。貞元六年冬十月示二微疾一、至二十二月一疾亟シ、嘱シテ二
門人ノ維亮一曰、必ス帰シテ二我ヲ於洞庭一置レ塔ヲ。又一日謂二左右一曰、
浄土ノ聖相已ニ現シヌ。吾レ今夕必ス行ン矣。乃具レ浴更レ衣、集レ衆説

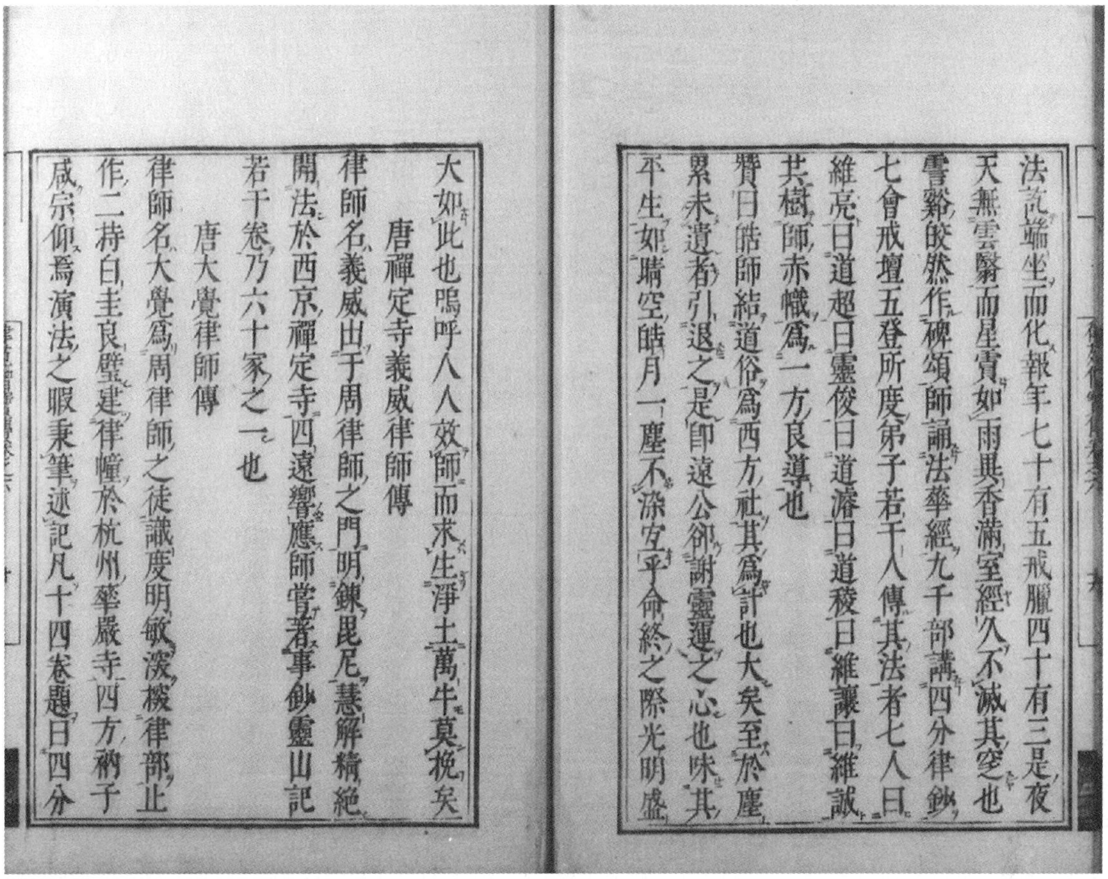

③52オ　③51ウ

法訖テ、端坐シテ而化ス。報年七十有五、戒臘四十有三。是ノ夜天無二雲翳一、而星貫ルコト如レ雨。異香満室、経久シテ不レ滅。其ノ窆スルヤ也雲谿ノ皎然作ル二碑頌一。師誦スルコト二法華経ヲ一九千部、講スルコト二四分律鈔ヲ一七会、戒壇五登。所度ノ弟子若干人。伝ル二其ノ法ヲ一者七人。曰ヒ二維亮ト一、曰二道超一、曰二霊俊一、曰二道濬一、曰二道稜一、曰二維譲一、曰フ二維誠ト一。共ニ樹テ二師ノ赤幟ヲ一、為ル二一方ノ良導ト一也。

賛曰、皓師結テ二道俗ヲ一為二西方ノ社ヲ一。其ノ為ルヤレ計也大也矣。至テハ二於塵累未タレ遺ル者ヲ引二退スルニ之一ヲ、是レ即遠公却ルノ二謝霊運ヲ一之心也也。味ルニ二其ノ平生ヲ一、如シ二晴空ノ皓月一塵不ルカ一レ染。宜カナ乎命終ノ之際、光明盛

└
③51ウ

大如レナルコト此也。嗚呼人人効テレ師ニ而求メハレ生ンコトヲ二浄土ニ一、万牛モ莫レン挽コト矣。

唐禅定寺義威律師伝

律師名ハ義威、出ツ二于周律師ノ之門ニ一。明ニ二錬シテ毘尼ヲ一、慧解精絶也。開二法シ於西京ノ禅定寺ニ一、四遠響ノ如ニ応ス。師嘗テ著ス二事鈔霊山記若干巻ヲ一。乃六十家ノ之一也也。

唐大覚律師伝

律師名ハ大覚、為リ二周律師ノ之徒一。識度明敏ニシテ深ク採ル二律部ヲ一。止作ノ二持、白圭良璧也。建ツ二律幢ヲ於杭州ノ華厳寺ニ一。四方ノ衲子咸ク宗仰ス焉。演法ノ之暇、秉レ筆ヲ述レ記。凡ソ十四巻、題シテ曰二四分

└
③52オ

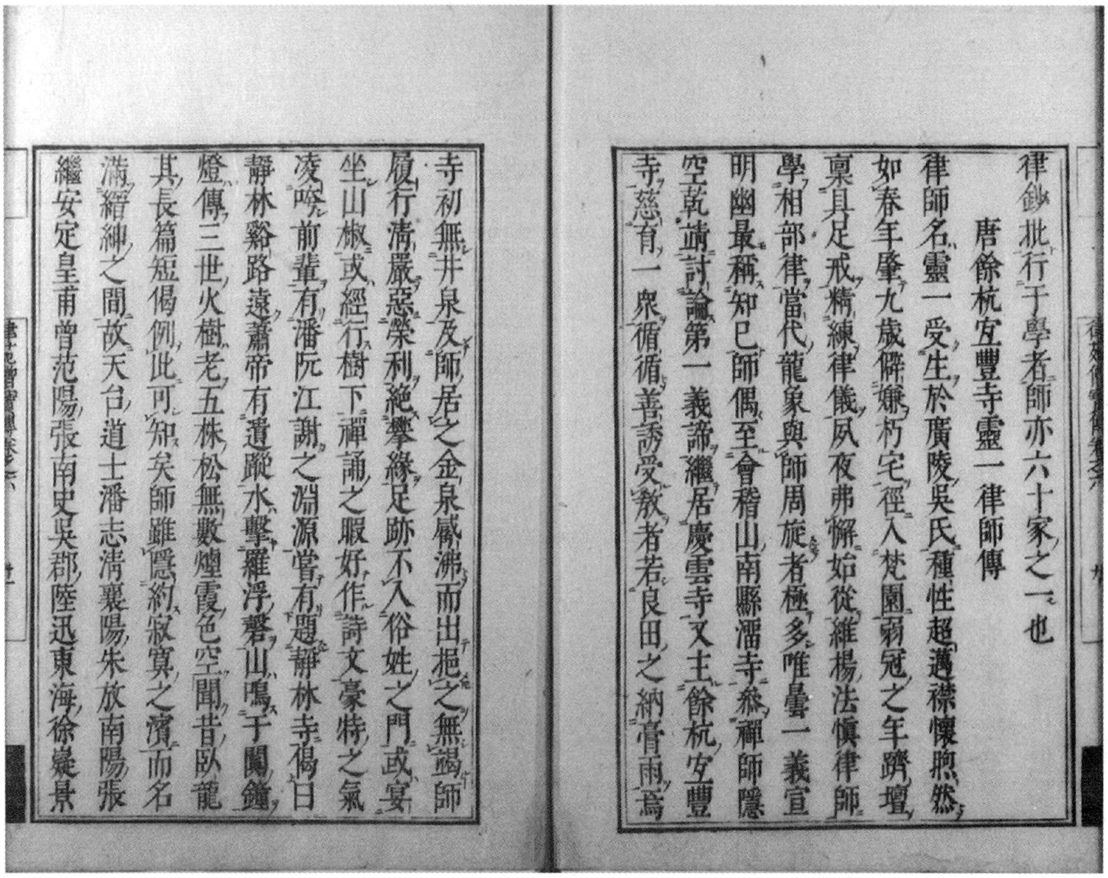

③52ウ　③53オ

律鈔批ト一。行二于学者ニ一。師亦六十家ノ之一也也。

唐余杭宜豊寺霊一律師伝

律師名ハ霊一、受ク二生ヲ於広陵ノ呉氏ニ一。種性超邁、襟懐煦然トシテ如レ春。年肇テ九歳、僻二嫌シテ朽宅ヲ一径ニ入二梵園ニ一。弱冠ノ之年、躋壇シテ稟二具足戒ヲ一。精二練シテ律儀ヲ一夙夜弗レ懈ニ。始従テ維揚ノ法慎律師ニ一学フ二相部律ヲ一。当代ノ龍象与レ師周旋スルモノ者極テ多シ。唯、曇一・義宣・明幽最モ称ス二知己ト一。師偶ミ至ル二会稽山ノ南県溜寺ニ一。参シテ二禅師隠空乾靖ニ一、討二論ス第一義諦ヲ一。継テ居二慶雲寺一、又主ル二余杭ノ宜豊寺ヲ一。慈二育シテ一衆ヲ一循循トシテ善誘、受レ教ヲ者若シ二良田ノ之納ニ膏雨ヲ一焉。

└ ③52ウ

寺初無シ二井泉一。及ンテ二師ノ居レ之、金泉觱沸トシテ而出テ、把メトモレ之無シレ竭ルコト。師履行清厳ニシテ悪ミ二営利ヲ一絶ス二攀縁ヲ一。足跡不レ入二俗姓ノ之門ニ一。或ハ宴二坐シ山椒ニ一、或ハ経二行ス樹下ニ一。禅誦ノ之暇、好テ作ル二詩文一。豪特ノ之気凌二晗シ前輩ヲ一、有リ二潘阮江謝カ之淵源一。嘗テ有リ下題スル二静林寺ニ一偈上。曰、静林谿路遠ク、粛帝有二遺蹤一。水ハ撃キ二羅浮ノ磬ヲ一、山ハ鳴ス二于闐ノ鐘ヲ一。灯ハ伝フ三世ノ火、樹ハ老フ五株ノ松。無数煌煙霞ノ色、空ク聞ク昔ノ臥龍。其ノ長篇短偈、例シテレ此ニ可シレ知ヌ矣。師雖レ隠ニ約ス寂寞ノ之浜ニ一、而名満ツ二縉紳ノ之間ニ一。故ニ天台ノ道士潘志清・襄陽ノ朱放・南陽ノ張継・安定皇甫曾・范陽ノ張南史・呉郡ノ陸迅・東海ノ徐嶷・景

└ ③53オ

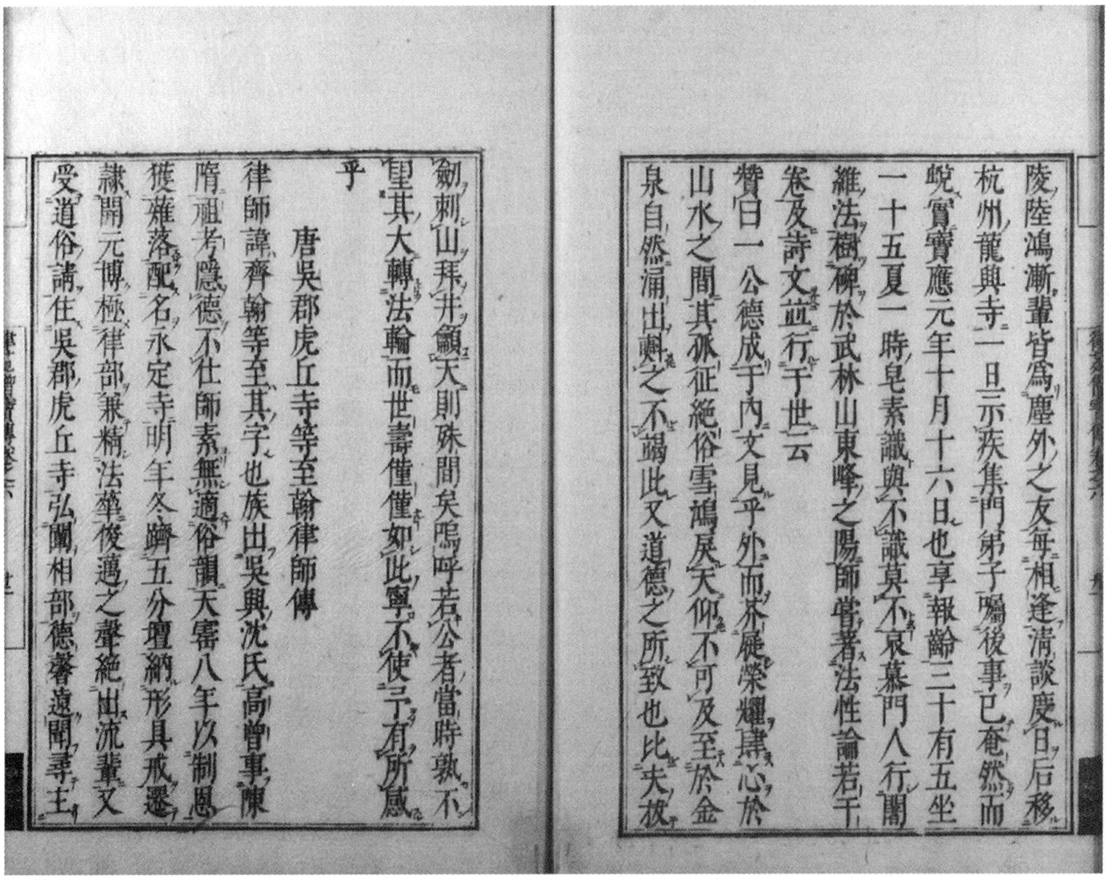

③54オ　③53ウ

陵ノ陸鴻漸カ輩、皆為リ二塵外ノ之友一。毎ニ二相ヒ逢フ一清談度ルレ日ヲ。后移ル二
杭州ノ龍興寺ニ一。一旦示レ疾。集二門弟子一嘱二後事ヲ一已テ奄然トシテ而
蛻ス。実ニ宝応元年十月十六日也也。享二報齢一三十有五、坐
一十五夏。一時ノ皁素識ト与レ不レ識、莫レ不ト云コト二哀慕一。門人行シ二闍
維ノ法ヲ一、樹ツ二碑ヲ於武林山東峰ノ之陽ニ一。師嘗テ著ス二法性論若干
巻一。及ヒ詩文ヲサヘニ並ニ行ルト二于世ニ一云。
賛曰、一公、徳成リ二于内ニ一、文見ル二乎外ニ一。而シテ芥二屣ニシ栄耀ヲ一、肆ニス二心ヲ於
山水ノ之間ニ一。其孤征絶俗、雪鴻戻ルレ天ニ。仰クモ不レ可レ及。至テハ二於金
泉自然ニ涌出シテ斟メトモレ之不ルニレ竭、此レ又道徳ノ之所也レ致也。比ルニ二夫ノ抜テ
」
③53ウ

レ剱ヲ刺シレ山ヲ拝シテレ井ヲ籲フニレ天ニ、則殊間矣。嗚呼若キレ公者ノ、当時孰カ不ン
レ望三其ノ大ニ転スルコトヲ二法輪一。而モ世寿僅僅ナルコト如シレ此ノ。寧ロ不ンヤレ使二予ヲシテ有ラレ所レ感スル
乎。

唐呉郡虎丘寺等至翰律師伝

律師諱ハ斉翰、等至ハ其ノ字也也。族出ツ二呉興ノ沈氏ニ一。高曾事フ二陳
隋ニ一。祖考隠シテレ徳ヲ不レ仕。師素ヨリ無シレ適スルコト二俗韻ニ一。天宝八年、以二制恩一
獲二薙落スルコトヲ一、配ス二名ヲ永定寺ニ一。明年冬、躋二五分壇一納ル二形具戒ヲ一。遷テ
隷ス二開元一。博ク極メ二律部ヲ一、兼テ精シ二法華ニ一。俊邁ノ之声絶二出ス流輩ニ一。又
受テ二道俗ノ請ヲ一、住ス二呉郡ノ虎丘寺ニ一。弘二闡シテ相部ヲ一、徳馨遠ク聞フ。尋テ主タリ二
」
③54オ

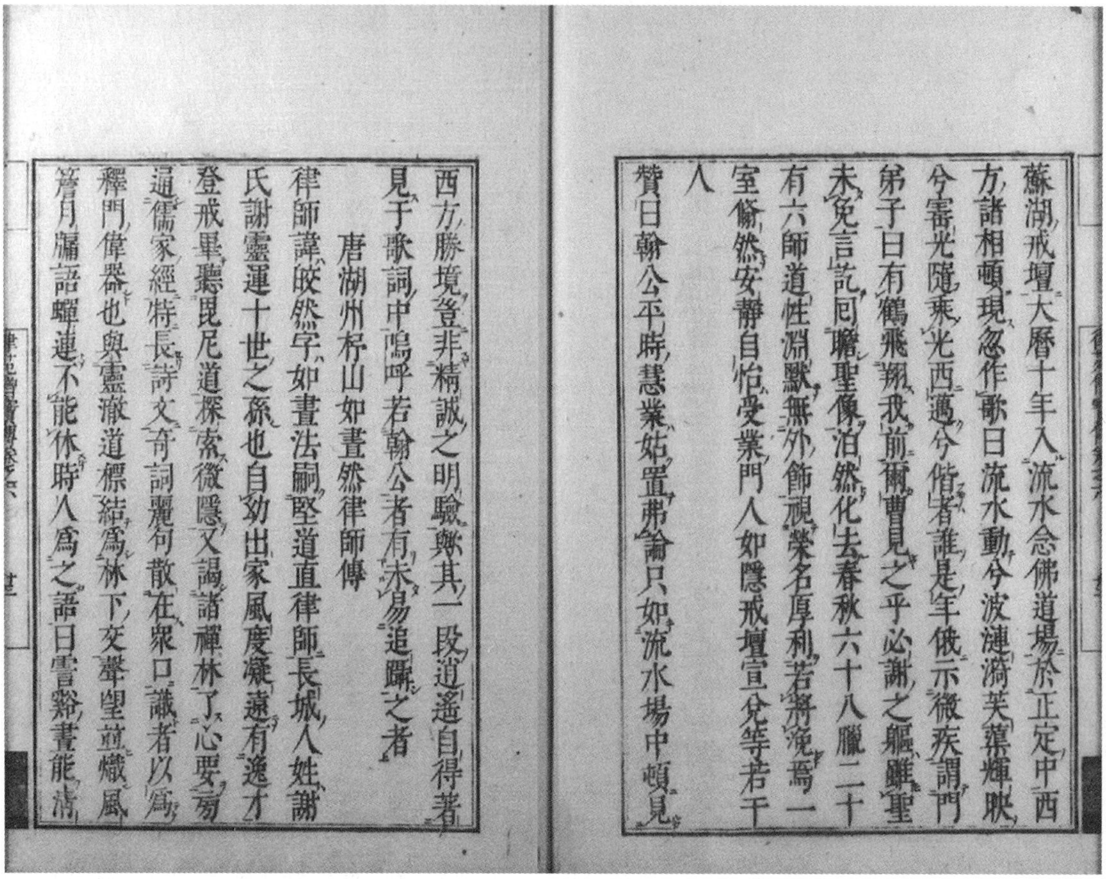

③55オ　③54ウ

蘇湖ノ戒壇ニ一。大暦十年、入ル二流水念仏道場ニ一。於ニ正定ノ中一西
方ノ諸相頓ニ現ス。忽作レ歌曰、流水動テ兮波漣漪、芙蕖輝映シテ
兮宝光随フ。乗シテレ光西ニ邁ク兮偕フモノハ者誰ソ。是ノ年俄ニ示ニ微疾一。謂テ二門
弟子一曰、有レ鶴飛ニ翔ス我カ前一ニ。爾カ曹見ルヤ之乎。必謝ノ之軀ハ雖トモレ聖
未タレ免。言訖テ回ニ瞻シ聖像ヲ一、泊然トシテ化去ル。春秋六十八、臘二十
有六。師道性淵黙ニシテ無ニ外ノ飾一。視テニ栄名厚利ヲ一若レ将レ浼レントスル焉。一
室翛然トシテ安静自怡ム。受業ノ門人、如隠・戒壇宣兌等若干
人。
賛曰、翰公平時ノ慧業ハ、姑ク置テ弗レ論。只如キ三流水場中、頓ニ見ルカ二

└
③54ウ

西方ノ勝境ヲ一、豈ニ非スヤ二精誠ノ之明験ニ一歟。其ノ一段ノ逍遥、自得著ニ
見ス于歌詞ノ中一。嗚呼若ニ翰公一者、有リ下未タレ易ニ追躡シ一之者上。

唐湖州杼山如昼然律師伝

律師諱ハ皎然、字ハ如昼。法嗣クニ堅道直律師一ニ。長城ノ人、姓ハ謝
氏、謝霊運十世ノ之孫也也。自レ幼出家、風度凝遠ニシテ有ニ逸材一。
登戒畢テ聴ニ毘尼道一、探ニ索ス微隠ヲ一。又謁シニ諸禅林一了スニ必要ヲ一。旁
通シニ儒家ノ経ニ一、特ニ長セリニ詩文ニ一。奇詞麗句散ニ在ス衆口ニ一。識ト者以為ラク、
釈門ノ偉器也ト也。与ニ霊澈・道標一結テ為シニ林下ノ交一、声望並ヒ熾也。風
篷月牖語、蟬連トシテ不レ能レ休スルコト。時人為ニ之語一曰、雲谿ノ昼能ク清

└
③55オ

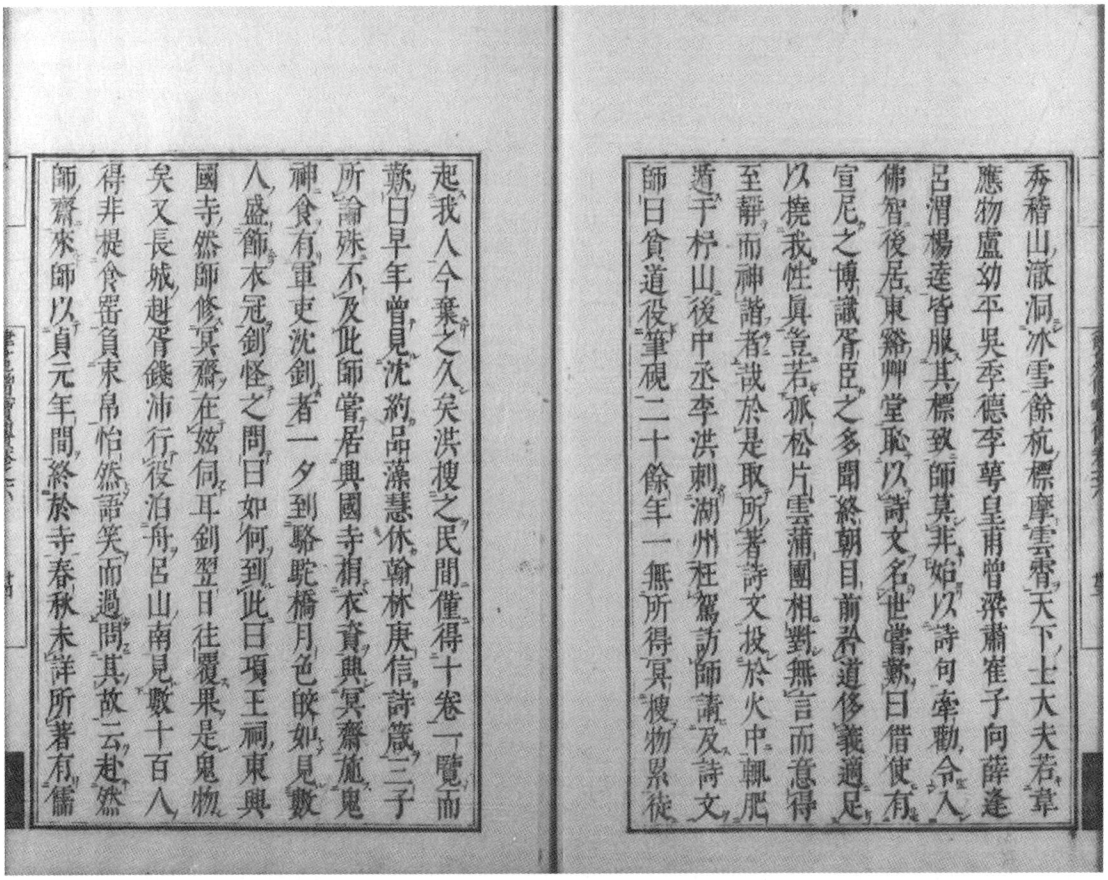

③55ウ　③56オ

秀、稽山ノ澈洞ニシ二氷雪一、余杭ノ標摩トニ雲霄ヲ一。天下ノ士大夫若キ二韋
応物・盧幼平・呉季徳・李萼皇・甫曾梁・粛崔子・向薛逢・
呂・渭楊逵一、皆服ス二其ノ標致ニ一。師莫シレ非ト云コト下始ヨリ以二詩句一牽勧シテ令ルニ上レ入レ二
仏智ニ一。後居ス二東谿ノ艸堂一。恥テ二以テレ詩文ヲ名ルヲレ世、嘗テ歎シテ曰、借使ヒ有リトモ二
宣尼カ之博識、胥臣カ之多聞一、終朝目前矜レ道侈レ義。適ニ足レリ三
以撓二我カ性真一。豈ニ若ンヤ下孤松片雲蒲団相ヒ対シ無レ言而意得、
至静ニシテ而神諧フ者モノニ上哉。於レ是取テ二所ノレ著詩文一投シ二於火中ニ一、輒肥二
遁ス于杼山ニ一。後中丞李洪刺タリ二湖州一。枉レ駕訪レ師請ヒ二及ス詩文ヲ一。
師曰、貧道役レテ二筆硯一二十余年、一無二所得一。冥二捜シテ物累一、徒ニ

└
③55ウ

起ス二我人一。今棄スルコト之久シ矣。洪捜二之ヲ民間ニ一、僅ニ得二十巻一。一覧シテ而
歎シテ曰、早年曾テ見ル二沈約カ品藻、慧休カ翰林、庾信カ詩箴ヲ一。三子
所レ論殊ニ不トレ及レ此。師嘗テ居二興國寺一、捐テ二衣資ヲ一興シ二冥斎一、施ス二鬼
神ニ食ヲ一。有リ二軍吏沈剣ト云者一。一夕到二駱駝橋一。月色皎如トシテ見ル三数
人盛二飾スルヲ衣冠ヲ一。剣怪テ之問テ曰、如何ソ到ルレ此ニ。曰、項王祠ノ東興
國寺ノ然師修ス二冥斎ヲ一。在テレ茲伺フト耳。剣翌日往復ス。果シテ是レ鬼物也
矣。又長城ノ赳胥銭沛、行テレ役泊二舟ヲ呂山ノ南一。見ル下数十百人ノ
得非提二食器一負二束帛一、怡然トシテ語笑シテ而過ルヲ上。問フニ二其ノ故一、云ク、赳キ二然
師ノ斎ニ一来ルト。師以テ二貞元年間ヲ一終二於寺一。春秋未レ詳。所レ著有リ二儒

└
③56オ

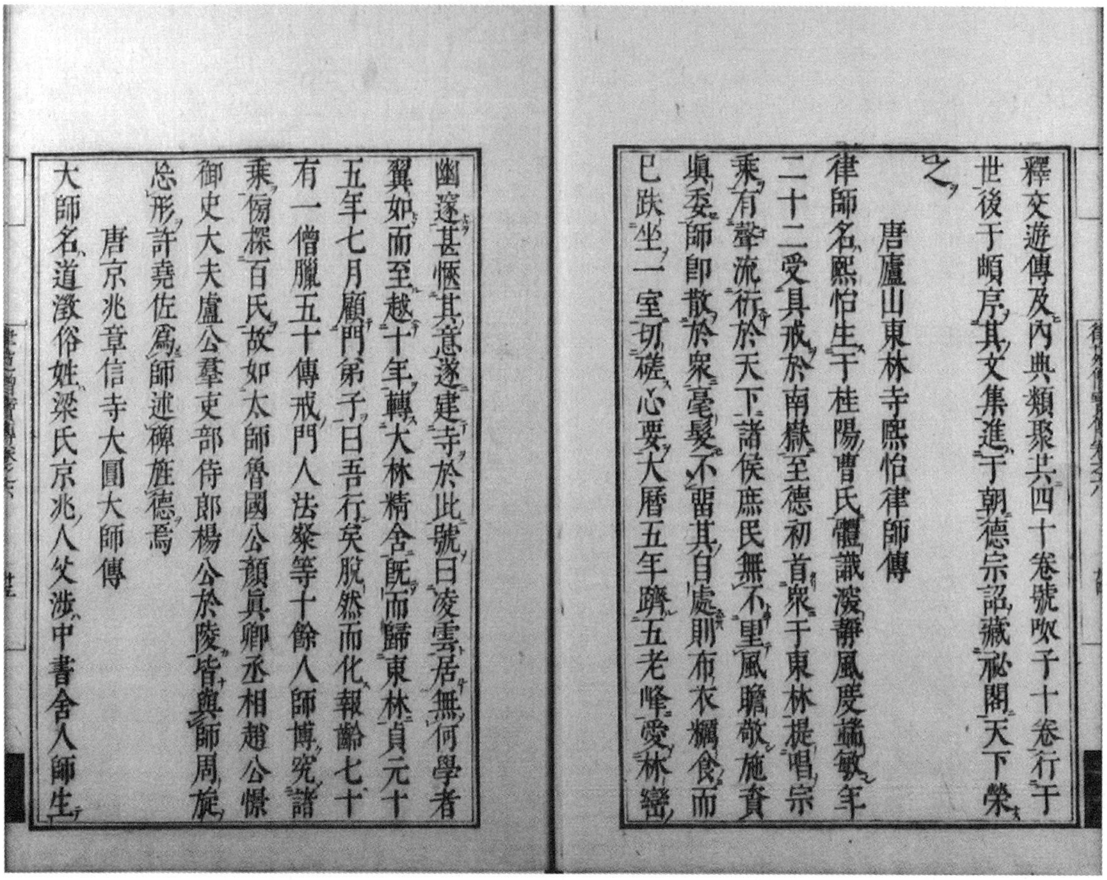

③56ウ　③57オ

釈交遊伝及ヒ内典類聚共ニ四十巻、号呶子十巻一。行二于
世一。後于頔序二シテ其ノ文集一進二ハ于朝一ニ、徳宗詔シテ蔵二秘密閣一ニ。天下栄ナス
レ之ヲ。

唐廬山東林寺熙怡律師伝

律師名ハ熙怡、生二ス于桂陽ノ曹氏一ニ。体識深静、風度端敏也。年
二十二、受二具戒ヲ於南嶽一ニ。至徳初、首二タリ衆ニ于東林一。提二唱シテ宗
乗一ヲ、有三声ナ流二衍スルコト於天下一ニ。諸侯庶民無レ不二ト云コト望レテ風瞻敬シ、施資
塡委一セ。師即散二シテ於衆一ニ、毫髪モ不レ留。其ノ自処スル時ハ、則布衣糲食ノミ而
已。趺二坐シテ一室一ニ、切二磋ス必要一ヲ。大暦五年躋二ル五老峰一ニ。愛二シテ林巒ノ

③56ウ

幽邃一ナルヲ、甚愜二其ノ意一。遂ニ建二テ寺ヲ於此一ニ、号シテ曰二凌雲一ト。居ルコト無レシテ何、学者
翼如トシテ而至ル。越二ヘテ十年一ヲ転二ス大林精舎一ニ。既ニシテ而帰二東林一ニ。貞元十
五年七月、顧二テ門弟子一ヲ曰、吾行ン矣。脱然而化ス。報齢七十
有一、僧臘五十。伝戒ノ門人、法粲等十余人。師博ク究二シテ諸
乗一ヲ、傍探二百氏一ヲ。故如二太師魯國公顔真卿・丞相趙公憬・
御史大夫盧公群・吏部侍郎楊公於陵一カ、皆ナ与レ師周旋シテ
忘レ形ヲ。許堯佐為レメニ師述レ碑旌レ徳ヲ焉。

唐京兆章信寺大円大師伝

大師名ハ道澂、俗姓ハ梁氏、京兆ノ人。父渉ハ中書舎人。師生テ

③57オ

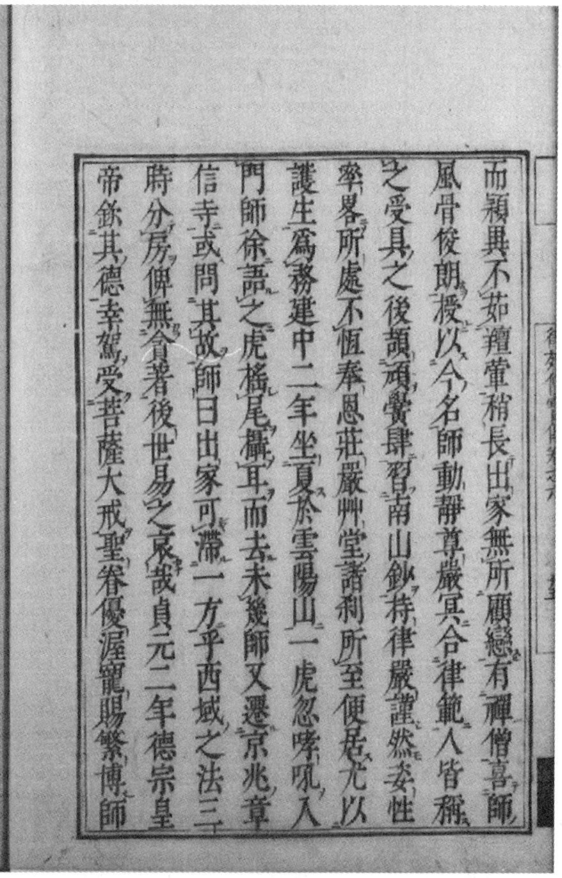

而穎異不茹羶葷稍長出家無所顧戀有禪僧喜師
風骨俊朗授以今名師動靜尊嚴冥合律範人皆稱
之受具之後頡頏黌肆習南山鈔持律嚴謹然姿性
率畧所處不恒奉恩莊嚴艸堂諸剎所至便居尤以
護生爲務建中二年坐夏於雲陽山一虎忽哮吼入
門師徐語之虎搖尾攝耳而去未幾師又遷京兆章
信寺或問其故師曰出家可滯一方乎西域之法三
時分房俾無貪著後世易之哀哉貞元二年德宗皇
帝欽其德幸駕受菩薩大戒聖眷優渥寵賜繁博師

③57ウ

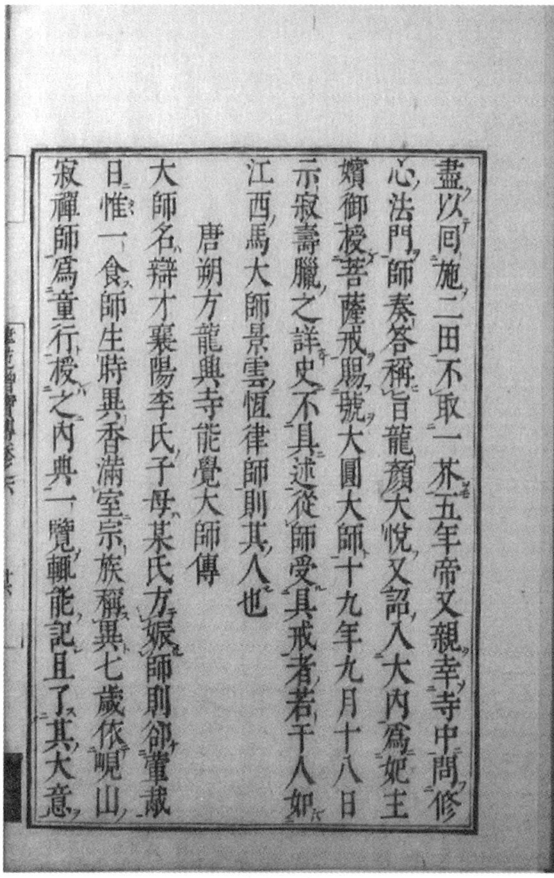

盡以囘施二田不取一芥五年帝又親幸寺中問修
心法門師奏荅稱旨龍顏大悅又詔入大內爲妃主
嬪御授菩薩戒賜號大圓大師十九年九月十八日
示寂壽臘之詳史不具述從師受具戒者若干人如
江西馬大師景雲恒律師則其人也
唐朔方龍興寺能覺大師傳
大師名辯才襄陽李氏子母某氏方娠師則卻葷葳
日惟一食師生時異香滿室宗族稱異七歲依峴山
寂禪師爲童行授之內典一覽輒能記且了其大意

③58オ

而穎異、不レ茹二羶葷一。稍長テ出家、無レ所二顧恋一スル。有二禅僧一。喜テ二師ノ
風骨俊朗一ナルヲ、授ルニ以二スル今ノ名一。師動静尊厳、冥ニ合二律範一ニ。人皆称ス
レ之。受具ノ之後頡二頏シテ黌肆一ニ、習フ二南山鈔一ヲ。持律厳謹シ、然モ姿性
率略ニシテ所処不レ恒。奉恩・荘厳・艸堂ノ諸刹、所レ至便居ス。尤以二
護生一為レ務。建中二年坐ス二夏於雲陽山一ニ。一虎忽哮吼シテ入
レ門。師徐ニ語ル之一ニ。虎揺シレ尾ヲ摂シテレ耳ヲ而去ル。未レ幾師又遷ル二京兆ノ章
信寺一ニ。或人問二其故一ヲ。師曰、出家可シヤレ滞ル二一方一ニ乎。西域ノ之法、三
時分テレ房ヲ俾レ無カラ二貪著一。後世易レ之哀カナ哉。貞元二年、徳宗皇
帝欽二其ノ徳一、幸駕シテ受ク二菩薩大戒一ヲ。聖眷優渥、寵賜繁博也。師

尽ク以テ回二施シテ二田一ニ不レ取二一芥一ヲモ。五年帝又親ク幸シテ二寺中一ニ、問フ二修
心ノ法門一ヲ。師奏答称ヒレ旨、龍顔大悦フ。又詔シテ入二大内一、為ニ二妃主・
嬪御一授シメ二菩薩戒一ヲ、賜フ二号ヲ大円大師一ト。十九年九月十八日
示寂。寿臘ノ之詳ナルコト、史不二具ニ述一。従レ師受ル二具戒一者ノ若干人。如キンハ二
江西ノ馬大師・景雲ノ恒律師一、則其ノ人也也。

唐朔方龍興寺能覚大師伝

大師名ハ弁才、襄陽李氏ノ子。母ハ某氏。方テレ娠メルレ師、則却ケ二葷葳一、
日ニ惟一タ食ス。師生時異香満レ室ニ。宗族称スレ異ト。七歳依テ二峴山ノ
寂禅師一為ニ二童行一ト。授レハ二之ニ内典一、一覧シテ輒能ク記シ、且了ス二其ノ大意一ヲ。

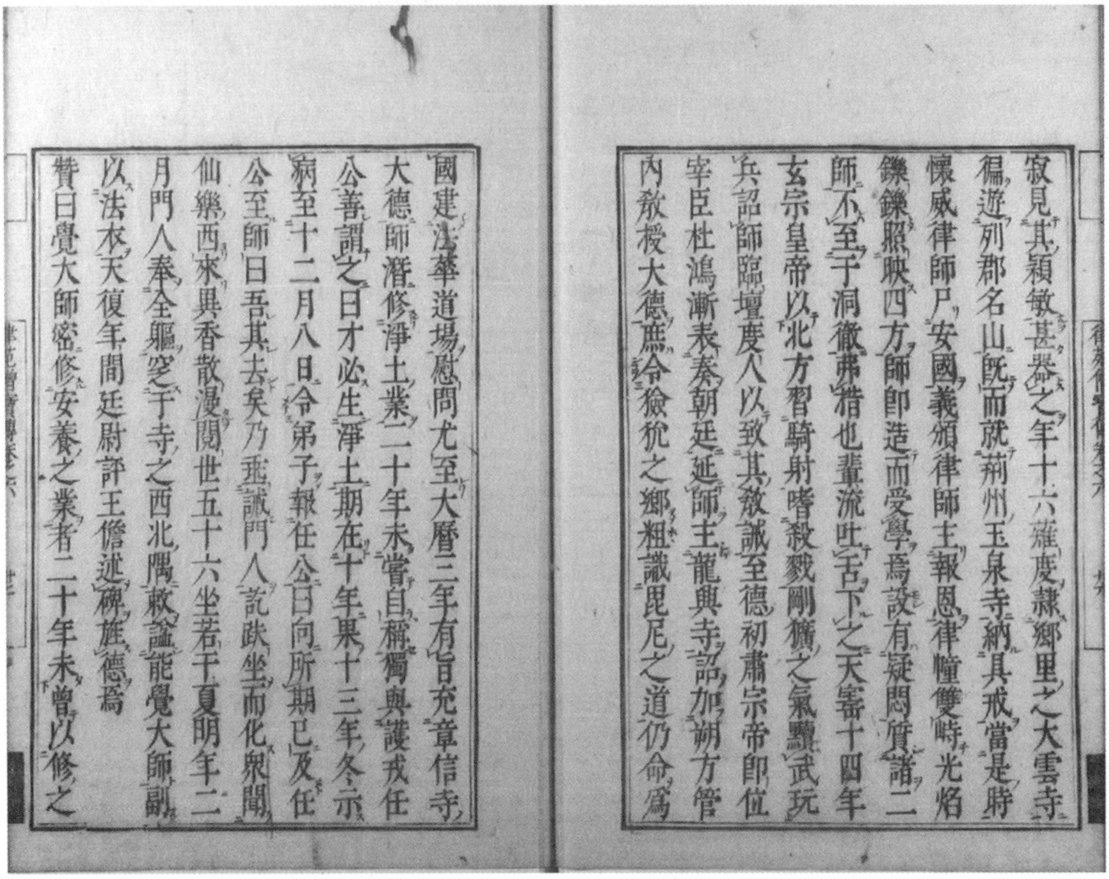

③58ウ　③59オ

寂見二テ其ノ穎敏一ナルヲ、甚タ器レトス之ヲ。年十六、薙度シテ隷二ス郷里ノ之大雲寺一ニ。
徧ク遊二フ列郡名山一ニ。既ニシテ而就二テ荊州ノ玉泉寺一ニ納二ル具戒一ヲ。当二是ノ時一、
懐威律師尸二リ安國一ヲ、義頒律師主二リ報恩一ヲ、律幢双峙チ、光焔
鑠鑠トシテ照二映ス四方一ヲ。師即造テ而受レ学ヲ焉。設モシ有二ハ疑問一質二シ諸ヲ一二
師一ニ、不レハ至二ラ于洞徹一ニ弗レ措也。輩流吐レテ舌ヲ下レル之ニ。天宝十四年
玄宗皇帝以下テ北方習二騎射一嗜二殺戮一、剛獷ノ之気黷レ武玩上
レ兵、詔レ師臨壇度人、以テ致二其ノ教誡一。至徳ノ初、粛宗帝即位。
宰臣杜鴻漸表二奏シテ朝廷一ニ、延レテ師ヲ主二シム龍興寺一ヲ。詔シテ加二フ朔方管
内教授大徳一ヲ。庶ハ令三ンコトヲ獫狁之郷ヲシテ粗ホ識二毘尼ノ之道一。仍命シテ為

レ國建二シメ法華道場一ヲ、慰問尤至レリ。大暦三年、有レ旨充二章信寺ノ
大徳一ニ。師潜ニ修二スルコト浄土ノ業一ヲ二十年。未二タ嘗テ自ラ称一セ。独与二護戒任
公一善シ。謂レテ之ニ曰、才必ス生二ン浄土一ニ。期在二リト十年一ニ。果シテ十三年ノ冬示ス
レ病。至二十二月八日一ニ令三メテ弟子ヲシテ報二任公一ニ曰、向ニ所レ期已ニ及ヌト。任
公至ル。師曰、吾レ其レ去ント矣。乃垂二誡シ門人一ヲ訖、趺坐シテ而化ス。衆聞二ク
仙楽ノ西ヨリ来リ異香散漫一タルヲ。閲世五十六、坐若干夏。明年二
月門人奉二シテ全軀一ヲ、窆二ス于寺ノ之西北ノ隅一ニ。勅シテ諡二シ能覚大師一ト、副フルニ
以二ス法衣一ヲ。天復年間、廷尉評王儋述レシテ碑ヲ旌レス徳ヲ焉。
賛曰、覚大師密ニ修二スル安養之業一ヲ者二十年、未下タ曾テ以二修ノ之

③58ウ　③59オ

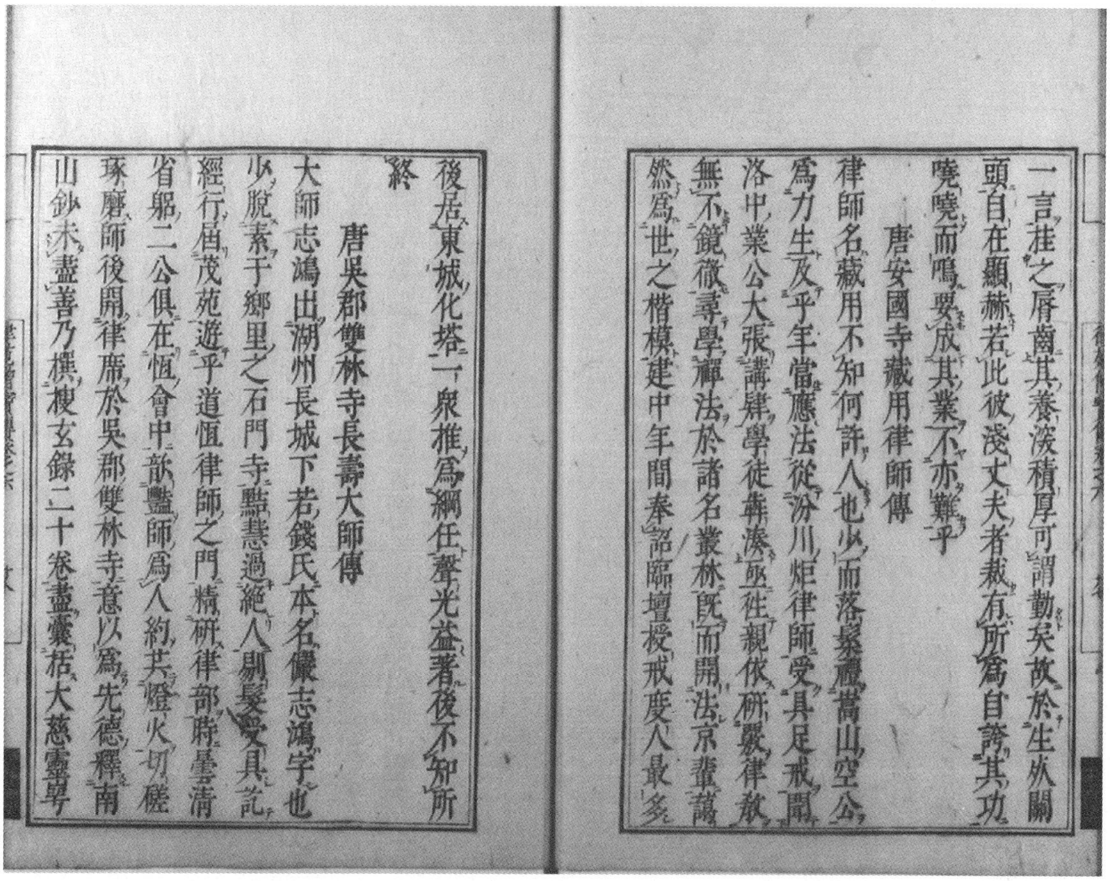

③60オ　③59ウ

一言ヲ挂ケ之ヲ唇歯ニ。其ノ養深積厚、可レ謂勤タリト矣。故ニ於テ二生死関頭一ニ、自在顕赫ナルコト若レシ此。彼ノ浅丈夫ノ者裁カン。有レハ所レ為、自ミ誇リ二其功一ニ、嘵嘵トシテ而鳴ル。要レストモ成二サント其ノ業一ヲ、不二ヤ亦タ難一カラ乎。

唐安國寺蔵用律師伝

律師名蔵用、不レ知二何許ロノ人一ト云コトヲ也。少シテ而落髪。礼シテ二嵩山ノ空公一ヲ為二力生一ト。及テ三乎年当ル二応法一ニ、従テ二汾川ノ炬律師一ニ受ク二具足戒一ヲ。聞テ下洛中ノ業公大ニ張リ二講肆一ヲ学徒犇湊上スト、亟ニ往テ親依ス。研シテ二覈律教一ヲ、無レ不二ト云コト鏡徹一セ。尋テ学フ二禅法ヲ於諸名叢林一ニ。既ニシテ而開二法シ京輦一ニ、藹然トシテ為ル二世ノ之楷模一ト。建中年間奉レ詔臨壇授戒、度人最多シ。

後居ス二東城ノ化塔一ニ。一衆推シテ為二綱任一ト。声光益ミ著ル。後不レ知レ所レ終。

唐呉郡双林寺長寿大師伝

大師志鴻、出ツ二湖州長城下若ノ銭氏一ニ。本ト名ハ儼志、鴻ハ字也。少シテ脱ス二素ヲ于郷里ノ之石門寺一ニ。黠慧過キ二絶レリ人一ニ。剔髪受具シ、訖テ、経行シテ届リ二茂苑一、遊テ二乎道恒律師ノ之門一ニ、精ニ研ス二律部一ヲ。時ニ曇清・省躬ノ二公、倶ニ在リ二恒ノ会中一ニ。歆二艶シテ師ノ為レ人。約シテ共ニシテ二灯火ヲ一切磋琢磨ス。師後開ク二戒律席ヲ於呉郡ノ双林寺一ニ。意以為ラク先徳ノ釈スル二南山鈔一ヲ未タレ尽サレ善ヲ。乃撰シテ二捜玄録二十巻一、尽ク囊二括ス大慈・霊㟧

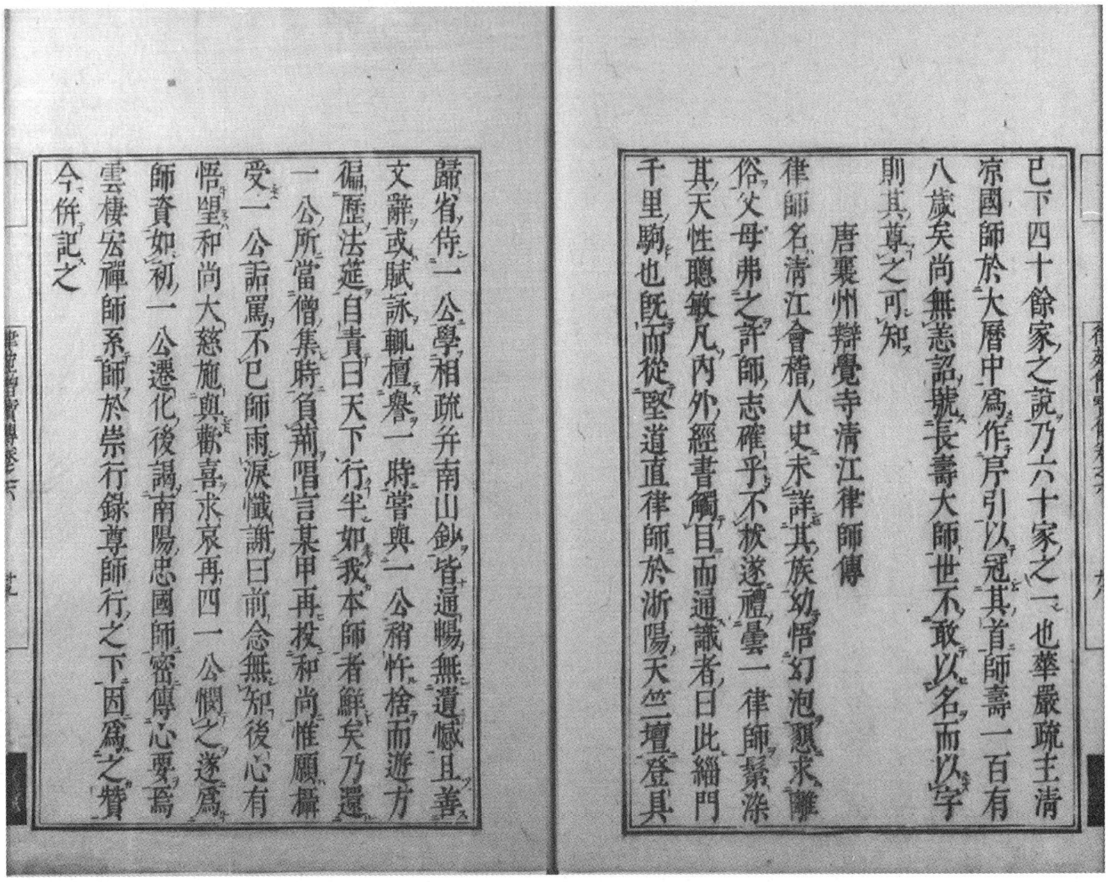

③61オ　③60ウ

已下四十余家ノ之説一ヲ。乃六十家ノ之一也也。華厳疏主清
涼國師、於二大暦中一為メニ作二テ序引一、以テ冠二シム其ノ首一ニ。師寿一百有
八歳矣。尚無レ恙。詔シテ号二ス長寿大師一ト。世不二シテ敢テ以レセ名ヲ而以レスル時ハ字、
則其ノ尊レフコト之可レシ知ヌ。

唐襄州弁覚寺清江律師伝

律師名ハ清江、会稽ノ人。史ニ未レ詳二ンセ其ノ族一。幼ニシテ悟二幻泡一ヲ、懇ニ求二ム離
俗一ヲ。父母弗二之ヲ許一。師ノ志確乎トシテ不レ抜。遂ニ礼二シテ曇一律師一ヲ剃染。
其ノ天性聡敏、凡ソ内外ノ経書触レテ目ニ而通ス。識者ノ曰、此レ緇門
千里ノ駒也ト也。既ニシテ而従二テ堅道直律師ニ於浙陽ノ天竺壇一ニ登具。

└
③60ウ

帰省シテ侍二シ一公一ニ、学二フ相疏并南山鈔一ヲ。皆ナ通暢シテ無二シ遺憾一。且ッ善二ス
文辞一ヲ。或ハ賦詠シテ輒擅二ニス誉ヲ一時一ニ。嘗与二一公一稍忤ル。捨テ而遊方、
偏二歴シテ法筵一ヲ、自責テ曰、天下行クコト半也。如二キモノ我カ本師一者鮮シト矣。乃還二ル
一公ノ所一ニ。当二僧ノ集レル時一ニ、負レ荊ヲ唱言、某甲再ヒ投二ン和尚一ニ。惟願ハ摂
受シ下ヘ。一公訴罵シテ不レ已。師雨レシ涙懺謝シテ曰、前念無レシ知コト。後心有
悟ルコト。望ラクハ和尚大慈施二与シ下ヘ歓喜一ヲ。求哀再四、一公憫レテ之ヲ遂ニ為二ルコト
師資一如レシ初ノ。一公遷化ノ後、謁二シテ南陽ノ忠國師一ニ、密ニ伝二心要一ヲ焉。
雲棲宏禅師系二テ師ヲ於崇行録尊師行ノ之下一ニ、因ニ為二ル之カ賛一。
今マ併テ記ス之。

└
③61オ

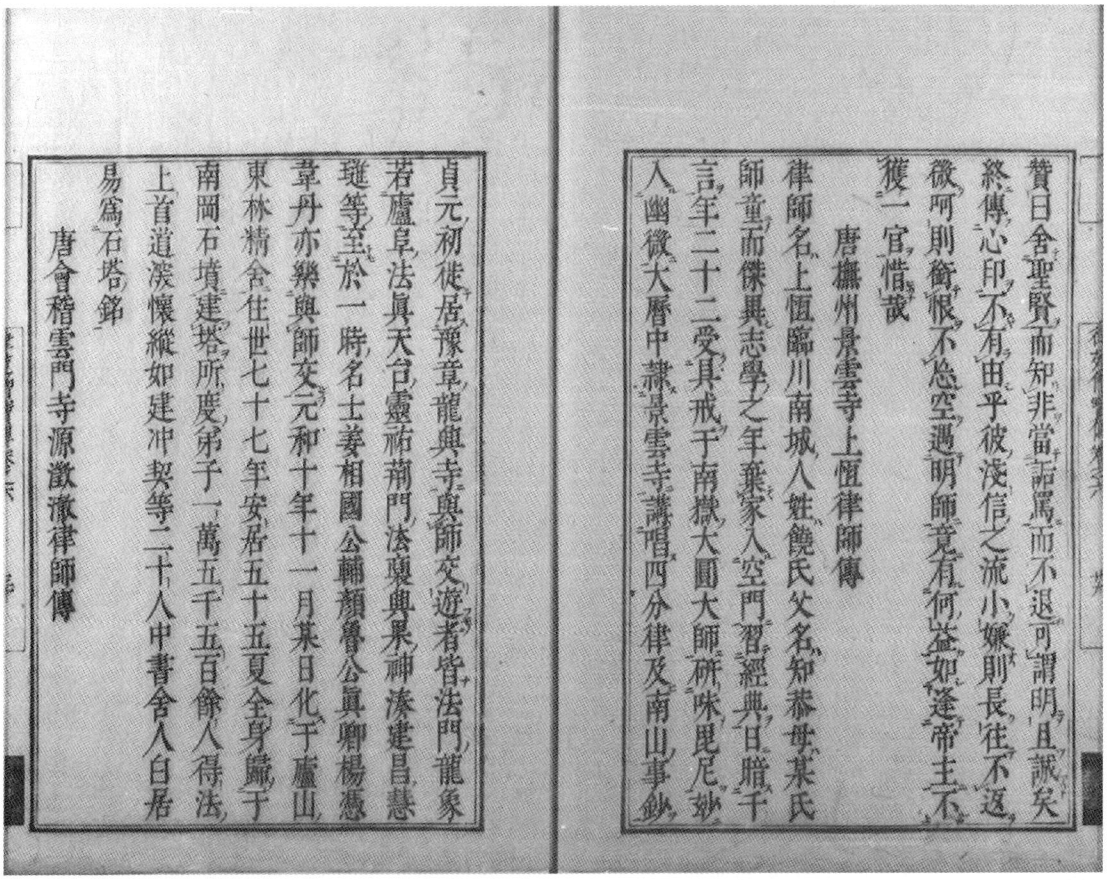

③62オ　③61ウ

賛曰、舎テ二聖賢ヲ一而知リレ非ヲ、当テ二詬罵ニ一而不レ退カ。可レ謂、明ニシテ且ツ誠アリト矣。
終ニ伝フ二心印ヲ一。不スヤレ有ラレ由シ乎。彼ノ浅信ノ之流、小ク嫌フ時ハ則長ク往テ不レ返ラ。
微ク呵則銜テレ恨ヲ不レ忘レ。空ク遇テ二明師ニ一、竟ニ有ル二何ノ益カ一。如シ下逢テ二帝主ニ一不ルカ上
レ獲二一官ヲ一。惜ヒカナ哉。

唐撫州景雲寺上恒律師伝

律師名ハ上恒、臨川南城ノ人。姓ハ饒氏、父名ハ知恭、母ハ某氏。
師童ニシテ而傑異也。志学ノ之年、棄テレ家ヲ入ル二空門ニ一。習テ二経典ヲ一日ニ暗ス二千
言ヲ一。年二十二受ク二具戒ヲ于南嶽ノ大円大師ニ一。研二味シテ毘尼ヲ一、妙ニ
入ル二幽微ニ一。大暦中隷ス二景雲寺ニ一。講二唱ス四分律及ヒ南山ノ事鈔ヲ一。

⌐③61ウ

貞元ノ初、徙テ二居ス予章ノ龍興寺ニ一。与レ師交リ遊フモノ者、皆ナ法門ノ龍象、
若二盧阜ノ法真・天台ノ霊祐・荊門ノ法裔・興果ノ神湊・建昌ノ慧
璡等一ノ。至テモ二於一時ノ名士、姜相國公輔・顔魯公真卿・楊憑
韋丹一、亦楽二与レ師交ルコトヲ一。元和十年十一月某日化ス二于盧山ノ
東林精舎ニ一。住世七十七年、安居五十五夏。全身帰シテ二于
南岡石墳ニ一建ツレ塔ヲ。所度ノ弟子一万五千五百余人、得法ノ
上首道深・懐縦・如建・冲契等二十人。中書舎人白居
易為二石塔ノ銘一。

唐会稽雲門寺源澂澈律師伝

⌐③62オ

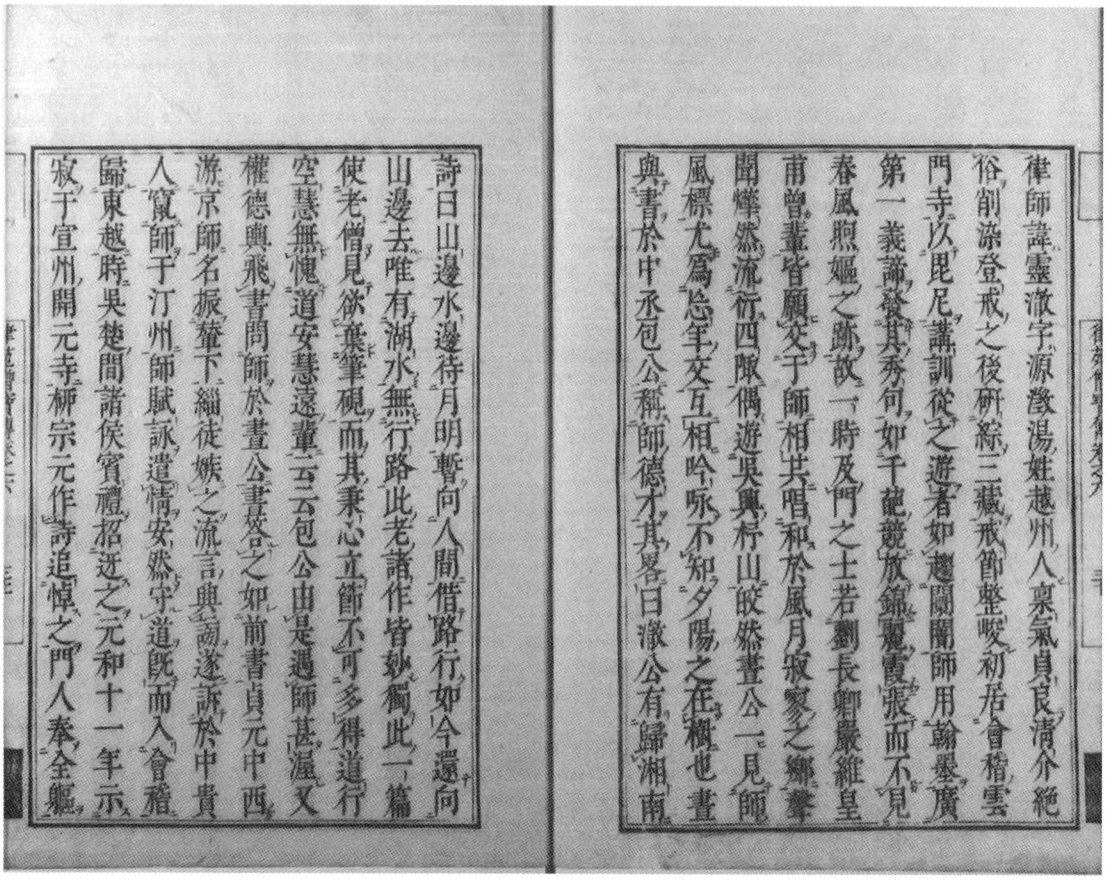

③62ウ　③63オ

律師諱ハ霊澈、字ハ源澂。湯ノ姓、越州ノ人也。稟気貞良ニシテ清介絶
レ俗ヲ。削染登戒ノ之後、研二綜シテ三蔵一ヲ戒節整峻也。初居二会稽ノ雲
門寺一ニ。以二テ毘尼一ヲ講訓、従レテ之遊フ者如レ趨二闤闠一。師用二翰墨一ヲ広二
第一義諦一ヲ。発二スルコト其ノ秀句一ヲ、如二千葩ノ競ヒ放テ錦ノ如ニ麗ク、霞ノ如ニ張テ而不レルカ見二
春風煦嫗ノ之跡一ヲ。故ニ一時及レノ門之士、若二劉長卿・厳維・皇
甫曾カ輩一、皆願レヒ交二ルコトヲ于師一ニ、相共ニ唱二和ス於風月寂寥ノ之郷一ニ。声
聞煒然トシテ流二衍ス四陬一ニ。偶ミ遊二呉興ノ杼山一ニ、皎然昼公一ヒ見二テ師ノ
風標一、尤モ為二忘年ノ交一。互ニ相ヒ吟詠シテ不レ知二ラ夕陽ノ之在一レルコトヲ樹ニ也。昼
与二テ書ヲ於中丞包公一ニ、称二ス師ノ徳才一ヲ。其ノ略ニ曰、澈公有二リ帰レ湘南ニ

」
③62ウ

詩一。曰、山辺水辺待二月明一、暫向二人間一ニ借レテ路行ク。如今還テ向二
山辺一去ル。唯有二テ湖水一ノミ無二シト行路一。此ノ老ノ諸作皆妙也。独リ此ノ一篇
使二老僧ヲシテ見テ欲レ棄二ント筆硯一ヲ。而シテ其ノ秉心立節不レ可二多得一。道行
空慧無レシト愧二ルコト道安・慧遠ノ輩一ニ云云。包公由レ是遇レ師甚タ渥シ。又
権徳輿飛レシテ書問二師ヲ於昼公一ニ。昼答レルコト之如二シ前書一。貞元中西ノ方
游二ヒ京師一ニ、名振二フ輦下一ニ。緇徒嫉レミ之ヲ、流言シテ興レ謗ヲ。遂ニ訴二テ於中貴
人一ニ、竄二ス師ヲ于汀州一ニ。師賦詠シテ遣レリ情ヲ、安然トシテ守レル道ヲ。既ニシテ而入二リ会稽一ニ、
帰二ル東越一ニ。時ニ呉楚ノ間、諸侯賓礼シテ招二迓ス之一ヲ。元和十一年示二ス
寂ヲ于宣州ノ開元寺一ニ。柳宗元作レ詩追二悼ス之一ヲ。門人奉二シテ全軀一ヲ

」
③63オ

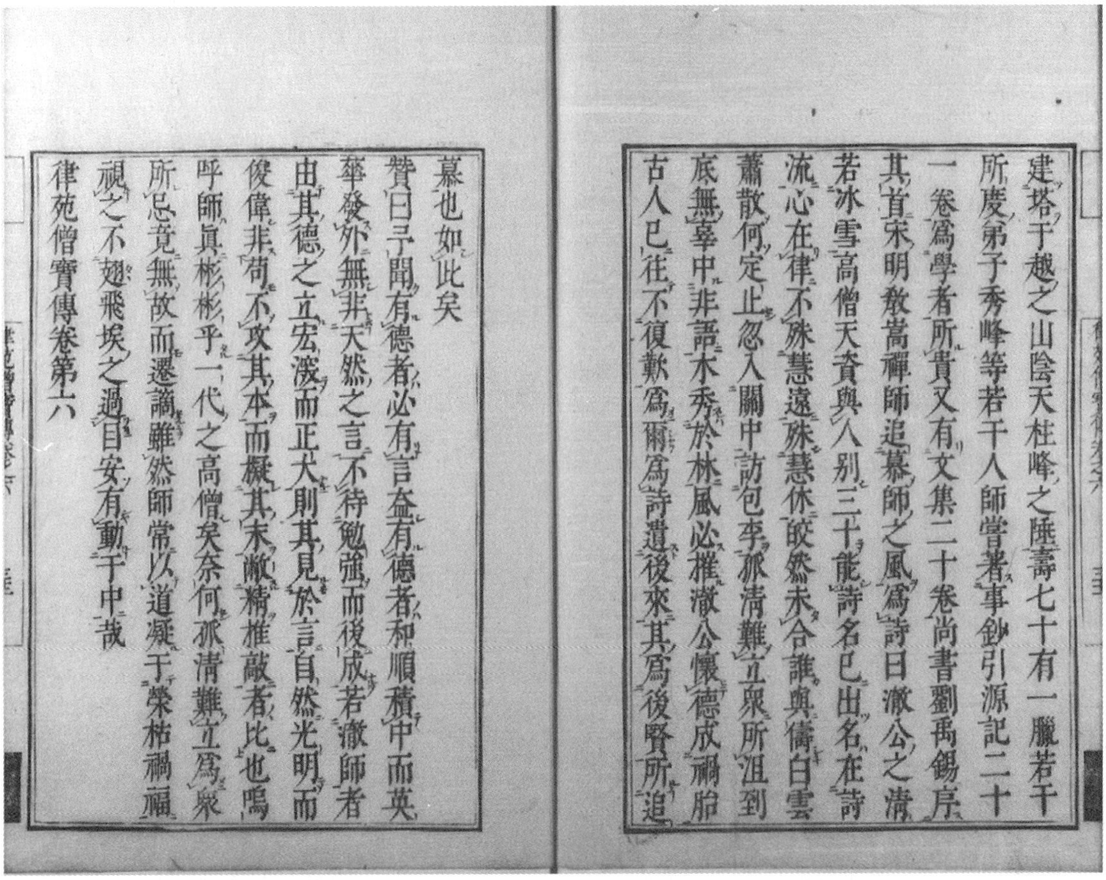

③64オ　③63ウ

建ッ二塔ヲ于越ノ之山陰、天柱峰ノ之陲一ニ。寿七十有一、臘若干。
所度ノ弟子秀峰等若干人。師嘗著二ス事鈔引源記二十
一巻一。為二学者一所ルレ貴。又有リ二文集二十巻一。尚書劉禹錫序スニ
其ノ首一ニ。宋ノ明教嵩禅師追二慕シテ師ノ之風一ヲ、為レ詩曰、澈公ノ之清
若二氷雪一。高僧天資与レ人別也。三十ニシテ能レシ詩、名已ニ出ッ。名ハ在二詩
流一ニ、心在リレ律ニ。不レ殊二慧遠一ニ、殊也慧休ニ。皎然未レタ合、誰カ与ニ儔シキ。白雲
蕭散シテ何ソ定止セン。忽入二関中一訪二包李一ヲ。孤清難レシテ立、衆ニ所レ沮。到
底無シテレ辜中ルニ非語一ニ。木秀スレハ二於林一ニ風必ス摧ル。澈公懐ヒテレ徳成二禍胎一。
古人已ニ往テ不二復歎一。為メニ爾シカリ為レ詩遺ストニ後来一ニ。其ノ為二後賢一所ルコト二追

慕一也如シレ此矣。
賛曰、予聞ク、有ル徳者ノハ必有リトレ言。盍シ有ル徳者ノハ和順積テレ中、而英
華発スレ外ニ。無シ非トニ云コト天然ノ之言一ニ。不レ待二勉強シテ而後ニ成一ナルヲ。若二澈師一者、
由テ二其ノ徳ノ之立ル宏深ニシテ而正大一ナルニ、則其ノ見ルモ二於言一ニ、自然ニ光明ニシテ而
俊偉也。非下スモ苟不シテレ攻二其ノ本一ヲ、而擬シテ二其ノ末一ヲ、敝スル二精ヲ推敲一ニ者ノ、比上ニ也。嗚
呼師ハ真ニ彬彬乎タル一代ノ之高僧也矣。奈何セン孤清難ク立、為メニレ衆
所レ忌、竟ニ無シテレ故而モ遷謫セラル、コトヲ。雖レ然師常ニ以テレ道凝ル。于テ二栄枯禍福一ニ、
視ルコトレ之不二翅タ、飛埃ノ之過ルノミニ一目。安ッ有ンヤレ動ルコト二于中一ニ哉。

律苑僧宝伝巻第六

③64オ　③63ウ

③裏表紙見返

③64ウ

③裏表紙見返

③64ウ

③裏表紙

③裏表紙

律苑僧宝伝
第四冊

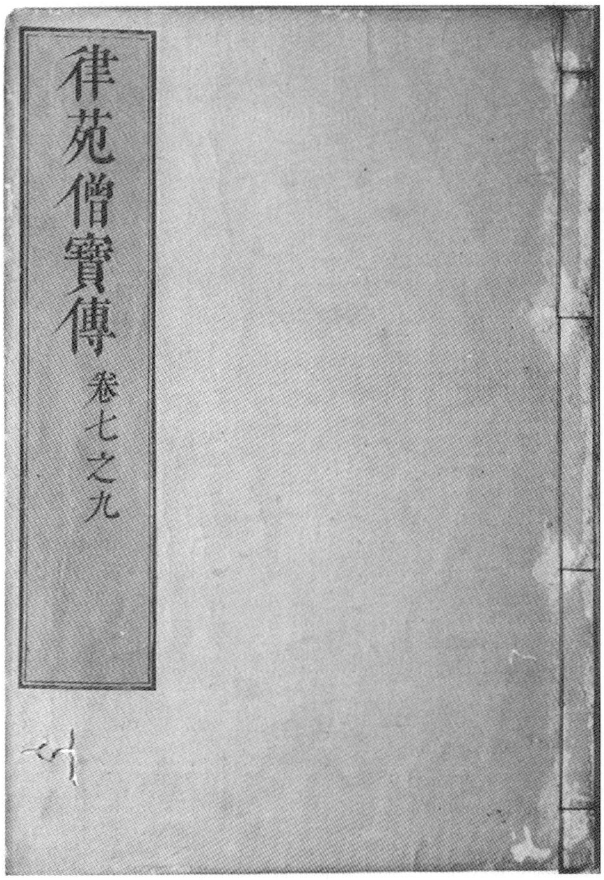

④表表紙

④表表紙

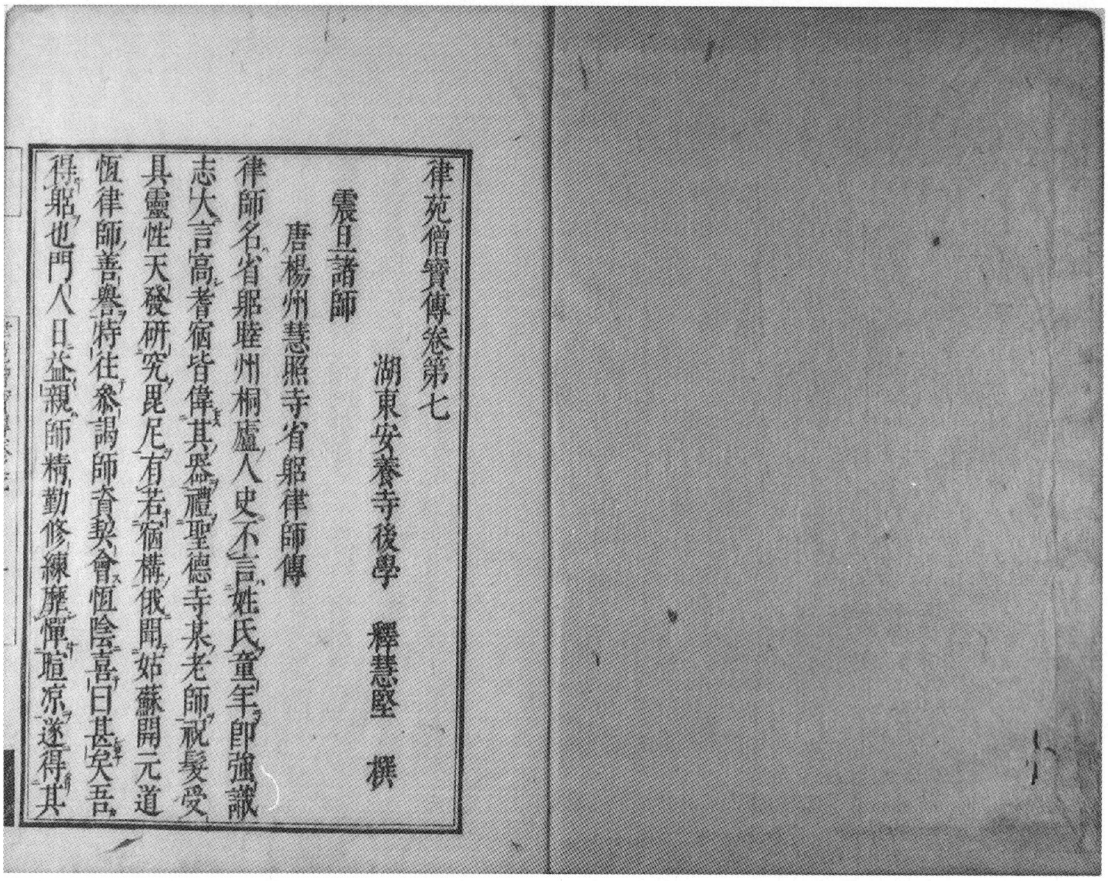
律苑僧寶傳卷第七
湖東安養寺後學　釋慧堅　撰
震旦諸師
唐楊州慧照寺省躬律師傳
律師名省躬睦州桐廬人史不言姓氏童年即強識
志大言高耆宿皆偉其器禮聖德寺某老師祝髮受
具靈性天發研究毘尼有若宿構俄聞姑蘇開元道
恒律師善譽特往參謁師資契會恒陰喜曰甚矣吾
得躬也門人日益親師精勤修練靡憚暄涼遂得其

④01オ　　④表表紙見返

律苑僧宝伝巻第七

湖東安養寺後学　釈慧堅　撰

震旦諸師

唐楊州慧照寺省躬律師伝

律師名ハ省躬、睦州桐廬ノ人。史ニ不レ言ハ二姓氏一ヲ。童年ニシテ即強識、
志大ニ言高シ。耆宿皆偉也トス二其ノ器一ヲ。礼シテ二聖徳寺某ノ老師一ヲ祝髪受
具。霊性天発、研二究シテ毘尼一ヲ有レ若キコト二宿構一ノ。俄ニ聞テ二姑蘇開元道
恒律師ノ善誉一ヲ、特往テ参謁、師資契会ス。恒陰ニ喜テ曰、甚シヒカナ矣。吾カ
得レルコト躬ヲ也。門人日ニ益ミ親ム。師精勤修練、靡シレ憚ルコト二暄涼一ヲ。遂ニ得タリ二其

└ ④01オ　　└ ④表表紙見返

④02オ　④01ウ

法ヲ一。実ニ澂照大師四世ノ孫也。不ニ特リ究ノミ二内典ヲ一、兼テ通ス二儒学ニ一。時
有リ二撃論互ニ指シテ為レ迷ト者一。請シテレ師決判セシム。師別ツコト二其ノ是非ヲ一、如レ弁ルカ二黒
白ヲ一。故ニ諺ニ曰、義尽クト二省躬ニ一。恒復嘆シテ曰、自リ二吾レ得ルレ躬ヲ、悪言不トレ聞二
於耳ニ一。師避ケレ席ヲ而対テ曰、某仰クコト二本師ノ之道ヲ一、若下採二扶桑一以テ啖中
蠒蚕上ニ。所ハ患レ未タ能ハ下嘔テ二繁糸ヲ一以テ報ルコト上レ主ニ耳。恒ノ曰、言ト太タ謙也矣。視ルニ
子ヲ吐ク二園客五色ノ糸ヲ一。可トレ供シツ二黼黻ノ之資ニ一。其ノ為ニ本師ノ所ルレ許ス、コト如
レ此。晩年講二訓ス維楊ニ一。道俗争テ尊重ス焉。後不レ知レ所レ終。所レ著
有リ二事鈔順正記十巻・分軽重物儀若干巻・称讃浄土
経疏二巻一。師亦六十家ノ之一也。門人互文等若干人。

④01ウ

有二得法ノ上首一。名ク二慧正律師一。住シテ二京兆ノ西明ニ一、大ニ振フト二師ノ之道ヲ一
云。
賛ニ曰、孔氏ノ曰、自二吾有レ回、門人益ミ親ムト。又曰、自二吾得レ由、悪
言不トレ聞二於耳一。今観ルニ三躬公ノ之於ルヲ二恒師ニ一、兼テ二二士ヲ一而モ有ス之。其レ
卓タルカナ矣哉。雖レ然斯レ特ニ公ノ之土苴ノミ耳。未タ可三使チ以レ此而尽ス二其ノ
道ヲ一也。

唐通玄寺常進律師伝

律師名ハ常進、不レ知二何ノ地ノ人一トニコトヲ也。師トシ二事フ姑蘇開元ノ道恒律
師ニ一。霊慧明朗、解悟絶スレ群。薙落進具ノ之後、博ク究メ二律書ヲ一。特ニ

④02オ

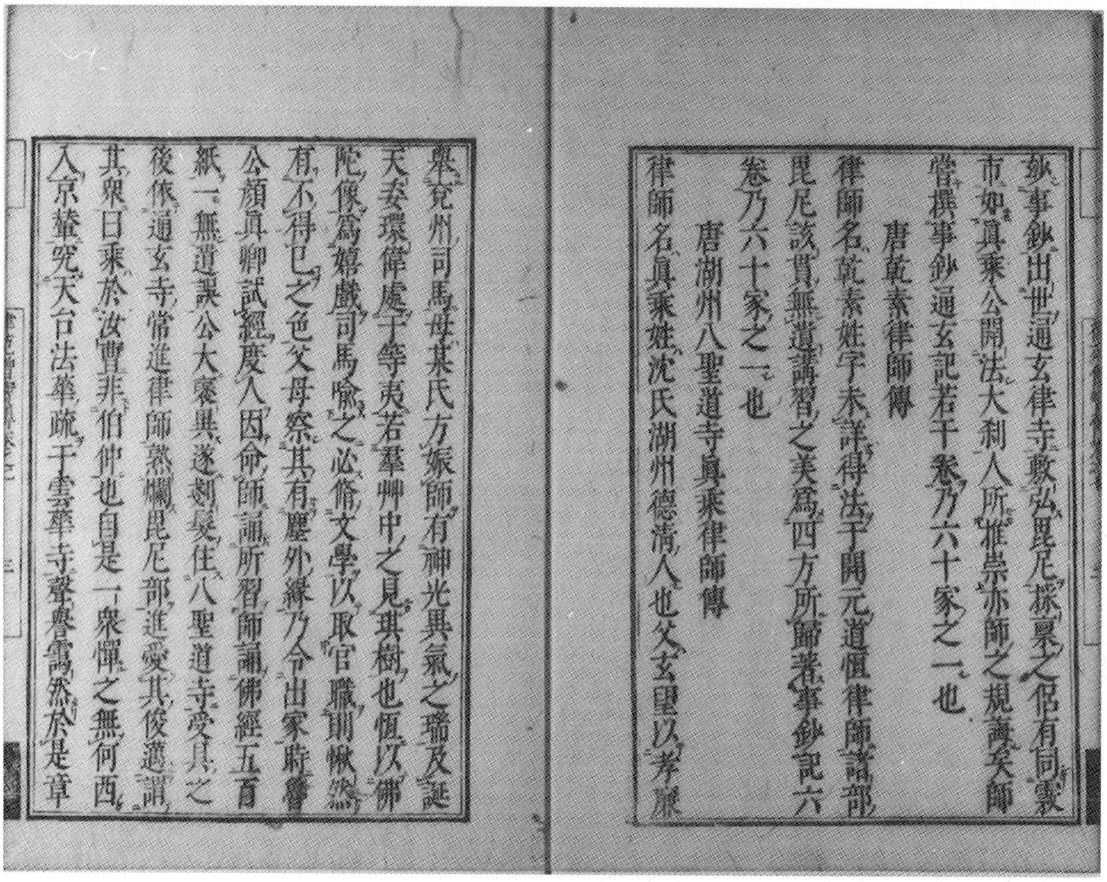

④03オ　④02ウ

妙也㆓事鈔㆒ニ。出㆓世シテ通玄律寺㆒ニ、敷㆓弘ス毘尼㆒ヲ。採稟ノ之侶、有㆑同シキコト㆓霰
市㆒ニ。如㆘キモ真乗公開㆓法シ大刹㆒人ニ所ル㆗、カ推崇㆖、亦師ノ之規誨也矣。師
嘗テ撰㆓事鈔通玄記若干巻㆒ヲ。乃六十家ノ之一也也。

唐乾素律師伝

律師名ハ乾素、姓字未タ㆑詳ナラ。得㆓法ヲ于開元ノ道恒律師㆒ニ、諸部ノ
毘尼該貫シテ無シ㆑遺コト。講習ノ之美、為メニ㆓四方㆒所ル㆑帰。著ス㆓事鈔記六
巻㆒。乃六十家ノ之一也也。

唐湖州八聖道寺真乗律師伝

律師名ハ真乗、姓ハ沈氏。湖州徳清ノ人也也。父ハ玄望。以テ㆓孝廉㆒

④02ウ

挙ラル㆓兗州ノ司馬㆒ニ。母ハ某氏。方㆑娠㆑師ヲ、有㆓神光異気ノ之瑞㆒及㆑誕。
天姿環偉、処シテ㆓于等夷㆒ニ、若㆔群艸中ノ之見ルカ㆓琪樹㆒ヲ也。恒ニ以テ㆓仏
陀ノ像㆒ヲ為㆓嬉戯㆒ヲ。司馬喩ス時ハ㆘之ニ必ス脩シテ㆓文学㆒ヲ以テ取㆗官職㆖ヲ、則愀然トシテ
有リ㆓不ノ㆑得㆑已コトヲ之色㆒。父母察シ㆔其ノ有ルコトヲ㆓塵外ノ縁㆒、乃令㆓出家㆒。時ニ魯
公顔真卿試㆑経ヲ度㆑人ヲ。因テ命シテ㆑師ニ誦シム㆓所習㆒ヲ。師誦シテ㆓仏経五百
紙㆒ヲ。一モ無シ㆓遺誤㆒。公大ニ褒異ス。遂ニ剃髪シテ住ス㆓八聖道寺㆒ニ。受具ノ之
後、依テ㆓通玄寺ノ常進律師㆒熟㆓爛ス毘尼部㆒ヲ。進愛シテ㆓其ノ俊邁ナルヲ㆒、謂テ㆓
其ノ衆㆒ニ曰、乗ハ於㆓汝曹㆒ニ非スト㆓伯仲㆒ニ也。自㆑是一衆憚ル之。無シテ㆑何西ノ方
入リ㆓京輦㆒ニ、究メ㆓天台法華ノ疏ヲ于雲華寺㆒ニ、声誉靄然タリ。於㆑是章

④03オ

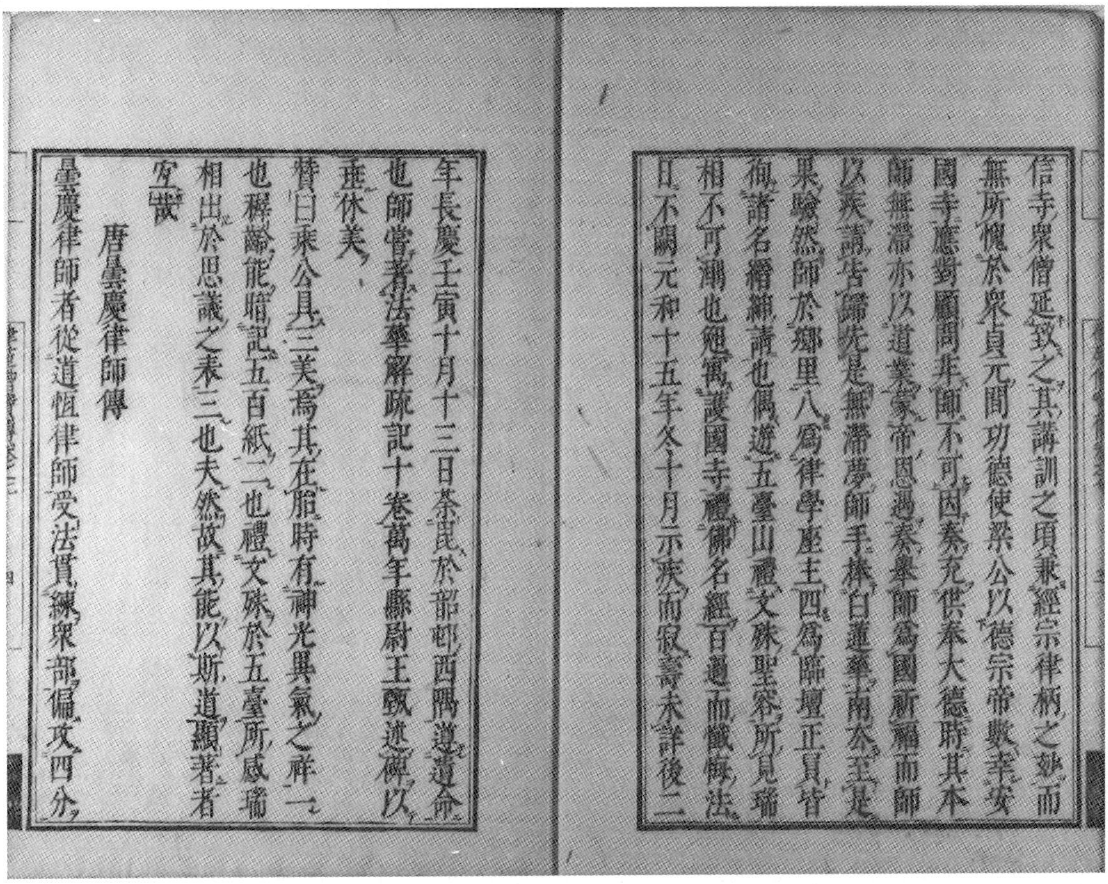

④04オ　④03ウ

信寺ノ衆僧延キ二致ス之ヲ一。其ノ講訓之頃、兼ヌ二経宗律柄ノ之妙ヲ一。而
無レ所レ愧二於衆一。貞元ノ間功徳使梁公以下徳宗帝数ミ幸シ二安
國寺ニ一、応対顧問非ンハレ師ニ不可ナルヲ上、因テ奏シテ充ツ二供奉大徳ニ一。時ニ其本
師無滞。亦以二道業ヲ一蒙ル二帝ノ恩遇ヲ一。奏シテ挙レ師為レ國祈レ福。而師
以レ疾ヲ請フレ告レ帰。先レ是ヨリ無滞夢ク、師手ニ捧テ二白蓮華ヲ一南去スト。至テレ是ニ
果シテ験然タリ。師於二郷里一八タヒ為二律学座主ト一、四タヒ為二臨壇正員ト一。皆
徇テ也二諸名縉紳ノ請ニ一也。偶ミ遊ヒ二五台山一、礼ス二文殊ノ聖容ヲ一。所ノレ見瑞
相不レ可レ測也。晩ニ寓ス二護國寺ニ一。礼スルコト二仏名経ヲ一百過。而シテ懺悔ノ法モ
日ニ不レ闕。元和十五年冬十月示レ疾ヲ而寂ス。寿未レ詳。後二
年、長慶壬寅十月十三日荼二毘ス於韶郁ノ西隅一。遵テ也二遺命ニ一
也。師嘗テ著ス二法華解疏記十巻一。万年県尉王甄述シテレ碑ヲ以テ
垂ル二休美ヲ一。
賛曰、乗公具ス二三美ヲ一焉。其ノ在ルレ胎ニ時有ル二神光異気ノ之祥一一也
也。稚齢ニシテ能ク暗二記スル五百紙ヲ一二也也。礼シ二文殊ヲ於五台一所ノレ感瑞
相出ツル二於思議ノ之表一三也也。夫レ然リ。故ニ其ノ能ク以テ二斯ノ道ヲ一顕著スル者
宜ナルカナ哉。

唐曇慶律師伝

曇慶律師者、従二道恒律師一受法。貫二練シテ衆部ヲ一、偏ニ攻ム二四分ヲ一。

└ ④04オ

└ ④03ウ

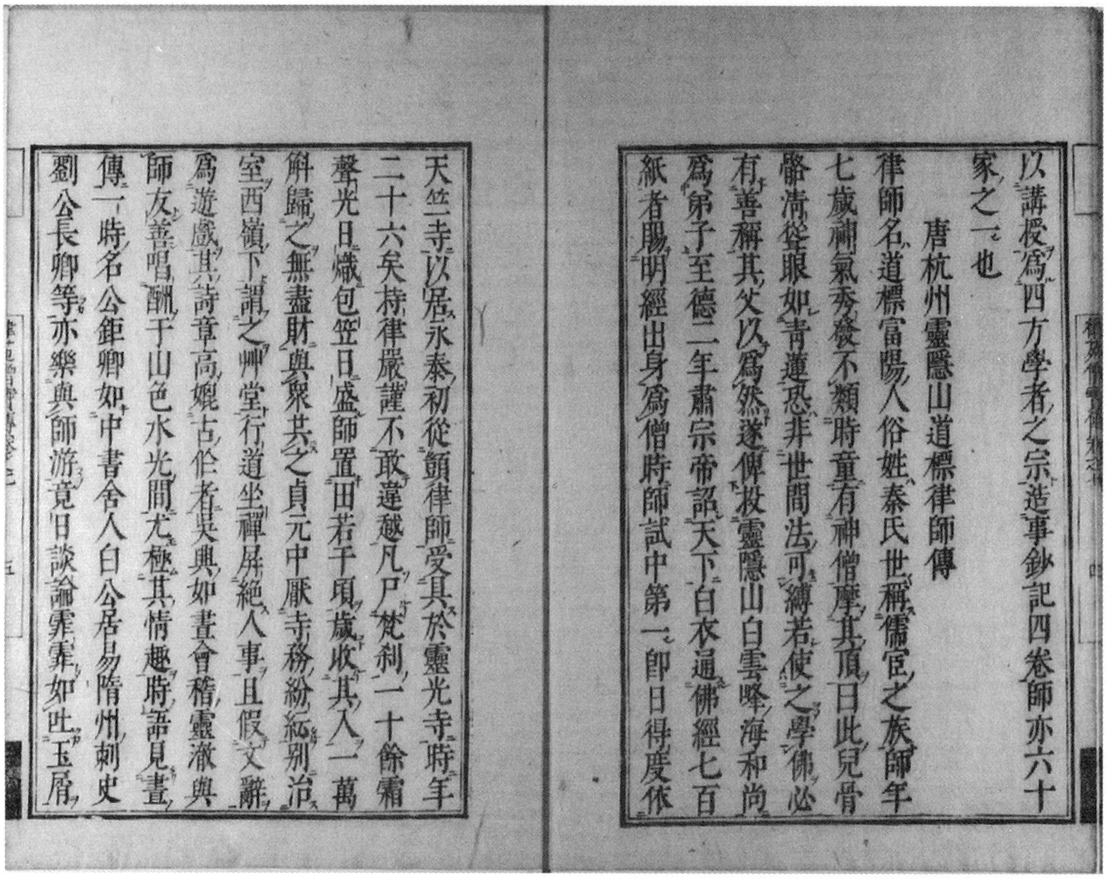

④05オ　④04ウ

以二講授一ヲ為ル二四方学者ノ之宗一ト。造二事鈔記四巻一。師亦六十
家ノ之一也也。

唐杭州霊隠山道標律師伝

律師名ハ道標、富陽ノ人。俗姓ハ秦氏。世ミ称ス二儒宦ノ之族一ト。師年
七歳、神気秀発、不レ類二時童一ニ。有二神僧一。摩シテ二其ノ頂一ヲ曰、此ノ児骨
骼清聳、眼如シ二青蓮一。恐ハ非二世間法ノ可キニ一レ縛。若シ使メハ二之ヲシテ学レ仏ヲ、必
有ント二善称一。其ノ父以テ為レ然リト。遂ニ俾下投二霊隠山白雲峰ノ海和尚一ニ
為中弟子上。至徳二年粛宗帝詔シ二天下一ニ、白衣通スル二仏経七百
紙一者、賜テ二明経出身一為レ僧。時ニ師試中第一也。即日得度、依二

⌞
④04ウ

天竺寺一ニ以居ス。永泰ノ初、従二頴律師一ニ受二具ス於霊光寺一ニ。時ニ年
二十六矣。持律厳謹、不二敢テ違越一。凡ソ尸ルコト二梵刹一一十余霜。
声光日ニ熾ニ、包笠日ニ盛也。師置キ二田若干頃一ヲ、歳コトニ収ルコト二其ノ入一ヲ一万
斛。帰シテ二之ヲ無尽財一ニ、与レ衆共ニス之レ。貞元中厭二寺務ノ紛紜一タルヲ、別ニ治ス二
室ヲ西嶺ノ下一ニ。謂フ二之ヲ艸堂一ト。行道坐禅屏二絶ス人事一ヲ。且仮テ二文辞一ヲ
為二遊戯一ヲ。其ノ詩章高シテ二婉古ノ作者一ニ。呉興ノ如昼・会稽ノ霊澈、与
レ師友トシ善シ。唱二酬シテ于山色水光ノ間一ニ、尤モ極ム二其ノ情趣一ヲ。時ノ語見タリ二昼ノ
伝一ニ。一時ノ名公鉅卿如キ二中書舎人白公居易・隋州ノ刺史
劉公長卿等一ラカ、亦楽二与レ師游一フコトヲ。竟日談論、霏霏トシテ如レ吐クカ二玉屑一ヲ。

⌞
④05オ

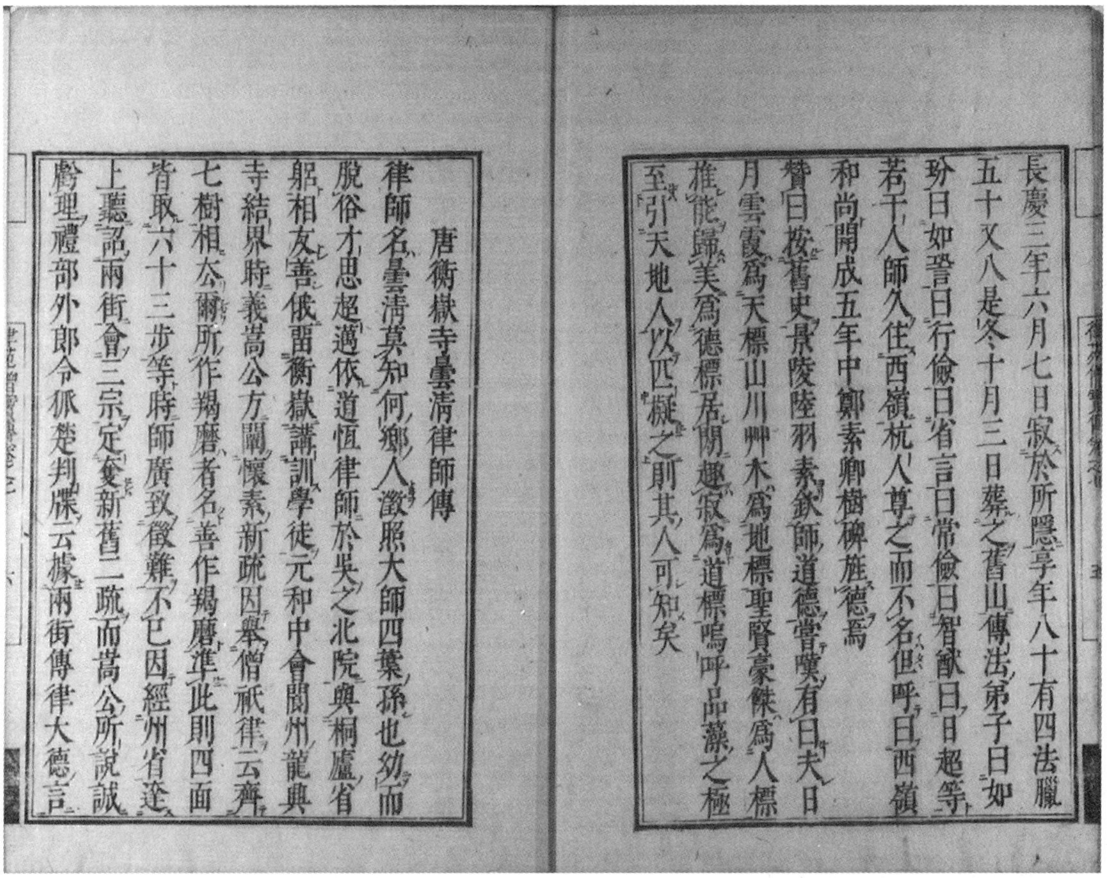

④06オ　④05ウ

長慶三年六月七日寂ス二於所隠一ニ。享年八十有四、法臘
五十又八。是冬十月三日葬ル二之ヲ旧山一ニ。伝法ノ弟子曰二如
玢一、曰二如晉一、曰二行倹一、曰二省言一、曰二常倹一、曰二智猷一、曰フ二日超等一ト
若干人。師久ク住ス二西嶺一ニ。杭人尊テ之而不レ名イハ、但呼テ曰フ二西嶺
和尚一ト。開成五年中鄭素卿樹レ碑旌スレ徳ヲ焉。
賛曰、按ルニ二旧史一ヲ、景陵陸羽素ヨリ欽二師ノ道徳一ヲ。嘗テ嘆シテ有レ曰ルコト。夫レ日
月雲霞ハ為二天標一、山川艸木ハ為二地標一、聖賢豪傑ハ為二人標一、
推シレ能ヲ帰スハレ美ニ為二徳標一、居レ間ニ趣クハレ寂ニ為タリト二道標一。嗚呼品藻ノ之極、
至ル時ハ下引二天地人一ヲ以テ匹中擬スルニ之ニ上、則其ノ人可シレ知メ矣。

④05ウ

唐衡嶽寺曇清律師伝

律師名ハ曇清、莫レ知二何ノ郷ノ人一トイフコトヲ。澂照大師四葉ノ孫也。幼ニシテ而
脱レ俗。才思超邁、依ル二道恒律師ニ於呉ノ之北院一ニ。与二桐廬ノ省
躬一ト相友トシ善シ。俄ニ留二衡嶽一ニ、講二訓ス学徒一ヲ。元和中、会閬州ノ龍興
寺結界、時ニ義嵩公方ニ闡ク二懐素ノ新疏一。因テ挙シテ二僧祇律一ヲ云、斉テ二
七樹一相去リ、爾シカリ所ノレ作羯磨ハ者名クト二善作羯磨一ト。準ルニレ此則四面
皆取ル二六十三歩一ヲ等ト。時ニ師広致シテ二徴難一ヲ不レ已。因テ経二州省一ヲ達ス二
上聴一ニ。詔シテ二両街ニ会シテ一二三宗ヲ定二奪セシム新旧二疏一ヲ。而嵩公ノ所説誠ニ
虧レ理ヲ。礼部外郎令狐楚判牒シテ云、拠ルニ二両街伝律大徳ノ言一ニ、

④06オ

④07オ　①06ウ

称二シテ曇清所立ノ義一為レ正ト。師著二シテ事鈔顕宗記一行レフ世ニ。乃六十
家ノ之一也也。
賛曰、界ニ有二二種一。曰作法。曰自然作法ハ姑ク置テ弗レ論。自然ニ
有二六相一。其ノ五ハ又且ク置ク之。其ノ一ヲ曰二フ不可分別聚落一ト。即今ノ
嵩清二公ノ所レノ論者ノ是也也。然ルニ清公ノ豎義、予未二タ之ヲ考一。竊ニ按二スルニ
僧祇律一ヲ曰、五肘弓量、七弓ニ種二一菴婆羅樹一。斉二テ七菴婆
羅樹一相去。爾ク所レノ作羯磨ハ者名二ク善作羯磨一ト。雖二異衆相見一、
而無二シト別衆ノ之罪一。此レ則七樹六間ニ得二タリ六十三歩一ヲ。而シテ所謂ル
異衆相見トハ者、約二シテ両処ノ秉法一ニ為レ言ヲ。此レ南山ノ所判也也。故ニ刪

補鈔ニ曰、彼此ノ二衆各ゝ一面ニ有二三十一歩半一。通シテ就二ク時ハ一衆一、
則六十三歩也。今若シ界外ニ無レンハ人、則身面ニ各ゝ三十一歩半也。
是レ随分ノ自然。若シ有レハ人者、但令三シメ異界ノ自然ヲシテ在二我カ自然界ノ
外一ニ、無二シテ錯渉ノ之過一、並ニ成二ス法事一ヲ。今行事ノ之家恐レテ有二ンコトヲ別衆一、但
為二メノ深防一ノ故ニ於二方面一ニ各ゝ半倍レス之。実ニシテ而言レハ之、各ゝ半咸スル是也ト。清
公已ニ称二スル時ハ南山四葉之孫一、則其ノ所立ノ義、意フニ其レ必ス合二ヘル乃祖ノ
之旨一ニ者ノカ乎。不レンハ爾ラ両街ノ諸大徳肎テ推称センヤ乎。

唐鐘陵龍興寺清徹律師伝

龍興寺ノ律師名ハ清徹、史ニ亡二ス其ノ氏一。出家受具、周二遊シテ講肆一ニ、

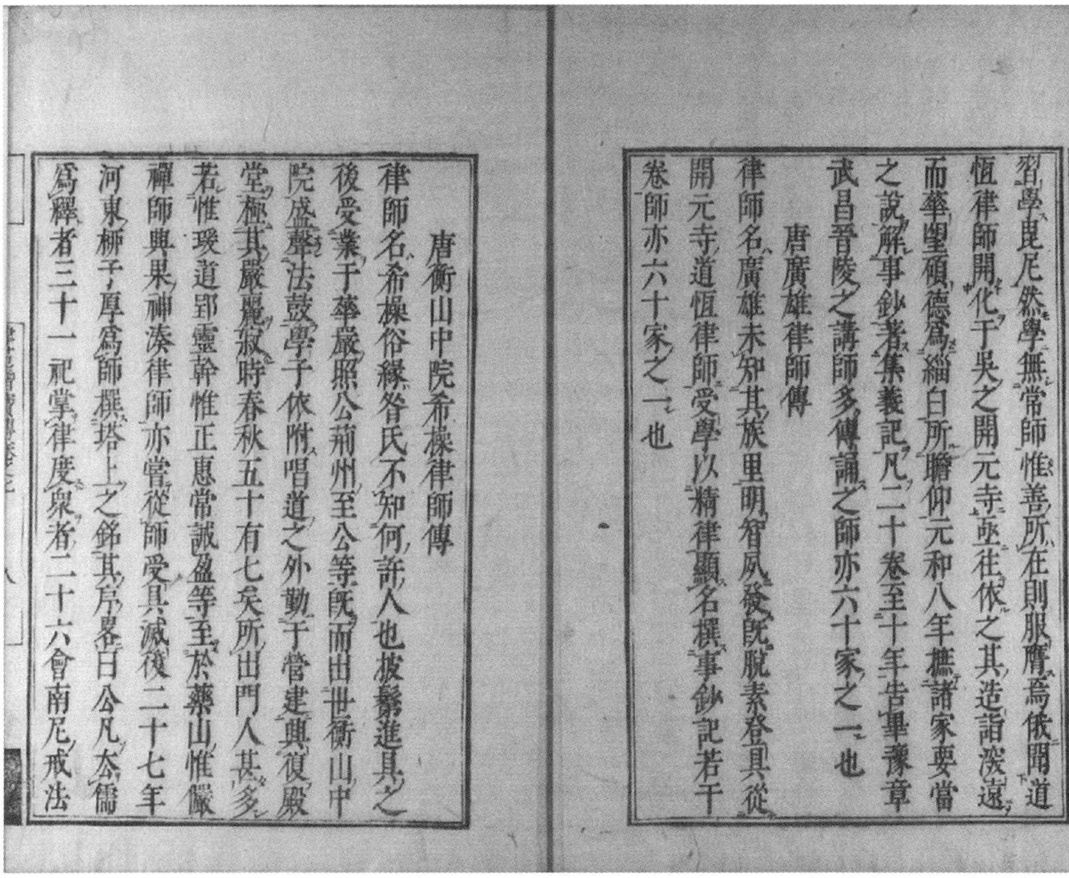

④08オ　④07ウ

習二学ス毘尼一。然モ学ニ無二シ常師一。惟タヽ善ノ所レハ在則服膺ス焉。俄ニ聞下道恒律師開中クト化ヲ于呉ノ之開元寺上ニ、亟ニ往テ依ル之。其ノ造詣深遠ニシテ、而華望碩徳為二メニ緇白一所ル二瞻仰一。元和八年摭二テ諸家要当之説一ヲ解二シ事鈔一、著二ス集義記一ヲ。凡ソ二十巻。至二十年一告レ畢。予章武昌晋陵ノ之講師、多ク伝誦ス之。師亦六十家ノ之一也也。

唐広雄律師伝

律師名ハ広雄、未レ知二其ノ族里一。明智夙ニ発ス。既ニ脱素登具。従二開元寺ノ道恒律師一ニ受学。以二精律一顕レス名。撰二ス事鈔記若干巻一。師亦六十家ノ之一也也。

└④07ウ

唐衡山中院希操律師伝

律師名ハ希操、俗縁ハ昝氏。不レ知二何ノ許ノ人一也。披剃進具ノ之後、受二業ヲ于華厳ノ照公・荊州ノ至公等一ニ。既ニシテ而出二世衡山ノ中院一。盛ニ声ナラシ二法鼓一ヲ、学子依附ス。唱道ノ之外、勤二ム于営建一ニ。興二復シテ殿堂一ヲ極二ム其ノ厳麗一ヲ。寂スル時春秋五十有七矣。所レノ出門人甚タ多シ。若二シ惟瑗・道郢・霊幹・惟正・恵常・誠盈等一。至二テモ於薬山ノ惟儼禅師・興果ノ神湊律師一、亦嘗テ従レ師受具。滅後二十七年、河東ノ柳子厚為レ師撰二ス塔上ノ之銘一。其ノ序ノ略ニ曰、公凡ソ去レテ儒為レ釈ト者三十一祀、掌レテ律度レスル衆ヲ者ノ二十六会、南尼ノ戒法

└④08オ

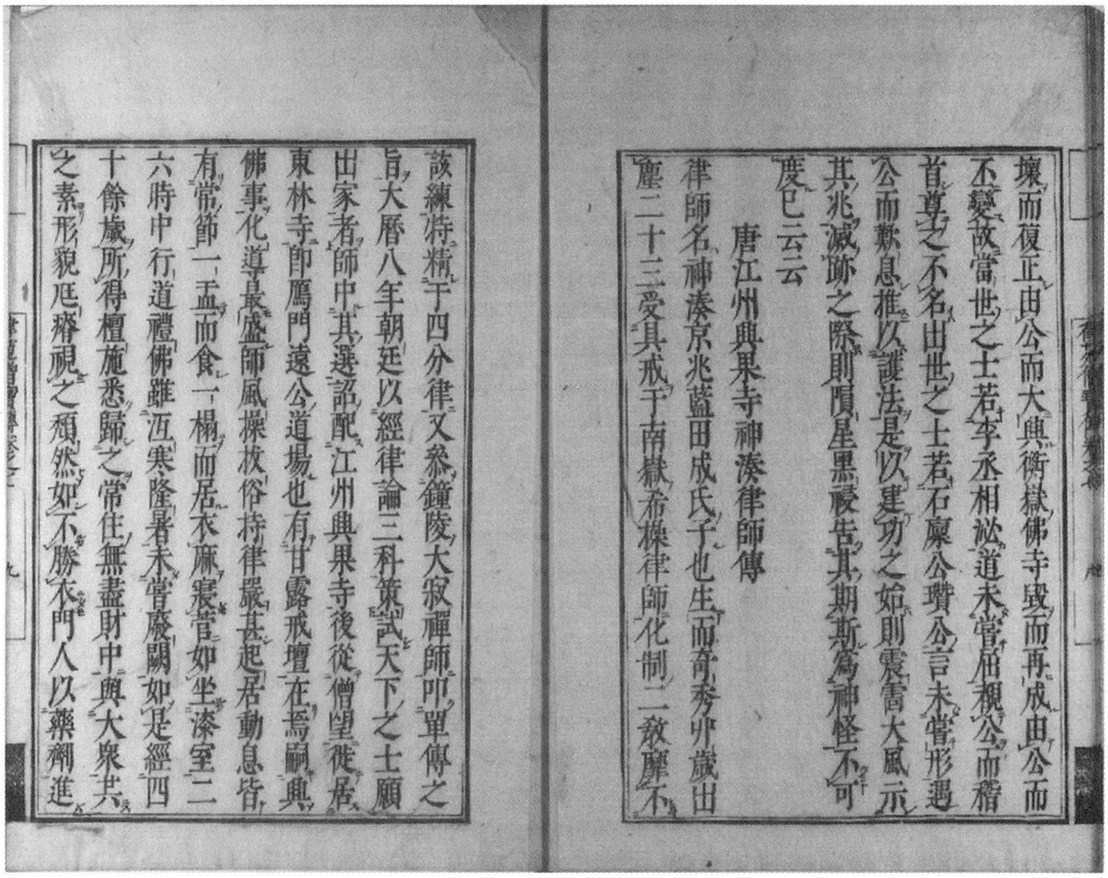
壞而復正由公而大興衡嶽佛寺毀而再成由公而
不變故當世之士若李丞相泌道未嘗屈覩公而稽
首尊之不名出世之士若石廩公瓚公言未嘗形遇
公而歎息推以護法是以建功之始則震雷大風示
其兆滅跡之際則隕星黒祲告其期斯為神怪不可
度已云云
唐江州興果寺神湊律師傳
律師名神湊京兆藍田成氏子也生而奇秀卯歳出
塵二十三受具戒于南嶽希操律師化制二教靡不

該練特精于四分律又叅鍾陵大寂禪師叩單傳之
旨大暦八年朝廷以經律論三科策試天下之士願
出家者師中其選詔配江州興果寺後從僧望徙居
東林寺即鴈門遠公道場也有甘露戒壇在焉嗣興
佛事化導最盛師風操拔俗持律嚴甚起居動息皆
有常節一盂而食一榻而居衣麻寝菅如坐漆室二
六時中行道禮佛雖沍寒隆暑未嘗廢闕如是經四
十餘歳所得檀施悉歸之常住無盡財中與大衆共
之素形貌尫瘠視之頽然如不勝衣門人以藥劑進

④09オ　④08ウ

壊シテ而復正シ。由レ公而大ニ興ル。衡嶽ノ仏寺毀シテ而再ヒ成ル。由テレ公而
丕ニ変ス。故ニ当世ノ之士、若キ二李丞相泌一カ、道未タ二嘗テ屈一。覩テレ公ヲ而稽
首シ、尊テレ之不レ名イハ。出世ノ之士、若キ二石廩公瓚公一ノ、言未タ二嘗テ形一。遇
レ公而歎息シ、推スニ以ス二護法一ヲ。是ヲ以テ建ルノレ功之始ニハ、則震雷大風示シ二
其ノ兆ヲ一、滅ノレ跡之際ニハ、則隕星黒祲告ク二其ノ期一。斯レ為二神怪一不ルノミトレ可
レ度ル已云云。

唐江州興果寺神湊律師伝

律師名ハ神湊、京兆藍田成氏ノ子也。生テ而奇秀、卯歳出
レ塵。二十三受二具戒ヲ于南嶽ノ希操律師一ニ。化制ノ二教靡レ不トイフコト二

⌐
④08ウ

該練一。特ニ精シ二于四分律一ニ。又参シテ二鍾陵ノ大寂禅師一ニ。叩ク二単伝之
旨一ヲ。大暦八年朝廷以二経律論三科一、策下試シム天下ノ之士願二
出家一者上ヲ。師中ル二其ノ選一。詔シテ配ス二江州興果寺一。後従テ二僧望一ニ徙テ居ス二
東林寺一ニ。即鴈門遠公ノ道場也。有テ二甘露戒壇一在リ焉。嗣キ二興シテ
仏事一ヲ、化導最モ盛也。師風操抜俗、持律厳コト甚シ。起居動息、皆ナ
有リ二常ノ節一。一盂ニシテ而食シ、一榻ニシテ而居ル。衣レ麻寝レトモ菅ニ、如レ坐ルカ二漆室一。二
六時中、行道礼仏。雖二沍寒隆暑一未タ二嘗廃闕一。如シテレ是経二四
十余歳一ヲ。所ノレ得檀施悉ク帰シ二之ヲ常住ノ無尽財中一ニ、与二大衆一共ニス
レ之。素ヨリ形貌尫瘠、視ルニレ之頽然トシテ如シレ不ルカレ勝レ衣ニタモ。門人以二薬剤一進レハ

⌐
④09オ

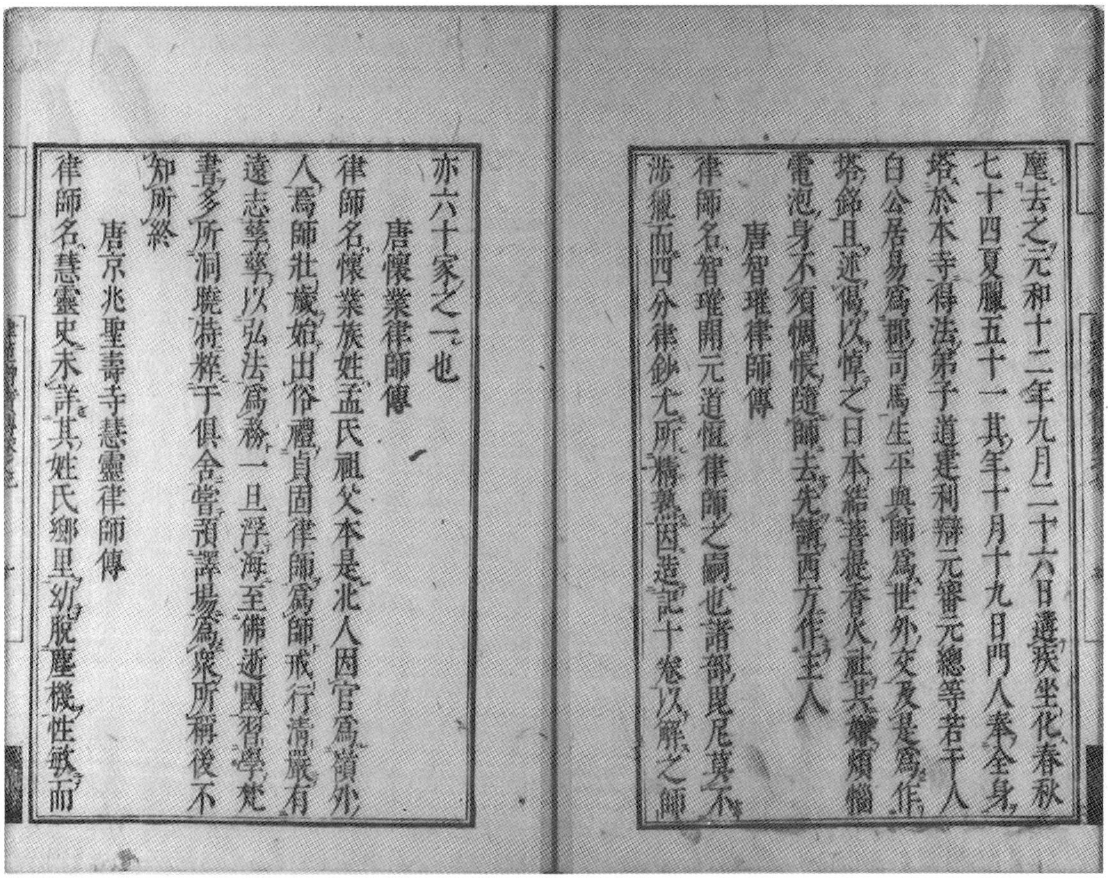

④09ウ　④10オ

麾二シ去之一ヲ。元和十二年九月二十六日遘レテ疾坐化ス。春秋
七十四、夏臘五十一。其ノ年十月十九日門人奉二シテ全身一ヲ
塔二ス於本寺一ニ。得法ノ弟子道建・利弁・元審・元総等若干人。
白公居易為二郡ノ司馬一。生平与レ師為二ス世外ノ交一。及レ是為メニ作二リ
塔ノ銘一、且ッ述レシテ偈ヲ以テ悼テ之曰、本ト結二菩提香火ノ社一ヲ。共ニ嫌フ煩悩
電泡ノ身、不レ須惆悵シテ随レヒ師ニ去ルコトヲ。先ッ請フ西方ニ作二ンコトヲ主人一

唐智璀律師伝

律師名ハ智璀。開元道恒律師ノ之嗣也也。諸部ノ毘尼莫レ不二ト云コト
渉猟一。而モ四分律鈔尤モ所二也精熟一スル。因ニ造二テ記十巻一以テ解ス之。師

└ ④09ウ

亦六十家ノ之一也也。

唐懐業律師伝

律師名ハ懐業。族姓ハ孟氏。祖父本是レ兆人。因レ官為二ル嶺外ノ
人一ト焉。師壮歳ニシテ始テ出レ俗。礼二シテ貞固律師一ヲ為レ師ト。戒行清厳ニシテ有二
遠志一。孳孳トシテ以二弘法一為レ務ト。一旦浮レテ海ニ至二仏逝國一ニ。習二学シテ梵
書一ヲ、多レ所二洞暁一。特ニ粹二也于倶舎一ニ。嘗テ預二訳場一ニ、為レメニ衆ノ所レ稱。後不
レ知レ所レ終。

唐京兆聖寿寺慧霊律師伝

律師名ハ慧霊。史ニ未レ詳二ンセ其ノ姓氏郷里一ヲ。幼ニシテ脱二塵機一ヲ。性敏ニシテ而

└ ④10オ

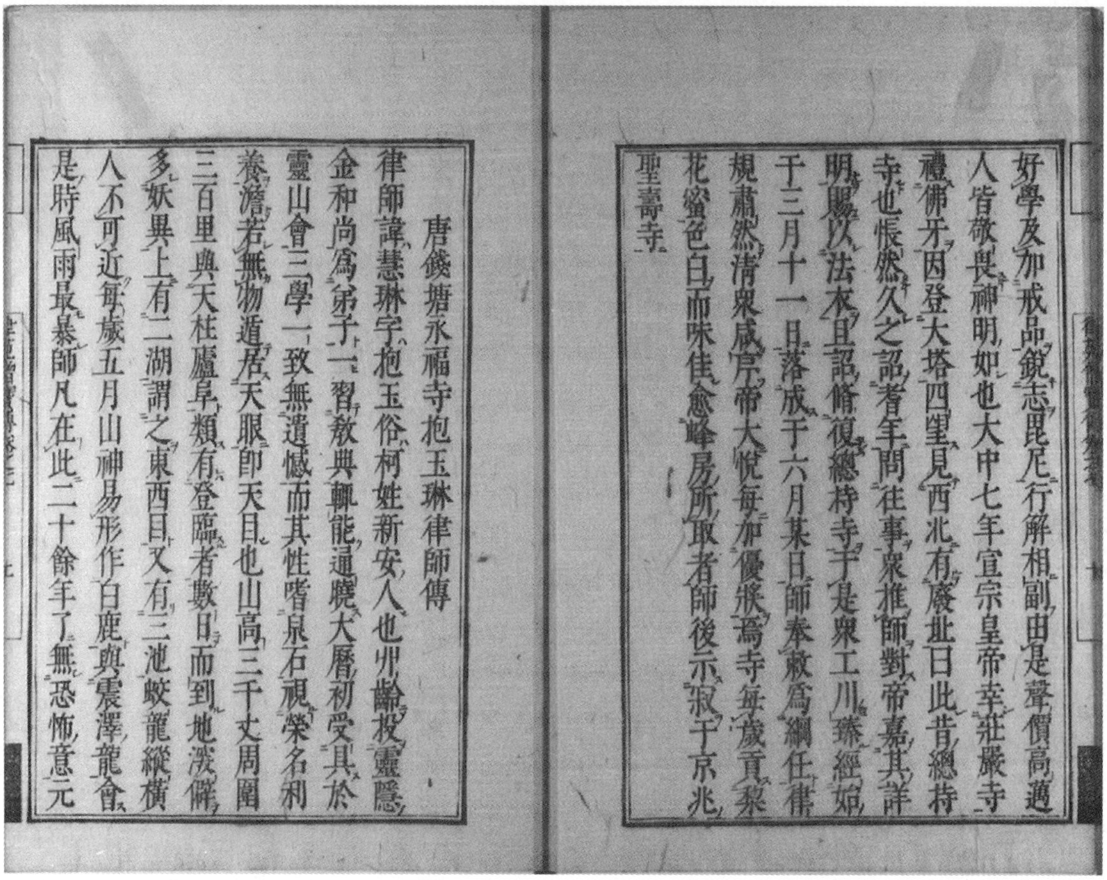
好學及加戒品銳志毘尼行解相副由是聲價高邁人皆敬畏神明如也大中七年宣宗皇帝幸莊嚴寺禮佛牙因登大塔四望見西北有廢址曰此昔總持寺也悵然久之詔耆年問往事衆推師對帝嘉其詳明賜以法衣且詔脩復總持寺于是衆工川臻經始于三月十一日落成于六月某日師奉勅爲綱任律規肅然清衆咸序帝大悅每加優獎焉寺每歲貢梨花蜜色白而味佳愈蜂房所取者師後示寂于京兆聖壽寺

唐錢塘永福寺抱玉琳律師傳
律師諱慧琳字抱玉俗柯姓新安人也丱齡投靈隱金和尚爲弟子一習敎典輒能通曉大曆初受具於靈山會三學一致無遺憾而其性嗜泉石視榮名利養濬若無物遁居天眼卽天目也山高三千丈周圍三百里與天柱廬阜類有登臨者數日而到地深僻多妖異上有二湖謂之東西目又有二池蛟龍縱橫人不可近每歲五月山神易形作白鹿與震澤龍會是時風雨最暴師凡在此二十餘年了無恐怖意元

④11オ　④10ウ

好レ学。及レ加二戒品一ヲ鋭二志ヲ毘尼一ニ、行解相ヒ副フ。由レ是声価高遭、
人皆敬畏スルコト神明ノ如シ也。大中七年宣宗皇帝幸二シ荘厳寺一
礼二ス仏牙一ヲ。因登二大塔一四望ス。見三テ西北ニ有二ルヲ廃址一曰、此レ昔ノ総持
寺也ト也。悵然タルコト久シ之。詔二シテ耆年一ニ問二往事一ヲ。衆推レシテ師ヲ対ス。帝嘉二シテ其ノ詳
明一ナルヲ、賜フニ以二シ法衣一ヲ、且詔シテ脩二復セシム総持寺一ヲ。于レ是衆工川ノ如ニ臻ル。経二始シテ
于三月十一日一ニ、落二成ス于六月某日一ニ。師奉レ勅為二綱任一ト。律
規粛然トシテ清衆咸ク序ツ。帝大ニ悦。毎ニ加二優将一ヲ焉。寺毎レ歳貢二スル梨
花蜜一。色白シテ而味佳也。愈二蜂房ノ所レノ取者一。師後示二ス寂ヲ于京兆ノ
聖寿寺一ニ。

唐銭塘永福寺抱玉琳律師伝

律師諱ハ慧琳、字ハ抱玉、俗ハ柯姓。新安ノ人也。丱齢ニシテ投二シテ霊隠ノ
金和尚一ニ為二弟子一ト。一ヒ習二テ教典一ヲ輒能ク通暁ス。大暦ノ初受二具ヲ於
霊山会一ニ。三学一致無二遺憾一。而其性嗜二泉石一ヲ。視二ルコト栄名利
養一ヲ濬トシテ若レシ無カ物。遁テ居ス天眼一ニ。即天目也。山高コト三千丈、周囲
三百里。与二天柱廬阜一ト類ス。有レハ登臨スル者一数日ニシテ而到ル。地深僻ニシテ
多二シ妖異一。上ニ有二二湖一。謂二之ヲ東西目一ト。又有リ二池一。蛟龍縦横、
人不レ可レ近ク。毎歳五月、山神易レ形作二白鹿一ト。与二震沢ノ龍一会ス。
是ノ時風雨最モ暴シ。師凡在レコト此二十余年。了ニ無二シ恐怖ノ意一。元

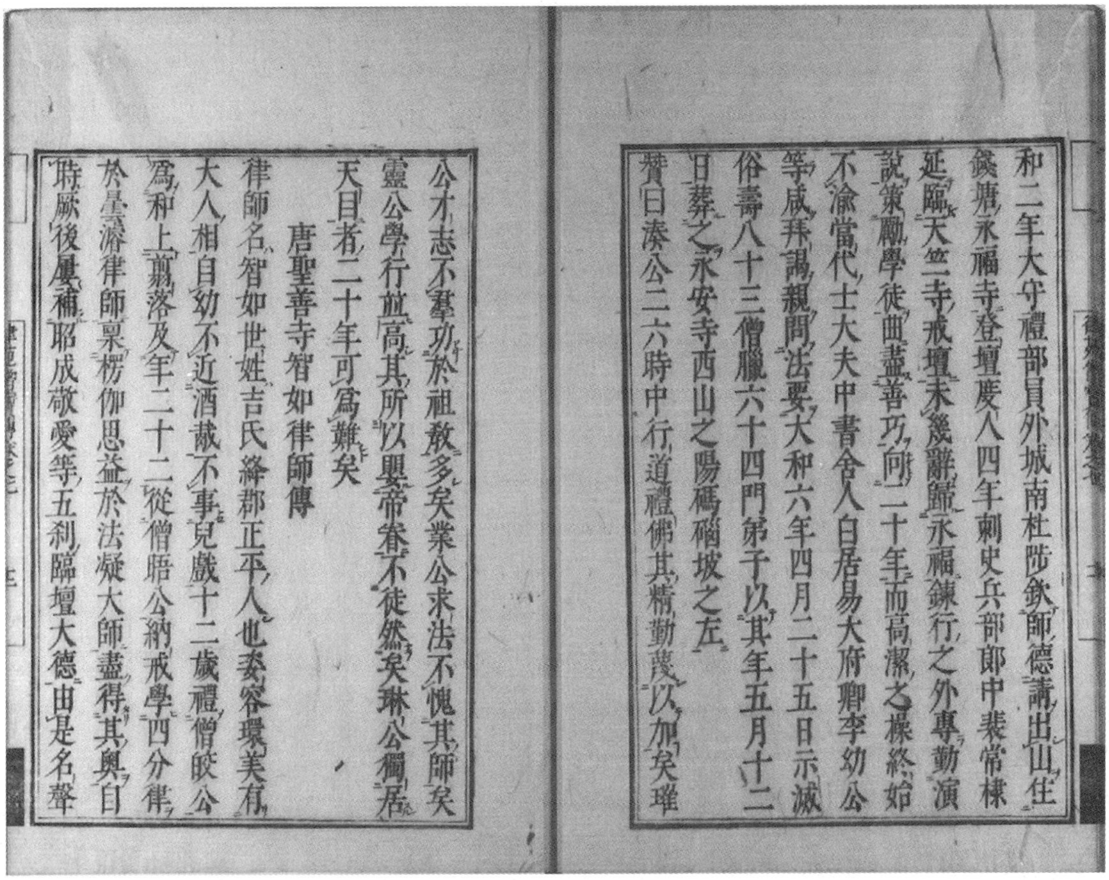

④11ウ　④12オ

和二年大守礼部員外城南杜陟欽ニテ師ノ徳一、請シテ出レシ山ヲ住ニ
銭塘ノ永福寺一ニ登壇度人。四年刺史兵部郎中裴常棣
延テ臨ニシム天竺寺ノ戒壇一ニ。未レ幾辞シテ帰ニル永福一ニ。錬行ノ之外、専ラ勤ニ演
説一ヲ。策ニ励シテ学徒一ヲ、曲ニ尽ニス善巧一ヲ。向ニシテナンナンとスル二十年一ニ、而高潔ノ之操終始
不レ渝。当代ノ士大夫中書舎人白居易・大府卿李幼公
等、咸ク拝謁シテ親ク問ニフ法要一ヲ。大和六年四月二十五日示滅。
俗寿八十三、僧臘六十四。門弟子以ニテ其年五月十二
日一、葬ニル之ヲ永安寺西山之陽碼瑙坡之左一ニ。
賛曰、湊公二六時中行道礼仏。其ノ精勤蔑ニシ以テ加一コト矣。璀

公才志不レ群、功ニアルコト於祖教一ニ多シ矣。業公求法、不レ愧ニ其ノ師一ニ矣。
霊公学行並ヒ高シ。其ノ所ニ以嬰ニル帝眷一ニ、不ニ徒然一ナラ矣。琳公独ニ居スル
天目一ニ者ノ二十年。可レ為レ難シト矣。

唐聖善寺智如律師伝

律師名ハ智如、世姓ハ吉氏、絳郡正平ノ人也。姿容環美、有ニリ
大人ノ相一。自レ幼不レ近ニ酒胾一ニ。不レ事ニトセ児戯一ニ。十二歳礼ニシテ僧皎公一ニ
為ニシテ和上一ト薙落。及ニテ年二十二一ニ、従ニ僧晤公一ニ納戒。学ニヒ四分律ヲ
於曇濬律師一ニ、稟ニケ楞伽思益ヲ於法凝大師一ニ、尽ク得ニタリ其ノ奥一ヲ。自
レ時厥後、屢ミ補ニラル昭成敬愛等ノ五利ノ臨壇大徳一ニ。由レ是名声

└④11ウ
└④12オ

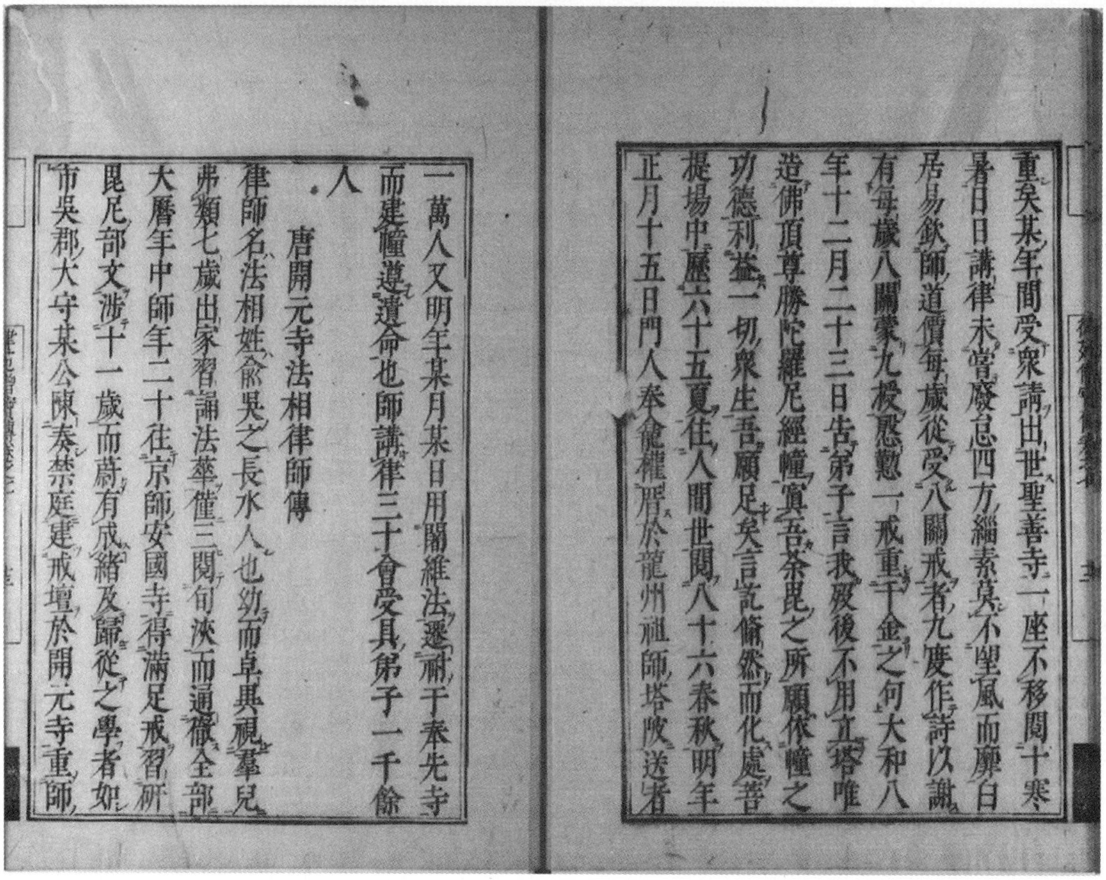

④13オ　④12ウ

重シ矣。某ノ年間、受テ二衆請ヲ一出二世ス聖善寺一ニ。一座不レ移、閲二十寒
暑一。日日講律、未タ二嘗テ廃怠一。四方ノ緇素莫シレ不二望レ風而靡一。白
居易欽テ二師ノ道価一、毎歳従テ受タル二八関戒ヲ一者ノ九度、作テレ詩以謝ス。
有下毎歳八関蒙リ二九授ヲ一、慇懃一戒重シト云ノ二千金ヨリ一之句上。大和八
年十二月二十三日告テ二弟子一言、我カ没後不レ用レ立ルコトヲレ塔。唯
造テ二仏頂尊勝陀羅尼経幢ヲ一寘二吾カ荼毘ノ之所一。願ハ依二幢之
功徳一ニ利二益セハ一切ノ衆生一、吾カ願足ナント矣。言訖翛然トシテ而化ス。処シテ二菩
提場中一ニ歴二六十五夏ヲ一、住シテ二人間世一閲フ二八十六春秋ヲ一。明年
正月十五日門人奉レ龕権二厝ス於龍州祖師ノ塔陂一ニ。送者

∟
④12ウ

一万人。又明年某月某日用二闍維持法ヲ一。遷二祔シテ于奉先寺一、
而建レ幢遵テ也二遺命一也。師講ルコトレ律三十会、受具ノ弟子一千余
人。

唐開元寺法相律師伝

律師名ハ法相、姓ハ兪。呉ノ之長水人也也。幼ニシテ而卓異、視ルニ二群児一ニ
弗レ類。七歳出家。習二誦法華ヲ一、僅ニ三ヒ閲テ二旬浹一而通二徹ス全部一ニ。
大歴年中、師年二十。往テ二京師ノ安國寺一ニ得二満足戒ヲ一、習二研
毘尼ノ部文ヲ一。渉テ二十一歳一而蔚トシテ有レ成スコトレ緒。及テレ帰ルニ従テ之学フ者如シ
レ市。呉郡ノ大守某公陳二奏シ禁庭一ニ、建ツ二戒壇ヲ於開元寺一。重シテ二師ノ

∟
④13オ

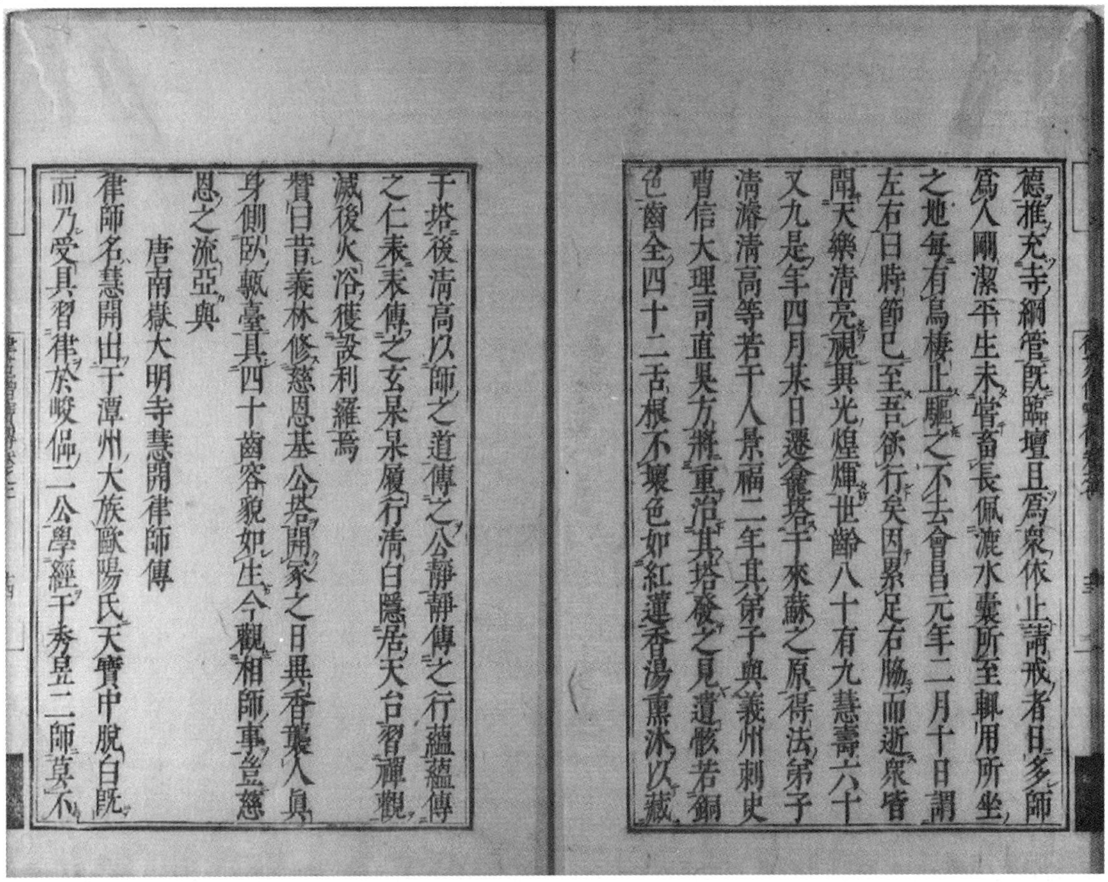
德推充寺綱管既臨壇且爲衆依止請戒者日多師
爲人剛潔平生未嘗畜長佩漉水嚢所至輒用所坐
之地每有鳥棲止驅之不去會昌元年二月十日謂
左右曰時節已至吾欲行矣因累足右脇而逝衆皆
聞天樂清亮覩異光煌煇世齡八十有九慧壽六十
又九是年四月某日遷龕塔于來蘇之原得法弟子
清濬清高等若干人景福二年其弟子與義州刺史
曹信大理司直吳方將重治其塔發之見遺骸若銅
色齒全四十二舌根不壞色如紅蓮香湯薰沐以藏

于塔後清高以師之道傳之公靜靜傳之行蘊蘊傳
之仁表表傳之玄杲杲履行清白隱居天台習禪觀
滅後火浴獲設利羅焉
贊曰昔義林修慈恩基公塔開冢之日異香襲人眞
身側臥輒臺具四十齒容貌如生今觀相師事豈慈
恩之流亞歟
唐南嶽大明寺慧開律師傳
律師名慧開出于潭州大族歐陽氏天寶中脱白既
而乃受具習律於峻偘二公學經于秀昱二師莫不

④14オ　④13ウ

徳一ヲ、推シテ充二ツ寺ノ綱管一ニ。既ニ臨壇且ツ為二衆ノ依止一ト。請戒ノ者日ニ多シ。師
為レ人剛潔、平生未二タ嘗テ畜一レ長。佩二漉水嚢一、所レ至輒用。所坐ノ
之地、毎ニ有レ鳥棲止ス。駆レトモ之不レ去。会昌元年二月十日、謂二
左右一日、時節巳ニ至ヌ。吾レ欲レ行ントス矣。因テ累レ足右脇ニシテ而逝ス。衆皆
聞二キ天楽清亮タルヲ一、視二ル異光ノ煌煇タルヲ一。世齢八十有九、慧寿六十
又九。是ノ年四月某日、遷レ龕塔二スト于来蘇ノ之原一ニ。得法ノ弟子
清濬・清高等若干人。景福二年其ノ弟子与二義州刺史
曹信大理司直呉方一ト将三ニ重テ治二ント其ノ塔一発テ之見レハ、遺骸若二銅
色一。歯全ク四十二、舌根不レ壊、色如二紅蓮一。香湯薫沐シテ、以テ蔵ムニ

└
④13ウ

于塔一ニ。後清高以二師ノ之道一伝二之ヲ公静一。静伝二之行蘊一。蘊伝二
之仁表一ニ。表伝フ二之玄杲一。杲履行清白、隠二居シテ天台一習二禅観一ヲ。
滅後火浴シテ獲二設利羅一焉。
賛曰。昔シ義林修二ス慈恩基公ノ塔ヲ一。開クノレ冢之日、異香襲レ人。真
身側ニ臥シテ輒台ニ具シ二四十歯一、容貌如シレ生ルカ。今観ルニ二相師ノ事一ヲ、豈ニ慈
恩ノ之流亜カ与。

唐南嶽大明寺慧開律師伝

律師名ハ慧開、出ツ二于潭州ノ大族欧陽氏一ニ。天宝中脱白、既ニシテ
而乃シ受具。習二律ヲ於峻偘ノ二公一、学二経ヲ于秀昱二師一ニ、莫レ不三ト云コト

└
④14オ

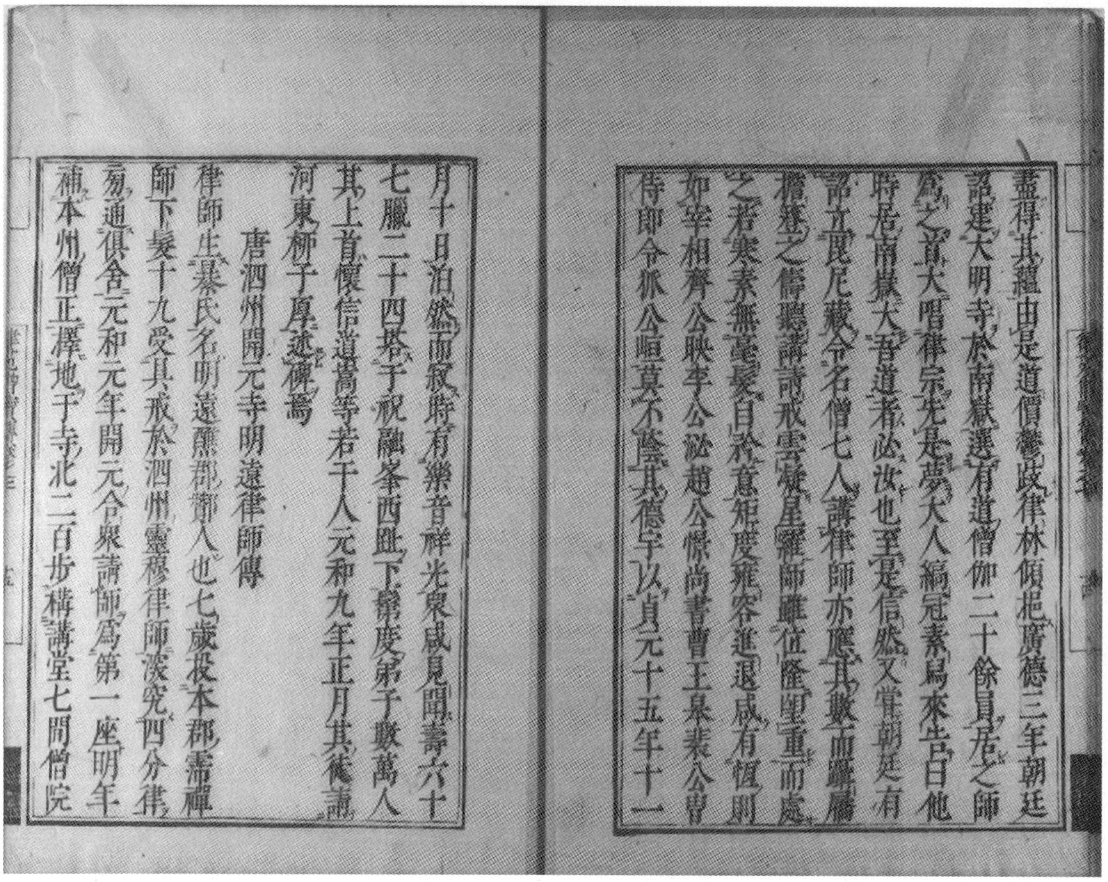

④15オ　④14ウ

尽ク得㆓其ノ蘊㆒。由㆑是道価鬱跂シ、律林傾挹ス。広徳三年朝廷
詔シテ建㆓ツ大明寺ヲ於南嶽㆒ニ。選㆓テ有道僧伽二十余員㆒ヲ居シム之。師
為㆓リ之カ首㆒ト。大ニ唱㆓律宗㆒ヲ。先㆑是ヨリ夢ラク、大人縞冠素舃来告テ曰、他
時居㆓シテ南嶽㆒ニ大㆓セン吾道㆒者ノハ必ス汝也ト也。至㆑テ是ニ信然タリ。又嘗テ朝廷有
㆑詔。立㆓テ毘尼蔵㆒ヲ、令㆓名僧七人ヲシテ講㆑律。師亦応㆓ス其ノ数㆒。而踊屩
担簦ノ之儔、聴講請戒雲凝リ星羅ル。師雖㆓位隆望重㆒シト、而処ルコト
㆑之ニ若㆓寒素㆒。無㆓毫髪モ自矜ル意㆒。矩度雍容、進退咸ク有㆓恒ノ則㆒。
如㆓宰相斉公映・李公泌・趙公憬・尚書曹王皐・裴交冑・
侍郎令狐公府㆒。莫㆑不㆑蔭㆓セ其ノ徳宇㆒。以㆓テ貞元十五年十一

⌞ ④14ウ

月十日㆒泊然トシテ而寂ス。時ニ有㆓楽音祥光㆒。衆咸見聞ス。寿六十
七、臘二十四。塔㆓ス于祝融峯西趾ノ下㆒ニ。髡度ノ弟子数万人、
其ノ上首ハ懐信道嵩等若干人。元和九年正月其ノ徒請㆓テ
河東ノ柳子厚㆒ニ述㆑セシム碑ヲ焉。

唐泗州開元寺明遠律師伝

律師生㆓ス蚩氏㆒。名ハ明遠、譙郡ノ鄮人也也。七歳投㆓本郡ノ霈禅
師㆒ニ下髪。十九受㆓具戒ヲ於泗州ノ霊穆律師㆒ニ。深究㆓メ四分律㆒ヲ、
旁ラ通㆓ス倶舎㆒ニ。元和元年開元ノ合衆請㆑師ヲ為㆓第一座㆒ト。明年
補㆓ラル本州ノ僧正㆒ニ。択㆓ヒ地ヲ于寺ノ北二百歩㆒、構㆓講堂七間・僧院

⌞ ④15オ

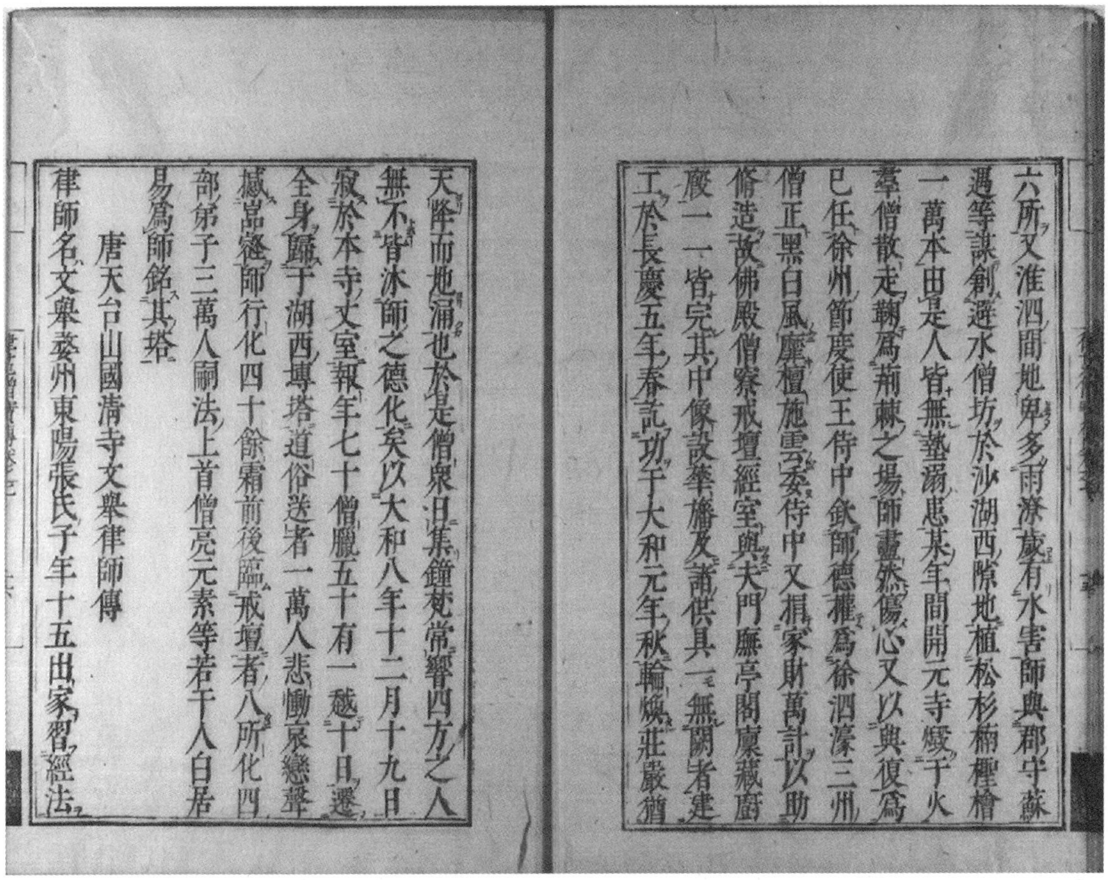
六所又淮泗間地卑多雨潦歳有水害師與郡守蘇
遇等謀創避水僧坊於沙湖西隙地植松杉楠檉檜
一萬本由是人皆無墊溺患某年間開元寺燬于火
羣僧散走鞠為荊棘之場師蠹然傷心又以與復為
已任徐州節度使王侍中欽師德權為徐泗濠三州
僧正黒白風靡檀施雲委侍中又捐家財萬計以助
脩造故佛殿僧寮戒壇經室與夫門廡亭閣庫藏廚
廄一一皆完其中像設華旛及諸供具一無闕者建
工於長慶五年春訖功于大和元年秋輪煥莊嚴猶

天降而地涌也於是僧衆日集鐘梵常響四方之人
無不皆沐師之德化矣以大和八年十二月十九日
寂於本寺丈室報年七十僧臘五十有一越十日遷
全身歸于湖西塼塔道俗送者一萬人悲慟哀戀聲
撼嵩𡶅師行化四十餘霜前後臨戒壇者八所化四
部弟子三萬人嗣法上首僧亮元素等若干人白居
易為師銘其塔

唐天台山國清寺文舉律師傳

律師名文舉婺州東陽張氏子年十五出家習經法

④16オ　④15ウ

六所ヲ一。又淮泗ノ間地卑（ヒキフ）シテ多ク二雨潦一、歳コトニ有リ二水害一。師与二郡ノ守蘇遇等一謀テ創メ二避水僧坊ヲ於沙湖西ノ隙地一ニ、植二松杉楠檉桧一万本一。由レ是人皆ナ無シ二墊溺ノ患一。某ノ年間、開元寺燬ク二于火一。群僧散走シテ、鞠テ為二荊棘ノ之場一ト。師蠹然トシテ傷メ心、又以二与復一為二己任一ト。徐州ノ節度使王侍中欽テ二師ノ徳一、権テ、為二徐泗濠三州ノ僧正一ト。黒白風ノ如ニ靡キ、檀施雲ノ如ニ委ヌ。侍中又捐テ二家財万計ヲ一以助二脩造一。故ニ仏殿・僧寮・戒壇・経室ト与ヲサヘニ夫ノ門廡・亭閣・庫蔵・厨厩一一皆ナ完シ、其ノ中像設華旛及ヒ諸ノ供具一モ無シ二闕者一。建二工ヲ於長慶五年ノ春一、訖フ二功ヲ于大和元年ノ秋一ニ。輪煥タル荘厳、猶二

└
④15ウ

天ヨリ降而地ヨリ涌クカ也。於レ是僧衆日ニ集リ、鐘梵常ニ響。四方ノ之人無レ不三トイフコト皆沐二師ノ之徳化一ニ矣。以二大和八年十二月十九日一、寂ス二於本寺ノ丈室一ニ。報年七十、僧臘五十有一。越テ二十日ヲ一遷シテ二全身ヲ帰ス二于湖西ノ塼塔一ニ。道俗送者一万人。非慟哀恋、声撼ス二嵩𡶅一ヲ。師行化四十余霜、前後臨ム二戒壇一ニ者ノ八タヒ、所化四部ノ弟子三万人、嗣法ノ上首僧亮・元素等若干人。白居易為レ師銘ス二其ノ塔一ニ。

唐天台山國清寺文挙律師伝

律師名ハ文挙、婺州東陽張氏ノ子。年十五出家シテ習フ二経法一ヲ。

└
④16オ

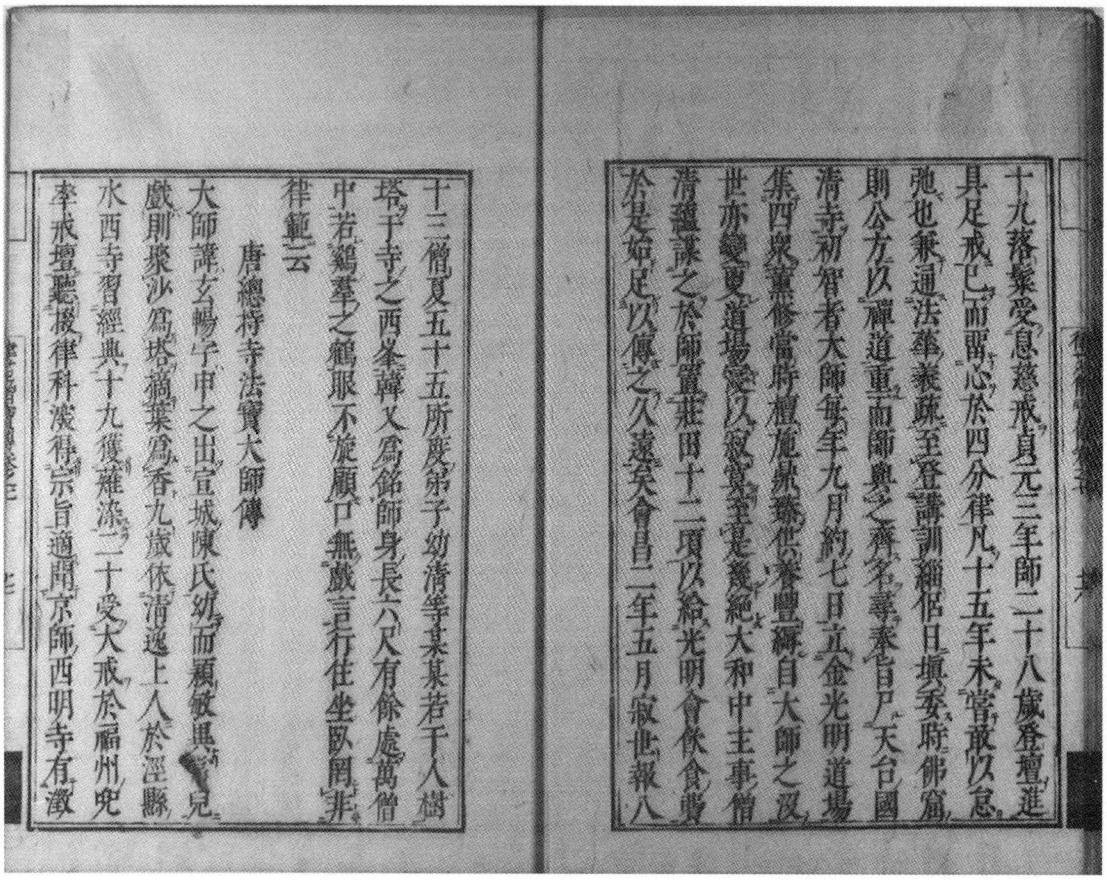

④17オ　　④16ウ

十九落髪受ク二息慈戒ヲ一。貞元三年師二十八歳、登壇シテ進二
具足戒ニ一。已ニシテ而留ル二、コト心ヲ於四分律ニ一凡ソ十五年、未タ二嘗テ敢以怠リ
弛マ一也。兼テ通ス二法華ノ義疏ニ一。至レ登二講訓ニ一、緇侶日ニ塡委ス。時ニ仏窟ノ
則公、方ニ以二禅道ヲ一重ラル。而師与レ之斉レ名ヲ。尋テ奉レ旨ヲ尸ル二天台ノ國
清寺ヲ一。初智者大師、毎年九月約シテ二七日ヲ一立テ二金光明道場ヲ一、
集テ二四衆ヲ一薫修。当時檀施県瑧シテ供養豊縟也。自二大師之没シテ一
世亦変更シ、道場寖ヤ以テ寂寞タリ。至レ是幾ント絶シヌ。大和中、主事ノ僧
清蘊謀ル二之ヲ於師ニ一。置テ二荘田十二頃ヲ一、以給ス二光明会飲食ノ費ニ一。
於レ是始テ足レリ三以テ伝ルニ二之ヲ久遠ニ一矣。会昌二年五月寂。世報八

十三、僧夏五十五。所度ノ弟子幼清等某某若干人。樹テ二
塔ヲ于寺ノ之西峯ニ一、韓又為レ銘。師身ノ長六尺有余、処シテ二万僧
中ニ一若シ二鶏群ノ之鶴ノ一。眼不二旋顧セ一、口無ク二戯言一、行住坐臥罔レ非トスルコト二
律範ニ一云。

唐総持寺法宝大師伝

大師諱ハ玄暢、字ハ申之。出ツ二宣城ノ陳氏ニ一。幼ニシテ而穎敏異ナリ二常児ニ一。
戯レハ則聚レ沙為リ塔ヲ、摘レ葉為ス香ト。九歳依テ二清逸上人ニ一於涇県ノ
水西寺ニ一習二経典ヲ一。十九獲タリ二薙染スルコトヲ一。二十受ク二大戒ヲ於福州ノ兜
率戒壇ニ一。聴二掇シテ律科ヲ一、深得タリ二宗旨ヲ一。適ミ聞テ下京師ノ西明寺有テ二澂

④17オ　　④16ウ

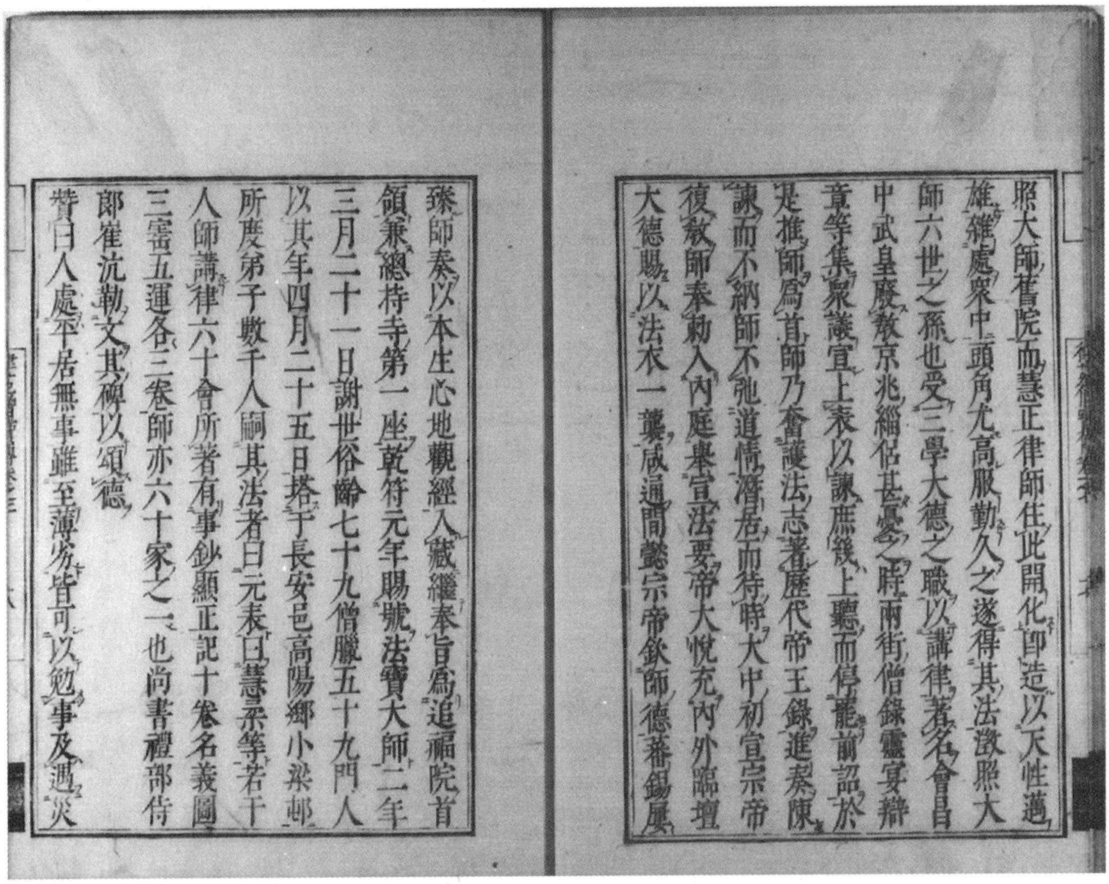
照大師舊院而慧正律師住此開化即造以天性邁
雄雜處衆中頭角尤高服勤久之遂得其法澂照大
師六世之孫也受三學大德之職以講律著名會昌
中武皇廢教京兆緇侶甚憂之時兩街僧錄靈宴辯
章等集衆議宣上表以諫庶幾上聽而停罷前詔於
是推師爲首師乃奮護法志著歷代帝王錄進奏陳
諫而不納師不弛道情潛居而待時大中初宣宗帝
復教師奉勅入内庭宣法要帝大悦充内外臨壇
大德賜以法衣一襲咸通間懿宗帝欽師德蕃錫屢

臻師奏以本生心地觀經入藏繼奉旨爲追福院首
領兼總持寺第一座乾符元年賜號法寶大師二年
三月二十一日謝世俗齡七十九僧臘五十九門人
以其年四月二十五日塔于長安邑高陽鄉小梁邨
所度弟子數千人嗣其法者曰元表曰慧柔等若干
人師講律六十會所著有事鈔顯正記十卷名義圖
三寶五運各三卷師亦六十家之一也尚書禮部侍
郎崔沆勒文其碑以頌德
贊曰人處乎居無事雖至薄劣皆可以勉事及遇災

④17ウ　④18オ

照大師ノ旧院一、而シテ慧正律師住レシテ此開化スト上即造ル。以二天性邁
雄一ナルヲ、雑二処シテ衆中一ニ頭角尤モ高シ。服勤スルコト久シテ之、遂ニ得二其ノ法一。澂照大
師六世ノ之孫也。受ケ二三学大徳ノ之職一ヲ、以テ二講律一ヲ著レス名ヲ。会昌
中、武皇廃レス教。京兆ノ緇侶甚タ憂レフ之ヲ。時ニ両街ノ僧録・霊宴・弁
章等集テレ衆議宣シ、上レ表以諫ム。庶幾ハ上聴シテ而停二罷センコトヲ前詔一ヲ。於
レ是推レシテ師ヲ為レ首ト。師乃奮二護法ノ志一、著二シ歴代帝王録一ヲ、進奏シテ陳レモ
諫ヲ而不レ納。師不レ弛二道情一ヲ、潜居シテ而待ツレ時ヲ。大中ノ初、宣宗帝
復レ教ヲ。師奉レ勅入リ二内庭一、挙二宣ス法要一ヲ。帝大悦。充テ二内外臨壇
大徳一、賜フニ以二法衣一襲一ヲ。咸通ノ間、懿宗帝欽二師ノ徳一蕃錫屢々

④17ウ

臻ル。師奏シテ以二本生心地観経一入レル蔵ニ。継テ奉レ旨為リ二追福院ノ首
領一ト、兼二ヌ総持寺ノ第一座一ヲ。乾符元年賜二号ヲ法宝大師一ト。二年
三月二十一日謝世。俗齢七十九、僧臘五十九。門人
以二其年四月二十五日一、塔ス二于長安邑高陽郷小梁邨一ニ。
所度弟子数千人。嗣二其ノ法一者、曰二元表一ト曰二慧柔等一ト若干
人。師講スルコトレ律六十会。所レ著有リ二事鈔顕正記十巻・名義図
三宝五運、各ミ三巻一。師亦六十家ノ之一也。尚書礼部侍
郎崔沆勒シテ二文ヲ其ノ碑一、以テ頌スレ徳ヲ。
賛曰、人処シテハ二平居無事一雖ニ至テ二薄劣一也ト、皆可シ二以テ勉メッレ事。及ハレ遇フニ二災

④18オ

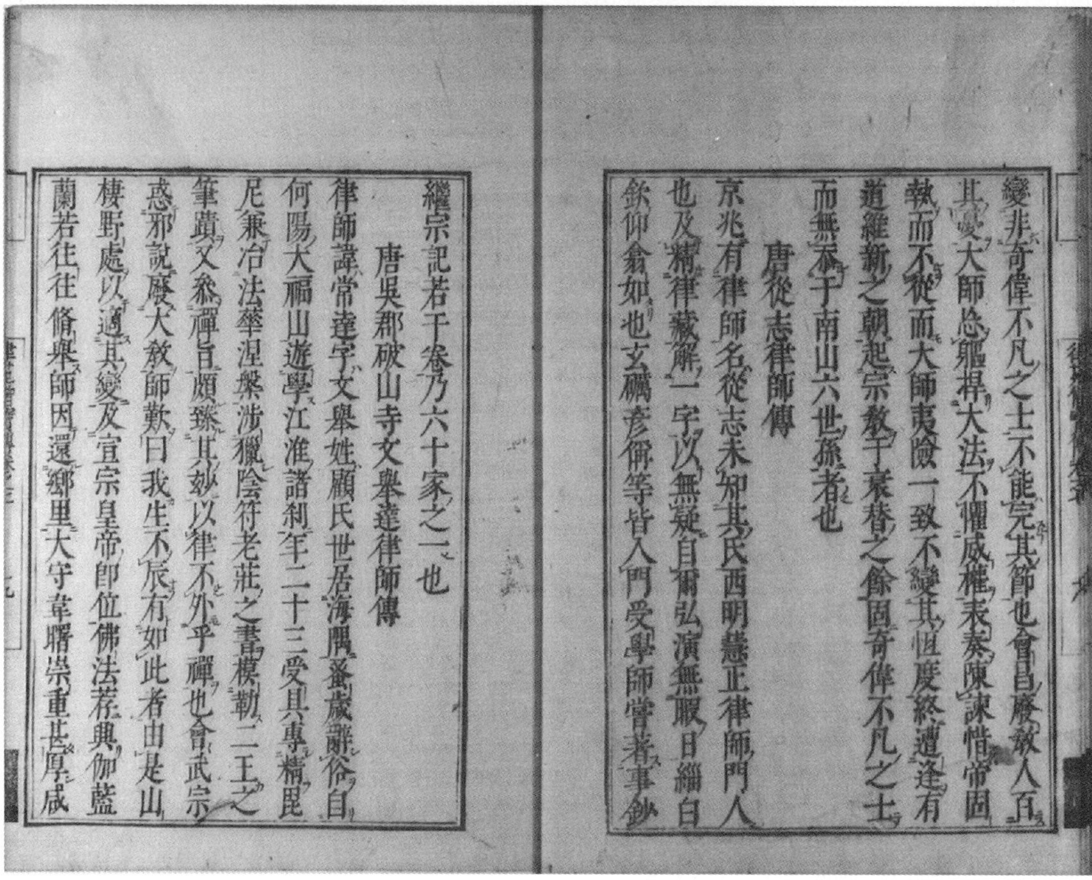

④18ウ　④19オ

変一、非二ンハ奇偉不凡ノ之士一、不レ能ハレ完二スルコト其ノ節一也。会昌ノ廃教、人百二ス
其ノ憂一ヲ。大師忘レシテ躯扞二リ大法一ヲ、不レ懼二威権一ヲ、表奏シテ陳レ諫。惜ラクハ帝固
執シテ而不レルコトヲ従。而モ大師夷険一致、不レ変二其ノ恒度一。終ニ遭二逢シテ有
道維新ノ之朝一ニ、起二ス宗教ヲ于衰替ノ之余一。固ニ奇偉不凡ノ之士ニシテ、
而無レ忝二ルコト于南山六世ノ孫一ニ者ノ也也。

唐従志律師伝

京兆ニ有二律師一。名ハ従志。未レ知二其ノ氏一。西明慧正律師ノ門人也
也。及テレ精ルニ二律蔵一、解シテ二一字一ヲ以テ無レ疑ヒ。自レ爾弘演無二暇ノ日一。緇白
欽仰翕如タリ也。玄礪・彦偁等皆入レ門受学。師嘗著二ス事鈔

└
④18ウ

継宗記若干巻一。乃六十家ノ之一也也。

唐呉郡破山寺文挙達律師伝

律師諱ハ常達、字ハ文挙、姓ハ顧氏。世居二海隅一ニ。蚤歳辞レシ俗ヲ、自二リ
何陽ノ大福山一遊二学ス江淮ノ諸刹一ニ。年二十三受具。専二ニシ精ヲ毘
尼一、兼テ治二法華・涅槃一。渉二猟シ陰符・老荘ノ之書一ヲ、模二勒ス二王カ之
筆蹟一ヲ。又参二シテ禅旨一ニ、頗ル臻二ル其ノ妙一ニ。以レ律不レル也外二ニセ乎禅一ヲ也。会〻武宗
惑二テ邪説一ニ廃二ス大教一ヲ。師歎シテ曰、我カ生不レシテ辰ナラ有二ト如レ此者一。由レ是山
棲野処シテ、以テ適二ス其ノ変一ニ。及二宣宗皇帝ノ即位一仏法荐ニ興リ、伽藍
蘭若往往脩挙ス。師因テ還二ル郷里一ニ。大守韋曙、崇重甚タ厚シ。咸

└
④19オ

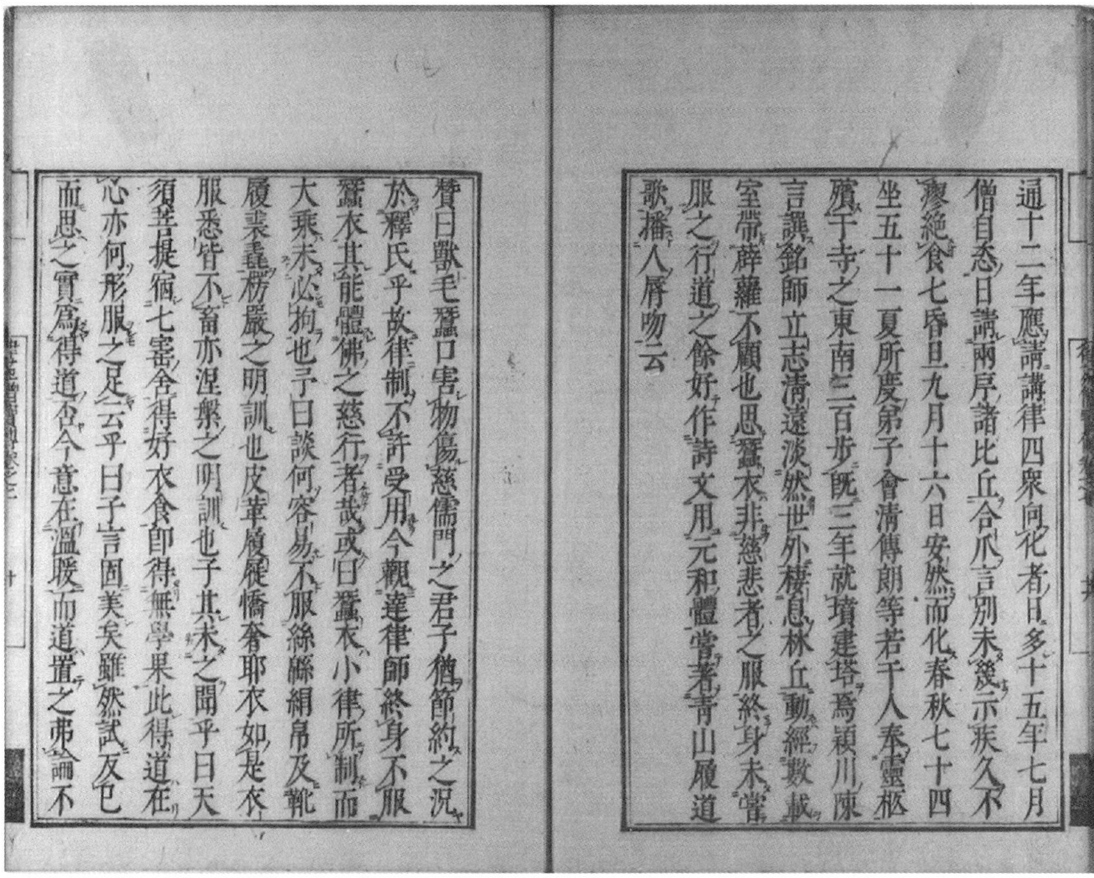

④19ウ　④20オ

通十二年応レシテ請ニ講律、四衆向レフ化者ノ日ニ多シ。十五年七月
僧自恣ノ日、請二シ両序ノ諸比丘一ヲ、合爪シテ言レ別。未レタ幾ナラ示レ疾。久シテ不
レ瘳絶レスルコト食七昏旦一。九月十六日安然トシテ而化ス。春秋七十四、
坐五十一夏。所度ノ弟子会清・伝朗等若干人。奉二シテ霊柩一
殯二ス于寺ノ之東南三百歩一ニ。既ニ三年、就レ墳建レ塔ヲ焉。穎川ノ陳
言譔レス銘。師立志清遠、淡二然タリ世外一ニ。棲二息シテ林丘一ニ、動スレハ経二フ数載一ヲ。
室帯二レトモ薜蘿一不レ顧也。思三テ蠶衣ハ非二ルコトヲ慈悲者ノ之服一、終レマテ身未二タ嘗テ
服一之ヲ。行道ノ之余好テ作二詩文一、用二ユ元和ノ体一。嘗テ著二シテ青山履道
歌一ヲ、播二スト人ノ脣吻一二云。

└
④19ウ

賛曰、獣毛蠶口害レシ物傷レル慈。儒門ノ之君子猶ヲ節約ス之。況ヤ
於二ヲヤ釈氏一ニ乎。故ニ律ニ制シテ不レ許二受用一スルコトヲ。今観二ルニ達律師一、終レ身不レ服二
蠶衣一。其レ能体二スル仏ノ之慈行一ヲ者ノナルカナ哉。或人ノ曰、蠶衣ハ小律ノ所レニシテ制スル、而
大乗ハ未二タ必シモ拘一ラストモ也。予曰、談何ソ容易ナル。不レレト服二糸綿・絹帛及ヒ靴
履・裘毳一ヲ。楞厳ノ之明訓也也。皮革・履屣・憍奢耶衣、如レノ是衣
服悉皆不レレト畜。亦涅槃ノ之明訓也也。子其レ未二タルカ之ヲ聞一乎。曰、天
須菩提宿二シ七宝ノ舎一ニ、得二好衣食一。即得二タリ無学果一。此レ得道ハ在リ
レ心。亦何ソ形服ヲシモ之足レンヤ云乎。曰、子言固ニ美シ矣。雖レ然試ニ反レ己
而モ思レヘ之。実ニ為二メ也ヤ得道一ノ否ヤ。今意在二テ温暖一ニ而道ハ置テ之弗レ論。不

└
④20オ

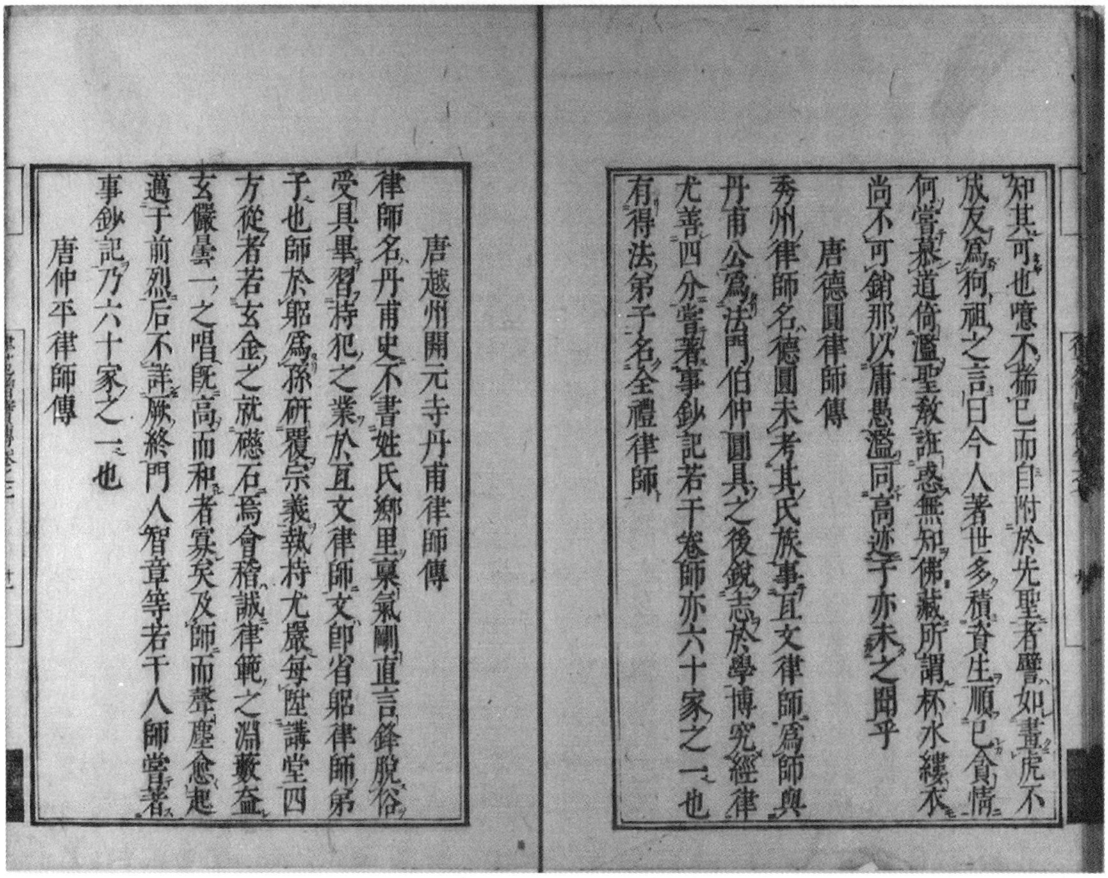
知其可也噫不揣己而自附於先聖者譬如畫虎不
成反爲狗祖之言曰今人著世多積資生順己貪情
何嘗慕道倚濫聖教誑惑無知佛藏所謂杯水縷衣
尚不可銷那以庸愚濫同高迹子亦未之聞乎
唐德圓律師傳
秀州律師名德圓未考其氏族事亙文律師爲師與
丹甫公爲法門伯仲圓具之後鋭志於學博究經律
尤善四分嘗著事鈔記若干卷師亦六十家之一也
有得法弟子名全禮律師

唐越州開元寺丹甫律師傳
律師名丹甫史不書姓氏鄉里稟氣剛直言鋒脫俗
受具畢習持犯之業於亙文律師文即省躬律師弟
子也師於躬爲孫研覆宗義執持尤嚴每陞講堂四
方從者若玄金之就磁石焉會稽誠律範之淵藪盍
玄儼曇一之唱既高而和者寡矣及師而聲塵愈起
邁于前烈后不詳厥終門人智章等若干人師嘗著
事鈔記乃六十家之一也
唐仲平律師傳

④21オ　④20ウ

レ知其レ可ナランヤ也。噫不レシテ揣レ己而自附ミ二於先聖一ニ者、譬ハ如シ二画クニレ虎不
レ成反テ為スカレ狗。祖ノ之言ニ曰、今人著レ世。多ク積ミ二資生ヲ一順フ二己レカ貪情一ニ。
何ゾ嘗テ慕フレ道。倚二濫シテ聖教一、誑二惑ス無知ヲ一。仏蔵ニ所謂ル杯水縷衣モ、
尚不レ可レ銷。那ゾ以二庸愚一濫リニ同二シト高迹一ニ。子亦未タルカ二之聞一乎。

唐徳円律師伝

秀州ノ律師名ハ徳円、未レ考二其ノ氏族一。事テ二亙文律師一ニ、為レ師与二
丹甫公一為タリ二法門ノ伯仲一。円具ノ之後、鋭ク二志ヲ於学一。博究メ二経律一、
尤善ニシ二四分一ニ。嘗テ著ス二事鈔記若干巻一。師亦六十家ノ之一也也。
有リ二得法ノ弟子一。名ク二全礼律師一ト。

唐越州開元寺丹甫律師伝

律師名ハ丹甫、史ニ不レ書二姓氏郷里一ヲ。稟気剛直、言鋒脱スレ俗ヲ。
受具畢ヲ習フ二持犯ノ之業ヲ於亙文律師一ニ。文ハ即省躬律師ノ弟
子也。師於レ躬為タリレ孫。研二覆シテ宗義一ヲ執持尤厳也。毎レ陞二講堂一、四
方従フ者若三玄金ノ之就二磁石一ニ焉。会稽ハ誠ニ律範ノ之淵藪。盍シ
玄儼・曇一ノ之唱ヘ、既ニ高シテ而和スル者寡シ矣。及レ師ニ而声塵愈ミ起、
邁二于前烈一ニ。后不レ詳ンセ二厥ノ終一。門人智章等若干人。師嘗テ著ス二
事鈔記一ヲ。乃六十家ノ之一也也。

唐仲平律師伝

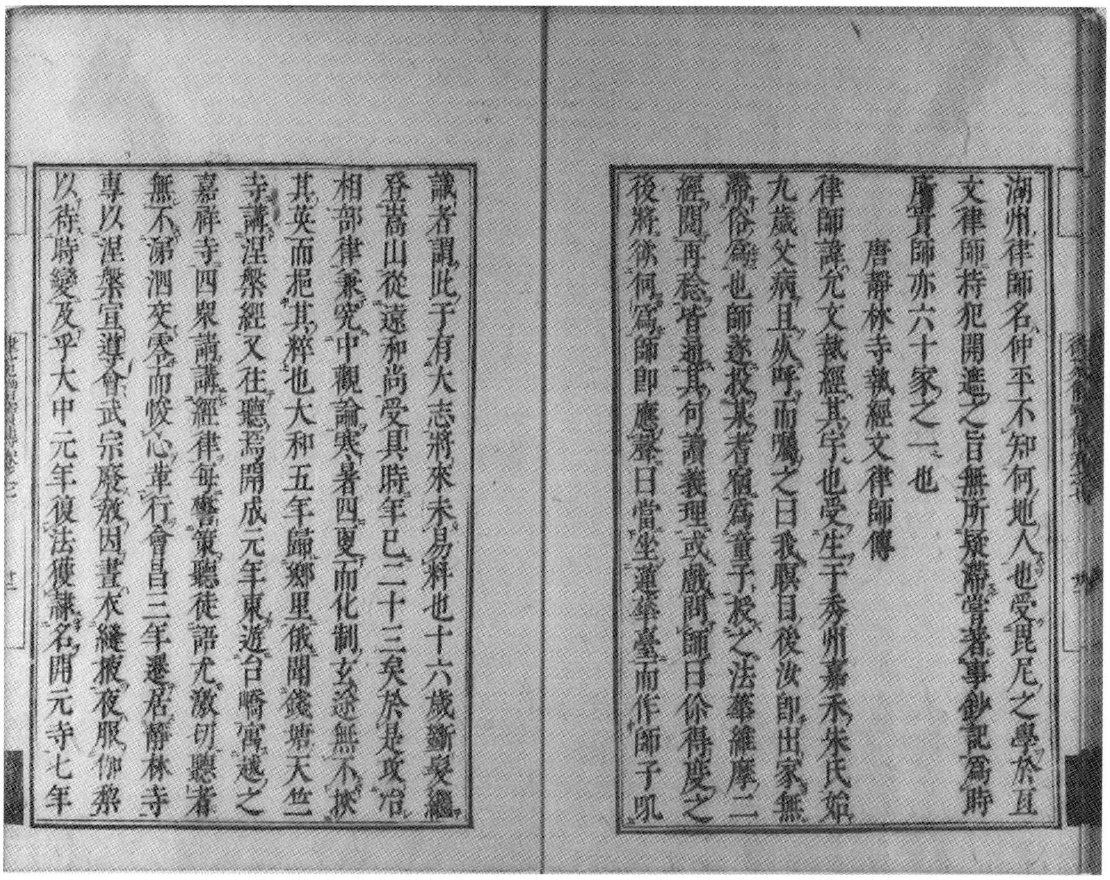

④22オ　④21ウ

湖州ノ律師名ハ仲平、不レ知二何ノ地ノ人一トコトヲ也。受クル二毘尼ノ之学ヲ於亙
文律師一ニ。持犯開遮ノ之旨、無レ所二疑滞一スル。嘗著シ二事鈔記一、為レ時
所レ貴。師亦六十家ノ之一也。

唐静林寺執経文律師伝

律師諱ハ允文、執経ハ其ノ字也。受ケ二生ヲ于秀州嘉禾ノ朱氏一。始テ
九歳、父病テ且ツ死ス。呼テ而嘱シテ之曰、我カ瞑目ノ後、汝即チ出家セヨ。無シ
滞ルコト二俗ノ為シワサニ一也。師遂ニ投シテ二某ノ耆宿ニ一為二童子一ト。授レハ二之ニ法華・維摩ノ二
経一ヲ、閲テ二再稔一ヲ皆通ス二其ノ句読義理一ニ。或人戯ニ問テレ師ニ曰、你得度ノ之
後、将ニ欲二何ヲカ為一ント。師即応シテレ声ニ曰、当ニ下坐シテ二蓮華台一ニ而作中師子吼上。

識者謂ク、此ノ子有二大志一。将来未タレ易レ料也。十六歳断髪。継テ
登二嵩山一、従二遠和尚一受具。時ニ年已ニ二十三矣。於レ是攻二治シ
相部律一、兼テ究ム二中観論一ヲ。寒暑四ヒ更テ、而化制ノ玄途無レ不下トコト挟二
其ノ英一而挹中其ノ粋上也。大和五年帰ル二郷里一ニ。俄ニ聞二銭塘ノ天竺
寺ニ講スト二涅槃経一、又往テ聴ク焉。開成元年東ノ方遊ヒ二台嶠一、寓ス二越ノ之
嘉祥寺一ニ。四衆請シテ講セシム二経律一ヲ。毎ニ警二策シテ聴徒一、語尤モ激切也。聴者
無シレ不ト二コト涕泗交ミ零チ而悛レ心ヲ革一レ行ヲ。会昌三年遷テ居ス二静林寺一。
専以二涅槃一宣導。会ミ武宗廃スレ教ヲ。因テ昼ハ衣二縫掖一ヲ、夜ハ服シテ二伽梨一、
以テ待ス二時変一ニ。及テ二乎大中元年復レ法、獲レ隷スルコトヲ二名ヲ開元寺一。七年

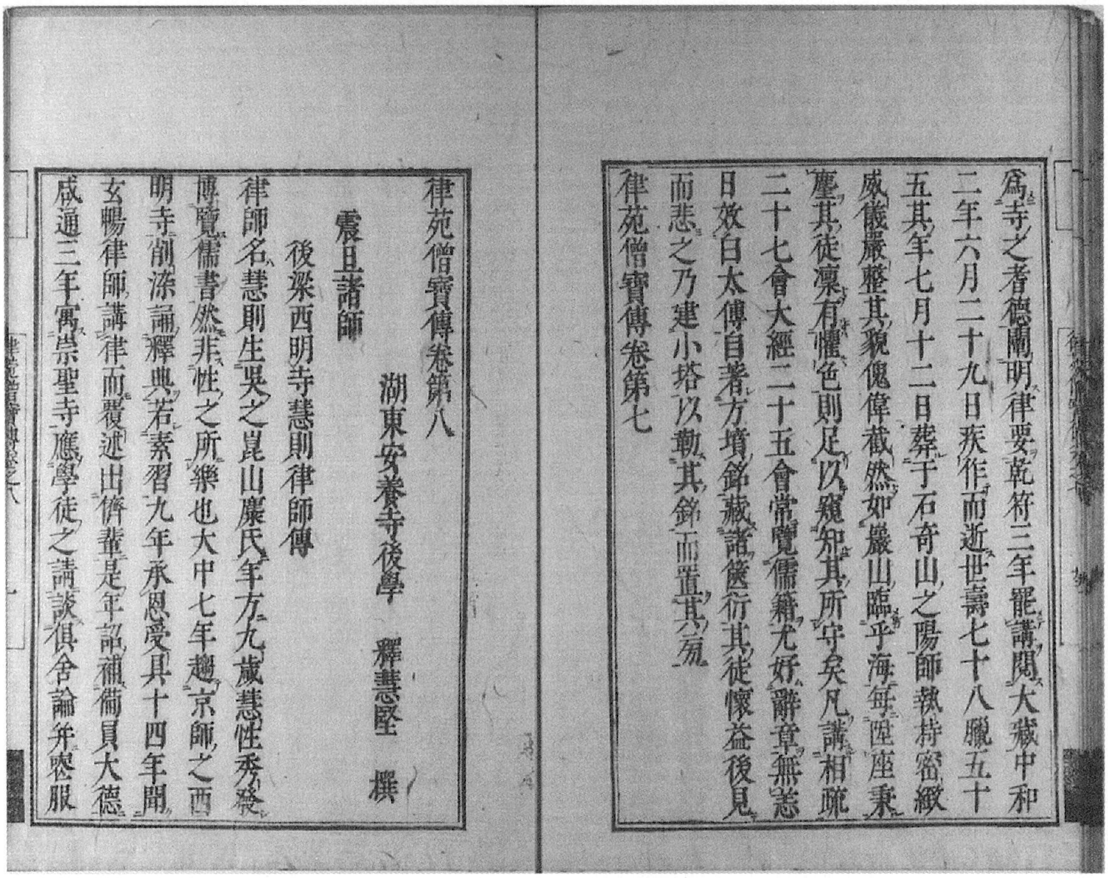

④23オ　　④22ウ

為メニ二寺ノ之者聴一闡二明ス律要一ヲ。乾符三年罷メテレ講ヲ閲ス二大蔵一。中和
二年六月二十九日疾作テ而逝ス。世寿七十八、臘五十
五。其ノ年七月十二日葬ル二于石奇山ノ之陽一。師執持密緻、
威儀厳整。其ノ貌傀偉、截然トシテ如三厳山ノ臨メルカ二乎海一ニ。毎ニ陞レ座秉ル一
レ麈ヲ、其ノ徒凛トシテ有ル時ハ二懼ル、色一、則足レリ三以テ窺二如ルニ其ノ所レ守矣。凡ソ講スルコト二相疏一
二十七会、大経二十五会。常覧二儒籍一ヲ、尤好ム二辞章一ヲ。無レ恙
日效二白太伝一。自著シ二方墳ノ銘一、蔵ス二諸ヲ篋衍一。其ノ徒懐益、後見テ
而悲ミ之、乃建二小塔一以勒ス二其ノ銘一。而置ク二其ノ旁一ニ。
律苑僧宝伝巻第七

④22ウ

律苑僧宝伝巻第八
湖東安養寺後学　釋慧堅　撰

震旦諸師

後梁西明寺慧則律師伝

律師名ハ慧則、生二呉ノ之崑山麋氏一ニ。年方ニ九歳、慧性秀発シ、
博二覧ス儒書一。然モ非ス二性ノ之所一レ楽ニ也。大中七年趨テ二京師ノ之西
明寺一ニ削染、誦シテ二釈典一ヲ若シ二素習一。九年承レ恩受具。十四年聞ク二
玄暢律師ノ講一レ律。而モ覆述出二儕輩一ニ。是ノ年詔シテ補ス二備員大徳一ニ。
咸通三年寓ス二崇聖寺一。応シテ二学徒ノ之請一ニ、談ス二倶舎論并ニ喪服

④23オ

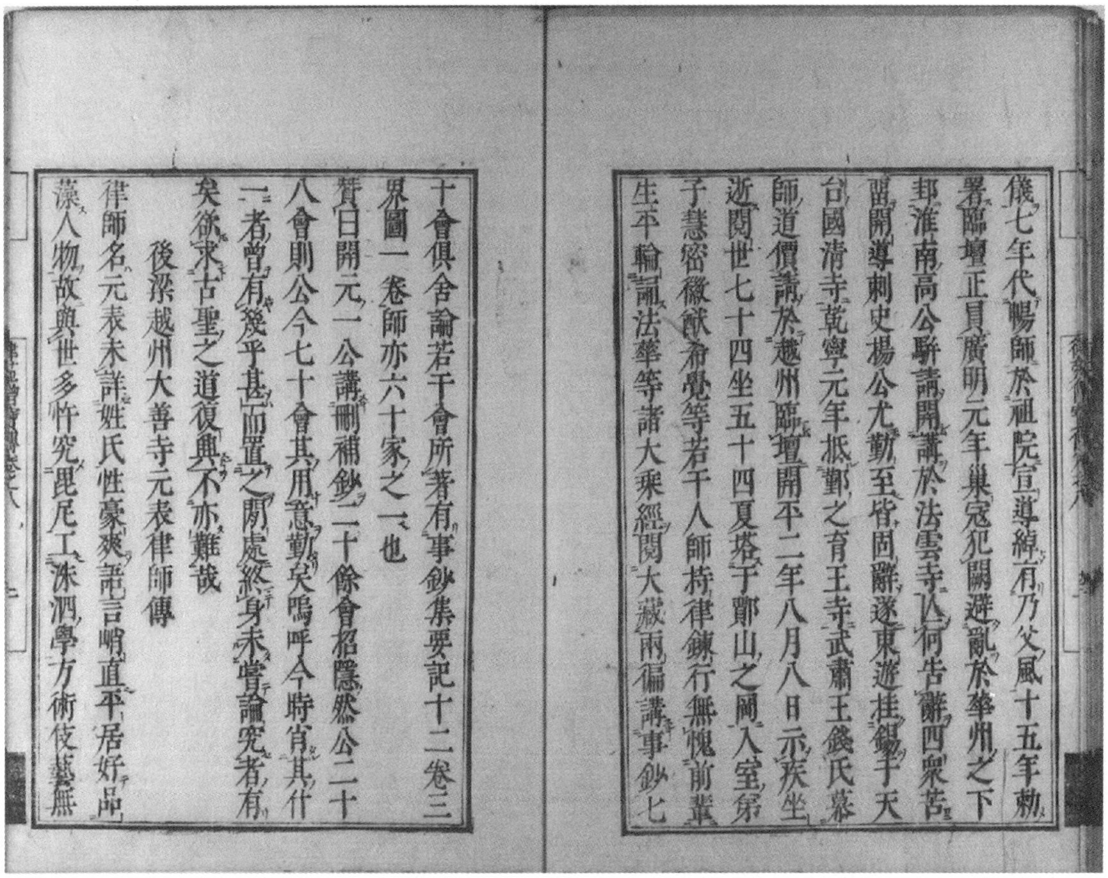

④24オ　④23ウ

儀一ヲ。七年代二テ暢師一ニ於二祖院一ニ宣導。綽トシテ有二リ乃父ノ風一。十五年勅シテ
署二ス臨壇正員一ニ。広明元年巣寇犯レ闕。避二ク乱ヲ於華州ノ之下
邽一ニ。淮南ノ高公駢請シテ開二シム講ヲ於法雲寺一ニ。亡レシテ何告レ辞ヲ。四衆苦ロニ
留テ開導、刺史揚公尤モ勤至也。皆ナ固辞シテ遂ニ東遊、挂二ク錫ヲ于天
台ノ國清寺一ニ。乾寧元年抵二ル鄞ノ之育王寺一ニ。武肅王銭氏慕二
師ノ道価一、請シテ於二テ越州一臨レマシム壇ニ。開平二年八月八日示レシテ疾坐
逝ス。閲世七十四、坐五十四夏。塔二ス于窗山ノ之岡一ニ。入室ノ弟
子慧密・徽猷・希覚等若干人。師持律錬行、無レ愧二前輩一ニ。
生平輪二誦ス法華等諸大乗経一ヲ。閲二大蔵一両偏、講二スルコト事鈔一七

④23ウ

十会、倶舎論若干会。所レ著有二リ事鈔集要記十二巻・三
界図一巻一。師亦六十家ノ之一也也。
賛曰、開元ノ一公講二スルコト刪補鈔一ヲ二十余会、招隠ノ然公二十
八会、則公今七十会。其ノ用レルコト意ヲ勤タリ矣。嗚呼今時肖二タル其ノ什
一一ニ者ノ、曾テ有レルヤ幾乎。甚シテハ而置二テ之ヲ間処一ニ、終レマテ身未二タ嘗テ論究一セル者ノ有リ
矣。欲レトモ求二ント古聖ノ之道復興一スルコトヲ、不二亦タ難一哉。
後梁越州大善寺元表律師伝
律師名ハ元表、未レ詳二ンセ姓氏一。性豪爽ニシテ語言峭直也。平居好テ品二
藻ス人物一ヲ。故ニ与レ世多忤。究二メ毘尼一、工二也洙泗ノ学一。方術伎芸無

④24オ

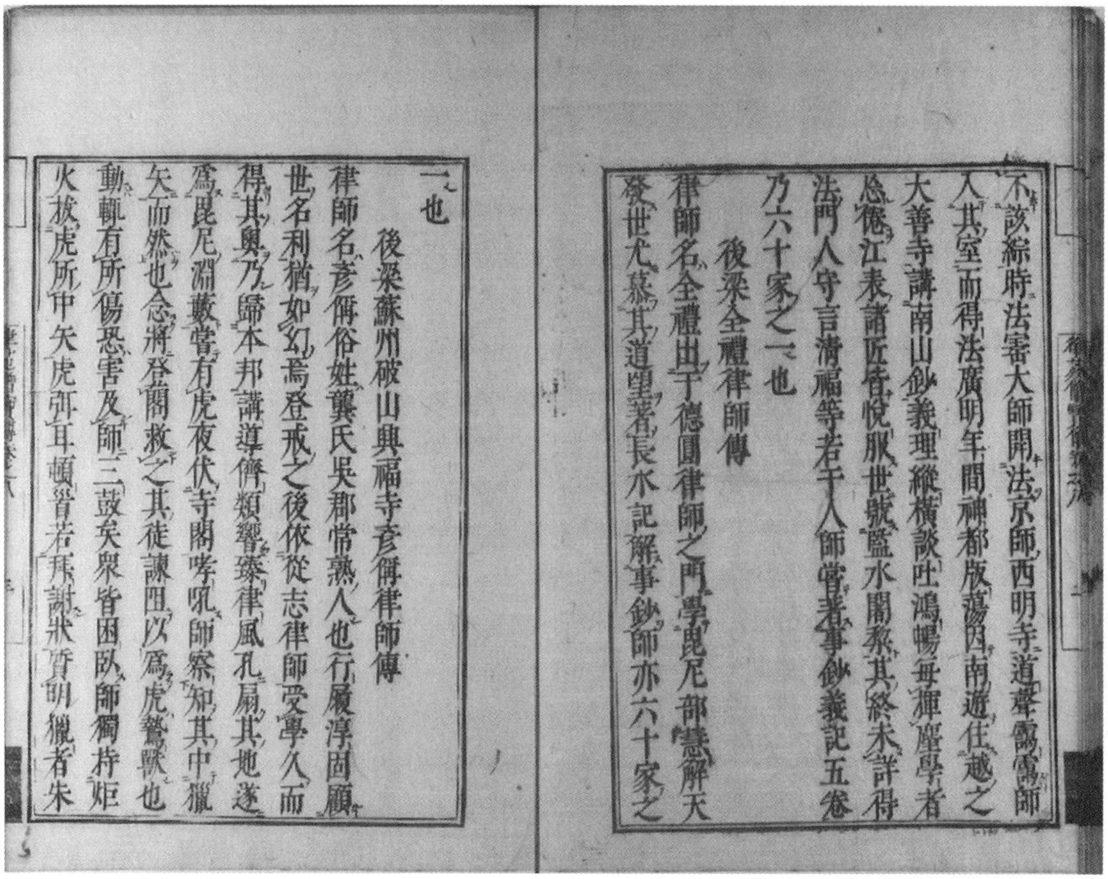

④25オ　④24ウ

レ不二トエコト該綜一。時ニ法宝大師開二キ法ヲ京師ノ西明寺一ニ、道声靄靄タリ。師
入二テ其ノ室一而得法。広明年間、神都版蕩。因テ南遊シテ住二ス越ノ之
大善寺一。講二南山鈔一。義理縦横、談吐鴻暢。毎レ揮レ塵学者
忘レル倦コトヲ。江表ノ諸匠皆ナ悦服ス。世ニ号二ス監水闍梨一ト。其ノ終未レタ詳。得
法ノ門人守言・清福等若干人。師嘗テ著二ス事鈔義記五巻一。
乃六十家ノ之一也也。

後梁全礼律師伝

律師名ハ全礼、出二ツ于徳円律師ノ之門一ニ。学二テ毘尼部一、慧解天
発ス。世尤モ慕二フ其ノ道望一ヲ。著二シテ長水記一解二ス事鈔一ヲ。師亦六十家ノ之

⌞④24ウ

一也也。

後梁蘇州破山興福寺彦偁律師伝

律師名ハ彦偁、俗姓ハ龔氏。呉郡常熟ノ人也也。行履淳固、顧二ルコト
世ノ名利一猶ヲ如レ幻ノ焉。登戒ノ之後、依二従志律師一受レ学。久シテ而
得二タリ其ノ奥一ヲ。乃シ帰二本邦一講導。儕類響ノ如ニ臻リ、律風孔ニ扇ク。其ノ地遂ニ
為二ヌ毘尼ノ淵藪一ト。嘗テ有レ虎、夜伏二シテ寺閣一哮吼ス。師察下知シテ其ノ中二テ猟
矢一ニ而然上ルコトヲ也、念ラク将ニ登レ閣救レント之。其ノ徒諫阻シテ以為ラク、虎ハ鷙獣也也。
動スレハ輒有レ所レ傷。恐ハ害及レント師ニ。三鼓矣衆皆困臥ス。師独持二炬
火一抜二ク虎所レノ中矢一。虎弭レ耳頓首、若二拝謝スル状一。質レ明猟者朱

⌞④25オ

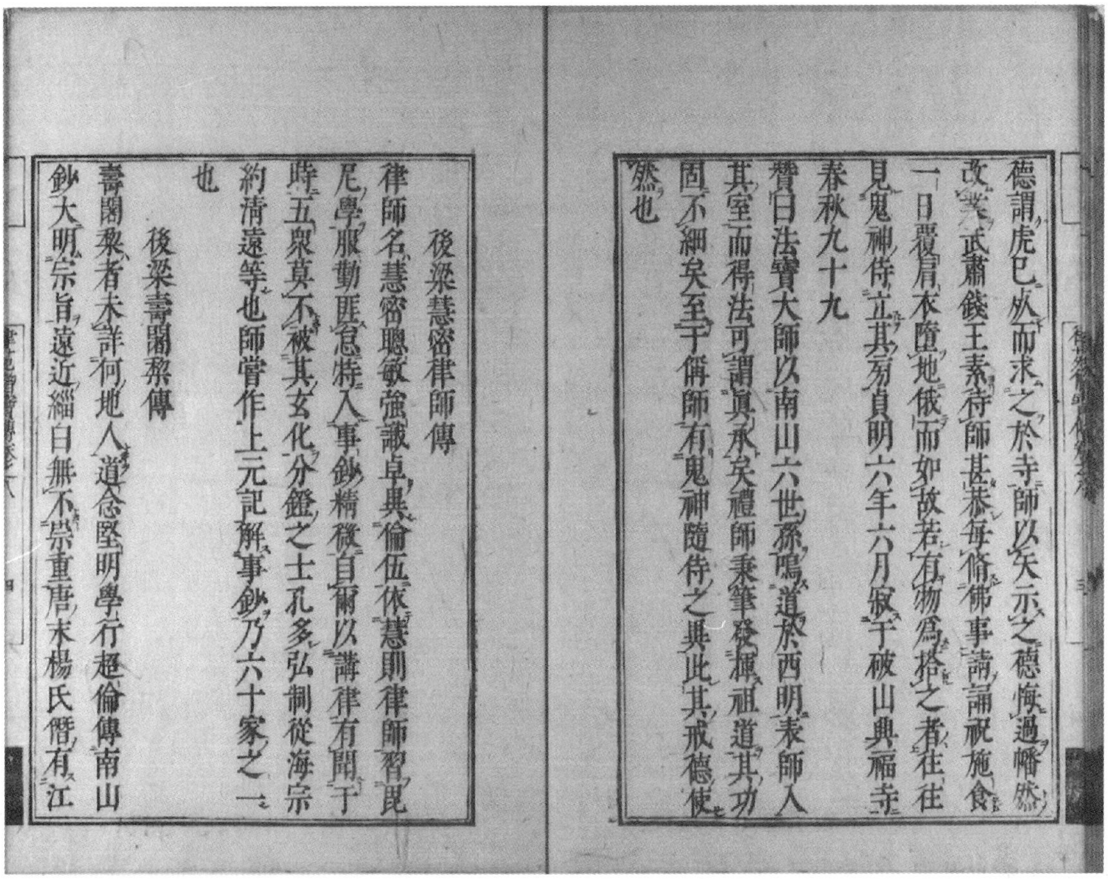

④26オ　④25ウ

徳謂ク、虎已ニ死ント。而求ニムレ之ヲ於寺一ニ。師以レ矢示レスレ之ニ。徳悔レヒ過ヲ幡然トシテ改レム業ヲ。武肅銭王素ヨリ待レ師甚タ恭シ、毎レ脩ニスル仏事一請シテ誦祝施食セシム。一日覆肩衣堕レツ地ニ。俄ニシテ而如レ故。若下シ有レテ物為メニ搭レシムル之者上ノ、往往見三ル鬼神ノ侍ニ立スルヲ其ノ旁一。貞明六年六月寂ニス于破山興福寺一ニ。春秋九十九。

賛曰、法宝大師以ニ南山六世ノ孫一ヲ、鳴ニス道ヲ於西明一ニ。表師入ニ其ノ室一而得法。可レ謂ニ真承一ト矣。礼師秉レ筆発ニ揮ス祖道一ヲ。其ノ功固ニ不レ細矣。至ニテ于偁師一有ニリ鬼神随侍ノ之異一。此レ其ノ戒徳ノ使ルレ也然ラ也。

└
④25ウ

後梁慧密律師伝

律師名ハ慧密。聡敏強識、卓タ異ニ也倫伍一ニ。依ニテ慧則律師一習ニフ毘尼ノ学一ヲ。服勤非レス怠ニ、特ニ入ニル事鈔ノ精微一ニ。自レ尓以ニ講律一有レ聞ニルコト于時一ニ。五衆莫レ不レト云コト被ニ其ノ玄化一ヲ。分鐙ノ之士孔多シ。弘制・従海・宗約・清遠等也也。師嘗作ニ上元記一解ニス事鈔一ヲ。乃六十家ノ之一也也。

後梁寿闍梨伝

寿闍梨ハ者、未レ詳ニ何ノ地人一トコトヲ。道念堅明、学行超倫。伝ニ南山鈔一、大ニ明ニム宗旨一ヲ。遠近ノ緇白無レ不ニト云コト崇重一。唐ノ末、楊氏僭シテ有ニス江

└
④26オ

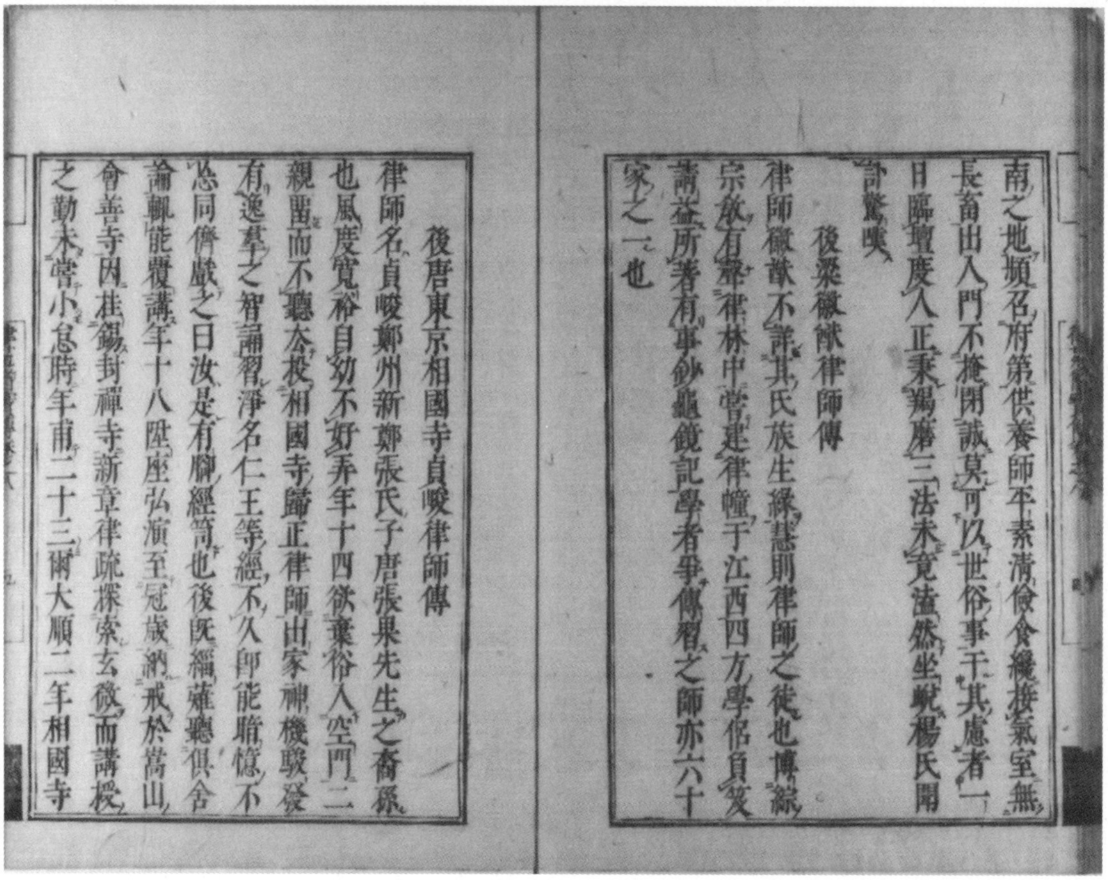

④27オ　　④26ウ

南ノ之地一ヲ。頻ニ召シテ二府第ニ一供養。師平素清倹、食纔ニ接レ気。室ニ無ク二
長畜一、出入ノ門不二掩ヒ閉一。誠ニ莫シ乙可下以テ二世俗ノ事一干ル中其ノ慮上者甲。一
日臨レ壇度レ人。正ニ秉シ二羯磨一、三法未ルニレ竟、溘然トシテ坐蛻ス。楊氏聞
レ訃驚嘆ス。

後梁徽猷律師伝

律師徽猷、不レ詳ニセ二其ノ氏族生縁一ヲ。慧則律師ノ之徒也也。博ニ綜シテ
宗教一ヲ、有レ声二律林中一ニ。嘗テ建二律幢ヲ于江西一、四方ノ学侶負レ笈
請益ス。所レ著有リ二事鈔亀鏡記一。学者争テ伝習ス之。師亦六十
家ノ之一也也。

後唐東京相國寺貞峻律師伝

律師名ハ貞峻、鄭州新鄭張氏ノ子、唐張果先生カ之裔孫也
也。風度寛裕、自レ幼不レ好レ弄。年十四欲三棄レ俗入ニシト二空門一ニ。二
親留ルモ而不レ聴。去テ投シテ二相國寺ノ帰正律師ニ一出家。神機駿発、
有リ二逸群ノ之智一。誦二習シ浄名・仁王等ノ経一ヲ、不シテレ久即能暗憶シテ不
レ忘。同儕戯テ之曰、汝ハ是レ有脚ノ経笥也ト也。後既ニ緇薙聴二倶舎
論一、輙能覆講ス。年十八陞座弘演。至テ二冠歳ニ一納ルニ戒ヲ於嵩山ノ
会善寺一。因ニ桂二錫ス封禅寺ニ一。新章律疏探二索シ玄微一ヲ、而講授ノ
之勤未タ二嘗テ小クモ怠一。時ニ年甫テ二十三ノミ爾。大順二年相國寺

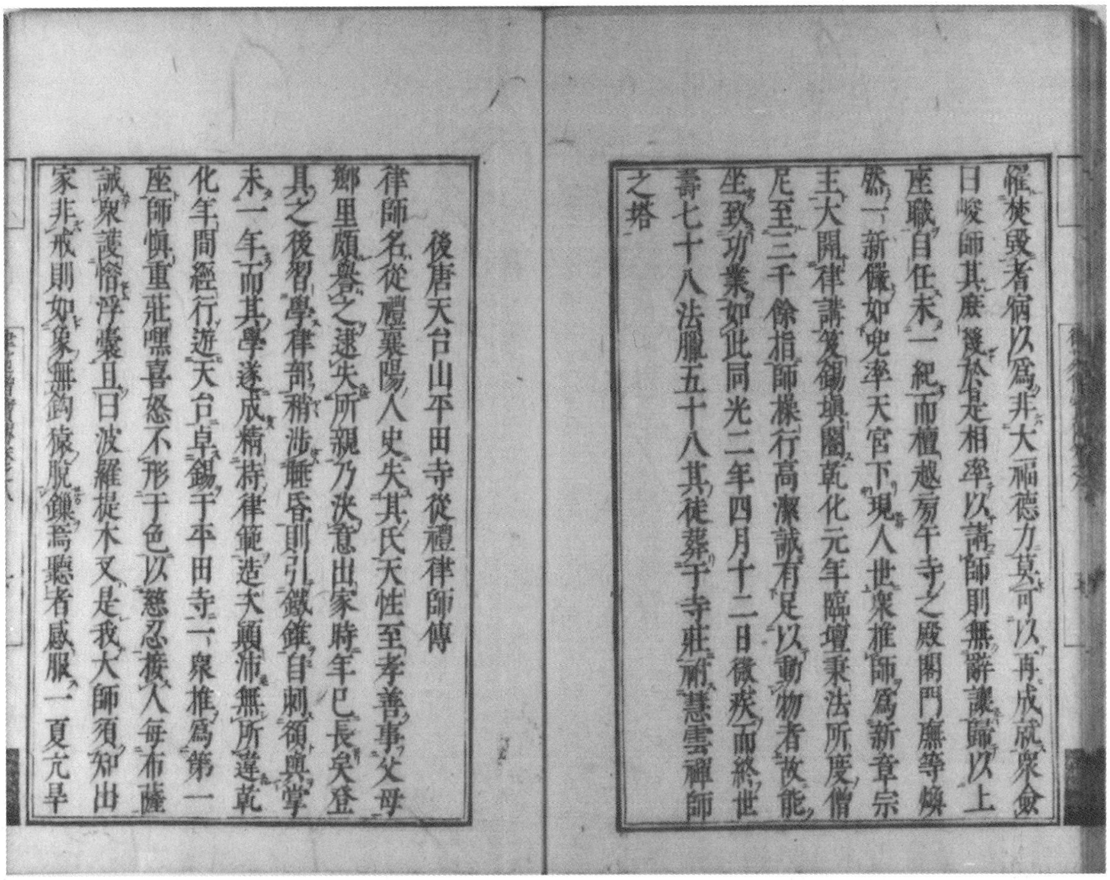

④28オ　④27ウ

罹ル二焚毀一ニ。耆宿以為ク、非ンハ二大福徳力一ニ莫シトレ可ニ二以テ再ヒ成就一ス。衆僉
曰、峻師其レ庶幾ント。於レ是相率テ以テ請フニレ師、則無ク二辞譲スルコト一、帰テ以二上
座職一ヲ自任ス。未タ二一紀一ナラ、而檀越房午寺ノ之殿閣門廡等、煥
然トシテ一新。儼トシテ如下兜率天宮下リ中現セルカ人世上ニ。衆推レ師ヲ為ニ二新章宗
主一ト。大開キ二律講一ヲ笈錫填闐ス。乾化元年臨壇秉法。所度ノ僧
尼至ル二三千余指一ニ。師操行高潔、誠ニ有下足ニ二以テ動一レ物者上。故ニ能ク
坐カラ致スコト二功業一ヲ如レ此。同光二年四月十二日微疾シテ而終フ。世
寿七十八、法臘五十八。其ノ徒葬リ二于寺荘一ニ、祔ス二慧雲禅師
之塔一。

④27ウ

後唐天台山平田寺従礼律師伝

律師名ハ従礼、襄陽ノ人。史ニ失ス二其ノ氏一。天性至孝、善ク事フ二父母一。
郷里頗ル誉ムレ之ヲ。逮レ失スルニ二所親一、乃決シテレ意出家。時ニ年已ニ長セリ矣。登
具ノ之後、習ス二学律部一ヲ。稍ヤ渉ル時ハ二睡昏一ニ、則引テ二鉄錘一ヲ自刺ス二額ト与一ヲレ掌。
未タ二一年一ナラ而其ノ学遂ニ成ンヌ。精ニ持シテ二律範一ヲ、造次顛沛ニモ無シレ所レ違スル。乾
化年間、経行シテ遊ヒ二天台一ニ、卓ス二錫ヲ于平田寺一ニ。一衆推シテ為ニ二第一
座一ト。師慎重荘嘿、喜怒不レ形ニ二于色一ニ。以ニ二慈忍一接スレ人。毎ニ二布薩一
誡メテレ衆、護ニ二惜セシム浮嚢一ヲ。且ッ曰、波羅提木叉ハ是レ我カ大師、須クレ知出
家非ンハレ戒、則如ニシト二象ノ無レ鉤猿ノ脱セルカレ鎖ヲ焉。聴者感服ス。一夏亢旱、

④28オ

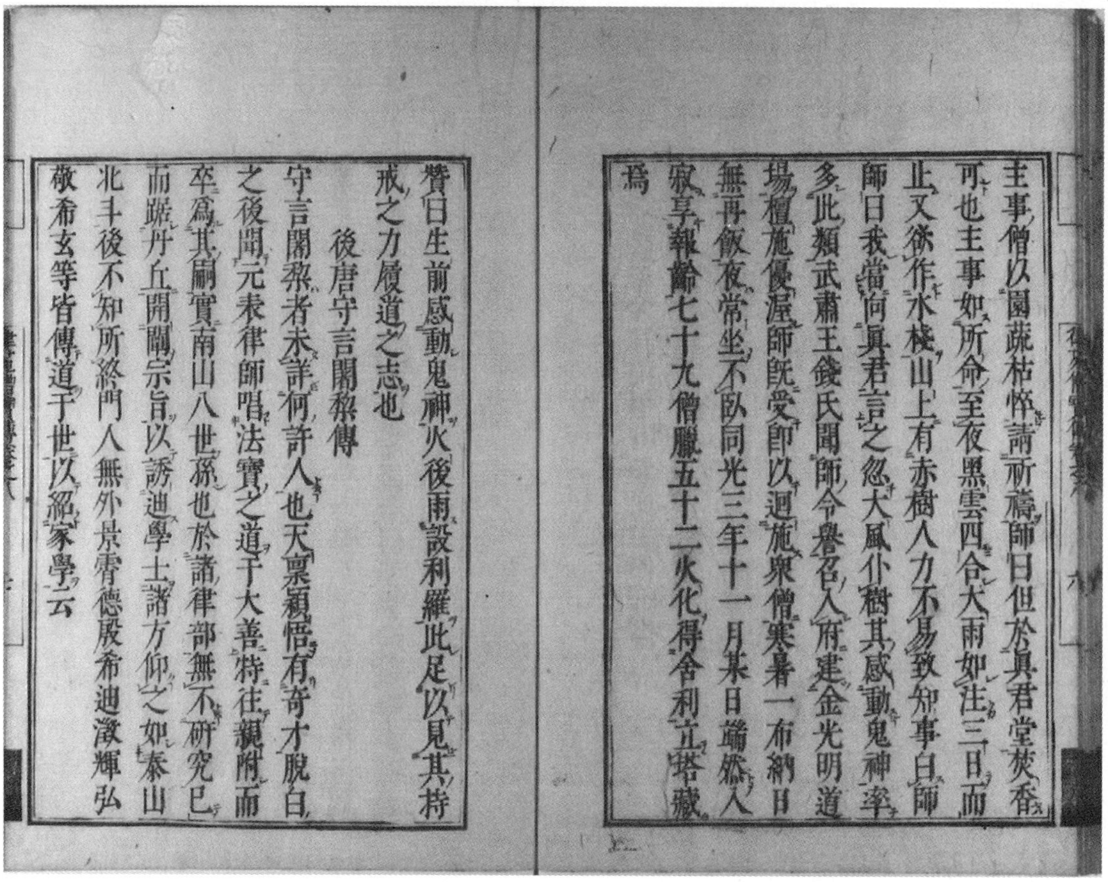

④29オ　　④28ウ

主事ノ僧以二園蔬枯悴一セルヲ請二祈禱一ヲ。師曰、但於二真君堂一焚香セハ可也ト也。主事如二所命一ノ。至レ夜黒雲四モニ合シ、大雨如レ注クカ。三日ニシテ而止ム。又欲レ作ント二水棧一ヲ。山上ニ有二赤樹一。人力不レ易レ致。知事白レス師。師曰、我レ当下ニシト向二真君一言上之。忽チ大風仆レ樹。其ノ感二動スルコト鬼神一、率ネ多シ二此ノ類一。武肅王銭氏聞二師ノ令誉一。召シテ入レ府ニ、建ツ二金光明道場一ヲ。檀施優渥シ。師既ニ受テ、即以テ迴二施ス衆僧一ニ。寒暑一布納。日無二再飯一、夜ハ常坐シテ不レ臥。同光三年十一月某日、端然トシテ入寂ス。享ルコト二報齢一七十九、僧臈五十二。火化シテ得二舎利一。立レテ塔蔵ム焉。

⌞④28ウ

賛曰、生前感二動シ鬼神一ヲ、火後雨ス二設利羅一ヲ。此レ足三レリ以テ見ルニ二其ノ持戒ノ之力、履道ノ之志一ヲ也。

後唐守言闍梨伝

守言闍梨者、未タレ詳ニセ二何許人一トイフ也。天稟穎悟ニシテ有リ二奇才一。脱白ノ之後、聞下テ元表律師唱フト中法宝ノ之道ヲ于大善上ニ、特ニ往テ親附シ、而卒ニ為ル二其ノ嗣一。実ニ南山八世ノ孫也。於二諸律部一無レ不トイフ二研究一。已ニシテ而踞シ二丹丘一ニ、開二闡シテ宗旨一ヲ以テ誘二迪ス学士一ヲ。諸方仰クコトレ之如シ二泰山北斗一。後不レ知レ所レ終。門人無外・景霄・徳殷・希迪・澄輝・弘敬・希玄等、皆伝テ二道ヲ于世一ニ、以テ紹クト二家学一ヲ云。

⌞④29オ

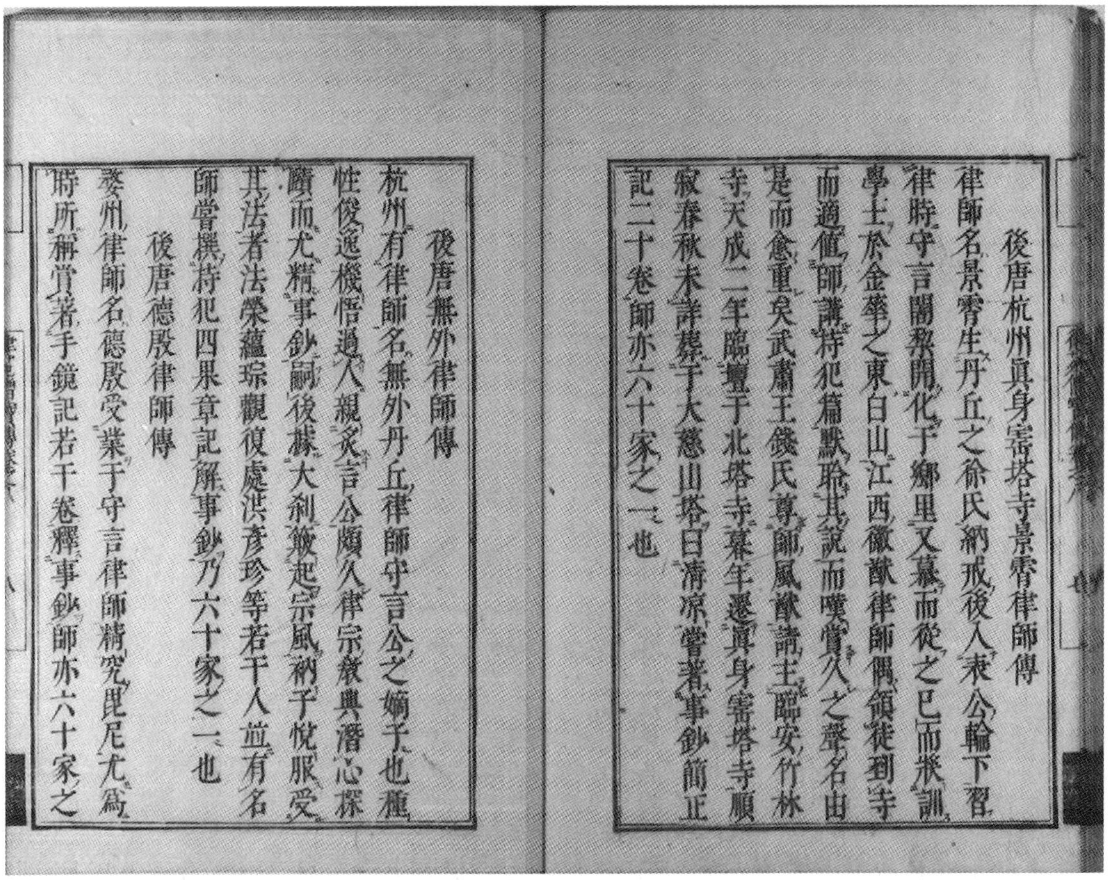

④30オ　④29ウ

後唐杭州真身宝塔寺景霄律師伝

律師名ハ景霄、生ス二丹丘ノ之除氏一。納戒ノ後、入テ二表公ノ輪下一習フ
レ律。時ニ守言闍梨開ク二化ヲ于郷里一。又慕テ而従フ之。已而奨二訓ス
学士ヲ於金華ノ之東白山一ニ。江西ノ徽猷律師偶ミ領レ徒到レ寺
而適ミ値フ三師ノ講ルニ二持犯篇一。黙シテ聆キ二其ノ説一而嘆賞スルコト久シ之。声名由
レ是而愈ミ重シ矣。武粛王銭氏尊シテ二師風猷一、請シテ主ラシム二臨安ノ竹林
寺一ヲ。天成二年臨二壇于北塔寺一ニ。暮年遷テ二真身宝塔寺一順
寂。春秋未レ詳。葬ル二于大慈山一。塔ヲ曰二清涼一ト。嘗著ス二事鈔簡正
記二十巻一。師亦六十家ノ之一也也。

後唐無外律師伝

杭州ニ有二律師一。名ハ無外、丹丘ノ律師守言公ノ之嫡子也也。種
性俊逸、機悟過タリレ人ニ。親ニ二炙スルコト言公一頗久シ。律宗ノ教典潜レ心探
レ賾。而モ尤モ精シ二事鈔一ニ。嗣後拠ル二大刹一ニ。簉二起シテ宗風一ヲ衲子悦服ス。受ル二
其ソノ法ヲ一者、法栄・蘊琮・観復・処洪・彦珍等若干人。並ニ有レ名。
師嘗撰シテ二持犯四果章記一解ス二事鈔一ヲ。乃六十家ノ之一也也。

後唐徳殷律師伝

婺州ノ律師、名ハ徳殷。受ニ業ヲ于守言律師一。精ニ究シテ毘尼一、尤モ為ニ
レ時所ル二称賞一。著シテ二手鏡記若干巻一釈ス二事鈔一ヲ。師亦六十家ノ之

⌐④30オ　⌐④29ウ

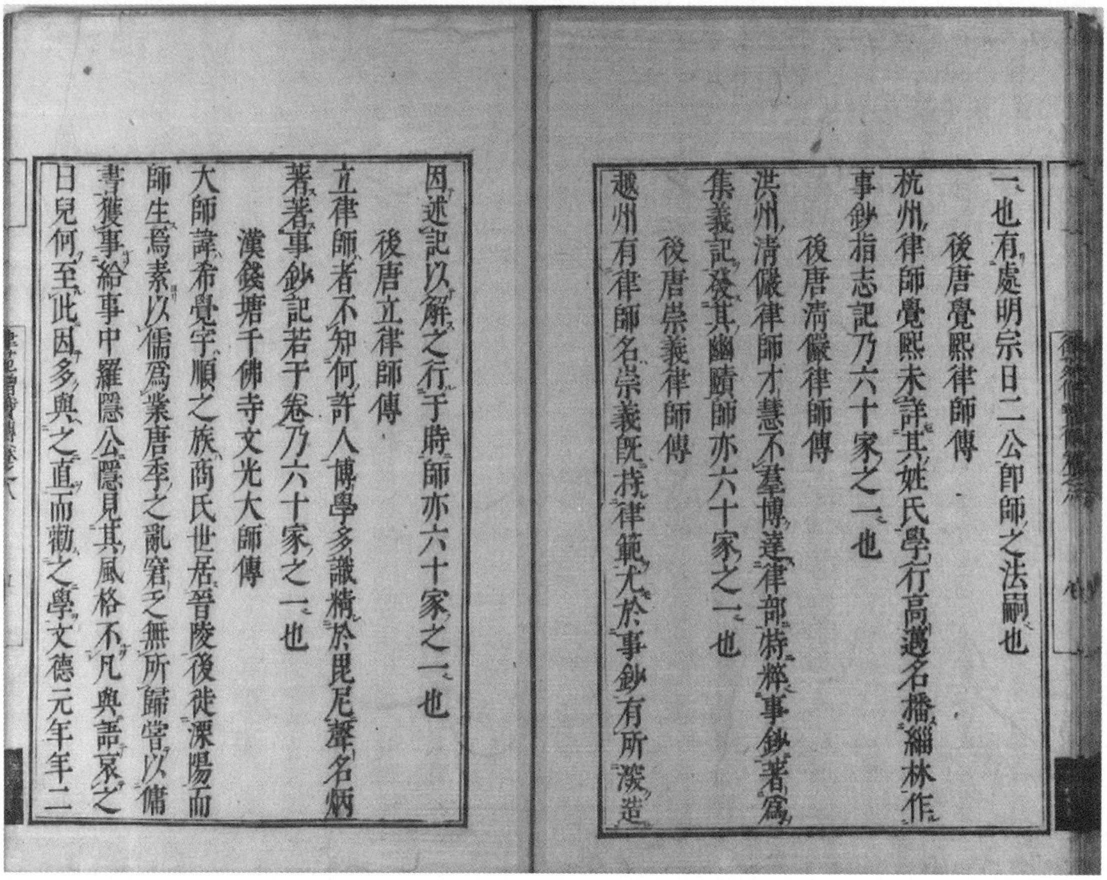
一也有處明宗日二公即師之法嗣也
後唐覺熙律師傳
杭州律師覺熙未詳其姓氏學行高邁名播緇林作
事鈔指志記乃六十家之一也
後唐清儼律師傳
洪州清儼律師才慧不羣博達律部特粹事鈔著爲
集義記發其幽賾師亦六十家之一也
後唐崇義律師傳
越州有律師名崇義旣持律範尤於事鈔有所深造

因述記以解之行于時師亦六十家之一也
後唐立律師傳
立律師者不知何許人博學多識精於毘尼聲名炳
著著事鈔記若干卷乃六十家之一也
漢錢塘千佛寺文光大師傳
大師諱希覺字順之族商氏世居晉陵後徙溧陽而
師生焉素以儒爲業唐季之亂窘乏無所歸嘗以傭
書獲事給事中羅隱公隱見其風格不凡與語哀之
曰兒何至此因多與之直而勸之學文德元年年二

④31オ　④30ウ

一也也。有二リ処明・宗日二公一。即師ノ之法嗣也也。
後唐覚熙律師伝
杭州ノ律師覚熙、未レ詳ニセ二其ノ姓氏一。学行高邁、名播二ス緇林一。作ル二
事鈔指志記一。乃六十家ノ之一也也。
後唐清儼律師伝
洪州ノ清儼律師、才慧不レ群、博ク達二ス律部一ニ。特ニ粋二也事鈔一ニ。著二為シテ
集義記一ヲ、発二ス其ノ幽賾一ヲ。師亦六十家ノ之一也也。
後唐崇義律師伝
越州有二律師一。名ハ崇義。既ニ持二シ律範一ヲ、尤モ於二事鈔一有レ所二深ク造一ル。

⌐④30ウ

因テ述レ記以解ス之。行ル二于時一ニ。師亦六十家ノ之一也也。
後唐立律師伝
立律師ハ者、不レ知二何ノ許人一。博学多識、精シ二於毘尼一ニ。声名炳
著ス。著ス二事鈔記若干巻一。乃六十家ノ之一也也。
漢銭塘千仏寺文光大師伝
大師諱ハ希覚、字ハ順之、族ハ商氏。世居ス二晋陵一。後従二溧陽一而
師生ス焉。素ヨリ以レ儒為レ業。唐季ノ之乱、窘乏無レ所レ帰。嘗テ以二傭
書一獲レ事ルコトヲ二給事中羅隠公一ニ。隠見二其ノ風格不ルヲレ凡。与ニ語テ哀レ之
曰、児何ク至ル二此一ニ。因テ多ク与ヘ二之ニ直一ヲ而勧ム二之ニ学一ヲ。文徳元年、年二

⌐④31オ

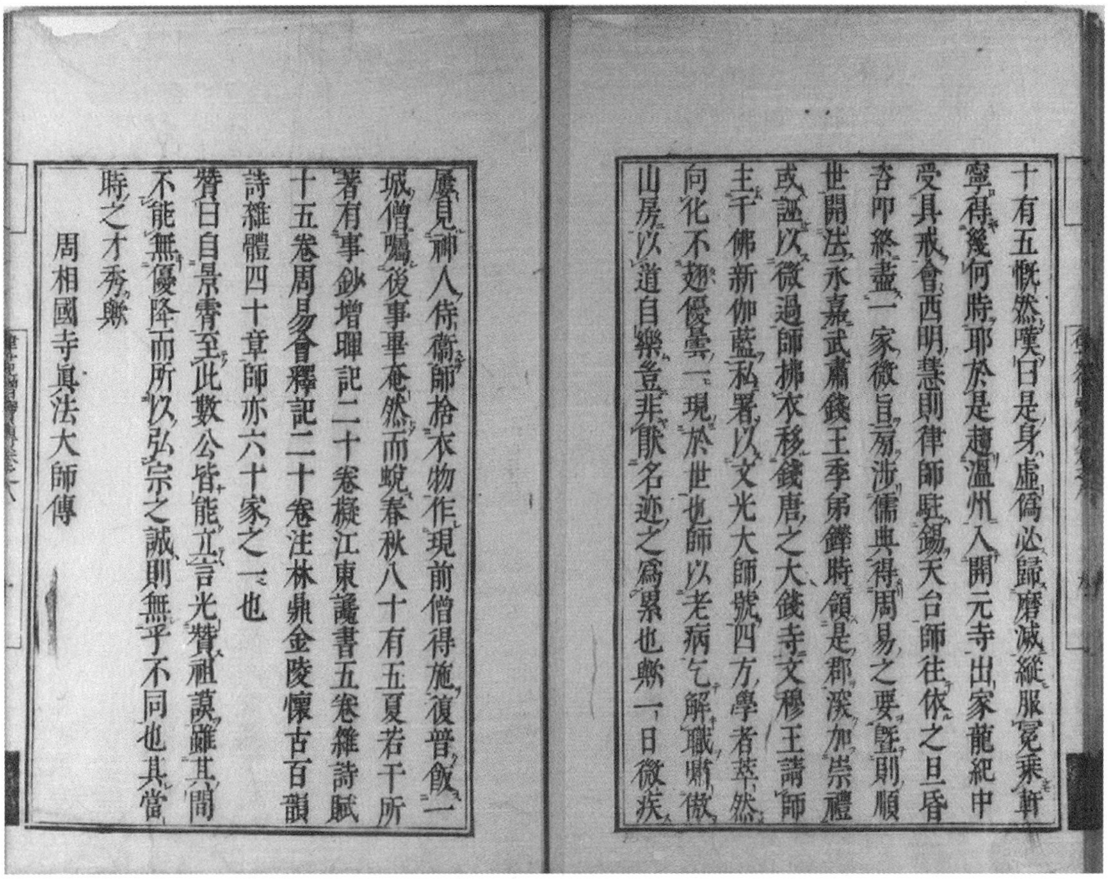

④32オ　④31ウ

十有五、慨然トシテ嘆シテ曰、是ノ身ハ虚偽、必ス帰二ス磨滅一ニ。縦ヒ服レ冕乗レルモ軒、
寧ロ得二ンヤ幾何時一ヲ耶。於レ是趨二リ温州一ニ、入二テ開元寺一出家。龍紀中
受二具戒一ヲ。会ゝ西明ノ慧則律師駐二ム錫ヲ天台一。師往テ依ル之。旦昏
咨叩、終ニ尽二ス一家ノ微旨一ヲ。旁ラ渉二リ儒典一、得二タリ周易ノ之要一ヲ。曁二テ則ノ順
世一、開二法ス永嘉一ニ。武粛銭王季弟鏵、時ニ領二ス是ノ郡一ヲ。深ク加二フ崇礼一。
或ハ誣ルニ以二ス微過一。師払レ衣移二ル銭唐ノ之大銭寺一ニ。文穆王請レ師、
主二シム千仏新伽藍一ヲ。私ニ署シテ以二ス文光大師ノ号一ヲ。四方ノ学者萃然トシテ
向レ化。不三翅タ優曇ノ一ヒ現二ノミ於世一也。師以二老病一乞テ解レキ職ヲ、嘯二傲シテ
山房一ニ、以レ道自楽ム。豈ニ非レヤ猒二名迹ノ之為一レ累也歟。一日微疾ス。

屢ミ見二ル神人ノ侍衛一スルヲ。師捨二衣物一、作二シ現前僧得施一ヲ、復普ク飯二ス一
城ノ僧一ニ。嘱二シ後事一畢、奄然トシテ而蛻ス。春秋八十有五、夏若干。所
レ著有二事鈔増暉記二十巻・擬江東讒書五巻・雑詩賦
十五巻・周易会釈記二十巻・注林鼎金陵懐古百韻
詩・雑体四十章一。師亦六十家ノ之一也也。
賛曰、自二景霄一至レテノ此数公、皆ナ能ク立レテ、言光二賛ス祖謨一ヲ。雖二其ノ間
不レ能レ無二キコト優降一、而所二以ノ弘レ宗之誠一ハ、則無二シ乎不同一也。其レ当
時ノ之才秀カ歟。

周相國寺真法大師伝

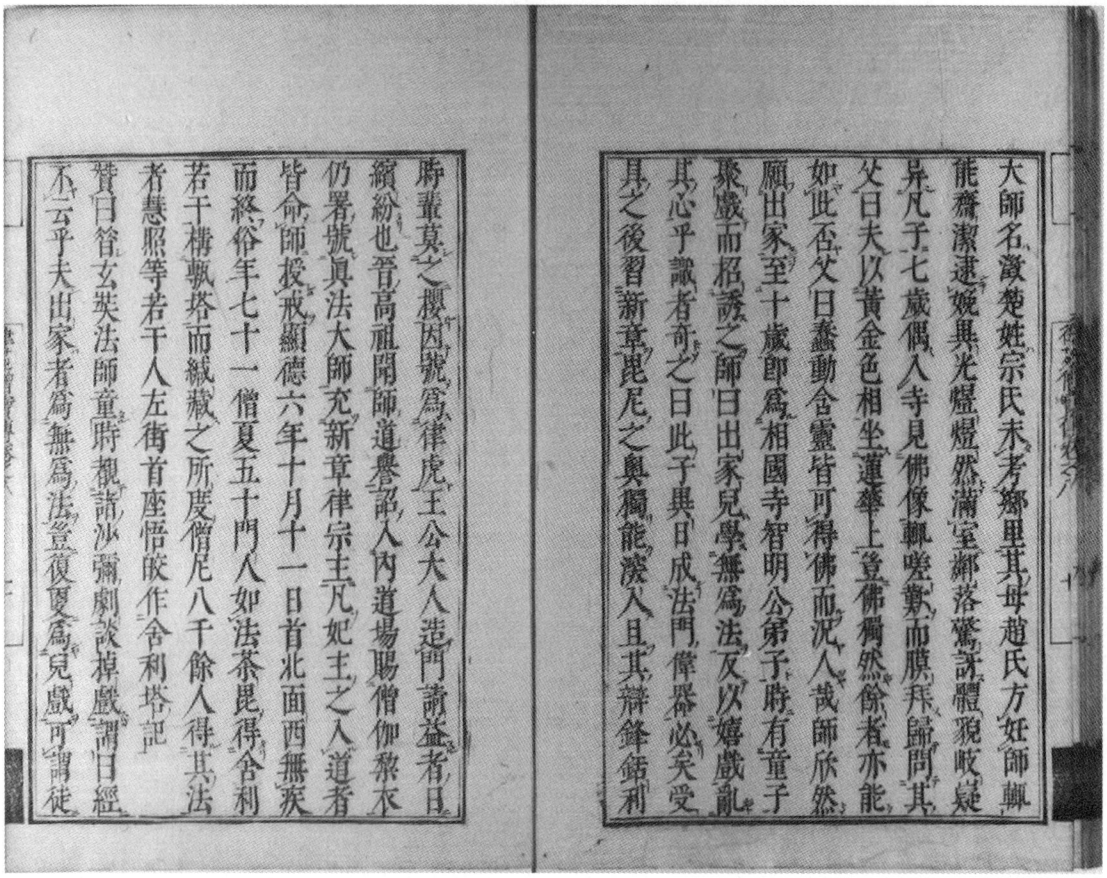

④33オ　④32ウ

大師名ハ瀓楚、姓ハ宗氏。未レタ考二郷里一。其ノ母趙氏。方レ妊レ師輙
能斎潔。逮レンテ娩異光煜煜然トシテ満レ室ニ。隣落驚訝ス。体貌岐嶷、
异二也凡子一ニ。七歳偶ミ入レ寺見二仏像一、輙嗟歎シテ而膜拜ス。帰テ問二其ノ
父一曰、夫レ以二黄金色相一坐二スル蓮華上一、豈ニ仏独然ルヤ。余者モ亦能ク
如レ也ヤ此否ヤ。父曰、蠢動含霊、皆可レ得レ仏。而ルヲ況ヤ人ヲヤ哉。師欣然トシテ
願二フ出家一センコトヲ。至二十歳一、即為二ル相國寺智明公ノ弟子一ト。時ニ有二童子一。
聚リ戯テ而招二誘ス之一ヲ。師曰、出家児ハ学二ス無為ノ法一ヲ。反テ以二嬉戯一乱二シヤト
其ノ心一乎。識者奇也トシテ之曰、此ノ子異日成二ンコト法門ノ偉器一必セリ矣。受
具ノ之後、習二新章一ヲ。毘尼ノ之奥、独リ能ク深入ス。且ッ其ノ弁鋒銛利、

⌊④32ウ

時輩莫二シ之ニ攖一ルコト。因テ号シテ為二ス律虎一ト。王公大人造レテ門請益スル者ノ日ニ
繽紛タリ也。晋ノ高祖聞二師ノ道誉一、詔シテ入二内道場一、賜二僧伽梨衣一。
仍署シテ号二シ真法大師一、充二ツ新章律宗主一ニ。凡ッ妃主ノ之入レル道者、
皆命シテレ師ニ授レシム戒ヲ。顕徳六年十月十一日首北面西無レ疾
而終フ。俗年七十一、僧夏五十。門人如レ法荼毘シテ得二タリ舎利
若干一。構二甎塔一而緘蔵ス之。所度ノ僧尼八千余人、得二ル其ノ法一
者慧照等若干人。左街首座悟皎作二舎利塔ノ記一。
賛曰、昔シ玄奘法師童タル時、睹二テ諸ノ沙弥ノ劇談掉戯一スルヲ謂曰、経ニ
不レヤ二云乎。夫レ出家ハ者為二無為ノ法一ヲ。豈ニ復更ニ為二ンヤ児戯一ヲ。可レ謂徒ニ

⌊④33オ

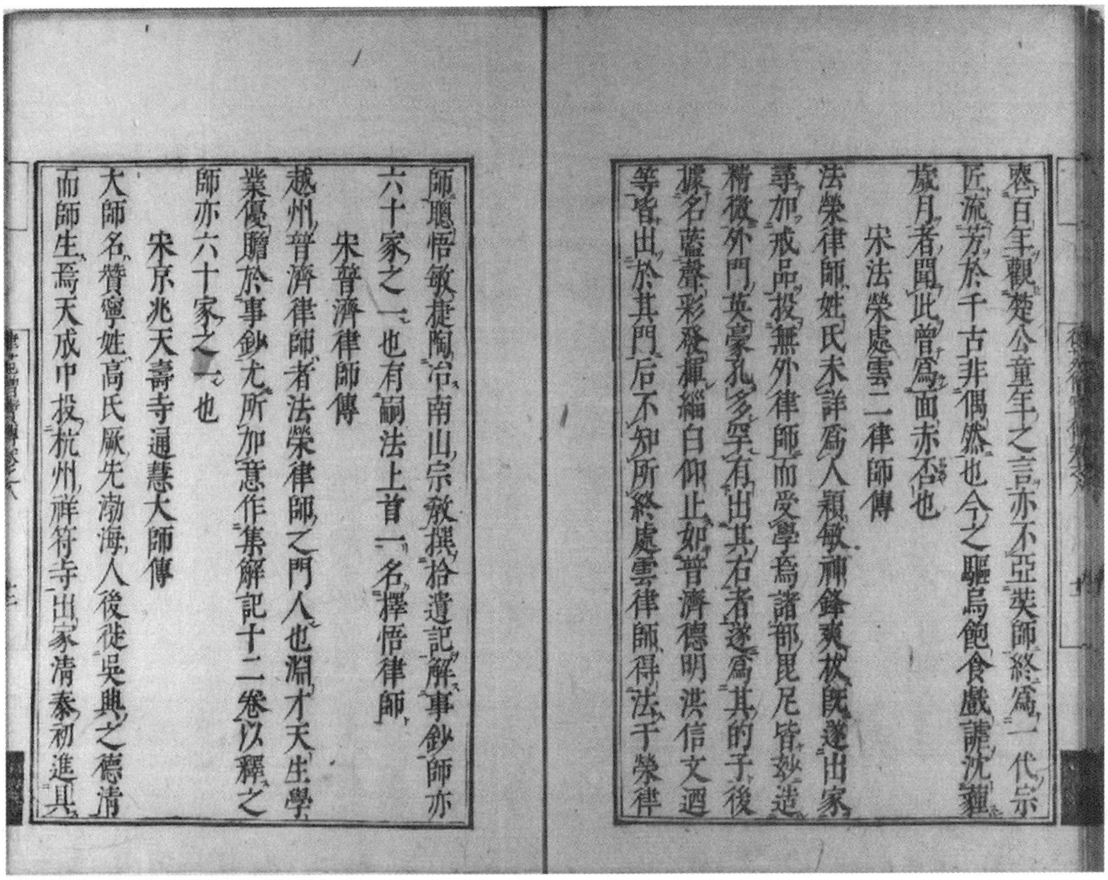
喪百年觀楚公童年之言亦不亞奘師終爲一代宗
匠流芳於千古非偶然也今之驅烏飽食戲謔沈薶
歳月者聞此曾爲面赤否也
宋法榮處雲二律師傳
法榮律師姓氏未詳爲人穎敏神鋒爽拔既遂出家
尋加戒品投無外律師而受學焉諸部毘尼皆妙造
精微外門英豪孔多罕有出其右者遂爲其的子後
據名藍聲彩發揮緇白仰止如普濟德明洪信文迺
等皆出於其門后不知所終處雲律師得法于榮律

師聰悟敏捷陶冶南山宗教撰拾遺記解事鈔師亦
六十家之一也有嗣法上首一名擇悟律師
宋普濟律師傳
越州普濟律師者法榮律師之門人也淵才天生學
業優贍於事鈔尤所加意作集解記十二卷以釋之
師亦六十家之一也
宋京兆天壽寺通慧大師傳
大師名贊寧姓高氏厥先渤海人後徙吳興之德清
而師生焉天成中投杭州祥符寺出家清泰初進具

④34オ　④33ウ

喪ニト百年一ヲ。観ルニ楚公童年ノ之言一ヲ、亦不レ亜ニ奘師一ニ、終ニ為テ一代ノ宗
匠ト一流スコト二芳ヲ於千古一、非ニ偶然一ニ也。今ノ之駆烏、飽食戯謔シテ沈ニ薶スル
歳月ヲ一者ノ、聞レテ此ヲ曾テ為ニサン面赤一 否アラスヤ也。

宋法栄・処雲二律師伝

法栄律師ハ、姓氏未レ詳。為レ人穎敏、神鋒爽抜ス。既ニ遂ニ出家一ヲ、
尋テ加フ二戒品一ヲ。投シテ二無外律師一ニ而受レ学焉。諸部ノ毘尼皆ナ妙ニ造ル二
精微一ニ。外門ノ英豪孔タ多シ。罕レ也有コト下出ニ其ノ右一ニ者上。遂ニ為ニ其ノ的子一ト。後
據テ二名藍一ニ声彩発揮シ、緇白仰止ス。如キ二普済・徳明・洪信・文迺
等一、皆ナ出ツ二於其門一ニ。后不レ知レ所レ終。処雲律師ハ得ニ法ス于栄律

└ ④33ウ

師一ニ。聡悟敏捷、陶ニ冶ス南山ノ宗教一ヲ。撰シテ二拾遺記一ヲ解ス二事鈔一ヲ。師亦
六十家ノ之一也也。有ニ嗣法上首一一リ。名ク二擇悟律師一ト。

宋普済律師伝

越州ノ普済律師ハ者、法栄律師ノ之門人也也。淵才天生、学
業優贍、於ニ事鈔一尤モ所レ加レ意。作ニ集解記十二巻一以釈ス之。
師亦六十家ノ之一也也。

宋京兆天寿寺通慧大師伝

大師名ハ賛寧、姓ハ高氏。厥ノ先渤海人。後徙ニ呉興ノ之徳清一
而師生ス焉。天成中投シテ二杭州ノ祥符寺一出家、清泰ノ初進ニ具ス

└ ④34オ

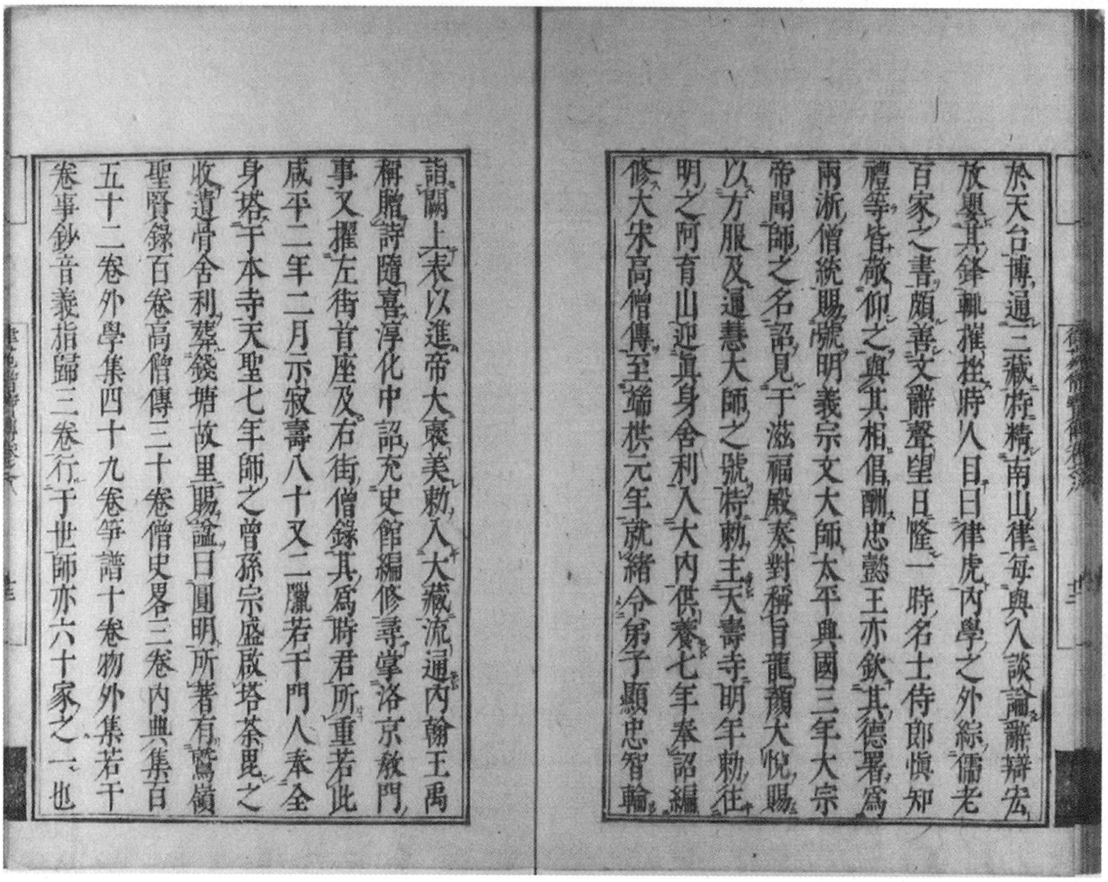

④35オ　④34ウ

於天台一。博ク通二シ三蔵一ニ、特ニ精二シ南山ノ律一ニ。毎二与レ人談論一スル辞弁宏
放、嬰二レハ其ノ鋒一輒摧挫ス。時人目テ曰二律虎一ト。内学ノ之外綜二フ儒老
百家ノ之書一ヲ。頗ル善二シ文辞一、声望日ニ隆也。一時ノ名士侍郎慎知
礼等ラ、皆ナ敬二仰シ之一ヲ与レ其相ヒ倡酬ス。忠懿王亦欽二テ其ノ徳一、署シテ為二
両浙ノ僧統一、賜フ二号ヲ明義宗文大師一ト。太平興國三年、大宗
帝聞二師ノ之名一、詔シテ見ル二于滋福殿一ニ。奏対称レ旨。龍顔大悦フ。賜フ二
以二ス方服及ヒ通慧大師ノ之号一ヲ。特ニ勅シテ主二タラシム天寿寺一ニ。明年勅シテ往キ二
明ノ之阿育山一迎二真身舎利一、入二大内一供養セシム。七年奉レ詔編二
修ス大宋高僧伝一ヲ。至二端拱元年一就レ緒。令メ二弟子顕忠・智輪ヲシテ

└ ④34ウ

詣レセ闕。上レテ表以進ム。帝大ニ褒美シ、勅シテ入二大蔵一ニ流通セシム。内翰王禹
称贈レテ詩随喜ス。淳化中、詔シテ充二史館編修一。尋テ掌二洛京教門ノ
事一。又擢二左街首座及ヒ右街ノ僧録一。其ノ為二時君一所レル、コト重若レ此。
咸平二年二月示寂。寿八十又二、臘若干。門人奉二全
身一塔二ス于本寺一。天聖七年師ノ之曾孫宗盛啓レ塔荼毘シ之、
収二テ遺骨舎利一ヲ葬二ル銭塘故里一ニ。賜レテ諡ヲ曰二圓明一ト。所レ著有リ二鷲嶺
聖賢録百巻・高僧伝三十巻・僧史略三巻・内典集百
五十二巻・外学集四十九巻・筍譜十巻・物外集若干
巻・事鈔音義指帰三巻一、行二ル于世一。師亦六十家ノ之一也也。

└ ④35オ

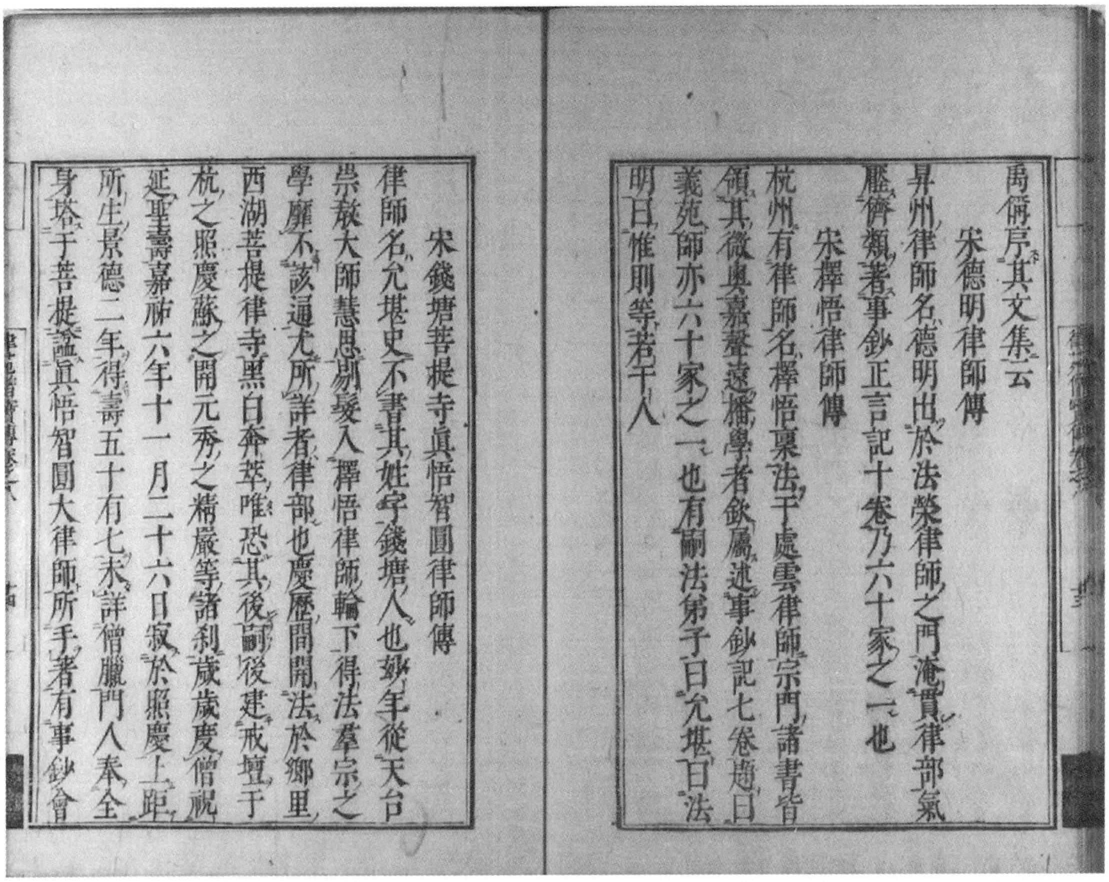

④36オ　④35ウ

禹称序二スト文集一云。

宋徳明律師伝

昇州ノ律師、名ハ徳明。出二ツ於法栄律師ノ之門一。淹二貫シ律部一、気

圧二ス儕類一ヲ。著二ス事鈔正言記十巻一。乃六十家ノ之一也也。

宋択悟律師伝

杭州ニ有二律師一。名ハ択悟。稟二法ヲ于処雲律師一ニ。宗門ノ諸書皆

領二ス其ノ微奥一。嘉声遠ク播シテ学者欽属ス。述二シ事鈔記七巻一、題シテ曰二

義苑一ト。師亦六十家ノ之一也也。有二嗣法弟子一。曰二允堪一ト、曰二法

明一、曰二フ惟則等一ト若干人。

⌞

④35ウ

宋銭塘菩提寺真悟智円律師伝

律師名ハ允堪、史ニ不レ書二其ノ姓字一。銭塘ノ人也也。妙年従二天台

崇教大師慧思一ニ剔髪、入二択悟律師ノ輪下一得法、群宗ノ之

学靡レ不二ト云コト該通一。尤モ所レノ詳者ノハ律部也也。慶歴ノ間、開二法ス於郷里ノ

西湖菩提律寺一ニ、黒白奔萃シテ唯タ、恐二ル其ノ後一レンコトヲ。嗣ノ後ソ建二テ戒壇ヲ于

杭ノ之照慶・蘇ノ之開元・秀ノ之精厳等ノ諸刹一ニ、歳歳度レシテ僧祝二

延ス聖寿一。嘉祐六年十一月二十六日寂二ス於照慶一。上ミ距二テ

所生ノ景徳二年一ヲ、得二タリ寿五十有七一ヲ。未レタ詳二僧臘一。門人奉二シテ全

身一塔二ス于菩提一ニ。諡二ス真悟智円大律師一ト。所二手ラ著一有二事鈔会

⌞

④36オ

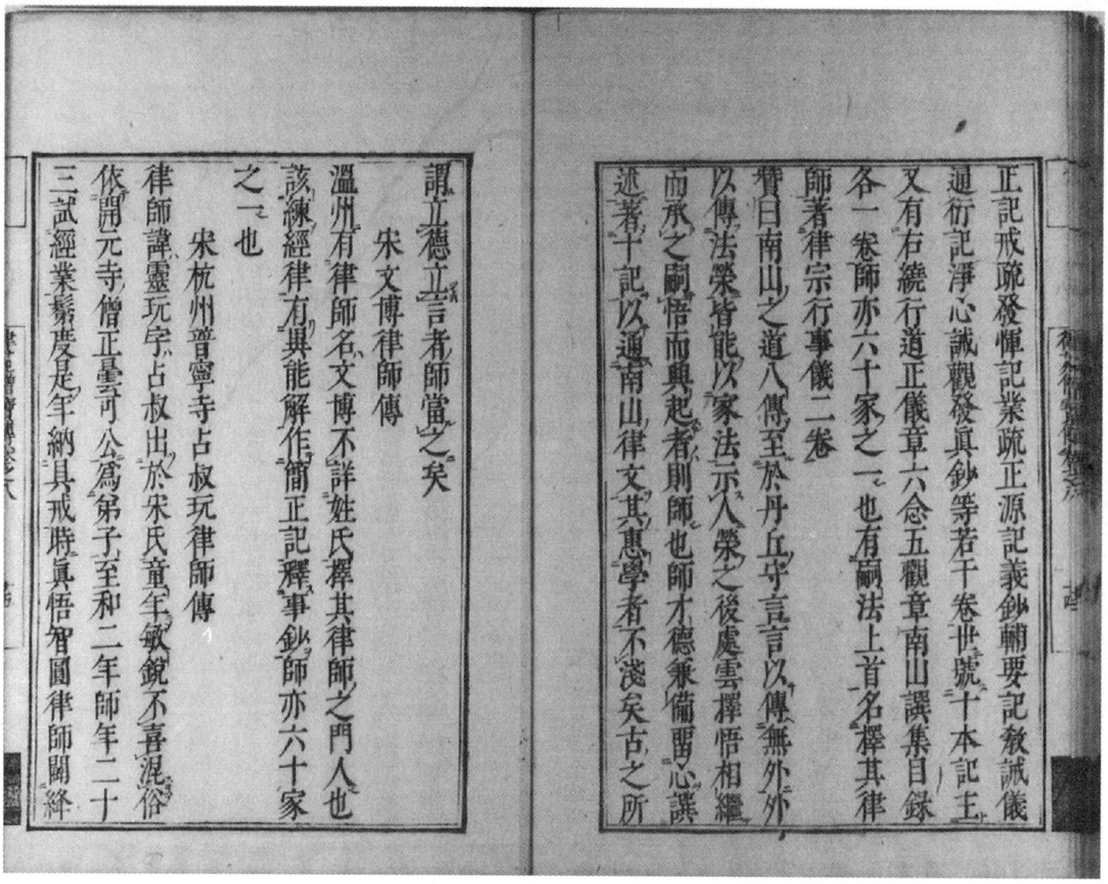

④36ウ　④37オ

正記・戒疏発憚記・業疏正源記・義鈔輔要記・教誡儀
通衍記・浄心誡観発真鈔等若干巻一。世ニ号ス二十本記主一ト。
又有ニ右繞行道正儀章・六念五観章・南山譔集目録、
各一巻一。師亦六十家ノ之一也也。有ニ嗣法上首一。名ニ択其律
師一。著ニ律宗行事儀二巻一。
賛曰、南山ノ之道、八伝シテ至ル二於丹丘ノ守言一ニ。言以テ伝ヘ二無外一ニ、外
以伝フ二法栄一ニ。皆能ク以ニ家法一示レス人ニ。栄ノ之後、処雲・択悟相継テ
而承レク之。嗣テ悟而興起スル者ノハ則師也也。師才徳兼備。留ニ心ヲ譔
述一ニ。著シテ二十記ヲ一以テ通ス二南山ノ律文一ヲ。其ノ恵コト二学者一ニ不レ浅矣。古ノ之所

謂ル立レ徳立レツト云言者ノ、師当レル之ニ矣。

宋文博律師伝

温州ニ有ニ律師一。名ハ文博。不レ詳ニ姓氏一。択其律師ノ之門人也也。
該ニ練シテ経律一有リ二異能解一。作テ二簡正記一釈ス二事鈔一ヲ。師亦六十家
之一也也。

宋杭州普寧寺占叔玩律師伝

律師諱ハ霊玩、字ハ占叔。出ツ二於宋氏一。童年ニシテ敏鋭、不レ喜レ混スルコトヲレ俗。
依テ二開元寺ノ僧正曇可公ニ一為ル二弟子一ト。至和二年師年二十
三、試ニ経業一鬀度。是ノ年納ニ具戒一。時ニ真悟智円律師鬮ニ絳

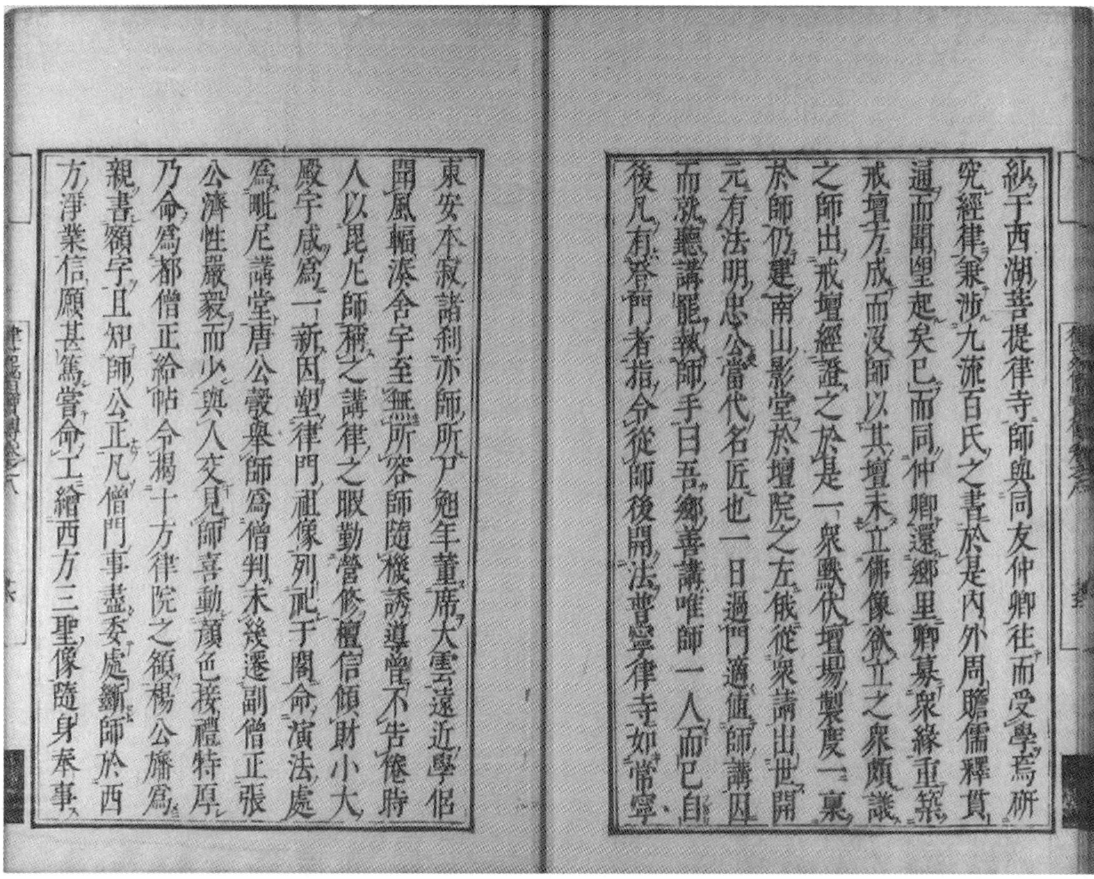

④38オ　　④37ウ

紗ヲ于西湖ノ菩提律寺ニ一。師与二同友仲卿一往テ而受レ学ヲ焉。研二
究シ経律ヲ一、兼テ渉ル二九流百氏ノ之書ニ一。於レ是内外周贍、儒釈貫
通シテ而聞望起ル矣。已ニシテ而同ク二仲卿ト一還ル二郷里ニ一。卿募テ二衆縁ヲ一重テ築ク二
戒壇ヲ一。方ニ成テ而没ス。師以下其ノ壇未タ上立ニ二仏像一欲スレ立レ之。衆頗ル議ス
之。師出シテ二戒壇経ヲ一證ス之。於レ是一衆黙伏シ、壇場ノ製度一ニ稟ク二
於師ニ一。仍テ建ツ二南山ノ影堂ヲ於壇院ノ之左ニ一。俄ニ従二衆請一出二世ス開
元ニ一。有二法明ノ忠公ト云人一。当代ノ名匠也也。一日過レ門。適ミ値テ二師ノ講ニ一、因ニ
而就テ聴ク。講罷テ執テ二師ノ手ヲ一曰、吾カ郷ノ善講ハ唯師一人而已ノミト。自ソレヨリ
後凡ソ有レハ二登レ門者一、指シテ令レ従レ師。後開ク二法ヲ普寧律寺ニ一。如キ二常寧・

⌊④37ウ

東安・本寂ノ諸刹一、亦師ノ所レ尸也。晩年董ス二席ヲ大雲一。遠近ノ学侶
聞レ風輻湊。舎宇至レ無キニレ所レ容、師随レ機誘導。曾テ不レ告レ倦。時
人以二毘尼師一称スレ之。講律ノ之暇勤二営修ヲ一。檀信傾レ財、小大ノ
殿宇咸ク為ニ一新ス。因テ塑シテ二律門ノ祖像一列二祀シ于閣ニ一、命シテ二演法ノ処一
為ス二毘尼講堂ト一。唐公轂挙レ師為二僧判ト一。未レ幾遷二副僧正一。張
公済性厳毅ニシテ而少也二与レ人交ルコト一。見テレ師喜二動シ顔色一、接礼特厚シ。
乃命シテ為二都僧正一。給レ帖令レ掲二十方律院之額ヲ一。楊公旛為メニ
親ク書シ二額字ヲ一、且知テ二師ノ公正ナルヲ一、凡ソ僧門ノ事尽タ委テ処断セシム。師於二西
方ノ浄業一信願甚篤シ。嘗テ命シテレ工ニ絵二西方三聖ノ像一、随身奉事ス。

⌊④38オ

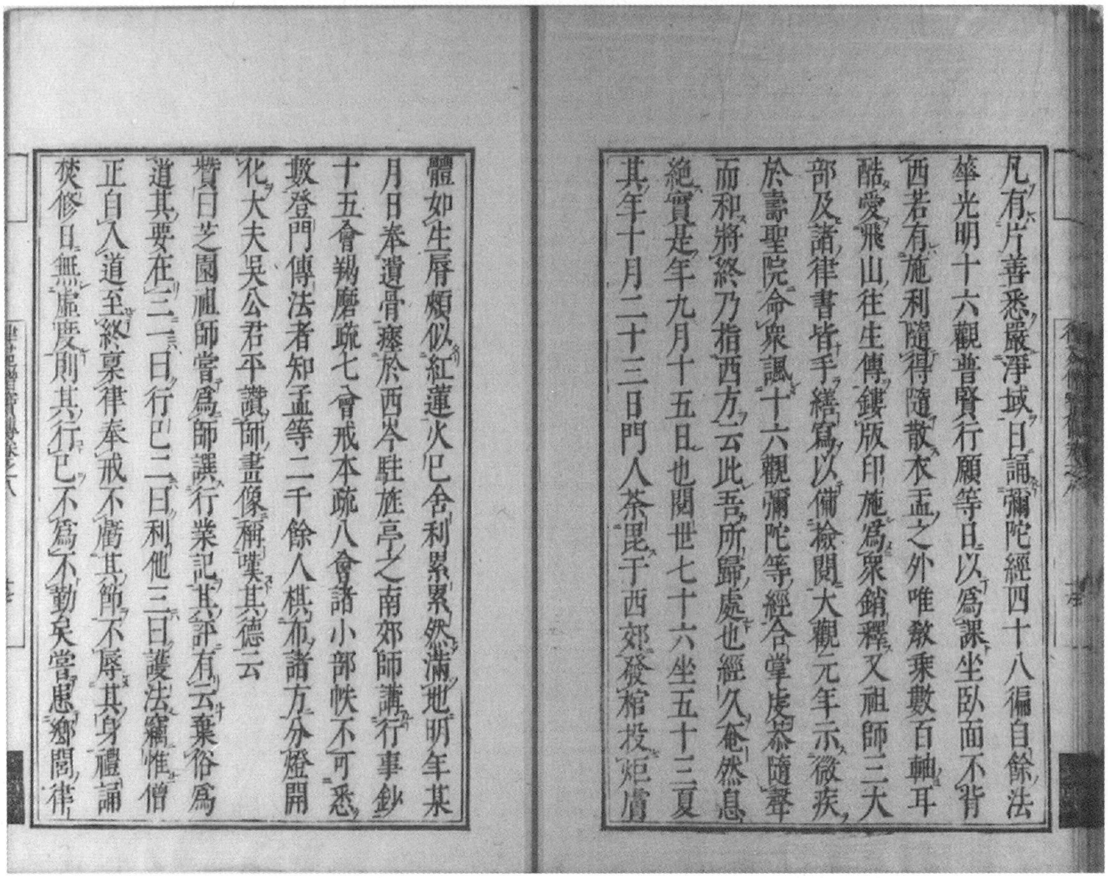

④39オ　④38ウ

凡ソ有二レハ片善一、悉ク厳ル二浄域一ヲ。日ニ誦スルコト二弥陀経一四十八偏。自余ノ法華・光明・十六観音・賢行願等、日ニ以テ為レ課ト。坐臥面不レ背レ西。若有二レハ施利一、随テ得随テ散ス。衣盂ノ之外、唯教乗数百軸ノミ耳。酷タ愛シテ二飛山ノ往生伝一ヲ、鏤レ版印施シ、為メニレ衆銷釈ス。又祖師三大部及ヒ諸ノ律書、皆ナ手ラ繕写シテ、以テ備二検閲一ニ。大観元年示ス二微疾ヲ於寿聖院一ニ。命レ衆諷シメ二十六観・弥陀等ノ経一、合掌虔恭、随レ声而和ス。将レ終乃指二西方一ヲ云、此レ吾カ所帰ノ処也ト也。経久シテ奄然息絶ス。実ニ是ノ年九月十五日也。閲世七十六、坐五十三夏。其ノ年十月二十三日、門人荼二毘ス于西郊一ニ。発レ棺投ルニレ炬、膚

」④38ウ

体如レ生、唇頬似タリ二紅蓮一。火已舎利累累然トシテ満ツレ地ニ。明年某月日奉二遺骨一瘞二於西岑駐旌亭ノ之南郊一。師講スルコト二行事鈔一十五会、羯磨疏七会、戒本疏八会、諸小部帙不レ可二悉ク数一。登門伝法者知孟等二千余人。棋二布シテ諸方一ニ分レ灯開レ化ヲ。大夫呉公君平讃シテ二師ノ画像一ニ、称二嘆スト其ノ徳一云。

賛曰、芝園祖師、嘗テ為ニレ師課ス二行業記一ヲ。其ノ評ニ有リレ云ルコト。棄レ俗為レ道。其ノ要在リレ三ニ。一ニハ曰ク行己、二ニハ曰ク利他、三ニハ曰ク護法也。竊ニ惟ルニ僧正自レ入レ道至ルマテレ終、稟レ律奉レ戒不レ虧二其ノ節一ヲ、不レ辱シメ二其ノ身一ヲ。礼誦焚修日ニ無シ二虚度一ルコト。則其ノ行コト「己ヲ不レ為レ不レト勤矣。嘗テ患テ二郷閭ノ律

」④39オ

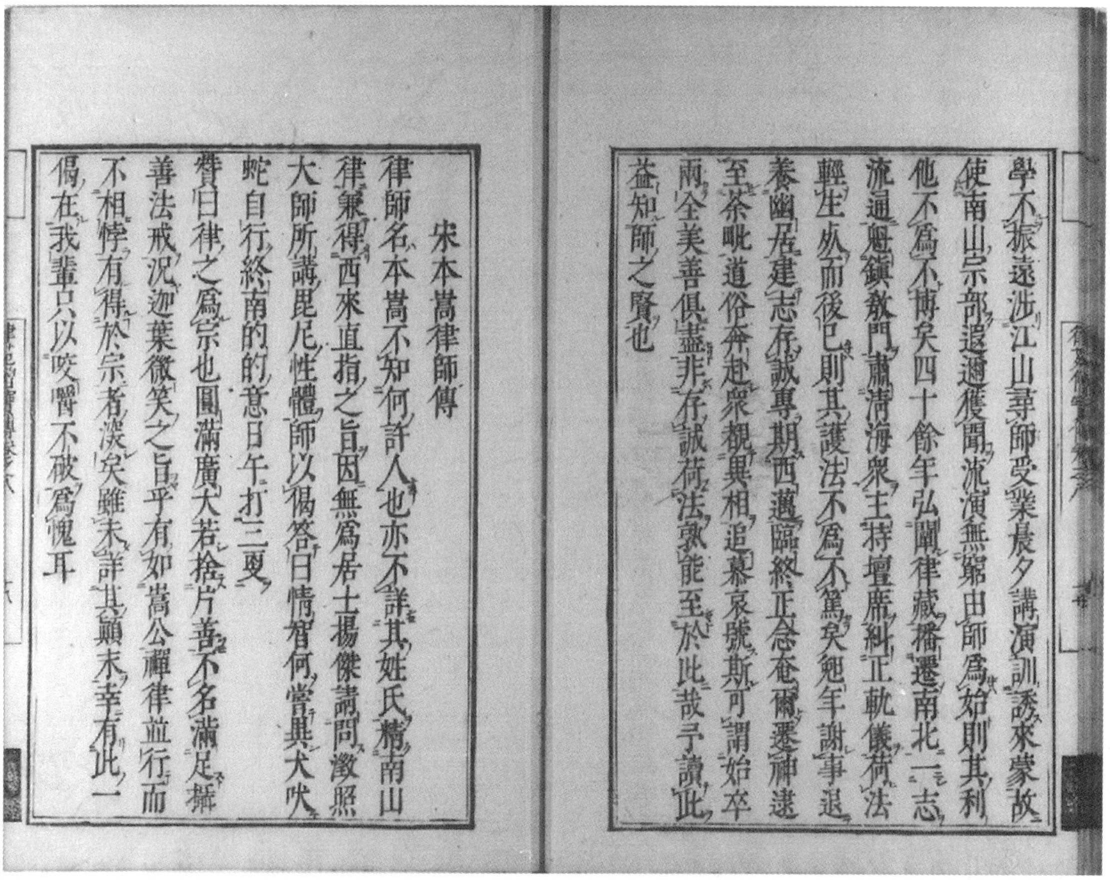

④40オ　④39ウ

学不レ振ルヲ、遠渉リ二江山一、尋レ師受レ業。晨夕講演、訓二誘ス来蒙一。故ニ
使ルハ二南山ノ宗部ヲシテ遐邇獲レ聞コトヲ流演無レ窮、由レ師。為レル時ハ始ト、則其ノ利
他不レ為レ不レト博矣。四十余年弘二闡シ律蔵一ヲ、播二遷シテ南北一ニ、一ニシ二志ヲ
流通一ニ、魁二鎮教門一ヲ、粛二清海衆一ヲ、主二持壇席一ヲ。糾二正軌儀一ヲ、荷レヒ法
軽レシテ生、死ヲ而後已ム時ハ、則其ノ護法不レ為レ不レト篤カラ矣。晩年謝レシ事、退テ
養二幽居一ニ。建レテ志存レシテ誠、専ラ期二ス西邁一ヲ。臨終正念、奄爾トシテ遷レ神。逮レ
至ルニ二荼毘一、道俗奔赴シ、衆睹テ二異相一ヲ追慕哀号ス。斯レ可レ謂二始卒
両カラ全美善倶ニ尽一セリト。非ンハ二存レシテ誠荷フニレ法ヲ、孰能至ンヤト二於此一ニ哉。予読レテ此ヲ
益ミ知二ル師ノ之賢一ヲ也。

└ ④39ウ

宗本嵩律師伝

律師名ハ本嵩、不レ知二何ノ許人一ト云コト也。亦不レ詳ンセ二其ノ姓氏一ヲ。精ク二南山
律一ニ、兼テ得二タリ西来直指ノ之旨一ヲ。因ニ無為居士揚傑請二問ス澂照
大師所講ノ毘尼ノ性体一ヲ。師以レ偈答テ曰、情智何ソ嘗テ異ン。犬吠テ
蛇自行ク。終南的的ノ意、日午ニ打二三更一ヲ。
賛曰、律ノ之為レル宗也円満広大、若シ捨二テ、片善一ヲモ不レ名レ満二足スト摂
善法戒一ヲ。況ヤ迦葉微笑ノ之旨ヲヤ乎。有ノレ如二嵩公一、禅律並行テ而
不二相ヒ悖一ラ。有レン得二ルコト於宗一ニ者ノ深シ矣。雖レ未レタ詳二其ノ顛末一ヲ、幸ニ有二リ此ノ一
偈ノ在一ル。我輩只以二咬嚼不破一ヲ為レ愧耳。

└ ④40オ

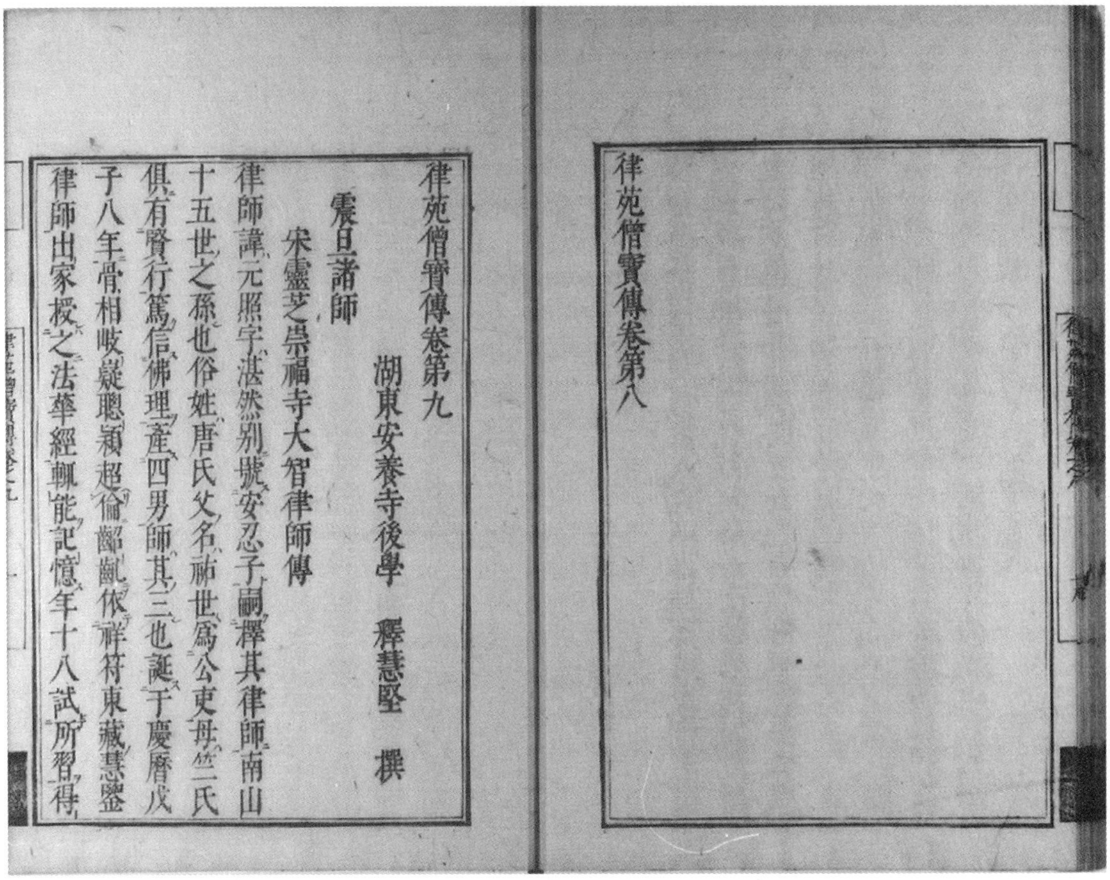

④41オ　　④40ウ

律苑僧宝伝巻第八

∟④40ウ

律苑僧宝伝巻第九

湖東安養寺後学　釈慧堅　撰

震旦諸師

宗霊芝崇福寺大智律師伝

律師諱ハ元照、字ハ湛然、別ニ号ス二安忍子一ト。嗣ク二択其律師一ニ。南山
十五世ノ之孫也。俗姓ハ唐氏、父ノ名ハ祐。世ミ為二公吏一。母ハ竺氏。
倶ニ有二賢行一。篤ク信ス二仏理一ヲ。産ス二四男一。師ハ其ノ三也。誕ス二于慶暦戊
子八年一ニ。骨相岐嶷、聡頴超レヘリ倫ニ。齠齔ニシテ依テ二祥符東蔵ノ慧鑑
律師一出家。授二レハ之ニ法華経一輒能ク記憶ス。年十八試二レテ所習一ヲ得

∟④41オ

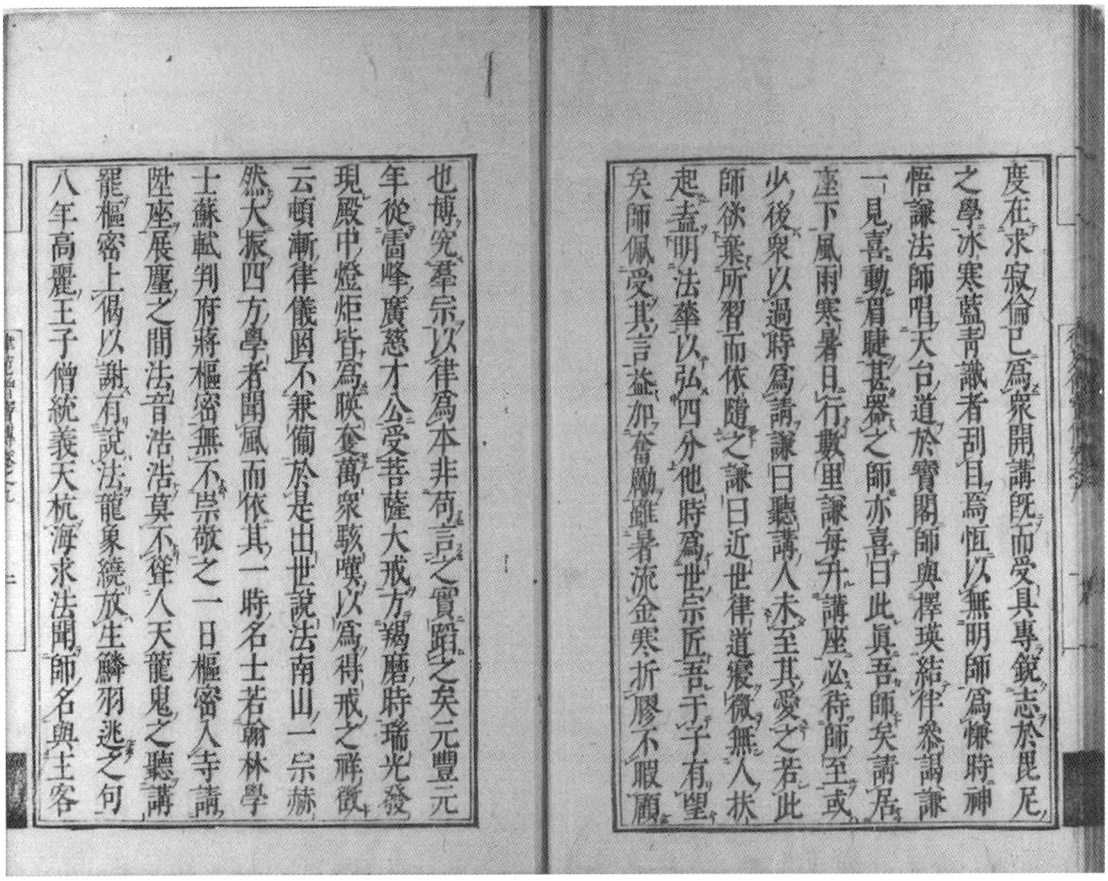

④42オ　　④41ウ

度。在二テ求寂ノ倫一、已ニ為レメニ衆開講。既ニシテ而受具、専ラ鋭二ク志ヲ於毘尼ノ
之学一ニ。氷寒藍青、識者刮レ目ヲ焉。恒ニ以レ無二明師一為レ慊。時ニ神
悟嫌法師唱二フ天台ノ道ヲ於宝閣一ニ。師与二択瑛一結レテ伴参謁。謙
一見シテ喜ヒ、動二シ眉睫一ヲ甚タ器レトス之。師モ亦喜テ曰、此レ真ニ吾カ師也ト矣。請レ居二ンコトヲ
座下一。風雨寒暑、日ニ行クコト数里。謙毎レ升二ル講座一ニ、必ス待二ツ師ノ至一ルヲ。或ハ
少ク後レハ、衆以レ過レ時為レ請ヲ。謙曰、聴講ノ人未レタ至スト。其ノ愛レスルコト之若レシ此。
師欲下棄二テ、所習一而依随上セント之。謙曰、近世律道寝ク微ニシテ、無二シ人ノ扶
起一スル。盍下ソ明二ル法華一以テ弘中四分上。他時為二ンコト世ノ宗匠一ト、吾レ于レテ子有レリ望ムコト
矣。師佩二受シテ其ノ言一、益〻加二フ奮励一ヲ。雖二暑流レ金寒折一レ膠、不レ暇レ顧ルニ

└
④41ウ

也。博ク究二メ群宗一ヲ以レ律為レ本。非二苟クモ言一レフノミ之。実ニ踏レム之矣。元豊元
年、従二テ雷峰ノ広慈才公一ニ受二菩薩大戒一ヲ。方二テ羯磨ノ時一瑞光発
現シ、殿中ノ灯炬、皆ナ為メニ映奪セラル。万衆駭嘆シテ、以為ク得戒ノ之詳徴也ト
云。頓漸ノ律儀罔レ不二兼備一。於レ是出世説法、南山ノ一宗赫
然トシテ大ニ振フ。四方ノ学者聞レ風而依ル。其ノ一時ノ名士若二翰林学
士蘇軾・判府蔣枢密一、無レ不二ト云コト崇敬一之。一日枢密入レ寺請二フ
陞座一ヲ。展塵ノ之間、法音浩浩トシテ莫レ不ト云コト聳二人天龍鬼ノ之聴一ヲ。講
罷テ枢密上レ偈以謝ス。有二リ説レハ法ヲ龍象繞リ、放レハ生鱗羽逃ルト云ノ之句一。
八年高麗ノ王子僧統義天杭レシテ海求法。聞二テ師ノ名一、与二主客

└
④42オ

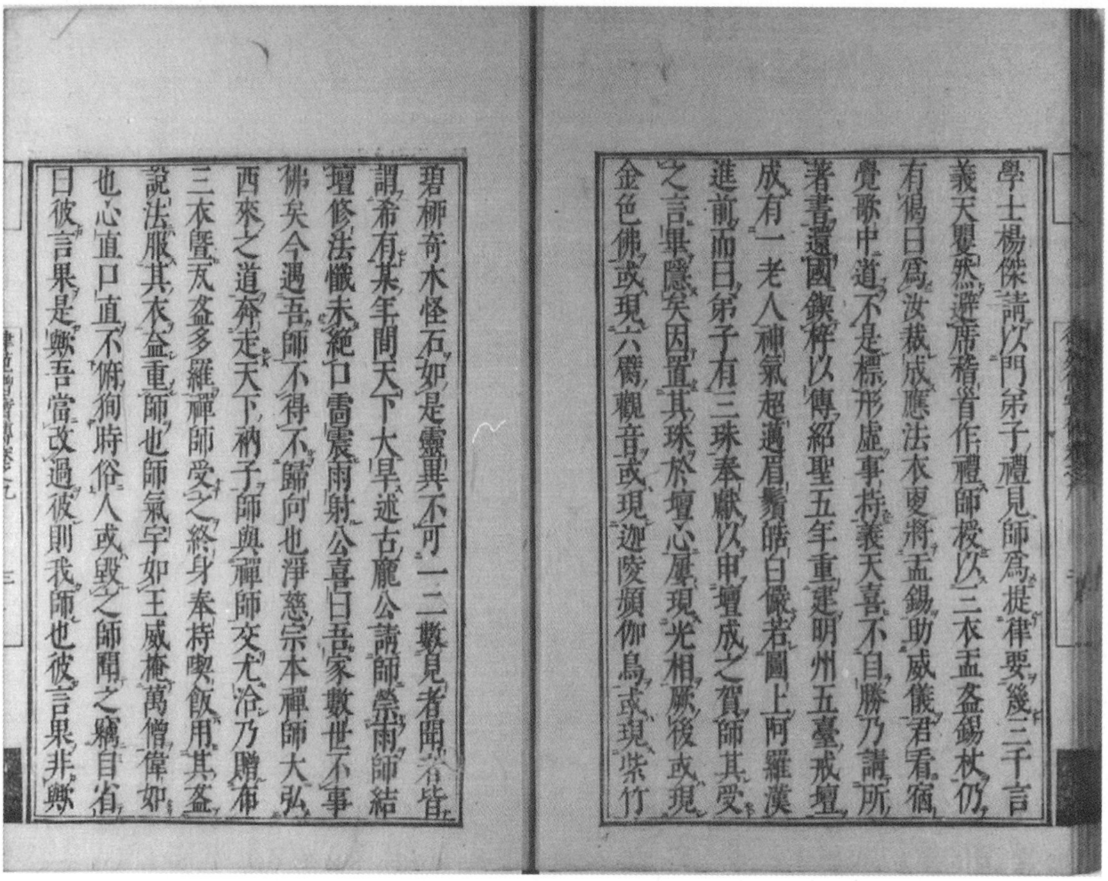

④43オ　④42ウ

学士楊傑一、請テ以二門弟子ノ礼一見ユ。師為メニ提ルコト二律要一ヲ、幾ント二三千言。
義天矍然トシテ避レ席、稽首作礼ス。師授ルニ以スニ三衣・盂鉢・錫杖一ヲ。仍テ
有レ偈曰、為メニレ汝裁シ成ス応法衣。更ニ将テ二盂錫一ヲ助二威儀一ヲ。君看ヨ宿
覚歌中ニ道フコトヲ。不二是レ標シテレ形虚ク事持スルニ一。義天喜ヒ不二自ラ勝一。乃請テ二所ノ
レ著書ヲ一還リレ國ニ、鋟テレ梓以伝フ。紹聖五年、重ニ建シテ明州五台ノ戒壇ヲ一
成ス。有二一老人一。神気超邁、眉鬚皓白、儼トシテ若シ二図上ノ阿羅漢一。
進前シテ而曰ク、弟子有二三珠一。奉献シテ以テ申フ二壇成ノ之賀一ヲ。師其レ受玉ヘト
レ之。言ヒ畢テ隠ヌ矣。因テ置クニ二其ノ珠ヲ於壇心一ニ、屡ヒ現ス二光相一ヲ。厥ノ後或ハ現シ二
金色仏一ヲ、或ハ現ス二六臂ノ観音一ヲ、或ハ現シ二迦陵頻迦鳥一ヲ、或ハ現ス二紫竹

⌊
④42ウ

碧柳奇木怪石一ヲ。如ノレ是霊異、不レ可二一一数一。見者聞者皆ナ
謂フ二希有也ト一。某ノ年間、天下大ニ旱ス。述古ノ龐公請二師ニ禜ンコトヲレ雨ヲ。師結
レ壇修法懺未タレ絶ルニレ口、雷震ヒ雨射ル。公喜曰、吾カ家数世不レ事
レ仏矣。今遇二吾カ師一。不レ得レ不ルコトヲ二帰向一也。浄慈ノ宗本禅師大ニ弘メ二
西来ノ之道一ヲ、奔ニ走セシム天下ノ衲子一ヲ。師与二禅師一交リ尤モ洽シ。乃贈ル二布
三衣暨ヒ瓦鉢多羅一ヲ。禅師受ケテレ之ヲ終身奉持。喫飯ニハ用ヒ二其ノ鉢一ヲ、
説法ニハ服ス二其ノ衣一ヲ。盍シ重シテ也レ師ヲ也。師気宇如レ王。威掩テ二万僧一ヲ偉如タリ
也。心直口直シテ、不下俯シテ徇中時俗上ニ。人或ハ毀ルレ之。師聞テ之、竊ニ自省テ
曰、彼レカ言果シテ是カ歟。吾当レ改レ過ヲ。彼レ則我カ師也。彼カ言果シテ非カ歟。

⌊
④43オ

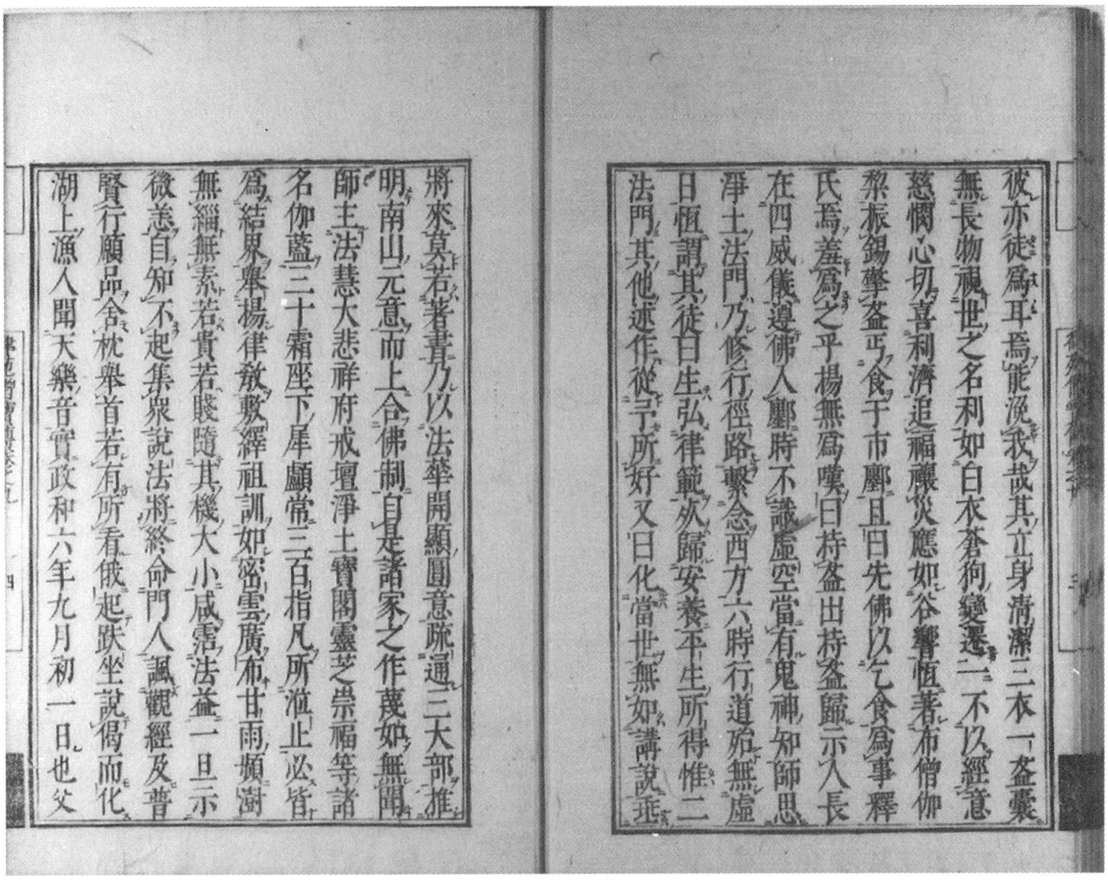

④44オ　④43ウ

彼レ亦徒為耳タ゛ニナスノミ。焉ゾ能浼サンヤレ我ヲ哉。其ノ立身清潔、三衣一鉢、嚢ニ
無シ二長物一、視ルコト二世ノ之名利一、如二白衣蒼狗ノ変遷セルカ一。一ニ不二以テ経一レ意。
慈憫心切ニシテ喜二利済一。追レ福禳レ災、応如シ二谷響一。恒ニ著シ二布僧伽
梨一振レ錫挈レ鉢、乞フ二食ヲ于市鄽一ニ。且曰、先仏以二乞食一為レ事。釈
氏焉ゾ羞シャトレ為スルコトヲレ之乎。揚無為嘆シテ曰、持レ鉢出、持鉢帰ル。示レ人長
在二四威儀一ニ。遵テレ仏入レ鄽ニ時不レ識。虚空当ニレ有ル二鬼神ノ知一。師思ヒ二
浄土ノ法門ハ乃シ修行ノ径路ナルコトヲ一、繫ニ念ヲ西方一。六時行道殆ント無二虚
日一。恒ニ謂二其ノ徒一曰、生テハ弘メ二律範一ヲ、死シテハ帰ル二安養一ニ。平生ノ所得、惟ダ二一
法門ノミ。其ノ他ノ述作ハ従ニント予カ所ニレ好。又曰、化スル二ニハ当世ヲ一無レ如クハ二講説一ニ。垂ル、ニハ二

④43ウ

将来ニ莫レシト若クハ二著書一ニ。乃シ以二法華開顕ノ円意一疏シ二通シ三大部一ヲ、推シ二
明メテ南山ノ元意一ヲ、而上ミ合フ二仏制一ニ。自レ是諸家ノ之作、蔑如トシテ無シレ聞ルコト。
師主ルコト二法慧・大悲・祥府・戒壇・浄土・宝閣・霊芝・崇福等ノ諸
名伽藍一ヲ三十霜。座下ノ犀顱常ニ三百指。凡ソ所ニ二涖止一必ス皆ナ
為ス二結界一ヲ。挙二揚シ律教一ヲ、敷二繹祖訓一ヲ。如シ二密雲ノ広ク布キ、甘雨ノ頻ニ澍一。
無レ緇ト無レ素ト、若クハ貴、若ハ賤。随テ二其ノ機ノ大小一ニ、咸ク霑フ二法益一ニ。一旦示二
微恙一ヲ。自ラ知レ不ルコトヲレ起、集レ衆説法。将ニレ終シテレ命二門人一ニ諷シメ二観経及ヒ普
賢行願品一ヲ、舎テレ枕挙レ首。若シ有ルカレ所レ看ル。俄ニ起テ趺坐、説テレ偈而モ化ス。
湖上ノ漁人聞二天楽ノ音一ヲ。実ニ政和六年九月初一日也也。父

④44オ

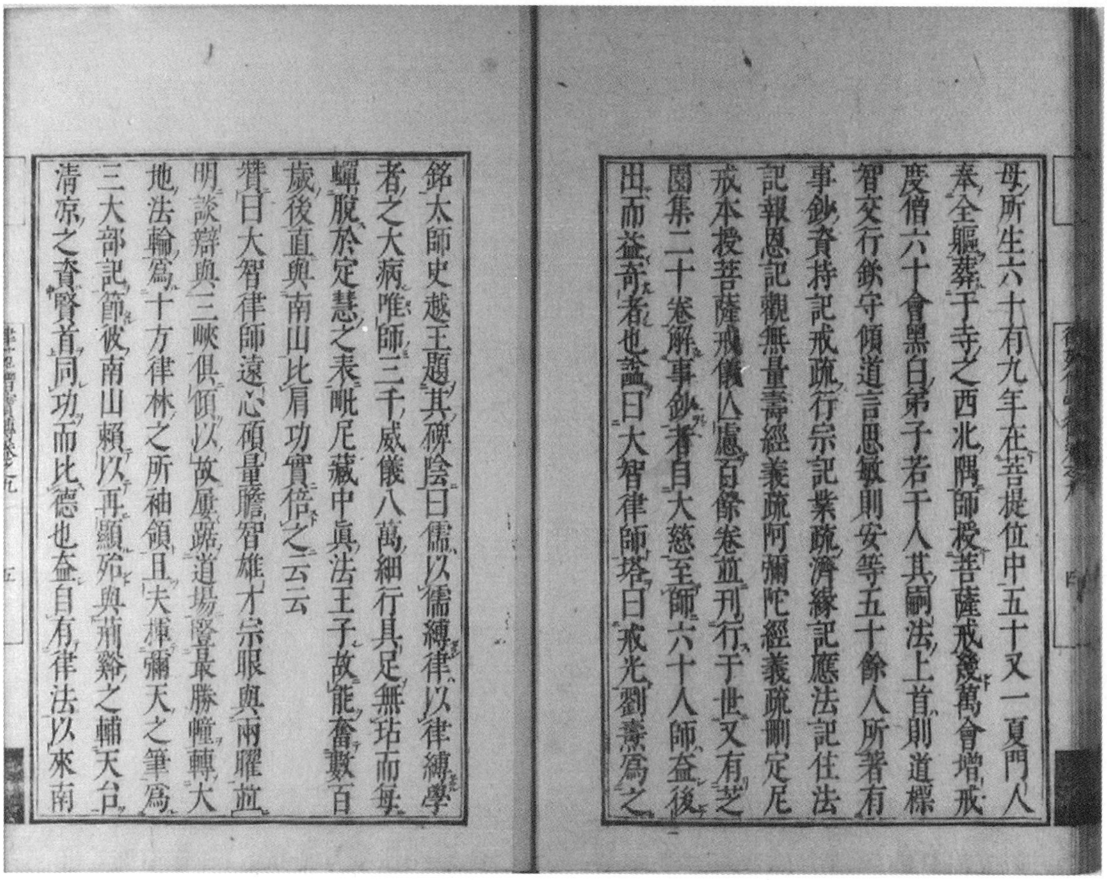
母所生六十有九年在菩提位中五十又一夏門人
奉全軀葬于寺之西北隅師授菩薩戒幾萬會增戒
度僧六十會黒白弟子若干人其嗣法上首則道標
智交行欽守傾道言思敏則安等五十餘人所著有
事鈔資持記戒疏行宗記業疏濟縁記應法記住法
記報恩記觀無量壽經義疏阿彌陀經義疏刪定尼
戒本授菩薩戒儀亡慮百餘巻並刊行于世又有芝
園集二十巻解事鈔者自大慈至師六十人師盍後
出而益奇者也謚曰大智律師塔曰戒光劉焘爲之

銘太師史越王題其碑陰曰儒以儒縛律以律縛學
者之大病唯師三千威儀八萬細行具足無玷而每
蟬脱於定慧之表毗尼藏中眞法王子故能奮數百
歳後直與南山比肩功實倍之云云
贊曰大智律師遠心碩量贍智雄才宗眼與兩曜並
明談辯與三峽倶傾以故屢踞道場豎最勝幢轉大
地法輪爲十方律林之所袖領且夫揮彌天之筆爲
三大部記節彼南山頼以再顯殆與荊谿之輔天台
清凉之資賢首同功而比德也盍自有律法以來南

④45オ　④44ウ

母ノ所生六十有九年、在ルコト二菩提位中一五十又一。夏門人
奉シテ二全軀ヲ一葬ル二于寺ノ之西北ノ隅ニ一。師授ルコト二菩薩戒一幾ント万会、増戒
度僧六十会、黒白ノ弟子若干人。其ノ嗣法ノ上首ハ、則道標・
智交・行欽・守傾・道言・思敏・則安等五十余人。所レ著有二
事鈔ノ資持記・戒疏ノ行宗記・業疏ノ済縁記・応法記・住法
記・報恩記・観無量寿経義疏・阿弥陀経義疏・刪定尼
戒本・授菩薩戒儀、亡慮テ百余巻一。並ニ刊二行ス于世一。又有リ二芝
園集二十巻一。解スル二事鈔ヲ一者、自二大慈一至テレ師ニ六十人。師ハ盍シ後レテ
出テ、而益ミ奇ナル者ノ也。謚ヲ曰二大智律師一ト。塔ヲ曰二戒光一ト。劉焘為二之カ

」
④44ウ

銘一。太師史越王題シテ二其ノ碑陰ニ一曰、儒ハ以レ儒縛セラレ、律ハ以レ律縛セラレ、学
者ノ之大病也。唯タ、師ノミ三千ノ威儀、八万ノ細行、具足シテ無レ玷。而毎ニ
蝉二脱ス於定慧ノ之表ニ一。毘尼蔵中、真ノ法王子也。故ニ能ク奮テ二数百
歳ノ後一、直ニ与二南山一比レ肩。功実ニ倍スレ之ニ云云。
賛ニ曰、大智律師遠心碩量、贍智雄才。宗眼与二両曜一並ヒ
明ニ、談弁与二三峡一倶ニ傾ク。以ノ故ニ屢ミ踞シテ二道場ニ一豎二最勝幢ヲ一、転シテ二大
地ノ法輪ヲ一為ル二十方律林ノ之所袖領一ト。且ツ夫揮テ二弥天ノ之筆ヲ一為ル二
三大部記ヲ一。節タル彼ノ南山、頼テ以テ再ヒ顕ル。殆ント与下荊谿ノ之輔二天台ヲ一、
清涼ノ之資中ルヲ賢首上ヲ、同シ功ヲ而比スレ徳也。盍シ自レ有テ二律法一以来、南

」
④45オ

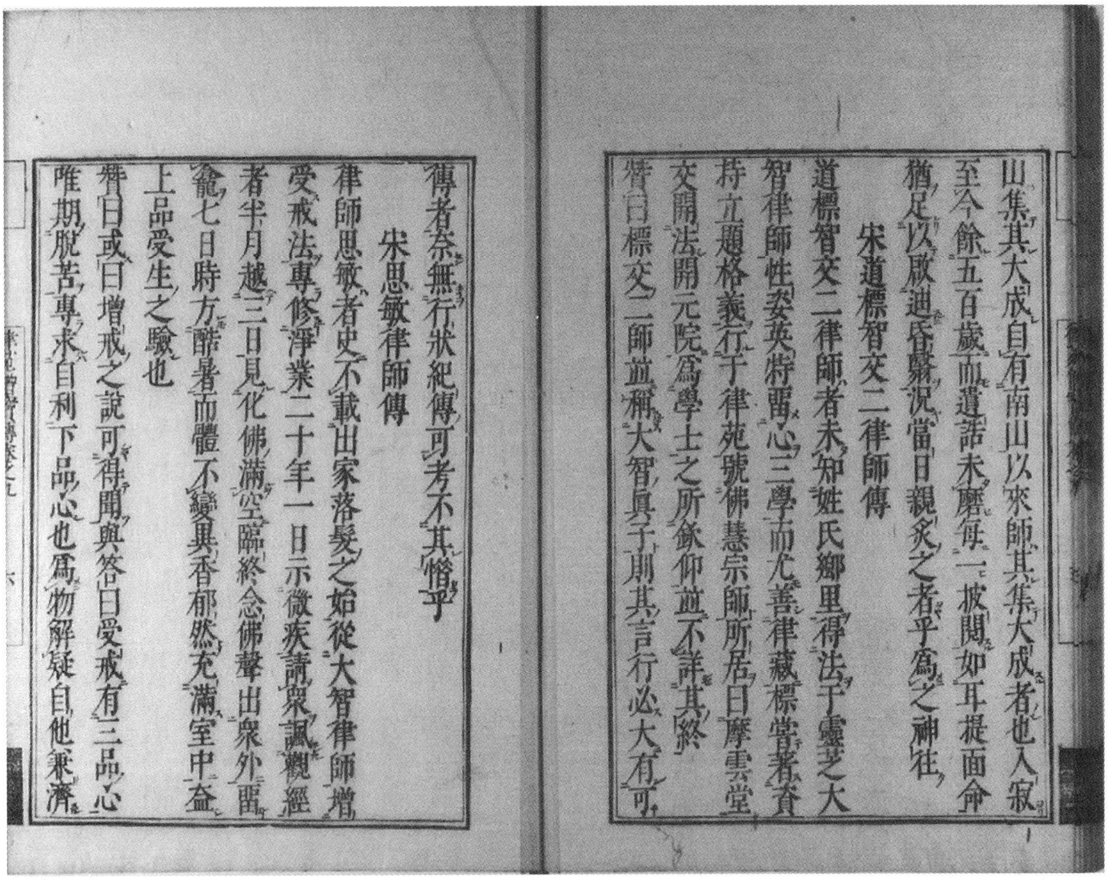

④46オ　　④45ウ

山ハ集テ其レ大成シ、自レ有二南山一以来、師ハ其レ集テ大成スル者ノ也也。入寂ヨリ
至レ今余ル二五百歳一ニ。而モ遺誥未タレ磨セ。毎ニ二一ヒ披閲一スル、如二耳提面命一。
猶ヲ足レリ三以テ啓二迪スルニ旨翳一ヲ。況ヤ当日親炙ノ之者ヲヤ乎。為メニレ之神往ク。

宋道標・智交二律師伝

道標・智交二律師ハ者、未タレ知二姓氏郷里一ヲ。得二法ヲ于霊芝大
智律師一。性姿英特、留メ二心ヲ三学一而尤モ善シ二律蔵一ニ。標嘗テ著ス二資
持立題格義一ヲ。行ル二于律苑一。号二仏慧宗師一ト、所居ヲ曰二摩雲堂一。
交開シ二法ヲ開元院一ニ、為二学士一之所二欽仰一。並ニ不レ詳ンセ二其ノ終一。
賛曰、標交ノ二師、並ニ称スル時ハ二大智ノ真子一ト、則其ノ言行必ス大ニ有ン二可キ

└
④45ウ

レ伝者一。奈センニ無キコトヲ行状紀伝ノ可レ考。不二其レ惜カラ一乎。

宋思敏律師伝

律師思敏ハ者、史ニ不レ載二出家落髪ノ之始一。従二大智律師一増二
受ス戒法一ヲ。専ラ修スルコト二浄業一二十年。一日示二微疾一。請シテレ衆ヲ諷セシムル二観経一
者半月。越ヘテ二三日一見ル二化仏ノ満ルヲレ空ニ一。臨終念仏、聲出二衆外一ニ。留ルコト
レ龕ヲ七日、時方二レトモ酷暑一而体不レ変、異香郁然トシテ充二満ス室中一ニ。盍シ
上品受生ノ之験也也。
賛曰、或人曰、増戒ノ之説可シヤ二得テ聞一ツ与。答曰、受戒ニ有二三品ノ心一。
唯期シテ二脱苦一ヲ専ラ求ルハ二自利一、下品ノ心也也。為メニレ物解レ疑自他兼済スル、

└
④46オ

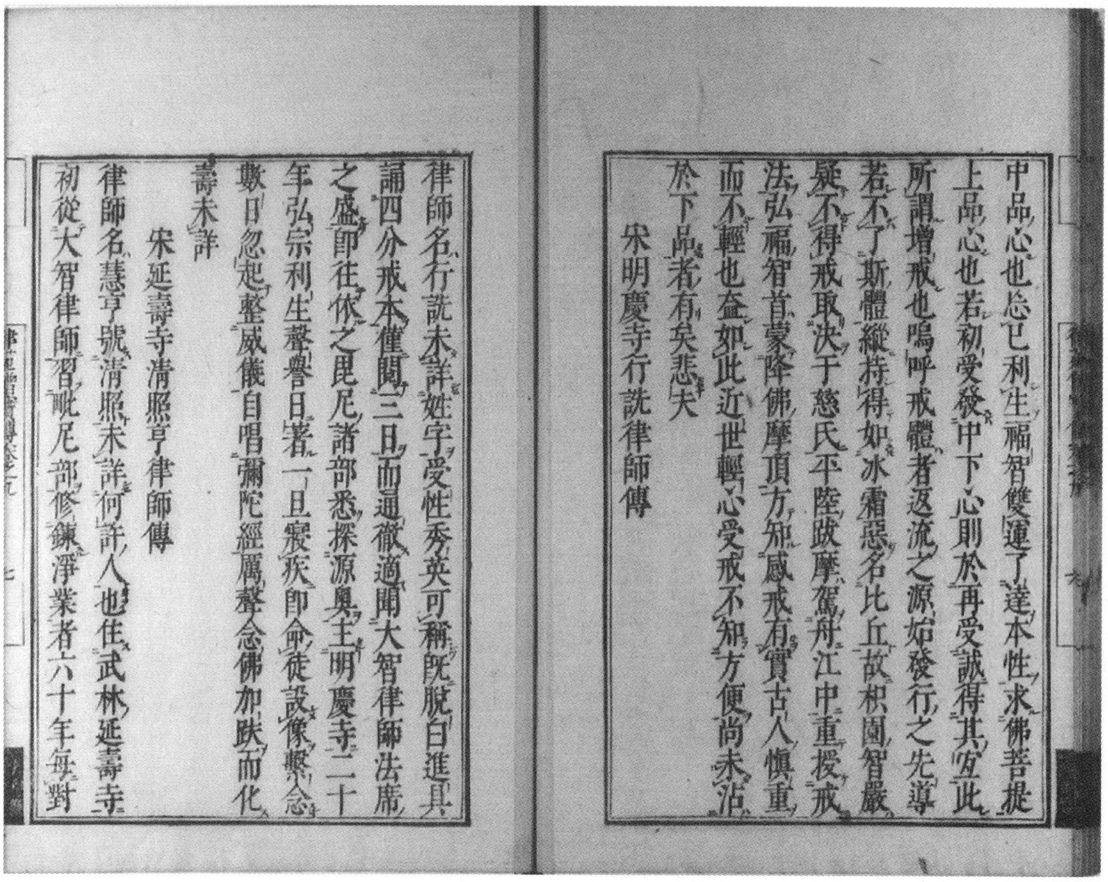

④47オ　④46ウ

中品ノ心也也。忘レ己利レシ生ヲ、福智双運了二達シテ本性一ヲ求ル二仏菩提一、
上品ノ心也也。若シ初受発二スレハ中下心一、則於二再受一誠ニ得二其ノ宜一。此レ
所謂ル増戒也也。嗚呼戒体ハ者、返流ノ之源始、発行ノ之先導。
若シ不レンハ了二斯ノ体一、縦ヒ持シ得テ如二クストモ氷霜一、悪ノ名二比丘一ト。故ニ枳園ノ智厳ハ
疑テレ不ルカトレ得レ戒取リ二決ヲ于慈氏一ニ、平陸ノ跋摩ハ駕シテ二舟ニ江中一ニ重テ授ケ二戒
法一ヲ、弘福ノ智首ハ蒙テ二降仏ノ摩頂一方テ知ル二感戒有ルコトヲレ実。古人ノ慎重シテ
而不ルコトレ軽也、盍シ如シレ此。近世軽心受戒、不レ知ラ二方便一ヲ。尚未タルレ沾ハ二
於下品一タモ者ノ有リ矣。悲ヒカナ夫。

宋明慶寺行詵律師伝

律師名ハ行詵、未タレ詳ンセ二姓字一ヲ。受性秀英可レ称シツ。既ニ脱白進具、
誦二四分戒本一ヲ。僅ニ閲テ二三日一ヲ而通徹ス。適ミ聞二大智律師法席ノ
之盛ナルヲ一、即往テ依ル之。毘尼ノ諸部悉ク探二源奥一ヲ。主タルコト二明慶寺ニ一二十
年、弘宗利生声誉日ニ著ル。一旦寝レ疾ニ。即命シテレ徒設シメレ像ヲ繋念スルコト
数日、忽起テ整二威儀一自唱二弥陀経一。厲声念仏、加趺シテ而化ス。
寿未レ詳。

宋延寿寺清照亭律師伝

律師名ハ慧亨、号ス二清照一ト。未レ詳ンセ二何許ノ人一トヲコトヲ也。住ス二武林ノ延寿寺一ニ。
初従テ二大智律師一ニ習フ二毘尼部一ヲ。修二錬スル浄業一者六十年、毎ニレ対

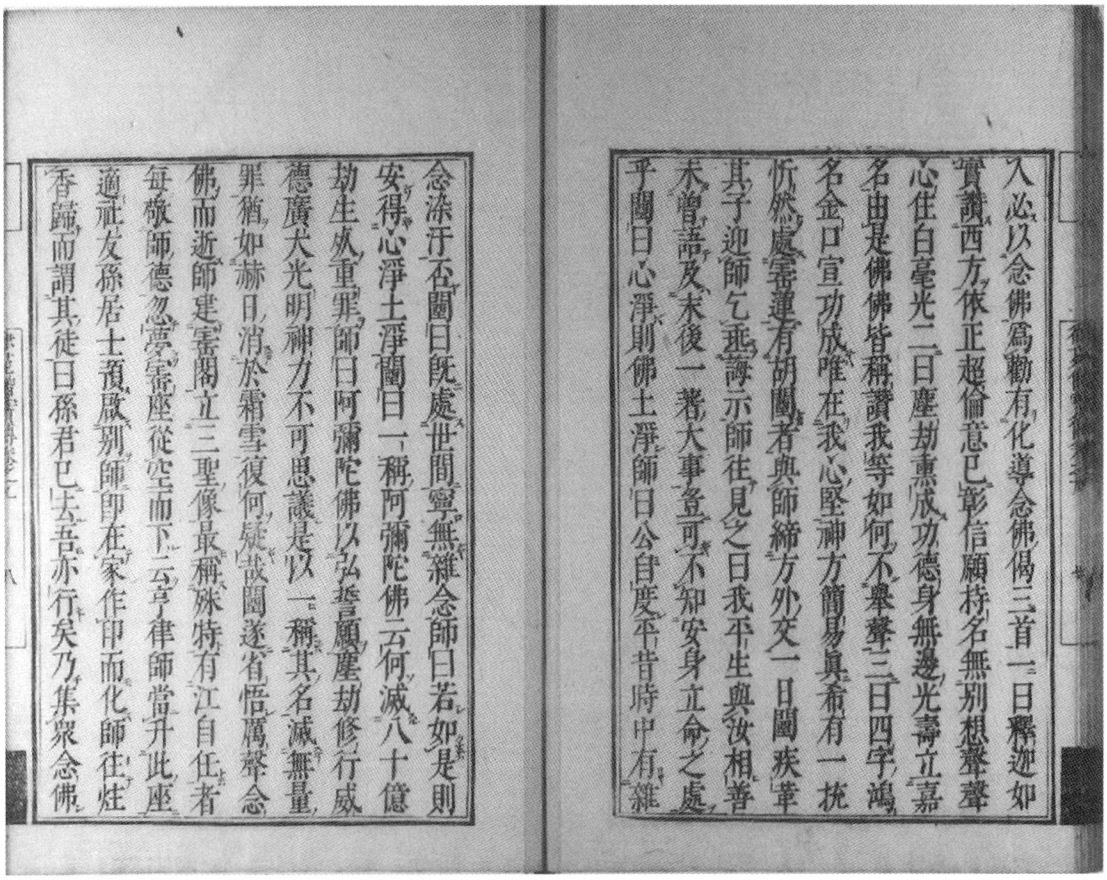

④48オ　④47ウ

レ人、必ス以二念仏一為レ勧。有二リ化導念仏ノ偈三首一。一ニ曰、釈迦如
レ実讃二ス西方一ヲ。依正超倫意已ニ彰。信願持名無二別想一、声声
心住白毫光。二ニ曰、塵劫熏成ス功徳身、無辺ノ光寿立二嘉
名一。由レ是仏仏皆称讃、我等如何ソ不二ン挙声一。三ニ曰、四字ノ鴻
名金口宣、功成ルコトハ唯在二リ我心ノ堅一。神方簡易真ニ希有、一堅
忻然トシテ処二ス宝蓮一ニ。有二胡闉ト云者一。与レ師締二方外ノ交一。一日闉疾革。
其ノ子迎レ師乞レ垂二ンコトヲ誨示一。師往テ見レ之曰、我平生与レ汝相ヒ善。
未三タ曾テ語テ及二ハ末後一著ノ大事一。豈ニ可レンヤ不レ知二安身立命ノ之処一ヲ
乎。闉曰、心浄レハ則仏土浄シ。師曰、公自ミ度シ、平昔時中有二リヤ雑

└ ④47ウ

念染汗一否ヤ。闉曰、既ニ処二ス世間一ニ。寧ロ無二ンヤ雑念一。師曰、若シ如レクナテハ是、則
安ンソ得二ンヤ心浄土浄一。闉曰、一称ノ阿弥陀仏、云何ソ滅二スル八十億
劫生死ノ重罪一ヲ。師曰、阿弥陀仏以二弘誓願一ヲ塵劫修行。威
徳広大、光明神力不可思議也。是以一ヒ称二フレハ其ノ名一、滅二スルコト無量ノ
罪一、猶ヲ如三赫日ノ消二スルカ於霜雪一。復何ソ疑ンヤ哉。闉遂ニ省悟シ、厲声念
仏シテ而逝ス。師建二テ宝閣一立二三聖ノ像一。最モ称二ス殊特一ト。有二江自任一ト云者。
毎ニ敬二師ノ徳一、忽チ夢ラク、宝座従レ空而下ル。云ク亨律師当レニ升二此ノ座一ニ。
適ミ社友孫居士預メ啓二ス別ヲ師一ニ。即在レテ家作レ印而モ化ス。師往テ炷
レ香。帰テ而謂二其ノ徒一曰、孫君已ニ去ル。吾モ亦行ントス矣。乃チ集レ衆念仏シ、

└ ④48オ

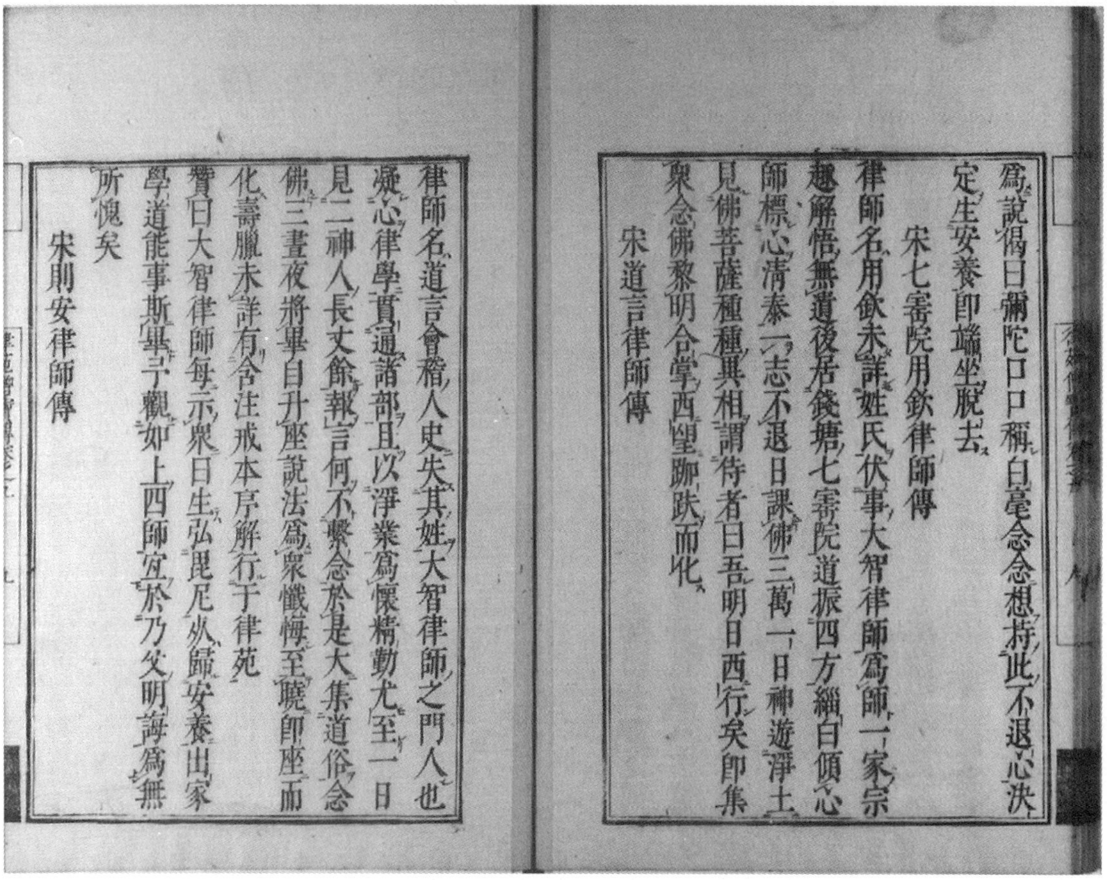

④49オ　④48ウ

為メニ説レ偈曰、弥陀卩卩称シ、白毫念念ニ想フ。持シテ二此ノ不退心一、決
定シテ生二安養一。即端坐シテ脱去ス。

宋七宝院用欽律師伝

律師名ハ用欽、未タレ詳ンセ二姓氏一ヲ。伏シテ二事大智律師一為レ師ト。一家ノ宗
趣解悟シテ無レ遺。後居二銭塘ノ七宝院一。道振二四方一、緇白傾レ心。
師標シ二心ヲ清泰一、一レニシテ志不レ退。日課スルコトレ仏三万。一日神遊二浄土一ニ、
見ル二仏菩薩種種ノ異相一ヲ。謂二侍者一曰、吾レ明日西ニ行ン矣。即集
レ衆念仏。黎レ明合掌シテ西ニ望ミ、跏趺シテ而化ス。

宋道言律師伝

④48ウ

律師名ハ道言、会稽ノ人。史ハ失ス二其ノ姓一ヲ。大智律師ノ之門人也。
凝シ二心ヲ律学一ニ、貫二通ス諸部一ヲ。且ツ以二浄業一為レ懐、精勤尤モ至レリ。一日
見ル二神人ノ長丈余ナル一ヲ。報シテ言、何ソ不ト二繋念一。於レ是大ニ集二道俗一ヲ、念
仏スルコト二三昼夜。将レ畢自升レ座説法。為メニレ衆懺悔シ、至テレ暁ニ即座ニ而
化ス。寿臘未レ詳。有リ二含注戒本序解一。行ル二于律苑一。
賛曰、大智律師、毎ニ示シテレ衆ニ曰、生テハ弘二毘尼一、死ハ帰ル二安養一ニ。出家
学道、能事斯ニ畢ルト。予観ルニ二如上ノ四師一、宜ク下於二乃父ノ明誨一為上レ無
レ所レ愧矣。

宋則安律師伝

④49オ

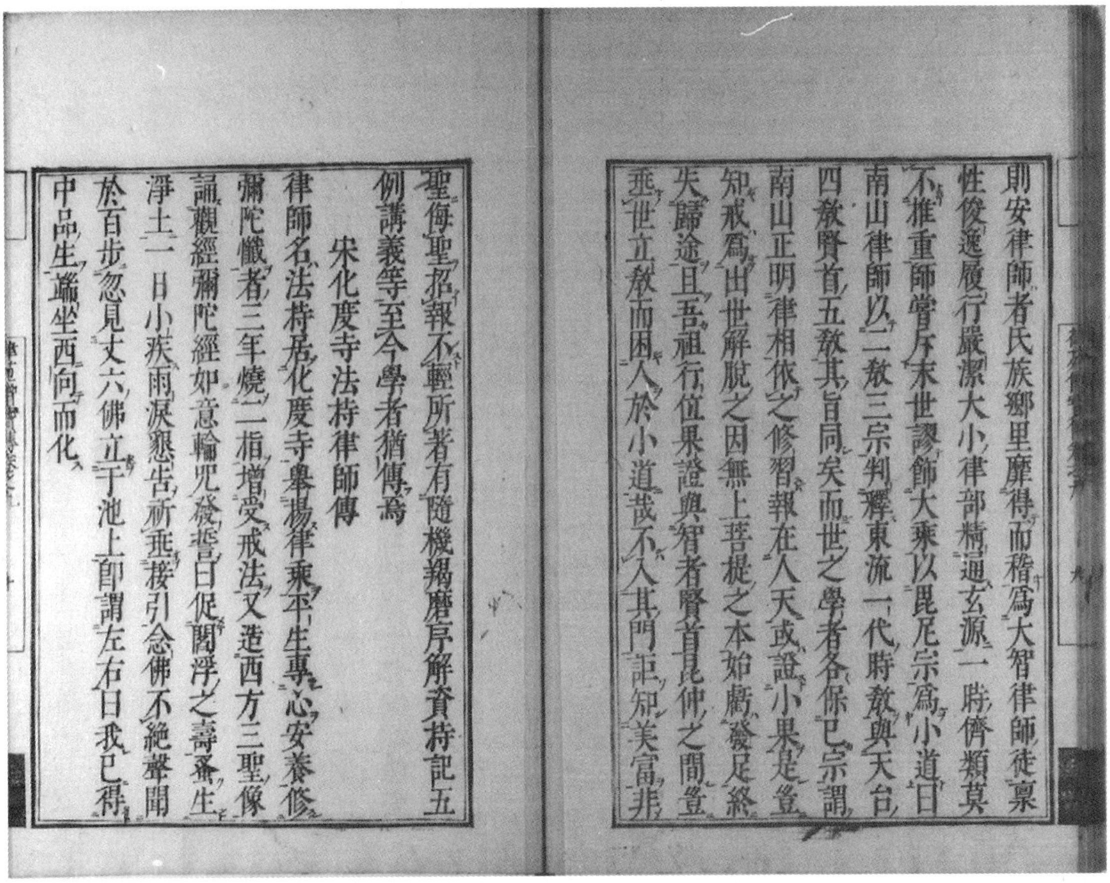

④49ウ　④50オ

則安律師ハ者、氏族郷里靡ニ得テ而稽一ルコト。為ニ大智律師ノ徒一。稟
性俊逸、履行厳潔。大小ノ律部精ニ通ス玄源一ニ。一時ノ儕類莫
レ不ニトニフコト推重一。師嘗斥下末世謬テ飾ニ大乗一以ニ毘尼宗一為ルヲ中小道上ト。曰、
南山律師以テニ二教三宗一判ニ釈ス東流一代ノ時教一ヲ。与ニ天台ノ
四教・賢首ノ五教一、其ノ旨同シ矣。而ルニ世ノ之学者各ミ保ニ己カ宗一。謂ク
南山正明ニ律相一。依テレ之修習スレハ報在ニ人天一ニ。或ハ證ニストニ小果一ヲ。是レ豈ニ
知ンヤ。戒ハ為ニルコトヲ出世解脱ノ之因、無上菩提ノ之本一。始虧ニハ発足一終ニ
失ニス帰途一ヲ。且ツ吾カ祖行位果證、与ニ智者・賢首一昆仲ノ之間也。豈ニ
垂レル、ノ世立教而困ニンヤ人ヲ於小道一ニ哉。不レンハ入ニ其ノ門一、詎ツ知ニン美富一ヲ。非シテ

└④49ウ

レ聖ニ侮レ聖ヲ、招レクコト報不レスト軽。所レ著有ニ随機羯磨序解・資持記五
例講義等一。至レ今学者猶伝フ焉。

宋化度寺法持律師伝

律師名ハ法持。居ニシテ化度寺一挙ニ揚ス律乗一ヲ。平生専ニシ心ヲ安養一。修ニスル
弥陀懺一ヲ者ノ三年。焼ニシテ一指一ヲ増ニ受戒法一ヲ。又造ニ西方三聖ノ像一、
誦ニス観経・弥陀経・如意輪呪一。発誓シテ曰、促ニメテ閻浮ノ之寿一、蚤ク生ニント
浄土一ニ。一日小疾ス。雨涙懇告シテ祈レ垂ニンコトヲ接引一。念仏不レ絶。声聞ニ
於百歩一ニ。忽見三丈六ノ仏立ニ玉ヘルヲ于池上一。即謂ニ左右一曰、我レ已ニ得ニタリト
中品ノ生一ヲ。端坐西ニ向テ而化ス。

└④50オ

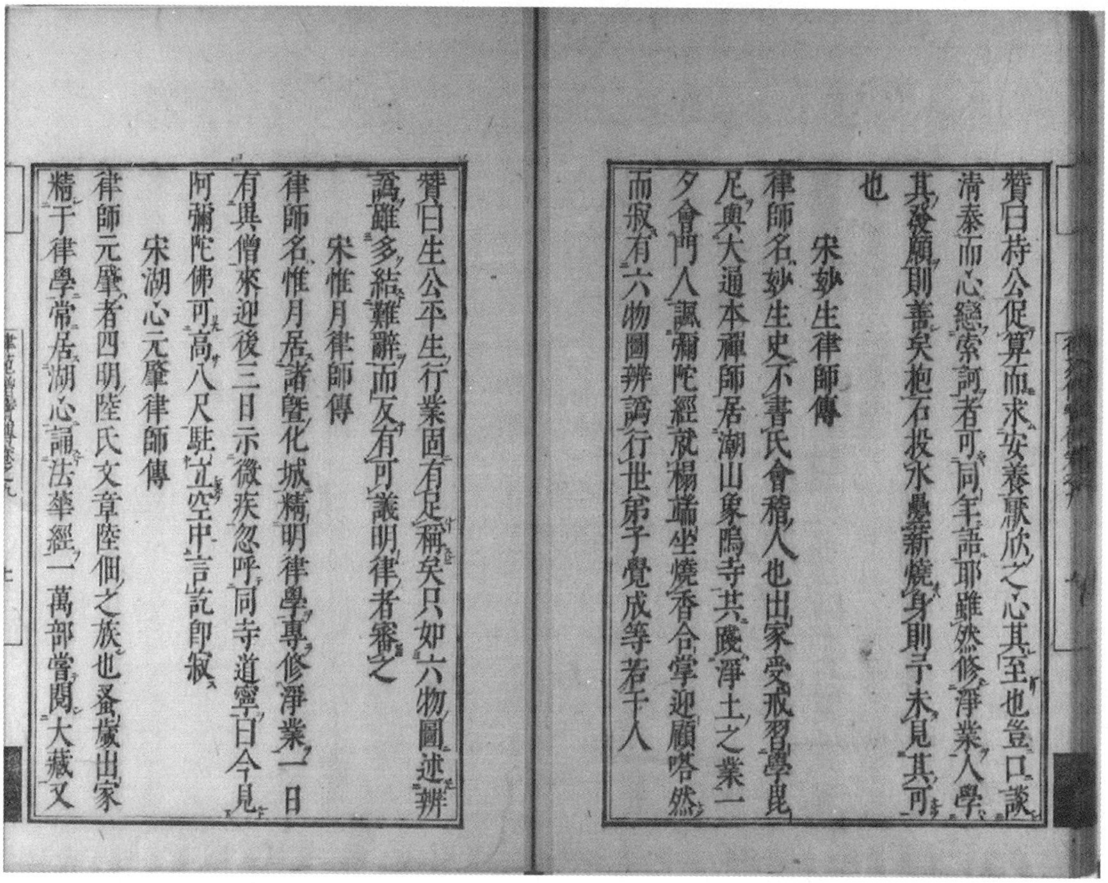

④51オ　④50ウ

賛曰、持公促レテ算而モ求ム二安養一。厭欣ノ之心其レ至レリ也。豈ニ口ニ談シ二清泰一而心ニ恋フ二索訶一ヲ者、可ンヤ二同年ニ語一ル耶。雖レ然修スル二浄業一ヲ人、学ハ、其ノ発願一ヲ則善シ矣。抱レ石投レ水、畳薪焼ク時ハレ身、則予未タレ見二其ノ可ナルコトヲ一也。

宋妙生律師伝

律師名ハ妙生、史ニ不レ書レ氏。会稽ノ人也。出家受戒習二学毘尼一ヲ。与二大通本禅師一居二潮山象鴟寺一。共ニ践ム二浄土ノ之業一。一夕会二門人一諷二弥陀経一。就レ榻端坐、焼レ香合掌、迎顧嗒然トシテ而寂ス。有二六物図弁譌一。行レ世。弟子覚成等若干人。

④50ウ

賛曰、生公平生ノ行業、固ニ有レ足ルコトレ称スルニ矣。只如三六物ノ図ニ述セル二弁譌一ヲ。雖三多ク結スト二難辞一ヲ、而反テ有レ可レ議。明律ノ者審セヨレ之。

宋惟月律師伝

律師名ハ惟月、居ス二諸曁ノ化城一ニ。精二明律学一ヲ専ラ修二浄業一ヲ。一日有二異僧一来迎。後三日示二微疾一。忽呼テ二同寺道寧一ヲ曰、今見ルト下阿弥陀仏可リナル二高サ八尺一駐中立シ玉ヘルヲ空中上。言訖即寂ス。

宋湖心元肇律師伝

律師元肇ハ者、四明ノ陸氏文章陸佃ノ之族也也。蚤歳出家、精シ二于律学一ニ。常ニ居二湖心一ニ、誦スルコト二法華経一ヲ一万部。嘗テ閲シ二大蔵一、又

④51オ

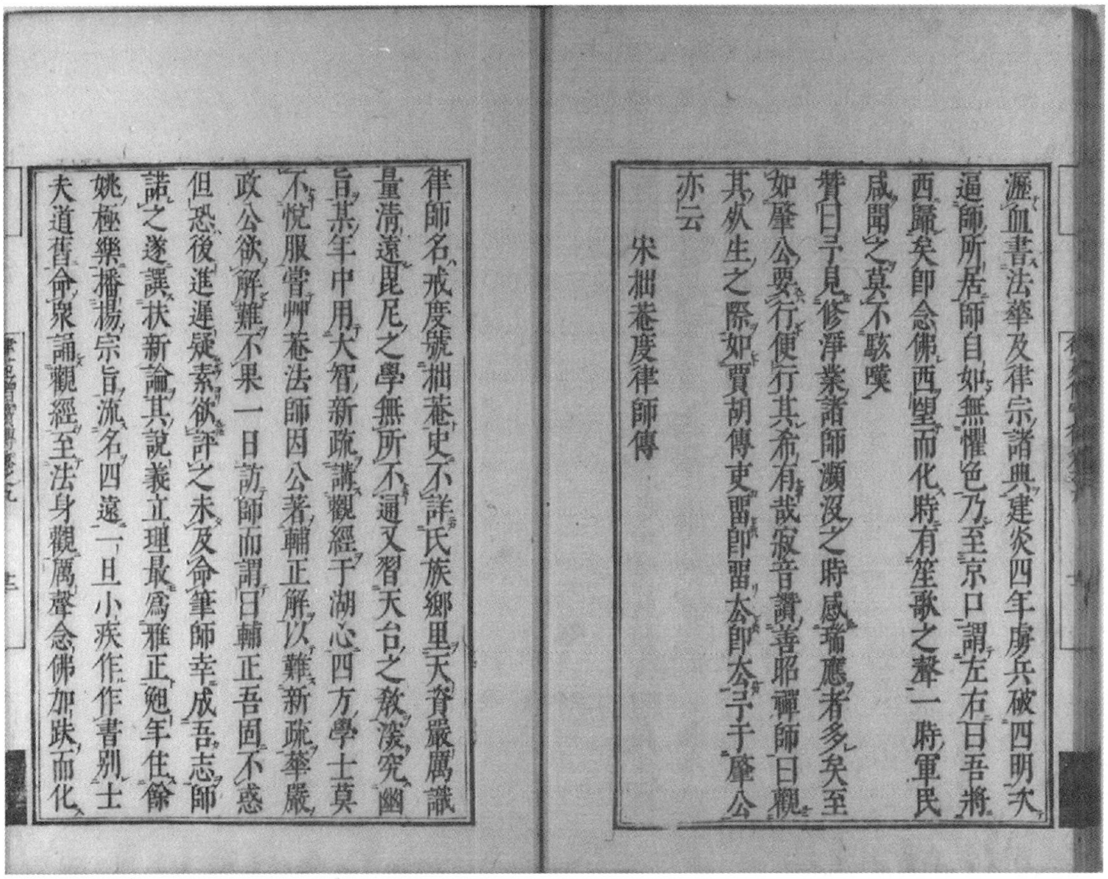

瀝血書法華及律宗諸典建炎四年虜兵破四明次
逼師所居師自如無懼色乃至京口謂左右曰吾將
西歸矣即念佛西望而化時有笙歌之聲一時軍民
咸聞之莫不駭嘆
贊曰予見修淨業諸師瀕沒之時感瑞應者多矣至
如肇公要行便行其希有哉寂音讚善昭禪師曰觀
其死生之際如賈胡傳吏留即留去即去予于肇公
亦云
宋拙菴度律師傳

律師名戒度號拙菴史不詳氏族鄉里天資嚴厲識
量清遠毘尼之學無所不通又習天台之教深究幽
旨某年中用大智新疏講觀經于湖心四方學士莫
不悅服嘗艸菴法師因公著輔正解以難新疏華嚴
政公欲解難不果一日訪師而謂曰輔正吾固不惑
但恐後進遲疑素欲評之未及命筆師幸成吾志師
諾之遂譔扶新論其說義立理最爲雅正晩年住餘
姚極樂播揚宗旨流名四遠一旦小疾作作書別士
夫道舊命衆誦觀經至法身觀厲聲念佛加趺而化

④51ウ　④52オ

瀝レテ、血書ス二法華及律宗ノ諸典一ヲ。建炎四年、虜兵破二四明一、次テ
逼二師ノ所居一ニ。師自如トシテ無二懼色一。乃シ至二京口一謂テ二左右一ニ曰、吾将ニ
西ニ帰ント一矣。即念仏シ西ヲ望テ而化ス。時ニ有二笙歌之声一。一時ノ軍民
咸ク聞レ之ヲ。莫レ不二駭嘆一。

賛曰、予見ルニ二修浄業ノ諸師一、瀕没ノ之時感スル二瑞応一ヲ者多シ矣。至
レ如二肇公ノ要スレハレ行ント便行一。其レ希有ナルカナ哉。寂音讃シテ二善昭禅師一曰、観ルニ二
其ノ死生ノ之際一ヲ、如シト二賈胡伝吏カ留レトスハ即留リ、去レトスハ即去ルカ一。予于二肇公一
亦云。

宋拙菴度律師伝

律師名ハ戒度、号二拙菴一ト。史ニ不レ詳ニカ二氏族郷里一ヲ。天資厳厲、識
量清遠也。毘尼ノ之学無レ所レ不トイフコトレ通。又習二天台ノ之教一ヲ、深ク究ム二幽
旨一ヲ。某ノ年中用テ二大智ノ新疏一ヲ講ス二観経于湖心一ニ。四方ノ学士莫
レ不トイフコト二悦服一。嘗テ艸菴法師因公、著シテ二輔正解一ヲ以テ難ス二新疏一ヲ。華厳ノ
政公、欲シテレ解ントレ難ヲ不レ果。一日訪テレ師而謂テ曰、輔正吾固ニ不レ惑。
但恐ハ後進遅疑センコトヲ。素ヨリ欲スレトモレ評レ之、未タレ及レ命レ筆。師幸ニ成セ二吾カ志一ヲ。師
諾シレ之、遂ニ譔ス二扶新論一ヲ。其ノ説義立理、最モ為二雅正一ト。晩年住ス二余
姚ノ極楽一ニ。播二揚シテ宗旨一ヲ流ス二名ヲ四遠一ニ。一旦小疾作ル。作レ書別レレ二士
夫道旧一ニ、命シテレ衆誦シメ二観経一ヲ、至テ二法身観一ニ厲声念仏、加趺シテ而化ス。

④51ウ　④52オ

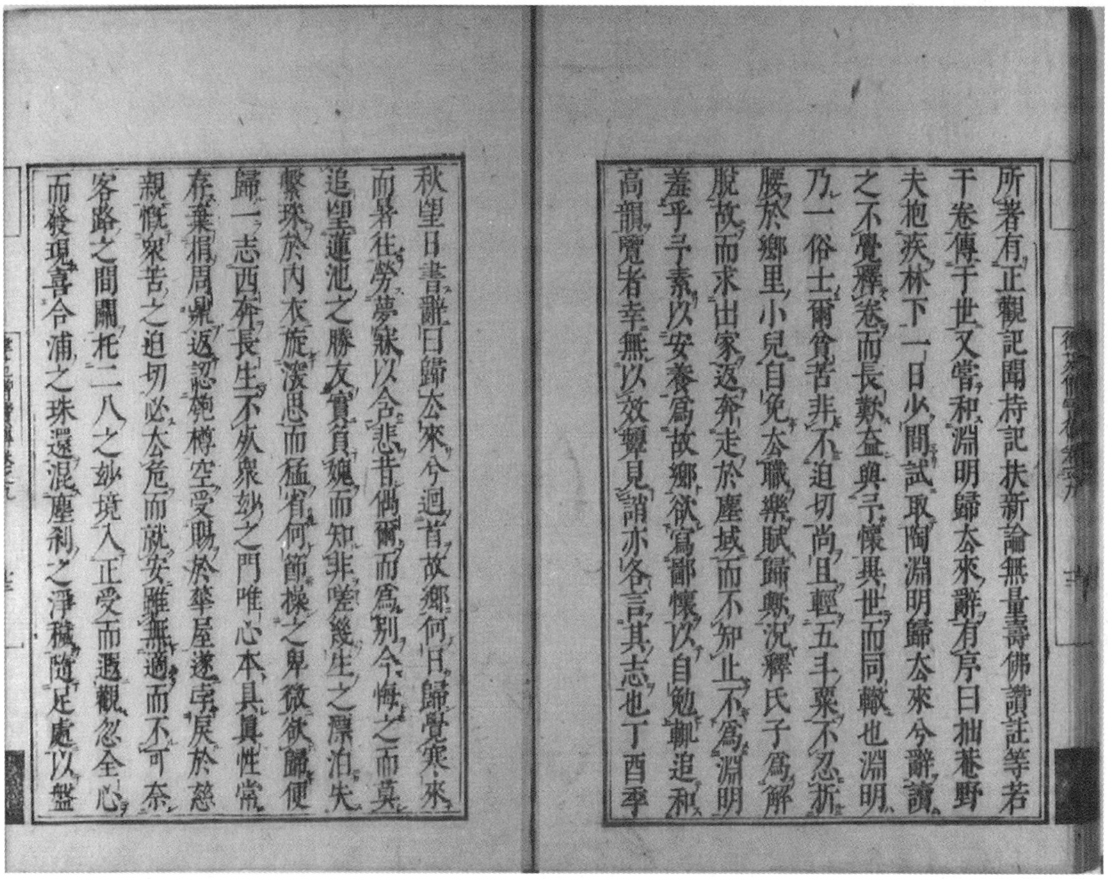

④52ウ　④53オ

所レ著有二リ正観記・聞持記・扶新論・無量寿仏讃註等若
于巻一、伝ル二于世一ニ。又嘗テ和ス二淵明帰去来ノ辞一ヲ。有レ序曰、拙菴野
夫抱二疾ヲ林下一、一日少ク間マアリ。試ニ取テ二陶淵明帰去来兮辞一ヲ読ム
之。不レ覚釈レテ、巻ヲ而長歎ス。盍シ与二予カ懐一異世ニシテ而同轍也也。淵明ハ
乃シ一俗士ノミ爾。貧苦非レレトモ不ルニ二迫切一、尚ヲ且ツ軽ンシテ二五斗ノ粟一ヲ、不レ忍ヒレ折ル二
腰ヲ於郷里ノ小児一ニ。自免レテ去レ職ヲ、楽テ賦ス二帰歟一ヲ。況ヤ釈氏子為メノ二解
脱一故ニシテ而求二出家一ヲ、返テ奔二走シテ於塵域一ニ而不レ知レ止ムコトヲ。不ンヤ下為メニ二淵明一
羞上乎。予素ヨリ以二安養一為二故郷一ト。欲下シ写二鄙懐一ヲ以テ自勉上ント、輒追テ和ス二
高韻一ヲ。覧者幸ニ無二以レ効レ顰見レコト誚。亦各ミ言フ二其ノ志一ヲ也。丁酉季

秋望日書ス。辞ニ曰、帰去来リ兮、廻シテ二首ヲ故郷一ニ何レノ日カ帰ン。覚二寒来テ
而暑往一クコトヲ、労ス二夢寐以含ムレ二悲ヲ。昔シ偶爾トシテ而為シレ別ヲ、今悔レトモ之而莫シ
レ追。望ミ二蓮池ノ之勝友一ヲ、実ニ負テレ媿ヲ而知ルレ非ヲ。嗟幾ハク生ノ之漂泊ニカ失ス二
繋珠ヲ於内衣一ニ。施シテ二深思一而猛ク省リミル。何レノ節ニカ操ン二之卑微一ニ。欲スレハレ帰ント便
帰ル。一ラ志二西奔一ヲ、長生ニシテ不レ死。衆妙ノ之門、唯心本ト具シ、真性常ニ
存ス。棄二捐シテ周県一ヲ、返テ認二匏樽一。空ク受二賜ヲ於華屋一、遂ニ孛キ二戻ル於慈
親一ニ。慨テ二衆苦ノ之迫切一、必ス去レ危ラ而就クレ安ニ。雖レ無二シト適シテ而不ルレ可、奈ン二
客路ノ之間関一ヲ。托二二八ノ之妙境一、入テ二正受一而遐ニ観ス。忽全心ニシテ
而発現ス。喜二合浦ノ之珠還一ヲ。混ス二塵刹ノ之浄穢一ヲ。随テ二足処一ニ以テ盤

⌐
④52ウ

⌐
④53オ

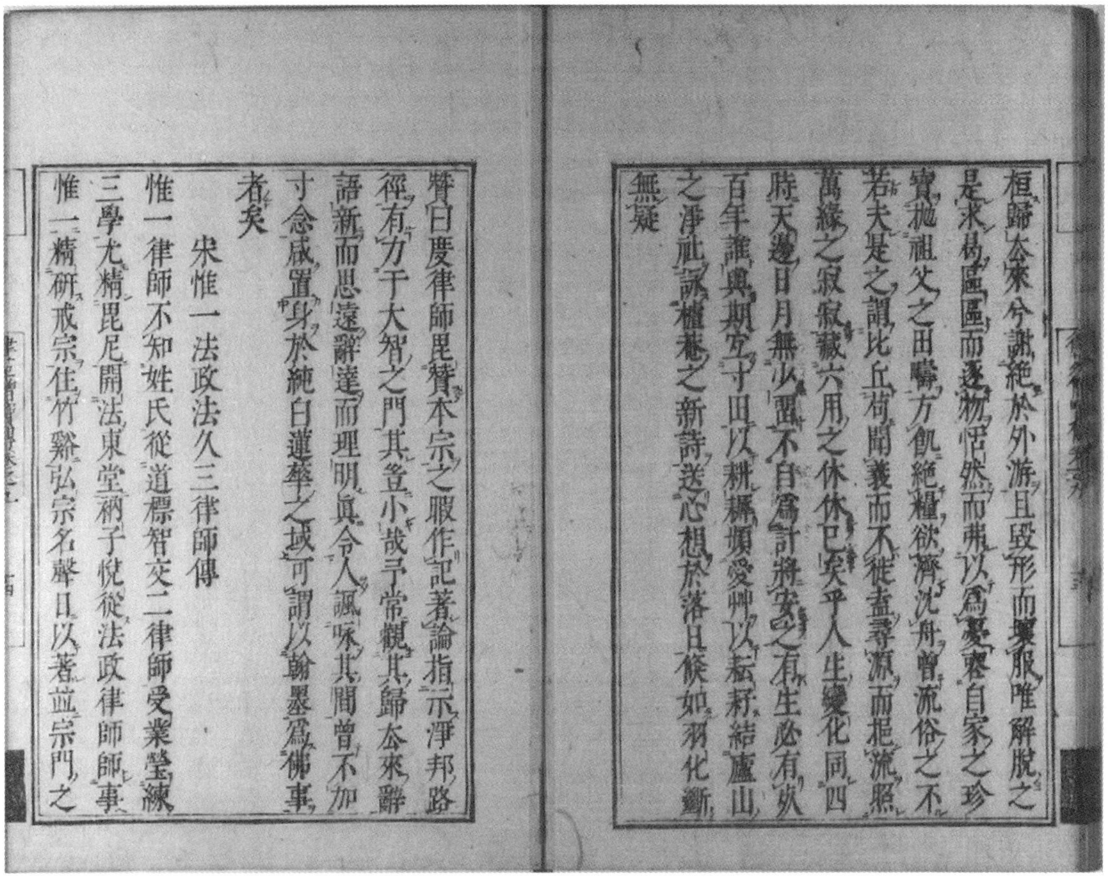

④54オ　④53ウ

桓ス。帰去来兮。謝二絶セン於外游一ヲ。且毀レ形而壊レ服ヲ。唯解脱ノミ之
是レ求ン。曷ゾ区区トシテ而逐レ物ヲ、恬然トシテ而弗ル二以テ為レ憂ト。喪二自家ノ之珍
宝一ヲ。抛二祖父ノ之田疇一ヲ、方レ飢ニ絶レ糧ヲ、欲シテレ済ント沈レ舟ヲ。曾テ流俗ノ之不ル
レ若シカ。夫レ是之ヲ謂二比丘一ト。苟モ聞レ義而不ンハレ徙、盍ゾ尋レ源ヲ而把ン流ヲ。照シ二
万縁ノ之寂寂タルヲ一、蔵二六用ノ之休休タルヲ一、已ンスルカナ矣乎。人生ノ変化同シ二四
時ニ一、天辺ノ日月無二少クモ雷ルコト一。不二自為レ計将ニレ安ンスルコトヲ之。有レハ生必有リレ死。
百年誰ト与ニカ期ン。宜フシテ寸田ニ以テ耕シ耨リ、頻ニ愛艸ヲ以テ耘耔ス。結二廬山ノ
之浄社一ヲ、詠ス二樝菴ノ之新詩一ヲ。送リ二心想ヲ於落日一ニ、倏如タル羽化断トシテ
無ンレ疑。

④53ウ

賛曰、度律師毘ニ賛スルノ本宗ヲ之暇、作リ記著シレ論、指二示ス浄邦ノ路
径一ヲ。有ルコトレ力二于大智ノ之門一、其レ豈ニ小ンヤ哉。予常ニ観ルニ二其ノ帰去来ノ辞一、
語新ニシテ而思遠ク、辞達シテ而理明也。真ニ令下人ヲシテ諷二詠シテ其ノ間一、曾テ不レ加二
寸念一、咸ク置カ中身ヲ於純白蓮華ノ之域上。可レ謂以二翰墨一為ス二仏事一ヲ
者ノ也ト矣。

宋惟一・法政・法久三律師伝

惟一律師、不レ知二姓氏一。従二道標・智交二律師一受業。瑩二練シテ
三学一、尤モ精二毘尼一ニ。開二法シテ東堂一ニ、衲子悦従ス。法政律師師トシ二事ヘ
惟一一ニ、精二研ス戒宗一ヲ。住シテ二竹谿一ニ弘宗、名声日ニ以テ著ル。並ニ宗門ノ之

④54オ

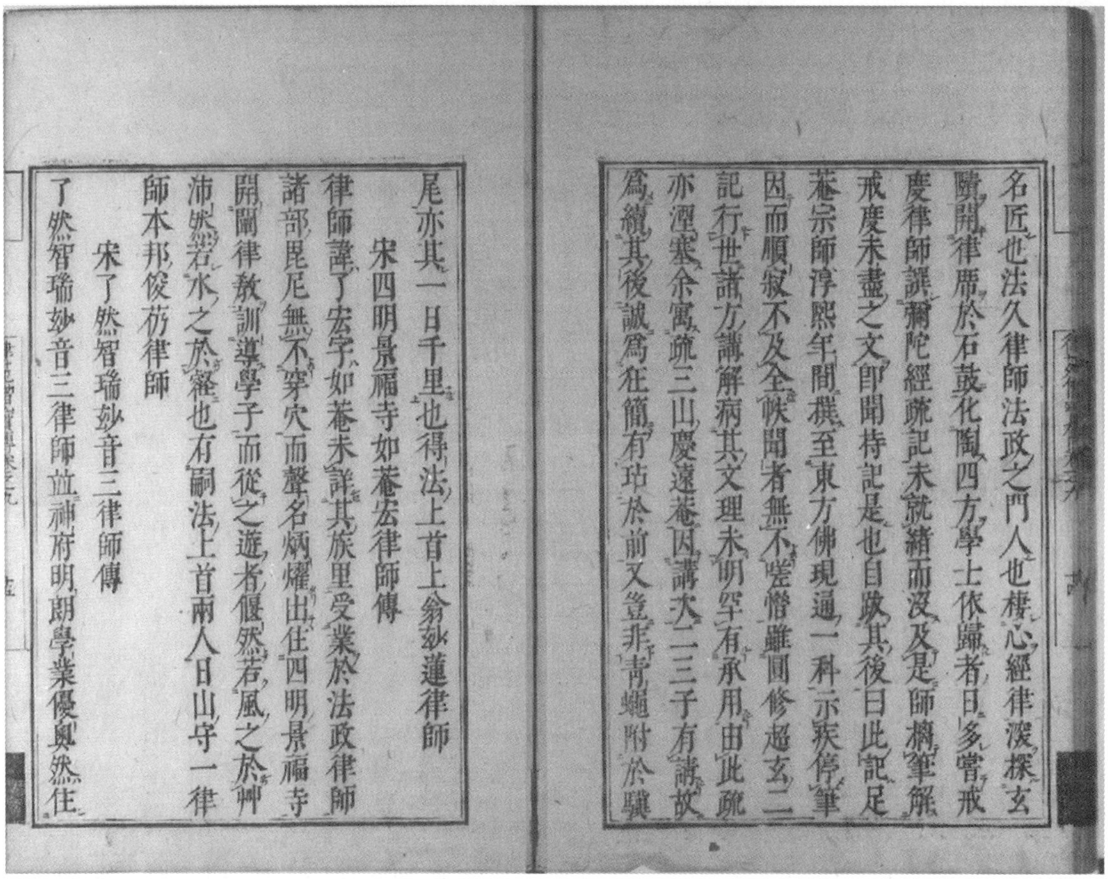

④54ウ　④55オ

名匠也也。法久律師、法政ノ之門人也也。棲シ二心ヲ経律一、深ク探ル二玄
賾ヲ一。開キ二律席ヲ於石鼓ニ一、化二陶ス四方ヲ一。学士依帰スル者ノ日ニ多シ。嘗テ戒
度律師撰シ二弥陀経疏記一、未レ就レ緒而没ス。及テレ是ニ、師摘テレ筆解ス二
戒度未尽ノ之文ヲ一。即聞持記是也也。自跋シテ二其ノ後ニ一曰、此ノ記ハ足
菴宗師、淳熙年間ニ撰ス。至二東方仏現通ノ一科ニ一示レ疾。停メレ筆
因テ而順寂。不レ及レ全スルニレ帙。聞者無レ不ト云コト二嗟惜一。雖二円修・超玄ノ二
記行ルトレ世ニ、諸方ノ講解病二其ノ文理未タレ明。罕レ有ルコト二承用スルコト一。由レ比疏
亦湮塞ス。余寓ス二疏三山ノ慶遠菴ニ一。因テ二講次ニ一二三子有レ請スルコト。故ニ
為メニ続ク二其ノ後一。誠ニ為二狂簡ニシテ有レ玷二於前一。又豈ニ非ヤト下青蝿附二於驥

⌊④54ウ

尾ニ一、亦其レ一日千里ナルニ上也。得法ノ上首、上翁妙蓮律師。

宋四明景福寺如菴宏律師伝

律師諱ハ了宏、字ハ如菴。未レ詳ンセ二其ノ族里一。受二業ヲ於法政律師一。
諸部ノ毘尼無シテレ不ト云コト二穿穴一、而声名炳燿タリ。出テ、住二四明ノ景福寺一。
開二闡律教ヲ一、訓二導ス学子一。而従テレ之遊フ者ノ偃然トシテ若ク二風ノ之於ルカレ艸、
沛然トシテ若シ二水ノ之於ルカレ壑ニ一也。有二嗣法ノ上首両人一。日山ノ守一律
師・本邦ノ俊芿律師。

宋了然・智瑞・妙音三律師伝

了然・智瑞・妙音三律師、並ニ神府明朗、学業優奥、然ハ住シ二

⌊④55オ

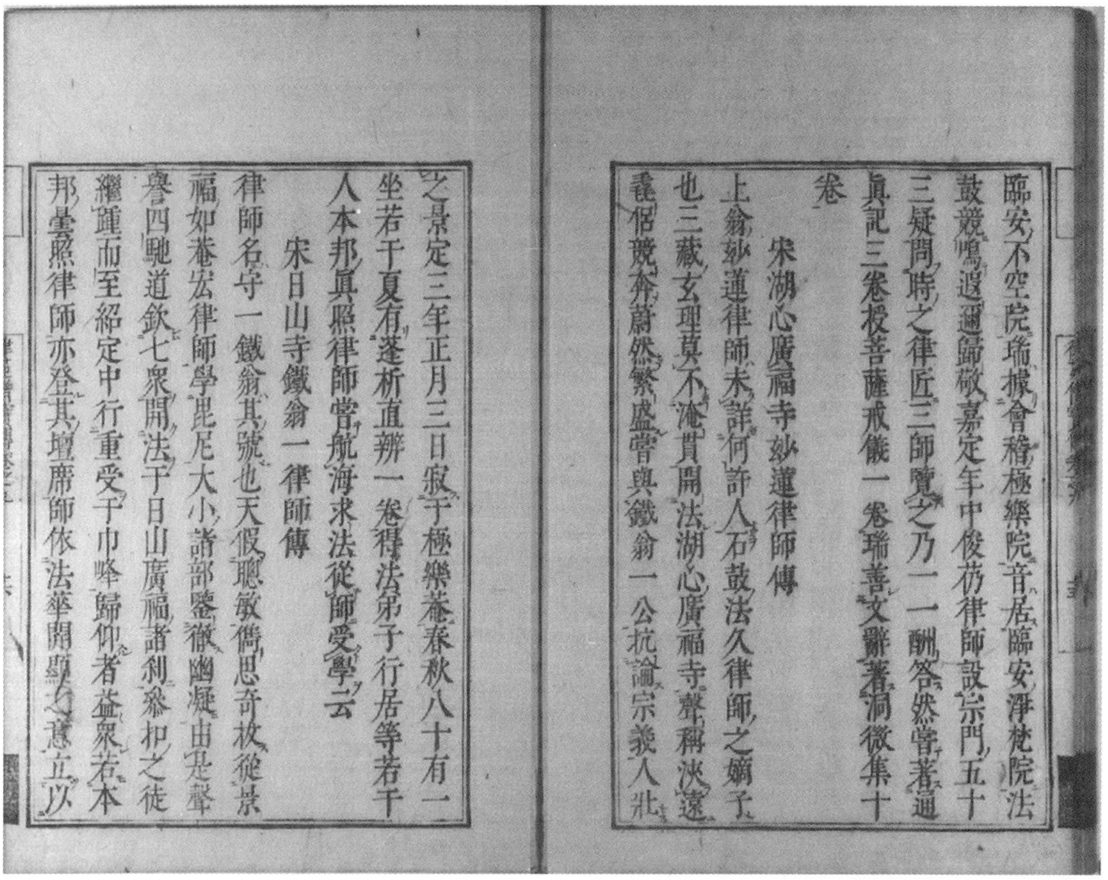

臨安不空院瑞據會稽極樂院音居臨安淨梵院法
鼓競鳴遐邇歸敬嘉定年中俊芿律師設宗門五十
三疑問時之律匠三師覽之乃一一酬答然嘗著通
眞記三卷授菩薩戒儀一卷瑞善文辭著洞微集十
卷
宋湖心廣福寺妙蓮律師傳
上翁妙蓮律師未詳何許人石鼓法久律師之嫡子
也三藏玄理莫不淹貫開法湖心廣福寺聲稱浹遠
毳侶競奔蔚然繁盛嘗與鐵翁一公抗論宗義人壯

之景定三年正月三日寂于極樂菴春秋八十有一
坐若干夏有蓬析直辦一卷得法弟子行居等若干
人本邦眞照律師嘗航海求法從師受學云
宋日山寺鐵翁一律師傳
律師名守一鐵翁其號也天假聰敏儁思奇拔從景
福如菴宏律師學毘尼大小諸部鑒徹幽凝由是聲
譽四馳道欽七衆開法于日山廣福諸刹參扣之徒
繼踵而至紹定中行重受于巾峰歸仰者益衆若本
邦曇照律師亦登其壇席師依法華開顯之意立以

④56オ　④55ウ

臨安ノ不空院ニ、瑞ハ據リ二会稽ノ極楽院一ニ、音ハ居ス二臨安ノ浄梵院一ニ。法鼓競ヒ鳴テ、遐邇帰敬ス。嘉定年中、俊芿律師設二宗門ノ五十三疑一、問フ二時ノ之律匠一ニ。三師覧テレ之、乃一一酬答ス。然嘗テ著ス二通真記三巻・授菩薩戒儀一巻一。瑞善シ二文辞一。著ス二洞微集十巻一。

宋湖心広福寺妙蓮律師伝

上翁ノ妙蓮律師ハ、未タレ詳ンセ二何許人ト云コトヲ一。石鼓ノ法久律師ノ之嫡子也。三蔵ノ玄理莫レ不ト云コト二淹貫一。開二法シ湖心ノ広福寺一ニ、声称浹フレ遠ニ。毳侶競奔シテ、蔚然トシテ繁盛也。嘗与二鉄翁一公一抗二論ス宗義一。人壮也トス

⌊
④55ウ

レ之。景定三年正月三日、寂ス二于極楽菴一ニ。春秋八十有一、坐若干夏。有リ二蓬析直弁一巻一。得法弟子行居等若干人。本邦ノ真照律師、嘗テ航レ海求法、従テレ師ニ受クトレ学ヲ云。

宋日山寺鉄翁一律師伝

律師名ハ守一、鉄翁ハ其ノ号也。天仮シテ二聡敏一儁思奇抜ス。従二景福ノ如菴宏律師一学二毘尼一、大小ノ諸部鑑二徹ス幽凝一ニ。由レ是声誉四馳、道欽シム二七衆ヲ一。開クニ法ヲ于日山広福ノ諸刹一ニ。参扣ノ之徒継レ踵而至。紹定中、行二重受ヲ于巾峰一。帰仰スル者益ミ衆シ。若モ二本邦ノ曇照律師一、亦登ル二其ノ壇席一。師依二法華開顕之意一、立ッ下以二

⌊
④56オ

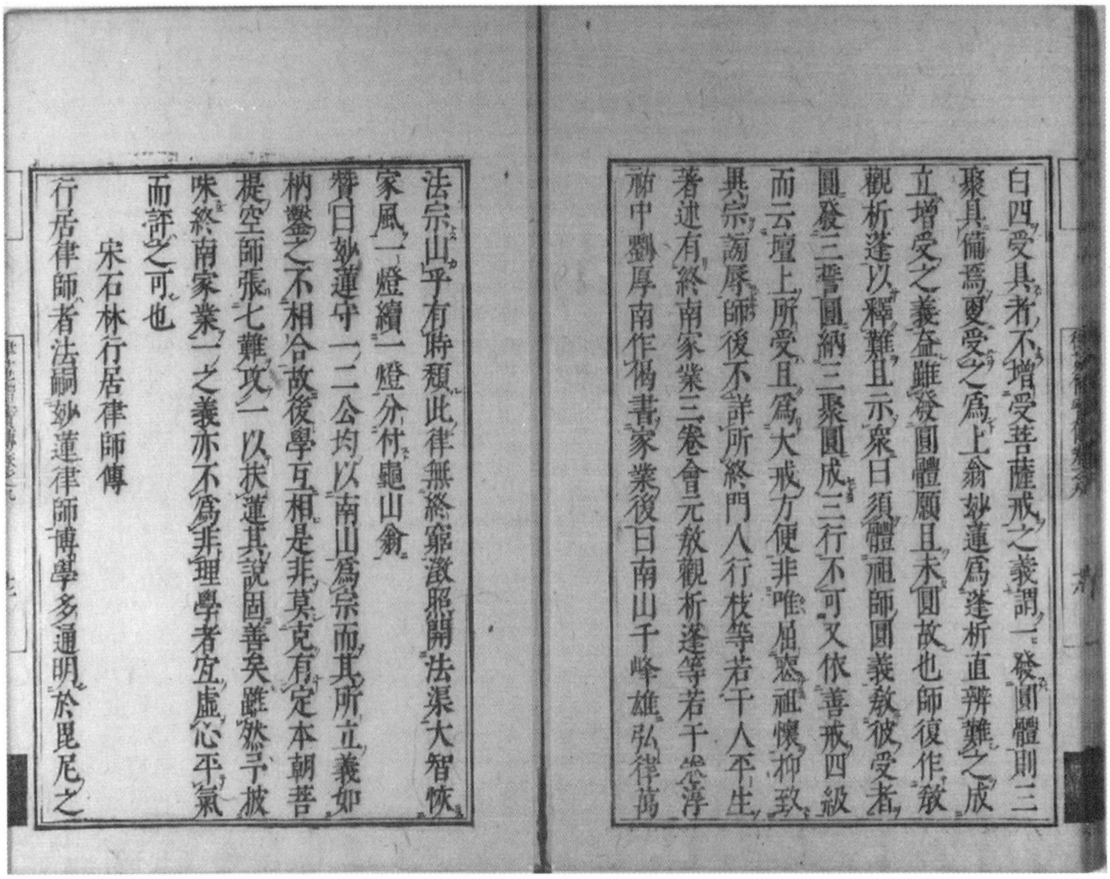

④56ウ　　④57オ

白四一ヲ受具スル者ノ、不レト云ノ増二受菩薩戒一ヲ之義上。謂ク、一ヒ発スレハ二円体一、則三聚具ニ備焉ソ。更ニ受レルコトヲ之為ント。上翁・妙蓮為二蓬析直弁一難シ之ヲ、成二立ス増受ノ之義一。盍シ雖レ発二円体一、願且ッ未レタ円故也也。師復作テ二教観析蓬一、以テ釈レク難ヲ。且示レシテ衆ニ曰、須レク体二祖師ノ円義一。教テ二彼ノ受者ヲ一、円ニ発二三誓一、円ニ納二三聚一、円ニ成セシメヨ二三行一。不レ可四又依二善戒ノ四級一、而云三壇上ノ所受ハ且ク為リト二大戒ノ方便一。非三唯屈タ、二喪スルノミニ祖懐一ヲ。抑致スト二異宗ヲシテ謗辱セシムルコトヲ一。師後不レ詳レ所レ終。門人行枝等若干人。平生ノ著述有リ二終南家業三巻・会元教観析蓬等若干巻一。淳祐中・劉厚南作レ偈。書シテ二家業ノ後一曰、南山千峰雄ニ弘律萬

⌊
④56ウ

法宗トス。山カ乎有レ時頽ル。此ノ律無二終窮一。澂照開二法渠一、大智恢二ス家風一ヲ。一燈続二一燈一、分二付ス亀山翁一ニ。

賛曰、妙蓮・守一ノ二公、均ク以二南山一為レ宗。而シテ其ノ所立ノ義、如三枘鑿ノ之不二相合一。故ニ後学互ニ相ヒ是非シテ、莫二シ克ク有ルコトレ定。本朝菩提ノ空師、張リ二七難一ヲ攻レテ一、以テ扶レ蓮。其ノ説固ニ善矣。雖レ然予披二味スルニ終南家業一ヲ、一ノ之義亦不レ為レ非レト理。学者宜ク虚レシテ心平ニシテレ気而評ハレ之可也也。

宋石林行居律師伝

行居律師ハ者、法嗣二妙蓮律師一。博学多通、明也二於毘尼ノ之

⌊
④57オ

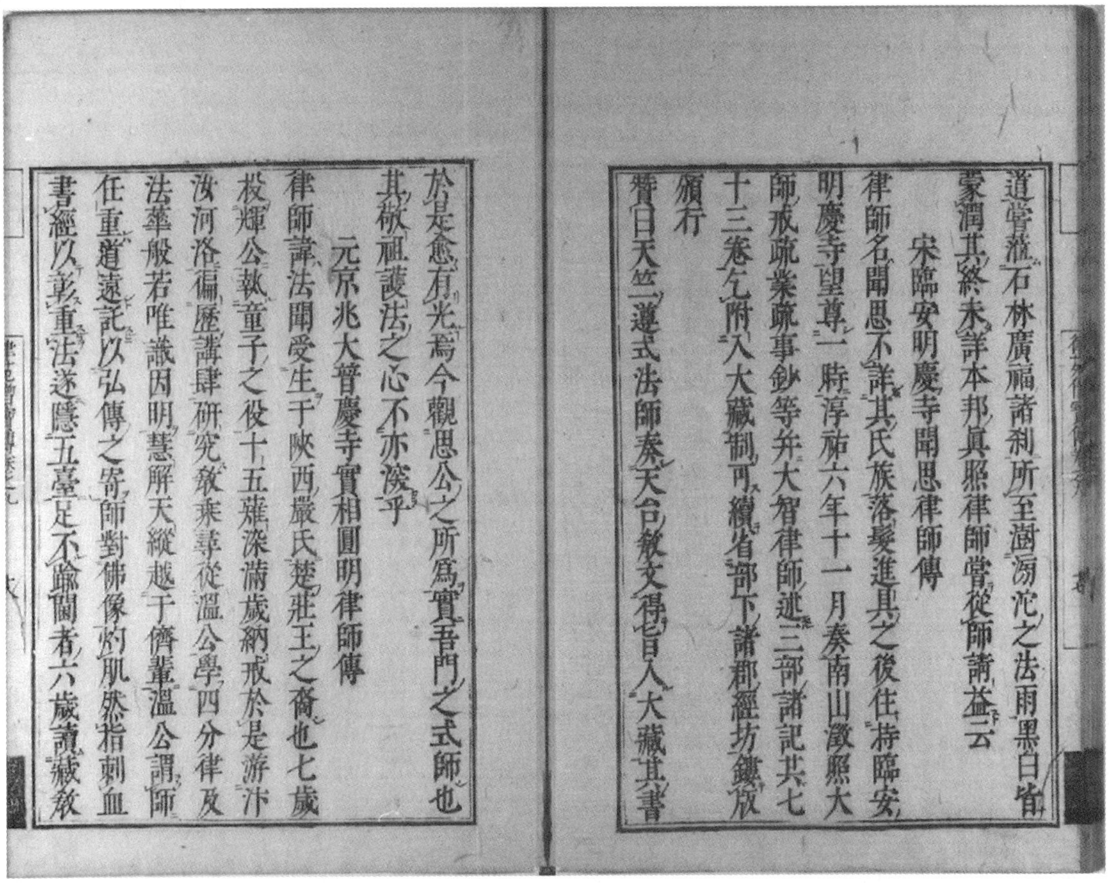

④58オ　　④57ウ

道一。嘗莅ニ石林・広福ノ諸刹一ニ、所レ至澍ニ滂陀ノ之法雨一。黒白皆ナ
蒙レ潤。其ノ終未タレ詳。本邦ノ真照律師、嘗テ従レ師請益スト云。

宋臨安明慶寺聞思律師伝

律師名ハ聞思、不レ詳ニンセ其ノ氏族一。落髪進具ノ之後、住ニ持臨安ノ
明慶寺一、望尊ニシ一時一ニ。淳祐六年十一月、奏ニ南山澂照大
師ノ戒疏業疏事鈔等、並ニ大智律師ノ述セル三部ノ諸記共七
十三巻一。乞レ附ニ入大蔵一。制シテ可ス。続テ省ニ部下ノ諸郡ノ経坊一、鏤テレ版
頒行。
賛曰、天竺ノ遵式法師、奏ニシ天台ノ教文一、得テレ旨入ルニ大蔵一。其ノ書

└
④57ウ

於レ是愈ミ有リレ光ルコト焉。今観ニ思公ノ之所為一ヲ、実ニ吾門ノ之式師也。
其ノ敬祖護法ノ之心、不ニ亦深カラ一乎。

元京兆大普慶寺実相円明律師伝

律師諱ハ法聞、受ニ生ヲ于陝西ノ厳氏一ニ。楚ノ荘王之裔也。七歳
投シテニ輝公ニ執ルニ童子ノ之役一。十五薙染、満歳納戒。於レ是游ニ汴
汝河洛一ニ、偏ニ歴シテ講肆一研ニ究ス教乗一。尋従ニ温公一学フニ四分律及
法華・般若・唯識・因明一ヲ。慧解天縦、越ニ于儕輩一ニ。温公謂ラクレ師ニ、
任重レハ道遠シト。託スルニ以ニ弘伝ノ之寄一ヲ。師対ニ仏像一灼レ肌然レ指、刺レ血
書レ経。以テ彰レスレ重スルコトヲ法。遂ニ隠ニ五台一ニ。足不ルレ踰レ閾者ノ六歳、読ニムニ蔵教

└
④58オ

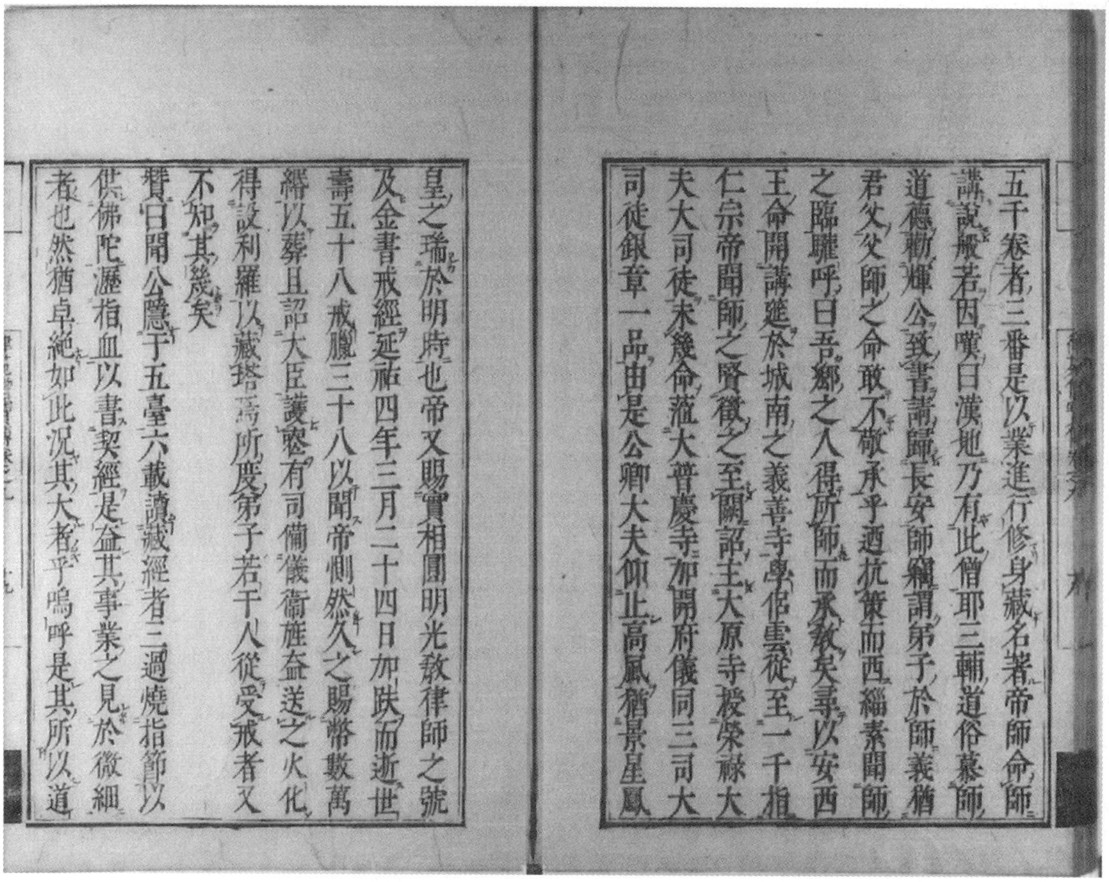

④59オ　④58ウ

五千巻一者ノ三番、是以テ業進ミ行修マリ。身蔵シテ名著ル。帝師命レシテ師ニ
講二説セシム般若一ヲ。因テ嘆シテ曰、漢地ニ乃有ルヤ此ノ僧一耶。三輔ノ道俗慕二師ノ
道徳一ヲ、勧メ二輝公ヲ一致シテレ書ヲ請シテ帰ラシム二長安一。師窃ニ謂ク、弟子ノ於レ師ニ義、猶二
君父一ノ。父師ノ之命、敢テ不ンヤト二敬承一乎。迺抗レ策而西ス。緇素聞二師ノ
之臨一、驩呼シテ曰、吾カ郷ノ之人、得レ所レ師トスル而承レト教ヲ矣。尋テ以二安西
王ノ命一、開二講筵ヲ於城南ノ之義善寺一。学侶雲従シテ至ル二一千指一。
仁宗帝聞二師ノ之賢一、徴シテ之至ラシメレ闕ニ、詔シテ主シメ二大原寺一、授二栄禄大
夫大司徒一ヲ。未レ幾命シテ涖二大普慶寺一ニ、加二開府儀同三司大
司徒銀章一品一ヲ。由レ是公卿大夫仰二止シ高風一ヲ、猶三景星鳳

└ ④58ウ

皇ノ之瑞二アルカ於明時一ニ也。帝又賜二実相円明光教律師之号
及ヒ金書戒経一ヲ。延祐四年三月二十四日、加趺シテ而逝ス。世
寿五十八、戒臘三十八。以テ聞ス、帝惻然タルコト久シ之。賜二幣数萬
緍一以テ葬。且詔二大臣一護シムレ喪ヲ。有司備二儀衛旌蓋一送ルレ之。火化シテ
得二設利羅一。以テ蔵レ塔焉。所度ノ弟子若干人。従テ受ルレ戒者又
不レ知ラ二其ノ幾一トイフコトヲ矣。
賛ニ曰、聞公隠ル、コト二于五台一六載、読ムコト二蔵経一者三過。焼二指節一以
供シ二仏陀一ニ、瀝二指血一以書ス二契経一ヲ。是レ盍シ其ノ事業ノ之見レタル二於微細一ニ
者ノ也。然猶卓絶ナルコト如レ此。況ヤ其ノ大ナル者ノヲヤ乎。嗚呼是レ其ノ所下以也道

└ ④59オ

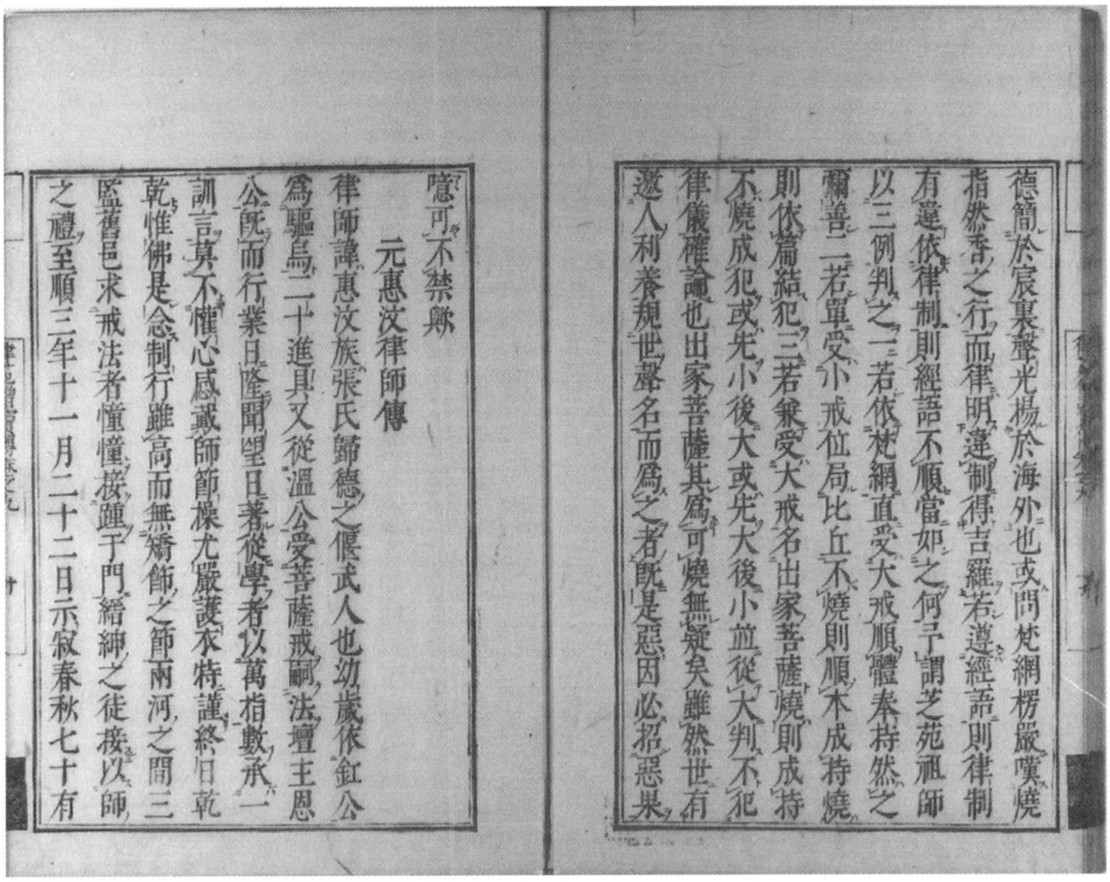

④60オ　④59ウ

徳簡二レ於宸裏一ニ、声光揚中ル於海外上ニ也。或人問、梵網・楞厳ニ嘆二ス焼
指然香ノ之行一ヲ。而シテ律ニハ明下ス違レシテ制ニ得中ト吉羅上ヲ。若シ遵二スレハ経語一ニ、則律制
有レ違。依二ル時ハ律制一ニ、則経語不レ順セ。当ニ如二ン之ヲ何一。予謂、芝苑祖師
以二三例一判レス之ヲ。一ニ若シ依二テ梵網一ニ直ニ受二ハ大戒一、順レシテ体奉持。然レハ之
弥善シ。二ニ若シ単ニ受二ハ小戒一、位局二ル比丘一。不レンハ焼則順レシテ本成レ持。焼ハ
則依レテ篇結レス犯ヲ。三ニ若兼テ受二ハ大戒一、名二出家ノ菩薩一ト。焼ハ則成レ持。
不レンハ焼成レ犯ヲ。或ハ先ッ小後ニ大、或ハ先ッ大後ニ小。並ニ従レテ大ニ判ス。不レト犯二
律儀一。確論也也。出家ノ菩薩、其レ為レスルコト可レ焼無レシ疑矣。雖レ然世ニ有下
邀二人ノ利養一規二世ノ声名一而為レス之ヲ者上ノ。既ニ是悪因、必ス招二ン悪果一ヲ。

④59ウ

噫ア、可レンヤ不レ禁歟。

元恵汶律師伝

律師諱ハ恵汶、族ハ張氏。帰徳ノ之偃武人也。幼歳依二釭公一
為二駆烏一ト。二十進具。又従二温公一受二菩薩戒一ヲ。嗣二ク法ヲ壇主恩
公一ニ。既ニシテ而行業日ニ隆ニシテ、聞望日ニ著ル。従ヒ学フ者以二万指一数フ。承レハ一
訓言一ヲ、莫レ不二ト云コト懽心感戴一。師節操尤厳、護衣特ニ謹メリ。終日乾
乾トシテ惟仏是レ念ス。制行雖レ高、而無二矯飾ノ之節一。両河ノ之間、三
監旧邑求二戒法一者、憧憧トシテ接二ク踵ヲ于門一ニ。縉紳ノ之徒、接スルニ以二ス師ノ
之礼一ヲ。至順三年十一月二十二日示寂。春秋七十有

④60オ

④61オ　④60ウ

三、僧朧若干。升壇授戒四十余会。

明菩提寺用明律師伝

律師名ハ用明、諸曁楊氏ノ子。素ヨリ称ス二儒宦ノ之族一ト。幼ニシテ而俊爽、
従テ二叔父白石琪公ニ一遊二四明一。遂ニ捨ツ二家ヲ於慈谿ノ崇福寺ニ一。別
江ノ舟毓テ以為二法孫一ト。別江能ク窮二法華三観十乗之旨一ヲ。歳コトニ
為二長期一。率二同袍三十人一而暗二誦ス之一ヲ。得レ師以為ク、能ク継ント二其ノ
志一。極テ愛シテレ之而弗レ置。復命シテ受シム二毘尼ノ之学ヲ於湖心ノ広福寺ニ一。
既ニシテ而充ル二霊芝蔵司ノ之職ニ一。浄覚大師以二碩望宿徳一、為メニ二釈
子ノ所レ宗トセ一。亦以レ師為二法器一ト、俾レ出二世セ於菩提律寺ニ一。師威儀

└④60ウ

端雅、学業優博、而遊二戯スルモ篇翰ニ一、亦皆清逸ニシテ可レ玩。為メニ二翰林
学士景濂宋公ノ所一レ称云。

明紫雲如是思律師伝

律師諱ハ弘思、字ハ如是。別ニ号二誦帚一ト。江福全陳氏ノ子也。冠
歳投シテ二開元ノ少満公ニ一出家、以レ詩遊フ二薦紳ノ間ニ一。既ニ受具、毘尼ノ
諸部莫レ不ト云コト二研究一。嘗テ単瓢ニシテ参ス二無異和尚ニ於博山ニ一。異令レ看下
一口気不レ来、畢竟向テカ二什麼ノ処ニ一去ルト云ヲ上。凡ソ三年ニシテ有レ省。辞去テ上ル二
天台ノ幽谿寺ニ一。参シテ二無尽法師ニ一、遂ニ尽ク得タリ二一家教観大旨一ヲ。又
与二古徳・霊源・雪松ノ諸法師一往復討論ス。皆ナ服ス二其ノ精敏ニ一。有リ二

└④61オ

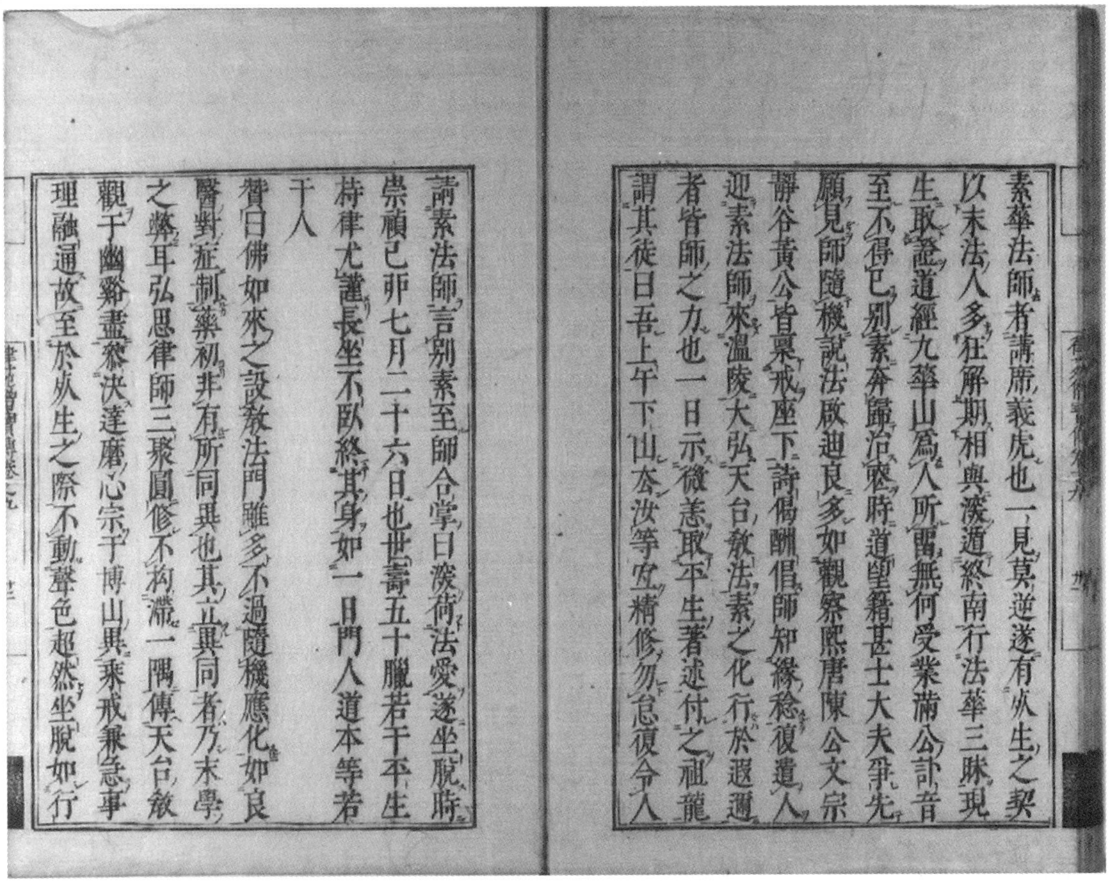

④61ウ　④62オ

素華法師ト云者一。講席ノ義虎也。一見シテ莫逆、遂ニ有二死生ノ之契一。
以下末法ノ人多キヲ中狂解上、期下スル相与ニ深ク遁テ二終南一行二法華三昧一ヲ、現
生ニ取上ントスル証ヲ。道経二九華山一、為レメニ人所レル留メ。無レシテ何受業満公ノ訃音
至ル。不レシテ得レ已コトヲ別レ素ニ、奔帰テ治レス喪ヲ。時ニ道望籍甚、士大夫争ヒ先テ
願レフ見ンコトヲ。師随テレ機ニ説法、啓迪良ニ多シ。如二観察熙唐陳公・文宗
静谷黄公一皆稟ケ二戒ヲ座下一ニ、詩偈酬倡ス。師知二縁ノ稔一メルコトヲ。復遣レシテ人ヲ
迎テ二素法師ヲ一来ラシメ二温陵一ニ、大ニ弘ム二天台ノ教法一ヲ。素ノ之化行ル二、ハ於遐邇一ニ
者、皆師ノ之力也也。一日示ス二微恙一ヲ。取テ二平生ノ著述一付シ二之ヲ祖龍一、
謂二其徒一曰、吾レ上午下山シ去ン。汝等宜ク精修シテ勿レト怠。復令レ人

」④61ウ

請二素法師ヲ一言レ別。素至ル。師合掌シテ曰、深ク荷フト二法愛一ヲ。遂ニ坐脱ス。時ニ
崇禎己卯七月二十六日也也。世寿五十、臘若干。平生
持律尤謹メリ。長坐不臥、終マテ二其ノ身一ヲ如二一日一。門人道本等若
干人。
賛曰、仏如来ノ之設レ教。法門雖レ多ト、不レ過二随レ機応化一スルニ。如二良
医ノ対レシテ症ニ制レスルカ薬。初ヨリ非レ有ルニレ所二同異一也。其ノ立タル二異同一者ノハ、乃シ末学ノ
之弊ノミ耳。弘思律師、三聚円ニ修シ、不レ拘二滞セ一隅一ニ。伝ヘ二天台ノ教
観ヲ于幽谿ノ尽一ニ、参二決ス達磨ノ心宗ヲ于博山ノ異一ニ。乗戒兼急ニシテ、事
理融通ス。故ニ至二於死生ノ之際一不レ動セ二声色一。超然トシテ坐脱、如三シ行

」④62オ

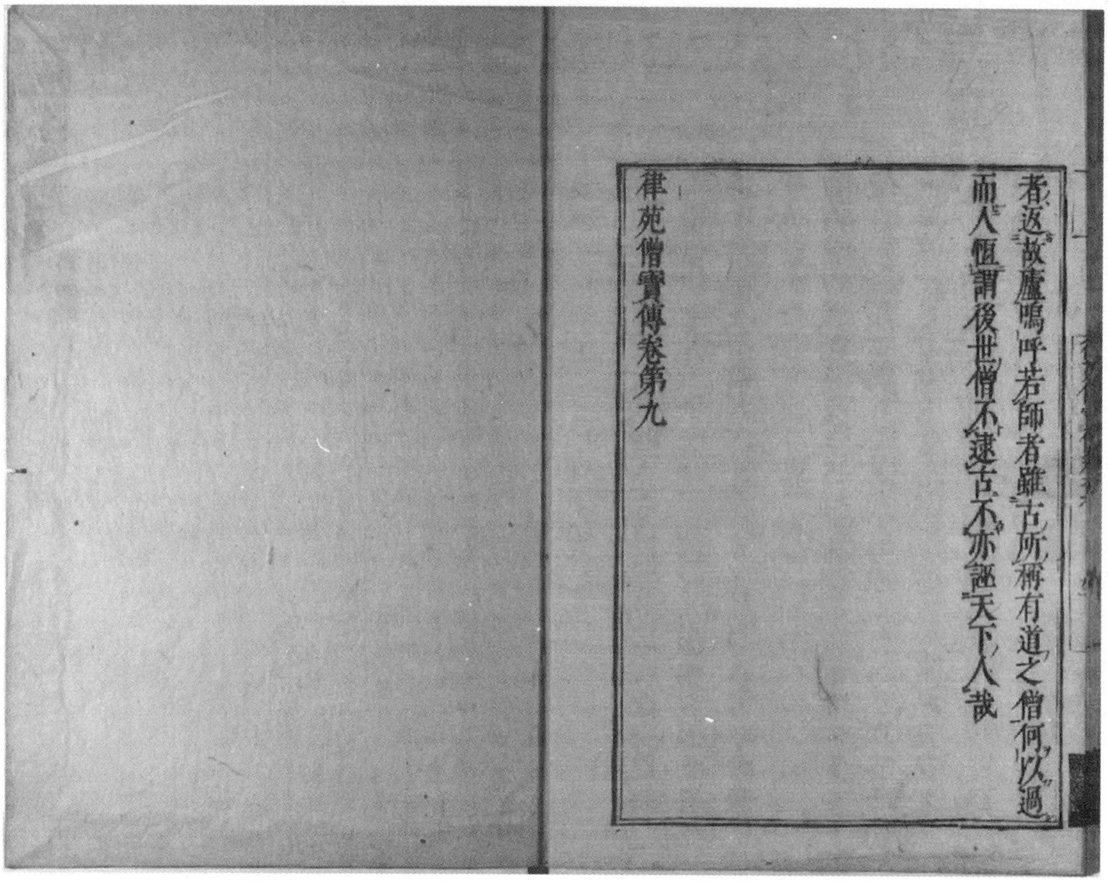

者返故廬嗚呼若師者雖古所称有道之僧何以過
而人恒謂後世僧不逮古不亦誣天下人哉
律苑僧寳傳卷第九

④裏表紙見返　　④62ウ

者ノ、返ニルカ故廬一。嗚呼若レ師者、雖ニ古ノ所レノ称有道ノ之僧一、何ヲ以カ過ン。

而ルニ人恒ニ謂、後世ノ僧不レト逮レ古ニ。不三スヤ亦誣ニ天下ノ人一哉。

律苑僧宝伝巻第九

└ ④裏表紙見返

└ ④62ウ

④裏表紙

④裏表紙

律苑僧宝伝
第五冊

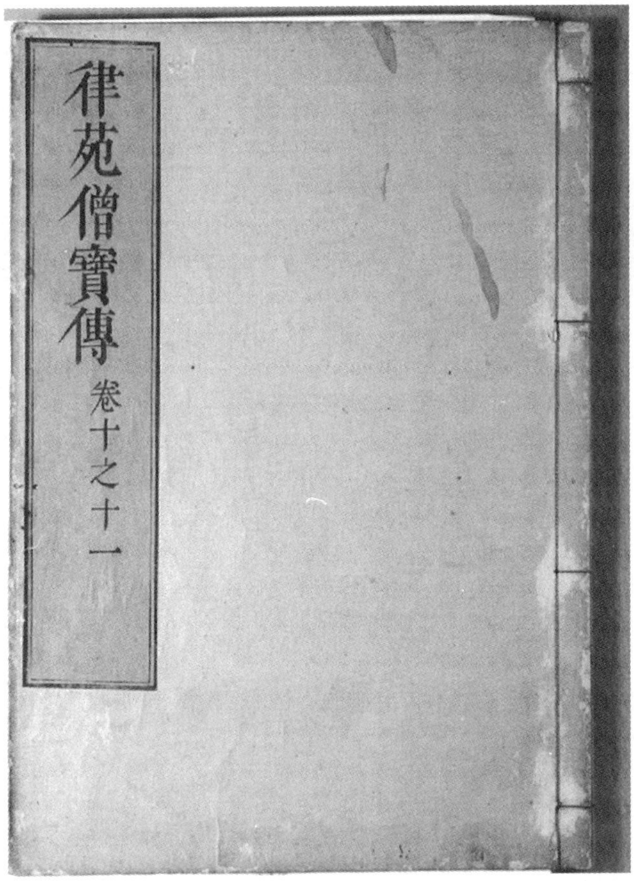

⑤表表紙

⑤表表紙

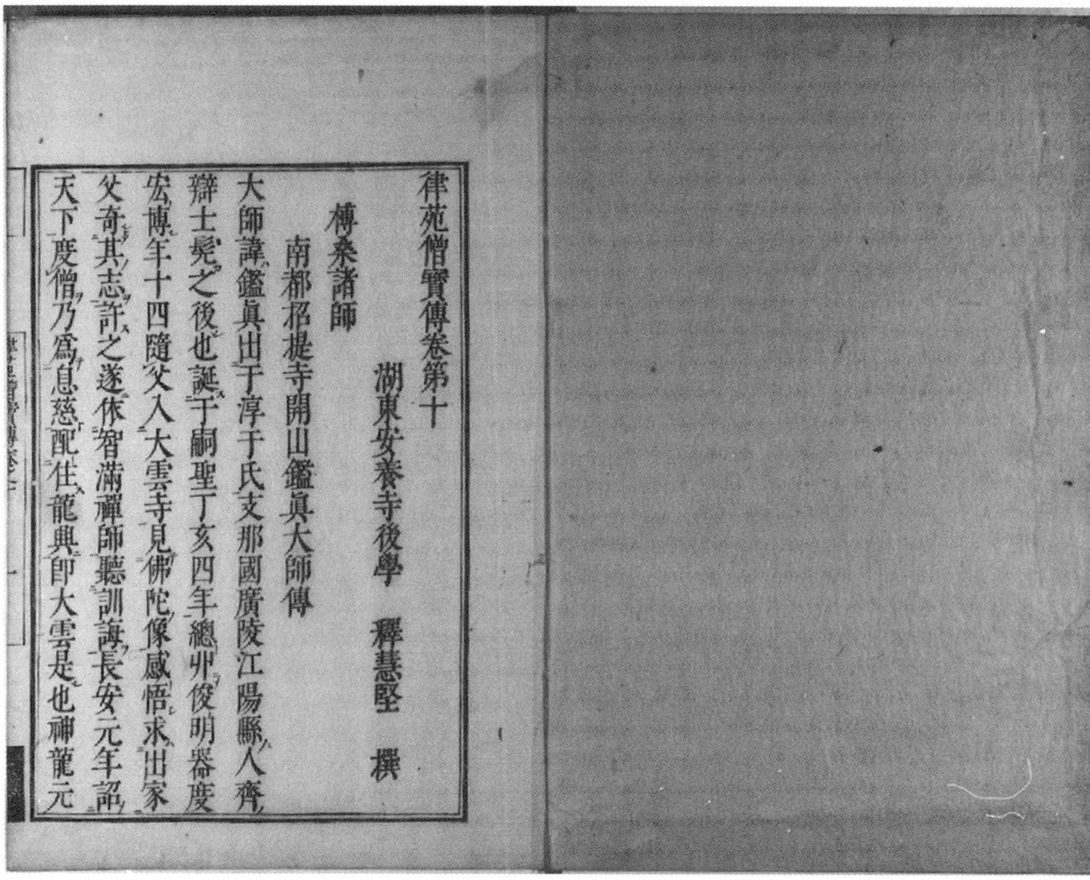
律苑僧寶傳卷第十　湖東安養寺後學　釋慧堅　撰
榑桑諸師
南都招提寺開山鑑真大師傳
大師諱鑑眞出于淳于氏支那國廣陵江陽縣人齊
辯士髠之後也誕于嗣聖丁亥四年總丱俊明器度
宏博年十四隨父入大雲寺見佛陀像感悟求出家
父奇其志許之遂依智滿禪師聽訓誨長安元年詔
天下度僧乃爲息慈配住龍興卽大雲是也神龍元

⑤01オ　　⑤表表紙見返

律苑僧宝伝巻第十

湖東安養寺後学　釈慧堅　撰

榑桑諸師

南都招提寺開山鑑真大師伝

大師諱ハ鑑真、出ニ于淳于氏一。支那國広陵江陽県ノ人。斉ノ
弁士髡カ之後也也。誕ニス于嗣聖丁亥四年一。総丱ニシテ俊明、器度
宏博也。年十四、随レ父入ニ大雲寺一、見テニ仏陀ノ像一感悟シ求ムニ出家一。
父奇ニ也トシテ其ノ志ヲ一許ス之。遂ニ依ニ智満禅師一聴ニ訓誨ヲ一。長安元年詔シテニ
天下一度レ僧ヲ。乃為テニ息慈ト一配ニ住ス龍興ニ一。即大雲是也也。神龍元

⑤01オ
⑤表表紙見返

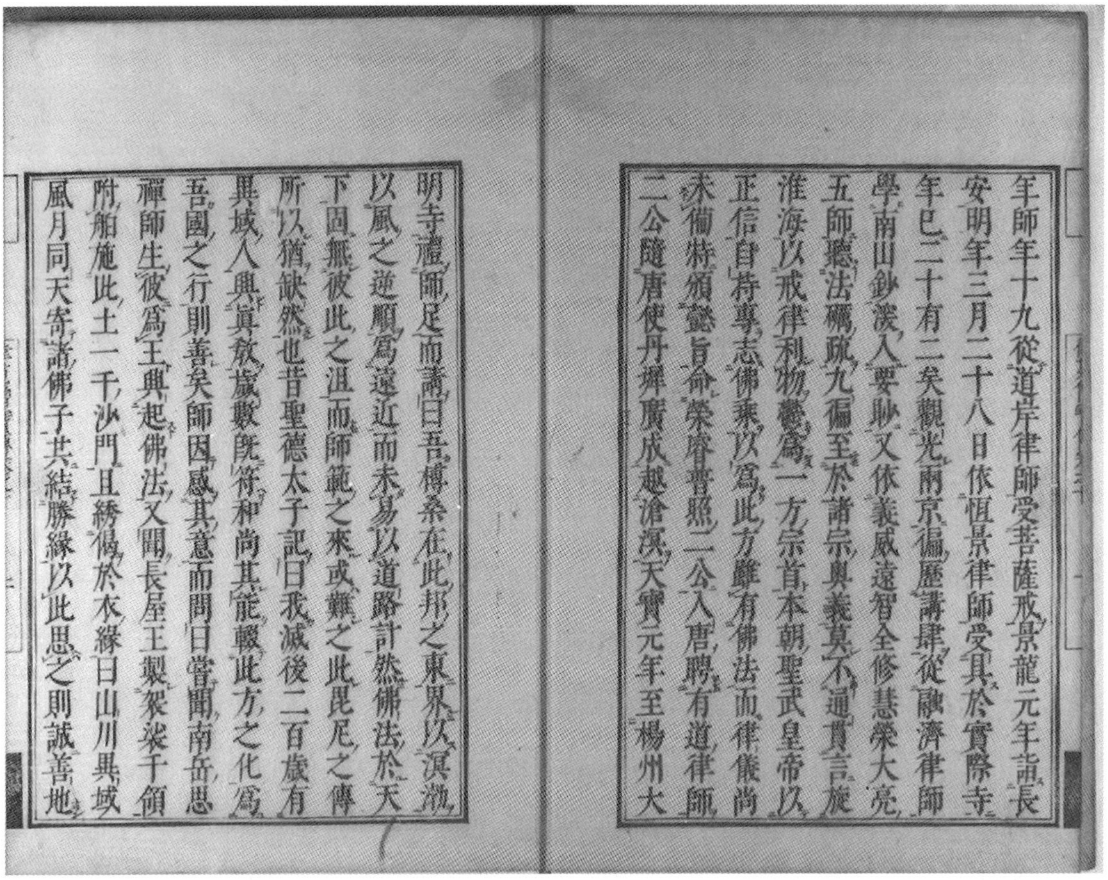

⑤02オ　⑤01ウ

年師年十九、従テ二道岸律師一受二菩薩戒ヲ一。景龍元年詣ス二長
安一。明年三月二十八日依二恒景律師一受二具ス於実際寺ニ一。
年巳ニ二十有二矣。観シ二光両京ニ一、偏ク歴二講肆ヲ一。従二融済律師一
学ヒ二南山鈔一、深ク入ル二要眇ニ一。又依二義威・遠智・全修・慧栄・大亮ノ
五師ニ一、聴クコト二法礪ノ疏ヲ一九偏。至テモ二於諸宗ノ奥義一、莫シレ不ト云コト一通貫一。言ニ旋二
淮海一、以二戒律一利シレ物ヲ、鬱トシテ為ンヌ二一方ノ宗首ト一。本朝ノ聖武皇帝以テ二
正信一自ミ持、専ラ志ス二仏乗ヲ一。以為ラク、此ノ方雖レ有二仏法一、而モ律儀尚
未ストレ備。特ニ頒二懿旨一、命シ二栄睿・普照ノ二公ニ一、入唐シテ聘セシム二有道ノ律師ヲ一。
二公随二唐使丹墀広成ニ一越二滄溟ヲ一。天宝元年至二楊州大

⑤01ウ

明寺一、礼シテ二師ノ足一而請シテ曰、吾カ榑桑在リ二此ノ邦ノ之東ニ一。界ルニ以ス二溟渤ヲ一。
以二風ノ之逆順ヲ一為二遠近一。而未タレ易二以レ道路計一。然ルニ仏法ノ於ル二天
下一、固ニ無シ二彼此ノ之沮一。而トモ師範ノ之来ル、或ハ難シ之。此レ毘尼ノ之伝
所二以也猶ヲ欠然タル一也。昔聖徳太子記シテ曰、我カ滅後二百歳、有二
異域ノ人一興シテ二真教ヲ一。歳数既ニ符ヘリ。和尚其レ能ク輟テ二此方ノ之化一、為ハ二
吾カ國ノ之行一則善シ矣。師因テ感シテ二其ノ意一而問曰、嘗テ聞ク、南岳ノ思
禅師生シテレ彼ニ為レ王ト興二起スト仏法ヲ一。又聞ク、長屋王製シ二袈裟千領一、
附シテレ船施二此ノ土一千ノ沙門ニ一。且繍二偈ヲ於衣ノ縁一曰、山川異域、
風月同天、寄テ二諸ノ仏子一、共ニ結フト二勝縁一。以レ此思ヘハレ之、則誠ニ善地ナラン

⑤02オ

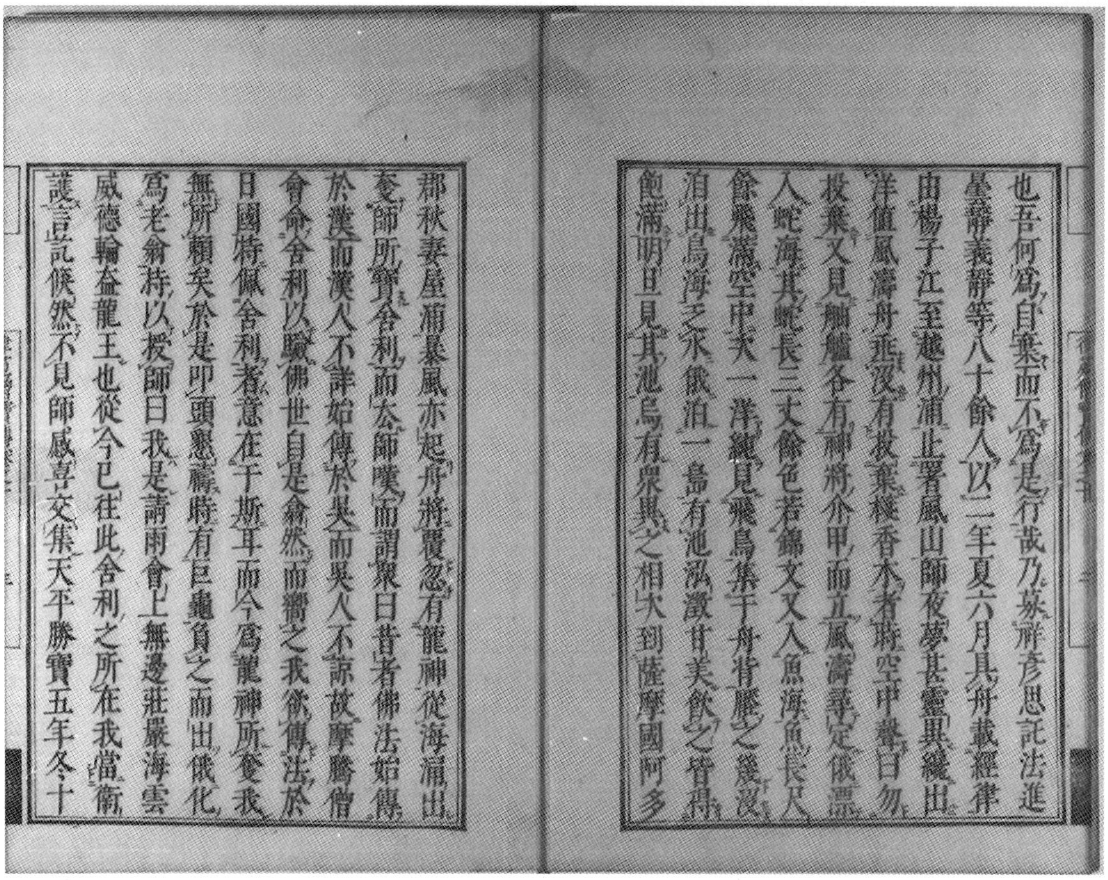

⑤03オ　⑤02ウ

也。吾何為ソ自棄テ、而不レンヤ為ニ是ノ行一哉。乃シ募ニル祥彦・思託・法進・
曇静・義静等ノ八十余人ヲ一。以ニ二年夏六月一具レシテ舟載ニ経律一、
由ニ楊子江一至ニ越州ノ浦ニ、止ニ署風山一。師夜夢甚霊異也。纔ニ出ルニ
レ洋値ニ風濤一、舟垂レナントス没スルニ。有下投ニ棄スル棧香木ヲ一者上。時ニ空中声アテ曰、勿レト
投棄一スルコト。又見ルニ二舳艫一、各有リ二神将ノ介甲シテ而立一ツ。風濤尋テ定ル。俄ニ漂テ
入ニル蛇海一ニ。其ノ蛇長三丈余、色若ニ錦文一。又入ニル魚海一ニ。魚ノ長尺
余、飛ニ満ス空中一ニ。次一洋アリ。純ラ見ニル飛鳥一。集ニ于舟背一、圧レシテ之幾ント没セントス。
洎レ出ニルニ鳥海一乏レ水ニ、俄ニ泊ル一島一。有レ池。泓澄甘美也。飲テレ之皆得タリ二
飽満一スルコトヲ。明日見ルニ二其ノ池一鳥有也。衆異トスレ之。相次到ニ薩摩國阿多

⑤02ウ

郡秋妻屋浦一。暴風亦起リ、舟将レニ覆ントス。忽チ有ニ龍神一。従レ海涌出シ、
奪ニテ師所ノレ宝トスル舎利一ヲ而去ル。師嘆シテ而謂レ衆曰、昔者仏法始伝フ二
於漢一ニ。而漢人不レ詳。始伝フ二於呉一ニ。而呉人不レ諒。故ニ摩騰・僧
会命ニシテ舎利一ニ以テ験ムレ仏。世自レ是翕然トシテ而嚮レ之。我欲シテレ伝ントレ法ヲ於
日國一ニ、特ニ佩ニル舎利ヲ一者ノハ、意在ニ于斯ニ一耳。而今為ニ龍神一所ルレ奪。我レ
無シトレ所レ頼矣。於レ是叩レ頭懇禱ス。時ニ有ニ巨亀一。負レ之而出ツ。俄ニ化シテ
為ニ老翁一ニ。持シテ以テ授レ師曰、我レハ是レ請雨会上無辺荘厳海雲
威徳輪蓋龍王也。従レ今已往、此ノ舎利ノ之所レ在、我当ニ衛シト
護一ス。言訖倏然トシテ不レ見。師感喜交ミ集ル。天平勝宝五年冬十

⑤03オ

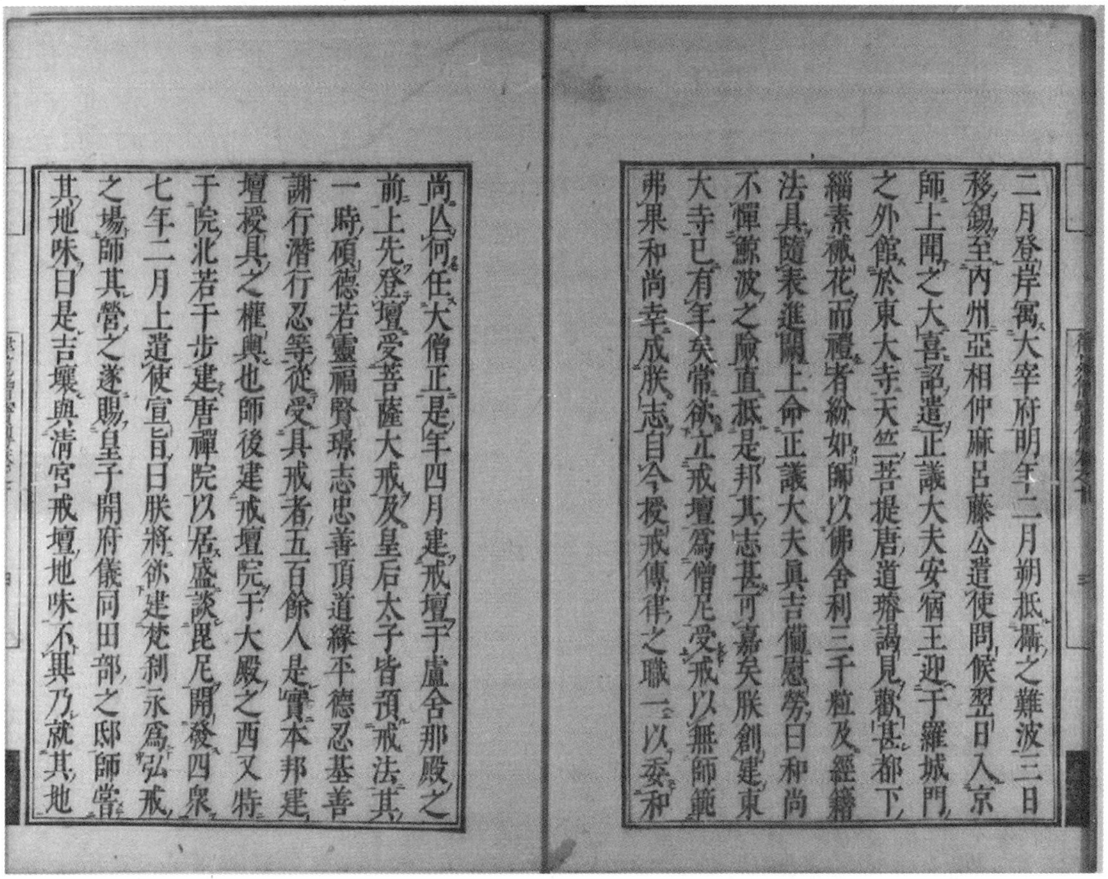

⑤04オ　⑤03ウ

二月登岸、寓ス二大宰府一。明年二月朔抵ル二摂ノ之難波一。三日
移シテレ錫ヲ至ル二内州一ニ。亜相仲麻呂藤公遣レ使問候。翌日入ル二京
師一ニ。上聞テ之大ニ喜ヒ、詔シテ遣シテ二正議大夫安宿王一迎ヘ二于羅城門ノ
之外一、館ス二於東大寺一ニ。天竺ノ菩提・唐ノ道璿、謁見シテ歓コト甚シ。都下ノ
緇素、緘花シテ而礼スル者紛如タリ。師以二仏舎利三千粒及ヒ経籍・
法具一ヲ随レ表進レ闕ニ。上命二正議大夫真吉備一ニ、慰労シテ曰、和尚
不レ憚二鯨波ノ之険一、直ニ抵ル二是ノ邦一。其ノ志甚タ可レ嘉矣。朕創二建シテ東
大寺一已ニ有レ年矣。常ニ欲下スレトモ立二戒壇一為二僧尼一受上シメント戒、以レ無二師範一
弗レ果。和尚幸ニ成二朕カ志一ヲ、自レ今授戒伝律ノ之職、一ヘニ以テ委二ヌト和

⑤03ウ

尚一ニ。亡シテレ何クモ任ス二大僧正一ニ。是ノ年四月建ツ二戒壇ヲ于盧舎那殿ノ之
前一ニ。上先ツ登テレ壇ニ受二菩薩大戒一ヲ。及ヒ皇后太子皆預ル二戒法一ニ。其ノ
一時ノ碩徳若二霊福・賢璟・志忠・善頂・道縁・平徳・忍基・善
謝・行潜・行忍等一ノ、従テ受ル二具戒一者ノ五百余人。是レ実ニ本邦建
壇授具ノ之権輿也也。師後建二戒壇院ヲ于大殿ノ之西一、又特ニ
于二院ノ北若干歩一建テ二、唐禅院一以居ス。盛ニ談シ二毘尼一ヲ開二発ス四衆一ヲ。
七年二月上遣レ使宣旨シテ曰、朕将ニ欲下建二梵刹一永為ント中弘戒ノ
之場上ト。師其レ営シテ之、遂ニ賜フ二皇子開府儀同田部ノ之邸一。師嘗メテ二
其ノ地味一ヲ曰、是レ吉壌也。与二清宮戒壇ノ地味一不レト異。乃シ就二其地一

⑤04オ

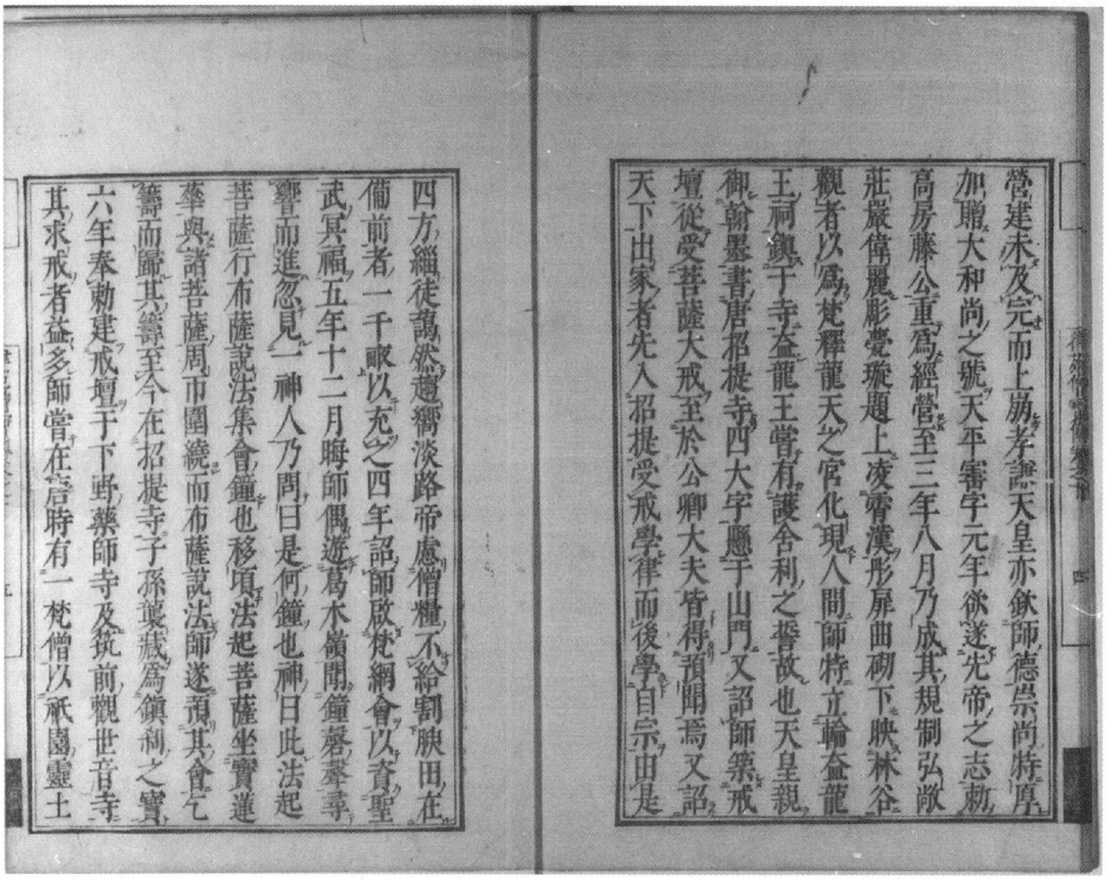

⑤05オ　⑤04ウ

営建。未㆑タシテ及㆑ハ完キニ而上崩シ玉フ。孝謙天皇亦欽㆓師ノ徳㆒、崇尚特ニ厚シ。
加㆓贈ス大和尚ノ之号㆒ヲ。天平宝字元年欲㆑遂㆓ント先帝ノ之志㆒、勅㆓シテ
高房藤公㆒ニ重テ為メニ経営セシム。至三年八月㆒乃成ヌ。其ノ規制弘敞、
荘厳偉麗也。彫甍璇題、上ミ凌㆓霄漢㆒ヲ、彤扉曲砌、下モ映㆓ス林谷㆒ニ。
観者以為ラク、梵釈龍天ノ之宮化㆓現スト人間㆒ニ。師特ニ立㆓輪蓋龍
王ノ祠㆒鎮㆓ス于寺㆒ニ。盍シ龍王嘗テ有㆓カ護舎利ノ之誓㆒故也也。天皇親ク
御㆓シ翰墨㆒、書㆓シテ唐招提寺ト云ノ四大字㆒懸㆓于山門㆒ニ。又詔㆑師築㆓シメ戒
壇㆒、従テ受㆓菩薩大戒㆒ヲ。至㆓於公卿大夫㆒皆ミ得㆓タリ預聞㆒焉。又詔㆓ラク
天下㆒、出家ノ者先入㆓招提㆒受㆑戒学㆑シ律、而後学㆓スヘシト自宗㆒ヲ。由㆑是

四方ノ緇徒靄然トシテ趨嚮。淡路帝慮㆓リ僧糧ノ不㆑ルコトヲ給、割㆘腴田ノ在㆓ル
備前㆒者ノ一千畝㆖以テ充㆑ツ之。四年詔㆑シテ師啓㆓シヌ梵網会㆒ヲ。以テ資㆓ク聖
武ノ冥福㆒ヲ。五年十二月晦、師偶ミ遊㆓ンテ葛木嶺㆒聞㆓ク鐘磬ノ声㆒。尋テ
㆑響而進ム。忽チ見㆓ル一神人㆒。乃問テ曰、是㆑何ノ鐘ソ也。神ノ曰、此㆑法起
菩薩行布薩説法集会ノ鐘也ト也。移頃アテ法起菩薩坐㆓宝蓮
華㆒、与㆓メニ諸菩薩㆒ノ周帀囲繞ラレ、而布薩説法シ下フ。師遂ニ預㆓リ其ノ会㆒ニ、乞
㆑籌而帰ル。其ノ籌至㆑今在㆓招提寺㆒ニ。子孫襲蔵シテ為㆓鎮刹ノ之宝㆒ト。
六年奉㆑勅建㆓ツ戒壇ヲ于下野ノ薬師寺及ヒ筑前ノ観世音寺㆒ニ。
其ノ求戒ノ者益ミ多シ。師嘗テ在唐時、有㆓一梵僧㆒。以㆓祇園ノ霊土

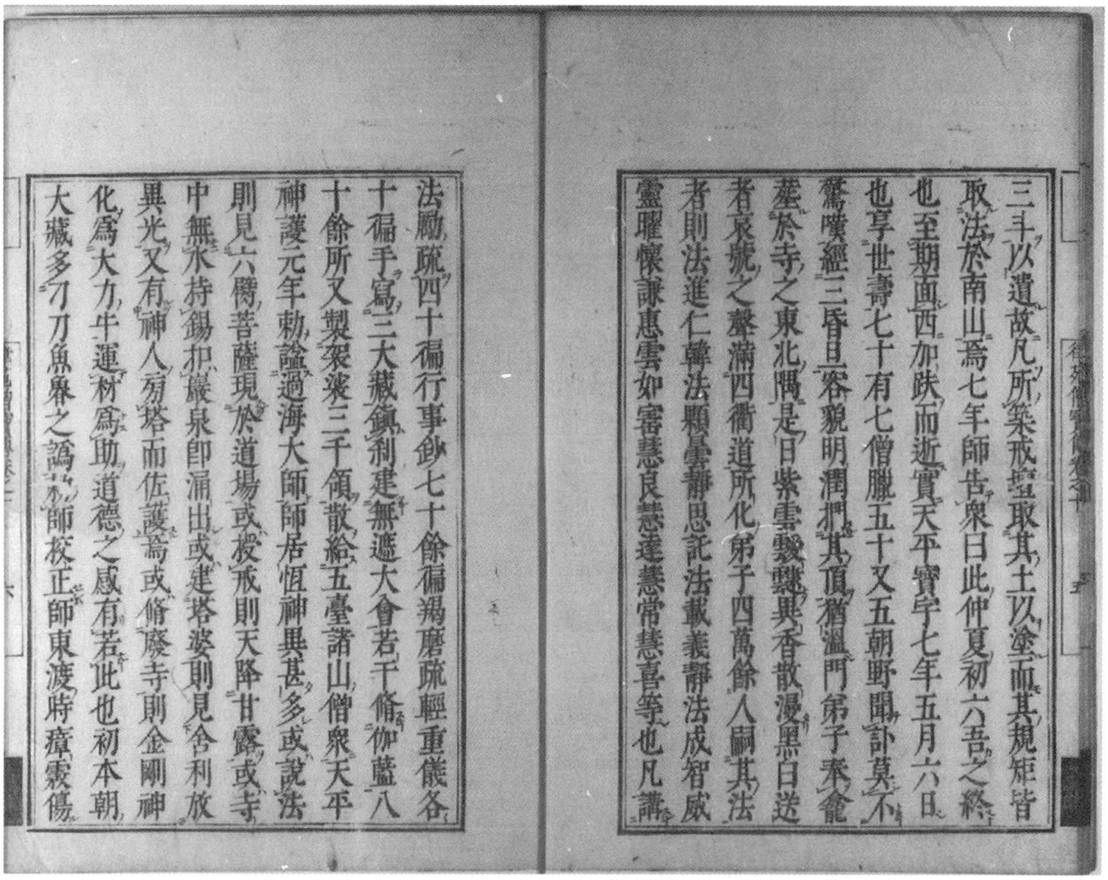

⑤06オ　⑤05ウ

三斗ヲ一以遺ル。故ニ凡ソ所ノレ築戒壇、取二其ノ土一以テ塗ル。而モ其ノ規矩皆
取ル二法ヲ於南山ニ一焉。七年師告テレ衆曰、此ノ仲夏ノ初六、吾カ之終也ト
也。至レ期面シレ西ニ、加趺シテ而逝ス。実ニ天平宝字七年五月六日也
也。享二世寿一七十有七、僧臘五十又五。朝野聞テレ訃莫シレ不ト云コト二
驚嘆一。経二三昏旦一容貌明潤、捫スルニ二其ノ頂ヲ一猶温也。門弟子奉シテレ龕
葬ル二於寺ノ之東北ノ隅ニ一。是ノ日紫雲靉靆トシテ異香散漫タリ。黒白送
者、哀号ノ之声満二四衢道一。所化ノ弟子四万余人、嗣二其ノ法一
者、則法進・仁韓・法顆・曇静・思託・法載・義静・法成・智威・
霊曜・懐謙・恵雲・如宝・慧良・慧達・慧常・慧喜等也也。凡講スルコト二

法励ノ疏ヲ一四十偏、行事鈔七十余偏、羯磨疏・軽重儀、各ゝ
十偏。手ラ写シテ二三大蔵一鎮ムレ刹。建ツルコト二無遮大会一若干、脩スルコト二伽藍一八
十余所。又製二袈裟三千領ヲ一、散シテ給ス二五台諸山ノ僧衆ニ一。天平
神護元年、勅シテ諡ス二過海大師ト一。師居恒神異甚タ多シ。或ハ説レ法、
則見三六臂ノ菩薩現スルヲ二於道場一。或ハ授レ戒、則天降二甘露ヲ一。或ハ寺
中無キニレ水、持レ錫扣ハレ巖、泉即涌出シ、或ハ建二塔婆一、則見下舎利放二
異光ヲ一、又有ルヲ中神人ノ旁レ塔而佐護スル上焉。或ハ脩二廃寺一、則金剛神
化シテ為二大力ノ牛一運テレ材為ナスレ助ヲ。道徳ノ之感有リレ若ナルコトレ此也。初本朝ノ
大蔵多二刁刀魚魯之訛一。勅レ師挍正セシム。師東渡ノ時、瘴霧傷ル

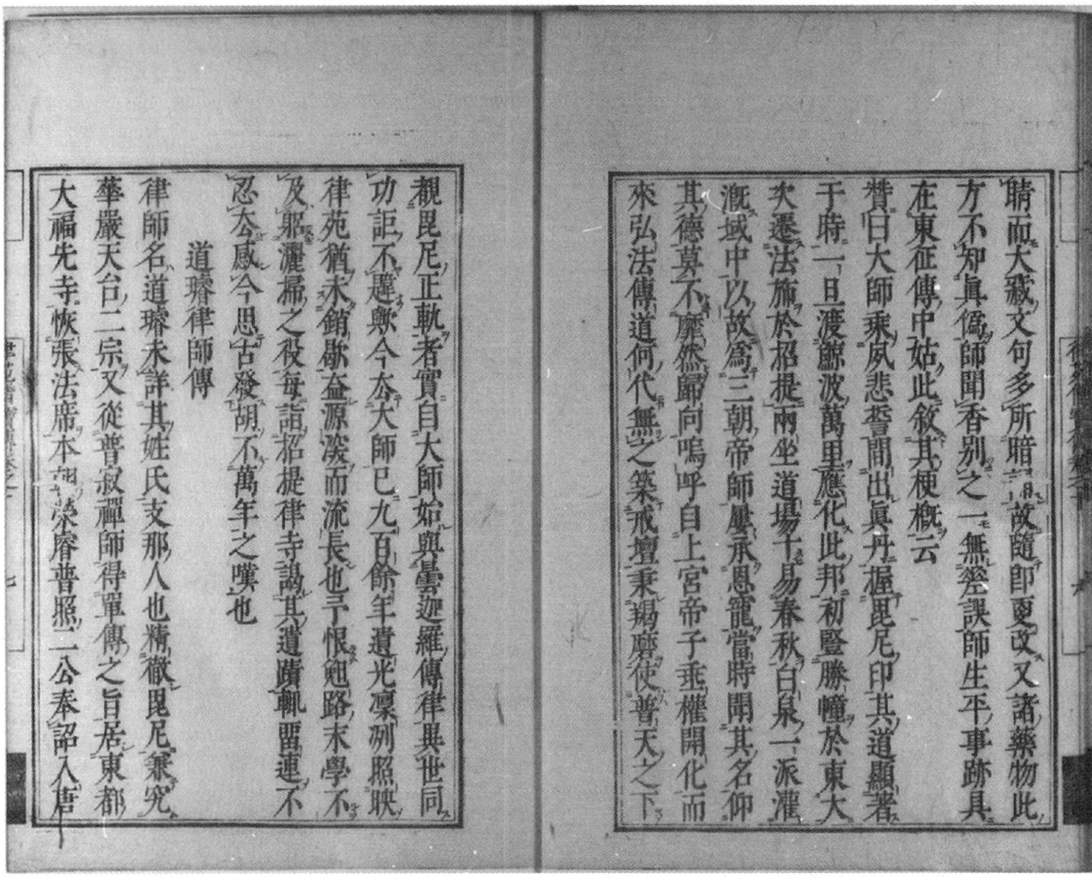
晴而大藏文句多所暗誦故隨即更改又諸藥物此
方不知眞僞師聞香別之一無差誤師生平事跡具
在東征傳中姑此敘其梗槪云
賛曰大師乘夙悲誓間出眞丹握毘尼印其道顯著
于時一旦渡鯨波萬里應化此邦初竪勝幢於東大
次遷法旆於招提兩坐道場十易春秋白泉一派灌
漑域中以故爲三朝帝師屢承恩寵當時聞其名仰
其德莫不靡然歸向嗚呼自上宮帝子垂權開化而
來弘法傳道何代無之築戒壇秉羯磨使普天之下

覩毘尼正軌者實自大師始與曇迦羅傳律異世同
功詎不韙歟今去大師已九百餘年遺光凜冽照映
律苑猶未銷歇盍源深而流長也予恨晩路末學不
及躬灑掃之役每詣招提律寺謁其遺蹟輒留連不
忍去感今思古發胡不萬年之歎也
道璿律師傳
律師名道璿未詳其姓氏支那人也精徹毘尼兼究
華嚴天台二宗又從普寂禪師得單傳之旨居東都
大福先寺恢張法席本朝榮睿普照二公奉詔入唐

⑤06ウ　⑤07オ

レ睛。而モ大蔵ノ文句多レ所二暗誦一スル。故ニ随テ即更改ス。又諸ノ薬物此ノ
方不レ知二真偽一ヲ。師聞レ香別ツニレ之、一モ無シ二差誤一。師生平ノ事跡具ニ
在二東征伝ノ中一。姑ク此ニ叙スト二其ノ梗概一ヲ云。
賛ニ曰、大師乗シテ二夙悲誓一間ニ出シ二真丹一ニ、握テ二毘尼ノ印一ヲ其ノ道顕ニ著ス
于時一ニ。一旦渡二鯨波ノ万里一ヲ応二化ス此ノ邦一ニ。初竪ニ二勝幢ヲ於東大一ニ、
次遷ス二法旆ヲ於招提一ニ。両坐道場十タビ易二春秋一ヲ。白泉ノ一派灌二
漑ス域中一。以ノ故ニ為テ二三朝ノ帝師一屢ミ承ク二恩寵一ヲ。当時聞二其ノ名一仰二
其ノ徳一、莫レ不二トスルコト靡然トシテ帰向一。嗚呼自二上宮帝子垂権開化一而
来、弘法伝道何ノ代ニカ無ランレ之。築テ二戒壇一秉シ二羯磨一ヲ、使ムルコトハ三普天ノ之下ヲシテ

⑤06ウ

レ睹二毘尼ノ正軌一ヲ者、実ニ自二大師一始ル。与二曇迦羅ノ伝律一異レ世同ス
レ功。詎ソ不レヤ韙ナラ歟。今去テ二大師一已ニ九百余年、遺光凜冽照二映シテ
律苑一ヲ猶ヲ未ダ二銷歇一。盍シ源深シテ而流長也。予恨ラクハ晩路ノ末学、不ルコトヲ
レ及レ躬ニスルニ二灑掃ノ之役一。毎ニ詣シテ二招提律寺一ニ謁シ二其ノ遺蹟一、輒留連シテ不
レ忍レ去ルニ。感シ今思テ古、発ス下胡ソ不ルノ二万年一之歎上也。

道璿律師伝

律師名ハ道璿、未レ詳二其ノ姓氏一。支那ノ人也。精ニ徹シ二毘尼一ニ、兼テ究ム二
華厳・天台ノ二宗一ヲ。又従二普寂禅師一得二単伝ノ之旨一。居シ二東都ノ
大福先寺一ニ、恢ニ張ス法席一ヲ。本朝ノ栄睿・普照ノ二公、奉レ詔入唐、

⑤07オ

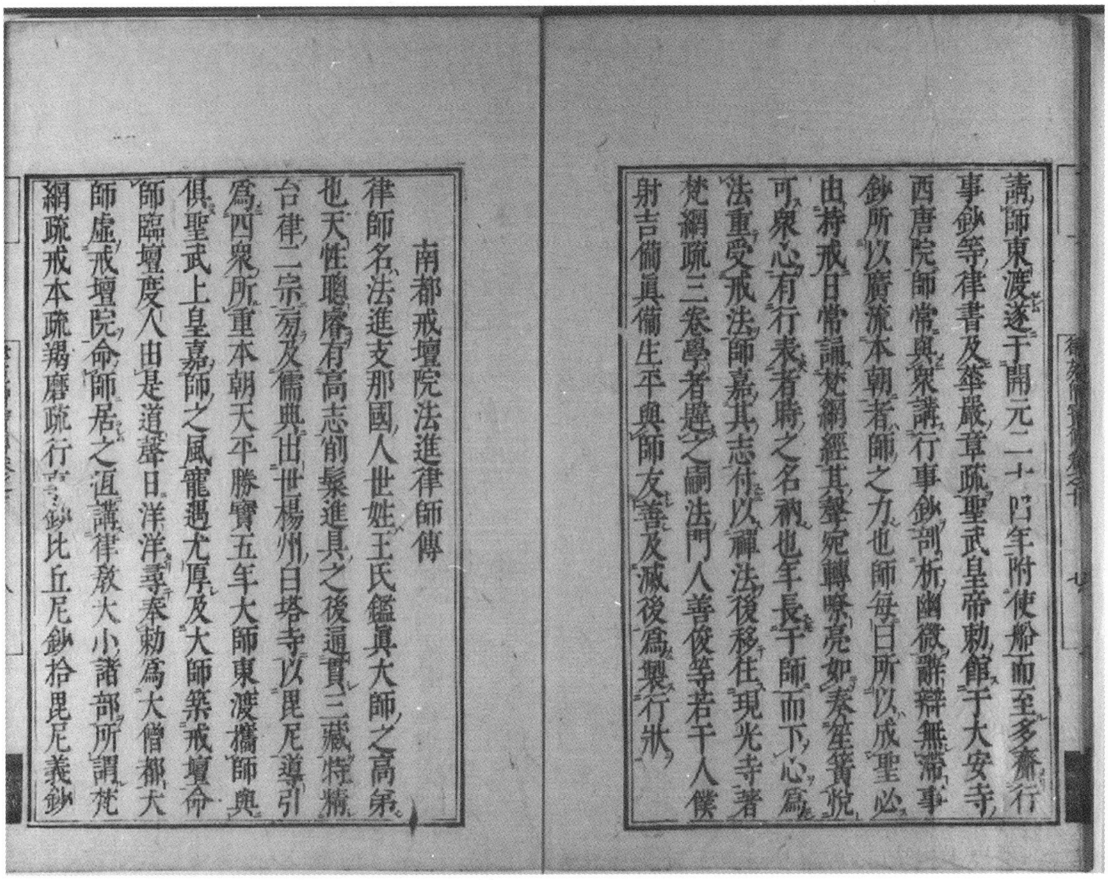

⑤08オ　⑤07ウ

請シテレ師東渡セシム。遂ニ于ニ開元二十四年一附ニ使船一而至ル。多齎メリニ行
事鈔等ノ律書及ヒ華厳ノ章疏一ヲ。聖武天皇勅シテ館スニ于大安寺ノ
西唐院一ニ。師常ニ与メニレ衆講スニ行事鈔一ヲ。剖ニ析シテ幽微一ヲ、辞弁無シレ滞コト。事
鈔所三以広ニ流本朝一ニ者ハ師ノ之力也也。師毎ニ曰、所ニ以ハ成レ聖必ス
由ニ持戒一ニ。日常誦スニ梵網経一。其ノ声宛転嘹亮、如ニシテレ奏ニ笙簧一悦ニ
可ス衆心一ヲ。有ニ行表トニ云人一者。時ノ之名衲也也。年長スレトモニ于師一ニ而下シテレ心ヲ為ニシ
レ法、重テ受ニ戒法一ヲ。師嘉シテニ其ノ志一、付スルニ以スニ禅法一ヲ。後移テ住スニ現光寺一。著ニ
梵網疏三巻一。学者踶トスレ之。嗣法ノ門人善俊等若干人。僕
射吉備真備、生平与レ師友トシ善シ。及ニ滅後一為メニ製スニ行状一ヲ。

└
⑤07ウ

南都戒壇院法進律師伝

律師名ハ法進、支那國ノ人。世姓ハ王氏。鑑真大師ノ之高弟也
也。天性聡睿ニシテ有ニ高志一。削髪進具ノ之後通ニ貫シ三蔵一ヲ、特ニ精シニ
台律ノ二宗一ニ。旁ラ及ニ儒典一ニ。出ニ世楊州ノ白塔寺一ニ以ニ毘尼一導引、
為メニニ四衆ノ所ルレ重。本朝天平勝宝五年大師東渡。携レ師与ニ
倶ニス。聖武上皇嘉シテニ師ノ之風一、寵遇尤厚シ。及三大師築ニ戒壇一、命
レ師臨壇度人。由レ是道声日ニ洋洋タリ。尋テ奉レ勅為ニ大僧都一ト。大
師虚シテニ戒壇院一ヲ、命シテレ師ニ居ラシム之。恒ニ講スニ律教大小ノ諸部一ヲ。所謂ル梵
網疏・戒本疏・羯磨疏・行事鈔・比丘尼鈔・拾毘尼義鈔

└
⑤08オ

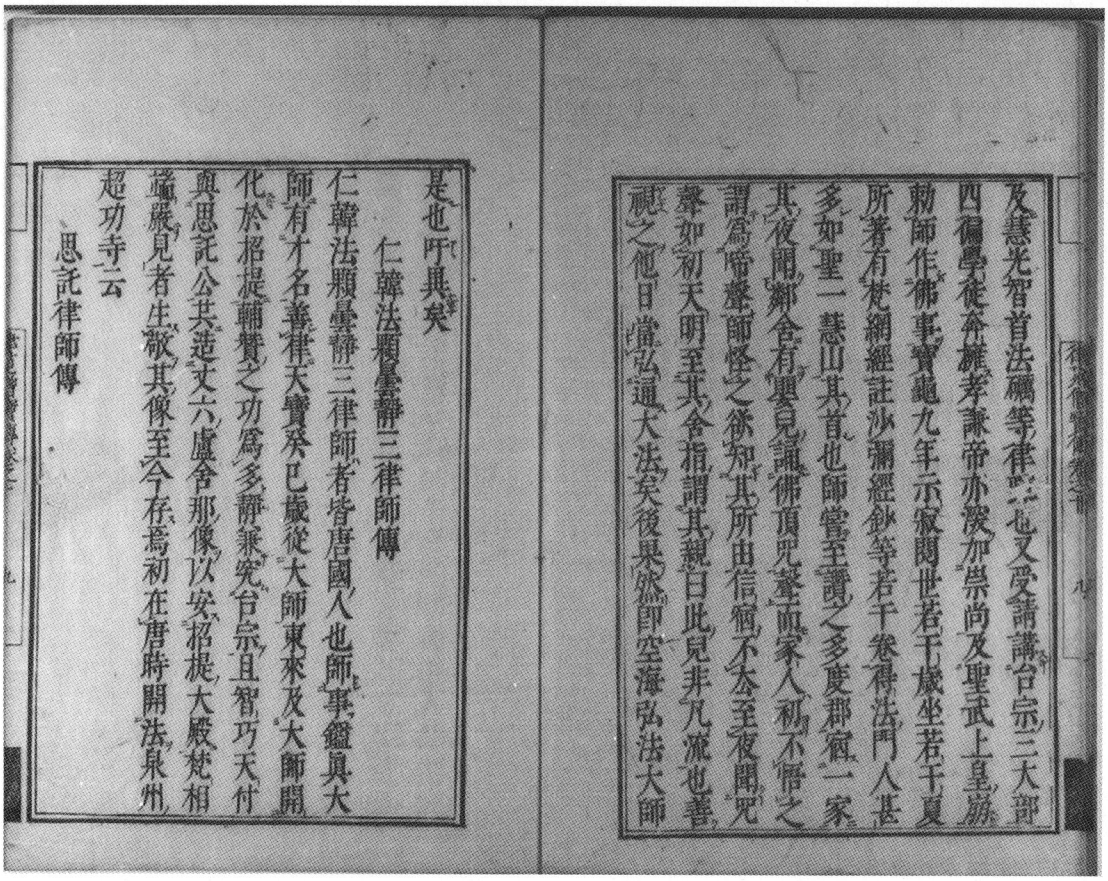

⑤09オ　⑤08ウ

及ヒ慧光・智首・法礪等ノ律疏也。又受レ請講スルコト二台宗ノ三大部一
四徧、学徒奔擁ス。孝謙帝亦深ク加二崇尚一、及二聖武上皇ノ崩スルニ一
勅レ師作シム二仏事一ヲ。宝亀九年示寂。閲世若干歳、坐若干夏。
所レ著有二梵網経註・沙弥経鈔等若干巻一。得法ノ門人甚
多シ。如二聖一・慧山一其ノ首也。師嘗テ至二讃ノ之多度郡一宿ス二一家一ニ。
其ノ夜聞ク下隣舎ニ有ルヲ中嬰児ノ誦スル二仏頂呪一声上。而モ家人ハ初ヨリ不レ悟レ之、
謂テ為ニ二啼声一ト。師怪レ之欲レ知ント二其ノ所由一、信宿シテ不レ去。至レ夜聞クコト二呪
声一如レ初。天明至二其ノ舎一、指シテ謂二其ノ親一曰、此ノ児非二凡流一也。善ク
視ヤシナヘレ之ヲ。他日当ニレ弘シト二通ス大法一ヲ矣。後果シテ然リ。即空海弘法大師

是也。吁アヽ異ナルカナ矣。

仁韓・法顆・曇静三律師伝

仁韓・法顆・曇静三律師ハ者、皆唐國ノ人也。師トシ二事フ鑑真大
師一ニ。有二才名一善シ レ律ニ。天宝癸巳歳、従二大師一東来。及三大師開二
化スルニ於招提一ニ、輔賛ノ之功為レ多ト。静兼テ究ム二台宗一ヲ。且智巧天付。
与二思託公一共ニ造二丈六ノ盧舎那ノ像一ヲ、以安ス二招提ノ大殿一ニ。梵相
端厳ニシテ見者生レス敬ヲ。其ノ像至レ今存ス焉。初在レ唐時、開二法ヲ泉州ノ
超功寺一ニ云。

思託律師伝

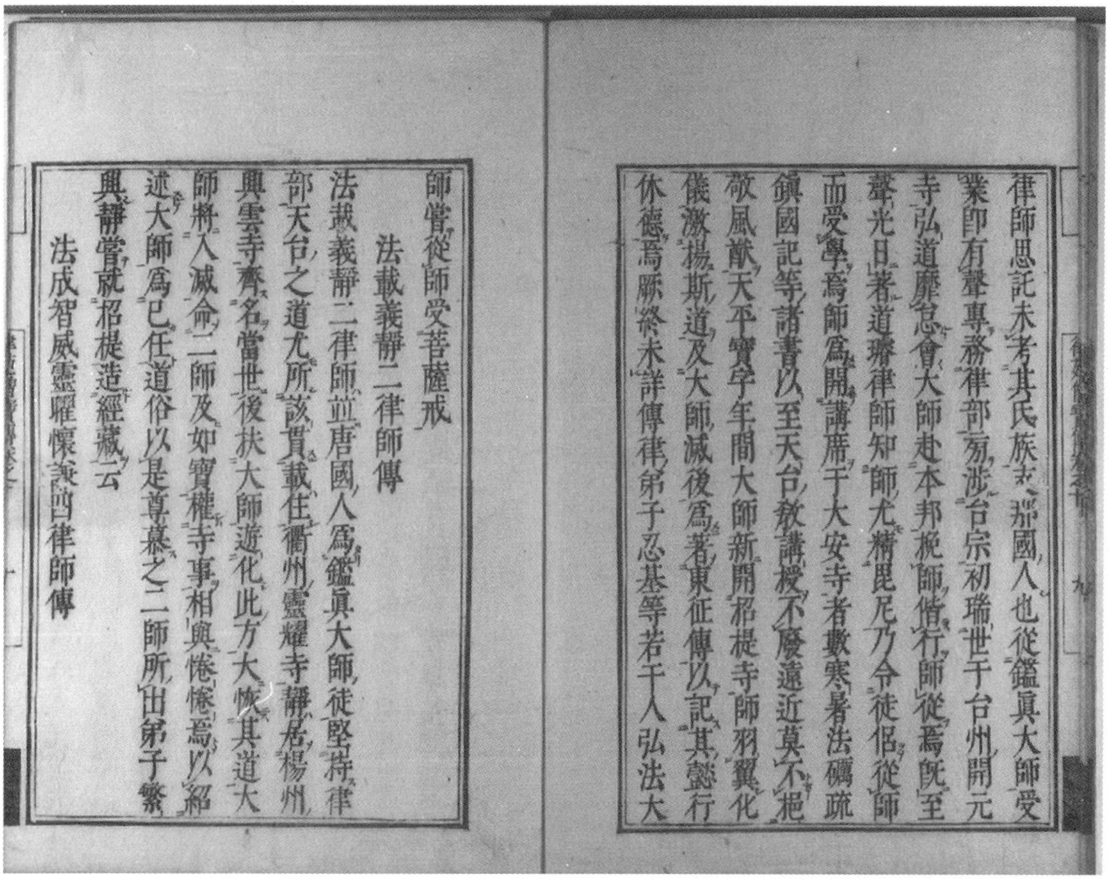

⑤10オ　⑤09ウ

律師思託、未レ考二其氏族一。支那國ノ人也也。従二鑑真大師一受レ業。即有レ声。専ラ務二律部一、旁ラ渉ル二台宗一。初瑞二世于台州ノ開元寺一弘道靡レ怠ルコト。会ミ大師赴二本邦一、挽レ師ヲ偕ニスレ行ヲ。師従フ焉。既ニ至声光日ニ著ル。道璿律師知三師ノ尤モ精二毘尼一。乃令二徒侶ヲシテ従レ師而受レ学ヲ焉。師為メニ開クモノ二講席ヲ于大安寺一者数寒暑、法礪疏・鎮國記等ノ諸書以至天台ノ教、講授シテ不レ廃。遠近莫レ不トニコトレ挹二敬風猷一ヲ。天平宝字年間、大師新ニ開二招提寺一。師羽二翼シ化儀一激二揚ス斯ノ道一ヲ。及二大師ノ滅後一、為メニ著シテ二東征伝一以テ記ス二其ノ懿行休徳一ヲ焉。厥終未レ詳。伝律ノ弟子忍基等若干人。弘法大

└
⑤09ウ

師嘗テ従レ師受二菩薩戒一。

法載・義静二律師伝

法載・義静二律師ハ並ニ唐國ノ人、為タリ二鑑真大師ノ徒一。堅二持ス律部一。天台ノ之道、尤モ所也二該貫スル一。載ハ住シ二衢州ノ霊耀寺一、静ハ居シテ二楊州ノ興雲寺一、斉スニ名ヲ当世ニ一。後扶二大師ノ遊一化シ此ノ方一、大ニ恢ニス二其道一。大師将ニ二入滅一、命シテ二二師及ヒ如宝一権シム二寺事一ヲ。相与ニ惓惓焉トシテ、以レ紹二述スルヲ大師ノ為二己カ任一ト。道俗以レ是尊慕ス之。二師所ノレ出弟子繁興也。静嘗テ就二招提一造ルト二経蔵一ヲ云。

法成・智威・霊曜・懐謙四律師伝

└
⑤10オ

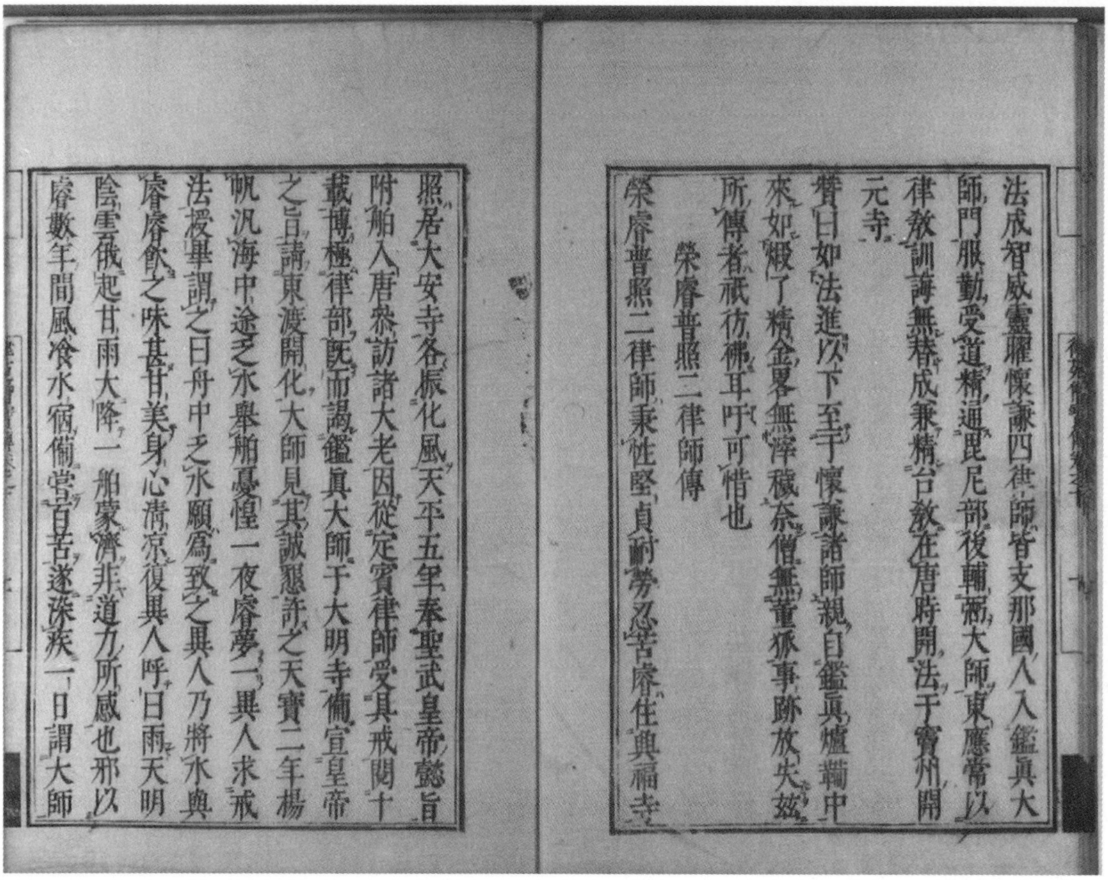

⑤11オ　⑤10ウ

法成・智威・霊曜・懐謙四律師ハ皆支那國ノ人、入二鑑真大
師ノ門一、服勤シテ受レ道ヲ、精ク通ス二毘尼部一ニ。後輔二弼シテ大師ヲ東応、常以二
律教一訓誨無シレ替ルコト。成兼テ精シ二台教一ニ。在レ唐時開ク二法ヲ于賓州ノ開
元寺一ニ。
賛曰、如下法進ヨリ以下至テノ二于懐謙一諸師上、親ク自二鑑真ノ炉鞴中一
来ル。如シ下煆了精金ノ略無中滓穢上。奈セン僧ニ無シテ二董狐一、事跡放失スルコトヲ。玆ニ
所レ伝者ハ祇彷佛ノミ耳。吁（アヽ）可レ惜也。

栄睿・普照二律師伝

栄睿・普照二律師ハ秉レ性堅貞、耐レ労忍レ苦。睿ハ住二興福寺一、

∟⑤10ウ

照ハ居二大安寺一、各〻振二化風一ヲ。天平五年奉二聖武皇帝ノ懿旨一
附レ舶入唐、参二訪諸大老一。因テ従二定賓律師一受二具戒一。閲二十
載一博ク極ム二律部一ヲ。既ニシテ而謁シ二鑑真大師ニ于大明寺一、備ニ宣二皇帝
之旨一ヲ、請フ二東渡開化一ヲ。大師見テ二其ノ誠懇一許ス之。天宝二年揚
レ帆汎レ海。中途乏レ水、挙レ舶憂惶。一夜睿夢ラク、一リノ異人求二戒
法一。授畢謂テレ之曰、舟中乏レ水。願ハ為ニ致セレ之。異人乃将レ水与
レ睿。睿飲ムニ之、味甚タ甘美ニシテ身心清涼也。復異人呼テ曰、雨フレト。天明
陰雲俄ニ起、甘雨大ニ降テ一舶蒙ルレ済ヲ。非ヤ二道力ノ所感一也邪。以三
睿数年間ノ風飡水宿シテ備ニ嘗ルヲ二百苦一ヲ、遂ニ染レ疾ニ。一日謂二大師一

∟⑤11オ

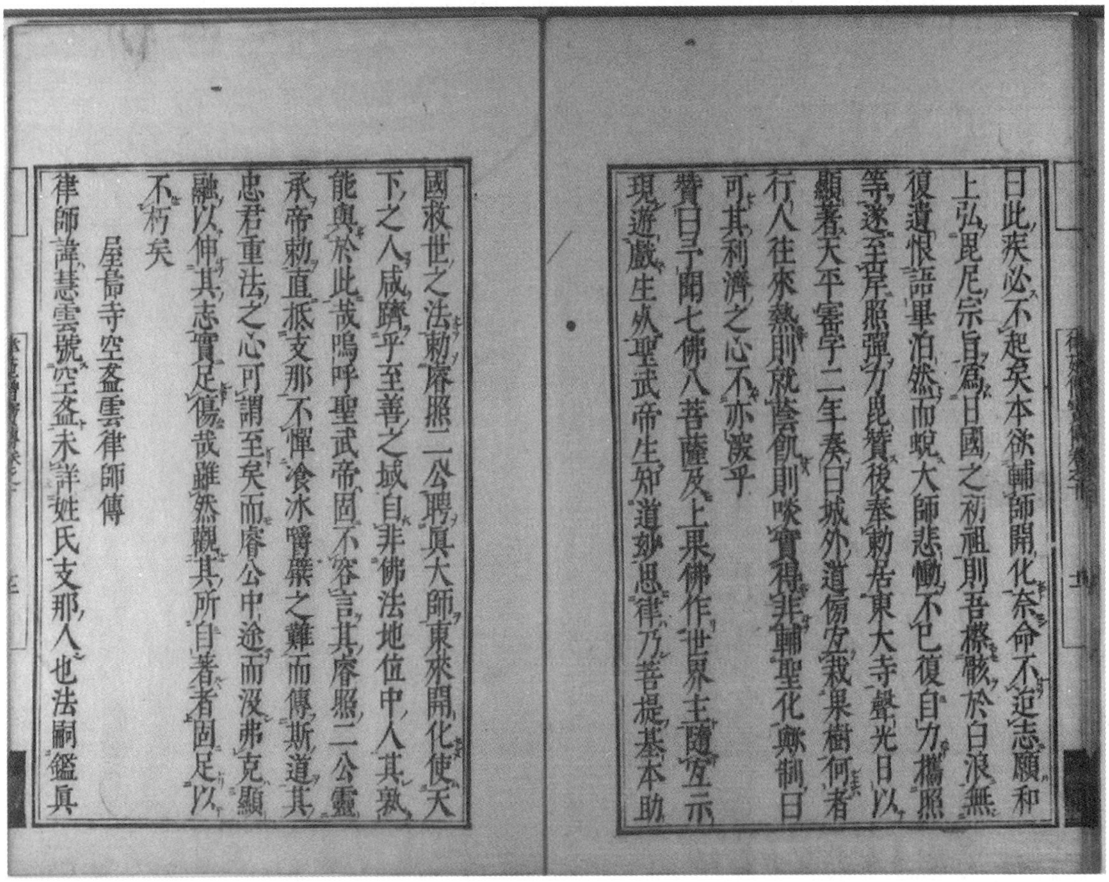

⑤12オ　⑤11ウ

⑤11ウ

曰、此ノ疾必ス不レ起矣。本欲二輔レ師開化一セント。奈セン命不レルコトヲ逌レ志ニ。願ハ和
上弘二シテ毘尼ノ宗旨一ヲ為二ラハ日國ノ之初祖一、則吾擦二ストモ骸ヲ於白浪一ニ無二シ
復遺恨一。語畢泊然トシテ而蛻ス。大師悲慟シテ不レ已。復自力ミメテ携二照
等一ヲ遂至レ岸ニ。照弾レシテ力毘賛ス。後奉レ勅居二東大寺一、声光日以テ
顕著ス。天平宝字二年奏シテ曰、城外ノ道傍宜レク栽二果樹一。何者ントナレハ
行人往来、熱スル時則就レ蔭、飢ル時ハ則啖レ実。得レンヤ非レルコトヲ輔二聖化一歟。制シテ曰、
可シト。其ノ利済ノ之心不二スヤ亦深一乎。
賛曰、予聞、七仏八菩薩及ヒ上果ノ仏作二リ世界主一ト、随レテ宜示
現シ遊二戯ス生死一ニ。聖武帝生ラ知二道妙一。思二ヒ律ハ乃シ菩提ノ基本、助
」

⑤12オ

國救世ノ之法一ナルコトヲ、勅二シテ睿照二公一聘二シテ真大師一ヲ東来開化セシメ、使三ムテ天
下ノ之人ヲシテ咸ク躋二ラ乎至善ノ之域一。自レンハ非二仏法地位中ノ人一、其レ孰カ
能与二ンヤ於此一ニ哉。嗚呼聖武帝ハ固ニ不レ容レ言ヲ。其ノ睿照ノ二公霊二
承シテ帝勅一ヲ直ニ抵二支那一、不レ憚二飡氷爵檗之難一而伝二フ斯ノ道一ヲ。其ノ
忠君重法ノ之心、可レ謂至レリト矣。而モ睿公中途ニシテ而没シ、弗レ克三ハ顕
融シテ以テ伸二ルコトヲ其ノ志一。実ニ足レルカナ傷ムニ哉。雖レ然観ルニ三其ノ所二自著ミ一ル、者上、固ニ足二レリ以テ
不レルニ朽矣。

屋島寺空鉢雲律師伝

律師諱ハ慧雲、号二ス空鉢一ト。未レ詳二姓氏一。支那ノ人也也。法嗣二鑑真
」

⑤12オ

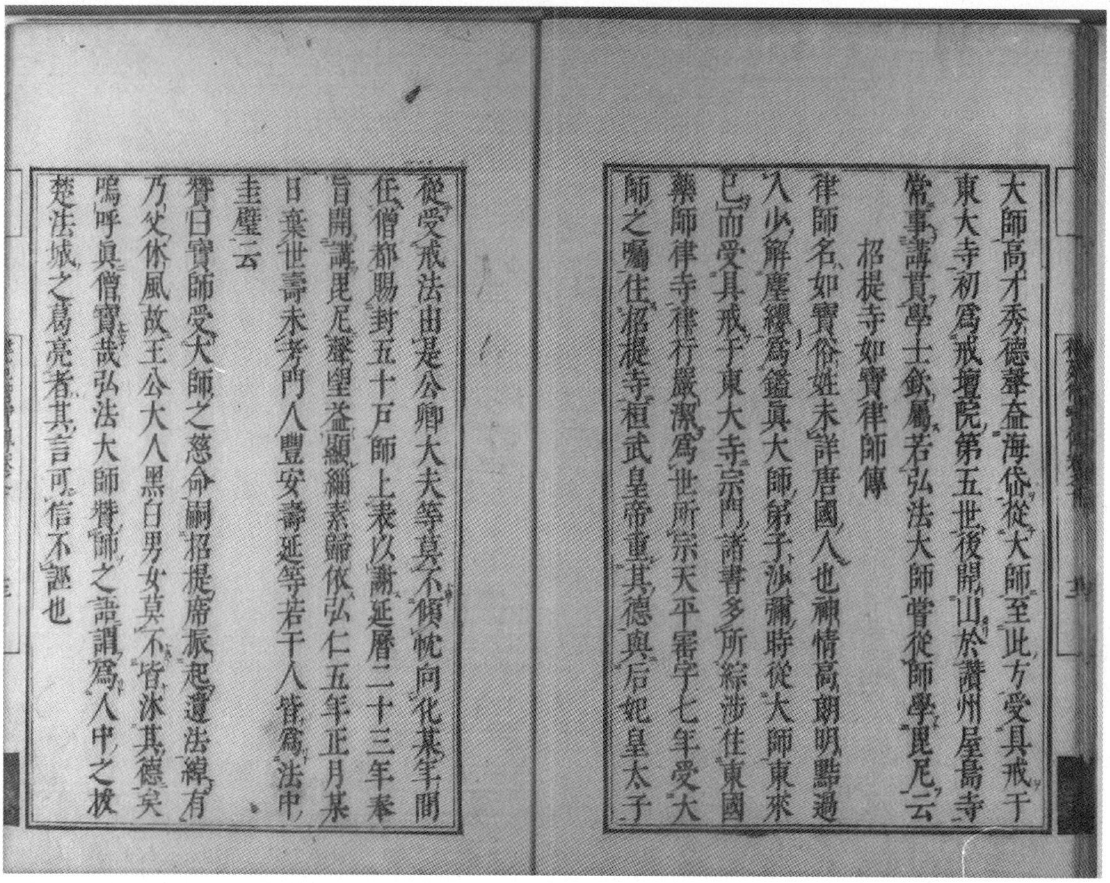

⑤13オ　　⑤12ウ

大師一。高才秀徳、声蓋二海岱一ヲ。従テ二大師ニ至二此ノ方一、受二具戒ヲ于
東大寺一。初為二戒壇院ノ第五世一ト、後開二山タリ於讃州屋島寺一。
常ニ事トシテ二講貫一ヲ、学士欽属ス。若二弘法大師一、嘗従レ師学フト二毘尼ヲ一云。

招提寺如宝律師伝

律師名ハ如宝、俗姓未レ詳。唐國ノ人也。神情高朗、明黠過
レ人。少シテ解二塵纓一、為二鑑真大師ノ弟子一ト。沙弥ノ時従二大師一東来、
已ニシテ而受二具戒ヲ于東大寺一ニ。宗門ノ諸書多レ所二綜渉一。住二東國
薬師律寺一、律行厳潔ニシテ為レ世所レ宗。天平宝字七年受二大
師ノ之嘱一住ス二招提寺一ニ。桓武皇帝重シ二其ノ徳一、与ニ后妃皇太子一

⑤12ウ

従テ受二戒法一。由レ是公卿大夫等、莫レ不ト云コト二傾レ忱向一レ化。某ノ年間
任ス二僧都一。賜二封五十戸一。師上レ表以謝ス。延暦二十三年奉
旨開ク二講ヲ毘尼一ニ。声望益ミ顕シ緇素帰依ス。弘仁五年正月某
日棄レ世。寿未レ考。門人豊安・寿延等若干人。皆ナ為リト二法中ノ
圭璧一ト云。

賛曰、宝師受テ二大師ノ之慈命一嗣二招提ノ席一。振二起シテ遺法一、綽トシテ有二
乃父ノ休風一。故ニ王公大人、黒白男女、莫レ不トイコト三皆ナ沐二其ノ徳一ニ矣。
嗚呼真ニ僧宝ナルカナ哉。弘法大師賛レ師ヲ之語ニ、謂フレ為リト二人中ノ之拔
楚、法城ノ之葛亮一者ハ、其ノ言可シレ信不レ誣也。

⑤13オ

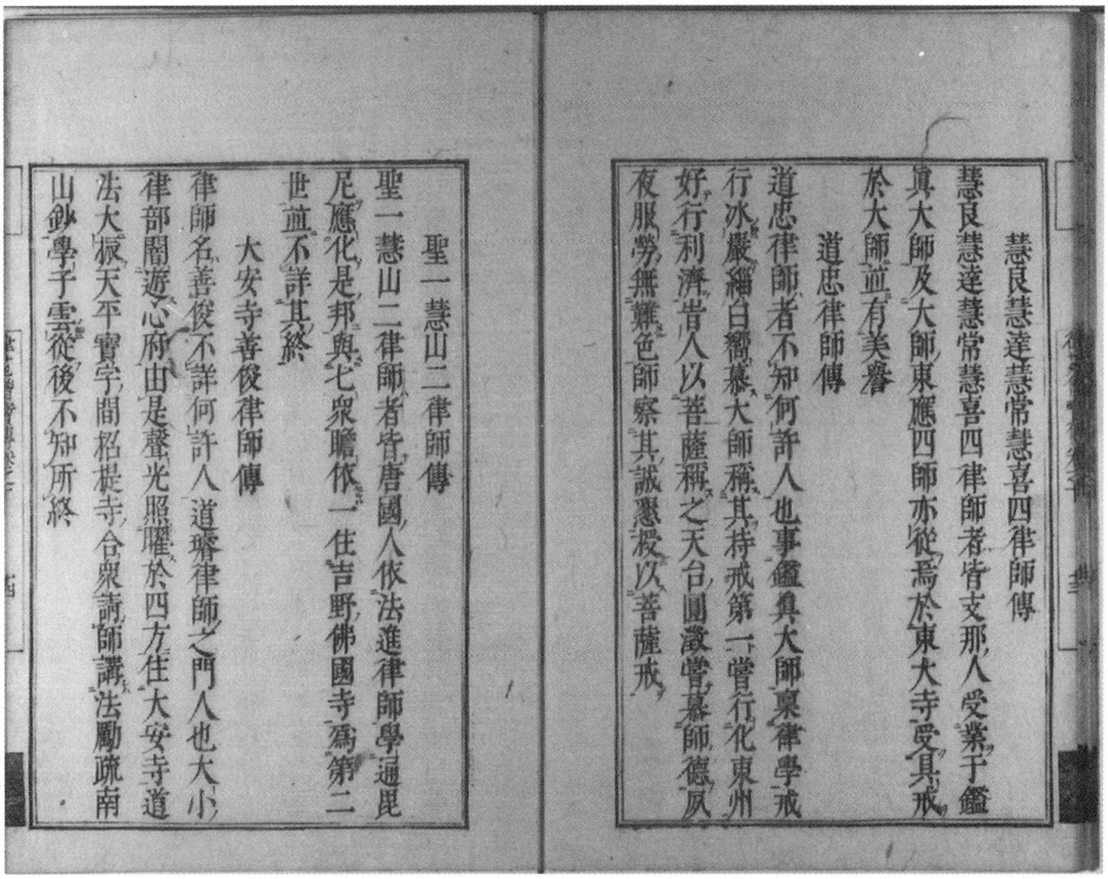

慧良慧達慧常慧喜四律師傳
慧良慧達慧常慧喜四律師者皆支那人受業于鑑眞大師及大師東應四師亦從焉於東大寺受具戒於大師並有美譽
道忠律師傳
道忠律師者不知何許人也事鑑眞大師稟律學戒行氷嚴緇白鄕慕大師稱其持戒第一嘗行化東州好行利濟時人以菩薩稱之天台圓澂嘗慕師德夙夜服勞無難色師察其誠懇授以菩薩戒

聖一慧山二律師傳
聖一慧山二律師者皆唐國人依法進律師學通毘尼應化是邦與七衆瞻依一住吉野佛國寺爲第二世並不詳其終
大安寺善俊律師傳
律師名善俊不詳何許人道璿律師之門人也大小律部闇遊心府由是聲光照曜於四方住大安寺道法大振天平寶字間招提寺合衆請師講法勵疏南山鈔學子雲從後不知所終

⑤14オ　⑤13ウ

慧良・慧達・慧常・慧喜四律師伝

慧良・慧達・慧常・慧喜四律師ハ者、皆支那ノ人。受二業ヲ于鑑真大師一、及二大師ノ東応一四師亦従フ焉。於二東大寺一受ク二具戒ヲ於大師一ニ。並ニ有二美誉一。

道忠律師伝

道忠律師ハ者、不レ知二何許人一也。事二鑑真大師一稟二律学一。戒行氷ノ如ニ厳ニシテ緇白郷慕ス。大師称ス二其ヲ持戒第一一ト。嘗テ行二化東州一、好テ行二利済一。時人以二菩薩一称ス之。天台ノ円澂、嘗テ慕二師ノ徳ヲ一、夙夜服労シテ無二難メル色一。師察二其ノ誠懇一、授ルニ以スニ菩薩戒一ヲ。

⑤13ウ

聖一・慧山二律師伝

聖一・慧山二律師ハ者、皆ナ唐國ノ人。依二法進律師一学二通毘尼ヲ一、応二化シテ是ノ邦一ニ、与メニ二七衆一瞻依セラル。一住二吉野ノ仏國寺一為二第二世一。並ニ不レ詳二其ノ終一。

大安寺善俊律師伝

律師名ハ善俊、不レ詳二何許人一。道璿律師ノ之門人也。大小ノ律部闇二遊ス心府一ニ。由レ是声光照二曜ス於四方一ニ。住二大安寺一道法大ニ振フ。天平宝字ノ間、招提寺ノ合衆、請シテレ師講シムニ法勵疏・南山鈔一。学子雲ノ如ニ従フ。後不レ知レ所レ終。

⑤14オ

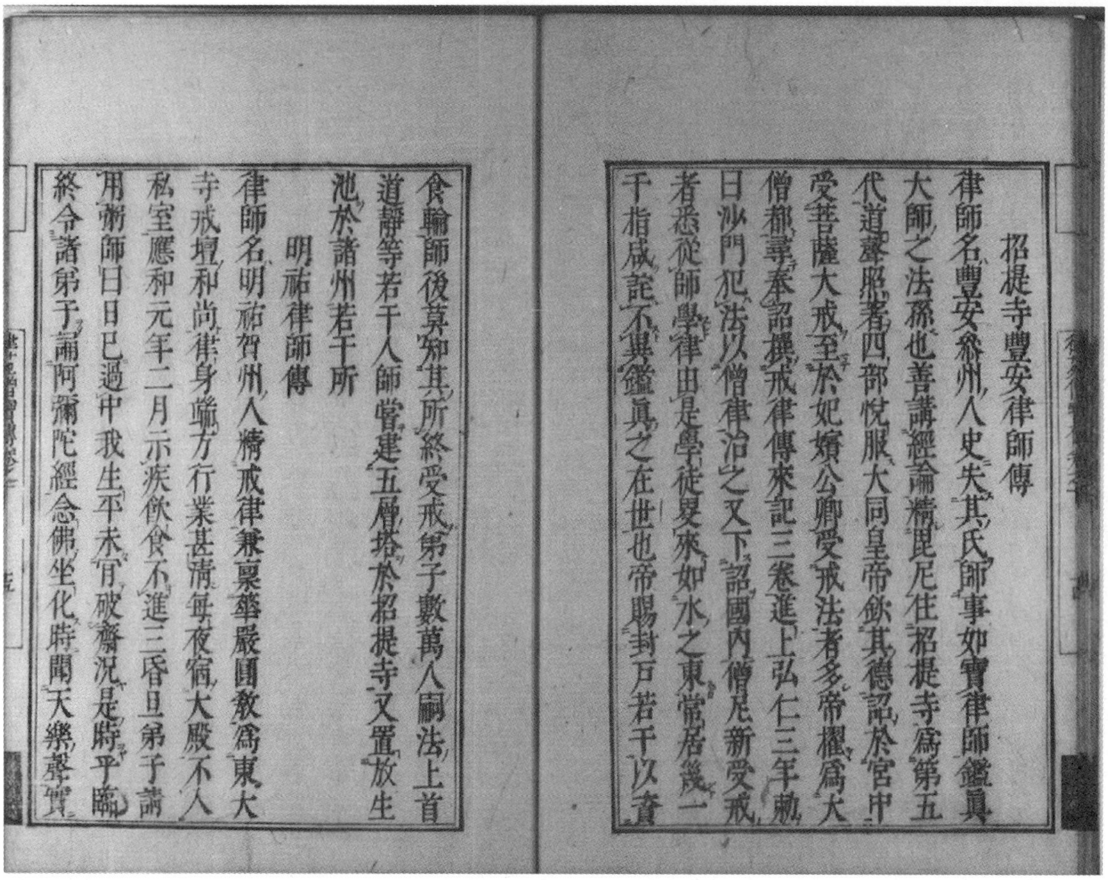

⑤15オ　⑤14ウ

招提寺豊安律師伝

律師名ハ豊安、参州ノ人。史ニ失ス二其ノ氏ヲ一。師二事如宝律師一。鑑真大師ノ之法孫也。善講二経論一精シ二毘尼一。住二招提寺一為二第五代一。道声照著シテ四部悦服ス。大同皇帝欽二其ノ徳一、詔シテ於二宮中一受二菩薩大戒ヲ一。至マテ二於妃嬪公卿一受二戒法一者多シ。帝擢テ、為二大僧都一ト。尋テ奉レ詔撰シテ二戒律伝来記三巻一進上。弘仁三年勅シテ曰、沙門犯レハ法以二僧律一治レ之。又下ス二詔ヲ國内ニ一。僧尼新受戒ノ者、悉従レ師学スレト律。由レ是学徒叓来ルコト如二水ノ之東スルカ一。常居幾ント一千人、咸ク詫ルレ不レスト異二鑑真ノ之在世一也。帝賜二封戸若干一以資二

⌞
⑤14ウ

食輪一。師後莫レ知二其ノ所レ終。受戒ノ弟子数万人、嗣法ノ上首道静等若干人。師嘗テ建二五層ノ塔ヲ於招提寺一。又置二コト放生池ヲ於諸州一若干所。

明祐律師伝

律師名ハ明祐、賀州ノ人。精二戒律一兼二稟華厳円教一、為二東大寺戒壇ノ和尚一ト。律身端方、行業甚清也。毎夜宿シテ二大殿一不レ入二私室一。応和元年二月示レ疾。飲食不レルコト進三昏旦。弟子請レ用レ粥。師曰、日已ニ過レ中。我生平未タ二肯テ破レ斎。況ヤ是ノ時ヲヤ乎。臨終令三諸弟子ヲシテ誦二阿弥陀経一、念仏シテ坐化ス。時ニ聞二天楽ノ声一。実ニ

⌞
⑤15オ

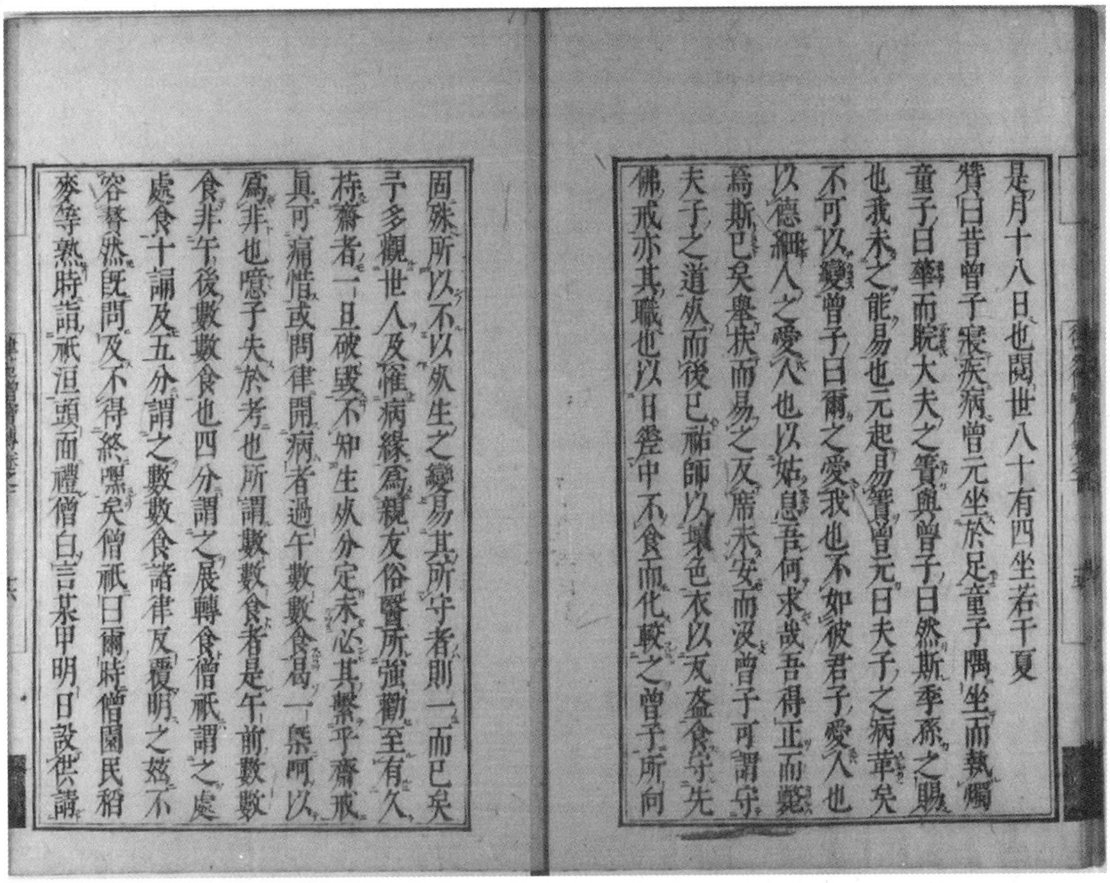

⑤16オ　⑤15ウ

是ノ月十八日也也。閲世八十有四、坐若干夏。
賛曰、昔曾子寝テレ疾ニ病也。曾元坐スニ於足モトニ一。童子隅ニ坐テ而執ルレ燭。
童子ノ曰、華(エカヒテ)而睆(マダラカナルハ)大夫ノ之簀(ユカ)カ与。曾子ノ曰、然リ。斯レ季孫カ之賜也
也。我未タニ之ヲ能ク易一也。元起テ易レ簀ヲ。曾元カ曰、夫子ノ之病革(スミヤカ也)矣。
不レ可ニ以テ変(ウコカス)一。曾子ノ曰、爾カ之愛スルコトレ我也不レ如レ彼、君子ノ愛スルハレ人也
以レ徳、細(イヤシキ)人ノ之愛スルハレ人也以ニ姑ク息(ヤスキヲ)一。吾レ何ソ求ンヤ哉。吾得レ正ヲ而斃(タフレナハ)
焉、斯已矣(レノミ也ト)。挙ケ扶テ而易フレ之。反テレ席未タレ安ンセ而没シヌ。曾子可レ謂守テニ
夫子ノ之道一死シテ而後已ムト。祐師以ニ壊色一衣、以ニ瓦鉢一食ス。守ルニ先
仏ノ戒一、亦其ノ職也也。以ニ日差レ中不レシテ食而モ化ス。較フルニニ之ヲ曾子一ニ、所向

⌐
⑤15ウ

固ニ殊也。所四以ンノ不ルニ三以下死生ノ之変上易ニ其ノ所レ守者ノハ、則一ノミ而已矣。
予多観ルニニ世人一ヲ、及レ罹ルニニ病縁一ニ為メニニ親友俗医一所レニ強勧一セ、至レ有ルニニ久ク
持スルレ斎者ノモ一旦破毀スルコト一。不レ知四生死分定リ未タ三必シモ其ノ繋ラニ乎斎戒一ニ。
真ニ可ニ痛惜一ス。或問、律ニ開ニ病ム者過午数数食スルコトヲ一。曷ソ一概ニ呵シテ以テ
為レンヤ非ト也。噫(ア、)子失スニ於考一ニ也。所謂ル数数食トハ者、是レ午前ノ数数
食ニシテ、非ニ午後ノ数数食一也。四分ニハ謂ニ之ヲ展転食一ト、僧祇ニハ謂ニ之ヲ処
処食一、十誦及ヒ五分ニハ謂ニ之ヲ数数食一。諸律反覆シテ明ス之。茲ニ不
レ容レ贅。然トモ既ニ問ヒ及ス。不レ得ニ終ニ嘿スルコトヲ一矣。僧祇ニ曰、爾ノ時ニ僧園民稲
麦等熟セリ。時ニ詣シテニ祇洹一頭面ニ礼シレ僧白シテ言、某甲明日設テレ供請ンニトニ

⌐
⑤16オ

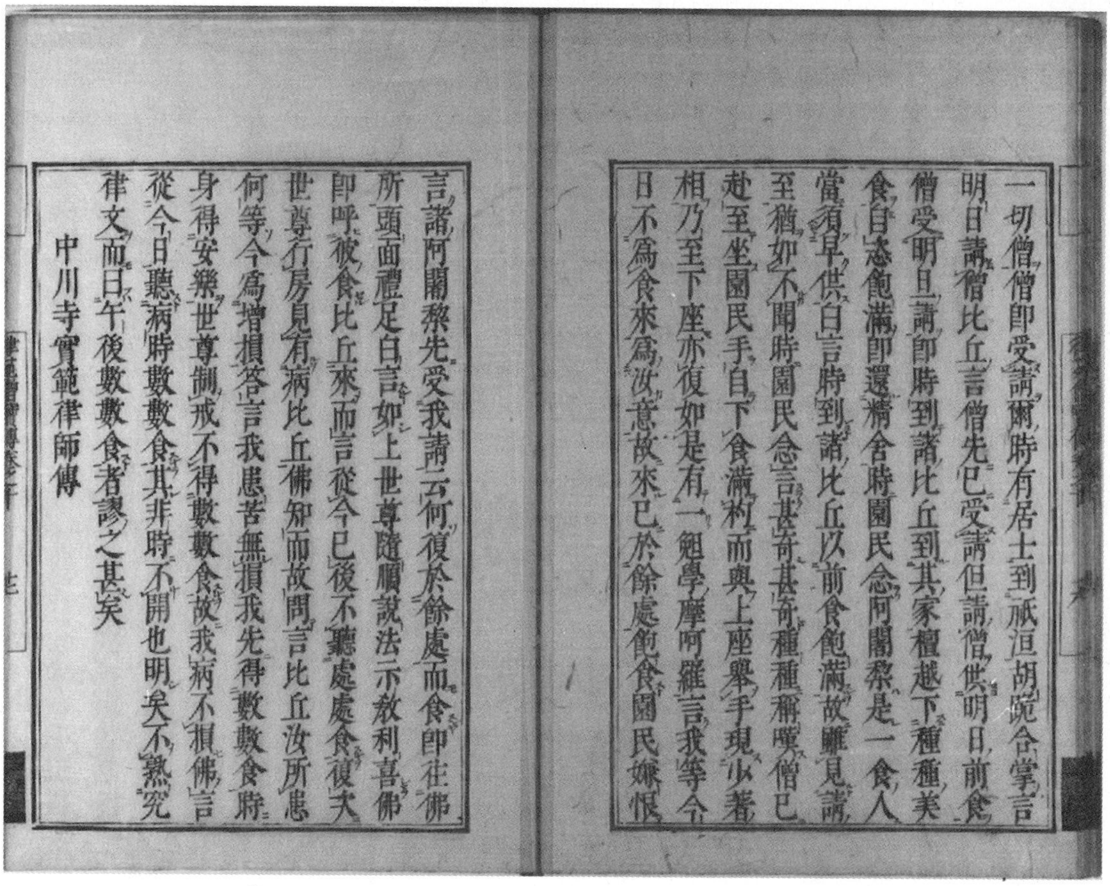

⑤17オ　　⑤16ウ

一切僧一ヲ。僧即受レヌ請ヲ。爾ノ時有二居士一。到二祇洹一胡跪合掌シテ言、明日請セムレ僧。比丘ノ言、僧先ニ已ニ受レヌ請。但請シテレ僧ヲ供セヨ二明日ノ前食一ヲ。僧受ヌ二明旦ノ請一ヲ。即時到テ諸ノ比丘到ル二其ノ家一。檀越下スニ二種種ノ美食一ヲ、自ミ恣飽満シテ即還ル二精舎一。時ニ園民念ラク、阿闍梨ハ是レ一食ノ人也。当ニヘシト須ク二早ク供一ス。白言、時到レリト。諸ノ比丘以二前食飽満スルヲ一故ニ、雖レ見ルト二請ノ至一、猶ヲ如レ不レルカ聞。時ニ園民念言スラク、甚奇也甚奇也ト。種種ニ称嘆ス。僧已ニ赴至テ坐ス。園民手ラ自ラ下レ食満テレ杓ニ而与フ。上座挙シテレ手現ス二少著ノ相一ヲ。乃至下座モ亦復如レ是。有テ二一リノ晩学ノ摩呵羅一言ク、我等今日不ニ為レ食来一。為ノ二汝カ意一故ニ来ル。已ニ於二余処一飽食スト。園民嫌恨シテ

言ク、諸ノ阿闍梨先ニ受二我請一。云何ッ復於二余処一而モ食スルヤ。即往二仏所一、頭面礼レ足白言スルコト如シレ上。世尊随順説法、示教利喜シ下フ。仏即呼ヒ二彼ノ食セル比丘一来シテ而言、従レ今已後、不レ聴二処処食一スルコトヲ。復次ニ世尊行レ房、見レ有ルヲ二病比丘一。仏知而故問テ言、比丘汝所レ患何等ソ。今為二増損一。答言、我患苦無シレ損。我先ニ得二数数食一時ニ身得二安楽一ヲ。世尊制シテレ戒不レ得二数数食スルコトヲ一故ニ、我病不レ損セ。仏ノ言、従二今日一聴スト二病時数数食スルコトヲ一。其レ非時ニ不ルコトレ開也明シ矣。不シテレ熟二究律文一ヲ、而モ曰フハ二午後数数食一スト者、謬ノ之甚也矣。

中川寺実範律師伝

⑤17オ　　⑤16ウ

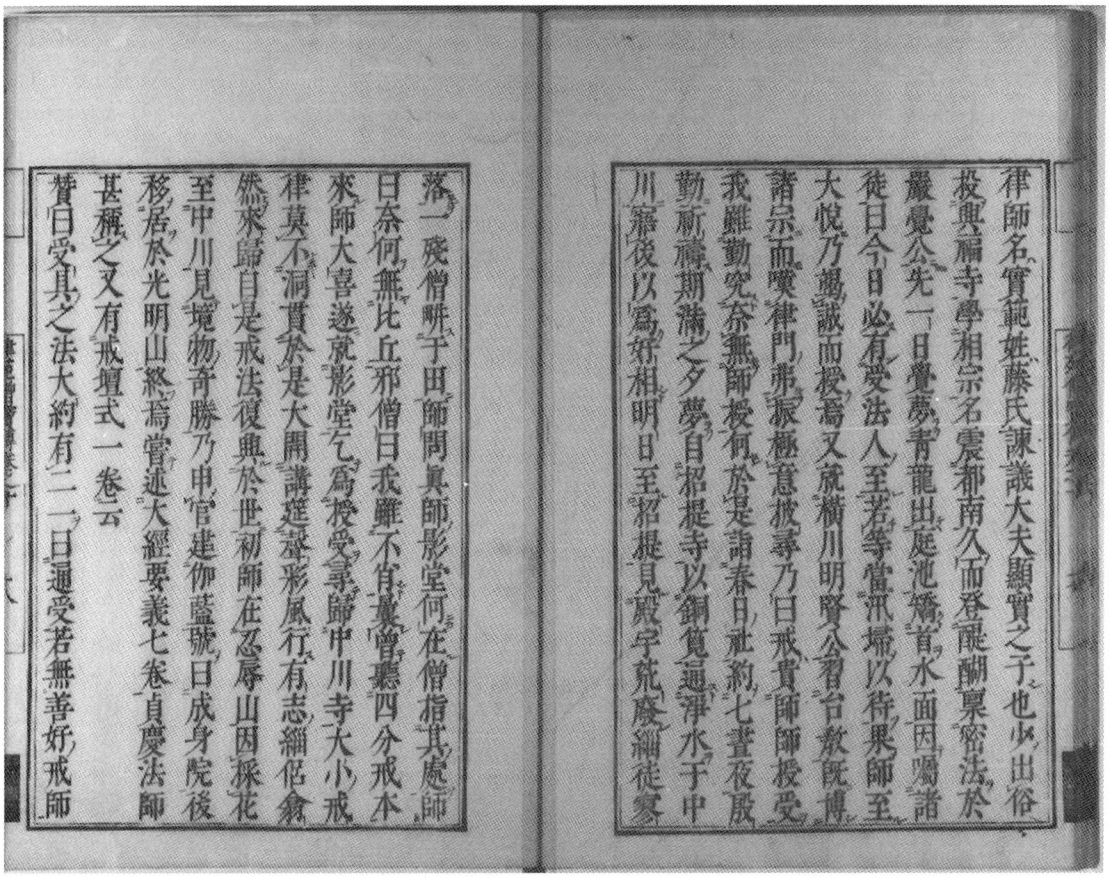

⑤18オ　⑤17ウ

律師名ハ実範、姓ハ藤氏。諫議大夫顕実之子也也。少シテ出レ俗、
投シテ二興福寺一学二相宗一、名震二都南一。久シテ而登二醍醐一、稟二密法ヲ於
厳覚公一ニ。先一日覚夢ラク、青龍出テ二、庭池一矯クト二首ヲ水面一。因テ嘱二諸
徒一曰、今日必ス有ン二受法人ノ至一ル。若チ等当ニ二汎埽シテ以待一ツ。果シテ師至ル。
大悦ヒ乃竭シテレ誠而授ク焉。又就二横川明賢公一習二台教一。既ニ博シ二
諸宗一ニ。而モ嘆二律門ノ弗ルコトヲレ振、極レ意披尋。乃曰、戒ハ貴二師師授受一ヲ。
我雖二勤究一スト、奈レ無キヲ二師授一何セン。於レ是詣二春日ノ社一、約シテ二七昼夜一殷
勤ニ祈禱ス。期満ノ之夕夢ラク、自二招提寺一以二銅筧一通ストニ浄水ヲ于中
川一ニ。寤後以為ク、好相也ト。明日至ル二招提一。見ル二殿宇荒廃シ緇徒寥

落一セルヲ。一残僧耕ス二于田一ニ。師問、真師ノ影堂何ニカ在ル。僧指二其ノ処一ヲ。師
曰、奈何ソ無ヤ二比丘一邪。僧曰、我雖二不肖一也ト、曩レ曾テ聴二四分戒本一
来ル。師大喜、遂ニ就二影堂一乞テ為二授受一ヲ。尋テ帰二中川寺一、大小ノ戒
律莫レ不ト云コト二洞貫一。於レ是大開二講筵一声彩風行ス。有志ノ緇侶翕
然トシテ来帰。自レ是戒法復興ル二於世一ニ。初師在二忍辱山一。因レ採レ花
至二中川一。見テ二境物ノ奇勝一、乃申シテレ官建二伽藍一。号シテ曰二成身院一。後
移シテ二居ヲ於光明山一終フ焉。嘗テ述二大経要義七巻一。貞慶法師
甚称スレ之。又有二戒壇式一巻一云。
賛曰、受具ノ之法、大約有レ二。一ヲ曰二通受一。若無二善好ノ戒師一、

⑤18オ　⑤17ウ

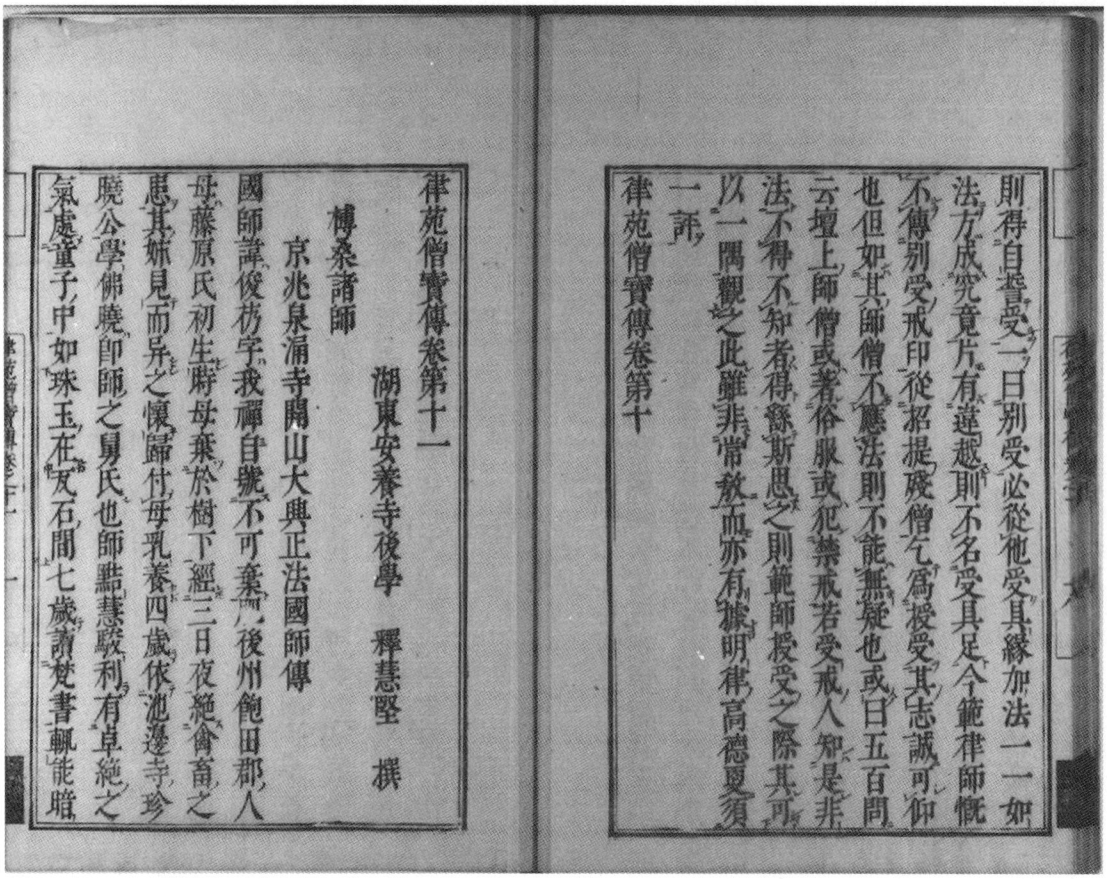
則得自誓受一日別受必從他受具縁加法一一如
法方成究竟片有違越則不名受具足今範律師慨
不傳別受戒印從招提殘僧乞爲授受其志誠可仰
也但如其師僧不應法則不能無疑也或曰五百問
云壇上師僧或著俗服或犯禁戒若受戒人知是非
法不得不知者得繇斯思之則範師授受之際其可
以一隅觀之此雖非常教而亦有據明律高德更須
一評
律苑僧寶傳卷第十

律苑僧寶傳卷第十一
湖東安養寺後學　釋慧堅　撰
榑桑諸師
京兆泉涌寺開山大興正法國師傳
國師諱俊芿字我禪自號不可棄肥後州飽田郡人
母藤原氏初生時母棄於樹下經三日夜絶禽畜之
患其姉見而异之懐歸付母乳養四歳依池邊寺珍
曉公學佛曉即師之舅氏也師黠慧駿利有卓絶之
氣處童子中如珠玉在瓦石間七歳讀梵書輒能暗

⑤18ウ　⑤19オ

則得ニ自誓テ受一ルコトヲ。一ヲ曰ニ別受一。必従レ他受ク。具縁加法、一一如
法ニシテ方ニ成ス究竟一。片モ有レハ違越一スルコト、則不レ名ニ受具足一ト。今範律師慨
レ不ルコトヲレ伝ニ別受ノ戒印一、従ニ招提ノ残僧一乞テ為ニ授受一ヲ。其ノ志誠ニ可シレ仰
也。但如ニンハ其ノ師僧不ルカレ応レ法、則不レ能ハ無キコトレ疑也。或人ノ曰、五百問ニ
云、壇上ノ師僧、或ハ著ニシ俗服一、或ハ犯ニン禁戒一。若受戒ノ人知レハレ是レ非
法ト不レ得、不ル知者ノハ得ト。繇テレ斯思フ時ハレ之、則範師授受ノ之際、其レ可シヤトレ下
以ニ一隅一観ヶ之。此レ雖レ非ストニ常教一ニ、而モ亦有リレ拠トコロ。明律ノ高徳更ニ須ニ
一評一ヲ。

律苑僧宝伝巻第十

⑤18ウ

律苑僧宝伝巻第十一

湖東安養寺後学　釈慧堅　撰

榑桑諸師

京兆泉涌寺開山大興正法國師伝

國師諱ハ俊芿、字ハ我禅、自号ニス不可棄一ト。肥後州飽田郡ノ人。
母ハ藤原氏。初生レシ時、母棄ツニ於樹下一。経レトモニ三日夜一絶ニス禽畜ノ之
患一ヲ。其ノ姉見テ而異也トシ之、懐キ帰付シテレ母乳養セシム。四歳ニシテ依ニテ池辺寺ノ珍
暁公ニ学仏。暁ハ即師ノ之舅氏也。師黠慧駿利ニシテ有ニ卓絶ノ之
気一。処ニシテ童子ノ中一、如下珠玉ノ在ルカ中瓦石ノ間上。七歳ニシテ読ニ梵書一、輒能暗

⑤19オ

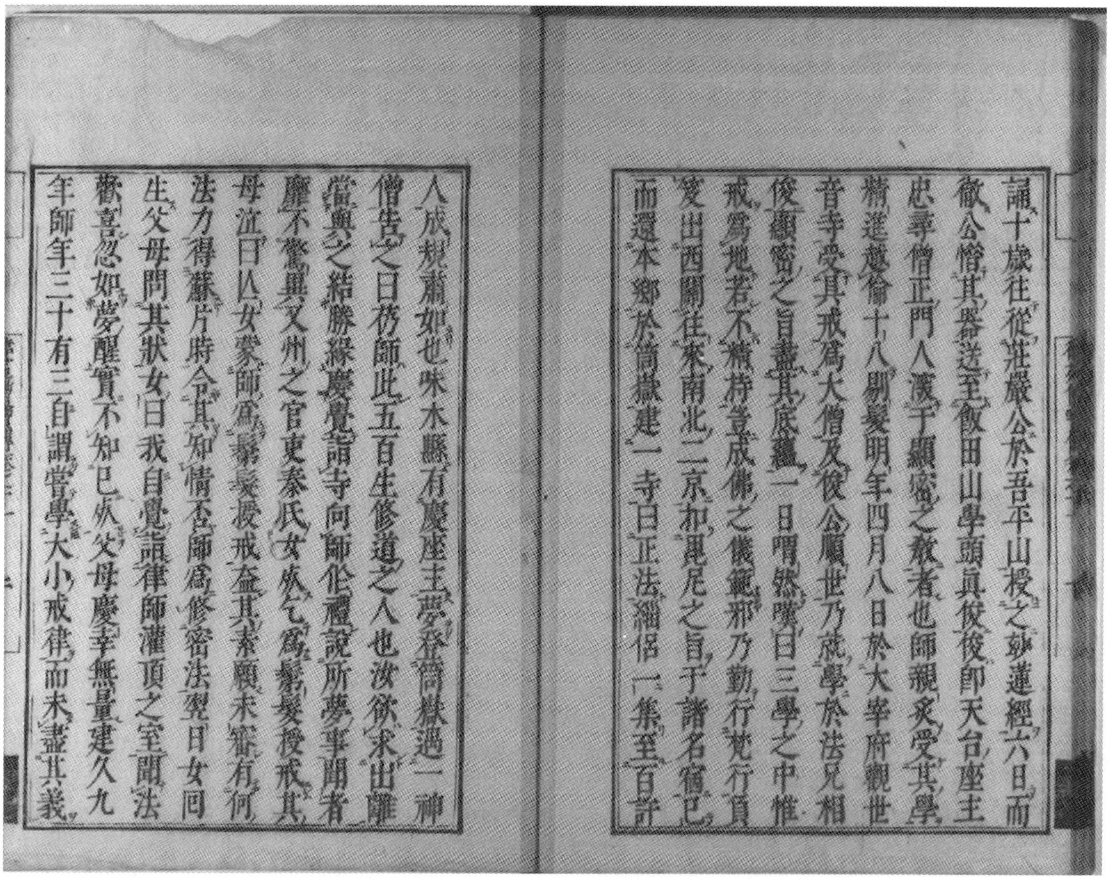

⑤20オ　　⑤19ウ

誦ス。十歳往テ従フ二荘厳公ニ於吾平山一。授ルニ之ニ妙蓮経一ヲ、六日ニシテ而
徹ス。公惜テ二其ノ器一、送テ至シム二飯田山学頭真俊一ニ。俊ハ即天台ノ座主
忠尋僧正ノ門人、深キ二于顕密ノ之教一ニ者也。師親炙シテ受ケ二其ノ学一ヲ、
精進越レ倫。十八ニシテ剃髪。明年四月八日於二大宰府観世
音寺一受ケ二具戒一為二大僧一。及テ二俊公ノ順世一、乃就ク二学ニ於法兄相
俊一ニ。顕密ノ之旨尽ス二其ノ底蘊一ヲ。一日喟然トシテ嘆シテ曰、三学ノ之中、惟
戒ヲ為レ地ト。若シ不ンハ二精持一、豈ニ成仏ノ之儀範ナランヤ耶。乃勤テ行フ二梵行一、負
レ笈出二西関一。往二来シテ南北ノ二京一ニ、扣ク毘尼之旨ヲ于諸名宿一ニ。已ニシテ
而還二本郷一、於二筒嶽一建二一寺一。曰二正法一ト。緇侶一ニ集リ、至ル二百許

⌊
⑤19ウ

人一。成規粛如タリ也。味木県ニ有二慶座主云人。夢ラク、登二筒嶽一遇二一神
僧一。告テレ之曰、彷師ハ此レ五百生修道ノ之人也。汝欲ハレ求ントレ出離一、
当下与レ之結中勝縁上。慶覚テ詣レ寺向レ師作レ礼シ、説二所夢ノ事一。聞者
靡レ不二驚異一。又州ノ之官吏秦氏ノ女死ス。乞テ為メニ剃髪授戒セシム。其ノ
母泣テ曰、亡女蒙ル三師ノ為ニスコトヲ二剃髪授戒一。盍シ其ノ素願也。未審シ有ンヤ二何ノ
法力一。得二蘇スルコト片時一、令ンヤ二其ヲシテ知レ情否ヤ。師為ニ修二密法一。翌日女回
生ス。父母問二其状一。女ノ曰、我自覚フ詣シ二律師灌頂之室ニ聞レテ法
歓喜シ、忽如ナルヲ中夢ノ醒上。実ニ不レ知二已ニ死セルコトヲ一。父母慶幸無量也。建久九
年、師年三十有三。自謂ラク、嘗テ学スレトモ二大小ノ戒律一ヲ、而未タレ尽二其義一ヲ。

⌊
⑤20オ

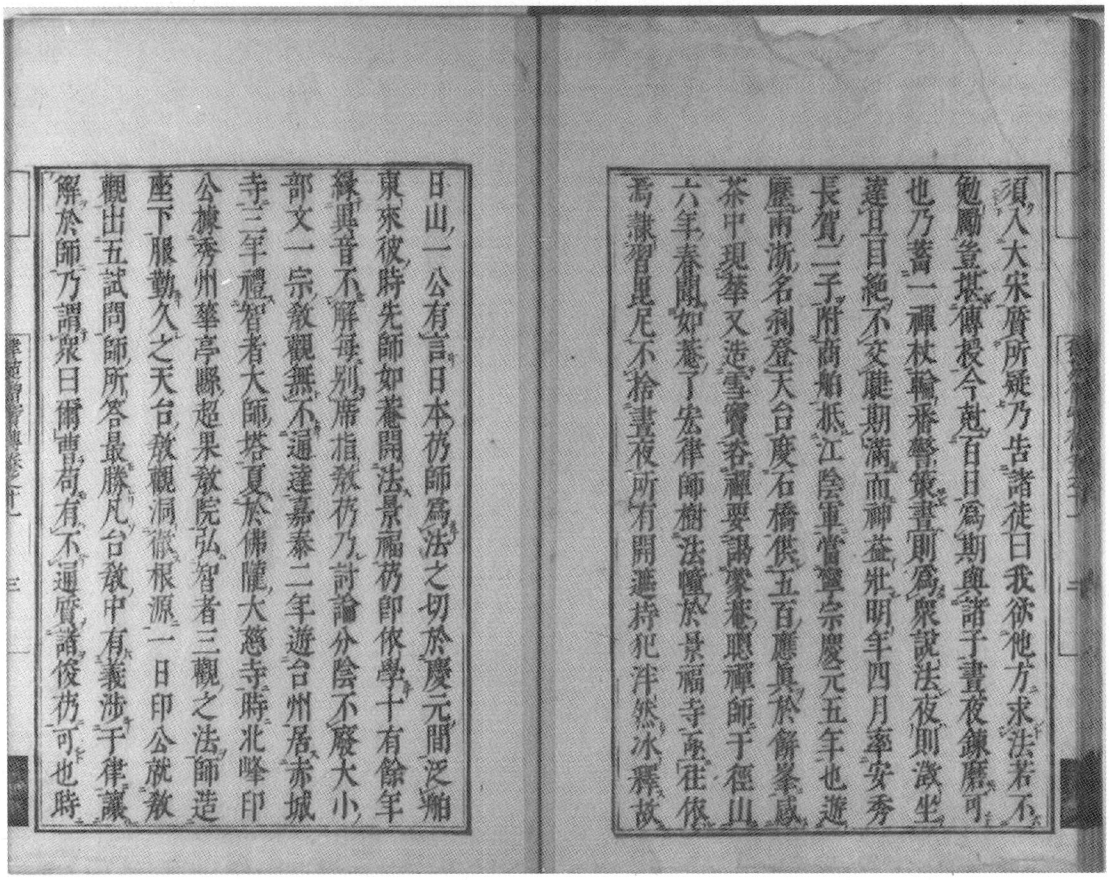

⑤21オ　⑤20ウ

須ク下(ヘシト)入二大宋一質中所疑上。乃告二諸徒一曰、我欲二他方ニ求ントレ法。若不ンハ二
勉励一豈ニ堪ンヤ二伝授一。今剋シテ二百日一為レ期、与二諸子一昼夜錬磨セハ可也ト
也。乃蓄二一禅杖一輪番警策セシム。昼ハ則為メニレ衆説法シ、夜ハ則澄坐シテ
達レ旦。目絶シテ不レ交レ睫。期満レトモ而モ神益ミ壮也。明年四月率二安秀・
長賀ノ二子一ヲ、附二商舶一抵ル二江陰軍一ニ。当二寧宗慶元五年一也。遊二
歴シ両浙ノ名刹一登二天台一。度二石橋一供シ二五百ノ応真ヲ於餅峯一ニ、感ス二
茶中現レ華。又造テ二雪竇一咨ヒ二禅要一、謁二蒙菴ノ聡禅師ニ于径山一ニ。
六年ノ春、聞テ三如菴ノ了宏律師樹二法幢ヲ於景福寺一亟ニ往依ル
焉。隷二習毘尼一不レ捨二昼夜一。所有開遮持犯、泮然トシテ氷釈ス。故ニ

∟
⑤20ウ

日山ノ一公有レ言ルコト。日本ノ芿師為レニスルノ法之切、於二慶元ノ間一泛レ舶
東来。彼ノ時先師如菴開二法ス景福一。芿即依学スルコト十有余年、
縁テ二異音不ルニレ解、毎ニ別レニシテ席指教。芿乃シ討論、分陰不レ廃。大小ノ
部文、一宗ノ教観、無トレ不ト云コト二通達一。嘉泰二年遊二台州一居ス二赤城
寺一ニ。三年礼ス二智者大師ノ塔一。夏ス二於仏隴ノ大慈寺一ニ。時ニ北峰印
公拠二秀州華亭県ノ超果教院一、弘ム二智者三観ノ之法一ヲ。師造二
座下一服勤スルコト久シ之。天台ノ教観洞二徹ス根源一ニ。一日印公就二教
観一出二五試問一。師ノ所答最モ勝レリ。凡ソ台教ノ中有レハ三義渉ルコト二于律一ニ、譲ル二
解ヲ於師一ニ。乃謂テレ衆曰、爾曹ラ苟モ有レハ不ルコトレ通、質シテ二諸ヲ俊芿一ニ可也ト也。時ニ

∟
⑤21オ

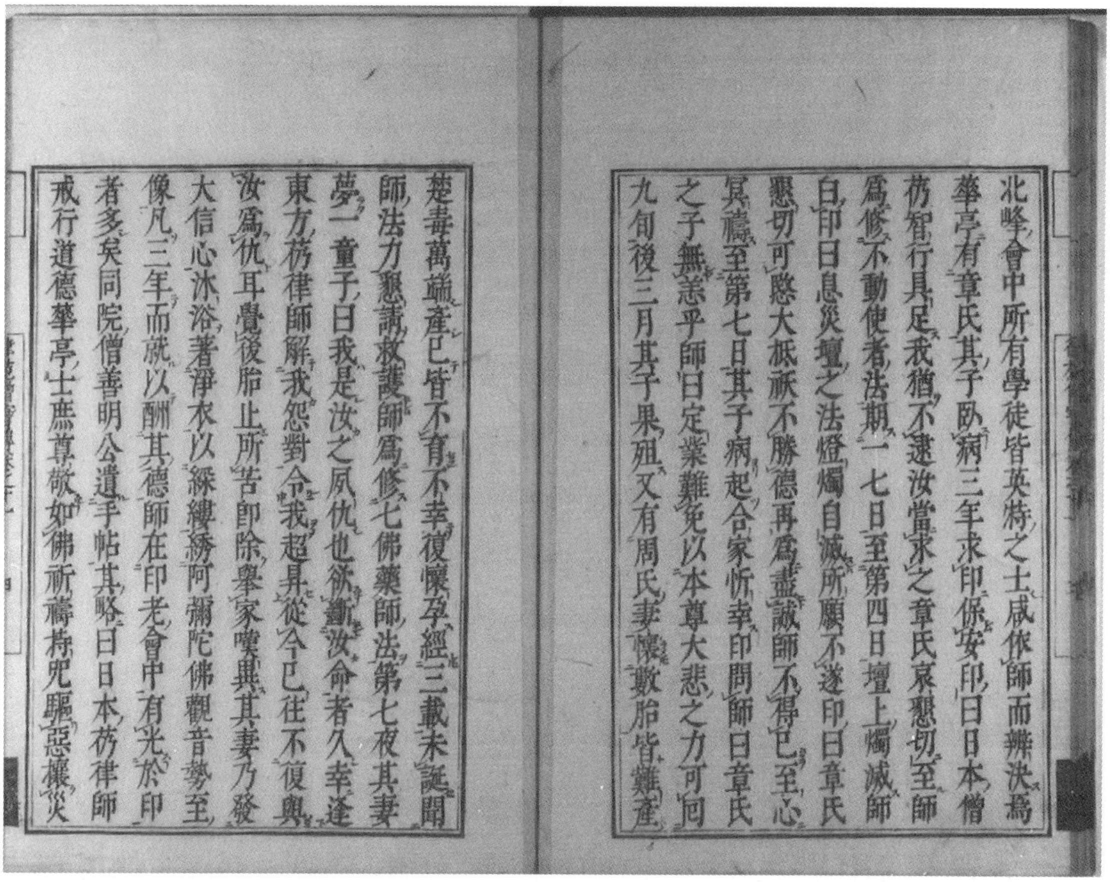
北峰會中所有學徒皆英特之士咸依師而辨決焉華亭有章氏其子臥病三年求印保安印曰日本僧芿智行具足我猶不逮汝當求之章氏哀懇切至師爲修不動使者法期一七日至第四日壇上燭滅師白印曰息災壇之法燈燭自滅所願不遂印曰章氏懇切可愍大抵祇不勝德再爲盡誠師不得已至心冥禱至第七日其子病起合家忻幸印問師曰章氏之子無恙乎師曰定業難免以本尊大悲之力可回九旬後三月其子果殂又有周氏妻懷數胎皆難産

楚毒萬端産已皆不育不幸復懷孕經三載未誕聞師法力懇請救護師爲修七佛藥師法第七夜其妻夢一童子曰我是汝之夙仇也欲斷汝命者久幸逢東方芿律師解我怨對令我超昇從今已往不復與汝爲仇耳覺後胎止所苦卽除擧家嘆異其妻乃發大信心沐浴著淨衣以綵縷綉阿彌陀佛觀音勢至像凡三年而就以酬其德師在印老會中有光於印者多矣同院僧善明公遺手帖其略曰日本芿律師戒行道德華亭士庶尊敬如佛祈禱持呪驅惡攘災

⑤22オ　⑤21ウ

北峰ノ会中所有学徒、皆英特ノ之士也。咸依レ師而弁決ス焉。
華亭ニ有二章氏一。其ノ子臥レスコト病三年、求レ印ニ保レシム安。印ノ曰、日本ノ僧
芿、智行具足ス。我猶ヲ不レ逮。汝当レニ求レ之。章氏哀懇切ニ至ル。師
為ニ修ス二不動使者ノ法一。期ス二一七日一。至二第四日一壇上ノ燭滅ス。師
白レシテ印曰、息災壇ノ之法、燈燭自滅スレハ所願不レ遂。印ノ曰、章氏
懇切可レ愍。大抵祇不レ勝レ徳。再為ニ尽レセト誠。師不レシテ得レ已ムコトヲ至心ニ
冥禱ス。至二第七日一其子病ヨリ起ツ。合家忻幸ス。印問レ師曰、章氏
之子無レシャ恙乎。師曰、定業難レ免。以二本尊大悲ノ之力一可レ回二
九旬一。後三月其子果シテ殂ス。又有二周氏ノ妻一。懐二数胎一ハラメトモ皆難産ニシテ

⑤21ウ

楚毒万端也。産シテ已皆不レ育セラレ。不幸ニシテ復懐孕ス。経レトモ二三載一未レ誕セ。聞二
師ノ法力一、懇請シテ救護セシム。師為ニ修ス二七仏薬師ノ法一ヲ。第七夜其妻
夢ラク、一童子ノ曰、我ハ是レ汝カ之夙仇也。欲レスルコト断二セント汝カ命一者久シ。幸ニ逢下
東方ノ芿律師解二テ我カ怨対一令ルニ中我ヲシテ超昇セ上、従レ今已往、不三復与メニ
レ汝為ラレ仇ト耳。覚後胎止ミ、所レ苦即除ク。挙レ家嘆異ス。其妻乃発二
大信心一、沐浴シテ著二浄衣一、以二綵縷一綉二阿弥陀仏・観音・勢至ノ
像一。凡ソ三年ニシテ而就ル。以テ酬二其ノ徳一。師在二印老ノ会中一、有レ光スコト二於印一
者多シ矣。同院ノ僧善明公遺ル二手帖一。其ノ略ニ曰、日本ノ芿律師、
戒行道徳、華亭ノ士庶尊敬スルコト如レ仏。祈禱持呪、駆リレ悪攘レク災。

⑤22オ

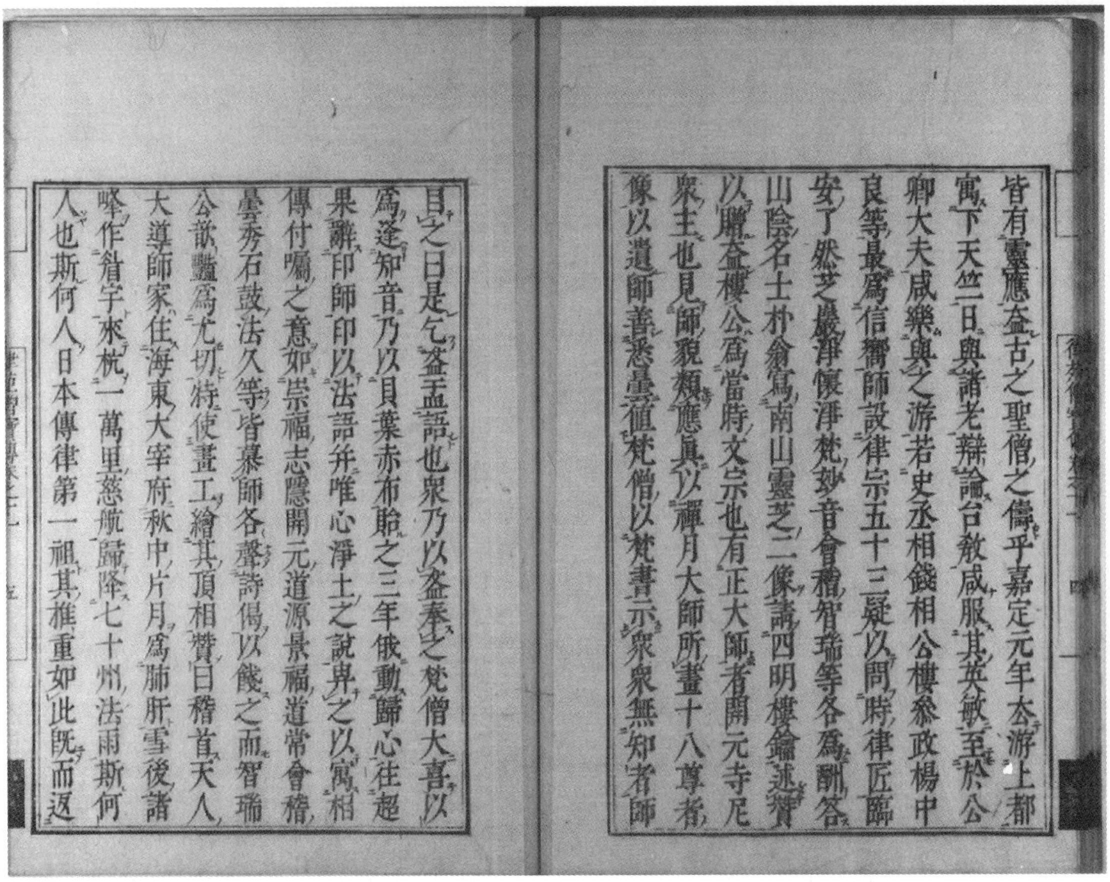

皆有靈應盍古之聖僧之儔乎嘉定元年去游上都
寓下天竺日與諸老辯論臺教咸服其英敏至於公
卿大夫咸樂與之游若史丞相錢相公樓參政楊中
良等最爲信嚮師設律宗五十三疑以問時律匠臨
安了然芝巖淨懷淨梵妙音會稽智瑞等各爲酬答
山陰名士朴翁寫南山靈芝二像請四明樓鑰述贊
以贈盍樓公爲當時文宗也有正大師者開元寺尼
衆主也見師貌類應眞以禪月大師所畫十八尊者
像以遺師善悉曇值梵僧以梵書示衆衆無知者師

目之曰是乞鉢盂語也衆乃以鉢奉之梵僧大喜以
爲逢知音乃以貝葉赤布貽之三年俄動歸心往超
果辭印師印以法語并唯心淨土之說畀之以寓相
傳付囑之意如崇福志隱開元道源景福道常會稽
曇秀石鼓法久等皆慕師各聲詩偈以餞之而智瑞
公歆豔爲尤切特使畫工繪其頂相贊曰稽首天人
大導師家住海東大宰府秋中片月爲肺肝雪後諸
峰作眉宇來杭一萬里慈航歸降七十州法雨斯何
人也斯何人日本傳律第一祖其推重如此既而返

⑤23オ　⑤22ウ

皆有二霊応一。盍シ古ノ之聖僧ノ之儔カト乎。嘉定元年去テ游二上都一
寓二ス下天竺一。日ニ与二諸老一弁二論ス台教一。咸ナ服二ス其ノ英敏一ニ。至二テモ於公
卿大夫一、咸楽二ム与レ之游一。若二史丞相・銭相公・楼参政・楊中
良等ノ最モ為二信嚮一。師設二律宗五十三疑一、以テ問二フ時ノ律匠一。臨
安ノ了然・芝巌ノ浄懐・浄梵ノ妙音・会稽ノ智瑞等、各為メニ酬答ス。
山陰ノ名士朴翁写シテ二南山・霊芝ノ二像一ヲ、請二シテ四明楼鑰一述シメテレ賛
以テ贈ル。盍シ楼公ハ為二当時ノ文宗一也。有二正大師一ト云者。開元寺尼
衆ノ主也。見テ三師ノ貌類セルヲ二応真一ニ、以二禅月大師所レノ画十八尊者ノ
像一以遺ル。師善シ二悉曇一ニ。値下梵僧ノ以二梵書一示上スニ衆。衆無二知者一。師

⌊ ⑤22ウ

目テレ之曰、是レ乞二フノ鉢盂一語也ト也。衆乃以レ鉢奉レス之。梵僧大ニ喜テ、以
為ク逢ヘリト二知音一ニ。乃以二貝葉赤布一貽ル之。三年俄ニ動ス二帰心一。往二超
果一辞二ス印師一。印以テ二法語并ニ唯心浄土ノ之説一畀レテ之、以テ寓二ス相
伝付嘱ノ之意一ヲ。如キ二崇福ノ志隠・開元ノ道源・景福ノ道常・会稽ノ
曇秀・石鼓ノ法久等一ノ、皆慕レ師各ミ声ナラ二シテ詩偈一ヲ以餞ス之。而モ智瑞
公歆豔為二尤モ切一也ト。特ニ使三画工ヲシテ絵二其ノ頂相一。賛シテ曰、稽首ス天人ノ
大導師、家ハ住二ス海東ノ大宰府一ニ。秋中ノ片月ヲ為二肺肝一ト、雪後ノ諸
峰ヲ作二眉宇一ト。来テ杭二シテ一万里ノ慈航一、帰テ降二ス七十州ノ法雨一。斯レ何
人ソヤ也、斯レ何人ソ。日本伝律第一祖ト。其ノ推重如レ此。既ニシテ而返二

⌊ ⑤23オ

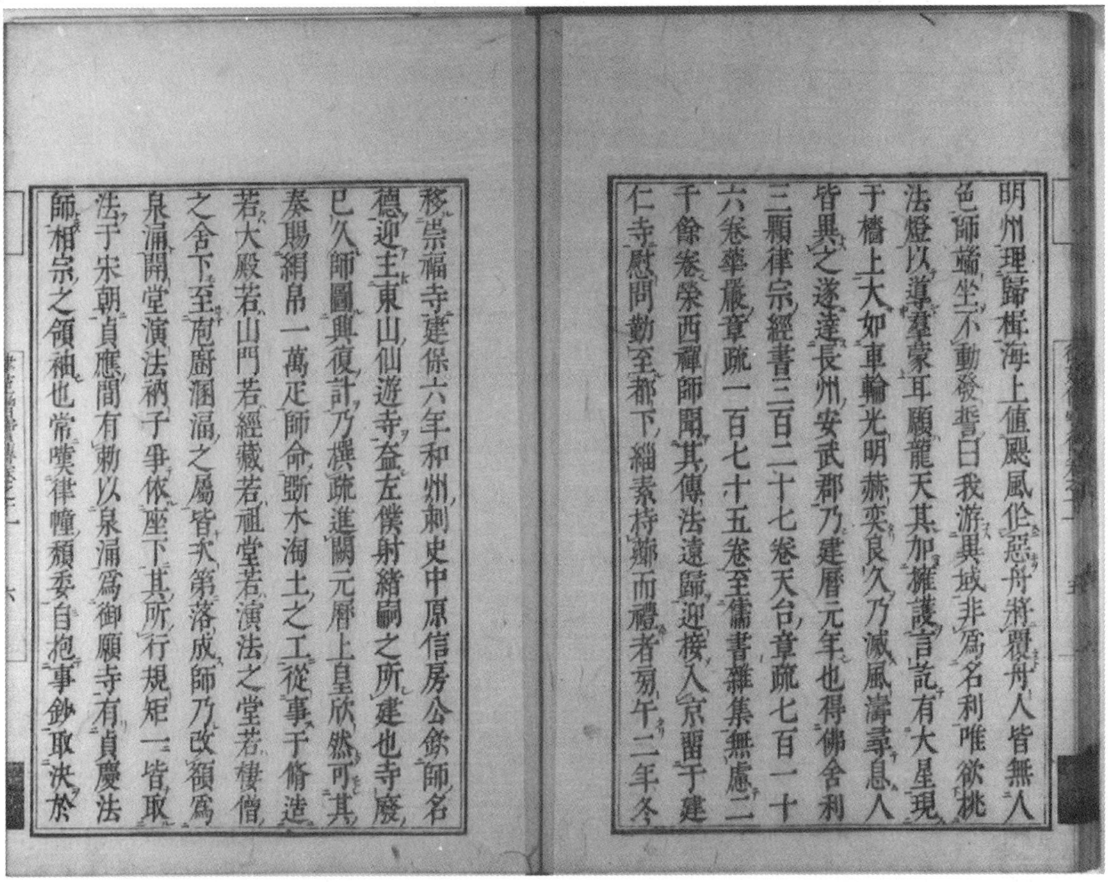

⑤24オ　⑤23ウ

⑤23ウ

明州一理二帰楫一。海上値二颶風作スニレ悪キヲ舟将ニレ覆ラント。舟人皆無二人
色一。師端坐シテ不レ動。発誓シテ曰、我游フコトハ二異域一非レ為二名利一、唯欲下挑二
法燈一以テ導ント中群蒙上耳。願ハ龍天其レ加ヘヨ二擁護一ヲ。言訖テ有二大星一。現ス二
于檣上一。大サ如二車輪一、光明赫奕タリ。良久シテ乃滅ス。風濤尋テ息ム。人
皆異トスレ之。遂ニ達ス二長州ノ安武郡一。乃シ建暦元年也也。得二仏舎利
三顆・律宗ノ経書三百二十七巻・天台ノ章疏七百一十
六巻・華厳ノ章疏一百七十五巻一。至二儒書雑集一無慮テ二
千余巻也。栄西禅師聞テ二其ノ伝法遠帰一ヲ、迎接シテ入レ京。留二于建
仁寺一ニ慰問勤至ル。都下ノ緇素持レ薌而礼スル者旁午タリ。二年冬

⑤24オ

移ル二崇福寺一ニ。健保六年和州ノ刺史中原信房公欽二師ノ名
徳一ヲ、迎テ主シム二東山ノ仙遊寺一ヲ。盍シ左僕射緒嗣之所也レ建也。寺廃シテ
已久シ。師図ル二興復ノ計一ヲ。乃撰レ疏進レ闕。元暦上皇欣然トシテ可也トシ二其ノ
奏一、賜二絹帛一万疋一。師命シテ二斲木淘土ノ之工一ニ、従二事ス于脩造一ニ。
若クハ大殿、若ハ山門、若ハ経蔵、若ハ祖堂、若ハ演法ノ之堂、若ハ棲僧ノ
之舎、下モ至ルマテ二庖厨・溷湢ノ之属一、皆ナ次第ニ落成ス。師乃シ改レ額為二
泉涌一ト。開堂演法、衲子争テ依ル二座下一ニ。其ノ所レ行規矩、一ニ皆ナ取ル二
法ヲ于宋朝一ニ。貞応ノ間有レ勅。以二泉涌一為二御願寺一。有リ二貞慶法
師一ト云人。相宗ノ之領袖也也。常ニ嘆二律幢ノ頽委一、自抱ミテ二事鈔一取二決ヲ於

⌞⑤23ウ　⌞⑤24オ

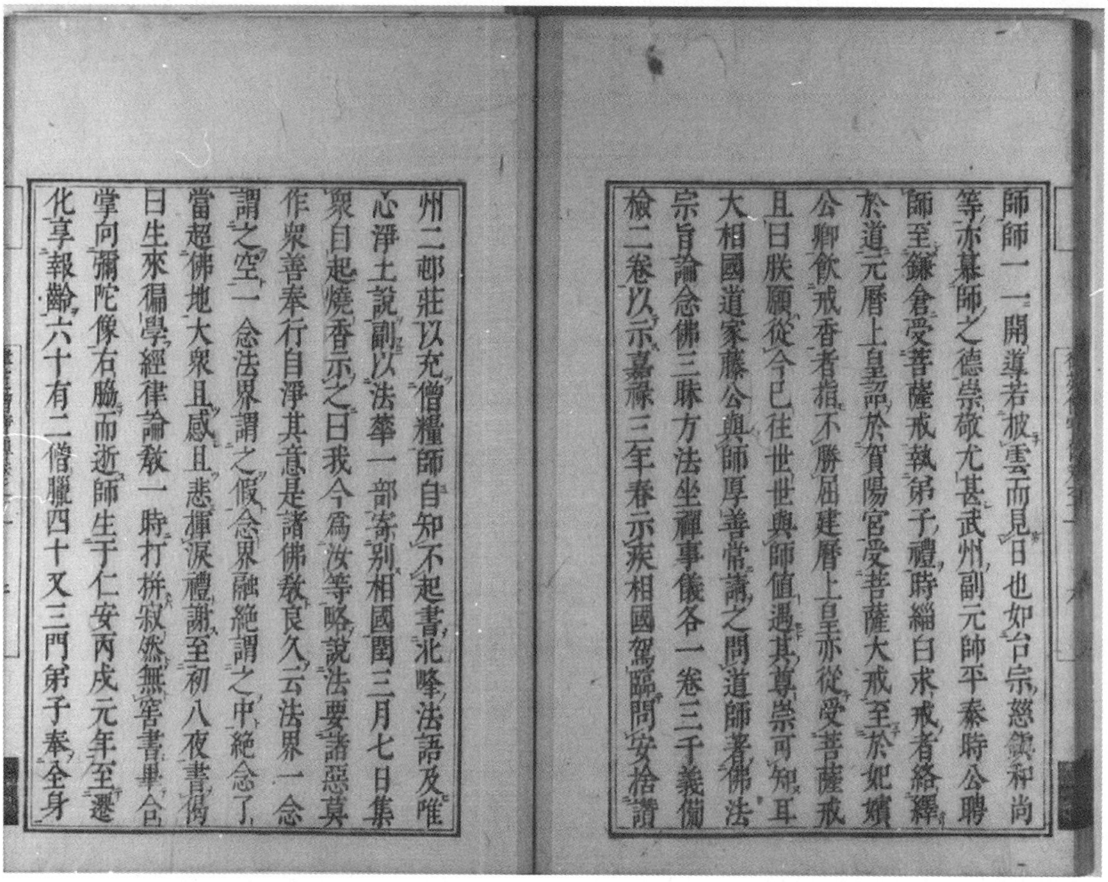

⑤25オ　⑤24ウ

師一。師一一ニ開導、若ニ披レヒテ雲而見レルカ日也。如ニ台宗ノ慈鎮和尚
等一ノ、亦慕ニ師ノ之徳一崇敬尤甚シ。武州ノ副元師平泰時公聘
レ師至シメ二鎌倉一ニ、受ニ菩薩戒一執ニ弟子ノ礼一ヲ。時緇白求戒ノ者絡ニ繹タリ
於道一ニ。元暦上皇詔シテ於ニ賀陽宮一受ニ菩薩大戒一。至マテ二於妃嬪
公卿一飲ニ戒香一者指モ不レ勝レ屈。建暦上皇亦従テ受ニ菩薩戒一、
且曰、朕願ハ従レ今已往、世世与レ師値遇セントト。其ノ尊崇可レ知ヌ耳。
大相國道家藤公与レ師厚善、常ニ請シテ之問レ道。師著シテ二仏法
宗旨論・念仏三昧方法・坐禅事儀、各一巻・三千義備
検二巻一以テ示ス。嘉禄三年春示レ疾。相國駕臨テ問レ安。捨ニ讃

⑤24ウ

州二郁荘一以充ニツ僧糧一。師自知レミ不レ起。書シテ二北峰ノ法語及ヒ唯
心浄土説一ヲ、副フルニ以ニ法華一部一寄ニ別ス相國一。閏三月七日集
レ衆自起、焼香示シテレ之ニ曰、我今為ニ汝等一略シテ説ニ法要一。諸悪莫
作、衆善奉行、自浄其意、是諸仏教ト。良久シテ云、法界一念
謂ニ之ヲ空一ト、一念法界謂ニ之ヲ仮一ト、念界融絶謂ニ之ヲ中一ト。絶念了
当超ニ仏地一。大衆且ツ感シ且ツ悲ミ、揮レ涙礼謝ス。至ニ初八夜一書シテレ偈
曰、生来偏学フ経律論教、一時ニ打拼スレハ寂然トシテ無レト窖。書シ畢テ合
掌、向ニ弥陀像一右脇ニシテ而逝ス。師生ニ于仁安丙戌元年一至テ二遷
化一、享ニ報齢ヲ一六十有二、僧臘四十又三。門弟子奉シテ二全身一

⑤25オ

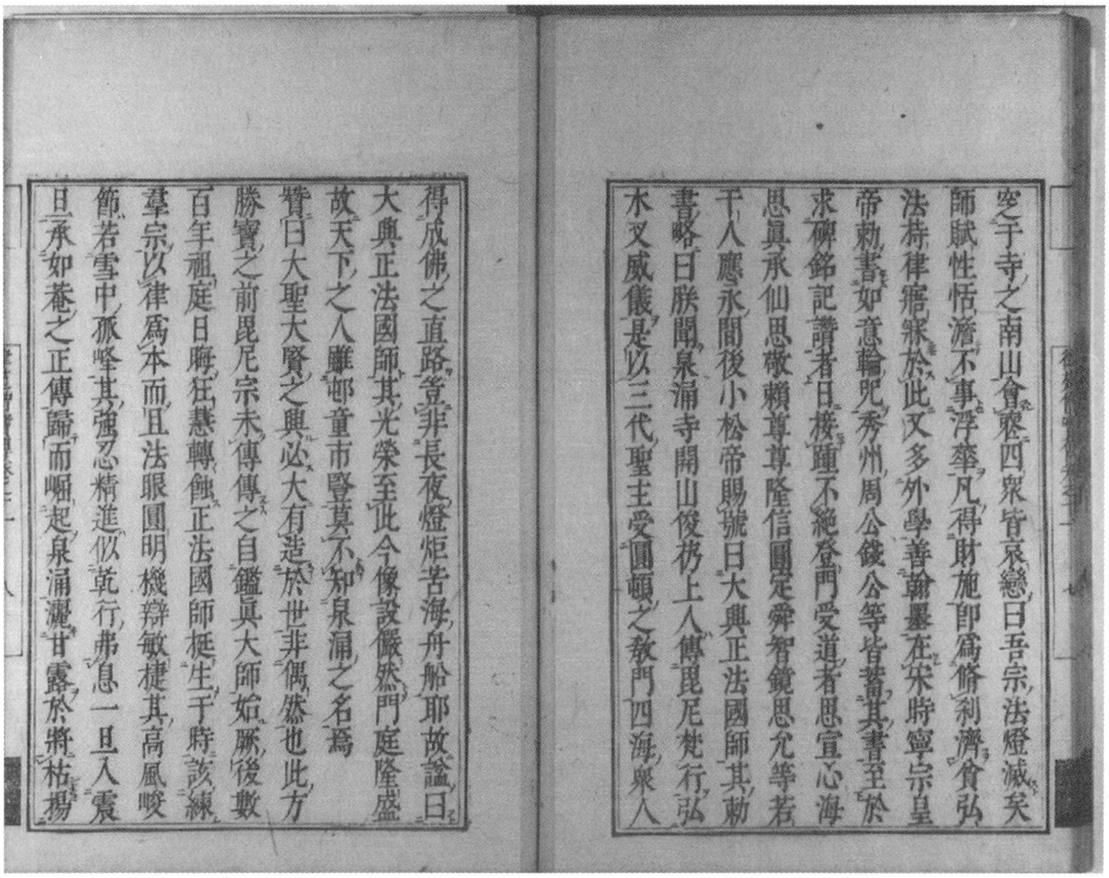

⑤26オ　⑤25ウ

窆二于寺ノ之南山一。会レスル喪ニ四衆皆哀恋シテ曰、吾宗ノ法燈滅スト矣。
師賦性恬澹ニシテ不レ事トセ二浮華一ヲ。凡ソ得二財施一即為二脩レ利済フヲ一貧、弘
法持律寤寐ニモ於レス此ニ。又多二外学一善二翰墨一。在リシレ宋時、寧宗皇
帝勅シテ書セシム二如意輪ノ呪一ヲ。秀州ノ周公・銭公等、皆蓄フ二其ノ書一。至下於
求二碑銘記讃一者上、日ニ接シテレ踵不レ絶。登門受道ノ者、思宣・心海・
思真・承仙・思敬・頼尊・尊隆・信円・定舜・智鏡・思允等若
干人。応永ノ間、後小松帝賜レ号曰二大興正法國師一。其ノ勅
書ノ略ニ曰、朕聞ク、泉涌寺開山俊芿上人ハ伝二毘尼梵行一ヲ弘二
木叉威儀一ヲ。是以三代ノ聖主受二円頓ノ之教門一、四海ノ衆人

⌐

⑤25ウ

得二成仏ノ之直路一ヲ。豈ニ非二長夜ノ燈炬、苦海ノ舟船一耶。故ニ諡シテ曰フト二
大興正法國師一ト。其ノ光栄至レ此。今像設儼然トシテ門庭隆盛。
故ニ天下ノ之人、雖二郁童市豎一莫レ不ト云コトレ知二泉涌ノ之名一焉。
賛ニ曰、大聖大賢ノ之興ル、必ス大ニ有レ造スコト二於世一。非二偶然一也。此ノ方
勝宝ノ之前、毘尼宗未タレ伝。伝フルコトハ之自二鑑真大師一始ル。厥ノ後数
百年、祖庭日晦シテ狂慧転ミ蝕ス。正法國師挺二生シテ于時ニ該二練シ
群宗一ヲ、以レ律為レ本。而シテ且法眼円明、機弁敏捷。其ノ高風峻
節ハ若二雪中ノ孤峰一、其ノ強忍精進ハ似二乾行ノ弗レ息。一旦入二震
旦一承二如菴ノ之正伝一、帰テ而崛二起シテ泉涌一灑キ二甘露ヲ於将レ枯ントスルニ、揚二

⌐

⑤26オ

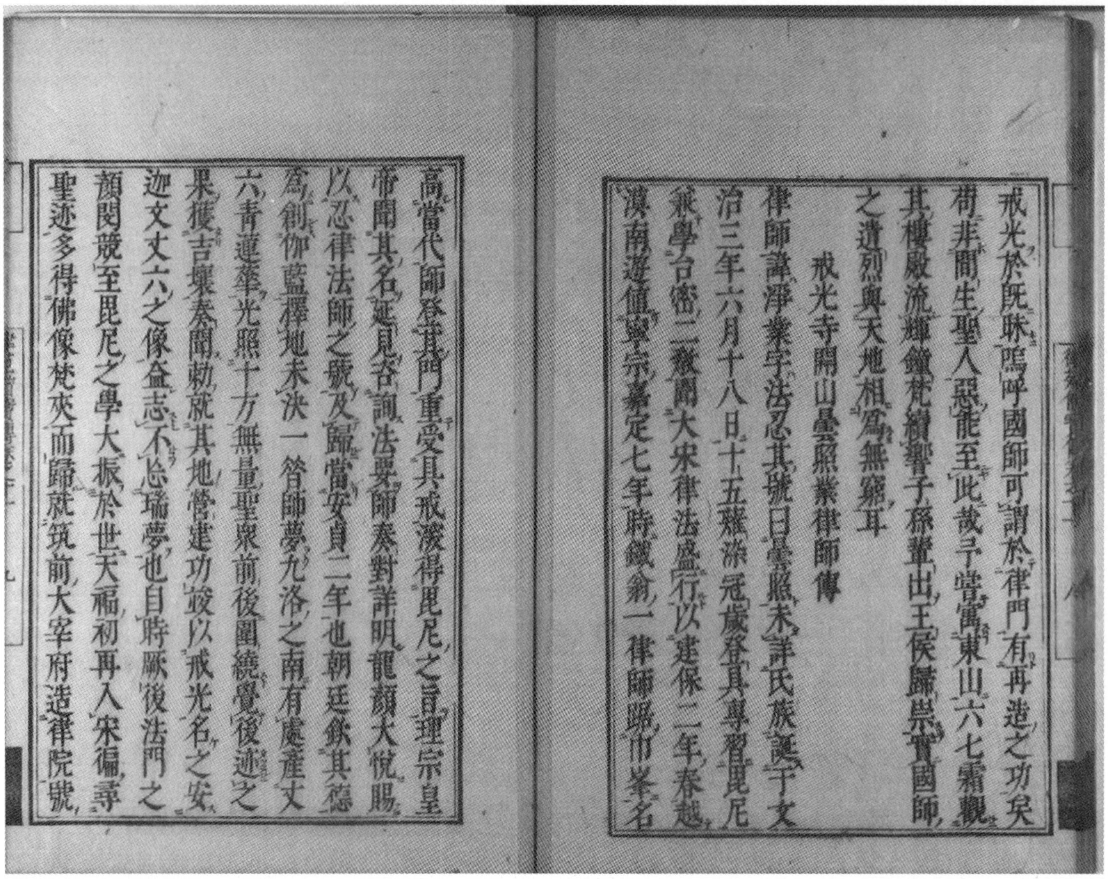

⑤27オ　⑤26ウ

戒光ヲ於既ニ昧キニ一。嗚呼國師、可レ謂於テ二律門一有リト二再造ノ之功一矣。
苟ニ非ンハ二間生ノ聖人一、悪ソ能至ンヤレ此ニ哉。予嘗テ寓スルコト二東山ニ一六七霜、観ルニ二
其ノ楼殿流シレ輝、鐘梵続レ響、子孫輩出シテ王侯帰崇スルヲ一、実ニ國師ノ
之遺烈、与二天地一相ヒ二為スノミ無窮ヲ一耳。

戒光寺開山曇照業律師伝

律師諱ハ浄業、字ハ法忍、其ノ号曰二曇照ト一。未タレ詳二氏族一。誕ス二于文
治三年六月十八日ニ一。十五薙染、冠歳登具。専習ヒ二毘尼一
兼テ学二台密ノ二教一。聞二大宋律法盛ニ行ルト一、以二建保二年ノ春一越テ
レ漠南遊。値レリ二寧宗ノ嘉定七年一。時ニ鉄翁ノ一律師、踞シテ二巾峯ニ一名

⑤26ウ

高シ二当代一。師登二其ノ門一重テ受二具戒一、深得二毘尼ノ之旨ヲ一。理宗皇
帝聞二其ノ名ヲ一、延見シテ咨二詢ス法要ヲ一。師奏対詳明也。龍顔大悦ヒ、賜フニ
以ス二忍律法師ノ之号ヲ一。及テレ帰ルニ当レリ二安貞二年一也。朝廷欽二其徳一、
為メニ創ントス二伽藍一。択レ地未レ決。一昔師夢ラク、九洛ノ之南ニ有レ処。産二丈
六ノ青蓮華ヲ一、光照二十方一、無量ノ聖衆前後ニ囲繞スト。覚テ後迹タツヌルニレ之、
果シテ獲タリ二吉壌一。奏聞ス。勅シテ就二其地一営建。功竣、以二戒光一名ケ之、安ス二
迦文丈六ノ之像一。盍シ志スト也レ不ルコトヲレ忘二瑞夢ヲ一也。自レ時厥後、法門之
顔閔競至、毘尼ノ之学大ニ振フ二於世ニ一。天福ノ初、再入レ宋。偏ク尋二
聖迹一、多得二仏像梵夾一而帰ル。就二筑前ノ大宰府一造二律院一。号シテ

⑤27オ

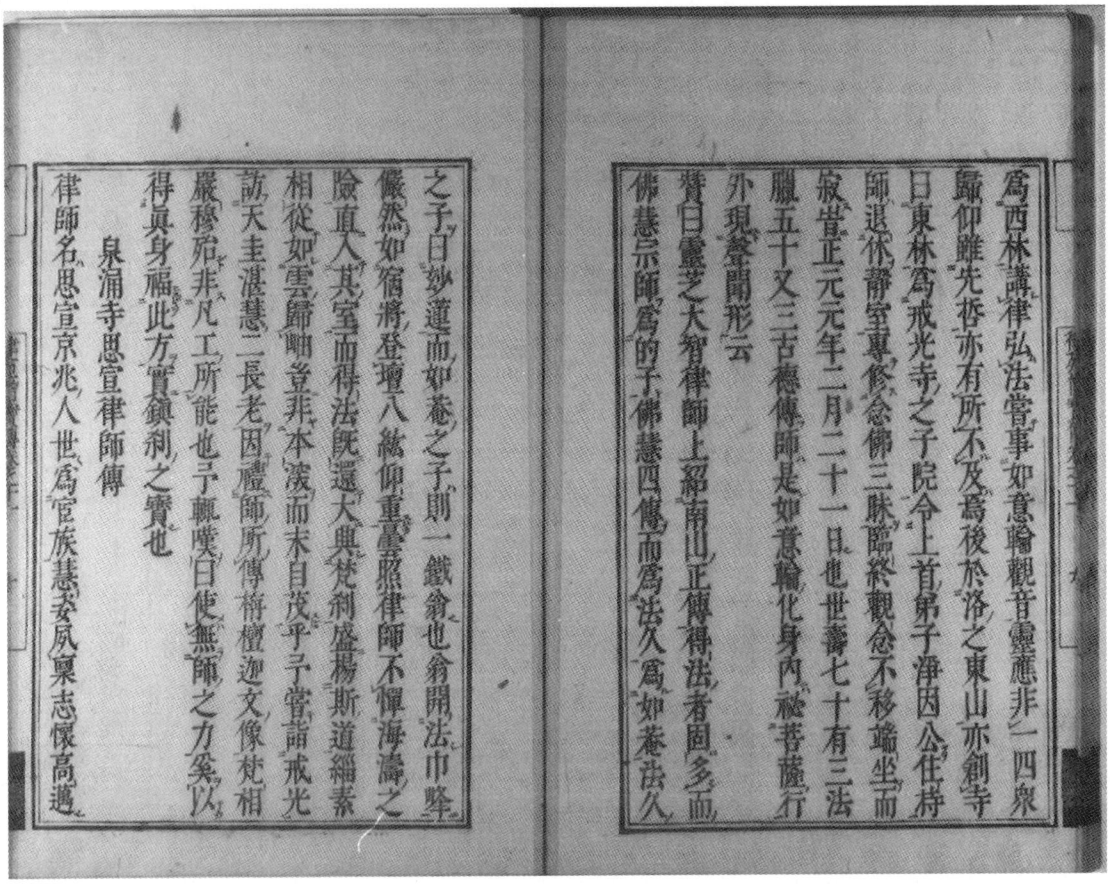

⑤28オ　⑤27ウ

為二西林一講シレ律弘ムレ法。嘗テ事二如意輪観音一。霊応非レ一、四衆帰仰。雖二先哲一亦有レ所レ不ルレ及ハ焉。後於二洛ノ之東山一亦創レ寺。曰二東林一。為二戒光寺ノ之子院一、令二上首ノ弟子浄因公ヲシテ住持一。師ハ退二休シテ静室一、専ラ修二スル念仏三昧一ヲ。臨終観念不レ移、端坐シテ而寂ス。時ニ正元元年二月二十一日也。世寿七十有三、法臘五十又三。古徳伝フ、師ハ是レ如意輪ノ化身、内ニハ秘二菩薩ノ行一、外現二スト声聞形一云。

賛曰、霊芝大智律師、上紹二南山ノ正伝一得法ノ者固ニ多シ。而シテ仏慧宗師ヲ為二的子一ト。仏慧四伝シテ而為二法久一為ル二如菴一。法久ノ └⑤27ウ 之子ヲ曰二妙蓮一。而シテ如菴ノ之子ハ則一鉄翁也。翁開二法シ巾峰一ニ、儼然トシテ如二宿将ノ登レ壇八紘仰重一スルカ。曇照律師不レ憚二海濤ノ之険一、直ニ入テ其ノ室一而得法。既ニ還テ大ニ興シ二梵刹一、盛ニ揚二斯ノ道一。緇素相従テ如シ二雲ノ帰レ岫。豈ニ非ヤ二本深シテ而末自茂一スルニ乎。予嘗テ詣二戒光一、訪フ二天圭・湛慧ノ二長老一ヲ。因テ礼ス二師ノ所レ伝梅檀迦文ノ像一。梵相厳穆、殆ント非ス二凡工ノ所レ能也。予輒嘆シテ曰、使メハレ無ラ二師ノ之力一、奚ヲ以テカ得二真身福一ヒスルコトヲ此方一ヲ。実ニ鎮刹ノ之宝也。

泉涌寺思宣律師伝

律師名ハ思宣、京兆ノ人。世々為二官族一。慧姿夙稟、志懐高邁也。 └⑤28オ

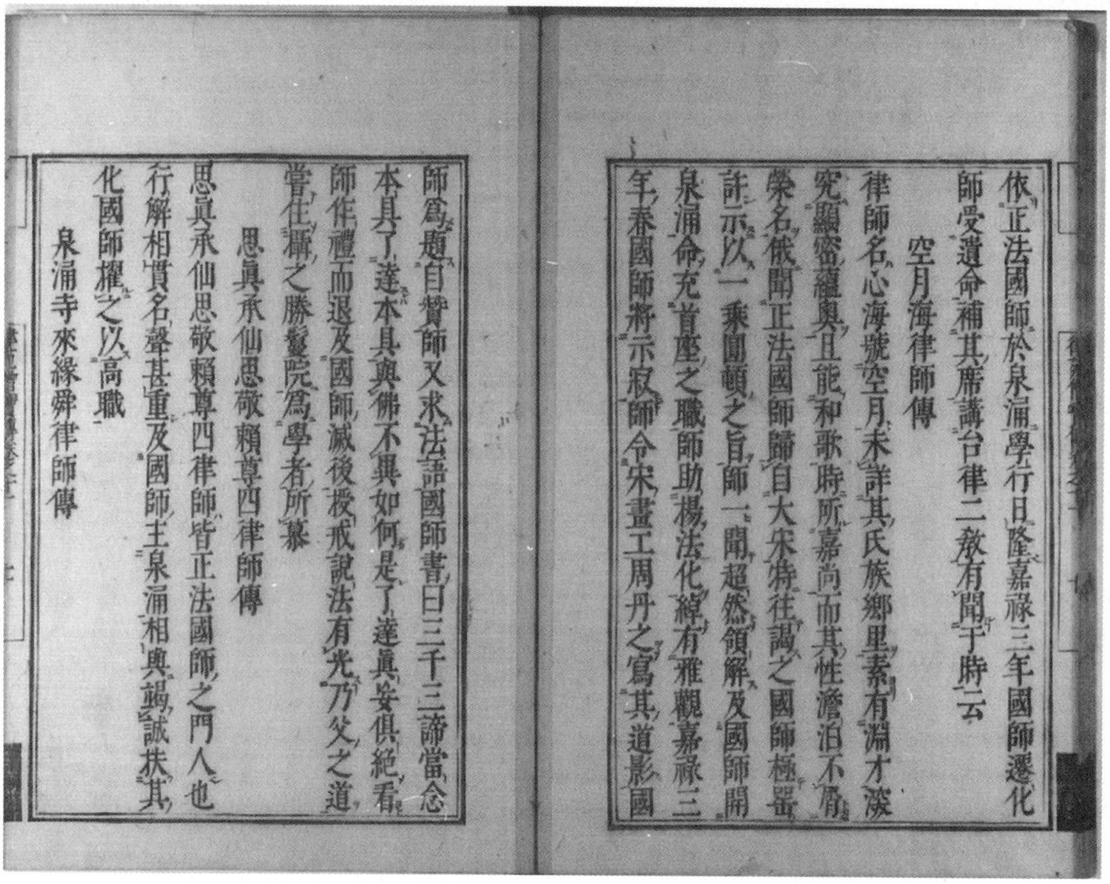
依正法國師於泉涌學行日隆嘉祿三年國師遷化
師受遺命補其席講台律二教有聞于時云
空月海律師傳
律師名心海號空月未詳其氏族鄉里素有淵才深
究顯密蘊奧且能和歌時所嘉尚而其性澹泊不屑
榮名俄聞正法國師歸自大宋特往謁之國師極器
許示以一乘圓頓之旨師一聞超然領解及國師開
泉涌命充首座之職師助揚法化綽有雅觀嘉祿三
年春國師將示寂師令宋畫工周丹之寫其道影國
師爲題自贊師又求法語國師書曰三千三諦當念
本具了達本具與佛不異如何是了達眞妄俱絕看
師作禮而退及國師滅後授戒說法有光乃父之道
嘗住攝之勝鬘院爲學者所慕
思眞承仙思敬賴尊四律師傳
思眞承仙思敬賴尊四律師皆正法國師之門人也
行解相貫名聲甚重及國師主泉涌相與竭誠扶其
化國師擢之以高職
泉涌寺來緣舜律師傳

⑤29オ　⑤28ウ

依二リ正法國師ニ於泉涌一ニ学行日ニ隆也。嘉禄三年國師遷化。
師受二遺命一補二其ノ席一。講二台律二教一、有レ聞ルコト二于時一云。

空月海律師伝

律師名ハ心海、号二空月一ト。未レ詳二其ノ氏族郷里一ヲ。素ヨリ有二淵才一。深
究二ム顕密ノ蘊奥一ヲ。且能二シテ和歌一、時ニ所ル二嘉尚一。而其ノ性澹泊、不レ屑トモセ二
栄名一ヲ。俄ニ聞二正法國師帰レ自二大宋一、特ニ往テ謁ス之。國師極テ器
許シ、示スニ以二ス一乗円頓ノ之旨一ヲ。師一ヒ聞テ超然トシテ領解ス。及三國師開二
泉涌一、命シテ充二首座ノ之職一。師助二揚シテ法化一ヲ、綽トシテ有二雅観一。嘉禄三
年ノ春國師将二示寂一セントス。師令三宋ノ画工周丹之ヲシテ写二其ノ道影一。國
師為メニ題二ス自賛一。師又求二ム法語一。國師書シテ曰、三千三諦、当念
本具、了二達スレハ本具一、与レ仏不レ異。如何ンカ是レ了達、真妄倶絶シテ看ヨト。
師作礼而退。及二國師ノ滅後一、授戒説法有レ光スコト二乃父ノ之道一ヲ。
嘗テ住二シテ摂ノ之勝鬘院一ニ、為ニ二学者ノ所一レ慕。

思真・承仙・思敬・頼尊四律師伝

思真・承仙・思敬・頼尊四律師ハ皆正法國師ノ之門人也也。
行解相貫、名声甚重シ。及三國師ノ主二泉涌一、相与ニ竭レシテ誠扶二ク其ノ
化一。國師擢レルニ之以二ス高職一。

泉涌寺来縁舜律師伝

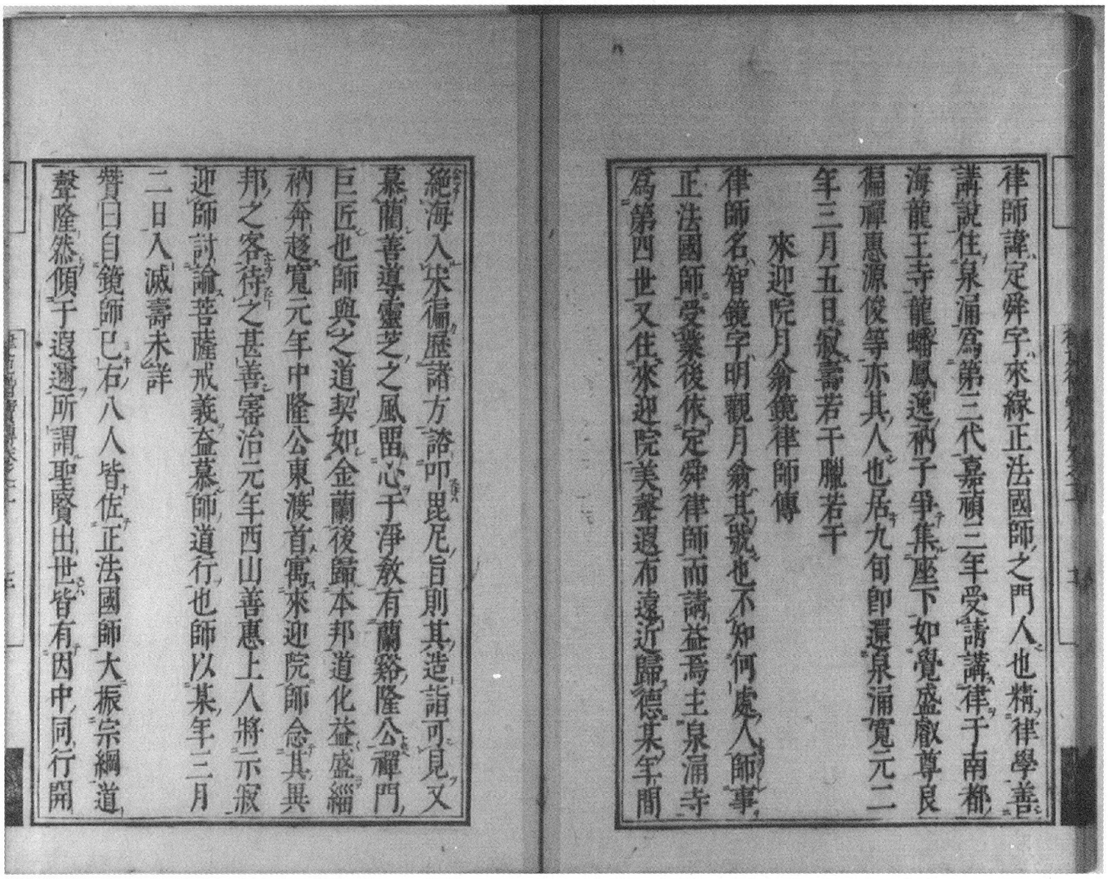

律師諱定舜字來縁正法國師之門人也精律學善
講説住泉涌爲第三代嘉禎三年受請講律于南都
海龍王寺龍蟠鳳逸衲子爭集座下如覺盛叡尊良
徧禪惠源俊等亦其人也居九旬即還泉涌寛元二
年三月五日寂壽若干臘若干
來迎院月翁鏡律師傳
律師名智鏡字明觀月翁其號也不知何處人師事
正法國師受業後依定舜律師而請益焉主泉涌寺
爲第四世又住來迎院美聲遐布遠近歸德某年間

絶海入宋徧歷諸方諮叩毘尼旨則其造詣可見又
慕蘭善導靈芝之風留心于淨教有蘭谿隆公禪門
巨匠也師與之道契如金蘭後歸本邦道化益盛緇
衲奔趍寛元年中隆公東渡首寓來迎院師念其異
邦之客待之甚善寳治元年西山善惠上人將示寂
迎師討論菩薩戒義益慕師道行也師以某年三月
二日入滅壽未詳
賛曰自鏡師已右八人皆佐正法國師大振宗綱道
聲隆然傾于遐邇所謂聖賢出世皆有因中同行開

⑤30オ　⑤29ウ

律師諱ハ定舜、字ハ来縁。正法國師ノ之門人也也。精シテ二律学一善シ二
講説一。住シテ二泉涌一為二第三代一。嘉禎三年受レ請講ス二律ヲ于南都ノ
海龍王寺一。龍蟠鳳逸ノ衲子、争テ集ル二座下一。如二覚盛・叡尊・良
徧・禅恵・源俊等一亦其ノ人也也。居ルコト九旬、即還二泉涌一。寛元二
年三月五日ニ寂ス。寿若干、臘若干。

来迎院月翁鏡律師伝

律師名ハ智鏡、字ハ明観、月翁ハ其ノ号也也。不レ知二何処ノ人トイフコトヲ一。師トシ二事テ
正法國師ニ一受レ業。後依テ二定舜律師一而請益焉。主二泉涌寺一
為二第四世一。又住ス二来迎院一。美声遐布、遠近帰レ徳ス。某ノ年間

└
⑤29ウ

絶ヘタツテレ海入ルレ宋。徧ク歴二諸方一、諮二叩スル時ハ毘尼ノ旨一、則其ノ造詣可レシ見ツ。又
慕二蘭シ善導・霊芝ノ之風一、留ム二心ヲ于浄教一。有二蘭谿ノ隆公トイフ人一。禅門ノ
巨匠也也。師与レ之道契如シ二金蘭一。後帰ル二本邦一。道化益ミ盛ニシテ緇
衲奔趍ス。寛元年中隆公東渡。首メ寓ス二来迎院ニ一。師念テ二其ノ異
邦ノ之客ナルコトヲ一、待スルコト之甚善シ。宝治元年西山善恵上人将二示寂一。
迎レ師討二論ス菩薩戒義ヲ一。盍慕也二師ノ道行ヲ一也。師以二某ノ年三月
二日一入滅。寿未レ詳。
賛曰、自二鏡師一已右ミキノ八人、皆ナ佐テ二正法國師ニ一大ニ振二宗綱ヲ一。道
声隆然トシテ傾二于遐邇ヲ一。所謂ル聖賢出世スレハ、皆有テ二因中ノ同行開

└
⑤30オ

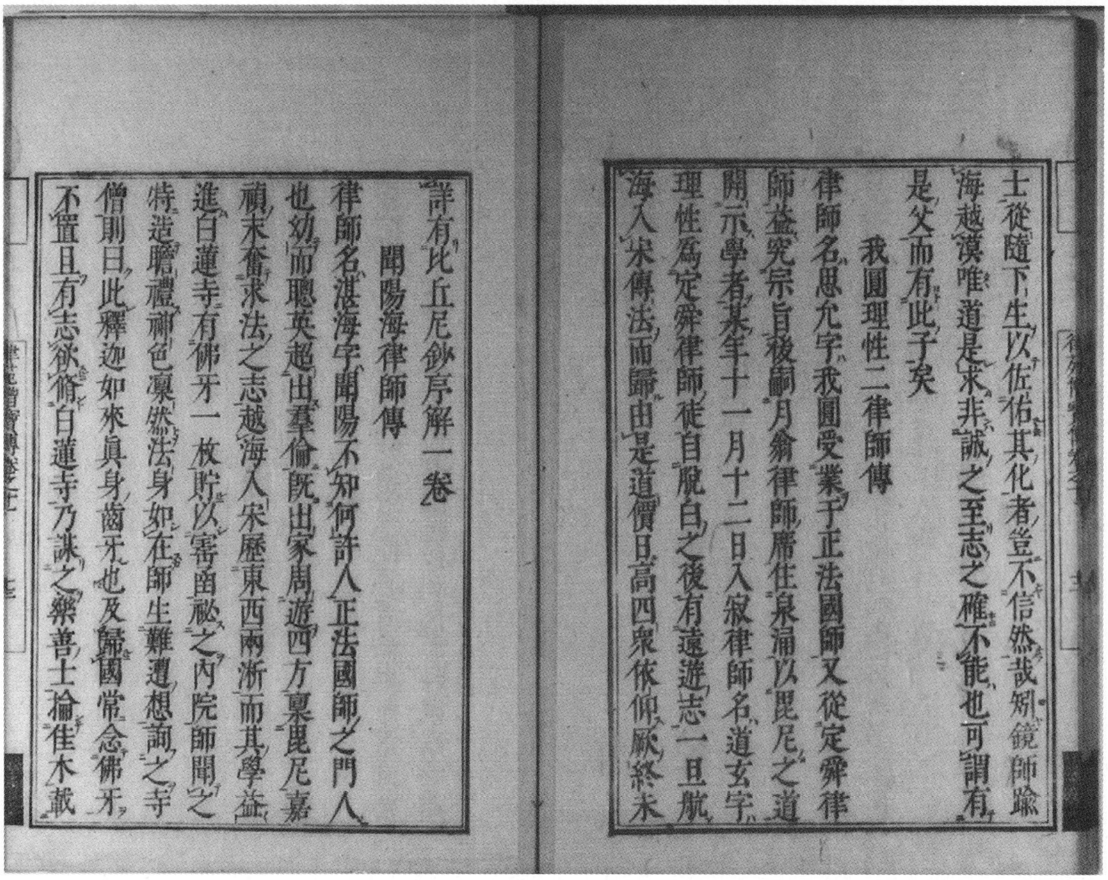
士從隨下生以佐佑其化者豈不信然哉矧鏡師踰
海越漠唯道是求非誠之至志之確不能也可謂有
是父而有此子矣
我圓理性二律師傳
律師名思允字我圓受業于正法國師又從定舜律
師益究宗旨後嗣月翁律師席住泉涌以毘尼之道
開示學者某年十一月十二日入寂律師名道玄字
理性爲定舜律師徒自脱白之後有遠遊志一旦航
海入宋傳法而歸由是道價日高四衆依仰厥終未

詳有比丘尼鈔序解一卷
聞陽海律師傳
律師名湛海字聞陽不知何許人正法國師之門人
也幼而聰英超出羣倫既出家周遊四方稟毘尼嘉
禎末奮求法之志越海入宋歴東西兩浙而其學益
進白蓮寺有佛牙一枚貯以寳函祕之内院師聞之
特造瞻禮神色凛然法身如在師生難遭想詢之寺
僧則曰此釋迦如來眞身齒牙也及歸國常念佛牙
不置且有志欲偷白蓮寺乃謀之樂善士掄佳木截

⑤30ウ　⑤31オ

士一、従随下生シテ以テ佐二佑スト云其ノ化一者ノ、豈ニ不二ンヤ信然一ナラ哉。矧ヤ鏡師踰
レ海越レ漠、唯道是レ求ム。非二ンハ誠ノ之至リ志ノ之確一キニ不レ能ハ也。可レ謂有二テ
是ノ父一而有二リト此ノ子一矣。

我円・理性二律師伝

律師名ハ思允、字ハ我円。受二業ヲ于正法國師一、又従二定舜律
師一益ゝ究二宗旨一。後嗣二月翁律師ノ席一住二泉涌一、以二毘尼ノ之道一
開二示ス学者一ヲ。某ノ年十一月十二日入寂。律師名ハ道玄、字ハ
理性。為二定舜律師ノ徒一。自二脱白ノ之後一有二遠遊ノ志一。一旦航シテ
レ海入レ宋、伝法シテ而帰ル。由レ是道価日ニ高、四衆依仰ス。厥ノ終未

⑤30ウ

レ詳。有二リ比丘尼鈔序解一巻一。

聞陽海律師伝

律師名ハ湛海、字ハ聞陽。不レ知二何許人一。正法國師ノ之門人也
也。幼ニシテ而聡英超二出ス群倫一ニ。既ニ出家、周二遊シテ四方一稟二毘尼一。嘉
禎ノ末、奮二テ求法ノ之志一越レ海入宋、歴二東西両浙一而其ノ学益ゝ
進ム。白蓮寺ニ有二仏牙一枚一。貯ルニ以二シ宝函一、秘二ス之ヲ内院一。師聞レテ之
特ニ造テ瞻礼ス。神色凛然トシテ法身如レシ在スカ。師生二難遭ノ想一詢二フ之ヲ寺
僧一。則曰ク、此レ釈迦如来真身ノ歯牙也也。及レ帰ルニ國、常ニ念二テ仏牙一ヲ
不レ置。且ッ有レ志レ欲スルニ鳩二ント白蓮寺一。乃謀二リ之ヲ楽善ノ士一、掄二ンテ佳木一截二

⑤31オ

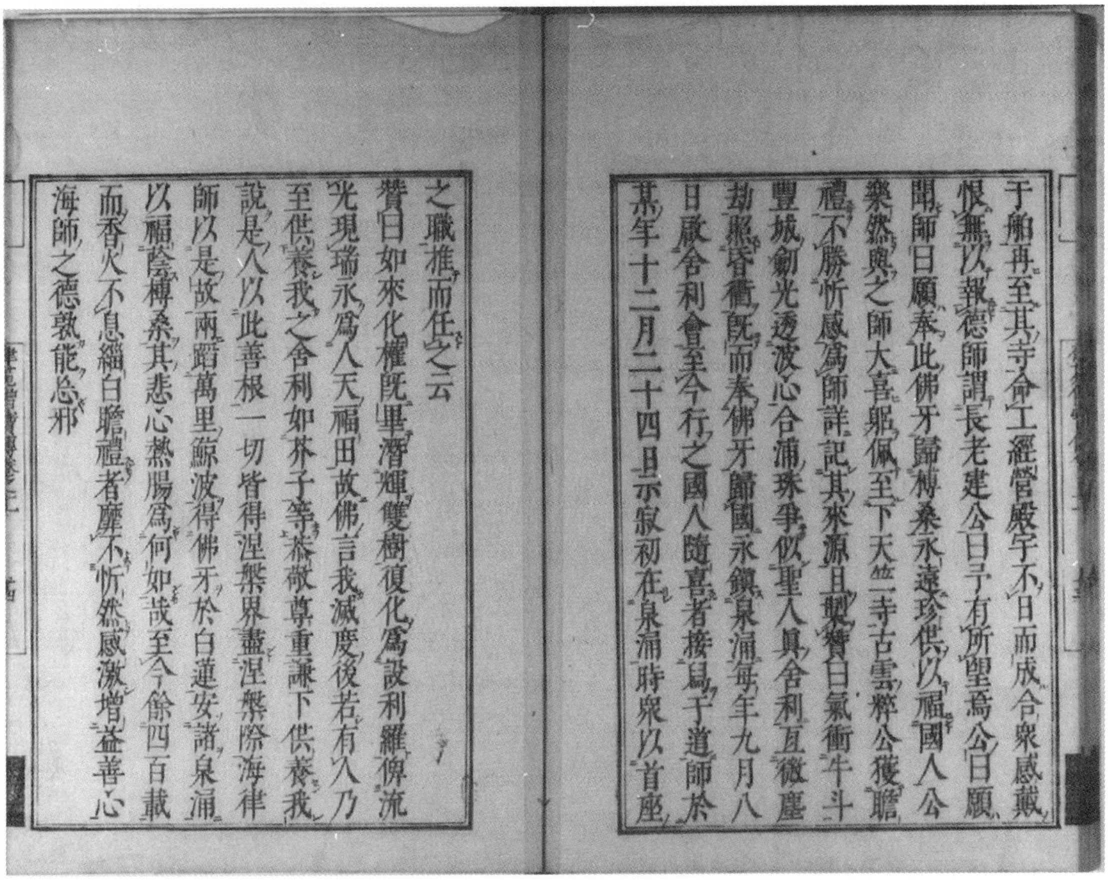

⑤32オ　⑤31ウ

于船一再至ヒル二其ノ寺一。命レ工経営、殿宇不シテレ日而成ル。合衆感戴シテ恨ムレ無コトヲ二以テ報スルコトレ徳。師謂テ二長老建公一曰、予有レ所レ望焉。公ノ曰、願ハ聞ント。師曰、願ハ奉シテ二此仏牙一帰二榑桑一、永遠ニ珍供シテ以テ福セント二國人一。公楽然トシテ与フ之。師大ニ喜ヒ、躬ラ佩テ至ル二下天竺寺一。古雲ノ粋公獲テ二瞻礼スルコトヲ一不レ勝二忻感一。為レ師詳ニ記シ二其ノ来源一、且ツ製シテレ賛曰、気衝二牛斗一豊城ノ剣、光透二波心一合浦ノ珠、争テカ似ン二聖人真ノ舎利一ニ。亙二微塵劫一照スト二昏衢ヲ一。既ニシテ而奉シテ二仏牙一帰レ國ニ、永鎮ス二泉涌一ニ。毎年九月八日啓二舎利会一。至レ今行フ之。國人随喜スル者接二踵ヲ于道一ニ。師於二某ノ年十二月二十四日一示寂。初在リシ二泉涌一時、衆以二首座ノ

⑤31ウ

之職一推テ而任レスト之云。

賛曰、如来化権既ニ畢テ潜二輝ヲ双樹一、復化シテ為二設利羅一ト。俾三流レ光現レ瑞永ク為二人天ノ福田一。故ニ仏ノ言、我カ滅度ノ後、若シ有レ人乃至供下養シ我カ之舎利如二芥子一等上キヲ、恭敬尊重、謙下供養セン。我レ説ク、是ノ人以二此善根一一切皆得二涅槃界一、尽二ントモ涅槃際一。海律師以二是ノ故一両ヒ踏二万里ノ鯨波一ヲ、得二仏牙ヲ於白蓮一。安シテ二諸ヲ泉涌一ニ、以福二蔭ス榑桑一ヲ。其ノ悲心熱腸為シヤ二何如一ントカ哉。至レ今余二四百載一、而シテ香火不レ息。緇白瞻礼スルモノ者、靡レ不三トミコト忻然トシテ感激シ増二益善心一。海師ノ之徳、孰カ能ク忘ンヤ邪。

⑤32オ

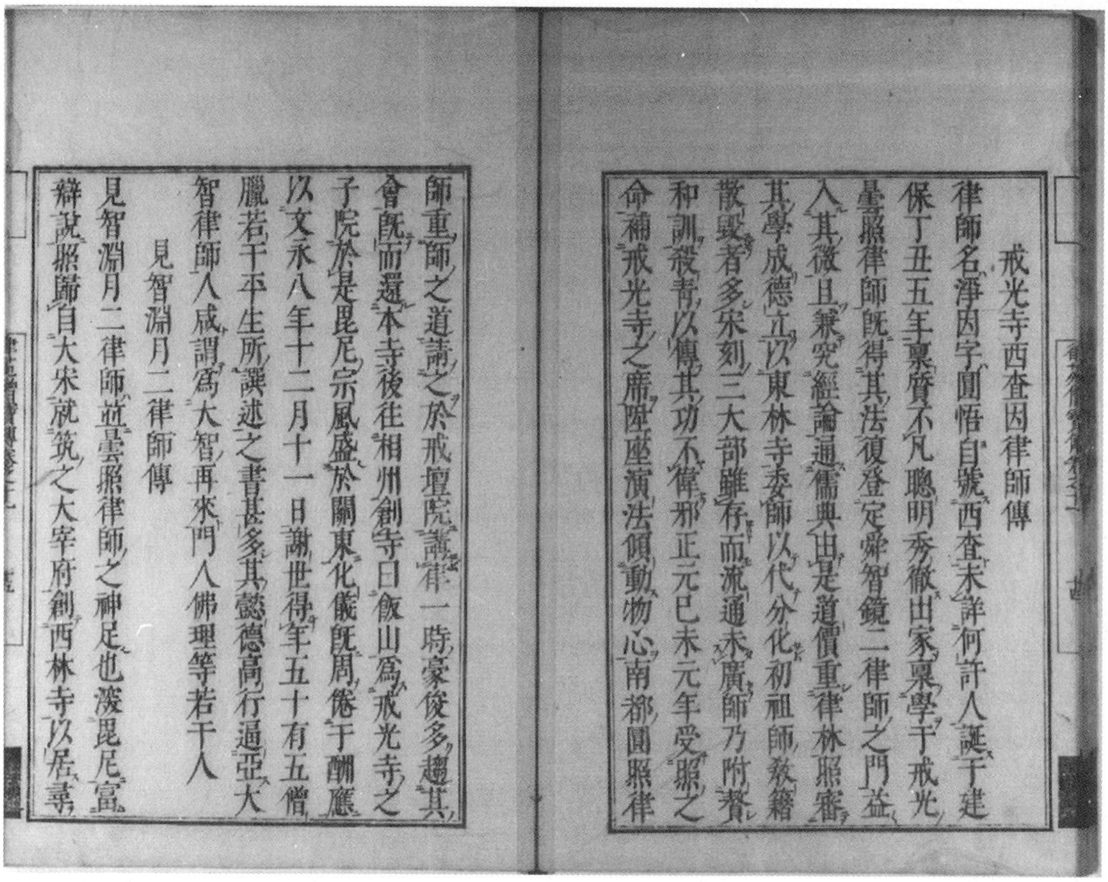

戒光寺西查因律師傳

律師名淨因字圓悟自號西查未詳何許人誕于建保丁丑五年稟質不凡聰明秀徹出家稟學于戒光曇照律師既得其法復登定舜智鏡二律師之門益入其微且兼究經論通儒典由是道價重律林照審其學成德立以東林寺委師以代分化初祖師教籍散毀者多宋刻三大部雖存而流通未廣師乃附贅和訓殺青以傳其功不偉邪正元巳未元年受照之命補戒光寺之席陞座演法傾動物心南都圓照律

師重師之道請之於戒壇院講律一時豪俊多趨其會既而還本寺後往相州創寺曰飯山爲戒光寺之子院於是毘尼宗風盛於關東化儀既周倦于酬應以文永八年十二月十一日謝世得年五十有五僧臘若干平生所撰述之書甚多其懿德高行逼亞大智律師人咸謂爲大智再來門人佛理等若干人

見智淵月二律師傳

見智淵月二律師並曇照律師之神足也深毘尼富辯說照歸自大宋就筑之大宰府創西林寺以居尋

⑤33オ　⑤32ウ

戒光寺西査因律師伝

律師名ハ浄因、字ハ円悟、自号ス二西査ト一。未レ詳二何許人一。誕ス二于建保丁丑五年一。稟質不レ凡、聡明秀徹ス。出家シテ稟ク二学ヲ于戒光ノ曇照律師一。既ニ得二其ノ法一。復登二定舜・智鏡二律師ノ之門一、益ミ入ル二其ノ微一。且ツ兼テ究二経論一通ス二儒典一。由テレ是道価重シ二律林一。照審ニシテ二其ノ学成リ徳立ツコトヲ一以二東林寺一委レ師、以テ代テ分化セシム。初祖師ノ教籍散毀スルモノ者多シ。宋刻ノ三大部雖レ存セリト而モ流通未タレ広カラ。師乃附二贅シ和訓ヲ一殺青シテ以伝フ。其ノ功不レヤ偉ナラ邪。正元己未元年受二照ノ之命ヲ一補二戒光寺ノ之席ヲ一、陞座演法傾二動ス物心ヲ一。南都ノ円照律

⌊⑤32ウ

師重シテ二師ノ之道一、請シテ二之ヲ於戒壇院ニ一講セシムレ律。一時ノ豪俊多ク趨ク二其ノ会ニ一。既ニシテ而還ル二本寺ニ一。後往二相州ニ一創レ寺。曰二飯山ト一。為ス二戒光寺ノ之子院ト一。於レ是毘尼ノ宗風盛也ナリ二於関東ニ一。化儀既ニ周シテ倦ム二于酬応ニ一。以二文永八年十二月十一日ヲ一謝世。得ルコトレ年五十有五、僧臘若干。平生所ノ二撰述スル一之書甚多シ。其ノ懿徳高行、逼リ二亜ス大智律師ニ一。人咸ナ謂テ為ス二大智ノ再来ト一。門人仏理等若干人。

見智・淵月二律師伝

見智・淵月二律師ハ並ニ曇照律師ノ之神足也ナリ。深シ二毘尼ニ一富ム二弁説ニ一。照帰レ自二大宋一就二筑ノ之大宰府ニ一、創テ二西林寺ヲ一以居ス。尋テ

⌊⑤33オ

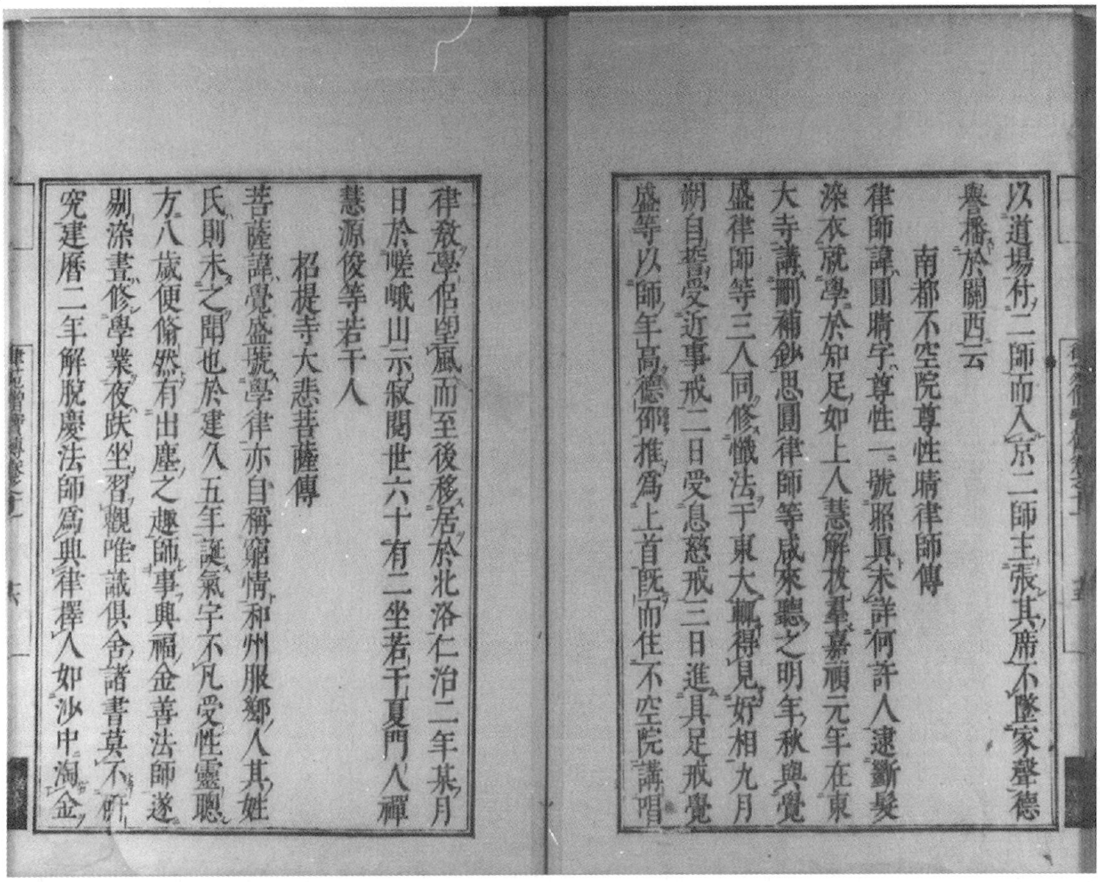

⑤34オ　⑤33ウ

以二道場一付シテ二二師一而入ルレ京。二師主二張シ其ノ席一、不レ墜二家声一。徳
誉播スト二於関西一云。

南都不空院尊性晴律師伝

律師諱ハ円晴、字ハ尊性、一ニ号二照真ト一。未レ詳二何許人一。逮二断髪
染衣一、就二学ニ於知足ノ如上人一。慧解抜群也。嘉禎元年在二東
大寺一講ス二刪補鈔一。思円律師等、咸来聴ク之。明年ノ秋与二覚
盛律師等三人一、同ク修ス二懺法ヲ于東大ニ一。輙チ得レ見ルコトヲ二好相一。九月
朔自誓シテ受二近事戒一、二日受二息慈戒一、三日進ム二具足戒一。覚
盛等、以二師ノ年高ク徳タカキヲ邵一推シテ為二上首一。既ニシテ而住二不空院一講二唱

⌞ ⑤33ウ

律教一ヲ。学侶望レ風而至。後移ス二居ヲ於北洛一。仁治二年某ノ月
日於二嵯峨山一示寂。閲世六十有二、坐若干夏。門人禅
慧・源俊等若干人。

招提寺大悲菩薩伝

菩薩諱ハ覚盛、号ス二学律一。亦自称ミ二窮情ト一。和州服郷ノ人。其ノ姓
氏ハ則未タ二之ヲ聞一也。於二建久五年一誕ス。気宇不レ凡、受性霊聡也。
方ニ八歳、便倏然トシテ有二出塵ノ之趣一。師トシ二事フ興福ノ金善法師一。遂ニ
剔染。昼ハ修シ二学業一ヲ、夜ハ趺坐シテ習フレ観。唯識・倶舎ノ諸書、莫レ不二ト云コト研
究一。建暦二年解脱慶法師為レ興レ律択レ人。如ニ沙中ニ淘ルカレ金ヲ。

⌞ ⑤34オ

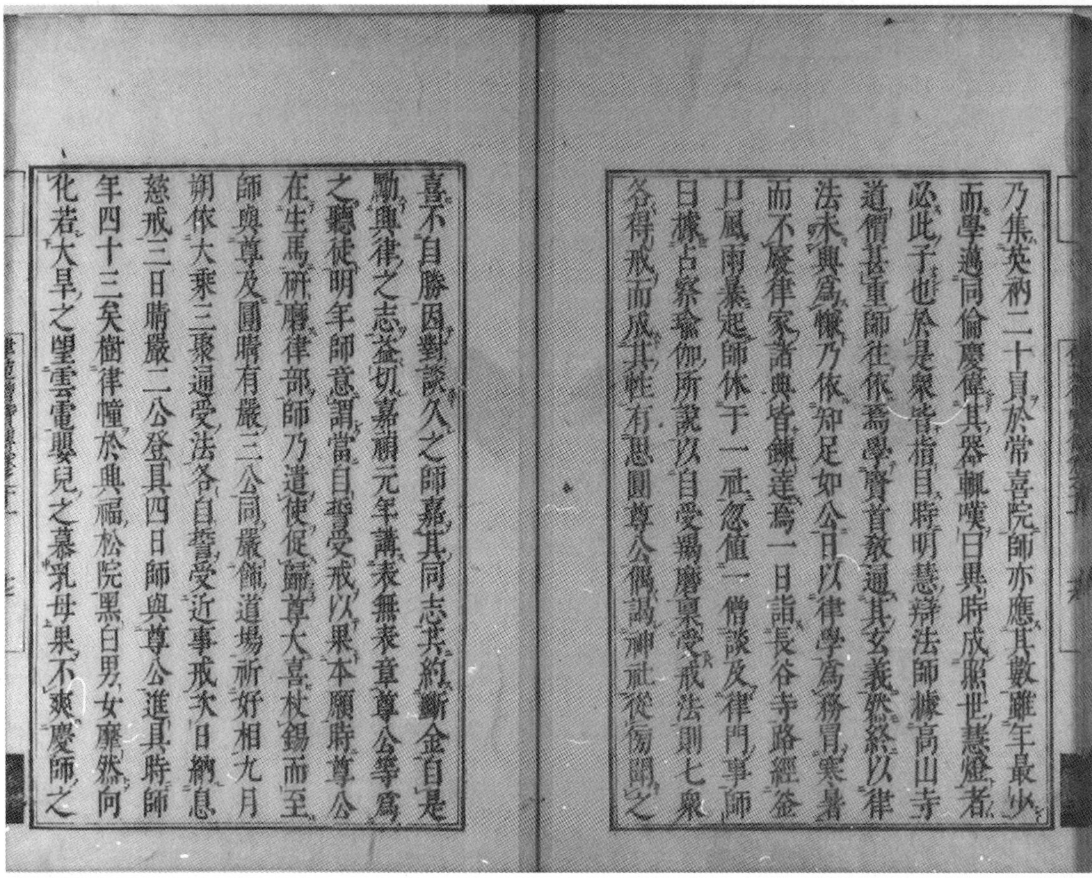

⑤35オ　⑤34ウ

乃集二ム英衲二十員ヲ於常喜院一ニ。師亦応二ス其数一。雖二年最少一シト
而モ学邁二同倫一。慶偉二也トシテ其ノ器一輙嘆シテ曰、異時成二ン照世ノ慧燈一ト者ノハ
必ス此ノ子ナラント也。於レ是衆皆ナ指目ス。時ニ明慧ノ弁法師拠二高山寺一
道価甚重シ。師往テ依ル焉。学二テ賢首教一通二ス其ノ玄義一ニ。然モ終ニ以二律
法未タルヲレ興為レス慊ト。乃依二ル知足如公一ニ。日ニ以二律学一為レ務。冒二シテ寒暑一
而不レ廃。律家ノ諸典皆ナ錬達ス焉。一日詣二ス長谷寺一。路経二釜
口一、風雨暴ニ起ル。師休二于一社一ニ。忽値二一僧一、談二及フ律門ノ事一。師
曰拠二ルニ占察瑜伽ノ所説一、以二自受羯磨一稟二受スレハ戒法一、則七衆
各ミ得戒シテ而成二スト其ノ性一。有二思円尊公一。偶ミ謁二シ神社一従レ傍聞レキ之

⑤34ウ

喜ヒ不二自勝一。因テ対談スルコト久シ之。師嘉二シテ其ノ同志一共ニ約二ス断金一。自レ是
励二スコト興律ノ之志一ヲ益ミ切也。嘉禎元年講二ス表無表章一。尊公等為二
之カ聴徒一ト。明年師意ニ謂シク、当ニ自誓受戒シテ以テ果二ント本願一。時ニ尊公
在二テ生馬一ニ研二磨ス律部一ヲ。師乃遣レシテ使ヲ促レス帰ランコトヲ。尊大ニ喜ヒ杖レ錫而至ル。
師与二尊及ヒ円晴・有厳ノ三公一、同ク厳二飾シテ道場一祈二好相一。九月
朔依二大乗三聚通受ノ法一、各ミ自誓シテ受二近事戒一。次日納二ル息
慈戒一。三日晴厳二公登具、四日師与二尊公一進具。時ニ師
年四十三矣。樹二律幢ヲ於興福ノ松院一。黒白男女靡然トシテ向
レ化。若下シ大旱ノ之望二雲霓一嬰児ノ之慕中乳母上。果シテ不レ爽ハ二慶師ノ之

⑤35オ

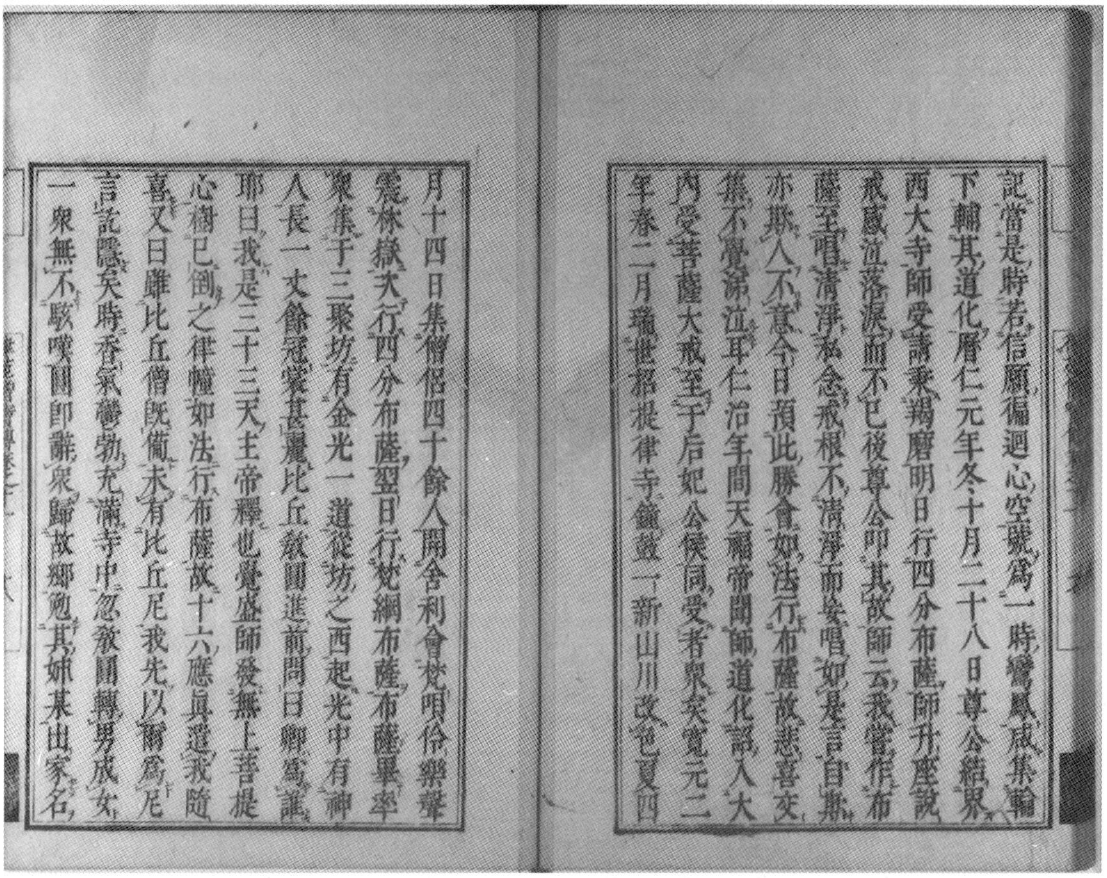

⑤36オ　⑤35ウ

記一ニ。当二是ノ時一若二キ信願ノ偏・廻心ノ空一、号シテ為二一時ノ鸞鳳一ト。咸ナ集二輪
下一輔二其ノ道化一ヲ。暦仁元年冬十月二十八日尊公結二界ス
西大寺一。師受レ請秉二ス羯磨一。明日行二四分布薩一ヲ。師升座説
戒、感泣落涙シテ而不レ已。後尊公叩二其ノ故一。師云ク、我レ嘗テ作二シ布
薩一、至レテ唱二ルニ清浄一ト私念ラク、戒根不二シテ清浄一而妄ニ唱二フ如レノ是言一。自ミ欺キ
亦欺レクト人ヲ。不レリキ意ハ、今日預二此ノ勝会一ニ如レク法行二ントハ布薩一。故ニ悲喜交ミ
集リ不レ覚涕泣スルノミト耳。仁治年間天福帝聞二師ノ道化一、詔シテ入二大
内一受二菩薩大戒一。至二マテ于后妃公候一同ク受ル者衆シ矣。寛元二
年春二月瑞二世招提律寺一ニ。鐘鼓一新、山川改レム色。夏四

⌊
⑤35ウ

月十四日集二僧侶四十余人一開二舎利会一。梵唄伶楽、声
震二フ林嶽一ニ。次テ行二ス四分布薩一ヲ。翌日行二ス梵網布薩一ヲ。布薩畢テ率
レ衆集二ル于三聚坊一ニ。有二金光一道一。従二坊ノ之西一起ル。光中有二神
人一。長一丈余、冠裳甚麗シ。比丘教円進前シテ問曰、卿ハ為レルヤ誰トカ
耶。曰ク、我レハ是三十三天ノ主帝釈也也。覚盛師発二シ無上菩提
心一、樹二已ニ倒タルノ之律幢一、如法ニ行二ス布薩一。故ニ十六ノ応真遣レシテ我随
喜セシムト。又曰、雖二比丘僧既ニ備一ルト未レタ有二比丘尼一。我先ツ以レ爾為レント尼。
言訖隠レヌ矣。時ニ香気鬱勃トシテ充二満ス寺中一ニ。忽教円転レシテ男成レ女ト。
一衆無レ不二ト云コト駭嘆一。円即辞レメ衆ヲ帰二故郷一。勉二メテ其ノ姉某一出家セシメ、名ヲ

⌊
⑤36オ

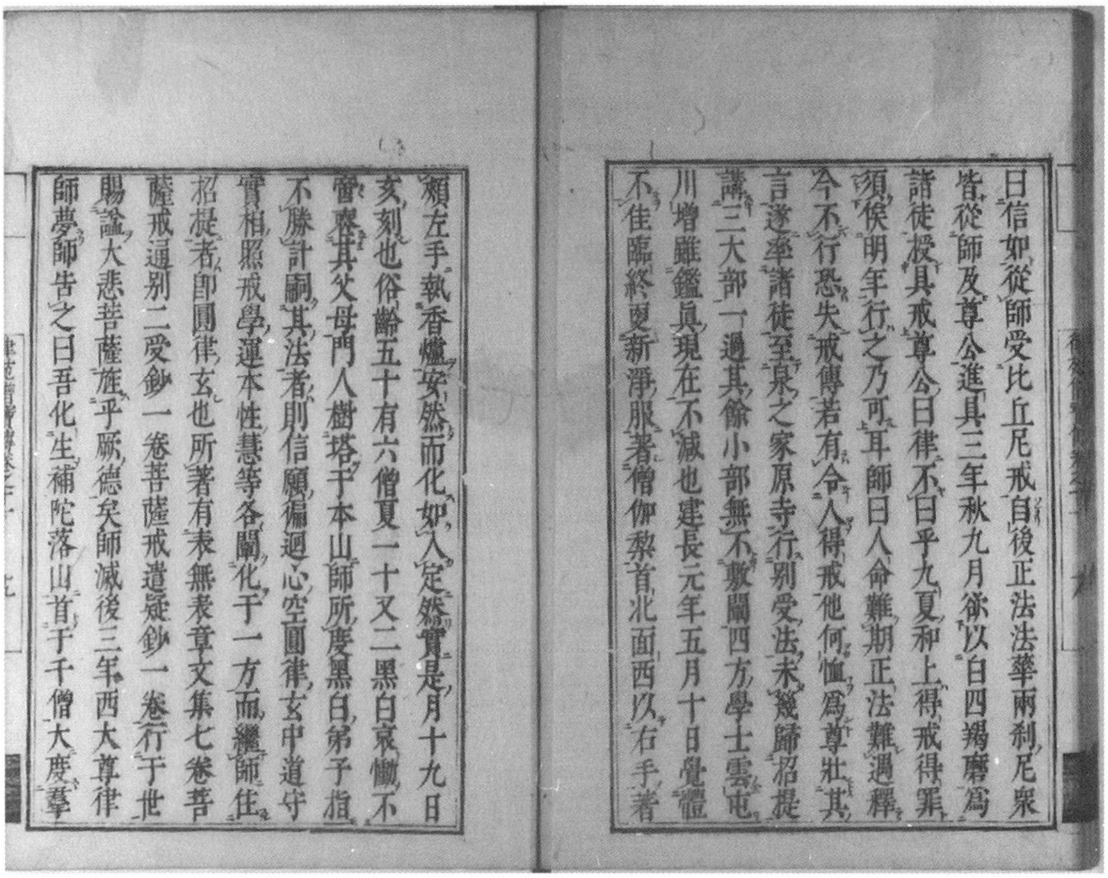

⑤37オ　⑤36ウ

曰二信如一ト。従レ師受二比丘尼戒一。自ソレヨリ後正法・法華両刹ノ尼衆、
皆ナ従二師及ヒ尊公一進具。三年秋九月欲下以二白四羯磨一為二
諸徒一授ンコト中具戒上。尊公ノ曰、律ニ不レヤ曰乎、九夏ノ和上ハ得戒得罪ト。
須ヘシト下俟ク二明年一行ハレ之乃可ナル上耳。師曰、人命難レク期、正法難レシ遇。釈テ、
レ今不ンハレ行、恐クハ失ン二戒伝一。若有ラハレ令ルコト二人ヲシテ得戒一、他何ヲカ恤フヲ為ント。尊壮也トス二其ノ
言一。遂ニ率二諸徒一至テ二泉ノ之家原寺一行ス二別受ノ法一ヲ。未タレ幾帰二招提一、
講スルコト二三大部一一過、其ノ余小部無レ不トイフコト二敷闡一。四方ノ学士雲ノ如ニ屯リ
川増。雖二鑑真ノ現在一不レ減也。建長元年五月十日覚二体
不ルコトヲレ佳。臨終更ニ新浄ノ服ニ著シ二僧伽梨一、首北面西、以テ二右手ヲ一著

レ頬、左手ニ執二香炉一ヲ、安然トシテ而化ス。如クレ入カレ定ニ然リ。実ニ是ノ月十九日
亥ノ刻也也。俗齢五十有六、僧夏一十又二。黒白哀慟シテ不三
啻タ、喪スルノミ二其父母一。門人樹二塔ヲ于本山一ニ。師所ノレ度黒白ノ弟子指モ
不レ勝レ計。嗣ク二其ノ法一者ノハ、則信願ノ偏・廻心ノ空・円律ノ玄・中道守・
実相ノ照・戒学ノ運・本性ノ慧等、各ミ闡ク二化ヲ于一方一。而シテ継テレ師ニ住スル二
招提一ニ者ノハ即円律ノ玄也也。所レ著有二表無表章文集七巻・菩
薩戒通別二受鈔一巻・菩薩戒遺疑鈔一巻一、行二于世一。
賜二謚ヲ大悲菩薩一旌ス二乎厥ノ徳一矣。師滅後三年、西大尊律
師夢ラク、師告レ之曰、吾化二生シテ補陀落山一ニ、首トシテ二于千僧一大ニ度スト二群

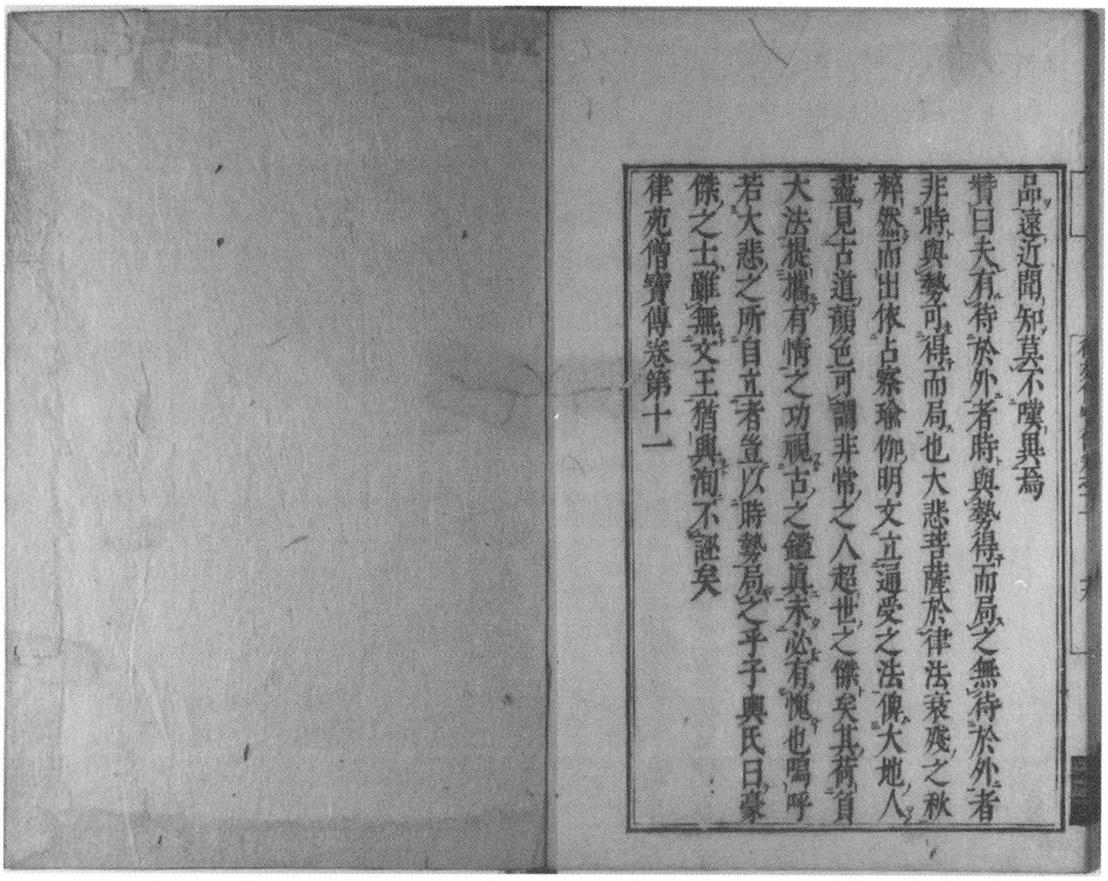

⑤裏表紙見返　　⑤37ウ

品ヲ一。遠近聞知シテ莫レ不二嘆異一焉。

賛曰、夫レ有ルレ待二於外一ニ者、時ト与レ勢得テ而局レス之。無レ待二於外一ニ者、

非三時ト与レ勢可二キ得テ而局一ス也。大悲菩薩於二律法哀残ノ之秋一、

粋然トシテ而出。依二占察瑜伽ノ明文一立二通受之法一、俾三ム大地ノ人ヲシテ

尽ク見二古道ノ顔色一。可レ謂非常ノ之人、超世ノ之傑ト矣。其ノ荷二負

大法一、提二携スルノ有情一之功、視フルニ二古ノ之鑑真一ニ、未ダ二必シム有ラレ愧ルコト也。嗚呼

若三大悲ノ之所二自立一者、豈ニ以二時勢一局レンヤ之乎。子輿氏曰ク、豪

傑ノ之士ハ、雖レ無二シト文王一猶興ラント。洵ニ不レ誣矣。

律苑僧宝伝巻第十一

⑤裏表紙見返

⑤37ウ

⑤裏表紙

⑤裏表紙

律苑僧宝伝
第六冊

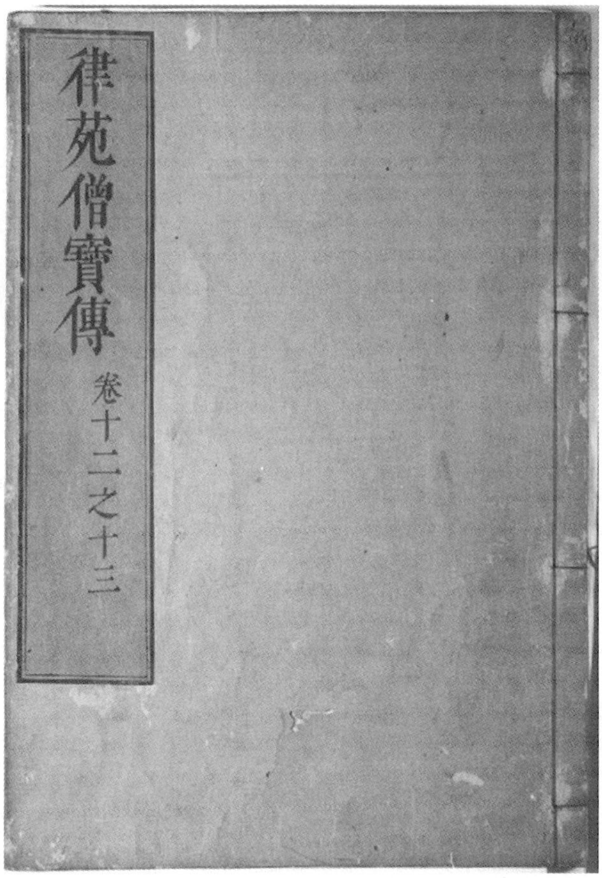

⑥表表紙

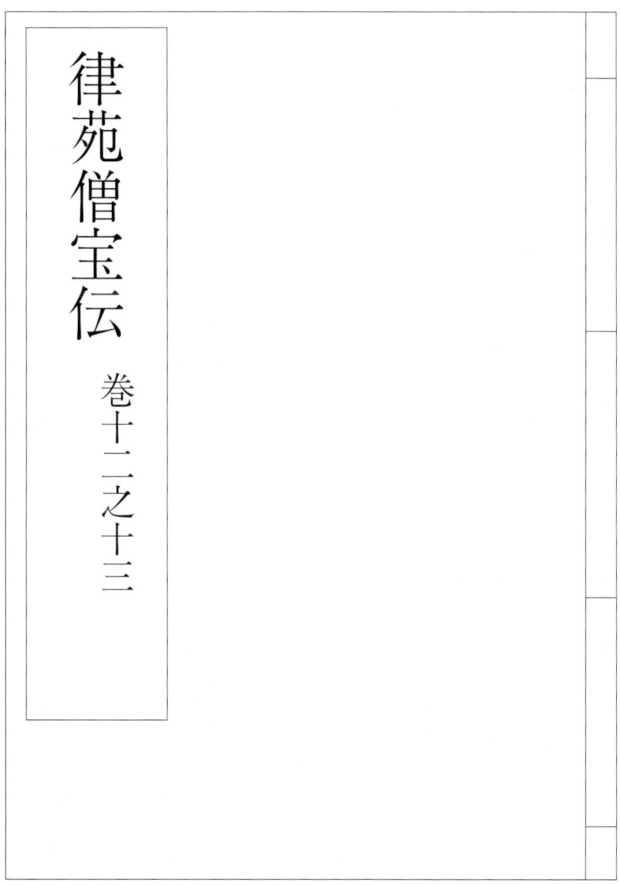

⑥表表紙

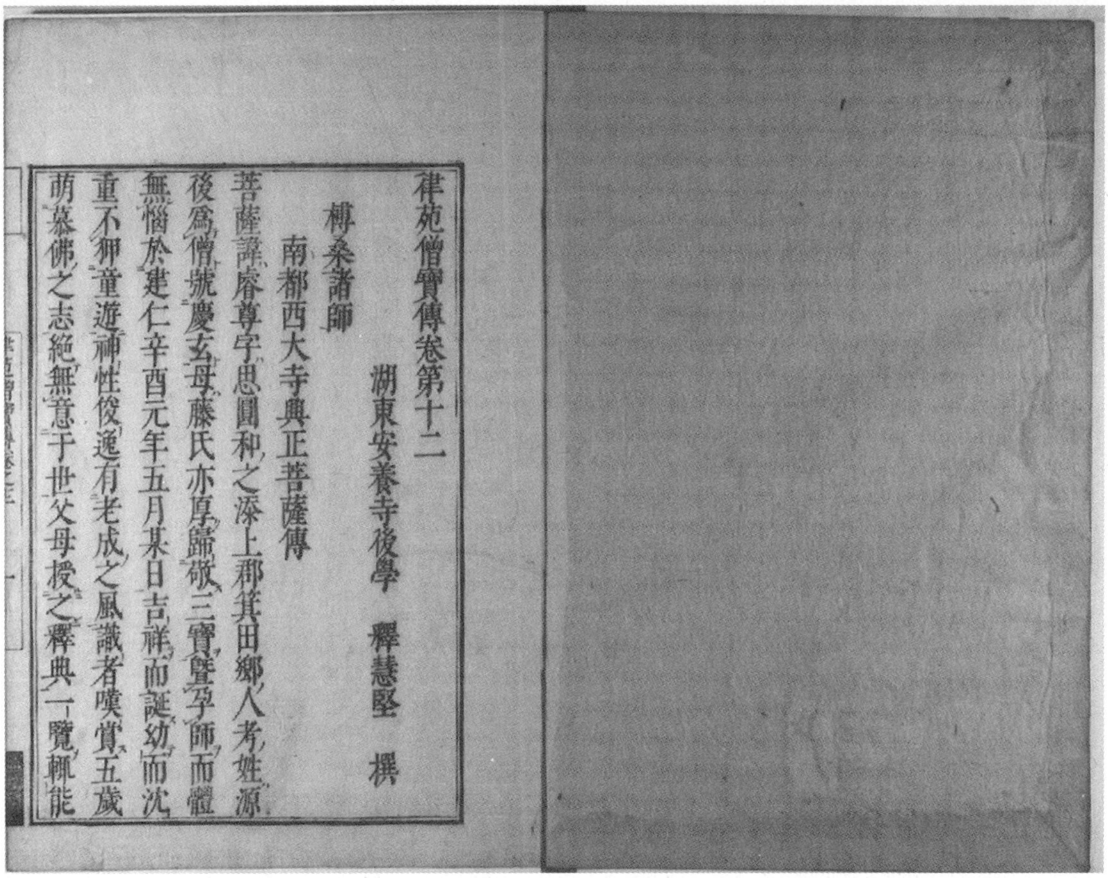

⑥01オ　　⑥表表紙見返

律苑僧宝伝巻第十二

湖東安養寺後学　釈慧堅　撰

榑桑諸師

南都西大寺興正菩薩伝

菩薩諱ハ睿尊、字ハ思円。和ノ之添上郡箕田郷ノ人。考ノ姓ハ源。後為テレ僧ト号ニ慶玄一ト。母ハ藤氏。亦厚ク帰ニ敬ス三宝一ヲ。暨レ孕レ師ヲ而体無シレ悩。於ニ建仁辛酉元年五月某日一吉祥ニシテ而誕ス。幼ニシテ而沈重、不レ狎ニ童遊一ニ。神性俊逸、有ニ老成ノ之風一。識者嘆賞ス。五歳萌ニ慕仏ノ之志一、絶テ無レ意ニ于世一。父母授ニルニ之レニ釈典一、一覧シテ輒能

⑥01オ　　⑥表表紙見返

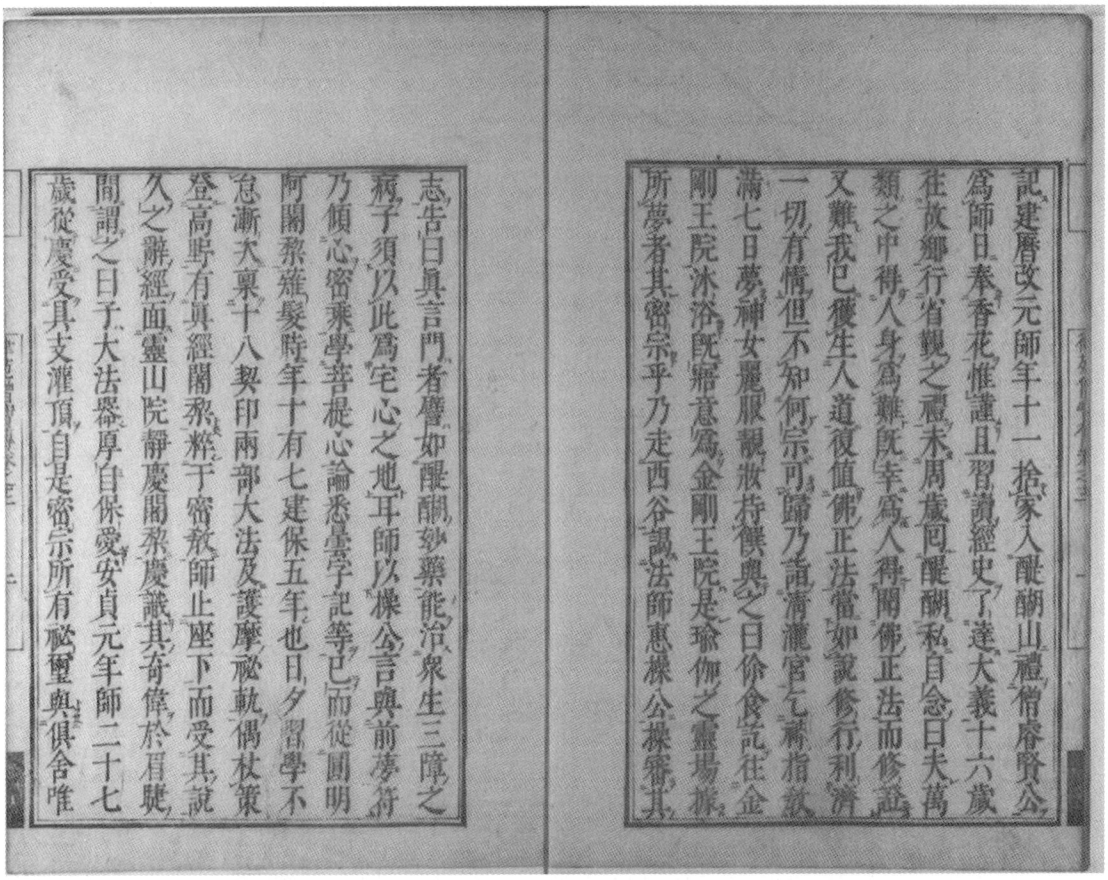
記建暦改元師年十一捨家入醍醐山禮僧睿賢公
爲師日奉香花惟謹且習讀經史了達大義十六歳
往故郷行省覲之禮未周歳回醍醐私自念曰夫萬
類之中得人身爲難既幸爲人得聞佛正法而修證
又難我已獲生人道復値佛正法當如説修行利濟
一切有情但不知何宗可歸乃詣清瀧宮乞神指教
滿七日夢神女麗服靚妝持饌與之曰你食訖往金
剛王院沐浴既寤意爲金剛王院是瑜伽之靈場抛
所夢者其密宗乎乃走西谷謁法師恵操公操審其

志告曰眞言門者譬如醍醐妙藥能治衆生三障之
病子須以此爲宅心之地耳師以操公言與前夢符
乃傾心密乘學菩提心論悉曇字記等已而從圓明
阿闍梨薙髪時年十有七建保五年也日夕習學不
怠漸次稟十八契印兩部大法及護摩祕軌偶杖策
登高野有眞經闍梨粹于密敎師止座下而受其説
久之辭經面靈山院靜慶闍梨慶識其奇偉於眉睫
間謂之曰子大法器厚自保愛安貞元年師二十七
歳從慶受具支灌頂自是密宗所有祕璽與倶舍唯

⑥02オ　⑥01ウ

記ス。建暦改元師年十一、捨テレ家入ニ醍醐山一ニ、礼シテニ僧睿賢公一ヲ
為レ師。日ニ奉ニスルコト香花一ヲ惟謹メリ。且習ニ読シテ経史一ヲ了ニ達ス大義一。十六歳、
往ニ故郷一行ニ省観ノ之礼一ヲ。未タニ周歳一回ルニ醍醐一ニ。私ニ自念シテ曰、夫レ万
類ノ之中、得ニルヲ人身ヲ一為レ難ト。既ニ幸ニ為レトモレ人、得下ルコト聞ニ仏ノ正法一而修證スルコトヲ上
又難シ。我已ニ獲レ生ニ人道一ニ、復値ヘリニ仏ノ正法一。当下ニ如レ説修行シテ利中済
一切ノ有情上。但不レ知ニ何レノ宗ニ可一レキコトヲ帰。乃詣シテニ清瀧宮一ニ乞ニ神指教一ヲ。
満七日夢ラク、神女麗服靚妝、持レ饌与テレ之曰、你食訖テ往ニ金
剛王院一沐浴セヨト。既ニ寤意為ラク、金剛王院ハ是レ瑜伽ノ之霊場。抛ラハ
レ所レ夢者、其レ密宗カト乎。乃走ニ西谷一、謁スニ法師恵操公一ニ。操審ニシテ其ノ

」⑥01ウ

志ヲ告曰、真言門ハ者、譬ハ如ニ醍醐ノ妙薬一。能ク治スニ衆生三障ノ之
病一ヲ。子須下以レ此為中宅心ノ之地上耳。師以下操公ノ言与ニ前夢一符上、
乃傾ニ心ヲ密乗一ニ。学ニ菩提心論・悉曇字記等一ヲ。已ニシテ而従ニ円明
阿闍梨一薙髪。時ニ年十有七、建保五年也。日夕習学不
レ怠。漸次ニ稟クニ十八契印・両部大法及ヒ護摩ノ秘軌一ヲ。偶杖レ策
登ルニ高野一。有ニ真経闍梨ト云人一。粋也ニ于密教一ニ。師止ニ座下一而受ニ其ノ説一。
久シテ之辞シテレ経ヲ、面スニ霊山院静慶闍梨一ニ。慶識リニ其ノ奇偉ヲ於眉睫ノ
間一ニ、謂テレ之曰、子ハ大法器也。厚自ミ保愛セヨト。安貞元年師二十七
歳、従テレ慶ニ受クニ具支灌頂一ヲ。自レ是密宗所レ有秘璽与トヲサヘニ倶舎・唯

」⑥02オ

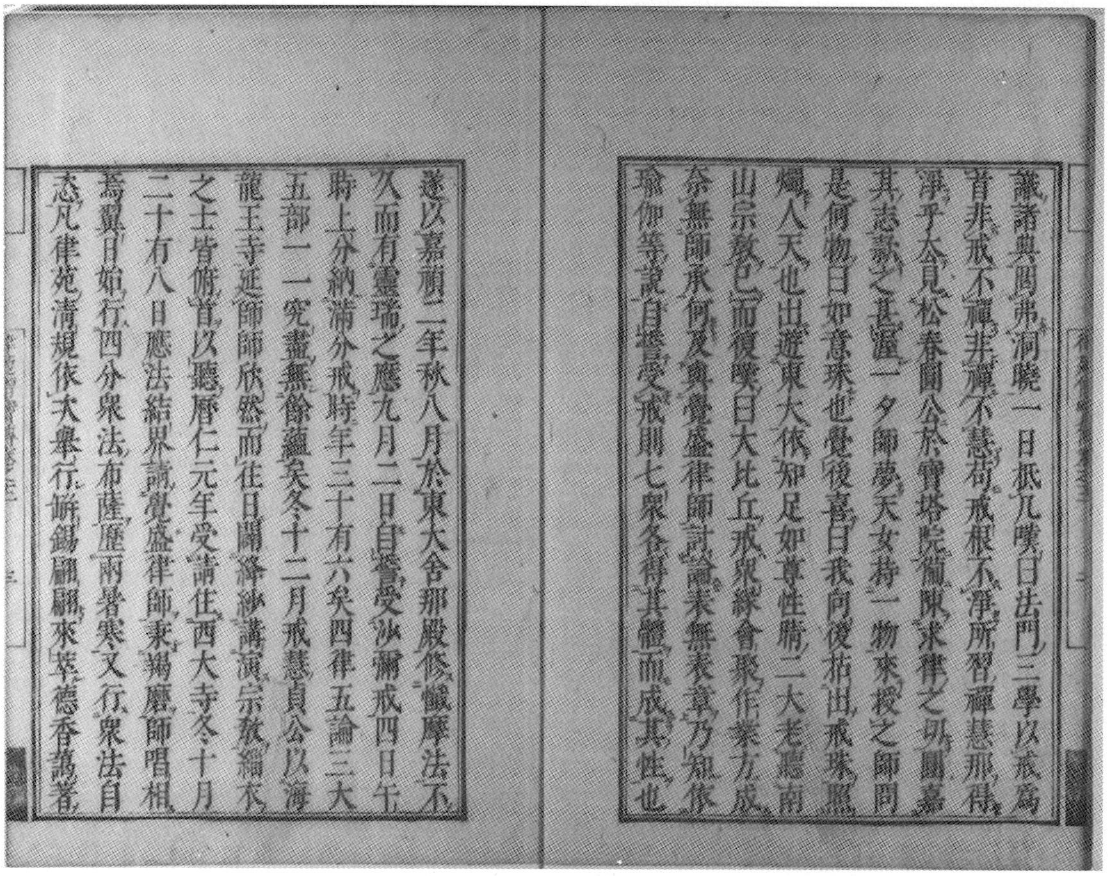
識諸典罔弗洞曉一日抵几嘆曰法門三學以戒爲
首非戒不禪非禪不慧苟戒根不淨所習禪慧那得
淨乎去見松春圓公於寶塔院備陳求律之切圓嘉
其志款之甚渥一夕師夢天女持一物來授之師問
是何物曰如意珠也覺後喜曰我向後拈出戒珠照
燭人天也出遊東大依知足如尊性晴二大老聽南
山宗敎已而復嘆曰大比丘戒衆緣會聚作業方成
奈無師承何及與覺盛律師討論表無表章乃知依
瑜伽等說自誓受戒則七衆各得其體而成其性也

遂以嘉禎二年秋八月於東大舍那殿修懺摩法不
久而有靈瑞之應九月二日自誓受沙彌戒四日午
時上分納滿分戒時年三十有六矣四律五論三大
五部一一究盡無餘蘊矣冬十二月戒慧貞公以海
龍王寺延師師欣然而往日闢絳紗講演宗敎緇衣
之士皆俯首以聽曆仁元年受請住西大寺冬十月
二十有八日應法結界請覺盛律師秉羯磨師唱相
焉翼日始行四分衆法布薩歷兩暑寒又行衆法自
恣凡律苑淸規依次舉行缾錫翩翩來萃德香藹著

⑥03オ　⑥02ウ

識ノ諸典一、罔レ弗ト云コト二洞暁一。一日抵レ几嘆シテ曰、法門ノ三学以レ戒為レ首。非ンハ戒ニ不レ禅ナラ、非レハ禅ニ不レ慧アラ。苟モ戒根不ンハレ浄カラ、所習ノ禅慧那ソ得シャトレ浄コトヲ乎。去テ見ユ二松春円公ニ於宝塔院一ニ。備ニ陳フ二求律ノ之切一ナルコトヲ。円嘉ニ其ノ志一、款ムコトレ之甚タ渥シ。一夕師夢ラク、天女持二一物一来テ授レ之。師問、是レ何物ソ。曰、如意珠也ト也。覚後喜テ曰、我向後拈二出シテ戒珠ヲ一、照二燭セント人天ヲ一也。出テ、遊二東大ニ一、依テ二知足如尊・性晴ノ二大老ニ一、聴二南山宗教ヲ一。已ニシテ而復嘆シテ曰、大比丘ノ戒ハ衆縁会聚シテ、作業方ニ成ス。奈レ無二師承一何セント。及下与二覚盛律師一討中論スルニ表無表章ヲ上、乃知ル依二瑜伽等ノ説一。自ミ誓テ受ルレ時ハ戒則七衆各ミ得二其体ヲ一、而モ成スルコトヲ二其ノ性ヲ一也。

⌐
⑥02ウ

遂ニ以二嘉禎二年秋八月一、於二東大舎那殿一修ス二懺摩法一。不シテレ久而有二霊瑞ノ之応一。九月二日自ミ誓テ受二沙弥戒一。四日午時上分納ニ満分戒ヲ一。時ニ年三十有六矣。四律・五論・三大・五部、一一究尽シテ無シ二余蘊一矣。冬十二月戒慧ノ貞公以二海龍王寺一延レ師。師欣然シテ而往、日ニ闢二絳紗一講二演ス宗教ヲ一。緇衣ノ之士、皆俯シテレ首ヲ以聴ク。暦仁元年受レ請住ス二西大寺一。冬十月二十有八日応レ法結界。請シテ二覚盛律師ヲ一秉シメ二羯磨ヲ一、師唱相ス焉。翼日始テ行ス二四分衆法ノ布薩ヲ一。歴二両暑寒一、又行ス二衆法自恣ヲ一。凡律苑ノ清規依レ次挙行シ、缾錫翩翩トシテ来萃ル。徳香藹著シテ、

⌐
⑥03オ

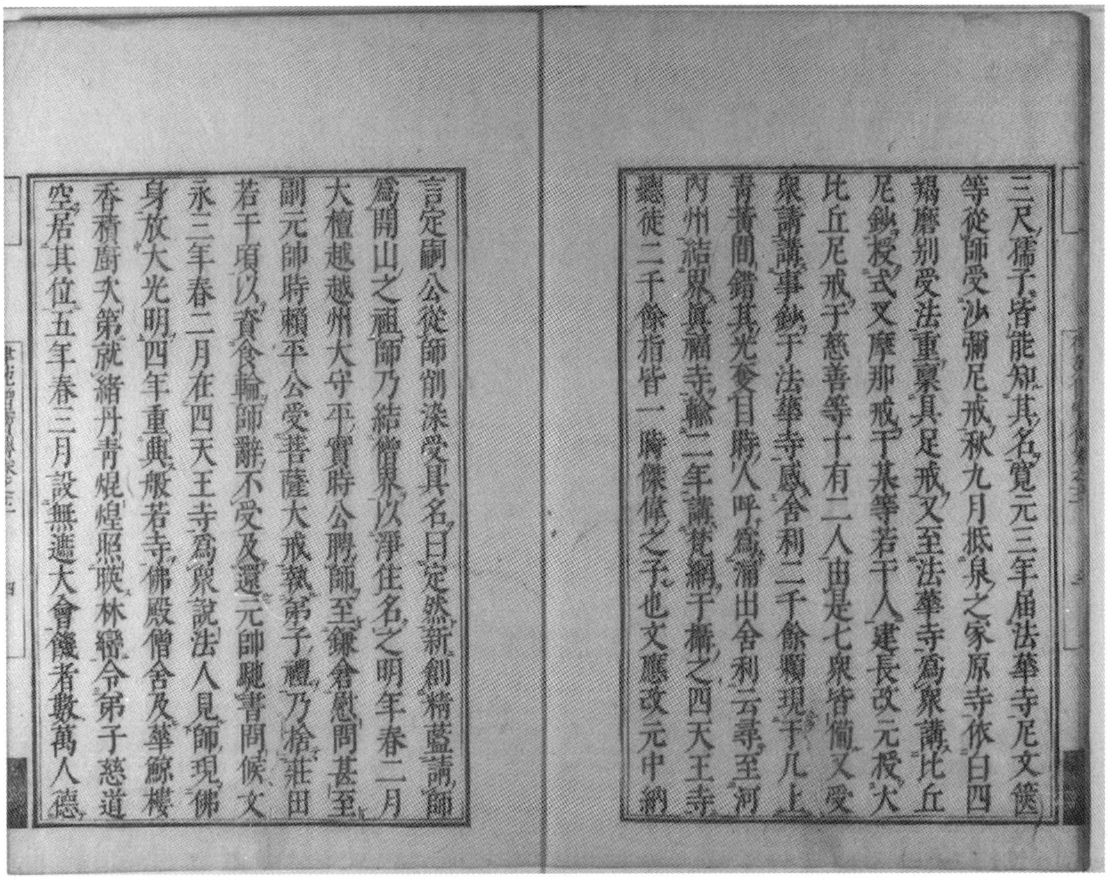

⑥04オ　⑥03ウ

三尺ノ孺子モ皆能知ル二其ノ名一ヲ。寛元三年届二法華寺一。尼文篋
等従レ師受二沙弥尼戒一ヲ。秋九月抵二泉ノ之家原寺一、依二白四
羯磨別受法一重テ稟二具足戒一ヲ。又至二法華寺一、為レ衆講ス二比丘
尼鈔一ヲ。授ク二式叉摩那戒ヲ于某等若干人一ニ。建長改元授ク二大
比丘尼戒ヲ于慈善等十有二人一。由レ是七衆皆備ル。又受二
衆請一講ス二事鈔ヲ于法華寺一。感ス三舎利二千余顆現ルコトヲ二于几上一ニ。
青黄間錯、其ノ光奪レ目。時ノ人呼テ為ス二涌出舎利一ト云。尋テ至二河
内州一結ス二界ヲ真福寺一ヲ。輸二二年一講ス二梵網ヲ于摂ノ之四天王寺一ニ。
聴徒二千余指、皆一時傑偉ノ之子也。文応改元中納

└
⑥03ウ

言定嗣公従レ師削染受具。名ヲ曰二定然一ト。新ニ創二精藍一、請シテレ師
為二開山ノ之祖一ト。師乃結二僧界一ヲ、以二浄住一名クレ之。明年春二月
大檀越越州大守平ノ実時公聘シテレ師ヲ至シメ二鎌倉一、慰問甚至レリ。
副元帥時頼平公受二菩薩大戒一執ル二弟子ノ礼一ヲ。乃捨テ二荘田
若干頃一、以テ資二食輪一ヲ。師辞シテ不レ受。及テレ還ルニ元帥馳レ書問候。文
永三年春二月在二四天王寺一為レ衆説法。人見ル下師ノ現シテ二仏
身一放中大光明上ヲ。四年重二興ス般若寺一ヲ。仏殿僧舎及ヒ華鯨楼
香積厨、次第ニ就レ緒。丹青焜煌、照二暎ス林巒一ニ。令三弟子慈道
空ヲシテ居二其位一ニ。五年春三月設二無遮大会一。儭者数万人、徳テ二

└
⑥04オ

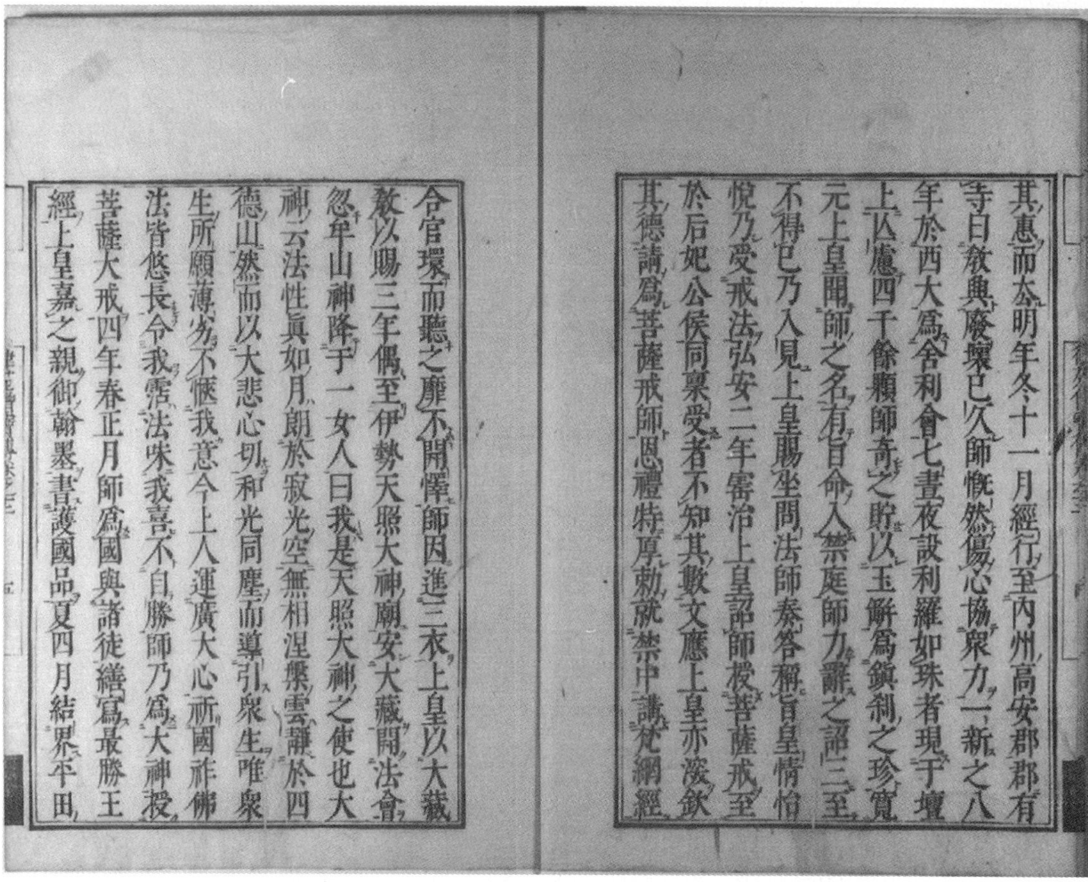
其惠而去明年冬十一月經行至内州高安郡郡有
寺曰教興廢壞已久師慨然傷心協衆力一新之八
年於西大爲舍利會七晝夜設利羅如珠者現于壇
上亡慮四千餘顆師奇之貯以玉缾爲鎭刹之珍寛
元上皇聞師之名有旨命入禁庭師力辭之詔三至
不得已乃入見上皇賜坐問法師奏答稱旨皇情怡
悦乃受戒法弘安二年寳治上皇詔師授菩薩戒至
於后妃公侯同稟受者不知其數文應上皇亦深欽
其德請爲菩薩戒師恩禮特厚勅就禁中講梵網經

合官環而聽之靡不開懌師因進三衣上皇以大藏
教以賜三年偶至伊勢天照大神廟安大藏開法會
忽牟山神降于一女人曰我是天照大神之使也大
神云法性眞如月朗於寂光空無相涅槃雲靜於四
德山然而以大悲心切和光同塵而導引衆生唯衆
生所願薄劣不愜我意今上人運廣大心祈國祚佛
法皆悠長令我霑法味我喜不自勝師乃爲大神授
菩薩大戒四年春正月師爲國與諸徒繕寫最勝王
經上皇嘉之親御翰墨書護國品夏四月結界平田

⑥05オ　⑥04ウ

其ノ恵ヲ二而去ル。明年冬十一月経行シテ至二内州ノ高安郡一。郡ニ有
レ寺。曰二教興一ト。廃壊已ニ久シ。師慨然トシテ傷レシテ心、協テ二衆力ヲ一一新ス之。八
年於二西大一為二スコト舎利会一七昼夜、設利羅如レ珠者現二ス于壇
上一ニ。亡慮テ四千余顆、師奇レ也トシテ之、貯ルニ以二シ玉缾一、為二鎮刹ノ之珍一ト。寛
元上皇聞二キ師ノ之名一ヲ、有レテ旨命シテ入二シム禁庭一。師力メテ辞ス之。詔三ヒ至テ
不レ得レ已乃入見ユ。上皇賜レ坐問法。師奏答称レヒ旨、皇情怡
悦。乃シ受二戒法一ヲ。弘安二年宝治上皇詔レ師授二シメ菩薩戒一ヲ、至二
於后妃公侯一、同稟受スル者不レ知二其ノ数一。文応上皇亦深ク欽二
其ノ徳一、請シテ為二菩薩戒師一ト、恩礼特ニ厚シ。勅シテ就二禁中一講シム二梵網経一ヲ。

合官環テ而聴キ之、靡レ不二トヲコト開懌一セ。師因ニ進二三衣一ヲ、上皇以二大蔵
教一以賜。三年偶ミ至リ二伊勢天照大神ノ廟一ニ、安シ大蔵一ヲ開ク二法会一ヲ。
忽チ牟山神降テ二于一女人一曰、我レハ是レ天照大神ノ之使也。大
神ノ云、法性真如ノ月ハ朗ニ二於寂光ノ空一ニ、無相涅槃ノ雲ハ静也二於四
徳ノ山一ニ。然而以二大悲心切一ナルヲ、和光同塵シテ而導二引ス衆生一ヲ。唯衆
生ノ所願薄劣ニシテ不レ二愜我カ意一。今上人運二広大心一祈リ二國祚仏
法皆悠長一ナランコトヲ、令三我ヲシテ霑ハ二法味一ニ、我喜ヒ不二トモ自ラ勝一。師乃為メニ二大神一授ク二
菩薩大戒一ヲ。四年春正月師為メニレ國与二諸徒一繕二写ス最勝王
経一ヲ。上皇嘉シレ之、親ク御シテ二翰墨一ヲ書ス二護國品一ヲ。夏四月結二界ス平田ノ

⑥05オ　⑥04ウ

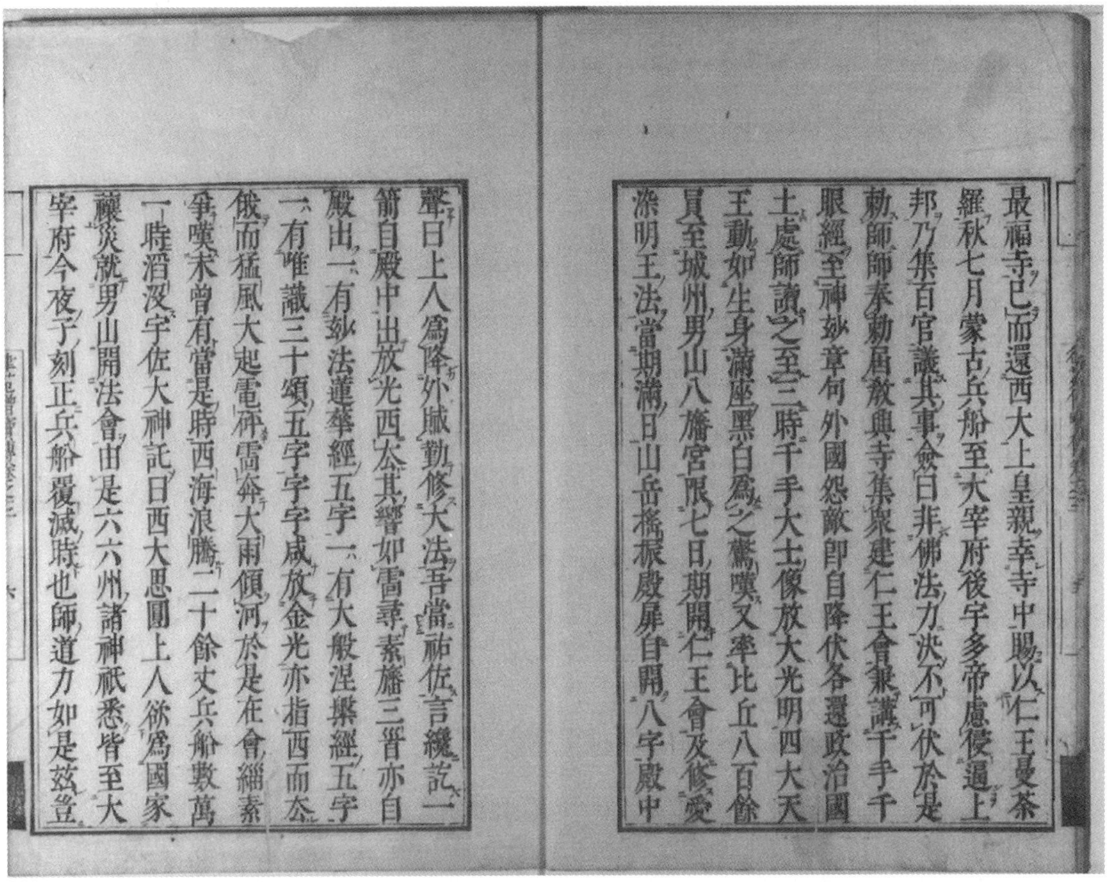

⑥06オ ⑥05ウ

最福寺ヲ一。已ニシテ而還二西大一。上皇親ク幸シ二寺中一、賜フニ以ス二仁王曼荼羅ヲ一。秋七月蒙古ノ兵船至ル二大宰府一。後宇多帝慮レ侵二逼ンコトヲ上邦ヲ一、乃集二百官一議ス二其ノ事ヲ一。僉曰、非ンハ二仏法ノ力ニ一、決シテ不トレ可レ伏。於レ是勅スレ師ニ。師奉レ勅届二教興寺一、集レ衆建二仁王会一、兼テ講ス二千手千眼経ヲ一。至二神妙章句、外國怨敵即自降伏、各還政治國土ト云処一ニ、師読ムコトレ之至ルレ三ニ。時ニ千手大士ノ像放二大光明一、四大天王動クコト如二生身一。満座ノ黒白為メニレ之驚嘆ス。又率二比丘八百余員一、至二城州ノ男山八幡宮一。限テ二七日ノ期一開キ二仁王会一、及ヒ修ス二愛染明王ノ法ヲ一。当二期満ノ日一、山岳揺振、殿扉自ミ開ク二八字一。殿中

⑥05ウ

声アテ曰、上人為レ降ンカ二外賊一勤テ修ス二大法ヲ一。吾当ヘシトニ祐佐ス一。言纔ニ訖レハ、一箭自二殿中一出テ、放レ光西ニ去ル。其ノ響如レ雷。尋テ素旛三首亦自レ殿出ツ。一ハ有二妙法蓮華経ノ五字一、一ハ有二大般涅槃経ノ五字一、一ハ有二唯識三十頌ノ五字一。字字咸ナ放チ二金光一、亦指レ西而去ル。俄ニシテ而猛風大起、電砰メキ雷奔テ大雨傾クレ河ヲ。於レ是在会ノ緇素争テ嘆ス二未曾有ト一。当二是ノ時一、西海浪騰ルコト二十余丈、兵船数万一時滔没ス。宇佐大神託シテ曰、西大思円上人欲下為二國家一禳ヒ災、就テ二男山一開二法会ヲ一。由レ是六六州ノ諸神祇、悉ク皆至二大宰府一。今夜ノ子ノ刻、正ニ兵船覆滅ノ時也ト也。師ノ道力如レ是。茲レ豈ニ

⑥06オ

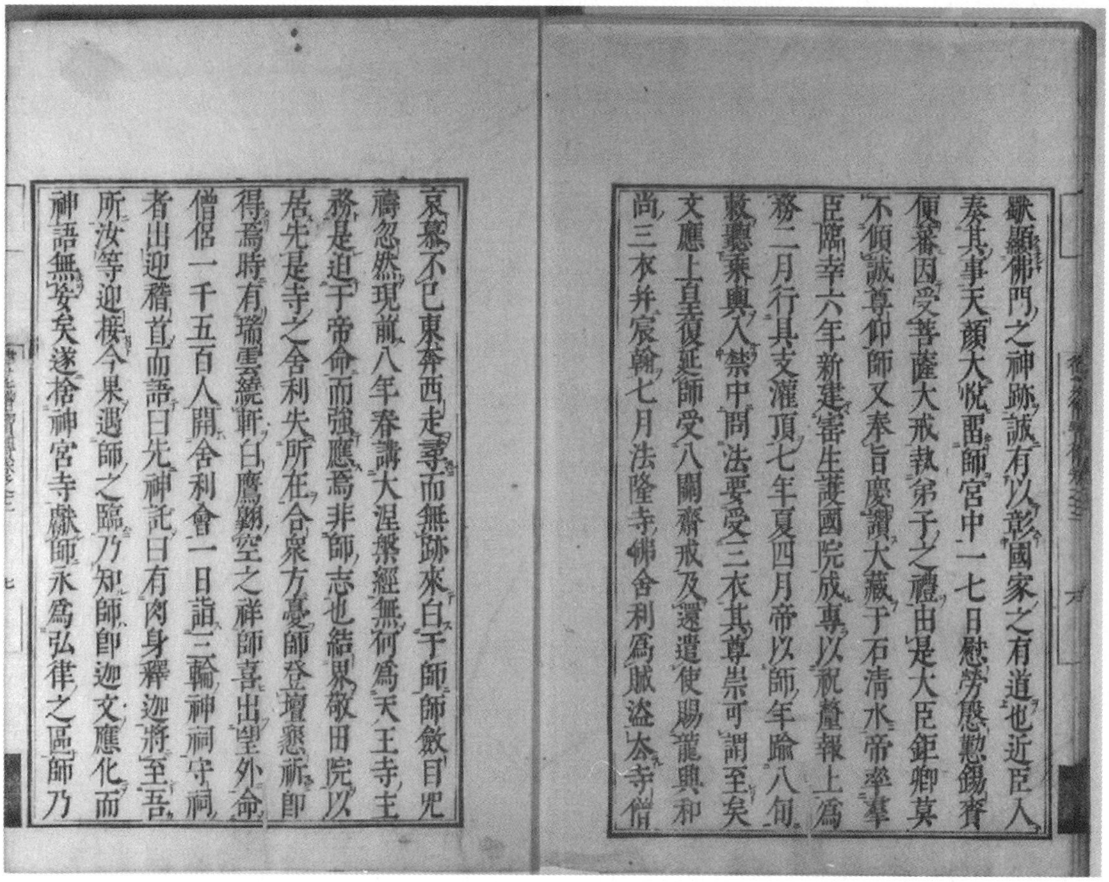

⑥07オ　⑥06ウ

独顕二スノミナランヤ仏門ノ之神跡一ヲ。誠ニ有下以テ彰中スコト國家ノ之有道上ヲ也。近臣入テ
奏二其ノ事一。天顔大ニ悦ヒ、留ムルコト二師ヲ宮中一一七日、慰労慇懃、錫賚
便蕃也。因テ受二菩薩大戒一執二弟子ノ之礼一ヲ。由レ是大臣鉅卿、莫
レ不二傾レ誠尊仰一。師又奉レ旨慶二讃ス大蔵ヲ于石清水一ニ。帝率二群
臣一臨幸。六年新建テ二宝生護國院一成ル。専ラ以二祝釐報上一為
レ務。二月行二具支灌頂一ヲ。七年夏四月、帝以三師ノ年踰二八旬一ニ、
勅シテ聴下乗輿シテ入ルコトヲ中禁中上ニ。問二法要一受二三衣一。其ノ尊崇可レ謂至レリト矣。
文応上皇復延レ師受二八関斎戒一。及テレ還遣レ使賜二龍興和
尚ノ三衣并ニ宸翰一ヲ。七月法隆寺ノ仏舎利為レ賊盗去ラル。寺僧

」
⑥06ウ

哀慕シテ不レ已。東奔西走シテ尋スルニ而無レ跡。来テ白ス二于師一ニ。師斂目呪
禱、忽然トシテ現前ス。八年春講二大涅槃経一。無シテレ何為二天王寺ノ主
務一ト。是レ迫テ二于帝命一ニ而強テ応ス焉。非二師ノ志一也。結二界シテ敬田院一ヲ以
居ス。先レ是寺ノ之舎利失ス二所在一ヲ。合衆方ニ憂フ。師登レ壇懇祈スルニ即
得タリ焉。時ニ有リ二瑞雲繞レ軒ヲ、白鷹翶ノ空之祥一。師喜ヒ出ツ二望外一ニ。命シテ二
僧侶一千五百人ニ開シム二舎利会一ヲ。一日詣ス二三輪ノ神祠一ニ。守祠ノ
者出迎、稽首シテ而語テ曰、先ニ神託シテ曰、有二肉身釈迦一。将ニ至ントレ二吾カ
所一ニ。汝等迎接セヨト。今果シテ遇二師ノ之臨一ムニ。乃知ル、師ハ即迦文ノ応化ニシテ而
神語無レキコトヲ妄矣。遂ニ捨二神宮寺一献シレ師ニ、永為二弘律ノ之区一ト。師乃

」
⑥07オ

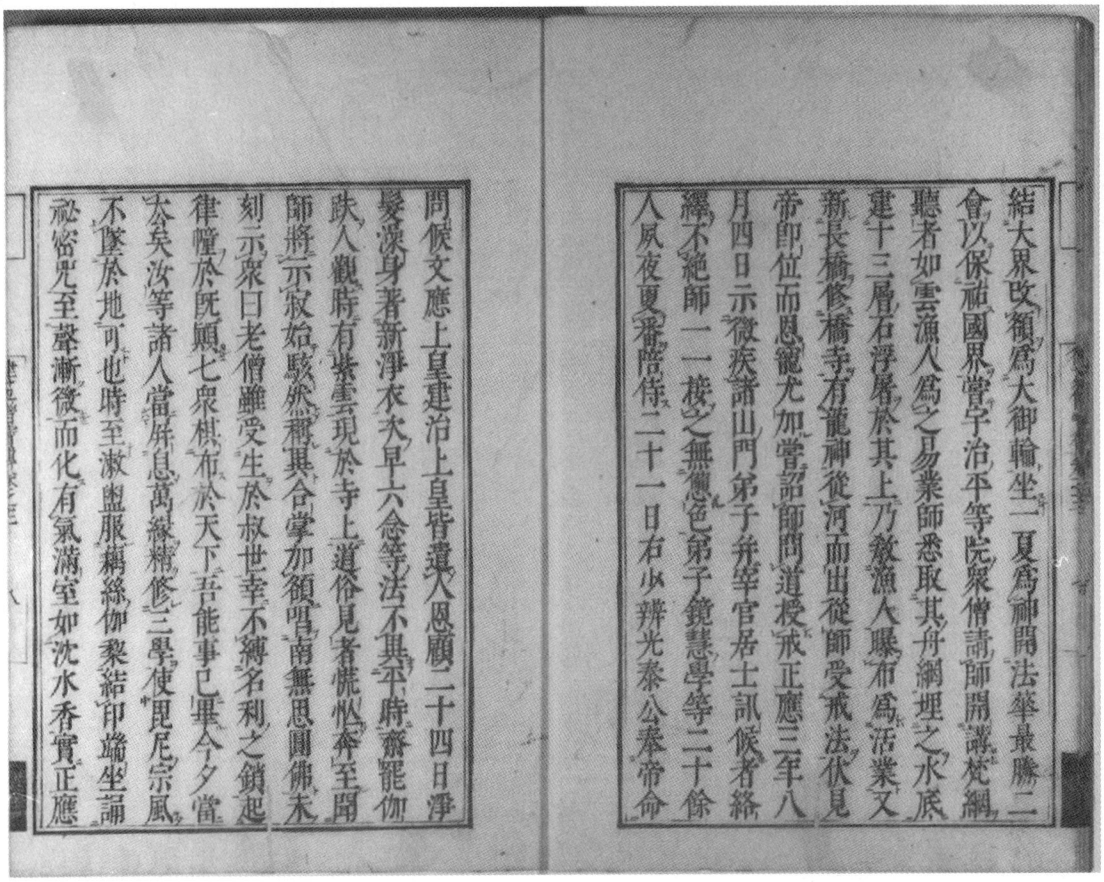

⑥08オ　⑥07ウ

結二大界一。改レテ額ヲ為二大御輪一ト。坐スルコト一夏、為レ神開二法華・最勝ノ二
会一ヲ、以テ保二祐ス國界一ヲ。嘗テ宇治ノ平等院ノ衆僧、請シテレ師開二講セシム梵網一ヲ。
聴者如レ雲。漁人為レ之易レ業。師悉取二其ノ舟網一埋二之ヲ水底一ニ、
建二十三層ノ石浮屠ヲ於其上一ニ。乃教二漁人一曝シテレ布為二シム活業一ト。又
新二シ長橋一ヲ修二ス橋寺一ヲ。有二龍神一。従レ河而出、従レ師受二戒法一ヲ。伏見
帝即位。而恩寵尤加ル。嘗テ詔レ師問レ道授レシム戒。正応三年八
月四日示二微疾一。諸山ノ門弟子并ニ宰官居士、訊候スル者絡
繹トシテ不レ絶。師一一接シテレ之無二僡タル色一。弟子鏡慧ノ学等二十余
人、夙夜更レテ番ヲ陪侍ス。二十一日右少弁光泰公奉二帝命一

問候。文応上皇・建治上皇、皆遣シテレ人恩顧。二十四日浄
髪澡身著二新浄衣一。次ノ早六念等ノ法、不レ異ナラ二平時一ニ。斎罷伽
趺シテ人観ス。時ニ有二紫雲一。現二於寺上一ニ。道俗見者慌忙トシテ奔至ル。聞二
師将ニレ示レ寂。始テ駭然トシテ称シレ異ト、合掌加レ額ニ唱フ二南無思円仏一ト。未ノ
刻示シテレ衆曰、老僧雖レ受二生ヲ於叔世一、幸ニ不レ縛二名利ノ之鎖一。起二
律幢ヲ於既ニ顛タルニ一、七衆棋二布ス於天下一ニ。吾能事已ニ畢ル。今夕当ニ
レ去矣。汝等諸人当ニ下屏二息シテ万縁一ヲ精ク修二シ三学一ヲ、使中毘尼ノ宗風ヲシテ
不上レ墜二於地一可也ト也。時至テ漱盥服シ二藕糸ノ伽梨一、結レ印端坐誦二
秘密呪一。至二声漸ク微ナルニ一而化ス。有レ気満室如二沈水香一。実ニ正応

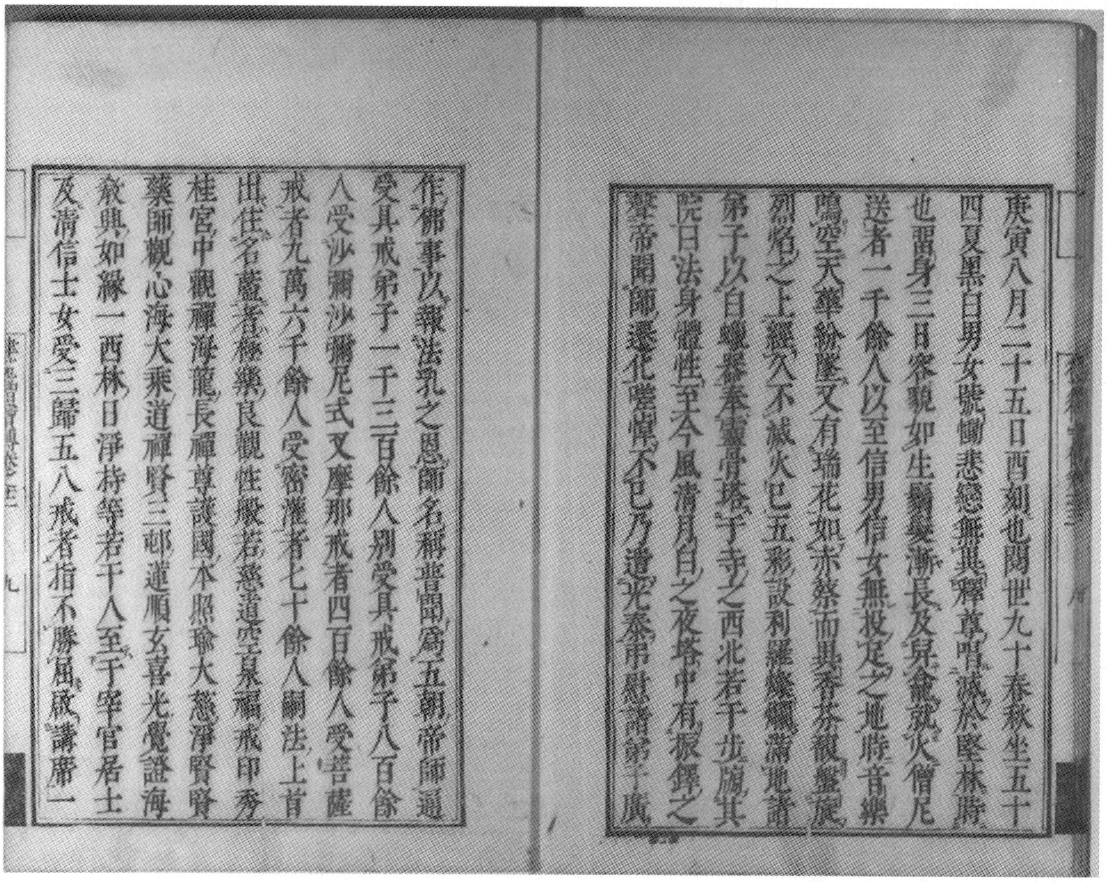

⑥09オ　⑥08ウ

庚寅八月二十五日酉刻也也。閲世九十春秋、坐五十
四夏。黒白男女号慟悲恋、無レ異下コト釈尊ノ唱二ル滅ヲ於堅林ニ時上ニ
也。留身三日、容貌如レ生、鬚髪漸ヤ長ス。及二昇テレ龕ヲ就クニレ火ニ、僧尼
送者一千余人、以至信男信女無シ二投レノ足ヲ之地一。時ニ音楽
鳴リレ空ニ天華紛墜ス。又有二瑞花一。如ニシテ二赤蔡一而異香芬馥タリ。盤二旋シテ
烈焔ノ之上一、経テレ久不レ滅。火已五彩ノ設利羅燦爛トシテ満レ地。諸
弟子以二白蠟器一奉シ二霊骨一、塔スニ于寺ノ之西北若干歩一ニ。牓シテ二其
院一、曰二法身体性一ト。至レ今風清月白ノ之夜、塔中有リ二振鐸ノ之
声一。帝聞二師ノ遷化一、嗟悼シテ不レ已。乃遣シテ二光泰一ヲ弔慰。諸弟子広ク

⌞⑥08ウ

作シテ二仏事一、以テ報二法乳之恩一ヲ。師名称普聞テ、為二五朝ノ帝師一。通
受具戒弟子一千三百余人、別受具戒弟子八百余
人、受二沙弥・沙弥尼・式叉摩那戒一者四百余人、受菩薩
戒一者九万六千余人、受二密灌一者七十余人。嗣法ノ上首
出テ、住スル二名藍一ニ者ハ、極楽ノ良観性・般若ノ慈道空・泉福ノ戒印秀・
桂宮ノ中観禅・海龍ノ長禅尊・護國ノ本照瑜・大慈ノ浄賢賢・
薬師ノ観心海・大乗ノ道禅賢・三邨ノ蓮順玄・喜光ノ覚證海・
教興ノ如縁一・西林ノ日浄持等若干人。至テハ下于宰官居士
及ヒ清信士女受二三帰五八戒一者上、指不レ勝レ屈スルニ。啓コト二講席一一

⌞⑥09オ

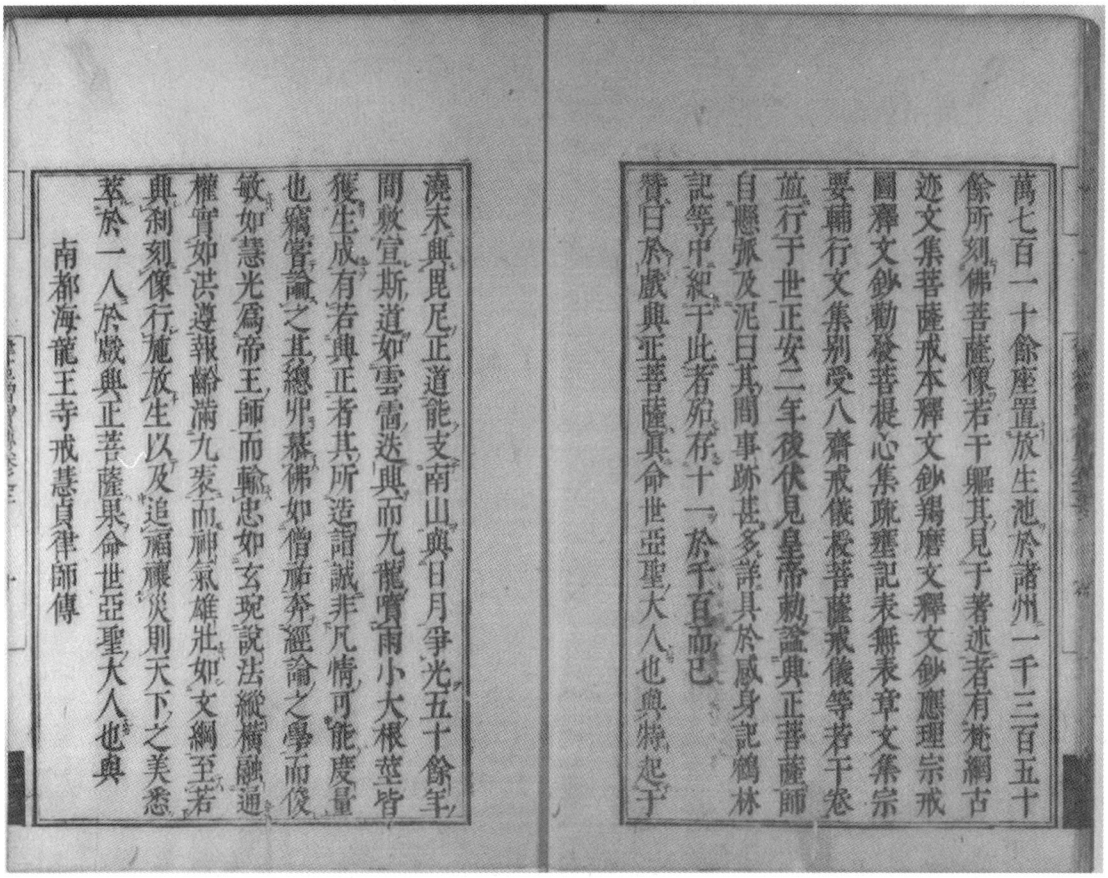

⑥09ウ　⑥10オ

万七百一十余座、置クコト二放生池ヲ於諸州ニ一千三百五十余所、刻ムコト二仏菩薩ノ像ヲ一若干躯。其ノ見二于著述ニ一者、有二梵網古迹文集・菩薩戒本釈文鈔・羯磨文釈文鈔・応理宗戒図釈文鈔・勧発菩提心集疏・壅記表無表章文集・宗要輔行文集・別受八斎戒儀・授菩薩戒儀等若干巻一、並ニ行二于世一。正安二年、後伏見皇帝勅シテ諡二興正菩薩ト一。師自二懸弧一及二泥日一、其ノ間事跡甚タ多シ。詳ニ具二於感身記・鶴林記等ノ中ニ一。紀スル二于此ニ一者、殆ント存スル二十一ヲ於千百ニ一而已ノミ。賛ニ曰、於戯アア興正菩薩ハ真ニ命世亜聖ノ大人ナルヤ也与。特リ起テ二于

⌐⑥09ウ

澆末ニ一興シ二毘尼ノ正道一、能ク支ヘテ二南山ヲ一与二日月一争レ光ヲ。五十余年ノ間敷二宣シ斯ノ道ヲ一、如二雲雷ノ迭ニ興テ而九龍ノ噴レ雨。小大ノ根茎皆獲タリ二生成スルコトヲ一。有レ若二興正一者、其ノ所二造詣一誠ニ非下凡情ノ可中能ク度量上也。竊ニ嘗テ論レス之。其ノ総丱ニシテ慕フコトハレ仏如二僧祐一、奔テ二経論ノ之学一而俊敏ナルコトハ如二慧光一、為二帝王ノ師一而輸スコトハレ忠如二玄琬一、説法縦横融二通スルコトハ権実一如二洪遵一、報齢満二九袠ニ一而モ神気雄壮ナルコトハ如シ二文綱一。至テハレ若下興シレ利刻ミレ像行シレ施放チレ生、以テ及中追レ福禳ヒレ災。則天下ノ之美悉ク萃ル二於一人ニ一。於戯興正菩薩ハ果シテ命世亜聖ノ大人ナルカ也与。

南都海龍王寺戒慧貞律師伝

⌐⑥10オ

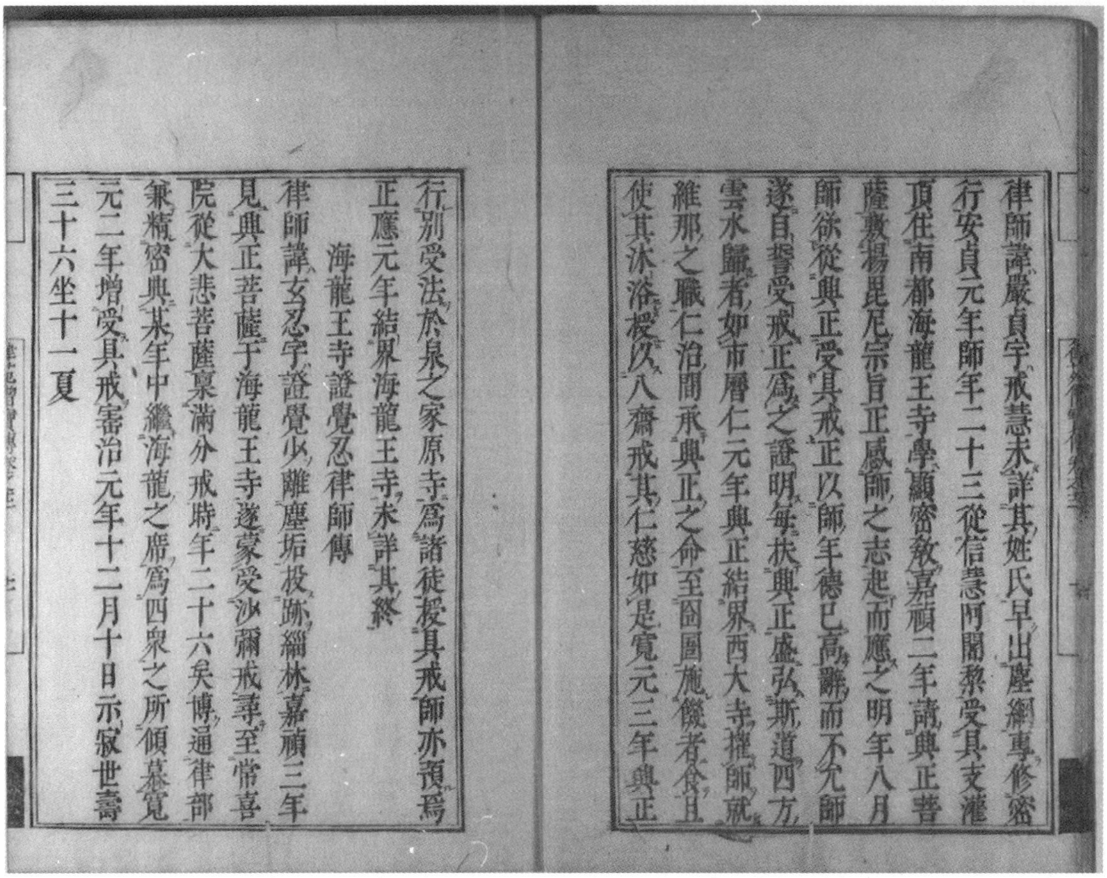

⑥11オ　　⑥10ウ

律師諱ハ厳貞、字ハ戒慧。未タレ詳二其ノ姓氏一。早ク出二塵網一専ラ修二密行一。安貞元年師年二十三、従二信慧阿闍梨一受二具支灌頂一。住二南都海龍王寺一学ス二顕密教一ヲ。嘉禎二年請シテ二興正菩薩一敷二揚毘尼ノ宗旨一。正感二師ノ之志ヲ一起テ而応ス之。明年八月師欲下従二興正一受中具戒上。正以二師ノ年徳已ニ高一キヲ、辞シテ而不レ允。師遂ニ自誓受戒ス。正為レメニ之證明ス。毎ニ扶テ二興正一盛ニ弘ム二斯ノ道一ヲ。四方ノ雲水帰スル者ノ如レ市。暦仁元年興正結二界ス西大寺一ヲ。権レテ、師ヲ就シム二維那ノ之職一。仁治ノ間承テ二興正ノ之命一至二囹圄一施シ二餓者ニ食一ヲ、且使レ其沐浴セシメ、授ルニ以ス二八斎戒一。其ノ仁慈如レ是。寛元三年興正

└
⑥10ウ

行シ二別受法ヲ於泉ノ之家原寺ニ一、為二諸徒一授二具戒一。師亦預ル焉。正応元年結二界海龍王寺一ヲ。未レ詳二其ノ終一。

海龍王寺證覚忍律師伝

律師諱ハ玄忍、字ハ證覚。少シテ離二塵垢一投ス二跡ヲ緇林一ニ。嘉禎三年見ユ二興正菩薩ニ于海龍王寺一。遂ニ蒙レ受二沙弥戒一。尋テ至二常喜院一、従二大悲菩薩一稟二満分戒一。時ニ年二十六矣。博ク通二律部一兼テ精シ二密典一ニ。某ノ年中継キ二海龍ノ之席一ヲ、為二四衆一之所二傾慕一。寛元二年増二受ス具戒一ヲ。宝治元年十二月十日示寂。世寿三十六、坐十一夏。

└
⑥11オ

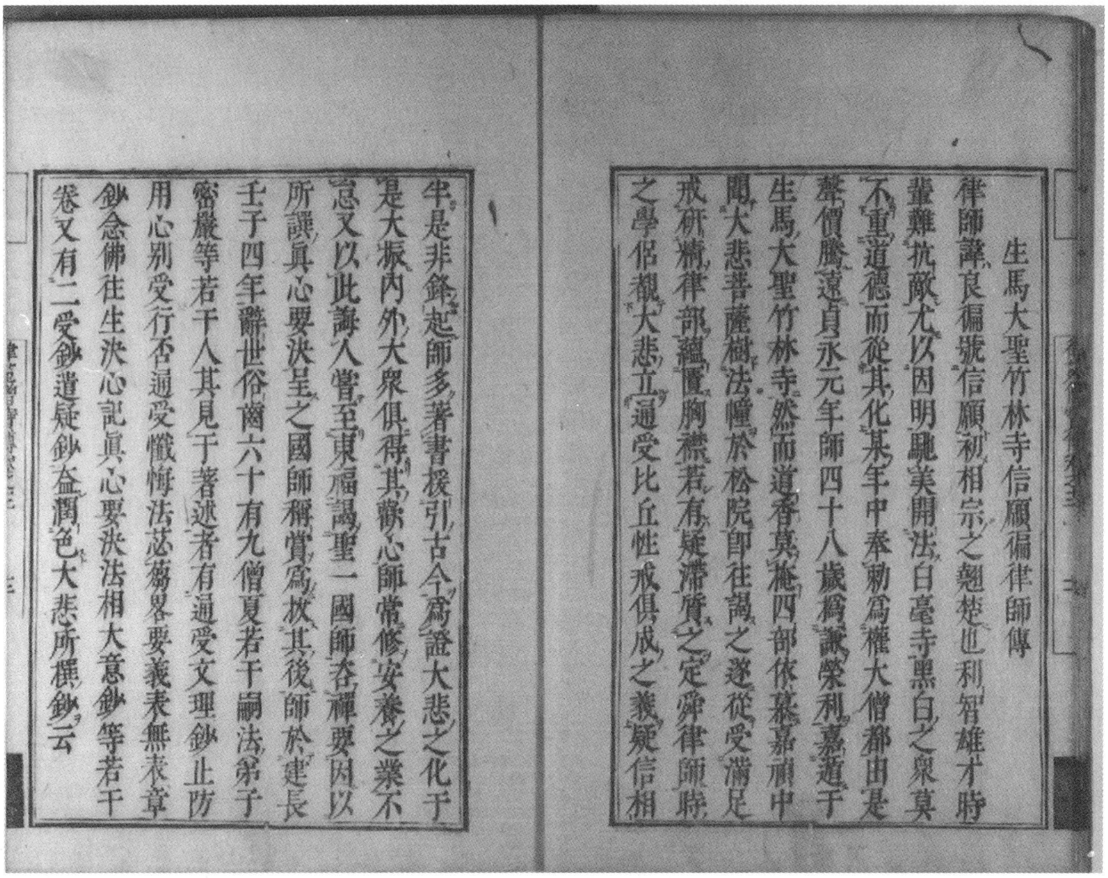

⑥11ウ　⑥12オ

生馬大聖竹林寺信願偏律師伝

律師諱ハ良偏、号二信願一ト。初メ相宗ノ之翹楚也也。利智雄才、時
輩難二抗敵一シ。尤モ以二因明一馳レ美。開二法ス白毫寺一。黒白ノ之衆、莫
レ不下ト云コト重二シテ道徳一而従中其ノ化上。某ノ年中奉レ勅為二権大僧都一。由レ是
声価騰ルレ遠ニ。貞永元年師四十八歳、撝二謙シテ栄利一ヲ嘉二遁ス于
生馬ノ大聖竹林寺一ニ。然而道香莫レシテ掩コト四部依慕ス。嘉禎中
聞三テ大悲菩薩樹二ツト法幢ヲ於松院一ニ即往謁ス之。遂ニ従テ受二満足
戒一、研二精シテ律部一ヲ薀二匱ス胸襟一ニ。若シ有二レハ疑滞一質二ス之ヲ定舜律師一ニ。時ノ
之学侶、睹下テ大悲ノ立中ルヲ通受比丘性戒倶成ノ之義上ヲ、疑信相

半ニシテ是非鋒ノ如ニ起ル。師多ク著レ書、援二引シテ古今一ヲ為レ證。大悲ノ之化于
レ是大振ヒ、内外ノ大衆倶ニ得二タリ其ノ歓心一。師常ニ修二シテ安養ノ之業一不
レ怠、又以レ此誨レ人。嘗テ至二リ東福一、謁二シテ聖一國師一咨二フ禅要一。因ニ以二
所譔ノ真心要決一呈ス之。國師称賞シテ、為メニ抜二ス其ノ後一ニ。師於二テ建長
壬子四年一辞世。俗歯六十有九、僧夏若干。嗣法ノ弟子
密厳等若干人。其見二于著述一者、有二通受文理鈔・止防
用心・別受行否・通受懺悔法・苾芻略要義・表無表章
鈔・念仏往生決心記・真心要決・法相大意鈔等若干
巻一。又有二二受鈔・遣疑鈔一。盍シ潤二色スト大悲所撰ノ鈔一ヲ云。

⑥11ウ

⑥12オ

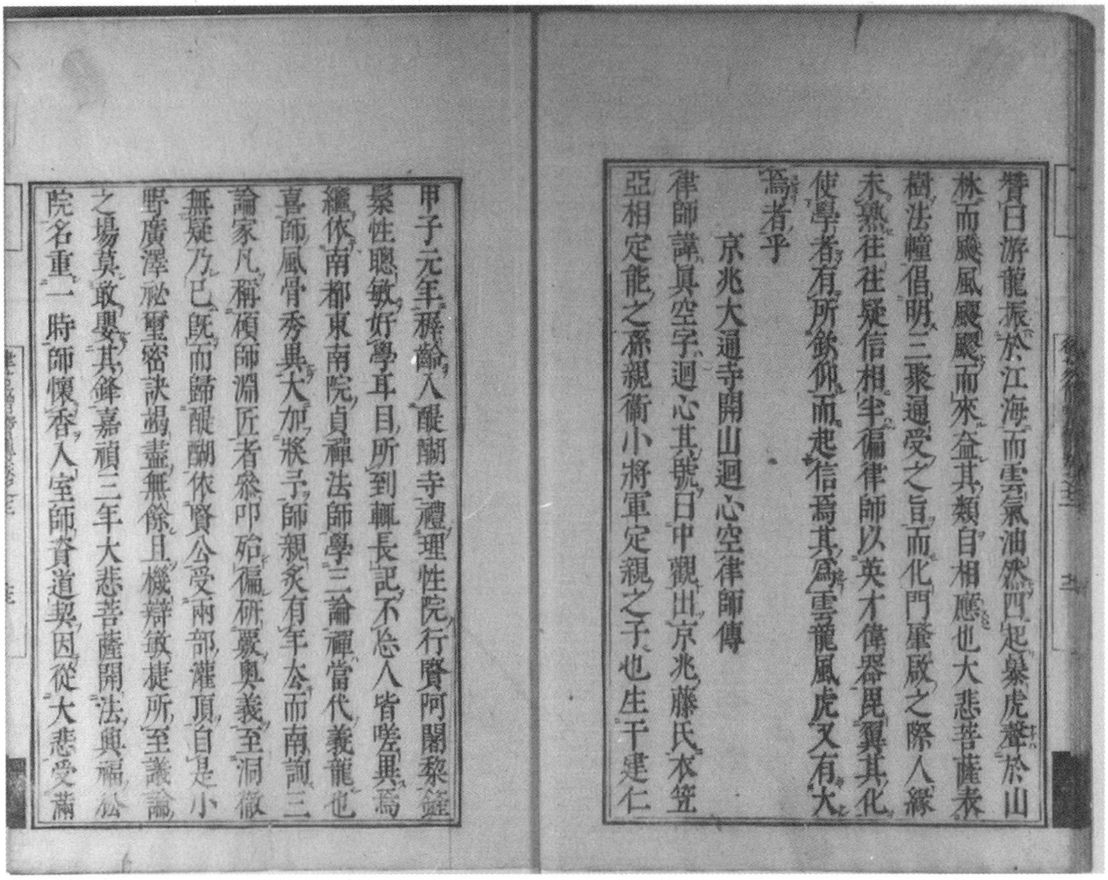

⑥13オ　⑥12ウ

賛曰、游龍振ヘハ二於江海一ニ、而雲気油然トシテ四ニ起リ、暴虎声ナケハ二於山
林一ニ、而飆風飂飂トシテ而来ル。盍シ其ノ類自ヲ相応スレハ也。大悲菩薩表シテ二
樹法幢一、倡二明ス三聚通受ノ之旨一ヲ。而モ化門肇啓ノ之際、人縁
未レタ熟セ。往往疑信相ヒ半ハ也。偏律師以二英才偉器一毘二翼其ノ化一ヲ。
使下学者ヲシテ有テレ所二欽仰スル一而モ起上レ信焉。其ノ為タルコト二雲龍風虎一、又有ニシヤ大ナル
レ焉コレヨリ者ノ乎。

京兆大通寺開山迴心空律師伝

律師諱ハ真空、字ハ迴心、其ノ号ヲ曰二中観一ト。出ツ二京兆ノ藤氏一ニ。衣笠
亜相定能ノ之孫、親衛小将軍定親ノ之子也。生二于建仁

⎿⑥12ウ

甲子元年一ニ。稚齢ニシテ入二醍醐寺一、礼シテ二理性院ノ行賢阿闍梨一鏟
髪。性聡敏ニシテ好レ学、耳目ノ所レ到、輒長記シテ不レ忘。人皆嗟異ス焉。
継テ依テ二南都東南院ノ貞禅法師一学二三論一。禅ハ当代ノ義龍也。
喜二師ノ風骨秀異ナルヲ一、大ニ加フ二奨予一ヲ。師親炙有レ年、去テ而南詢ス。三
論家、凡ソ称二碩師淵匠一者、参叩殆シト遍シ。研二覈シテ奥義一ヲ、至二洞徹
無レ疑乃シ已ム一。既ニシテ而帰二醍醐一、依二賢公一受二両部ノ灌頂一ヲ。自レ是小
野・広沢秘璽密訣竭尽シテ無余也。且ツ機弁敏捷、所ノ至議論ノ
之場、莫三敢テ嬰ルモノ二其ノ鋒一。嘉禎三年、大悲菩薩開二法シテ興福ノ松
院一、名重シ二一時一。師懐ニシテレ香ヲ入室、師資道契フ。因テ従二大悲一受二満

⎿⑥13オ

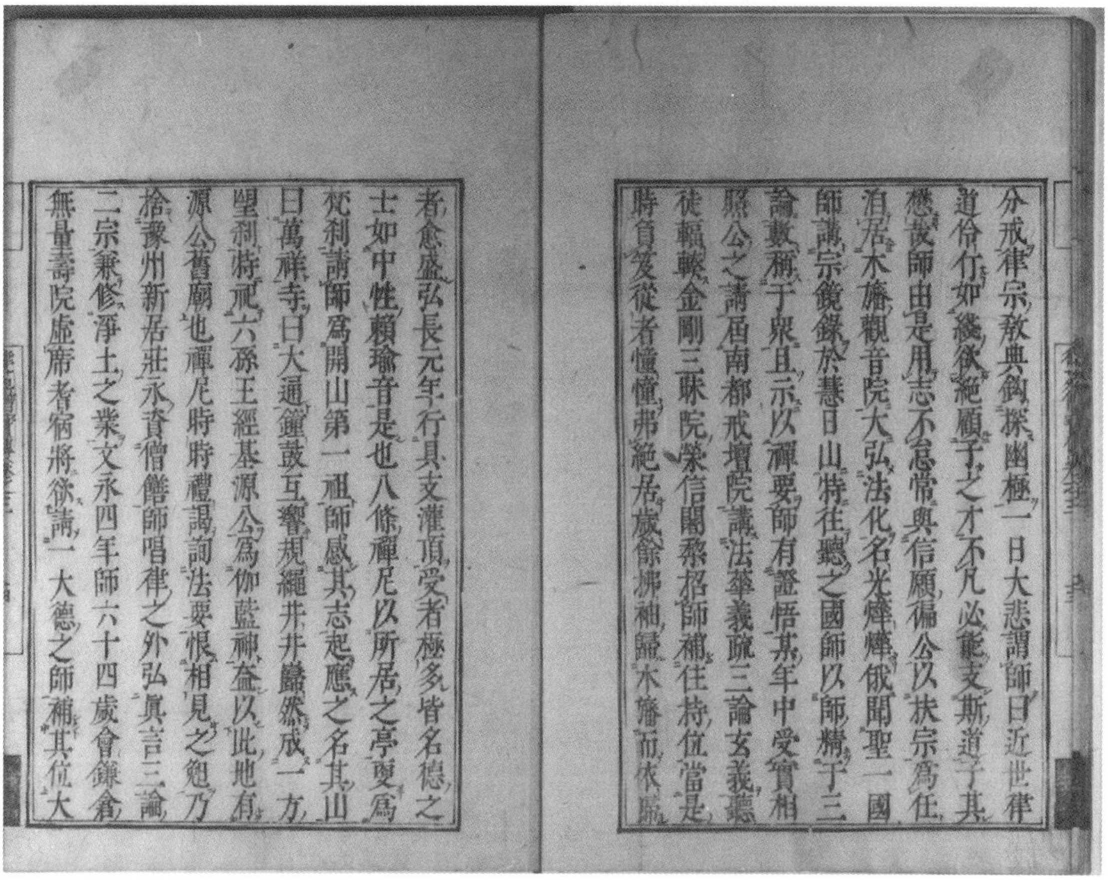

者愈盛弘長元年行具支灌頂受者極多皆名德之
士如中性賴瑜音是也八條禪尼以所居之亭更爲
梵剎請師爲開山第一祖師感其志起應之名其山
曰萬祥寺曰大通鐘鼓互響規繩井井鬱然成一方
望剎特祀六孫王經基源公爲伽藍神盍以此地有
源公舊廟也禪尼時時禮謁詢法要恨相見之晚乃
捨豫州新居莊永資僧饍師唱律之外弘眞言三論
二宗兼修淨土之業文永四年師六十四歳會鎌倉
無量壽院虛席耆宿將欲請一大德之師補其位大

⑥14オ

分戒律宗教典鉤探幽極一日大悲謂師曰近世律
道伶仃如綫欲絶顧子之才不凡必能支斯道子其
懋哉師由是用志不怠常與信願徧公以扶宗爲任
洎居木幡觀音院大弘法化名光煒煒俄聞聖一國
師講宗鏡錄於慧日山特往聽之國師以師精于三
論數稱于衆且示以禪要師有證悟某年中受實相
照公之請居南都戒壇院講法華義疏三論玄義聽
徒輻輳金剛三昧院榮信闍棃招師補住持位當是
時負笈從者憧憧弗絶居歳餘拂袖歸木幡而依歸

⑥13ウ

分戒一ヲ。律宗ノ教典鉤二探ス幽極一ヲ。一日大悲謂レ師曰、近世律
道伶仃ナルコト如二綫ノ欲ルカ一レ絶。顧ルニ二子カ之才一不レ凡。必ス能ク支二斯ノ道一。子其レ
懋メヨヤ哉。師由レ是用テレ志不レ怠、常ニ与二信願ノ偏公一以二扶宗一為レ任ト。
洎テレ居スルニ二木幡ノ観音院一大ニ弘メ二法化一ヲ、名光煒煒タリ。俄ニ聞三聖一國
師講トスル二宗鏡録ヲ於慧日山一ニ、特ニ往テ聴ク之。國師以三師ノ精キヲ二于三
論一ニ、数ミ称ス二于衆一ニ。且ッ示スニ以二禅要一ヲ。師有リ二證悟一。某ノ年中受二実相
照公ノ之請一届二南都戒壇院一、講ス二法華義疏・三論玄義一ヲ。聴
徒輻輳ス。金剛三昧院ノ栄信闍梨、招二師補シム一住持ノ位一。当二是ノ
時一、負レ笈従者憧憧トシテ弗レ絶。居ルコト歳余、払袖シテ帰ル二木播一ニ。而シテ依帰スル

⌐
⑥13ウ

者ノ愈ミ盛也。弘長元年行二具支灌頂一ヲ。受者極多シ。皆名徳ノ之
士、如二中性ノ頼瑜音一是也。八條ノ禅尼、以二所居ノ之亭一更メテ為二
梵刹一、請レ師為二開山第一祖一ト。師感シ二其ノ志一起テ応ス之。名二其ノ山一
曰二万祥一ト、寺ヲ曰二大通一ト。鐘鼓互ニ響キ、規縄井井、鬱然トシテ成ス二一方ノ
望刹一ト。特ニ祀テ二六孫王経基源公一ヲ為二伽藍神一ト。盍シ以下此ノ地有ルヲ中
源公ノ旧廟上也。禅尼時時礼謁シテ詢二法要一、恨ム下相見ルコトノ之晩キヲ一。乃
捨テ二予州新居荘一永ク資二僧饍一。師唱律ノ之外、弘二真言・三論ノ
二宗一、兼テ修ス二浄土ノ之業一ヲ。文永四年師六十四歳、会ミ鎌倉ノ
無量寿院虚レ席。耆宿将ニ欲ス下請シテ二一大徳ノ之師一補シメント中其位上。大

⌐
⑥14オ

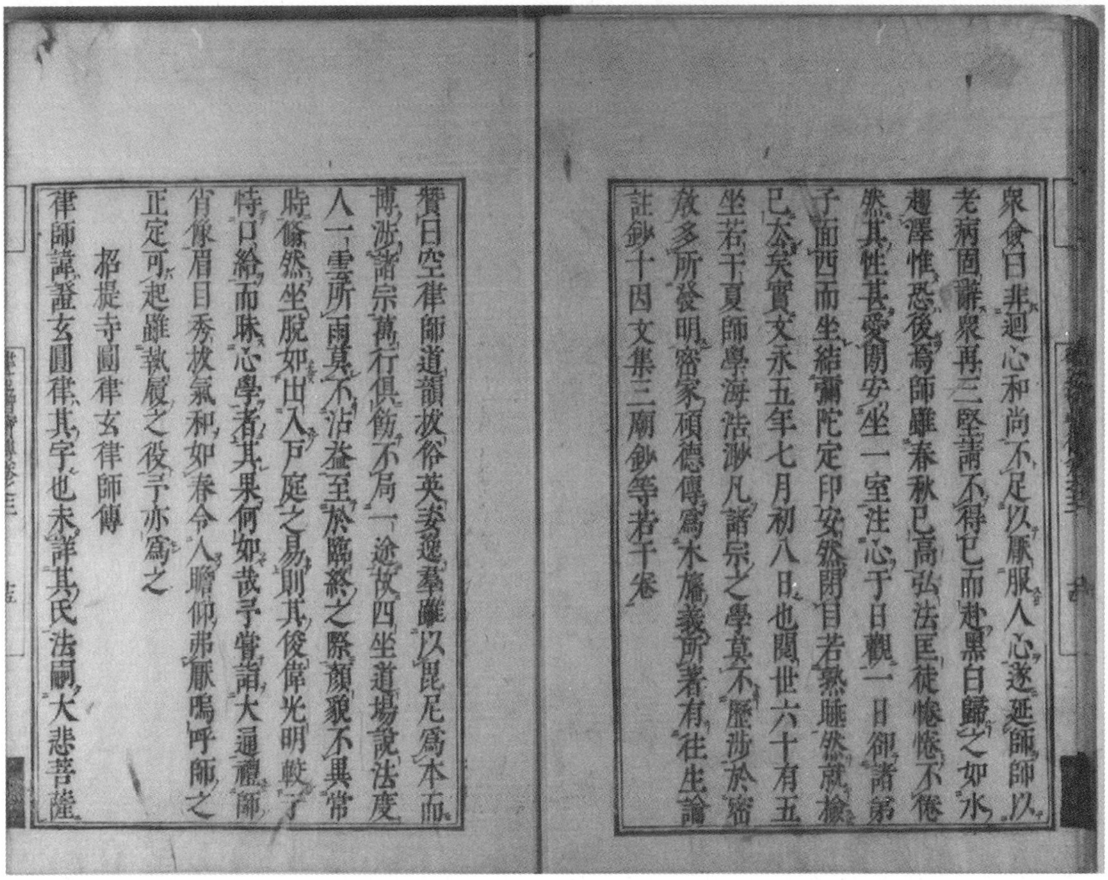

⑥14ウ　⑥15オ

衆僉曰、非二ンハ迴心和尚一不レト足三以テ厭二服スルニ人心一ヲ。遂ニ延レ師ヲ。師以二テ
老病一固辞ス。衆再三堅請。不レシテ得レ已而赴ク。黒白帰レルコト之如二水ノ
趨一レ沢。惟タ恐ハ後ンコトヲ焉。師雖二春秋已高一、弘法匡徒捲捲トシテ不レ倦。
然モ其ノ性甚タ愛レ間、安二坐一室一注二心ヲ于日観一ニ。一日却二テ諸弟
子一面レ西而坐シ、結二弥陀定印一安然トシテ閉レ目。若二熟睡一然リ。就テ撿スルニ
已ニ去シヌ矣。実ニ文永五年七月初八日也也。閲世六十有五、
坐若干夏。師学海浩渺、凡ツ諸宗ノ之学莫レ不二ト云コト歴渉一。於二密
教一多レ所二発明一スル、密家ノ碩徳伝テ為二木旛ノ義一ト。所レ著有二リ往生論
註鈔・十因文集・三廟鈔等若干巻一。

⑥14ウ

賛曰、空律師道韻抜俗、英姿逸群。雖二以レ毘尼為一レ本、而モ
博ク渉二リ諸宗一万行倶ニ飭テ不レ局二一途一ニ。故ニ四坐道場説法度
人、一雲所レ雨莫レシ不二ト云コト沾益一。至二テ於臨終ノ之際一ニ顔貌不レ異二常
時一ニ、倏然トシテ坐脱。如下クナル時ハ出二入スルノ戸庭一之易上キカ、則其ノ俊偉光明較下ルニ于
恃二ンテ口給一ヲ而味二ス心学一ヲ者上ノニ、其レ果シテ何如ソヤ哉。予嘗テ詣二シテ大通一礼二スルニ師ノ
肖像一、眉目秀抜、気和シテ如レ春、令二人ヲシテ瞻仰シテ弗一レ厭。嗚呼師ノ之
正定可レンハ起、雖二執履ノ之役一ト、予亦為セン之。

招提寺円律玄律師伝

律師諱ハ證玄、円律ハ其ノ字也也。未レタ詳二其ノ氏一。法嗣二ク大悲菩薩一ニ。

⑥15オ

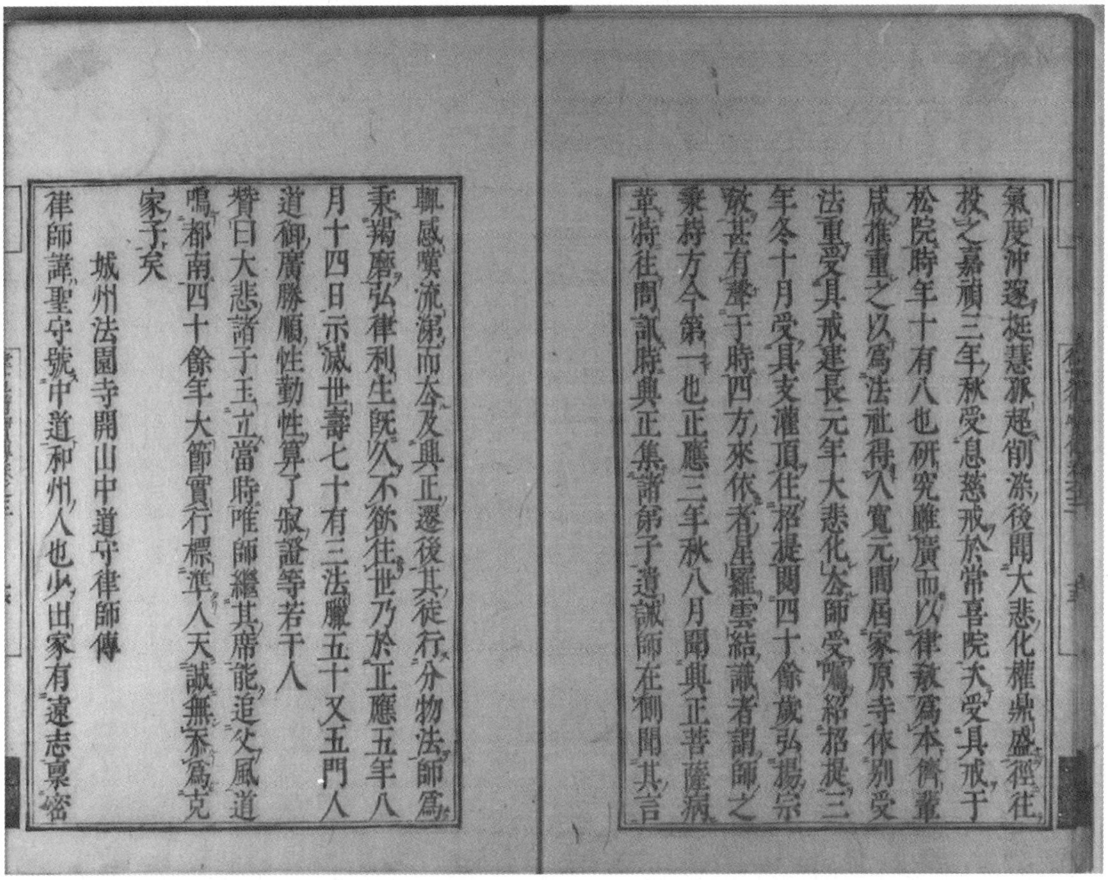

⑥16オ　⑥15ウ

気度沖邃ニシテ挺慧孤超ス。削染ノ後聞ニ大悲ノ化権鼎盛一ナルヲ、径ニ往テ
投レス之。嘉禎三年ノ秋受ニ息慈戒ヲ於常喜院一、次テ受ニ具戒ヲ于
松院一ニ。時年十有八也。研究雖レ広、而モ以ニ律教一為レ本ト。儕輩
咸ク推重シ之、以テ為ニ法社得レタリト人。寛元ノ間、届ニ家原寺一依ニ別受
法一重テ受ニ具戒一。建長元年大悲化シ去ル。師受レテ嘱ヲ紹ニ招提一ヲ。三
年冬十月受ニク具支灌頂一ヲ。住ニシテ招提一閲ニ四十余歳一。弘ニ揚シテ宗
教一ヲ、甚有レ声ナニ于時一ニ。四方ノ来依スル者ノ星羅リ雲結フ。識者謂ク、師ノ之
秉持、方今第一也ト也。正応三年秋八月聞ニ興正菩薩病ヒ
革一也ト、特ニ往テ問訊ス。時ニ興正集ニテ諸弟子一遺誡。師在レ側聞ニ其ノ言一、

└
⑥15ウ

輒感嘆流涕シテ而去ル。及ニ興正ノ遷後一、其ノ徒行ニス分物法一ヲ。師為メニ
秉ニス羯磨一ヲ。弘律利生、既ニ久シテ不レ欲レ住レスルコトヲ世。乃於ニ正応五年八
月十四日一示レ滅。世寿七十有三、法臘五十又五。門人
道御ノ広・勝順ノ性・勤性ノ算・了寂ノ證等若干人。
賛曰、大悲ノ諸子玉ニ立ス当時一ニ。唯師継ニ其ノ席一能ク追ニ父ノ風一。道
鳴ニルコト都南一ニ四十余年、大節実行標ニ準タリ人天一ニ。誠ニ無レシ忝レルコト為ニルニ克
家ノ子一ト矣。

城州法園寺開山中道守律師伝

律師諱ハ聖守、号ニス中道一ト。和州ノ人也。少シテ出家、有ニ遠志一。稟ニ密

└
⑥16オ

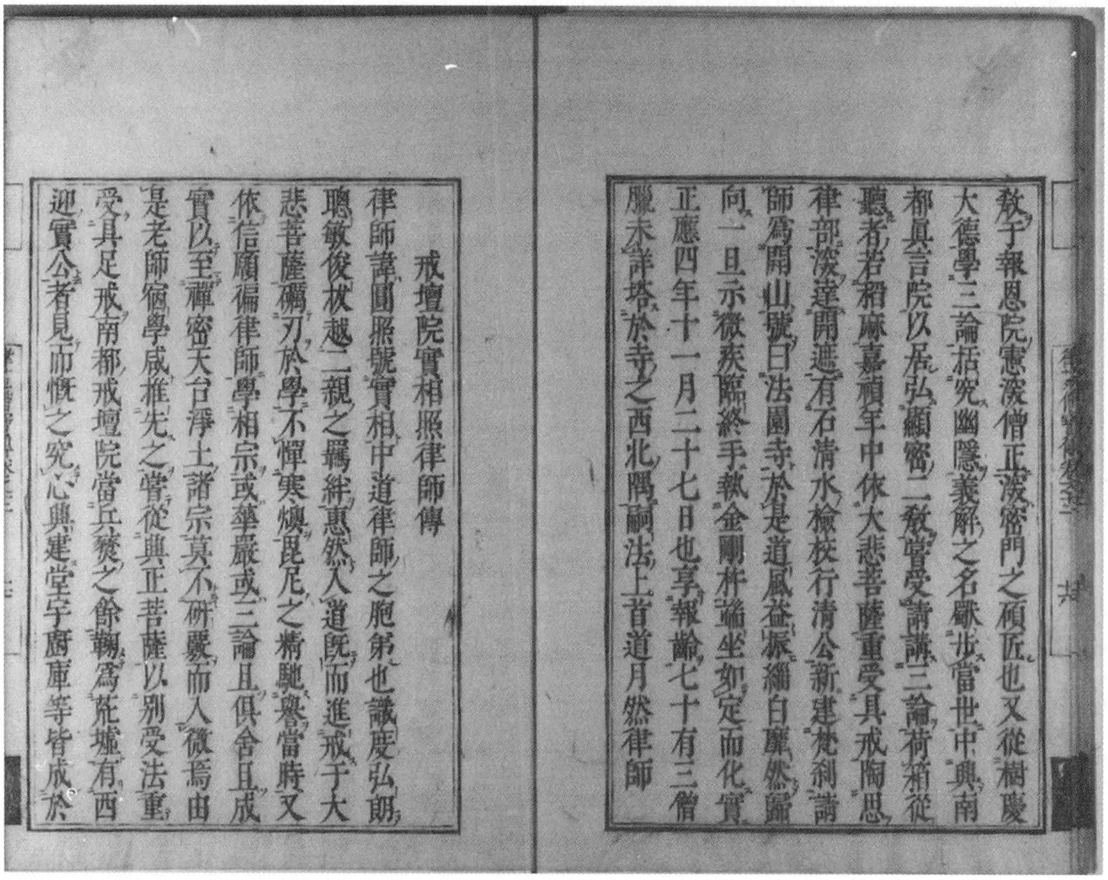

⑥17オ　⑥16ウ

教ヲ于報恩院ノ憲深僧正ニ一。深ハ密門之碩匠也也。又従ニ樹慶
大徳一学ニ三論一、括ニ究ス幽隠一ヲ。義解ノ之名独ニ歩ス当世一ニ。中ニ興シテ南
都真言院一以居シ、弘ムニ顕密ノ二教一ヲ。嘗受レ請講スニ三論一ヲ。荷レ箱従
聴スル者ノ若ニ稲麻一。嘉禎年中依ニ大悲菩薩一重受ニ具戒一。陶ニ思ヲ
律部一ニ、深ク達スニ開遮一ニ。有ニ石清水ノ検校行清公一。新ニ建ニ梵刹一、請
レ師為ニ開山一ト。号シテ曰ニ法園寺一ト。於レ是道風益ミ振ヒ、緇白靡然トシテ帰
向ス。一旦示ニ微疾一。臨終手ニ執ニ金剛杵一、端坐如レニシテ定而化ス。実ニ
正応四年十一月二十七日也。享ルコトニ報齢一ヲ七十有三、僧
臘未レ詳。塔スニ於寺ノ之西北ノ隅一ニ。嗣法ノ上首、道月然律師。

⑥16ウ

戒壇院実相照律師伝

律師諱ハ円照、号ニ実相一ト。中道律師ノ之胞弟也也。識度弘朗ニシテ
聡敏俊抜、越ニ二親ノ之羈絆一ヲ。恵然トシテ入レ道、既ニシテ而進ニ戒ス于大
悲菩薩一。砺テニ刃ヲ於学ニ、不レ憚ニ寒燠一ヲ。毘尼ノ之精、馳スニ誉ヲ当時一ニ。又
依テニ信願偏律師ニ学ニ相宗一ヲ。或ハ華厳、或ハ三論、且ツ倶舎、且ツ成
実、以テ至ニマテ禅・密・天台・浄土ノ諸宗一、莫レ不ニト云コト研覈シテ而入一レ微焉。由
レ是老師宿学、咸ナ推ニ先ス之一ヲ。嘗テ従ニ興正菩薩一以ニ別受法一重テ
受クニ具足戒一ヲ。南都ノ戒壇院、当ニ兵燹ノ之余一鞠メテ為ニ荒墟一ト。有リニ西
迎ノ実公一ト云者。見テ而慨レ之、究メテレ心興建ス。堂宇厨庫等、皆成ルニ於

⑥17オ

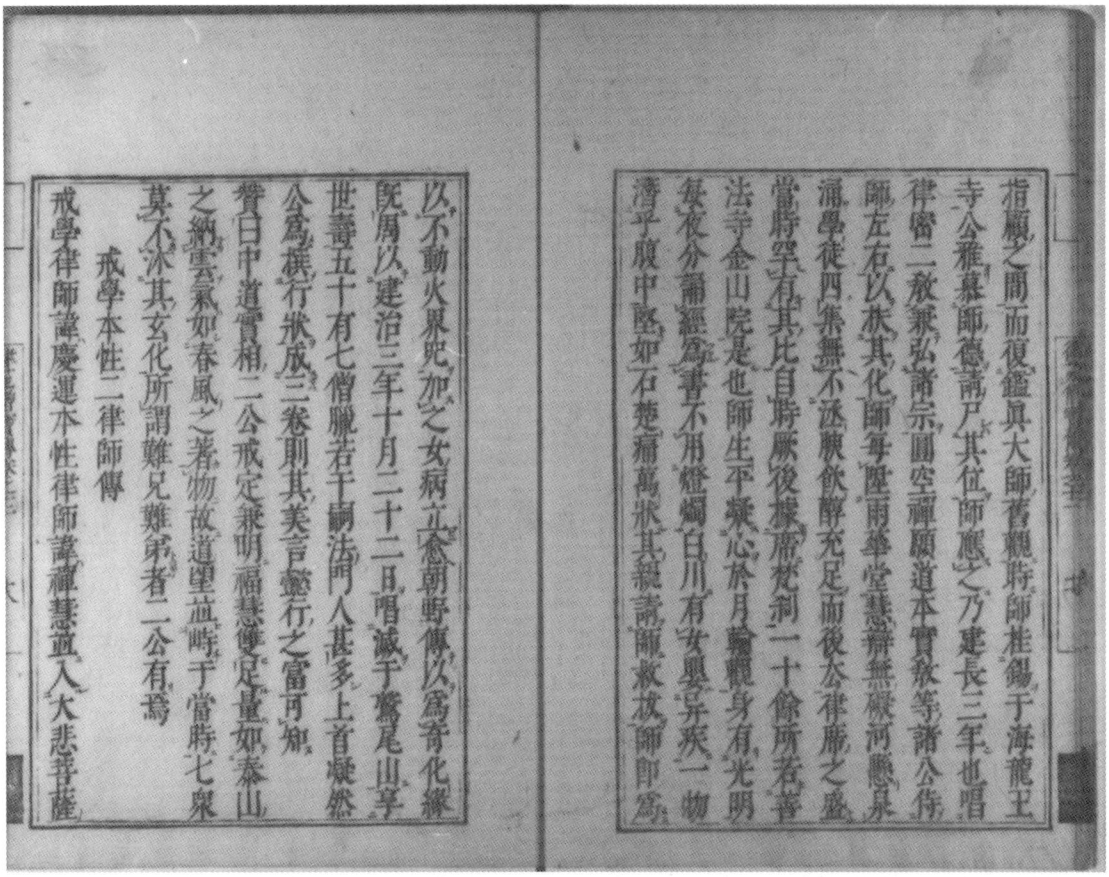

⑥18オ　⑥17ウ

指顧ノ之間一。而復ス二鑑真大師ノ旧観ニ一。時ニ師挂二錫ヲ于海龍王
寺一。公雅ヨリ慕二師ノ徳ヲ一、請シテ尸シム二其位ヲ一。師応スレ之ニ。乃建長三年也也。唱二
律密二教一、兼テ弘二諸宗ヲ一。円空・禅願・道本・実教等ノ諸公、侍シテ二
師ノ左右ニ一、以テ扶ク二其ノ化ヲ一。師毎レ陞二雨華堂一、慧弁無礙、河懸リ泉
涌ク。学徒四集、無レ不二浹腴飲醇、充足シテ而後去一。律席ノ之盛ナル、
当時罕也レ有ルコト二其ノ比一。自レ時厥後、拠ルモノ二席ニ梵刹一一十余所、若キ二善
法寺金山院一是也也。師生平凝ス二心ヲ於月輪観一。身有リ二光明一。
毎二夜分誦レ経為ツクルレ書、不レ用二灯燭一。白川ニ有レ女。嬰ル二異疾ニ一。一物
潜二乎腹中一。堅キコト如レ石。楚痛万状也。其ノ親請フ二師ニ救抜ヲ一。師即為メニ

以テ二不動火界呪ヲ一加スレ之。女ノ病立ロニ愈ヘ、朝野伝テ以テ為レ奇。化縁
既ニ周。以テ二建治三年十月二十二日ヲ一、唱二滅ヲ于鷲尾山ニ一。享二
世寿一五十有七、僧臘若干。嗣法ノ門人甚多シ。上首凝然
公、為メニ撰シテ二行状ヲ一成ス時ハ二三巻一、則其ノ美言懿行ノ之富可レ知ヌ。
賛曰、中道・実相ノ二公、戒定兼明ニ福慧双ヒ足ル。量ハ如ク二泰山ノ
之納ルレ、カ雲ヲ、気ハ如シ二春風ノ之著カレ物ニ。故ニ道望並ヒ二峙チ于当時ニ一、七衆
莫レ不トコトレ沐二其ノ玄化一。所謂難兄難弟ト云モノ者、二公有リ焉。

戒学・本性二律師伝

戒学律師、諱ハ慶運。本性律師、諱ハ禅慧。並ニ入ル二大悲菩薩ノ

⑥18オ　⑥17ウ

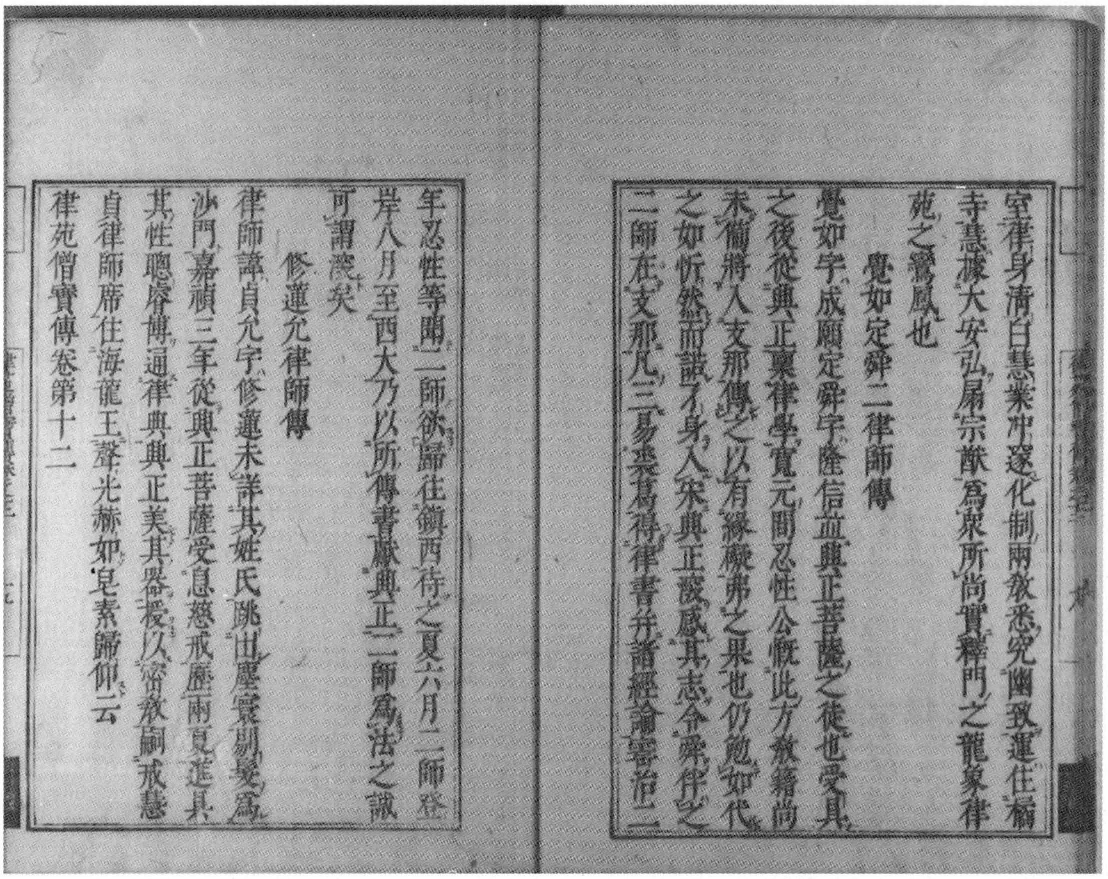

⑥19オ　⑥18ウ

室一。律身清白、慧業沖邃也。化制ノ両教、悉ク究ニ幽致一ヲ。運ハ住ニ橘
寺一、慧ハ拠ニ大安一。弘ク扇ニ宗猷一、為レ衆所レ尚。実ニ釈門ノ之龍象、律
苑ノ之鸞鳳也也。

覚如・定舜二律師伝

覚如、字ハ成願。定舜、字ハ隆信。並ニ興正菩薩ノ之徒也也。受具ノ
之後、従ニ興正一稟ニ律学一ヲ。寛元ノ間、忍性公慨ニ此ノ方教籍尚
未タレ備、将下入ニ支那一伝上レント之。以レ有ニ縁礙一弗ニ之果一也。仍勉レメテ如代シム
之。如忻然トシテ而諾シ、孑身ニシテ入レル宋ニ。興正深ク感ニシ其ノ志一ヲ、令ニ舜ヲシテ伴ハレ之。
二師在ニテ支那一ニ凡ソ三ヒ易ニ裘葛一、得ニタリ律書并ニ諸経論一。宝治二

⌐
⑥18ウ

年忍性等聞ニテ二師ノ欲レスルヲ帰、往ニ鎮西一待ッ之。夏六月二師登
岸、八月至ニ西大一。乃以ニ所ノレ伝書一献ニ興正一ニ。二師為レメニスルノ法之誡、
可レ謂深シト矣。

修蓮允律師伝

律師諱ハ貞允、字ハ修蓮。未レ詳ニ其ノ姓氏一。跳ニ出シ塵寰一、剔髪シテ為ニル
沙門一ト。嘉禎三年、従ニテ興正菩薩一受ニ息慈戒一。歴ニ両夏一進具。
其ノ性聡睿、博ク通ニス律典一。興正美也トシテ其ノ器一ヲ、授クルニ以ニス密教一。嗣ニ戒慧
貞律師席一住ニ海龍王一ニ。声光赫如トシテ皁素帰仰スト云。

律苑僧宝伝巻第十二

⌐
⑥19オ

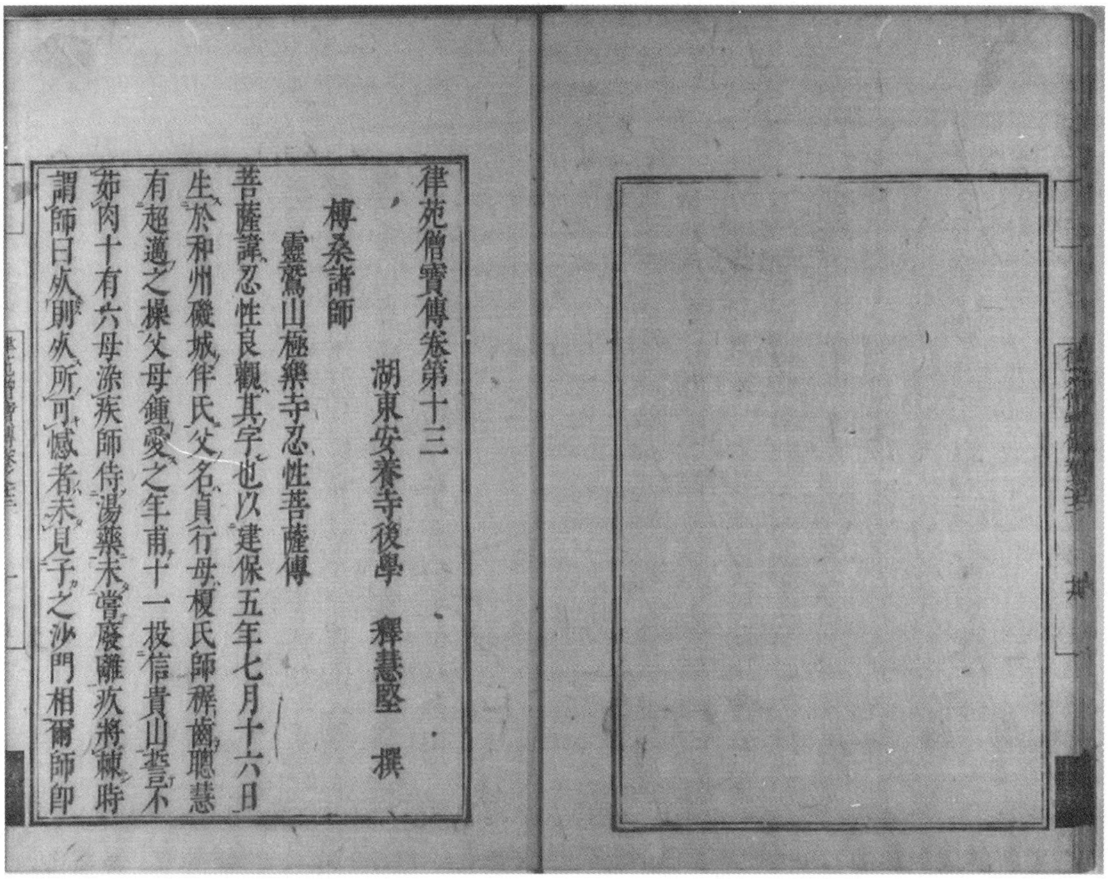
律苑僧寶傳卷第十三
湖東安養寺後學　釋慧堅　撰
槫桑諸師
靈鷲山極樂寺忍性菩薩傳
菩薩諱忍性良觀其字也以建保五年七月十六日
生於和州磯城伴氏父名貞行母榎氏師穉齒聰慧
有超邁之操父母鍾愛之年甫十一投信貴山誓不
茹肉十有六母染疾師侍湯藥未嘗廢離疾將棘時
謂師曰死則死所可憾者未見子之沙門相爾師即

⑥20オ　⑥19ウ

律苑僧宝伝巻第十三
湖東安養寺後学　釈慧堅　撰
榑桑諸師
霊鷲山極楽寺忍性菩薩伝
菩薩諱ハ忍性、良観ハ其ノ字也。以二建保五年七月十六日一
生ス二於和州磯城ノ伴氏一ニ。父ノ名ハ貞行、母ハ榎氏。師稚歯ニシテ聡慧、
有二超邁ノ之操一。父母鍾愛ス之。年甫テ十一、投二信貴山一、誓テ不
レ茹レ肉。十有六、母染レ疾。師侍シテ二湯薬一ニ未タ二嘗テ廃離一。疾将ニレ棘ラン時、
謂レ師曰、死スルコトハ則死ス。所ノレ可キレ憾者ノハ、未タレ見ル二子カ之沙門相一ヲ爾。師即

⑥20オ　⑥19ウ

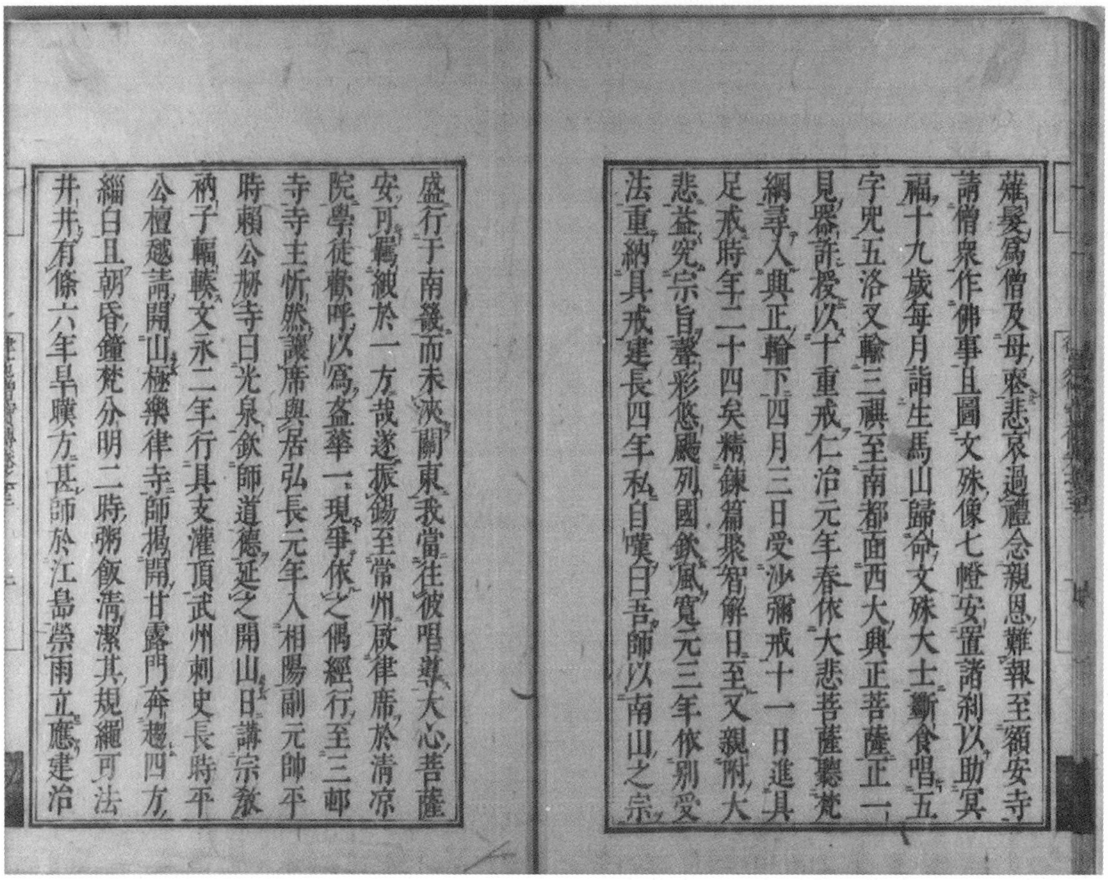

⑥21オ　⑥20ウ

薙髪シテ為レ僧。及二母ノ喪一スルニ悲哀過レ礼。念二親恩ノ難一レ報。至二額安寺一
請二僧衆一作二仏事一。且図二文殊ノ像七幀一安二置諸刹一、以テ助二冥
福一ヲ。十九歳毎月詣二生馬山一。帰二命シテ文殊大士一ニ断食、唱ルコト二五
字呪一五洛叉。輪二三禩一至二南都一、面二西大ノ興正菩薩一ニ。正一
見シテ器許シ、授ルニ以スニ十重戒一ヲ。仁治元年春依二大悲菩薩一聴二梵
網一、尋テ入ル二興正ノ輪下一ニ。四月三日受二沙弥戒一、十一日進二具
足戒一ニ。時年二十四矣。精二錬篇聚一智解日ニ至ル。又親ニ附シテ大
悲ニ益ミ究ム二宗旨一ヲ。声彩悠颺、列國欽レシム風ヲ。寛元三年依二別受
法一重テ納二具戒一。建長四年私ニ自嘆シテ曰、吾カ師以二南山ノ之宗一ヲ

⑥20ウ

盛ニ行二于南畿一ニ。而未レ浹カラ二関東一ニ。我当ニ往レ彼唱導ス一。大心ノ菩薩、
安ソ可ンヤトレ羈二絏於一方一ニ哉。遂ニ振レ錫至二常州一ニ、啓二律席ヲ於清涼
院一ニ。学徒歓呼シテ以為ク、鉢華一ヒ現スト。争テ依レル之。偶経行シテ至二三村
寺一。寺主忻然トシテ譲レ席与レ居。弘長元年入二相陽一。副元帥平
時頼公、捌レ寺曰二光泉一ト。欽二師ノ道徳一ヲ、延レ之開山タラシム。日ニ講二宗教一
衲子輻輳ス。文永二年行二具支灌頂一。武州刺史長時平
公檀越、請シテ開二山タラシム極楽律寺一ニ。師掲二開シテ甘露門一、奔二趨シム四方ノ
緇白一。且ツ朝昏ノ鐘梵分明、二時ノ粥飯清潔。其ノ規縄可レ法、
井井トシテ有レ条。六年旱暵方ニ甚シ。師於二江島一禜レ雨。立ロニ応アリ。建治

⑥21オ

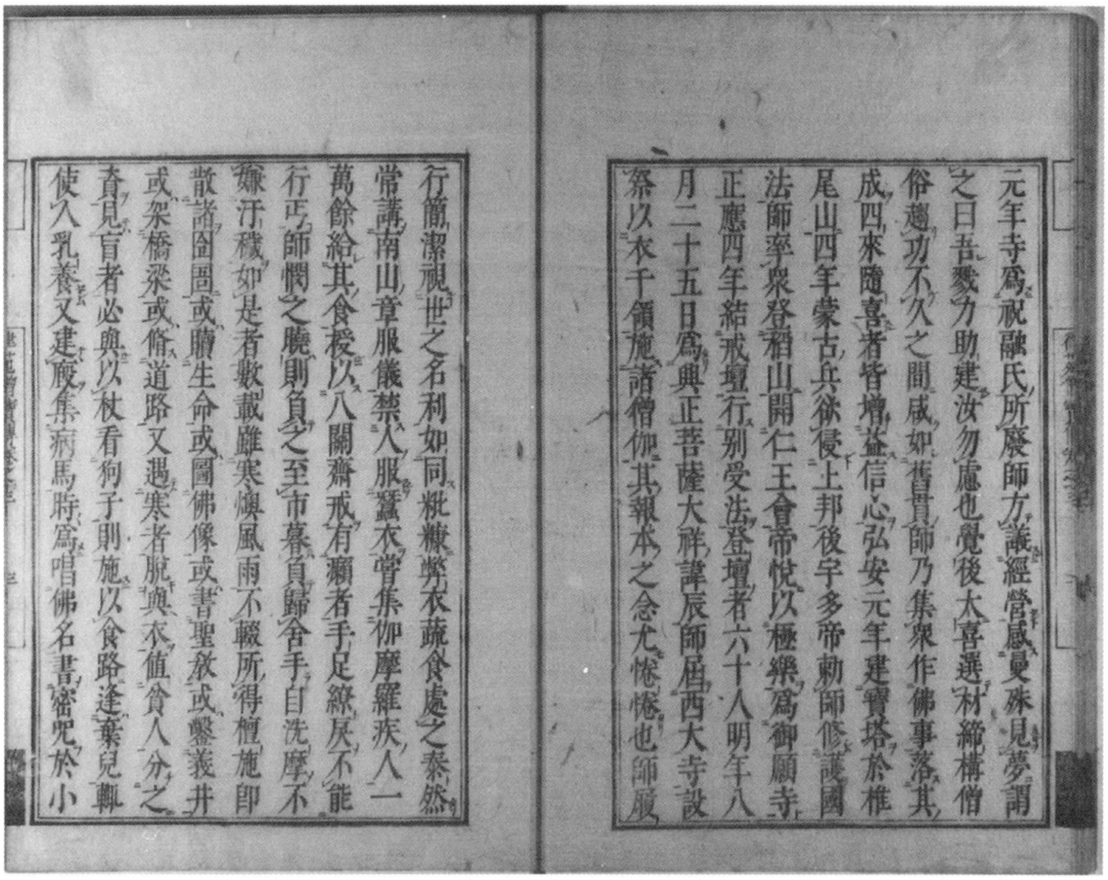

⑥21ウ　⑥22オ

元年寺為メニ二祝融氏ノ一所レ廢。師方テレ議スルニ二経営セント一、感ス二曼殊見ミルコトヲレ夢ニ一。謂
レ之曰、吾レ戮レ力助建セン。汝勿レ慮也。覚後太ニ喜、選テレ材締構。僧
俗趨クレ功。不ルノレ久之間ニ咸ク如シ二旧貫ノ一。師乃集レ衆作二仏事一落ス二其ノ
成一ヲ。四来随喜スル者、皆増二益ス信心一ヲ。弘安元年建二宝塔ヲ於椎
尾山ニ一。四年蒙古ノ兵欲レ侵ント二上邦一。後宇多帝勅レ師修シム二護國
法一ヲ。師率レ衆登二稲山ニ一開二仁王会一ヲ。帝悦ヒ以二極楽ヲ一為二御願寺ト一。
正応四年結二戒壇一行ス二別受法一ヲ。登壇ノ者六十人。明年八
月二十五日為タリ二興正菩薩大祥ノ一諱辰一。師届テ二西大寺一設
レ祭。以二衣千領一施ス二諸僧伽ニ一。其ノ報本ノ之念、尤モ惓惓タリ也。師履

└ ⑥21ウ

行簡潔、視ルコト二世之名利一如二同スル粃糠ニ一。幣衣蔬食、処レ之泰然タリ。
常講シテ二南山ノ章服儀一、禁ス三人ノ服スルヲ二蠶衣一ヲ。嘗集二伽摩羅疾ノ人ニ一一
万余。給二其ノ食一、授ルニ以ス二八関斎戒一ヲ。有二癩者一。手足繚戻シテ不レ能二
行丐一コトヲ。師憫レ之、暁ハ則負テレ之至レ市、暮ニハ負テ帰レ舎。手ラ自洗摩シテ不
レ嫌二汗穢一ヲ。如レ是者数載、雖二寒燠風雨一不レ輟。所ノレ得檀施、即
散二諸ヲ囹圄一ニ。或ハ贖二生命一、或ハ図二仏像一、或ハ書二聖教一、或ハ鑿二義井一、
或ハ架二橋梁一、或ハ修ス二道路一。又遇テハ二寒者一脱キ与ヘ二衣一ヲ、値二貧人一分チ二之ニ
資一ヲ、見テハ二盲者一必与ルニ以レ杖、看二狗子一則施スニ以レ食、路ニ逢ハ二棄児一輒
使レ人乳養セシム。又建テレ廏ヲ集二病馬一、時ミ為メニ唱二仏名一、書シテ二密呪ヲ一於小

└ ⑥22オ

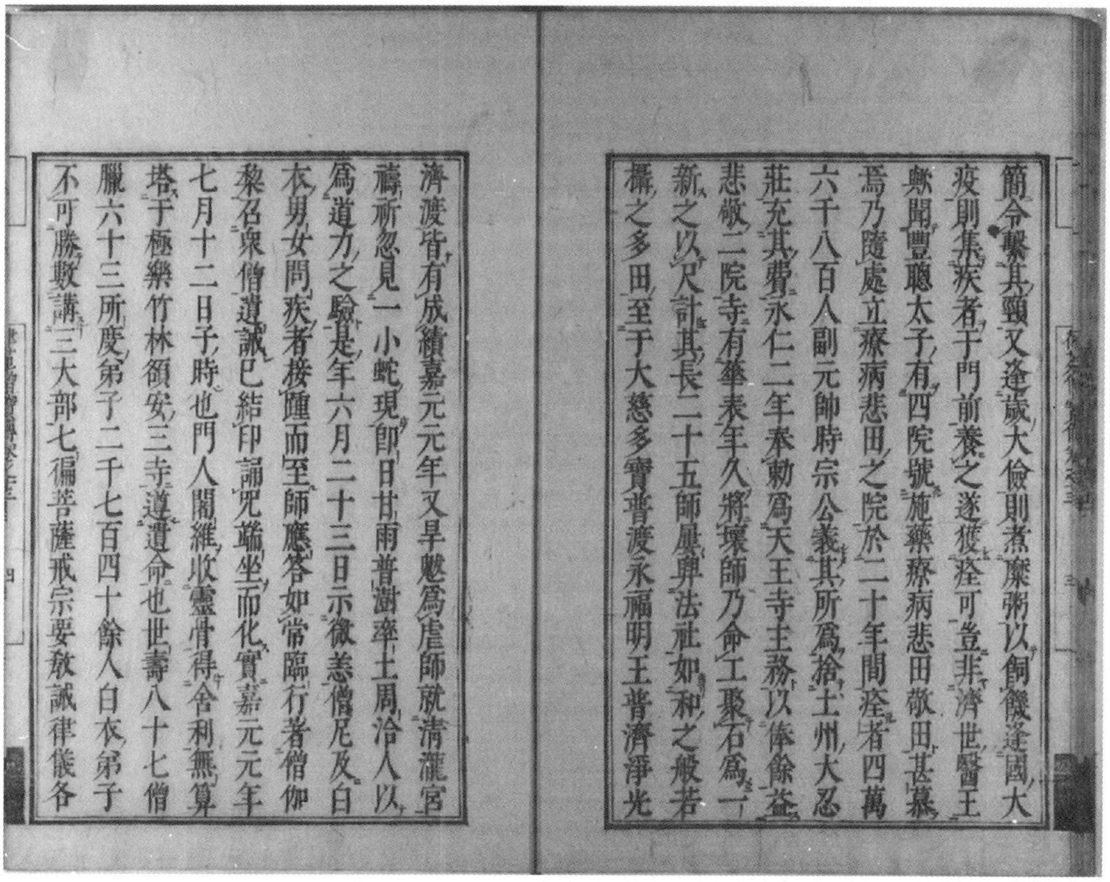

簡令繫其頸又逢歳大儉則煮糜粥以飼饑逢國大
疫則集疾者于門前養之遂獲痊可豈非濟世醫王
歟聞豊聰太子有四院號施藥療病悲田敬田甚慕
焉乃隨處立療病悲田之院於二十年間痊者四萬
六千八百人副元帥時宗公義其所爲捨土州大忍
莊充其費永仁二年奉勅爲天王寺主務以俸餘益
悲敬二院寺有華表年久將壞師乃命工聚石爲一
新之以尺計其長二十五師屢興法社如和之般若
攝之多田至于大慈多寶普渡永福明王普濟淨光

濟渡皆有成績嘉元元年又旱魃爲虐師就清瀧宮
禱祈忽見一小蛇現即日甘雨普澍率土周洽人以
爲道力之驗是年六月二十三日示微恙僧尼及白
衣男女問疾者接踵而至師應答如常臨行著僧伽
梨召衆僧遺誡已結印誦呪端坐而化實嘉元元年
七月十二日子時也門人闍維收靈骨得舍利無算
塔于極樂竹林額安三寺遵遺命也世壽八十七僧
臘六十三所度弟子二千七百四十餘人白衣弟子
不可勝數講三大部七徧菩薩戒宗要教誡律儀各

⑥23オ　⑥22ウ

簡二令レ繫二其ノ頸一。又逢二歳ノ大倹一則煮二糜粥一以テ飼レ饑、逢二國ノ大
疫一則集テ二疾者ヲ于門前一養ヒレ之、遂ニ獲シム二痊可一。豈ニ非ヤ二済世ノ医王一
歟。聞テ四豊聡太子ノ有ヲ三四院号スル二施薬・療病・悲田・敬田一ト甚慕フ
焉。乃随レ処立二療病・悲田ノ之院一。於二二十年間一痊コル者四万
六千八百人。副元帥時宗公義也トシテ二其ノ所為ヲ一、捨テ二土州ノ大忍
荘一充二其ノ費一ニ。永仁二年奉レ勅為二天王寺主務一ト。以二俸余一益ス二
悲敬ノ二院一。寺ニ有二華表一。年久シテ将ニレ壊。師乃命レ工聚テレ石為メニ一
新ス之。以テレ尺計ルニ其ノ長二十五、師屢ミ興二法社一。如キヨリ二和ノ之般若・
摂ノ之多田一ノ、至二于大慈・多宝・普渡・永福・明王・普済・浄光・

済渡一、皆ナ有レ成レ績。嘉元元年又旱魃為レ虐。師就二清瀧宮一
禱祈、忽見二一小蛇ノ現ルヲ一。即日甘雨普澍、率土周洽。人以テ
為二道力ノ之験一ト。是ノ年六月二十三日示二微恙一。僧尼及ヒ白
衣ノ男女、問疾ノ者接レ踵而至ル。師応答如レ常。臨行著二僧伽
梨一、召二衆僧一遺誡シ已、結レ印誦レ呪、端坐シテ而化ス。実ニ嘉元元年
七月十二日子ノ時也也。門人闍維シテ収二霊骨一、得ルコト二舎利一無算。
塔ス二于極楽・竹林・額安ノ三寺一ニ。遵也二遺命一ニ也。世寿八十七、僧
臘六十三。所度ノ弟子二千七百四十余人、白衣ノ弟子
不レ可二勝テ数一。講スルコト二三大部一七偏、菩薩戒宗要・教誡律儀各

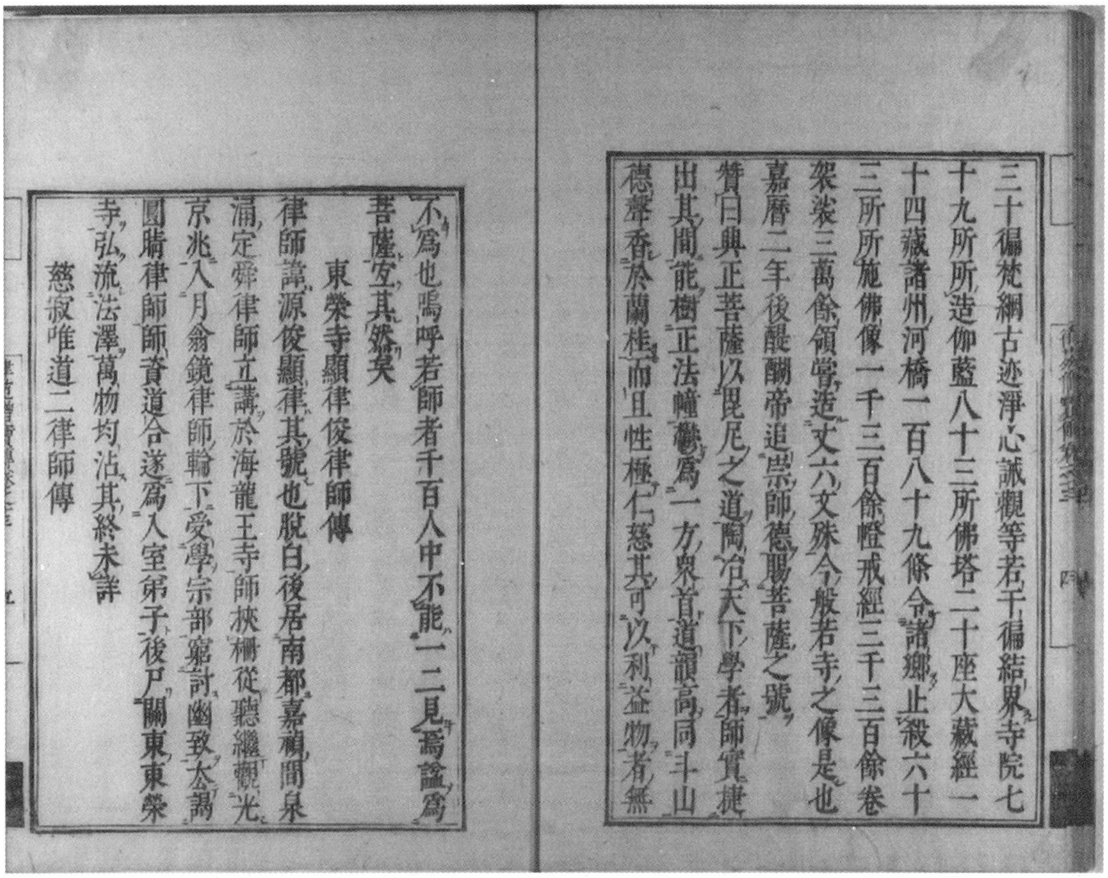

⑥24オ　⑥23ウ

三十徧、梵網古迹・浄心誡観等若干徧。結界スル寺院七十九所、所ノ造伽藍八十三所、仏塔二十座。大蔵経一十四蔵、諸州ノ河橋一百八十九条、令ルコト二諸郷ヲシテ止レ殺六十三所。所レ施仏像一千三百余幀、戒経三千三百余巻、袈裟三万余領。嘗テ造ル二丈六ノ文殊一。今ノ般若寺ノ之像是也也。嘉暦二年、後醍醐帝追二崇シテ師ノ徳一ヲ賜二菩薩ノ之号ヲ一。賛曰、興正菩薩以二毘尼ノ之道ヲ一陶二冶ス天下ノ学者ヲ一。師実ニ捷二出其ノ間ニ一能ク樹二正法幢一、鬱トシテ為二一方ノ衆首一ト。道韻高シテ同二斗山一、徳声香シ二於蘭桂一ヨリモ。而且性極テ仁慈、其ノ可二以テ利二益物ヲ一者ノ無

⑥23ウ

レ不レトイフコト為也。嗚呼若レ師者、千百人中不レ能ハ二一二見一ルコト焉。諡シテ為二菩薩一ト。宜ク其レ然リ矣。

東栄寺顕律俊律師伝

律師諱ハ源俊、顕律ハ其ノ号也也。脱白ノ後居二南都一ニ。嘉禎ノ間、泉涌ノ定舜律師立二講ヲ於海龍王寺一。師挟レ柵従聴。継テ観二光シ京兆一ニ、入二月翁鏡律師ノ輪下一ニ。受二学シテ宗部一窮二討ス幽致一ヲ。去テ謁二円晴律師一。師資道合、遂ニ為二入室弟子一ト。後尸二リ関東ノ東栄寺一ヲ、弘ク流シ二法沢ヲ一万物均沾ス。其ノ終末レ詳。

慈寂・唯道二律師伝

⑥24オ

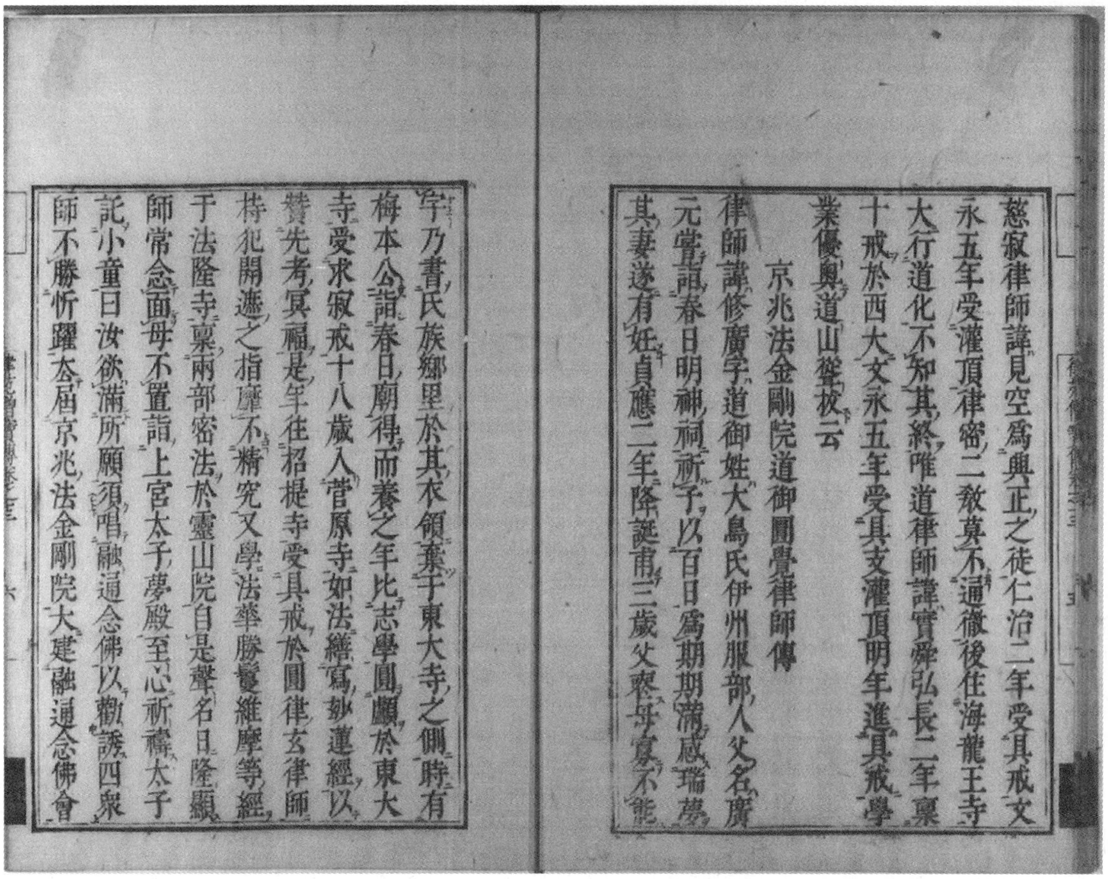

⑥25オ　⑥24ウ

慈寂律師、諱ハ見空。為二興正ノ之徒一。仁治二年受二具戒一、文
永五年受二灌頂一。律密ノ二教莫レ不二トモコト通徹一。後住二海龍王寺一、
大ニ行二道化一。不レ知二其ノ終一ヲ。唯道律師、諱ハ実舜。弘長二年稟二
十戒ヲ於西大一ニ。文永五年受二具支灌頂一、明年進ム二具戒一ニ。学
業優奥ニシテ、道山聳抜スト云。

京兆法金剛院道御円覚律師伝

律師諱ハ修広、字ハ道御。姓ハ大鳥氏、伊州服部ノ人。父ノ名ハ広
元。嘗テ詣シテ二春日明神ノ祠一ニ祈ルレ子ヲ。以二百日一為レ期。期満テ感ス二瑞夢一ヲ。
其ノ妻遂ニ有レ妊メルコト。貞応二年ニ降誕。甫メテ三歳父喪ス。母寡ニシテ不レ能ハ

⌞
⑥24ウ

レ字ヤシナフコト。乃書シテ二氏族郷里ヲ於其ノ衣領一ニ、棄ツ二于東大寺ノ之側一ニ。時ニ有二
梅本公一トモ人。詣シ二春日ノ廟一、得テ而養レ之。年比テ二志学一、円ニシテ二顱ヲ於東大
寺一ニ受二求寂戒一。十八歳入リ二菅原寺一ニ、如法ニ繕二写シテ妙蓮経一ヲ、以テ
賛二先考ノ冥福一ヲ。是ノ年往二招提寺一、受二具戒ヲ於円律ノ玄律師一ニ。
持犯開遮ノ之指、靡レ不二トモコト精究一。又学ヒ二法華・勝鬘・維摩等ノ経ヲ
于法隆寺一ニ、稟ク二両部密法ヲ於霊山院一。自レ是声名日ニ隆顕ス。
師常念テレ面ンコトヲレ母不レ置。詣シテ二上宮太子ノ夢殿一至心ニ祈禱ス。太子
託シテ二小童一曰、汝欲ハレ満ント二所願一、須ク下唱テ二融通念仏一以テ勧中誘ス四衆上ヘシト。
師不レ勝二忻躍一、去テ届二京兆ノ法金剛院一、大ニ建二融通念仏会一。

⌞
⑥25オ

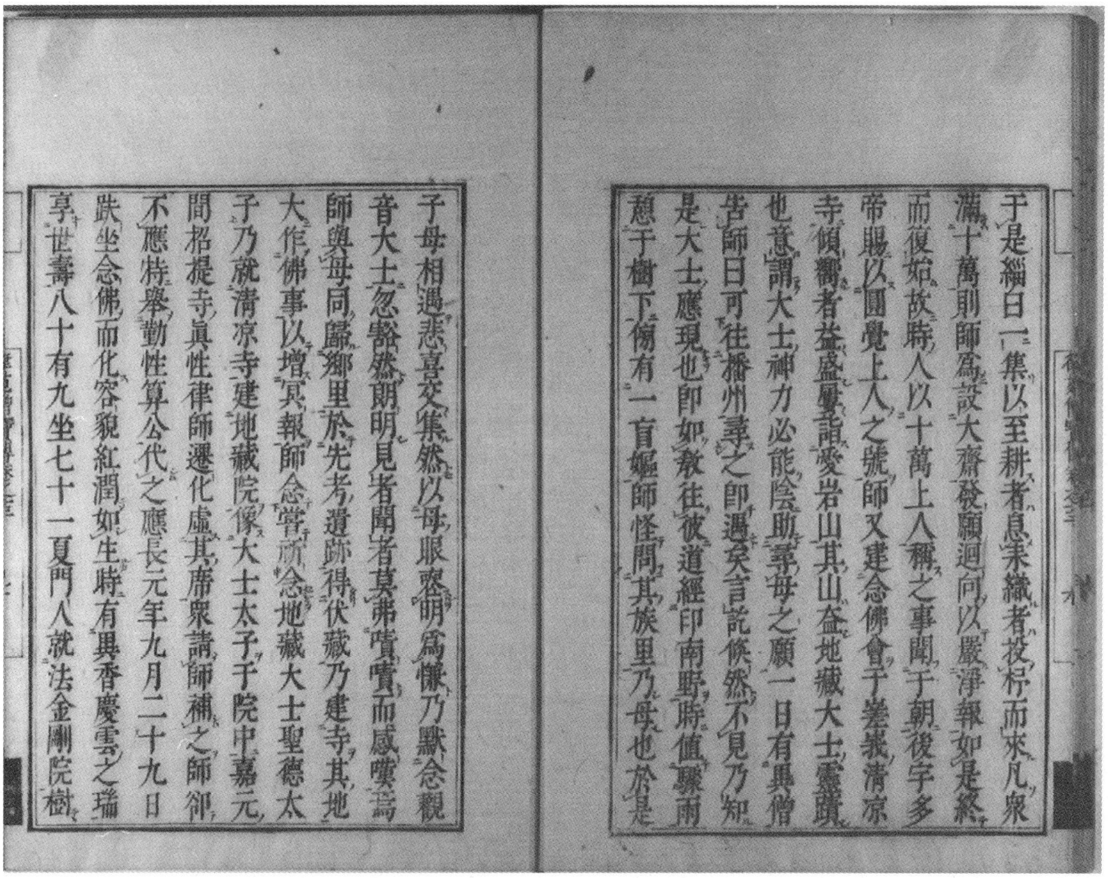

⑥25ウ　⑥26オ

于レ是緇白ニ一集リ以至。耕ス者ハ息メレ耒、織ル者ハ投シテレ杼而来ル。凡ソ衆
満ル時ハ二十万一、則師為メニ設二大斎一、発願迴向シテ以テ厳ル二浄報一。如レ是終テ
而復始ム。故ニ時ノ人以二十万上人一称ス之。事聞フ二于朝ニ一。後宇多
帝賜ニ以ス二円覚上人ノ之号ヲ一。師又建二念仏会ヲ于嵯峨ノ清涼
寺ニ一。傾嚮スル者益〻盛也。屢〻詣ス二愛岩山一。其ノ山ハ盍シ地蔵大士ノ霊跡也
也。意ロ謂ラク、大士ノ神力必能ク陰ニ助ント二尋ノレ母之願一。一日有二異僧一。
告レ師曰、可下往二播州一尋ヌ上之。即チ遇ント矣。言訖倏然トシテ不レ見。乃知ル
是レ大士ノ応現ナルコトヲ也。即如クレ教往クレ彼ニ。道経二印南野ヲ一。時ニ値テ二驟雨一
憩二于樹下ニ一。傍有二一盲嫗一。師怪テ問フニ二其ノ族里一乃シ母也也。於レ是

⑥25ウ

子母相遇テ悲喜交〻集ル。然トモ以二母ノ眼喪スルヲレ明為レ慊ト。乃黙二念観
音大士ニ一、忽豁然トシテ朗明也。見者聞者莫レ弗二嘖嘖トシテ而感嘆一焉。
師与レ母同ク帰ル二郷里一。於テ二先考ノ遺跡一得タリ二伏蔵一。乃建二寺ヲ其ノ地一、
大ニ作シテ二仏事一以テ増ス二冥報ヲ一。師念テ下嘗テ祈中念セシコトヲ地蔵大士・聖徳太
子上、乃就二清涼寺一建二地蔵院ヲ一、像ス二大士・太子ヲ于院中ニ一。嘉元ノ
間招提寺ノ真性律師遷化、虚ス二其ノ席一。衆請シテレ師補シムレ之ヲ。師却テ
不レ応。特ニ挙シテ二勧性算公一代シムレ之。応長元年九月二十九日、
趺坐念仏シテ而化ス。容貌紅潤ニシテ如シレ生ルカ。時ニ有二異香慶雲ノ之瑞一。
享ルコト二世寿一八十有九、坐七十一夏。門人就二法金剛院一樹テ、

⑥26オ

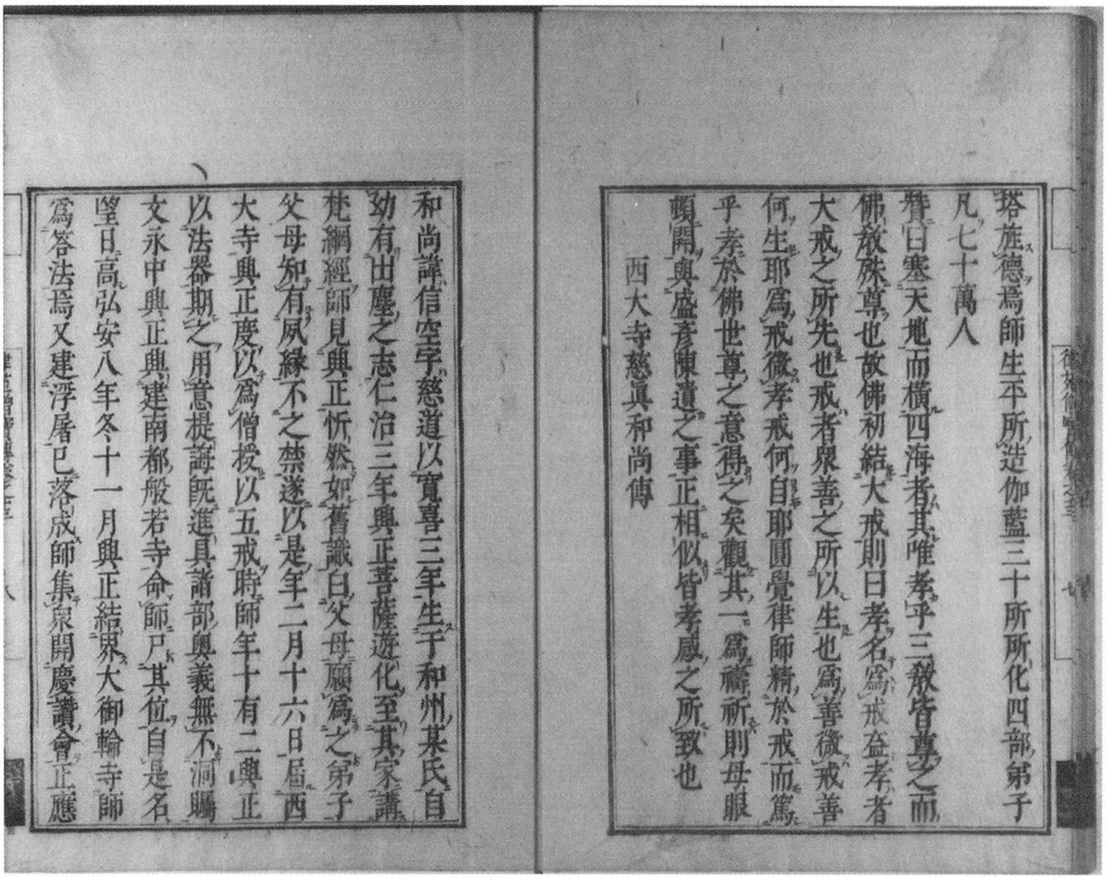

⑥27オ　⑥26ウ

レ塔旌ス徳ヲ焉。師生平所ノ造伽藍三十所、所化四部ノ弟子
凡ソ七十万人。
賛ニ曰、塞ニ天地一而横ニ四海一者ノハ、其レ唯孝カ乎。三教皆尊フレ之。而シテ
仏教殊ニ尊フ也。故仏初結セルニ二大戒一、則曰、孝ヲ名テ為スト戒ト。盍シ孝ハ者
大戒ノ之所レ先ニスル也。戒ハ者衆善ノ之所ニ二以也生スル一也。為シテレ善微クハレ戒、善
何ソ生セン耶。為シテレ戒微クハレ孝、戒何ソヨランヤ自耶。円覚律師精シテ二於戒一而モ篤シ二
乎孝一ニ。於ニ二仏世尊ノ之意一得タリレ之矣。観ルニ二其ノ一ヒ為メニ禱祈スレハ、則母眼
頓ニ開ヲ一、与ニ二盛彦陳遺カ之事一正ニ相ヒ似タリ。皆孝感ノ之所レ致也。

西大寺慈真和尚伝

和尚諱ハ信空、字ハ慈道。以ニ二寛喜三年一生ス二于和州ノ某氏一ニ。自
レ幼有リ二出塵ノ之志一。仁治三年興正菩薩遊化シテ至リ二其ノ家一ニ、講ス二
梵網経一ヲ。師見ニ二興正一、忻然トシテ如シ二旧識一。白シテ二父母一ニ願フレ為ンコトヲ二之レカ弟子一。
父母知テレ有ルコトヲ二夙縁一不二之禁一。遂ニ以ニ二是ノ年二月十六日一届ル二西
大寺一。興正度シテ以テ為レ僧、授ルニ以ニ二五戒一ヲ。時ニ師年十有二。興正
以ニ二法器一期シレ之ヲ、用レ意提誨。既ニ進具、諸部ノ奥義無レ不ト云コト二洞矚一。
文永中興正興ニ二建南都ノ般若寺一、命シテレ師ニ尸シム二其位一ヲ。自レ是名ト
望日ニ高シ。弘安八年冬十一月興正結ニ二界ス大御輪寺一。師
為ニ二答法一焉。又建ニ二浮屠一已ニ落成ス。師集テレ衆開ニ二慶讃ノ会一ヲ。正応

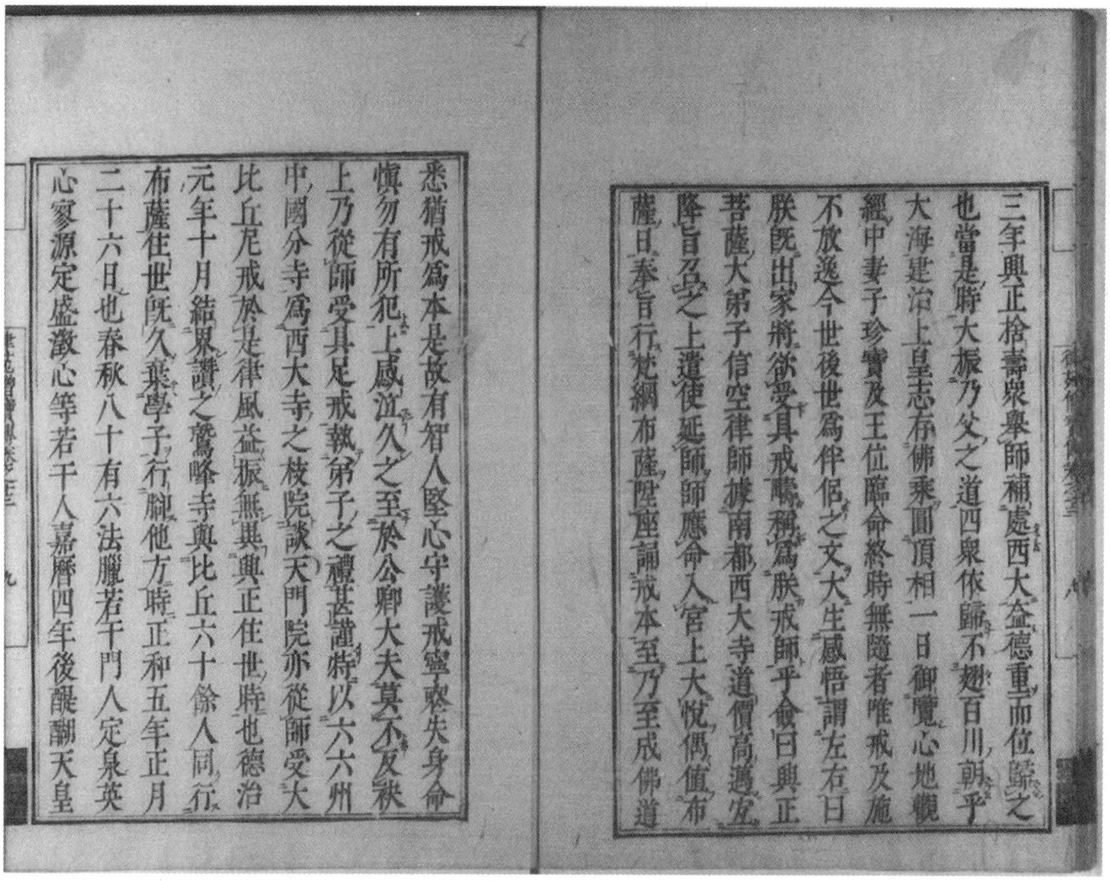

⑥28オ　⑥27ウ

⑥27ウ

三年興正捨寿。衆挙レ師補二処タラシム西大一ニ。盍シ徳重シテ而位帰レスレハ也之
也。当二是ノ時一大振二乃父ノ之道一。四衆依帰スルコト不三翅タヽ百川ノ朝二スルノミ乎
大海一。建治上皇志存二仏乗ヲ一円二頂相一。一日御二覧シ心地観
経ノ中、妻子珍宝及王位、臨命終時無随者、唯戒及施
不放逸、今世後世為伴侶トニ云ノ之文一ヲ、大ニ生二感悟一、謂二左右一ニ曰、
朕既ニ出家、将ニ欲レ受ニント具戒一。疇カ称レンヤ為二朕カ戒師一ト乎。僉曰、興正
菩薩ノ大弟子信空律師、據二南都ノ西大寺一道価高邁也。宜ク二
降レ旨召レスレ之。上遣レ使延レ師ヲ。師応レ命入レル宮。上大ニ悦フ。偶ミ値二フ布
薩ノ日一ニ。奉レ旨行二ス梵網布薩一ヲ。陞レ座誦二戒本一。至二テ乃至成仏道、

⑥27ウ

⑥28オ

悉猶戒為本、是故有智人、堅心守護戒、寧喪失身命、
慎勿有所犯一トニ云二、上感泣スルコト久シ之。至二マテ於公卿大夫一莫レ不レトニ云コト反レ袂。
上乃従レ師受二具足戒一、執二テ弟子ノ之礼一甚謹メリ。特ニ以二六六州
中ノ國分寺一為二西大寺ノ之枝院一ト。談天門院亦従レ師受二大
比丘尼戒一。於レ是律風益ミ振ヒ、無レシ異ニコト興正住世ノ時一ニ也。徳治
元年十月結二界シ讃ノ之鷲峰寺一、与二比丘六十余人一同ク行二ス
布薩一。住世既ニ久シテ棄二テ、学子一ヲ行二脚ス他方一ニ。時ニ正和五年正月
二十六日也也。春秋八十有六、法臘若干。門人定泉・英
心・寥源・定盛・澂心等若干人。嘉暦四年、後醍醐天皇

⑥28オ

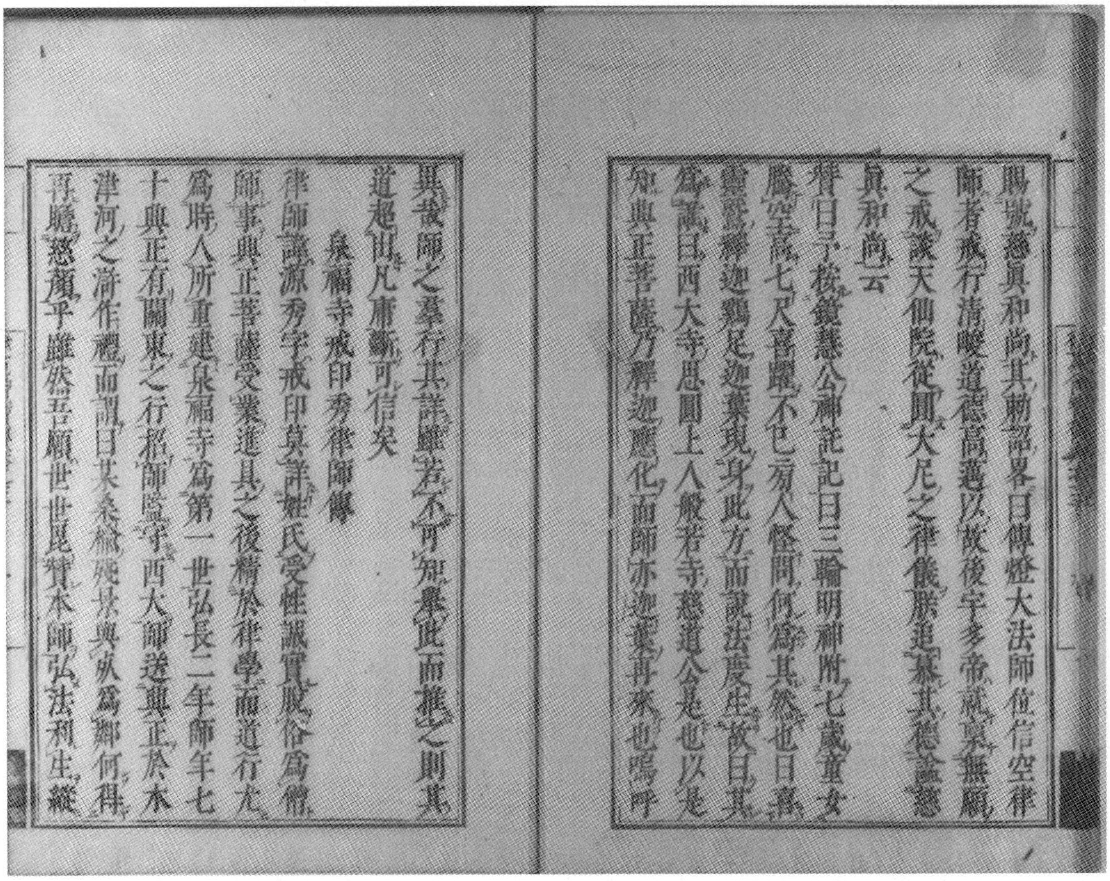

⑥29オ　　　　　　　　⑥28ウ

賜二号ヲ慈真和尚一ト。其ノ勅詔ノ略ニ曰、伝燈大法師位信空律
師ハ者、戒行清峻、道徳高邁。以ノ故後宇多帝ハ就テ稟ケ二無願ノ
之戒一ヲ、談天仙院ハ従テ円二ニス大尼ノ之律儀一ヲ。朕追二慕シ其ノ徳一、諡二慈
真和尚一ト云。
賛曰、予按スル二鏡慧公ノ神託記一曰、三輪明神附テ二七歳ノ童女一
騰ルコトレ空ニ高サ七尺、喜躍シテ不レ已。旁人怪テ問フ、何為シスレソ其レ然ルヤ也。曰、喜フカ下
霊鷲ノ釈迦・鶏足ノ迦葉現シテ二身ヲ此方ニ而説法度生スルコトヲ上故ニ。曰ク、其レ
為スルレ誰トカ。曰ク、西大寺ノ思円上人・般若寺ノ慈道公是也ト也。以レ是
知ル、興正菩薩ハ乃釈迦ノ応化ニシテ、而師亦迦葉ノ再来ナルコトヲ也。嗚呼

⌊
⑥28ウ

異ナルカナ哉師ノ之群行、其ノ詳ナルコト雖レ若シトレ不ルカレ可レ知ル、挙シテレ此而推スニレ之、則其ノ
道超二出スルコト凡庸一断トシテ可シレ信矣。

泉福寺戒印秀律師伝

律師諱ハ源秀、字ハ戒印。莫レ詳二スルコト姓氏一ヲ。受性誠実也。脱シテレ俗為レ僧ト、
師トシ二事テ興正菩薩一受レ業ヲ。進具ノ之後、精二於律学一ニ而道行。尤モ
為二時ノ人一所レ重。建テ二泉福寺一為二第一世一。弘長二年師年七
十、興正有リ二関東ノ之行一、招テ二師監一守セシム西大一ヲ。師送二興正ヲ於木
津河ノ之滸一、作礼シテ而謂テ曰、某桑楡ノ残景与レ死為レ隣。何シソ得ンヤ三
再ヒ瞻ニコトヲ二慈顔一ヲ乎。雖レ然吾願ハ世世毘二賛シ本師一ヲ、弘メレ法利シレ生ヲ、縦ヒ

⌊
⑥29オ

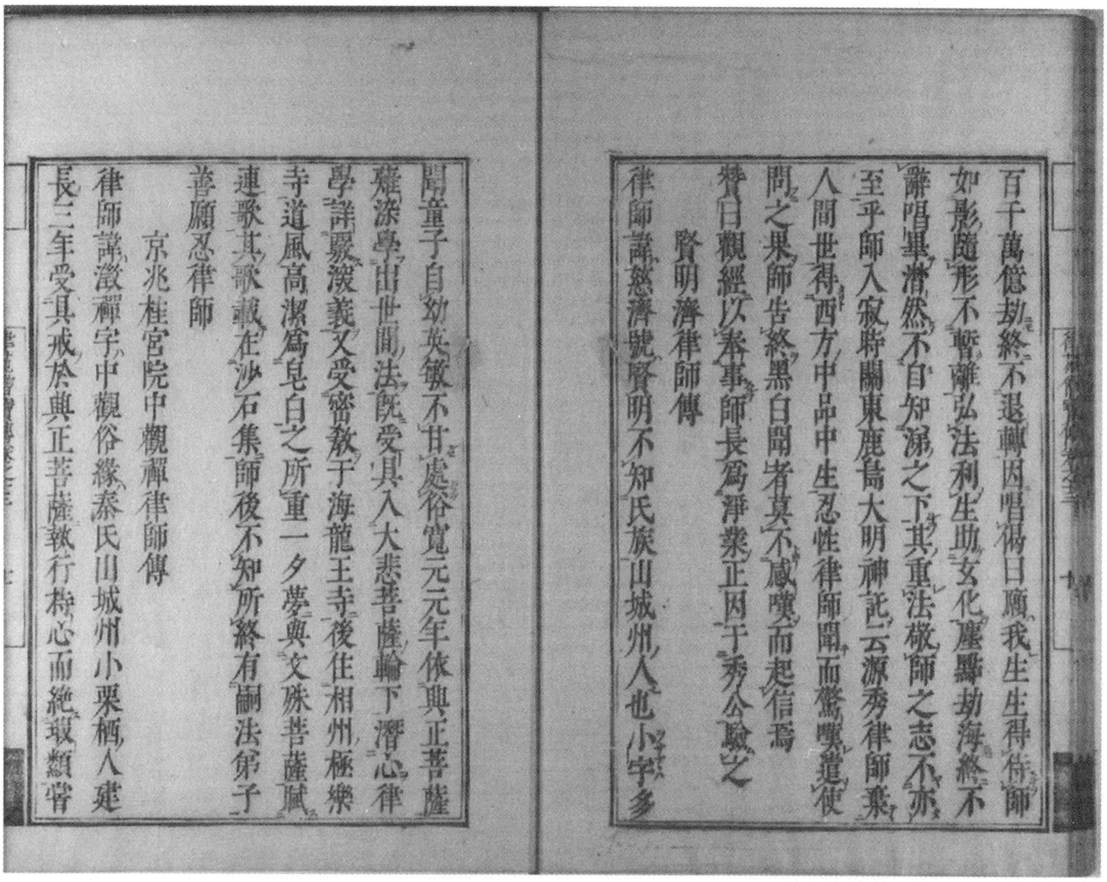

⑥30オ　⑥29ウ

百千万億劫ニモ終ニ不二退転一。因ニ唱レ偈曰、願ハ我レ生生得レ侍スルコトヲ師。如二影ノ随レ形不二暫ク離一、弘レ法利シテレ生助ケ二玄化一ヲ、塵点劫海ニモ終ニ不レ辞。唱畢テ潜然トシテ不三自知二涕ノ之下一ルコトヲ。其ノ重シレ法、敬レ師之志不二ヤ亦タ至一乎。師入寂ノ時、関東鹿島大明神託シテ二云、源秀律師棄テ二人間世一得二タリト西方ノ中品中生一。忍性律師聞テ而驚嘆シ、遣シテレ使問フニ之、果シテ師告レ終ヲ。黒白聞者莫レ不二トイウコト感嘆シテ而起一レ信焉。賛曰、観経ニ以レ奉二事スルヲ師長一為二浄業ノ正因一。于二秀公一験ムレ之。

賢明済律師伝

律師諱ハ慈済、号ハ賢明。不レ知二氏族一。山城州ノ人也。小字ヲサナ、ハ多

⑥29ウ

聞。童子自レ幼英敏、不レ甘ンセレ処ルコトヲレ俗。寛元元年依二興正菩薩一薙染、学フ二出世間ノ法一ヲ。既ニ受具入二大悲菩薩ノ輪下一、潜二心ヲ律学一詳ニ覈ス二深義一ヲ。又受二密教ヲ于海龍王寺一ニ。後住二相州ノ極楽寺一。道風高潔、為二皁白一之所レ重。一夕夢ニ与二文殊菩薩一賦ス二連歌一。其ノ歌載テ在二沙石集一ニ。師後不レ知レ所レ終。有二嗣法弟子一、善願忍律師。

京兆桂宮院中観禅律師伝

律師諱ハ徴禅、字ハ中観。俗縁ハ秦氏、山城州小栗栖ノ人。建長三年受二具戒ヲ於興正菩薩一ニ、執行持心而絶ス二瑕類一。嘗

⑥30オ

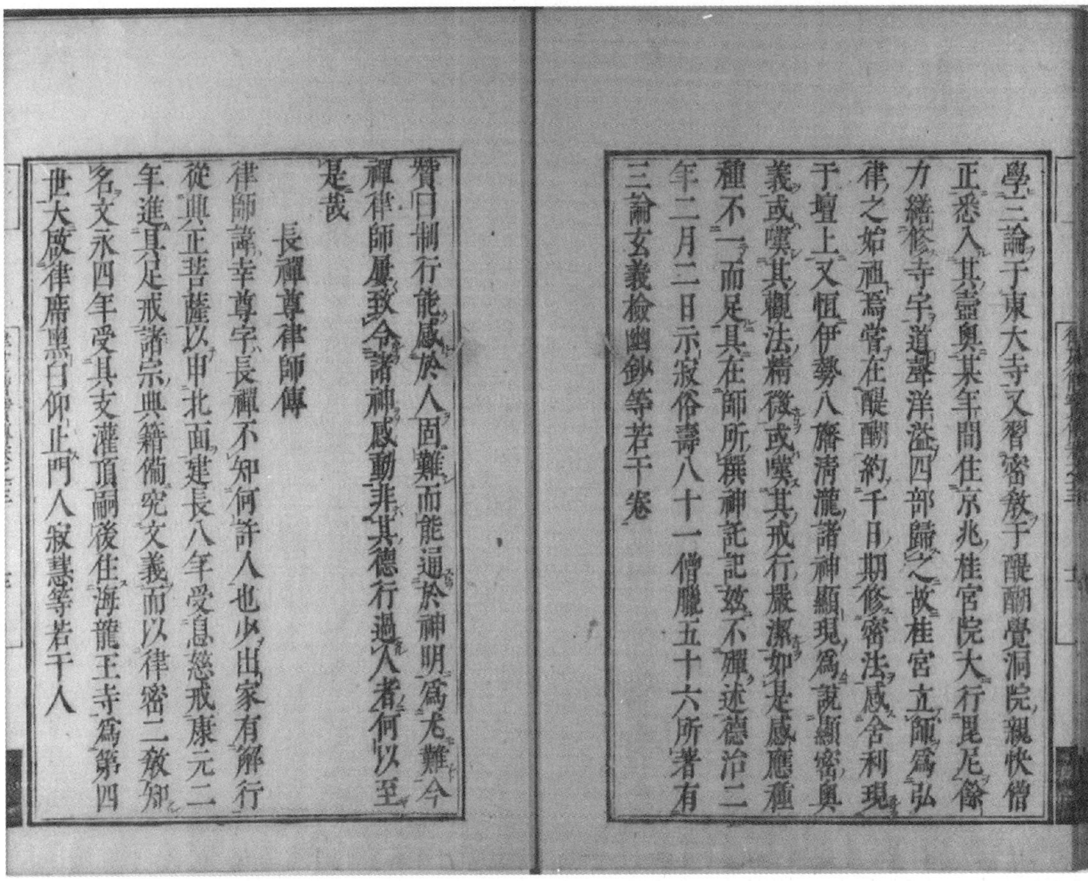

⑥31オ　⑥30ウ

学ヒ二三論ヲ于東大寺一、又習二密教ヲ于醍醐覚洞院ノ親快僧
正一ニ、悉入二ル其ノ壼奥一ニ。某年間住二京兆ノ桂宮院一大ニ行二毘尼一ヲ、余
力繕二修ス寺宇一ヲ。道声洋溢シテ四部帰レス之ニ。故ニ桂宮立レテ、師ヲ為二弘
律ノ之始祖一ト焉。嘗テ在二醍醐一、約シテ二千日ノ期一修二ス密法一ヲ。感三ス舎利現スルコトヲ二
于壇上一ニ。又恒ニ伊勢・八幡・清瀧ノ諸神顕現シテ、為メニ説二顕密ノ奥
義一ヲ。或ハ嘆二シ其ノ観法ノ精微ナルコトヲ一、或ハ嘆二ス其ノ戒行ノ厳潔ナルコトヲ一。如レ是感応種
種不二一一ニシテ而足ルニ。具ニ在二師所レノ撰神託記一、茲ニ不二殫ク述一。徳治二
年二月二日示寂。俗寿八十一、僧臘五十六。所レ著有二
三論玄義撿幽鈔等若干巻一。

賛曰、制行能ク感二ルコト於人一ヲ固ニ難シ。而能通二スルヲ於神明一ニ為二尤モ難一シト。今
禅律師屢ミ致レ令ムルコトヲ二諸神ヲシテ感動一。非ンハ二其ノ徳行過レタル人者一ノニ、何以至ンヤ
レ是ニ哉。

長禅尊律師伝

律師諱ハ幸尊、字ハ長禅。不レ知二何許人一也。少シテ出、家有二解行一。
従二興正菩薩一以テ申二北面一ヲ。建長八年受二息慈戒一、康元二
年進二ム具足戒一。諸宗ノ典籍備ニ究二文義一ヲ、而以二律密二教一知ラル
レ名ヲ。文永四年受二具支灌頂一、嗣後住二ス海龍王寺一。為二第四
世一大ニ啓二律席一、黒白仰止ス。門人寂慧等若干人。

└⑥30ウ　└⑥31オ

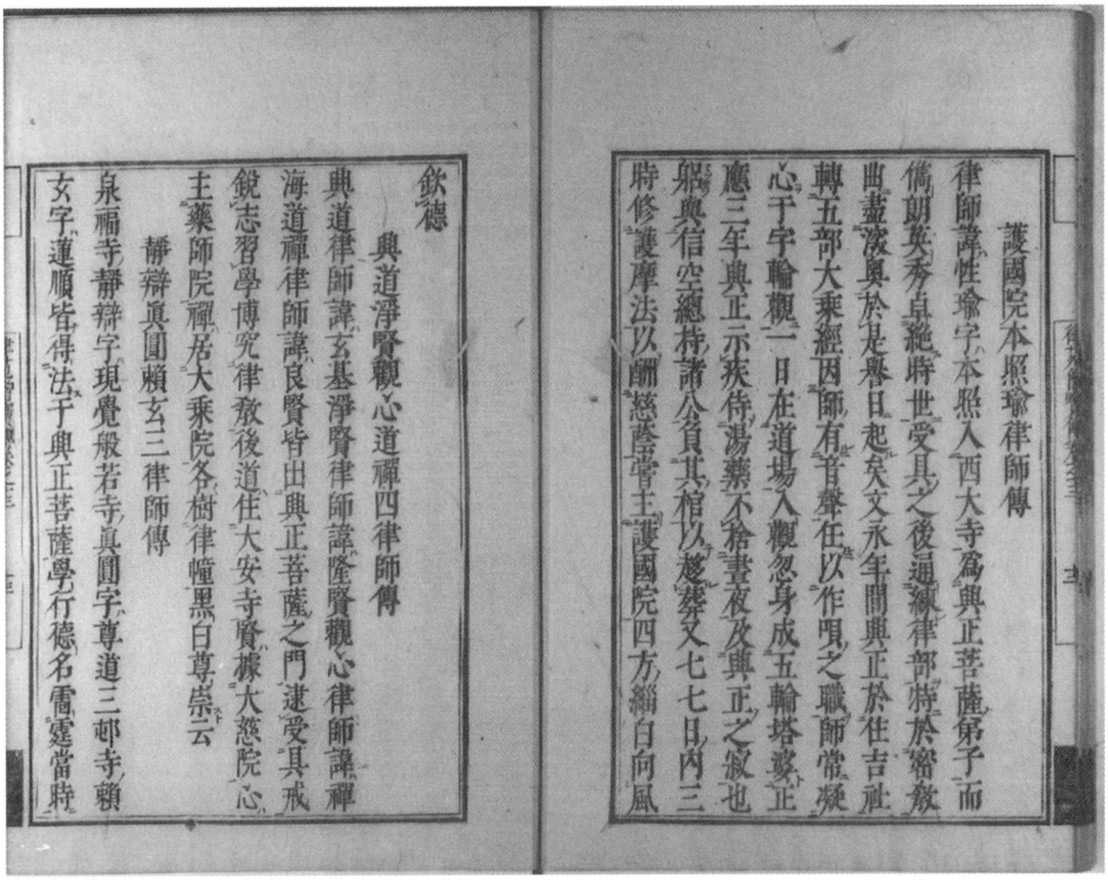
護國院本照瑜律師傳
律師諱性瑜字本照入西大寺爲興正菩薩弟子而
儁朗英秀卓絶時世受具之後通練律部特於密教
曲盡深奥於是譽日起矣文永年間興正於住吉社
轉五部大乘經因師有音聲任以作唄之職師常凝
心于字輪觀一日在道場入觀忽身成五輪塔婆正
應三年興正示疾侍湯藥不捨晝夜及興正之寂也
躬與信空總持諸公負其棺以趁葬又七七日內三
時修護摩法以酬慈蔭嘗主護國院四方緇白向風

欽德
興道淨賢觀心道禪四律師傳
興道律師諱玄基淨賢律師諱隆賢觀心律師諱禪
海道禪律師諱良賢皆出興正菩薩之門逮受具戒
銳志習學博究律敎後道住大安寺賢據大慈院心
主藥師院禪居大乘院各樹律幢黑白尊崇云
靜辯眞圓賴玄三律師傳
泉福寺靜辯字現覺般若寺眞圓字尊道三郁寺賴
玄字蓮順皆得法于興正菩薩學行德名雷霆當時

⑥32オ　⑥31ウ

護國院本照瑜律師伝

律師諱ハ性瑜、字ハ本照。入二西大寺一為二興正菩薩ノ弟子一。而
儁郎英秀、卓二絶ス時世一ニ。受具ノ之後通二練シ律部ヲ一、特ニ於二密教一
曲ニ尽二深奥一。於レ是誉日ニ起ル矣。文永年間、興正於二住吉社一
転二五部大乗経一。因三師ノ有ルニ二音声一、任ルニ以二作唄ノ之職一ヲ。師常ニ凝二
心ヲ于字輪観一ニ。一日在二道場一入観、忽身成二五輪塔婆一ト。正
応三年興正示レ疾。侍シテ二湯薬一不レ捨二昼夜一。及二興正ノ之寂一也、
躬（ミヅカラ）与二信空・総持ノ諸公一負二其ノ棺一、以テ趁ルレ葬。又七七日ノ内、三
時修二護摩法一、以テ酬二慈蔭一。嘗テ主リ二護國院一、四方ノ緇白向レ風

」⑥31ウ

欽レ徳。

興道・浄賢・観心・道禅四律師伝

興道律師、諱ハ玄基。浄賢律師、諱ハ隆賢。観心律師、諱ハ禅
海。道禅律師、諱ハ良賢。皆出二興正菩薩ノ之門一、逮レ受二具戒一。
鋭レ志習レ学、博究二律教一。後道ハ住二大安寺一、賢ハ拠二大慈院一、心ハ
主二薬師院一、禅ハ居二大乗院一、各ミ樹二律幢一。黒白尊崇スト云。

静弁・真円・頼玄三律師伝

泉福寺ノ静弁、字ハ現覚。般若寺ノ真円、字ハ尊道。三郁寺ノ頼
玄、字ハ蓮順。皆ナ得二法ス于興正菩薩一。学行徳名雷二霆当時一ニ。

」⑥32オ

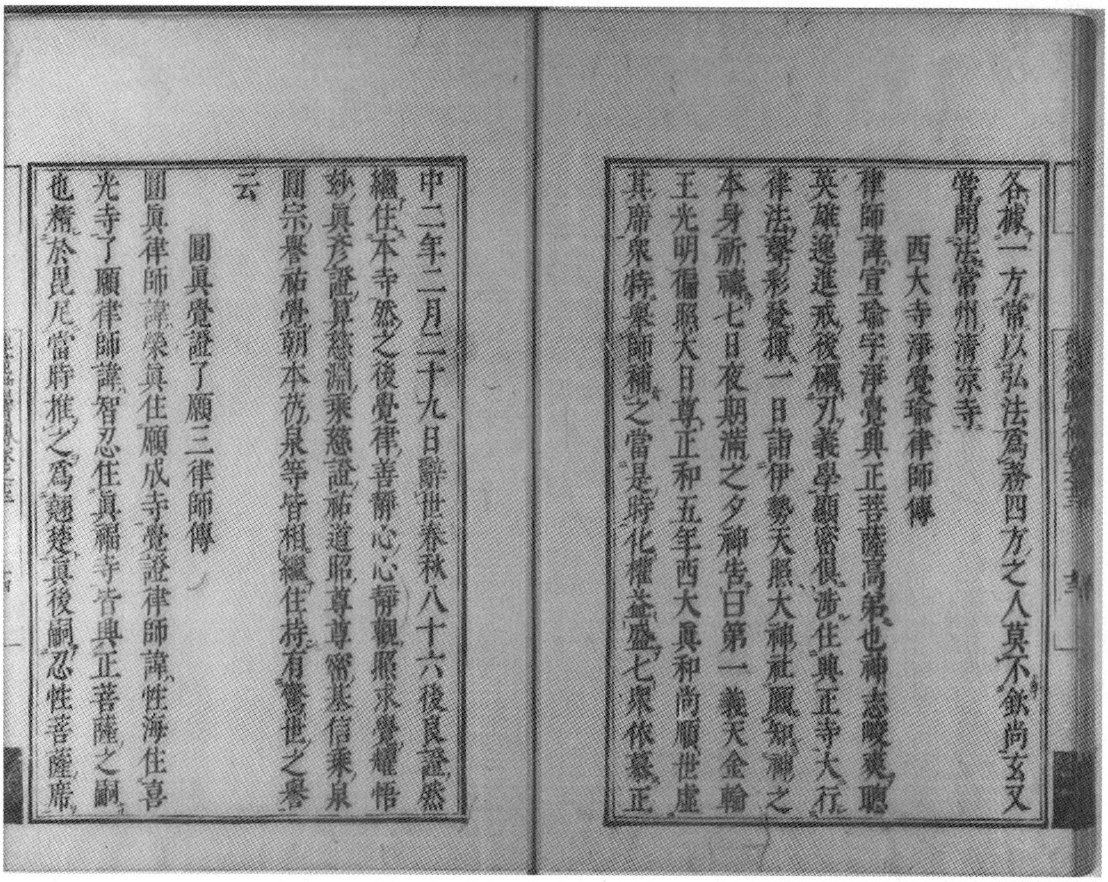
各拠一方常以弘法爲務四方之人莫不欽尚玄又
嘗開法常州清凉寺
西大寺淨覺瑜律師傳
律師諱宣瑜字淨覺興正菩薩高弟也神志峻爽聰
英雄逸進戒後礪刃義學顯密倶渉住興正寺大行
律法聲彩發揮一日詣伊勢天照大神社願知神之
本身祈禱七日夜期滿之夕神告曰第一義天金輪
王光明徧照大日尊正和五年西大眞和尚順世虛
其席衆特擧師補之當是時化權益盛七衆依慕正
中二年二月二十九日辭世春秋八十六後良證然
繼住本寺然之後覺律善靜心心靜觀照求覺耀悟
妙眞彦證算慈淵乘慈證祐道昭尊尊密基信乘泉
圓宗譽祐覺朝本芿泉等皆相繼住持有驚世之譽
云
圓眞覺證了願三律師傳
圓眞律師諱榮眞住願成寺覺證律師諱性海住喜
光寺了願律師諱智忍住眞福寺皆興正菩薩之嗣
也精於毘尼當時推之爲翹楚眞後嗣忍性菩薩席

⑥33オ　⑥32ウ

各〻拠テ二一方一ニ、常ニ以二弘法一為レ務。四方ノ之人、莫レ不二トイフコト欽尚一。玄又
嘗テ開二法ス常州ノ清凉寺一ニ。

西大寺浄覚瑜律師伝

律師諱ハ宣瑜、字ハ浄覚。興正菩薩高弟也。神志峻爽ニシテ聡
英雄逸、進戒ノ後礪キ二刃ヲ義学一顕密倶ニ渉ル。住二興正寺一大ニ行シ二
律法ヲ一、声彩発揮ス。一日詣二伊勢天照大神ノ社一。願ヒ知ンコトヲ二神ノ之
本身一、祈禱スルコト七日夜、期満ノ之夕、神告テ曰、第一義天金輪
王、光明偏照大日尊ト。正和五年西大真和尚順世、虚二
其ノ席一。衆特ニ挙レ師補レシム之。当二是ノ時一化権益〻盛ニシテ七衆依慕ス。正⌊⑥32ウ
中二年二月二十九日辞レ世。春秋八十六。後良證ノ然
継テ住ス二本寺一。然ノ之後、覚律ノ善・静心ノ心・静観ノ照・求覚ノ耀・悟
妙ノ真・彦證ノ算・慈淵ノ乗・慈證ノ祐・道昭ノ尊・尊密ノ基・信乗ノ泉・
円宗ノ誉・祐覚ノ朝・本芿ノ泉等、皆相ヒ継テ住持シ、有二驚世ノ之誉一
云。

円真・覚證・了願三律師伝

円真律師、諱ハ栄真。住二願成寺一。覚證律師、諱ハ性海。住二喜
光寺一。了願律師、諱ハ智忍。住二真福寺一。皆興正菩薩ノ之嗣ナリ
也。精シ二於毘尼一ニ。当時推レシテ之ヲ為二翹楚一ト。真後嗣テ二忍性菩薩ノ席一ヲ、⌊⑥33オ

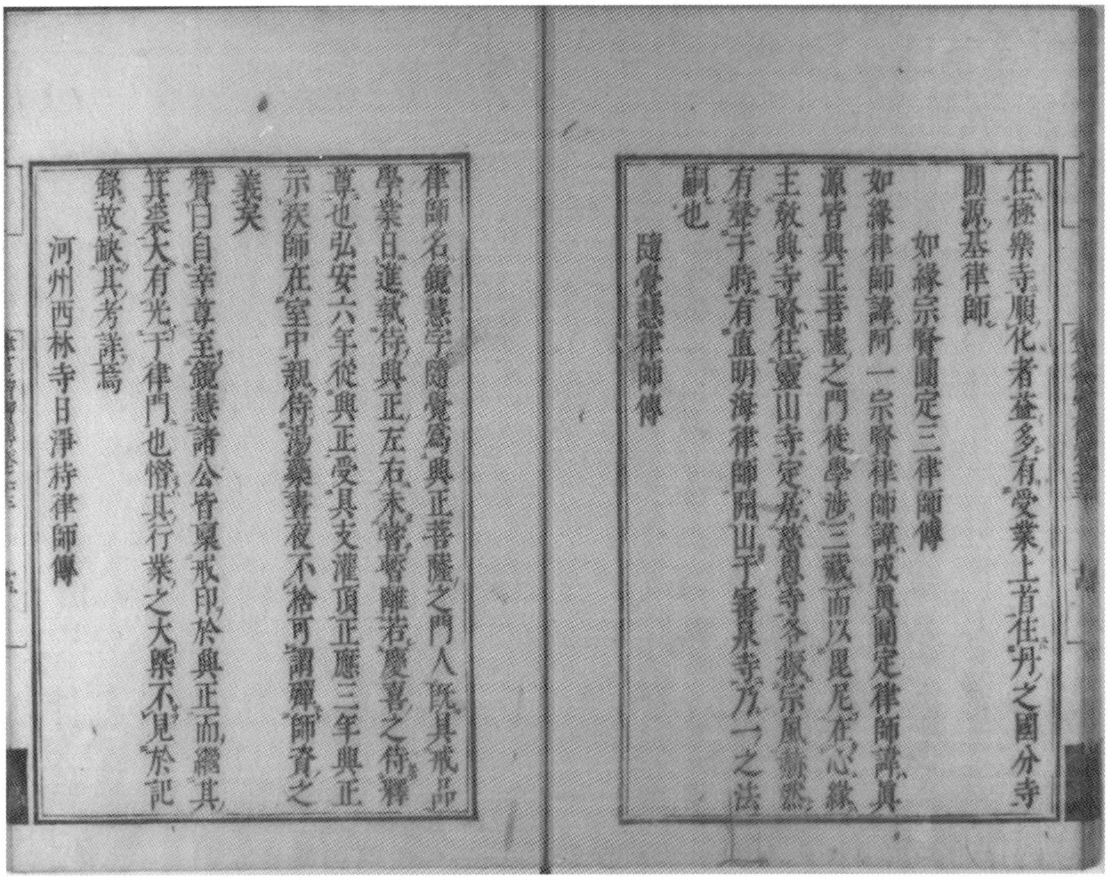
任極樂寺順化者益多有受業上首住丹之國分寺
圓源基律師
如緣宗賢圓定三律師傳
如緣律師諱阿一宗賢律師諱成眞圓定律師諱眞
源皆興正菩薩之門徒學渉三藏而以毘尼在心緣
主教興寺賢住靈山寺定居慈恩寺各振宗風赫然
有聲于時有直明海律師開山于寳泉寺乃一之法
嗣也
隨覺慧律師傳

律師名鏡慧字隨覺爲興正菩薩之門人既具戒品
學業日進執侍興正左右未嘗暫離若慶喜之侍釋
尊也弘安六年從興正受具支灌頂正應三年興正
示疾師在室中親侍湯藥晝夜不捨可謂彈師資之
義矣
賛曰自幸尊至鏡慧諸公皆稟戒印於興正而繼其
箕裘大有光于律門也惜其行業之大槩不見於記
錄故缺其考詳焉
河州西林寺日淨持律師傳

⑥34オ　⑥33ウ

住二ス極楽寺一ニ。順フレ化者益ゞ多シ。有二リ受業ノ上首一。住二スル丹ノ之國分寺一
円源ノ基律師也。

如縁・宗賢・円定三律伝

如縁律師、諱ハ阿一。宗賢律師、諱ハ成真。円定律師、諱ハ真
源。皆興正菩薩ノ之門徒也。学渉リ二三蔵一ニ、而以二毘尼ヲ一在クレ心ニ。縁ハ
主二教興寺一、賢ハ住二シ霊山寺一ニ、定ハ居二ス慈恩寺一。各振ヒ二宗風一、赫然トシテ
有レ声ナ二于時一ニ。有二直明海律師一。開二山タリ于宝泉寺一ニ。乃シ一ノ之法
嗣也。

随覚慧律師伝

⌞⑥33ウ

律師名ハ鏡慧、字ハ随覚。為二興正菩薩ノ之門人一。既ニ具二戒品一、
学業日ニ進ム。執二侍シテ興正ノ左右ニ一未二タ嘗テ暫離一。若三慶喜ノ之侍セルカ二釈
尊ニ一也。弘安六年従二興正一受二具支灌頂一。正応三年興正
示レ疾。師在二室中一、親ク侍二シテ湯薬一昼夜不レ捨。可レ謂二弾ストス師資ノ之
義一矣。

賛曰、自二幸尊一至テノ二鏡慧一諸公、皆稟二戒印ヲ於興正一。而シテ継二其ノ
箕裘一、大ニ有レ光ルコト二于律門一ニ也。惜ラクハ其ノ行業ノ之大概、不レルコトヲ見二於記
録一ニ。故ニ欠ク二其ノ考詳一ヲ焉。

河州西林寺日浄持律師伝

⌞⑥34オ

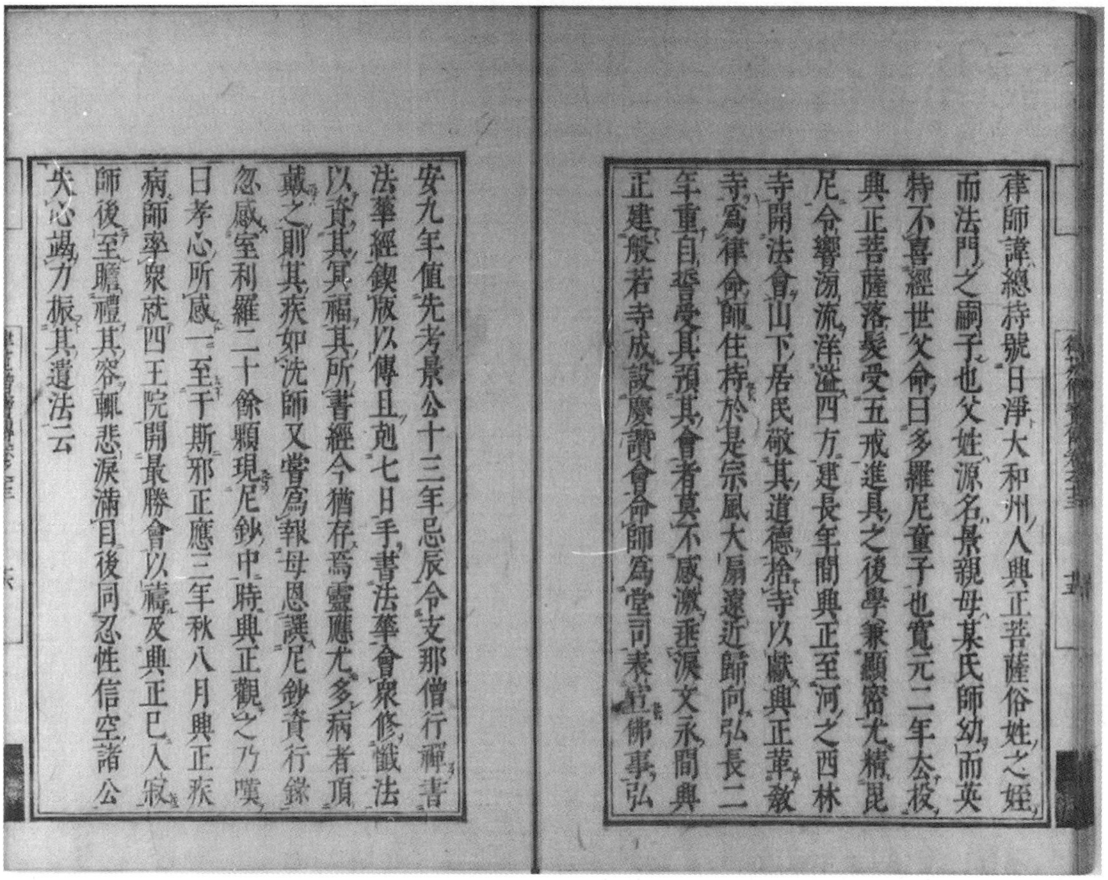

律師諱總持號日淨大和州人興正菩薩俗姓之姪
而法門之嗣子也父姓源名景親母某氏師幼而英
特不喜經世父命曰多羅尼童子也寛元二年去投
興正菩薩落髪受五戒進具之後學兼顯密尤精毘
尼令響滂流洋溢四方建長年間興正至河之西林
寺開法會山下居民敬其道德捨寺以獻興正革敎
寺爲律命師住持於是宗風大扇遠近歸向弘長二
年重自誓受具預其會者莫不感激垂涙文永間興
正建般若寺成設慶讃會命師爲堂司表宣佛事弘

安九年値先考景公十三年忌辰令支那僧行禪書
法華經鍥版以傳且剋七日手書法華會衆修懺法
以資其冥福其所書經今猶存焉靈應尤多病者頂
戴之則其疾如洗師又嘗爲報母恩譔尼鈔資行錄
忽感室利羅二十餘顆現尼鈔中時興正觀之乃嘆
曰孝心所感一至于斯邪正應三年秋八月興正疾
病師率衆就西王院開最勝會以禱及興正已入寂
師後至瞻禮其容輒悲涙滿目後同忍性信空諸公
失心竭力振其遺法云

⑥35オ　⑥34ウ

律師諱ハ総持、号ニ日浄一ト。大和州ノ人。興正菩薩俗姓ノ之姪ニシテ、
而法門ノ之嗣子也。父姓ハ源、名ハ景親。母ハ某氏。師幼ニシテ而英、
特不レ喜ニ経世一。父命シテ曰ニ多羅尼童子一也。寛元二年去テ投シテ
興正菩薩一落髪、受ニ五戒一。進具ノ之後、学兼ニ顕密一尤モ精シ毘
尼ニ。令響滂流シテ洋ニ溢ス四方ニ。建長年間、興正至ニ河ノ之西林
寺一開ニ法会一ヲ。山下ノ居民敬ニ其ノ道徳一ヲ、捨テ寺以献ス。興正革メテ教
寺ヲ為レ律、命シテ師ニ住持セシム。於レ是宗風大扇、遠近帰向ス。弘長二
年重テ自誓受具。預ニ其ノ会一者、莫レ不ニ感激シテ垂レ涙。文永ノ間、興
正建テ、般若寺一成ル。設ニ慶讃会一、命レ師為ニ堂司一表ニ宣セシム仏事一ヲ。弘

⑥34ウ

安九年値ニ先考景公十三年忌辰一、令ニ支那僧行禅ヲシテ書一
法華経一、鍥レ版以伝。且ッ剋ニ七日一手ラ書ニ法華一、会レ衆修シテ懺法一、
以テ資ニ其ノ冥福一ヲ。其ノ所レ書経今猶存ス焉。霊応尤モ多シ。病者頂ニ
戴スル時ハ之ヲ則其ノ疾如レ洗。師又嘗為レ報ニ母恩一譔ス尼鈔資行録一。
忽感ニ室利羅二十余顆現スルコトヲ尼鈔ノ中一ニ。時ニ興正観テレ之、乃嘆シテ
曰、孝心ノ所レ感スル一ニ至レルヤト于斯ニ邪。正応三年秋八月、興正疾
病也。師率レ衆就ニ四王院一開ニ最勝会一以禱ル。及ニ興正已ニ入寂セルニ、
師後シテ至ル。瞻ニ礼シテ其ノ容一ヲ、輒悲涙満レ目ニ。後同ニ忍性・信空ノ諸公一、
失レ心竭シテレ力振フトニ其ノ遺法一云。

⑥35オ

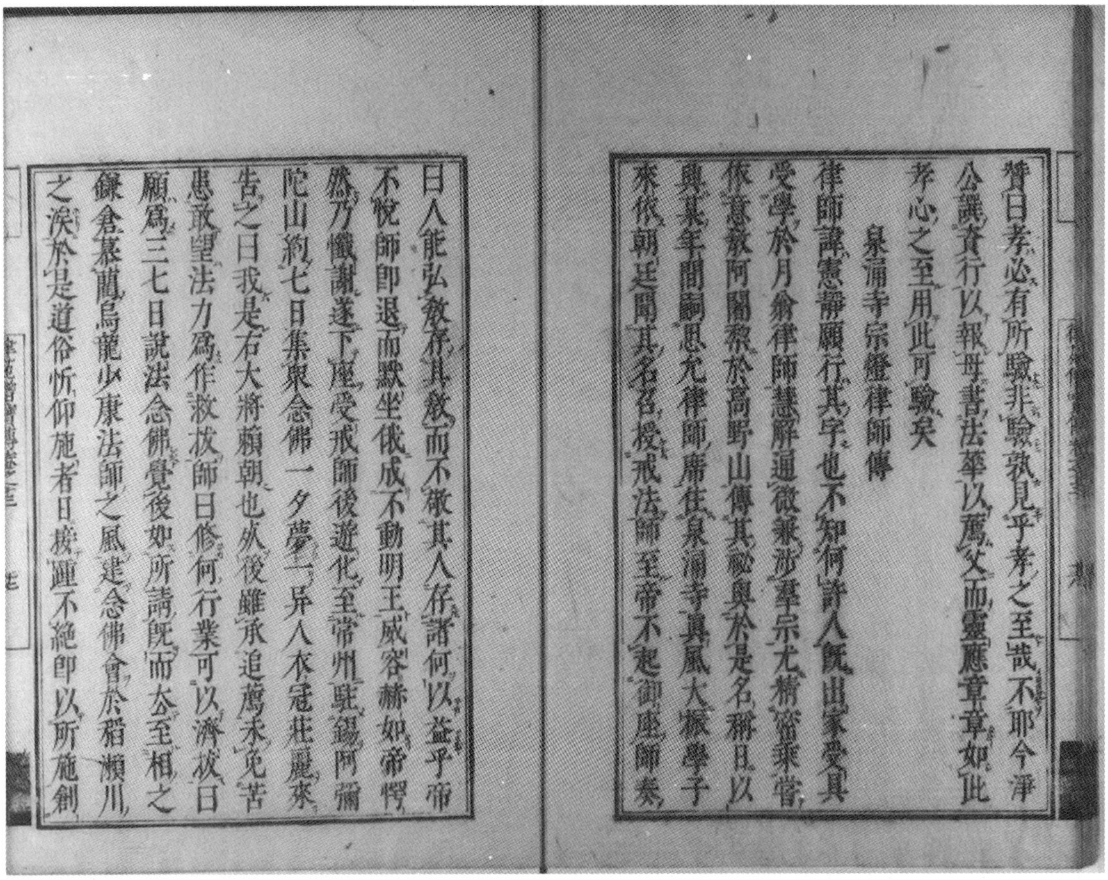

⑥36オ　⑥35ウ

賛曰、孝ハ必ス有レ所レ験トスル。非レンハ験シニ孰カ見ンヤ二乎孝ノ之至ルト一哉。不イタラサルトヲ一耶。今浄
公譔シテ二資行一以テ報レシ母ニ、書シテ二法華一以テ薦ムレ父ニ。而シテ霊応章章タルコト如シレ此。
孝心ノ之至ル、用レテ此可レ験ム矣。

泉涌寺宗燈律師伝

律師諱ハ憲静、願行ハ其ノ字也。不レ知二何許人一。既ニ出家受具、
受二学ヲ於月翁律師一。慧解通レ微、兼テ渉二群宗一。尤モ精二密乗一。嘗テ
依二意教阿闍梨ニ於高野山一伝二其ノ秘奥一。於レ是名称日ニ以
興ル。某ノ年間嗣二思允律師ノ席一住ス二泉涌寺一。真風大ニ振、学子
来依ス。朝廷聞二其ノ名一、召シテ授ケシム二戒法ヲ一。師至ル。帝不レ起二御座一ヲ。師奏シテ

⑥35ウ

曰、人能弘レ教。存シテ二其教ヲ一而不レ敬二其人一。存ストモレ諸何ヲ以テカ益アランヤ乎。帝
不レ悦。師即退テ而黙坐。俄ニ成リ二不動明王ト一威容赫如タリ。帝愕
然トシテ乃懺謝シ、遂ニ下テレ座ヲ受戒。師後遊化シテ至ル二常州ニ一。駐メ二錫ヲ阿弥
陀山一、約シテ二七日一集レ衆念仏。一夕夢ラク、一リノ異人衣冠荘麗ニシテ来リ、
告テレ之曰、我レハ是レ右大将頼朝也。死シテ後雖レ承二追薦一、未タレ免二苦
患一。敢テ望ム、法力為メニ作二救抜一ヲ。師曰、修テカ二何ノ行業一可二以テ済抜一ス。曰、
願ハ為メニ二三七日説法念仏シ玉ヘト。覚後如ス二所請一ノ。既ニシテ而去テ至ル二相ノ之
鎌倉一ニ。慕二蘭ノ烏龍少康法師ノ之風一ヲ、建ツ二念仏会ヲ一於稲瀬川ノ
之涘ホトリ二ニ。於レ是道俗忻仰、施者日ニ接テレ踵不レ絶。即以テ二所施一創二

⑥36オ

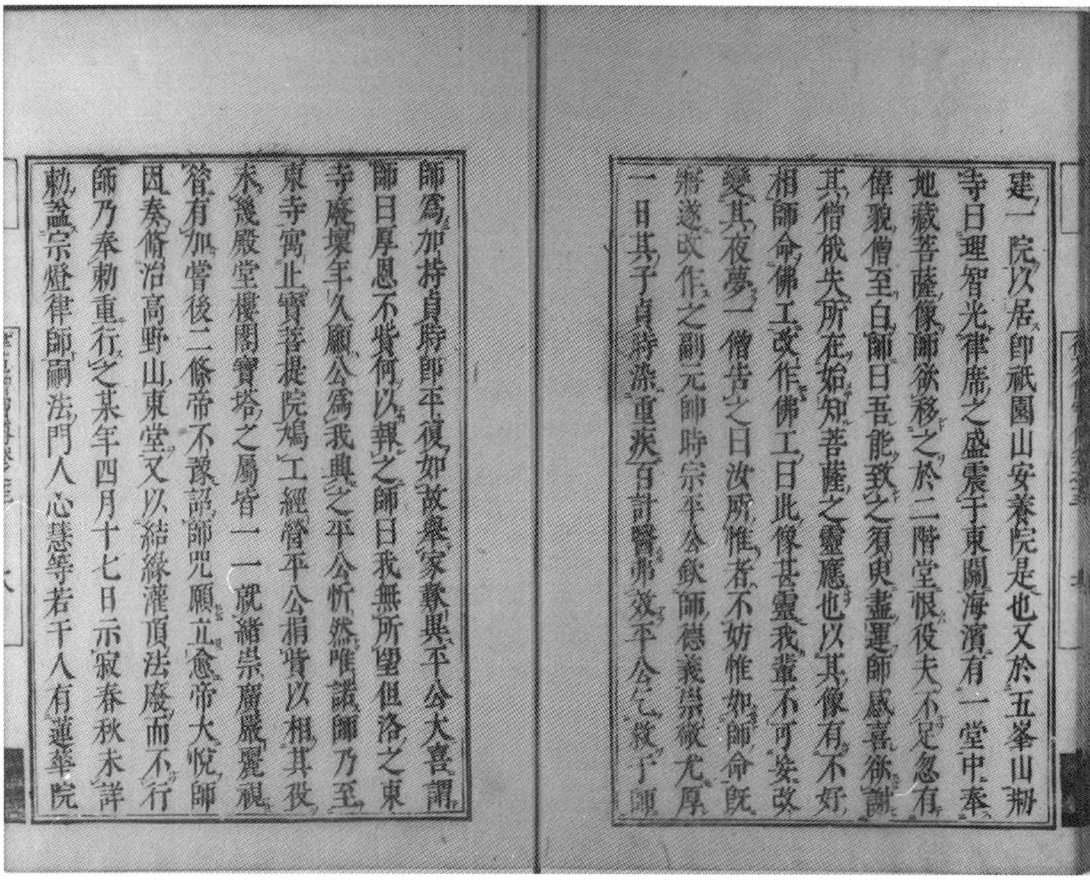

⑥37オ　⑥36ウ

建シテ一院一ヲ以居ス。即祇園山安養院是也也。又於二五峯山一刱レ寺。曰二理智光一ト。律席ノ之盛震二于東関一ニ。海浜ニ有二一堂一。中ニ奉二ス地蔵菩薩ノ像一ヲ。師欲レ移二ント之ヲ於二階堂一ニ、恨クハ役夫ノ不レルコトヲ足。忽有二テ偉貌ノ僧一至リ、白レシテ師ニ曰、吾レ能ク致レント之。須臾ニ尽ク運フ。師感喜シ欲レスルニ謝二ント其ノ僧一、俄失二ス所在一ヲ。始メテ知ル菩薩ノ之霊応ナルコトヲ也。以三其ノ像有二ルヲ不好ノ相一、師命二シテ仏工一ニ改作セシム。仏工ノ曰、此ノ像甚霊也。我カ輩不レ可二妄ニ改変一ス。其ノ夜夢ラク、一僧告レ之曰、汝所レノ惟モフ者ハ不レ妨、惟如二クセヨト師ノ命一。既ニ寤、遂ニ改作ス之。副元帥時宗平公欽二師ノ徳義一、崇敬尤モ厚シ。一日其ノ子貞時染二ム重疾一ニ。百計医スレトモ弗レ効アラ。平公乞二フ救ヲ于師一ニ。

」
⑥36ウ

師為メニ加持。貞時即平復シテ如レ故。挙レ家歎異ス。平公大ニ喜ヒ、謂テレ師曰、厚恩不貲、何ヲ以テカ報レンレ之ニ。師曰、我無レ所レ望。但洛ノ之東寺廃壊年久。願ハ公為レ我興レセ之。平公忻然トシテ唯諾ス。師乃至二テ東寺一、寓二止シテ宝菩提院一、鳩レ工経営。平公捐レ貲以相二ク其役一ヲ。未レタ幾殿堂・楼閣・宝塔ノ之属、皆一一就レ緒。崇広厳麗、視二フルニ昔一ニ有レ加ルコト。嘗後二条帝不豫也。詔レシテ師呪願セシム。立ロニ愈ユ。帝大ニ悦フ。師因ニ奏シテ修二治高野山ノ東堂一ヲ。又以二結縁灌頂ノ法廃シテ而不一レルヲ行、師乃奉レ勅重テ行レス之。某年四月十七日示レ寂。春秋未レ詳。勅シテ諡二ス宗燈律師一ト。嗣法ノ門人心慧等若干人。有二蓮華院

」
⑥37オ

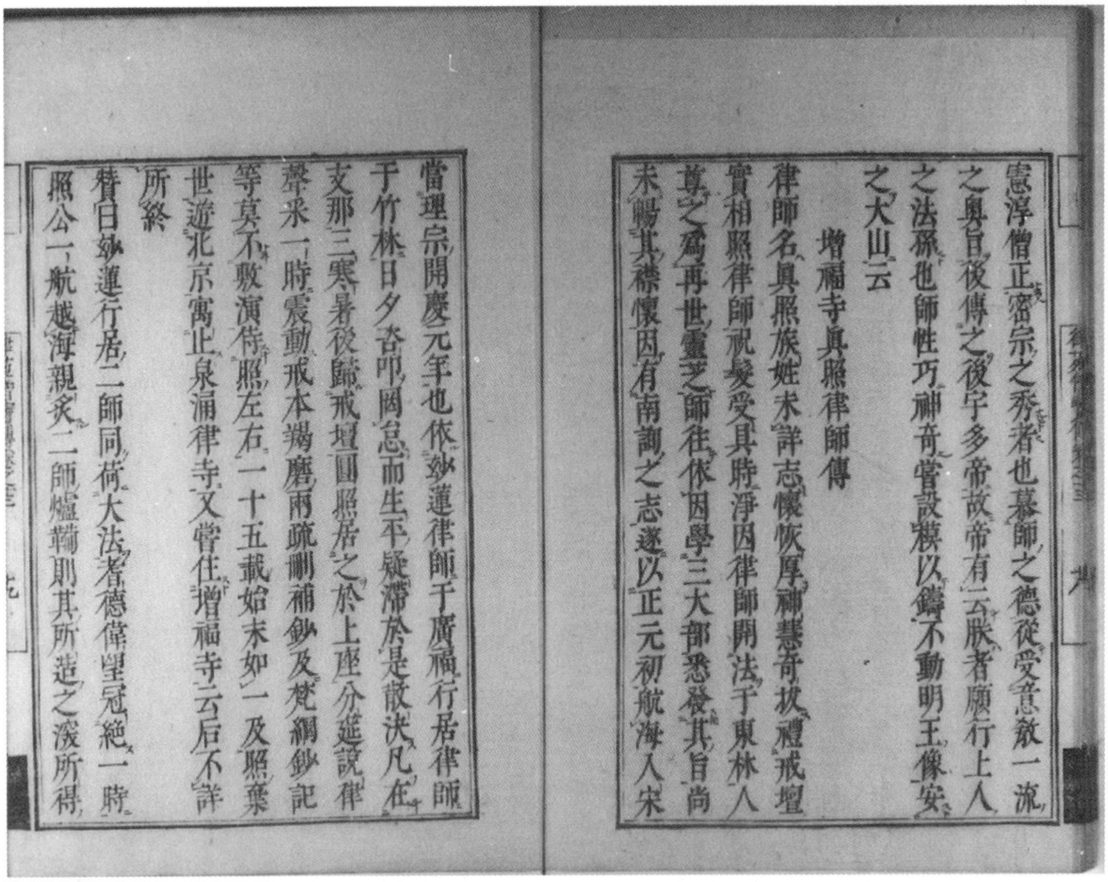

⑥37ウ　⑥38オ

憲淳僧正一ト云人。密宗ノ之秀ナルヒト也者也。慕二師ノ之徳一、従テ受二意教一流ノ之奥旨一ヲ。後伝二之ヲ後宇多帝一ニ故ニ、帝有レ云ルコト。朕ハ者願行上人之法孫也ト也。師性巧ニ神奇也。嘗設レ模、以テ鋳二不動明王ノ像一安二スト之ヲ大山一ニ云。

増福寺真照律師伝

律師名ハ真照、族姓未レ詳。志懐恢厚ニシテ神慧奇抜ス。礼二戒壇実相照律師一祝髪受具。時ニ浄因律師開二法ヲ于東林一。人尊レテ之為二再世ノ霊芝一ト。師往テ依レ因学二三大部一。悉発二スレトモ其ノ旨一尚未レタ暢二其ノ襟懐一。因テ有二南詢ノ之志一。遂ニ以二正元初一航レ海入宋。

⑥37ウ

当二理宗ノ開慶元年一也。依二ル妙連律師ニ于広福ニ、行居律師ニ于竹林一ニ。日夕咨叩シテ罔レ怠コト。而生平ノ疑滞於レ是散決ス。凡ソ在二ルコト支那一三寒暑、後帰二ル戒壇一。円照居二之ヲ於上座一分筵説律。声采一時ニ震動ス。戒本・羯磨ノ両疏、刪鈔及ヒ梵網抄記等、莫レ不二トヒコト敷演一。侍二スルコト照ノ左右一ニ一十五載、始末如レ一及二照ノ棄世一。遊二北京一寓二止ス泉涌律寺一ニ。又嘗住二スト増福寺一ニ云。后不レ詳レ所レ終。

賛曰、妙連・行居ノ二師、同ク荷二ヒ大法一ヲ、耆徳偉望冠二絶ス一時一ニ。照公一航越レテ海親二炙スル二師ノ爐鞲一。則其ノ所造ノ之深、所得ノ

⑥38オ

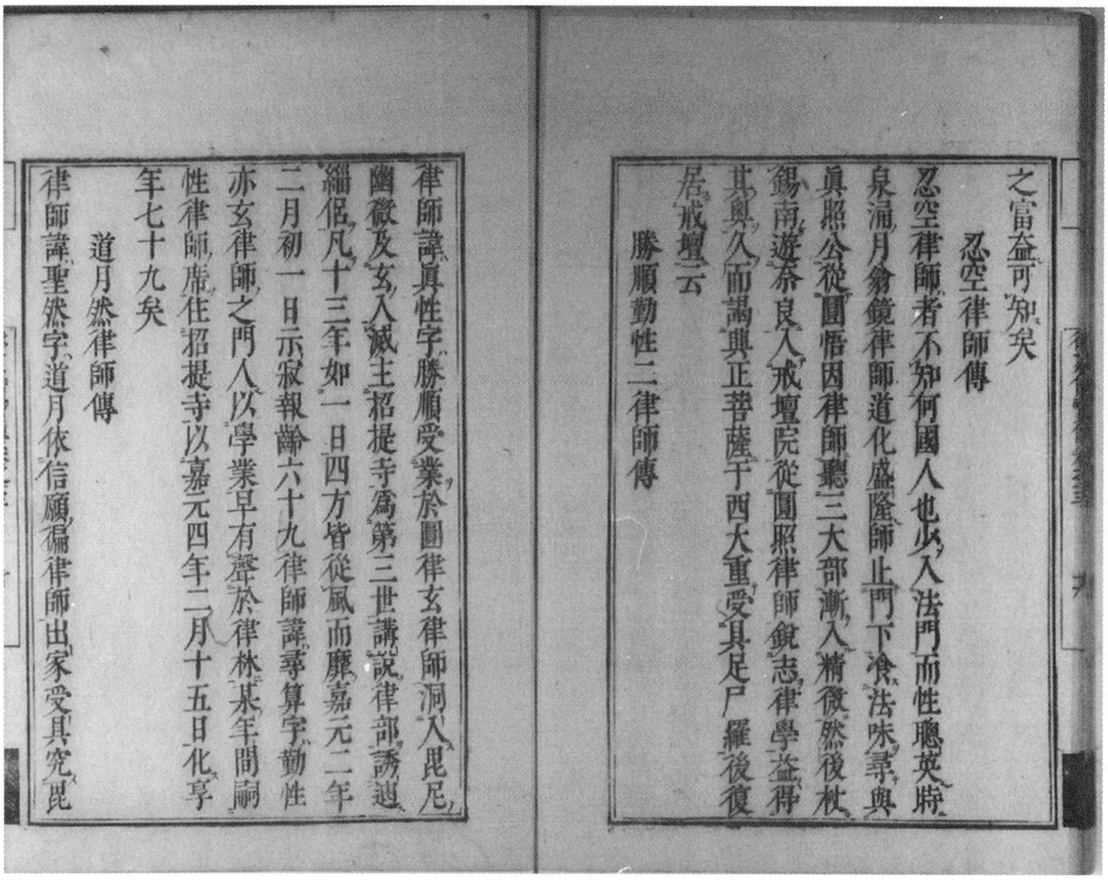
之富益可知矣
忍空律師傳
忍空律師者不知何國人也少入法門而性聰英時
泉涌月翁鏡律師道化盛隆師止門下飡法味尋與
眞照公從圓悟因律師聽三大部漸入精微然後杖
錫南遊奈良入戒壇院從圓照律師銳志律學益得
其奥久而謁興正菩薩于西大重受具足尸羅後復
居戒壇云
勝順勤性二律師傳
律師諱眞性字勝順受業於圓律玄律師洞入毘尼
幽微及玄入滅主招提寺爲第三世講說律部誘迪
緇侶凡十三年如一日四方皆從風而靡嘉元二年
二月初一日示寂報齡六十九律師諱尋算字勤性
亦玄律師之門人以學業早有聲於律林某年間嗣
性律師席住招提寺以嘉元四年二月十五日化享
年七十九矣
道月然律師傳
律師諱聖然字道月依信願徧律師出家受具究毘

⑥39オ　⑥38ウ

之富、盍シ可レ知ヌ矣。

忍空律師伝

忍空律師ハ者、不レ知二何國人一也。少シテ入二法門一。而性聡英也。時ニ泉涌ノ月翁鏡律師、道化盛隆也。師止テ二門下一飡ス二法味ヲ一。尋与二真照公一従テ二円悟因律師ニ一聴二三大部一、漸ク入ル二精微ニ一。然後杖テレ錫南ノ方遊二奈良ニ一。入テ二戒壇院一従二円照律師一、鋭二志ヲ律学一益々得二其ノ奥ヲ一。久シテ而謁二興正菩薩ニ于西大一、重テ受二具足尸羅一。後復居ストニ戒壇ニ一云。

勝順・勤性二律師伝

律師諱ハ真性、字ハ勝順。受二業ヲ於円律玄律師一洞二入ス毘尼ノ幽微一。及二玄ノ入レ滅、主二招提寺一為二第三世一。講二説シテ律部ヲ一誘二迪ス緇侶ヲ一。凡ソ十三年如二一日一。四方皆従レ風而靡ク。嘉元二年二月初一日示寂。報齢六十九。律師諱ハ尋算、字ハ勤性。亦玄律師ノ之門人也。以二学業一早有レ声二於律林ニ一。某ノ年間嗣二性律師ノ席ヲ一住二招提寺一。以二嘉元四年二月十五日一化ス。享年七十九矣。

道月然律師伝

律師諱ハ聖然、字ハ道月。依二信願ノ徧律師一出家受具。究メ二毘

⑥39オ　⑥38ウ

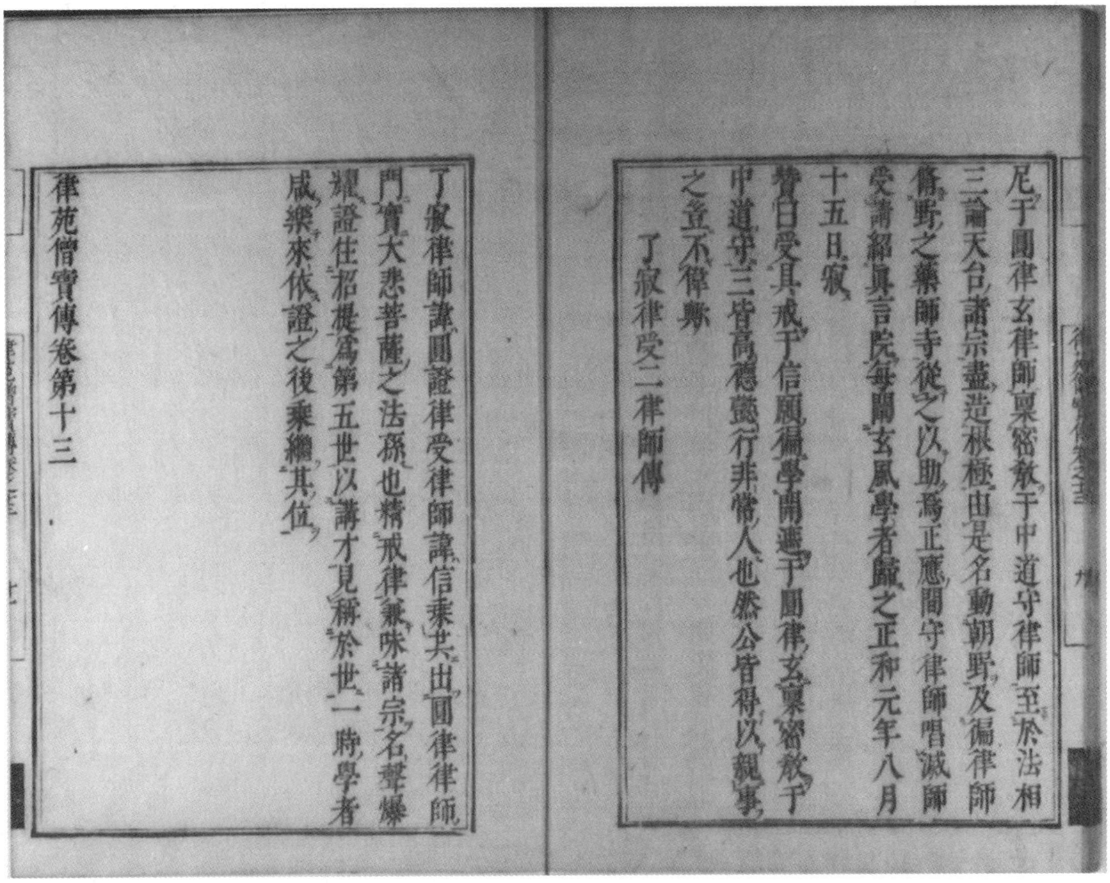

尼于圓律玄律師稟密敎于中道守律師至於法相三論天台諸宗盡造根極由是名動朝野及徧律師脩野之藥師寺從之以助焉正應間守律師唱滅師受請紹眞言院每闡玄風學者歸之正和元年八月十五日寂

贊曰受具戒于信願徧學開遮于圓律玄稟密敎于中道守三皆高德懿行非常人也然公皆得以親事之豈不偉歟

了寂律受二律師傳

了寂律師諱圓證律受律師諱信乘共出圓律律師門實大悲菩薩之法孫也精戒律兼味諸宗名聲爆燿證住招提爲第五世以講才見稱於世一時學者咸樂來依證之後乘繼其位

律苑僧寶傳卷第十三

⑥40オ　⑥39ウ

尼ヲ于円律玄律師一、稟二密教ヲ于中道守律師一。至二マテ於法相・三論・天台ノ諸宗一尽ク造二根極一ニ。由レ是名動二朝野一ヲ。及三偏律師修スルニ二野ノ之薬師寺一、従レテ之以テ助ク焉。正応ノ間、守律師唱レ滅。師受レ請紹二真言院一ヲ。毎闡二玄風一学者帰ス之。正和元年八月十五日ニ寂ス。

贊曰、受二具戒ヲ于信願ノ偏一ニ、学二開遮ヲ于円律ノ玄一ニ、稟二密教ヲ于中道守一ニ。三皆高徳懿行非常ノ人也。然公皆得テ以親ミ事フ之。豈ニ不レヤ偉歟。

⑥39ウ

了寂・律受二律師伝

了寂律師、諱ハ円證。律受律師、諱ハ信乗。共ニ出ツ二円律律師ノ門一ニ。実ニ大悲菩薩ノ之法孫也。精二戒律一兼テ味二諸宗一ヲ、名声爆燿ス。證住二招提一為二第五世一ニ。以二講才一見レ称二於世一ニ。一時ノ学者咸ク楽テ来依ス。證ノ之後、乗継二クニ其ノ位一ヲ。

律苑僧宝伝巻第十三

⑥40オ

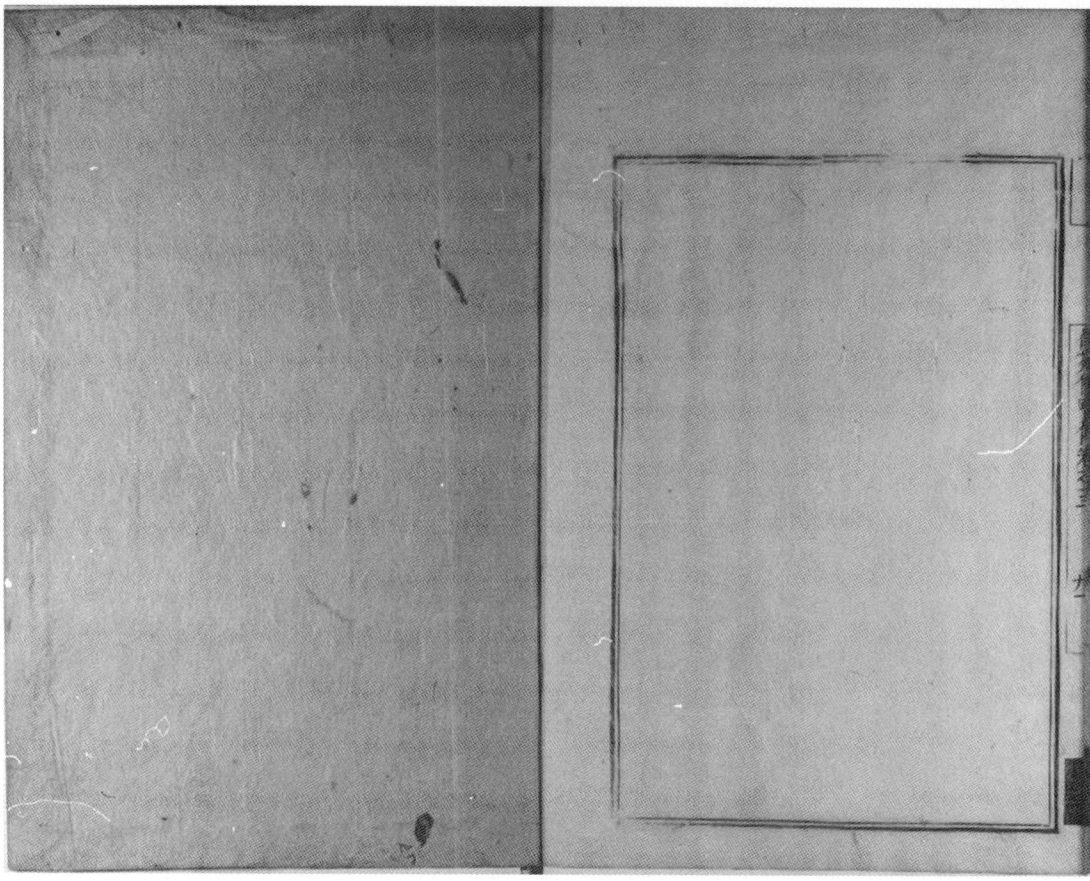

⑥裏表紙見返　⑥40ウ

⑥裏表紙見返　⑥40ウ

⑥裏表紙

⑥裏表紙

律苑僧宝伝

第七冊

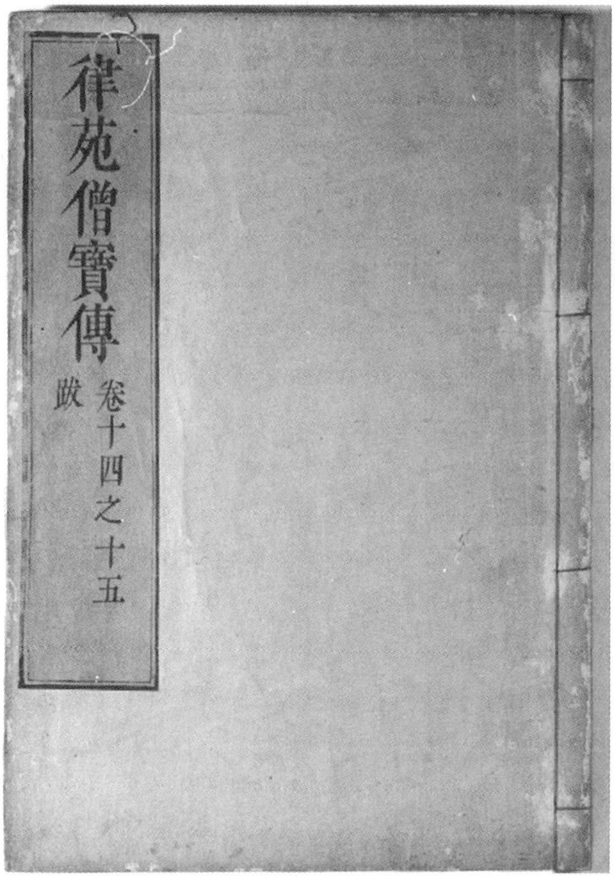

⑦表表紙

⑦表表紙

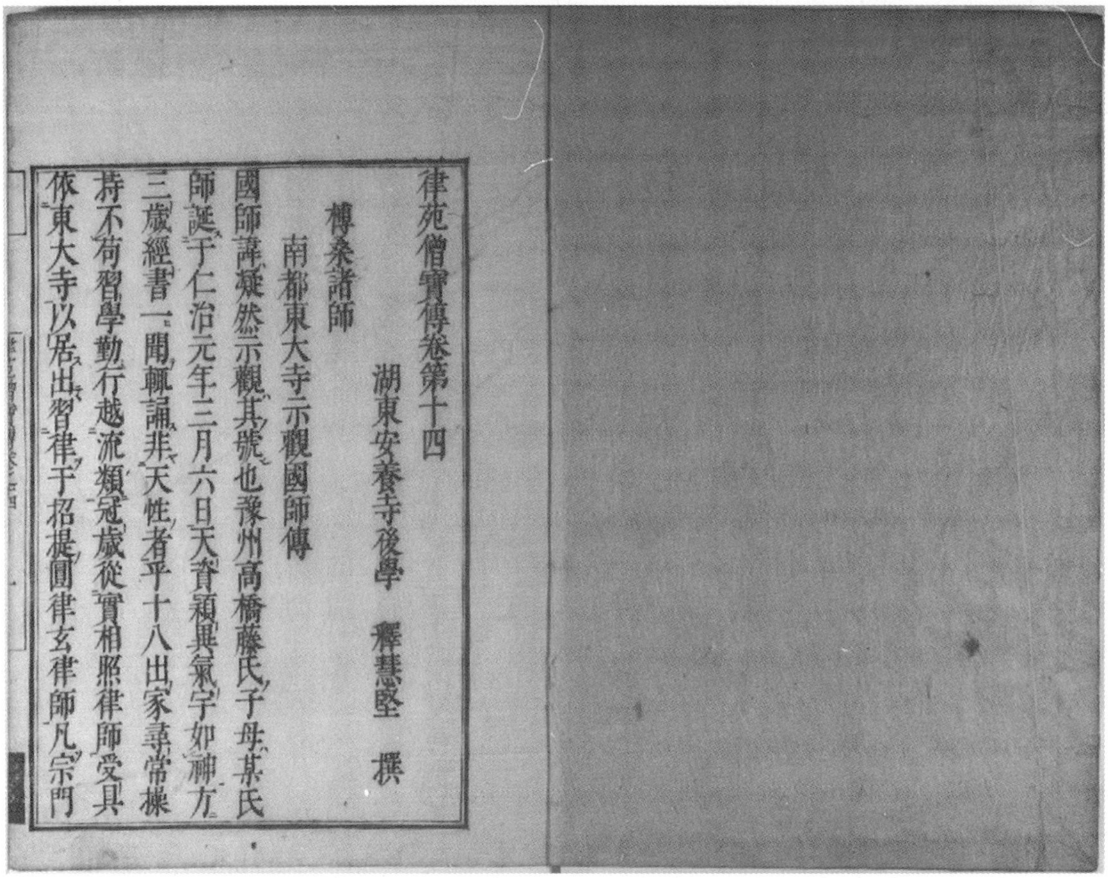
律苑僧寳傳巻第十四
湖東安養寺後學　釋慧堅　撰
榑桑諸師
南都東大寺示觀國師傳
國師諱凝然示觀其號也豫州高橋藤氏子母某氏
師誕于仁治元年三月六日天資穎異氣宇如神方
三歳經書一聞輒誦非天性者乎十八出家尋常操
持不苟習學勤行越流類冠歳從實相照律師受具
依東大寺以居出習律于招提圓律玄律師凡宗門

⑦01オ　　⑦表表紙見返

律苑僧宝伝巻第十四

湖東安養寺後学　釈慧堅　撰

榑桑諸師

南都東大寺示観國師伝

國師諱ハ凝然、示観ハ其ノ号也。予州高橋藤氏ノ子、母ハ某氏。
師誕ニス于仁治元年三月六日一。天資穎異、気宇如レ神。方ニ
三歳、経書一ヒ聞テ輒誦ス。非ニヤ天性ノ者一乎。十八出家、尋常操
持不レ苟、習学勤行越ニ流類一ニ。冠歳従ニ実相照律師一受具、
依ニ東大寺一以居ス。出テ、習ニ律ヲ于招提ノ円律玄律師一、凡ツ宗門

⑦01オ

⑦表表紙見返

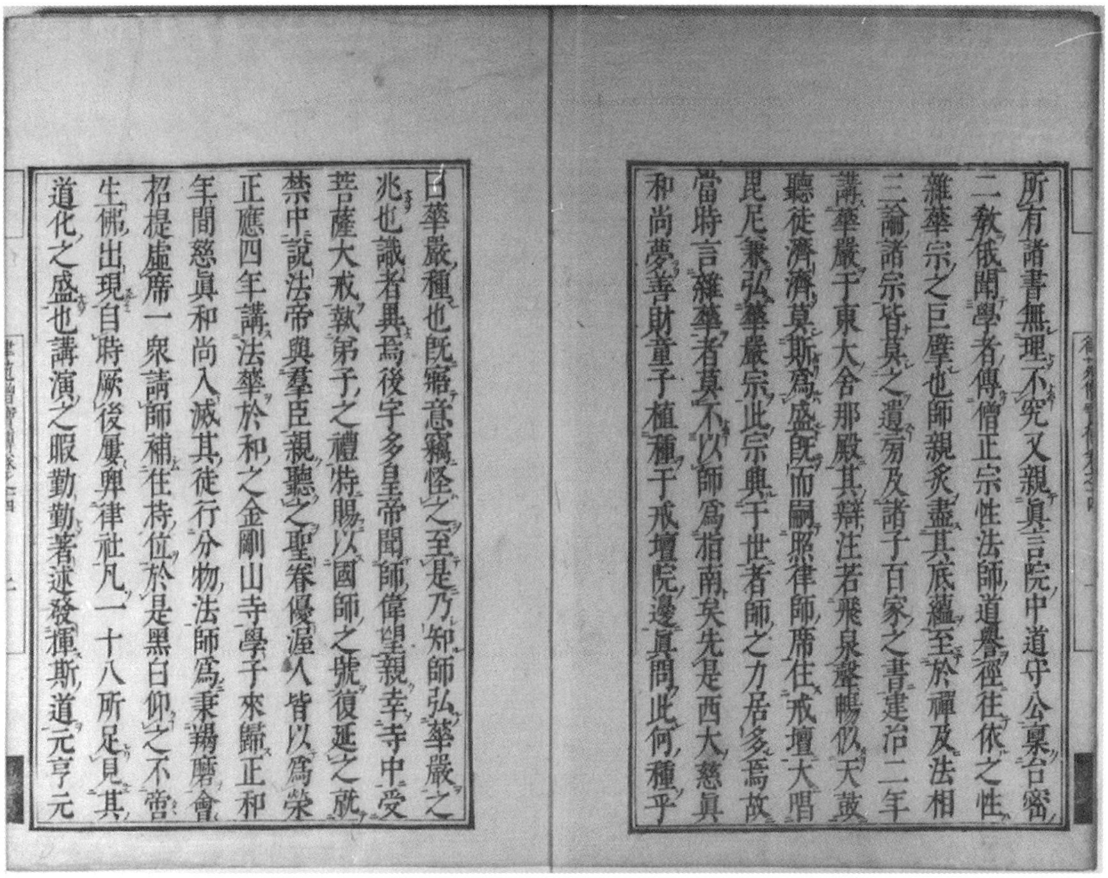

⑦02オ ⑦01ウ

⑦01ウ

所レ有諸書無シ二理トシテ一不ト云コトレ究。又親テ二真言院ノ中道守公一稟ク二台密ノ
二教一ヲ。俄ニ聞テ三学者ノ伝ルヲ二僧正宗性法師ノ道誉一ヲ、径ニ往テ依ル之。性ハ
雑華宗ノ之巨擘也也。師親炙シテ尽ス二其底蘊一ヲ。至マテ二於禅及ヒ法相・
三論ノ諸宗一、皆ナ莫シ二之ヲ遺スコト一。旁及二諸子百家ノ之書一ニ。建治二年
講ス二華厳ヲ于東大ノ舎那殿一ニ。其ノ弁注若二飛泉一、声暢以タリ二天鼓一ニ。
聴徒済済トシテ莫シ二斯レヨリ為ルハレ盛也ト。既ニシテ而嗣テ二照律師ノ席一住ス二戒壇一ニ。大ニ唱二
毘尼一、兼テ弘ム二華厳宗一ヲ。此ノ宗興ル二于世一ニ者、師ノ之力居多也焉。故ニ
当時言二雑華一ヲ者、莫レ不ト云コト三以レ師為二指南一ト矣。先レ是西大ノ慈真
和尚夢ラク、善財童子植二種ヲ于戒壇院ノ辺一ニ。真問フ、此レ何ノ種ソ乎。

⑦02オ

曰、華厳ノ種也也。既ニ寤テ意竊ニ怪ムレ之ヲ。至テレ是ニ乃シ知ル、師弘ルノ二華厳一ヲ之
兆ナルコトヲ也。識者異トス焉。後宇多皇帝聞テ二師ノ偉望一親ク幸シテ二寺中一ニ、受二
菩薩大戒一ヲ執二弟子ノ之礼一。特ニ賜フニ以ス二國師ノ之号一ヲ。復延レ之就テ二
禁中一ニ説法、帝与二群臣一親ク聴クレ之ヲ。聖眷優渥、人皆以テ為レ栄。
正応四年講ス二法華ヲ於和ノ之金剛山寺一。学子来帰ス。正和
年間慈真和尚入滅。其ノ徒行二分物ノ法一。師為メニ秉二羯磨一ヲ。会ミ
招提虚レ席。一衆請レ師補シム二住持ノ位一ヲ。於レ是黒白仰クコトレ之不二啻タ、
生仏ノ出現スルノミ一。自レ時厥後、屢ミ興二律社一。凡ソ一十八所、足レリレ見ルニ二其ノ
道化ノ之盛ナルヲ一也。講演ノ之暇、勤勤トシテ著述、発二揮ス斯ノ道一ヲ。元亨元

∟⑦02オ ∟⑦01ウ

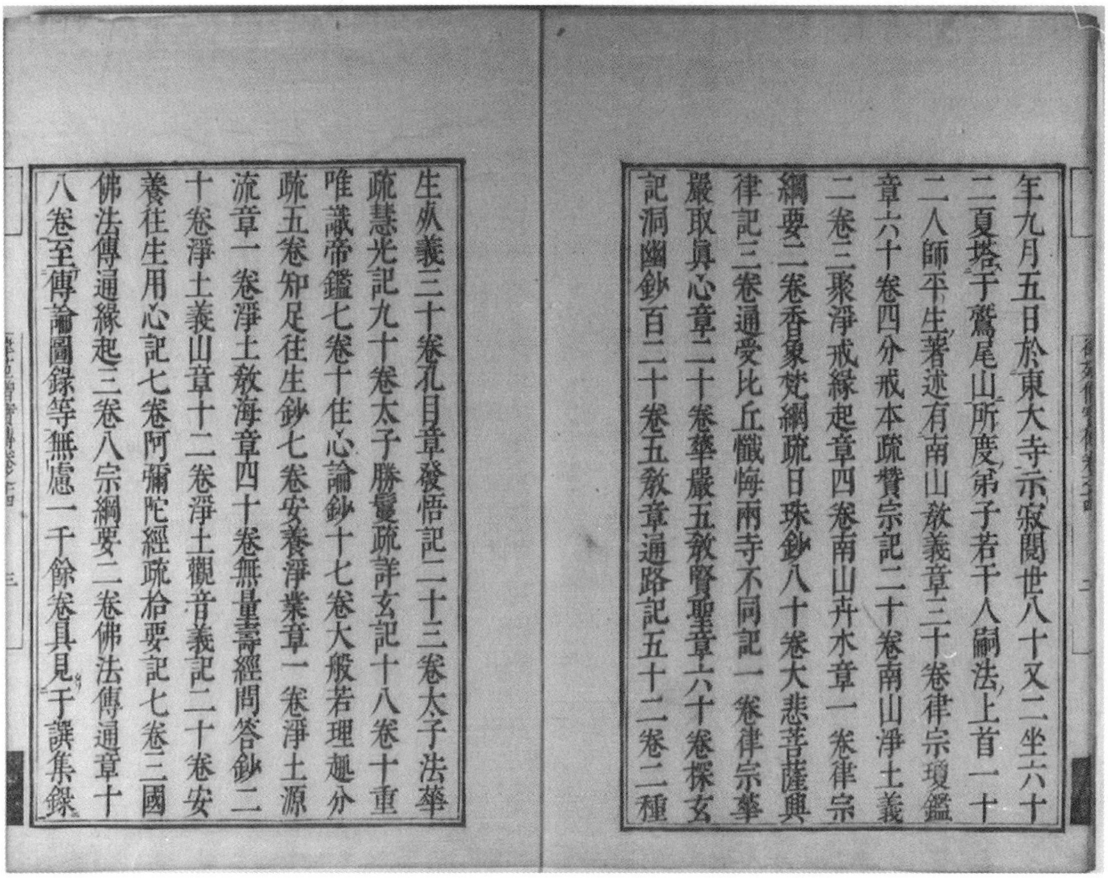
年九月五日於東大寺示寂閲世八十又二坐六十
二夏塔于鷲尾山所度弟子若干人嗣法上首一十
二人師平生著述有南山敎義章三十卷律宗瓊鑑
章六十卷四分戒本疏賛宗記二十卷南山淨土義
二卷三聚淨戒縁起章四卷南山卉木章一卷律宗
綱要二卷香象梵網疏日珠鈔八十卷大悲菩薩興
律記三卷通受比丘懺悔兩寺不同記一卷律宗華
嚴取眞心章二十卷華嚴五敎賢聖章六十卷探玄
記洞幽鈔百二十卷五敎章通路記五十二卷二種
生死義三十卷孔目章發悟記二十三卷太子法華
疏慧光記九十卷太子勝鬘疏詳玄記十八卷十重
唯識帝鑑七卷十住心論鈔十七卷大般若理趣分
疏五卷知足往生鈔七卷安養淨業章一卷淨土源
流章一卷淨土敎海章四十卷無量壽經問答鈔二
十卷淨土義山章十二卷淨土觀音義記二十卷安
養往生用心記七卷阿彌陀經疏拾要記七卷三國
佛法傳通縁起三卷八宗綱要二卷佛法傳通章十
八卷至傳論圖録等無慮一千餘卷具見于譔集録

⑦03オ　⑦02ウ

年九月五日、於㆓東大寺㆒示寂。閲世八十又二、坐六十
二夏。塔㆓ス于鷲尾山㆒ニ。所度ノ弟子若干人、嗣法ノ上首一十
二人。師平生ノ著述、有㆓南山教義章三十巻・律宗瓊鑑
章六十巻・四分戒本疏賛宗記二十巻・南山浄土義
二巻・三聚浄戒縁起章四巻・南山卉木章一巻・律宗
綱要二巻・香象梵網疏日珠鈔八十巻・大悲菩薩興
律記三巻・通受比丘懺悔両寺不同記一巻・律宗華
厳取真心章二十巻・華厳五教賢聖章六十巻・探玄
記洞幽鈔百二十巻・五教章通路記五十二巻・二種

⑦02ウ

生死義三十巻・孔目章発悟記二十三巻・太子法華
疏慧光記九十巻・太子勝鬘疏詳玄記十八巻・十重
唯識帝鑑七巻・十住心論鈔十七巻・大般若理趣分
疏五巻・知足往生鈔七巻・安養浄業章一巻・浄土源
流章一巻・浄土教海章四十巻・無量寿経問答鈔二
十巻・浄土義山章十二巻・浄土観音義記二十巻・安
養往生用心記七巻・阿弥陀経疏拾要記七巻・三國
仏法伝通縁起三巻・八宗綱要二巻・仏法伝通章十
八巻㆒。至㆓テ伝論図録等㆒無慮一千余巻。具見㆓タリ于譔集録㆒ニ。

⑦03オ

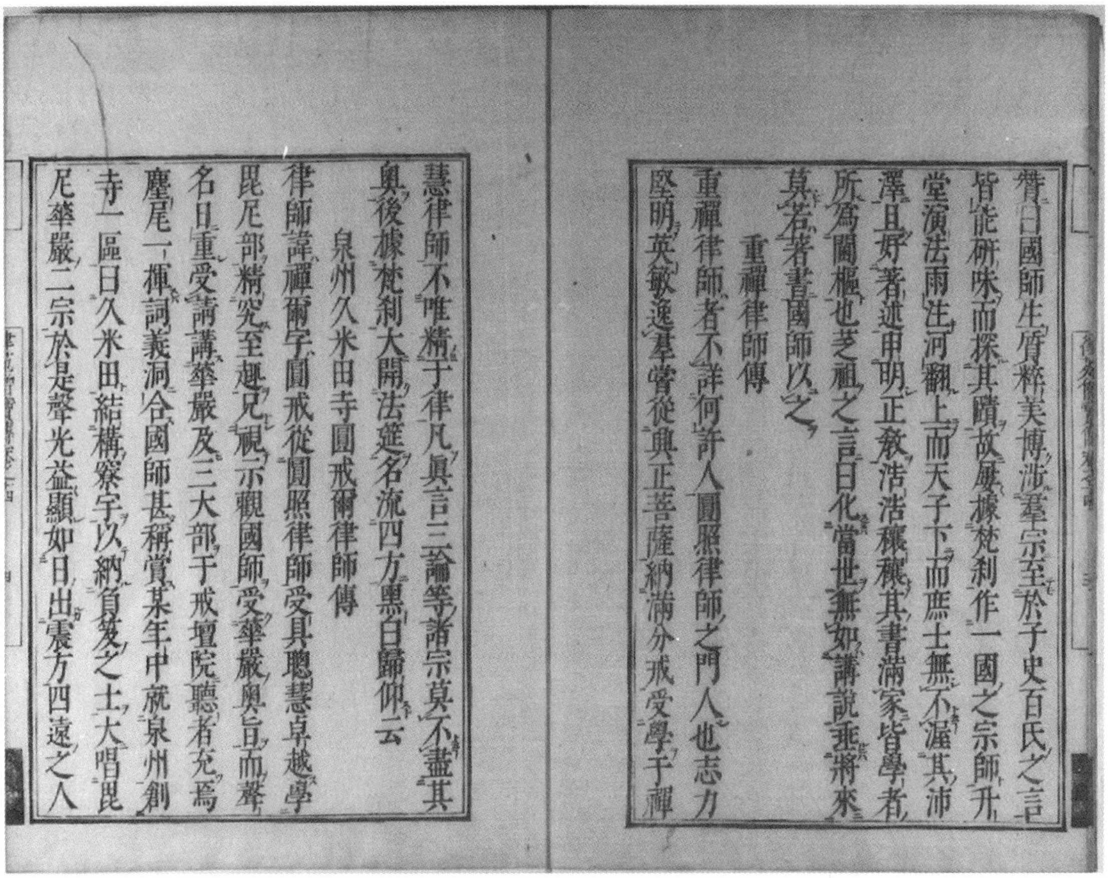

⑦03ウ　⑦04オ

賛ニ曰、國師生質粋美、博ク渉二ル群宗一ニ。至二テモ於子史百氏ノ之言一、
皆能研味シテ而探二ル其賾一ヲ。故ニ屢ミ拠二梵刹一、作二一國ノ之宗師一ト。升
堂演法、雨注キ河翻ル。上ニシテ而天子、下ニシテ而庶士、無レシ不レト云コト渥二其ノ沛
沢一ニ。且ツ好二著述一申二明シ正教一ヲ、浩浩穰穰トシテ其ノ書満レ家ニ。皆学者ノ
所レ也為二闔枢一ト也。芝祖ノ之言ニ曰、化二スルニハ当世一ヲ無レ如二クハ講説一、垂二ルニハ将来一ニ
莫レシト若二ハ著書一ニ。國師以レユ之ヲ。

重禅律師伝

重禅律師ハ者、不レ詳二何許人一。円照律師ノ之門人也也。志力
堅明ニシテ英敏逸レ群。嘗従二興正菩薩一納二満分戒一、受二学ヲ于禅

⑦03ウ

慧律師一。不三唯精二ノミ于律一、凡ソ真言・三論等ノ諸宗莫レ不レト云コト尽二其
奥一ヲ。後據二梵刹一大ニ開二ク法筵一ヲ。名流二四方一ニ黒白帰仰スト云。

泉州久米田寺円戒爾律師伝

律師諱ハ禅爾、字ハ円戒。従二円照律師一受具、聡慧卓越ス。学二
毘尼部一ヲ精二究ス至趣一ヲ。兄二トシ視テ示観國師一ヲ受二ク華厳ノ奥旨一ヲ。而シテ声
名日ニ重シ。受レ請講二ス華厳及ヒ三大部ヲ于戒壇院一ニ。聴者充ツ焉。
麈尾一揮スレハ詞義洞ニ合ス。國師甚タ称賞ス。某年中就二泉州一創二
寺一区一。曰二久米田一ト。結二構シテ寮宇一ヲ、以テ納二ル負笈ノ之士一ヲ。大ニ唱二毘
尼・華厳ノ二宗一、於レ是声光益ミ顕ル。如三日ノ出二ルカ震方一。四遠ノ之人

⑦04オ

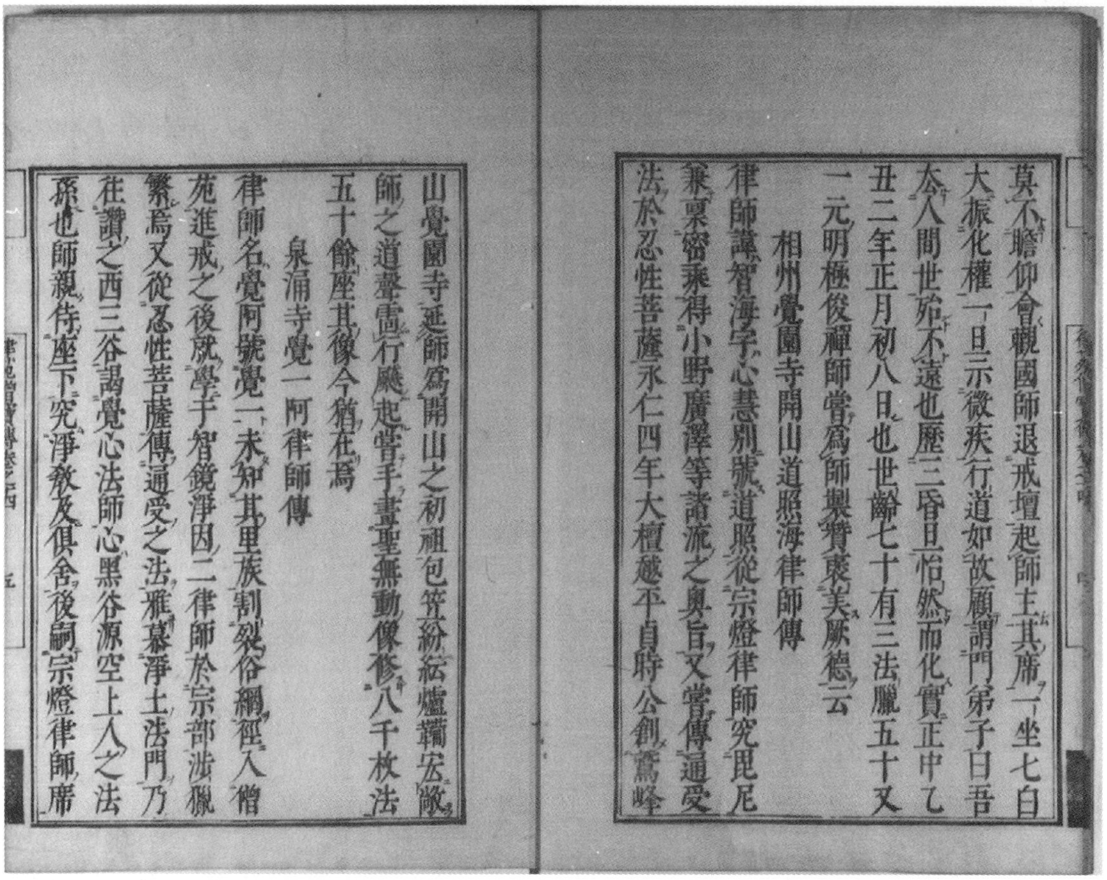

⑦05オ　⑦04ウ

莫レ不ニトイフコト瞻仰一。会ミ観國師退ニ戒壇一、起レ師主ニシム其ノ席一ヲ。一坐七白、
大ニ振ニ化権一。一旦示ニ微疾一。行道如レ故。顧テ謂ニ門弟子一曰、吾
去ニルコト人間世一殆ントレ不レト遠也。歴ニ三昏旦一怡然トシテ而化ス。実ニ正中乙
丑二年正月初八日也也。世齢七十有三、法臘五十又
一。元ノ明極俊禅師、嘗テ為レ師製レ賛褒ニ美ス厥徳一ヲ云。

相州覚園寺開山道照海律師伝

律師諱ハ智海、字ハ心慧、別ニ号ニス道照一。従ニ宗燈律師一究ニ毘尼一
兼テ稟ニ密乗一、得ニ小野・広沢等諸流ノ之奥旨一ヲ。又嘗テ伝ニ通受
法ヲ於忍性菩薩一。永仁四年大檀越平貞時公創メニ鷲峰

山覚園寺一、延レ師為ニ開山之初祖一。包笠紛紜、爐鞴宏ニ敞ラク、
師ノ之道声雷ノ如行、飆ノ如起ル。嘗テ手ラ画ニ聖無動ノ像一、修ニスルコト八千枚法一
五十余座。其ノ像今猶ヲ在リ焉。

泉涌寺覚一阿律師伝

律師名ハ覚阿、号ニ覚一一ト。未レタ知ニ其ノ里族一。割ニ裂シテ俗網一ヲ径ニ入ニ僧
苑一。進戒ノ之後、就ク学ニ于智鏡・浄因ノ二律師一。於ニ宗部一渉猟
繁シ焉。又従ニ忍性菩薩一伝フ通受ノ之法ヲ。雅ヨリ慕ニ浄土ノ法門一ヲ、乃
往ニ讃ノ之西三谷一謁ニ覚心法師一。心ハ黒谷源空上人ノ之法
孫也也。師親ク侍ニシテ座下ニ究ニム浄教及ヒ倶舎一ヲ。後嗣ニテ宗燈律師ノ席一

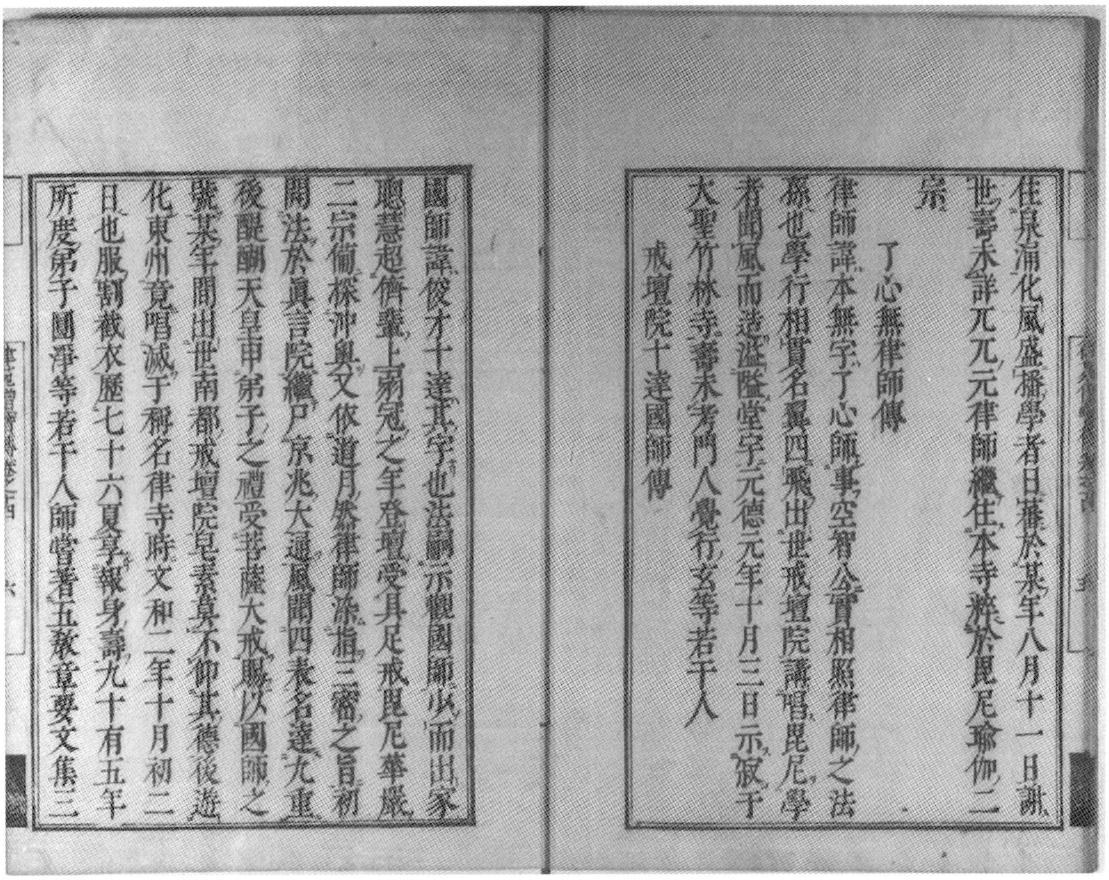

⑦06オ　⑦05ウ

住二泉涌一。化風盛ニ播シテ学者日ニ蕃シ。於二某ノ年八月十一日一謝ス
レ世ヲ。寿未レ詳。兀兀ノ元律師継テ住二本寺一。粋也於二毘尼・瑜伽ノ二
宗一ニ。

了心無律師伝

律師諱ハ本無、字ハ了心。師トシ二事フ空智公一ニ。実相照律師ノ之法
孫也也。学行相実、名翼四ニ飛フ。出二世戒壇院一講二唱ス毘尼一ヲ。学
者聞レ風而造リ溢二隘ス堂宇一ニ。元徳元年十月三日、示二寂ス于
大聖竹林寺一ニ。寿未レ考。門人覚行ノ玄等若干人。

戒壇院十達國師伝

└⑦05ウ

國師諱ハ俊才、十達ハ其ノ字ナリ也。法嗣二示観國師一ニ。少シテ而出家、
聡慧超二儕輩ノ上一。弱冠ノ之年登壇シテ受二具足戒一。毘尼・華厳ノ
二宗、備ニ探二沖奥一ヲ。又依二道月ノ然律師一染ム二指ヲ三密ノ之旨一ニ。初
開二法ヲ於真言院一ニ、継テ二戸ヲ京兆ノ大通一ヲ。風聞二四表一名達ス二九重一ニ。
後醍醐天皇申二弟子ノ之礼一受二菩薩大戒一ヲ。賜フニ以二國師ノ之
号一ヲ。某ノ年間出二世南都ノ戒壇院一、皁素莫レ不レ仰二其ノ徳一。後遊二
化シ東州一、竟ニ唱二滅ヲ于称名律寺一。時ニ文和二年十月初二
日也也。服シテ二割截衣一歴二七十六夏一、享クルコト二報身ノ寿一ヲ九十有五年。
所度ノ弟子円浄等若干人。師嘗著二五教章要文集三

└⑦06オ

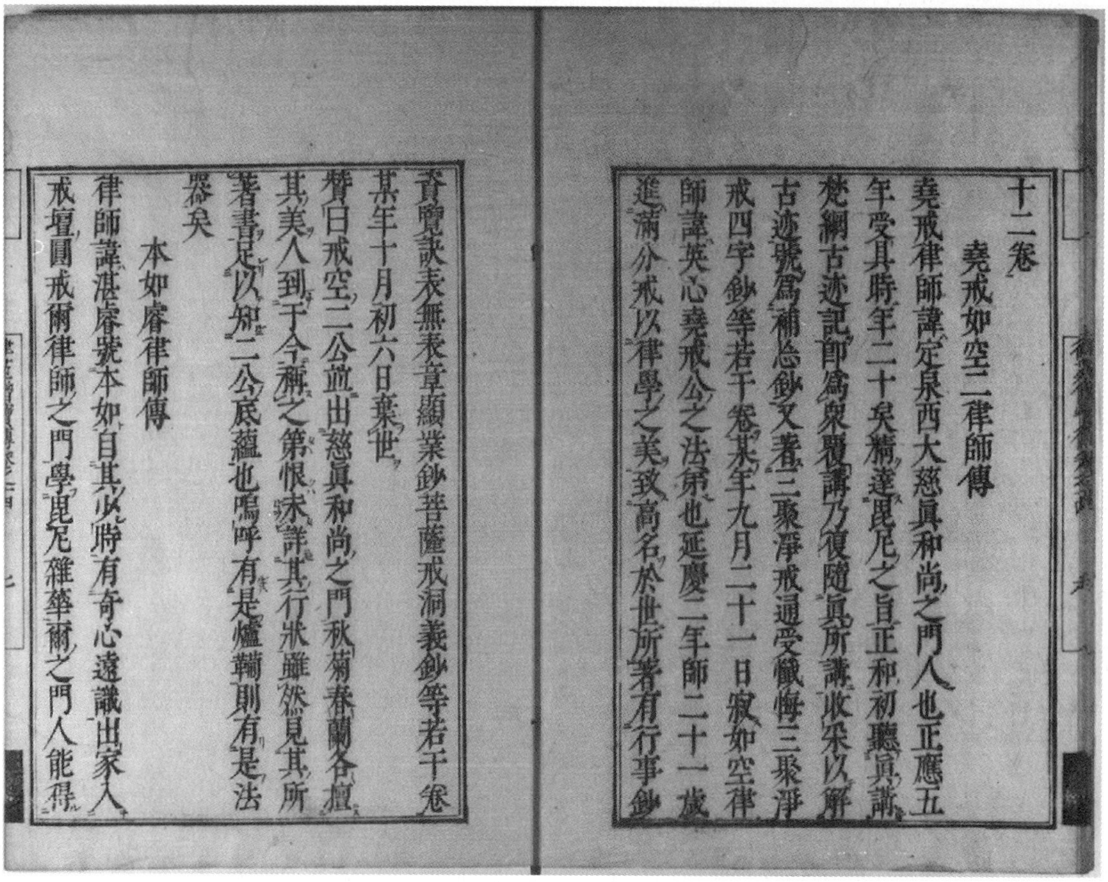

⑦07オ　⑦06ウ

十二巻一。

堯戒・如空二律師伝

堯戒律師、諱ハ定泉。西大慈真和尚ノ之門人也。正応五年受具、時ニ年二十矣。精ク達ス二毘尼ノ之旨一ニ。正和ノ初聴テ三真ノ講スルヲ二梵網古迹記一ヲ即為レ衆覆講。乃復随二真ノ所講一ニ収采、以テ解二古迹一。号シテ為二補忘鈔一。又著ス二三聚浄戒通受懺悔・三聚浄戒四字鈔等若干巻一ヲ。某ノ年九月二十一日寂ス。如空律師、諱ハ英心。堯戒公ノ之法弟也。延慶二年師二十一歳、進ムニ満分戒一。以二律学ノ之美一ヲ致ス二高名ヲ於世一ニ。所レ著有二行事鈔

⑦06ウ

資覧訣・表無表章顕業鈔・菩薩戒洞義鈔等若干巻一。

某年十月初六日棄レツ世ヲ。

賛曰、戒空ノ二公、並ニ出二慈真和尚ノ之門一。秋菊春蘭、各ミ擅ニス二其ノ美一ヲ。人到マテ二于今一ニ称レス之。第タヽ恨クハ未タレ詳ニセ二其ノ行状一ヲ。雖レ然見二其ノ所レ著書一ヲ、足レリ三以テ知ルニ二二公ノ底蘊一ヲ也。嗚呼有ル時ハ二是ノ爐鞴一、則有リ二是ノ法器一矣。

本如睿律師伝

律師諱ハ湛睿、号ス二本如ト一。自二其ノ少シ時一有二奇心遠識一出家、入テ二戒壇ノ円戒爾律師ノ之門一学フ二毘尼雑華一。爾ノ之門人能得ル二

⑦07オ

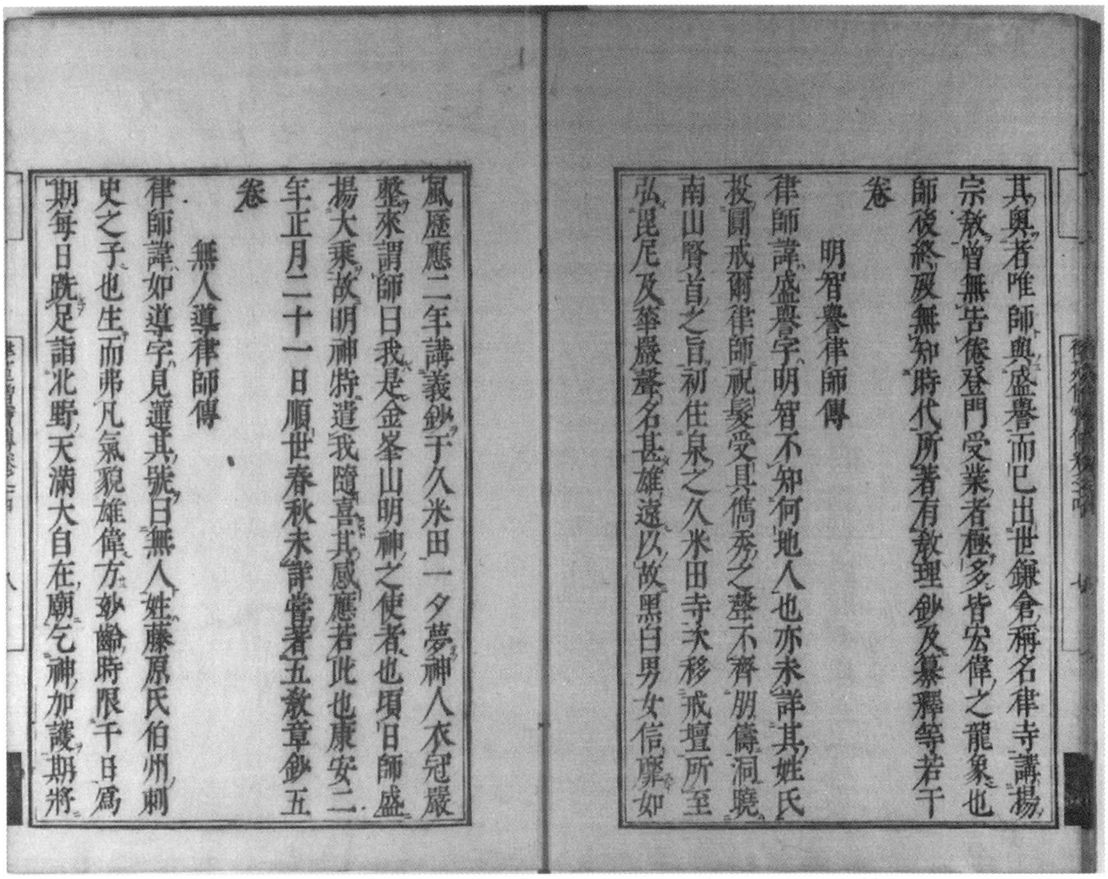

⑦08オ　⑦07ウ

其ノ奥ヲ一者、唯師ト与ノミ二盛誉一而已。出二世鎌倉ノ称名律寺一、講二揚シテ
宗教ヲ一曾無レ告レ倦。登門受業ノ者極テ多シ。皆宏偉ノ之龍象也也。
師後終歿無レ知二時代一。所レ著有二教理鈔及ヒ纂釈等若干
巻一。

明智誉律師伝

律師諱ハ盛誉、字ハ明智。不レ知二何地人一也。亦未レ詳二其ノ姓氏一。
投シテ二円戒爾律師一ニ祝髪受具。儁秀ノ之声、不レ斉二朋儔一ニ。洞ニ暁ム二
南山賢首ノ之旨ヲ一。初住二泉ノ之久米田寺一、次移二戒壇一。所レ至
弘メ二毘尼及ヒ華厳一、声名甚タ雄遠也。以ノ故ニ黒白男女信靡スルコト如
レ風。歴応二年講二義鈔ヲ于久米田一。一夕夢ラク、神人衣冠厳
整ニシテ来、謂レ師曰、我レハ是レ金峯山明神ノ之使者也也。頃日師盛ニ
揚二大乗ヲ一。故ニ明神特ニ遣レ我随喜セシムト。其ノ感応若レ此也。康安二
年正月二十一日順世。春秋未レ詳。嘗テ著二五教章鈔五
巻一。

無人導律師伝

律師諱ハ如導、字ハ見蓮。其ノ号ヲ曰二無人一ト。姓ハ藤原氏、伯州ノ刺
史之子也也。生テ而弗レ凡、気貌雄偉也。方サニ妙齢ノ時、限二千日一為
レ期、毎日跣シニシテレ足詣二北野ノ天満大自在ノ廟ニ一乞二神ノ加護ヲ一。期将ニ

⑦08オ

⑦07ウ

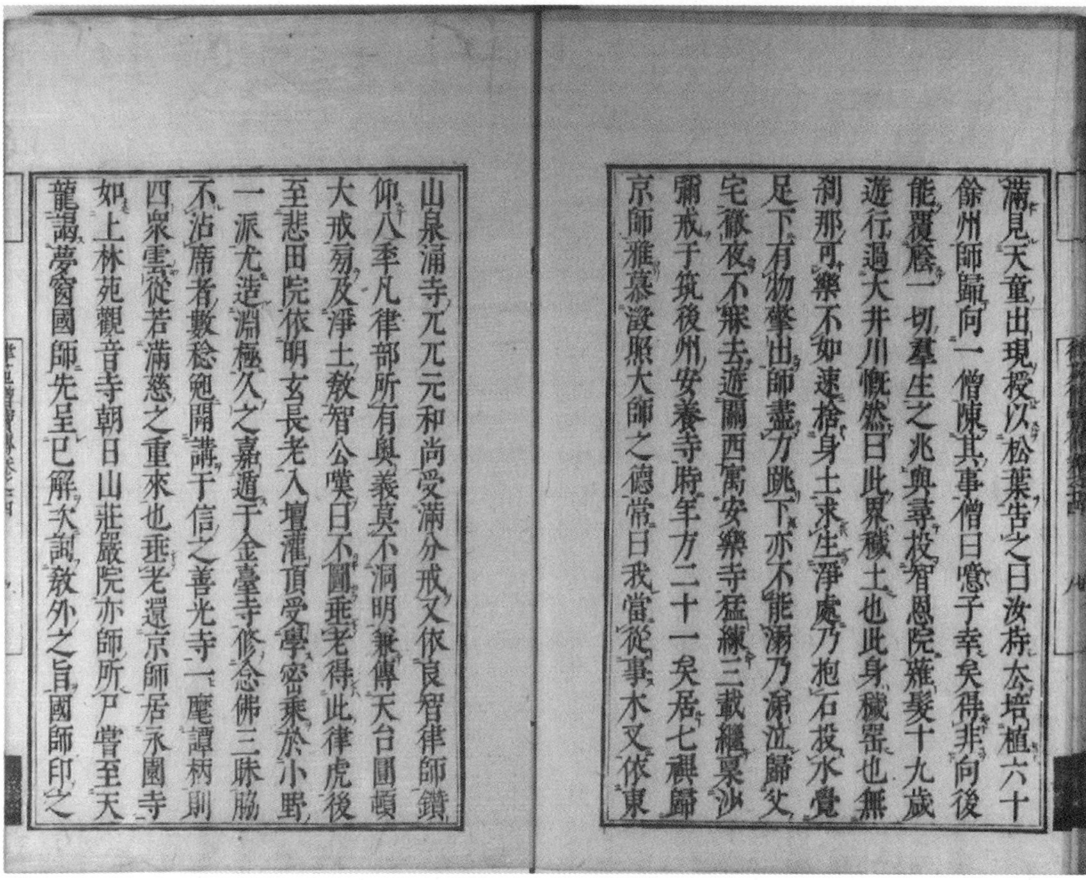

⑦09オ　⑦08ウ

レ満シト、見ル三天童ノ出現シテ授ルニ以スルヲ二松葉一ヲ。告レ之曰、汝持シ去テ培二植セヨト六十
余州一。師帰テ向二一僧一陳フ二其ノ事一。僧曰、噫ア、子幸也矣。得レシヤト非下コトヲ向後
能ク覆二蔭スルノ一切ノ群生一之兆上与。尋テ投シテ二智恩院一ニ薙髪。十九歳、
遊行シテ過二大井川一。慨然トシテ曰、此ノ界ハ穢土也也。此身ハ穢器也也。無二
刹那ノ可レキ楽。不レ如、速ニ捨二テ、身土一求レンニハ生二ンコトヲ浄処一ニ。乃抱レ石投レス水。覚二
足下ニ有レ物擎出一スヲ。師尽レクシテ力跳リ下レトモ亦不レ能レ溺。乃悌泣シ帰二父ノ
宅一、徹夜カラ不レ寐。去テ遊二関西一寓二安楽寺一。猛練スルコト三載、継テ稟二沙
弥戒ヲ于筑後州ノ安養寺一。時ニ年方二十一矣。居ルコト七禩、帰二
京師一。雅ヨリ慕二澂照大師之徳一常ニ曰、我レ当レ従二事ス木叉一ニ。依二東

山泉涌寺ノ兀兀元和尚一受二満分戒一ヲ、又依二良智律師一鑽
仰スルコト八年、凡律部所レ有奥義莫レ不二洞明一。兼テ伝二天台円頓
大戒一、旁ラ及二浄土ノ教一。智公嘆シテ曰、不レリキ図カラ、垂レントシテ老得二ントハ此ノ律虎一。後
至二悲田院一、依二明玄長老一入壇灌頂、受二学ス密乗一ヲ。於二小野ノ
一派一尤モ造二ル淵極一ニ。久シテ之嘉二遁ス于金台寺一。修二シテ念仏三昧一、脇
不レル沾レ席者ノ数稔、晩ニ開二講ヲ于信ノ之善光寺一。一ヒ麾二譚柄一、則
四衆雲ノ如従。若二満慈ノ之重来一也。垂レントシテ老還二京師一居二永園寺一。
如二キモ上林苑観音寺・朝日山荘厳院一亦師ノ所レ也尸。嘗至二天
龍一謁二ス夢窓國師一ニ。先呈二シ己解一ヲ、次ニ詢二フ教外ノ之旨一ヲ。國師印レシテ之

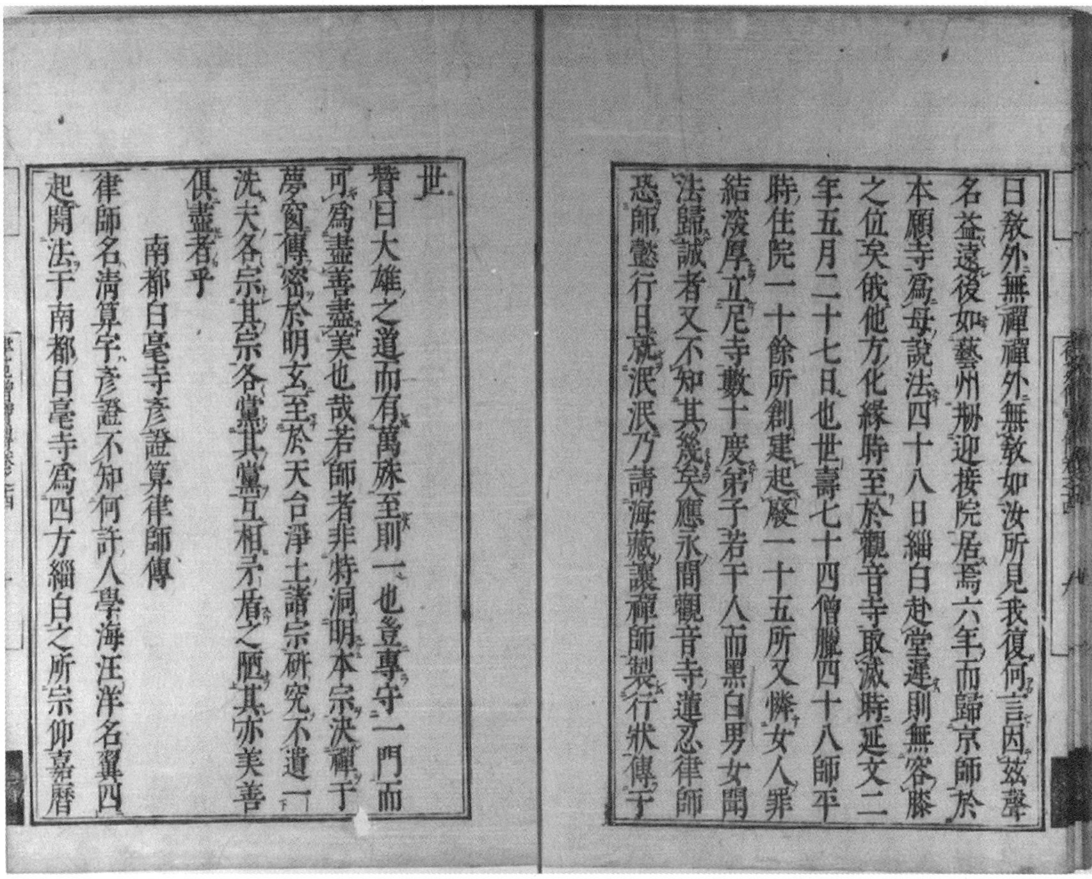

⑦10オ　　⑦09ウ

曰、教外ニ無レ禅、禅外ニ無レ教。如ニ汝所見一。我復タ何ヲカ言ント。因レテ兹声
名益ミ遠シ。後如ユキニ芸州一掛ニ迎接院一居ス焉。六年シテ而帰ニ京師一、於ニ
本願寺一為ニレ母ノ説法スルコト四十八日。緇白赴レ堂、遅時ハ則無ニ容レノ膝
之位一矣。俄ニ他方ノ化縁時至リ、於ニ観音寺一取レ滅。時ニ延文二
年五月二十七日也也。世寿七十四、僧臘四十八。師平
時ノ住院一十余所、創建シ起レスコト廃一十五所。又憐テニ女人ノ罪
結深厚ナルヲ一立ルコトニ尼寺一数十、度スルコトニ弟子一若干人。而黒白男女聞
レ法帰スルレ誠者、又不レ知ニ其ノ幾ト云フコトヲ一矣。応永ノ間、観音寺ノ蓮忍律師
恐テニ師ノ懿行日ニ就ンコトヲニ泯泯一ニ、乃請ニ海蔵ノ譲禅師一製シムニ行状一。伝フニ于

世ニ一。
賛曰、大雄ノ之道、而有レトモニ万殊一至ル時ハ則一也也。豈ニ専ラ守ニ一門一、而
可ンヤレ為ニ尽レ善尽ストレ美也哉。若レ師者非ニ特洞ニ明スルノミ本宗ヲ一、決シニ禅ヲ于
夢窓一ニ、伝フニ密於ヲ明玄一ニ。至テニ於天台・浄土ノ諸宗一研究シテ不レ遺。一下
洗ス夫ノ各ミ宗トシニ其ノ宗一、各ミ党トシテニ其ノ党一ヲ、互ニ相ヒ矛盾スルノ之陋キヲ上。其レ亦美善
倶ニ尽セル者ノカ乎。

南都白毫寺彦證算律師伝

律師名ハ清算、字ハ彦證。不レ知ニ何許ノ人一。学海汪洋、名翼四ニ
起ル。開ニ法ヲ于南都ノ白毫寺一、為ニ四方緇白一之所ニ宗仰一。嘉暦

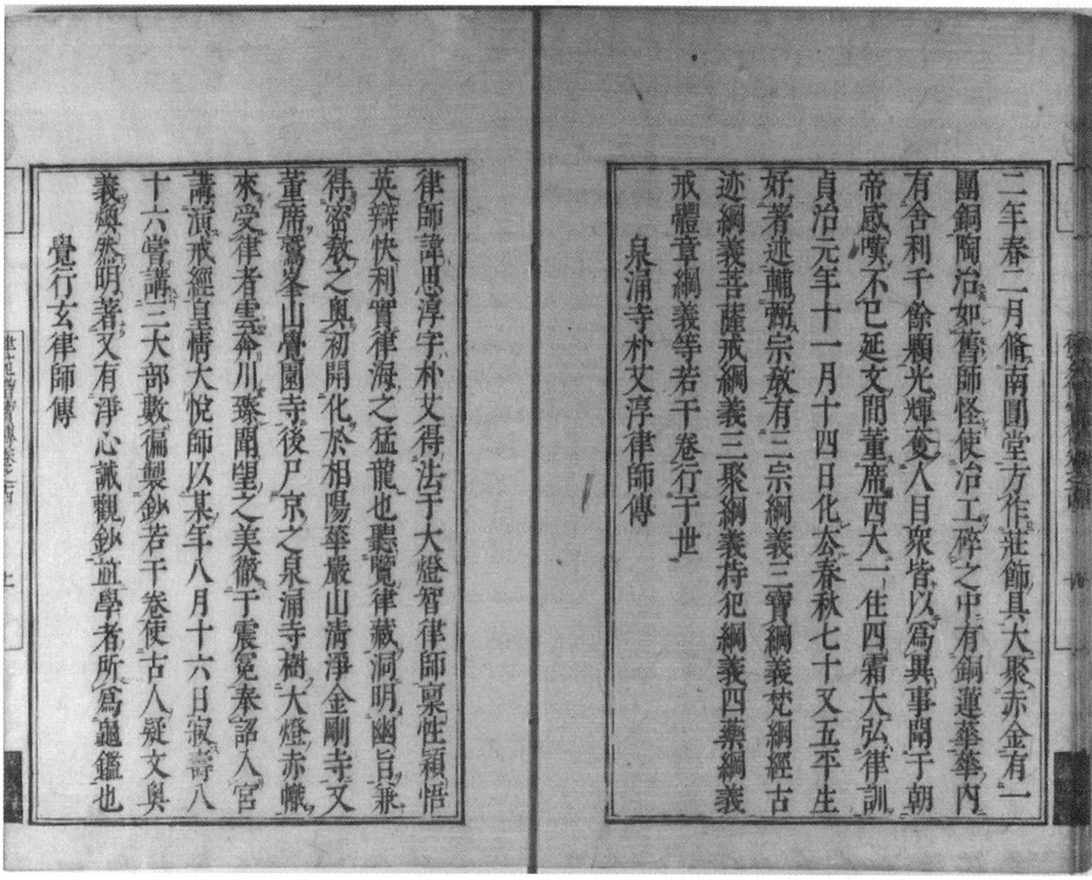
二年春二月脩南圓堂方作莊飾具大聚赤金有一團銅陶冶如舊師怪使冶工碎之中有銅蓮華華內有舍利千餘顆光輝奪人目衆皆以爲異事聞于朝帝感嘆不已延文間董席西大一住四霜大弘律訓貞治元年十一月十四日化去春秋七十又五平生好著述輔弼宗教有三宗綱義三寶綱義梵網經古迹綱義菩薩戒綱義三聚綱義持犯綱義四藥綱義戒體章綱義等若干卷行于世

泉涌寺朴艾淳律師傳

律師諱思淳字朴艾得法于大燈智律師稟性穎悟英辯快利實律海之猛龍也聽覽律藏洞明幽旨兼得密教之奧初開化於相陽華嚴山清淨金剛寺又董席鷲峯山覺園寺後尸京之泉涌寺樹大燈赤幟來受律者雲奔川臻聞望之美徹于震冕奉詔入宮講演戒經皇情大悅師以某年八月十六日寂壽八十六嘗講三大部數徧製鈔若干卷使古人疑文奧義煥然明著又有淨心誡觀鈔並學者所爲龜鑑也

覺行玄律師傳

⑦11オ　⑦10ウ

二年春二月修ス二南円堂ヲ一。方レ作ルニ二荘飾ノ具ヲ一大ニ聚ム二赤金ヲ一。有二一団銅一。陶治スレトモ如レシ旧モトノ。師怪ンテ使ニ治工ヲシテ砕レ之。中ニ有二銅蓮華一。華ノ内ニ有二舎利千余顆一。光輝奪フ二人目ヲ一。衆皆ナ以テ為レ異。事聞ニ于朝ニ一。帝感嘆シテ不レ已。延文ノ間董ス二席ヲ西大ニ一。一住四霜、大ニ弘ム二律訓ヲ一。貞治元年十一月十四日化シ去ル。春秋七十又五。平生好テ二著述ヲ一輔ニ弼ス宗教ヲ一。有二三宗綱義・三宝綱義・梵網経古迹綱義・菩薩戒綱義・三聚綱義・持犯綱義・四薬綱義・戒体章綱義等若干巻一。行ニ于世ニ一。

泉涌寺朴艾淳律師伝

律師諱ハ思淳、字ハ朴艾。得ニ法ヲ于大燈智律師ニ一。稟性穎悟、英弁快利。実ニ律海ノ之猛龍也。聴ニ覧シテ律蔵ヲ一洞ニ明メ幽旨ヲ一、兼テ得タリ二密教ノ之奥ヲ一。初開ニ化ヲ於相陽ノ華厳山清浄金剛寺ニ一、又董ニ席ヲ鷲峯山覚園寺ニ一。後尸ニ京ノ之泉涌寺ヲ一、樹ツ二大燈ノ赤幟ヲ一。来テ受ル律ヲ者雲ノ如ニ奔リ川ノ如ニ臻ル。聞望ノ之美徹ス二于震冕ニ一。奉レ詔ヲ入レリ宮ニ、講ニ演ス戒経ヲ一。皇情大悦。師以ニ某ノ年八月十六日ヲ一寂ス。寿八十六。嘗テ講スルコト二三大部ヲ一数偏、製ニ鈔若干巻ヲ一。使ニ古人ノ疑文奥義ヲシテ煥然トシテ明著ナラ一。又有ニ浄心誡観ノ鈔一。並ニ学者ノ所レ為ニ亀鑑ト一也。

覚行玄律師伝

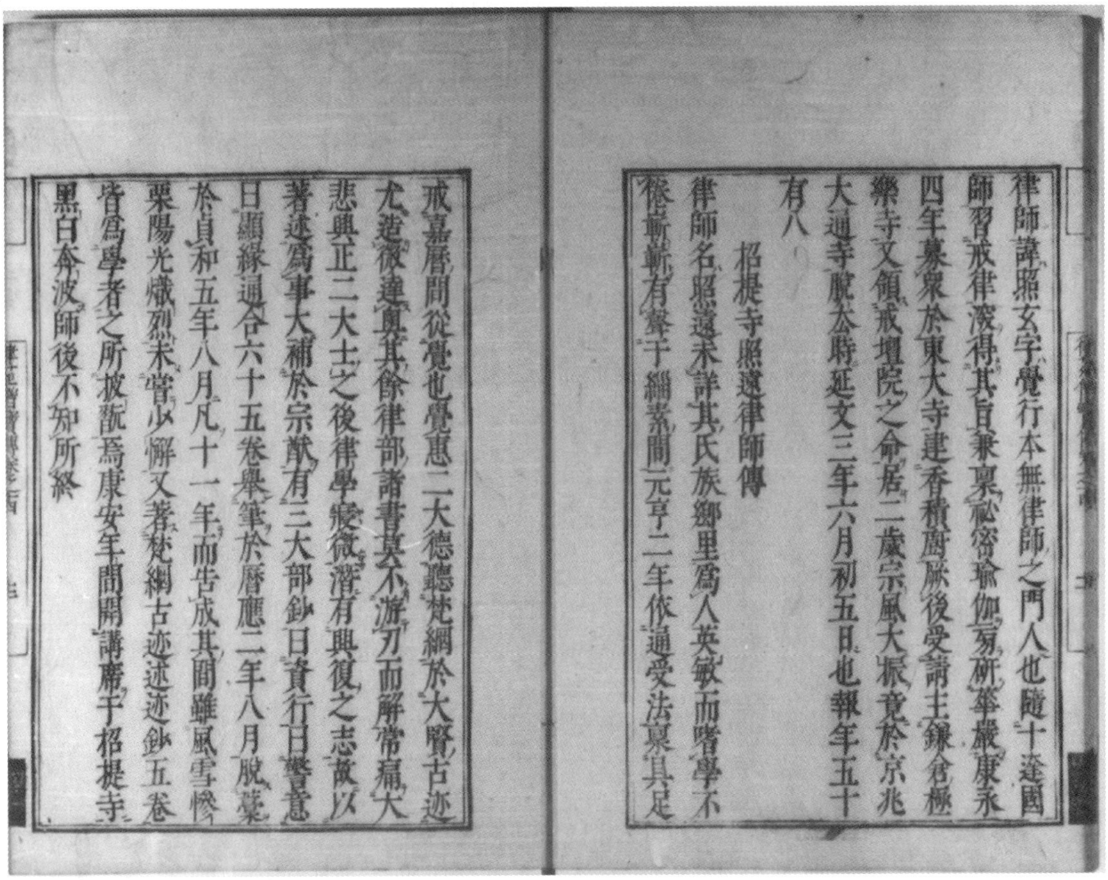

⑦12オ　⑦11ウ

律師諱ハ照玄、字ハ覚行。本無律師ノ之門人也也。随二十達國
師一習二戒律一、深ク得二タリ其旨一。兼稟二ク秘密瑜伽一ヲ。旁ラ研二ク華厳一ヲ。康永
四年募レ衆於二東大寺一建二香積厨一。厥レ後受レ請主二鎌倉ノ極
楽寺一、又領二ス戒壇院ノ之命一ヲ。居ルコト一二歳、宗風大振フ。竟ニ於二京兆
大通寺一脱去。時ニ延文三年六月初五日也。報年五十
有八。

招提寺照遠律師伝

律師名ハ照遠、未レ詳二其ノ氏族郷里一。為レ人英敏、而嗜レ学不
レ倦。嶄嶄トシテ有レ声二于緇素ノ間一ニ。元亨二年依二通受法一稟二具足

⑦11ウ

戒一。嘉暦ノ間従二覚也・覚恵二大徳一聴二梵網一。於二大賢ノ古迹一
尤モ造レリ微達レス奥ニ。其ノ余律部ノ諸書、莫レ不二ト云コト游レテ刃而解一。常痛二テ大
悲・興正二大士ノ之後、律学寝微一ナルコトヲ、潜ニ有二興復ノ之志一。故ニ以二
著述一為レ事、大ニ補二於宗猷一ヲ。有二三大部鈔一。曰二資行一曰二警意一
曰二顕縁一、通合六十五巻。挙二シ筆ヲ於暦応二年八月一、脱二ス藁ヲ
於貞和五年八月一ニ。凡ソ十一年ニシテ而告レ成。其ノ間雖二風雪惨
栗陽光熾烈一ト未二タ嘗テ少懈一。又著二ス梵網古迹述迹鈔五巻一。
皆為二学者一之所二披翫一焉。康安年間開二講席ヲ于招提寺一ニ。
黒白奔波ス。師後不レ知レ所レ終。

⑦12オ

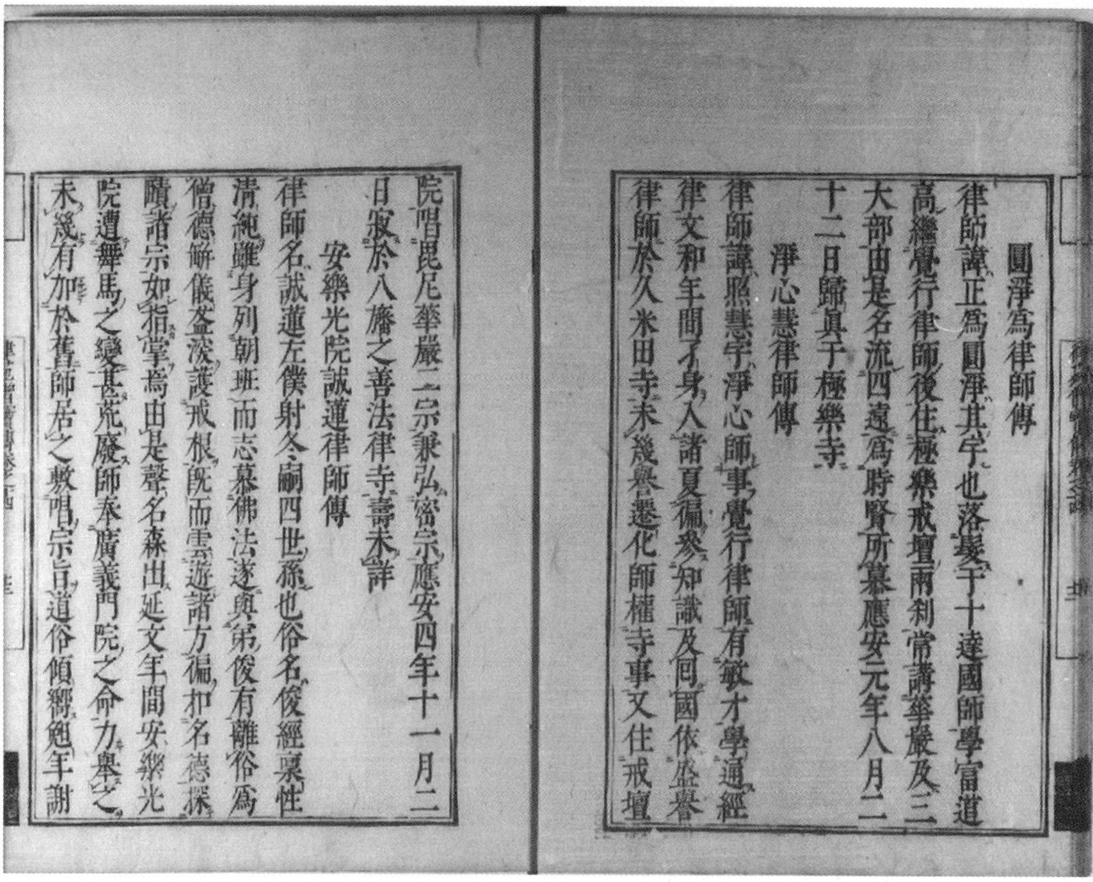

⑦13オ　⑦12ウ

円浄為律師伝

律師諱ハ正為、円浄ハ其ノ字也也。落二髪ス于十達國師一。学富道高シ。継二覚行律師ノ後一住二スス極楽・戒壇ノ両刹一。常講二華厳及ヒ三大部一。由レ是名流レ二四遠一ニ、為二時賢一所レ慕。応安元年八月二十二日帰二真于極楽寺一ニ。

浄心慧律師伝

律師諱ハ照慧、字ハ浄心。師トシ二事フ覚行律師一ニ。有二敏才一、学二通ス経律一。文和年間、孑身ニシテ入二諸夏一偏ク参二ス知識一。及レ回レルニ國依二ル盛誉律師ニ於久米田寺一ニ。未レ幾誉遷化。師権二寺事一。又住二戒壇

⌐⑦12ウ

院一、唱二毘尼・華厳二一宗一兼弘二ム密宗一ヲ。応安四年十一月二日、寂二ス於八幡之善法律寺一ニ。寿未レタ詳。

安楽光院誠蓮律師伝

律師名ハ誠蓮、左僕射冬嗣四世ノ孫也也。俗名ハ俊経。稟性清純ニシテ雖三身列二朝班一、而志慕二仏法一。遂ニ与二弟ノ俊有一離レ俗為レ僧ト。徳缾儀盃、深ク護二戒根一ヲ。既而雲二遊シ諸方一、偏ク扣二名徳一。探テ二賾ヲ諸宗一如レシ指レスカ掌ヲ焉。由レ是声名森出ス。延文年間、安楽光院遭テ二舞馬ノ之変一ニ甚タ荒廃ス。師奉二広義門院ノ之命一力メテ挙レス之ヲ。未レタ幾ナラ有レ加マサレルコト二於旧一ニ。師居レ之敷二唱シテ宗旨一ヲ道俗傾嚮ス。晩年謝

⌐⑦13オ

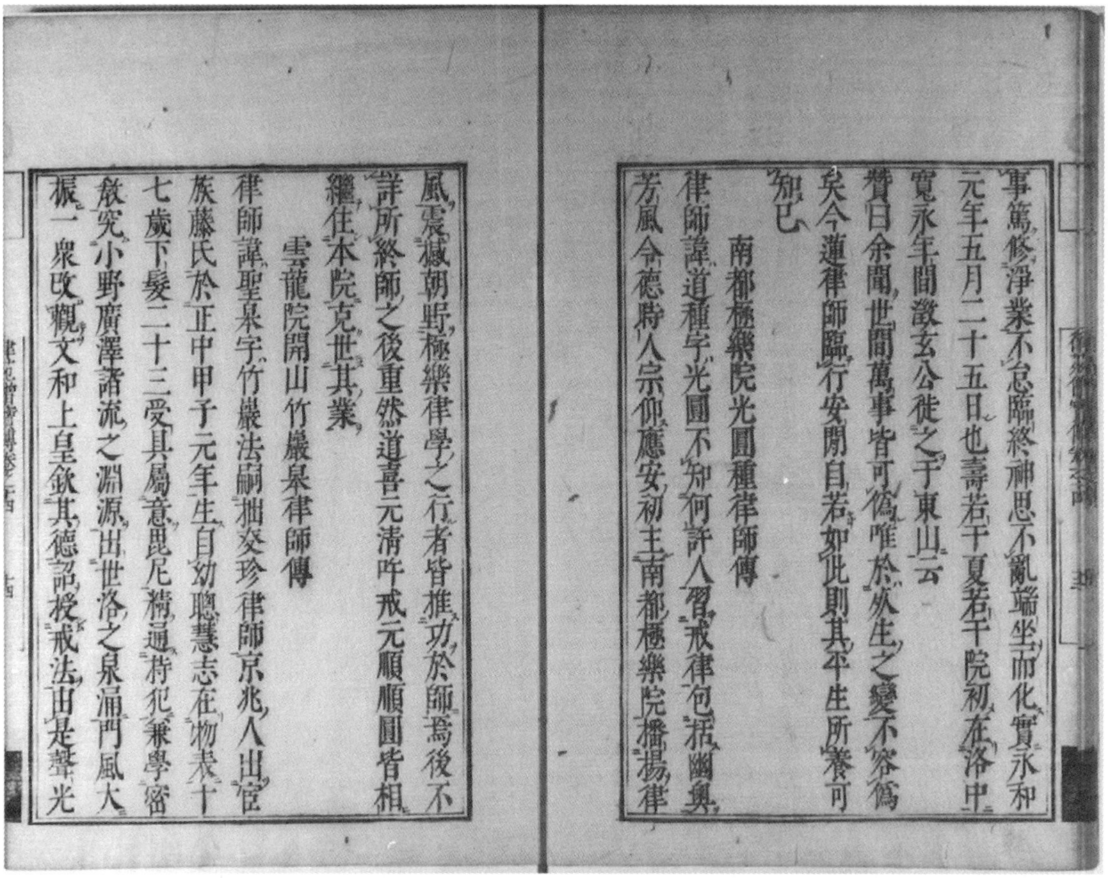
事篤修淨業不怠臨終神思不亂端坐而化實永和
元年五月二十五日也壽若干夏若干院初在洛中
寛永年間澂玄公徙之于東山云
賛曰余聞世間萬事皆可僞唯於死生之變不容僞
矣今蓮律師臨行安閒自若如此則其平生所養可
知已
南都極樂院光圓種律師傳
律師諱道種字光圓不知何許人習戒律包括幽奧
芳風令德時人宗仰應安初主南都極樂院播揚律
風震撼朝野極樂律學之行者皆推功於師焉後不
詳所終師之後重然道喜元淸吽戒元順順圓皆相
繼住本院克世其業
雲龍院開山竹巖皐律師傳
律師諱聖皐字竹巖法嗣拙㚓珍律師京兆人出宦
族藤氏於正中甲子元年生自幼聰慧志在物表十
七歳下髮二十三受具屬意毘尼精通持犯兼學密
教究小野廣澤諸流之淵源出世洛之泉涌門風大
振一衆改觀文和上皇欽其德詔授戒法由是聲光

⑦14オ　⑦13ウ

レ事、篤ク修シテ二浄業一不レ怠。臨終神思不レ乱、端坐シテ而化ス。実ニ永和
元年五月二十五日也也。寿若干、夏若干。院初メ在リ二洛中一ニ。
寛永年間、澂玄公徙二之ヲ于東山一ニ云。
賛曰、余聞ク、世間万事皆可レ偽ル。唯於ハ二死生ノ之変一不レ容レ偽
矣。今蓮律師臨テレ行安間自若ナルコト如レ此。則其ノ平生所レ養可
レ知ヌ已。

南都極楽院光円種律師伝

律師諱ハ道種、字ハ光円。不レ知二何許人一。習テ二戒律一包二括ス幽奥一ヲ。
芳風令徳、時人宗仰ス。応安ノ初主ル二南都ノ極楽院一。播二揚シテ律

⑦13ウ

風ヲ一震二撼朝野一ヲ。極楽律学ノ之行ル者、皆推ス二功ヲ於師一ニ焉。後不
レ詳レ所レ終。師ノ之後、重然・道喜・元清・吽戒・元順・順円、皆相ヒ
継テ住シ二本院一ニ、克ク世ニス二其ノ業一ヲ。

雲龍院開山竹巌皐律師伝

律師諱ハ聖皐、字ハ竹巌。法嗣ス二拙㚓珍律師一。京兆ノ人、出ツ二宦
族藤氏一。於二正中甲子元年一生ス。自レ幼聡慧、志在リ二物表一ニ。十
七歳下髪、二十三受具。属二意ヲ毘尼一、清ク通ス二持犯一ニ。兼学ス二密
教一究ム二小野・広沢諸流ノ之淵源一ヲ。出ツ二世洛ノ之泉涌一ニ、門風大ニ
振ヒ、一衆改ム観モノヲ。文和上皇欽ス二其ノ徳一、詔シテ授シム二戒法一ヲ。由レ是声光

⑦14オ

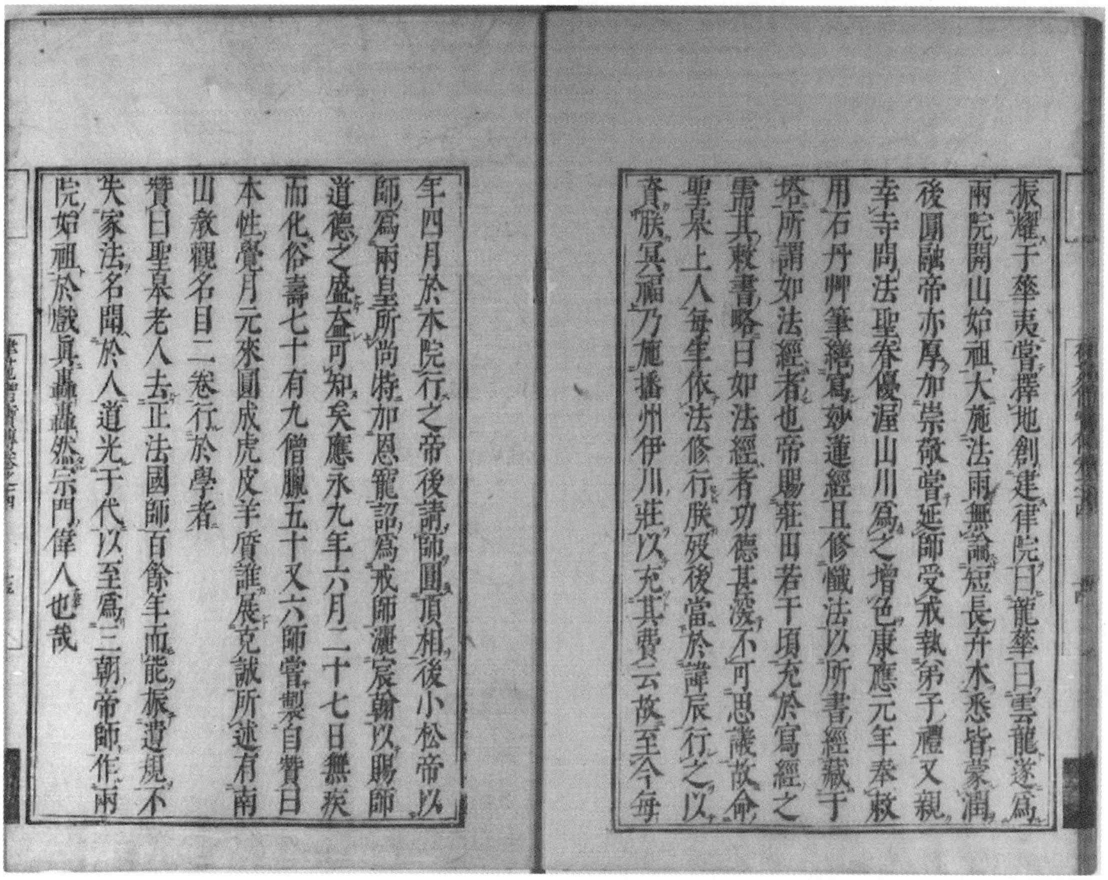

⑦15オ　⑦14ウ

振二耀ス于華夷一ニ。嘗テ択レ地創二建ス律院一ヲ。曰二ヒ龍華一曰二フ雲龍一ト。遂ニ為二ル
両院ノ開山始祖一ト。大ニ施二法雨一、無レ論二スルコト短長ノ卉木一ヲ。悉皆ナ蒙レル潤ヲ。
後円融帝、亦厚ク加二崇敬一。嘗テ延レ師受レ戒執二弟子ノ礼一、又親ク
幸レ寺問法。聖眷優渥、山川為レメニ之増レ色ヲ。康応元年奉レ勅
用二石丹草筆一繕二写シ妙蓮経一、且修二懺法一。以二所書ノ経一蔵二ム于
塔一ニ。所謂如法経ト云者ノ也。帝賜二荘田若干頃一、充二於写経ノ之
需一。其ノ勅書ノ略ニ曰、如法経ハ者功徳甚深ニシテ不レ可二思議一。故ニ命シテ二
聖皐上人一毎年依レテ法修行セシム。朕カ歿後、当下ニ於二諱辰一行レシ之ヲ、以テ
資中朕カ冥福上。乃施二播州伊川ノ荘一ヲ、以テ充二ツト其費一云。故ニ至レ今毎

⑦14ウ

年四月於二本院一行ス之。帝後請レシテ師ヲ円ニス二頂相一ヲ。後小松帝以下
師ノ為二両皇一所ヒ尚、特ニ加二恩寵一。詔シテ為二戒師一、灑二宸翰一以テ賜。師
道徳ノ之盛ナルコト盍シ可レ知ヌ矣。応永九年六月二十七日無疾
而化ス。俗寿七十有九、僧臘五十又六。師嘗テ製二自賛一曰、
本性ノ覚月、元来円成。虎皮羊質、誰カ展二ント克誠一。所レ述有二南
山教観名目二巻一。行ル二於学者一ニ。
賛曰、聖皐老人去ルコト二正法國師一百余年、而モ能ク振テ二遺規一ヲ不
レ失二家法一ヲ。名聞ヘ二於人一ニ道光ル二于代一ニ。以至為リ二三朝ノ帝師一ト、作ル二両
院ノ始祖一ト。於戯真ニ轟轟ノ然タル宗門ノ偉人也哉（ナルカナ）。

⑦15オ

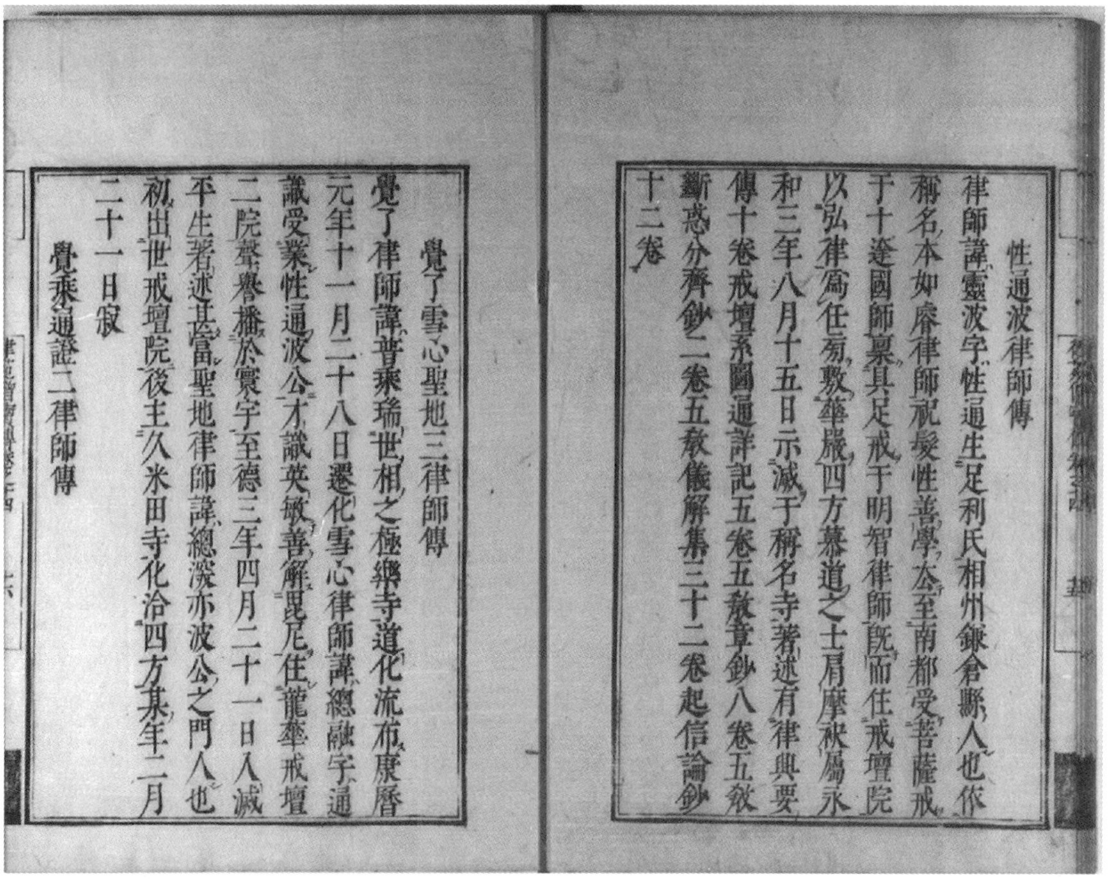

⑦16オ　⑦15ウ

性通波律師伝

律師諱ハ霊波、字ハ性通。生二足利氏一。相州鎌倉県ノ人也。依二
称名ノ本如睿律師一祝髪、性善ク学フ。去テ至二南都一、受ケ二菩薩戒ヲ
于十達國師一、稟ク二具足戒ヲ于明智律師一。既ニシテ而住二戒壇院一
以二弘律一為レ任、旁ラ敷ク二華厳一。四方慕道ノ之士、肩摩袂属。永
和三年八月十五日、示二滅ヲ于称名寺一。著述有二律興要
伝十巻・戒壇系図通詳記五巻・五教章鈔八巻・五教
断惑分斉鈔二巻・五教儀解集三十二巻・起信論鈔
十二巻一。

⑦15ウ

覚了・雪心・聖地三律師伝

覚了律師、諱ハ普乗。瑞二世シテ相ノ之極楽寺一道化流布ス。康暦
元年十一月二十八日遷化。雪心律師、諱ハ総融、字ハ通
識。受二業シ性通ノ波公ニ一、才識英敏ニシテ善ク解ス二毘尼ヲ一。住シ二龍華・戒壇
二院一、声誉播ス二於寰宇一。至徳三年四月二十一日入滅。
平生著述甚タ富シ。聖地律師、諱ハ総深。亦波公ノ之門人也也。
初メ出二世戒壇院一ニ、後主二久米田寺一。化洽二四方一。某ノ年二月
二十一日寂。

覚乗・通證二律師伝

⑦16オ

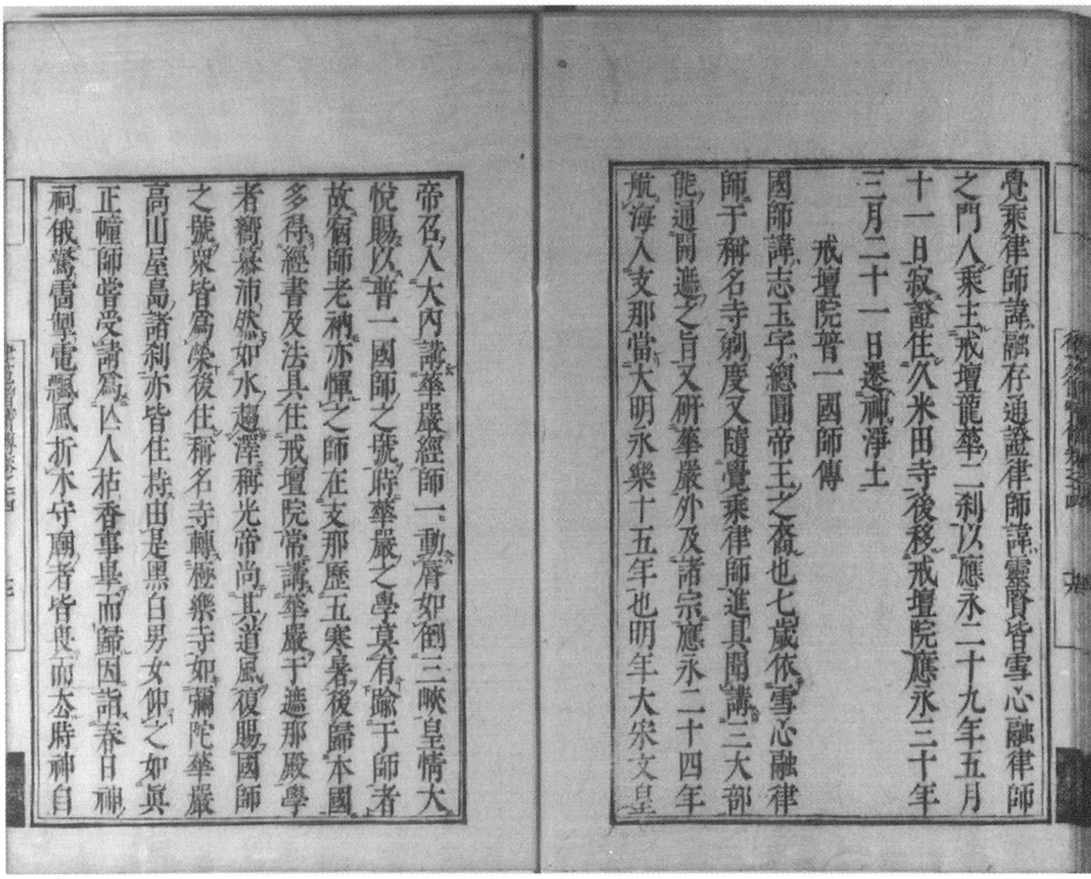

⑦17オ　⑦16ウ

覚乗律師、諱ハ融存。通證律師、諱ハ霊賢。皆雪心融律師之門人也。乗主ル二戒壇・龍華ノ二刹一。以二応永二十九年五月十一日一寂ス。證住シ二久米田寺一、後移ル二戒壇院一。応永三十年三月二十一日遷ス二神ヲ浄土一。

戒壇院普一國師伝

國師諱ハ志玉、字ハ総円。帝王ノ之裔也也。七歳依テ二雪心融律師ニ于称名寺一剃度、又随二覚乗律師一進具。聞レ講スルヲ二三大部一、能ク通二開遮ノ之旨一。又研二華厳一、外及二諸宗一ニ。応永二十四年航シテレ海入二支那一。当レリ二大明永楽十五年一也。明年大宋文皇

└
⑦16ウ

帝召シテ入二大内一、講シム二華厳経一。師一ヒ動スレハレ脣、如レ倒二三峡一。皇情大ニ悦、賜フニ以ス二普一國師ノ之号一ヲ。時ニ華厳ノ之学莫レ有ルコト下踰二于師一者上。故ニ宿師老衲モ亦憚ルレ之。師在二支那一歴二五寒暑一ヲ、後帰二本國一ニ。多得タリ二経書及法具一。住二戒壇院一常ニ講ス二華厳ヲ于遮那殿一。学者嚮慕、沛然トシテ如二水ノ趨ルカレ沢一ニ。称光帝尚テ二其ノ道風一ヲ、復賜フ二國師之号一ヲ。衆皆為レ栄ト。後住シ二称名寺一転ス二極楽寺一。如キ二弥陀・華厳・高山・屋島ノ諸刹一亦皆住持ス。由レ是黒白男女仰クコトレ之如二真正幢一。師嘗受レ請為メニ二亡人一拈香、事畢テ而帰ル。因ニ詣ス二春日神ノ祠一ニ。俄ニ驚雷掣電、飄風折レ木。守廟ノ者皆畏テ而去ル。時神自

└
⑦17オ

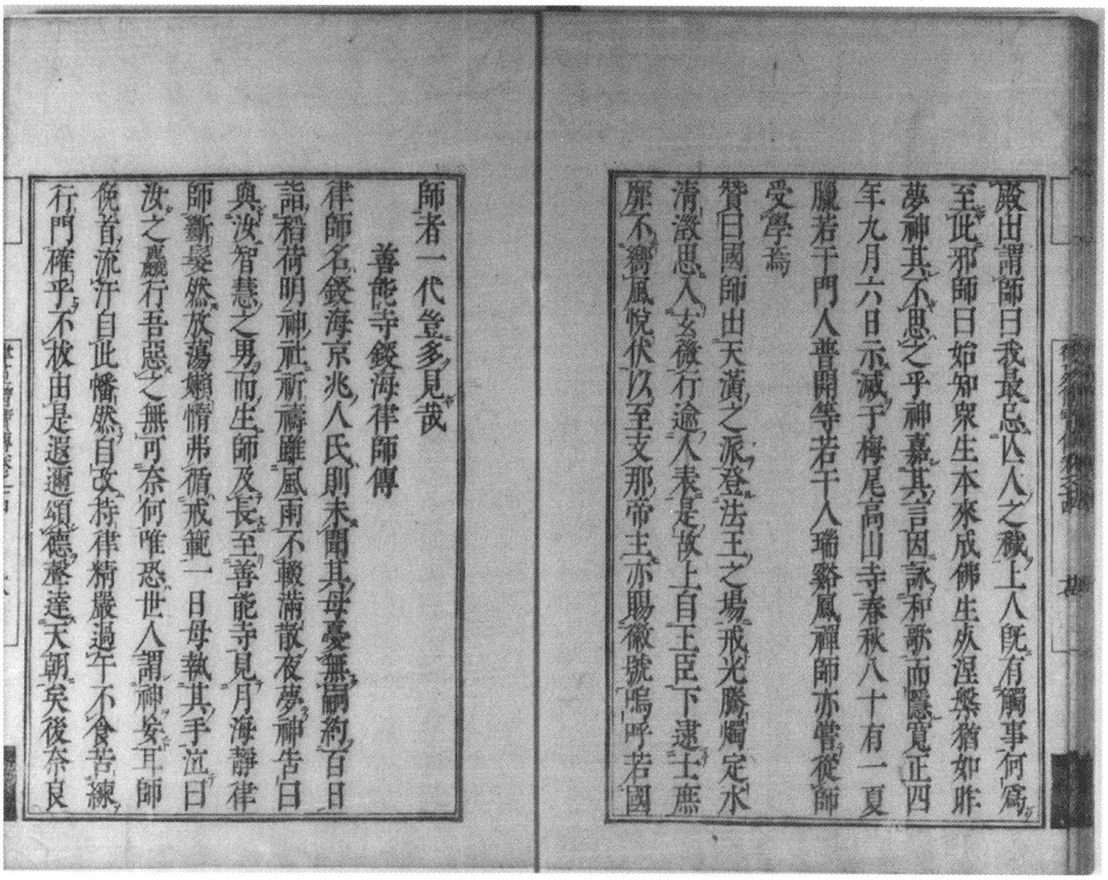

⑦18オ　⑦17ウ

レ殿出、謂レ師曰、我最モ忌ム二亡人ノ之穢一ヲ。上人既ニ有二触事一。何為レソ
至レレルヤ此ニ邪。師曰、始知衆生、本来成仏、生死涅槃、猶如昨
夢。神其レ不レルヤ思レハ之乎。神嘉シ二其ノ言一、因ニ詠シテ二和歌一而隠ル。寛正四
年九月六日示スニ滅ヲ于梅尾高山寺一。春秋八十有一、夏
臘若干。門人普開等若干人。瑞谿鳳禅師、亦嘗テ従レ師
受レ学焉

賛曰、國師出ニ天潢ノ之派一ヲ、登ルニ法王ノ之場一ニ。戒光騰燭、定水
清澂。思ヒ入リニ玄微一、行逾フニ人表一ニ。是ノ故、上自ニ王臣一下逮マテニ士庶一
靡レ不トニ云コト嚮レ風悦伏一。以至支那ノ帝主モ亦賜ニ徽号一。嗚呼若ニ國

師一者、一代豈ニ多ク見ンヤ哉。

善能寺鋄海律師伝

律師名ハ鋄海、京兆ノ人。氏ハ則未タレ聞。其ノ母憂レ無コトヲレ嗣、約シテニ百日一
詣シテニ稲荷明神ノ社一ニ祈禱。雖ニ風雨一不レ輟。満散ノ夜夢ラク、神告曰、
与ントニ汝ニ智慧ノ之男一ヲ。而シテ生ム。師及テレ長ナルニ至リニ善能寺一、見テニ月海静律
師一断髪。然モ放蕩嬾惰、弗レ循ハニ戒範一。一日母執ニ其ノ手一泣テ曰、
汝カ之麤行、吾悪トモレ之無レ可ニ奈何一。唯恐ハ世人謂ンニ神ヲ妄也トー耳。師
俛首シテ流レ汗、自レ此幡然トシテ自改ム。持律精厳、過レ午不レ食。若ニ練シテ
行門一、確乎トシテ不レ抜。由レ是遐迩頌シレ徳ヲ、声達スニ天朝一ニ矣。後奈良

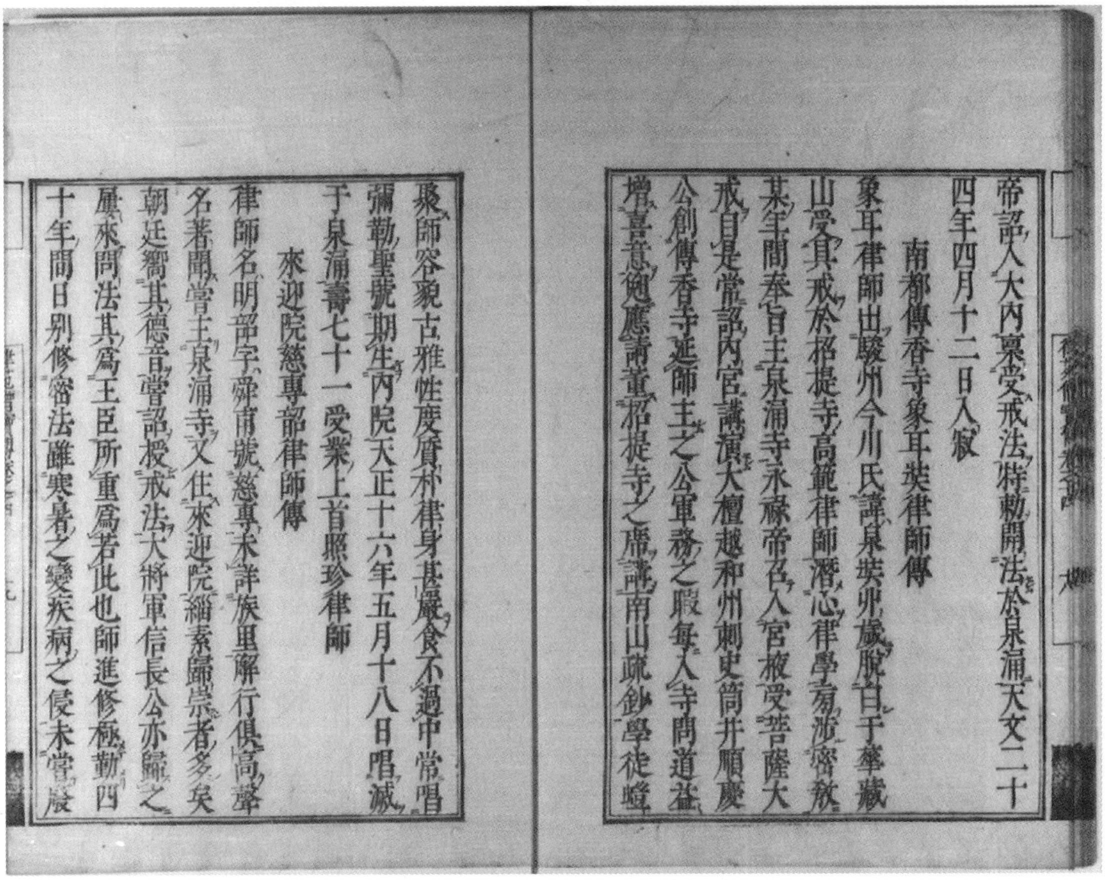

帝詔入大内稟受戒法特勅開法於泉涌天文二十
四年四月十二日入寂
南都傳香寺象耳奘律師傳
象耳律師出駿州今川氏諱泉奘卯歳脱白于華蔵
山受具戒於招提寺高範律師潜心律學旁渉密教
某年間奉旨主泉涌寺永禄帝召入宮掖受菩薩大
戒自是常詔内宮講演大檀越和州刺史筒井順慶
公創傳香寺延師主之公軍務之暇毎入寺問道益
増喜意晩應請董招提寺之席講南山疏鈔學徒蝟
聚師容貌古雅性度質朴律身甚嚴食不過中常唱
彌勒聖號期生内院天正十六年五月十八日唱滅
于泉涌壽七十一受業上首照珍律師
來迎院慈專韶律師傳
律師名明韶字舜甫號慈專未詳族里解行倶高聲
名著聞嘗主泉涌寺又住來迎院緇素歸崇者多矣
朝廷嚮其德音嘗詔授戒法大將軍信長公亦歸之
屢來問法其爲王臣所重爲若此也師進修極勤四
十年間日別修密法雖寒暑之變疾病之侵未嘗廢

⑦18ウ　⑦19オ

帝詔シテ入二大内一稟二受ス戒法一ヲ。特ニ勅シテ開二法セシム於泉涌一ニ。天文二十
四年四月十二日入寂。

南都伝香寺象耳奘律師伝

象耳律師、出ツ二駿州今川氏一。諱ハ泉奘。卯ノ歳ニシテ脱二白シ于華蔵
山一、受ク二具戒ヲ於招提寺ノ高範律師一。潜メ二心ヲ律学一、旁ラ渉ル二密教一ニ。
某ノ年間奉レ旨主二泉涌寺一。永禄帝召テ入二宮掖一受二菩薩大
戒一ヲ。自レ是常ニ詔シテ内宮ニ講演セシム。大檀越和州刺史筒井順慶
公創二伝香寺一、延レ師主シム之。公軍務ノ之暇、毎ニ入レ寺問道、益々
増ス二喜意一ヲ。晩ニ応レ請董ス二招提寺ノ之席一ヲ。講シテ二南山疏鈔一、学徒蝟

⌐⑦18ウ

聚ス。師容貌古雅、性度質朴、律身甚厳ニシテ食不レ過レ中。常ニ唱二
弥勒ノ聖号一期レ生ンコトヲ二内院一。天正十六年五月十八日唱フ二滅ヲ
于泉涌一。寿七十一。受業ノ上首照珍律師。

来迎院慈専韶律師伝

律師名ハ明韶、字ハ舜甫、号ス二慈専一ト。未レ詳二族里一。解行倶ニ高ク、声
名著聞ス。嘗主リ二泉涌寺一ヲ、又住ス二来迎院一ニ。緇素帰崇スル者ノ多シ矣。
朝廷嚮二其ノ徳音一ヲ、嘗詔シテ授シム二戒法一ヲ。大将軍信長公亦帰スレ之ニ。
屢々来テ問法。其ノ為二王臣一所レ重、為レ若レ此也。師進修極メテ勤メリ。四
十年ノ間、日別修二密法一。雖二寒暑ノ之変、疾病ノ之侵一、未二嘗テ廃

⌐⑦19オ

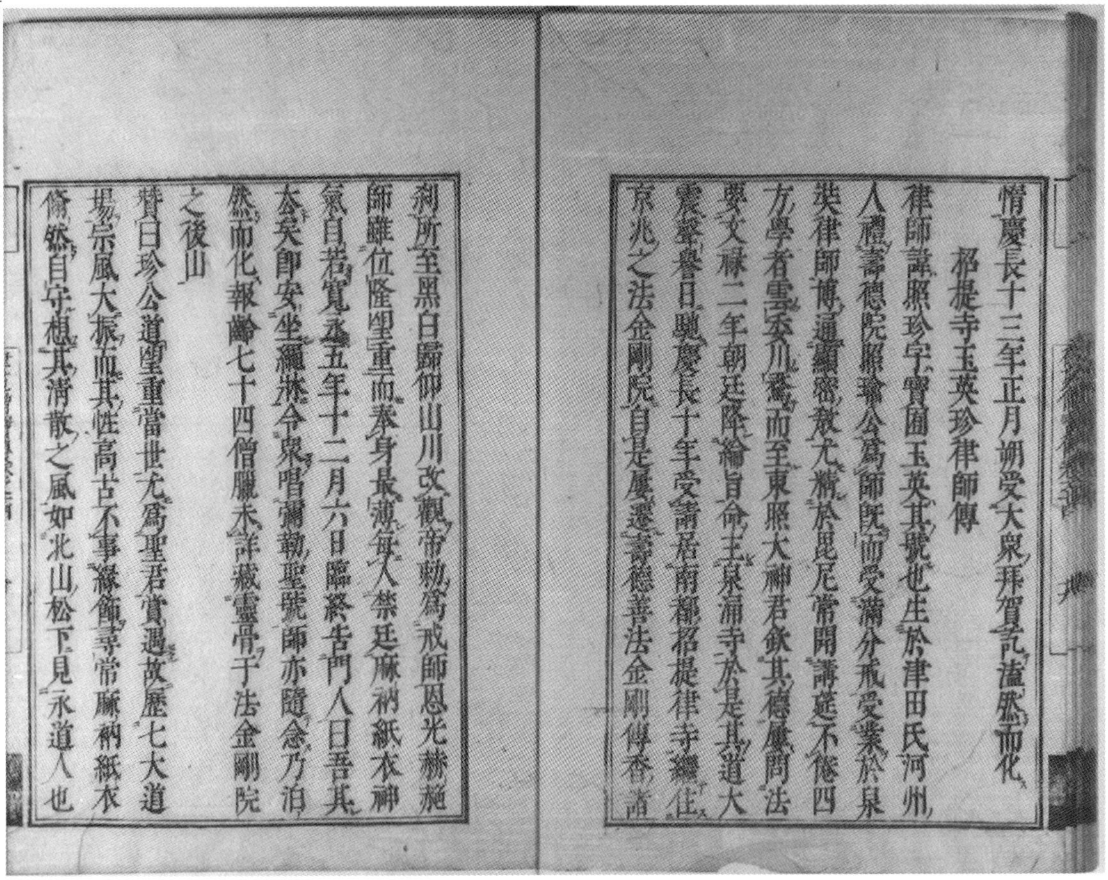

⑦20オ　⑦19ウ

惰一。慶長十三年正月朔、受二大衆ノ拝賀一訖テ溘然トシテ而化ス。

招提寺玉英珍律師伝

律師諱ハ照珍、字ハ宝囿、玉英ハ其ノ号也。生二於津田氏一。河州ノ人。礼シテ二寿徳院照瑜公一為レ師、既ニシテ而受二満分戒一。受二業ヲ於泉奘律師一、博ク通ス二顕密ノ教一。尤モ精シ二於毘尼一。常開二講筵一不レ倦。四方ノ学者雲ノ如ク委、川ノ如ク鶩テ而至ル。東照大神君欽二其ノ徳一、屢ミ問二法要一。文禄二年朝廷降シ二綸旨一、命シテ主シム二泉涌寺一。於レ是其ノ道大震ヒ、声誉日ニ馳ス。慶長十年受レ請居二南都ノ招提律寺一、継テ住ス二京兆ノ之法金剛院一ニ。自レ是屢ミ遷ル二寿徳・善法・金剛・伝香ノ諸

⌊⑦19ウ

刹一。所レ至黒白帰仰、山川改ムレ観ヲ。帝勅シテ為二戒師一。恩光赫絶。師雖二位隆望重一、而モ奉レ身最モ薄シ。毎ニレ入二禁廷一麻衲紙衣、神気自若タリ。寛永五年十二月六日臨終。告二門人一曰、吾其レ去ント矣。即安二坐シ縄牀ニ一、令三衆ヲシテ唱二弥勒ノ聖号一。師亦随テ念ス。乃泊然トシテ而化ス。報齢七十四、僧臘未レ詳。蔵二霊骨ヲ于法金剛院之後山一。

賛曰、珍公道望重二当世一。尤モ為二聖君一賞遇セラル。故ニ歴二七大道場一ヲ、宗風大ニ振フ。而モ其ノ性高古、不レ事二縁飾一ヲ。尋常麻衲紙衣、倏然トシテ自守ル。想フニ二其ノ清散ノ之風一、如三北山ノ松下ニ見二永道人一也。

⌊⑦20オ

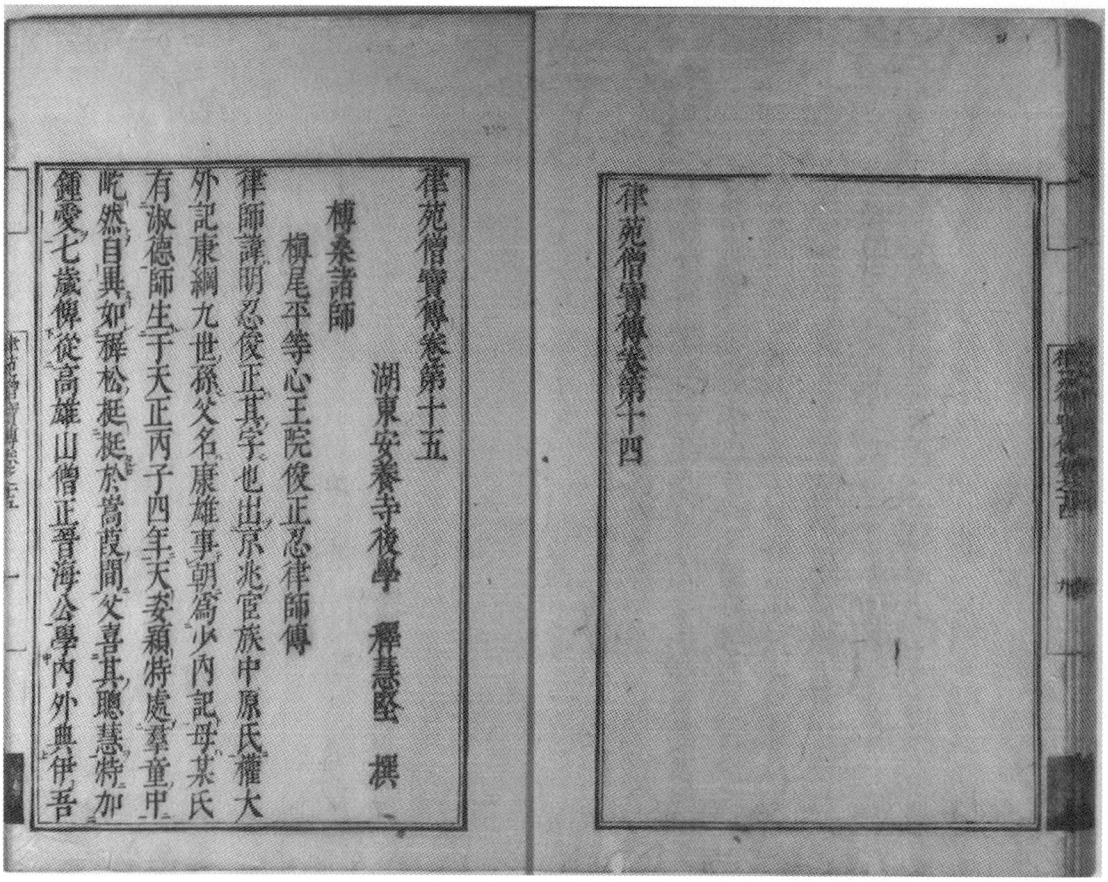

⑦21オ　⑦20ウ

律苑僧宝伝巻第十四

⑦20ウ

律苑僧宝伝巻第十五

湖東安養寺後学　釈慧堅　撰

榑桑諸師

槇尾平等心王院俊正忍律師伝

律師諱ハ明忍、俊正ハ其ノ字也。出ッ二京兆ノ宦族中原氏一ニ。権大外記康綱九世ノ孫也。父名ハ康雄。事テレ朝ニ為二少内記一ト。母ハ某氏。有二淑徳一。師生ル二于天正丙子四年一ニ。天姿穎特、処シテ二群童ノ中一ニ屹然トシテ自異ナルコト、如シ三稚松ノ挺二挺タルカ於嵩葭ノ間一ニ。父喜二其ノ聡慧一ヲ、特ニ加二鍾愛一ヲ。七歳、俾下従二高雄山僧正晋海公一学中内外典上。伊吾

⑦21オ

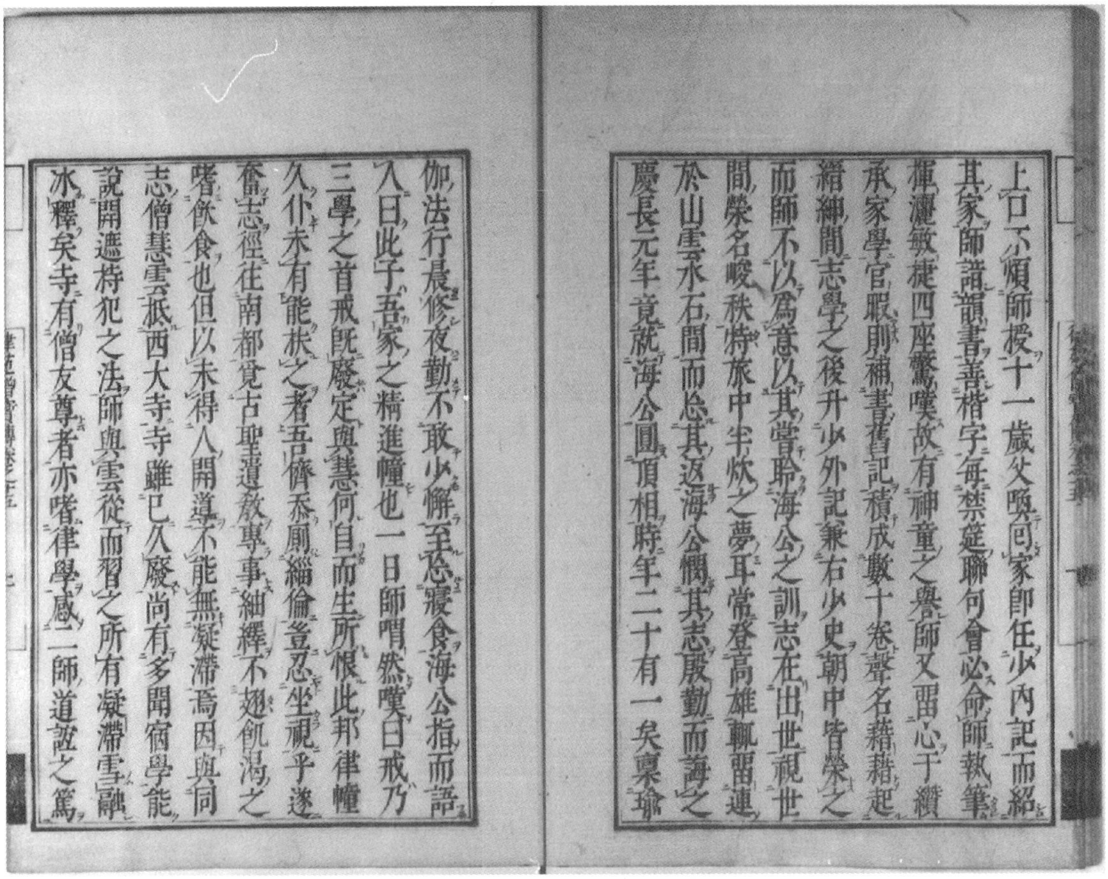

⑦22オ　　⑦21ウ

上レ口、不レ煩二師授一ヲ。十一歳、父喚テ回レシメ家、即任二シテ少内記一而紹二シム
其ノ家一ヲ。師諳二シ韻書一ヲ善二シ楷字一ニ。毎二ニ禁筵ノ聯句会一、必ス命レシテ師ニ執筆タラシム。
揮灑敏捷、四座驚嘆ス。故ニ有二神童ノ之誉一レ。師又留二心ヲ于纘
承ノ家学一ニ、官暇アル時ハ則補二書シテ旧記一ヲ、積テ成二数十巻一ト。声名藉藉トシテ起二ル
縉紳ノ間一ニ。志学ノ之後、升二少外記一兼二右少史一ヲ。朝中皆栄レトス之。
而師不二以テ為レ意。以三テ其ノ嘗テ聆二クヲ海公ノ之訓一ヲ、志在二リ出世一ニ。視二世
間ノ栄名峻秩一、特タヽ旅中半炊ノ之夢耳ノミ。常ニ登二高雄一、輒留二連シテ
於山雲水石ノ間一而忘二ル其ノ返一ルコトヲ。海公憫二ンテ其ノ志一ヲ殷勤ニ而誨レ之。
慶長元年竟ニ就二テ海公一円二ニス頂相一ヲ。時ニ年二十有一矣。稟二瑜

⑦21ウ

伽ノ法行一、晨タニ修シ夜ハニ勤メテ不二敢テ少クモ懈一ラ至レル忘二ルヽニ寝食一ヲ。海公指シテ而語ツテ
レ人ニ曰ク、此子ハ吾カ家ノ之精進幢也ト也。一日師喟然トシテ嘆曰、戒ハ乃
三学ノ之首、戒既ニ廃セハ定ト与レ慧何レ自リシテカ而生ン。所レハ恨ル此ノ邦律幢
久ク仆レテ未レ有下能ク扶レル之ヲ者上。吾儕忝ク厠二ハル緇倫一ニ。豈ニ忍二ンヤト坐カラ視一ニ乎。遂ニ
奮レツテ志ヲ径ニ往二南都一、覓二古聖遺教一ヲ専ラ事二トス紬繹一ニ。不三翅タヽ飢渇ノ之
嗜二ノミ飲食一ヲ也。但以レ未レ得二人ノ開導一ヲ、不レ能レ無二キコト凝滞一焉。因テ与二同
志ノ僧慧雲一抵二ル西大寺一ニ。寺雖二已ニ久廃一スト、尚有二テ多聞宿学一能ク
説二開遮持犯之法一ヲ。師与レ雲従テ而習レ之。所有凝滞雪ノ如融シ
氷ノ如釈ク矣。寺ニ有二リ僧友尊ト云者一。亦嗜二ム律学一ヲ。感二シテ一師ノ道誼之篤一ヲ、

⑦22オ

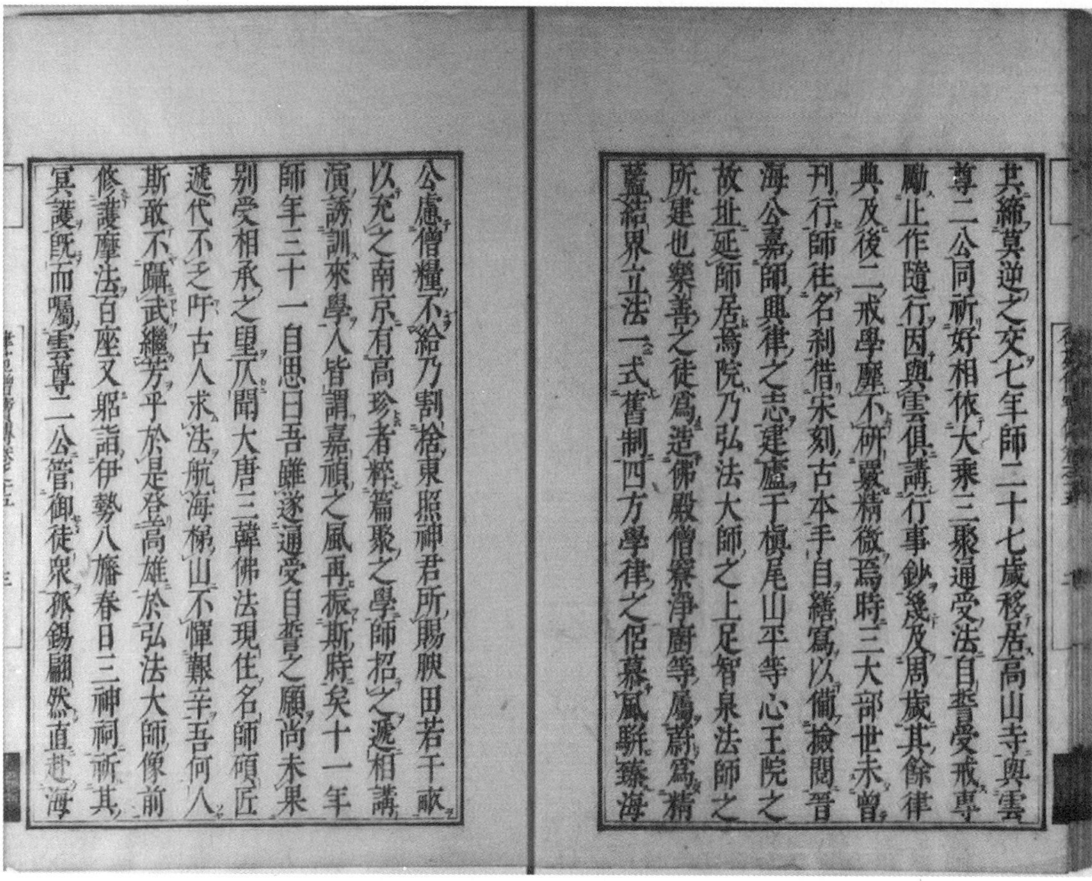

⑦23オ　⑦22ウ

共ニ締フ二莫逆ノ之交一ヲ。七年師二十七歳、移テ居二ス高山寺一ニ。与二雲
尊二公一同祈リ二好相一、依テ二大乗三聚通受ノ法一ニ自誓受戒ス。専
励二ス止作随行一ヲ。因テ与レ雲倶ニ講二シ行事鈔一ヲ、幾ント及フ二周歳一ニ。其ノ余律
典及ヒ後二ノ戒学、靡シレ不レトイフコト研二覈セ精微一ヲ焉。時ニ三大部世未タ二曾テス
刊行一セ。師往テ二名刹一ニ借リ二宋刻ノ古本一、手自ラ繕写シテ以テ備フ二撿閲一ニ。晋
海公嘉シテ二師ノ興律ノ之志一ヲ、建二ツ廬ヲ于槇尾山平等心王院之
故址一ニ、延レ師居シム焉。院ハ乃弘法大師ノ之上足智泉法師之
所レ建也。楽善ノ之徒為メニ造テ二仏殿・僧寮・浄厨等ノ属一ヲ、蔚トシテ為シヌ二精
藍一。結界立法、一ヘニ式トル二旧制一ニ。四方学律ノ之侶、慕テレ風駢ヒ臻ル。海

⑦22ウ

公慮テ二僧糧ノ不一レンコトヲ給、乃割二捨シテ東照神君所ノレ賜腴田若干畝一ヲ、
以テ充レ之。南京ニ有二高珍ト云者一。粋也二篇聚ノ之学一ニ。師招テレ之ヲ遁ニ相講
演シテ誘二訓ス来学一ヲ。人皆謂フ、嘉禎ノ之風再ヒ振フト二斯ノ時一ニ矣。十一年
師年三十一、自思曰、吾雖レ遂二通受自誓之願一ヲ、尚未レ果二
別受相承ノ之望一ヲ。仄カニ聞、大唐・三韓仏法現住シテ名師碩匠
遁代不レ乏。吁古人求ムレ法ヲ。航シレ海梯シテレ山ニ不レ憚二艱辛一ヲ。吾何人ソヤ、
斯敢テ不ニンヤ踊レ武ヲ継レ芳ヲ乎。於レ是登リ二高雄一ニ、於二弘法大師ノ像前一
修スルコト二護摩法一ヲ百座、又躬詣シテ二伊勢・八幡・春日三神祠一ニ祈ル二其ノ
冥護一ヲ。既ニシテ而嘱シテ二雲尊二公ニ一管セシメ二御徒衆一ヲ、孤錫翩然トシテ直ニ赴ク二海

⑦23オ

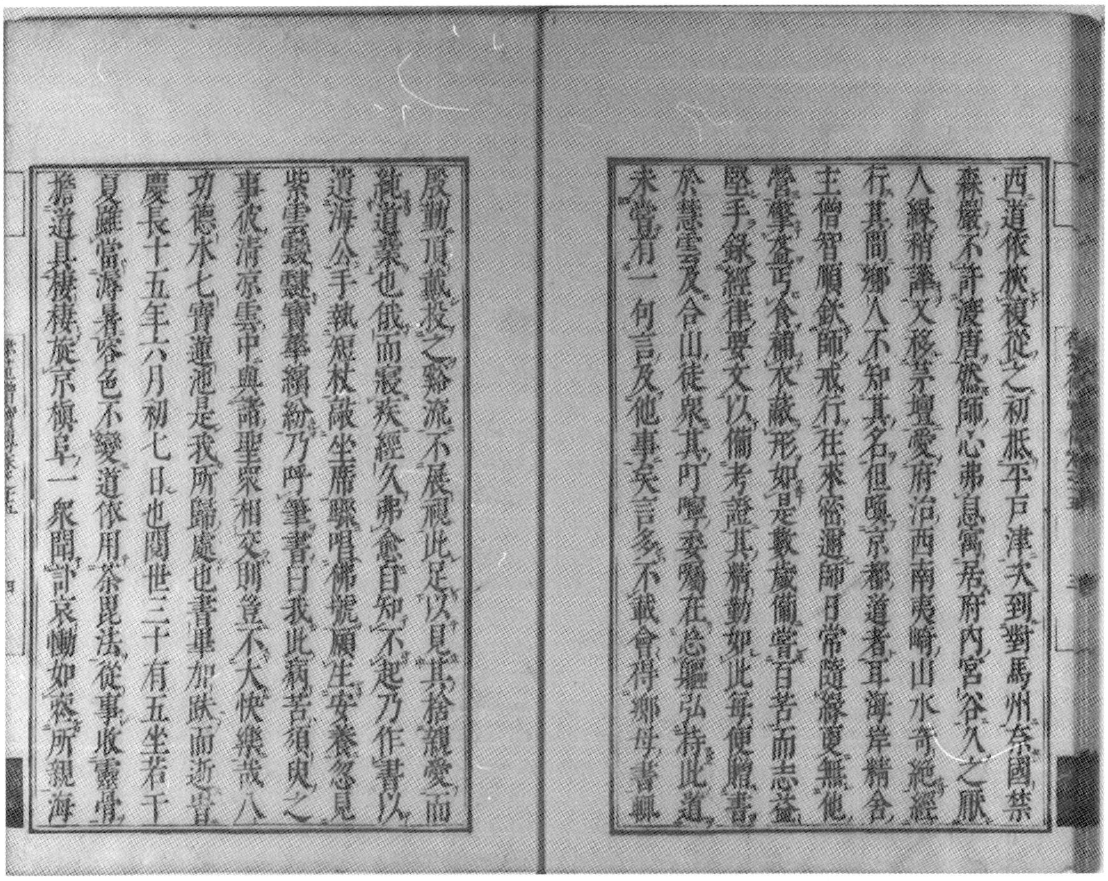

⑦24オ　⑦23ウ

西ニ一。道依挾シテレ複従フレ之ニ。初抵リ二平戸津ニ一、次ニ到ル二対馬州ニ一。奈セン國禁森厳ニシテ不レ許二渡唐ヲ一。然トモ師ノ心弗レ息、寓二居ス府内ノ宮谷ニ一。久シテ之厭テ二人縁ノ稍譁キコトヲ一、又移ル二茅壇ニ一。愛シテ二府治ノ西南夷崎ノ山水奇絶ナルヲ一、経二行ス其ノ間ニ一。郷人不レ知二其ノ名ヲ一、但喚フ二京都ノ道者ト一耳。海岸精舎ノ主僧智順、欽ンテ二師ノ戒行ヲ一往来密迩也。師日常随レ縁、更ニ無シ二他ノ営ミ一。擎ケテレ盃ヲ丐ヒレ食ヲ、補ツテレ衣蔽フレ形ヲ。如クナルコトレ是数歳、備ニ嘗レトモ二百苦一而志益ミ堅シ。手ラ録シテ二経律ノ要文一、以テ備二考證ニ一。其ノ精勤如シレ此。毎便贈ル二書ヲ於慧雲及ヒ合山ノ徒衆ニ一。其ノ叮嚀ノ委嘱、在リ三忘レ軀弘二持スルニ此ノ道ヲ一。未四嘗テ有三一句言ノ及フ二他事ニ一矣。言多ケレハ不レ載。会ミ得二郷母ノ書一。輒

└
⑦23ウ

殷勤ニ頂戴シ、投シテ二之ヲ渓流ニ一不二展視一。此レ足レリ下以テ見ルニ中其ノ捨二親愛ヲ一而純ラニスルヲ中道業ヲ上也。俄ニシテ而寝ヌレ疾ニ。経久シテ弗レ愈。自ミ知テレ不ルコトヲレ起、乃作レ書以テ遺二海公ニ一。手執二短杖一、敲二坐席一、驟ニ唱ヘ二仏号ヲ一願レ生ンコトヲ二安養ニ一。忽見二紫雲靉靆トシテ宝華繽紛タルヲ一。乃呼レ筆ヲ書シテ曰、我カ此ノ病苦ハ須臾ノ之事、彼ノ清清雲ノ中ニ与二諸ノ聖衆一相交ラハ、則豈ニ不スヤ二大ナル快楽ニ一哉。八功徳水七宝蓮池、是レ我カ所帰ノ処也ト也。書畢加趺シテ而逝ス。時ニ慶長十五年六月初七日也也。閲世三十有五、坐若干。夏雖レ当ルト二溽暑ニ一容色不レ変セ。道依用テ二荼毘法ヲ一従事シ収二霊骨ヲ一、擔二道具一棲棲トシテ旋レ京。槇阜ノ一衆聞テレ訃哀慟、如レ喪ルカ二所親一。海

└
⑦24オ

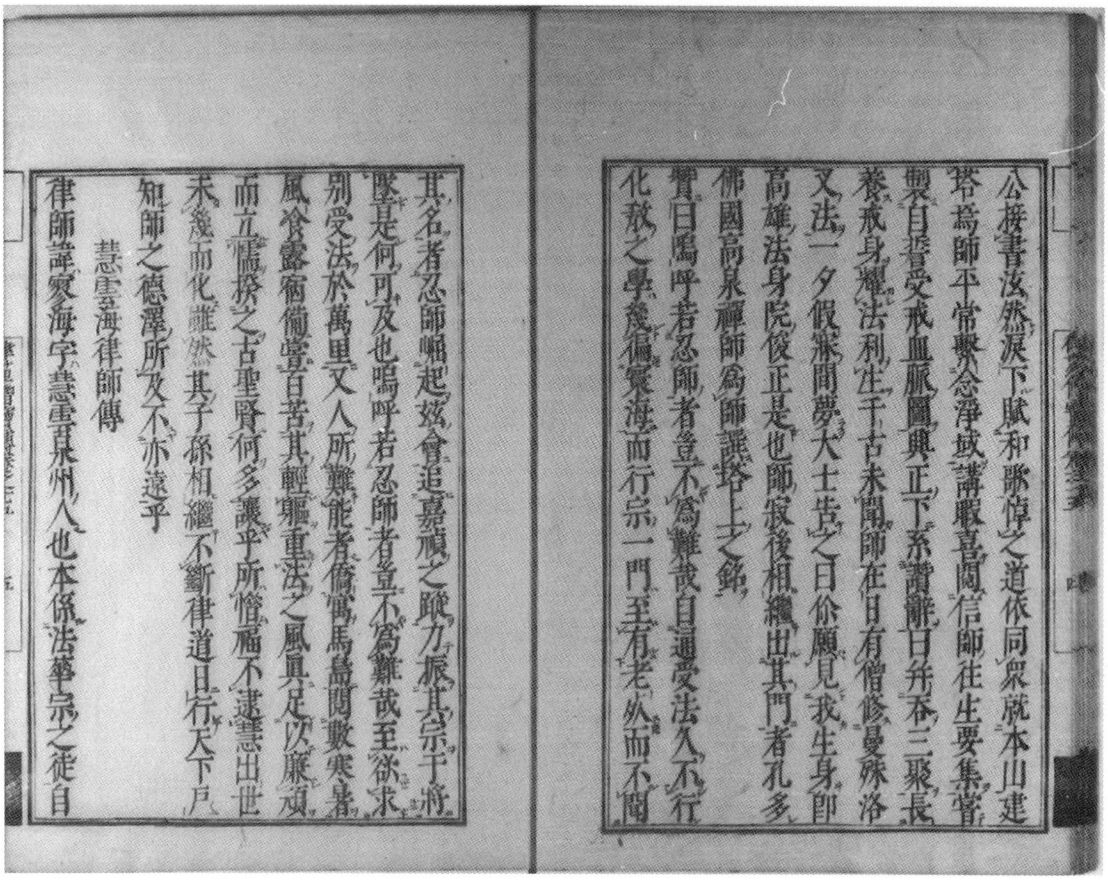

⑦25オ　⑦24ウ

公接レ書、泫然トシテ涙下ル。賦二和歌一悼レ之。道依同レ衆就二本山一建
レ塔焉。師平常繫二念浄域一ヲ、講暇喜テ閲二ス信師ノ往生要集一ヲ。嘗テ
製二ス自誓受戒血脈ノ図一ヲ。興正ノ下ニ系二讃辞一ヲ曰、并二呑シテ三聚一ヲ長二
養ス戒身一ヲ。耀レカシ法利レシテ生ヲ千古未レ聞カ。師在日有レ僧。修二ス曼殊洛
叉ノ法一ヲ。一夕仮寐ノ間夢ラク、大士告レテ之曰、你願レハ、見二ント我カ生身一ヲ。即
高雄ノ法身院ノ俊正是也ト也。師ノ寂後、相継テ出二ル其門一ニ者孔多シ。
仏國高泉禅師為レ師譔二ス塔上ノ之銘一ヲ。
賛ニ曰、嗚呼若二忍師一ノ者、豈ニ不レンヤ為レ難哉。自二通受法久ク不レサシ行レ、
化教ノ之学ハ幾ント偏二レトモ寰海一ニ、而行宗ノ一門ハ至レル有下ルニ老死スレトモ而不レル聞二

⌊
⑦24ウ

其ノ名一ヲ者上。忍師崛二起シテ茲ノ会ニ追二ヒ嘉禎ノ之蹤一ヲ、力テ振二フ其ノ宗ヲ于将ルニ
レ墜ント。是レ何ツ可レキ及也。嗚呼若二忍師一者、豈ニ不レンヤ為レ難哉。至レハ欲レスルニ求二ント
別受ノ法ヲ於万里一ニ、又人ノ所レノ難レキ能者也。僑二寓シテ馬島一ニ閲二数寒暑一ヲ、
風飡露宿、備ニ嘗二ム百苦一ヲ。其ノ軽レシ軀ヲ重レスルノ法ヲ之風、真ニ足二レリ以テ廉レニシ頑ヲ
而立レルニ懦ヲ。揆二之ヲ古聖賢一ニ、何ツ多譲ンヤ乎。所レハ惜ム福不レ逮レ慧、出世
未レタ幾而化ス。雖レ然其ノ子孫相ヒ継テ不レ断、律道日ニ行レテ天下戸ミニ
知ル。師之徳沢ノ所レ及不二スヤ亦遠一乎。

慧雲海律師伝

律師諱ハ寥海、字ハ慧雲。泉州ノ人也也。本係二ル法華宗ノ之徒一。自

⌊
⑦25オ

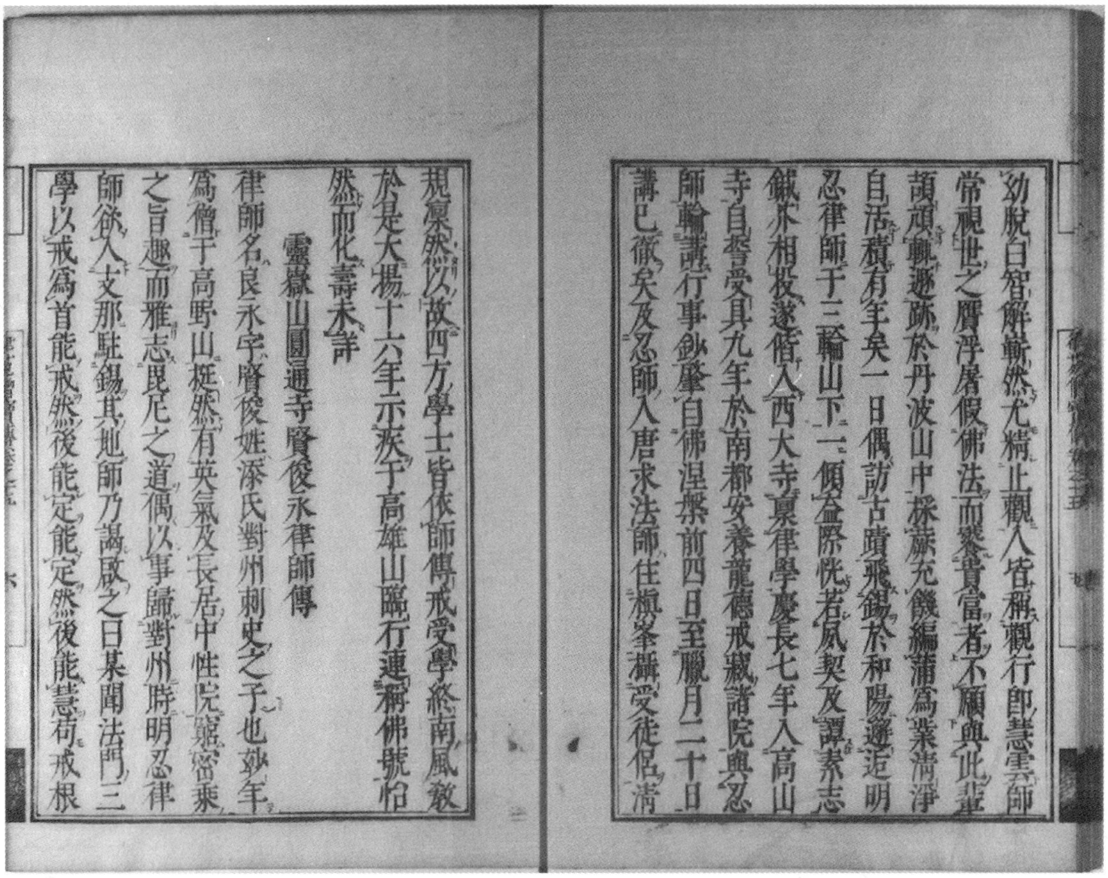

⑦26オ　⑦25ウ

レ幼脱白、智解嶄然トシテ尤モ精シ二止観一ニ。人皆ナ称ス二観行即ノ慧雲一ト。師
常視下世ノ之贋浮屠仮テ二仏法一ヲ而饕ル二貴富一者上ヲ、不レ願下与二此ノ輩一
頡頏上スルコトヲ。輒チ遯二跡ヲ於丹波山中一採蕨充レ饑、編レ蒲為レ業。清浄
自活スルコト積テ有レ年矣。一日偶ミ訪二古蹟一、飛ス二錫ヲ於和陽一ニ。邂二逅明
忍律師ニ于三輪山下一ニ。一ヒ傾レ盍、際恍トシテ若シ二夙契一。及レ譚スルニ二素志一、
鍼芥相投ス。遂ニ偕テ入テ二西大寺ニ一稟二律学一。慶長七年入二高山
寺一自誓受具。九年於二南都安養・龍徳・戒蔵諸院一与二忍
師一輪二講ス行事鈔一。肇レ自二仏涅槃前四日一至二臘月二十日一、
講已ニ徹フ矣。及二忍師ノ入唐求法一、師ハ住二槇峯一摂二受徒侶一ヲ。清

⌞
⑦25ウ

規凛然タリ。以故ヘニ四方ノ学士、皆依レ師伝戒受学。終南ノ風教
於レ是大ニ揚ル。十六年示二疾ヲ于高雄山一。臨行連二称仏号一、怡
然トシテ而化ス。寿未レタ詳。

霊嶽山円通寺賢俊永律師伝

律師名ハ良永、字ハ賢俊、姓ハ添氏、対州刺史ノ之子也也。妙年ニシテ
為レ僧ト二于高野山一ニ、挺然トシテ有二英気一。及レ長居シテ二中性院一ニ、窮ム二密乗ノ
之旨趣一ヲ。而雅ヨリ志ス二毘尼之ノ道一ヲ。偶ミ以レ事帰ル二対州一ニ。時明忍律
師欲シテレ入ント二支那一ニ駐二錫ヲ其ノ地一ニ。師乃謁シ啓シテ之曰、某聞、法門ノ三
学以レ戒為レ首。能シテレ戒ヲ然シテ後能シレ定ヲ、能シテレ定ヲ然後能スレ慧ヲ。苟モ戒根

⌞
⑦26オ

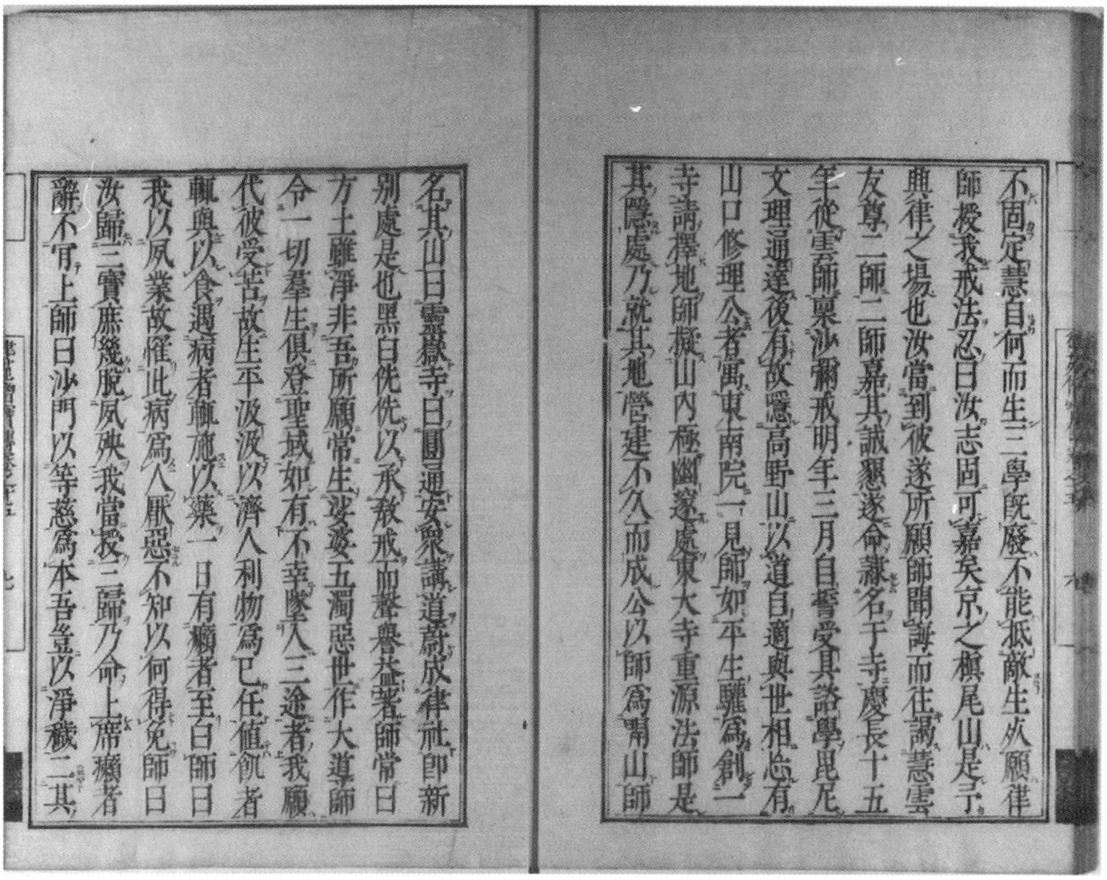

不固定慧自何而生三學既廢不能抵敵生死願律
師授我戒法忍日汝志固可嘉矣京之槇尾山是予
興律之場也汝當到彼遂所願師聞誨而往謁慧雲
友尊二師二師嘉其誠懇遂命隷名于寺慶長十五
年從雲師稟沙彌戒明年三月自誓受具諮學毘尼
文理通達後有故隱高野山以道自適與世相忘有
山口修理公者寓東南院一見師如平生驩爲創一
寺請擇地師擬山内極幽邃處東大寺重源法師是
其隱處乃就其地營建不久而成公以師爲開山師

名其山曰靈嶽寺曰圓通安衆講道蔚成律社即新
別處是也黒白侁侁以承敎戒而聲譽益著師常曰
方土雖淨非吾所願常生娑婆五濁惡世作大導師
令一切羣生倶登聖域如有不幸墜入三途者我願
代彼受苦故生平汲汲以濟人利物爲己任値飢者
輒與以食遇病者輒施以藥一日有癩者至白師曰
我以夙業故罹此病爲人厭惡不知以何得免師曰
汝歸三寶庶幾脱夙殃我當授三歸乃命上席癩者
辭不肯上師曰沙門以等慈爲本吾豈以淨穢二其

⑦27オ　⑦26ウ

不ンハ㆑固カラ、定慧自リシテカ㆑何而生ン。三学既ニ廃ハ、不㆑能ハ㆑抵㆓適スルコト生死㆒。願ハ律
師授㆓我レニ戒法ヲ㆒。忍ノ曰、汝カ志固ニ可㆑シ嘉矣。京ノ之槇尾山ハ是レ予カ
興律ノ之場也。汝当ニ㆔到㆑彼遂㆓所願㆒。師聞㆑誨而往キ、謁ス㆓慧雲・
友尊ノ二師ニ㆒。二師嘉シテ㆓其誠懇㆒、遂ニ命シテ隷セシム㆓名ヲ于寺ニ㆒。慶長十五
年従テ㆓雲師ニ㆒稟㆓沙弥戒㆒、明年三月自誓受具。諮㆓学シテ毘尼ヲ
文理通達ス。後有テ㆑故隠ル㆓高野山ニ㆒。以㆑道自適、与㆑世相ヒ忘ル。有リ㆓
山口修理公ト云者㆒。寓ス㆓東南院ニ㆒。一㆓見シテ師ヲ㆒如シ㆓平生ノ驩㆒。為メニ創ントシテ㆓一
寺ヲ㆒請シテ択㆑地ヲ、師擬ス㆓山内極テ幽邃ナル処㆒。東大寺重源法師、是レ
其ノ隠タル処也。乃シ就㆓其ノ地ニ㆒営建、不㆑久而成ル。公以㆑師為㆓開山㆒ト。師

名テ㆓其ノ山ヲ㆒曰㆓霊嶽㆒ト、寺ヲ曰㆓円通㆒ト。安シ㆑衆ヲ講シ㆑道ヲ、蔚トシテ成㆓律社㆒ト。即新
別処是也。黒白侁侁トシテ以テ承ケ㆓教戒ヲ㆒、而声誉益ミ著ル。師常ニ曰、
方土雖㆑浄非㆓吾カ所願㆒ニ。常ニ生シテ㆓娑婆五濁悪世㆒ニ作㆓大導師㆒、
令㆔一切群生ヲシテ倶ニ登㆓聖域㆒ニ。如シ有ハ㆘不幸ニシテ墜入ル㆓三途㆒ニ者㆖ノ、我願ハ
代㆑彼受ント㆑苦ヲ。故ニ生平汲汲トシテ以㆓済人利物ヲ㆒為㆓己カ任㆒ト。値テハ㆓飢者㆒
輒与ルニ以シ㆑食ヲ、遇㆓病者㆒輒施スニ以ス㆑薬ヲ。一日有㆓癩者㆒至リ、白㆑師曰、
我以㆓夙業㆒故罹リ㆓此ノ病㆒、為メニ㆑人ノ厭悪セラル。不㆑知、以㆑何得ント㆑免コトヲ。師曰、
汝帰セハ㆓三宝㆒、庶幾クハ脱ン㆓夙殃ヲ㆒。我当ニ㆑授ク㆓三帰ヲ㆒。乃命シテ上ラシム㆑席ニ。癩者
辞シテ不㆓肯テ上㆒ラ。師曰、沙門以㆓等慈㆒為㆑本ト。吾豈ニ以㆓浄穢㆒ニ二ニセンヤト其ノ

⑦26ウ

⑦27オ

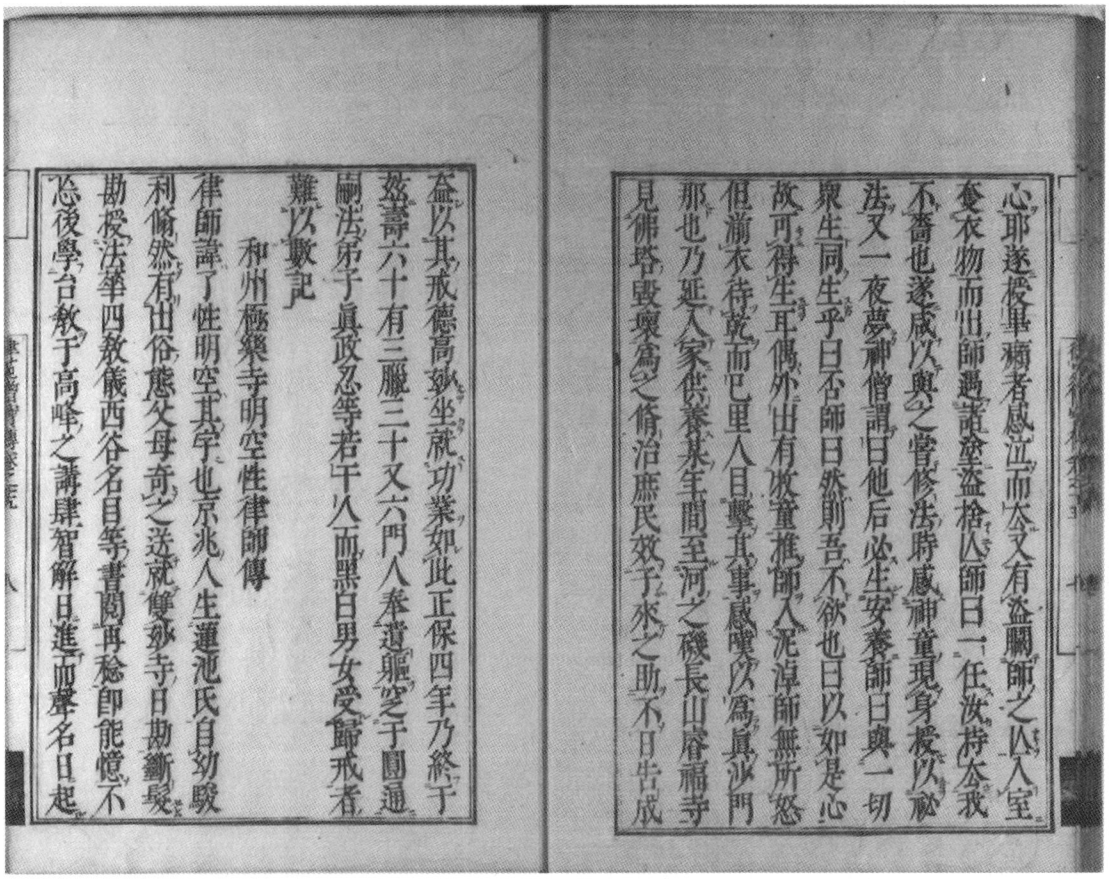

⑦28オ　⑦27ウ

心ヲ一耶。遂ニ授畢。癩者感泣シテ而去ル。又有レ盗。瞰テ二師ノ之亡ナキヲ一入リレ室ニ、
奪二衣物一而出ツ。師遇フ二諸ニ塗一ニ。盗捨テ、亡ニク。師曰、一二任ス汝カ持去一ルニ。我
不レト嗇也。遂ニ咸ナ以テ与レ之。嘗テ修法ノ時、感ス三神童ノ現レシテ身授ルニ以スルコトヲ二秘
法一ヲ。又一夜夢ラク、神僧謂テ曰、他后必ス生二ントト安養一ニ。師曰、与二一切
衆生一ト同ク生スルカ乎。曰、否。師曰、然ハ則吾不レト欲也。曰、以二如レ是心一
故ニ可レキノミ得レ生スルコトヲ耳。偶ミ外ニ出。有二牧童一。推レシテ師ヲ入二ル泥淖一。師無レ所レ怒。
但湔レ衣待レツ乾ヲ而已。里人目二撃シテ其ノ事一ヲ、感嘆シテ以為ラク、真ノ沙門
那也ト也。乃延テ入レテ家ニ供養ス。某ノ年間、至二ル河之磯長山睿福寺一。
見二仏塔ノ毀壊一、為レ之脩治。庶民効二シテ子ノ如来ルノ之助一ヲ、不レシテ日告成。

└ ⑦27ウ

盍シ以二其ノ戒徳高妙一ナルヲ、坐カラ就二スコト功業一ヲ如レシ此。正保四年乃終二フ于
茲一ニ。寿六十有三、臘三十又六。門人奉二遺軀一ヲ窆二于円通一ニ。
嗣法ノ弟子眞政忍等若干人。而シテ黒白男女受二ル帰戒一者ノ
難二シ以レ数記一。

和州極楽寺明空性律師伝

律師諱ハ了性、明空ハ其ノ字也也。京兆ノ人。生二蓮池氏一。自レ幼駿
利、翛然トシテ有二リ出俗ノ態一。父母奇レトシテ之、送テ就テ二双妙寺ノ日勘一断髪セシム。
勘授二ク法華四教儀・西谷名目等ノ書一。閲二再稔一、即能憶シテ不
レ忘。後学フ二台教ヲ于高峰ノ之講肆一ニ。智解日ニ進テ而声名日ニ起ル。

└ ⑦28オ

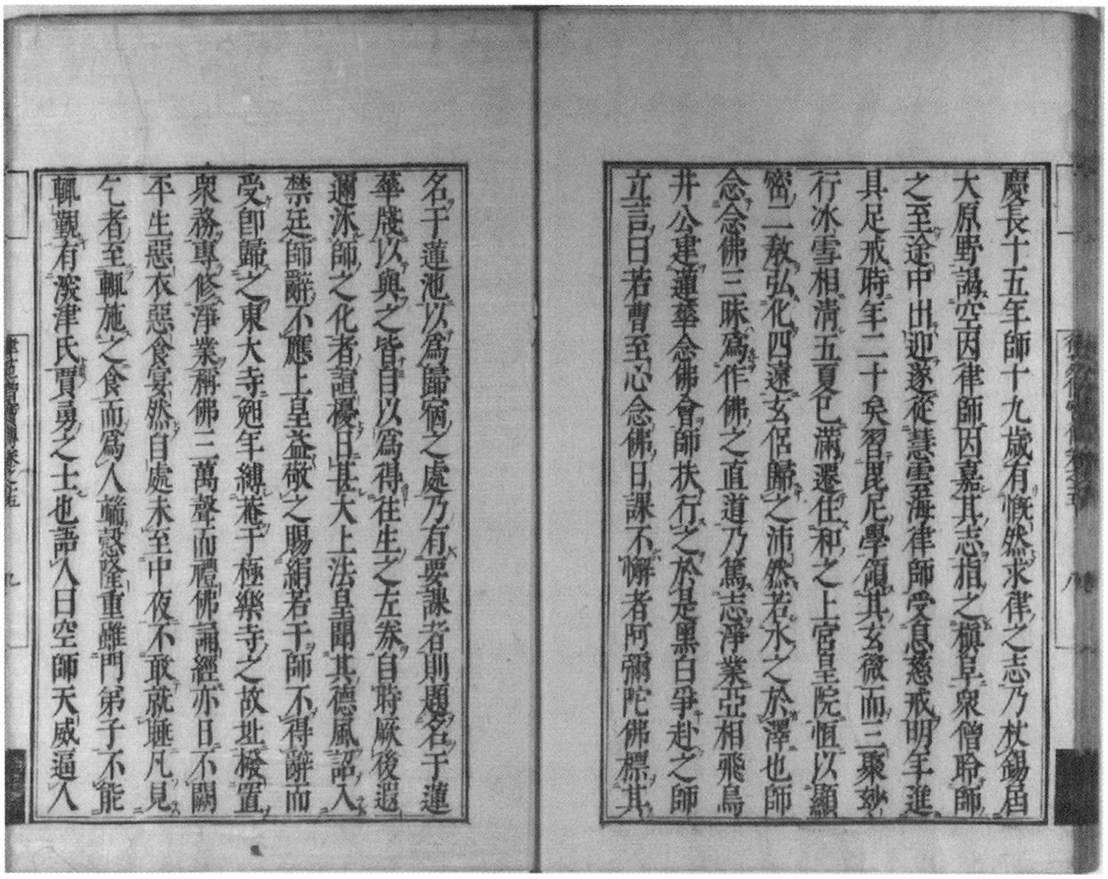

⑦29オ　⑦28ウ

慶長十五年師十九歳、有二リ慨然トシテ求律ノ之志一。乃杖レ錫届二大原野一、謁二ス空因律師一ニ。因嘉二シ其ノ志一ヲ、指シテ之ニ二シム槇皐一ニ。衆僧聆テ二師ノ之至一ルヲ、途中出テ、迎フ。遂ニ従二慧雲海律師一受二息慈戒一ヲ、明年進ム二具足戒一ニ。時ニ年二十矣。習テ二毘尼ノ学一領ス二其ノ玄微一。而シテ三聚妙行、氷雪相ヒ清シ。五夏已ニ満シテ、遷テ住ス二和ノ之上宮皇院一ニ。恒ニ以二顕密ノ二教一ヲ弘ム二化ヲ四遠一ニ。玄侶帰スルコトレ之、沛然トシテ若シ二水ノ之於レ沢ルカ一也。師念三念仏三昧ハ為タルコトヲ二作仏ノ之直道一、乃篤ス二志ヲ浄業一ニ。亜相飛鳥井公建ツ二蓮華念仏会一ヲ。師扶テ行スレ之ヲ。於レ是黒白争テ赴ク之。師立言シテ曰、若曹至心念仏シテ日課不レンハ懈者、阿弥陀仏標シテ二其ノ

⌙⑦28ウ

名ヲ于蓮池一ニ、以テ為ニ帰宿ノ之処一。乃有レハ二要課者一、則題シテ二名ヲ于蓮華牋一ニ、以テ与フ之。皆ナ自以為得タリト二往生ノ之左券一ヲ。自レ時厥後、遐迩沐スル二師ノ之化一者ノ、諠擾トシテ日ニ甚シ。大上法皇聞二其ノ徳風一ヲ、詔シテ入ラシム二禁廷一ニ。師辞シテ不レ応。上皇益ミ敬レ之、賜二絹若干一ヲ。師不シテレ得レ辞而受ケ、即帰ス二之ヲ東大寺一ニ。晩年縛シ二菴ヲ于極楽寺ノ之故址一ニ、擯二置シテ衆務一ヲ、専ラ修ス二浄業一ヲ。称仏三万声、而礼仏誦経モ亦日ニ不レ闕。平生悪衣悪食、宴然トシテ自処。未レ至二中夜一ニ不二敢テ就一レ睡ニ。凡ソ見テハ二乞者ノ至一ルヲ、輒施ス二之ニ食一。而シテ為レ人端愨隆重、雖二門弟子一不レ能二輒覯一ルコト。有二深津氏一ト云モノ。賈勇ノ之士也。語レ人曰、空師天威逼レ人。

⌙⑦29オ

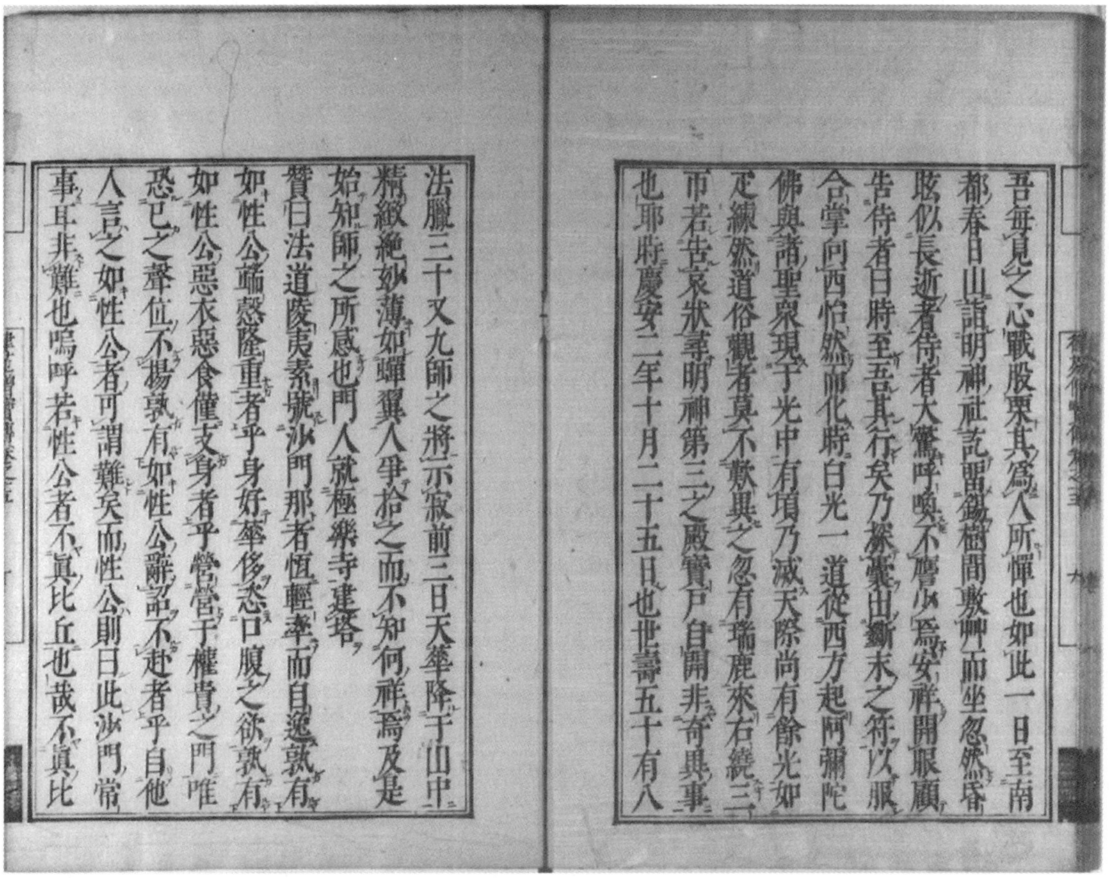

⑦30オ　⑦29ウ

吾毎レ見レ之、心戦股栗ト。其ノ為メニレ人所ルヽコトレ憚也如レ此。一日至二南
都ノ春日山一ニ。詣シ二明神ノ社一訖テ、留メ二錫ヲ樹間一敷レ艸而坐。忽然トシテ昏
眩、似二長逝ノ者一。侍者大驚キ、呼喚スレトモ不レ膺。少焉アテ安祥トシテ開レ眼。顧テ
告二侍者一曰、時至レリ。吾レ其レ行ントス矣。乃探レ嚢ヲ出シテ二断末ノ之符一ヲ以テ服シ、
合掌向レ西、怡然トシテ而化ス。時ニ白光一道従二西方一起リ、阿弥陀
仏与二諸ノ聖衆一現ス二于光中一。有レ頃乃滅ス。天際尚有二余光一。如二
疋練一然リ。道俗観者莫レ不二歎異一セ之。忽有二瑞鹿一。来リ右繞スルコト三
帀、若シ告ルレ哀状一。尋テ明神第三ノ之殿宝戸自ミ開。非スヤ二奇異ノ事一ニ
也耶。時ニ慶安二年十月二十五日也也。世寿五十有八、

⑦29ウ

法臘三十又九。師之将レニ示レ寂前三日、天華降ル二于山中一ニ。
精緻絶妙、薄キコト如シ二蝉翼一。人争テ拾レ之。而シテ不レ知二何ノ祥一トユコトヲ焉。及レ是
始テ知ル、師ノ之所感ナルコトヲ也。門人就二極楽寺一建レ塔ヲ。
賛曰、法道陵夷、素ヨリ号スル二沙門那一ト者、恒ニ軽率ニシテ而自逸ス。孰レカ有ルヤ下
如キ二性公ノ端愨隆重一ナルカ者上乎。身好テ二華侈一恣ニス二口腹ノ之欲一ヲ。孰レカ有ルヤ下
如二性公ノ悪衣悪食僅ニ支ルカレ身者上乎。営二営トシテ于権貴ノ之門一ニ、唯
恐ルニ二己カ之声位ノ不ンコトヲレ揚。孰レカ有ルヤ下如キ二性公ノ辞シテレ詔ヲ不ルカレ赴者上乎。自リシテ二他
人一言ハレ之、如キ二性公一者ノ、可レ謂難シト矣。而シテ性公ハ則曰ン、此レ沙門ノ常
事耳ノミ。非ストレ難ニ也。鳴呼若キ二性公一者、不ヤ二真ノ比丘一ニ也哉。不ヤ二真ノ比

⑦30オ

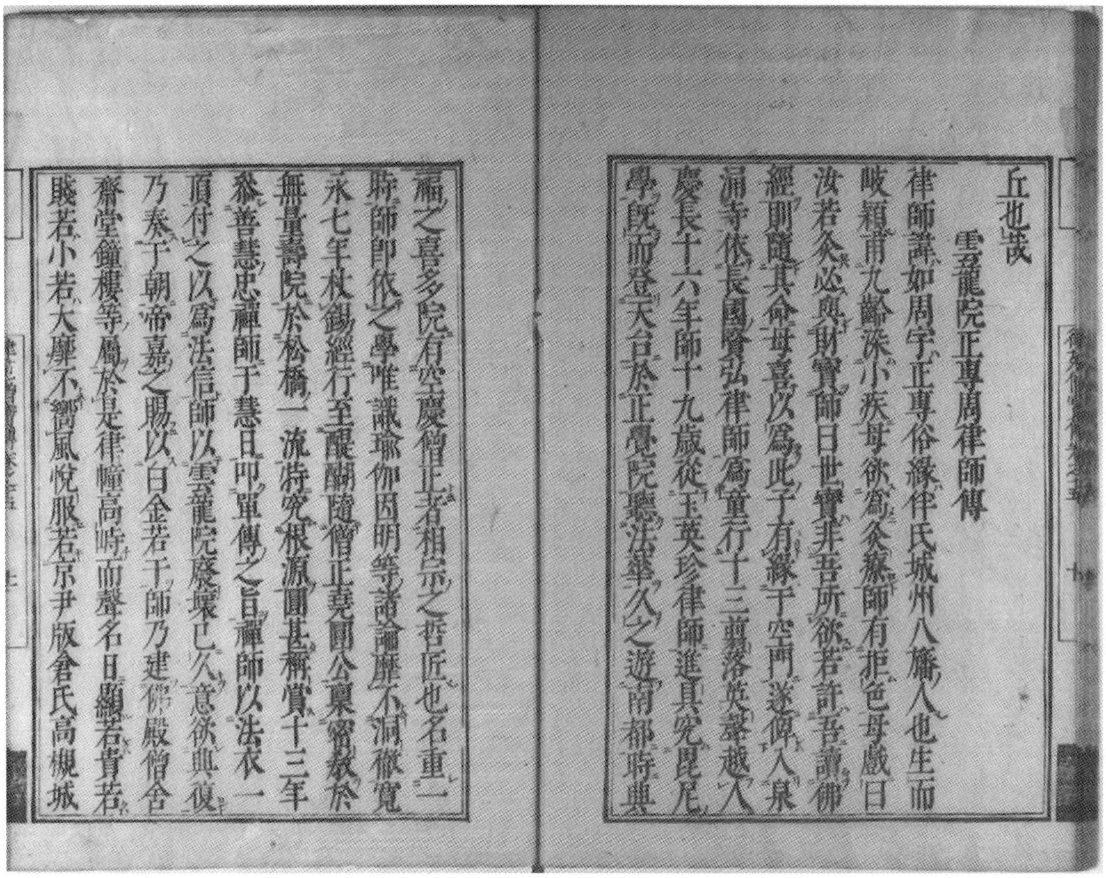

⑦31オ　⑦30ウ

丘一也哉。

雲龍院正専周律師伝

律師諱ハ如周、字ハ正専。俗縁ハ伴氏。城州八幡ノ人也。生而
岐穎也。甫二九齢一染ム二小疾一ニ。母欲ス三為メニ灸療一セント。師有二拒ム色一。母戯ニ曰、
汝若灸セハ必ス与ニント二財宝一ヲ。師曰、世宝ハ非二吾所レ欲スルニ。若許ハ三吾ニ読ムコトヲ二仏
経一ヲ、則随ニント二其命一ニ。母喜テ以為ラク、此ノ子有レリト縁二于空門一ニ。遂ニ俾下シム入リ二泉
涌寺一、依テ二長國ノ賢弘律師一為中童行上。十三薙落、英声越レフ人ニ。
慶長十六年師十九歳、従テ二玉英珍律師ニ一進具、究ム二毘尼ノ
学一ヲ。既ニシテ而登リ二天台一ニ、於二正覚院一聴ク二法華一ヲ。久シテ之遊フ二南都一ニ。時ニ興

福ノ之喜多院ニ有二空慶僧正トイフ者一。相宗ノ之哲匠也也。名重シ二一
時一ニ。師即依レテ之学二唯識・瑜伽・因明等ノ諸論一、靡レ不トイフコト二洞徹一。寛
永七年杖レ錫経行、至二醍醐一。随テ二僧正尭円公ニ一稟二密教ヲ於
無量寿院一ニ。於二松橋ノ一流一特ニ究ム二根源一ヲ。円甚タ称賞ス。十三年
参シ二善慧ノ忠禅師ニ于恵日一ニ、叩ク二単伝ノ之旨一ヲ。禅師以二法衣一
頂一付レ之、以テ為二法信一ト。師以テ二雲龍院廃壊已ニ久一キヲ、意欲シ二興復一セント、
乃奏ス二于朝一ニ。帝嘉シテレ之、賜フニ以ス二白金若干一ヲ。師乃建ツ二仏殿・僧舎・
斎室・鐘楼等ノ属一ヲ。於レ是律幢高峙チ、而声名日ニ顕ル。若シクハ貴、若クハ
賎、若ハ小、若ハ大、靡レ不トイフコト二嚮レ風悦服一セ。若キ二京尹版倉氏・高槻城

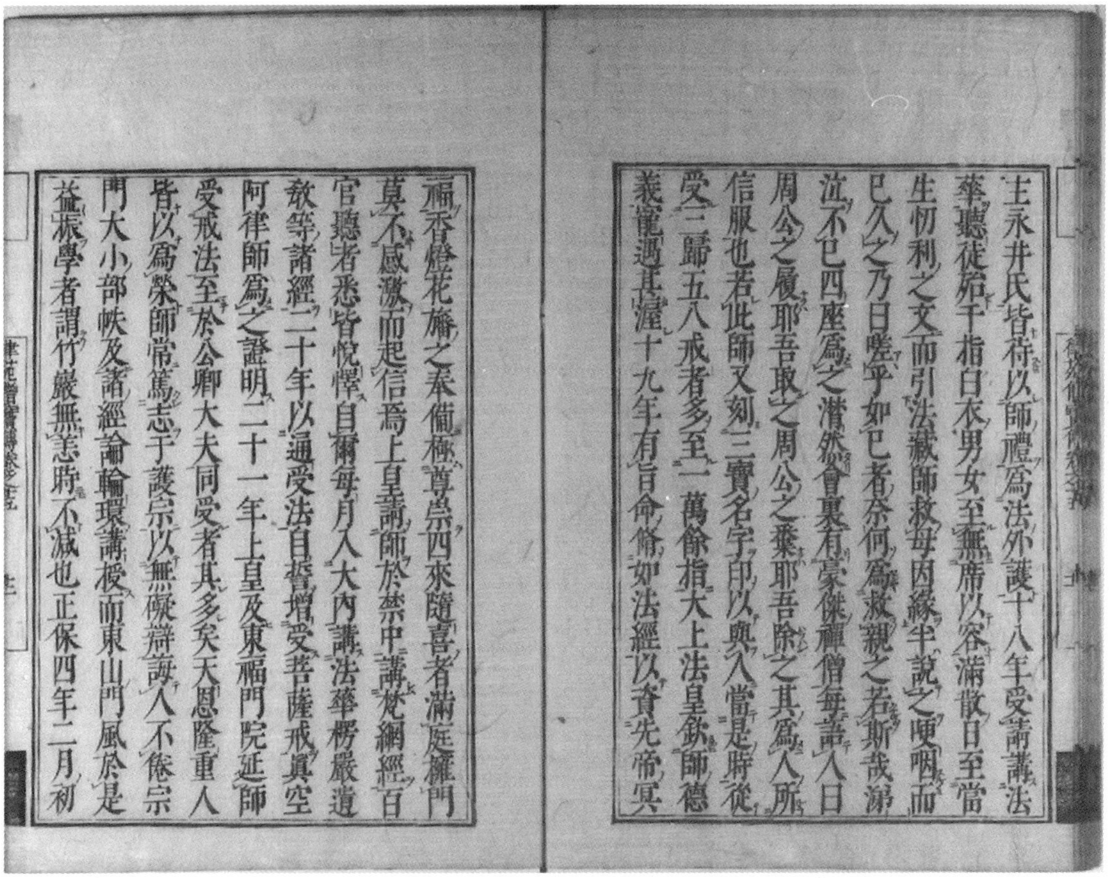

⑦32オ　⑦31ウ

主永井氏一、皆ナ待スルニ以二シ師ノ礼一ヲ為二法外ノ護一ト。十八年受レ請講二ス法
華一ヲ。聴徒殆ント千指、白衣ノ男女至レル無二キニ席以テ容一ル、コト。満散ノ日、至二当
生忉利ノ之文一ニ。而引下法蔵師救レノ母因縁上ヲ、半ハ説レテ之ヲ哽咽スル而（ノミ）
已。久シテ之乃曰、嗟乎（アヽ）如レ已者ノ、奈何ソ為二センヤ救レフノ親之若一クナルコトヲ斯哉。涕
泣シテ不レ已。四座為レメニ之潸然タリ。会裏ニ有二リ豪傑ノ禅僧一。毎ニ語レテ人曰、
周公ノ之履ナラハ耶、吾取レン之。周公ノ之愚ナラハ耶、吾除（ハラハン）レ之。其ノ為レメニ人ノ所二ル、コト
信服一也若レシ此。師又刻二ミ三宝ノ名字一ヲ、印シテ以テ与レフ人ニ。当二テ是ノ時一、従テ
受二ル三帰五八戒一者、多シテ至二ル一万余指一ニ。大上法皇欽二ミ玉ヒ師ノ徳
義一、寵遇甚タ渥シ。十九年有レ旨。命シテ修二シテ如法経一、以テ資二先帝ノ冥

⑦31ウ

福一ヲ。香燈花旛ノ之奉、備ニ極二ム尊崇一ヲ。四来随喜ノ者満レ庭擁レ門、
莫レ不二ト云コト感激シテ而起一レ信焉。上皇請二シテ師ヲ於禁中一ニ講二シム梵網経一ヲ。百
官聴者、悉皆悦択ス。自レ爾毎月入二大内一、講二ス法華・楞厳・遺
教等ノ諸経一ヲ。二十年以二通受法一自誓シテ増二受ス菩薩戒一ヲ。真空
阿律師為レメニ之證明ス。二十一年上皇及ヒ東福門院延レ師
受二戒法一。至二マテ於公卿大夫一、同受ル者其レ多シ矣。天恩隆重、人
皆ナ以テ為レ栄ト。師常ニ篤二クシ志ヲ于護宗一ニ、以テ二無礙弁一誨レテ人不レ倦。宗
門大小ノ部帙及ヒ諸ノ経論、輪環シテ講授ス。而東山ノ門風於レ是
益ミ振フ。学者謂ラク、竹巌無レキ恙時ニモ不レト減也。正保四年二月ノ初

⑦32オ

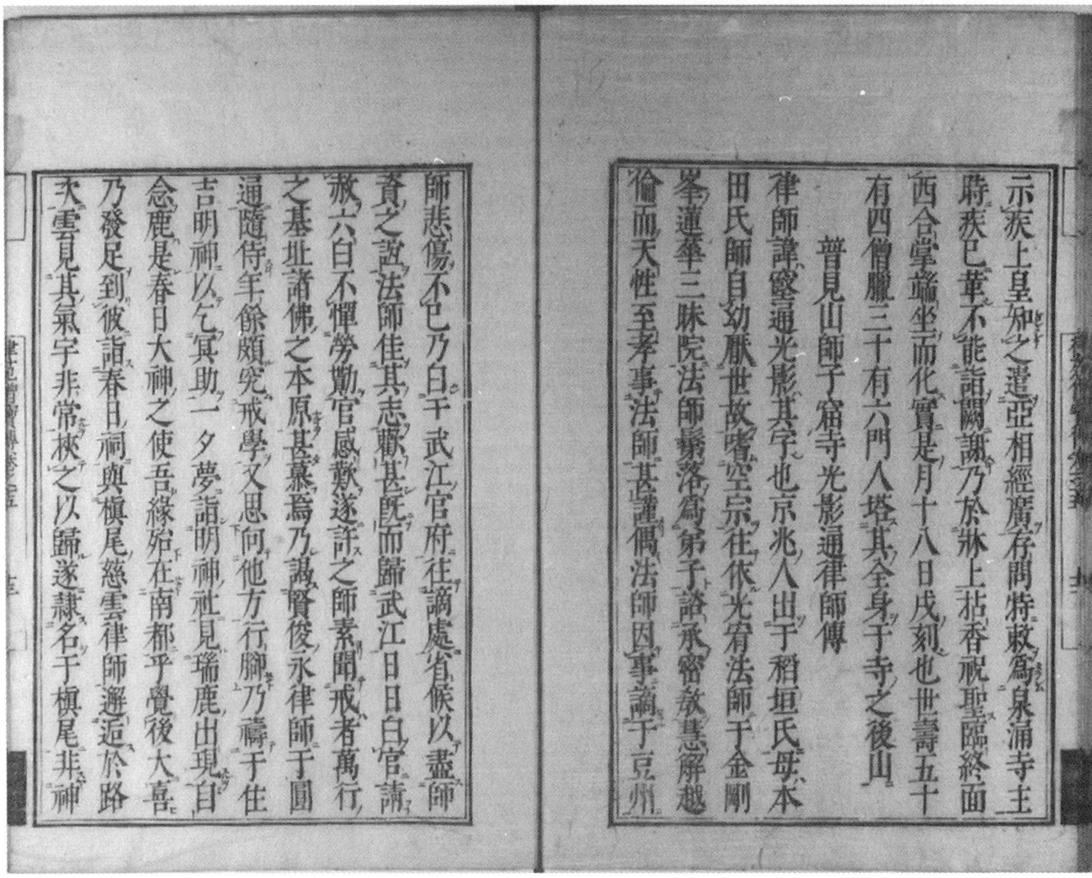

⑦33オ　⑦32ウ

示レ疾。上皇知シロシメシテレ之、遣シテ二亜相経広一ヲ存問。特ニ勅シテ為タラシム二泉涌寺主一。
時ニ疾已ニ革也。不レ能ニ詣シテレ闕ニ謝スルコト一。乃於二牀上一拈香祝聖ス。臨終面
レ西、合掌端坐シテ而化ス。実ニ是ノ月十八日戊ノ刻也。世寿五十
有四、僧臘三十有六。門人塔ス二其ノ全身ヲ于寺ノ之後山一ニ。

普見山獅子窟寺光影通律師伝

律師諱ハ窒通、光影ハ其字也。京兆ノ人。出ツ二于稲垣氏一ニ。母本
田氏。師自レ幼厭ヒ二世故一嗜ム二空宗一ヲ。往テ依ル二光宥法師ニ于金剛
峯ノ蓮華三昧院一ニ。法師鬀落シテ為二弟子一ト。諮ニ承シテ密教一ヲ恵解越
レ倫。而シテ天性至孝、事テ二法師一ニ甚謹メリ。偶ミ法師因テレ事ニ謫セラル二于豆州一ニ。

⌊⑦32ウ

師悲傷シテ不レ已。乃白シテ二于武江ノ官府一ニ、往テ二謫処一ニ省候、以テ尽ス二師
資之誼一ヲ。法師佳シテ二其ノ志ヲ歓コト甚シ。既ニシテ而帰二武江一、日日白シテ官ニ請フコト
レ赦ヲ六白不レ憚ラ二労勤一ヲ。官感歎シテ遂ニ許ス之。師素ヨリ聞テ二戒ハ者万行ノ
之基址、諸仏ノ之本原一ナルコトヲ甚タ慕フ焉。乃シ謁ス二賢俊ノ永律師ニ于円
通一ニ。随侍スルコト年余、頗ル究ム二戒学一ヲ。又思下向テ二他方一行脚上セントト。乃禱テ二于住
吉明神ニ以テ乞フ二冥助一ヲ。一夕夢ニ詣シ二明神ノ社一ニ、見ル二瑞鹿ノ出現スルヲ一。自
念フ、鹿ハ是レ春日大神ノ之使、吾カ縁殆ント在ルカト二南都一ニ乎。覚後大ニ喜ヒ、
乃発足シテ到リ二彼一ニ、詣ス二春日ノ祠一ニ。与二槇尾ノ慈雲律師一邂ニ逅ス於路
次一ニ。雲見ニ其ノ気宇非常ナルヲ一、挟テレ之以帰。遂ニ隷ス二名ヲ于槇尾一ニ。非スヤ二神

⌊⑦33オ

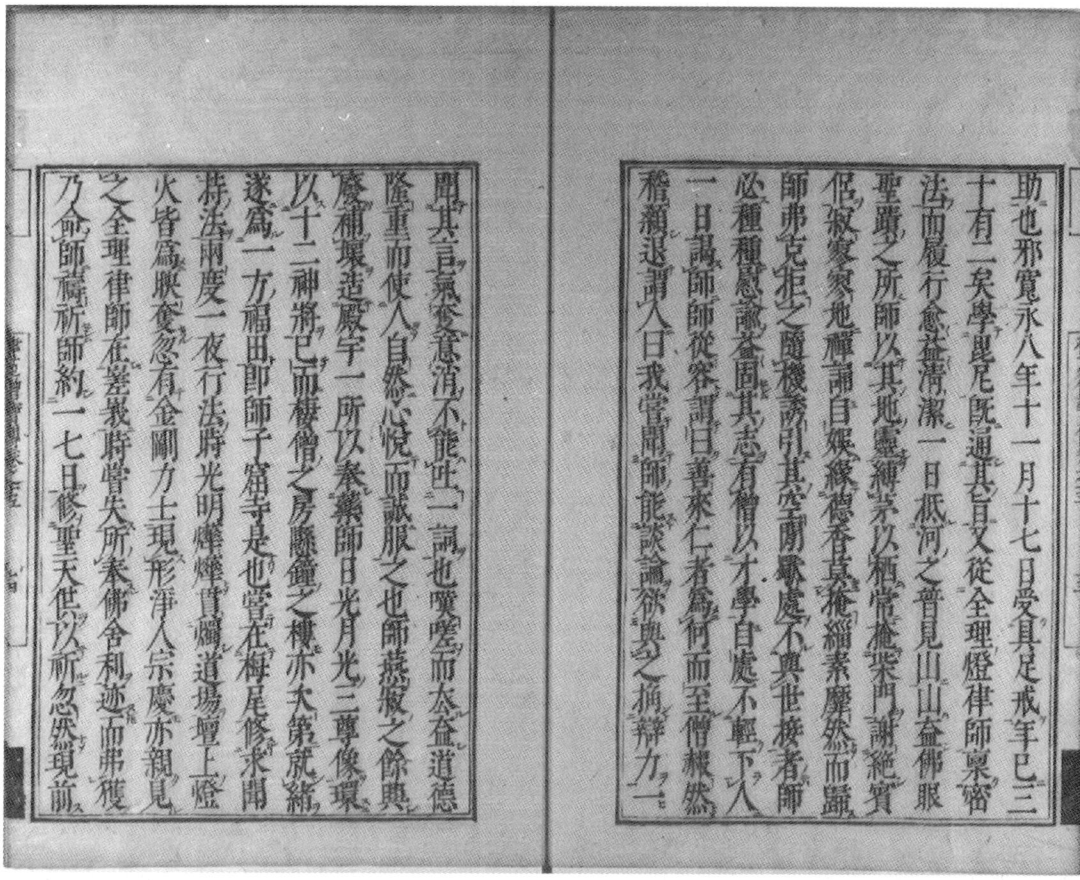

⑦33ウ　⑦34オ

助一ニ也邪。寛永八年十一月十七日受二ク具足戒一ヲ。年已ニ三
十有二矣。学二テ毘尼一既ニ通二シ其ノ旨一ニ、又従二全理ノ燈律師一稟二ク密
法一ヲ。而履行愈ミ益ミ清潔也。一日抵二ル河ノ之普見山一ニ。山ハ盍シ仏眼
聖蹟ノ之所也。師以二テ其ノ地ノ霊一ナルヲ縛レ茅以栖ム。常ニ掩二テ柴門一ヲ謝二絶シ賓
侶一ヲ、寂寥寥地ニ禅誦自ミ娯ム。縁二テ徳香莫レキニ掩コト、緇素靡然トシテ而帰ス。
師弗レ克レ拒レコト之、随レ機誘引ス。其ノ空間独処シテ不二ル与世接一者ノニハ、師
必ス種種ニ慰諭シテ益ミ固二セシム其ノ志一ヲ。有レ僧以二才学一自ミ処、不二軽ク下レラ人ニ。
一日謁レス師ニ。師従容トシテ謂テ曰ク、善来仁者為レメニ何而至ル。僧赧然トシテ
稽顙シ、退テ謂レ人ニ曰、我嘗テ聞三テ師ノ能二スト談論一ヲ、欲三与レ之捔二ント弁力一ヲ。一ヒ

└
⑦33ウ

聞二テ其言一ヲ、気奪ヒ意消シテ不レト能レハ吐二コト一詞一ヲ也。嘆嗟シテ而去ル。盍シ道徳
隆重、而使二人ヲシテ自然ニ心悦テ而誠ニ服一之也。師燕寂ノ之余、興シ
レ廃ヲ補レフ壊ヲ。造二テ殿宇一所一、以奉二シ薬師・日光・月光ノ三尊像一ヲ、環スニ
以二ス十二神将一ヲ。已ニシテ而棲僧ノ之房、懸鐘ノ之楼モ亦次第ニ就レシ緒ヲ、
遂ニ為二ル一方ノ福田一ト。即師子窟寺是ナリ也。嘗テ在二テ梅尾一修二スルコト求聞
持ノ法一ヲ両度。一夜行法ノ時、光明燁燁トシテ貫二燭シ道場一ヲ、壇上ノ燈
火皆為メニ映奪セラル。忽有二テ金剛力士一現レス形。浄人宗慶モ亦親ク見ル
レ之。全理律師在二シ嵯峨一ニ時、嘗失二ス所レノ奉スル仏舎利一ヲ。迹ヌレトモ而弗レ獲。
乃命レシテ師ニ禱祈セシム。師約二シ一七日一ヲ、修二シテ聖天供一ヲ以テ祈ルニ、忽然トシテ現前ス。

└
⑦34オ

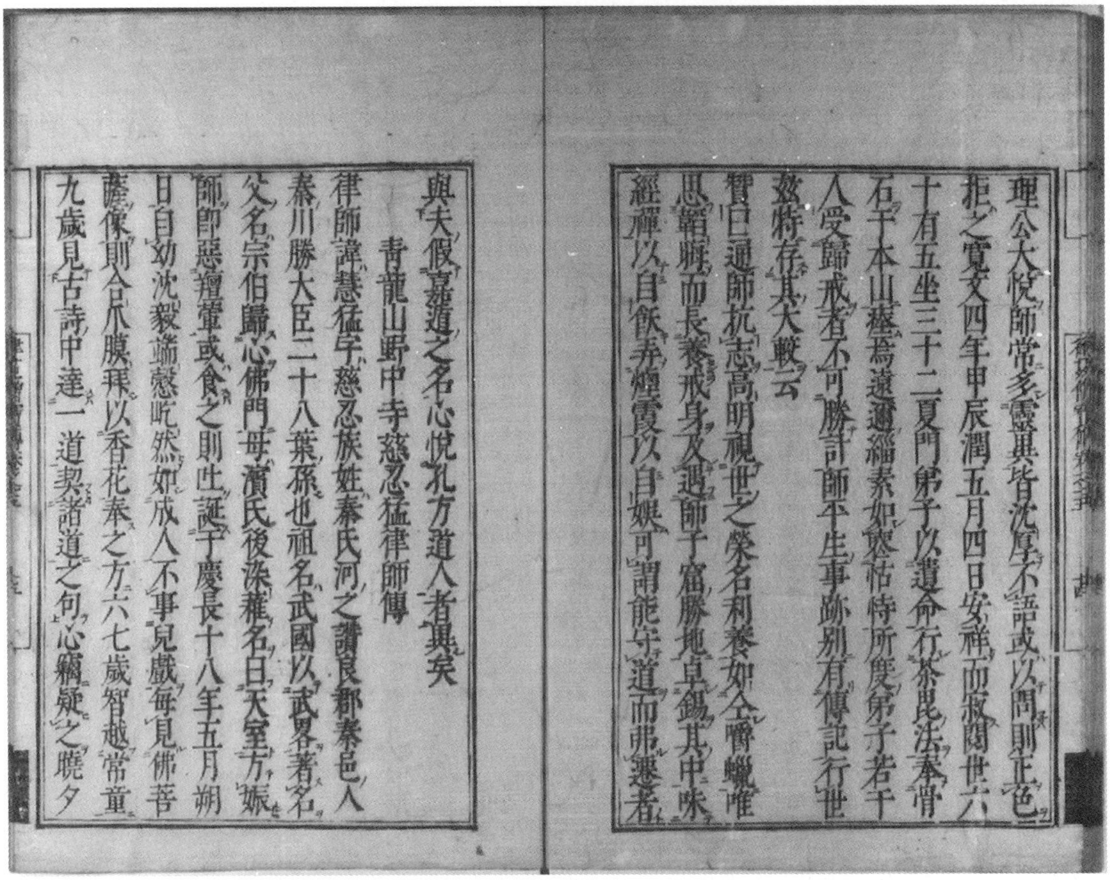

⑦34ウ　⑦35オ

理公大ニ悦フ。師常ニ多シ二霊異一。皆沈厚ニシテ不レ語。或ハ以テ問フ時ハ、則正レシテ色ヲ
拒ム之。寛文四年甲辰潤五月四日、安祥トシテ而寂ス。閲世六
十有五、坐三十二夏。門弟子以二遺命一行シ二荼毘ノ法一ヲ、奉シテ二骨
石ヲ于本山一瘞ム焉。遠邇ノ緇素如シレ喪二怙恃一。所度ノ弟子若干
人、受二帰戒一ヲ者不レ可二勝テ計一。師平生ノ事跡別ニ有リ二伝記一。行レ世。
玆ニ特ニ存スト二其ノ大較一ヲ云。
賛曰、通師抗レコト志ヲ高明、視テ二世ノ之栄名利養一ヲ如シ二同シ嚼蠟一ニ、唯
思三韜晦シテ而長ニ養センコトヲ二戒身一ヲ。及ンテレ遇フニ二師子窟ノ勝地一ニ卓シ二錫ヲ其ノ中一ニ、味テ二
経禅一ヲ以テ自飫キ、弄シテ二煙霞一ヲ以自娯ム。可レ謂、能守テレ道ヲ而弗ルレ遷者ノト。

与下夫ノ仮テ二嘉道ノ之名一ヲ心悦ニ孔方道人一者上異也矣。

青龍山野中寺慈忍猛律師伝

律師諱ハ恵猛、字ハ慈忍。族姓ハ秦氏。河ノ之讃良郡秦邑ノ人。
秦ノ川勝大臣二十八葉ノ孫也。祖名ハ武國、以テ二武略一ヲ著スレ名ヲ。
父ノ名ハ宗伯、帰ス二心ヲ仏門一ニ。母ハ浜氏、後染薙シテ名ヲ曰フ二天室一ト。方テレ娠メルニ
レ師ヲ即悪ム二羶葷一ヲ、或ハ食スレハ之則吐ク。誕ス二于慶長十八年五月朔
日一ニ。自レ幼沈毅、端愨屹然トシテ如シ二成人一ノ。不レ事ニ二児戯一ヲ、毎レ見ル二仏菩
薩ノ像一ヲ則合爪膜拝シ、以二香花一ヲ奉ス之。方ニ六、七歳、智越フ二常童一ニ。
九歳見テ下古詩ノ中達スレハ二一道一ヲ契フト二諸道ニ一之句上ヲ心竊ニ疑ヒレ之ヲ、暁夕

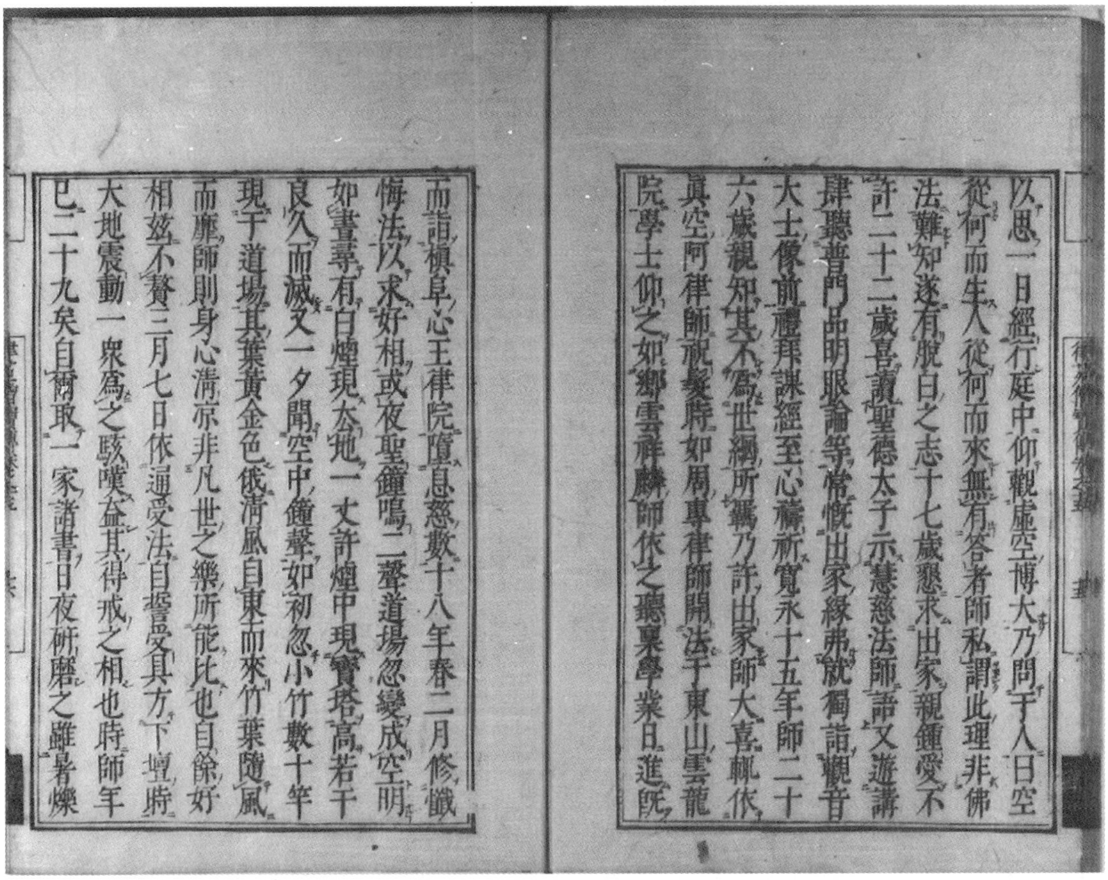

⑦36オ　⑦35ウ

以テ思フ。一日経二行シ庭中一ニ、仰テ観二虚空ノ博大一ナルヲ。乃問二テ于人一ニ曰、空
従リシテカレ何而生ス。人従レシテ何而来ルト。無シレ有二ルコト答者一。師私ニ謂ヲモシク、此ノ理非ンハ二仏
法一ニ難レケント知。遂ニ有二リ脱白之志一。十七歳懇ニ求二ム出家一ヲ。親鍾愛シテ不
レ許。二十二歳喜テ読下ム聖徳太子示二ス慧慈法師一ニ語上。又遊二講
肆一聴二普門品・明眼論等一ヲ。常ニ慨二出家ノ縁弗一レルコトヲ就。独詣シテ二観音
大士ノ像前一ニ礼拝課経、至心禱祈ス。寛永十五年師二十
六歳、親知テ下其ノ不ルコトヲ中為メニ二世網ノ所一ト羈、乃許シテ出家セシム。師大ニ喜ヒ、輒依テ二
真空ノ阿律師一ニ祝髪。時ニ如周ノ専律師開二シ法于東山ノ雲龍
院一ニ、学士仰レコト之ヲ如二シ郷雲祥麟一ノ。師依レ之聴稟、学業日ニ進ム。既ニシテ

⑦35ウ

而詣二シテ槇皐ノ心王律院一ニ、堕二ス息慈ノ数一ニ。十八年春二月、修シテ二懺
悔法一ヲ、以テ求二ム好相一ヲ。或夜聖鐘鳴コト一声、道場忽変シテ成リレ空ト、明ナルコト
如レ昼。尋テ有テ二白煙一現ス。去レコト地ヲ一丈許、煙中現二ス宝塔一ヲ。高サ若干、
良久シテ而滅シヌ。又一夕聞二クコト空中ノ鐘声一ヲ如レ初。忽チ小竹数十竿
現二ス于道場一ニ。其ノ葉黄金色也。俄ニ清風自レ東而来リ、竹葉随レテ風ニ
而靡ク。師則身心清涼、非三凡世ノ之楽ノ所二能ク比一スノ也。自余ノ好
相茲ニ不レ贅。三月七日依二通受法一ニ自誓受具。方二テ下壇ノ時一ニ
大地震動、一衆為レメニ之駭嘆ス。盍シ其ノ得戒ノ之相也也。時ニ師年
已ニ二十九矣。自レ爾取二テ一家ノ諸書一ヲ日夜研磨シ之、雖二暑爍

⑦36オ

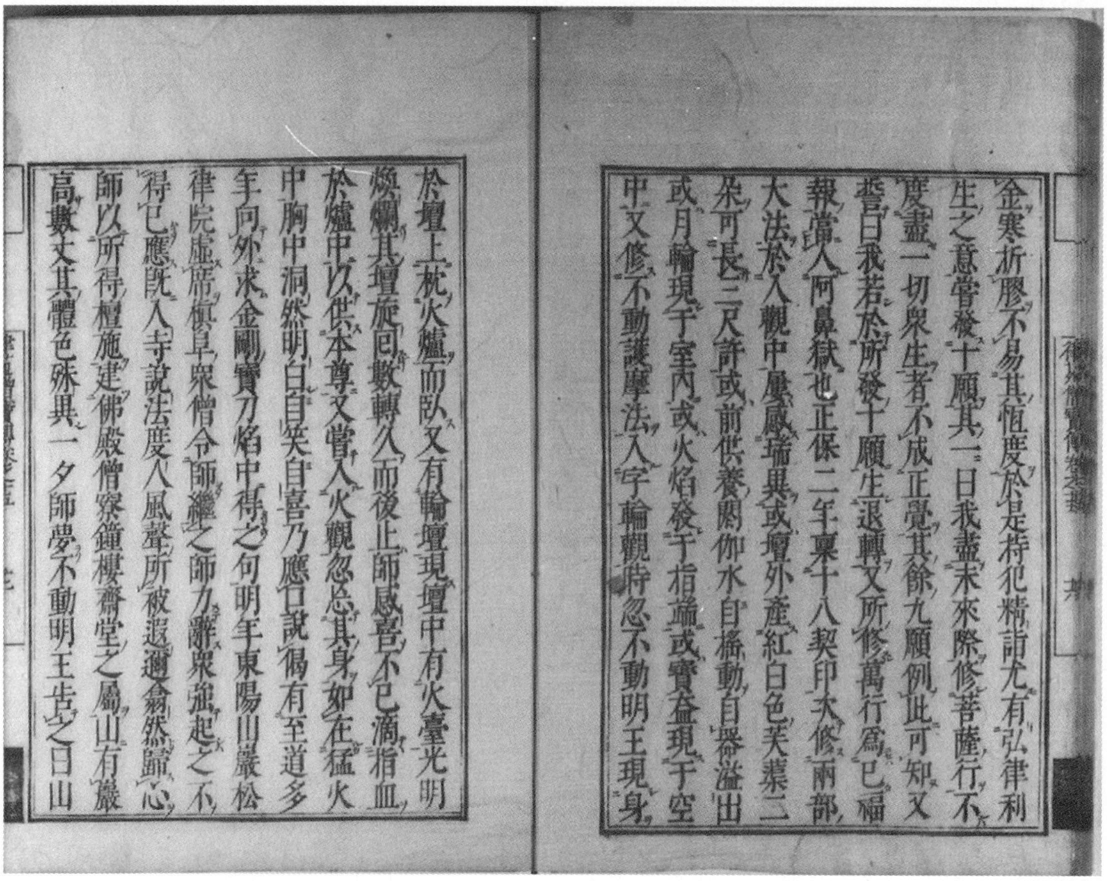

⑦37オ　⑦36ウ

レ金ヲ寒折レ膠ヲ、不レ易ニ其ノ恒度一ヲ。於レ是持犯精詣、尤モ有リ弘律利生ノ之意一。嘗発ニス十願一ヲ。其ノ一ニ曰、我尽ニシテ未来際一ヲ修ニシ菩薩ノ行一ヲ、不ンハレ度ニ尽セ一切衆生ヲ者不レ成ニ正覚一ヲ。其ノ余ノ九願、例シテレ此ニ可レ知ヌ。又誓テ曰、我若シ於テ所ニ発ノ十願ニ生ニシ退転一ヲ、又所ノレ修スル万行為ニセハ己カ福報一ノ、当ニレ入ル阿鼻獄ニ也。正保二年稟ニシト十八契印一、次テ修ニス両部ノ大法一ヲ。於ニ入観中一屢ミ感ニス瑞異一ヲ。或ハ壇外産ニス紅白色ノ芙蕖二朶一ヲ。可ニ長サ三尺許一。或ハ前供養ノ閼伽水、自揺動シテ自レ器溢出、或ハ月輪現ニシ于室内一ニ、或ハ火焔発ニシ于指端一ニ、或ハ宝蓋現ニス于空中一ニ。又修ニス不動護摩法一ヲ。入ニル字輪観一時、忽不動明王現ニシ身ヲ

└⑦36ウ

於壇上一ニ、枕ニシテ火炉一ヲ而臥ス。又有ニ輪壇一現ス。壇中有ニ火台一光明煥爛タリ。其ノ壇旋回スルコト数転、久シテ而後止ム。師感喜シテ不レ已。滴ニテ、指血ヲ於炉中一ニ、以テ供ニス本尊一ニ。又嘗テ入ニル火観一。忽忘ニ其ノ身一ヲ如レ在ニルカ猛火中一。胸中洞然明白也。自笑自喜、乃応レ口説レ偈。有ニ至道多年向レ外ニ求ム金剛ノ宝刀焔中ニ得タリト云ノ之句一。明年東陽山巌松律院虚レス席ヲ。槇皐ノ衆僧令ニ師ヲシテ継一レ之。師力メテ辞ス。衆強テ起シム之。不シテレ得レ已ムコトヲ応ス。既ニ入寺説法度人、風声ノ所レ被。遐邇翕然トシテ帰レス心ヲ。師以ニテ所得ノ檀施一ヲ建ニッ仏殿・僧寮・鐘楼・斎堂ノ之属一。山ニ有レ巌。高サ数丈。其ノ体色殊異也。一夕師夢ラク、不動明王告レテ之曰、山

└⑦37オ

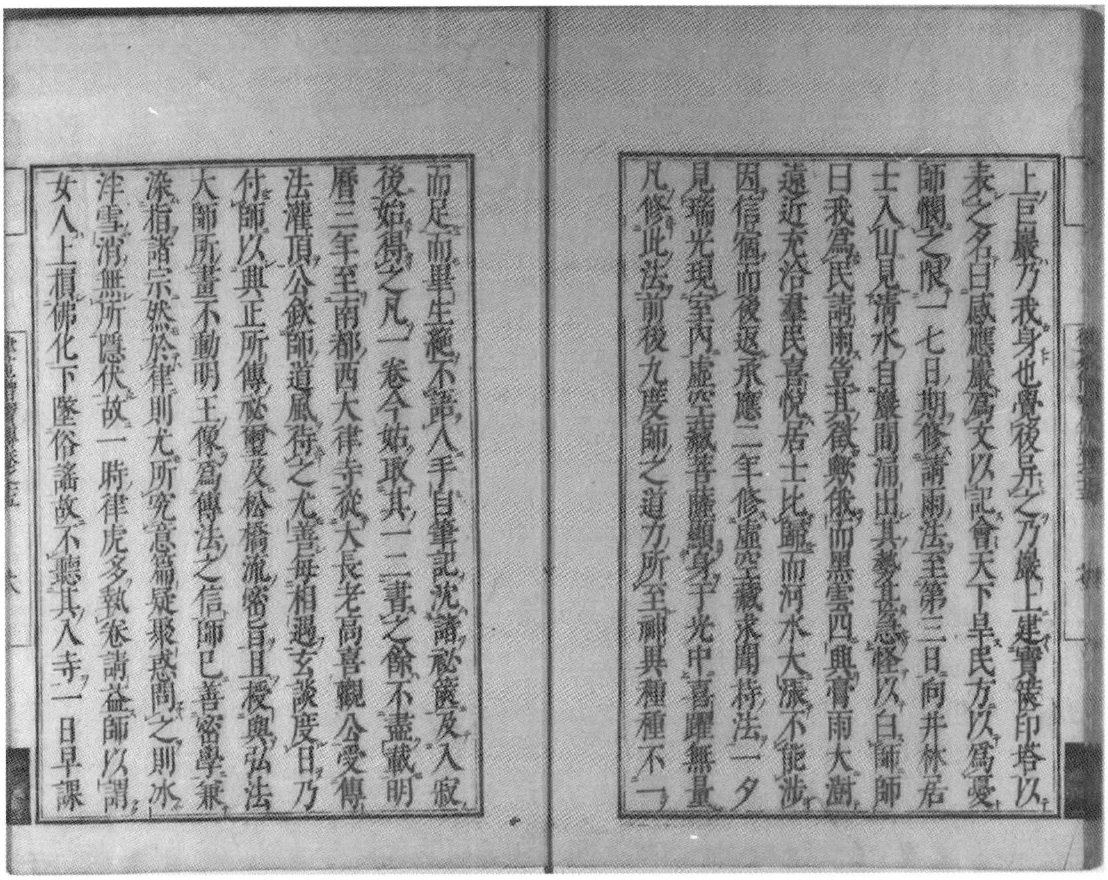

⑦38オ　⑦37ウ

上ノ巨巖ハ乃我カ身也ト也。覚後舁レトシ之ヲ、乃巖上ニ建ニテ、宝篋印塔一以テ
表レシ之、名テ曰ニ感応巖一ト。為レ文以記ス。会ミ天下旱ス。民方ニ以テ為レ憂ト。
師憫レミ之ヲ、限ニテ一七日ノ期一ヲ修ニス請雨ノ法一ヲ。至ニ第三日一ニ、向井林居
士入レル山ニ。見下ル清水ノ自ニ巖間一涌出シ、其ノ勢甚タ急上ナルヲ。怪テ以テ白レス師ニ。師
曰、我為レメニ民請雨ス。豈ニ其ノ徴カ歟。俄ニシテ而黒雲四ニ興リ、膏雨大ニ澍テ
遠近充洽、群民喜悦ス。居士比レテ帰ルニ、而河水大ニ漲テ不レ能レ渉ルコト。
因テ信宿シテ而後返ル。承応二年修ニス虚空蔵求聞持ノ法一ヲ。一夕
見下瑞光現ニシ室内一ニ虚空蔵菩薩顕中スヲ身ヲ于光中上ニ、喜躍無量也。
凡ソ修ニスルコト此ノ法一ヲ前後九度、師ノ之道力ノ所レ至ル、神異種種不ニ一一ニシテ

」
⑦37ウ

而足ルニ一。而モ畢生絶シテ不レ語レラ人ニ。ミ手自筆記シテ沈ニムミ諸ヲ秘篋一ニ。及ニテ入寂ノ
後一ニ始メテ得レタリ之。凡ソ一巻、今姑ク取ニテ其ノ一二一書レス之。余ハ不ニ尽ク載一セ。明
暦三年至ニリ南都ノ西大律寺一、従ニテ大長老高喜観公一受ニ伝
法灌頂一ヲ。公欽ニ師ノ道風一ヲ、待レスルコト之尤モ善シ。毎ニ相遇一フ玄談度レル日ヲ。乃
付レルニ師ニ以ニシ興正所伝ノ秘璽及ヒ松橋流ノ密旨一ヲ、且ツ授ニ与シテ弘法
大師所レノ画不動明王ノ像一ヲ、為ニ伝法ノ之信一ト。師已ニ善ニ密学一ニ、兼テ
染ニム指ヲ諸宗一ニ。然モ於テハレ律ニ則尤モ所レ究レ意。篇疑聚惑、問レフ時ハ之ヲ則氷ノ如
泮、雪ノ如消シテ、無レシ所ニ隠伏一スル。故ニ一時ノ律虎、多ク執レ巻請益ス。師以謂ラク、
女人ハ上損ニシ仏化一、下墜ニ俗謡一。故ニ不レ聴ニ其ノ入寺一ヲ。一日早課

」
⑦38オ

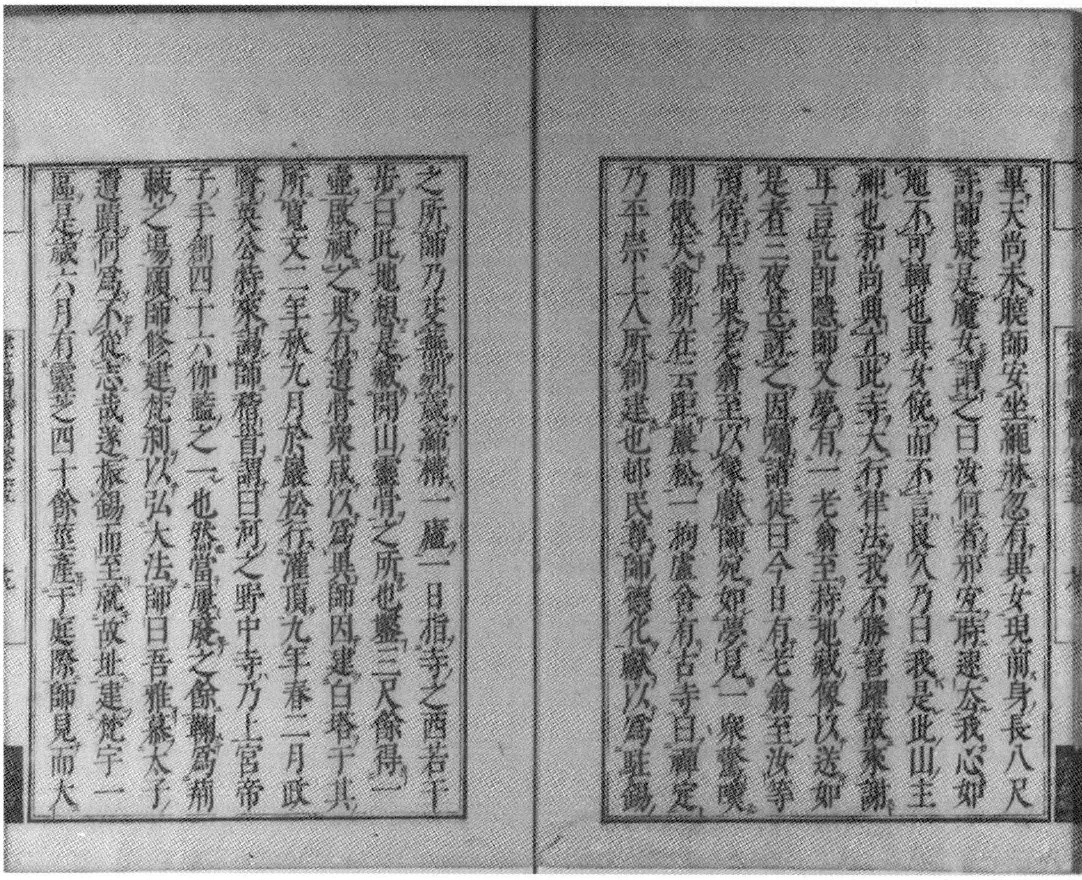

⑦39オ　⑦38ウ

畢テ、天尚未レタ暁。師安二坐ス縄牀一ニ。忽有テ二異女一現前ス。身ノ長八尺
許リ。師疑二是レ魔女一ナランカト、謂テレ之曰、汝何ニ者ノソヤ邪。宜ク二時ニ速ニ去一ル。我カ心如
レ地、不トレ可レ転也。異女俛シテ而不レ言ハ。良久乃曰、我レハ是レ此ノ山ノ主
神也也。和尚興二立シテ此ノ寺一ヲ大ニ行二律法一ヲ。我不レ勝二喜躍一。故ニ来謝スト
耳。言訖即隠ル。師又夢ラク、有テ二一老翁一至リ、持シテ二地蔵ノ像一以テ送ルト。如
レ是者三夜、甚タ訝ルレ之ヲ。因テ嘱シテ二諸徒一ニ曰、今日有テ二老翁一至ン。汝等
預メ待テト。午時果シテ老翁至リ、以レ像献スレ師ニ。宛カ如シ二夢ニ見一ルカ。一衆驚嘆スル
間、俄ニ失スト二翁ノ所在一ヲ云。距ルコト二巌松一ヲ一拘盧舎、有リ二古寺一。曰フ二禅定一ト。
乃平崇上人所二也創建一スル也。村民尊テ二師ノ徳化一ヲ、献シテ以テ為二駐錫ノ

⌊
⑦38ウ

之所一ト。師乃芟レ蕪ヲ剔テレ叢ヲ、締二構ス一廬一ヲ。一日指シテ二寺ノ之西若干
歩一ヲ曰、此ノ地、想フニ是レ蔵ムル二開山ノ霊骨一ヲ之所ナラン也。鑿コト三尺余、得タリ二一
壺一ヲ。啓テ視ルニレ之ヲ、果シテ有リ二遺骨一。衆咸ナ以テ為レ異ト。師因テ建ツ二白塔ヲ于其ノ
所一ニ。寛文二年秋九月於二巌松一行二ス灌頂一ヲ。九年春二月政
賢ノ英公特ニ来テ謁シレ師ニ、稽首シテ謂テ曰、河ノ之野中寺ハ乃上宮帝
子ノ手創四十六伽藍ノ之一也也。然トモ当テ二屢ミ廃セルノ之余一ニ、鞠メテ為二荊
棘ノ之場一ト。願ハ師修二建シテ梵刹一ヲ以テ弘二大法一ヲ。師曰、吾雅ヨリ慕フ二太子ノ
遺跡一ヲ。何為ソ不レンヤト従ハレ志ニ哉。遂ニ振レ錫而至リ、就テ二故址一ニ建ツ二梵宇一
区一ヲ。是ノ歳六月有三霊芝四十余茎産セルコト二于庭際一ニ。師見テ而大ニ

⌊
⑦39オ

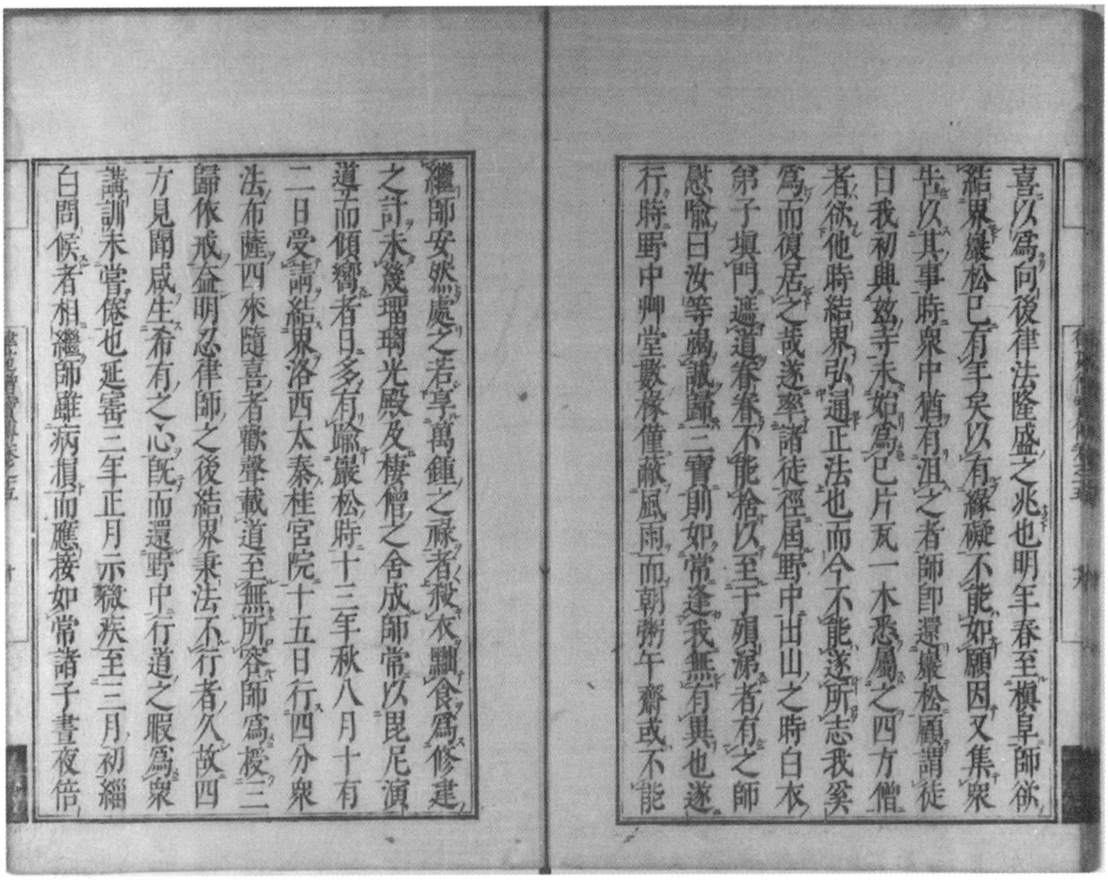

⑦40オ　⑦39ウ

喜ヒ、以為ラク、向後律法隆盛ノ之兆ナラント也。明年春至ル二槇皐一ニ。師欲シテ
レ結二界セント巖松一已ニ有レ年矣。以レ有ルヲ二縁礙一不レ能ハレ如ナルコトレ願。因テ又集テレ衆
告ルニ以ス二其事一。時ニ衆中猶ヲ有リ二沮ムレ之者一。師即還リ二巖松一ニ、顧テ謂レ徒
曰、我初興二茲ノ寺一。未タ二始ヨリ為メニセ一レ己。片瓦一木悉ク属スル二之ヲ四方僧一ニ
者ノハ、欲シテ也下他時結界シテ弘中通セント正法上也。而今不レ能ハレ遂ルコトレ所ロヲレ志。我奚
為ンソ而復居ンヤトレ之哉。遂ニ率テ二諸徒一径ニ届ル二野中一ニ。出山ノ之時、白衣ノ
弟子塡レ門ニ。遮テレ道ヲ眷眷トシテ不レ能レ捨ルコト。以テ至ル二于殞涕スル者ノ有ルニ一レ之。師
慰喩シテ曰、汝等竭シテレ誠ヲ帰セハ二三宝一ニ、則如ク二常ニ逢カ一レ我ニ無シトレ有ルコトレ異也。遂ニ
行ク。時ニ野中艸堂数椽僅ニ蔽フ二風雨一ヲ。而シテ朝粥午斎、或ハ不レ能

⌊
⑦39ウ

レ継コト。師安然トシテ処リ之、若シ下享ル二万鐘ノ之禄一ヲ者ノ上、。殺キレ衣ヲ黜テレ食ヲ為ス二修建ノ
之計一ヲ。未タレ幾瑠璃光殿及ヒ棲僧ノ之舎成ル。師常ニ以二毘尼一演
導、而傾嚮スル者日ニ多シテ有リレ踰ルコト二巖松ノ時一ニ。十三年秋八月十有
二日、受テレ請ヲ結ス二界ヲ洛西太秦ノ桂宮院一ニ。十五日行ス二四分衆
法ノ布薩一ヲ。四来随喜ノ者歓声載レ道、至ルレ無キニレ所ロレ容ル、。師為メニ授ク二三
帰依戒一ヲ。盍シ明忍律師ノ之後、結界秉法不ルレ行者ノ久シ。故ニ四
方見聞咸ク生ス二希有ノ之心一ヲ。既ニシテ而還ル二野中一ニ。行道ノ之暇、為メニレ衆
講訓、未タ二嘗テ倦一也。延宝三年正月示二微疾一。至二三月ノ初一緇
白問候スル者相ヒ継ク。師雖モ二病損一ト、而応接如レ常。諸子昼夜倍

⌊
⑦40オ

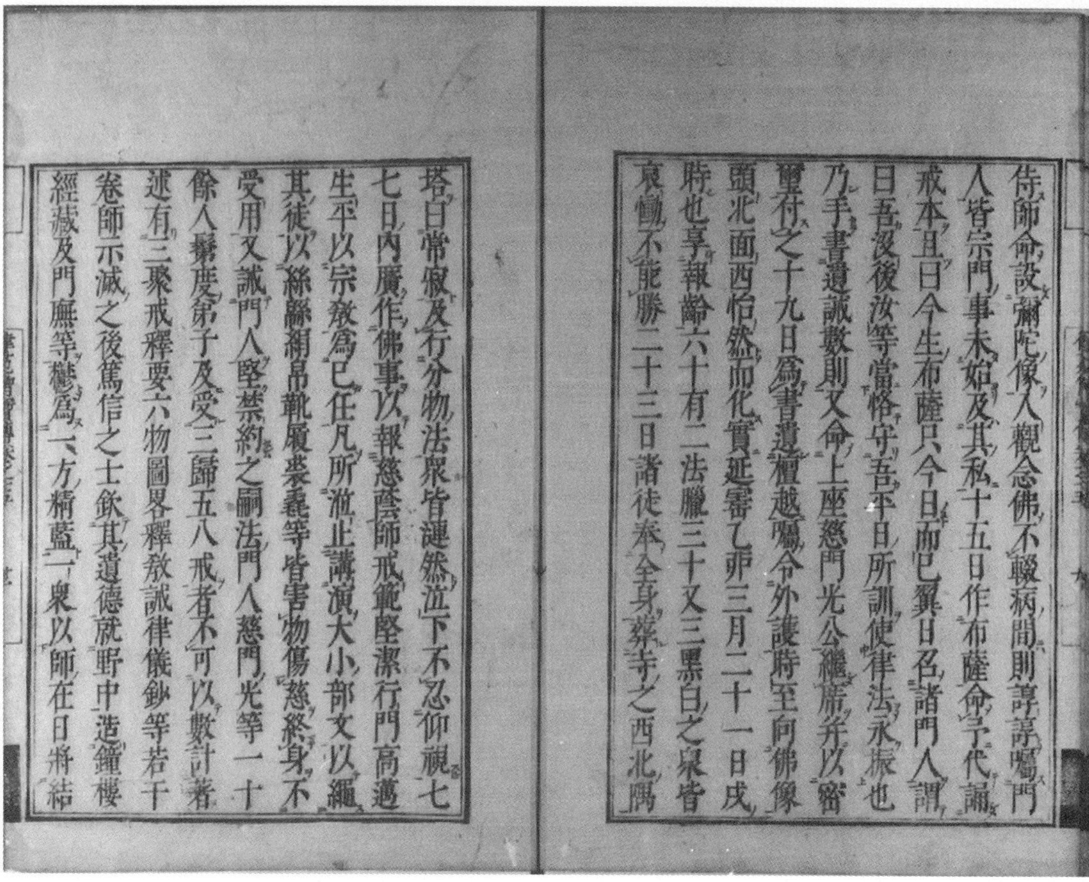

侍師命設彌陀像入觀念佛不輟病間則諄諄囑門
人皆宗門事未始及其私十五日作布薩命予代誦
戒本且曰今生布薩只今日而已翼日召諸門人謂
曰吾沒後汝等當恪守吾平日所訓使律法永振也
乃手書遺誡數則又命上座慈門光公繼席并以密
璽付之十九日爲書遺檀越囑令外護時至向佛像
頭北面西怡然而化實延寶乙卯三月二十一日戊
時也享報齡六十有二法臘三十又三黑白之衆皆
哀慟不能勝二十三日諸徒奉全身葬寺之西北隅

塔曰常寂及行分物法衆皆漣然泣下不忍仰視七
七日內廣作佛事以報慈蔭師戒範堅潔行門高邁
生平以宗敎爲己任凡所涖止講演大小部文以繩
其徒以絲緜絹帛靴履裘毳等皆害物傷慈終身不
受用又誡門人堅禁約之嗣法門人慈門光等一十
餘人鬀度弟子及受三歸五八戒者不可以數計著
述有三聚戒釋要六物圖畧釋敎誡律儀鈔等若干
卷師示滅之後篤信之士欽其遺德就野中造鐘樓
經藏及門廡等鬱爲一方精藍一衆以師在日將結

⑦41オ　⑦40ウ

侍ス。師命シテ設シメ二弥陀ノ像ヲ一、入観念仏シテ不レ輟。病ノ間ニハ則諄諄トシテ嘱ス二門人ニ一。皆宗門ノ事、未タ三始ヨリ及ハ二其ノ私ニ一。十五日作二布薩ヲ一。命シテレ予ニ代テ誦シメ二戒本ヲ一、且ツ曰、今生ノ布薩、只今日ノミト而已。翼日召シテ二諸門人ヲ一謂テ曰、吾カ没後、汝等当ニ下恪テ守リ二吾カ平日ノ所訓ヲ一、使中律法ヲシテ永ク振上也。乃シ手カラ書ス二遺誡数則ヲ一。又命シテ二上座慈門光公ニ一継シメレ席ヲ、并ニ以二密璽ヲ一付スレ之。十九日為ニレ書遺シ二檀越ニ一嘱シテ令ム二外護セ一。時至向二仏像一頭北面西、怡然トシテ而化ス。実ニ延宝乙卯三月二十一日戊ノ時也。享ルコト二報齢ヲ一六十有二、法臘三十。又三黒白ノ之衆皆哀慟シテ不レ能レ勝。二十三日諸徒奉シテ二全身ヲ一葬ル二寺ノ之西北ノ隅ニ一。

⑦40ウ

塔ヲ曰二常寂ト一。及レ行二分物ノ法ヲ一、衆皆漣然トシテ泣下、不レ忍二仰視スルニ一。七七日ノ内、広ク作シテ二仏事ヲ一以テ報ス二慈蔭ニ一。師戒範堅潔、行門高邁、生平以二宗教一為二己カ任一。凡ソ所ノ二涖止一、講二演シテ大小ノ部文ヲ一以テ縄ス二其ノ徒ヲ一。以二糸綿・絹帛・靴履・裘毳等皆害レ物傷レ慈ヲ、終マテレ身ヲ不二受用一。又誡テ二門人ヲ一堅ク禁約セシム之。嗣法ノ門人慈門ノ光等一十余人、鬀度ノ弟子及ヒ受ル二三帰五八戒ヲ一者不レ可二以テ数計一。著述有リ二三聚戒釈要・六物図略釈・教誡律儀鈔等若干巻一。師示滅ノ之後、篤信之士欽テ二其ノ遺徳ヲ一、就二野中一造リ二鐘楼・経蔵及門廡等ヲ一、鬱トシテ為ス二一方ノ精藍ト一。一衆以下師ノ在日将ニ結

⑦41オ

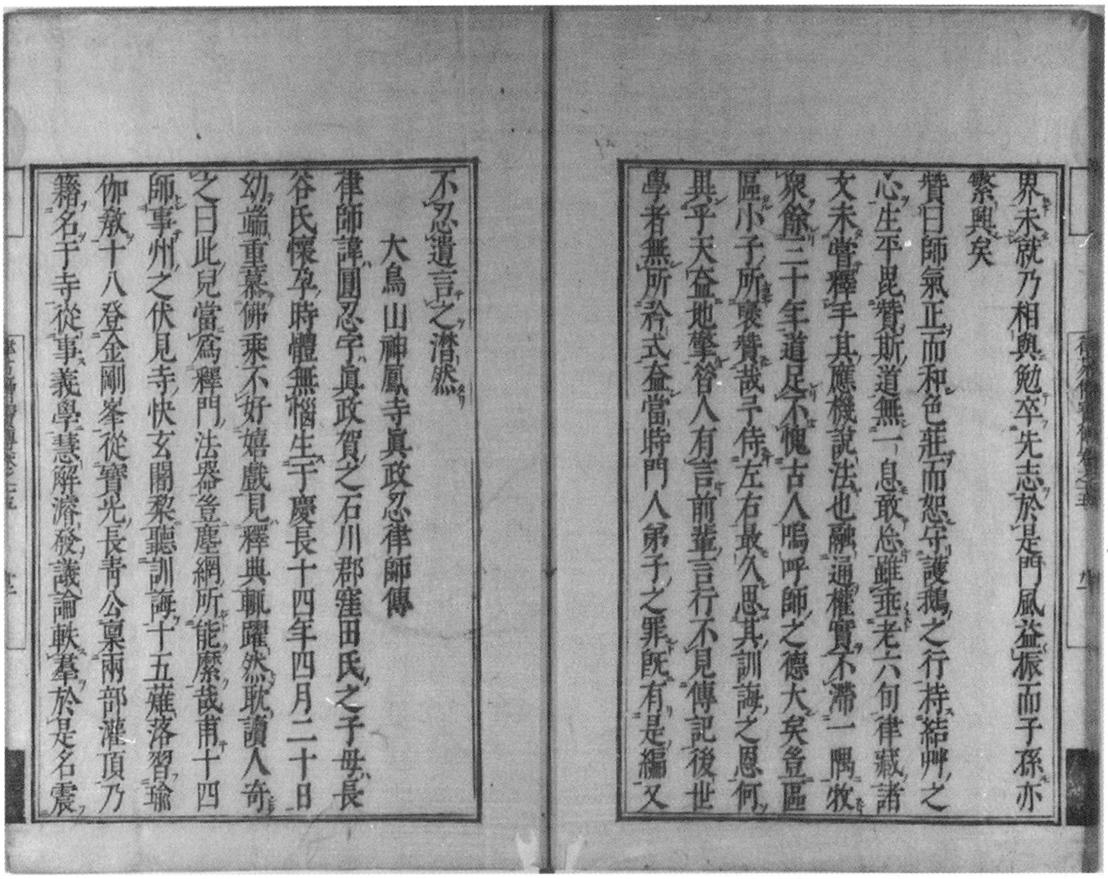

⑦42オ ⑦41ウ

界セント未タ就、乃相与ニ勉テ卒フ二先志一ヲ。於レ是門風益ミ振、而子孫モ亦
繁興也矣。
賛曰、師気正シテ而和シ、色荘ニシテ而恕也。守リ二護鵝ノ之行一、持ス二結艸ノ之
心一ヲ。生平毘二賛シテ斯ノ道一、無シ二一息モ敢テ忘一ルコト。雖レ垂ミトスト二老六旬一、律蔵ノ諸
文未ニ二嘗テ釈一レ手。其ノ応機説法ヤ也、融二通シテ権実一ヲ不レ滞二一隅一ニ。牧スルコト
レ衆ヲ余ニレリ二三十年一。道足レリ不ルニレ愧二古人一。嗚呼師ノ之徳大也矣。豈ニ区
区タル小子ノ所ナランヤ二褒賛一スル哉。予侍スルコト二左右一最モ久シ。思フニ二其ノ訓誨ノ之恩一、何ソ
異ニ二乎天蓋ヒ地擎一ルニ。昔人有レ言ルコト。前輩ノ言行不レ見二伝記一、後世
学者無シレ所二矜式一。盍シ当時門人弟子ノ之罪也ト。既ニ有リ二是ノ編一。又

⌞⑦41ウ

不レ忍レ遺。言テ之ヲ潸然タリ。

大鳥山神鳳寺真政忍律師伝

律師諱ハ円忍、字ハ真政。賀ノ之石川郡窪田氏ノ之子。母ハ長
谷氏。懐孕ノ時、体無レ悩。生ス二于慶長十四年四月二十日一。
幼ニシテ端重、慕テ二仏乗一不レ好二嬉戯一。見ハ二釈典一輒躍然トシテ耽読。人奇也トシテ
レ之曰、此ノ児当レ為二釈門ノ法器一、豈ニ塵網ノ所ニシャト二能ク縻一ク哉。甫テ十四、
師トシ二事テ州ノ之伏見寺ノ快玄闍梨一ニ聴二訓誨一ヲ。十五薙落、習フ二瑜
伽教一ヲ。十八登二金剛峰一、従二宝光ノ長青公一稟二両部灌頂一。乃
籍シテ二名ヲ于寺一従二事ス義学一ニ。慧解濬発シテ議論軼レ群。於レ是名震フ二

⌞⑦42オ

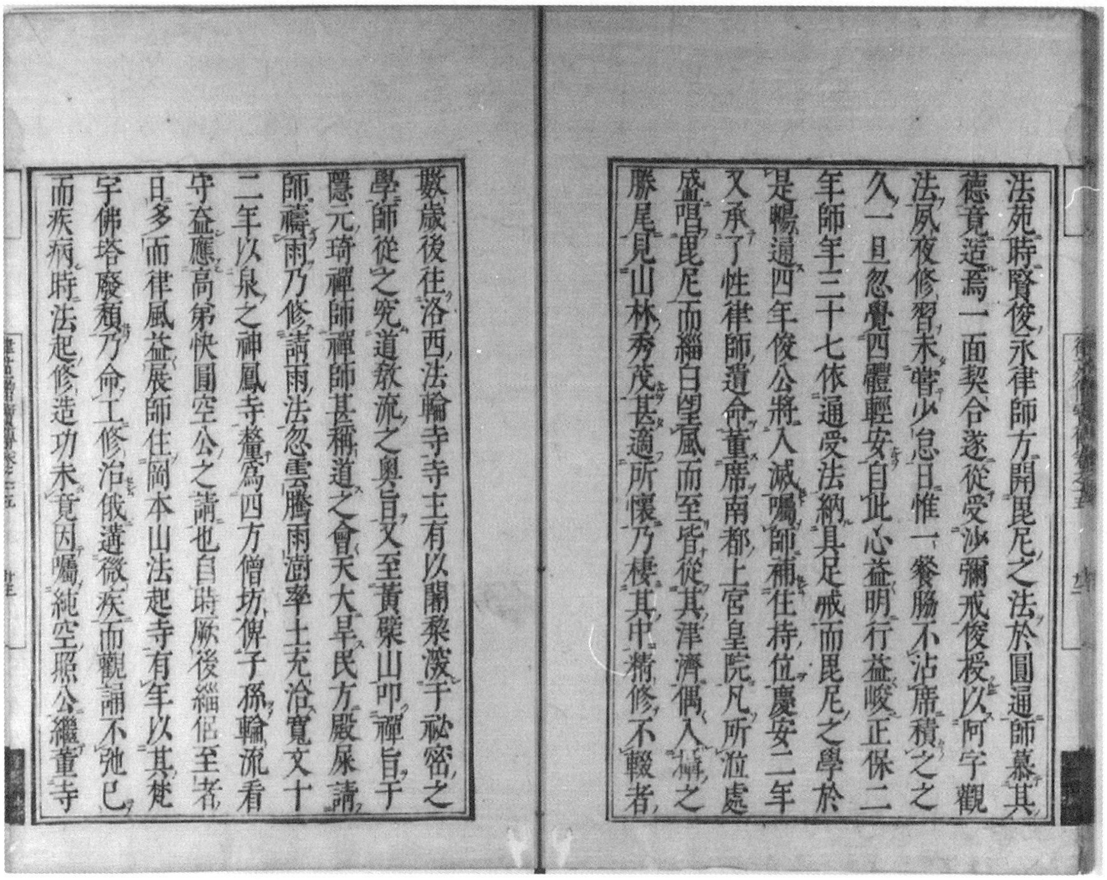

⑦43オ ⑦42ウ

法苑一ニ。時ニ賢俊ノ永律師、方ニ開二毘尼ノ之法ヲ於円通一ニ。師慕テ二其ノ
徳一竟ニ造ル焉。一面契合、遂ニ従テ受二沙弥戒一。俊授クルニ以二ス阿字観
法一ヲ。夙夜修習シテ未二タ嘗テ少怠一。日ニ唯一餐、脇不レ沾レ席ニ。積レムコトノ之之
久シテ、一旦忽覚二四体軽安一ナルコトヲ。自レ此心益ミ明ニ、行益ミ峻也。正保二
年師年三十七、依二通受法一納二ル具足戒一。而毘尼ノ之学於
レ是暢通ス。四年俊公将二ニ入滅一セント。嘱レシテ師ニ補二セシム住持ノ位一ヲ。慶安二年
又承二テ了性律師ノ遺命一ヲ、董二ス席ヲ南都ノ上宮皇院一ニ。凡ソ所レ涖処、
盛ニ唱二フ毘尼一ヲ。而緇白望レ風而至リ、皆ナ従二フ其ノ津済一ニ。偶ミ入二ル摂ノ之
勝尾一ニ。見二ニ山林ノ秀茂一ナルヲ、甚タ適二フ所懐一ニ。乃棲二ミ其ノ中一ニ、精修シテ不レ輟者ノ

⑦42ウ

数歳、後往二ク洛西ノ法輪寺一。寺主有以闍梨深二シ于秘密ノ之
学一ニ。師従レ之究二ム道教流ノ之奥旨一ヲ。又至二黄檗山一、叩二ク禅旨ヲ于
隠元ノ琦禅師一。禅師甚称道ス之。会ミ天大ニ旱ス。民方ニ殿屎請二フ
師ニ禱レンコトヲ雨ヲ。乃修二ス請雨ノ法一。忽雲騰雨澍、率土充洽ス。寛文十
二年以二泉ノ之神鳳寺一鼇テ為二四方僧坊一ト、俾二子孫ヲシテ輪流看
守一。盍シ応二シテ也高弟快円空公ノ之請一ニ也。自レ時厥後、緇侶至者ノ
日ニ多、而律風益ミ展。師住二シテ岡本山法起寺一有レ年。以二其ノ梵
宇仏塔廃頽一セルヲ、乃命レシテ工ニ修治セシム。俄ニ遘二微疾一ニ而観誦不レ弛。已ニシテ
而疾病也。時ニ法起ノ修造功未レタ竟。因テ嘱二シテ純空ノ照公一ニ、継テ董二寺

⑦43オ

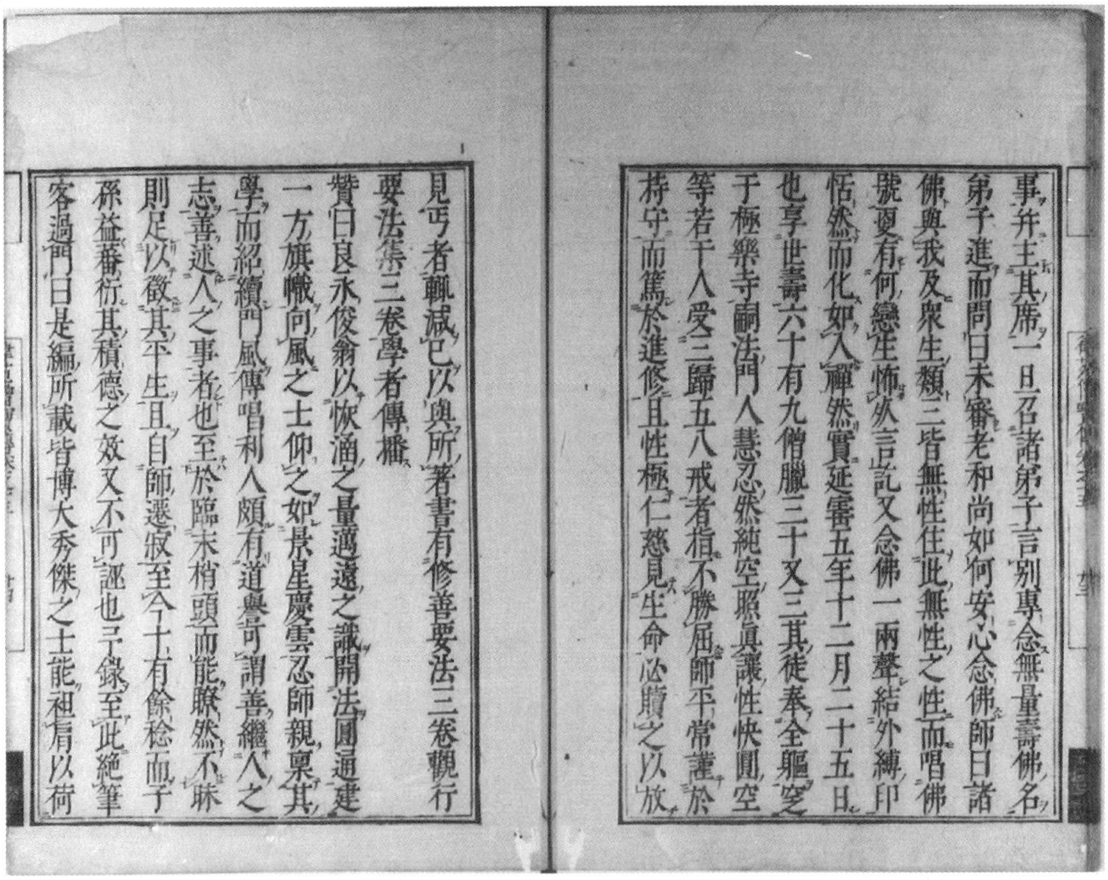

⑦44オ　　⑦43ウ

事一ヲ、并ニ主二シム其ノ席一ヲ。一旦召二諸弟子一言レ別、専二念ス無量寿仏ノ名一ヲ。
弟子進テ而問曰、未審カシ、老和尚如何安心念仏スル。師曰、諸
仏ト与レ我及ヒ衆生ノ類ト三皆無性。住二シテ此ノ無性ノ之性一ニ而モ唱二仏
号一。更ニ有二ント何ノ恋レ生怖レルコトカ死。言訖又念仏一両声シ、結二外縛ノ印一
恬然トシテ而化ス。如レク入レルカ禅然リ。実ニ延宝五年十二月二十五日也
也。享二世寿一六十有九、僧臘三十又三。其ノ徒奉二シテ全軀一ヲ窆二
于極楽寺一。嗣法ノ門人慧忍ノ然・純空ノ照・真譲ノ性・快円ノ空
等若干人、受二三帰五八戒一者指モ不レ勝レ屈スルニ。師平常謹二テ於
持守一ニ而篤二シ於進修一ニ。且性極テ仁慈、見二テハ生命一必贖レ之以放チ、

└ ⑦43ウ

見二乞者一輒滅レシテ己以与フ。所レノ著書有二修善要法二巻・観行
要法集三巻一。学者伝播ス。
賛曰、良永ノ俊翁、以二テ恢涵ノ之量、邁遠ノ之識一ヲ、開二法ヲ円通一建二
一方ノ旗幟一ヲ。向レノ風ニ之士、仰レコト之ヲ如二シ景星慶雲一。忍師親ク稟二テ其ノ
学一ヲ而紹二続シ門風一ヲ、伝唱利人頗ル有二リ道誉一。可レ謂、善ク継二キ人ノ之
志一ヲ、善ク述二スル人ノ之事一者ノ也ト也。至下テハ於臨二末梢頭一而能ク瞭然トシテ不上ルニ昧、
則足三レリ以テ徴二スルニ其ノ平生一ヲ。且ツ自二師ノ遷寂一至レ今十有余稔、而シテ子
孫益ミ蕃衍也。其ノ積徳ノ之効、又不レ可レ誣也。予録シテ至レテ此ニ絶レ筆。
客過レ門曰、是編ノ所レ載、皆博大秀傑ノ之士、能ク袒レ肩、以荷二

└ ⑦44オ

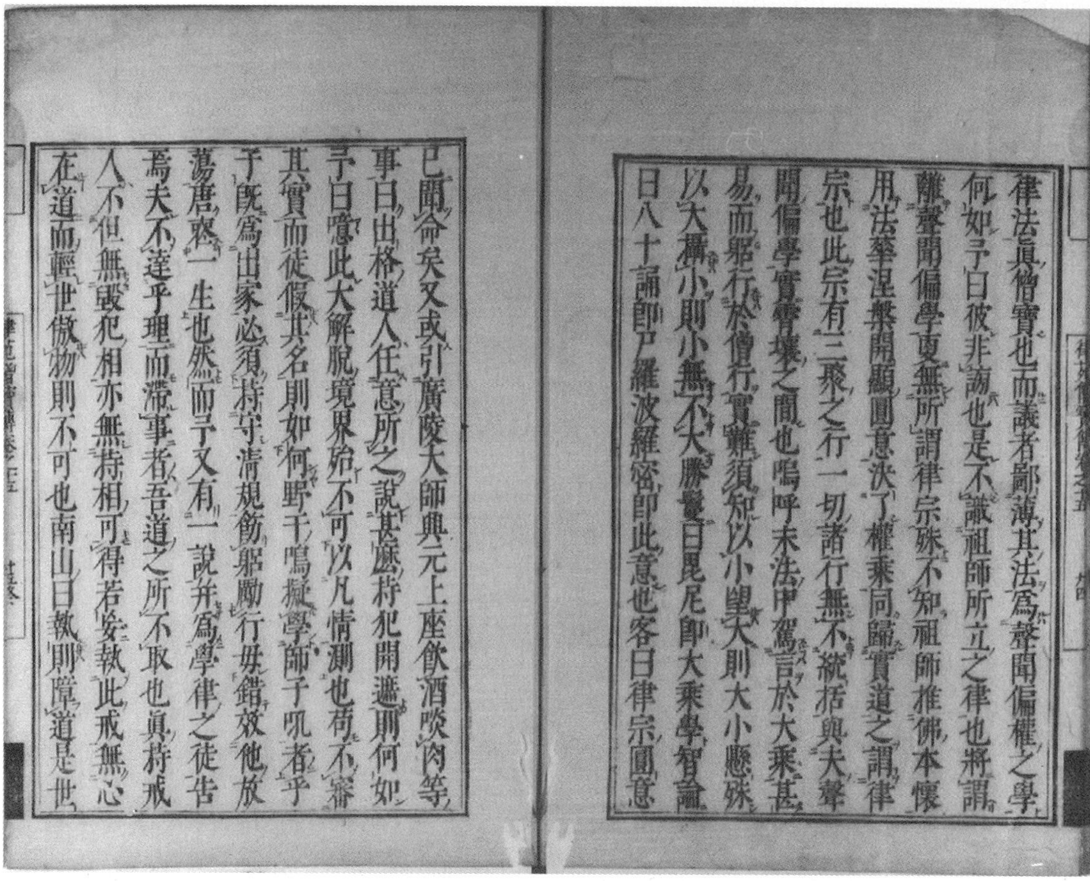

⑦45オ　⑦44ウ

律法一。真ノ僧宝也。而ルニ議者鄙ニ薄シテ其ノ法ヲ、為ルハ声聞偏権ノ之学一ト
何如ン。予曰、彼レ非レ謗ニハ也。是レ不レハ也識ニ祖師所立ノ之律一也。将ニ謂ヘリ、
離テ声聞偏学一更ニ無シト所謂律宗一。殊トニ不レ知ラ、祖師推ニ仏ノ本懐一、
用テ法華涅槃開顕ノ円意一決ニ了シ権乗一、同ク帰ニスル実道一。之ヲ謂ニコトヲ律
宗一ト也。此ノ宗有ニ三聚ノ之行一。一切ノ諸行無レ不トニ云コト統括一。与ニ夫ノ声
聞ノ偏学一、実ニ霄壌ノ之間也也。嗚呼末法ノ中、駕ニスルコトハ言ヲ於大乗一甚ダ
易ク、而シテ躬ミ行ニスルコトハ於僧行一ヲ実ニ難シ。須ク知ル、以レ小望ル時ハレ大ニ則大小懸殊シ、
以レ大摂スル時ハレ小ヲ則小無キコトヲレ不レト云コト大ナラ。勝鬘ニ曰、毘尼即大乗学ト。智論ニ
曰、八十誦即尸羅波羅密ト。即此ノ意也也。客曰、律宗ノ円意

⑦44ウ

已ニ聞レツ命矣。又或人引ニ広陵大師興元上座飲レ酒啖レ肉等ノ
事一曰ク、出格ノ道人ハ任ニスノ意ノ所レ之ク。説ニント甚麼ノ持犯開遮一トカ。則何如ン。
予曰、噫此レ大解脱ノ境界、殆ント不レ可下以ニ凡情一測上也。苟モ不シテレ審ニ
其実一而徒ニ仮ル時ハ二其名一、則如下何ンソヤ野干ノ鳴擬スルレ学ニントニ師子吼一者ノニ上乎。
子既ニ為ニ出家一。必ス須ク持下守シ清規一飾リレ躬励ミテ行。毋レ下錯テ効ニ他ノ放
蕩一唐ク喪中スルコト一生上也。然トモ而予又有リ二一説一。并セテ為メニ学律ノ之徒一告
焉。夫レ不シテレ達ニ乎理一而モ滞ル事ニ者ノハ、吾道ノ之所レ不レ取也。真ノ持戒
人ハ不ニ但無キノミ二毀犯ノ相一、亦無シ持相ノ可キモレ得。若妄ニ執シテ二此ノ戒一無ク二心
在ルコトレ道ニ、而シテ軽シレ世傲ル時ハレ物則不可也。南山ノ曰、執スル時ハ則障フレ道。是世

⑦45オ

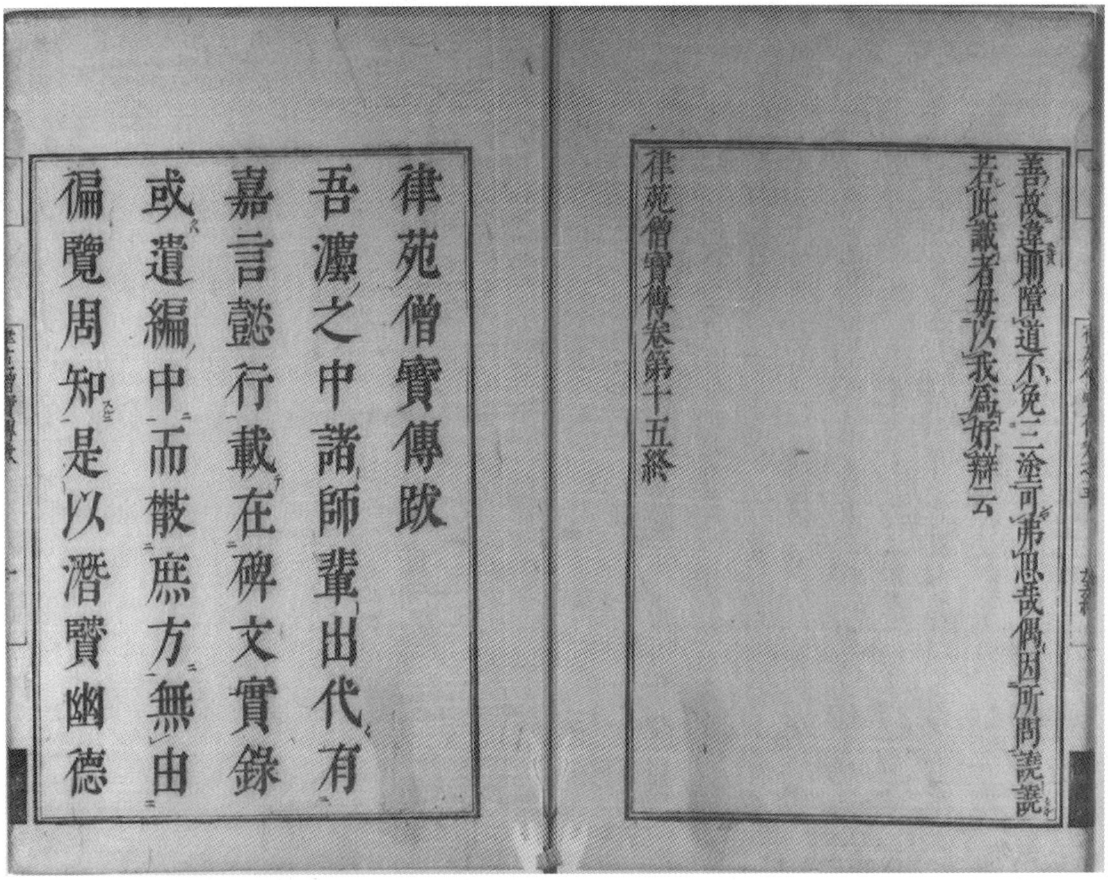

⑦46オ　⑦45ウ

善ノ故ニ違スル時ハ則障レ道不レト免ニ三塗一。可レンヤ弗レ思哉。偶ミ因ニ所問一、譊譊タルコト
若レシ此。識者毋ニ以レ我為ルコトヲ好レト弁云。

律苑僧宝伝巻第十五終

⑦45ウ

律苑僧宝伝跋

吾法ノ之中、諸師輩出。代ミ有ニ
嘉言懿行一。載テ在ニ碑文実録
或クハ遺編ノ中ニ一。而散ニ庶方ニ一、無レ由ニ
徧覧周知スルニ一。是以潜賢幽徳

⑦46オ

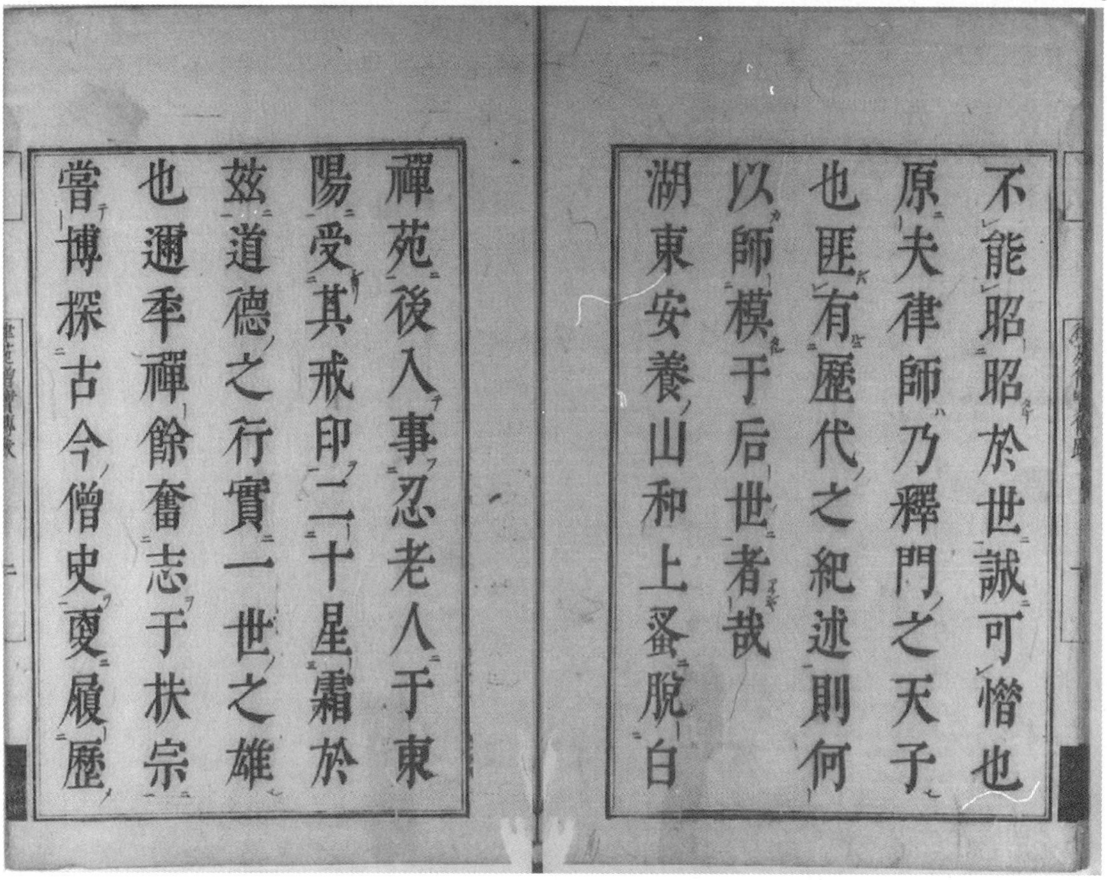

⑦46ウ　⑦47オ

不レ能レ昭二昭タルコト於世一ニ。誠ニ可レ惜也。
原ニ夫、律師ハ乃釈門ノ之天子也
也。匪レンハ有ルニ二歴代之紀述一、則何
以カ師二模タル于后世一ニ者アランヤ哉。
湖東安養ノ山和上、蚤ニ脱ニ白

└
⑦46ウ

禅苑一ニ、後入テ事フ二忍老人ニ于東
陽一ニ。受ショリ二其戒印ヲ一二二十星三霜於
茲一ニ、道徳ノ之行実ニ一世ノ之雄也
也。邇年禅余奮ニ志ヲ于扶宗一ニ、
嘗テ博探ニ古今ノ僧史一ヲ。更ニ履ニ歴シテ

└
⑦47オ

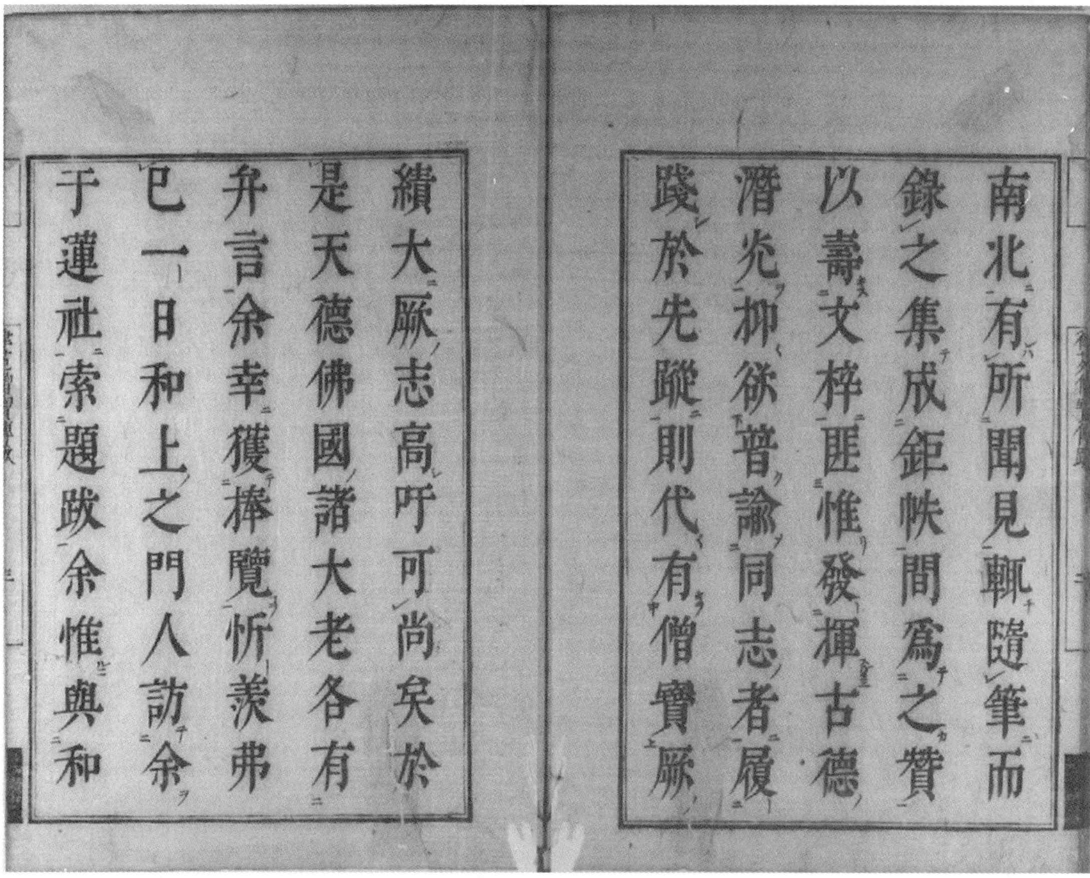

⑦48オ　⑦47ウ

南北ニ、有レハ所二聞見一輒チ随レ筆ニ而
録レ之。集テ成二鉅帙一間、為二之カ賛一
以寿キス二文梓一ニ。匪三惟リ発二揮スルノミニ古徳ノ
潜光一ヲ。抑ミ欲下普ク諭シテ二同志ノ者ニ一履二
践シ於先蹤一ニ、則代ミ有中ンコトヲ僧宝上。厥ノ

⌐⑦47ウ

績大ニ、厥ノ志高シ。吁可レ尚矣。於
レ是天徳仏國ノ諸大老、各有二
弁言一。余幸ニ獲二テ捧覧一コトヲ、忻羨弗
レ已。一日和上ノ之門人訪二テ余一ヲ
于蓮社ニ二索二題跋一。余惟ルニ与二和

⌐⑦48オ

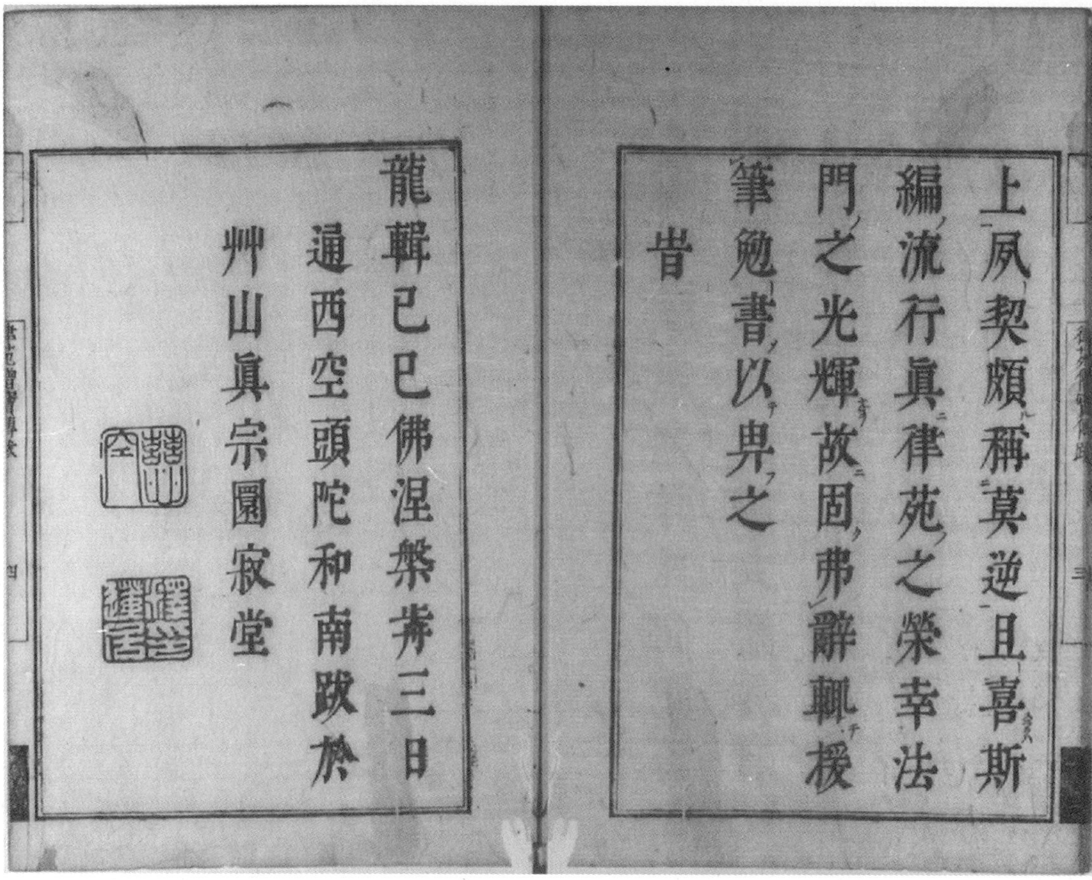

⑦49オ　　⑦48ウ

上二夙契、頗ル称二莫逆一。且喜スラクハ斯
編ノ流行、真二律苑ノ之栄幸、法
門ノ之光輝ナルコトヲ。故二固ク弗レ辞、輒チ援
レ筆勉書シテ以テ畀フ之。
時

∟⑦48ウ

龍輯己巳仏涅槃壽三日
通西空頭陀和南跋於
艸山真宗圓寂堂

慈空

釈氏蓮居

∟⑦49オ

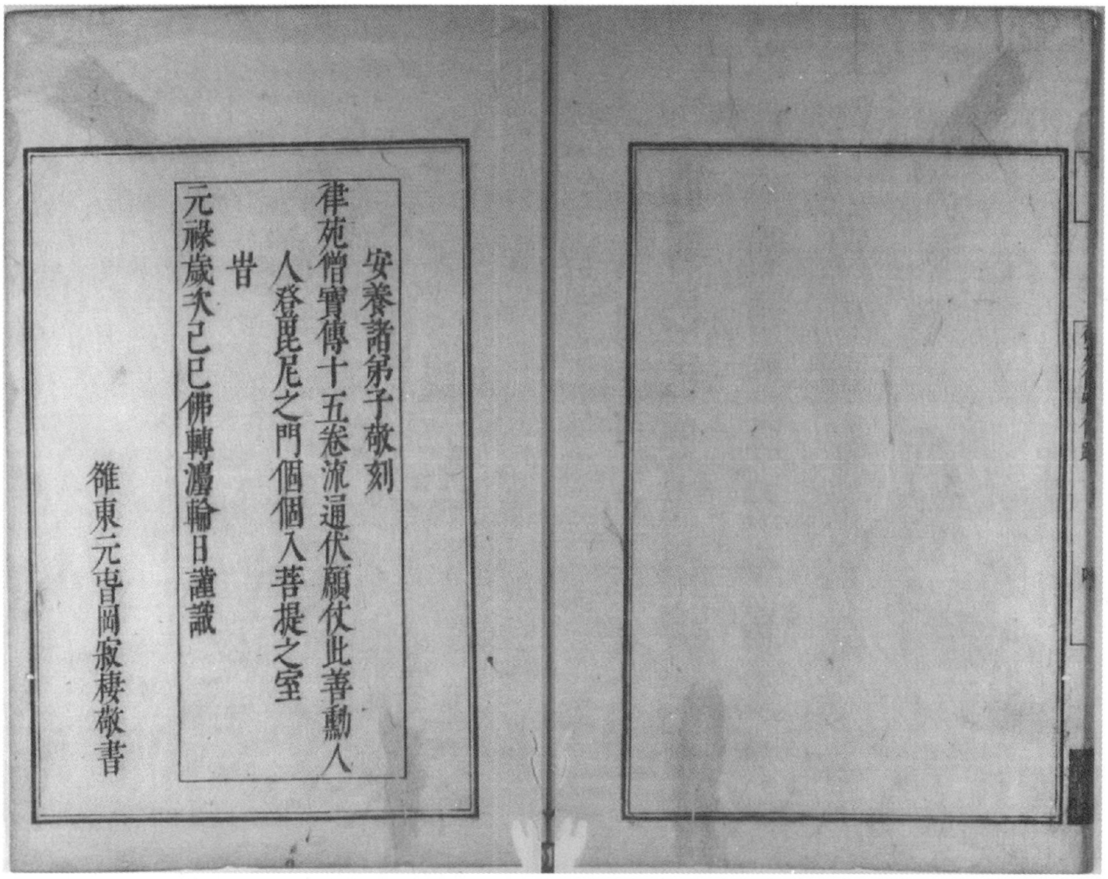
安養諸弟子敬刻
律苑僧寶傳十五卷流通伏願仗此善勳人
人登毘尼之門個個入菩提之室
時
元祿歲次己巳佛轉法輪日謹識
雒東元春岡寂棲敬書

⑦50オ　⑦49ウ

安養諸弟子敬刻
律苑僧宝伝十五巻流通。伏願、仗此善勲人
人登毘尼之門、個個入菩提之室。
時
元禄歳次己巳仏転法輪日謹識

雒東元春岡寂棲敬書

⑦50オ

⑦49ウ

⑦裏表紙見返　　⑦50ウ

韋駄天

⑦裏表紙見返　　⑦50ウ

⑦裏表紙

⑦裏表紙

解　題

1

『律苑僧宝伝』は、近江國東方山安養寺（滋賀県栗東市安養寺）の中興開山である戒山慧堅（一六四九－一七〇四）が、中國ならびに日本における古今持律の大徳三百六十余人の伝記を編集したもので、唐招提寺能満院義澄撰『招提千歳伝記』とともに律宗書籍の双璧とされている。なおしかし、『律苑僧宝伝』は『招提千歳伝記』に先んじて成り、『招提千歳伝記』ほか後続の僧伝僧史類の編纂上梓に多大の影響を与えたものであって、律苑僧伝の集成として今日もいまだ巨擘たるの地位を失っていない。そればかりか、本書は近世における戒律復興運動の渦中に身を投じた戒山慧堅の持戒持律実践の所産であったと考えられるのであって、近世律宗史上、またひいて日本仏教史上においてもその存在意義はすこぶる大きい。

このたび、『律苑僧宝伝』を「唐招提寺・律宗戒学院叢書」第二輯に収録するについて、その底本としたのは、刊記に「元禄歳次己巳仏転法輪日」と刻された、すなわち元禄二年（一六八九）八月八日に刊行された十五巻七冊本である。「國書総目録」によると、元禄二年版には三冊本もあり、また刊年不明の四冊本、巻十から巻十五までの写本一冊も存するというが、その一々の内容等の吟味確認の作業を怠惰にしていまだ果たしえていない。

『律苑僧宝伝』は、はやく仏書刊行会編纂「大日本仏教全書」（第一〇五巻）に収載されて大正四年二月に同会から翻印刊行されている。以来斯界に重用されているのであるが、「大日本仏教全書」の当該巻にも、解題を載せる「仏書研究」（第七号、大正四年三月、仏書刊行会）にも底本についての記載がない。解題の稿者は当時唐招提寺長老職にあった北川智榮師であるから、おそらく律宗戒学院三宝蔵経蔵所蔵の十五巻七冊本を底本としたものと考えられる。それは「大日本仏教全書」所収本も元禄二年（一六八九）八月八日に刊行された十五巻七冊本とまったく同じ刊記を翻印しているからであるが、しかし高泉性潡の序文に元禄二年版十五巻七冊本と「大日本仏教全書」所収本には大きな相違が見られ、「大日本仏教全書」に載せる慧堅の高弟湛堂慧淑による「律苑僧宝伝跋」を元禄二年版七冊本が欠いているなど不分明なところが少なくない。元禄二年版には三冊本もあるということだから、怠惰な推量ではあるが、智榮師はあるいはそれを「大日本仏教全書」所収本の底本に採用されたのかもしれない。

『律苑僧宝伝』は慧堅にとって巷間に上梓された初めての著作物であった。自筆稿本は安養寺にも野中寺にも伝わらないようであり、元禄二年版十五巻七冊本もいまや稀覯の書となっている。それに「大日本仏教全書」所収本は、その底本にも存したはずの、元禄二年版十五巻七冊本に施されている傍訓や送仮名をすべて欠いていて、撰者慧堅の意思を正確に伝え得ていないように思われ、なにより基本資料のテキストとして不十分であろう。そこでこのたびは元禄二年版十五巻七冊本を底本として写真影印を載せ、それに添えて拙いながら翻刻文を付したのも、より正鵠なテキストを提供したいという意図によるのである。なお「大日本仏教全書」所収本の底本は律宗戒学院三宝蔵経蔵に所蔵されていてしかるべきであり、徳田明本師編『律宗文献目録』（昭和四八年八月、百華苑）にも記載があるが、数度の調査でも見出すことができなかった。いずれ見出されようが、このたびは止むを得ず家蔵本を用いることにした。

底本とした元禄二年版十五巻七冊本は、いずれも縦二七・八糎、横一九・五糎ほどの袋綴装の冊子本で、山吹色の表紙に書名と巻次が墨摺りされた薄青色の題簽が貼られている。第一冊には、戒山慧堅による「自序」「凡例」に先んじて、巻首には京都宇治の黄檗山万福寺の高僧である南源性派による貞享五年（一六八八）仲春望旦の「律苑僧宝伝序」と、同じく万福寺第五代の高泉性潡による元禄元年（一六八八）十月聖制日の「律苑僧宝伝序」が付され、また艸山真宗院の学僧として名高い性憲慈空の「律苑僧宝伝跋」が付されている。

慧堅の「自序」には、「歳旅彊梧稟安迦提月穀旦」と添記されているだけであって、それだけでは慧堅が『律苑僧宝伝』撰集を完成した正確な年時は明確ではないが、しかし、性派の「序」が貞享五年（一六八八）二月十五日に記されたものであることから、慧堅が『律苑僧宝伝』を撰集し終えたのは、迦提すなわち功徳衣が許されたその前年の解夏、つまり安居を終えた貞享四年（一六八七）の七月十五日以降のことであったと考えられる。貞享四年の歳次は丁卯であって、「彊梧」とあるに合致する。

慧堅は貞享二年（一六八五）、三七歳のときに安養寺を中興開山したのだが、その二年後に早くも『律苑僧宝伝』の撰集を完成していたことからすれば、慧堅は相当以前から『律苑僧宝伝』編集の準備をしていたと推測される。稿成った『律苑僧宝伝』は、当時黄檗の高僧として知られた性派と高泉の序文を得て、それを旧知の浄土宗西山義艸山真宗院の学僧慈空に依頼して上梓したのである。

2

『律苑僧宝伝』は、「震旦諸師」部と「榑桑諸師」部の二部に構成されている。そのうち「震旦諸師」部は巻第一から巻第九までを充て、曹魏雒陽曇摩迦羅尊者以下明紫雲如是思律師に至る二百二十七人を、「榑桑諸師」部は巻第十から最終巻の巻第十五までを充て、南都唐招提寺鑑真大和尚をはじめ、道璿・法進以下一百三十四人の伝記を蒐めている。

併せて三百六十一人の伝記が集成されているのであるが、なかでも光彩を放っているのは、巻第十一「榑桑諸師」巻頭の「京兆泉涌寺開山大興正法國師伝」すなわち俊芿我禅不可棄の伝、また巻第十五の槇尾平等心王院俊正明忍・霊嶽山円通寺賢俊良永・和州極楽寺明空了性・泉涌寺雲龍院正専如周・普見山獅子窟寺光影壑通・青龍山野中寺慈忍慧猛・大鳥山神鳳寺真政円忍等諸師の伝である。これら諸師の伝記はことさら詳細緻密であって、編者慧堅の諸師に対する思い入れの深さを推察することができる。そのことは慧堅の行実と深い関係がある。

3

慧堅の生涯については、その一端が道契の『続日本高僧伝』巻九「江州安養寺慧堅伝」に載せられ流布しているが、それは高弟の湛

と北京律の両流の精髄を享けた律僧であったと知られる。なおさらに師の慧猛が学んだ正専如周は、泉涌寺と唐招提寺の両山を董した象耳泉奘・宝圓照珍の血脈を享けた人物であるから、ひいて慧堅も唐招提寺流の律学を摂取受容していたものと思われる。

享和二年（一八〇二）三月四日、慧堅の一百年忌にあたって、安養寺第七代希円慧鐙は正法律を開いた慈雲飲光（一七一八－一八〇四）を招請して灌頂壇を開いて法要を執行したのであるが、『慈雲尊者年譜』（『慈雲尊者全集』第一巻所収）の享和二年の項に、「正月十五日、宝静三十八歳、慧友廿八歳、両師阿弥陀寺に於て同壇進具、三月上旬江州安養寺に於て灌頂を行ふ」とあって、慈雲の弟子二人も灌頂を受けたことが知られる。そのひとり宝静誉淳(4)はのちに唐招提寺第七十五世長老になった人であって、慧堅の没後百年を経てもなお安養寺と唐招提寺の間に浅からぬ因縁が存していたことが窺われるのである。

安養寺を中興して以後、慧堅は自身と弟子たちに厳しい持戒持律の行業を課していたことは『雑要家訓』『雑要再訓』（自筆・安養寺蔵）などから容易に推量されるのであるが、ことに慧堅が弟子たちに、寺辺の村民に対しては常に慈悲をもって接すべきことや、山林樹木を濫伐せぬこと、また村民の切なる願いでおこなう請雨法（青苗会）等々についての遺訓は、慧堅が安養寺を中興するについて在地村民の得心と協力を得ていたことをものがたっている。

それについて、安養寺中興の前年に当たる貞享元年（一六八四）子の七月付の『東方山安養寺再興任状之事』という一通の文書は、安養寺村在地村民の太右衛門・吉左衛門・七右衛門等惣村中から慧堅に宛て出されたものであるが、これには安養寺が往古からの七堂伽藍の霊場であり、旧来無本寺の古跡であって、本尊の薬師如来はとくに在所の守護仏として村民が護持してきたものであるから、本尊を売買したり、寺号を変更したり、樹木を勝手に伐採せぬよう要請している。

この文書に署名した太右衛門は慧堅の『雑要家訓十二条』にもその名が見え、「鈎氏太右衛門居士、当寺伽藍ノ悠久ヲ願ヒ、衛護ノ心深シ、亦復二世安楽ヲ誦祝スベシ」と一条を充てている。慧堅が寺辺の良民に対して誠意ある交流を心がけていたことが知られるが、またたとえば、『近住八戒威儀録要』を見ても、慧堅が寺辺の村民たちに慈悲心を説き、難解な戒律をいかに易しいことばで伝えようかと腐心していたことが容易に窺われるのであって、村中に所在する寺院内にあって日々を暮らすことが、そのまま律僧として戒律実践の修行になり得ていたと理解できるのである。

さて、『律苑僧宝伝』は、安養寺を中興して二年後に上梓公刊されている。戒律復興運動に身を投じた律僧たちの多くが、一様に聖教・注疏・次第法則などの書写に精魂を傾け、また自著の公刊に努めていて、それもまた律僧として実践すべき戒律の復興と流布の一法だとする共通認識が存していたものと考えられる。慧堅は『律苑僧宝伝』の撰集に当たって、虎関師錬の『元亨釈書』を座右に置いていたことを「自序」に記しているが、巻首に「序」を寄せた高泉にはすでに『扶桑禅林僧宝伝』『東國高僧伝』の著作があり、それの影響を直接に受けていたことは明らかであろう。ともあれ廃寺の

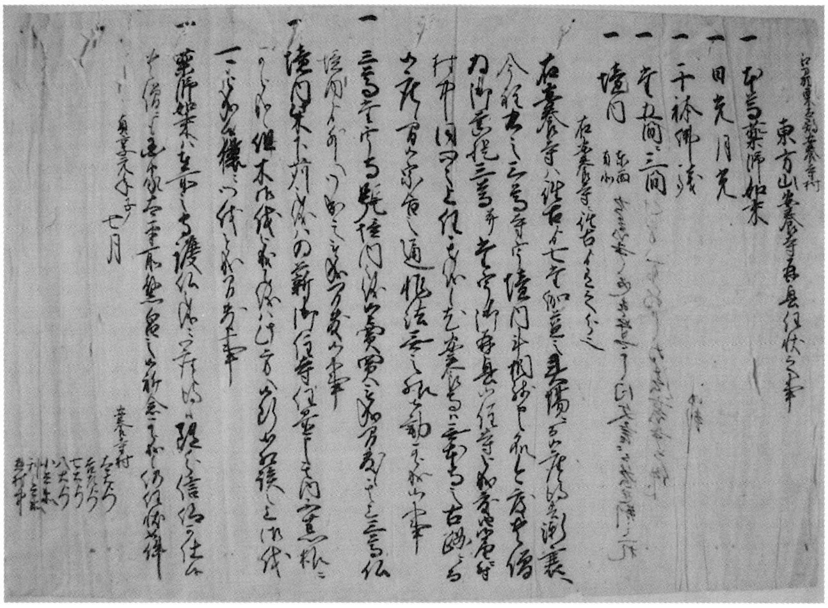

『東方山安養寺再興任状之事』（編著者蔵）

再興を果たした慧堅にとって、『律苑僧宝伝』の撰集や開版上梓はまた、その戒律実践の證明となる記念碑的な労作であった。

（関口記）

注

（1）『企画展・東方山安養寺の歴史と美術』（平成六年十月、栗東歴史民俗博物館）に佐々木氏による詳細な解説と資料翻刻が載る。

（2）『日本における戒律伝播の研究』（研究代表者稲城信子氏。平成十六年三月、元興寺文化財研究所）に所載。

（3）慧淑については、佐々木進氏「近江・安養寺湛堂慧淑の事績について」（『近江の歴史と文化』所収。平成七年十一月、思文閣出版）が詳しい。

（4）宝静については、拙稿「唐招提寺『訓伽陀』」（『昭和女子大学文化史研究』創刊号、平成十年三月）にわずかに触れた。

[付記]

唐招提寺・律宗戒学院叢書の第二輯として戒山慧堅撰『律苑僧宝伝』を上梓するについて、唐招提寺および財団法人律宗戒学院当局の御快諾と御助力を頂戴した。それにつき深い御理解を示され、扉題を御揮毫下さった唐招提寺松浦俊海長老はじめ益田快範前長老・堀木教恩宗務長等々一山の方々からは御厚誼を忝くした。また安養寺熊谷俊亮住職、野中寺野口明真住職・野口真成副住職から資料閲覧等につき御親切を頂戴した。また本学平井聖学長・竹田喜美子近代文化研究所長はじめ同僚諸氏からは御理解と御助力を頂戴した。末筆ながら感謝の意を表し、篤く御礼申上げる。

なお『律苑僧宝伝』写真は第一輯に引き続き本学内田啓一先生に撮影して戴いた。共編著者の山本博也先生にはいつもながら多大の御負担と御心配をおかけした。また入力・校正等に卒業生・在学生諸嬢の御助力を得た。御礼旁々御名を記しおきたい。

阿部　美香・小川　渉子・小久保美里・坂田　沙代・佐藤　綾子
嶋田　清香・樽見　知佳・千代田聡子・塚本あゆみ・寺津麻理絵
根津　知美・野澤　祥子・藤田　依里・古幡　昇子・古海香菜子
松本　麻美・三浦　千佳・宮本　花恵